KB146685

한국연극의 아버지, 동랑 유치진

한국연극의 아버지, 동랑 유치진

초판 1쇄 인쇄 | 2015년 3월 20일
초판 1쇄 발행 | 2015년 3월 30일

지은이 | 유민영
펴낸이 | 지현구
펴낸곳 | 태학사
등 록 | 제406-2006-00008호
주 소 | 경기도 파주시 광인사길 223
전 화 | 마케팅부 (031)955-7580~82 편집부 (031)955-7585~89
전 송 | (031)955-0910
전자우편 | thaehak4@chol.com
홈페이지 | www.thaehaksa.com

값은 뒤표지에 있습니다.

ISBN 978-89-5966-691-1 93990

이 도서의 국립중앙도서관 출판예정도서목록(CIP)은 서지정보유통지원시스템 홈페이지(http://seoji.nl.go.kr)와 국가자료공동목록시스템(http://www.nl.go.kr/kolisnet)에서 이용하실 수 있습니다.(CIP제어번호: CIP2015008179)

柳致眞 평전

한국연극의 아버지

동랑 유치진

유민영

태학사

†

이 책을 동랑 유치진(돈 보스코) 선생님과
심재순(데레사) 여사님의 영전에 바칩니다.

머리말

중국 고문헌(『魏志東夷傳』)에도 기록되어 있듯이 우리 민족은 본시 놀이(歌舞)문화를 유독 사랑해온 전통을 갖고 있다. 그럼에도 불구하고 그 창조자들이라 할 예능인(廣大, 樂工, 妓女 등)을 천민시해온 이율배반적인 사회윤리로 말미암아 우리는 이웃 나라들(중국과 일본)에 비해서 공연(연극)문화 유산이 빈약한 편이다. 그런데 더욱 큰 문제는 그러한 사회윤리 전통이 개화기 이후 신문화기에도 상당 기간 지속된 데다가 일제의 탄압과 이데올로기 갈등까지 겹침으로써 유능한 인재들이 공연(연극)예술 창조 분야로 모여들지 않았고, 그에 관한 교육기관이나 기회가 생겨난 것도 아니어서 근대유산 역시 빈약하기는 마찬가지였다.

따라서 그에 관한 연구 또한 불모지여서 공연(연극)학이 독립 학문이 아닌 민속학의 아류 정도로 치지도외(置之度外)되어온 것이 사실이었다. 이처럼 황량하기 이를 데 없는 불모의 연극학 연구에 뛰어든 필자가 50여 년에 걸쳐 공연의 기본이 되는 '희곡사' 개척을 시작으로 하여 '극장사'와 '연극사'를 쓰고 난 후, 그 창조의 주역들을 추적한 '인물연극사'를 펴내는 과정에서 동랑 유치진(柳致眞)이라는 전무후무(前無後無)할 정도의 독보적 인물을 새롭게 발견한 것은 가장 큰 행복이었다.

필자가 그를 가리켜 '전무후무할 정도의 독보적 인물'이라고 지칭하는 이유는 예술가가 평생 한 분야에서 성취해내기도 쉽지 않음에도 불구하고 그는 문화계몽운동가로 시작하여 극작·시나리오 작가, 연출가, 연극·영화이론가, 극장건축자 그리고 예술교육자로서 누구도 따를 수 없을 만큼 방대한 업적을 남겼다고 보기 때문이다.

가령 우리 연극운동사에서 보면 연극단체가 오로지 신협(新協) 하나뿐이었을 때가 지금부터 꼭 60년 전의 일이다. 그런 시기에 드라마센터를 건립한 동랑은 범국민운동 차원에서 연극 다시 일으키기 장기 플랜을 만들어 하나하나 실천해나갔다. 밑바닥부터 다져가야 한다는 생각으로 그가 외곽으로는 아동극에서부터 중·고등학교, 그리고 대학으로 이어지는 아마추어 연극 활성화를 촉진했고, 드라마센터(서울예대)와 동국대(연극학과)를 중심으로 해서는 신인 극작가 캐내기, 배우와 연극기술자 육성, 그리고 미래를 대비한 라디오, TV, 영화 요원 육성 등에 이르기까지 광범위한 인적 인프라 구축을 구체화하여 하나하나 실천해갔던 것이다.

동랑의 업적 중 가장 빛나는 인재양성 플랜은 그의 사후에 서서히 나타나기 시작했으며, 국가의 정치·경제 발전과 훌륭한 조력자들에 힘입어 오늘날에 와서는 전국에 수백 개의 공연예술단체와 수백 개의 첨단적 공연장이 세워지는 결과를 낳았다. 그리하여 전국의 화려한 공연장들의 무대에서는 연간 수천 편의 작품이 오르내리며, 전자공학의 급속한 발전에 의한 방송미디어의 풍요로운 콘텐츠와 함께 영화예술 역시 눈부시다.

특히 그가 1962년에 〈포기와 베스〉로 단초를 연 브로드웨이형 뮤지컬은 공연예술의 주류로 자리 잡으면서 거대한 자본시장까지 형성하고 있으며, 전통예술을 끌어내어 서구 추수적(西歐追隨的)인 신문화와 접목시킨 것은 한국 현대문화의 정체성을 확립하는 바탕이 되기도 했다. 솔직히 오늘날 세계인들을 열광시키고 있는 한류(韓流)도 이러한 토대 위에서 가능한 것이라고 말할 수가 있다.

알다시피 종교든 문화든 씨를 뿌린 위대한 선각자가 있어야 형성되는 것이고 민족, 더 나아가 인류를 올바른 방향으로 이끌며 삶도 풍요롭게 하는 것이 아니겠는가. 바로 그 점에서 동랑이 적어도 연극(공연)학 분야에서만이라도 일찍부터 제대로 조명받았어야 했는데, 후세의 무지와 태만, 그리고 오해로 인하여 저 멀리 뒤안길에 뒤처져 있었던 것이 사실이다. 따라서 필자는 연극학자로서 만시지탄의 감도 없지 않으나 자괴지심(自愧之心)으로 만 5년여 동안 꼬박 그의 삶을 추적, 여기에 그 부족한 결과물을 내놓게 된 것이다. 솔직히 필자가 50년 이상 외길을 걸으면서 여러 종류의 책을 펴냈지만 이번처럼 고질병(?)까지 얻을 만큼 힘들었던 적은 없다.

그것도 유덕형(柳德馨) 총장의 열성적 뒷받침과 기록에 나타나 있지 않은 사실을 꼼꼼하게 증언해준 유인형(柳仁馨)·안민수(安民洙) 교수의 도움이 없었으면 더 어려웠을지도 모른다. 특히 동랑 탄생 110주년에 맞춰 이 책을 출간하기 위하여 필자가 병마와 싸우면서 악전고투할 때마다 힘을 실어준 동료 백형찬(白衡燦) 교수를 잊을 수가 없다.

귀중한 사진 자료를 제공해준 동랑·청마 유족과 거제시, 통영시 측에 감사하며, 심신이 지쳐 있는 필자를 위하여 자청하여 교정을 보아준 애제자 전성희(全晟希)·이진아(李珍娿) 교수에게 진심으로 고마움을 전하고 싶다. 또한 책을 쓸 때마다 보이지 않게 궂은 뒷바라지를 해주는 내자 박은경(朴恩鏡)! 운전도 못하는 부실한 남편을 위하여 매주 병원에 데려다 주느라고 고생하고 있는 그에게 정말 미안하다. 태학사 지현구(池賢求) 사장과 편집부원들에게도 감사함을 전한다.

2015년 겨울 고향에서

유민영(柳敏榮)

유치진(柳致眞) 가계(家系)

- 子 致祥
  一九十一年八月四日生
  配 安東金氏 父宗鎭
  - 子 貞馨
  - 子 月馨
  - 女 星馨
    一九五一年九月一日生
    夫 廣州崔俊培
    成均館大學校卒
  - 女 素馨
    一九五五年六月二五日生
    延世大學校卒
    夫 密陽朴潤良
    韓國海洋大學卒
  - 女 慈馨
    一九五七年十一月十八日生
    서울藝術大學卒
    夫 全州李康烈
    서울藝術大學卒
- 子 致現(夭)
  一九一四年九月七日生
- 子 致淡
  一九一七年十二月二八日生
  校監
  一九七三年卒
  配 全州李氏 父承五
  一九二四年一月十日生
  - 子 錞馨
  - 子 石馨
  - 子 時馨
  - 子 大馨
  - 子 潤馨
  - 子 國馨
  - 女 沃馨
- 女 致縹(拉北)
  一九二一年一月二日生
  夫 裵勇(越北)
- 女 致洌
  一九二四年一月二九日生
  京城師範大學卒 教師
  夫 草溪崔相喆
  - 女 今馨
    一九五四年一月九日生
    夫 扶安金根洙
- 女 致善
  一九二七年六月生
  서울大學校卒 聲樂家
  夫 金海裵鍾求
  서울大學校卒 教授

二十三代

子 啓元
字 敬則
純祖 十一年
四月十四日生
哲宗 七年
十二月十二日卒

二十四代

子 池英
字 乃實
號 芳軒
哲宗 二年
七月八日生
哲宗 七年
太上四十三年
十一月十七日卒

二十五代

子 根秀

子 烇秀
高宗 丁亥
(一八八七)十二月二十五日生
哲宗 七年
一九六三年卒
配 密陽朴又守
一八八六年生
一九五二年卒

二十六代

子 **致眞**
號 東郎
高宗 丁亥
一九〇五年
十一月十九日生
日本立敎大學卒
劇作家 敎授
一九六三年卒
一九七四年二月十日卒
配 青松沈載淳
一九〇八年七月十一日生
梨花女子專門學校卒
日本女子美術學校卒

子 致環
一九〇八年七月十四日生
號 青馬
詩人 校長
延禧專門學校卒
一九六七年二月十三日卒
配 安東權在順
一九〇九年二月十九日生
中央保育專門學校卒
幼稚院長

二十七代

子 德馨
一九三八年一月五日生
美트리니티大學院卒
演出家 總長
配 宜寧南相男
一九四七年九月三日生
중앙대학교 졸업
국가대표수영 코치
동랑예술원 이사

子 世馨
一九三九年一月十三日生
사우스턴대학원졸
동국대 교수
一九八一年六月十六日卒

女 仁馨
一九三六年三月十七日生
트리니티대학원졸
연출가 교수
配 廣州安民洙
一九四〇年一月三〇日生
하와이대학원졸
연출가 교수

子 仁全
一九二六年九月十六日生
夫 金海金聖旭
日本同志社大卒
中央日報論說委員

女 春妃
一九三一年三月四日生
梨花女子大學卒
夫 密陽朴喜演
釜山水產大學卒
高校敎師

女 紫燕
一九三二年十二月八日生
梨花女子大學卒
夫 安東權寧健

차 례

머리말 *9*
유치진(柳致眞) 가계(家系) *12*

서장: 한국 근대 공연예술계의 르네상스인 *17*

1. 어둠 속의 한 줄기 빛 *27*
   -출생과 성장
   1) 출생지 시비의 전말 *27*
   2) 부계와 모계 *41*

2. 애민위국(愛民爲國)의 긴 도정 *63*
   -3·1운동과 출향관(出鄕關)

3. 연극 입국(立國)의 행로 *105*

4. 행복한 결혼과 필로(筆路)의 전환 *175*
   -사실주의로부터 상징주의로

5. 일본 군국주의의 광풍 속에서 *241*
   1) 일제의 문예 탄압과 동랑의 생존 방식 *241*
   2) 버팀과 순응의 궤적 *268*

6. 민족 해방과 좌우익 연극 갈등의 중심에 서다 *317*
   1) 차가운 돌베개를 베고 누워 *317*
   2) 무대예술 전문극장 설치운동 *370*

7. 한국전쟁과 기나긴 겨울 *391*

8. 신극 본향(本鄕)을 향한 머나먼 여정 *451*

9. 귀국 직후의 호사다마(好事多魔) *491*

10. 동랑의 대몽(大夢), 드라마센터 *557*
 －드라마센터의 제1기(1958～1963) 활동

11. 전통극의 새로운 발견과 법고창신(法古創新)의 선도자 *603*
 1) 전통극 담론의 구체화 작업 *616*
 2) 법고창신(法古創新)으로의 긴 여정 *623*

12. 인재 발굴 육성도 창조 행위다 *641*
 －드라마센터의 제2기(1963～1974) 활동

13. 인연 · 연민, 그리고 인생 황혼녘에서의 회한 *709*
 －노년기의 삶과 관련하여
 1) 가족 사랑과 제자 사랑 *709*
 2) 못다 부른 노래 *733*

종장 : 거인(巨人), 낙원으로 떠나다 *751*

동랑 유치진 연보 *767*
참고문헌 *775*
찾아보기 *783*

서장: 한국 근대 공연예술계의 르네상스인

빛나는 아름다움을 안으로 간직하여 곧은 덕을 지키니 나중이 성대하리라(含章可貞而大終). _『주역(周易)』「곤괘(坤卦)」

인류역사상 가장 위대한 연극인이 영국의 윌리엄 셰익스피어(1564~1616)라는 사실에 이의를 제기하는 사람은 별로 없을 것이다. 대영제국이 극작가 셰익스피어 한 사람을 거대한 국토와 자원, 그리고 수억의 인구를 가진 인도와도 바꾸지 않겠다고 한 것으로 보아 그가 얼마나 대단한 인물인가를 짐작게 한다. 그가 비교적 길지 않은 생애에 걸쳐서 37편의 희곡과 154곡을 담은 소네트집 외에는 특별히 남긴 문학적 업적은 없다. 그렇지만 셰익스피어는 자신이 쓴 37편의 작품 속에 모든 인류의 각양각색의 캐릭터들, 이를테면 인생의 생과 사를 축으로 선악, 애증, 시기와 질투, 우둔함과 모략, 교만과 분노, 정의와 사술, 권력욕과 폭력성 등등 오욕칠정(五慾七情)의 인간 성격을 예술적으로 승화시켜서 생생하게 살아 움직이게 함으로써 모든 사람이 그의 천재성에 경탄하는 것이다.

그렇다면 우리 역사상에는 그에 버금갈 만한 연극인은 없는 것일까? 과연 누가 수천 년 동안의 한국 연극사상 최고의 인물일까? 필자는 극작가 동랑 유치진(柳致眞, 1905~1974)이 그에 해당한다고 생각한다. 그를 한국연극사의 대표적 인물이라고 보는 이유는 대체로 다섯 가지에 근거한다. 물론 그를 셰익스피어와 동렬에 놓고 비교하는 것은 적절치 않다. 왜냐하면 셰익스피어는 동랑보다 4백여 년이나 앞서 태어나 활동했고, 또 영국역사상 가장 찬란했던 엘리자베스 시대에 우주와 인생을 명상하면서 여유롭게 창작생활을 한 고전적인 작가였던 데 반해서 동랑은 전통사회로부터 근대사회로의 이행 과정에서 일본 제국주의의 강점으로 말미암아 핍박과 수탈, 그리고 이데올로기 갈등과 분단, 동족 전쟁, 혁명 등으로 점철된 격동의 역사 속에서 창작활동을 했던 점에서 셰익스피어와는 근본적인 차이가 날 수밖에 없다고 보기 때문이다.

이 말은 곧 동랑은 태어날 때부터 척박한 상황 속에서 우주니 인생이니 하는 보다 본질적인 사유 속에서 예술 작업을 한 것이 아니라 생존을 위해서 버거운 시대, 역사와 대결해야 하는 전사(戰士)와 같은 처지에서 연극운동을 해온 인물이었다는 이야기다. 가령 그가 당초 연극운동에 나서게 되는 배경만 보더라도 국권을 잃은 조국과 민족을 위한 계몽적 차원에서였다는 사실이야말로 그 점을 잘 보여주는 것이라고 하겠다. 그가 평생의 화두로 삼았던 '나라가 있고 예술도 있는 것'이라는, 어떻게 보면 작가로서는 매우 특이한 신념을 갖고 활동했던 것도 바로 그러한 시대상황에 기인한다고 볼 수가 있다.

따라서 그는 근대문화의 기반 자체가 취약한 이 땅에 선진국에 버금가는 역동적인 공연문화 착근을 위하여 광범위한 창조활동을 벌일 수밖에 없었다. 즉 그는 우리 문화의 후진성을 단기간에 탈피하기 위하여 어느 한 분야에 집중하기보다는 공연문화 전반의 진흥에 다걸기한 경우였다. 솔직히 예술가가 평생 어느 한 분야도 만족할 만한 성취를 이루어내기가 어려운데, 그는 연극계몽운동가로 시작하여 극작가, 연출가, 연극이론가, 연극교육자, 극장건축가, 전통극의 부활 재생, 연극의 국제화, 그리고 예술대학 설립자 등등 아무도 따를 수 없는 다빈치(da Vinci)적 공적을 남긴 인물이었다.

가령 그가 주안점을 두었던 희곡 창작만 하더라도 불후의 명작을 남기지는 못했어도 1931년 〈토막〉(2막)을 처녀작으로 하여 마지막 작 〈청개구리는 왜 날이 궂으면 우는가〉(1964)에 이르기까지 평생에 걸쳐서 희곡, 시나리오, 방송극본 등 거의 공연되고 영화된 40편을 남긴 바 있다. 그런데 작품 편수가 중요한 것이 아니라 그의 작품의 궤적이 변화무쌍하고 다양한 것에 주목할 필요가 있다. 이 말은 곧 그가 이 땅에서 처음으로 리얼리즘극을 개척한 뒤 거기에 머물지 않고 시적(詩的) 리얼리즘과 상징주의극으로 스펙트럼을 넓혀갔으며, 팍팍한 희곡에 음악과 무용, 그리고 화려한 무대미술까지 가미함으로써 경직되어 있던 우리 무대를 아름답고 재미 넘치는 공연장으로 만들기도 했다.

이러한 그의 연극 형식의 변화는 어디까지나 '연극은 행동의 모방'이라는 아리스토텔레스의 연극원론에 입각한 것으로서 궁극적으로는 동서(東西) 연극의 만남까지를 모색하려던 것이었다. 그가 후반에 들어서면서 음악과 무용을 자주 활용했던 것도 그런 그의 연극관과 무관치 않다. 그의 이런 연극형태 변화는 환상극으로 확대되고, 거기서 6·25전쟁 직후에 쓴 〈까치의 죽음〉에서 볼 수 있듯이 소위 생태주의적(生態主義的)인 세계관을 드러냈으며, 급기야는 뮤지컬로까지 진화되어갔다. 오늘날 우리의 연극계 주류로 확고히 자리 잡은 뮤지컬도 실은 그러한 그의 끊임없는 진화론적인 실험정신으로부터 비롯된 것이었다.

그런데 그의 연극형태상의 변화에 못잖게 주제의 변화 역시 다채롭기는 마찬가지였다. 전술한 바 있듯이 그는 당초 그가 연극운동에 나선 동기는 예술을 위한 예술을 한다기보다는 민족계몽을 통한 조국에 이바지해보겠다는 것이었다. 따라서 그는 자연스럽게 사악(邪惡)한 시대와 대결하는 차원에서 고발적인 리얼리즘극을 쓰게 된 것이었다. 가령 그가 초기에 일제의 수탈에 의한 농민의 몰락상을 사실적으로 묘사했던 것도 바로 '작가는 현실과의 싸움에서 이겨야 한다'는 연극관에 입각한 것이었다. 그러나 사악한 일제 군국주의의 벽에 부딪치자 그는 역사라는 우회로(迂廻路)를 찾을 수밖에 없었다.

그가 삼국시대의 흥망성쇠와 그에 따른 영욕(榮辱)을 통해서 현실을 외돌아 증언하려 한 것이야말로 바로 그런 시대상황에 따른 것이었으며 동시에 우리 민족의 역사교육도 긴요하다는 생각에서였다. 이러한 그의 역사 끌어오기는 해방 직후의 혼란기에 더욱 진가를 발휘한다. 그런데 그의 역사 제재 활용이 해방 전과 후가 달랐던 것은 시대의 변화에 따라 우회적인 풍자 방식에다가 '민족의 얼' 찾기와 자주자강(自主自彊)도 강조하려는 데 기인한다.

이것은 다시 민족의 정체성 세우기로 진화되어간다. 예를 들어서 그가 처용(處容)이라든가 우륵(于勒), 그리고 원술(元述) 등의 인물들을 강조, 묘사했던 것이야말로 바로 그러한 민족의 정체성 찾기와 직결되는 것이다. 이러한 그의 역사관은 6·25전쟁 이후에는 개화기까지로 내려와서 민족 해방의 근원을 김옥균(金玉均)의 개화당에서 찾는가 하면 1948년 대한민국 건국의 연원을 3·1운동에서 찾기도 함으로써 현대사의 정통성이 외세에 의한 것이 아니라 민족의 자주자강에 따른 것으로 보려 했다.

이렇게 우리 희곡사에서 역사극의 지평을 넓혀온 그가 전통극의 재발견과 그 현대적인 재창조에로 방향을 튼 것 역시 어차피 우리도 서구 근대극과 보조를 맞춰가더라도 동도서기(東道西器)의 입장에서 법고창신(法古創新)을 토대로 해야 한다는 것을 명시한 것이었다. 그러면서도 그는 리얼리즘 방식을 저버린 것은 아니었다. 특히 그는 6·25전쟁의 혼란 속에서 사학자들이 미처 기록 못한 현실을 희곡으로 담으려 했다. 즉 그는 해방 직후의 혼란스러운 상황으로부터 시작하여 전쟁 중 서민들의 처절한 생존양상, 거제도포로수용소의 참상 그리고 동족상잔의 비극을 휴머니즘의 입장에서 하나의 팩션(fact+fiction) 형태로 기록해놓은 것이었다.

그렇다고 해서 그가 평생 불운한 시대와의 쟁투만을 벌인 것은 아니다. 그가 진정으로 쓰고자 했던 것은 인간 존재의 심원한 성찰에 대한 것이었다. 과연 인간 영혼은 구원(救援)받을 수 있는가에 대한 고뇌였다. 비록 미완이기는 하지만 그가 만년에 〈별승무〉라는 단막극을 썼으며 가톨릭으로 귀의도 했다.

그런데 우리 공연문화가 기술과 자원 수준 등의 면에서 너무 뒤져 있었기 때문에 그는 작가로만 머물 수는 없었다. 우리 연극사에서 최초의 전문연출가였던 홍해성(洪海星)이 상업극단으로 옮겨가면서 동랑은 마지못해 연출가로도 나서야 했다. 그것도 첫 희곡을 발표했던 1932년부터 마지막 연출을 한 1972년까지 무려 40년 동안에 걸쳐서 그는 수십 편의 작품을 연출했다. 그가 비록 일본 근대극의 요람이라 할 쓰키지(築地)소극장에서 스타니슬랍스키의 사실주의 연출을 주로 배웠지만 곧바로 메이예르홀트의 상징주의에 기울어지면서도 자기만의 연출세계를 구축하여 이해랑(李海浪), 임영웅(林英雄) 등으로 이어지는 주류 연극의 계보를 만들어놓기도 했다.

그러나 그의 빛나는 공로는 또 다른 데에 있다. 그것은 대체로 세 가지 측면에서 논급될 수 있는바, 그 하나가 계몽운동가로서의 그의 혁혁한 업적이라 하겠다. 그의 연극계몽운동은 실제적 행동과 이론으로 전개되어간 것이 특징이다. 가령 그가 대학을 마치자마자 귀국하여 해외문학파 동지들과 만든 것이 본격 신극단체 극예술연구회였다. 이 단체에서 그는 일제에 의하여 강제 해산당할 때까지 8년 동안 단역배우로부터 극작, 연출, 제작 등에 앞장섰으며 연극계몽이론도 활발하게 펼쳤다.

예를 들어서 이미 1930년대 초에 러시아식의 연극브나로드운동 전개를 촉구하는 한편 일본 연극을 비롯하여 미국 연극 등의 동향을 소개함으로써 우리의 신극운동의 나아갈 길을 제시하기도 했다. 그는 특히 한국 연극의 미래를 짊어질 신인들은 학교극활동에서 양성되어야 한다면서 각급 전문학교 연극반원들을 지원하는 한편 동경학생예술좌(東京學生藝術座) 조직에도 깊이 관여했다.

그런 그도 역시 역사의 슬픈 격랑을 피할 수는 없었다. 악랄한 일본 군국주의가 대동아전쟁을 일으키면서 소위 '전시총동원령'을 내리고 우리 국민을 강제징용과 성노예로 끌어가는 것도 모자라 지식인들과 예술인들의 '영혼 빼앗기'까지 했던 것은 잘 알려진 일이다. 그에 따라 동랑 역시 반강제로 극단 현대극장을 조직, 목적극 두 편과 연출 몇 편을 무대에 올리고 저들의 정책 홍보성 글도 쓰지 않을 수 없었다. 이 시기에 거의 모든 연예인이 창작으로나 배우, 연출 혹은 무대미술 등 어떤 형태로든 참여하지 않을 수가 없었다. 그것은 월북하여 북한 연극의 기초를 닦고 정관계에서 크게 활약한 송영(宋影)이라든가 박영호, 황철 등도 예외가 아니었다.

오죽했으면 유신시대 이후 대표적인 민주투사였던 송건호(宋建浩, 전 『동아일보』 편집국장, 『한겨레』 사장)마저 그 시절 문예인들의 행로와 관련하여 '감옥에 가거나 협력하거나 붓을 꺾고 숨어살거나' 한 가지 길밖에 없다고 썼겠는가.[1] 그런 속에서도 동랑은 창씨개명을 끝까지 거부한 몇 안 되는 연극인이었다. 그렇다고 해서 그의 과오가 덮어진다는 이야기는 아니다. 이는 분명히 그의 빛나는 연극인생에서 하나의 '옥(玉)의 티'임에는 틀림이 없다. 그런데 티가 박혔다고 해서 옥이 아닌 것은 아니다. 다만 그 엄혹한 시대를 살아보지도 않은 '후세의 오만'이 편향된 잣대로 선조들의 모든 업적을 일방적으로 폄훼(貶毁), 매도(罵倒)하기보다는 연민(憐憫)의 눈으로 바라볼 때도 되지 않았나 하는 생각이다.

이런 피치 못할 과오(?)로 인하여 그는 해방 직후에는 스스로 차가운 돌베개를 베고 한동안 은둔생활을 하고 있었다. 그러던 중 그는 좌우 연극인들의 대립 갈등이라는 혼란 속에서 월탄 박종화(朴鍾和)의 부름을 받고 그와 함께 민족예술 지킴이의 중심에 서게 된다. 특히 그는 좌익 연극인들의 국제공산주의에 기반을 둔 프

---

1 송건호, 『한국현대사론』(한국신학연구소, 1979), 302면 참조.

로연극동맹을 중심으로 한 이데올로기 정치운동에 반기를 들고 자유 민주주의를 위한 두 번째의 연극브나로드운동을 전개하여 대한민국정부 수립에 기여했으며, 한국 무대예술원을 조직하여 혼란에 빠진 연극계를 안정시키기도 했다.

그는 정부수립과 함께 큰 희망을 갖고 문화부(그 후 40년 뒤인 노태우정부 때에 와서야 설립되었음)와 국립예술원 설립을 요구했으나 뜻을 이루지는 못했다. 대신 그는 이 시기에 각종 법령 정비, 즉 무대예술을 고사시킬 수도 있는 미군정의 극장 입장세율 인상과 식민지 잔재라 할 공연악법(公演惡法) 철폐운동을 벌여나간 것이다. 이러한 여러 가지 그의 요구사항 중 일부는 성취됐지만 모든 것이 다 이루어진 것은 아니었다.

이 시기에 특기할 사항 중 또 한 가지는 그가 선구적 계몽주의자답게 여러 대학에 출강하여 연극론을 강의하면서 희곡과 연극의 기초 이론을 서책으로 개진한 점이다. 즉 그는 예술지망생들이 희곡을 쓰더라도 기본은 알아야 하고, 연극을 하더라도 본질을 제대로 알아야 한다는 노파심에 따라 아리스토텔레스로부터 구스타프 프라이타크, 고든 크레이그, 그리고 조지 베이커 등의 희곡연극론을 우리 현실에 맞춰 소개하기도 했다.

그리고 그가 연극활동을 해오면서 가장 절감했던 것 중 하나가 극장 부족문제였다. 수십 년간 각 극단들은 일본인들이 착취수단으로 전국에 세운 극장(영화관)들을 6:4 비율로 임대해서 공연을 해보아야 남는 것이 없었다. 따라서 해방 직후부터 문화인들은 일본인들이 세운 극장들을 연극인들이 활용할 수 있도록 범문화계 차원에서 분투했으나 모두 허사가 되었다. 따라서 문화인들이 생각해낸 것이 바로 국립극장의 시급한 설치였다. 다행히 1950년 초에 아시아 최초로 국립극장이 설치되면서 그가 초대 극장장으로 취임하자마자 연극을 비롯하여 무용, 오페라, 국악 등 무대예술 전반의 진흥을 시도했으나, 석 달도 되지 않아 6·25전쟁이 발발하면서 민족예술이 겨우 기지개를 켜다 말고 또다시 기나긴 시련기에 접어들게 되었다.

전쟁이 끝난 뒤에 그는 곧바로 붕괴된 공연예술 기반구축에 나서게 된다. 그는 우선 파괴된 극장들을 개축하되 획일적이 아닌 연극이라든가 음악, 무용 등의 공연에 적합하도록 특성화하게 권장했으며, 정부가 국산 영화 진흥을 꾀하는 것은 찬성하지만 연극의 위축을 초래하도록 해서는 안 된다는 주장도 했다. 그리고 그는 영화이론가가 없던 시절 영화 발전에 관한 선진 이론도 소개하는 한편 시나리오도 여러 편 써서 영화화도 되었다. 사실 그는 일찍부터 영화에도 깊은 관심을 갖고 일제강점기에 이미 미국 영화계 동향에 대하여 심층적으로 소개한 바도 있었다.

그는 우리의 정책 당국과 영화인들이 타산지석으로 삼으라는 의미로 미국이 국가 기간산업으로 삼는 영화 정책에 대하여 소개하면서 한국 영화시장도 해외로 눈을 돌려야 한다고도 했다. 그런 때에 마침 그가 구미 연극여행의 기회를 얻어 동경해 마지않던 신극 본향을 돌아볼 기회를 갖게 되었다. 그런데 그는 서책 등을 통하여 이미 구미 연극에 대하여 상당한 지식을 갖고 있었기 때문에 공연보다는 그들의 연극 정책과 교육 시스템 등에 심층적인 관찰을 했으며 한국 연극도 국제 수준과 보조를 맞춰야 한다는 생각으로 ITI(국제연극협회)에 개인자격으로 가입하고 귀국하자마자 ITI 한국본부를 설립하기도 했다. 연극의 국제 교류의 중요성과 함께 특히 국악(國樂) 진흥을 제창한 그는 한국이 ITI에 가입하자마자 이듬해에 당당히 부위원장으로 당선됨으로써 그의 능력을 국제적으로 인정받기도 했다.

그러나 그가 인생 후반기에 가장 역점을 두었던 두 가지는 인재육성과 극장 건립이었다. 결국 예술 작품도 사람이 만드는 것인 만큼 전문가 없이는 아무것도 이룰 수 없다는 신념에 따라 인재발굴과 육성에 그의 전 인생을 걸기로 한 것이다. 그가 1940년대 초 극단 현대극장을 조직할 때도 부설 인재양성기구 설치를 조건으로 내걸었었고, 해방 직후 국립서울대학에 연극과 설치를 요구한 바 있으며, 인성과 화술교육을 위해서도 연극을 중등학교의 교과 커리큘럼으로 넣어야 한다는 주장도 했다.

이런 그의 첫 결실로 1960년도에 최초로 동국대학에 연극학과 설치를 이루어내고 스스로 앞장서서 대학에서의 연극교육 기초를 다져놓기도 했다. 그러나 한 대학의 연극학과로서는 그의 원대한 꿈을 이룰 수는 없었다. '하늘은 스스로 돕는 자를 돕는다'는 말대로 그는 인생 최대의 역사(力事)에 나서게 된다. 즉 그는 록펠러재단에 요청하여 적은 종잣돈을 원조 받고 자신의 전 재산을 투입하여 드라마센터를 세운 것이다.

그런데 드라마센터는 한국의 극장사적(劇場史的)으로 볼 때, 대단히 중요한 의미를 지닌다. 첫째, 극장구조를 초현대식으로 만든 것은 프로시니엄아치식의 구태를 혁파함으로써 한국 연극이 단번에 고루한 근대극을 탈피하고 현대극으로 나아갈 수 있도록 했고, 둘째로는 연중무휴 공연과 레퍼토리 시스템의 단초를 열었으며, 셋째로는 공연예술 전 분야 인재를 광범위하게 양성할 수 있는 거점(據點)이 된 점에서 그렇다.

사실 드라마센터는 그의 평생의 꿈이 농축된 것이어서 개관과 동시에 범국민운동 차원에서 한국 공연예술 발전의 거대 청사진을 제시했지만 낙후된 우리 시대가 그를 뒷받침해주지 못했다. 따라서 그는 곧바로 인재양성 쪽으로 방향 전환을 했다. 즉 연극아카데미를 시작으로 하여 서울연극학교, 그리고 오늘의 서울예술대학교가 되도록 탄탄한 토대를 마련해갔다. 그런데 주목해야 할 부분은 그의 인재육성 프로그램의 장대(長大)함이라 하겠다. 그 점은 학과의 성격과 교육 방식에서도 조금은 보인다.

그는 어린이들의 인성과 화술을 위한 조기 예술교육을 권장하고 청소년 연극경연대회를 통하여 인재의 조기 발견도 꾀했다. 그는 아예 드라마센터에 어린이극회까지 설치할 정도로 아동과 청소년들의 연극교육에 많은 신경을 썼다. 그다음으로 그가 진력한 것은 '극작가 캐내기' 운동이었다. 그런데 더욱 주목을 끌 만한 대목은 그가 연극아카데미로부터 시작하여 서울연극학교, 그리고 서울예술대학교로 발전시키는 과정에서 연극 분야뿐만 아니라 TV, 라디오, 영화 등의 인재까지 폭넓게 키우기에 다걸기한 사실이다. 그는 이미 20세기 후반에는 미디어가 크게 진전될 것으로 예상하고 기술 등 여러 방면의 인재가 필요하다는 것을 알았기 때문에 하루빨리 그 분야 인재를 서울예술대학을 통해서 키워내야겠다는 결심으로 학과개설과 실기 위주 교육도 가장 먼저 시행했다. 오늘날 우리나라 공연문화계에서 중추 역할을 하고 있는 수많은 인재가 곳곳에서 활약하고 있는 것도 바로 수십 년 앞을 내다보고 준비했던 동랑의 꿈의 결실이라고 보아야 한다.

외국에서 한국을 말할 때, 대체로 세 가지를 부러워하는 것으로 전해진다. 삼성과 현대, 그리고 한류(韓流)라고 말하는데, 두 가지는 기업이지만 하나는 문화예술이다. 그 한류란 곧 드라마, 영화, 가무, 그리고 국악 등을 일컫는다고 볼 때, 그 원류를 찾아 올라가면 드라마센터와 그곳에서 일찍부터 인재를 키워낸 동랑 유치진에 와닿는다. 대하(大河)도 거슬러 올라가면 작은 옹달샘으로부터 시작되는 것처럼 문화도 마찬가지다. 오늘날의 문화융성도 결국 일찍부터 광범위하게 문화예술 기반을 다져놓은 동랑 유치진 같은 선각자가 있어서 가능한 것이다.

이처럼 선각적인 동랑이었지만 한평생 관직의 유혹을 뿌리치고 오로지 문화예술 운동에만 다걸기했다. 가령 그가 부산 피난 중에 KBS 방송국장직(현재의 사장 격) 제의를 받았지만 사양한 바 있으며, 그 후에도 제1공화국의 경무대 문화비서관, 공보처 차장, 그리고 집권당의 국회의원 제의 역시 모두 고사했던 일화는 유명하다. 따라서 그는 한평생 문화계 지도자로서 그 흔한 스캔들 한 번 일으킨 적이 없을 정도로 도덕적인 삶을 살았다. 그런 그가 결국 1974년 새해에 연극 진흥을 논하는 와중에 쓰러졌고, 9일 동안 죽음과 사투를 벌이면서도 의식이 어렴풋이 들 때마다 한국 연극의 미래를 걱정하는 몇 마디를 유언으로 남기고 자신이 살고 있던 드라마센터 뒤 어둑한 누옥(陋屋)에서 향년 69세로 파란만장한 생을 마감한다.

1. 어둠 속의 한 줄기 빛
―출생과 성장

위대한 사람들의 미숙함은 보통사람들에게 매력적인 것이다. 냉소적 성향을 가진 사람들은 천재들이 보통사람보다 일상생활을 더 잘 꾸려나가지도 않으며 때로는 자기들보다 훨씬 못하다는 점을 발견하고 만족해한다. 천재들이 보통사람들 또는 대단치 않은 재능을 가지고 있는 사람들과 함께 있을 때, 우리는 심적으로 언제나 천재들의 편에 서는 것은 아니라는 점을 떠올리며 다소 위안을 얻는다. _『E. H. 카 평전』

1) 출생지 시비의 전말

세계 연극사상 최고의 인물이라고 자타가 공인하는 문호 셰익스피어에 대해서는 그동안 수많은 학자가 다양한 학설을 쏟아냈고, 그중에는 그가 실존 인물이 아니라는 설까지 있다. 그러나 그의 고향이 영국의 스트랫퍼드 어폰 에이번이라는 데 대하여 이의를 제기하는 사람은 없다. 이처럼 세계의 역사 속에 이름을 남긴 소위 걸출한 인물들의 출생지만은 명명백백하게 밝혀져 있는 것이 사실이다. 물론 오래된 인물의 출몰연대는 이따금 착오가 없지는 않다. 그러나 출생지에 대하여 여러 설이 있는 경우는 거의 없다고 해도 과언이 아니다. 더구나 최근세에 태어난 인물의 출생지가 불분명한 경우는 생각해볼 수도 없는 것이다. 왜냐하면 문자가 없는 미개한 종족이 아닌 이상 각 나라는 호적부와 같은 정부의 기록문서가 있어서 출생에 대하여 정확히 기록해놓기 때문이다.

그런데 최근에 한국 역사상 처음으로 한 인물의 출생지를 놓고 두 지역 간의 송사(訟事)까지 벌어져서 세인의 관심과 흥미를 끈 바 있다. 즉 근대 공연예술의 개척자 동랑 유치진과 생명파 시인으로 일컬어지는 그의 계씨(청마 유치환) 형제의 출생지를 놓고 거제시와 통영시가 송사를 벌인 일이 바로 그것이다. 경상남도의 해안가에 위치한 두 아름다운 이웃 도시가 각각 그들의 출생지를 놓고 '거제시 둔덕면 방하리가 맞다'와 '통영시 태평동이 맞다'로 다툰 것은 흥미 차원을 넘는 세인의 관심사였다.

이를 좀 더 구체적으로 설명하면 거제시 측의 주장은 동랑의 부친 유준수(柳焌秀)가 둔덕에 살면서 그 부근에 거주했던 박순석(朴絢碩)의 차녀 박우수(朴又守)와 1904년에 결혼하여 장남인 동랑을 1905년에 낳았고, 차남인 청마는 그 3년 뒤인 1908년에 낳은 뒤 1910년에 통영으로 이주했다는 것이다. 한편 통영시 측은 유준수가 결혼 전에 이미 통영에 거주하면서 한의학을 습득하고 약동(藥童)으로 일하면서 박순석의 차녀 박우수와 결혼하여 그곳에서 동랑과 청마를 낳은 것이라는 주장으로 맞섬으로써 결국 송사로까지 번진 것이었다.

그런데 국외자의 입장에서 볼 때, 당장 의문이 드는 것은 두 도시가 무엇 때문에 두 예술가의 출생지의 진위를 놓고 최고 법원까지 가는 장기간의 송사를 벌였는가 하는 것이다. 다 알다시피 송사란 한마디로 이해 다툼이다. 그렇기 때문에 많은 시간과 비용을 들여가면서 송사를 벌이는 것이 아니겠는가.

이는 우리나라 정치 변동과도 무관치 않다고 보아야 할 것 같다. 즉 우리나라가 민주주의 발달에 따른 지방자치제가 자리를 잡으면서 각 도시는 출중한 인물 배출에 따른 위상을 높이고 동시에 관광객 유치를 통한 세수 증대까지 꾀하기 위해서 자기 고장 출신의 유명 예술인들을 내세우는 것이 근자의 한 경향이다. 그리하여 각 도시는 다투어 자기 고장 출신의 예술인들을 기리는 문학관이나 미술관 또는 시비(詩碑), 가요비 등을 세우고 출생일에 맞춰서 각종 축제 행사도 갖고 있다. 이는 사실 문화국가의 도시들이 할 만한 사업으로서 대단히 바람직한 일이기도 하다.

그렇기 때문에 거제시와 통영시가 우리나라 최고의 연극인인 동랑과 시인인 청마의 출생지를 놓고 다투는 것은 어쩌면 자연스러운 일이었다고 해도 과언이 아니다. 그런데 문제는 이들의 출생이 각각 1905년과 1908년이므로 겨우 100년을 넘은 최근세 인물인데, 어떻게 출생지가 명확지 않아 송사까지 벌어졌느냐 하는 의문이 남는다는 점이다. 여기에는 우리나라 행정의 후진성에 따른 호적부의 부실과 급속한 도시화에 의한 잦은 행정개편이 저변에 깔려 있다고 말할 수가 있을 것 같다.

즉 그들이 출생한 20세기 초반, 그러니까 1900년부터 일제의 병탄(1910년 8월) 전까지의 호적부의 기록이 부실했던 점과 당사자들의 증언과 그들이 자전적으로 써놓은 글들에 있는 애매한(?) 점 등이 겹쳐서 생겨난 것이라고 볼 수가 있다. 좀 더 구체적으로 말하면, 동랑의 경우 생전에 필자를 비롯하여 주변 사람들에게 자신이 거제의 둔덕에서 태어났다고 증언[1]했지만 자전적 글에는 통영이 고향이라고 씀으로써 후세인들을 종잡을 수 없게 만들고 있는 것이 사실이다. 그의 계씨 청마가 쓴 회향시(懷鄕詩)를 보면 거제의 둔덕과 통영시 양쪽으로 해석할 수 있는 부분도 없지 않음으로써 후세인들을 혼동케 한다. 물론 동랑이 출생지를 통영이라고 한 것은 당시 행정구역상으로 거제 둔덕이 통영군의 한 면 소재지였으므로 틀린 표현은 아니다. 그런데 후술하겠거니와 동랑의 글을 세밀하게 분석해보면 통영이 출생지임을 짐작게 한다는 데 문제가 있다고 본다.

어떻게 보면 황당할 수도 있는 출생지 논쟁과 송사는 청마유족 측의 소송으로부터 시작된 듯싶다. 즉 통영시에 세워진 청마문학관의 약력란에 청마의 출생지가 통영시 태평동으로 잘못 기록됨으로써 고인과 그 유족의 인격권이 침해됐다고 하여 통영시장을 상대로 손해배상 청구소송을 제기한 것이다. 그렇다면 먼저 유족 측이 거제의 둔덕이 출생지라고 확신하는 근거는 무엇인가? 그에 관해서는 거제시가 오랜 시간에 걸쳐서 치밀하게 조사 연구한 보고서를 소개하는 것으로 대신해야 할 것 같다. 즉 거제시가 2000년에 펴낸 것으로 보이는 『동랑 유치진 · 청마 유치환의 출생지 조사 연구 - 거제 출생에 관하여』가 바로 그것이다. 이 조사 연구 보고서는 호적부를 비롯하여 그들에 대한 그동안의 학계 연구 업적, 그리고 여러 사람의 증언 등을 총망라했기 때문에 앞으로도 더 이상의 자료는 나오기가 힘들 것 같다. 따라서 필자는 거제시가 여러 각도로 조사한 연구 보고서의 결론 부분을 중심으로 하여 그들의 주장을 설명하고자 한다.

흥미로운 점은 거제시가 출생지를 규명함에 있어서 통영시의 주장을 반박하는

---

1 필자는 1960년대 초반부터 1973년까지 10여 년 동안 동랑을 만났는데, 그는 여러 번에 걸쳐서 자신과 청마가 거제 둔덕에서 태어나서 다섯 살 때 통영으로 이주했음을 밝힘으로써 필자가 세 번이나 둔덕 현지에 가서 현장 조사를 했으며, 1993년에 발간된 『동랑자서전』에도 출생지를 둔덕으로 쓴 바 있다.

것으로부터 시작하고 있다는 사실이다. 즉 거제시 측은 동랑 형제의 통영출생설의 모순점 다섯 가지를 지적했다.

첫째, 동랑·청마와 관련된 호적부에 의거하여 부친 유준수의 본적지 '통영시 태평동 552번지'를 동랑·청마의 출생지로 주장하는 것은 모순이며, 통영시에 보관되고 있는 유준수의 호적부 작성 시기를 한일병합 직전인 1910년 1월 21일로 주장하고 있으나 호적부의 행정구 표기가 일본 연호 사용 등으로 일정시대인 1915년 이후에 작성되었음이 밝혀졌다는 것이다.

둘째, 유준수의 호적부에 1911년 1월 23일 통영군 동면 신흥동 26호에서 통영군 동부동 5통 16호(태평동 552번지)로 이사한 것으로 기록하고 있으며, 통영시의 자료에도 1910년 신혼생활을 하던 신흥동에서 이사하여 본적을 옮긴 흔적이 호적에 나타나 있음이 확인된다. 그렇다면 신흥동이 출생지라고 볼 수 있음에도 불구하고 이사하여 살던 곳인 태평동 552번지를 출생지(생가)로 주장하는 것은 모순이라는 것이다.

셋째, 만약 박순석이 통영에서 박약국을 운영하면서 일하던 유준수와 차녀 박우수를 결혼시켰다면 동랑·청마의 출생은 명확하지만, 박순석은 거제 둔덕면 하둔리 267번지에 거주하였음이 호적부에 나타나 있고 1918년 하둔 마을 주민들이 박순석의 송덕비를 세우기도 하였으며, 통영에서 약국을 운영한 사실이 전혀 없음을 친손자들이 밝히고 있다. 그렇기 때문에 거주하지도 않은 통영에서 박약국을 운영하고 거기에서 일하던 유준수를 사위로 삼았다는 주장은 모순이라는 것이다.

넷째, 동랑·청마가 통영에서 태어났다면 부친 유준수가 결혼(1904)하기 전에 통영으로 이사했어야 하는데 이사한 기록이 전혀 없다. 통영 출생설은 아무런 근거도 없이 결혼 전에 박순석의 박약국에 약동으로 취직하였다고 주장하고 있다. 1910년 거제 둔덕에서 통영으로 이사하였다는 유가족의 증언, 호적부의 기록, 1975년에 발행된 『동랑자서전』의 기록이 있는데, 유준수가 결혼(1904) 이전에 통영으로 이사하였다는 주장은 모순이라는 것이다.

다섯째, 통영시 측에서는 거제 출생설이 동랑 유치진의 통영 남망산 공원 흉상제막과 관련하여 1990년 이후 갑자기 제기되었다고 주장하고 있다. 그러나 거제 둔덕 지방에서는 동랑·청마가 둔덕면 방하마을에서 태어나 통영으로 이사 갔다는

1920년대 통영 전경

것이 구전으로 전해져왔으며, 1986년 9월 둔덕 조기회에서 동랑·청마의 거제 출생을 공식으로 거론하기 시작하여 1987년에는 동랑·청마의 누이동생 유치선(柳致善)이, 1989년 3월에는 청마의 미망인 권재순(權在順) 여사의 막내딸 유자연(柳紫燕)이, 1989년 5월 25일에는 청마 고향 시비 제막식 당일 참석한 권재순 여사 등이 반복해서 거제 둔덕 출생설을 밝힌 바 있어, 1990년 이후 거제 출생설이 갑자기 제기되고 조작되었다는 통영 측 주장은 모순이라는 것이다.[2]

이어서 거제시 측은 이들의 출생지를 거제시라고 확신하는 근거로써 네 가지를 제시했는데, 그 첫째가 인간의 태어난 곳에 대한 회귀본능으로 청마는 그의 작품 「출생기」, 「거제도 둔덕골」, 「사모비」에서 출생지에 대한 강한 향수와 태어난 곳으로 돌아와 묻히고 싶다는 인간의 회귀본능을 강하게 표현하였다는 것, 둘째, 『동랑자서전』의 정리자인 유민영 교수에게 동랑이 거제 출생을 구술하였으며, 1993년에 발행된 『동랑자서전』에 거제 출생이 기록되어 있다는 것, 셋째, 동랑·청마의 출생

2 거제시, 『동랑 유치진·청마 유치환의 출생지 조사 연구 - 거제 출생에 관하여』, 76~77면. 이 보고서에는 발간 연도가 적혀 있지 않으나 자문위원인 부경대 남송우 교수의 감수평가가 2000년 6월로 되어 있는 것으로 보아 2000년에 발간한 것으로 보아도 무방할 것 같다.

지와 관련하여 유가족 및 친인척의 증언은 물론 청마의 유족이 거제에서 태어났다는 친필원고[3]를 남기고 있다는 것, 넷째 출생의 진실은 하나뿐으로, 호적기록 분석, 거제 출생의 사실적 근거, 통영 출생설의 모순점 등을 종합해보면 지금까지 알려진 동랑·청마의 통영 출생설은 잘못되었다는 것이다.

그 결론으로서 거제시는 "동랑·청마의 부친 유준수는 1887년 12월 25일 경상남도 거제군 둔덕면 방하리에서 유지영(柳池英)의 차남으로 태어났으며, 동랑·청마의 모친 박우수는 1886년 1월 12일 거제군 둔덕면 하동리에서 박순석의 차녀로 태어나 유준수와 박우수가 결혼(1904)하였다. 결혼 후 거제군 둔덕면 방하리 507번지에 거주하면서 1905년 11월 17일 동랑 유치진을 낳고, 1908년 7월 14일 청마 유치환을 낳았다. 1906년 11월 17일 부친 유지영이 사망하고 큰형인 유근조와 한 집에 살다가 둔덕 시골생활을 청산하기 위하여 장인 박순석의 관심과 도움으로 한일합방 되기 직전인 1910년 1월 21일 용남군(1914년 3월 1일 행정구역 개정 후 통영군으로 변경) 동면 신흥동 26호로 이사하였다. 그리고 1년 뒤인 1911년 1월 23일 용남군 춘원면(1914년 3월 1일 통영군 통영면으로 변경) 동부동 5통 16호로 이사하였으며, 동부동 5통 16호는 현재 통영시 태평동 552번지로 변경되었고 태평동 552번지는 유준수의 본적지로 유약국을 운영하던 장소이며, 다시 태평동 500번지에서 운영하기도 하였다."[4]고 했다.

이상과 같은 거제 측의 주장은 상당한 설득력이 있는 것이 사실이다. 즉 거제 측의 주장 중에 가장 설득력을 지니는 부분은 동랑 형제보다는 부친(유준수)의 증언이라고 말할 수가 있다. 왜냐하면 이들의 출생지를 알 수 있는 유일한 당사자는 부친밖에 없다고 보아야 하기 때문이다. 그러한 부친의 말을 듣고 자란 자녀들이

3 동랑·청마가 거제에서 태어났다는 유족의 친필원고, "저의 선친(柳致環)께서는 두 살 때 저의 백부(柳致眞)는 다섯 살 때 아버지(柳焌秀)를 따라 거제도 둔덕 방하리에서 통영으로 이사하셨다는 말씀을 조부(유준수)님으로부터 직접 들었으며 부모님으로부터와 친척어른들로부터도 들어왔습니다. 그러므로 거제도 둔덕 방하리는 분명 저의 선친의 출생지이며 통영은 선친께서 두 살 때부터 50여 년간 살아오신 곳이므로 아버지로서는 통영 또한 고향임에는 틀림이 없을 것입니다. 이 점을 참고하셨으면 좋겠습니다. 1996년 6월 11일 장녀 柳仁全, 차녀 春妃, 삼녀 紫燕"(『동랑 유치진·청마 유치환의 출생지 조사 연구-거제 출생에 관하여』)에서 재인용.

4 위의 글, 79면.

동랑과 청마의 거제도 집(복원)

출생지를 둔덕으로 알고 있는 것도 극히 자연스러운 것이다.

그래서 동랑도 생전에 그와 같은 증언을 한 것 같고, 청마 역시 둔덕이 출생지로 읽힐 수도 있는 회향시를 썼을 것임은 두말할 나위 없다. 필자 역시 그동안 동랑의 증언을 전적으로 신뢰하여 왔으며 또한 그렇게 기술했었다(아직도 그런 심증을 떨쳐버리지 못하고 있다). 그러다가 근자 두 도시 간의 송사를 관심 있게 지켜보다가 이들의 출생지를 십수 년 동안 다각적으로 추적한 청마시 연구의 권위자 차영한 교수의 역저 『니힐리즘 너머 생명시의 미학』(2012)을 접하게 되었다.

필자는 이 저서를 통해서 그동안 품어왔던 두 가지 불분명했던 점, 즉 당사자들의 증언을 뒷받침할 만한 '결정적 기록'의 부재와 가난한 초동(樵童)에 불과했던 유준수가 '어떻게 두메산골에서 한의사가 되었는가' 하는 의문점을 어느 정도 해소할 수가 있었다(역사학에서 증언에 우선하는 것은 어디까지나 기록이다). 바로 그 점에서 이 저술은 통영시 측의 주장까지도 훨씬 뛰어넘을 만한 동랑 형제의 출생지 천착(穿鑿)으로서 양측의 갈등을 종식시킬 만한 역작이라 확신한다.

통영의 동랑 생가 앞에서. 왼쪽부터 유인형, 유덕형, 유민영, 윤대성.

우선 동랑이 둔덕에서 출생했다고 기재된 호적의 부재에 대하여 거제시 측에서는 해명이 명쾌하지 못한 반면에 차영한 박사가 여러 가지 호적 조사를 통하여 그 의문점을 상당히 불식시키고 있다. 그렇다고 해서 차 박사가 없는 호적을 찾아냈다는 것이 아니라 기존의 호적기록 분석을 통하여 유준수가 일찍이 통영으로 이주해 살았음을 유추해내고 있다는 이야기다. 우리나라 근대 호적변천사에 의하면 1896년 9월 1일을 기준으로 하여 1909년 3월 26일 민적법 시행기간까지 13년 동안은 대체로 기록보다는 호패(號牌, 오늘날의 주민증에 해당)를 사용함으로써 등호적부에 생몰기록이 등재되어 있지 않았다. 따라서 차 박사의 저술에 근거해볼 때 그의 확실한 호적기록은 민적법 시행 이후인 1909년에 나타나며 직업도 '약상(藥商)'으로 기재됨으로써 그가 이미 스물한 살 이전에 그런 한의업을 한 것임을 알 수가 있다.[5] 그리고 청마의 회향시 「출생기」에 보면 자신의 탄생과 관련하여 "검정포대기 같은 까마귀 울음소리 고을에 떠나지 않고 / 밤이면 부엉이 괴괴히 울어 / 남쪽 먼 포구의 백성의 순탄한 마음에도 / 상서롭지 못한 세대의 어둔 바람이 불어오던 / 융희2년(隆熙二年)! (……) 젊은 의원인 아버지는 / 밤마다 사랑에서 저릉저릉 글읽으셨다."고 씌어 있는데 융희 2년은 1908년이므로 유준수는 이미 스무 살에 한약상이 되어 있었음을 알 수가 있다는 것이다.

그러니까 유준수가 1904년에 둔덕에서 결혼하여 두 아들을 낳고 1910년에 통영

5 차영한, 『니힐리즘 너머 생명시의 미학』(시문학사, 2012), 100~101면 참조.

으로 이사한 뒤에 한의사가 되었다는 구전은 맞지가 않다고 한 것이다. 그에 이어서 차영한 박사는 차남인 유준수가 둔덕에 살고 있는 장남(유근조)과 함께 살지 않았음도 유근조의 호적부에서 유준수가 분가했다는 기록이 없다는 사실에서 유추해 내기도 했다(둔덕골 집이 워낙 협소해서 두 형제 가족이 함께 살기는 불가능했을 것도 같다 - 필자). 이 말은 곧 유준수는 1910년 이전에 이미 통영으로 분가해서 가정을 이루었다는 이야기가 되는 것이다. 그것을 뒷받침할 만한 또 한 가지 증거는 1910년도 그의 아내 박순석의 지적부에 그도 함께 올라 있었다는 점이다. 그러나 그보다도 더 유력한 증거는 유준수가 결혼 훨씬 이전에 통영 땅으로 나와 한의학을 공부했다는 차영한 박사의 다음과 같은 구전 수집이야말로 결정적인 증거가 될 수도 있지 않을까 싶다.

유준수(柳焌秀, 1887년생)의 한의사 수업에 대한 구전(口傳)을 살펴보면 그가 8살 되던 해 그의 친고모(유준수의 부친 유지영의 여형제)가 사는 통영 땅을 가게 된다. 유준수의 친고모(姑母)는 통영인과 혼인하여 통영 땅에 살고 있었는데, 유준수는 그의 고모의 소개로 당시 삼도수군통제사의 주치의(主治醫) 장기원(張紀原)의 한의원에 약동으로 들어가서 한의 수업을 받게 되었다는 것이다. 1895년(고종 32)까지 제208대 홍남주(洪南周) 통제사 재임시기로 추정하는데, 홍남주 수군통제사의 주치의는 장기원이었다는 것이다. 그때 장기원 주치의의 장남 장석규(張錫圭) 역시 그의 아버지 밑에서 한의 수업을 받은 후 한의사가 되었다. 또한 통제사 주치의 장기원의 손자 장응두(張應斗, 호: 何步) 역시 3대째 한의 수업을 받으면서 시조시인이 되었다. 이와 같은 구전(口傳)을 뒷받침하는 것은 정진업(鄭鎭業) 시인의 글에서도 엿볼 수 있다. 정진업 시인의 글을 인용하면 다음과 같다. "청마의 시에도 나와 있지만 돌다리를 건너면 유약국 (……) 하보(何步)는 2대째 내려오는 명의시던 아버님(張錫圭) 밑에서 의학을 배우면서 시조를 쓰고 있었다."(정진업(鄭鎭業), 「만주로 갔던 청마(靑馬)」, 『시인들』 1, 2집 합병호, 1973년 간행)[6]

6 위의 책, 72면. 각주 133을 그대로 재인용.

이상과 같은 인용 글도 어디까지나 기록이 아닌 구전(口傳)에 불과할 수가 있다. 그러나 한 가지 분명한 것은 이 구전이 어떤 것보다도 신빙성을 지니는 것은 그동안 의문점으로 남아왔던 유준수의 한의학 수업에 대한 배경이 구체성을 띠는 동시에 개연성이 있어 보임으로써 대부분의 의문도 풀린다고 보기 때문이다. 이러한 여러 전거를 바탕으로 하여 차 박사는 동랑 형제의 출생지는 현재 통영 땅 태평동, 즉 청마 자신이 주장하는 '동문안'임을 알 수가 있다.[7]고 결론지었던 것이다. 차 박사가 다양한 전거를 토대로 한 학술적 뒷받침을 해줌으로써 피고 통영시 측도 거기에 발맞춰서 다음과 같은 청마의 회향시 「출생기」와 그 자작시 해설을 결정적인 증거로 제시한 것이다.

출생기

검정 포대기 같은 까마귀 울음소리 고을에 떠나지 않고
밤이면 부엉이 괴괴히 울어
남쪽 먼 포구(浦口)의 백성의 순탄한 마음에도
상서롭지 못한 세대(世代)의 어둔 바람이 불어 오면

융희이년(隆熙二年)!

그래도 계절만은 천년을 다채(多彩)하여
지붕에 박넌출 남풍에 자라고
푸른 하늘엔 석류(石榴)꽃 피 뱉듯 피어
나를 잉태(孕胎)한 어머니는
짐짓 어진 생각만을 다듬어 지니셨고
젊은 의원인 아버지는
밤마다 사랑에서 저릉저릉 글을 읽으셨다

7 위의 책, 336면.

왕고모댁 제삿날밤 열나흘 새벽 달빛을 밟고
유월이가 이고 온 제삿밥을 먹고 나서
희미한 등잔불 장지 안에
번문욕례(煩文辱禮) 사대주의의 욕된 후예(後裔)로 세상에 떨어졌나니

신월(新月)같이 슬픈 제 족속(族屬)의 태반(胎班)을 보고
내 스스로 고고(呱呱)의 곡성(哭聲)을 지른 것이 아니었건만
명(命)이나 길라하여 할머니는 돌메라 이름 지었다오

내가 난 때는 1908년 즉 한일합병이 이루어진 전전 해로서 갈팡질팡 시달리던 국가 민족의 운명이 마침내 결정적으로 꺼꾸러지기 시작하던 때요, 난 곳은 노도처럼 밀려닿던 왜의 세력을 가장 먼저 느낄 수 있던 한반도의 남쪽 끝머리에 있는 바닷가 통영(지금의 충무시)이었습니다. 내가 자라던 집은 바닷가 비알이며 골짝 새로 다닥다닥 초가들이 밀집한 가운데 더욱 어둡고 무거워 보이는 삼도통제사의 아문들이던 이끼 덮인 옛 청사와 사방의 성문이 남아 있는 선창가엔 마포(馬浦, 지금의 마산), 하동 등지로부터 장배들이 수없이 들이닿고 쌀, 소금, 명태 등속의 물주집 창고들이 비좁게 잇달아 서서 언제나 품팔이 지게꾼들이 우글거리는 고을바닥의 중심지 가까운 한길 가에 시옷자로 붙어 앉은 초라한 초가였습니다.[8]

이상에서 확인할 수 있는 바와 같이 청마는 자신의 출생지 통영을 가족사와 연관시켜서 매우 빼어난 시로 승화시킨 바 있다. 따라서 두 도시 간의 송사는 최고법원까지 가면서 자연스럽게 통영시 측의 승소로 마침표를 찍었는데, 그 판결문은 역사적인 자료가 될 것이므로 참고삼아 여기에 소개하여 기록으로 남기겠다.

---

8 유치환, 『구름에 그린다』(신흥출판사, 1959), 11면.

대법원 제1부 판결선고 2004. 12. 23.

주 문

상고를 모두 한다.

상고비용은 원고들이 부담한다.

이 유

상고 이유를 본다.

원심은 그 채용증거를 종합하여 그 판시와 같은 사실을 인정한 다음, 청마 유치환(이하 '청마'라고만 한다)은 자신이 직접 집필하여 1959년 12월 25일 발간한 자작시 「구름에 그린다」에서 스스로 통영에서 출생하였다고 구체적으로 분명히 기술하고 있는데, 청마가 출생지를 바꾸어 말할 만한 특별한 이유나 사정을 찾아볼 수 없을 뿐만 아니라 청마의 위와 같은 기술이 오류라고 볼 만한 공적 기록이 없는 점, 청마는 자작시 「출생기」에서 부친인 유준수의원인 시절에 자신이 출생한 것으로 기술하고 있는데, 원고들이 내세우는 유민영이 집필한 1992년도판 『동랑유치진전집』에 의하더라도 유준수는 통영으로 이사를 간 이후 한약방을 차린 것으로 되어 있는 점, 또한 위 『동랑유치진전집』에 의하더라도 유준수가 통영에 거주하는 박우수 가문에 데릴사위로 들어가 살면서 청마를 낳았을 가능성을 배제할 수 없는 점, 청마의 형인 동랑 유치진(이하 '동랑'이라고만 한다)은 1969년 2월 1일 방송 프로그램에 출연하여 통영에서 출생하였다는 취지로 말하였고, 동랑의 사망 직후 김유경이 동랑의 구술 등을 정리하여 발간한 1975년도판 『동랑자서전』에서는 동랑 및 청마가 통영에서 출생하였다고 밝히고 있는 점 등에 비추어보면 청마의 출생지가 원고의 주장하는 것처럼 거제시 둔덕면이라고 단정하기 어렵다고 판단함으로써, 청마의 출생지가 거제시 둔덕면임을 전제로 피고들이 통영시 소재 청마문학관의 이 사건 안내판에 청마의 출생지를 잘못 표시하여 청마 및 그 상속인들인 원고들의 인격권을 침해하였다는 이유로 위자료 지급과 이 사건 안내판에 기재된 청마의 출생지 부분의 삭제를 구하는 원고들의 이 사건 청구를 배척하였는바, 기록에 비추어 살펴보면, 원심의 인정과 판단은 정당한 것으로 수긍이 가고, 거기에 상고 이유에서 주장하는 바와 같이 채증법칙 위반, 심리미진 등의 위법이 있다고 할 수 없다.

원심은 또한, 설령 청마의 출생지가 거제시 둔덕면이라고 하더라도, 청마 스스로 생전에 자작시나 해설집 등을 통하여 통영에서 출생하였다고 밝힌 점 등에 비추어볼 때, 피고 통영시가 당초 청마문학관의 이 사건 안내판에 청마의 출생지를 통영시라고 표시하였다거나 그 후 이 사건 계속 중 각주 형식을 통하여 '청마는 1959년에 발간한 자작시 해설집(구름에 그린다)에서 내가 난 곳은 통영이라 밝혔다'는 것으로 변경하였다고 하여 청마의 인격권을 침해한 것으로 보기 어렵고, 또한 원고 유인전은 1989년경, 청마의 처 권재순과 함께 방송 프로그램에 출연하여 통영시를 청마의 출생지로 확인하였을 뿐만 아니라 원고들은 2000년 2월 14일 피고 통영시가 건립한 청마문학관 개관식에 축하객으로 참석한 점 등에 비추어볼 때, 피고 통영시가 이 사건 안내판에 청마의 출생지를 통영시라고 표시한 행위가 원고들의 청마에 대한 경건감정을 해친다고 보기도 어렵다고 판단하였는바, 이러한 원심판단은 부가적·가정적 판단으로서 앞서 본 바와 같이 주된 판단이 정당한 것으로 인정되는 이상 그 당부에 관계없이 판결 결과에 아무런 영향을 미치지 아니하므로, 이 부분 상고 이유의 주장을 받아들일 수 없다. 그러므로 상고를 모두 기각하고 상고 비용은 패소자들이 부담하는 것으로 하여 관여 대법관의 일치된 의견으로 주문과 같이 판결한다.

이상과 같은 대법원의 확정판결로 두 도시 간의 기나긴 송사는 극적으로 그 막을 내리게 되었다. 따라서 거제시 측에서는 섭섭할 수도 있겠으나 넓게 생각하면 그렇게 아쉬워할 것은 아니라는 생각이다. 왜냐하면 거제 둔덕은 동랑과 청마의 선대가 수백 년 동안 살아온 추억 어린 고향이기 때문이다. 그렇기 때문에 그곳에는 진주유씨 가문의 선영(先塋)과 송덕비가 항상 후손들을 기다리고 있지 않은가.

실제로 동랑도 구술과는 달리 자전적인 두 편의 글에서 출생지가 통영이었음을 밝힌 바 있다. 즉 그는 1937년에 자신의 성장배경에 관하여 처음 쓴 글에서 "한말의 풍운을 결정하고 조선 근대사에 한 초석을 세운 명치 38년(1905) 그해 연말에 나는 조선의 남쪽 바닷가 통영이라는 데서 고고(呱呱)의 소리를 질렀다. 통영이라면 이조의 수군본영(水軍本營)의 하나로서 유명하다. 그때로 말하면 삼도통제사란 관명을 가진 원님이 좌정하여 뽐내신 데다 나는 어려서부터 고향의 늙은 할머니들한테서 기시(其時) 악(惡) 원님들의 악정의 가지가지 에피소드를 들었었는데 그중에는 '민(閔)부랑이'라면 지금까지 우리 고향 사람의 입에 오르내리는 악 원님의 대표적인 한 분이시다. (……)

그때 사회적으로 뽐내는 사람은 원님뿐이 아니었다. 원님의 기거를 살피는 지방 토호의 아전들의 횡포도 말할 수 없었다. (……) 더구나 나는 어머니 배 속에서 일본해전(日本海戰)의 대포소리를 들었다. 통영이란 진해바다를 옹(擁)하고 있기 때문에 간간이 대포소리가 어머니의 주무시는 방문에까지 울리고, 멀리서 들리는 개 짖는 소리만 들어도 내 어머니는 저것이 대포소리가 아닐까 하고 놀랐다는 것이다. 항구에 나가면 군인들이 얼른거려서 무식한 내 어머니는 외출을 못 하였다는 것이다."[9]라고 씀으로써 자신의 출생지가 통영임을 분명하게 밝혀놓은 바 있었다.

물론 그 당시 거제 둔덕면도 통영군이기는 했지만 글 내용에서 보면 둔덕을 연상할 만한 어떤 단서도 전혀 보이지 않는다. 특히 그가 문학적 상상력을 동원하여 어머니 배 속에서 일본 군함의 대포소리를 들었다는 것은 1904년 2월부터 1905년 9월까지 한국과 만주의 지배권을 놓고 러시아와 일본이 벌였던 전쟁 중 그 유명한 대마도 앞바다 해전의 대포소리를 의미하는 것이 아니겠는가. 그뿐만 아니라 그가 유년시절에 할머니들로부터 들었다는 삼도통제사(三道統制使)의 '민부랑이'와 그 휘하 아전들의 횡포 이야기는 일제의 한국 병탄전에 일어난 일인 것이다. 이처럼 그는 일제의 한국 병탄전에 통영에서 태어나 유년시절을 공포 속에 보냈음을 확인할 수가 있는 것이다.

그리고 그가 해방 직후에 쓴 「나의 자전초」라는 에세이에서도 "우리 어머니의 배 속에서 아일전쟁(俄日戰爭)의 대포소리를 들으며 나는 서력 1905년(명치 38) 11월 달에 이순신 장군의 시조 '한산섬 달 밝은 밤'으로 유명한 통영(統營) 바닷가에서 났다. 이해는 바로 일본이 아일전쟁을 끝내고 우리나라와 을사조약(즉 보호조약)을 맺은 해다. 내가 나자 이 나라의 운명은 이렇게 기울어지고 실국(失國)의 비분은 한인(韓人)의 가슴을 더 흔들었다. 나는 이 정치적인 불안과 암영(暗影)의 압박 속에서 자랐다. 그러나 고향의 바다는 내게는 한없이 다정하였다. 바다는 꿈과 낭만,

---

9 유치진, 「나의 수업시대 - 작가의 올챙이 때 이야기」, 『동아일보』 1937.7.22.

그리고 끝없는 정염(情炎)으로써 나를 어루만져주었다."[10]라고 하여 태어나 유년시절을 보낸 곳이 통영임을 명확하게 밝혀놓았던 것이다. 그렇기 때문에 그가 구술(口述)에서는 여러 번 둔덕을 이야기라고 말했으면서도 글에서는 단 한 번도 그렇게 쓰지 않은 것은 분명 의문으로 남을 수밖에 없을 것 같다.

2) 부계와 모계

동랑의 선대는 오래전부터 통영군 둔덕면에 터를 잡고 살아온 토박이다. 섬이면서도 바다로부터는 한참 떨어져 있는 산골이라서 농업을 가업으로 삼아온 전형적인 농민이었다. 그의 조상이 그 벽지에 터를 잡고 살아온 배경은 고려 왕조의 흥망성쇠와 깊은 관련이 있는 것으로 전해지고 있다.

여기서 잠시 그의 본관인 진주유씨의 유래를 살펴볼 필요가 있을 것 같다. 주지하다시피 진주유씨의 시조는 유정(柳挺)으로서 고려시대에 금자광록대부(金紫光祿大夫)로 중서령(中書令)을 지내고 좌우위상장군(左右衛上將軍)에 올라 진강부원군(晉康府院君)에 봉해졌던 무관 출신의 귀족이었다. 따라서 그의 후손들은 고려조에서 오랫동안 요직을 맡아오면서 왕조에 끝까지 충성을 해온 귀족이었다. 즉 고려말 나라가 기울어가던 시절 진주유씨 중시조인 유혜방의 손자 안강공 유혜손(柳惠孫)의 경우 포은 정몽주 등과 함께 왕조를 다시 일으키기 위해서 노심초사한 일로 인하여 이성계가 1392년 조선 왕으로 즉위하자마자 반혁명 세력으로 몰려 주요인물 55명과 함께 처형당했었다.[11]

그로부터 진주유씨 가문은 폐족으로서 벽지로 숨어 들어간 것으로 보인다. 왜냐하면 거제 둔덕골은 고려 의종 24년(1170) 9월 상장군 정중부 등 무신들이 경인란을 일으켜 왕이 거제도로 쫓겨와서 살았고 그곳에 폐왕성(廢王城)까지 세울 정도로 왕 귀족의 유배지였기 때문이다.[12] 그곳에 마침 옥(玉)씨와 유씨가 집성촌을 이루고

---

10 유치진, 「나의 자전초(自傳抄)」, 『동랑 유치진 전집』 6(서울예대출판부, 1993), 178면.

11 柳氏宗史寶鑑編纂會, 『柳氏宗史寶鑑』(2010), 303~329면 참조.

12 거제시, 『거제 폐왕성 지표조사 보고서』(2000), 26면 참조. 그와 연관된 기록을 여기에 소개하면 다음과 같다. "屯德岐城 在縣西三十七里 石築 周一千二尺 高九尺 內有一池 世傳 本朝初高麗宗 來配之處

누대에 걸쳐 살고 있는 배경도 그러한 왕조의 흥망성쇠와 무관치 않아 보인다. 옥씨는 당초 왕(王)씨가 숨어 살면서 신분을 위장하기 위한 수단으로 임금 왕자에 점(點) 하나를 찍어 옥씨로 변성해서 살아왔다고 한다.

이처럼 유씨 가문 역시 고려시대 상류층의 폐족 후예로서 농업으로 근근이 살아온 것이 아닌가 싶다. 그 점은 청마 유치환의 회향시 두 편, 즉 「출생기」와 「거제도 둔덕 골」이라는 글에도 어느 정도 묘사되어 있다. 가령 「출생기」에 보면 "왕고모댁 제삿날 밤 열나흘 새벽 달빛을 밟고 / 유월이가 이고 온 제삿밥을 먹고 나서 / 희미한 등잔불 장지 안에 / 煩文辱禮 사대주의의 욕된 후예로 세상에 떨어졌나니 (……)"라는 구절이 보인다. 여기서 번문욕례 사대주의란 무엇을 뜻하겠는가? 이는 바로 고려 왕조가 패망한 후 폐족의 불운했던 한 가문의 후예로서 자신이 태어났음을 영탄조(詠嘆調)로 읊은 것이라고 말할 수가 있다.

그렇기 때문에 가난과 괄시 속에서도 유씨들이 자부심을 갖고 살아왔음은 여러 가지 회고문에도 나타나 있다. 가령 동랑의 경우 「나의 수업시대」라는 젊은 날을 회억하는 글에서 "나의 아버지란 그 자체는 은근히 혈통의 자랑을 하지마는 사회적으로 굴종을 강요당하는 가난한 농민의 아들이었다."[13]고 씀으로써 부친이 비록 벽지 한촌에서 궁핍하게 성장했을망정 선대만은 훌륭한 가문이었음을 강조한 것이었다. 청마의 또 다른 시 「거제도 둔덕골」에도 그런 분위기가 그대로 표현되어 있다.

巨濟島 屯德골

거제도 둔덕 골은
八代로 내려온 나의 부조(父祖)의 살으신 곳
적은 골 안 다가 솟은 산방(山芳)산 비탈 알로
몇 백 두락 조약돌 박토를 지켜
마을은 언제나 생겨난 그 외로운 앉음새로

新增東國輿地勝覽 卷之三十二 巨濟縣 古蹟條"

13 유치진, 앞의 글.

할아버지 살던 집에 손주가 살고
아버지 갈던 밭을 아들이 갈고
베 짜서 옷 입고
조약 써서 병 고치고
그리하여 세상은
허구한 세월과 세대(世代)가 바뀌고 흘러갔건만
사시장천 벗고 섰는 뒷산 산비탈 모양
두고두고 행복한 바람이 한 번이나 불어 왔던가

시방도 신농(神農)의 베틀에 질쌈하고
바가지에 밥 먹고
갓난것 데불고 톡톡 털며 사는 칠(七)촌 조카 과수 며느리며
비록 갓망건 벗었을 망정
호연(浩然)한 기풍 속에 새끼 꼬며
시서(詩書)와 천하(天下)를 논(論)하는 왕고모부며
가난뱅이 살림살이 견디다간 뿌리치고
만주로 일본으로 뛰었던 큰집 젊은 종손이며
그러나 끝내 이들은 손발이 장기처럼 닳도록 여기 살아
마지막 누에가 고치 되듯 애석도 모르고
살아생전 날 세고 다니던 밭머리
부조(父祖)의 뫼가에 부조(父祖)처럼 한결같이 묻히리니

아아 나도 나이 불혹(不惑)에 가까웠거늘
슬픈 줄도 모르는 이 골짜기 부조(父祖)의 하늘로 돌아와
일출이경(日出以耕)하고 어질게 살다 죽으리[14]

---

14 유치환, 『鬱陵島』(행문사, 1948), 44~47면.

위의 시에 표현되어 있는 것처럼 유씨 가문은 둔덕에서 8대나 살아온 토박이로서 "시방도 神農의 베틀에 질쌈하고 / 바가지에 밥 먹고 / 갓난것 데불고 톡톡 털며 사는 七촌 조카 과수며느리며 / 비록 갓망건 벗었을 망정 / 浩然한 기풍 속에 새끼 꼬며 / 詩書와 천하를 논하는 왕고모부며 (……)" 운운함으로써 자신의 가문이 비록 '조약돌 박토(薄土)'를 일구며 근근이 살아왔지만 간단한 씨족이 아님을 은근히 설명해주고 있는 것이다.

이처럼 동랑 형제는 진주유씨 대사성 공휘지택13세손파(大司成公諱之澤十三世孫派) 26대로서 그의 선대는 고려시대와는 달리 조선시대에는 이렇다 할 벼슬은 못했으며, 중앙에서 멀리 떨어져 있는 거제도의 둔덕에서 터를 잡아 농사를 주업으로 살아온 것이 벌써 수백 년째였다. 물론 조선조 후대에서는 하찮은 벼슬도 했었다. 즉 그의 고조부인 22대 유대량(柳大良, 字 聲應)이 정조 14년에 통정대부를 지냈기 때문에 후손들의 자부심이 대단했다. 왜냐하면 고려의 폐족이 오랜만에 벼슬길에 올랐기 때문이었다. 그래서 후손들은 비록 농사를 지으며 살았을망정 한학을 하여 예의범절을 갖추고 의연하게 가문을 지켜온 것으로 보인다. 가령 증조부(啓元)는 자를 경칙(敬則)이라 했고 조부는 유지영(柳池英)이었으며 조모는 주병우(朱丙牛)였는데 두 아들과 딸 하나를 두었다.

그의 부친 유준수(柳焌秀)는 차남으로서 장남 도수(道秀, 호적에는 謹祚로 되어 있음)에 이어 둘째 아들로 1887년 12월 25일에 태어났다(1963년 작고).[15] 부친 유지영은 비록 농사를 짓고 살았으나 양반 후예답게 한학에 밝아서 자(乃實)와 아호(芳幹)까지 갖고 있을 정도였다.[16] 거제 벽지 한촌 태생의 유지영이 자(字)와 아호까지 가졌던 것으로 보아 한학에 밝은 유학자로서 미관말직이나마 지방 관리로 임용되었던 것 같고, 세 칸짜리 초옥에서 끝까지 산 것은 그가 청백리(淸白吏)인 때문이 아니었나 싶다.

그런 가문의 둘째 아들로 태어난 유준수 역시 농사꾼의 아들답지 않게 어려서부

15 『晉州柳氏大司公派譜』 참조.

16 『晉州柳氏世譜』 권3, 1526면에 "池英 字 乃實 號 芳幹 哲宗辛亥(一八五一)七月初八日生 丙午(一九0六年)十一月十七日卒." 거제시, 『동랑 유치진 · 청마 유치환의 출생지 조사 연구 - 거제 출생에 관하여』, 42면에서 재인용.

터 흰 피부에 귀티 나는 소년이었다. 태어날 때부터 체력이 강건하지 못해서 농사일은 힘에 부치기도 했지만 글재주가 많고, 또 글 배우는 것을 좋아한 소년이었다. 그러니까 동랑 형제들이 부친의 DNA를 그대로 이어받은 것 같다.

유준수는 실제로 부친과 서당으로부터 한문을 배우자마자 한시를 읊을 정도로 문재가 뛰어났었다. 청마도 「출생기」라는 시에서 부친을 묘사하는 가운데 "젊은 의원인 아버지는 밤마다 사랑에서 저릉저릉 글 읽으셨다."고 쓰지 않았던가. 그런 성향의 유생(儒生)이었던 유준수는 일찍부터 비좁은 밭 몇 뙈기에 파묻혀서 농사를 짓기보다는 좀 더 다른 일을 해보아야겠다는 생각을 하기 시작했다. 따라서 그는 부친(유지영)의 여형제가 살고 있던 통영에 드나들면서 왕고모의 소개로 삼도수군통제사의 주치의인 장기원(張紀原) 밑에서 약동으로서 고된 한의학 수련을 받게 되는 것이다.[17]

재주 많고 성실하며 반듯했던 유준수를 눈여겨 보아온 둔덕골의 지주 박순석(朴絢碩, 처 玉岳伊)은 1904년(추정) 적자가 없었기 때문에 그를 데릴사위로 맞아들이게 된다. 본관이 밀양인 박순석은 큰 부자였으므로 평소 둔덕과 통영 두 곳에 집을 갖고 왕래하고 있어서 그곳 사정을 잘 알고 있었다. 그래서 유준수의 왕고모 소개로 혼인성사가 무리 없이 이루어진 것 같다. 우리 나이 열여덟 살에 한 살 위인 박순석의 차녀 박우수(朴又守, 1886년생)를 아내로 맞아들인 그는 장인이 마련해준 것으로 보이는 통영군 조일정(朝日町, 현 태평동) 500번지에서 살게 되었다.[18]

그런데 결혼 이태 뒤인 1906년 11월 17일에 부친 유지영이 작고함으로써 그의 삶에도 약간의 변화가 생긴다. 고향에는 장형인 유근조가 있었기 때문에 그가 부모 봉양에 특별한 책임이 있는 것은 아니었다. 그러나 어린 나이에 조실부한 것은 마음 여린 그에게는 하나의 충격이었음이 분명하다. 젊은 시절의 부친을 기억하는 동랑은 그가 "용모단정하고 살결이 흰 미남청년이었고, 깎은 선비에 찰 유생이었으며 성격은 침착하고 신중한 편으로 결코 어떤 일에나 속단을 내리는 법이 없었다." 면서 "이성을 혹은 정열을 밖으로 뻗치지를 못하고 안으로 모색하고 준순(逡巡)하

17 차영한, 앞의 책, 72면 각주 133 참조.
18 위의 책, 80~81면 각주 140 참조.

는 가장 굴종적인 성격이었다."[19]고 회고했다.

그렇다고 해서 그가 비굴했다는 이야기는 아니다. 오히려 그가 세속사(世俗事)에 초연했다는 것이 정확한 표현일 듯싶다. 아마도 이러한 그의 성격은 한촌에서 거의 은둔해 살아오다시피 한 선대로부터 이어받은 것으로 보인다. 이처럼 그는 겸손하고 과묵했으나 유순하고 친화력이 있어서 적이 없는 선비였던 것이다. 약관의 나이에 한의원을 개업한 그는 평소 남의 아픔을 보듬고 베푸는 것을 좋아해서 가난한 사람들에게는 언제나 무료로 치료해주고 약도 그냥 지어주기도 했다고 한다. 그래서 통영에는 그에 관한 여러 가지 미담이 전하고 있다. 그럼에도 불구하고 가세가 넉넉지 않았던 것은 당시 사람들은 병이 나면 무당집부터 찾던 시절이어서 많은 식구가 조그만 한약방에만 전적으로 의존해서 살았기 때문이었다. 그 점은 차남 청마의 회향시 「가난하여」에도 우회적으로 묘사되어 있다.

가난하여

가난하여 발 벗고 들에 나무를 줍기로서니
소년이여 너는
좋은 햇빛과 비로 사는 초목모양
끝내 옳고 바르게 자라지라

설령 어버이의 자애가 모자랄지라도
병 같은 가난에 쥐어짜는
그의 피눈물에 염통을 대고
작은 짐승처럼 울음일랑 견디어라

어디나 어디나 떠나고 싶거들랑
가만히 휘파람 불며 흐르는 구름에 생각하라

---

19 유치진, 『동랑자서전』, 46면 참조.

진실로 사람에겐 무엇이 있어야 되도 인류의 큰 사랑이란 어떠한 것인가를

아아 빈한(貧寒)함이 아무리 아프고 추울지라도
유족함이 개같이 길드느니보다
가난한 별 아래 끝내 고개 바르게 들고
너는 세상의 쓰고 쓴 소금이 되라

동랑의 모친 박우수 역시 후리후리한 키에 청순하고 귀티 나서 억센 시골여인 이미지와는 거리가 멀었고, 지주 딸답지 않게 평소 검소하고 모든 이에게 헌신적이어서 주변에 따르는 사람이 많았다. 친정집이 지주였어도 부친에게 절대로 의존하거나 신세지지 않고 여유롭지 못했던 살림이었지만 8남매를 모두 신식학교를 보낼 정도로 교육열이 대단히 강인한 여장부였다. 모든 어머니의 자식에 대한 사랑은 대체로 비슷하겠지만 그녀는 유난히 강한 편으로 평소 약한 체질의 4남 치현(致現)이가 10대에 타계했을 때는 충격을 견디지 못해서 기독교로 귀의까지 했었다.

그때의 정황에 대하여 동랑은 자서전에서 "나의 어머니는 그다지 예쁜 편은 아니었으나 매우 자애 깊은 분이었다. 네 번째 아이 치현(致現)이가 늑막염을 앓다가 열네 살에 죽자 북산 쪽 무전동(霧田洞)에 묻힌 아들의 무덤을 매일 찾아가 통곡하던 어머니의 기억이 생생하다. 살려고 애쓰던 아들이 애처로이 세상을 떠났으니 충격이 매우 컸던 것 같다. 어머니는 그 후 기독교에 입교했다."고 회상했다. 모성애가 유달리 강했던 그녀가 졸지에 넷째 아들을 잃은 후 상심한 마음을 달랠 길 없어 기독교로 귀의함으로써 그녀는 한층 승화된 삶을 살았던바, 가족과 주변 사람들에 대한 사랑과 희생정신이 대단했으며 자신을 죽일 정도로 헌신적이었다. 이처럼 그녀가 주변 사람들부터 사랑과 존경을 받은 것도 평생 자기를 희생만 하고 살았기 때문이었다. 그녀의 그러한 희생적 삶은 차남 청마 유치환의 다음과 같은 추모비문(追母碑文)에도 조금은 나타나 있다.

思母碑

우연히도 왔다 우연히도 혈혈히 가버림이 운명이기에 그 슬픔인적 이미 깨달았아외다마는 살아생전 슬하에 혈연들을 거두시기 손발톱이 닳도록 애태우셔도 이내 아쉬움 못내 풀어하시고 끝내 초라히 살아셨으매 어느 뉘에게도 호소할 데 없는 외롭고 쓰라림 내처 여미고 가오셨을 당신이옵기 한 되고 죄스럼이 눈물 앞을 가리우나이다.

여기는 당신도 아오실 지전당골 선산 외워선 푸른 산 접어든 골짜기는 아늑히 하늘도 가차와 바람 비 궂은 날은 구름도 내려오리, 걷히면 한결같이 밝고 밝은 햇빛 푸른 송백에 걸려우는 먼 솔바람도 적적히 새소리도 이렇듯 눈감고 누우시니 지고 새는 하루해도 세월일시 하 그리 애닯던 그 세상이 오죽이나 부질없으오리까. 때는 가을이라면 마을 들에서 도련되는 덧없는 삶들의 사는 양은 저 소리도 아련 귓결에 들리나이까.

아아 살아서 휘청 휘청 외롭던 삶들이오매 이미 버린 육신이오나 여기 바람 맑고 햇빛 바른 한 골짜기 일가친척 한데 찾아 도리도리 의지 삼고 누우시면 쓸쓸함도 짐짓 덜까 하옵나니 멀지 않아 제 또한 당신 곁에 당신 모셔 이 하늘 우러르고 묻힐 날을 기약하오며 죽어 설을 이 목숨이 저의기나 마음 편안 하옵내다.

길이 고이 잠드시옵소서.

이상과 같은 차남 청마의 사모비문에는 모친 박우수가 어떻게 한평생을 힘들게 살았던가를 눈물 나게 승화시켰었음이 행간에 드리워져 있다. 실제로 그녀는 넉넉지 못한 살림살이에도 불평 없이 가족 거둠에 한 치의 소홀함이 없었고, 자식들에 대해서도 더더욱 헌신적이었다. 사실 그녀는 남편 유준수와는 성격상 공통점보다는 다른 점이 많았다. 가령 조용하고 과묵하며 참을성이 많았던 것은 남편과 비슷했지만 경상도 여성다운 강인함이 있었다. 그러니까 가녀린 외모와 주변 사람들에 대한 배려심 같은 것은 비슷했지만 내적으로는 대단히 강한 의지의 소유자였다는 이야기이다. 전형적인 외유내강형 경상도 여자였던 것이다.

반면에 남편 유준수는 생김새도 아담한 선비형 외모에다가 조용조용한 말씨, 그리고 마음 역시 여렸다. 즉 아내 박우수는 내적으로는 남성적이었던데 반해서 유준수는 여성적이었다고 말할 수가 있을 것 같다. 그렇게 대조적이었던 것이 오히려 조화를 이룰 수도 있었던 것 같다. 특히 박우수가 그런 남편에게 절대 순종적이어

동랑의 부모와 3형제

서 집안에서는 평생 큰 소리 한 번 밖으로 새어나오지 않았다고 한다. 그만큼 가족이 화목했음을 말해주는 것이다.

그러나 부부간에 가치관의 차이만은 뚜렷했던바, 유준수가 평상시 몰락 양반의 후예답게 자부심이 강한 유생으로서 삼강오륜의 보수적인 도덕관을 지녔던 데 반해 박우수는 기독교로 귀의한 후 비교적 개방적이고 진보적인 도덕관을 가지고 있었던 것이다. 이처럼 매우 안온하고 윤리적인 가정 분위기는 자녀들이 성장하면서 도덕적이고 교육열이 강한 사람으로 성숙하는 데 절대적인 밑받침이 되었다고 볼 수가 있다. 왜냐하면 8남매 모두가 빈궁했던 시대에 고등교육을 받았고, 어느 누구도 평생 도덕적 일탈을 한 사람이 없었기 때문이다. 그뿐만 아니라 7남매 모두가 교육자(교수, 교장, 교감, 교사)가 아니면 예술가(극작가, 시인, 배우, 음악가)로서 한국 근·현대문예사에 커다란 족적을 남기게 된 것이다.

이러한 가정에서 동랑은 불운했던 을사늑약의 해인 1905년(음력 11월 19일)에 장남으로 태어난 것이다. 아명은 쇠처럼 단단하게 크라고 해서 쇳뚱이로 불리었으나 곧 돌림자에 맞춰서 치진으로 작명되었다. 그런데 그가 체형은 모친 쪽이었으나 성격은 부친 쪽 DNA을 이어받은 것 같다. 왜냐하면 그가 유소년 시절에는 대단히 내성적이고 예민했으며 유약했기 때문이다.

또래 아이들보다 조숙하고 예민했던 그는 유생(儒生)의 장남답게 여섯 살 때부터 동네 서당부터 다니게 된다. 즉 그는 어린 시절을 회고하는 글에서 "댕기머리를 길게 늘어뜨리고 한문 책 보따리를 옆구리에 끼고는 부지런히 서당 출입을 했는데, 아마 통감(通鑑)까지 떼었던 것 같다. 성적의 우열(優劣)에 관해서는 지금 기억이 없으나 평범했던 것 같다."고 했는데, 이는 대단히 주목할 만한 이야기라고 볼 수가 있다. 왜냐하면 소년시절 한학공부를 제대로 배웠기 때문이다. 사실 그가 4년여 만에 떼었다는 한서『자치통감』은 중국 남송시대의 거유 주희(朱熹, 1130~1200)가 지은 명저로서 비교적 어려운 책이다.『자치통감』으로부터 소위 주자학이라는 학파가 생겨날 만큼 심오한 이론서였다는 점에서 그 진수를 이해했건 그렇지 못했건 간에 그가 유년시절부터 어려운 공부를 접했다는 점에서 서당교육은 그의 지적 훈련에 적잖은 자극이 된 것으로 보인다.

그러나 그는 스스로 밝힌 바 있듯이 평범한 소년이었고, 남들처럼 놀기를 좋아한 어린이였다. 가령 그가 이어지는 회고에서 "나는 어린 마음에 서당공부보다는 역시 산과 바다로 놀러 다니는 것이 더 좋았다. 나의 집은 장터에 가까운 동문 안에 있었는데 이런 곳은 놀이터 축에 낄 수도 없었다. 통영은 그만큼 어린이 놀이터가 도처에 많았다. 어린이 놀이터라 해도 지금 서울의 인공적인 놀이터 따위를 말하는 것은 아니다. 대자연 그 자체가 어린이 놀이터요 꿈의 보금자리였던 것이다. 통영은 한겨울 말고는 1년 내내 기후가 좋은 곳이다. 봄, 가을은 말할 것도 없고 겨울에도 대체로 따뜻하다. 또 여름에는 알맞은 해풍 덕택에 그다지 덥지도 않으니 개구쟁이들로서는 만만세를 부르며 사시장철 뒹굴고 뛰놀 수 있는 꿈의 고장이다. 그래도 역시 여름이라야 바닷가 개구쟁이들이 제철을 맞는다. 우리는 물고기처럼 떼지어 멀리 헤엄쳐간다."[20]고 썼다.

알다시피 통영은 예부터 한국의 나폴리라 할 만큼 산수의 자연경관이 빼어난 고장이다. 동랑의 소년시절만 하더라도 통영은 가구 수가 5,533호에 불과한 아주 작은 군소재지로서 기와집 93칸을 제외하고는 모두가 초가집일 정도로 한촌에 불과했었다.[21] 이는 그만큼 통영이란 지리적 환경이 소년들이 자연을 마음껏 호흡하면서 놀 수가 있는 고장으로서 가장 이상적인 조건을 두루 갖춘 지역이었음을 의미한다고도 볼 수가 있다. 통영이 그런 고장인 데다가 그 역시 여느 소년들과 다름없이 놀기 좋아한 아이여서 온종일 앞 바다에서 물놀이에 정신을 잃을 정도였다. 그 점은 그가 소년시절 너무 즐겁게 뛰놀았던 풍경을 회고한 에세이에 잘 나타나 있다.

즉 그는 그 에세이에서 "나는 여름이면 진종일 물에서 살았다. 물개와 같이 새까맣게 타서 해초를 뜯어먹고 게를 잡아먹고 헤엄치고 달음질하고 — 그러고도 피곤한 줄을 몰랐다. 그때 발가벗고 놀던 동무들은 지금 다 어디 갔는지? 십수 명이 일단이 되어 들오리 새끼들이 떼를 지어 논다. 헤엄을 치려 해도 같이 뛰어들고, 해삼을 잡으려고 해도 같이 달음질을 하고, 물에서 씨름을 하재도 같이 하고…. 누가 가르친 것은 아니로되 모두가 집단적이다. — 방카 방카, — 한 길이다. — 방카방카. — 두 길이다. '방카'란 무슨 의미의 말인지 모르겠다. 그러나 집단적으로 헤엄칠 때에 어린 우리들이 소리 맞춰 하는 소리였다. 마치 물에서 일하는 어른들의 '엥여차!' 소리와 같이 — . 이 소리를 집단적으로 주고받으면 헤엄치는 피로도 모르고 물의 공포도 없어진다. 어린 마음이 든든하다. 아! 아! 나는 바다의 자식, 자유의 아들! 파도에 부딪쳐 태양을 안고 왼 종일 뛰놀며 해를 보냈다. 이렇게 자란 우리더러 침울(沈鬱)의 자식 — 이 땅의 자식이라고 누구라 앞서 말할 텐가?

사춘기를 맞으며 나는 차츰 여름 바다의 밤의 매혹을 알았다. 불에 보이는 벌레와 같이 나는 밤마다 서늘한 등허리에 삼베 잠방이를 입고 바닷가에 나갔다. 바닷가에는 벌써 동무들이 나와 있다. 어두운 바다를 보고 춘정(春情)을 노래한다. 자기의 노래에 취하여 울기도 한다. 기뻐하기도 하고 한숨도 쉰다. 달이 밝은 때는 배를 저어 밤을 새우기가 일쑤였다. 가다 오다 기생을 실은 배에서는 장고 소리가 들리

20 유치진, 앞의 책, 49~50면.

21 統營市史編纂委員會, 『通營市誌(上)』, 290면 참조.

기도 한다. 젊은 패들은 가까이 저어가서 넌지시 그의 춘화도(春畵圖)를 기웃거리기도 한다. 깔깔대는 기생의 요염한 웃음소리! 멀리서 화톳불을 켜잡고— 잉헤! 잉헤! 하고 그물을 잡아 올리는 배들! 멸치를 잡는 배들이다. 한 배에 으레이 장정 10명이 전 나체로 어깨에다가 몽둥이를 대고 그물을 감는다. 흑동색(黑銅色)으로 탄 그들 어부의 살은 화톳불에 유난히 반짝인다."[22]고 회상한 것이다. 여기에 그의 에세이 일부를 그대로 소개한 것은 조숙했던 그의 소년시절의 모습과 놀이 행태, 그리고 그가 아주 일찍부터 문학적인 감성을 지녔음을 보여주는 글이어서였다.

통영은 자연 풍치로서는 가장 이상적이라 할 배산임수(背山臨水)의 고장이라서 젊은이들로서는 놀 곳도 많고 잡을 것도 많은 매우 풍요로운 지역이다. 동랑도 위의 회상에서 확인할 수 있듯이 여느 아이들과 하나도 다를 바 없는 놀기 좋아한 개구쟁이 소년에 불과했다. 따라서 그는 산하를 마음껏 헤매기도 하고 바닷가 소년들이 즐겨 하는 고기잡이에 푹 빠지곤 했었다. 그는 이어지는 회고에서 "내가 뛰놀던 어릴 적에는 '판데 다리'가 아직 있었다. 이 다리를 건너 미륵산 쪽으로 가면 울창한 수목 사이로 구부구불 오솔길이 우리를 이끌고, 습윤한 풀 내음과 옥잠화(玉簪花) 향내가 술 향기마냥 우리를 취하게 했다. 얕은 계곡과 얼음보다 찬 산간수(山澗水)가 콸콸 흐르고, 수원지의 못물이 숲 사이로 쏟아지는 햇살을 받아 어지럽도록 빤짝거렸다. 이윽고 산 중턱에 이르면 용화사(龍華寺)가 그 장엄하고 아름다운 모습을 드러낸다.

빽빽이 들어선 나무 사이로 용화사는 무섭도록 괴괴하였고, 들리느니 풍경소리뿐. 천하의 개구쟁이들도 고승(高僧)들이 도 닦는 이곳에서는 사뭇 옷깃을 여미고 입을 다물었다. 재수 좋은 날에는 절밥을 대접받을 수 있었다. 우리가 여길 오는 목적 중에는 공양밥을 얻어먹겠다는 것이 분명 있었다. 씩씩거리며 먼 길을 온 우리들 꼬마 입에는 절밥은 과연 천하일미요 꿀맛이었다. 재수 없이 아무것도 생기지 않는 날에는 산간수가 괸 우물물이나 잔뜩 마시고 빈 배를 채웠다. 그러나 경내(境內)를 벗어나면 이번에는 무술 연습. 옛날 승병(僧兵)들의 흉내를 낸답시고 '앗, 야

22 유치진, 「엄동에도 동백꽃 피는 정열의 항구 통영」, 『동랑 유치진 전집』 6(서울예대출판부, 1993), 152~153면.

았!' 기성을 지르면서 서로 엉켜 야단법석을 떨었다.

용화사 너머 해안은 세병관(洗兵館) 뒤의 송림(松林) 우거진 안뒷산 북쪽 기슭과 더불어, 전국에서도 손꼽히는 좋은 낚시터, 조용하고 깨끗하여 망성어나 감성돔이 잘 물렸다. 그 당시에는 통영에 도미가 흔했는지 목선을 얻어 타서 바다에만 나가는 날이면, 해 질 녘까지에는 예사로 한 배 가득히 도미를 잡아들일 수 있었다. 또 줄에다 옹기를 주렁주렁 매달아 바닷속에 던져두었다가 하루에 한두 번 건져 올려보면, 해삼이나 낙지가 옹기 속에 착 달라붙어 있지 않은가. 언제 해보아도 신기하고 재미있었다.

또 해변에 물이 빠지고 갯벌이 질펀하게 드러나면, 조그마한 구멍이 뽀글뽀글 돋보인다. 그 구멍마다 쫓아다녀서 갯벌을 헤집으면 게나 쏙 따위가 웬 이변이냐 하고 발발 기어 달아난다. 물론 이 좋은 반찬거리를 우리가 놓칠 리가 없었다. 이런저런 재미를 쫓아 우리는 해변 등성이를 발이 닿는 데까지 쏘다니며 놀았다. 이것도 하나의 방랑(放浪)이었을까. 공부나 날씨 관계로 원정이 불가능할 때에는 동네에서 가장 가까운 '장대'라는 풀밭에 가서 놀았다. 여기서는 주로 씨름을 했는데, 어린것들이 서로 지지 않으려고 막 힘을 썼다."[23]고 했다.

이상과 같이 그도 포구에 사는 여느 소년들과 별 다름 없이 놀기 좋아하고 고기 낚기에 매력을 느껴서 온종일 그러한 자연놀이에 푹 빠져 살았던 것이다. 그가 회고한 대로 통영은 아늑한 바다뿐만 아니라 용화산같이 온화한 모습의 야산과 유서 깊은 절까지 있어서 일찍부터 무의식적으로 그의 심성을 윤택하면서도 호한(浩瀚) 하게 만들어준 것이 아닌가 싶다. 따라서 그의 아우 청마는 일찍이 그런 고향의 모습을 회향시 「귀고(歸故)」에서 이렇게 읊은 바 있었다.

귀고(歸故)

검정 사포를 쓰고 똑딱선을 내리면
우리 고향의 선창가는 길보다는 사람이 많았소

23 유치진, 앞의 책, 52~53면.

양지 바른 뒷산 푸른 송백(松栢)을 끼고
남쪽으로 트인 하늘은 깃발처럼 다정하고
낯 설은 신작로 옆대기를 들어가니
내가 크던 돌다리와 집들이
소리 높이 창가하고 돌아가던
저녁놀이 사라진 채 남아 있고
그 길은 찾아가면
우리 집은 유약국
행이불언(行而不言)하시는 아버지께서는 어느덧
돋보기를 쓰시고 나의 절을 받으시고
헌 책력처럼 애정에 낡으신 어머님 옆에서
나는 끼고 온 신간(新刊)을 그림책인 양 보았소

특히 그의 부모는 자녀들이 분방하게 성장할 수 있도록 매사에 간여하지 않고 방임하는 편이었다. 그러나 교육에만은 철저해서 그가 서당 공부에 그치지 않도록 신식학교 입학을 권유한 것이다. 당시 경상도 지방은 다른 지역에 비해서 보수적인 편이어서 상당수 가정에서는 의무적으로 단발을 해야 입학할 수 있는 규정 때문에 신식학교 보내기를 꺼려 했었다. 그러니까 고종 32년(1895) 11월에 내려진 단발령이 경상도에서는 잘 지켜지지 않았었다는 이야기다. 다행히 유생이었지만 개명되어 있었던 그의 부친만은 동랑으로 하여금 당장 댕기머리를 자르게 했고, 1914년 봄에 통영보통학교에 입학시킨 것이다.

그는 아홉 살 때였던 1914년도에 막 생겨난 4년제 보통학교에 들어갈 수가 있었다. 4년제 보통학교가 처음 문을 열다 보니 나이 많은 총각들이 대다수가 될 수밖에 없었고, 따라서 그는 턱에 거뭇거뭇 수염이 나기 시작한 떠꺼머리총각들의 담배 심부름에서부터 성적 놀잇감이 되기도 했다. 그가 여리고 키만 멀뚱히 커서 동급생들로부터는 이름 대신 별명 '기린(麒麟)'으로 불리었으며 서당생활 덕분에 한문도 잘 알고 신식공부도 잘해서 나이 많은 반 학생들에게 조금도 밀리지 않았다.

그 당시 보통학교의 기본 교과목은 한문, 우리말, 일본어, 산수, 역사, 지리 등이

보통학교 재학시절 동랑(오른쪽 끝)과 친구들(1916)

었고, 후일 최두선(崔斗善) 『동아일보』 사장의 부인이 된 김영애(金英愛) 교사도 한 사람 있었다. 평소 감기에서부터 소화불량 등 잔병이 떠나지 않았던 병약한 그였기에 처녀 김영애 교사의 보살핌을 누구보다도 많이 받기도 했다. 특히 그가 워낙 예민하고 순진하며 심약해서 선생님의 귀여움과 보호를 더 받았던 것 같다. 그가 그 시절 얼마나 여렸었는가는 20대에 쓴 회고의 글 「올챙이 때 이야기」에도 잘 나타나 있다.

즉 그는 보통학교 초급학년 시절을 회고하는 글에서 "나는 어려서 보통학교 초년급 시에 선생에게서 지진과 해일(海溢) 등의 불의의 대자연의 횡포가 가다 오다 우리의 생활을 위협한다는 이야기를 듣고 어린 마음에 종일토록 운 일이 생각난다. 왜 인간 생활에 우리의 생활을 여지없이 부시는 지진이 있으며 해일이 있을까? 이 자연의 악의에서 벗어날 수 없을까? 이것이 아마도 어린 마음의 번뇌(煩惱)인 듯하였다."[24]고 쓴 바도 있다. 이는 얼마나 아이러니한 것인가. 매일 물불 안 가리고 뛰어들고 헤엄치고 고기 낚던 황홀한 산과 바다가 그처럼 무서운 해일로 인간 생활을 위협한다니…. 그때부터 그는 자연에 대한 외경심(畏敬心)과 생존본능이 내면에서 교차하는 묘한 상태에 빠지곤 했다.

즉 그는 자전에서 "나는 참으로 묘한 아이였다. 기린처럼 키만 껑충하게 큰 허약한 체질이 마음까지 나약해서 나날의 삶이 언제나 어떤 거대한 힘에 짓눌리는 것 같은 답답스러움과 불안감으로 안절부절하지 않을 수 없었다. 따라서 이따금 악몽에 시달렸고 몸에 신열이 자주 나곤 했다. 나는 머리통만 커다랗고 다리가 가느다란 기형 인간처럼 병약하고 조숙한 아이여서 시골 아이들과는 애초부터 조금 달랐던 것이다. 그렇기 때문에 어제까지만 해도 즐겁게 뛰어놀던 자연과도 조금씩 거리를 두고 장남으로서의 행실에 대한 엄친의 훈육에 길들여져 가고 있었다."[25]고 회고한 바 있는 것이다.

그의 심약은 아무래도 「올챙이 때 이야기」에서 밝힌 바 있듯이 모친의 태교(胎教)에서부터 시작되었던 것 같다. 즉 그가 어머니 배 속에서 일본군 해전의 대포

24 유치진, 앞의 글.

25 유치진, 「자서전」, 『동랑 유치진 전집』 9(서울예대출판부, 1993), 69면 참조.

소리를 들었다고 했다든가 간간이 대포 소리가 어머니의 주무시는 방문에까지 울리고, 멀리서 들리는 개 짖는 소리만 들어도 내 어머니는 저것이 대포 소리가 아닐까 하고 놀랐다는 것이며, 항구에 나가면 군인들이 얼른거려서 무식한 내 어머니는 외출을 못했다고 한 회고에서도 유추된다고 하겠다.

이처럼 그는 자신도 인정했듯이 정치·사회적으로 가장 불안했던 시대에 태어난 것이 성격에 그대로 투영된 것으로 볼 수가 있을 것도 같다. 그러한 역사적 상황이 아름다운 자연도 공포의 대상으로 그의 마음속에 쉽게 투사된 것이라 하겠다. 게다가 나이 많은 동급생들이 어린 그를 노리갯감의 대상으로 매일매일 괴롭힌 음산한 작희(作戱)도 그를 우울케 했다고 한다. 물론 그러한 독특한 환경이 그를 정신적으로 성숙하게 만들어준 것도 사실이었다. 왜냐하면 매일 나이 많은 동급생들과 놀면서 공부를 하면서 은연중에 그 자신 역시 어른스러워져가고 있었기 때문이다.

그런 속에서 그는 1918년 봄에 그럭저럭 4년간의 보통학교를 마칠 수가 있었다. 당시 보통학교 졸업은 통영에서는 최고 학력이어서 나이 많은 동급생들은 순사(巡査)가 되거나 면서기 또는 포목점 등을 차리고 삶의 현장으로 나아갔지만 열네 살의 그는 부친의 엄명에 따라 동네 우편소에 들어가서 사동 비슷하게 일하게 된다. 그는 당시에는 솔직히 외지에 나가서 신학문을 더 공부하고 싶었었다. 게다가 그가 장남이어서 우리의 관습에 따라 가업을 이어가야 하는 책무도 있었으나 이과에는 전혀 소질도 없었을뿐더러 한약방을 운영해가지고서는 앞으로 살아가기가 쉽지 않겠다는 생각을 한 그의 부친이 기술 연마를 권했었다.

더욱이 일제강점기의 어려운 시대를 헤쳐가려면 남아는 한 가지 기술이라도 익혀야 한다는 엄친의 확고한 소신에 따라 그는 우편소에 들어갈 수밖에 없었다. 실제로 그 당시 고향에서는 별다른 기술을 배울 만한 곳이 없기도 했었다. 그런데 우편소에서 일하려면 법규도 알아야 하는 등 익혀야 할 것이 적지 않았다. 당시 우편소에서는 갓 입사한 신입 사원들은 기본 업무를 익혀야 일을 볼 수 있기 때문에 무조건 부산에 있는 체신기술원양성소로 보내졌었다. 따라서 그는 생애 처음으로 집을 떠나 외지로 가게 된다.

열네 살 소년인 그에게는 처음으로 가족과 헤어져 외지로 떠난다는 것이 하나의 적은 충격이었으나 다행히 함께 입사한 동창생 이능식(李能植)이 동행했기 때문에

통영우편소 근무 시절의 동랑(왼쪽)

의지가 되었고, 외로움도 덜 수가 있었다. 부산 체신기술원양성소에서 그는 우편통신에 관한 제반 법규에서부터 전보 치고 받는 법, 우표 팔고 붙이는 법, 대민 관계, 그리고 청소하는 법까지 철저하게 배우게 되었다. 그가 그곳 생활에서 일본인들의 공무 집행의 철저함을 처음으로 경험케 된 것은 하나의 작은 소득이기도 했다. 그러나 그보다도 그 체신기술원양성소 생활에서 훗날 자신에게 중요한 도움을 주게 되는 친구 하나를 얻은 것이 가장 큰 소득이었다고 해도 과언이 아니다.

그 친구가 다름 아닌 울산 출신의 세 살 위 오위영(吳緯泳, 1902~1978)으로서 대단히 명석하고 여러 가지 재주가 많은 청년이었다. 즉 그는 해방 이후 신탁은행 두치가 되었을 때는 마침 동랑이 초대 국립극장장으로 일했기 때문에 극장시설 개수비용을 융자해주기도 했었다.

반년 동안 연수를 받은 그는 곧바로 통영으로 돌아와서 정식 우편소 직원으로서 사회의 첫발을 내딛게 된다. 열네 살의 까까머리 소년의 우편소 일이란 뻔한 것이었다. 하루 종일 가장 많이 하는 일은 우표 팔고 부치는 것이었고 그다음이 전보 치는 것이었다. 우표 팔고 부치는 일보다는 전보 치는 일에 흥미를 느낀 그가 새삼 과학의 힘을 인식하기도 했다.

그런데 문제는 그가 최연소 직원이어서 상급자들의 자잘한 심부름까지 해야 하는 것이 가장 큰 고역이었다. 누구나 그렇듯 학교 공부만 하다가 사회에 나와 월급 받아서 적지만 부모님께 가져다 드리는 일은 처음으로 효도하는 것이어서 신나고 행복했다. 그렇지만 그는 매일 똑같은 일이 되풀이되면서 일상의 건조함도 느끼는 애어른이 되어가고 있었다. 그는 특히 그 좁은 공간에서 일본인 상사와 머리를 맞대고 무미건조한 일로 평생을 썩어야 하는가에 대한 생각으로 식은땀을 흘리기도 했다.

통영 지역에는 일찍부터 지주가 많이 있어서 자기 자식들을 국내 다른 도시나 일본 등지로 유학을 보내는 경우가 적지 않았다. 따라서 가뜩이나 답답해하고 있던 그를 자극한 것은 외지로 유학 가 있는 친구들이 방학 때만 되면 고등보통학교의 흰 테 두른 모자를 쓰고 찾아오는 일이었다. 그는 시간이 흐르면서 일상의 탈출은 그 친구들처럼 외지로의 진학밖에 없다는 생각을 하게 된 것이다.

당시 통영에는 상급학교가 없어서 부산이나 마산, 대구 또는 서울로 가야 했었다. 결국 그는 오랜 고민 끝에 부친에게 상급학교 진학을 간청한다. 그러나 부친은 통영에는 상급학교가 없고 필요성도 없으며 대줄 돈이 없다는 세 가지 이유를 들어 장남의 요구를 일축해버린다. 솔직히 외지로 유학을 가게 되면 학비뿐만 아니라 하숙비까지 대주어야 하므로 일곱 식구가 살기도 빠듯했던 만큼 부친으로서는 당연한 조처였다. 알다시피 1918년이면 일제의 한국 침탈 8년차여서 식량자원을 밑바닥부터 훑어감으로써 궁핍이 극에 달한 시절이었다. 가령 1911년부터 8년에 걸쳐 전개된 소위 토지조사사업으로 인하여 농지를 상실한 농민들은 상당수가 날품팔이 노동자가 되어 1912년에는 약 35만 명이던 것이 1917년에는 45만 명으로 증가한 상황이었다.

이는 일제의 토지조사사업으로 인한 소작농들의 토지상실과 그 수탈에 의한 농민의 궁핍상을 단적으로 보여주는 경우였다. 이처럼 당시 농촌이 파탄 남으로써 농민들은 유리사산(流離四散)했다.[26] 저들은 토지조사사업에 이어 동양척식주식회사를 설치했는데, 이것은 일본 농민의 한국 이주로 한국 농민의 토지 상실을 가속화시키기도 했다.[27] 그뿐이 아니었다. 저들은 삼림령과 광산령, 그리고 심지어 조선어업령(朝鮮魚業令, 1911년 6월)까지 공포하여 기왕의 어업권을 부인하고 다시 허가 받게 함으로써 한국인 어장 및 구황실 소유의 어장까지 일본인 소유로 재편성하였다.

일제는 각종 법령으로 농공상어업(農工商魚業)을 파탄시킨 데다가 조세법까지 추가하여 한국인들의 몰락을 가속화시켰다. 그리하여 1915년을 전후로 전후(戰後) 인플레이션이 한국인을 더욱더 궁핍화로 몰아간 것이다.[28] 더구나 통영 지역은 농업과 어업이 주였던 만큼 주민들의 생활은 말이 아니었다. 이러한 시국상황에서 가정을 힘겹게 이끌어가고 있는 부친을 그 자신이 너무나 잘 알고 있었기 때문에 모든 꿈을 접고 체념 속에서 우편소 일에만 전념할 수밖에 없었다.

그런 그를 단번에 충격에 빠뜨리는 일대 사건이 벌어지게 된다. 그의 직장생활 1년여 뒤인 1919년에 일어난 3·1운동이 바로 그것이었다. 중앙에서 멀리 떨어져 있는 시골구석에서 우편소 일이나 보고 있던 열다섯 살의 그가 처음에는 3·1독립

---

26 김용섭, 「수탈을 위한 측량」, 『한국근대민족운동사』(돌베개, 1980), 172~173면.

27 조기준, 「일본농업이민과 동양척식주식회사」, 『한국근대사론』(지식산업사, 1977), 58면.

28 김준보, 「한일합병 초기의 인플레이션과 농업공황」, 『한국근대사론』(지식산업사, 1977), 271~285면 참조.

운동이 무엇인지도 몰랐었다. 그런데 그 사건이 그에게 가까이 다가오는 일이 벌어진 것이다. 그것이 다름 아닌 그 일로 인한 친구의 억울한 죽음이었다. 보통학교 동창생인 허(許) 군이 마산에 유학 가서 3·1운동에 앞장섰다가 왜경에게 무참히 죽임을 당했고, 그 사체가 통통배로 고향에 실려 오던 날 통영 읍내가 온통 시위대로 뒤덮이는 항거의 날이 된 것이었다. 즉 허 군의 시체가 부두에 닿자마자 누군가 '대한독립만세!'를 외치면서 시작된 시위는 전 시가지가 흰옷으로 뒤덮였으며 요원(燎原)의 불길처럼 이웃 거제, 고성 등지까지 번져나갈 정도였다.

그러니까 세상물정을 모르고 자신이 맡은 일에만 열심이었던 그가 동네 사람들의 흰옷과 우렁찬 만세 소리를 들으면서 갑자기 섬광처럼 '조국'이란 단어가 그의 머리를 스쳐간 것이었다. 좀 더 구체적으로 말하면 그가 열다섯 살에 비로소 미처 생각 못 했던 '참담한 조국 현실'에 대한 인식을 조금씩 하기 시작했다는 것이 정확한 표현일 듯싶다. 솔직히 일본 교사들이 대부분이었던 보통학교에서 특별히 조국의 소중함을 인식케 하는 교육을 전혀 받아보지 못한 그로서는 3·1운동이란 것이 충격일 수밖에 없었던 것이다.

그렇다고 해서 열다섯 살의 소년에 불과했던 그에게 당장 어떤 변화가 일어난 것은 아니었고, 다니던 직장에서 주어지는 일을 열심히 하는 것으로 시간은 흘러갔을 뿐이다. 따라서 그는 이듬해까지도 여전히 우편소의 말단 직원으로서 부친의 심경 변화만을 기다려야 하는 지루한 일상을 반복하고 있었다. 그렇지만 우편소 일을 하면서 그가 어린 나이에 돈도 벌어 효도도 해보고 공무(公務)를 기한 내에 꼼꼼하게 처리하는 법 등도 배우는 동안 자신도 모르게 독립심을 기르는 성숙으로 진화해간 것만은 틀림없는 사실이었다.

2. 애민위국(愛民爲國)의 긴 도정
—3·1운동과 출향관(出鄕關)

동랑이 우편소에서 세상 돌아가는 것도 모른 채 주어진 일을 열심히 하고 있는 동안 세계는 급변하고 있었다. 즉 1914년에 촉발된 제1차 세계대전이 4년 만에 독일의 항복으로 끝난 직후 미국의 윌슨 대통령이 그에 맞춰서 민족자결주의를 제창하자 피압박 약소민족들의 조국 찾기 운동이 싹트기 시작했고, 일제의 무단통치에 신음하던 우리나라까지 전파됨으로써 1919년에 거족적인 반일운동이 일어나게 된 것이다. 즉 1919년 2월 8일에 최팔용(崔八鏞) 등 동경 유학생 6백여 명이 기독교청년회관에 모여서 조국의 독립을 요구하는 선언서와 결의문을 발표함에 따라 국내에서 조국독립운동을 암중모색하고 있던 인사들이 크게 자극되어 3월 1일에 독립선언서를 발표함으로써 전국적인 반일운동이 전개된 것이다.

그런데 이 운동이 1회성의 단기로 끝난 게 아니고 1년 가까이 전국 방방곡곡은 물론이고 해외로까지 번져서 요원의 불꽃처럼 번짐으로써 일본 군국주의 정부의 간담을 서늘케 했다. 그러자 일제는 새 총독(齋藤實)을 내세워 무단통치를 버리고 문화통치를 하겠다고 선언한 것이다. 그 문민통치 약속들은 대강 세 가지로서 첫째는 헌병경찰제도 대신 보통경찰제도를 시행하고 둘째, 교육을 보급하여 일본인들과 같은 수준으로 끌어올린다는 것이었으며, 셋째는 언론 통제를 완화하여 한국인이 경영하는 한글신문 간행도 허가한다는 것이었다.[1]

이러한 일제의 위선적인 문화통치로 말미암아 초·중등학교와 전문학교 등 사학이 급팽창했으며 여러 종류의 잡지와 『조선일보』, 『동아일보』 등 일간지가 발간되기도 했다. 특히 국난에 직면한 후진국가에서는 자위적 목적으로 모든 구성원을

---

1 이기백, 『한국사신론』(일조각, 1988), 364~371면 참조.

대상으로 민족교육이 강조되게 마련인데 당시 우리나라가 바로 그런 상황이었다. 마침 민족지도가 안창호(安昌浩)가 독립쟁취를 위해서는 지력을 키워야 한다면서 민족교육을 강조하고 나섬으로써 교육열이 최고조에 달했다.

당시 민중교육운동의 주최는 종교단체를 비롯하여 청년단체, 형평운동단체, 농민운동단체, 노동운동단체, 여성운동단체 등과 부락공동이나 지방 유지 및 민중계몽에 뜻을 둔 개인이었는데, 그중에서도 기독교와 천도교 등이 적극적이었다. 이들이 궁극적으로 추구한 것은 실력양성운동이었음은 두말할 나위 없는 것이다.[2] 이처럼 동시다발적으로 문맹퇴치 등 교육계몽운동이 전개되면서 광범위하게 번진 것은 민족자각과 함께 젊은이들로 하여금 무엇이든 배워야 한다는 의지를 불러일으킨 것이다. 그런데 문제는 국내에서의 교육은 일제의 교육방침에 따라 식민 정책에 순응하는 것이었다. 따라서 상당수 젊은이들은 본국에서보다는 차별대우가 덜 심한 일본이나 미국으로 유학을 가는 경우가 적지 않았다. 가령 1931년도의 일본 유학생 수가 3,639명이었고, 미국 유학생 역시 493명이나 되었던 것이 그 단적인 예라고 말할 수가 있다.[3]

동랑이 우편소 직원을 그만두고 일본으로 유학을 떠난 배경도 이런 분위기에서 이루어진 것이다. 가령 그가 「나의 자전초」라는 글에서 유학을 가게 된 배경과 관련하여 "어느 날 아침 사무를 보고 있노라니까 거리에 수많은 군중이 쏟아지며 대한독립만세 소리가 터져 나왔다. 일 관헌(日官憲)의 총검 소리만 듣고 살던 내게 이 독립만세 소리는 청천의 벽력이었다. 가슴은 울렁거리고 머리는 상기되었다. 그 후 며칠 가지 못해서 나의 보통학교 동창이 죽어나가는 상엿소리를 나는 들었다. 독립만세를 부르고 희생된 것이다. 나는 우편소를 버리고 수학(修學)차 도쿄로 떠났다."[4]고 씀으로써 그가 3·1운동에 자극되어 일본 유학길에 오르게 되었음을 분명하게 밝혀놓은 바 있다. 그런데 그가 3·1운동에 자극을 받아서 유학길에 오르게 되는 배경에 대하여는 생전에 위와 같은 짤막한 글 이상의 여러 가지 과정이 있었

---

2 노영택, 「민족교육운동의 전개」, 『한국사』 51(국사편찬위원회, 2001), 32~33면 참조.

3 이기백, 앞의 책, 373면.

4 유치진, 「나의 자전초」, 『동랑 유치진 전집』 6(서울예대출판부, 1993).

1919년 3월 1일 통영 장날을 기해 독립만세를 부르는 군중. 이때 청마도 독립만세를 부르며 군중의 뒤를 따랐다고 한다.

음을 구체적으로 증언을 한 적이 있었다. 즉 그는 그 배경에 대하여 1970년대 초 『경향신문』 기자 김유경(金裕卿)과 고향 후배 정창수(鄭昌壽)에게 증언했고, 필자에게도 유소년 시절에 대하여 회고한 적이 몇 번 있었다. 그가 그 시절에 3·1운동과 관련하여 겪었던 내력은 대략 이런 것이었다.

실제로 그는 3·1운동 직후까지도 변함없이 다니고 있던 우편소에 근무하고 있었다. 그러던 어느 날 보통학교 급우(許모)가 마산에서 용감하게 만세운동에 앞장섰다가 잡혀서 모진 고문 끝에 사망하여 시신이 배에 실려서 고향인 항구로 돌아오는 날 소년 시신을 맞은 통영 사람들이 대거 몰리면서 누군가가 흥분한 나머지 '대한독립만세'를 부름으로써 삽시간에 전 시가지로 퍼져나갔다고 한다. 여기에는 지식청년들뿐 아니라 시장상인들까지 모두 참여함으로써 전 시민이 합심하여 일경도 놀랐고 진압도 쉬운 일이 아니었다. 경찰서에는 잡혀온 만세꾼들이 넘쳐나서 경찰서 별도의 유도도장까지 터져나갈 지경이었다. 이들 중에서 주모자급들은 경찰서 마당으로 끌려 나와서 태형을 당하기도 하고 일부는 마산 형무소로 이송당하기도 했다. 그럼에도 불구하고 만세운동은 근 10여 일 동안 지속될 정도로 열정적이었다.

그러니까 전국에서 간헐적으로 근 1년간 지속된 만세운동의 한 형태가 통영에서도 벌어진 것이었다. 전술한 바와 같이 동랑이 크게 자극받은 계기도 결국 죽마고우의 의로우면서도 억울한 죽음과 그에 호응해서 거시적으로 일어났던 통영 시민들의 3·1운동 만세사건이었다는 이야기다. 이 만세사건도 1회 성격으로 그치지 않고 통영 시민들을 상대로 한 계몽강습회라는 조직으로 발전하여 조금 배운 젊은이들 중심으로 청년단이 출범했으며, 이들은 브라스밴드까지 만들어 거리를 행진하면서 시민들을 정서적으로 자극한 것이다. 이들이 북을 치고 나팔을 불면서 거리를 행진한 이유는 많은 시민을 불러 모으기 위한 수단이었던바, 실제로 남녀노소 할 것 없이 토론회와 강습회에 다수가 참여했던 것이다. 심지어 통영 유지들이 사재까지 털어서 2층짜리 청년회관까지 마련했었다.

계몽운동 단체가 마땅한 집회 건물까지 마련하자 그 활동은 더욱 활기를 얻게 되었으며 시민들의 참여폭은 넓어만 갔다. 주로 통영 지방 유지들이 연사가 되어 '우리도 배우자'라든가 '흰옷을 입지 말고 무색옷을 입자', '물품을 우리 손으로 만들자' 등의 주제로 강연회를 했는데, 이는 당시 거족적으로 일어났던 실력배양과 자립자강이라는 명제와 맞닿아 있는 것이기도 한 것이다. 따라서 강연회 때마다 많은 청중이 운집했고, 그들 중에는 동랑의 부친 유준수도 끼여 있었음은 두말할 나위 없는 것이었다. 대대로 유교 집안의 엄격한 분위기에서 한학만을 공부했던 유준수도 강연회에 자주 참가하면서 자연스럽게 계몽이 될 수밖에 없었다. 유준수의 각성은 자연스럽게 자식들에게 신식교육을 시켜야겠다는 생각으로 바뀌어간 것이었다.

통영은 지역적으로 일본과 내왕하기 편해서 소규모나마 교역이 이루어지고 있었고, 그에 따라 신문물에 눈뜬 부유층 자제들 몇 명은 이미 일본 등지로 유학 가서 공부하고 있었다. 가령 최한기(崔漢騏) 집안 젊은이들이라든가 그의 외사촌인 박명국(朴明國) 같은 청년이 단연 두각을 나타내고 있었던 것이다. 매우 신중하고 주도면밀한 성격의 유준수는 이들을 만나 일본의 상황을 알아보고 자식들의 유학 가능

부친 유준수

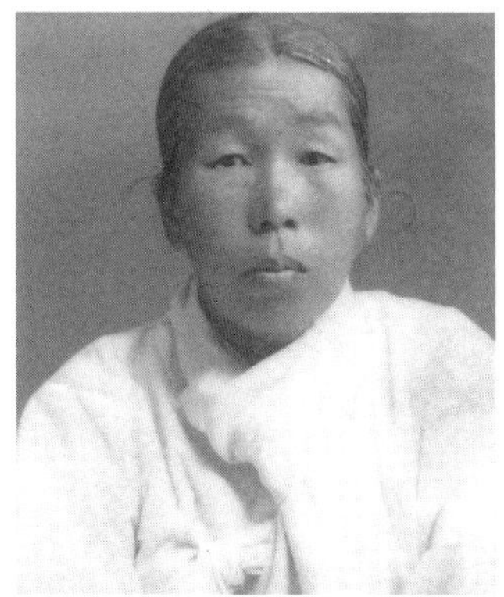
모친 박우수

동랑 부모와 형제들의 가족

성을 타진했다. 어느 정도 확신을 얻은 유준수는 어느 날 장남인 동랑을 따로 불러 '네가 정말 공부하고 싶거든 어디든지 원하는 데로 가거라' 하고 무거운 입을 뗀 것이다. 이는 동랑에게 있어서는 청천벽력과 같은 것이었다. 왜냐하면 뼛속까지 유생(儒生)인 부친이 일본을 암시한 신식공부를 권유한 것은 상상을 초월한 생각의 전환이었기 때문이다. 그때를 회상한 동랑이 후일 가친의 코페르니쿠스적인 대전환에 현기증을 느낄 정도였다고 하니 대대로 내려온 유교윤리가 얼마나 견고했었던가를 짐작게 한다. 그러니까 3·1운동을 겪으면서 그의 부친 역시 나라를 되찾고 민족이 재생하려면 우선적으로 젊은이들이 보다 많은 것을 배워서 내공을 쌓아야 한다는 것을 뒤늦게 절실하게 깨우쳤다는 이야기가 되는 것이다. 물론 그의 부친 이상으로 동랑도 그런 사건을 겪으면서 민족을 생각할 정도로 자신도 모르는 사이에 나이 이상으로 성숙하고 있었다.

더구나 그의 부친은 거기에 그치지 않고 한 발짝 앞서 나갈 정도로 적극적이기까지 했다는 사실이다. 즉 부친 유준수는 아들도 눈치 채지 못하는 가운데 이미 가까운 인척인 명치학원 중학부생 박명국을 여러 번 만나서 그에게 아들의 동경 유학 후견을 부탁해놓기까지 한 상태였다. 박명국은 그의 4년 선배의 외사촌형으로서 보통학교를 졸업하자마자 유학길에 오른 선도자였으므로 일본에서 어느 학교를 가야 하고, 또 어느 곳에서 살아야 생활비가 덜 드는지 등에 대하여 꽤 알고 있었다. 박명국이 그의 유학길에 좋은 안내자가 될 수 있어서 여러 가지 걱정을 덜 수가 있었던 것이다. 따라서 그는 곧바로 우체국을 사직하고 유학준비에 들어갔다. 우선 일본어에 대한 심층적 공부에서부터 학교 알아보기 등 만반의 준비를 해간 것이다. 소학교에서 일본어를 배웠지만 그렇게 유창하지는 못했기 때문이다. 그러나 일본 유학을 겁먹을 정도는 아니었다. 몇 달 동안 준비 끝에 드디어 열다섯 살 때인 1920년 봄에 유씨 집안 출신으로는 처음으로 유학길에 오르게 되었다.[5]

다행히 그가 일본에 익숙한 박명국과 동행을 하게 되었기 때문에 두려움 같은 것은 크지 않았다. 어린 나이에 외지로 떠나는 장남을 위해서 모친은 아들이 배곯지나 않을까 싶어 마른 해산물 등 밑반찬과 떡 등을 잔뜩 싸서 한 보따리를 안겨주

5 유치진, 『동랑자서전』(서문당, 1975), 67~70면 참조(김유경, 정창수 정리).

면서 '아가, 너는 일본 음식을 잘 못 먹는데 걱정'이라면서 눈물을 흘리기도 했다. 그가 부성애와 모성애를 가장 절실하게 느낀 시간도 3·1운동으로부터 일본 유학길에 오를 때까지 수개월에 걸친 기간이었다. 그 기간은 또한 그가 어린 나이에 민족의식을 내면화한 시기이기도 했다. 그가 유독 무거운 발걸음으로 일본으로 떠난 것도 바로 그러한 시대상황 때문이었다. 누구나 유학길은 청운의 꿈을 갖고 떠나는 것이 상례지만 그의 경우는 조금 달랐었다. 왜냐하면 전술한 바와 같이 그가 어린 나이에 피식민 민족의 암울함을 절박하게 안고서 일본으로 배움을 향해 가야 하는 처지였기 때문이다.

그런 무거운 마음은 관부연락선을 타자마자 그에게 현실로 다가왔다. 그가 연락선에 승선하자마자 일본 형사들이 위압적으로 짐 보따리를 샅샅이 수색하면서 취체했으며 그것은 시모노세키(下關)에 내리면서도 예외가 아니었다. 특히 형사들은 박명국 선배와 자신을 아예 불령선인(不逞鮮人)으로 취급하여 한국 음식물 지입까지 막으려고 트집을 잡을 정도였다. 일본 입국의 거칢은 그로 하여금 처음부터 실망과 분노의 감정을 갖게 만들었던 것이다. 생전 처음 30여 시간의 관부연락선을 타고 시모노세키에 내린 그는 뱃멀미 등으로 초주검이 되어 있었고, 일본 형사들의 부라린 눈은 그를 더욱 고통스럽게 만들었다. 그는 곧바로 도쿄행 기차를 타고 가서 박명국의 하숙집에 일단 짐을 풀 수밖에 없었다. 당분간 선배 형으로부터 여러 가지 생존 방식을 습득하고 독립해야 했기 때문이다. 그는 일어학원을 다니면서 표준어도 익히고 생활풍습도 익히면서 수개월을 보내고 나서, 이듬해(1921) 4월에 박명국의 권유로 도야마(豊山)중학 2학년에 편입하게 되었다. 일본 유학이 비로소 시작된 것이다.

그는 어학에는 자신이 있었기 때문에 공부하는 데 있어서 절대로 일본아이들에게 밀리지 않았고, 또 밀려서도 안 된다는 생각으로 임했다. 고향에서 부친이 유학비로 매월 10원씩 꼬박 부쳐주었기 때문에 생활도 궁핍하지 않았다. 1년여 지나서 박명국이 하숙을 옮기면서 그와 헤어진 뒤에는 남해도 이웃 창선도에서 유학 온 새 친구 김석문(金錫汶)과 함께 방을 쓰는 생활로 이어지는 조그만 변화도 있었다. 그런데 1년여 지나자 고향으로부터 오던 유학비가 때때로 끊기기도 하고 돈도 적게 왔다. 농토도 없이 한약방으로 근근이 여덟 식구가 생활해야 했으니 매월 보내오는 10원은 큰돈이었다. 장남으로서 그가 이해는 했지만 고통은 심해갔다. 다행히 그보다는 집안이 넉넉했던 김석문과 한방에서 지냈기 때문에 그렁저렁 버텨낼 수가 있었다.

하숙집 구하기가 어려울 정도로 멸시받는 한국인으로 지내는 터에 궁핍해지기까지 하니까 유학생활은 괴로움의 연속일 수밖에 없었다. 그는 타국에서 받는 스트레스를, 키 큰 덕을 본 축구부 활동으로 일본 아이들을 제압하는 맛에 어느 정도 극복할 수 있었다. 그러나 그가 근본적으로 의기소침함을 벗어날 수 있는 것은 아니었다. 시간이 흐를수록 소년 동랑은 방황하면서 자기도 모르게 자포자기하고 있었다. 그런 때 그의 손을 잡아준 일본 친구는 결손 가정의 이시무라(石村)라는 동급생이었다. 이시무라는 일찍이 모친을 잃고 홍등가에서 샤미센(三昧線) 제작으로 생계를 꾸려가는 편부와 살고 있었다. 그래서 친구들과 잘 어울리지 않고 퇴폐적인 연파(軟派) 문학에 빠져 있었다. 그런 외톨이 이시무라가 소외감과 절망 속에서 허우적대고 있는 동랑이 눈에 띈 것은 극히 자연스러웠을 것도 같다. 그로 인하여 동랑은 한때 그에 끌려서 현란한 홍등가를 드나드는 불량소년이 되기도 했다. 그만큼 그가 자포자기하고 있었던 것이다. 그런 때 일본에서의 멘토 역할을 하고 있던 박명국이 그의 방황을 눈치 채고 독서를 통해서 현상을 극복하도록 유도해주었다. 즉 그는 동랑에게 괴테의 청춘소설 『젊은 베르테르의 슬픔』을 건네주면서 책을 통해서 인생의 방향을 찾아보라고 권유한 것이다. 마침 동랑도 그 당시 일본인 친구 이시무라를 통해서 처음으로 소설 읽기에 흥미를 조금씩 느꼈던 때여서 박명국의 괴테 소설 권유는 그에게 문학의 맛을 더욱더 느끼게 만들었다.

그러니까 특별한 목표 없이 일본에 유학 온 그가 인문 쪽에 관심을 갖기 시작한 것은 순전히 이시무라와 박명국의 권유 덕택이었다고 말할 수도 있는 것이다. 1년 뒤에 바로 밑 아우인 치환(致環)이가 따라와서 그가 재학 중이던 도야마중학에 입학했고, 그 이듬해에는 셋째 치상(致祥)이까지 잇달아 와서 중학 입학준비를 하게 된다. 부친이 한약방만으로는 생활이 빠듯해서 부업으로 조그만 어장(魚場)을 열었는데, 그것이 어느 정도 괜찮아져서 아들 둘을 마저 일본으로 보낸 것이다. 세 형제가 모이면서 하숙도 도쿄시 변두리로 옮길 수밖에 없었다. 방값이 싼 곳을 찾다 보니 자연스럽게 시 외곽으로 빠지는 것은 당연했다. 그들은 도쿄 교외 도야마중학교에서 가까운 코이시카와쿠(小石川區)의 오시가야(雜司谷)에 방 둘 부엌 하나 딸린 조그만 독채를 빌려서 자취를 하는 처지였다. 그곳은 교외여서 매우 한적하고 조용했으며 넓은 보리밭이 펼쳐지는 멋진 풍경의 지역이었다. 따라서 여름에 방문만 열면 마치 프랑스의 인상파 화가 고흐의 그림을 보는 듯했다. 그런데 아우 둘이 합세했음에도 그는 여전히 정신적 나태에서 헤어나지 못하고 깊은 늪에 빠져 있었다.

그 시절의 심신의 상황과 관련하여 그는 "당시에 나는 매우 허약했다. 내 건강은 앞으로 10년도 더 부지 못 하겠거니… 스스로 생각했다. 그리고 성격이 매우 소극적이었다. 극장같이 사람이 많이 끼고 화려하고 활기 있는 곳보다 고양이처럼 양지에 혼자 누워 있는 게 오히려 내게는 즐거웠다. 이와 같은 내 성격과 건강은 더욱이 나로 하여금 극장과 멀게 했던 것이다. 게으름뱅이인 나는 시집이나 단편소설 등을 소일거리로 읽었다. 당시 내 아우인 청마(靑馬)는 나보다 세 살 아래였지만 약간의 시재(詩才)를 보였다. 그러나 내게는 시인이 되겠다는 희망도 없었고, 그런 재조도 있는 것 같지도 않았다. 문학책을 읽는 체하고 양지바른 곳에 누워서 게으름을 피우는 게 내 생리에 맞는 것 같고 그런 생활이 일과처럼 되풀이되었다. 산다는 게 아무런 의의가 없는 것 같았다. 더구나 당시의 우리의 민족적 환경이란 게 젊은이에게는 암담(暗澹) 이외의 아무것도 아니었다. 기를 쓰고 공부를 해서 대학을 마쳐야 취직자리가 있는 것도 아니요, 설사 직업을 얻는다 해도 남의 종살이밖에 안 되는 것이 아닌가?"[6]라고 회상한 바도 있다. 이처럼 그는 특별한 방향이나 목표도 없이 시와 소설 나부랭이나 읽으면서 소일하는 처지여서 학교공부도 부실할 수밖에 없었다. 다행히 나이는 어렸지만 조숙하고 문학적 감수성이 뛰어났던 아우 치환이 그에게 큰 위안이 되었다. 왜냐하면 아우 치환이 일찍부터 시인 기질을 발휘하여 그에게 힘을 불어 넣어주고 있었기 때문이다.

그런데 그의 젊은 시절 이야기 속에 처음으로 연극 이야기가 등장하는데, 그런 문학적 형태에 대하여 비교적 부정적이어서 흥미롭다. 그가 젊은 시절을 회상하는 가운데 성격적으로 사람이 많이 모이고 번다해 보였던 연극장은 그의 성향에 맞지 않았다는 것이었다. 이는 사실 그가 1920년대 초부터 전국적으로 요원의 불꽃처럼

6 유치진, 「불행한 동포를 위해」, 『동랑 유치진 전집』 6(서울예대출판부, 1993), 229면.

번졌던 학생 청년들의 아마추어 연극을 고향에서 접해보았다는 이야기도 된다고 볼 수가 있다. 주지하다시피 3·1운동 이후 동경 유학생들을 중심으로 시작된 아마추어 연극운동은 민족운동의 일환으로 전국적으로 파급되어 우리나라 문화계뿐만 아니라 지성계에 적잖은 영향을 미친 바 있었다.[7]

실제로 그 단초를 연 동우회순회극단이 전국을 순회공연할 때 그의 고향인 통영에서도 1921년 7월 22일과 23일 이틀 동안 신극 〈김영일의 사〉(조명희 작), 〈최후의 악수〉(홍난파 작), 그리고 던세니 경 작, 김우진 각색의 〈찬란한 문〉 등을 공연한 바 있었다.[8] 그리고 1924년 여름에는 통영의 청년 지식인들이 자체적으로 아마추어 연극단체를 꾸려서 연극을 하기도 했었다.[9] 이처럼 그는 우연하게 자기 고향에서 근대적인 연극을 접할 수가 있었던 것이다. 그럼에도 불구하고 그는 그때까지만 해도 연극에 전혀 흥미를 느끼지 못했다는 것이다. 연극에 별다른 흥미나 관심을 두지 않은 데는 그가 설명한 대로 성격적으로도 맞지 않는다고 생각한 데다가 비교적 보수적인 경상도라는 지역성과 유학(儒學)에 능했던 부친의 예능천시사상과도 무관치 않았던 것 같다.

이 점은 그가 일찍이 자전에서도 "방학이면 각종 강연회, 토론회, 음악회, 소인극 등이 고향에서 열렸고, 나는 소인극과 아동극 관계에 열을 올렸는데 그것은 어디까지나 취미였지 이렇게 내 평생을 바칠 대상이 될 줄은 미처 몰랐었다. 당시는 유교적 인습의 잔재로 연극을 하려면 중대한 사회적 신분 변화를 각오해야 했다. 연극인은 천인(賤人)계급인 재인(才人)이나 광대로 취급되었고, 이 마을 저 마을로 떠돌아다녀야 했다. 그들은 누구에게도 온전한 사람 대접을 받지 못했다."[10]고 하여 중학생시절까지만 해도 자신이 연극에는 전혀 관심을 두지 않았었다고 했다.

다행히 그가 문학에는 흥미와 관심을 갖고 있었기 때문에 여름방학을 맞을 때마다 자연스럽게 고향의 선배들을 좇아 문학 서클인 백조(白鳥)의 멤버로서 어쭙잖은 시 같은 것을 습작해보는 정도였다. 문학 서클 백조는 일본 등에서 유학을 하고

---

7 그에 관해서는 졸저 『한국근대연극사』(단국대출판부, 1966)를 참고할 것.

8 『동아일보』 1921.7.2.

9 『조선일보』 1924.8.6.

10 유치진, 『동랑자서전』(서문당, 1975), 102면.

있거나 진주농업학교 등에서 신식공부를 한 20대의 통영 청년들인 장노제(張盧提), 박명국(朴明國), 김욱주(金昱柱), 최두춘(崔杜春), 진두영(陳斗永), 강성태(姜聲部) 그리고 최한기(崔漢騏) 형제 등이 3·1운동을 전후해서 만든 모임인데, 그의 형제도 유학을 떠난 뒤부터 신입회원으로 가입한 상태였다. 이들은 방학 때만 되면 넓은 집에 사는 최한기의 사랑채에 모여 시를 논하고 문학을 설파하면서 술도 마시곤 했다. 바이런이라든가 키츠의 낭만시에 심취해 있던 최한기는 멋진 시구절을 암송하기도 했으며, 그의 낭만시에 현혹된 친구들은 술을 마시고는 감탄사 '아! 아!'를 연발하곤 했다. 그래서 이들을 가리켜서 '아패'라는 애칭까지 붙게 된 것이다.

이들은 복장부터 이색적이었다. 루파시카를 즐겨 입고 머리는 올백으로 넘겨서 멋을 한껏 내기도 했다. 똑딱선을 타고 통영 앞 섬으로 유람하며 자연도 만끽했다. 낭만주의와 자연은 잘 어울리는 것이 아닌가. 동랑은 당시 고향 바다를 유람하면서 "밤이 오면 바다는 그림 같은 꿈의 세계가 된다. 조선의 남쪽 바다는 너무나 낭만적이다. 밤바다의 어화(漁火)! 한가한 뱃노래! 어슴푸레 보이는 섬의 그림자! 돛대! 이 모든 것이 사람으로 하여금 미지의 동경의 나라를 꿈꾸도록 수없이 실어다 준다. 바다는 꿈과 현실의 — 이 양면을 극단적이 보여주었다. 우리는 바다를 보고 노래하고 바다를 향하여 울부짖고 바다에서 현실의 기름 냄새를 맡았었다."고 쓴 바도 있다.

그러나 이들이 식민지 지식청년들로서 시대에 절망하고 낭만문학에 빠져들면서 허무와 퇴폐적인 방향으로 흘러갔다는 점이다. 가뜩이나 방황하고 있던 그로서는 이런 분위기가 기름에 불을 댕기는 것 같았다. 그 자신도 그때의 정신적 상황과 관련하여 "청춘 발동기를 지내는 동안 나는 차츰 우울하였다. 나의 생각이 내가 기뻐서 뱃속으로 웃어본 적이 한 번도 없는 것 같다. 사람의 앞길을 가로막고 있는 것은 암흑이었다. 이 암흑 속에서 갈팡질팡하면서 점점 암흑의 수렁 속으로 빠져 들어가는 것이 사람인 듯하였다. 나는 갈 바를 몰랐다. '사(死)'를 각오하고 그 각오한 '사'의 체념에서 모든 일은 시작되지 않으면 안 될 것 같았다. 나는 이 시대(중학교 4, 5학년 때)에 철학을 공부하려 하였다. 철학이 무엇인지를 몰랐다. 그러나 인생의 길을 밝히는 한 진리의 세계를 찾는 학문인 줄만 알았다. 바로 이 시기다. 나는 '철학'을 찾는 일(一)의 수단으로 문학서류를 찾았다. 쇼펜하우어도 좋았고 니체도 좋았고 심지어 吉田紘二郎도 좋았고 안톤 체호프도 좋았다. 나는 그 시대 쇼펜하우어를 이해할 수는 없었다. 그리고 吉田도 그렇고 체호프도 그렇고 니체도 그랬다. 그러나 어쩐지 나의 길을 밝혀주는 것 같았다. 그래 좋았다."[11]고 하여 절망 속에서 무언가 찾아보려 헤매던 이야기를 회고한 바 있다.

이처럼 그는 식민지의 방황하는 청년으로서 철학이나 문학에서 무언가를 찾아보려 한 것이다. 솔직히 그러한 흐름이 예민했던 식민지 청년들의 한 모습이었을 것도 같다. 특히 목표도 없는 일본 생활에 별 즐거움을 느끼지 못하고 있던 그로서는 방학 때마다 고향의 문학 서클 활동에 재미를 붙이게 된 것이다. 그러다가 해가 가면서 선배들이 학교를 마치고 직장을 얻거나 오지로 하나둘 떠나고 나서는 동랑 형제가 문학 서클을 주도해가기 시작했고 이름도 토성회(土聲會)라고 명명하여 회원들의 습작품들을 모아서 『토성』이라는 프린트본 책자까지 냈었다. 이 프린트 본은 나중에 계간과 격월간을 거쳐 월간으로까지 발전했었다.

그의 회고에 따르면 동인지 『토성』에는 시가 가장 많이 실렸고 수필, 소설 그리고 평론 순이었다고 한다. 그와 관련하여 그는 "나는 창피 막심한 시를 썼다. 치환은 그때 중학 2, 3학년의 소년이었으나 상당한 시재를 보이고 있었다. 그때 작품은 창피 막심한 것이었으나 나는 지금 그때와 같이 감격하여 작품을 쓸 수가 없고, 그때와 같이 자기 작품에 대한 애착을 느낄 수도 없다. 그때에는 내가 쓴 작품은 나의 심령의 한 조각같이 생각되었다."고 했는데 그러한 시 습작이 후일 그가 시적(詩的) 리얼리즘 극작가로 우뚝 서는 데 있어서 하나의 밑거름이 된 것만은 분명해 보인다. 그 동인지 『토성』은 3, 4년 동안 지속되다가 폐간되고 모임도 흐지부지 되었는데, 그 원인과 관련하여 동랑은 "우리의 현실이 우리 꿈을 용납하여줄 수 없는 것과 우리의 꿈 그 자체가 현실생활에다 비치면 꿈의 꿈에 지나지 못한 것 등을 우리 스스로가 깨달은 까닭"이라면서 "차츰 우리는 회색 현실에 부딪치어 공상에 대한 아무런 흥미와 감격조차 느낄 수 없었다. 결국 우리의 이 문학 그룹이란 인생이 누구나 가지는 낭만 시기의 한 과정에 지나지 못하였다. 그러나 사람이란 이 낭만 시기(혹은 정열의 시기라고 할까?)의 경과는 보다 심각하게 받으면 받을수록

11 유치진, 「나의 수업시대(작가의 올챙이 때 이야기)」, 『동아일보』 1937.7.22.

그다음에 오는 리얼한 생활의 진폭을 넓히는 것이 아닐까 한다. 내가 나중에 상인이 되든 사무원이 되든 사람은 우선 낭만 과정에서 감격과 정열과 동경과 이상의 세례를 받지 않으면 그 사람의 생활에는 깊이가 없고 뿌리가 없고 기름이 없는 것이 아닌가 한다. 나의 동무들은 더러는 상인이 되고 더러는 교원이 되고 더러는 ××가 되고 더러는 죽었다. 그중에 최상기(崔祥騏)라는 동무는 그 리힐리스틱한 사상에 못 견디어 할복하여 민사(悶死)하였다. 나는 이와 같이 막연한 문학적인 기분(!)에서만 헤매는 무득(無得)을 알았다. 그래서 구체적으로 문학을 공부하여보려고 결심하였다."[12]고 회고한 바 있다.

이상과 같은 그의 회고에서 알 수 있는 것은 중등학교 시절 고향의 선후배 청소년들과 어울려 『소제부(掃除夫)』라는 기관지까지 만들면서 아마추어 문학활동을 했던 것은 역시 낭만주의에 빠져서 허무와 죽음이라는 쇼펜하우어류의 철학에 흥미를 느낀 데 따른 것이었다고 볼 수가 있을 것 같다. 그의 동료 최상기의 자살 같은 것도 바로 그런 분위기의 소산이 아니었던가. 그러나 한 가지 분명한 것은 그가 그런 문학활동을 하면서 자연스럽게 인문 쪽으로 인생의 방향을 잡았다는 것과 낭만주의에의 심취가 그의 내면을 풍요롭게도 했지만 성숙과 함께 몽상의 허망함을 절감하면서 반대로 현실을 직시하기도 했다는 사실이라 하겠다. 가령 그가 그 시기의 허허했던 처지에 대해 회상한 글에서 "이때 나는 문학을 좋아해서 주로 소설을 탐독하면서 장래 소설가가 될 꿈을 꾸고 있었는데, 차츰 세상에 눈이 뜨이기 시작하면서 우리 민족의 수난이 얼마나 모진 것인가를 깨닫게 되었다. 문지기 같은 궂고 하찮은 일자리까지 모두 일본인들이 독차지 하고 있었으므로 한국인들은 아무리 공부를 해야 사회진출이 어려웠고, 따라서 실직자로 뒹굴 수밖에 없었다. 그러나 도쿄에 처음 왔을 때의 그 청청한 꿈은 산산이 부서지고 공부해야 모두 헛일이라는 절망적 사고가 나를 괴롭히기 시작했다. 이러한 생각은 당시 동경 유학생 거의가 공통적으로 지니고 있었는데, 나는 너무나 고민한 나머지 입맛이 다 떨어지고 몸은 쇠약할 대로 쇠약해져 그때의 그 몰골은 마치 앙상한 나뭇가지처럼 실로 볼품없고 가련한 것이었다."[13]고 회고했다.

12 위의 글, 『동아일보』 1937.7.22.

마침 그럴 때 그를 정신적으로 후려치는 거대한 사건이 눈앞에서 벌어진 것이다. 즉 그가 1923년에 도쿄에서 겪은 지진(地震) 대참사야말로 세상을 보는 눈을 또다시 변화시키게 되었다. 우리 민족에게는 3·1운동 이후 최대 피해를 입혔던 도쿄대진재의 정치·사회배경을 먼저 살펴볼 필요가 있을 것 같다. 다 알다시피 1920년대 초에는 일본 군사정부로서는 내외적으로 매우 어려운 상황에 내몰리고 있었다. 즉 밖으로는 국제공산주의운동이 동아시아에 미쳐서 한국, 일본, 중국 등에 과격한 민족해방운동이 격화되어갔으며 안으로는 경제공황으로 노동농민운동과 부락해방운동이 사회의 저변을 뒤흔들고 있었다. 이에 당황한 군부 세력과 국가주의자들은 이들을 제압하려고 '과격 사회운동 취체법'이라는 것을 제정하려다가 실패를 한 것이다. 바로 그런 때인 9월 1일에 도쿄대지진이 발생한 것이다. 악덕 군부 세력은 이때다 싶어 경시청은 정부에 출병을 요청하는 한편 계엄령 선포를 착착 준비해갔다.

따라서 내무대신 미즈노(水野錬太郎, 전 조선총독부 정무총감)와 경시총감 아카이케(赤池濃, 전 조선총독부 경무국장) 등은 지진 발생 당일 밤 도쿄 시내를 일순한 뒤인 2일에 도쿄와 가나가와현(神奈川縣)의 각 경찰서와 경비대로 하여금 '조선인이 폭동을 일으켰다'라는 소문을 퍼뜨리도록 하는 동시에 그 소문을 각 경찰서가 진상보고하게끔 하였다. '폭동'의 전문(電文)을 준비하여 2일 오후부터 3일 사이에 내무성 경보국장 고토(後藤文夫)의 명의로 전국의 지방 장관에게 타전한 것이다. 그 터무니없고 가증스럽기까지 했던 전문 내용을 보면 '도쿄 부근의 진재(震災)를 이용하여 조선인이 각지에서 방화하는 등 불령(不逞)한 목적을 이루려고 하여, 현재 도쿄 시내에는 폭탄을 소지하고 석유를 뿌리는 자가 있다. 도쿄에서는 이미 일부 계엄령을 실시하였으므로 각지에 있어서도 충분히 주밀한 시찰을 가해주기 바란다'는 것이었고, 이 전문은 조선총독부와 타이완 총독부에도 곧바로 하달되었다.

이와 같은 '조선인 폭동'의 허위소문이 전국적으로 퍼져나가는 가운데 2일 오후 6시에 긴급칙령으로 계엄령이 선포되었다. 이어서 5일에는 계엄사령부에 의해서 '조선 문제에 관한협정'이라는 것이 극비리에 결정되어 '조선인의 폭행 또는 폭행하려고 한 사실을 적극 수사하여 긍정적으로 처리할 것', '풍설을 철저히 조사하여

13 유치진, 「개성은 생명의 힘」, 『동랑 유치진 전집』 6(서울예대출판부, 1993), 270면.

이를 사실화하고, 될 수 있는 대로 긍정하는 방향으로 노력할 것', '해외에는 특히 적화(赤化) 일본인 및 적화 조선인이 배후에서 폭행을 선동한 사실이 있다는 것을 선전하는 데 노력할 것' 등을 지령하여 조선인 폭동을 사실로 날조하는 데 광분했다.[14] 당시 저들이 얼마나 천인공노할 짓을 했는가를 짐작하고도 남는다고 아니 할 수 없다. 그것도 일본 정부가 주도했다는 데 문제가 있는 것이다.

이처럼 지옥 같았던 상황을 처음부터 끝까지 직접 몸으로 겪었던 당사자가 바로 동랑 형제였다. 따라서 그들의 체험담을 바탕으로 해서 도쿄대진재가 당초 어떻게 발생 전개되었으며, 또 그가 거기서 무엇을 보고 느꼈던가를 재구성해보는 것은 그의 인생에 상당한 의미를 던지는 것이어서 대단히 중요한 일이라 본다.

즉 회고 글에 따르면 그는 여름방학을 마치고 두 동생과 함께 8월 하순에 관부연락선을 타게 된다. 9월 1일이 개학날이어서 거기에 맞추기 위해서였다. 통영에서부터 배를 타고 부산에서 관부연락선으로 갈아타고 시모노세키 항구에 내렸을 때는 이미 모두가 지쳐 있었다. 거기서 다시 기차로 갈아타고 9월 1일 아침에 도쿄역에 내렸을 때는 모두가 녹초가 되었지만 그는 곧바로 학교로 가서 개학식에만 참석하고 집으로 돌아왔다.

그때 시간은 11시 58분이었는데, 갑자기 집이 흔들리고 벽이 갈라지는가 하면 기왓장도 떨어지는 등 보통 때의 잦은 지진상황과는 달랐다. 놀란 그는 두 동생과 함께 밖으로 뛰쳐나갔는데 이미 동네 사람들이 우왕좌왕하면서 소리치고 난리법석을 떨고 있었다. 많은 사람이 자기 집 기왓장에 맞거나 깔려서 피를 흘리는가 하면 여기저기서 불길이 솟구치고 있었다. 그런데 멀리 보이는 도쿄시는 불바다처럼 벌겋게 타오르고 있었는데, 이는 마침 점심 준비를 하느라고 가스불을 피우고 있었기 때문에 더욱 크게 번진 것이었다. 다행히 그가 살고 있던 조오시가야(雜司谷)는 교외여서 가스 시설이 안 되어 있어서 불이 심하게 일어나지 않았던 것이다. 호기심이 발동한 그들은 동네 아이들과 함께 불구경을 하기 위해서 교통수단이 올스톱된 도쿄시로 단숨에 달려간 것이다.

해 질 녘의 도쿄 하늘은 붉은 물감을 뿌린 듯이 진홍색을 띠고 있었다. 전신주들

---

14 김의환, 「관동대학살」, 『한국민족문화대백과사전』 3(한국정신문화연구원, 1997), 29~30면 참조.

이 쓰러져 있고 무너진 집들과 반쯤 기울어져 있는 건물들이 즐비하여 마치 사람이 살지 않는 황량한 폐허 같았다. 피를 흘리는 유령들이 달려들 것 같은 공포감에 그들은 곧바로 귀가를 서둘렀다. 여진마저 계속되어 시다마치(下町)는 불의 지옥이 되었으며 그 불길을 벗어나려고 스미다가와(隅田川) 근처 육군피복 창고 옆 광장에 모였던 4만 명의 인파는 서로 엉켜서 불에 타 죽었다는 소문도 돌았다. 또 요시하라(吉原) 유원지에도 불꽃을 피해 뛰어든 사람들의 시체들이 수없이 떠 있었으며 다카하시(高橋)의 다리 밑에도 천여 구의 시체들 속에 단 세 사람만 살아 있었다. 도쿄 시내는 그야말로 아비규환 지옥 그 자체였다.

집에 돌아온 그들은 밤새 오들오들 떨며 눈을 붙이지 못했다. 이튿날(9월 2일) 아침 그들이 보리밭길 건너 우물가로 가보니 눈에 핏발이 선 한 일본인 청년이 숫돌에 일본도를 갈고 있었다. 이상해서 물으니 '조센징'을 때려잡으려고 준비하는 것이라 했다. 섬뜩할 수밖에 없었다. 한낮이 되자 일본도를 들고 있는 사람을 선두로 하여 죽창, 식도, 방망이에 못질한 흉기, 그리고 도비구찌(鳶口)라는 낫 모양의 칼을 든 사람들이 뒤를 따르고 있었다. 조센징을 때려잡으려는 일본인들이었다. 이를 눈치 챈 한국인들 대부분은 이미 잠적했고 어쩌다가 미처 피하지 못한 어느 한국인은 붙잡혀서 흉기로 찔려 죽어가기도 했다. 겁에 질린 동랑 형제는 골목마다 민족배외주의자들로 구성된 자경단이 지키고 있어서 집에 숨어 꼼짝도 하지 않고 창밖으로 내다보는 것으로 상황을 지켜볼 수밖에 없었다. 이들은 지나가는 사람들을 붙잡고 일일이 일본말 발음 '라, 리, 레, 로'를 외워보라거나 한국인이 발음하기 어려운 15엔 50전의 일본어 발음 '주고엔 고짓센'을 제대로 못하는 사람은 무조건 골목으로 끌고 가서 죽이는 것이었다.

그때 마침 평소 잘 알고 지내던 친절한 이웃집 아주머니가 찾아와서 '조선 사람들이 무슨 나쁜 짓을 하는 모양이야, 그러니까 모두들 저렇게 야단들인가 봐. 동네 안에서는 너희들이 한국 사람이라는 것을 알고 있으니까 조심하라'면서 청소도 해주고 격려도 해주었던 것이다. 이처럼 바깥 정보는 모두 그 아주머니가 전해주면서 벙어리나 발음이 서툰 일본인들도 억울하게 죽은 경우도 꽤 있다고 안타까워하기도 했다. 그런 와중에도 일본인들 중에는 좋은 사람이 있었던 것이다. 그들이 살고 있던 조오시가야는 덜했지만 도쿄시는 완전히 폐허가 되었다. 흡사 죽음의 도시를 방불케 할 정도로 비참한 풍경을 드러냈다. 대부분의 가옥이 목조여서 더욱 쉽게 무너진 것이었다.

따라서 교통마비는 말할 것도 없고 신문사도 일시 문을 닫을 수밖에 없었다. 그렇기 때문에 기자들이 임시방편으로 아사히(朝日)이라든가 요미우리(讀賣)라고 쓴 자기 신문사 완장을 차고 메가폰으로 뉴스를 전하고 다닐 지경이었다. 그런 기자들이 거리에 나타나면 뉴스에 굶주린 사람들이 우르르 몰려드는 풍경도 이색적이었다. 이미 계엄령이 선포되어 모든 뉴스는 대본영(大本營)의 이름으로 공표되는 것도 하나의 특징이었다.

그런데 당시 그들이 발표했던 내용들은 이런 것이었다. "대본영 발표!… 상해에 있는 조선 가정부(假政府)에서 배를 끌고 한밤중에 도쿄만에 상륙하여 시내로 잠입해 들어와 있으니 주민들은 꼭 한 사람씩 문 앞에 파수를 설 것이며 단속을 철저히 하라!" 또는 "조센징이 우물에 독약을 타서 일본인을 몰살시키려 하고 있다. 모든 우물에는 반드시 뚜껑을 덮고 자물쇠를 채워라!" 등이었다. 모든 수도시설이 다 파괴되어 시민들이 우물물에 의존하고 있는데, 거기에 독약을 넣어 못 마시게 한다고 했으니 시민들의 눈이 뒤집힐 것은 당연한 귀결이었다. 따라서 저들은 너도나도 흉기를 들고 조선인들을 닥치는 대로 찔러 죽이거나 때려죽였다. 어떤 곳에서는 위험을 피해 모여 있다가 수백 명이 떼죽음을 당하기도 했다. 뒤에 밝혀진 것이지만 대지진으로 민심이 흉흉해지자 대본영에서 고의적으로 조선인 학살로 관심을 돌린 것이었다. 만약에 대지진이 며칠 뒤에만 일어났어도 한국 학생들은 수백 명이 더 죽음을 당했을 것이다. 왜냐하면 개학이 9월 1일이어서 며칠 뒤에 일본으로 온 학생이 많았기 때문이다.

동랑 형제는 셋집에 죽은 듯이 숨어 있을 수밖에 없었다. 문제는 배고픔이었지만 참아야 했다. 밤이 되면 기관총 소리가 그들을 더욱 공포에 떨게 했다. 일본인들은 그 소리를 상하이에서 잠입한 조선군과 일본군 간의 교전으로 착각하게끔 만들었을 것이다. 동랑은 그때 겪었던 한 순간에 대하여 다음과 같이 회고했다.

며칠 후에는 일본인 순사가 우리 집엘 찾아왔다. 이제는 죽었구나 하고 생각했다. 그런데 그 순사가 하는 말이 '너희들이 여기 숨어 있어도 언젠가는 들키고 말 것이니 내가 보호해주겠다. 지금 이재민들이 수용되어 있는 영화관에 너희들을 수용시키겠다. 그러니 빨리 짐을 꾸려라. 한 시간 후에 올 테니 그때 같이 가자' 하고는 그냥 가버렸다. 우리는 절대로 그 말을 믿을 수가 없었다. 영화관에 수용되어 있는 사람들은 모두 지진에 피해받은 일본인이었고 따라서 우리는 쥐도 새도 모르게 죽임을 당할 것이 뻔한 일이었다. 나는 그사이 한국인들이 비참하게 맞아 죽었던 여러 가지 장면들이 머릿속에 떠오르고 해서 그냥 넋이 빠져 있었다. 그리고 청마랑 치상이와 마주 붙들고는 이제 죽으러 간다면서 울었다. 그러나 그뿐, 한 시간 후에 오겠다던 순사는 영 나타나지 않았다. 아마 그 사람이 우리를 불쌍하게 생각해서 눈감아주었는지도 모를 일이었다.[15]

이상의 글에서 알 수 있는 것처럼 동랑 형제는 죽음을 면했지만 운이 나빴던 유학생들 중에는 하숙집에 숨어 있다가 끌려나가서 죽임을 당한 경우가 적잖았다. 그런데 문제는 굶주림이었다. 일본인들에게는 배급이 지급되었지만 한국인들에게는 그런 혜택이 없었기 때문에 상당 기간 굶고 지내야 했다. 이 시기에 고향의 부모는 자식들이 모두 죽는 줄 알고 안절부절못했고, 모친은 매일 일본을 향해서 치성을 올리느라 정신이 없을 정도였다. 물론 동랑은 사회가 안정을 찾자마자 전보로 고향 부모를 안심시키는 일부터 해야 했다. 소식을 받은 부모는 공부고 뭐고 다 집어치우고 고향으로 빨리 돌아오라고 야단을 친 것이다.

살벌한 가운데서도 사회가 조금 진정되고 대본영 공표가 전혀 허무맹랑한 것이었음이 알려지면서 한국인에 대한 학살 행위가 중단됨으로써 동랑 형제도 굶어 죽지는 않게 된 것이다. 그가 훗날 쓴 「연극에 평생을 바치고」라는 에세이에서도 그 당시의 고통스러웠던 이야기를 기록한 바 있는데, 거기서도 그때의 사정과 관련하여 "9월 하순이 되니까 학살선풍이 가라앉는 듯했다. 10월 1일에 학교가 시작한대서 잡혀 죽을까 봐 조심스럽게 등교했더니 일인 학우들은 내 등을 치며 '유! 너 용케 살았구나. 나는 한국 놈을 몇을 죽였는지 부지기수다'라면서 자기 솜씨를 자랑하는 것이었다."고 소름끼치는 경험을 말하면서 "한 달 동안 죽음의 공포 속에

15 유치진, 「폭동과 학살의 지옥도 - 내가 체험한 관동대지진」, 『동랑 유치진 전집』 6(서울예대출판부, 1993), 248~249면.

숨어서 햇빛도 못 본 채 식량이 없어 꼬박 굶어서 해골이 다 된 나는, 이 말을 듣고도 울래야 울 기력도 없었다. 그 자리에서 죽고 싶은 모욕이었다."고 회고한 바 있다.

그리고 그가 그 뒤에 들은 소식과 관련하여 "천재지변을 당한 일본 정부가 흉흉해진 민심을 귀일(貴一)시키기 위해서 가상의 적을 만들어내어 조선인이 우물에 독을 넣는다느니, 야습하여 방화를 한다느니… 등 멀쩡한 거짓말을 유포시켜서 일인의 흥분을 조선인 학살에 쏠리게 했다는 것"이라면서 "흥분된 일인들은 하늘에서 받은 재앙을 애꿎은 한국 사람에게 풀었던 것"이라고 했다. 그러니까 앞에서 언급했던 대로 일본 전역으로 퍼져나가는 국제공산주의자들을 어떻게든 처치하려고 마음먹고 있던 군부 세력과 국가주의자들이 대지진을 악용해서 한국인들과 국제공산주의자들을 집단 학살한 것이었다.

따라서 당시 대한민국 임시정부 산하 독립신문 특파원이 조사한 바에 의하면 그 기간에 조선인과 일본의 국제공산주의들을 합해서 6,661명이 학살당한 것으로 되어 있는데 대부분이 한국인이었음은 두말할 나위 없는 것이다.[16] 그런데 이들 군부 세력이 얼마나 부도덕하고 악랄했었던가는 학살 주도자들이 치안을 책임져야 할 군대와 경찰이었다는 사실이다. 이들은 심지어 경찰서로 쫓겨 들어온 한국인들까지 학살할 정도였다. 게다가 저들은 학살사건 보도금지까지 함으로써 만행이 알려지는 것을 고의적으로 막았었다. 물론 그들이 10월 20일에 와서야 보도금지를 해제시키긴 했지만 군경의 학살은 은폐하고 모두 자경단에 책임을 돌리고 그들을 형식상으로만 재판에 회부한 다음에 증거불충분으로 모두 석방한 것이다. 이처럼 관동대진재는 일본 군부 정권이 얼마나 악독한 집단이었나를 적나라하게 보여준 역사적 사건이었다.

이 사건은 가뜩이나 심약한 동랑에게 평생 씻을 수 없는 충격을 안겨주었음은 말할 것도 없고 그의 심저(心底)에 하나의 어두운 그림자를 드리우게 만들었다. 그

---

16 최근 강효숙 박사(한일근대사 전공)가 1924년 3월의 독일 외무부 영문 자료 「일본에서의 한국인 대학살(Massacre of Koreans in Japan)」을 분석한 결과 당시 학살된 한국인이 2만 3,058명이라고 밝힌 바 있다. 『조선일보』 2013.8.30.

그림자는 매우 복합적이었는데, 가령 공포와 죽음, 절망과 허무, 원한과 증오 그리고 복수심 같은 것이었다. 그러니까 그 그림자는 곧 마음 깊은 곳에 자리 잡은 트라우마인바 당장은 분노로 나타났던 것 같다. 가령 그가 그때의 기억을 떠올리면서 다음과 같이 말한 것은 주목할 만하다.

> 이 관동대지진을 겪고 난 후에는 그 마음이 연극 쪽으로 기울어졌다. 나의 일본인에 대한 증오심과 원한이 골수에 맺혔고, 그래서 그 조오시가야의 집에 숨어 있을 때에도 만약 이 고비를 살아서 넘긴다면 틀림없이 복수하고 말리라고 속으로 결심했던 것이다. 그래서 민족의 단결을 호소하고 국권을 되찾는 데 몸을 바치는 것이 내 인생에 가장 바람직한 일이라고 어린 마음속에 굳게 다짐했다. 문학에서 연극으로 뜻을 바꾼 이유도 바로 여기에 있었다. 당시 총독부에서 발표한 통계에 의하면 조선인의 문맹률이 80%였다. 이러한 상태 아래서 어떻게 문학으로 시골의 몽매한 국민들을 설득시킬 수 있겠는가? 그러나 연극은 대사가 위주이므로 나의 이상을 실현시키기에는 훨씬 유리할 것이기 때문이었다. 연극이 가진 선동력과 계몽력을 써보고 싶은 마음에서였다. (……) 관동대진재는 나에게는 평생 잊혀질 수 없는 이런 기억들을 남겨주었다. 그것은 국가 없는 국민들의 수모와 비극성을 깨우쳐주었으며 개인적으로는 삶과 죽음의 사이를 실감케 해준 사건이었다.[17]

이상의 글에서 특히 주목되는 부분은 그가 관동대진재를 겪으면서 대단히 정신적으로 크게 성숙해진 점이고 방향을 제대로 못 잡고 방황하던 문학청년으로 하여금 '비참한 한국인'이라는 자신의 정체성을 깊게 인식하면서 그런 민족을 위하여 뭔가를 해야 하지 않는가라는 막연한 생각을 하기 시작했으며 그로부터 자신이 나아갈 방향도 어렴풋이나마 찾아갔다는 점이다. 그것이 바로 정적인 문학보다는 동적인 연극으로 기울어가고 있었다는 이야기가 되는 것이다. 그가 비슷한 시기에 쓴 「연극에 평생을 바치고」라는 회고적 에세이에서도 "어린 내게는 일념 원수를 갚겠다는 다짐뿐이었다. 그렇다고 문학을 해보려던 나는 칼을 들 만한 위인은 못 되었다.

17 위의 글.

그러나 시·소설, 이런 것은 너무나 소극적인 예술이다. 문학 중에도 가장 계몽성이 짙고 선동성이 강한 것은 극(劇)이다. 우리 민족을 일깨워 일어서게 하자면 강렬한 게 필요하지 않겠는가? 나라 없는 백성의 목숨은 개만도 못하구나! 여기서 나는 극문학에 뜻을 두어 내 시간 전부를 연극에 바쳤던 것"[18]이라고 쓴 바 있다.

그렇다고 해서 보수적이었던 그가 당장 연극을 적극적으로 파고 든 것은 물론 아니었다. 성격적으로나 집안 분위기 등으로 볼 때, 그가 막연하게나마 장차 행동성이 강한 연극을 해야겠다고 마음먹은 것만도 대단한 변화 조짐이었기 때문이다. 그런데 그가 어렴풋이나마 방향은 잡았다고 하더라도 중학생이 할 수 있는 것은 아무것도 없었다. 그는 여전히 문약한 문학청년일 뿐이었다. 수많은 동포의 죽음을 목도하면서 겁 많은 청년으로서 방황만 거듭하고 있었을 뿐이었다. 게다가 동랑 형제들은 정신적으로 공황 상태에서 공부를 하는 둥 마는 둥 두어 달을 지내고 치환과 치상은 급거 귀향해야만 했다. 왜냐하면 그런대로 되었던 어장이 초가을 들어서 태풍으로 폐해를 입음으로써 세 사람의 학비가 버거운 데다가 대지진을 겪은 부모가 자식 둘이라도 가까이에 두고 싶어 고향으로 불러들였기 때문이다. 따라서 세 형제는 시모노세키로 가는 생지옥 같은 피난기차를 타야 했다. 관동대진재가 일어난 지도 두 달이 지나갔지만 일본 경찰들은 여전히 한국인 감시로 눈을 번뜩이면서 찾아내려는 듯이 오가는 속을 숨죽여 지켜보아야 했다. 약소민족의 젊은 그들이 그런 살벌한 공포로부터 벗어난다는 것은 쉬운 일이 아니었다. 당시만 해도 여전히 계엄령 치하였기 때문에 그러한 감시가 지속된 것이고, 다행히 주먹밥만은 배급을 해주어서 허기는 면할 수가 있었다. 그들은 관부연락선으로 갈아타고 부산항에 도착해서야 겨우 안심할 수가 있었던 것이다. 아무리 식민지 치하이긴 했지만 그래도 부산은 한국 땅이었기 때문이다. 상처만 받고 고향에 돌아온 두 동생은 부산의 동래고보로 전학을 하게 되었는데 관동대진재 사건이 그들의 전학을 쉽게 해주어서 다행이었다. 두 동생을 고향에 남겨주고 동랑은 혼자서 다시 가고 싶지 않은 일본으로 되돌아와야 했다. 충격의 여진이 쉽게 가라앉을 리 없는 그가 그동안 함께 지냈던 두 동생마저 고향으로 떠나보내고 나서는 더욱 슬프고 적적한 유학생

---

18 유치진, 「연극에 평생을 바치고」, 『동랑 유치진 전집』 6(서울예대출판부, 1993), 241면.

활이 시작된 것이다. 학교공부가 손에 잡히지 않은 그는 시간이 흐를수록 처참하게 피살된 한국인들이 눈에 밟혔고, 죽음에 대하여 자꾸만 생각하게 된 것이다.

그런 상황에서 그가 학교공부에서도 흥미와 집중력을 잃게 됨으로써 성적도 신통치 않았다. 그런데 중학교 졸업이 가까이 다가오자 부친이 그에게 의과대학 진학을 강력하게 권유한 것이다. 평생 한약방을 운영한 그의 부친이 어려움 속에서 유학시킨 장남에게 신식 의학을 권유한 것은 어쩌면 당연해 보이기도 했다. 그런데 일찍부터 문학을 해보려고 은연중 준비해온 그가 갑자기 의학으로 방향을 돌리는 것이 쉬운 일일 수만은 없었다. 그렇다고 부친의 권유를 외면할 수도 없었던 그는 일단 게이오(慶應)대학 의예과에 지원했다. 그러나 그의 회고대로 "정상 수업과는 담을 쌓고 '죽음은 무엇이냐 — 인간은 왜 살아야 하느냐'라는 고상한(?) 명제를 안고 좌충우돌, 걷잡을 수 방황만 했던"그가 붙을 리 만무했다. 보기 좋게 낙방한 것이다. 그럼에도 불구하고 그의 부친은 계속 의사 되기를 원했다. 그는 진퇴양난에 빠질 수밖에 없었다. 왜냐하면 그 자신은 의사가 되는 것이 싫었던 데다가 중학성적 역시 의대 갈 실력이 안 되었지만 그렇다고 큰 기대를 갖고 어려움 속에 유학까지 시켜준 부친의 꿈을 간단히 저버릴 수가 없었기 때문이다.

그래서 부친의 뜻을 어기지 못하고 그는 1년 동안 재수한답시고 허송한 다음에 부친에게는 이런저런 핑계를 대고는 문과대학을 찾아 나서게 되었다. 기왕에 마음먹은 대로 문학을 해보려고 한 것이다. 솔직히 장남으로서 8남매들 중에서 유일하게 일본 유학까지 시켜준 부친의 강력한 권고를 외면한다는 것은 정말 어려운 일이었다. 그럼에도 불구하고 그는 '교육과 결혼 문제만은 부모의 말씀대로 하지 않더라도 불효가 되지 않는다'는 어느 선각자의 말을 떠올리면서 자신의 길을 가기로 결심한다. 그리하여 그는 여기저기 대학을 알아보는 가운데 성공회 계열의 미션스쿨을 찾게 되었다.

그래서 그가 찾아낸 학교는 성 바울대학교(St. Paul University)라고도 불리는 릿쿄(立教)대학으로서 비교적 작은 대학이었다. 당시에는 교사(教舍)와 성당, 식당, 그리고 기숙사까지 합해도 한눈에 들어올 정도로 작은 규모였지만 아담하고 조용하며 성스럽기까지 한 분위기가 그를 만족시켰다. 그렇기 때문에 학생 수도 적어서 웬만한 학과생은 두세 명 아니면 여남은 명이었으며 그가 입학한 영문과는 인기가 있어서 12명이었다. 미션스쿨이어서 그런지는 몰라도 학생들도 비교적 부유층 자제들이어서 순수 온순하며 때 묻지 않았다. 그가 고난 속에서 잡초처럼 자라서인지 급우들은 그에 비해서 어려 보이기까지 했다.

중학교 졸업 기념

그가 일단 문학을 공부하기 위하여 대학에 입학은 했으나 처음부터 설레는 마음도 없었고 별다른 호기심도 불러일으키지 못했던 것 같다. 미션스쿨이어서 대학 분위기는 안온하고 윤리적인 냄새가 나기 때문에 좋았으나 공부에 빠져들지는 못했다. 그 점은 그가 회고의 글에서 "대학예과에 입학을 하였으나 지극히 학교라는 것을 싫어하였다."고 한 데서도 어느 정도 드러난다. 그만큼 그는 초기에는 학교공부에 재미를 붙이지 못한 것이다. 다행히 그 대학은 매우 자유스러워서 출석 같은 것은 잘 챙기지도 않았다. 그는 그런 분위기를 역이용하여 학교도 잘 나가지 않았다. 당시 그는 문학은 대학에서 배워서 되는 것이 아니라는 생각을 하고 있었던 것이다. 문과대학이란 교원자격이나 얻고 사회적으로 보호하여주는 지위를 행사하려고 할 적에 필요한 것이라고 생각한 것이다. 따라서 그는 몇 번이나 학교를 그만두려고 마음먹었다가도 중퇴한다고 별수가 없다는 생각으로 그냥 다니기로 했다고 한다.

그는 대학 초년시절을 회고하는 글에서 "학생시대에 그중 좋은 것은 친구를 많이 사귈 수 있다는 것이었다. 동급에는 찻값만 있으면 의논을 같이 할 친구가 많다. 그것만이 좋았다. 다 식어빠진 홍차를 한 잔 앞에 놓고 횡설수설 대담히 인생을 논하고 문학을 논하여 인생에 흥분하고 문학에 흥분할 때도 그때였다. (……) 그러나 나는 가장 고질적인 숙제인 생의 불안과 우울을 결정치를 못하고 어느 사이에 나는 문학에 도피하여버렸다. 사람을 암흑 수렁 속에 빠뜨리는 것은 무어냐? 인생이란 대자연의 악처(惡處)에서 어떻게 벗어나느냐? 사람들은 왜 나고 죽느냐? 이런 원시적인 과제 — 나를 한동안 그처럼 괴롭게 하던 이 과제 — 를 나는 어느 사이에 망각하고 있었다. 그리하여 나는 문학의 문학 미(美)에 빠졌었다. 마치 사람이 이

릿쿄대학 3학년 때(1929)

성의 색에 빠지면 '색' 그것이 그의 전부인 것같이 생각하였다. 이때 나는 자포자기 상태였다. 그 증거로는 내가 문학에만 빠진 것이 아니라는 사실을 봐도 알 수가 있다. 이 시대에 나는 나의 동정(童貞)을 모매하였다. 나는 거진 격야로 마굴(魔窟)에 출석하였다. 매음부에게 몸을 뺏겼다. 나는 한동안 이 야학에 개근하였다. 다른 일은 생각하려 하지도 않았다.

나는 스스로 내 자신을 비열한이라 생각하였다. '너는 너의 가장 근본적인 숙제에 아무 답안도 내놓지 않고 네 자신을 어떤 다른 아편으로 망각시키려 한다. 너는 비겁한 놈이다' ― 이것이 자책의 소리였다. 그러나 나는 나의 자책에 대하여 그다지 괴로워하지를 아니하였다. 지금 생각하면 그러나 은근히 모든 것을 단념하고 있던 것이 사실이다. 내 자신을 단념하고 인생을 단념하고 그리고 생활을 단념하고 있었다. 내게는 모든 것이 무의미하였다. 무가치하였다. 인생의 하는 일은 모두 모래 위에 그리는 족적(足跡)이다. 파도만 쳐오면 흔적은 없어진다. 모든 것을 단념하자. 모든 것을 단념하는 그 체념— 거기에서 나는 다시 출발하여야 한다.

인생은 영(零)이다. 이 '영'이란 것이 내게 용기를 주었다. 힘을 주었다. 나는 어떤 일이라도 할 수 있을 것 같았다. 죽음도 무섭지 않았다. 전사(戰死)! 그것도 내게는 가능하였다. 사회개혁! 사회혁명! 이것도 영에서부터 투신할 수 있는 것 같았다. 나는 한 종교를 얻었다. 내가 문학을 하는 것도 그것은 하나의 도피가 아니요, 오히려 인생에 대한 도전인 듯싶었다. 여기서 드디어 나는 모든 것을 공리적으로 생각하게 되었다. 이왕 인생이 영이라면 좀 더 인생을 기쁘게 장식하고 인생을 풍부히 하고 인생을 힘차게 하고 인생을 이롭게 하는 일을 하여보자. 이런 견지에서 예술은 얼마라도 인생에 이용되어도 좋다. 예속하여도 좋다. 이것이 나의 문학에 대한 근본적인 지론이었다. 내가 그 후 문학에서 가장 공리적이요, 직접적인 연극을 택하여 공부하게 된 것도 이 지론에서 나온 의도였다."[19]고 쓴 바 있다.

그런데 이상과 같은 그의 대학 초급학년 시절 이야기에서 느껴지는 것은 그가 중학교 때 고향 친구들과 함께 주유(周遊)했던 문학 서클 토성회의 '아패!'의 낭만적 기분이 남아 있던 데다가 관동대진재의 트라우마까지 더해져서 더욱더 깊은 수렁에 빠져 들어갔던 것 같다. 가령 그가 절망의 끝자락에서 중학시절 일본 친구에게 이끌려 한두 번 찾았던 사창굴에 또다시 드나들 정도로 스스로를 타락의 늪으로 던져버린 행태야말로 삶을 포기하다시피 했던 것을 의미하는 것으로 보인다. 그렇던 그가 절망과 죽음의 끝에서 희망의 실마리를 찾아내게 되는데, 이는 당시의 시대정신 분위기와 그의 부단한 독서에 따른 사상편력으로부터 끌어낸 것이 아닌가 싶다. 이는 그가 단순한 문학청년에 머물지 않고 또 다른 지적 여정에 들어서고 있음을 의미하는 것이다. 누구보다도 지적 호기심이 강렬했던 그가 문학의 달콤한 서정에서 벗어나 난삽하지만 철학사상에서 어떤 해답을 얻어보려 했다는 이야기도 된다.

물론 그는 중학시절에도 쇼펜하우어와 같은 허무철학에 관심을 기울인 적이 있었지만 절망의 끝에서 그가 그에 반하는 좀 더 강렬하고 자신을 채찍질할 수 있는

19 유치진, 앞의 글, 『동아일보』 1937.7.22.

사상에 호기심을 갖게 된 것이 아닌가 싶다. 더욱이 그가 가장 방황했던 1920년대 중후반이야말로 사회주의와 무정부주의가 풍미했었고, 특히 일본 제국주의 권력의 무자비한 권력남용에 극도의 공포와 염증을 느끼고 있던 터라서 그는 자연스럽게 국가권력 부정의 무정부주의에 빠져들게 된다. 실제로 그 시절에는 한국과 일본의 지적 풍토에서 무정부주의가 차지하는 비중이 적지 않았다. 따라서 인텔리들이 애독하는 잡지마다 사회주의 이상으로 무정부주의에 관한 글들이 넘쳐났으며 군국주의 정부는 이를 대단히 위험한 사상으로 감시를 게을리하지 않고 있었던 만큼 반항적인 젊은이들일수록 더더욱 호기심을 갖고 그 분야 공부에 심취했었다. 특히 식민지 젊은이들일수록 부도덕한 국가권력의 횡포에 몸서리치는 것은 극히 자연스러운 것이었다. 그런 상황에서 '파괴가 곧 건설'이라는 미하일 바쿠닌 유(類)의 무정부주의, 즉 일체의 국가 권력 철폐사상은 젊은 지식인들의 귀에 솔깃할 수밖에 없었고, 그 역시 거기에 관심을 갖고 점차 빠져든 것이다.

주지하다시피 무정부주의는 당초 바쿠닌(1814~1876)과 표트르 크로포트킨(1842~1921) 등에 의하여 19세기 중후반 러시아에서 발생되어 유럽에 번졌었고, 이 땅에도 1880년대에 들어서 조금 알려졌지만 일제의 한국 병탄 직후인 1910년대부터 정태신(鄭泰信), 나경석(羅景錫), 한광수(韓光洙), 손명표(孫明杓) 등에 의해서 하나의 조그만 운동 성격으로 번지기 시작했으며 1920년대에 접어들어서는 집단적 성격으로 확대되어갔다.[20] 즉 1921년 11월에 재일 한국들인 박렬(朴烈), 김약수, 황석우 등이 중심이 되어 조직된 흑도회(黑濤會)를 시작으로 무정부주의가 조금씩 퍼지다가 박렬이 귀국하여 조직한 흑로회와 단재 신채호의 흑색청년동맹, 그리고 서울과 충주의 아나키스트들이 1920년대 중반에 만든 흑기연맹 등이 모두 항일 아나키스트 단체들이었다. 그만큼 아나키즘은 식민 치하의 한국 지식인들에게는 일본 타도의 가장 적절한 철학사상으로 굳어져갔었다.

따라서 동랑도 한국의 여러 잡지에 소개된 글과 일본에 소개된 서책을 통하여 무정부주의에 관한 지식을 쌓는 데 시간을 할애한 바 있었다. 그중에서도 그는 바쿠닌의 주저 『신과 국가』(1882)라는 책에 매료되었다. 그가 주목했던 부분은 바쿠

20 이호룡, 『한국의 아나키즘 - 사상편』(지식산업사, 2001), 70~71면 참조.

릿쿄대학 시절

닌이 국가를 가리켜서 '합법화된 공식의 폭정'이라고 한 것이라든가, '권위를 빙자한 폭력', '관료적으로 조직된 사회', '인간 자유의 부정자'이며 '국가란 악인 동시에 역사적 필요악'이기 때문에 그것에 대한 반역이야말로 인간 자유의 실현에 불가결한 요소라고 한 것이었다. 바쿠닌의 영향을 받은 크로포트킨 역시 '국가란 국민에 대한 지배 권력과 인민의 착취를 보장하기 위해 지배계급 상호 간에 맺어진 보험회사와 같은 것에 불과하다'고 본 점에서 다르지 않았다. 그래서 무정부주의자들은 권력과 모든 사회제도·국가를 타파하고, 개인의 자유의지의 연합에 의해 운영되는 무권력·무지배의 새로운 사회를 건설하고자 했었다. 거기에 영향받은 한국인 무정부주의자들은 일본 제국을 겨냥하여 모든 권력과 국가를 부정하였고, 그들이 곧 인간 본능을 말살하고 평화를 파괴하는 원흉이라 규정하였으며 그러한 권력을 파괴할 것을 주장하였었다.[21]

동랑이 이 시기에 자호를 '미련한 황소가 심기가 사나워져서 이리 떠받고 저리 들이받는다'는 뜻의 '난각(亂角)'이라 지었던 것이야말로 무정부주의자로서의 자기 표현이었던 것이다. 그렇다고 해도 당시 대표적인 무정부주의자였던 박렬 등이 일본 황태자 결혼식에 맞춰서 모두 암살하려던 것과 같은 과격 행동으로 옮길 만한 용기는 없었다. 다만 그 자신 마음속으로만 용틀임하고 있었을 뿐이었다. 물론 그가 훗날 극작가로 데뷔하고 나서 〈소〉 등 일부 작품에 무정부주의 사상을 투영한 적은 있다. 이처럼 그는 도쿄대진재의 고통을 겪은 직후 무정부주의에 영향 받으면서 급속도로 정신적 진화를 보여주었으며, 그것은 곧 나약하고 소극적이었던 그를 내적으로 강하게 만드는 계기도 되었다.

그러한 상태에서 그의 지적 편력은 곧바로 로맹 롤랑으로 옮겨가게 된다. 때마침 로맹 롤랑의 한 특별한 저술이 무정부주의처럼 1910년대 이후 한국과 일본 지성계에서 크게 주목받게 된다. 로맹 롤랑이 소설『장 크리스토프』 등으로 세계적인 작가로서 널리 알려졌지만 그가 쓴 문예이론서『민중예술론』(1905)은 한국과 일본 지식인들에게 적잖은 영향을 미쳤다. 로맹 롤랑의『민중예술론』이 일본에서 번역 소개된 것은 1917년 오스기(大杉榮)에 의해서였으며 한국에서는 그 5년 뒤인 1922년에 시인 김억(金億)에 의하여 중역으로『개벽』지에 연재된 바 있었다. 따라서 동랑은 일본에서 그 책을 쉽게 구해 볼 수 있었던 것이다.

그는 중학교 졸업 무렵부터 막연하게 생각해오던 연극에의 입지를 결정적으로 굳히게 한 것이『민중예술론』이었다면서 "우리가 왕왕 앞뒤를 모르고 심취하여버리는 연인이란 것은 결코 반드시 미인이 아니었다. 그와 같은 의미로 우리의 심금을 울리는 작품이란 그것은 반드시 걸작에만 있는 것이 아닌 모양이다. 우리의 연인 — 그 사람의 존재에 우리의 심미안을 어필당하게 하는 일점 홍색이 있으면 그것 때문에 우리의 감정을 모조리 빼앗기고 마는 것과 같이 우리의 심금을 울린 그 작품의 어느 한구석에 우리 젊은이의 회의와 희망을 만족시키는 그 무엇이 있으면 우리는 그 작품을 무상의 걸작으로 우러러보는 것이 아닐까?"라고 술회하기도 했다. 이어서 그는 그런 젊은 날 자신에게 황홀경으로 다가온 작품이 바로『민중예술

21 위의 책, 198~199면 참조.

론』이라면서 극작가가 된 다음에 보니 그 책이 공소하기까지 했지만 문학청년시절에는 자신의 정열의 거화(炬火)를 불태워주었음은 물론이고 완전히 그 책에 사로잡혀 있었다고 다음과 같이 고백한 바 있다.

> 스스로 내 자신을 짐작하건대 나라는 자는 도저히 그 취미상으로나 그 재치상으로나 그 수완(手腕)으로나 그 모든 사람됨 품에 있어서 한 '연극쟁이'로 설 자가 못 되고 견딜 사람이 아니다. 나는 나 자신을 안다. 그럼에도 불구하고 감히 나로 하여금 극장으로 몰아낸 것은 그것은 로망 로랑의 『민중예술론』이었다. 내가 처음으로 이 『민중예술론』을 읽을 때는 대학 예과에 갓 입학한 때였다. 이때쯤부터 누구나(더군다나 젊은 인텔리는) 그의 회의(懷疑)시대의 첫 페이지를 의식적으로 넘기는 것이다. 나의 회의시대도 이때에 움텄던 것인지 나는 그때 문학 그 자체를 의문하며 지망한 문학청년을 사임하려 하였던 것이다. 아무리 선의로 해석하여도 대체 문학이란 형태는 과거에 속하는 물건에 불과하였다. 시대는 결코 문학이 가지는 서재적 사색과 감상에 타협하여 주지 않았다. 시간은 준동하는 인간군을 헤치고는 전 스피드로 달음질친다. 문학은 그의 회색 활자와 같이 멀리 '시간'의 문밖에 개인주의적 수공업시대의 한 유물로서 밀려 있지 않나? 가련히 패잔된 백수(白手)의 귀족과 같이 — 나는 깨끗이 문학과 결별하려 하였다. 그러나 내 가슴에 상처받은 예술욕은 어쩔 수 없었다. 문학과 결별하려는 나는 일방 공리적 촉수를 내어서 남은 예술욕을 담을 그릇을 더듬어 찾았던 것이다. 이같이 더듬어 다니던 회의적 모색시대에 나의 심금을 가역 맞춘 것이 즉, 전기의 『민중예술론』이었다. 당연한 일이다. 내가 그것에 그렇게도 지배된 것은 무리가 아니었다고 나는 지금도 수긍하지 않을 수 없다. 나는 그 책을 많이 읽을 필요가 없었다. 나는 초두(初頭) 제1장 '평민예술로서의 연극'을 읽고 그만 그 자리에서 큐피드의 전광을 맞았다. 저 민중과 한 뭉치가 되어가지고 민중의 물결 속으로 시대와 같이 박진(迫進)하는 자 — 그것이 연극이었다. 이 위대한 것… 이 장엄한 것! — 연극! 그것은 항상 민중에 싸여서 그와 같이 자란 것이었다. 나는 내가 찾을 물건을 비로소 찾은 듯하였다. 그러나 나에게는 다시 숫자로 계산 못 할 또 한 가지의 의문이 습격하였다 — 내가 어떻게 이 같은 연극을?[22]

이상과 같은 그의 글에서 확인할 수 있는 것은 그가 수년 동안 문학에 관심을 갖고 책을 읽어오다가 관동대진재를 겪으면서 동적인 지식이 있어야 민족의 생존이 가능하다는 생각을 하게 되었고, 그러려면 무식한 민족을 일깨우는 수단으로서는 연극만 한 것이 없다는 데까지 도달했던 것이 사실이었다. 이는 곧 그가 정적(靜的)인 문학만으로는 민족계몽에 효과를 올리기가 어렵다고 생각해오던 터에 극적으로 『민중예술론』을 접하면서 마치 전기에 감전된 것 같은 충격을 받았다는 것이다. 그가 그 책에서 특히 감전을 느낀 부분은 첫 장의 '민중(평민)예술로서의 연극'이라고 했는데, 거기에는 "예술은 그 시대의 갈망과 분리할 수가 없다. 민중(평민)극이라는 것은 민중의 고통, 불안, 희망, 투쟁을 한 곳에 한 것이다. 정직지 않아서는 아니 된다. 민중극은 민중적이라야 한다. 그렇지 아니하면 민중극이라는 것은 없다. 민중극은 너희들이 반항하고 일어나려는 것을 안다. 극은 공중(公衆)이 무대의 뒤를 이어 대활동 속으로 들어가는 전장(戰場)이다. 우리는 핏기가 없는 예술에게 생기를 주며 그 파리하고 쇠한 가슴을 살지게 하여 민중의 힘과 건강을 그 속에 넣으려고 한다. 우리는 인생의 지혜와 영예를 민중을 위하여 쓰려는 것이 아니다. 민중을 우리와 함께 이 영예를 위하여 활동케 하려는 것이다. 그러나 우리는 강담(講談)에서보다도 극에서 더 유익하게 민중을 위하여 힘쓸 수가 있음을 믿는다."라고 씌어 있다.

이처럼 그가 로맹 롤랑의 강렬한 메시지를 몸으로 읽으면서 '도저히 취미상으로나 재치상으로나 수완(手腕)으로나 그 모든 사람됨에 있어서 한 연극쟁이로 살 자가 못 되고 견딜 사람이 아니었지만' 용감하게 연극을 자기의 숙명으로 받아들였다고 했다. 즉 그는 80%에 이르는 우리 민족의 문맹률부터 극복해야 하는데 그러려면 민중(평민) 속으로 들어가서 그들의 고통, 불안, 희망, 투쟁을 함께할 수 있는 연극이 최상임을 확신케 되었다는 것이다. 그렇다면 민중 속으로는 무엇을 가지고 어떻게 들어가느냐는 문제가 남는다. 마침 그 시절 일본에서는 러시아의 브나로드(민중 속으로)운동에 대한 글들이 잡지나 신문 지면에 간간이 등장했었다. 즉 1873년을 전후해서 페테르부르크 지식인들은 자신들의 사회적 특전이 순전히 수탈당한

22 유치진, 「내 심금의 현을 울린 작품 - 로망 로랑의 '민중예술론'」, 『조선일보』 1933.1.24.

민중의 희생에서 얻어진 것이라는 인식을 하게 되었고, 그에 대한 빚 갚음이 필요하다는 생각을 하고 곧바로 농촌으로 들어가서 자신들의 이념을 전파하는 운동을 벌인 바 있었다. 그것이 바로 브나로드운동의 단초가 되는 것이다. 물론 제정 러시아 정부의 탄압으로 그 운동이 일단 중단되었지만 장차 러시아혁명의 발아점이 된 것만은 분명했다.

여기서 주목되는 것은 브나로드운동의 이념적 배경이 사회주의와 폭동, 그리고 무정부주의였기 때문에 동랑이 당시 심취했었던 아나키즘에도 맞닿아 있었다. 이 말은 곧 그가 크게 감명받은 로맹 롤랑의 『민중예술론』의 주장과 민중을 일깨워야 한다는 러시아의 브나로드운동 방식이 딱 맞아떨어짐을 의미하는 것이다. 그런데 문제는 연극은 단순히 이론이 아니고 실제적 형상화인바 그런 것을 어떻게 만들어 가지고 민중 속으로 들어가느냐가 과제로 남게 된다. 그는 먼저 연극을 알아야겠다고 마음먹고 공연 구경에 나섰다. 당시 일본 신문의 문화면을 장식한 것은 온통 쓰키지소극장 이야기였다. 쓰키지소극장은 1924년에 히찌가타 요시(土方與志)와 오사나이 가오루(小山內薫)가 서구 근대극을 일본에 이식·실험하기 위해서 만든 극장으로서 매주 안톤 체호프라든가 입센, 고리키 등의 작품들과 프롤레타리아극들을 공연하고 있었다. 거기에는 마침 니혼대학 예술과를 졸업한 홍해성(洪海星)[23]이 한국인으로서는 유일하게 배우로 활동하고 있었기 때문에 친근하게 다가갈 수가 있었다. 대구 출신의 홍해성은 그보다 8년 연상인 데다가 겸손하고 진솔해서 가까이하기가 수월했고, 따라서 동랑은 연극의 실제도 배울 겸해서 자주 찾아다니는 사이가 되었다.

특히 그가 1920년대 중반에 우리나라 최초의 소프라노 가수로 명성을 날리던 윤심덕(尹心悳)과 동반 자살한 김우진의 둘도 없는 친구였다는 것과 당초 변호사가 되기 위하여 주오(中央)대학 법학과를 다니다가 김우진 때문에 연극의 길로 들어섰다는 이야기는 동랑을 매우 흥미롭게 만들었다. 동랑은 그를 옆에서 지켜보면서

23 홍해성은 본명이 홍주식으로 중앙대학 법과를 다니다가 김우진과 의기투합하여 연극운동을 벌이기로 작정하고 니혼대학 예술과로 전학한 다음에 1924년 쓰키지소극장이 문을 열자 일본 연극인 友田恭助의 소개로 입단하여 연기와 연출을 배웠다.

해성 홍주식

아무리 친하기로서니 자신의 인생진로까지 바꿀 수 있는가 하는 생각을 하기도 했다. 그러나 홍해성의 말을 들으면 그럴 만도 했다. 왜냐하면 당대 수재였던 김우진이 대지주의 장남이었음에도 불구하고 다 버리고 신극을 일으키겠다는 포부를 밝히면서 조국으로 돌아가서 함께 연극운동을 하자고 결의까지 했기 때문이다. 그래서 홍해성은 본명이 주식(柱植)이었는데 예명까지 김우진과 같이 별 성(星) 자 돌림의 해성으로 지었다고까지 한 것이다(김우진은 당초 예명이 焦星이었다).

물론 두 사람 간의 그러한 큰 꿈은 김우진의 자살로 무산되었지만 그 자신 혼자만으로라도 뭔가 해보려고 열심히 연극을 공부하고 있었던 것이다. 그가 비록 남의 나라에서 배우로 활동하고는 있지만 대단히 학구적이었으며 연극 자료를 꾸준히 모으고도 있었다. 그가 자료를 열심히 모으고 있었던 이유는 김우진과 장차 고국에 돌아가 연극박물관을 만들자고 한 약속 때문이었다. 특히 홍해성이 쓰키지소극장뿐만 아니라 일본의 신극단체들의 프로그램과 무대사진, 그리고 가부키(歌舞伎), 노(能) 등 전통극 사진과 영화 스틸 등 다양하게 수집하고 있어 동랑을 감동시켰으며, 그에게 귀국하거든 자료전시회 같은 것을 한번 해보는 것이 어떠냐는 제안도 했었다. 그만큼 그는 홍해성의 꿈과 준비를 지켜보면서 그에 대한 존경심과 함께 여러 가지 구상도 했다.

그가 홍해성과 친해지고 또 연극에 특별히 흥미를 느끼면서 그 실제에 다가가보려는 목적으로 당시 쓰키지소극장이 공연한 체호프의 〈벚꽃 동산〉이라든가 고리키의 〈밤 주막〉 등을 연구한다는 자세로 관극하게 된 것이다. 특히 1927년에 오사나이 가오루(小山内薫)가 연출한 러시아혁명 10주년 기념의 〈국경의 밤〉 공연[24]은 그에게 깊은 인상을 남겼다. 왜냐하면 그 작품은 사회고발적이었던바 민중

24 〈국경의 밤〉은 연출자 오사나이가 소련으로부터 혁명 10주년 기념제에 국빈으로 초청을 받고 연출한 쓰키지소극장의 제17회 공연 작품이다. 오자사 요시오, 『일본현대연극사』, 명진숙·이혜정 옮김(연극과인간, 2013), 416면 참조.

의 입장에서 거대한 지배 세력과 용감하게 싸워나가는 주인공들의 감투정신이 무정부의자였던 그의 영혼에 불꽃을 튕겨주었기 때문이다. 쓰키지소극장에서 연극에 재미를 붙인 그는 웬만한 공연은 다 보았고 이론도 알기 위하여 스타니슬랍스키의 명저『배우술』은 물론이고 메이예르홀트까지 섭렵하여 연기의 세계나 연출에 관한 기초적인 지식을 쌓을 수가 있었다. 그는 거기에 그치지 않고 도쿄 시내의 여기저기에서 공연되는 전통극 공연도 구경하면서 우리나라의 가면극이라든가 판소리 등과 같은 전통극에도 관심을 갖게 된 것이다. 그 시기에 그는 처음으로 우리 민족의 연극유산에 대한 관심을 가지면서 그것이 갖는 의미를 반추해보기도 했다. 그가 이처럼 부지런히 돌아다니면서 일본 연극 전반에 대하여 공부하고 또 조국의 연극에 대하여 고뇌하는 동안 대학공부는 자연히 등한할 수밖에 없었다.

그가 연극에 가까이 다가가면서 절실하게 느낀 것은 연극의 행동성이었다. 공연자체가 끊임없이 움직이는 것이기도 했지만 관객의 반응 역시 문학과는 차원이 다를 정도로 역동적 반응을 실감한 것이다. 무엇보다도 그것이 연극에서 가장 매력적인 부분이었다. 바로 그 지점에서 그가 80% 문맹률의 민족을 위해서 뭔가를 해보겠다는 목표에 연극형태가 최상임을 점차 확신케 되었다. 따라서 그는 연극 실제를 몸으로 실천해보고 싶은 생각으로 극단 경험을 해보고 싶어 어떤 일본 신극단체 문을 두드려보기도 했다. 그런데 그가 학생신분이었으므로 기성 극단에는 입단하기가 그렇고 해서 대학생들이 조직한 아마추어 극단인 근대극장이라는 데를 찾은 것이다. 이 극단은 이념성이 강한 단체여서 마음에 들었고, 또 환영도 해주었다. 그는 입단하자마자 고골리의 〈검찰관〉과 〈공기만두〉라는 작품에 대사 몇 마디 하는 단역배우로 무대에 설 수도 있었다. 생전 처음 무대에 서는 일이 그를 흥분시켰지만 자신이 배우로서는 적성이 맞지 않음도 확인하는 계기였다.

그러나 그는 그 경험을 통하여 한 가지 얻은 것은 작품이 어떻게 무대에 올려지는지를 처음부터 끝까지 알아낸 것이었다. 그런데 그 단체는 연출을 아는 단원이 없었던 데다가 극장을 빌리지 못해서 항상 허름한 창고 같은 데서 공연을 가짐으로써 관객이 별로 없었다. 따라서 그는 조금 나은 극단을 찾다가 무정부주의자들이 만든 해방극장이라는 단체를 만나게 되었다. 당시 그가 자신의 성향에 딱 맞는 극단을 찾은 것이다. 거기서 그는 이탈리아 극작가가 쓴 어느 작품에 출연하게 되었는데, 그것도 쓰키지소극장 무대에서였다. 주인공인 자크 반셋치가 무정부주의자로서 거대한 권력에 저항하다가 처형당하는 이야기여서 그로서는 매우 극적인 경험을 한 것이다. 그런데 일본 정부가 그런 공연을 지켜만 볼 리가 만무했고 결국 중도에 막을 내려야 했다. 이처럼 그는 대학 예과시절과 본과 1학년 초까지는 연극판을 기웃거리면서 현장체험을 해본 것이다.

그런데 현장체험을 하면서 또 하나 그는 연극을 제대로 공부해야 한다는 것을 느낀 점이었다. 그가 영문학을 택한 것도 셰익스피어에서부터 제대로 연극을 공부하기 위해서였던 만큼 학업을 소홀히 해서는 안 된다는 생각을 한 것이다. 특히 반항적인 무정부주의 작품에 매력을 느끼다 보니 아일랜드 문학과 연극에 흥미를 갖기 시작했다. 당시 한국 유학생들 중에는 아일랜드 문학에 관심을 갖고 공부하는 사람이 몇 명 있었다. 가령 법정대학 영문학과에서 영시를 전공하고 있던 이하윤(異河潤)이라든가 와세다대학의 정인섭(鄭寅燮) 같은 경우가 바로 그런 예였다. 따라서 그는 자연스럽게 도쿄에서 외국 문학을 전공하는 유학생들과 어울리게 되었고 그들과 문학 서클도 만들게 되었다.

그것이 다름 아닌 해외문학연구회라는 것이었다. 즉 1927년에 도쿄에서 외국 문학을 공부하고 있던 김진섭(金晋燮), 정인섭, 이하윤, 이선근(李瑄根) 등이 주동이 되어 '외국 문학사조와 외국 작품의 번역 소개를 위하여 모인 조직체'가 바로 해외문학연구회였다. 여기에 영문학을 전공하고 있던 그도 자연스럽게 가입하게 된 것이다. 이들은 잡지 『해외문학』을 펴내기도 하면서 국내의 배타적인 민족주의 문학파와 카프의 프롤레타리아 문학파를 동시에 비판하면서 해외문학연구로 문학관의 지평을 넓혀야 한다고 주장하기도 했다. 이처럼 그는 교우 폭을 넓히면서 동지들의 연구 영역도 살피게 되었고 자극도 받으면서 연극과 문학을 동시에 탐구해가는 전문인으로 성장해가고 있었다.

그를 인간으로서 더 한층 성숙시킨 것은 조혼(早婚)도 한몫했다고 말할 수가 있지 않을까 싶다. 물론 그것은 전혀 원하지 않은 상황에서 벌어진 일이긴 했다. 사실 당시는 조혼제도가 유행하던 시절이었음은 알려진 사실이다. 동랑이라고 그런 관습을 벗어날 수는 없었다. 8남매의 장남이어서 그의 부모는 중학 졸업 무렵부터 혼사 이야기를 꺼냈었고, 동랑이 시큰둥해하자 중학 졸업만을 기다린 것이다. 대학

예과에 들어가자 특히 모친이 그의 결혼을 재촉하기 시작하여 본과에 오르자마자 일방적으로 향리의 얌전한 규수를 며느리로 삼겠다고 나선 것이 아닌가. 좁은 지역이라 집안끼리도 꽤 알고 지내던 중산층 백씨(白氏) 가문이었다. 당사자는 서울의 근화여학교에도 다녀본 신여성이었지만 워낙 얌전해서 좀처럼 자신을 드러내지 않는 내성적인 여자였다. 모친은 바로 그런 점이 종부(宗婦)로서는 가장 이상적이라 생각했던 것이다.

그 여자 집안에서도 동랑이 점잖고 공부도 잘해서 장래가 촉망된다고 생각하여 서두름으로써 그가 도저히 빠져나오기가 어려운 처지에 놓이게 된 것이다. 그래서 그는 장남으로서 부모에게 효도라도 제대로 해야겠다는 생각으로 그 규수를 제대로 사귀어보지도 않은 채 방학을 맞아서 마음 내키지 않는 결혼식을 얼떨결에 올리고 곧바로 도쿄로 되돌아왔다. 마침 그 시기는 그가 전공 공부에 재미를 붙일 때여서 변변한 신혼생활도 하지 않고 서둘러 도쿄로 돌아와서 예전처럼 자취생활로 복귀한 것이었다.

이제는 아내까지 거느린 성인으로서 그는 일단 공부를 제대로 해야겠다고 마음을 다잡고 학업에 최선을 다했다. 그래서 성적도 좋은 편이었다. 가령 열 과목 중에 우(優) 학점이 여섯이나 되었고, 양(良)이 둘이며, 가(可, 60점대) 학점은 한 과목뿐이었다. 그가 좋은 성적을 받은 과목을 보면 영문학사를 비롯하여 영문학, 영작문 그리고 영어회화 등이었고 영어학이 제일 성적이 나오지 않은 점에서 그가 언어학보다는 문학에 더 강점이 있었음을 알 수가 있다. 그러나 2학년에 올라가서는 다시 나태해져서 학교도 다니는 둥 마는 둥 함으로써 성적이 형편없었다. 가령 12과목 중에서 우 학점은 영어학과 교육학 둘뿐이고 양(良) 여섯, 그리고 겨우 낙제를 면한 가(可)가 무려 네 과목이나 되었다.

그런데 여기서 한 가지 주목할 사항은 그가 영문학을 전공하면서도 예과시절에는 러시아 문학에 심취했었다는 사실이다. 이는 아마도 내성적이면서도 허무적이었던 그가 같은 성향의 투르게네프와 안톤 체호프의 작품들을 읽으면서 러시아 문학에 공감한 것이기도 했지만 그에 못잖게 당시 우리나라 젊은이들의 독서유행과도 관련이 있어 보인다. 즉 당시 한국의 문학청년들은 톨스토이라든가 푸시킨, 도스토옙스키, 고리키, 그리고 투르게네프 등의 작품에 빠져 있었다. 그 역시 한때

立教第 11300519號

成績証明書

柳致真
明治三十八年十一月十九日生

右者昭和六年 三月本大学 文学部 英文 学科を卒業したもので
在学中の学業成績左記の通りであります

平成二十三年七月十一日

立教大学総長

学科別 \ 学年別	学部 第一学年	第二学年	第三学年
文学概論	優		
言語学		良	
英文学	優	良	良
英文学史	優	良	優
近世欧州文学			優
ラテン語	優	可	優
英語学1	可	良	良
英語学2		良	優
英語学3		優	
フランス語	良	可	可
英作文1	優	良	良
英作文2	良	可	優
英会話1	優	可	優
教育学		優	
英語	良		
米文学			優
教育史			良
卒業論文			優
総評			
備考	優80点以上, 良70点以上79点迄, 可60点以上69点迄を示す。		

릿쿄대학 성적증명서

러시아 작가들의 작품에 매료된 바 있었는데, 이는 아마도 그들 작품들이 내뿜는 허무주의 사상과 서정성에 끌려서였던 것으로 보인다. 그러니까 러시아 작품들의 호한(浩瀚)함과 황량함에서 나오는 페이소스가 동랑의 염세증과 맞아떨어졌던 것 같다. 그가 러시아 문학작가들 중에서도 유독 투르게네프와 안톤 체호프에 심취했던 것은 바로 그런 허무주의사상에 따른 것이었다. 따라서 그는 투르게네프의 희곡을 깊이 있게 연구하기까지 했다. 그는 투르게네프의 1842년 처녀 희곡 〈부주의〉(1막) 발표로부터 1870년 〈소렌토의 저녁〉 발표까지의 아홉 작품에 대해서도 소상하게 파악하고 있었으며 작품의 장단점도 알고 있었던 것이다.

그 시기에 그가 한 편의 글을 통하여 투르게네프가 3부 5점설 같은 고전적인 희곡구성법을 멀리하고 다분히 레제드라마 스타일을 고수하여 안톤 체호프가 등장하는 데 디딤돌 역할을 했다고 밝힌 것도 주목되는 사항이다. 즉 그가 「극작가로서의 투르게네프」라는 글에서 "그는 그의 희곡적 특징을 발견하기 전에 그의 작품을 그만 레제드라마로 돌려버리고 말았다. 이는 작가의 일종의 겸손인 동시에 가석한 자기(自棄)라고 보는 수밖에 없다. 왜 그러냐 하면 그의 희곡에 나타나는 왕왕 미온적이라고 비난받는바 고요한 정취는 드디어 앞에 언급한 바와 같이 안톤 체호프의 정극(靜劇)을 대성시켜서 마침내 인상주의 희곡의 태원(太源)을 장만하여준 까닭이다. 희곡의 희곡다운 요소는 외적 과장에만 있는 것이 아니다. 내적으로 우리의 가슴에 잠자는 정서에 촛불을 켜서 우리의 극의 탐색(探索)에 일조(一條)의 길을 열어주는 데도 충분히 사람을 감동시킬 연극의 소재가 있다. 이런 것을 전혀 이 작가가 몰랐다고 할 수는 없는 것이다. 연출가 스타니슬랍스키가 주장하는 '사실주의'는 투르게네프의 희곡의 특색을 충분히 성공시켰다. 그의 극에 나타나는 우아한 기분과 세련된 품격은 스타니슬랍스키의 해석하는 '최소화'의 연출법에서 비로소 풍부한 뉘앙스가 양출된 것이다. 그리하여 투르게네프의 희곡 작가로서의 족적은 러시아 희곡사상에 확연한 낙인을 찍고 있는 것"[25]이라고 하여 대단히 높이 평가한 바 있다.

그러나 본과에 올라가면서부터는 그의 성향도 많이 달라져가고 있었다. 한때 그를 사로잡았던 셰익스피어를 지나 아일랜드의 극작가들에게 기울어가고 있었다. 마침 영문학사 시간에 현대 영미 희곡 전공의 한 교수가 아일랜드 극작가들에 관해서 매우 흥미로운 강의를 한 것이다. 특히 그 교수가 강의하는 중에 동랑의 귀를 번쩍 띄게 한 것은 숀 오케이시를 설명할 때였다. 아일랜드는 우리나라와 비슷하게 영국 식민지로서 오랫동안 탄압받아온 데다가 민족적 성향도 비슷할뿐더러 오케이시의 처절한 생애가 동랑을 감동시킨 것이다. 주지하다시피 오케이시는 동랑보다도 더욱 가난하게 태어났고 그래서 공부도 늦게 했다. 극도의 빈곤한 삶과 식민지 민족의 침통성은 오케이시를 절망과 허무감에 빠지게 했었다.

이런 오케이시의 불가항력적인 허무주의가 오히려 그의 허무주의를 어루만져주는 묘약이 되라고는 그 자신도 상상도 못 했었다. 바로 그런 것이 그로 하여금 오케이시에 빨려 들어가는 지름길이 된 것이다. 즉 그는 투르게네프와 안톤 체호프의 페이소스보다는 오케이시의 삶에서 우러난 허무주의에서 더욱 동질성을 느끼게 된 것이다. 따라서 그는 싱그나 던세니, 그레고리 부인 등의 작품을 제쳐놓고 오케이시의 작품 연구에 빠져들게 되었다. 그가 오케이시를 유독 좋아했던 것은 불우한 삶에도 불구하고 작품에서는 그러한 침통성과 니힐을 숨기고 웃음을 잃지 않는 기발한 극작법도 크게 한몫했다고 말할 수가 있다.

그가 아일랜드 문학 특히 오케이시를 만나면서 대학공부도 맹렬히 했다. 특히 그가 일본까지 건너와서 어렵게 마치게 되는 대학공부도 유종의 미를 거둬야 한다는 강박 관념에 따른 것이었기도 했다. 그래서 그는 프랑스어만 가 학점을 받고 나머지는 모두 우(優) 학점이 아니면 양이었는데, 우가 여덟 과목이나 될 정도로

25 유치진, 「극작가로서의 투르게네프」, 『동아일보』 1933.8.23.

릿쿄대학 시절

최고의 성적으로 대학을 마칠 수가 있었다. 당연히 영문학사 성적은 최우수였으며 아일랜드문학에 관한 실력은 누구한테서도 뒤지지 않는다는 자신감도 갖게 되었다. 그러나 더욱 그를 고무시킨 것은 오케이시를 공부하면서 그에게서 극작술도 자연스럽게 배웠다는 점이었다. 이는 돈을 주고도 배울 수 없는 것을 스스로 터득한 것이어서 그로서는 엄청난 소득이었다. 따라서 졸업논문도 당연히 높은 수준의 '숀 오케이시 연구'로 두각을 나타냈던 것이다.

그의 졸업논문은 객관적 사실을 냉철하게 분석하고 규명하는 식이라기보다는 다분히 애정 어린 탐구적 성격을 띤 것이었다. 가령 그의 졸업논문을 요약한 것으로 볼 수도 있는 「노동자 출신의 극작가 숀 오케이시」라는 글의 서두에 보면 "숀 오케이시는 우리의 독서계에서는 이미 구면에 속하는 작가이다. 그러면서도 이 작가는 언제 만나도 새로운 애정을 느끼게 하는 커다란 매력을 숨기고 있다."라고 시작하여 "그는 무언(無言)의 사나이다. 첫 번 대하면 퍽 수줍어하고 상대자를 이해하기 전에는 입도 잘 못 벌리는 사나이다. 그러나 접근하여보면 볼수록 다사하고 음영(吟咏)하여 보면 볼수록 구수하다. 우리가 그를 재음영하여 곤태(困怠)를 느낄 때 아무런 위험도 없는 것이다. 이 작가가 이같이 우리를 매혹하는 것은, 그가 야회복과 연미복을 착용한 영국의 신사숙녀 작가와는 달리 외롭게도 빈민굴에서 출신하여 프롤레타리아적 경향을 그의 희곡에 갖추었다는 것이 그 이유의 전부만은 아니다. 이 작가의 인생을 대하는 태도와, 그것을 느끼는 바와 보는 눈, 그리고 그 보고 느낀 인생을 작품으로 구성하는 법, 그 모두가 우리의 경의와 정열과 심지어 감상까지 사고도 남을 만하다. 일찍이 호레이쇼는 말하였다. '인생이라는 것은 그것을 사유하는 자에게는 희극이요, 그것을 느끼는 자에게는 비극이다'라고. 진실로 오케이시는 인생의 이 희극을 그렇게도 여실히 사유하고 그렇게도 적절히 느끼는 자의 하나이다. 그의 연극을 보고 우스워서 요졸하지 않는 자 없다. 그러나 그 웃는 눈에는 벌써 눈물이 고이는 것을 어찌하랴! 아, 이같이 그가 사람을 웃기는 것은 무엇이며, 울리는 것은 무엇이랴! 한두 눈! 이것은 빈민굴에 흔히 있는 악성의 안질 때문에 여태 시력을 잘 쓰지 못하는 것이다. 이 여러 가지는 일견으로 그의 암연(暗然)한 과거를 짐작시키는 것이다. 이런 사나이가 보수적이요, 고전적인 영국 극단에 혜성같이 나타난 것은 그들에게는 실로 하나의 경이였다. 그는 공언하였다. '나는 노동자의 편'이라고. 그리고 그는 노력하였다. 자기와 같은 처지에서 눌려 있는 사람을 위하여 자기의 열정과 애정과 환희와, 그리고 그와 동시에 눈물로써 그 계급의 생활 경지를 그려내려고. 지극히 당연한 일이 아니랴!"[26]라고 찬탄과 공감의 표현을 하기도 했다.

그러면서 그는 오케이시의 생애와 작품세계를 촘촘하게 설명해나갔다. 그런데 그가 특히 강조한 부분은 오케이시의 불우했던 생애와 작품의 구성에 흥미를 두고 설명한 점이었다. 오케이시는 알다시피 1884년생으로서 마흔 살인 1923년에야 겨우 처녀작 〈편의대의 그림자〉(2막)를 발표한 만학의 극작가였다. 동랑은 이처럼 만학의 작가가 발표한 희곡들인 〈카드린 방송을 들음〉, 〈쥬노와 공작〉, 〈나니의 밤 외출〉, 〈쟁기와 별〉, 〈고백〉 그리고 1928년에 발표된 〈은배〉 등에 대하여 이들이 어떻게 애비극장에 올려져서 어떤 호응을 얻었는지를 소상하게 설명했다. 더욱 놀라운 것은 그가 아일랜드 현장에 가보기나 한 것처럼 공연의 배경과 관중의 반응, 그리고 각 언론의 평까지도 상세하게 소개했다는 점이다. 이는 곧 그가 아일랜드에서 발행된 신문을 일일이 구해보았다는 이야기가 되는 한편 당시 일본의 정보능력도 대단했음을 보여주는 것이어서 주목된다고 하겠다. 물론 당시에 릿쿄대학 도서관에 그러한 신문이 왔다는 이야기가 되기 때문이다.

그리고 그는 여타 연구자들과 달리 작품의 문학적인 연구보다는 구성법과 표현의 특성, 그리고 효과 등 무대를 꾸미는 제 요소 규명에 포커스를 맞춘 점에 주목할 필요가 있다. 가령 그가 오케이시를 설명하는 가운데 "그의 극은 스토리만 들어서는 누구나 선하품을 하고 돌아 앉아버릴 것이다. 그러니까 오케이시를 이해하고자 하는 독자는 될 수만 있으면 그 작품에 즉(則)하여 스토리로서 그 내용을 읽고 테크닉으로서 그 맛을 맛보아주었으면 좋겠다. 그렇지 않으면 그를 이해할 길이 없는 까닭이다. 그러므로 나는 이하 단지 그의 작품을 감상하는 데 착안하여 이 몇 가지 특징만을 지적하여두려 한다. 대체로 우리를 끄는 오케이시의 희곡은 형식상으로 보아서 (1) 스토리의 소재보다도 그것을 구성하는 건축물에 있다 하겠다. — 아니. (2) 구성하는 건축술보다 그중 함유된 희·비극적 요소(유머와 침통미)에 있다 할

---

26 유치진, 「노동자 출신의 극작가 숀 오케이시」, 『조선일보』 1932.12.3.~4.

까. — 오히려. (3) 그것보다 무대 이(舞臺 裡)에서 반주(伴奏)하는 효과의 힘에 있다 할까? 아니다. 이 모두가 그의 극을 특징화하는 주되는 요소다. 하여 그 세밀한 부분 부분의 요소로 세트의 구석구석에서 양출되는 빈민굴의 음산한 호흡과 합치하여 무대 전체를 휩싸는 한 덩어리의 무거운 분위기를 만들어버리는 것이다. 이 분위기란 것이 최악(最惡)으로 맛볼 가장 큰 특징"[27]이라고 하여 오케이시의 희곡을 공연학적 입장에서 분석했다는 점에서 당시로서는 대단히 앞선 연구였다고 말할 수가 있다.

27 위의 글.

3. 연극 입국(立國)의 행로

그런데 흥미로운 사실은 그가 졸업논문만 제출한 채 1931년 초 봄에 부랴부랴 귀국길에 올랐다는 점이다. 그는 더 이상 일본에 더 머무르기도 싫었을 뿐만 아니라 하루라도 빨리 귀국하여 평소 하고 싶었던 일을 실행에 옮기기 위해서였다. 그 하고 싶었던 일이란 로맹 롤랑의 민중연극론과 러시아의 브나로드운동을 접목한 민중연극운동 펼치기였다. 그는 유학 떠난 지 10년 만에 일단 고향으로 돌아왔다. 서울에는 특별한 연고도 없을뿐더러 매우 낯선 도시였으므로 당장은 가족이 있는 통영으로 귀향할 수밖에 없었다. 그러나 애정 없는 아내와 복닥대는 대가족 속에서 그가 할 수 있는 일이란 아무것도 없었다.

그가 당장 연극운동을 하려면 서울로 올라가지 않으면 안 되었다. 서울에는 도쿄에서 유학하는 동안 친교를 맺었던 몇몇 친지가 있었다. 잘 아는 사람들로서는 그보다 1년 먼저 귀국하여 연극활동을 시작한 홍해성과 『동아일보』 학예부 기자로 있던 서항석을 비롯하여 최승일, 김영팔, 안석영, 진장섭, 심훈, 조재호 등과 토월회에 관계했던 연극인 몇 명이었다. 그가 상경하여 만난 첫 번째 연극인도 바로 홍해성과 서항석이었다. 그는 우선 홍해성과 같은 여관에 머물면서 자신의 꿈을 설명했지만 홍해성은 묵묵부답이었다. 아마도 홍해성은 동랑을 세상물정 모르는 이상주의자로 생각하는 듯했던 것 같다. 그럴 수밖에 없었던 것이 홍해성은 이미 일본에서 7년여 동안 전문연극을 한 배우였던 데다가 가솔을 이끌고 하루하루 버티고 있는 처지인데, 그런 유랑극단 같은 행장극장(行裝劇場)이 말이나 되었겠는가. 물론 동랑도 홍해성에게 함께 그런 계몽극운동을 하자고는 말을 못 했다. 왜냐하면 홍해성은 이미 극단(신흥극장)을 조직하여 한 번 낭패를 본 데다가 생계조차 막막한 터였음을 너무나 잘 알고 있었기 때문이다. 그런데 문제는 동랑이 잘 아는 다른 동지들 대부분도 연극을 이해하고 또 무대에 서고는 싶어 했지만 그가 구상하고 있는 행장극장 같은 것을 조직해서 고생스러운 민족계몽운동을 펼치려는 사람은 단 하나도 없었다는 점이다. 더구나 그 시절은 일본 군부 세력이 만주사변(1931년 9월)을 일으키기 직전이어서 세상이 뒤숭숭하던 때인데 누가 앞장서서 그 어려운 민족계몽극운동을 펼치려 했겠는가. 그러니까 그는 일생을 바쳐서 거지꼴의 행장극장 같은 계몽극운동을 하겠다고 나서는 동지는 단 한 사람도 찾아낼 수가 없었던 것이다.

그가 당시로서는 황당하기 이를 데 없는 꿈을 접은 뒤 할 일 없이 하루하루를 무료하게 지내는 한량이 되어버린 것이다. 그런 때에 그는 홍해성의 소개로 문화계 중진으로서 그보다 17년이나 선배인 중진 연극인 윤백남(尹白南, 1888년생)을 알게 된다. 1910년대 초부터 신극운동을 하다가 여의치 않아 만담과 역사소설 쓰기로 대중문화를 주도하고 있던 윤백남은 홍해성의 가치를 알아보고 여관방에서 고생하고 있는 그의 생활을 돕고 있었다. 그래서 동랑은 두 선배와 자주 만나는 사이가 되었고, 그들로부터 신극운동에 대한 여러 가지 조언을 받는 처지였다. 그런 때 동랑이 윤백남에게 홍해성이 모아온 자료를 중심으로 연극영화전람회 같은 것을 한 번 열어보는 것이 어떻겠는가라는 제안을 하게 된다. 동랑은 그들에게 홍해성이 수집해온 일본 자료는 희귀성도 있으므로 그것을 팔면 목돈도 만들어줄 수 있지 않겠는가라고 했다. 그러면 홍해성의 생활도 돕고 우리나라 연극영화사 연구라는 의미도 있는 만큼 일거양득의 효과를 기할 수 있다고 본 것이다.

그런 아이디어에 전적으로 호응해온 인물이 바로 『동아일보』의 서항석 학예부장이었다. 그리하여 1931년 6월 18일부터 1주일 동안 동아일보사 후원으로 신문사 옥상에서 개최하게 된다. 그런데 후원은 동아일보사였지만 주최가 있어야 하기 때문에 임시로 만든 것이 바로 극영동호회라는 유령(?) 조직체였다.[1] 그때의 멤버는 윤백남, 홍해성, 서항석, 유치진, 그리고 이헌구였고, 전시품은 일본 연극영화 자료와 한국의 연극 자료를 합쳐서 4천여 점이나 되었다. 즉 민속극, 조선 신극, 일본 신극, 구미 극, 학생극, 아동극, 조선 영화, 일본 영화 등으로 분류하여 한국과 일본

1 서항석, 「나의 이력서」, 『경안 서항석전집』 5(하산출판사, 1987), 1779면 참조.

의 무대사진(주로 쓰키지소극장 공연), 가면, 인형, 그리고 영화스틸 등 매우 다양한 자료가 총망라된 전시였다. 이는 한국 연극영화사상 전무후무했던 전람회로서 당시에 대단한 호응은 얻었지만 홍해성을 경제적으로 도와보겠다는 당초의 목적은 이루지 못했다. 왜냐하면 아무도 구매요청을 하지 않았기 때문이다.

그러나 동랑으로서는 중앙 문화계에 처음으로 이름을 알리는 의미 있는 행사가 된 셈이다. 특히 서항석이 그에게 전람회의 의의에 관한 장문의 글을 쓰도록 해줌으로써 문명도 널리 알리는 계기도 되었다. 특히 연극영화전람회는 그가 처음 제안해서 이루어졌음은 그의 글에도 잘 나타나 있다. 가령 그가 『동아일보』에 쓴 「연극영화전을 개최하면서」라는 글 서두에 보면 "작년 5월 홍해성 씨의 귀국이 임박하였을 때에 고국에서 극에 관한 전람회를 해보자던 것이 이번 전람회를 가지게 된 조그마한 동기이었다. 그 사이에 이미 1년이 지내었다. 그러고 보니 금번에 개최되는 연극영화전람회는 벌써 1년 전에 준비되었던 것이었다. 그동안 세세한 사정으로 여태껏 묵어 있었던 것"[2]이라고 씌어 있는 것으로 보아 그가 이미 유학시절에 그런 구상을 했음을 알 수가 있다.

이런 점은 일찍부터 혜안을 지니고 있었던 그를 이해하는 데 중요한 대목도 된다. 왜냐하면 그가 일본에서 홍해성이 모은 자료를 보고 일찍이 그 가치를 인정했을 뿐만 아니라 그 활용이 우리나라 문화계에 큰 의미를 던질 것이라는 사실을 간파하고 있었기 때문이다. 영미 연극을 전공하고 있던 일개 대학생이 그런 안목을 갖고 또 실천력까지 갖추고 있었다는 점에서 그가 예사로운 인물이 아님을 처음부터 보여준 것이라고 하겠다. 그러나 더욱 주목되는 부분은 그의 연극유물의 가치를 보는 안목과 당시 우리나라의 타락한 대중문화 및 관중에 대한 우려 등에 대한 것이다. 그는 전람회와 관련한 글에서 이렇게도 썼다.

> 이 자료는 그 성질상 해를 묵었다고 결코 그 가치가 파손될 것이 아님은 물론이다. 해를 묵고도 새로운 것이 있다. 거리에서 거리로 방랑하던 중세기의 코메디아 델아르테의 씌어진 마차는, 흙내 나는 산대도감의 가면은 오늘의 우리에게 새로운 용기와

2 유치진, 「연극영화전을 개최하면서」, 『동아일보』 1931.6.19.

암시를 가지지 않느냐. 누누(累累)한 시간을 넘어서. 그는 오늘에 필요한 양분을 가졌다. 언제든지 우리는 그 양분을 흡수할 수 있는 것이다. 묵은 것의 가치도 거기에 있다. 우리의 뜻한 것이 이미 1년을 지났던들 무엇이 초조하랴! 우리에게 건전한 위장이 있는 동안에 우리는 금반 전람회를 가지게 된 것을 한 가지로 기뻐하여야 할 것이다.

때마침 중앙의 흥행계에서는 활발하게 연극이 등장하여 있다. 그는 그의 무서운 대적(對敵)인 영화를 단연히 압도하여 무지한 관객의 호기심에 영합한 리뷰식 키친 드라마의 경연이 백열화되어 있다. 구주대전 이후로 그네들의 백안적한 데카단이즘에서 순화된 에로와 구로와 넌센스는 어느새 이 나라의 저널리즘에까지 투합하였는지 흥행가치의 초점은 벌써 육욕의 노출에 집중되어버렸다. 흥행계는 그걸 열심히 제공하고 관중은 그걸 탐스럽게 구하고 있다. 따라서 연극은 저하하고 관중은 타락하였다. 일반적으로 흥행물을 애호하는 관중이란 훤조(喧噪)한 것과 비근한 것을 즐기는 것이다. 우리나라의 관중은 더욱이 그 경향이 농후한 것 같다. 그러므로 그들은 '생각'한다는 습성을 모를 뿐만 아니라 조금도 '생각'을 해보려고 노력하지도 않는다. 그들의 향락은 눈요기에 그친다. 눈요기에 그치는 연극 — 눈요기만을 탐욕하는 관중 — 틀렸다![3]

이상에서 느낄 수 있는 것은 혈기방장한 청년인 그가 당시 유행하던 저급한 신파극과 우리의 도덕 기준으로서는 너무 앞서 나간 성정(性情) 주제의 무분별한 서양 영화에 대하여 대단히 부정적인 생각을 가지고 있었다는 사실이다. 그는 보수적인 경상도 출신답게 도덕적인 관점에서 공연예술을 바라보고 있었고, 이런 경향은 평생 그의 삶과 작품을 지배하기도 한다. 그리고 그는 특히 감상적이고 욕망과 퇴폐를 즐기려는 대중의 무사유(無思惟)와 관음증(觀淫症)을 유독 못마땅하게 생각하고 있었다. 따라서 그는 그런 관중을 향해서 직설적으로 비판도 하고 있었던 것이다.

그렇다면 자신들이 펼치고 있는 연극영화전람회의 의의는 무엇이라고 했는가. 그에 대하여 동랑은 "다만 우리는 이 전람회가 전람회 그것에 종시(終始)하지 않고 제공한 재료는 연극운동에 뜻 두는 식욕 왕성한 신인에게 한 자극제가 되기를 바란

---

3 위의 글.

다. 그는 잡연히 정리된 진열품 중에서 우리의 먹어야 할 것을 섭취하며 버릴 것은 기양(棄揚)할 것이다. 그러하므로 종래의 오류를 청산하고 장래의 건전한 발육을 지시하여 장차 수립할 극영화예술의 튼튼한 토대를 암시할 것이다. 그때에는 결코 우리의 의도는 극영전이라는 전람회의 형태에서 침체하지는 않을 것이다. 그때에는 연극과 영화는 이런 유의 전람회와 같은 무미건조한 실내적 운동에서 넓은 들판으로 사람 있는 거리로 당연히 축출당할 것이다. 거기에서 비로소 연극과 영화는 시대의 공기를 흡수할 수 있을 것이니 그는 그의 본도를 찾았다 할 수 있지 않을까!"[4]라고 했다.

그러니까 그는 전람회 개최의 의의는 단순히 죽어 있는 자료를 보여주는 데 그치는 것이 아니라 장차 탄생될 역동적인 연극영화운동의 밑거름이 되도록 하는 자극제가 되는 것이라고 했다. 그러면서 그는 자료 전시가 단순히 무미건조한 실내적 운동에 그치지 않고 사람들이 있는 넓은 들판으로 나올 것이라고까지 말함으로써 장차 그들이 연극활동을 실제적 행동으로 옮길 것임을 예고했다. 그의 이러한 생각은 전람회를 개최하면서 모인 동지들이 그냥 헤어지는 것이 아쉽다는 이야기들이 오가던 중 차제에 시대에 부응하는 연극단체 조직을 만들어보는 것이 어떠냐는 데까지 이르게 된 것이다.

그때 자주 모인 동지들은 연극영화전람회를 주도한 윤백남, 홍해성, 서항석(도쿄제대 독문과), 유치진(릿쿄대학 영문과), 그리고 이헌구(와세다대학 불문과) 등 5명과 도쿄에서 『해외문학』이라는 동인지에 참여했던 김진섭(법정대학 독문과), 이하윤(법정대학 영문과), 장기제(법정대학 영문과), 정인섭(와세다대학 영문과), 조희순(도쿄제대 독문과), 최정우(도쿄제대 영문과), 그리고 함대훈(도쿄외대 노어과) 등 7명이 합쳐서 12명이었다. 그러니까 이들이 동인이 되어 1931년 7월 8일에 '극예술의 연구와 신식극 수립'을 목적으로 극예술연구회라는 동인제의 연극단체를 출범시키게 되는 것이다.

대표에는 최고 연장자인 윤백남을 앉히고 회의 연락과 대외적인 섭외의 책임은 서항석이 맡았으며 사무실도 서항석의 하숙집인 종로구 적선동 170번지로 삼았

4 위의 글.

극예술연구회 제1회 하기 연극강습회 기념(1931.8.)

다. 그리고 창립 취지에 따라 '극예술에 대한 일반의 이해를 넓히고 기성 극단의 사도(邪道)에 흐름을 구제하는 동시에 나아가서는 진정한 의미의 우리 신극을 수립하는 방안에 대해서도 논의를 하는 동시에 극예술연구회를 극연(劇硏)으로 약칭하자는 것도 결정했다.[5] 이처럼 극연은 서항석이 주장한 바 있는 것처럼 극영동호회가 모체가 되어 만들어진 것도 아니고, 극영동호회의 자연적 발전도 아니며, 순전히 전람회 개최가 계기가 되어 그런 단체 출범의 기운이 일어나 극적으로 생겨난 것이었다.

그런데 단체 구성원들의 면면을 보면 극연이 연극을 평생의 업으로 생각한 사람들이 모인 것이라기보다는 시대적 의분에 따라 즉흥적(?)으로 참여한 인물들이 상당수 있었던 점에서 매우 특이한 단체라고 말할 수가 있다. 가령 대표를 맡았던

5 서항석, 위의 책, 1863면 참조.

극예술연구회 40주년 기념 좌담회. 좌에서 두 번째가 동랑(1971.8.26.).

윤백남만 하더라도 그가 1912년부터 신파극운동을 시작하여 3·1운동 직후까지 극단을 이끌었고, 극작도 하면서 10여 년 동안 활동하다가 공연예술계를 떠나 야담과 역사소설가로 입지를 굳힌 인물이다. 그러니까 홍해성과 유치진을 제외하고는 모두가 신문기자나 전문학교 교수로 봉직하고 있던 인텔리겐차들이었던 것이다. 우선 그들의 출신학교만 보더라도 당대 동양 최고의 명문대학이라 할 도쿄제국대학이 3명이나 되었고, 와세다대학 2명, 법정대학 3명, 그리고 릿쿄대학과 도쿄외대가 각각 1명씩이었다. 이런 당대 최고의 인텔리들이 얼굴에 분 바르고 또는 천대받는 배우들과 어울려서 돈벌이도 안 되는 연극을 평생 하려고 했겠는가.

바로 이 지점에서 처음부터 끝까지 평생 연극을 하겠다고 마음먹고 나선 인물은 홍해성과 동랑, 그리고 서항석 등 셋뿐이었다. 따라서 극연의 목표와 방향에 대하여도 연극에 이미 일가견을 갖고 있던 이 세 사람의 의견이 그대로 반영된 것으로 볼 수밖에 없는 것이다. 가령 극연의 목표가 서구 근대극의 수입을 의미하는 '진정한 신극 수립 달성'이라든가 '기성 극단의 사도에 흐름을 방지하겠다고 한 것' 등은 그대로 이들 세 사람의 생각 그대로였다고 말할 수가 있다. 왜냐하면 홍해성의 경우는 이미 쓰키지소극장에서 배우로 활동하는 동안 서구 근대극에 대하여 충분히 세뇌를 받았고, 동랑의 경우도 쓰키지소극장 관극과 아일랜드 연극을 심층적으로 연구함으로써 저항적인 리얼리즘에 빠져 있었기 때문이다. 그러한 두 사람의 눈에 당시의 저질 신파극은 타파하여야 할 연극형태로 비친 것은 너무나 당연한 것이다. 동랑이 연극영화전람회의 의미에 관한 글을 썼을 때도 보면 저질 신파극에 대한 우려가 담겨 있다.

바로 이 지점에서 극연이 출범하면서 내걸었던 목표를 잠시 음미해볼 필요가 있다. 왜냐하면 이는 곧 동랑의 연극 목표와도 무관치 않기 때문이다. 당초 극연의 목표가 연구부와 사업부로 나누어서 제시되었는데, 연구부는 내외 제국의 희곡, 희곡론, 작극술, 연출술, 극평 등을 연구하며 희곡의 창작(또는 합작), 번역, 번안 등을 한다고 했다. 그리고 사업부는 관중(특히 학생)의 교도, 배우의 양성과 기성 극계의 정화에 주력하고 신극 수립에 필요한 일체 사업을 기획한다면서 첫째로 학생층 또는 기타에 극예술의 요소 내지 극예술정신의 침윤, 보급을 꾀하기 위한 극예술연구반의 설치를 한다. 둘째, 무대표현에 소질과 희원을 가진 자에게 표현기술의 창조적 실제 훈련을 하기 위한 연기 연구의 설치, 셋째 기성극단의 태도와 표현 또는 그 영향을 주시하여 극계의 향상을 위한 독려적 비평, 영합주의적 연출에 흐르지 않음을 조건으로 한 각본 제공과 연출 수탁, 넷째 극예술에 대하여 일반 사회의 이해를 넓히기 위한 강습회, 강연회, 관극회, 전람회 등의 개최와 잡지 도서의 발간을 하며 공연활동과 기타 신극수립에 필요한 일체의 사업을 펴나가겠다는 것이었다.[6]

이와 같이 우리나라 근대연극사상 가장 진보적이면서도 아카데믹한 목표를 내걸고 등장한 극연이었지만 그들이 당장 할 수 있는 일이란 고작 일반을 위한 강습회를 여는 것에 지나지 않았다. 그럴 수밖에 없었던 것이 동인들 중에 연극을 해본 사람은 홍해성과 윤백남뿐이었고 나머지는 모두가 책상물림들이었기 때문이다. 이처럼 그들은 장래를 내다보고 일단 연극계몽운동을 펴기로 한 것이다. 마침 서항석(『동아일보』), 이하윤(『중외일보』), 이헌구(『조선일보』), 함대훈(『조선일보』) 등 4명이나 신문기자로 있었기 때문에 극연의 활동은 당시 메이저 신문들의 문화면을 장식

6 『매일신보』 1931.7.19.

했고, 일을 벌일 때마다 홍보가 잘되어 지원자들은 항상 많았다. 당초부터 계몽운동에 뜻을 두고 있던 동랑으로서는 물고기가 물을 만난 듯이 열심히 뛰어다녔고, 강연도 열심히 했으며 6월에 『동아일보』에 처음 글을 쓴 이후 반응이 괜찮아서 기고 요청도 받기 시작했다. 그것은 사실 극연 회원들의 이름 알리기와 글을 통한 대중 계몽 구상과도 맞아떨어지는 것이기도 했다. 따라서 동랑은 두 번째로 그해 11월에 일본 연극운동을 소개하는 장문의 글을 쓰게 된다.

극연은 곧바로 자체 내에서 여러 전문가를 동원하여 근대극 이후의 세계 연극계 동향을 소개하는 글을 주요 신문에 게재키로 하고, 프랑스(이헌구 기고)부터 러시아(함대훈 기고) 독일(김진섭 기고), 그리고 일본 연극계를 일별시키는 글을 쓰도록 함으로써 동랑은 일본 신극계의 동향을 맡게 된 것이다. 그리하여 그는 2주일에 걸쳐 『조선일보』에 장문의 소개 글을 쓴 것이었다. 그는 쓰보찌 쇼오(坪內逍搖)가 1909년에 유럽을 돌아보고 귀국하여 만든 문예협회와 오사나이 가오루(小山內薰)가 1912년에 조직한 자유극장으로부터 1930년까지의 일본 신극의 움직임을 매우 치밀하게 분석 설명한 「최근 10년간의 일본의 신극운동」이라는 글을 썼다.

그가 글의 서두에서 "바로 노일전쟁의 직후 — 그러니까 부르주아지의 부자연한 약진시대이다. 당시의 급진적 인텔리는 전승(戰勝) 국민의 공허한 탐욕에서 혹은 전쟁의 피로한 엑조틱한 동경에서 새로운 문화의 흡취에 탐닉하였다. 그래서 그들은 외국문화의 수입을 무조건으로 환영한 것"이라는 일본 개화기의 분위기를 설명한 것을 보면 연극이야말로 사회의 반응이라는 관점에서 논리를 펴나간 것임을 알 수가 있다. 이처럼 그가 비교적 비판적인 눈을 갖고 일본 문화행태를 짚어나가려 했다는 이야기가 된다. 이어지는 글에서 그는 "바로 이때 일본 신극운동은 이 객관적 정세에 따라 출현한 것이다. 3백 년 전의 봉건적 유산을 그대로 전승한 가부키 및 예술상으로 하등의 고상한 이상이 없고 표현에 있어서 조악한 사생극(寫生劇)에 불과한 신파(新派)를 그들은 배격하였다."고 하여 동랑이 처음부터 신파극을 부정적인 눈으로 바라보고 있었음을 알 수가 있다.

그리고 그는 1부에서는 쓰키지소극장운동이야말로 진정한 일본 근대극의 본격 전개라면서 히찌카타 요시(土方與志)와 오사나이 가오루가 쓰키지소극장을 어떻게 만들어 운영했는지를 구체적으로 설명했다. 그가 대학시절에 쓰키지소극장을 자주 드나들었기 때문에 무대에 올려졌던 작가들, 이를테면 입센에서부터 셰익스피어, 메테를링크, 로맹 롤랑, 체호프, 고리키, 메이스필드, 괴링 등은 물론이고 사회주의 작품들까지 언급하면서 8년 동안 70회 공연을 하는 동안 구미 작가 70여 명의 희곡 110편을 선보였다고 소개했다. 그는 쓰키지소극장이 일본인들의 생활 감정에 잘 맞지 않는 서양의 번역극을 주로 공연한 것은 순전히 신파극 이후 난조에 빠진 극술을 바로 잡지 위한 고육책이었다면서 '쓰키지소극장의 번역물의 실험은 후일 그들의 창작극 연출의 실력 배양을 위해서 아니할 수 없었다'고 쓰기도 했다. 실제로 그러한 오사나이 가오루의 실험이 성공을 거두어 무자소로실독(武者小路實篤) 등 여러 명의 신진 극작가들을 배출했다고도 했다. 그러다가 갑자기 오사나이가 죽음으로써 쓰키지소극장운동도 1930년에 일단 막을 내리게 되었다는 것이다. 이처럼 그가 일본 신극의 요람이라 할 쓰키지소극장에 대하여 소상하게 알고 있었던 것이다.

그런데 이 글에서 주목되는 부분은 쓰키지소극장의 성쇠가 보여주는 것에 대한 그의 진단이다. 즉 그는 그와 관련하여 "여기에 기탄없이 말한다면 요컨대 쓰키지소극장운동은 일 문학청년의 서재에 불과한 감이 있었다. 이 극장은 특수한 연극청년을 위하여 다만 일개의 희곡 소개 기관에 지나지 못하였으니, 최대수의 민중의 욕망은 어느새 용납해볼 여지가 없었다. 일반 대중의 관심을 반영치 못하는 극장은 정당한 의미에서 연극의 퇴보를 말함은 물론이었다. 이 경향은 쓰키지뿐만이 아니다. 소위 소극장운동이란 것이 가지는 세계적으로 공통된 폐풍이었다. 그렇다고 소극장운동이 연출한 역사적 지위를 거부할 수는 없는 것이다. 실로 쓰키지소극장이야말로 오늘까지의 일본 신극운동에 튼튼한 초석을 놓아준 것이 아닐까. 요컨대 쓰키지소극장의 의의는 해(該)극단 그 자체에 있는 것이 아니라 그다음의 제너레이션을 배태시킨 산파역에 있는 것"이라고 하여 소극장운동이 갖는 한계와 그 미래지향적인 가치에 대하여도 논급한 것이다. 좀 더 구체적으로 말하면 동랑은 '부르주아 출신의 청년 히찌가타 요시가 혁명 직후의 모스크바예술극장에서 리얼리즘극운동을 배우면서 자연스럽게 사회주의극에 물들게 되었고 귀국하여 쓰키지소극장을 설립한 것'이라면서 그런 유형의 연극을 선호했기 때문에 대중성과는 괴리될 수밖에 없었고, 따라서 비교적 보수적인 오사나이 가오루와도 충돌도 하게 되었다고 했다. 결국 오사나이가 죽음으로써 사회주의 연극에 치중해온 쓰키지소극장이 문을 닫게 되었음도 그가 우회적으로 지적한 것이어서 주목된다고 하겠다.

그가 글의 2부에서는 쓰키지소극장과 같은 시기에 등장했던 두 주요 극단인 신극협회와 심좌(心座)의 공연활동과 그 신극사적 의의에 대하여 설명했고, 3부에서는 쓰키지소극장의 좌절이 일본 신극운동의 방향 전환에 오히려 좋은 약이 되었다면서 그 예로서 극단 신도쿄와 신쓰키지(新築地) 등을 지적도 했다. 이들의 등장은 일본 신극이 대중 속으로 파고든 것이어서 긍정적이라는 것이었다. 이처럼 그가 그때까지의 일본 신극운동 과정을 치밀하게 추적하여 그 성공과 실패까지를 다음과 같이 설명했다.

> 일반으로 일본의 신극은 아직 그 기술에 있어서는 미숙하고 그 역사적 지위에 있어서는 정년(丁年)에 달하지 못하였다. 그러므로 신극은 아직 한 흥행적 상품으로서도 한 개의 가치를 가지지 못하고 대중적 오락물로서도 그의 생활에 뿌리를 뻗치지 못하였다. 일본의 신극에는 3백 년 동안의 역사적 감정을 가진 가부키가 있고, 영화라는 세계적으로 위협하고 있는 경쟁자가 있다. 이 같은 배경을 가진 경쟁자 사이에 섞여서 진전하는 시대에 자기의 위치를 얻으려고(그리고 동시에 인텔리의 기호에 맞도록 만들려고) 일본의 신극은 그 창시 이후 지금까지 여러 가지로 분장하여보았다. 그러나 결국 근 30년래 실패를 거듭하였을 뿐이었다. 그러다가(1929년 쓰키지소극장 분열 이후로) 오늘은 신극의 좌익화적 동향이 농후하여졌다. 아니 현하 일본 신극계에서 가장 활발한 활동을 하고 있는 것은 프롤레타리아 연극이라 단언하여도 감히 부정치 아니하는 자는 없을 것이다.
>
> 그러면 일후 이 경향적 신흥 연극이 얼마나 ××한 ××의 의사(意思)와 싸우며 진전할 것인지? 벌써 ×××에서는 신극배우 자격증명이란 모책(謀策)을 안출하여 좌익적 연기장의 견제에 부상하는 모양이다. 배우 자격증 제도란 것은, 즉 그를 가지지 못한 자는 무대에 등장 못 하게 하여 드디어 신흥 연극 소멸을 책동하는 것이다. 이로 말미암아 점점 프롤레타리아 극만이 아니라 일반으로 극의 발전이 저지될 것은 물론이다. 들은바 좌익 극장원 중에는 해(該) 자격증을 얻은 자 불과 1백 명이라 한다. 이 현상은 자본주의 문명의 ××××이다. 장차 일본 신극계에는 확연한 목표에 대한 의지와 열정이 더욱 필요하게 되었다.

극연은 워낙 유명한 젊은 지식인들이 만든 단체여서 공신력이 있었기 때문에 강습회를 열 때마다 인재들이 모여듦으로써 사람 키워가는 데는 큰 어려움이 없었다. 따라서 그들은 장차 공연활동을 벌여나가려고 연구생을 뽑기 시작했는데, 가급적 때 묻은 연극인은 배제했다. 여성들 중에는 이화여전 출신도 있었고 여학교 출신도 몇 명 있었다. 그리하여 직속극단으로 실험무대도 출범시킨 것이다.[7]

위에 설명한 바와 같이 그는 2주간 12회에 걸쳐서 1909년부터 1930년까지 20여년간의 일본 신극운동 과정의 전말을 다각적으로 또 세밀하게 분석 소개했고, 그 결론이 바로 위의 인용문이다. 그런데 결론에 나타나 있는 논지를 보면 일본 정부가 일본 신극운동을 실질적으로 주도하고 있는 프롤레타리아 연극을 탄압하는 데 대한 우려가 나타나고 있는데, 이는 그가 프롤레타리아 연극을 옹호해서가 아니라 그런 유형의 공권력에 의한 예술 탄압을 빌미로 한 전반인 연극 탄압을 우려한 것이었다. 그러니까 어떤 예술이든 국가의 공권력에 의한 탄압은 대단히 조심스럽게 이루어져야 한다는 것이 그의 확고부동한 지론이었다. 그 점은 그가 뒤이어서 쓴 「프로극의 몰락과 그 후보(後報)」라는 글에도 나타나 있다.

즉 그는 귀국 후 3년 뒤에 도쿄에 다시 가보고 일본 신극계의 대단한 변모를 목격하고 놀란다. 이 글의 서두에서 그는 "여기 와서 내가 처음 놀란 것은 일본의 좌익적 예술 분야의 황당한 변모였다. 나는 그동안 서울에 있으면서도 혹은 잡지로 혹은 신문으로 일본의 좌익적 예술가의 사상적 전환을 알아들은 바 있었다. 그러나 이렇게 심할 줄은 몰랐던 것이다. 바야흐로 좌익극단의 완전한 궤멸기가 온 모양"이라 했다. 그러면서 그는 1925년 프로문예연맹 연극부의 트렁크극장 설치로부터 전개되어 쓰키지소극장에서 불을 피우고 1930년을 전후하여 전성기를 구가한 프롤레타리아 연극의 전말을 소상하게 분석해낸 것이다. 그는 이어서 "동아시아에 풍미했던 국제공산주의운동의 흐름을 타고 일본을 중심으로 번창해간 프롤레타리아 연극이 1930년대 초에 접어들어서 급격하게 몰락해간 것이다. 특히 프롤레타리아 연극을 이끈 중심축이라 할 프롯트마저 1934년에 해체됨으로써 사실상의 좌익 연극

7 유치진, 「최근 10년간의 일본의 신극운동(12)」, 『조선일보』 1931.12.2.

은 빈사 상태에 빠진 것이었다."고 썼다. 그 원인에 대하여 그는 일본 신극 지도자 무라야마(村山知義)의 말을 빌려서 대체로 다섯 가지로 보았다. 첫째는 사회 상태의 급격한 변화, 둘째 유능한 지도자와 기술자가 자유를 잃은 것, 셋째 스스로 도피해버린 자가 많았던 것, 넷째 새로운 상세(狀勢)에 적응할 이론을 파악하여 그것을 실천으로 옮기지 못한 것, 그리고 마지막으로는 프로극을 이끈 지도부 사람들이 모두 소부르주아 인텔리였다는 점이라고 한 것이다.[8]

그런데 여기서 주목되는 부분은 그가 일본 프롤레타리아 연극의 대표적인 작가라 할 삼호십랑(三好十郎)과 등삼성길(藤森成吉)의 자가 반성에 포커스를 맞춰서 설명하고 있다는 점이다. 가령 전자가 말한바, '한 사상을 주창하기 위하여 작품을 써온 것이 잘못된 것'이라고 한 점과 후자가 말한 '대중에게 아첨해서도 안 되지만 특정 이데올로기에 아첨해서도 진정한 리얼리즘 연극은 바랄 수 없다'고 한 말 같은 것이다. 그러면서 그는 역시 무라야마의 말을 빌려 "이 프로극의 혼란, 몰락에 있어서 이 몇 해 동안 프로극의 대두로 말미암아 억눌려 있던 예술지상주의 극, 그 외 일반으로 프로극의 경향을 배우지 않던 연극이 머리를 들었다. 레뷔극의 왕성, 파쇼극의 강화가 오인(吾人)의 주목에 충분한 시위를 하고 있는 것이다. 예술지상주의적 경향이 연극으로는 쓰키지좌, 테아틀 코메디 두 극단이 잘 나가고 있다."고 했다. 그러면서 그는 "지금은 이 문제 역시 유야무야에 들어가고 말 것 같다. 이와 같이 일본 신극의 장래에 대한 전망은 이번 가을 시즌을 지나지 않으면 분명한 정리를 얻지 못할 것 같다. 실로 일본 신극은 위기에 처하였다."고 결론을 내린 것이다.

이상과 같은 두 글에서 알 수 있듯이 20대 중반의 동랑이 당시 최고의 일본 연극 전문가로서 일본 연극의 진행 과정에 대하여 심층으로 분석, 비판할 정도로 상당한 안목을 지니고 있었다. 그런데 그의 글에서 특이하게 보이는 것은 이데올로기 연극의 한계로서 일본 프롤레타리아 연극운동의 실패를 타산지석으로 내세웠다는 점이라 하겠다. 그러한 경고는 그가 이 땅에서 연극운동을 전개해가는 과정에서 하나의 교본(?)으로 삼게 되었다는 것이다. 그러니까 그가 일본 유학시절 국내외에서 사회

8 유치진, 「프로극의 몰락과 그 후보 - 일본 신극 별견기」, 『동아일보』 1934.10.4.

주의운동 바람이 거셌음에도 그는 결코 거기에 빠지지 않았다는 이야기와 통하는 것이다.

이처럼 그가 연극계에 입문하자마자 일본 신극운동의 전개 과정에 대하여 깊게 파고든 것은 아무래도 이 땅에서 연극운동을 해가는 데 있어서 그로부터 교훈 및 방법 같은 것을 얻어보려는 의도가 깔려 있었다고 볼 수가 있다. 그러나 그는 거기서 어떤 방법론을 찾아내지는 못했던 것 같다. 왜냐하면 20세기의 동아시아에서는 러시아혁명 후의 사상적 세례를 적잖게 받았고, 거기에서 어떤 대안을 찾아보려는 경향도 없지 않았기 때문이다. 그가 러시아의 문예 동향에 관심을 가진 것은 극히 자연스러운 것이었다고 말할 수가 있다. 따라서 그는 혁명기의 러시아 문예 동향을 살피면서 그네들이 취했던 문예운동이 자신이 이 땅 위에서 펼칠 '거대 밑그림(grand design)'이 될 만하다고 확신한 것 같다. 그 점은 그가 러시아에서 벌어졌던 연극운동에 주목하고 혁명 직후 그곳에서 일어났던 일련의 연극운동에 대하여 긍정적인 시각에서 몇 편의 주요 논문을 발표했던 데서도 보여진다. 그 첫 번째 글이 다름 아닌 「산 신문연극 - 그 발생과 특작에 대하여」이다.

여기서 우선 알아야 할 것은 '신문극'이란 개념과 '산 신문극'이라는 개념이다. 그것은 말 그대로 전자는 신문의 연극화이고 후자는 살아 있는 신문의 연극화일 것이다. 그에 대하여 동랑은 '신문극은 연극의 신문화'라고 했고, '산 신문극은 신문의 동작적 구상화 혹은 무대적 입체화'라고 정의한 바 있다. 그는 이 글에서 "사실 이 특수한 형태의 연극은 1917년 제1차 세계대전과 1919년 러시아혁명 직후 극도로 궁핍해진 러시아에서 종이와 잉크 부족 등으로 신문 발행도 어려울 정도여서 시민들이 정보에 목말라 있었다. 그런 때에 페테르부르크의 한 공과대학생들이 기발한 아이디어를 내어 극장에 사람들을 모아놓고 신문을 낭독함으로써 시민들의 궁금증을 해소해주었고, 나중에는 낭독에 실감나는 동작까지 가미함으로써 극성을 더욱 극대화하는 데까지 했었다. 이러한 성공은 결국 하나의 연극 형식으로 정착, 1923년에는 전국적으로 6천여 개의 신문극단이 생겨나 네트워크를 형성하기까지 했었다. 그런데 한 단체에는 배우와 곡예사, 무용가, 작곡가, 배경화가, 연출가, 그리고 패러디스트라는 직종까지 있어서 40여 명으로 구성되었다. 따라서 러시아 전역에 신문극단 종사자들이 수십만 명이 활동케 된 것이다. 거기에 대본을 제공하는 작가 역시 수십 명이 중앙에 버티고 앉아서 실생활에서 취재한 사건들을 촌극이나 가요, 대구(對句), 오페레타, 보드빌 등의 형색을 가미하여 만들어 보내주는 방식을 취했다."고 했다. 그러면서 그는 산 신문극의 특성을 여덟 가지로 요약했는데, 첫째 극본은 현대예술의 특성인 단절조(斷截調)에 합응하여 간결 명쾌한 리얼리즘에 입각한 촌극이라는 것, 둘째 벽소설(壁小說) 혹은 보고문학과 같이 프랙티컬한 모뉴먼트를 암시한다는 것, 셋째 한 작품의 소요시간은 10분 내지 15분으로 하는 것이 합리적이라는 것, 넷째 내용은 무식한 어멈이나 여공도 이해할 수 있을 정도로 평이하다는 것, 다섯째 반드시 어느 이데올로기에 기준하여 취재한 사건에 대한 해석을 명백하게 하는 경향이 있다는 것, 여섯째 산 신문극에는 게올케 그릇치의 만화에서 가끔 볼 수 있는 캐리커처한 지배계급을 점출(點出)하여 진부한 과거로 하여금 스스로 미소시키고 소쇄(笑殺)시키려고 노력하는 듯하다는 것, 일곱째 중세 프랑스에 출현했던 쏘피(멍텅구리극)와 같이 주로 정치적 시사문제를 풍자하는 동시에 감상적 분자를 배격한다는 것, 여덟째 공간과 시간의 절약을 극도로 요구하는 기계문명의 현대적 템포에 극의 리듬을 맞추기 위하여 무대상의 제 물질적 조건은 극도로 단순화하고 있다는 것이라 썼다.[9]

그런데 여기서 우리가 간과해서는 안 될 것이 그가 러시아에서 한때 유행했던 산 신문극의 발생 전개 및 그 특징에 대하여 진솔하게 소개 설명한 것은 당시 불모의 우리 연극계에서도 그런 방식을 한번쯤 도입, 시도해보는 것이 어떨까라고 넌지시 암시한 점이다. 그것은 결론 부분에서 그가 "산 신문극이란 현대예술 형식 중에 가장 현대의 의지와 동향을 성격적으로 흡수하여 단적으로 표현하는 것이다. 현대의 시대적 호흡은 일체 생활 형식을 레코드 시스템화하였다. 방대한 장편소설 때문에 허비하던 시간을 성냥갑의 레테르 같은 벽소설이 구하지 아니하였나! 그리하여 좋은 의미로서나 나쁜 의미로서나 현대의 예술은 모스크바의 제3인터내셔널 기념탑부터 미즈꼬시의 쇼윈도에 이르기까지 선동적인 간명직절성(簡明直截性)에 그의 특질을 찾을 수 있는 것이다. 선동적인 간명직절주의! 현대도시의 표석인 네온사인이 그렇고 광고예술의 에센스인 포스터가 그렇고, 흥행계의 패자(覇者)인 영화가

9 유치진, 「산 신문극 - 그 발생과 특작에 대하여」, 『동아일보』 1931.12.18. 참조.

그렇고, 참신한 프롤레타리아 극인 청복극(青服劇)이 그렇다. 결국 현대의 예술은 단일화된 선동예술이다. 부르주아의 상업예술이나 프롤레타리아의 이데올로기 예술이나 무엇이나 할 것 없이 현대 예술의 모든 버라이어티가 그렇다. 만일 그렇다면 전술한 산 신문극의 특성은 현대예술 형식의 특징을 가장 단적으로, 가장 전폭적으로 발휘하고 있는 것이라 단언할 수 있다."면서 "그러면 여기에 우리가 산 신문극이란 새로운 극 형식을 고찰하는 것은 단지 신흥 연극의 새로운 발전을 관찰하는 것에뿐만 아니라 현대생활이 어떻게 움직이며 그 생활과 밀접 교류하려 하는 현대 예술의 가장 경향적인 특성과 그의 가장 표현 형식을 이해하는 의미에서라도 가장 유의기(有意氣)한 과제인 줄 생각하는 바"[10]라고 주장함으로써 '산 신문극'이야말로 우리가 시도해볼 만한 예술운동 방식 중의 한 가지임을 분명하게 밝히고 있다. 그렇다고 해서 그가 그 방식이 한국 연극이 가야 할 가장 이상적인 방도라고 하지는 않았다. 다만 당시 우리의 정치·경제·사회상황이나 공연예술계의 실정으로 볼 때 그런 방식도 의미가 없지 않다고 보았을 뿐이다.

그러니까 그는 솔직히 극장시설의 절대 부족에서부터 극작가, 연출가, 배우 등등 제대로 된 연극을 창조해낼 만한 인재 빈곤상태에서 시대를 대변하고 민중의 삶을 진솔하게 표현할 방도는 '산 신문극'도 하나의 대안이 될 수 있다고 보았다는 이야기다. 그러면서 그는 역시 '산 신문극'과 함께 러시아 혁명기에 각광을 받은 바 있는 '노동자구락부극'에 주목했다. 주지하다시피 노동자구락부극이란 러시아혁명 직후 구성된 노동자단체들이 스스로를 위로하면서 친목을 도모하고 교양도 제고하기 위해서 실행했던 오락 행위를 일컫는다. 좀 더 구체적으로 설명하면 볼셰비키혁명 후 결성된 노동자구락부(오늘날의 노동조합)가 각자 오락기관을 만들어 연행 방식의 오락 행위를 한 것이다. 당시 러시아 전역에는 3천2백 개의 노동자구락부가 있었는데 각 구락부는 1만여 명을 수용할 수 있는 객석도 갖추고 있었다. 그곳에서 연간 10만 2천7백 회의 공연을 가짐으로써 물량적으로는 기성의 전문연극을 압도할 정도였다.

그 특징은 제대로 된 무대장치도 없고 대소도구도 특별한 것이 없었으며 청복극

10 위의 글.

처럼 평상복 그대로 분장도 하지 않고 연행했다. 따라서 '연기자와 관람자는 잡연(雜然)한 속에 혼일한 일체가 되어서 관중이 주연기자요, 연기자가 즉 관람자'였다. 그리고 '조명 역시 등장자의 세계와 관람자의 세계를 동일한 분위기에서 생활시키기 위하여 입센 이래의 요지경식 무대조명을 배제하고 될 수 있는 대로 무대와 객석을 다 같은 정도로 밝게 하는 것'이다. 그렇기 때문에 공연 방식도 일반 연극과는 크게 차이가 날 수밖에 없었다. 즉 희곡을 중요시하지 않으며 간단한 촌극 형식에 무용이라든가 여성합창, 곡예, 인형극, 재담 같은 것을 곁들여서 관중으로 하여금 쾌활한 웃음을 이끌어내는 방식이다. 이는 그만큼 노동자들 스스로의 손으로 만들어내기 때문에 창조의 희열도 느낄 수 있으며 자신들의 문제가 언제나 주요 이야기가 될 수밖에 없다. 당초 위안거리로 시작된 이 구락부극은 점차 그의 노동자 대중에 영향하는 교화성을 자각하여 단순한 오락기관으로서라기보다 개활운동(改活運動)의 한 예술적 전위대로서 특성을 발휘하기에 이르렀다는 것이다.[11]

그가 '산 신문극'을 비롯하여 분장과 의상을 무시하는 청복극, 새로운 이데올로기로 번역하여 채용한 프롤레타리아 레뷔, 그리고 말 혹은 잠언을 합창하는 슈프레히콜 등 신흥 연극이야말로 침체한 세계 연극사의 진전이라고 확신하고 그러한 맥락에서 노동자구락부극에 대하여 바람직한 공연 행위라고 한 사실에 주목할 필요가 있다. 특히 그가 노동자구락부극을 진보적인 공연예술로 본 것은 그것이 배우와 관객은 떼려야 뗄 수 없는 완전한 일체가 됨으로써 무대와 객석, 배우와 관객이란 구별을 분리시켜 생각할 수 없다는 데 있었다. 그러니까 그는 노동자구락부극의 극다운 효과가 거기에 있었다. 그러면서 그는 노동자구락부극에서 연극이 본래적으로 가지는 야성과 열정을 발견할 수 있는 것을 통쾌하게 생각한다고까지 했다. 그리고 그는 이 글의 결론 부분에서 '만일에 현대연극의 가장 진보된 이상(理想)이 객석과 무대의 황홀한 일치에 있다면 이 노동자구락부극은 이미 그 이상을 실현하고 있다'고 했으며 노동자구락부극의 극다운 자랑은 '훈련된 직업적 연극에서 얻을 수 없는 조야하고 혼돈하고 무뚝뚝하고 야만적인데 있는 것'이라고 예찬했다. 또한 그는 "구락부극은 소위 궁전장식적 근대극이 얻어둔 우미한 무대적 약책(約策)을

---

11 유치진, 「노동자구락부 극에 대한 고찰」, 『동아일보』 1932.3.2.~3. 참조.

멸시하려는 경향이 농후하다. 이는 연극이 여태까지 발달한 역사적 과정을 무시하고 위대한 진화법칙을 역행하여 연극의 원시적 형태에 환원하여버린 감이 있다. 그러니 이 경향은 연극의 구조의 해방성과 표현의 직접성과 내용의 질박성을 탈환시키는 데 충분히 유효하였다고 하겠다."고 했는데, 이는 그가 놀라울 정도로 앞서가는 연극관을 보여주는 것이어서 주목이 된다.

왜냐하면 이러한 그의 연극관은 꽉 짜인 근대극의 경직된 틀을 혁파하고 열린 연극을 지향했던 앙토냉 아르토(1895~1948)와 그의 추종자들인 자크 코포(1879~1949), 메이예르홀트(1874~1940) 등의 새로운 연극과도 일맥상통하기 때문이다. 더욱 주목되는 부분은 아르토가 1931년에 파리의 식민지박람회에서 발리섬의 가면무극을 관람하고 거기서 근대극의 한계를 극복하는 어떤 대안을 찾았음은 다 아는 사실이다. 그 후 아르토가 자신의 연극론집인 『연극과 그 환상(The Theater and Its Double)』을 출간한 것이 1938년이었다. 그런데 주목되는 것은 아르토가 주창한 바 '르네상스 이후의 서구 연극이 연극 자체로 볼 때 실제로 연극의 근원과 단절되어 감동적이며 존재적인 무대 이미지를 불러일으키던 그 본래의 힘을 상실했다'[12] 고 한 것이 동랑이 자신의 글에서 '산 신문극'이라든가 노동자구락부극 슈프레히콜 등등 "신흥 연극의 가지가지 형태상의 특징은 연극의 발생 당시, 즉 그의 국외(局外)시대(농촌 벽지에 아직 그 잔행을 가지고 있는 산대극, 광대극 등도 연극의 국외시대적 형태라고 보겠다)에 가졌던 본래적 특성과 열성을 소생시킨 것"이라고 한 것과 일맥상통한다는 사실이다.

즉 그는 이 글에서 '연극의 본질을 탈환해야 한다'든가 '노동자구락부극은 연극이 본래적으로 가지는 야성과 열정을 발견할 수 있어서 통쾌하다'고도 했다. 그리고 결론 부분에서 노동자구락부극이 '연극의 원시적 형태에 환원하여버린 감이 있는데, 이것이야말로 연극 구조의 해방성과 표현의 직접성과 내용의 질박성을 탈환시키는 데 충분히 유효하였다'고도 했다. 아르토가 인도네시아 발리섬의 가면무극에서 연극의 원형을 찾았다고 한다면 동랑은 우리 고유의 가면극에서 연극의 원형을 찾았다는 것이 다를 뿐이다. 여기서 더욱 놀랍고 흥미로운 점은 아르토와 동랑이

12 A. Artaud, *The Theater and Its Double* (New York, 1958), pp.70~71 참조.

같은 시기에 어떤 교감도 없었던 상황에서 매우 유사한 연극관을 드러냈다는 사실이라 하겠다. 1931년도에는 아르토가 유명한 연극인도 아니었기 때문에 세계 연극계에서 화제의 인물도 아니었고, 따라서 일본에 그가 소개된 것도 아니었다. 바로 여기서 동랑의 본능적이면서 동시에 감각적인 탁월성이 보인다고 하겠다.

솔직히 당시 우리 주변에는 어느 누구도 그만큼 앞서가는 연극관이라 할까 연극의식을 가진 인물은 없었다. 그만큼 그가 당대에는 누구도 따를 수 없을 정도로 진보적인 연극의식을 가진 유일한 연극인이었다. 그렇다면 그가 어떻게 그처럼 첨단적인 연극의식을 지닐 수 있게 된 것일까? 거기에는 아마도 그가 본능적으로 사회문화현상을 파악해내는 예리한 감각을 갖고 있었던 듯싶고, 다음으로는 일본에 소개되는 세계 연극의 동향에 관한 서책을 섭렵하는 부지런함, 그리고 영문으로 된 서양 연극서적을 찾아 읽는 성실함에서 비롯된 것으로밖에 설명되지 않는다.

이상과 같이 그가 러시아의 민중을 위한 '산 신문극'과 '노동자구락부극'의 역동적 아마추어 연극운동을 소개한 직후에 발의(發意)한 것은 연극브나로드운동이었다. 연극브나로드운동은 그가 이미 중학교시절 여름방학 때 고향에서 간접적으로 접해본 것이어서 그렇게 생소한 것은 결코 아니었다. 즉 3·1운동 직후인 1920년대 초에 동우회순회극단 등 청년학생들이 하계방학을 이용하여 벌인 아마추어 연극운동이 큰 반향을 불러일으켰음을 그 자신도 잘 알고 있었다. 물론 일본 경찰의 탄압으로 아마추어 순회극운동이 오래 지속되지는 못했지만 그 운동이 남긴 흔적은 간단치 않았다.

그러던 차에 1928년도에 처음 러시아의 브나로드운동을 소개한 바 있던 『동아일보』가 두 번째로 1931년 7월부터 10월까지 3개월 동안 신문 부수를 늘리기 위해 문맹자퇴치운동이라는 명목으로 브나로드운동을 대대적으로 전개했다.[13] 특히 『동아일보』가 '다 함께 배우자, 가르치자'라는 구호를 내걸고 브나로드운동을 촉진한 것은 인상적이기까지 했다. 『동아일보』의 이러한 브나로드운동은 전국적으로 농촌운동에 큰 반향을 불러일으켰으며 문학에도 영향을 주어 이광수(李光洙, 1892~1950)의 농촌계몽 소설 『흙』(1932)이라든가 심훈(1901~1936)의 『상록수』 등도 나

13 김윤식, 『한국근대문학사상사』(한길사, 1984), 105면.

올 수가 있었던 것이다. 사실 동랑 역시 연극을 평생의 업으로 택하게 된 결정적 동기가 도쿄대진재의 치욕과 고통이었고, 문맹률이 높은 민족계몽 수단으로서의 연극운동이야말로 가장 적합하다고 했던 것은 전술한 바 있다.

따라서 그는 때를 기다렸다는 듯이 언론계에서 대대적으로 벌인 문맹퇴치 수단으로서의 브나로드운동을 연극에 접목한 연극브나로드운동을 들고 나온 것이다. 그는 『조선중앙일보』에 연극브나로드운동의 필요성에서부터 방법론에 이르기까지 매우 구체적으로 설명해놓음으로써 누구나 뜻만 있으면 당장이라도 뛰쳐나올 수 있도록 선동적인 글을 게재했다. 그는 먼저 연극은 다중의 감정에 어필할 수 있는 최선의 문예수단이라는 점을 강조한 다음 당시 도시인의 말초적 감성만을 자극하고 있는 저질 신파극이 농어민들의 정서까지 타락시키고 있음을 비판했다. 그런 현상과 관련하여 그는 "연극을 도시인의 말초적 오락에서 탈피하여 혹은 농촌으로 혹은 어촌으로 혹은 산촌으로, 농민에게, 어민에게 그리고 광부에게 가지고 가자. 그리하여 그들에게 우리의 하고 싶은 말을 해보자. 그들에게는 그들의 생활에 대한 표현이 지극히 결핍되었다. 그러므로 그들은 우리 사회의 가장 중요한 초석이 되어 있음에도 불구하고 자기네들의 생활이 어떤 지경에 있는지를 반성하여볼 겨를조차 가지지 못하고 있지 않은가. 우리는 그들의 생활에 '표현'을 주어야 한다. 그리하여 그들로 하여금 자기들이 지금 어떤 처지에 있는가를 깨닫게 하여 장차 분기(憤起)시킬 코스를 가르쳐주어야 한다."[14]고 잠자는 민중에 불을 지피기도 했다. 그러고 나서 그는 연극브나로드운동은 당연히 3·1운동 직후에 그랬던 것처럼 "농촌으로 어촌으로 학생극의 힘을 빌려서 연극으로서의 문화계몽의 브나로드운동을 감행시켜보자."면서 다음과 같이 그 구체안을 제시하기까지 했다.

> 전 조선의 방방곡곡에 학생대를 잠입시킴으로써 연극으로서의 문화계몽운동을 지역적으로 넓혀보자는 것이다. (……) 여기서 이 문제를 가장 양심적인 학생대에다 맡기는 것이 현하 조선의 형편으로서는 가장 쉽고 효과적인 일이 아닐까? (……) 그러면 학생대를 동원한다 치고 이 계획을 실현시키는 데 어떤 구체안이 있는가? 대강 그 윤곽만

14 유치진, 「새로운 제창 - 연극의 브나로드운동」, 『조선중앙일보』 1934.1.1.

그려보면 우선 비교적 휴가가 긴 여름방학을 이용하여 귀성하는 중학 혹은 전문학교의 남녀 학생들에게 이 운동을 납득시키는 공작부터 시작하고, 그다음에는 이 운동을 마음으로 이해하는 동지를 모으는 것이다. 모인 동지의 수에 따라 각자의 고향을 중심으로 한 군(郡) 혹은 면 단위로 하여 지역적으로 구분한 대(隊)를 편성하는 것이다. 대원 중에 여학생이 있으면 일의 진행이 일층 편리할 것은 물론이다. 그러나 남녀 학생이 배합하는 데 풍기상 겁내는 도덕가가 더러 있는 오늘날에서는 남학생은 남학생, 여학생은 여학생대로 따로따로 대를 만들어서 여대원은 특히 부녀 대중만을 상대로 동원하는 것도 일방 무난하며 효과적일 것이다. 한 대의 대원수는 7, 8명. 만일에 한 대의 대원수가 예정에 족하지 못할 때에는 하는 수 없이 자기의 고향에 돌아가서 재향우인 중에서 이 운동을 이해하는 동지의 원조를 받는 것도 한 방법일 것이다.[15]

이상과 같이 학생연극대 편성방법을 제시한 뒤 다음 단계로서 그는 "대원을 한 곳에 모아놓고 준비된 극본의 연출부터 무대장치, 의상, 분장, 대소 도구 등 효과에 관한 일체 지식, 즉 각본 경비부터 개막하기까지의 제반 준비를 적어도 1주일 이상 실제적으로 강습시켜야 자기 고향으로 각자 돌아가서 그들이 그들의 힘으로 장치, 의상, 분장 등 모든 준비를 조정할 수 있을 것이다. 대원들에게는 인쇄된 각본을 배분하여 강습에 편리하게 할 것은 물론이요, 삐라, 포스터 등도 미리 준비하여 각각 선전에 편리하도록 함도 무방할 것이다. 그리고 각본에는 특히 연출 방식과 무대장치법, 대소 도구, 제작 등 구입에 관한 참고, 효과·분장·조명에 관한 주의점까지 기재하여 두면 더욱 편리할 것"이라고 매우 구체적으로 설명해주고 있다. 그런 사전 준비를 한 다음에 학생극이 취할 실현 방법에 대하여는 그가 연전에 소개했던 러시아의 '산 신문극'과 노동자구락부극의 공연 방식을 취택하는 것이 바람직하다면서 "고향에 가서는 윗마을, 아랫마을 단 10호의 동리도 빼지 말고 될 수 있는 대로 많은 농민에게 접하게 해야 할 것이다.

무대는 농가의 마루를 중심으로 안방 건넌방은 출연자의 분장실로 쓰고 관람자석은 멍석을 펴둔 마당을 이용하게 할 것이다. 무대장치, 의상, 분장 등은 될 수

15 위의 글.

있는 대로 비용이 적게 들고 운반이 편리하게끔 사실적이기보다 암시적으로 고안해야 할 것이다. 예를 들면 실내를 보이려 할 때에는 흑막 앞에다가 들창문을 하나 그려 붙인다든가 실외를 보이려 할 때에는 흑막 앞에다 나무를 한 그루 세운다든가 하여 장치는 지극히 간단하면서도 암시적임을 요할 것이다. 의상·분장도 극히 단순화시켜서, 가령 경관을 표현하려 할 때에는 입고 있는 학생복에다가 군도를 차고 카이젤 수염이나 붙여 대용할 것이며, 회사 사장 같은 인물은 굵은 금시곗줄을 늘인 배불뚝이 배로써 표시할 것이다. 대소도구도 아무것이나 촌락에 있는 것을 이용하도록 할 것이니 나무토막을 놓고 의자로 대용하고 석조 의자를 포개놓고 탁자의 대용으로 쓰는 것 등은 그 쉬운 예일 것이다.

그리고 각본은 되도록 현실적 문제에서 취재하되 직접으로 그들 농민의 이해에 관계있고 생활에 관련 있는 것을 택하여 보는 사람의 생활 감정이 직감적으로 무대 위에 활동하게 할 것이다. 그러므로 그 내용은 단순하면서도 직접적이며 희극과 비극의 경계선이 확연하여 근로자의 단순한 머리에 이해되도록 하는 게 좋을 것이다. 상연에 요하는 시간은 하룻저녁에 한 시간 반 내지 두 시간이 적절할 것이다. 그 이상 넘어가면 구경하는 장소가 노천인 만큼 긴장미를 상하기 쉽고 도리어 극에서 받은 인상을 혼란하게 할 염려가 적지 않을 것"이라고 하여 공연방법에 대해서는 극본 만들기에서부터 무대 장치, 의상, 분장, 조명, 그리고 대소도구 제작 등에 이르기까지 매우 소상하고 구체적으로 설명해놓은 것이 특징이다. 그뿐만 아니라 공연 시간은 물론이고 관객에 대한 배려까지 세심하게 설명해놓은 것이다.

그는 자신이 제안한 연극브나로드운동을 '산병적(散兵的) 계몽전(啓蒙戰)'이라는 전투적 용어까지 동원함으로써 비장감이 들게도 했다. 한편 그는 이것이 제대로 진행되면 "전 조선은 일순에 연극이 표현되는 한 이념 속에 휩쓸리고 말 것이다. 조선의 방방곡곡에선 하루 저녁에 연극의 횃불이 타오를 것이니 전 조선의 농민과 어민은 같은 텍스트 밑에서 같은 문제를 생각하며 비애를 향해서는 같이 울고, 기쁨을 향해서는 같이 기뻐하고, 뻗쳐오르는 생명선을 보고는 같이 환호할 것이다. 이때야말로 전 조선의 민중은 비로소 같은 정신과 같은 호흡 밑에서 통일되고 같은 코스를 보고 같은 감정 속에서 생활하는 때일 것이다. 이와 같이 위대한 교화(敎化)! 이같이 힘찬 선동이 어디 있으랴! 나는 눈을 감고 생각할 때 이 브나로드극의 계획이 한갓 공상에 그치지 않을 것을 확신한다."고 했다. 그러면서 그는 연극브나로드운동이야말로 우리 동포를 하나로 묶고 공통의 지향점을 향해 나아갈 수 있도록 하는 민족운동으로서 자기가 속해 있는 연극단체 극연의 연중행사가 되기를 소망한다는 말로 글을 끝마무리했다. 이상에서 알 수 있는 것처럼 연극브나로드운동은 그 자신은 물론이고 당대 뜻 있는 연극인들이 해야 할 가장 중요한 문화운동의 과제로 본 것이다. 이처럼 그는 애초부터 한국 연극을 어떻게 그려나가야 할 것인가 하는 큰 설계자(設計者), 즉 그랜드 디자이너(grand designer) 자세로 연극운동에 임했음을 알 수가 있다.

물론 이처럼 비장감마저 감도는 그의 여러 제안이 구상한 대로 성취되지는 않았지만 당대 문화계의 가장 화급한 테제로 부각되었던 것만은 분명하다. 한편 그가 연극브나로드운동의 주체가 되기를 간절히 소망했던 극연은 공연단체로서의 역할을 하기 위하여 실험무대라는 직속극단을 만들어 창단 공연 준비에 바빴으며 창립단원인 그 역시 일개 조직원으로서 거기에 일조하지 않을 수 없는 처지였다. 결국 실험무대가 이듬해(1932) 5월 초에 조선극장을 빌려 고골리의 〈검찰관〉(함대훈 역, 홍해성 연출)으로 고고의 성을 올렸던바 그 역시 다른 동인들과 마찬가지로 단역으로서 처음으로 무대에 서기도 했다. 이처럼 그가 당대 가장 앞서가는 젊은 연극이론가로 문명을 날리는 유망주로 부각되었지만 막상 극연의 조직원으로서는 분 바르고 무대 한 귀퉁이에 서 있어야 하는 단역배우에 불과했던 것이다. 그렇지만 그가 생애 최초로 기성 연극단체 공연무대에 선 것도 색다른 경험이었으며 작가 지망생으로서 무대 연기를 직접 해본 것이야말로 그에게는 괜찮은 체험이었다고 말할 수가 있다.

이러한 그의 무대경험은 이듬해(1933) 2월의 제3회 공연까지 이어졌는데, 가령 제2회의 〈관대한 애인〉(어어빙 작)이라든가 〈옥문〉(그레고리 부인 작), 〈해전〉(괴에링 작) 등 표현주의극과 제3회의 〈기념제〉(체호프 작) 무대에 단역으로 선 것이다. 극연에 배우가 많지 않았기 때문에 그 역시 어쩔 수 없이 동인들이 분 바르고 나서야 했던 것이다. 그런데 흥미로운 사실은 그가 제3회 공연 때부터는 자신이 쓴 처녀 희곡 〈토막〉도 선보였던 데다가 번역극 한 편을 연출도 맡아서 했다는 점이다. 이 말은 그가 연극이론에도 밝았지만 동지들 눈에는 창작과 연출에도 상당한 재능

〈토막〉 초연이 끝난 뒤 무대에서

을 가진 것으로 비쳤다는 이야기가 된다. 실제로 동지들을 실망시키지 않을 정도로 데뷔작이 호평을 받은 것도 사실이었다.

그가 동지들의 요구로 인하여 희곡을 썼든 어떻든 간에 창작에 손을 댄 것은 그가 일찍부터 마음속에 품어왔던 것을 실행에 옮긴 것에 불과했다. 그리고 특히 그가 계몽주의자로서 러시아가 혁명기에 벌였던 여러 가지 형태의 연극운동을 소개해왔던 만큼 자신도 이 땅에서 그런 비슷한 연극운동을 실천하고 싶었던 것 역시 사실이었다. 더욱이 그가 러시아의 계몽극운동을 소개하면서 문맹률이 높을 뿐만 아니라 직업 분포에 있어서도 다수를 차지하고 있는 우리나라 농촌을 향해 있었다는 데 주목할 필요가 있다. 좀 더 구체적으로 말하면 당시 한국인 문맹률 80%는 주로 농어민들이었으며 농업인구 역시 70% 이상이었다. 따라서 그가 피폐한 농촌 현실에 관심을 둔 것은 극히 자연스러운 것이었다. 더욱이 그가 반농반어의 항구에서 성장했기 때문에 그 체험을 바탕으로 농민의 삶을 창작 제재로 삼을 수밖에 없는 당위성이 있는 것이다.

그렇다면 19세기 후반 서구에서 시작된 리얼리즘 희곡 방식을 롤 모델로 삼아 이 땅에서 본격적으로 실험했다는 그의 〈토막〉(2막)은 어떤 작품인가? 극연 동지들이 '우리나라 근대 희곡의 백미'라고 극찬했던 〈토막〉은 그가 대학시절부터 구상해왔던 것으로서 그의 처녀작이며 기성 극단의 데뷔작이기도 했다. 그래서 그 자신으로서도 특별한 의미를 지니는 작품임은 물론이고 당시 그의 정신상황과 또 그 자신이 작품을 통해서 당대에 전하려는 메시지가 농축된 희곡이라는 점에서 큰 의미를 갖는다고 볼 수가 있다.

그는 작품을 발표하고 나서 2년 뒤에 쓴 글에서 "내가 그려보려는 조선의 현실은 너무나 암담합니다."라고 말했듯이 동랑은 자신이 처해 있는 당대 현실, 그중에서도 농촌현실을 가감 없이 묘사한 것이다. 희곡(연극예술)은 '그 시대와 사회를 읽는 창(窓)이 되어야 한다'는 연극관을 가진 그가 서울에서 연극활동을 하면서 현재 살고 있지도 않은 농촌을 굳이 창작무대로 삼은 것은 전술한 바 있듯이 인구의 다수를 차지하고 있는 농촌이 무지와 궁핍지대로서 식민지 수탈의 가장 취약한 장소였기 때문이었다. 그러니까 1910년 일제의 한국 병탄 이후 토지조사사업과 미곡증산정책 등으로 우리 농민들이 완전 파산당하여 유리걸식의 극한 상황에 몰려 있었다. 그런 측면에서 보았을 때 사회경제사학자 전석담(全錫淡)의 다음과 같은 시대상황 묘사는 동랑의 창작의도를 유추케 한다.

> 농민의 토지 상실은 '토지조사사업'에 인한 이와 같은 직접적 횡탈에서만 생긴 것은 아니다. 토지조사사업에 의하여 새로이 영세토지소유로 된 자작농 및 자작농으로서의 자소작농들은 후에 보는 바와 같이 조세부담의 격증과 일제 상품의 침입에 따른 화폐지출의 증대에 견디지 못하여 그 토지를 팔지 않으면 안 될 처지에 이르렀으니 이것이 또한 농민의 토지상실의 길의 하나였었다. 소작농들도 또한 소작료, 두세(斗稅), 사음 향응료, 기타의 부담이 증가되고 부채가 증가됨에 따라 점점 견디지 못하게 되었으니, 팔 토지도 없는 그들은 남부여대하여 만주, 일본으로 방랑하기 시작하였던 것이다. 이와 같이 일제 식민지시대의 제1기에 있어서 토지조사사업에 의한 수탈과 조세공과에 의한 수탈 등으로 인하여 농민의 궁핍화와 그 이농(離農)경향은 급격히 진전되었으니.[16]

이상과 같은 처참한 현실은 1920년대 후반의 한 신문의 고발 르포에서 "2중 3중의 압박과 각 방면에서 다그치는 생활고로 조선에서 방축되는 동포들은 고국의 산천을 버리고 생도(生途)를 찾아 황망한 남북 만주의 광야를 향하여 갔다. 남부여대하여 국경을 넘는 동포는 나날이 8, 90명에 달하였다."[17]는 기사에도 잘 나타나 있다. 따라서 '희곡은 시대와 사회를 읽는 창이어야 한다'는 연극관을 지녔던 그가 몰락한 농민들의 비참한 삶을 외면할 수가 있었겠는가. 게다가 그는 전술한 바대로 관동대진재 등을 겪으면서 민족적 울분이 켜켜이 쌓였던 만큼 작품을 통하여 일제에 저항해보려는 의지가 강했었다. 가령 〈토막〉의 배경과 등장인물들의 묘사만 보더라도 그가 분노의 마음을 갖고 당시 최하층 농촌과 농민들의 실상을 폭로해보겠다는 의지가 그대로 나타나 있다.

1920년대를 시대배경으로 삼은 이 작품의 부대설명을 보면 그가 '외양간처럼 음습한 토막집에서 병약한 늙은 주인공(명서)이 일본으로 품팔이를 떠난 아들에게 편지를 쓰고 있는 것으로 작품이 시작된다'고 설명해놓았는데, 이 장면 설명 하나로 작품의 주제가 드러난다고 해도 과언이 아니다. 주인공 명서가 아들 친구 삼조와 나누는 다음과 같은 대사는 그들의 절망적인 현실이 어느 정도인가를 잘 나타내주고 있다.

> **삼조** 장가가 다 뭐유? 죽자꾸나 농살 지어두 입엔 거미줄을 면치 못하는 세상인데….
>
> **명서** …삼조야, 이 집을 한번 둘러봐라 여긴 사람 같은 사람은 하나두 없다. 이 할미는 늙어 이렇지, 저 금녀는 금녀 저대로 몸이 착실치 못하지, 게다가 나꺼정 병으로 이 몇 핼 두구 그들의 신세만 지구 있으니 대체 이걸 집이라고 하겠니?

이상과 같이 주인공의 가정에서는 희망 쪼가리라고는 한 가지도 찾아보기 어렵다. 그들의 희망은 일본으로 품팔러간 아들(명수)의 귀향뿐이다. 그러나 아들은 일본에서 독립운동을 하다가 형무소에 갇힌 것 같다는 구장의 전언을 듣고 부친(명

---

16 전석담 외, 『일제하의 조선사회경제사』(조선금융조합연합회, 1947), 76면.

17 「방축되는 민족의 비참상」, 『중외일보』 1927.3.24.

서)은 '아찔아찔한 비탈 위에서 별안간 깊은 수렁 속으로 떨어진 것 같다'고 한탄한다. 한편 주인공 명서네보다도 못한 친구 경선의 가족은 더욱 비참하다. 왜냐하면 움막 같은 집조차 없어서 명서네 집 한 칸을 빌려 살고 있기 때문이다. 등짐장사로 근근이 입에 풀칠을 하고 있는 경선은 걱정하는 친구 명서에게 '자넨, 그 맛을 모를 거야. 동에서 서로, 서에서 동으로 바람 부는 대로 떠다니는, 미상불 참 좋은 직업일세, 1년내 뼈 빠지게 일하구두, 가을에 가서 빗자루만 메구 울구 돌아오는 농사짓기보다 몇 갑절 나은지 몰라. 그리구 그중 편안한 건 이러쿵저러쿵 남의 싱갱이 받을 것 없이 거리에서 자구, 별 밑에서 일하는 걸세. 도대체 가진 게 없으니 빼앗길 염려가 없구, 빼앗길 염려가 없으니, 줄창 맘은 푸군하구. 푸군한 맘에는 언제 죽어두 눈을 감을 수 있으니, 요렇게 희한한 살림살이가 또 어딨단 말인가'라고 체념과 자조가 섞인 말로 위로한다. 경선의 자조적인 독백 속에는 소작지 등 몽땅 잃은 뿌리 뽑힌 농민들의 비참한 삶이 그대로 농축되어 있다. 결국 경선이 가솔을 이끌고 추운 겨울밤 어디론가 정처 없이 떠난 며칠 뒤 명서네로 일본에서 아들의 백골이 돌아온다.

명서 (궤짝을 들고 비틀거리면) 이놈들아, 왜 뼉다구만 내게 갖다 맽기느냐? 내 자식을 죽인 놈이 이걸 마저 처치해라! (쇠진하여 쓰러진다. 궤짝에서 백골이 쏟아진다. 밭은 기침! 한동안)

명서처 (흩어진 백골을 주우며) 명수야, 내 자식아! 이 토막에서 자란 너는 백골이나마 우리를 찾아왔다. 인제는 나는 너를 기다려서 애태울 것두 없구 동지섣달 기나긴 밤을 울어 새우지 않아두 좋다. 명수야, 이제 너는 내 품안에 돌아왔다.

금녀 …죽은 혼이라두 살아 있어, 우릴 꼭 돌봐줄 거예유, 그때까지 우린 꾹 참구 살아가유, 예, 아버지!

이상과 같은 비극적 결말은 참담한 조국현실의 실상 그대로였지만 그런 가운데서도 동랑은 절망 묘사에 머무르지 않고 딸(금녀)의 입을 통하여 현실 초극(超克)의 의지를 내비치고 있어 주목된다. 그의 참담한 농촌현실 드러내기는 다음 작품 〈버드나무 선 동리의 풍경〉(1막)으로 이어지는데, 시대배경을 1930년대로 잡은 것이 전작과 다르다. 그런데 1930년대의 삶은 더욱더 피폐했다. 오죽했으면 다 키운 자식(딸)들을 송아지 값도 되지 않는 헐값으로 팔아먹어야 했겠는가. 이 작품은 바로 그런 자식 팔아먹는 이야기인 것이다. 우선 주인공이 사는 토담집은 반 이상 허물어져 있을 정도로 가난에 찌들어 있다. 왜냐하면 아비는 5년 전에 수리조합 제방공사에 나갔다가 사고로 죽음으로써 초근목피로 생계를 유지하고 있는 처지여서 딸(계순)을 25원에 도시로 팔아먹을 수밖에 없는 처지였다. 물론 그 마을에서는 이미 여러 명의 처녀들이 이미 팔려나가 있었다.

할머니 음 그렇다네. 복실이하고, 그만이하고, 그리고 간난이하고 같이. 하지만 저런 천둥벌거숭이가 남의 손에 넘어가서 어떻게 사는지, 보내긴 하면서도 난….

학삼 걱정 없어유, 요즘 아이들이 나이 여섯이면 속에 늙은이가 들어앉았는걸. 그런데 몸값으로 이번에 얼마나?

할머니 십 원짜리가 두 장하고, 오 원짜리가 한 장이라나!

학삼 (눈이 둥그래지며) 그러믄 이십오 원이게유? 어이구, 송아지 값이로구나.

이상은 팔려가는 처녀의 할머니와 굶어서 정신이 조금 나가 있는 동네 사람과의 대화 일부분이다. 이처럼 처녀가 팔려가는 와중에 그녀를 좋아하던 동네 청년(덕삼)은 험준한 산으로 먹거리로 칡뿌리를 캐러갔다고 실족사하는 비극적 사건이 겹쳐 일어난다. 어느 구석 하나 희망의 빛은 없다. 이것이 그가 묘사한 1930년대 우리의 농촌풍경이었다. 그런데 당대의 농촌현실을 정면으로 천착한 작품에 대하여 그 자신은 별로 긍정적인 평가를 내리지 않았다. 가령 「대중성의 개척」이라는 글에서 그는 "〈토막〉 이후의 조선의 극작품이 비참한 현상을 비참 그대로 그리기 때문에 얼마나 테마에 있어서 융통성이 없고, 작가의 시야에 있어서 제한이 많고 표현에 있어서 얼마나 궁굴(窮屈)한지 모르겠습니다."[18]라고 씀으로써 예술성의 결핍을 자조한 것이다.

이어서 그는 「철저한 현실파악」이란 글에서도 자신의 창작 자세와 관련하여 "너

---

18 유치진, 「대중성의 개척 - 창작방법 · 리얼리티 · 작가」, 『조선중앙일보』 1935.7.7.

는 생활로 환원하라! 그리하여 철저한 현실파악에서 출발하라! 여태 책에서 얻어둔 이론의 기성품을 완전히 불살라라! 이론으로부터 생활을 해방하고 도리어 생활 속에서 이론을(또는 이데올로기를) 추출하라! 이론은 생활의 구상화에서 발전되는 까닭이다 — 이것이 당분간의 나의 모토입니다."라고 하여 그동안 자신이 공부해온 서양의 일부 편향된 연극이론으로부터 한 발짝 비켜서서 예술가적인 자세로 현실생활에 접근해갈 것임을 밝혔다. 그러면서 그는 "나는 농민생활을 그린 명예스럽지 못한 두 개의 희곡 〈토막〉과 〈버드나무 선 동네 풍경〉을 발표한 적이 있습니다. 나는 이 작품을 쓸 때에 나의 지성을 백지로 돌리려고 무한히 애쓴 것을 기억합니다. 그럼에도 불구하고 그 작품 가운데는 처처에 소안(素顔)이 그냥 드러난 곳이 있습니다. 이것은 나로서는 적지 않은 낙망입니다. 그리고 나는 이 작품을 쓸 때에 이것을 그 소재로 등장한 농민 자신에게 보였으면 하는 욕망을 간절히 가졌습니다. 그렇지만 나는 지금 의구합니다. 만일 이 작품을 농민에게 상연해 보인다면 과연 그 작품 중에서 작자가 의도한 유머며 페이소스 등을 농민이 이해할 수 있을까? 그 유머 그 페이소스는 인텔리겐차의 눈에 비친 유머며 페이소스지 농민 자신의 눈에는 하등의 효과가 없는 것은 아닐까? 농민이 보는 유머, 농민이 느끼는 페이소스는 따로 있는 것이 아닐까? … 말하자면 이러한 의구이었습니다. 내가 농민을 그리려면 나의 인텔리성에 더 철저한 소제(掃除)를 해야 할 것을 압니다. 그리하여 농민의 생활 감정의 철저한 현실적 파악 — 거기에서 우리나는 새로운 지성의 구상화에서 출발해야 할 것임을 압니다."[19]라고 하여 피폐한 현실을 극화하는 데 따른 작가의 고충을 여러 측면에서 밝히고 있다.

그러니까 자신이 정면으로 그려낸 당대 농촌현실이 실제로 농민들이 직면해 있는 처절함을 승화시켜서 묘사한 것이냐 하는 회의였다고 볼 수가 있다. 좀 더 구체적으로 말하면 자신이 그려낸 농촌현실이란 것이 거기에 발을 붙이고 사는 농민이 볼 때는 미흡하기 이를 데 없을 만큼 한계가 있는 것은 사실이지만 작가는 르포가 아닌 이상 현실 그대로가 아닌 유머라든가 페이소스 등과 같은 정서적 표현을 투영하지 않을 수 없다는 이야기였다. 바로 이 지점에서 애국적 열정의 자신과 작가로

19 유치진, 「철저한 현실파악 - 창작과 태도와 실제」, 『조선일보』 1934.1.21.

서의 자기가 상충하는 내면의 갈등이 야기된다고 했다. 그렇지만 예술 작품이란 상상력의 산물이고 연극 또한 삶의 일류전(illusion)이 아닌가.

또 한 가지 주목할 것은 작가가 누구보다도 현실에 바짝 다가서서 작품을 쓰는데도 비평가들은 그의 작품에 대하여 전혀 동떨어진 평가를 하고 있다고 불평했다는 점이다. 즉 그는 위의 글 말미에서 "왕왕 오늘의 평론가가 작품을 평위(評爲)하는 것을 볼 때, 꽤 불쾌한 것은 그들이 우리의 생활하는 현실에서 그들의 척도를 재지 않고 외국의 서적에서 배운 직역적(直譯的) 관념론으로써 척도질을 하는 때입니다. 작가는 실생활에 입각한 현실을 그리려고 애쓰는 데 반하여 평가는 추상적으로 학습한 형식과 이데올로기를 쳐들고 나와서 덤비는 것"이라고 비판했던 것이다.

그렇지만 「대중성의 개척」이라는 그의 다음 글에서 보면 초창기 창작 태도와 한계 역시 매우 구체적으로 실토하고 있음을 알 수가 있다. 즉 그는 이 글의 서두에서 "귀하의 창작적 실천에 있어서 신조로 하옵시는 방법은 무엇이오니까? 그리고 최근 2, 3년간 말썽거리가 되어 있는 리얼리즘을 귀하의 창작적 체험에 비추어 어떻게 생각하시옵니까?"라고 스스로 질문을 던진 뒤에 자신의 극작 방향과 방법에 대하여 소상하게 밝혀놓았다. 그 글에서 그는 자신의 창작 배경과 관련하여 두 가지 측면에서 설명했는데, 그 하나가 자신의 입장에서 바라보는 창작 자세라고 한다면 다른 하나는 관객의 입장에서 생각하는 자세이다. 즉 그는 자신의 창작 자세와 관련하여 "대체로 내가 그려보려는 조선의 현실은 너무도 암담합니다. 그 암담성이라는 것은 가다오다 '연극 이상'인 때가 많습니다. 그러므로 우리의 참담한 현실 그것을, 참담한 그것대로 내어놓으면 보는 사람이 여간 괴로워하는 게 아닙니다. 그 때문에 관중은 속히 피로를 느끼고, 급기야는 작품에 대한 혐오의 감(感)까지 느끼게 하는 것입니다. 한 작품이 독자에게서 혐오의 감을 사게 될 때에는 그 작품은 이미 작품으로서 낙제된 것"이라면서 이를 극복하기 위하여 그는 희극적인 방식을 취해야겠다고 했다. 이어서 그는 "희극적 견지에서 우리 현실을 재고찰해서 우리의 암담한 생활에서 웃음을 발견하고 그 웃음 속에 얼마나 많은 비극이 태생(胎生)되며 혼합되어 있는가를 재현해보려는 것입니다. 그리하여 우리의 독자 내지 관중으로 하여금 재미있게 웃어가며 한 극을 감상하게 하며 그 웃는 가운데에 눈물을 자아내게 하며 혹은 웃음이 모여서 눈물로 폭발되도록 하려는 것"이라고 했다.

역시 그가 사숙하는 숀 오케이시의 극작술이 옳다는 것을 인정한 셈이다.

다음으로 그는 관중의 입장에서 생각한 창작 자세와 관련해서는 "새로운 테마의 구성법으로서 무대를 활발케 하고 관객의 마음을 발전시키며 무대를 기대케 하여 관중으로 하여금 무대에다 끌어 붙이지 않으면 안 될 것을 생각합니다. 이상을 요언(要言)하면 결국 요즘 나의 유의하는 창작적 실천은 예술의 대중성 개척일까 합니다."라고 하여 관중에 다가가는 작품을 써나가겠다는 데로 생각이 모아졌음을 실토했다. 따라서 그는 자신이 신조로 삼아온 소위 리얼리즘에 대해서도 "현실의 리얼한 사실을 그대로 이식하는 게 리얼리즘이 아니요, 오히려 작품에서 리얼하게 보이게 하는 것이 정당한 리얼리즘인 줄 생각합니다. 이는 퍽 쑥스러운 이론 같지만 결국 여기에서 리얼리즘의 새로운 발전도 있는 것이 아닌가 합니다."라고 하여 그가 종래에 지니고 있었던 현실의 직설적 표출이라는 초기의 리얼리즘극관에서 벗어나 예술이란 것은 어디까지나 상상력의 산물임을 밝히고 있다.

이러한 그의 글은 그 자신이 크게 변화하고 있음을 보여주는 것이어서 중요한 의미를 지니는 것이다. 왜냐하면 그가 '있는 그대로의 삶을 묘사한다'는 소위 자연주의 연극관에 회의를 갖고 상징주의에로 옮겨가는 듯한 모습을 보여주기 때문이다. 그가 연극을 공부하면서 스타니슬랍스키뿐만 아니라 메이예르홀트에게서도 영향을 받았던 만큼 그가 두세 편의 희곡을 쓴 뒤에는 차츰 '극장의 시인'이라 불리는 메이예르홀트의 상징주의 연극론에 기울어져가는 듯한 자세를 보여주기 시작했다.

그가 이처럼 홀로 변해가고 있음에도 불구하고 초기의 리얼리즘극을 체험해보지 못한 연극계에 두 편의 창작극이 상당히 신선한 자극을 준 것만은 틀림없는 사실이었다. 극연단체의 자평이긴 하지만 〈토막〉 공연은 '조선 연극사상의 새로운 기록을 지었으며 관객들에게는 그 현실파악과 극으로 하여금 일반 민중의 생활 속에 가지고 들어갔다'[20]고 매우 긍정적인 평가를 내린 것이다. 그리고 두 번째 창작극이 무대에 올려지자 한층 고무된 평가가 나왔다. 즉 김광섭은 두 편의 작품에 대하여 "〈토막〉 상연으로 벌써 극작가의 높은 수준에 위(位)했고 그 무대기교에 있어서는 외국극의 수준에 손색이 없이 세련되어 있다. 일종의 향토극으로 서정성이 농후하

---

20 이헌구, 「조선연극사상의 극연의 지위」, 『극예술』 창간호 참조.

다. 밭두렁에서 낮잠 잔 듯한 농촌의 단순하고 소박한 일생이 인생의 풍경으로 나타난다. 그러한 분위기에서 땅을 바라고 살던 자작농의 몰락에서 처참한 생활을 하고 있는 농가, 17, 8년 길러온 딸을 한두 해 길러온 송아지 값보다 안가(安價)로 매도한다. 노동하다 죽은 아버지의 죽음의 대가와 딸의 몸의 매도로 표현되는 농촌의 비참, 농민의 애화, 컴컴한 현실묘파가 관객을 숙연케 했다."[21]고 평한 바 있다.

물론 이러한 농촌을 배경으로 한 소위 빈궁문학도 동랑이 처음 개척한 것은 아니었다. 이미 1920년대 중반부터 소설가 최서해(崔曙海, 1901~1933)로부터 시작하여 좌파 작가 이기영(李箕永, 1895~1984) 등에 이르기까지 농민과 도시 서민들의 궁핍한 삶을 정면으로 다룬 바 있었고, 연극계에서도 기법은 서툴렀어도 극단 토월회의 박승희와 이서구(李瑞求)가 그런 유형의 희곡을 쓴 바 있었다. 다만 동랑이 이들보다 앞서는 서구 근대 리얼리즘희곡을 제대로 썼다는 것뿐이었다.

이처럼 그는 암담한 현실과 작가의 사명이라는 멍에를 짊어지고 고군분투하는 속에 잠시 그가 특별히 관심을 가져온 전통예술 쪽으로 방향을 돌려보기도 했다. 이는 곧 그가 그동안 집착하던 현실 드러냄으로부터 한발 비켜서는 일종의 호흡조절이라고도 볼 수가 있다. 즉 그가 초기에는 손댈 것 같지 않던 전통 소재의 희곡 한 편을 썼는데, 그것이 다름 아닌 〈칼 품은 월중선(月中仙)〉이라는 단막극이다. 이 희곡은 1932년 하반기(잡지 『제1선』의 11월호에 게재)에 발표된 것으로 볼 때, 그로서는 두 번째의 창작물인 셈이다.

그렇다면 일제의 식민지 착취라는 거대 악과 정면으로 대결하던 그가 왜 갑자기 현실 모사의 리얼리즘 방식에서 벗어나는 희곡을 썼느냐 하는 것인데, 여기에는 두 가지 숨겨진 의도가 있지 않았을까 싶다. 즉 그 하나가 우리 민중을 불행케 만든 만악(萬惡)의 근원이라 할 권력을 직접적으로 고발해야겠다는 생각을 한 것이라고 한다면 다른 하나는 우회적 비판의 수단으로서 전통예술을 빌려온 것이었다. 당시로서는 포악한 일제 권력을 정면으로 고발하기란 불가능한 상황이 아닌가. 따라서 그가 첫 제재로 삼은 것은 〈춘향전〉이었다. 그 점은 마치 극연이 고골리의 〈검찰관〉 공연으로 식민지 현실을 우회적으로 비판했던 방식을 창작극으로 해보

21 김광섭, 「버드나무 선 동리의 풍경」, 『동아일보』 1933.11.26.

겠다는 것이었다.

주지하다시피 이 작품은 〈춘향전〉의 후반부, 즉 사또가 춘향이를 붙잡아놓고 수청 들기를 강요하는 부분을 패러디 형식으로 재창조한 것인바 여주인공은 춘향이 대신에 월중선으로, 그리고 남자주인공은 이 도령 대신에 월중선의 오라버니로 대체한 점이 이색적이다. 그뿐만 아니라 그는 남주인공(오라버니)을 양반 가문의 이 도령처럼 장원급제하여 복수의 기회를 잡은 인물이 아닌 피압박 민중의 투사(鬪士)형으로 대체함으로써 온갖 탄압에도 굴하지 않고 권력층의 부정부패와 정면으로 싸우는 개혁가로 만들었다. 주인공이 이처럼 저항적 민중의 대변자였기 때문에 그는 체포되어 모진 고문을 당하며, 여주인공인 월중선 역시 단순한 유녀로 머물지 않고 기회를 보아 사또를 살해하려고 몸에 칼을 지니고 있다가 미수에 그치는 투사형 의기(義妓)이다.

작품 중에 기생 월중선이 사또를 향하여 오라버니를 변호하면서 '사실 제 오빠는 백성들을 절간에다 모아놓고 연설을 했답니다. 그러나 그것이 왜 반드시 죄가 된단 말이에요. 그는 결코 백성들에게 거짓말을 하지는 않았습니다. 우리에겐 먹을 것이 없다고 했습니다. 우리에겐 입을 것이 없다 했습니다. 사또님 몸소 한번 거리로 나가보세요. 거리에 얼마나 많은 백성이 피한에 주리고 있는지. 제 오빠는 그 사실을 보고 사실 그대로 지적했을 뿐이에요. 흰 것을 희다 하고 검은 것을 검다 하였습니다. 그것이 무슨 죄랍니까. 아까 사또님께서도 죄는 거짓말에서 시작된다 하시지 않았습니까. 만일 바로 말한 것으로 죄가 된다면 이 세상에 정의가 어디 있겠습니까?'라고 강변하는 장면이 있는데, 이는 전통예술을 패러디하면서 현대적인 이데올로기를 투영하고 있음을 알 수가 있다. 그러니까 이 희곡이 〈토막〉 등과는 소재와 형식은 다르지만 그가 초창기에 추구한 피압박 민족의 처참한 삶의 민낯을 드러내 고발하고자 했던 점에서는 같은 맥락을 지닌다고 말할 수가 있다.

이어서 그는 농촌에서 도시노동자의 삶의 실상을 폭로하는 방향으로 나아가게 된다. 당시 엄격하게 규제되고 있는 노동운동을 묘사한 〈빈민가〉가 바로 그런 작품이다. 이 작품에서도 그는 〈칼 품은 월중선〉에서처럼 우회로를 택할 수밖에 없었다. 왜냐하면 당시 우리 사회에서 일어난 사건으로 만들면 당장에 검열을 통과할 수가 없었기 때문이었다. 따라서 무대는 멀리 중국 상하이고 주인공 형제도 '따슨'

과 '쇼우슨' 등 중국 인명으로 해놓았다. 열다섯 살의 쇼우슨은 어려서부터 열악한 환경의 시멘트 공장에 다니다가 분진으로 폐결핵에 걸려 사경을 헤매고 있으며 할아버지는 집에서 성냥딱지 붙이기 일을 하고 있다. 그러한 가운데 스무 살의 형 따슨은 성냥공장 임금인상 투쟁에 나서서 경찰과 숨바꼭질을 하고 다닌다. 임금도 겨우 1할을 올려달라는 것에 불과했다. 그때의 노동운동이라야 오늘날처럼 집단농성이나 시위를 하는 것이 아니라 겨우 삐라(bill)를 벽에 붙이거나 거리에 뿌리는 정도였지만 정부는 엄금하고 있었다. 그런데 마지막에 따슨의 임금투쟁이 승리를 거둠으로써 공장장으로부터 1할 인상 확답을 얻어내게 된다. 그러나 그가 승리하고 돌아왔을 때 폐병으로 신음하던 동생 쇼우슨이 숨을 거두고, 그 시간에 형사가 들이닥쳐 주동자인 따슨을 체포해가는 것으로 비극적 막이 내린다. 그 참담한 광경을 지켜보고 있던 할아버지의 마지막 독백 '이런 세월이 언제까지 계속될는지…'는 오래도록 여운을 남긴다. 물론 이 희곡은 무대에 올려지지 못했다. 희곡도 소품인데다가 소름끼치리만치 처참한 현실을 정면으로 다룬 작품이어서 무대화하기에는 부담이 되었을지도 모른다.

이처럼 그는 관동대진재의 현장에서 부지불식간에 얻은 트라우마를 통곡하는 자세로서 빈궁문학의 세 작품으로 달래는 한편 민족계몽의 주요 수단인 연극이 제대로 자라서 그 역할을 다해야 한다는 신념으로 활동의 영역을 확대해가게 된다. 즉 그는 창작 못지않게 여러 가지 글을 통하여 연극 진흥을 촉진해나가게 된다. 그런데 그가 희곡 창작 이전부터 러시아 혁명기의 연극운동에 특별한 관심을 갖고 계몽적인 차원에서 소개하는 글을 썼음은 전술한 바 있지만 그보다는 그는 우리 연극에 대한 장기적인 밑그림을 그려나가는 것이 선결 문제라 보고 창작이나 극단 활동을 그런 방향으로 확대해갔다.

가령 그가 1931년 가을부터 기성 극단의 공연들에 대하여 리뷰 형식으로 쓰기 시작했던 것도 그러한 대중계몽운동의 일환으로 볼 수가 있다. 즉 그는 첫 창작극을 낼 무렵인 1931년부터 1933년 봄까지 네 편의 연극평을 썼던바 당시 대표적인 대중극단들이라 할 극단 신무대를 비롯하여 명일극장, 문외극단, 그리고 조선연극사 등의 주요 공연을 평가한 것이 바로 그런 경우였다. 마침 극연에서도 연극운동의 일환으로 비평 작업도 전개하기로 하고 처음에는 동인들이 합평하는 방식을 취했었다. 물론 대표 집필자는 있었다. 상시 합평을 한 동인들은 동랑을 비롯하여 서항석, 이헌구, 함대훈, 이하윤, 정인섭, 조희순 등이 고정 멤버였는데, 이들 중에서 처음부터 연극을 하기 위해서 대학시절에 집중적으로 연구를 한 이는 동랑뿐이었다. 이 말은 곧 합평회는 연극을 잘 아는 동랑이 주도하고 글도 그가 주로 썼다는 이야기가 되는 것이다. 나머지 사람들은 대부분 문사여서 연극 실제의 디테일에 관하여는 잘 알지 못했다. 따라서 극연이 합평으로 내놓은 첫 번째 비평이라 할 극단 신무대 공연평도 동랑이 쓴 것으로 보아도 무방하다. 동랑의 첫 번째 리뷰이기도 한 극단 신무대의 작품들인 풍자극 〈옛집을 찾아서〉(송해천 안, 1막), 향토극 〈아리랑 반대편〉(신불출 작, 1막), 소극 〈쌍 초상〉(안광익 안, 1막) 등에 대하여 그가 마치 현미경으로 작품 내부를 들여다본 것처럼 세세하고 다각적으로 분석해내어 놀라울 정도다.

즉 그는 이 글에서 "첫째 송 군의 안(案)인 〈옛집을 찾아서〉는 일본 신파극본의 번안이다. (……) 그런데 이 극의 주요 역인 형의 역을 맡은 송해천 군이 그의 대사에 있어서나 동작에 있어서나 가볍고 무게가 없어서 형의 역으로서 적당치 못하고, 다른 대사의 템포와 동작의 템포가 빠른 탓으로 관중에게 널리 대사가 들리지 않는 것이 퍽 유감이다. (……) 또 무대장치에 있어서 무대 우측의 벽돌담은 좀 어색해 보이고, 중앙 천정 횡막(橫幕) 위에 광선이 비치는 것은 조명에 다소 주의를 요할 것이다. 또 한 가지는 무대에 세우는 대문이 그전 신파식 문이 되어 퍽 보기에 어색하다는 것이다. 그리고 뒤에서 신파식으로 단소를 부는 것도 좀 그만두었으면 한다. 이런 것은 효과를 내려 한 것이겠으나 도리어 진실미를 잃음이 더 크다는 것을 알아야 한다."[22]고 평했으며, 두 번째 작품인 〈아리랑 반대편〉에 대하여는 땅을 잃고 고향을 떠나가는 〈아리랑 고개〉와 달리 이 작품에서는 무의미하게 떠나만 가지 않고 이 농촌을 사수하자는 데서 아리랑 민요가 새 생명을 얻었다고 지적하면서 "막이 열리자 다듬질하는 아낙네와 절구질하는 아낙네(박정옥 양)는 조선 정조가 흐르는 의상을 입은 것이 퍽 어여뻐 보였다. 그러나 막동이 전경희(全景希) 군은 이 비극이 다소 희극적 조명을 더하려 한 작자의 의도로부터 안출된 역이겠으나

22 유치진(극연 합평회), 「신무대 초연을 보고」, 『동아일보』 1931.9.12.

그래도 그 너무 무인적(無人的)으로 떠도는 것이 하인으로서 잘되지 못하였다. 좀 더 대사와 동작에 주의를 해야 하겠다. 다음, 주점에서 벌어진 꽹과리·제금·장구 등을 맞추어 조선 노래와 춤을 추는 것은 우리 향토 정조가 흐르고 극 전체에도 잘 어울리어 무난하다고 본다."고 긍정적으로 보았다.

이상에 소개한 글은 전체의 공연평에서 주요 부분만을 발췌한 것이지만 동랑의 공연 접근 자세와 분석 방식이 비교적 적절했음을 잘 보여주고 있어 주목된다. 우선 그의 글을 자세히 들여다보면 스물여섯 살의 연극 초보생이 아니라 노련한 전문가가 쓴 것 같다는 느낌을 준다. 즉 그는 처음부터 인상비평이 아닌 분석비평을 시도했음을 알 수가 있다. 대체로 초보자는 작품 내용이나 주제 등에 포커스를 맞추는 경향이 있는데, 그는 리얼리스트답게 연극은 어디까지나 배우의 예술이라는 인식하에 작품에 임했던 것이 눈에 띈다.

그런데 그가 연극이 배우의 예술이라는 고전적인 시각에만 머물러 있지 않았다는 사실이다. 이 말은 곧 그가 공연에서 배우의 영역이 절대적이긴 하지만 그에 못잖게 무대미술이라든가 조명 리듬 등도 중요하다고 본 것이다. 이는 그가 이미 고든 크레이그의 명저 『연극의 미(Art of the Theatre)』를 섭렵하고 메이예르홀트의 새로운 연극론에 기울어가고 있음을 보여주는 것이기도 하다. 고든 크레이그의 저술이 일본에 소개된 것이 1910년대였던 만큼 그가 충분히 읽었을 가능성이 높다. 따라서 그는 리뷰에서 배우의 기능에 주안점을 두면서도 무대미술이라든가 조명, 효과, 의상 등 작품을 형성하는 제 요소에 대하여도 고르게 관찰하고 있었던 것이다.

그에 못잖게 주목을 끄는 부분은 그가 때때로 애국심에 입각해서 작품을 평가하고 또 해석하려 했다는 점이다. 예를 들어서 그는 일본 신파극본을 바탕으로 한 작품에 대하여는 치지도외한 반면에 민요 아리랑을 소재로 한 작품에는 작품의 성숙도와 관계없이 높은 점수를 주었으며 여인들이 한복을 입은 채 다듬이질을 한다든가 절구질을 하는 노동일상에 대해서는 아름다운 풍정이라 평가한 것이다. 그뿐만 아니라 〈아리랑 반대편〉에서 극단이 효과음악으로 활용했던 꽹과리라든가 장구, 제금 등의 국악과 민속무용에도 높은 점수를 주고 있음을 확인할 수가 있다. 이처럼 그는 첫 리뷰에서 이미 애국적 민족주의자임이 드러나고 있는 것이다.

그의 첫 리뷰에서 또 하나 주목을 끄는 부분은 관객에게도 연극 창조자로서의 책임을 부여하고 있었다는 점이다. 가령 그가 리뷰의 말미에 "최후의 일언은 일반 관중이 너무나 연극을 연극답게 못 본다는 것이다. 불여귀 같은 말을 하는 것을 볼 때 너무나 그들의 극안(劇眼)이 천시한 것을 우려하지 않을 수 없다. 그리고 너무도 극장에서 고성으로 야지하는 것은 적어도 연극 구경하는 팬으로서 할 일이 못 되는 것"이라고 질타하면서도 "우리는 신조선 신극의 서광이 비치는 곳에서 새로운 역사를 창조하자!"고 격려하는 것으로 끝맺음을 한 것이다. 사실 1930년대 초의 우리의 관중은 낮은 수준의 신파극이나 구경하면서 눈물 흘리거나 시시덕거려왔던 터여서 관극 훈련은 거의 되지 않았었다. 그가 관객의 경거망동을 비판한 것도 바로 신파극시대의 관극훈련 부족을 지적한 것이다. 그러나 그는 연극인들이 실력 부족으로 저질 신파극을 하고는 있었지만 그래도 그 속에서 한국적인 정서를 창조해내려고 애쓰는 데 대해서만은 격려를 아끼지 않았다.

그가 아직 창작 희곡을 발표한 것도 아니고 연출 경험도 전무했지만 그의 리뷰를 보면 기경험자와 같은 전문성이 보인다. 그 점은 다음의 리뷰에서도 여실히 나타난다. 즉 이듬해 하반기에 연달아 쓴 「명일극장 1회 공연」과 「문외극단 공연을 보고」가 바로 그런 경우였다. 명일극장은 극단 취성좌 이후 이합집산하는 가운데 생겨난 단체지만 단원들은 똑같은 신파극인들이었다. 따라서 작품 수준은 취성좌나 신무대 등과 별반 다를 게 없었다. 가령 그가 리뷰에서 명일극장의 창립 공연 세 가지 레퍼토리들 중 핵심 작품인 〈형제〉 2막에 대하여는 "이 작품은 애란 작가 T. C. 머레이 작 〈장남의 권리(Birthright)〉임은 물론이다. 왜(무슨 심사로!) 원작자의 이름은 숨기는지? 이것은 기성 극단이 여태 범한 실로 나쁜 습관의 하나"[23]라고 저작권 없던 시대의 표절 행위를 비판하는 지적을 하기도 했다.

그러면서 앙상블이 전혀 이루어지지 않아 구교(舊敎) 애란의 침통미를 전혀 살리지 못했다고 비판한 것이다. 그리고 불면귀(佛面鬼)가 쓴 〈어둠에서〉에 대하여는 그것이 동학운동을 다룬 극본이어서 긍정적이라면서 "김인삼(沈影)이 연기자로서 가지는 좋은 점이 살았다. 박성하(徐月影)는 무난으로 세련되었다."면서도 "막간 독창이란 이 구역증 나는 경품을 이 극단 역시 상속받았다. 이것은 자기 자신을(따라

23 유치진, 「명일극장 1회 공연」, 『동아일보』 1932.12.6.

서 자기 사업을) 스스로 비열하게 만드는 두창(頭瘡)이 아닐까? (……) 되지도 않는 막간 독창 때문에 장내는 말할 수 없이 천박하여져서 다른 순간에 권토중래할 연극에 대한 기대를 여지없이 휘어져버리고 만다."고 혹평했다.

여기서 우리가 주목해야 할 부분은 초창기 신파극단에서 유행했던 막간(幕間) 행위에 그의 우려와 비판이라 하겠다. 알다시피 1920년대 후반부터 생겨난 이 막간은 연극 후진성의 한 단면으로서 부실한 무대시설로 말미암아 막과 막 사이를 연결하는 시간을 메우기 위해서 주연배우나 가수 또는 무용수를 내세워 가무를 했던 것으로 연극 타락의 한 징조이기도 했다. 동랑이 그것을 질타한 것이었다. 그러면서도 그는 글의 말미에 "전막을 통하여 무대장치에 흑막(黑幕)을 써서 무대를 단순화하는 등 김인규(金寅圭) 씨의 요령 있는 준비가 보여서 유쾌하였다."고 써서 새로운 가능성에 대하여는 칭찬도 빠뜨리지 않았다. 이처럼 그는 잘 만든 부분은 잘되었다고 하고 아닌 부분은 그것이 왜 아닌지를 구체적인 설명을 해주었다. 이처럼 그는 리뷰를 해가는 과정에서 사적 감정에 좌우되지 않고 시시비비가 속성인 비평의 정도를 걸으려고 애썼던 것이다.

그런데 또 하나 주목되는 것은 그가 극연의 방침에 따라 저질 신파극을 정화해 나가고 있던 중에도 긍정적인 부분이 보이면 그대로 칭찬을 해주었다는 점이다. 즉 그가 문외극단 창립 리뷰에서 "이헌구 씨의 말을 빌리면 10년을 하루같이 답보만 계속하고 있는 기성 극단은 우후(雨後)의 버섯같이 생기기는 잘하지만 그간에 하등의 진보도 없고, 노력조차 보이지 않는다. 이번에 창립된 문외극단(門外劇團)을 맞이하는 데도 우리는 이 같은 아름답지 못한 예감을 가지게 된 것은 사실이었다. 그러나 오늘의 초일(初日)을 보고 우리는 놀라지 않을 수 없었다. 그것은 그들의 극이 성공하였다는 것보다(사실 성공도 하였지마는), 그것보다 그들의 진지한 노력의 흔적을 볼 수 있는 까닭이다."라고 하면서 "맥 풀어진 조선 극계에 다시 새로운 비약이 없으란 법은 없다."[24]고 칭찬도 아끼지 않은 것이다. 그러면서도 그는 부족한 부분에 대해서만은 명확하게 지적했다.

가령 그가 작품 평가에 들어가서는 "제1의 신불출(申不出) 작의 슬픈 이야기 〈만

24 유치진, 「문외극단 공연을 보고」, 『동아일보』 1932.12.18.

주의 지붕 밑〉은 불행히 이번 예제 중에서는 그중 실패에 귀(歸)한 편이다. (……) 전체로 보아서 이 극의 연출자는 장면 전체에 흐르는 서정적 분위기를 조금도 살리지 못해서 유감이었다."고 비판하면서도 그의 또 다른 작품인 〈사생결단〉에 대해서는 "그 내용은 그다지 정리되었다 할 수 없으나 무대장치와 의상이 조선에서는 처음 보리만치 대규모적이었다. 무대 전체에 어울리는 웅장하고 화려한 장치와 의상은 완전히 관중의 눈을 압도하여버렸다."고 긍정적 평가를 해준 것이다.

이처럼 그가 연속적으로 세 개의 신파극단 리뷰를 한 후 당시 대표적인 단체라 할 연극사(硏劇舍) 공연을 평가하면서 대중연극 전체가 안고 있는 문제점도 점검해 보아야 한다는 생각을 하게 된다. 그것이 다름 아닌 「연극사 공연을 보고」라는 글이다. 당시 극단 조선연극사에는 극연 창립 동지였던 홍해성이 식생활을 위해서 그 단체로 옮겨가서 연출을 전담하고 있었기 때문에 동랑도 특별한 관심을 갖고 있었다. 그렇다고 해서 그가 조선연극사 공연을 특별히 배려한 것은 아니고 냉정한 잣대를 들이대고 평가한 점에서 역시 공사(公私)가 분명함을 보여주기도 했다.

그런데 그가 이 리뷰에서는 주로 공연 텍스트에 주안점을 두고 평가한 것이 특징이다. 이는 아무래도 대중극단에 비상업적인 신예 극작가(朴英鎬)가 희곡을 제공했기 때문이 아닌가 싶다. 그 점은 그가 희가극 〈파는 집〉(마춘서 번안)에 대하여는 치지도외하듯이 간단히 언급하는 데 그친 반면에 박영호의 신작 〈개화전야〉(3막)에 대해서만 집중적으로 분석한 점에서 잘 나타난다. 따라서 그는 작품 평가에서 "박영호 작 〈개화전야〉는 여태 보던 창작 희곡 중에서는 그 스케일이 크고 동 씨의 작품으로서도 역작으로 헤일 수 있는 것이었다. 장치와 의상과 조명에까지도 만단의 준비와 긴장으로 개막하여준 것은 보는 사람으로 하여금 스스로 자중시키는 바 있었다. 나는 생각했다. 연극이란 반드시 기술만이 문제가 아니요, 기술자의 심리적 용의(用意) 여하에 어느 정도까지의 기술은 통일시켜나갈 수 있는 것이라고, 그 예를 이번 연극사에서 보았다. 지금의 연극사는 기술자로서는 결코 전에 비하여 좋은 컨디션에 있지는 못하다. 강홍식 부처 이외 유의한 연기자들을 잃고 있으니까. 그럼에도 불구하고 그들의 무대는 어색하지 아니하였다. 홍해성 씨라는 새로운 지도자를 맞이한 그들의 새로운 긴장이 있는 까닭이라"[25]고 하여 전체적으로는 긍정적인 평가를 한 것이다.

그렇지만 그가 각론으로 들어가서는 스케일은 큰 데 비해서 정리가 깔끔하게 되지 못했음을 비판했다. 또한 그가 등장 배우들의 연기 하나하나를 세심하게 지적한 것도 돋보이는 부분이다. 그런데 말미에 가서 그가 진짜로 비판하고자 하는 내용이 담겨 있는 데 주목할 필요가 있다. 그것이 다름 아닌 상업극단들의 막간(幕間)문제라 하겠다. 그가 평소 연극의 독소로 보고 눈살을 찌푸리는 부분인 막간과 관련하여 "최후로 하나 부언할 것은 막간이다. 이 막간의 존폐문제는 고사하고라도 아직 배꼽에 피도 마르지 않은 어린 소녀를 등장시켜놓고 그 같은 정욕적 동작과 대사를 시키는 것을 보고 아니 놀랄 수 없었다. 아무리 사디즘이 발달된 현대기로서니 그는 너무도 비인간적인 영업 정책이 아닐까 한다. 우리는 아직 중국에 남아 있는 소아(小兒)창부의 야만적 폐풍에 의분을 느끼는 자이거늘 하물며 우리의 무대에서 소녀로 하여금 그 같은 에로 서비스를 시키는 데 어찌 불쾌를 느끼지 않을 수 있으랴! 자중해주기를 바라는 바"라고 질타했다. 이처럼 그는 순전히 수익성만을 노리고 행하던 상업극단들의 변태적일 정도의 조악한 행태에 대하여는 가차 없이 비판의 필봉을 휘둘렀던 것이다.

그러나 그가 극연에서 한두 해 연극을 해보면서 수지상의 어려움을 깨달으면서부터는 신파 대중연극의 행태를 어느 정도 이해하는 모습을 보여주기도 했다. 즉 그가 처음에는 당시의 인텔리 연극인들과 마찬가지로 저질 신파극에 대하여 무조건 비판만 하다가 2, 3년 뒤부터는 그들에 대한 이해와 함께 연민의 정으로 대중연극 행태를 바라보았다는 이야기가 된다. 그 좋은 예가 박승희의 토월회 후기 극단인 태양극장과 조선연극사의 막간(幕間)에 대한 이해의 글이라 하겠다. 다 알다시피 1920년대 말부터 신파 대중극단들이 시도하기 시작한 소위 '막간'이라는 행태는 타락의 징조로서 매도의 대상이었다. 동랑 역시 그 막간을 좋지 않게 바라본 연극인 중 하나였다. 여기서 일단 그의 글 일부를 인용해보자.

그는 '이원(梨園)만보'라 부제를 붙인 극단시평에서 "우리가 여태 기성 극단에 대하여 중언부언의 희망을 가하고 왔었다. 그것이 우리의 특히 연극을 사랑하는 자로서의 간절한 희망이었기 때문에 뜻하지 않은 욕설로 되었었다. 그러나 흥행극단은

---

25 유치진, 「연극사 공연을 보고」, 『동아일보』 1933.5.5.

흥행극단으로서의 오뇌(懊惱)가 있은 것이다. 많은 식구를 거느리고 어찌하여야 우리가 굶지 않겠나? 산 입에 거미줄은 칠 순 없다. 이것이 그들의 가장 중대한 오뇌일 것이다. 나는 이번에 태양극장 및 연극사(硏劇舍)의 공연을 보고 그렇게도 새삼스러이 이 오뇌를 보았다. 그들의 연기, 그들의 연출, 그들의 극작 — 이 모두가 어떻게 하면 관객을 웃길 수 있고 어떻게 하면 그들의 환심을 살 수가 있을까? 이 문제에 그치고 말았다. 그러므로 연극 전체의 구성이란 것은 될 수 있는 대로 환심을 살 수 있는 것, 될 수 있는 대로 호기심을 끌 수 있는 것에 그의 초점을 두었다. 그 결과는 불필요한 등장 여분의 동작이 첨가되어서 극은 극적 현실성을 잊어버리고 관객의 웃음 위에 건축된 기형적인 구경거리(!)밖에 안 되었다. (……) 그래서 그들의 연극은 현실에는 발을 대지 못하고 중천에 떠 있다. 이 오류는 필자만이 아는 것이 아니요, 필자의 지적을 기다리기 전에 그 당사자들이 더 잘 알고 있을 것은 물론이다. 그러나 나는 이 사실을 거듭 최근의 연극사 및 태양극장의 무대에서 보게 될 때에 나는 스스로 깊은 감회를 가지게 되었다. 왜 그러냐 하면 태양극장을 들고 말하면 극단의 연출자요 작가인 박춘강(朴春岡), 동 극단의 연기자로서 중보(重寶)인 이소연(李素然) 양씨는 우리의 신극운동의 역사에 비추어서 경애할 만한 인물들인 까닭이다. 그리고 연극에 대한 열성에 있어서도 우리들의 따를 바가 아닐 것이다. 그럼에도 불구하고 그들이 그런 눈앞에 보이는 오류를 범하고 있을 때, 그들의 오뇌는 적을 수 없을 것이다. 모든 문제가 먹는 데 귀착된다. 그들에게 밥걱정만 없게 해준다면 그들은 누구보다도 번듯한 사실을 해낼 사람들이다. 그러나 다시 생각할 때 먹기 위해서 자기 사업을 왜곡한다면 우리는 우리가 일을 하고 있다는 자랑을 어디서 찾을 것인가? 어디서 구할 것인가? 기성 극단에 요구하고 싶은 단 한 가지의 희망이 있다면 그것은 자기의 일에 자랑을 가지라는 것 즉 — 자기의 일에 권위를 세우라는 것이다. 아첨하지 말라. 안이(安易)에 흐르지 말라!"[26]고 쓴 것이다.

여기서 필자가 위와 같은 긴 인용문을 소개한 것은 열혈청년 동랑의 성숙한 일면이 보여지기 때문이다. 그처럼 준엄하게 대중연극의 행태를 비판해온 그가 열악

26 유치진, 「극단시평 - 이원만보」, 『중앙』 1934년 2월호.

한 현실을 냉철하게 직시하면서 그럴 수밖에 없는 그들의 번뇌를 이해하는 모습을 보여준 것이다. 그리고 그가 비슷한 시기에 쓴 「신극수립의 전망」이란 글에서도 보면 당시 극단들이 일본인 극장주들에게 대부분의 수입을 착취당함으로써 한계상황에 몰려 있었던 실정과 관련하여 "현재에서는 공연수입의 대부분을 극장주에게 착취당하고 만다. 즉 선전 인쇄, 기타 연극에 관한 준비, 심지어 전기, 조명의 준비까지 전부를 우리가 부담하고서 전 수입의 6할을 극장 측에 준다. 쑥스러운 조건 아래에 있는 우리로서 어찌 연기자의 생활비용까지의 제반 비용을 그중에서 산출할 수 있으랴?"[27]라고 쓴 것이야말로 극단 사정을 너무나 잘 인지하고 있음을 보여주는 예이다. 따라서 그가 1910년대 일본에서 서구의 근대극을 실험했던 시마무라 호오게츠(島村抱月)와 비슷하게 3·1운동 이후 우리나라에서 근대극을 해보려 헌신한 춘강 박승희가 단원들을 먹여 살리기 위하여 어쩔 수 없이 대중에 영합했던 것을 연민의 눈으로 바라본 것은 흥미로운 사항이라 하겠다. 특히 그가 거기서 한발 더 나아가 막간의 장르화까지 들고 나온 것은 주목되는 부분이다.

그는 그와 관련하여 "막간은 생장한다. 세간의 비난에도 불구하고 이번 태양극장의 막간 서비스는 무료한 시간의 레코드를 보지(保持)하였다. 이것이 막간이 생장한 증거가 아니고 무얼까? 흥행 본위의 연극은 장차 막간화할 것이다. 막간 스케치가 웃음 본위의 엉터리 재담이라면 기성 극단이 보여주는 희곡은 모두 웃음 본위의 엉터리 작란이다. 이렇게 단언하여도 누구 하나 이설치 못할 것이니 이 사실은 막간적 경향이 기성 극단의 전체를 잠식하고 있다는 사실이 아니고 무어냐? 내게 독단을 허하여라! 드디어 막간은 연극을 지배하고 연극은 조그맣게 막간적 잔명을 탄식할 것이다. 오늘 막간이 연극 속에 끼여서 기생하고 있는 것은 막간 연기자들의 불철저를 말하는 외에 아무것도 아니다. 앞에 말한 바와 같이 막간은 정히 흥행계의 총아이다. 그리고 총아가 될 만한 사회적 배경을 충분히 가진다. 막간 지지자는 행낭 뒷골목에 야시장의 어중이 떼들 가운데에 수두룩한 까닭이다. 막간을 독립시켜라! 이종철, 임생원, 신카나리아, 소군(小君), 우자(友子) 그 외에 창졸히 기억나지 않으나 유능한 막간 연주자 제씨는 대동단결하라. 그리하여 막간에서 본격적

27 유치진, 「신극수립의 전망」, 『동아일보』 1934.1.11.

레뷰로 진출할 의기를 가져라. 막간으로 하여금 레뷰로서의 독립적 체면을 가지게 하여라. 그렇게 되면 말초적이나마 예술 형식의 하나로서 당신들의 연기는 본격적 지반에 설 것이다. 나는 레뷰의 예술적 가치를 인정하려는 자의 하나이다. 레뷰는 그랜드 오페라식만이 레뷰가 아니다. 우리 생활의 시사적 모멘트를 풍자적으로 야유하는데 그의 충분한 넌센스적 지위를 가지는 것이 아니랴!

희가극도 좋다! 코메디컬 넌센스도 좋다! 일본의 '에노 켕'은 흥행계의 대인기아(人氣兒)다. 도쿄에는 신년부터 오페라, 레뷰 전문의 대극장이 수백만 원의 자금으로 속속 개관되고 있지 않나? 이 사실은 막간 기식자에게 무슨 자극이 되지는 않을까? (……) 막간은 독립해야 할 것이다. 그것은 막간을 위해서보다 연극을 위해서다."[28]라고까지 주창했다.

이러한 그의 주장은 당시 인텔리 연극인들이 공통적으로 막간을 매도했던 것과는 상반되는 것이지만 동랑은 막간의 인기가 본 연극보다 훨씬 높은 데에 주목하면서 그 장점을 살려서 공연예술 장르로 정착시키는 것이 연극계를 위하여 바람직하다고 본 것이다. 가령 그가 글 말미에서 막간을 살리는 것이 연극을 위해서라고 한 것이야말로 바로 그 점을 가리킨 것이라고 보겠다. 그러니까 본 연극보다도 막간이 더 재미가 있어서 연극이 막간에 흡수될 지경에 이르렀으니 차라리 막간을 독립시킴으로써 연극도 살고 막간도 살리자는 것이 그의 생각이었던 것 같다. 실제로 당시 막간은 인기 배우들이나 가수 또는 무용가들이 나서서 춤과 노래, 그리고 만담 등을 보여주어서 관객을 매료시키고 있었다. 이러한 막간놀이가 부실한 연극보다 더 흥미를 끌었음은 당연하다. 그 시절 무용가 배구자(裵龜子)는 이미 소녀가극단을 이끌고 있었다. 그가 주장한 대로 뒷날 막간은 악극으로 발전하여 1950년대까지 대중극의 중요한 장르로서, 그리고 공연예술의 한 장르로서도 역할을 했었다. 바로 이 지점에서 그의 선견지명과 어떤 이념에 얽매이기보다는 현실을 직시하고 그에 대처 순응하는 유연성이 돋보인다고 하겠다.

이처럼 그는 1930년대 초에도 철 안 난 풋내기 이상주의자가 아니었으며 현실주의자로서의 면모를 보여주고 있었던 것이다. 그가 이처럼 상업극의 정화 차원에서

---

28 위의 글.

대중연극에 접근하면서도 거기에서 어떤 가능성을 찾아보려 애썼으며, 다른 한편으로는 역시 창작 희곡과 학생극 진흥에서 미래 연극을 창출해보려 했다. 그 이유는 간단한 것이었다. 즉 연극이 발전하려면 궁극적으로 공연 텍스트가 좋아야 한다는 것과 순수 정통극을 할 만한 인재들은 장기적으로 기성의 때가 묻지 않은 학교연극에서 양성되어야 한다는 신념에 따른 것이었다. 그가 누구보다도 학생극 활동에 관심을 기울이고, 또 자진해서 학생극 활동을 도왔던 것도 실은 그가 그 시기에 썼던 「신극수립의 전망」이란 글에서 말한 바 있듯이 "학생극의 지도 격려에 있어서도 신극수립의 전적 사명으로 알고 연극의 새로운 병사(兵士)의 배출에 자(資)하려는 데 있음"[29]이란 글에 잘 나타나 있다. 이처럼 그는 대학극에서 활동하는 학생들이야말로 장차 우리 연극을 이끌 병사라고 확신한 것이다. 따라서 그는 이 시기에 리뷰보다는 창작 희곡 진흥에 대한 글과 학생극 활동에 대하여 집중적으로 글을 쓰게 된다.

이를테면 그가 이 시기에 발표했던 「신춘 희곡계와 그 수확」(『조선일보』)을 비롯하여 「금춘 희곡계 전망」(『조선일보』), 「희곡계 전망 - 창작극과 번역극」(『동아일보』), 「신춘 희곡개평」(『조선중앙일보』), 「극문학 계발의 두 가지 과제」(『동아일보』), 「농민극 제창의 본질적 의의」(『조선문단』), 「창작 희곡 진흥을 위하여」(『조선일보』), 「번역극 상연에 대한 사고」(『조선일보』), 그리고 「극작가가 되려는 분에게」(『학등』)에 이르기까지 근 10여 편에 이르는 칼럼들이 다름 아닌 창작 희곡 진흥에 관한 것들인바 대체로 1933년 초부터 1936년 초까지 3년여에 거쳐 쓴 것이다 그리고 같은 시기에 쓴 「학생극 올림피아드」(『조선일보』)와 「세전극(世專劇) 구락부 제1회 공연을 보고」 등이 학생극에 대한 관심의 글이라 하겠다.

그렇다면 그가 당시 창작극에 관하여 어떻게 생각하고 있었을까? 그 첫 번째는 역시 극작가들의 기본기 부족 문제였다. 단도직입적으로 말해서 그는 희곡을 발표하는 신진 작가들이 한결같이 무대를 모르고 작품을 쓴다는 것이었다. 예를 들어서 그가 지면에 발표된 희곡 전체를 읽은 후에 쓴 「신춘 희곡계와 그 수확」이란 글에 보면 "장차 개평(個評)에 들어가서 상술하겠지만 여기에서 우선 창작 희곡에 나타난 일반적 불평을 말해보면 발표된 희곡의 전부가 상연될 무대를 표준으로 하여

29 유치진, 위의 글.

제작되기보다 잡지 업자가 조종하는 안가(安價)한 편집방침에만 어용(御用)하고 있다는 것, 그것이다. (……) 바야흐로 이 같은 경향에 영합하기 위하여 요즘의 희곡은 산출되는 것 같다. 그러므로 그 희곡은 체면상 그 이름만을 희곡이란 레테르 밑에서 팔지 그 실은 희곡도 아니요, 그리고 그 외 아무것도 아닌 것이 많다."면서 "희곡이란 무대와 제휴하여 비로소 발달된다는 실례는 새삼스레 여기에 췌언(贅言)을 요치 않는 사실이다. 그런데도 불구하고 우리의 희곡계는 실제 무대와는 그 사이에 커다란 담을 쌓아놓고 그와 아무 상관 없는 잡지의 한 페이지에서 질복(質伏)할 뿐"[30]이라고 비판했다. 그러니까 희곡을 쓰는 사람들이 무대를 전혀 모르기 때문에 희곡은 극장현장과는 아무런 관계도 없이 따로 논다는 것이었다.

실제로 당시 신문이나 잡지에 발표된 여덟 개의 희곡들(유진오 작 〈위자료 3천원야〉, 임유 작 〈광녀〉, 신불출 작 〈양산도〉, 이석훈 작 〈그들 형제〉, 채만식 작 〈조조〉, 남우훈 작 〈이름 없는 죽음〉, 이무영 작 〈반역자〉, 이기영 작 〈인신교주〉) 중 이기영의 작품을 제외하고는 모두가 15분밖에 소요되지 않는 장편(掌篇)들로서 도저히 무대 위에 올릴 수 없는 소품들이었다. 이는 그만큼 신진 극작가들이 연극공부를 제대로 하지 않고, 조급하게 문명(文名)만 날리기 위해서 희곡 같지도 않은 작품을 지면에 발표한다고 비판했던 것이다.

이러한 그의 미숙한 신진극작들에 대한 비판은 다음 글로 이어진다. 즉 그는 「희곡계 전망 - 창작극과 번역극」이란 글에서 우리의 불행은 우리가 너무나 속히 유명해진다는 데 있다면서 우리가 대개 습작시대를 가지기 전에 출세하는데, 이는 마치 조혼이 육체적 발육에 유해한 것과 비교되는 것처럼 우리의 무질서한 출세는 문화적 유산이 빈약한 문학발육에 적지 않은 폐해가 될 수 있다고 비유도 했다. 그리고 연극계의 주류가 되어 있는 번역극에서 우리는 첫째 무대기교를 충분히 구사하는 법을 배워야 하고, 두 번째로는 대사적 언어를 정리시켜야 하며 세 번째는 사상적 영양을 섭취할 길을 만들어야 할 것이라 했다. 이는 매우 시의적절한 지적이었다고 말할 수가 있다. 왜냐하면 당시의 희곡들은 기본기가 전혀 갖추어져 있지 못했기 때문이다.

---

30 유치진, 「신춘 희곡계와 그 수확」, 『조선일보』 1933.4.28.~9.

이어서 그는 번역극에 대해서도 분명한 선을 그으면서 그것은 서양 극일 뿐 우리 작품이 아니기 때문이라고 했다. 가령 그가 「희곡계 전망」이라는 글에서 "번역물은 번역물인 이상 그것이 직접으로 조선 연극 그것이 될 수는 없다."면서 그 이유는 "근본적으로 외국인이 자기 나라의 생활 감정을 토대로 하여 그린 그 작품이 조선인의 그것에 맞을 리는 없고 충분히 이해될 수도 없는 것이기 때문"이라고 했다. "그러나 적어도 조선의 극작가가 좀 더 외국극에 유의하고 외국극의 소화에 많은 시간을 할애하여주지 않으면 아무 전통을 남기지 못한 조선의 연극은 여태까지의 연극운동의 그것과 같이 불건전한 영축(嬰縮)의 길로만 달음질치고 말 것은 불을 보기보다 명백한 일"[31]이라면서 번역극의 수용이 피할 수 없는 상황이라고 지적하기도 했다.

그러면서 그는 극연이 번역극을 많이 무대에 올리는 것도 실은 흥행물로서의 수익을 생각해서가 아니라 장차 나아갈, 그리고 현재 나아가는 연극인의 자체 교양에 자(資)하고자 하는 데 그 궁극적 목적이 있는 것이라고도 했다. 이는 바꾸어 말하면 스스로의 흥행 훈련용이라는 뜻일 것이다.

그는 하나의 바람직한 경우로서 아일랜드의 수도 더블린 소재의 애비(Abbey)극장이라든가 미국의 프로빈스타운 플레이하우스에서 싱그, 숀 오케이시, 그리고 유진 오닐 등과 같은 탁월한 극작가들이 배출될 수 있었던 것은 결국 국민극 수립에 있어서 자국의 창작극을 제1위의 자리에 올려놓은 데서 비롯된 것이라고 했다. 따라서 그는 부족하더라도 창작극을 우대하지 않으면 안 된다고 다음과 같이 썼다.

> 그럼에도 불구하고 우리는 우리의 창작극이 극으로서 미완한 점이 있더라도 될 수 있는 대로 레퍼토리에 취입시켜서 그것을 무대상에 구상화시키는 데 있어서 우리의 극작가에게 새로운 충동과 욕심과 편달을 주어야 할 것이며, 무대로 하여금 그들의 도장으로 제공하여야 할 것은 앞에 말한 바와 같다. 그렇지 않으면 도저히 우리의 희곡작가의 배출을 기하기 어려울 것이며 드디어 희곡계의 발전을 바랄 수 없을 것이다. 오늘의 희곡계의 부진의 큰 이유는 희곡작가 내지 그 지망자가 무대에 참여치 않고

31 유치진, 「희곡계 전망 - 창작극과 번역극」, 『동아일보』 1933.9.9.27.~28.

있다는 데 있다. 연극은 희곡작가의 흡수로써 새로운 활로를 얻을 것이며, 희곡작가는 연극과의 접근으로써 비로소 희곡계의 혁명을 수행할 수 있을 것이다.[32]

이상에서 알 수 있는 것처럼 동랑은 창작극이야말로 민족극의 바탕이 되는 것인 만큼 조금 부족하더라도 극단들이 자주 무대에 올려야 하며, 극작가들도 자극을 받아 더 나은 작품을 쓸 수 있도록 힘써야 할 것이라 했다. 이러한 그의 생각의 연장선상에 놓이는 또 하나의 글이 다름 아닌 '극문학 개발의 두 가지 과제'이다. 여기서도 그는 당시 연극계의 주류로 자리 잡고 있던 번역극의 문제점을 지적하고 창작극의 계발을 촉진했다. 즉 그는 그 글에서도 선진국의 극술을 배우는 장점의 번역극도 두 가지 문제점을 내포하고 있는바, 그 하나가 서양 번역극에 나타나는 생활 감정이 너무나 생경한 나머지 우리 관중이 멀리하게 되고 다른 하나는 배우들의 연기에 있어서도 내면적 정서의 통일을 결하게 됨으로 조선적인 색과 빛을 살리지 못함으로써 연극 발전에 장애가 된다고 본 것이다.

그러면서 그는 "나는 번역극의 보다 완전한 소화(관객과 연기자의)도 창작극의 왕성과 함께 수행되지 않으면 안 될 것이라고 믿는다. 요컨대 번역극의 다음에 오는 창작극을 위해서 하루바삐 극작가단의 견고한 배출이 없어서는 창작극의 전도뿐만 아니라 번역극의 소화에도 위기가 오지 않을까 한다. 그러므로 나는 목하 유위한 극작가 동지의 배출을 촉진함이 없이는 침체된 극문학의 전도를 뚫어나갈 길이 없으리라 믿는다."[33]고 결론 지은 것이다. 이처럼 그는 이미 1930년대 초·중반에 연극이 활기를 찾으려면 우리의 생활 감정을 희곡으로 승화시킬 수 있는 수준 높은 극작가 배출이 시급하다는 논조를 폈다.

이어서 그는 그동안 주장해온 바를 종합하여 연극시평 성격의 「창작희곡 진흥을 위하여」라는 장문의 글을 쓰게 된다. 그는 이 글의 서두에서 자신이 창작극을 요구하는 이유로서 첫째 번역극의 과식은 우리 배우들의 연기를 망치고, 두 번째로는 극단들의 번역극 위주 공연으로 잃어버린 관중을 되찾는 길이야말로 오로지 창작

32 위의 글, 『동아일보』 1933.9.29.

33 유치진, 「극문학 계발의 두 가지 과제」, 『동아일보』 1935.1.8.

극 공연뿐이지만 더 궁극적인 이유는 셰익스피어가 엘리자베스시대를 대변하는 희곡작가가 되었던 것처럼 당대를 대변할 수 있는 극작가들이 있어야 연극이 제구실을 할 수 있기 때문이라고 했다. 그럼에도 불구하고 우리의 현실이 그렇지 못한 것은 첫째 극작가들의 희곡에 대한 성의가 부족하고, 두 번째로는 번역극 연출의 미숙함에 있다고 했다. 가령 문인들이 너도나도 희곡을 가벼운 마음으로 쓰다가 그나마도 간단히 포기해버리는 좋지 못한 관습이 문단에 광범위하게 퍼져 있다는 것이다. 가령 1930년대 초기에 홍사용이라든가 유진오 등의 경우에서 볼 수 있듯이 소설가나 시인들이 몇 편씩 희곡을 잡지 등에 발표하다가 간단히 걷어치우는 행위가 그 단적인 예라는 것이다. 그런 상황하에서는 좋은 극작가가 나올 수 없다고 했다.[34]

그러면서 그는 자신의 경우를 예로 들면서 극작가들은 좀 더 현실에 밀착해서 작품을 써야 한다고 했다. 즉 그는 창작이란 근본적으로 지성과 감성의 순연한 융합, 사상과 생활의 합치를 구체적으로 표현하는 것이라면서 "너는 생활로 환원하라! 그리하여 철저한 현실 파악에서 출발하라! 여태 책에서 얻어둔 이론의 기성품을 완전히 불살라라! 이론으로부터 생활을 해방하고 도리어 생활 속에서 이론을(또는 이데올로기를) 추출하라!"[35]고도 했다.

그는 생활현장에서 치열하게 고뇌하지 않고 책상 위에 앉아서 가볍게 희곡을 쓰고 있는 미숙한 작가들과 그나마 그들이 애써서 쓴 작품을 외국 이론서의 바탕 위에 직역적 관념론으로 난도질을 하고 있는 아마추어 평론가들을 함께 비판하기도 했다. 직설적으로 그는 작가들뿐만 아니라 연극계를 향하여 8할이 문맹인 동시에 식민 착취의 가장 취약 지역인 농촌으로 눈을 돌리라고 충고했다. 이 시기에 그가 쓴 글인 「농민극 제창의 본질적 의의」가 바로 그런 경우다. 즉 그는 이 글에서 근대문명이 도시로만 집중되어 발달되고 있고, 계층적으로도 다수를 점하고 있는 농민의 의사를 외면하고 도회인들만을 대변하고 있는 것이 가장 큰 불행이라면서 다음과 같이 썼다.

---

34 유치진, 「창작희곡 진흥을 위하여」, 『조선일보』 1935.8.3.~5.

35 유치진, 「철전한 현실파악 - 창작과 태도와 실제」, 『조선일보』 1934.1.21.

연극이란 일반 민중의 창작이요, 그의 오락이요, 드디어 그들의 의지인 것이다. 이 같은 연극으로 하여금 농촌과 분리시키고 그의 8할 이상의 최대 다수를 점한 농민의 의지를 무시하여 도회에만 그리고 도회인에게만 그의 관심을 한하려 한 데에 연극의 타락의 근본 원인이 있는 것은 물론이다. 우리는 연극을 이 불행한 질곡에서 구출해야 할 것이다. 그러므로 우리가 여기에서 농민극을 고찰하는 것은 그것이 연극의 한 특수한 형태로서가 아니요, 박탈된 연극정신, 또는 연극 본질의 탈환으로서 생각될 것이라고 믿는 까닭이다. 여기에 농민극 제창의 본질적 의의가 있는 바이다.[36]

이상과 같은 그의 글에는 여러 가지 의미가 함축되어 있는바 그 첫째가 도시문화의 퇴폐성에 대한 지적이고, 두 번째는 도회인들의 취향과 표피적 감각에만 충실한 대중연극에 대한 부정적 생각이다. 이와 같은 그의 생각은 저질 신파극이 대중의 성정을 타락시키고 있다는 확신에 근거한 것으로서 연극계에 입문 초기부터 가져왔던 확신이었다. 바로 여기서 그는 우리 연극이 건강성을 회복해야만 제대로 발전할 수 있다고 생각한 것이다.

결국 그는 연극의 건강성은 공연 텍스트에 달려 있다는 확신 아래 극작가 지망생들을 위한 충고의 글을 쓰게 된다. 즉 그는 희곡작가가 되고 싶어 하는 이들이 반드시 갖춰야 할 필수조건으로 네 가지를 제시했는데, 그 첫째가 우리말에 대한 특별한(?) 공부였다. 희곡도 문학의 한 장르인 만큼 세련되고 탁마된 언어구사는 극히 당연한 것이다. 그는 「극작가가 되려는 분에게」라는 글에서 "무엇보다 먼저 조선말의 어감과 어휘를 풍부히 하기 위하여 우리의 시간을 제공하지 않으면 안 될 것이다. 희곡이란 '동작의 예술'이라는 말이 있으나 그 '동작'을 제약하는 것은 말(대사)이다."[37]라고 하여 절제되고 시화(詩化)된 언어를 구사할 수 있어야 한다고 했다. 이러한 그의 충고는 극히 당연한 것 같지만 당시는 일제 치하로서 국어는 일본어였으므로 품격 높은 우리말을 배우기가 쉽지 않은 시절이었다. 따라서 적어도 희곡을 쓰려는 사람들은 특별히 우리말을 따로 공부해야 한다고 했다. 이는 당

36 유치진, 「농민극 제창의 본질적 의의」, 『조선문단』 1935년 2월호.
37 유치진, 「극작가가 되려는 분에게」, 『학등』 1936년 2월호.

시로서는 작가 희망생들뿐만 아니라 누구나 귀담아들어야만 할 충고였다.

두 번째로는 그는 극작가가 갖춰야 할 덕목으로서 도전정신과 비판정신을 꼽았다. 작가는 어떻든 마음속에서 솟아오르는 불꽃 같은 열기가 있어야 되는데, 그것이 다름 아닌 도전정신이라면서 "항상 자기를(그리고 인간을, 사회를, 인생을) 비판하고 해부하여 악을 미워하고 선을 동경하는 마음이 없는 사람은 극작가가 될 수 없다."고도 했다.

세 번째는 아무리 열정이 있어도 사상 내용이 빈약한 사람은 극작가가 될 수 없는 만큼 광범위한 지적 섭렵이 필수적이라면서 동서양의 고전부터 시작하여 풍부한 사상 내용의 영양섭취를 해야 하는데, 구체적으로 들어가 일반 철학 서적, 박물학, 사회학, 문학서적, 그리고 세계연극사와 동서양의 희곡 전반 등을 마스터해야 한다고 했다. 끝으로 그는 극장 실제에 대한 공부를 해야 한다고도 했는데. 그는 그와 관련하여 다음과 같이 썼다.

> 극장 실제란 극장의 여러 가지 기계적 무대 약속을 말함은 물론이다. 연극이란 좁은 무대에다가 인생 사회를 실현시키는 것이므로 무대를 모르고는 극작의 붓을 들 수 없는 것이다. 연극의 미란 일방 '구속미'다. 무대의 제약, 무대의 구속, 무대의 불편을 모르고는 무대미의 키 노트를 붙잡을 수 없다. 그러나 내가 말한 극장 실제를 알아야 한다는 것은 결코 무대만을 알아야 한다는 말이 아니다. 무대를 아는 동시에 관중석을 알아야 한다. 즉 관중의 심리의 동향을 알아야 한다는 것이다.[38]

이상의 글에서 주목되는 부분은 '관중석을 알아야 한다'는 대목이다. 그는 관중은 무대의 거울이라면서 관중심리의 동향을 모르고는 희곡을 쓸 수가 없다고 한 것이다. 특히 그가 '희곡이란 무대에서 진행되는 사건이 관중의 심령에 부딪쳐서 일어나는 관중의 심적 리듬의 기록'이라고 정의한 것은 탁견이라고 말할 수가 있다. 왜냐하면 그 정도의 식견을 가지려면 상당한 무대경험이 있지 않고는 불가능하기 때문이다. 이는 그만큼 겨우 서른 살의 청년이었던 그가 이미 연극의 본질을

---

38 위의 글.

훤히 꿰뚫고 있었다는 이야기가 되는 것이다.

그런데 주목되는 것은 자기 작품을 무대에 몇 편 올려보지도 않은 그가 어떻게 관중심리까지 소상하게 파악하고 있었을까 하는 것이다. 여기서 다시 한 번 그의 견해를 짚어보자. 즉 그는 관중의 반응과 관련하여 "왜? 관중이란 연극의 한 부분인 까닭이다. 작곡가가 피아노의 키의 음조를 이해하지 못하고는 작곡을 할 수 없는 것과 같이 극작가는 관중의 군중적 심리의 파문을 추측 못 하고는 극작을 할 수 없다. 극작술이란 관중의 마음을 저울질하는 기술이다. (1) '무대적 리듬'이란 말이 있고 (2) 극의 '클라이맥스'란 말이 있다. 이 말은 결국 — (1)은 관중의 마음의 파동을 말한 것이요, (2)는 관중의 마음의 최고조를 말하는 말이다. 모두가 관중이 본위다."라고 했다. 바로 이 지점에서 극작가는 자신이 제기하는 문제가 곧 당시 사회와 삶의 절실한 문제와 맞닿아 있어야 한다는 이야기가 된다. 그가 작가 지망생들에게 제시한 독서 목록에 사회학이라든가 박물학, 그리고 철학서 등을 포함시킨 이유도 바로 거기에 있는 것이다. 이처럼 그가 당시 우리 연극의 질적 향상이 공연 텍스트를 제공하는 양질의 극작가 출현에 있다는 것을 주창하는 한편 좋은 극작가가 되려면 어떤 자세를 취해야 하는가까지 방향 제시를 했다. 바로 이 지점에서 그의 선구적인 계몽가임을 극명하게 보여주는 것이다.

선구적 계몽가다운 모습은 그가 학생극 활동에 눈을 돌려 그 진흥에 열정을 쏟은 사실에서도 잘 드러난다. 그는 일찍부터 별다른 연극인 양성학교나 학과 등이 전무한 시절에는 각급 학교의 아마추어 연극활동이야말로 미래 연극운동의 기반이 될 것이라는 확신을 지니고 있었다. 따라서 그는 당시 배재학교 등 몇몇 학교에 틈틈이 나가서 학생극을 지도하는 등 솔선수범하고 있었다. 그러면서 학생극을 진흥시킬 수 있는 방도를 찾던 중 학생극경연대회를 갖자는 제안을 하게 된다. 학내 연극활동을 하고 있는 학교가 몇이나 된다고 경연대회까지 연다는 것이냐는 일부의 비아냥거림에 대하여 그는 "이 2~3년 동안 학생극의 대두는 실로 놀랄 만하여서 경성 시내만 하여도 매년 공연을 계획하는, 혹은 공연까지는 채 못 해도 연극부를 가진 학교의 수가 상당합니다. 내 희미한 기억에 떠오르는 것만 하여도 이전(梨專), 이고(梨高), 근화, 경성보육 등의 여자학교를 비롯하여 연전(延專)의 문우회, 세전(世專)의 분극의 밤, 보전(普專)의 연극회, 불전(佛專)의 북악회 등의 전문학교들이 있으며, 그 외에 금월 14일에 공연할 장기(壯氣) 양양한 소년의 '배재연극반'이 있습니다. 그리고 이 밖에도 여기에는 일일이 열기치 않지만은 한 연극부를 배태할 양으로 내내히 준동하고 있는 학교가 많다는 소식"[39]이라면서 이들을 한 자리에 참가시켜 수많은 관중 앞에서 그 기능을 경쟁시켜보자는 것이었다.

그렇다면 그가 그 시기에 왜 그런 시도를 하겠다는 것이었는가. 그와 관련하여 그는 "학생극 올림피아드를 가지려는 의의는 표면적이고 야합적 인기를 누리려는 목적이 아님은 물론입니다. 누구나 알다시피 오늘의 학생극은 날로 성화(盛花)되는데 이 경향은 장차 있어야 할 조선의 극문화운동에 움직일 수 없는 사기를 장만하고 있는 것은 사실입니다. 이 기회에 투합하여 이 학생극 올림피아드가 그 운동에 던져주는 자극이야말로 중차대할 것은 다시 췌언치 않더라도 자명한 일"이라고 하여 그 실천이 시급하다고 했다. 이런 그의 주장에 공감하는 사람들이 있었지만 적극적으로 나선 사람이나 주최하겠다는 단체가 없었을 뿐만 아니라 주변 사정도 녹록치 않음으로써 성사되지는 못했다. 그런 그의 주장은 하나의 메아리로써 연극계의 과제로 남을 뿐이었다.

그러자 그는 독자적으로 학생극 지도와 함께 그들의 작업에 관심을 갖고 평가작업에 나서게 된다. 그 하나의 예가 세브란스의학전문학교의 공연이었다. 세브란스의전은 일찍부터 학생극활동이 당시 어느 학교보다도 활발한 학교였다. 해마다 공연활동을 벌인 세브란스의전은 1929년 10월에 소위 '분극(分劇)의 밤'이라는 이름으로 장곡천공회당에서 〈박명〉(제2학년)을 비롯하여 〈패배자의 설음〉(제3학년)과 〈정조〉(제4학년) 등을 학년별로 공연하여 색다른 주목을 끄는 동시에 그동안 침체되었던 학생극활동에도 자극을 준 바 있었다.[40]

거기에 관심을 가졌던 동랑은 1933년 1월 초에 가졌던 '분극의 밤'의 레퍼토리에 대하여 평가 작업에 나선다. 그는 공연평의 서두에 "조선에서 일어난 학생극 중에서 가장 오랜 역사를 가지고 여태까지 5, 6회의 '분극의 밤'을 치른 세전(世專)에서는 금반에 그의 변용을 새롭게 하여 '극의 밤'이란 이름 밑에서 연극공연을 획득하

---

39 유치진, 「학생극 올림피아드」, 『조선일보』 1933.1.2.

40 『동아일보』 1929.10.24.

였나니 이것은 갈수록 성화(盛花)되는 조선의 학생극을 위하여 경하로운 사실이 아닐 수 없다. 우리는 충심으로 그의 씩씩한 발육을 원하면서 하룻저녁을 즐길 기회를 얻었음을 광영으로 생각한다."[41]면서 작품 평가에 들어갔다. 이상의 모두(冒頭) 글에 나타나 있는 바와 같이 그는 학생극에 대하여 남다른 애정을 갖고 그들의 이상이 실천되도록 격려하는 차원에서 공연 작품에 대하여도 가급적으로 긍정적 측면에서 보려고 애썼던 흔적이 보인다. 그러나 연극교육이나 훈련을 제대로 받아본 적이 없는 의과대학생들이 하는 공연이 좋을 리가 없었다. 따라서 공연 자체에 대하여는 한 수 가르친다는 듯이 조목조목 그 부족했던 점을 지적하면서도 결론 부분에서는 역시 다음과 같이 애정 어린 격려의 말로서 매듭을 지었다.

> 조금 지리한 주문을 늘어놓게 되었으나 이것은 연극수학의 과정에 있는 내 자신의 반성인 동시에 세전 연극부에 대한 격려이다. 그러나 사실인즉, 이번 공연은 여태 보던 학생극 중에서는 잘된 편이라 않을 수 없다. 제1회 공연인데도 불구하고 개막부터 끝까지의 정연한 진행을 보여준 것은 '분극의 밤'을 경험한 세전이 아니면 능히 할 수 없는 성과라고 본다. 이번 공연은 실로 신춘 벽두를 장식한 한 개의 성화(盛花)임에 틀림없다. 앞길의 꾸준한 노력을 충심으로 바라며 각필(擱筆)하는 바이다.[42]

이처럼 그가 세브란스의전의 공연 그 자체에 대해서는 대단히 객관적으로 냉정하리만치 미숙함을 지적하면서도 결론 부분에 와서는 그것이 학생극 융성의 한 표징인 것처럼 칭찬의 말로 매듭지었던 것이다. 이는 그만큼 그가 당시 학생극에 대한 특별한 애정과 큰 희망을 지니고 있었음을 단적으로 보여주는 경우라 하겠다.

이처럼 그가 당시 우리 근대극의 답보를 극복하기 위해서는 좋은 극작가 출현이 시급함을 인식하고 그 가이드가 될 만한 글을 여러 편 발표한 뒤에는 그 발상지의 한 곳이 학교라 믿고 각급 학교극들이 모여서 올림피아드 개최까지 제안했었다. 이러한 그의 학생극에 대한 애정과 가능성에 대한 희망을 주목하고 있었던 이들은

---

41 유치진, 「세전극부락부 제1회 공연을 보고」, 『조선일보』 1934.1.17.

42 위의 글.

극예술연구회 기관지 『극예술』 표지(1934)

바로 대학생들이었고, 도쿄에서 유학하고 있던 대학생들조차 어느 정도 인식하고 있었다. 따라서 1930년대 중반 도쿄에서 유학생활을 하고 있던 일부 학생들이 연극 서클을 구상하면서 멘토를 찾게 되었고, 동랑을 떠올린 것은 극히 자연스러운 것이었다. 박동근, 이해랑, 주영섭 등 학생극 주동자들은 마침 도쿄에 와 있던 동랑에게 연락, 학생극 서클 조직 지도를 부탁했는데 그는 열일을 제쳐놓고 그들에게 달려갔다. 이처럼 1934년 6월 24일에 동경학생예술좌가 탄생되는 데는 배후에 동랑이라는 든든한 멘토가 있었던 것이다. 그 점에 대하여는 당시 도쿄에서 공부하면서 단체의 문예부장이었던 윤묵(尹默)이 극예술연구회 기관지인 『극예술』에서 "그해 여름 6월에 창립된 동경학생예술좌는 1주일에 두세 번씩 유(柳) 선생을 초빙하여 가르침을 받았다."[43]고 한 회고에 분명하게 나와 있다.

바로 이 지점에서 동랑이 유학을 마치고 귀국 후 3년여 만에 극연의 주요 멤버로서 바쁜 가운데 재도일을 감행할 수밖에 없었던 상황에 대하여 이야기해야 할 것 같다. 그가 갑자기 도쿄행을 한 데에는 세 가지 배경이 깔려 있었다. 첫째는 극연에서의 미묘한 처지에 따른 것이었다. 전술한 바도 있듯이 그는 당시 극연에서 거의 유일하게 평생을 연극에 바치기로 하고 배우로서 작가로서, 그리고 연출가로서 눈부신 활동을 하고 있던 전천후 단원이었다. 즉 극연에 처음으로 창작극 〈토막〉 등을 제공하여 단체의 위상을 높였는가 하면 그 창작극이 무대에 올려질 때, 카이제르 작 〈우정〉까지 연출하여 데뷔했으며 피란델로 작 〈바보〉에서는 주연배우로서도 주목을 끈 적도 있었다. 그 점은 그의 연극 동지였던 서항석의 회고에 잘 나

43 윤묵, 「〈풍년기〉 연출에 대하여」, 『극예술』 제6호, 1938년 12월.

극예술연구회 창립 당시(1934). 뒷줄 오른쪽 끝이 동랑.

타나 있다. 서항석은 자전(自傳)에서 그와 관련하여 "유치진은 〈토막〉에 이은 〈버드나무 선 동리의 풍경〉으로 극작가로서의 앞날을 기대하게 하였을 뿐 아니라, 처음으로 혼자서 도맡은 이번 공연의 연출이 비교적 성공하였으며, 〈바보〉에 주연하여 연기자로서도 만만치 않은 솜씨를 보여주었다. 말하자면 역량이 다각적으로 발휘된 공연이었다."[44]고 회고했다.

그럼에도 불구하고 동랑의 극연 내에서의 위상은 드높지 못했던 것 같다. 가령 극연의 전담 연출가였던 홍해성이 생활고 때문에 대중극단 연출을 함으로써 순수 연극을 추구하고 있던 극연 내에서 연출 교체 이야기가 나올 수밖에 없었을 때 그 대안은 당연히 동랑이었다. 그런데 서항석은 동인들의 주장에도 불구하고 홍해성을 더 붙잡아두어야 한다는 고집을 꺾지 않음으로써 그가 홧김에 일본으로 갔다는

44 서항석, 『경안 서항석전집』 5(하산출판사, 1987), 1786면 참조.

것이다.[45]

두 번째로는 그 자신이 직접 밝힌 대로 연극의 실제적인 공부를 더 하기 위해서 도일했다는 고백이다. 아무래도 그가 장차 극연을 이끌려면 현장 공부가 더 필요했다고 생각한 것이다. 그에 대하여 동랑 자신도 자전에서 "아무튼 나는 도쿄에 어서 가기로 마음을 굳혔다. 그러잖아도 나는 하루바삐 도일(渡日)하여 극작술과 연출 공부를 더 할 마음으로 있었는데, 극연 일에 손이 모자라 몸을 뺄 수가 없었던 것"[46]이라고 회고한 바 있다.

그러나 거기에 덧붙여서 훗날 아내가 되는 심재순(沈載淳)과의 깊은 사랑이 그로 하여금 도일케 만든 직접적 동기로 보는 것이 정답일 듯싶다. 왜냐하면 그가 잠시 몸담고 있던 경성미술학교에서 동료로 사귄 심재순이 직장생활 1년여 반 뒤 공부를 더 하겠다며 일본으로 떠나면서 자신이 그녀를 사랑하고 있었음을 느꼈고, 곧바로 그녀를 따라가고 싶은 충동이 가득했기 때문이다. 그때의 상황에 대하여 그는 자전에서도 "그해 가을에 심재순이 부임하여 이미 인사를 나눈 터였다. 하지만 다방은 다방, 여기서 만나면 또 그런대로 이야기를 가끔씩 나누었는데. 언제나 훈훈한 온기를 느꼈다. 그러나 그는 1년 반쯤 교편을 잡고 나더니 홀연히 그만두고 일본엘 가버렸다.

도쿄로 유학 간 것이었다. 나는 당황했다. 그가 있을 때에는 그런 줄 미처 몰랐는데 막상 그녀가 없어지고 보니 어느새 내 가슴에는 크나큰 구멍이 뚫려 있었던 것이다. 그 허전함. 우리가 다방에서 늘 즐겨 듣던 〈안단테 칸타빌레〉가 혼자 남은 내 귀에 스며들면 공연히 슬퍼지곤 하지 않는가. 나같이 드라이하고 덤덤한 성격에 눈물이 날 정도로 슬퍼지다니 (……) 그동안의 온기는 우정에서 비롯된 이상의 것

---

45 그에 대하여서는 서항석의 회고에 "마침 홍해성의 조선연극사에의 관여가 물의를 일으키고 있던 때였다. 이 기회에 홍해성을 배제하고 유치진에게 극연의 연출을 전담시키자는 의견이 동인들 사이에 지배적이었다. 그러나 나는 이에 반대하였다. (……) 나와 동인들은 팽팽히 맞섰다. 그러나 나는 나의 고집을 굽히지 않았다. 얼마 후, 유치진은 나하고는 한마디 말도 없이 일본으로 떠나갔다. 친구들의 전하는 말로는 유치진은 '나의 설 땅이 어디냐?'고 울며 떠났다는 것이었다. 유치진과 나와의 사이에 중년에 감정의 엇갈림이 있었던 것이 이때에 시작된 것이 아닌가 하고 나는 지금 생각해본다." 『경안 서항석전집』 5, 1870면.

46 유치진, 『동랑자서전』, 145면.

이었는가? 모를 일이었다. 그 감정은 이론으로 따질 수는 없는 것이었다. 내가 연극수업을 더 하기 위해서 도쿄에 다시 간 이면에는 그녀를 다시 만나고 싶은 충동이 다분히 깔려 있었음이 사실"[47]이라고 분명하게 실토한 바 있다.

이처럼 '임도 보고 뽕도 딴다'는 이언(俚言)이 있듯이 그는 사랑하는 심재순도 만나면서 실제적인 연극공부를 더 해보겠다는 각오로 도쿄에 가기로 한 것이었다. 그로서도 물론 차제에 한 단계 도약준비를 제대로 해보겠다는 야망도 없지는 않았다. 그때 그가 서울을 떠나 일본에 잠시 머물면서도 조국의 연극현실을 되돌아보게 되는 것은 극히 자연스러운 것이었다. 예를 들어 그가 일본에 도착하자마자 쓴 글인 「재능 개척의 필요」라는 글이 바로 그런 경우였다. 즉 그는 '극단(劇壇)에 보내는 글'이라는 부제를 붙인 서간 형식의 이 칼럼에서 "기실 우리는 우리 자신의 연극을 보증해주는 아무런 성벽을(경제적으로나 정치적으로) 가지지 못하고 있소. 그러나 우리에게 우리 운동에 대한 열이 있고 우리 행동에 대한 인력(忍力)이 있을 적에 우리는 우리 앞에 아무 무서운 것을 보지 못했지요?"라고 하면서 자문자답으로 시작하여 그가 그동안 자신이 해온 연극운동에 대하여 확신을 갖지 못하고 하나의 도로(徒勞)일지도 모른다는 회의감에 빠져 있었다고 고백한 바 있다.

따라서 그가 일본에 다시 가게 된 것도 이상과 같은 여러 요인과 함께 "다사한 조선 극단을 떠나온 것이 일방 내 자신을 끌고 가는 이 비관적 딜레마에서 자기를 구하기 위한 것"이었다고 술회하기도 했다. 그러면서 그는 일본에 와서 지난 일을 되돌아보니 우리의 신극단이 다른 나라에 없을 만큼 전도유망하다는 것을 알게 되었다고도 했다. 그 이유와 관련하여 그는 "조선서는 조선의 연극이 질적으로 일본의 그것에 퍽 떨어지지마는 사회의 관심과 민중의 지지는 일본에 비하여 매우 활발하다고 나는 보는 것이오. 지금 조선의 민중은 기실 연극 외에는 자신의 자태를 반영시킬 예술적 오락이 없고, 그리고 우리의 양심적인 청년은 자기표현의 대중적 모색에 얼마나 찬열적(贊熱的) 준동을 느끼고 있는지 모르오. 그뿐 아니오. 연극은 벌써 그 자체가 조선 민중에 대하여 조선적 잡박성을 잘 리드해갈 만한 조선 표현기관인 것이오."라고 함으로써 일본에 비해 우리나라의 연극기술이 뒤지기는 하지

47 위의 책.

만 민중의 갈증이 드높고 청년들의 연극에 대한 열정 역시 대단하며 연극 외에 민중의 욕구를 분출할 만한 표현수단이 없다고도 했다. 그렇기 때문에 표현기술의 낙후가 가장 큰 문제라면서 당장 조선 극단에서 걱정할 것은 "우리의 재능과 기술 문제, 그것뿐인 만큼 재능 개척의 여하로 우리 연극운동의 전도는 매우 낙관적 공도(公道)를 보일 것"[48]이라고 했다. 결론으로서 그는 궁극적으로 우리 연극의 최대 과제는 질적 향상이라 못 박았다. 이처럼 그는 일본에 가서도 우리 연극에 대한 성찰과 미래를 숙고한 것이다.

그런데 그가 일본에 도착하자마자 가장 기뻐한 이들은 그곳에서 문예를 공부하고 있던 유학생들이었다. 왜냐하면 유학생들이 뭔가를 모색하고 있던 차에 동랑이 와줌으로써 방향타와 함께 정신적 구심점이 되어주었기 때문이다. 가령 설왕설래만 하고 있던 동경학생예술좌가 곧바로 출범했던 것이 바로 그 예였다. 동랑의 가르침에 따라 학생예술좌는 극연이 했던 것처럼 기성 극단들과 달리 연구, 강좌 등 아카데믹한 방향을 잡을 수가 있었고, 그가 초창기에 쓴 대표적인 창작 희곡 〈소〉(3막)도 흔쾌하게 내놓아 그들에 의해 도쿄의 쓰키지소극장에서 6월 4일에 초연될 수도 있었다.

이는 사실 간단한 일이 아니었다. 왜냐하면 공연제작 경험이 전무한 아마추어 학생 연극단체에게 자신의 대표작을 내어준다는 것은 웬만한 애정이 없으면 불가능한 것이기 때문이다. 그만큼 동랑은 학생극에 큰 희망을 걸고 있었던 것이다. 그뿐만 아니라 그에 의해서 학생예술좌의 유명한 선언문인 '우리는 믿는다. 과거를 가장 정당하게 계승하는 자, 과거를 가장 정당하게 생활하는 자, 미래에 전 연극 분야의 주류가 될 자, 그것은 우리들의 연극·신극이다'라는 것도 탄생될 수가 있었으며 장차 학생예술좌가 극연과 운명을 같이할 단체로 자리매김할 수도 있었던 것이다.

이와 같이 그는 일본에서 연극 실제를 공부하는 한편 희곡 창작에도 심혈을 쏟아붓고 있었다. 1년 남짓 머무는 동안 그가 쓴 창작 희곡만 하더라도 〈당나귀〉(1막)를 비롯하여 〈제사〉(1막)와 대표작 중의 하나로 꼽히는 〈소〉(3막) 등 세

48 유치진, 「재능개척의 필요 - 극단(壇劇)에 보내는 말」, 『조선일보』 1934.9.20.

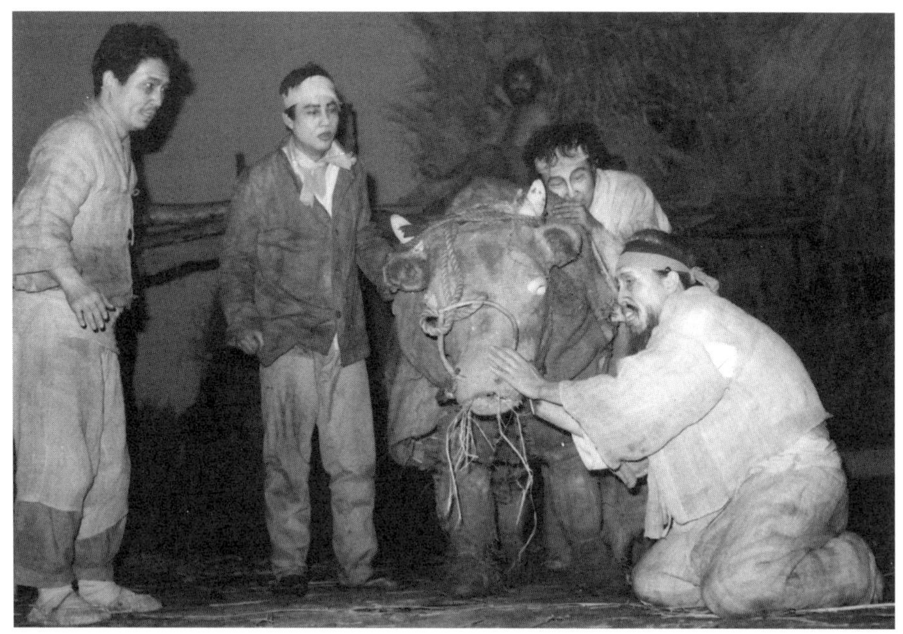

〈소〉

편이나 되었다. 그런데 여기서 주목할 만한 사실은 이들 세 편 중에서 〈소〉만이 초기의 빈궁문학 계열일 뿐 나머지 두 편은 또 다른 영역의 작품이라는 점이다. 그 구체적인 사항은 후술하겠거니와 이 시기에 초기 희곡의 결정판이라 할 〈소〉를 내놓은 것은 여러 가지 면에서 중요한 의미를 지닌다고 하겠다. 왜냐하면 이 작품이 검열 등에 걸리기도 했지만 그보다도 사회문제가 되어 그가 처음으로 관헌에 끌려감으로써 신체적 위해를 입음과 동시에 관동대진재 때의 식민지 트라우마에 또 하나의 공포 트라우마가 추가되기 때문이다. 따라서 그 사건이 결정적 계기가 되어 그가 창작에 하나의 전환점을 만들어가게 된다.

그렇다면 이 작품이 무엇이 문제여서 그가 창작의 전환점까지 만들게 되었는가 하는 의문이다. 앞에서 조금 언급한 바 있듯이 〈소〉는 그가 초기에 추구했던 농촌의 피폐를 통해서 식민지시대의 빈궁과 그에 수반된 농민의 고통을 묘파한 작품이라는 점에서는 먼저 쓴 작품들과 궤를 같이한다. 약간의 다른 점이라고 한다면 전작들이 절망의 심연에 빠짐으로써 아예 저항이나 희망의 싹을 틔워보지도 못했지만 이 작품에서는 한 인물에 의해서나마 현상 타파의 몸부림이 나타나고 있는 것이다.

알다시피 이 작품은 농가의 생명줄이라 할 소 한 마리를 놓고 부자간에, 형제간에, 그리고 소 주인과 사음(舍音) 간에 다투는 이야기다. 소작농으로 겨우 살아가는 주인공(국서)은 장성한 두 아들을 둔 가부장이다. 그런 그의 전 재산은 황소 한 마리뿐이었다. 그해는 마침 풍년이 들어 국서네 수확도 괜찮은 편이다. 그러나 지주는 그동안 흉년이 들어 못 받아간 도조(賭租)를 한꺼번에 갚으라고 강요한다. 지주에게 도조를 다 갚으면 쌀은 한 톨도 남지 않게 된다. 게다가 장남(말똥이)은 가난으로 팔려가게 되어 있는 이웃집 처녀(귀찬이)와 결혼시켜달라고 심술부리면서 일체의 농사일을 거부한다. 그래서 부친은 어쩔 수 없이 황소를 담보로 해서 장남을 이웃집 처녀와 정혼시킨다. 여기에 차남(개똥이) 끼어드는데, 이유는 황소를 팔아 밑천 삼아 만주로 떠나겠다는 것이다. 바로 이 지점에서 부자간에, 또 형제간에 피투성이 싸움이 벌어지는 것이다. 그런데 갈등이 거기에서 그치면 해결의 실마리를 찾을 수도 있었지만 문제는 지주의 개입이다. 도조를 끝까지 다 받겠다는 지주가 결국 사음을 시켜서 황소를 강제로 끌고 감으로써 파국을 맞는다는 내용이다.

이러한 광경을 지켜본 늙은 일꾼이 “어차피 국서 문제는 아니래두 소는 농가의 명줄인가 봐. 그 소 한 마리 없어지는 바람에 생사람이 좀 다쳐야 말이지. 우선 색시 하나를 이 동네서 빼앗겼지. 그리고 총각놈이 더벅머리로 늙게 됐지. 만준지 어딘지 갈 놈이 대가리를 깨고 드러눕게 되고… 이래고서야 소가 우리네 명줄이 아니고 뭐람. 한 집안이 온통 거꾸로 서는 지경인걸. 더 말할 게 있나.”라고 자탄하는 독백 속에 식민지시대 피압박 민족의 좌절과 절망이 적나라하게 드러나고 있는 것이다. 알다시피 식민지시대의 토착지주들은 일본 제국주의자들과 결탁하여 농민의 고혈을 빨아먹는 흡혈귀였지 않은가.

그런데 이 작품에서 주목되는 부분은 농민들이 단순히 빼앗기고만 있지 않았다는 사실이다. 즉 장남이 농민의 적인 지주집에 불을 지르는 저항으로 나아간다는 점이다. 물론 힘없는 장남이 별다른 저항 없이 경찰에 체포되어갈 수밖에 없는 상황에 놓이게는 된다. 이처럼 동랑의 저항은 허무주의가 발목을 잡음으로써 일단 패배로 끝나는 것처럼 보인다. 혹자는 장남의 지주집 방화를 사회주의적인 관점에서 접근하는 경우도 없지 않지만 이는 순전히 아나키즘의 발로로 보아야 한다. 왜냐하면 그는 평생 마르크시즘에 동조한 적이 없었기 때문이다. 그리고 여기서 또 한 가지 주목할 만한 대목은 유자나무집 딸이 "난 이렇게 개만도 못했어."라고 자탄하는 것과 차남 개똥이가 "인제부터 우리 두 사람이 돼야 해."라는 대사에 나타나 있는 인간 자각의 외침이라 하겠다. 이는 사실 그때까지의 작품들에서는 나타나 있지 않은 대사였다. 이처럼 그가 이 작품에서는 식민지 수탈에 대한 폭로, 고발에 머물지 않고 한 발짝 더 나아가 인성회복으로까지 나아간다는 점이다.

그러면서도 그는 이 작품에서부터 시적(詩的) 정서를 투영하기 시작했다는 점이 이 흥미롭다는 점이다. 가령 장남 말똥이가 이웃집처녀 귀찬이를 좋아한 나머지 한껏 고무된 상황에서 "딸기 밭에는요 / 딸기가 뒹굴고요 / 밤낭구 밭에는요 / 밤이 뒹굴고요 / 에헤 품마요 / 딸기를 주워라 / 에헤 품마요 / 밤바구니가 찼구나."를 읊조리고, 농부들은 가을걷이를 하면서 "풍년이 와서 / 볏가리 느니 / 동리나 방리에 / 웃음꽃 피네! / 에헤 데헤야 / 얼싸 좋고 좋아 / 어름마 지화자 / 네가 내 사랑이지." 등이 반복되어 불려진다는 사실이다. 이는 그가 시적 재능도 있었지만 메이예르홀트의 상징주의에 점차 동조해가고 있음도 보여주는 것이다.

이런 독창적인 희곡이 발표되었을 때 일부 사람은 이 작품이 일본 극작가 판중정부(阪中正夫)의 희곡 〈우마(馬)〉와 스토리가 비슷하다 하여 그 모작이라고 수군댄 바 있었고, 근자에 와서도 그런 주장을 펴는 이가 더러 있었다. 그러나 그것이 시기와 모함이었다는 것이 당시 동랑의 창작 과정을 곁에서 지켜본 윤묵(尹黙)의 회고에 잘 나타나 있다.

> 어떤 사람은 이 작품을 판중정부 씨(阪中正夫氏)의 〈우마(馬)〉의 모작이라 하지만 나는 유 선생이 〈소〉를 쓰게 된 동기와 완성하기까지의 경위를 잘 알고 있습니다. 그해(1934년 겨울) 선생은 동경신락판하(神樂坂下)에서 북향 2층을 '마가리'하고 있었습니다. 그해 여름 6월에 창립된 동경학생예술좌는 1주일에 두세 번씩 유 선생을 초빙하여 가르침을 받았습니다. 그때 학생예술좌의 회관은 지대(池袋)에 있는데 하숙방 8층이었고, 나는 문예부의 책임자였던 관계로 유 선생과의 교섭은 전부 내가 맡고 있었습니다.
>
> 어떤 비 오는 날 밤이었습니다. 지금은 교또촬영소에 있는 주영섭 군과 이번 내가

연출한다는 소식을 듣고 평양서 우정 올라온 마완영 군과 나 3인은 회관에서 제2회 낭독회 각본을 유치진 작 〈당나귀〉로 선정하고 그 원본을 얻으려 근 15리나 되는 신락판하(神樂坂下)까지 터불터불 걸어갔습니다.

선생은 우리들이 방 안에 들어가자 홍분한 얼굴로 '이 기사를 읽어보시오. 훌륭한 희곡의 테-마가 아닙니까?' 하시면서 우리들에게 신문을 내놓았습니다. 먼저 내가 읽어보았는데, 그 내용은 경상도 어떤 촌락에서 형(兄)이 팔아서 장가가려던 '소'를 아우가 몰래 팔아먹었다고 쌈이 일어나 급기야는 살해까지 했다는 아주 넌센스 하면서도 눈물 나오는 기사였습니다.

그 후 선생을 찾아뵐 때마다 코르덴 양복 한 벌로 겨울을 나는 선생은 그래도 애용하는 석유상자책상과 마주 앉아서 쓰고 있는 〈소〉라는 희곡이 잘 진전되는 것을 말씀하며 서항석 선생이며 이헌구 선생에게서 성공하기를 바란다는 편지까지 온 것을 어린애같이 자랑하고 있었습니다. 그리고 겨울을 지나고 봄이 되려 할 때 3막으로 완성된 〈소〉는 동경학생예술좌 제1회 공연 레퍼토리로 선정되어 1935년 6월 4일 쓰키지(築地) 소극장에서 상연되었습니다.[49]

이상과 같은 윤묵의 글에서 확인할 수 있는 것은 동랑이 〈소〉를 일본에 머무를 때 썼으며, 당시 경상도 지방의 어느 농촌에서 소 한 마리를 갖고 형제가 다투다가 형이 아우를 살해한 웃지 못할 사건을 소재로 하여 창작되었음이 구체적으로 서술되어 있다는 것이다. 이는 그의 창작 현장을 옆에서 직접 지켜본 학생예술좌 단원의 구체적인 증언인 만큼 일본 작가의 모작 운운한 것은 설득력이 전연 없다. 그럼에도 불구하고 이 작품을 일본 작가의 모작 운운한다면 이는 의도적으로 동랑을 폄훼하려는 것밖에 되지 않는다.

특히 여기서 주목되는 것은 동랑의 창작 자세이다. 그가 〈소〉를 쓰는 과정을 보면 마치 영국의 유명한 극작가 피터 섀퍼가 〈에쿠스〉를 쓰는 과정과 너무나 닮았다는 사실이다. 즉 피터 섀퍼가 이 작품을 쓰게 된 동기는 어느 날 우연히 런던의 어느 신문을 읽다가 사회면 한 귀퉁이에 마구간에서 말을 돌보던 소년이 말의

49 윤묵, 앞의 글.

눈을 찔러 재판을 받는다는 기사에서 힌트를 얻어 〈에쿠스〉를 완성했다는 점에서 그렇다. 동랑은 언제나 사실에 근거해서 작품을 쓰는 작가다. 그는 언제나 리얼리스트답게 주변에서 일어나는 사건을 근거로 하여 창작할 뿐 황당무계하고 허무맹랑한 작품은 쓴 적이 없다. 그가 도쿄에서 썼던 전작과 성격이 다른 두 작품은 자신이 심혈을 기울였던 빈궁문학 계열과는 달리 윤리적 문제를 취급했지만 이 역시 1910년대와 1920년대의 도덕적 상황을 형상화한 것으로 현실적인 희곡으로서 단지 제재의 영역을 넓혀간 것뿐이었다.

그만큼 두 단막극이 비록 식민지의 참담한 농촌현실을 정공법으로 다룬 것은 아니지만 보수적인 그가 평소 우리의 도덕적 낙후와 해이도가 심각한 사회문제의 하나로 보고 있었기 때문에 여성의 인간 자각을 무대현장으로 끌어낸 것으로서 어떻게 보면 페미니즘 성격도 지닌 작품이었다.

그 예로서 몰락 양반과 그의 젊은 애첩과의 갈등을 묘사한 〈당나귀〉의 경우를 볼 때, 마치 조선 후기부터 싹트기 시작한 여성의 인간 자각문제를 진일보해서 천착한 것 같다는 느낌마저 든다. 왜냐하면 젊은 첩이 늙고 병든 영감의 품을 벗어나 이웃 마을의 젊은 머슴과 함께 새 삶을 찾아서 떠나가는 점에서 그렇다. 작품의 시대를 1920년대 중반으로 잡은 것은 아마도 작가가 직접 살았던 시절의 생동감을 살리려는 의도에서 그런 것 같지만 실제로 그때만 하더라도 전근대적인 도덕률이 사회를 지배하고 있었다. 특히 양반들의 축첩제도가 개화기를 기해서 폐기되었어도 상당 기간 존속되었다고 볼 때, 이 작품은 리얼리티가 있는 것이다. 작품의 남자 주인공(추암)의 대사 중에 "나는 내가 가졌던 훈장이며 옥관자, 밀화, 파향까지 죄 팔아 먹구, 내겐 아무것도 없네."라는 구절이 있는 것으로 보아 지난 시절에는 상류층이었다는 것을 알 수 있다. 그러나 현재는 몰락한 상태인 데다가 중병까지 얻음으로써 젊은 애첩이 그를 버려도 속수무책인 처지가 된 것이다.

가령 애첩이 늙고 병든 남편을 향하여 '그럼 난 늙은 영감의 치다꺼리만 하다가 죽으란 말야? 그런 악착스러운 법이 어디 있어요. 십 년이 하루같이 여태 내 청춘을 썩혔으면 그만이지, 무엇이 또 부족해서 사람을 이렇게 못살게 굴어요?'라고 항변하는 것은 시대가 변했을 뿐만 아니라 도덕률도 바뀜으로써 자기도 한 여자로서 살 권리가 있음을 선언한 것이다. 물론 그녀도 한때는 '우리 구차한 부모가 애당초 돈만 보고 늙은 영감에게 나를 억지로 갖다 바친 것도 생각해보면 그것 역시 내가 내 손으로 골라잡은 잘못이었는 걸 어쩌나? 이를테면 타고난 팔자랄까?'라고 운명론적인 갈등도 하지만 결국은 결정론적인 자신을 극복하고 용감하게 새로운 세계를 향하여 떠난다는 내용이다.

그런데 그가 여기서 전하려는 메시지는 단순히 도덕적인 것만은 아니었다. 그와 함께 당시 자신을 휘감고 있던 체념과 허무주의를 죽음으로라도 극복해보겠다는 몸부림이 조금은 보인다는 점이다. 가령 남자주인공(추암)이 애첩을 떠나보낸 뒤에 이렇게 자탄하면서 막을 내리게끔 형상화한 데서 잘 나타난다고 볼 수가 있다. "잘 갔다, 잘 갔어. (……) 아! 내게 남은 건 뭐냐, 인젠 아무것도 없군… 아무것도 없어 (가랑거리는 소리로 이렇게 중얼거리며 머리맡에서 아편을 찾아낸다. 아편을 한동안 물끄러미 본다). 이것만 있으면 괜찮겠지! 아편! 잠재우는 약! 핫핫핫… 나도 인젠 발을 뻗고 쉴 수 있겠군, 편안히 떠날 수 있겠어. (……) 내가 산다면 누굴 보고 사나…(약을 접시에 갠다. 그러고는 병풍을 머리맡에 펴놓으며 중얼거린다) 내가 젊은 사람을 얻은 것은 조금이라도 내 몸이 젊어보려고 그랬었다. …그러나 결국 늙은 사람의 갈 길은 늙은이의 길밖에 없는걸. 내게 남은 것은 죽음의 길이야… 죽음의 길…(정좌하여 촛대에다 불을 붙인다. 아편을 마시고 고요히 자리를 잡는다. 무대 공허하고, 촛불만 깜박인다. 바람소리)"

이상과 같이 추암 노인은 떠나겠다는 애첩을 구차하게 붙잡으려 하지 않고 놓아 보낸 뒤 죽음으로 자신을 초극하는 것을 보여줌으로써 끝을 맺고 있다. 이는 곧 당시 무정부주의와 허무주의로 뒤범벅되어 있던 동랑의 심중일 것 같기도 하다.

이러한 그의 심중은 다음 작품 〈제사〉로 이어진다. 물론 이 작품에서는 전작에서와 같이 자신을 드러내지는 않고 다만 여자의 자각과 여권신장에만 포커스를 맞춘 것이 특징이다. 그러니까 〈당나귀〉에서 젊은 애첩이 이웃 마을의 젊은 머슴을 만나 늙은 남편을 떠나듯이 〈제사〉에서도 젊은 과수댁이 자기 집 하인과 함께 새로운 삶을 위해서 가출하는 내용이다. 이 작품에서 그가 작품의 시대배경을 1910년대로 잡은 것은 구 도덕률과 신 도덕률이 가장 첨예하게 갈등하던 때라고 생각되어서였을 것이다. 이 작품에서도 주인공의 신분은 역시 지체 높은 양반댁 사람들이다. 그런데 그 양반댁의 젊은 아내가 두 아들을 낳은 2, 3년 뒤 남편이 세상을 떠남으로써 소년과부가 된 것이다. 그런 그녀가 자기 집 하인과 눈이 맞아 야반도주를 했고 십수 년이 흐른 뒤에 장성한 두 아들이 모친의 가출을 죽음으로 인식하고 그 날짜에 제사를 지낸다는 내용이다.

이 작품에서 흥미로운 부분은 제삿날 가출했던 모친이 돌아옴으로써 장성한 아들들과 그동안 풀지 못했던 여러 가지 이야기를 나누는 대목이다. 즉 모친은 자신이 단순히 남자 때문만으로 가출한 것은 아니고 고부간의 갈등이 주원인이라고 실토한다. 그러나 아들들은 그에 동의하지 않고 모친의 순결과 정절만을 강조한다. 가령 장남(일영)이 모친에게 "어머니! 그렇게도 청춘을 참기가 어려웠나요? 어머니는 어머니의 기분대로 청춘의 보람을 찾았는지 모르지만 그 덕으로 우리 두 형제는 사람의 값에도 들지 못하고… 떳떳하게 남의 청중에도 끼지 못하고 살아왔어요." 라고 울분을 토한다. 결국 그녀는 용서받지 못하고 다시 떠남으로써 아들들은 조부와 함께 제사를 치르는 것으로 막이 내린다.

이 작품에서 동랑이 제시한 메시지는 무엇인가. 이는 곧 신구(新舊) 도덕률의 충돌을 의미하는 것이다. 실제로 조선시대까지만 해도 성리학에 바탕을 둔 남권 우위의 시대였다. 여성들은 남성의 하위 인간으로 취급되어 사람대접을 받지 못 했었다. 18세기 후반부터 여성들도 인간 자각을 하기 시작했지만 개화기 이후에도 여성들은 여전히 전근대 사상의 그늘 속에서 몸부림쳤었다. 가령 3·1운동 이후에 최초의 여성시인 김명순(金明淳)의 행방불명에서부터 김일엽(金一葉) 시인의 출가 입산, 최초의 소프라노 윤심덕(尹心悳)의 정사사건, 그리고 최초의 서양화가 나혜석(羅蕙錫)의 비명횡사 등도 바로 구 도덕률에 대한 저항과 패배의 한 표징이었다. 동랑이 일련의 작품에서 여성의 인간 자각에 초점을 맞춘 것도 바로 그러한 윤리적 낙후성을 문제 삼아보려 한 것이었다. 이처럼 그는 일찍이 페디만이 주창한 바 있는 "극작가의 역할 하는 바는 자기 시대의 눈에 보이는 모순을 희곡적으로 지적하는 데 있다."는 명구를 항상 염두에 두고 작품을 쓴 작가였다.

그런 그가 도쿄에서 돌아온 직후 그동안 울분에 가득 찬 상태에서 썼던 초기 작품에 대하여 자신이 대학시절 가장 심취하여 졸업논문 테마로까지 삼았던 숀 오케이시와의 관련성을 시인하는 글인 「내가 사숙하는 내외작가 - 숀 오케이시와 나」를 발표하여 주목을 끌었던 것이다. 실제로 1920년대의 일본 유학생들 중 상당수가 아일랜드 문학에 빠져 있었다. 우리나라처럼 영국식민지 치하에서 오랫동안 핍박받아온 아일랜드 문인들이 문예활동을 독립운동의 수단으로 삼은 것은 한국 유학생들에게는 하나의 타산지석이 될 만했었다. 그 대표적인 인물이 바로 동랑이었다. 따라서 그는 숀 오케이시의 작품세계를 소개하면서 자신의 초기 희곡에 드리운 연관성을 매우 소상하게 다음과 같이 밝혔다.

> 나의 문학수업의 과정에서 직접 간접으로 내게 영향을 준 작가는 그 수가 결코 적지는 않을 것이다. 그러나 그중에서라도 나는 죤 밀링턴 씽그, 안톤 체호프, 그리고 숀 오케이시의 이름을 잊을 수가 없다. 더구나 숀 오케이시는 극작가로서의 나의 최후의 길을 지도해준 사람이라 생각하면 내가 지금 쓰고 있는 몇 개 작품은 숀 오케이시의 서투른 흉내에 지나지 못한 감을 준다. 그만큼 숀 오케이시의 영향은 내게 크다. 그 극의 특색을 들어보면 즉 〈쥬노와 공작(Juno and the Peacock)〉에 있어서는 근대극 이래로 배격해온 소극적 요소를 취급했고, 〈려(犂)와 성(星)(The Plough and Stars)〉에 있어서는 극의 중심을 무대의 이면에다 숨겨서 성공했고, 〈은배(銀盃, The Silver Tassie)〉에 있어서는 연극과 노래를 악수시켜보려고 노력했다. 그는 내적 비극과 외적 넌센스를 교묘히 조화시켰다. 이 침통미 속에 흐르는 웃음 속에 반짝이는 경구의 통쾌미, 그러나 관중을 끌고 가는 끝없는 종점은 '니힐'의 세계다. 이것이 그의 사상 내용의 근본인 것 같다.
>
> 우선 나의 극에 나타난 명랑한 반면을 대표하는 인물을 보자. 1, 〈토막〉에 있어서 '빵보' 2, 〈버드나무 선 동리의 풍경〉에 있어서 노래 선생인 '성칠이' 3, 〈빈민가〉에 있어서 '유순 아범' 4, 〈당나귀〉에 있어서 '강노인' 5, 〈소〉에 있어서 '말똥이', '문진이', '우삼이' 등등 각 인물들은 그 성격상 각각 다소의 상이점은 있다 하더라도 오케이시극인 〈편의대의 그림자〉의 '시마스', 〈쥬노와 공작〉의 '보일'과 '촉서' 등의 인물과 그다지 멀지 않은 거리를 가진 인물들일 것이다.
>
> 그리고 전체적으로 보아서 내 작품이 항상 빈민층의 침울한 생활을 그리면서 이상의 각 성격으로써 되도록 많은 소극적 요소를 점철하여 웃음 속에 한 방울의 눈물을 뽑아내려는 서투른 노력은 전술한 오케이시 극의 특색에 영향 받은바, 너무도 노골적인 점이 아닌가 한다. 그리고 내가 내 극에서 시험하는 웃음 속에 흐르게 하는 경구(警句)

등등도 오케이시 극에서 영향받은 것이라고 하겠다. 더구나 근작 〈소〉 3막에 있어 그 결말이 비극으로 끝을 마치게 하면서 그 극의 진행에 있어서는 전막을 통해서 관중은 웃음으로 포복절도시키려는 야심적 의도는 오케이시의 〈쥬노와 공작〉이 비극적 요소는 20분 내외밖에 안 되면서 나머지 2시간 반이라는 장시간을 관중으로 하여금 웃게 하는 수법과 별차 없을 것이다. 그리고 〈빈민가〉에 있어서 그 무대적 중심을 끝까지 무대 이방(裏方)에다 두려고 노력한 것은 오케이시의 〈려(犂)와 성(星)〉의 수법적 노력에 방불하지 않은가?

이와 같이 매거해보면 그 수법상에 있어서 오케이시 극이 졸작에 얼마나 많은 영향을 주고 있는가를 발견할 수 있다. 그러나 내가 오케이시에게서 영향받은 것은 그 수법상뿐이 아니다. 그 사상 내용에 있어서도 상통한 점을 발견할 수 있다. 즉 내 작품에 나타나는 커다란, 니힐의 세계 — 언제든지 그림자와 같이 내 작품을 누르고 있는 그 니힐 — 그것은 어찌 오케이시극의 '니힐리즘'과 상통되지 않으랴? 그렇지만 이 니힐리즘의 영향은 오케이시에게서 받았다기보다 오케이시를 알기 전에 벌써 안톤 체호프에게서 치명적인 낙인을 받은 것이라 하겠다. 그러므로 오케이시와는 이 점에 있어서는 우연적 일치라고 하겠다. 그리고 나의 머리를 숙명적으로 억누르고 있는 우리의 현실생활의 일면에서 오는 조선적 침통성은 오케이시의 작품에 나타나는 애란적 침통미와 같이 나의 작품의 한 고질인 듯도 하다. 이것은 내 생활과 같이 나의 무덤으로 통하는 단 한 갈래의 길로서 남아 있을는지도 모르겠다.[50]

이상의 글은 그가 초기(1932~1934)에 쓴 소위 빈궁문학 네 편 등을 되돌아보면서 자신이 그동안 극작 수업 과정에서 정신적 멘토로 삼아온 수많은 서구 작가 중에서도 대표적인 세 사람만을 거론하며 그들에게서 영향받은 사상과 작품의 주요 캐릭터들까지 구체적으로 예시함으로써 연구자들에게 도움을 주고 있다. 위의 글에서도 확인할 수 있듯이 젊은 시절 그를 허무주의에 빠져들게 만든 것이 순전히 투르게네프라든가 안톤 체호프 등의 러시아 문학과 오케이시였으며 극술은 온전히 오케이시에서 배웠다고 한 것이다. 그런데 여기서 주목해야 할 점은 개화기 이후

---

50 유치진, 「내가 사숙하는 내외작가 - 숀 오케이시와 나」(하), 『동아일보』 1935.7.7.~10.

새로운 문학양식 실험을 하면서 서구 작가들에게 영향받지 않은 문인이 없었음에도 불구하고 그때까지 동랑 말고는 어느 누구도 자신이 영향받은 외국 작가들에 대하여 솔직히 고백한 작가가 드물었다는 사실이다. 바로 점에서도 동랑이야말로 가장 솔직하고 겸손한 작가였음을 알 수가 있다.

그럼에도 불구하고 시인 임화(林和)는 동랑의 작품에 독창성이 부족하다고 비판하고 나선 것이다. 즉 그는 「극작가 유치진론」에서 "솔직히 말하거니와 그 작품들이 희곡이기에 망정이지 만일 소설로 씌었다면 조선 문학의 최고 도달점에 미치지는 못하는 것이라고 나는 생각한다. 주제상으로 본다 하더라도 출세작 〈버드나무 선 동리의 풍경〉을 위시하여 〈소〉, 〈자매〉, 〈제사〉 등 제작은 가장적(家長的) 농촌의 극적 붕괴라든가 사유욕이 빚어내는 여러 가지 희극이라든가 무고한 자녀들의 비극이라든가 화폐의 위대한 힘이라든가 새 세계가 일어서면서 헛치는 심각한 파문이라든가를 독창적 각도에서 그린 작품은 아니었다. 이런 약점은 그의 희곡이 새로운 의미를 갖는 예술적 인물을 한 사람도 창조해내지 못한 데 가장 뚜렷한 예술적 흔적을 남겼다. 농민의 일가, 팔려가는 딸, 악덕 사음, 망한 양반, 돈 모은 상인, 불행한 구여성, 고민하는 신여성 등등 과거 10여 년간 조선 소설 위에 허다했던 인물들"[51]이라고 비판한 것이다.

그러니까 임화는 대체로 1920년대의 신경향파 작가들, 이를테면 최서해(崔曙海)를 비롯하여 강경애(姜敬愛), 그리고 이기영(李箕永) 등이 즐겨 묘사했던 뿌리 뽑힌 민초들을 떠올리면서 동랑이 창조한 캐릭터들이 새롭지 않다고 비판한 것이다. 물론 동랑이 창조해놓은 캐릭터들이 신경향파 작가들의 인물들과 유사점이 없지는 않다. 솔직히 식민지시대의 농민들의 삶의 행태야 정도의 차이가 있을 뿐 모두가 비슷하지 않았던가. 그러나 동랑의 캐릭터들은 신경향파 문학의 캐릭터들과 차이가 있을 뿐만 아니라 그 자신이 밝힌 바와 같이 싱그나 오케이시, 그리고 체호프 등이 창조했던 인물들의 한국화라고 보는 것이 오히려 적확하다는 생각이다.

임화는 동랑에 대한 비판을 이어가면서 "그러나 나는 이러한 인물들의 예술적 가치가 이미 과거의 것이라든가 그런 평속화(平俗化)한 인물을 재사용한 것을 비난

---

51 임화, 「극작가 유치진론(下) - 현실의 빈곤과 작가의 비극」, 『동아일보』 1938.3.2.

하는 것은 아니다. 요점은 그전 작가들이 여러 면에서 주물러 벌써 유형이 되어버린 인물들을 새로운 조명 하에 비춰, 유형으로서의 외피를 깨트리고 그 진정한 새 생명을 재발견치 못한 데 있다. 오직 유치진이 극작가로서의 독자성은 그가 드라마틱한 시튜에이숀 가운데 이런 인물들을 재행동시킨 데 있다 할 것이다. 이것은 문학에 있어 장르의 차이로 생기는 독자성이지 창조적 의미의 독자성은 아니다."라고 말하면서도 끝에 가서는 "장르적 의미의 독자성이 실상은 유치진으로 하여금 조선 극문학의 새 시대를 개척한 것이며 조선의 가장 유니크한 극작가로서의 명예를 장만해준 것을 잊어서는 안 된다. 이것은 또한 조선 극문학 발달의 특별성, 바꿔 말하면 수준이 유치했던 사실의 결과라 할 수 있다."고 평가하고 있어 흥미롭다.

이상과 같은 임화의 동랑 평가가 부분적으로 일리가 없는 것은 아니나 다분히 연극문화를 경시하고 동시에 극작가까지 함께 깎아내리려는 의도도 보인다고 하겠다. 예를 들어 임화가 그를 희곡문학의 개척자로 보면서도 연극 수준이 너무 뒤떨어져서 그가 돋보이는 것이라고 토를 단 점에서 그렇다. 솔직히 개화기 이후의 우리 희곡 수준이 문단에서 결코 뒤지지 않았다는 것은 김우진(金祐鎭, 1897~1926)의 표현주의 실험이 잘 보여준다. 문단에서는 표현주의가 무언지도 모를 때인 1920년대 중반에 김우진이 벌써 표현주의극을 썼음은 놀라운 일이었다. 그리고 만약에 동랑의 작품이 소설에 비해서 뒤진 것이라면 관중의 반응도 시큰둥했을 것이다. 그러나 관객의 반응이 열광적이었음은 당시 기록이 전하고 있다.

예를 들어서 동랑 자신이 회고한 것이긴 하지만 그의 데뷔작인 〈토막〉이 처음 무대 위에 올려졌을 때의 풍경과 관련하여 "〈토막〉은 1933년 2월에 소공동 공회당에서 홍해성 연출과 유형목 무대장치로 상연된 것이며, 이웅 형과 김영옥 양이 주연하였고 시인 김광섭 형이 '삼조'란 배역으로 출연하여 이채를 보이었다. 이 작품은 나의 희곡집 『소』에 실려 있기 때문에 독자 중에는 읽은 사람도 있겠지만, 퍽도 스케일이 적고도 어두운 작품이며 지금 보면 부끄러울 정도로 졸하다. 그럼에도 불구하고 당시에는 꽤 관중을 흥분시켰다. 마침내 끝막이 내리자 우뢰 같은 박수소리와 함께 관객의 일부가 배우 화장실(공회당에는 화장실이라는 것이 완비되어 있지 않기 때문에 관람석의 한옆에 포장을 친 것이었지만)로 몰려와서 작자를 찾아내어 들었다 놓았다 하는 바람에 나는 기쁘다기보다 어리둥절했다. 극예술연구회 동인들은 나보다 더 기뻐해줬다. 나는 흥분이 가라앉지 않아서 집에 돌아가서는 잠을 이루지 못했다. 마치 첫날밤을 맞이한 신부와 같이 가슴이 울렁거린 것이다. 〈토막〉이 이만큼이라도 관객의 마음을 포착한 것은 작품이 예술적이었다는 것보다 자기 표현에 굶주린 우리 현실을 적출해준 데서 오는 흥분인 것 같다."[52]고 쓴 바 있다.

그리고 〈토막〉과 〈버드나무 선 동리의 풍경〉이 공연된 뒤에 나온 평가도 대단히 긍정적이었다. 물론 같은 동인의 글이긴 하지만 일단 평가는 비교적 객관적이었다고 말할 수 있는데, 김광섭은 그 두 작품과 관련하여 "〈토막〉 상연으로 벌써 극작가의 높은 수준에 위했고 그 무대기교에 있어서는 외국극의 수준에 손색이 없이 세련되어 있다. 일종의 향토극으로 서정성이 농후하다. 밭두렁에서 낮잠 잔 듯한 농촌의 단순하고 소박한 일생이 인생의 풍경으로 나타난다. 그러한 분위기에서 땅을 바라고 살던 자작농의 몰락에서 처참한 생활을 하고 있는 농가, 17, 8년 길러온 딸을 한두 해 길러온 송아지 값보다 안가(安價)로 매도한다. 노동하다 죽은 아버지의 주검의 대가와 딸의 몸의 매도(賣渡)로 표현되는 농촌의 비참, 농민의 애화, 컴컴한 현실묘파"[53] 운운하면서, 동랑의 극작가로서의 능력을 극찬한다. 이처럼 김광섭은 임화와는 달리 편견 없이 동랑의 작품세계를 들여다본 것이라고 말할 수가 있다.

물론 임화가 지적한 대로 동랑에 앞서서 1920년대에 이미 농민과 노동자들이 식민지 수탈로 더욱 피폐해져 있는 현실을 적나라하게 묘사한 소설가 최서해라든가 강경애 등이 없지 않았지만, 그들이 그려낸 것은 빈궁 그 자체이지 일제의 착취라는 그 배경까지를 리얼하게 드러낸 것은 동랑이었다. 바로 이 지점에서 그의 극작가로서의 재능과 현실인식이 드러난다고 하겠다. 더욱이 그런 현실을 일제의 감시하에 대중을 상대로 하는 무대 위에 형상화해놓은 이는 동랑만이 해낼 수 있었던 용기였다. 그뿐만 아니라 당시 누구도 추종하기 어려울 정도의 빈틈없는 극술 역시 그만의 장기(長技)였다.

52 유치진, 「극작가 수업 30년」, 『현대문학』 통권 제5호.

53 김광섭, 「버드나무 선 동리의 풍경」, 『동아일보』 1933.11.26.

4. 행복한 결혼과 필로(筆路)의 전환
—사실주의로부터 상징주의로

필자가 지난 시절 동랑을 10여 년간 가까이 곁에서 지켜보면서 느낀 점은 그는 참으로 덤덤한 사람이라는 것이었다. 물론 필자가 그를 처음 만난 것이 1960년대 초반이었으므로 그의 나이가 50대 후반이었던 만큼 노년기에 접어들었을 때이긴 했다. 이 말은 곧 그가 예술가로서 원숙기에 들어설 나이였던 만큼 감정의 기복을 절제할 수 있던 시기였다는 이야기도 된다. 그래서 그런지 그는 만날 때마다 언제나 웃는 표정으로 내가 묻는 말 외에는 별다른 말을 하지 않았고, 오로지 자기가 하고 있는 연극 이야기만 했다.

그와 함께 연극운동을 했던 후배 극작가 이광래(李光來)도 젊은 시절 동랑의 풍모에 대해서 "키는 6척에서 2, 3촌 부족이요 허우대가 날씬한 몸, 갸름한 얼굴, 조그마한 눈, 꼭 바로 선 콧대, 예쁘장한 입모습, 머리에 약간 기름을 바르고 양복을 입고 나서는 그의 체격은 양인(洋人) 볼 쥐어박게 훌륭하다. 일견 아일랜드 극시인 티 씨 머레이 씨를 연상케 한다. 그러나 야무닥게 생긴 구석이 없고 걸음걸이는 그 좋은 체격에 덤벅덤벅 시원스럽게 걷지 못하고 스텝이 비교적 짧은 것이 불만이라고 할까. 또한 목소리는 어울리지 않게 여성적이다. 어쨌든 그는 집에 들면 으레 조선 옷을 입는 모양인데 좋은 의미의 서방님 꼴이 박혔다. 늙은이 같기도 하다. 이것으로 그의 성격의 일면을 엿볼 수도 있겠지만 남과 궂은 소리나 시비(是非)를 잘 따지기를 싫어하는 편이다. 자기 의견이나 주장을 남 앞에 얼른 내세우기를 몹시 어려워하고 무슨 말이나 차근차근 씹는데 그러므로 실언하는 일이 없다. 행동도 결코 경거망동하는 일이 없고 무슨 일에나 지나치게 점진적"[1]이라고 하여 동랑

---

1 이광래, 「유치진론」, 『풍림』 제4호, 1937년 3월호.

이 자기를 내세워 남과 다투는 일을 싫어하는 겸손하면서도 진중하며 양손한, 말 그대로 무골호인임을 지적한 바 있다. 그러면서 이광래는 계속해서 "극연(劇硏)회의가 있을 때마다 실천부와 연구부의 공기는 몹시 불안하다. 이럴 적마다 유치진 씨 웃음 한 번이면 그만이다. 그는 난항(難航)의 선장 격으로 용케도 타협책을 발견한다."고도 했다. 다툼을 생래적으로 싫어하는 그의 품성을 지적한 것이다.

이처럼 그는 젊은 시절부터 모가 나지 않는 호인이어서 무덤덤하지만 은근히 사람을 잡아당기는 힘을 지닌 인물이었던 것 같다. 이처럼 성실하고 고운 성품의 그의 주변에 좋은 사람이 모이는 것은 극히 자연스러운 것이 아니었나 싶다. 그의 나이 스물아홉 살 때 스스로 쓴 글 「망상(妄想) 수기」에도 그의 인품의 한 단면을 살필 수 있는 내용이 담겨 있어 흥미롭다.

그는 이 글에서 "확실히 '사랑'이란 사람을 황홀하게 만들 수 있다. 그러나 그보다도 또는 그와 같은 정도로 사람을 황홀하게 만드는 것이 있으니 그것은 자기가 즐기는 '일'에 자기 자신을 바치고 있는 때다. 나는 내가 즐기는 '일'에 내 자신을 바치고 있을 때 가장 스위트한 몰아(沒我) 상태에 이른다. 아무리 힘차게 껴안아도 그래도 품속에 들지 않는 그런 스위트한 몰아 상태에 ―. 나는 정사(情死)를 찬미한다. 그러나 그 대상으로 왕왕 내 머리를 점한 것은 내가 즐기는 '일'이었다."[2]고 쓴 것이다. 이처럼 일찍부터 그에게는 '일'이 아름다운 여자보다도 더 소중한 것이었다. 그렇다고 해서 그가 이성 간의 사랑을 아주 부정한 것은 아니다. 즉 그는 같은 글에서 "나는 사랑을 긍정한다. 그 이유는 사랑이란 나의 존재를 긍정하는 시초의 물건인 까닭"이기 때문이라고 한 것에 그 점은 잘 나타난다.

그런데 그의 사랑에 대한 생각을 자세히 들여다보면 이성 간의 뜨거운 사랑보다는 부모자식 간의 사랑과 같은 보편적 사랑에 방점을 둔 것처럼 보인다는 점이다. 그래서 그런지 그에게는 별다른 스캔들이나 후세 사람들의 인구(人口)에 회자(膾炙)되는 특별난 여자관계 이야기가 전혀 없다. 그만큼 그는 예술가답지 않게 매우 건조한 인물이었던 것이다. 그런 그에게도 한때 가슴 설레는 연애 이야기가 전하는 것은 대단히 흥미롭다고 아니할 수 없다. 그것이 다름 아닌 평생의 반려자가 되는

2 유치진, 「망상수기」, 『문학』 제2권.

심재순(沈載淳)과의 만남 이야기다. 그런데 심재순과의 운명적 만남에는 두 종류의 연결고리가 있었다.

그 하나가 직장이었다고 한다면 다른 하나는 플라타느 다방이라는 장소였다. 솔직히 그가 동경 유학을 마치고 서울에 와서 연극운동에 뛰어들 때는 백수건달이나 마찬가지였다. 그렇기 때문에 숙식 해결은 한동안 서울에 와 있던 고향 선배들에게 의존하는 수밖에 없었다. 즉 그는 유학시절부터 신세를 지었던 고향 선배 최한기(崔漢騏) 소유의 소공동 2층 건물의 방 한 칸을 공짜로 얻어 기숙하면서 생활비는 경성미술학교 강사비로 충당하고 있었다. 경성미술학교에는 마침 동경여자미술대학 출신의 심재순도 재직하고 있어서 수인사는 나누는 처지였다. 그런데 그녀와 가까워지는 데는 플라타느 다방이라는 아주 특별한 장소가 한몫했다. 왜냐하면 그 다방이 동랑과 특별한 관계가 있었던 데다가 심재순의 이화여자전문학교 동문들이 함께 드나드는 모임 장소이기도 했기 때문이다.

당시 서울에는 일본인들이 하는 다방 외에 한국인 운영의 다방은 김인규가 자신의 하숙집 2층에 냈던 '멕시코'와 이순석이 소공동 중국촌에 낸 다방 '락낭' 두 개뿐이었다. 그렇기 때문에 고향 선배 최한기가 서울에 와서 할 일 별로 없었던 관계로 어영부영 세월을 낚고 있을 때, 옛날 고향 통영에서 문학 서클 '아페' 동지들이 제안하여 다방을 하나 운영키로 한 것이다. 그리하여 건물 1층을 다방으로 꾸민 것이었고, 원활한 운영을 위해서 문단에 지명도가 있는 동랑에게 마케팅 담당 상무(?)처럼 내세워 문인들을 끌어들이는 임무를 맡긴 것이다. 다방 명칭을 '플라타느'라고 지은 것은 역시 불문학을 전공한 아페 동지 장로제(張盧提)였는데, 이는 당시 다방 주변에 플라타너스가 우거져 있어서 프랑스어 명칭인 '플라타느'로 된 것이었다. 그만큼 플라타느 다방은 통영의 문학청년들의 아이디어와 뒷받침으로 운영되고 있는 아지트였다.

따라서 문인들 상대는 당연히 동랑이 전담하고 있었다. 평소 그가 말수는 적었지만 자신이 신세 지고 있는 선배의 사업을 위해서 그는 자연스럽게 다방을 찾는 문인들을 상대해주어야 하는 처지였다. 단골손님들은 서항석, 이헌구, 이하윤, 함대훈 등 극연 동인들이었고, 극연의 여성 동지들이며 시인으로서도 문명을 날리던 모윤숙, 노천명, 김수임 등이 자주 놀러 왔었다. 그러니까 플라타느 다방이 자연스럽게 극연의 아지트가 되다시피 한 것이다. 그런 때에 극연 멤버가 아닌 한 멋진 신여성이 모윤숙, 노천명, 김수임 등과 함께 자주 드나들게 되었는데, 그녀가 바로 심재순이었다. 그녀는 마침 동랑과 같은 학교에서 직장생활을 하고 있었기 때문에 이미 아는 사이이긴 했었다. 한 직장에서 근무하고 있었기 때문에 스스럼없는 사이이긴 했지만 사사로운 이야기를 할 기회는 없었다. 그러다가 영화와 연극에 관심이 많았던 그녀가 플라타느에 드나들면서 서로 간에 그동안 몰랐던 것을 알게 됨으로서 조금씩 가까워져가고 있었던 것이다.

그렇다고 해서 그가 처음부터 심재순에게 연정을 품은 것도 아니고 그녀 역시 가난하고 기혼자였던 그에 대하여 특별한 생각을 가졌던 것도 아니었다. 무엇보다도 두 사람이 엮이기 어려웠던 것은 신분상의 현격한 차이로 보아야 할 것 같다. 이 말은 곧 그녀가 동랑과 엮이기에는 너무나 먼 곳에 위치해 있었다는 이야기다. 비록 현대사회에 신분상 계급이 존재했던 것은 아니지만 그녀의 지체가 동랑에 비해서 너무 높았던 것이 사실이었기 때문이다.

그녀를 가리켜서 지체 높은 여성이었다고 한 것은 친・외가가 모두 당대의 최고 귀족이었기 때문이다. 즉 그녀의 조부 심상훈(沈相薰, 1854~?)은 고종(高宗) 황제와 이종사촌 간으로서 이조판서를 지낸 인물이고, 외조부 한규설(韓圭卨, 1848~1930) 역시 고종시대에 참정대신(총리)을 지낸 고관이었다. 이 두 사람은 같은 시대에 고관대작을 지냈지만 성향은 조금 달랐다. 가령 심상훈이 고종과의 친인척 관계로 자신의 정치 소신을 펴기 어려웠던 관계로 동학운동을 제어하는 데 앞장섰다든가 갑신정변에 비판적이었던 것 등에서 개화파에 호의적이었던 진보파 한규설의 정치 소신과 차이난다는 점이다. 가령 한규설이 개화당에 호감을 가짐으로써 갑신정변에 연루된 유길준(兪吉濬)으로 하여금 『서유견문』을 쓸 수 있도록 도와준 것이라든가 일제에 끝끝내 굴복하지 않았던 점 등이 바로 그것이다.

그럼에도 불구하고 두 집안이 혼맥을 이루었던 것은 그만큼 귀족층이 좁았던 데 따른 것이 아니었나 싶다. 그러한 상황에서 심상훈의 장남 심규섭(沈圭燮)과 한규설의 딸 한진호가 혼인하여 2세로 태어난 이가 바로 심재순(1908년 7월 11일생)이었으며 그것도 고명딸이었으니 그녀의 위상은 짐작하고도 남을 만했다. 게다가 빼어난 외모에 일본 유학까지 한 신식 여성이어서 웬만한 남성은 거들떠보지도 않을 정도로 콧대 높은 미인이었다.

이처럼 그녀는 당시 모든 것을 두루 갖춘 최고의 지성과 신식 여성이었던바, 어떻게 그처럼 보수적인 가문에서 상상하기도 쉽지 않은 최고의 신식 교육과 개방적인 활동을 할 수 있도록 허용되었는가 하는 의문이 들 정도다. 거기에는 숨은 일화가 전한다.

즉 그녀의 이모가 가풍에 따라 같은 양반댁(홍씨) 자제와 조혼하여 열다섯 살이라는 어린 나이에 해산 직후 사망하는 사건이 벌어진 일이 있었다. 그 사건은 집안 어른들에게 큰 충격을 주었으며 그 이후 가문에서는 강제성 조혼제를 폐기함과 동시에 여아들에게도 자유를 허용하게 되었다고 한다.[3] 이는 곧 개화의 소용돌이에서 전통적인 귀족층 사람들도 변해가고 있었음이 심씨 가문에서부터 나타난 것이라고 볼 수가 있다. 그 첫 혜택을 심재순이 받은 셈이다. 따라서 그녀는 당시 귀족층 여아들 중 처음으로 신식 교육을 마음껏 받을 있게 되어, 유서 깊은 숙명고녀를 거쳐 이화여전 문과를 졸업할 수가 있었다. 감성이 누구보다도 풍부하고 예민했던 그녀는 어려서부터 그림 솜씨가 뛰어났으며 영화를 대단히 좋아한 문학소녀였다. 부유한 귀족 집안의 고명딸이었기 때문에 그는 원하는 것은 다 할 수가 있었다.

그녀는 공부를 더하고 싶어서 일본 유학을 가게 되는데, 부모의 권유로 미술대학 자수과(刺繡科)를 택하게 되었다. 당시로서는 여자가 순수 회화를 공부하기보다는 실용적인 자수를 공부하는 것이 현실적이라는 판단에 따른 것이었다. 이는 마치 오늘날 디자인이 높게 인정되는 것과 마찬가지였다. 그리하여 그녀는 이화여전을 마치고 1927년 2월에 일본 유학길에 올라 도쿄여자미술대학 자수과 고등과에 입학하게 된다.

그런데 그 대학은 단기대학이어서 그녀는 2년 뒤인 1929년 4월에 졸업하게 된다. 그 당시 여자미술대학은 부과(副課, 예과)와 주과(主課, 본과)로 나누어져 있었는데 그녀의 2년간 성적은 대체로 우수한 편이었다. 즉 부과 성적의 경우 교양 과목인 수신이 95점이었고, 국어가 58점, 도화 77점, 염색법 90점, 재봉 84점이었으며 주과 성적은 이론 89점, 그리고 실지(實地)가 86점이었다. 그의 성적에서 주목

---

3 유인형 교수의 증언, 2013.2.7.

할 만한 부분은 국어(日本語) 성적만 바닥이고 나머지 전공과목은 매우 우수한 편이었다는 사실이다. 사실 소학교 때부터 식민 치하에서 배운 그녀가 일본어를 못할 이유는 없었다. 이는 곧 오늘날 대학의 교양국어 같은 과목이 바로 그것인데, 낙제점수를 받았다는 것은 그녀가 고의적으로 일본어를 외면함으로써 의도된 낙제점을 받은 것이 아닌가 싶다. 바로 그 점에서 그녀의 일본어 과목 낙제는 매우 흥미로운 부분이라 하겠다.

이렇게 유학을 마친 그녀는 곧바로 귀국하여 집에서 한동안 가사를 돕다가 1932년 가을학기부터 경성미술학교에 교사로 취직하게 된다. 거기에는 이미 동랑이 강사로 출강하고 있었다. 동랑이 열정을 쏟고 있던 극연은 수입이 없었던 만큼 생활비를 마련하기 위해서는 학교 출강이 가장 손쉬운 것이었다. 이처럼 심재순과 동랑이 운명적(?)으로 만난 곳이 바로 그 경성미술학교였다. 그러나 두 사람이 처음에는 평범한 동료 관계를 벗어나지 못했었다. 그럴 수밖에 없었던 것이 동랑은 가난한 기혼자 연극운동가였던 데 비해서 그녀는 미모의 귀족 출신의 신여성이었으므로 두 사람은 어느 모로 보나 어울리는 짝은 될 수가 없었다.

당시 그녀가 종로통에 나서면 가게 주인들 모두가 고개를 내밀고 바라볼 정도로 군계일학의 미녀 신여성이었던 만큼 웬만한 남성은 감히 탐낼 수가 없었다. 그 시절 자신의 입장과 관련하여 그녀는 "당시 나는 학교에서는 비교적 명랑하게 처신했으나 일상생활에서 개방적인 나날을 즐기는 편이 아니었다. 유행에는 비교적 민감해서 옷차림 같은 데는 신경을 썼지만 엄격한 가정에서 자라난 탓인지 나를 아는 사람은 한결같이 내가 보수적이요 비사교적인 여성이라고 평했다. 사실 나는 취미도 고전적인 것들이 좋았고, 왠지 삶의 무상과 고독을 뼈저리게 느끼는 심정이었다. 결혼문제도 그다지 흥미를 끌지 않았다. 굳이 결혼해야 한다면 몇 년 동안 심덕과 인격을 맞추어보았다가 내 마음에 맞는 남성이면 기꺼이 결혼하고, 아니면 미혼으로 영화나 연극에 몸 바치든지, 그것도 아니면 수녀원에라도 들어가겠다는 것이 나의 평소 생각이었다."[4]고 회고한 바 있다.

그러나 이러한 그녀의 회고의 글에는 여러 가지 특별한 정황이 나와 있어 흥미

---

4 유치진, 『동랑자서전』(서문당, 1975), 156면.

롭다. 우선 그녀가 처녀시절 비록 일본 유학까지 하고 유행에 민감한 신여성이이긴 했지만 전형적인 귀족 가정 출신답게 보수성을 벗어나지 못하고 있었으며 이성에 대하여도 무관심했었다는 고백이다. 가령 취미 역시 고전적이었으나 삶에 무상을 느끼고 있었다는 것은 그녀가 대단히 예민하고 감성적이었으며 부족함이 없는 행복한 생활 속에서 평소 고독을 뼈저리게 느꼈다는 것 역시 문학소녀적인 면을 보여주는 것이라고 말할 수가 있을 것 같다.

특히 그녀가 처녀시절 지니고 있었던 결혼관과 진로는 귀족 집안의 고명딸로서는 상상하기 어려운 것이었다고 말할 수가 있다. 왜냐하면 귀족 집안에서는 과년하면 으레 같은 격의 집안과 혼례를 갖는 것이 관례로 내려오고 있었기 때문이다. 바로 그 점에서 그녀는 대단히 예외적인 생각을 갖고 있었던 것이다. 가령 그녀가 결혼문제에 거의 흥미를 느끼지 못하는 상황에서 영화나 연극에 몸을 바치고 싶었다든가 아니면 천주교 수녀가 되고 싶었다는 것은 그의 가정배경으로 비추어볼 때, 대단히 돌출적인 생각이었다고 아니할 수 없다.

그럼에도 불구하고 그녀는 영화배우나 수녀가 되는 것이 젊은 날의 꿈이기도 했다. 실제로 그녀는 젊은 시절 영화 구경을 많이 다녔으며 연극 관람도 적잖게 함으로서 서양 영화와 일본 신극에 대해서는 전문가 못잖은 식견과 안목을 지니고 있었다. 가상이지만 그녀가 만약 평범한 가정에서 성장했다면 매우 탁월한 영화배우가 되었을지도 모른다. 그러나 워낙 보수적인 귀족 집안이어서 그녀가 아무리 하고 싶었어도 천민으로 치지도외하는 배우는 엄두도 내지 못했다고 볼 수가 있다. 영화배우의 길이 막힌 그녀는 차선책으로 수녀가 되려고 수도원도 방문한 적이 있었다. 주님의 소명(召命)을 받은 천주교 신자도 아닌 그녀가 갑자기 수녀가 될 수 있는 것도 아닐뿐더러 공주처럼 자란 그녀가 꿈을 이루었다고 하더라도 수녀원의 엄격한 규율과 절제생활을 견뎌내기 쉽지 않았을 것 같다. 특히 그녀가 순진무구했어도 몸과 마음이 여려서 수도생활 적응은 어려웠을 것이라는 이야기다.

그런데 흥미로운 점은 부족함이 전혀 없었던 그녀가 무엇 때문에 수녀가 되겠다는 생각을 했을까 하는 의문이다. 여기서 그의 평소 성향을 어느 정도 짐작할 수가 있지 않을까 싶다. 즉 그녀가 젊은 시절 대단히 고고한 성품에다가 낭만적인 꿈을 꾸고 있었던 것이 분명하다. 사실 밖에서 보면 평생 수도원에서 세속과의 인연을 끊고 주님을 모시고 사는 수녀는 누구에게나 우러러보이는 만큼 고고하고 멋지게 보이는 것도 사실이다. 실제 중세시대에 유럽에서도 귀족 여인들이 수도원에 많이 들어간 일이 있었다. 따라서 순수했던 그녀 역시 천주교 신자는 아니었지만 고고하게 살고픈 마음으로 그러한 삶을 꿈꾸지 않았나 하는 생각이다. 이는 곧 그녀가 평범한 아녀자로 살지는 않겠다는 특별한 생각이 항상 머릿속에서 맴돌고 있었던 것도 같다.

그런 그녀가 영화배우와 수녀의 꿈을 접은 뒤에 연극에 특별한 관심을 갖게 된 동기는 아무래도 이화여전 친구들인 모윤숙이라든가 노천명 등과 어울리고 극연 활동에 관심을 가지면서부터였던 것이 아닌가 싶다. 그리고 동랑과 가까워질 수 있었던 것 역시 연극이라는 다리가 있었기 때문으로 보인다. 실제로 1930년대는 문화계몽시대로서 문학이라든가 연극, 음악 등으로 하루빨리 민족을 계몽하여 독립을 쟁취해야 한다는 것이 지식인들 사이에 광범위하게 번지고 있었다. 당대의 민족지 『동아일보』는 1930년대 초에 브나로드운동을 전개하자는 캠페인을 벌이기도 했고, 연극 분야에서는 동랑이 앞장서서 연극계몽운동을 설파하기도 했었다. 따라서 일본까지 유학 가서 신문물을 접한 그녀로서는 집안 분위기와는 달리 연극을 천시하지 않았었다. 사실 그녀 역시 연극을 통한 민족계몽이라는 대명제에 적극 동참하고 싶었던 것이다. 이는 그처럼 그녀가 진보적이었던 만큼 연극을 천박한 광대놀이로 보는 귀족 집안의 보수적인 틀에서 이미 벗어나 있었다는 이야기가 된다.

그로부터 그녀는 연극운동에 온몸을 던져 맹활약하고 있던 동랑에게 관심을 갖게 되었고, 어느 정도 존경의 마음도 없지 않았던 것 같다. 바로 그런 때에 동랑의 가난에 얽힌 매우 흥미로운 사건 하나가 직장이었던 경성미술학교에서 발생한다. 극히 사사로울 수 있는 일이지만 그녀로서는 동랑을 새롭게 인식하는 사건이었다고 볼 수가 있을 것 같아 그녀의 회상을 여기에 옮겨보겠다.

한여름의 어느 날, 이상하게도 그분은 사흘간이나 결근하였고 내가 그의 시간을 보강하였다. 하루도 아닌 사흘간의 결근으로 나는 보강이 짜증나고 귀찮아졌다. 내가 속상해하는 것을 본 재봉 선생이 내게 이런 귀띔을 해주었다. '심 선생, 실은 유 선생이 입고 있던 단벌 양복이 다 해어져서 지금 우리 집에 와 이불을 싸고 앉아계세요. 옷이

없어 학교에 나오지 못하고 있는 거예요. 바지는 내가 꿰매주었지만요.'

나는 무척 당황하였다. 아닌 게 아니라 그는 검정색 코르덴 양복 한 벌만을 늘 입고 다녔다.[5] 그런 딱한 사정이었다니, 하고 민망스럽기도 했으나 한편으로는 퍽 우습기도 했다. 나는 그때 금전문제에 대해서는 호호탕탕할 수 있던 시절이었다. 아무튼 나는 그가 측은해서 '그러면 내가 양복 한 벌 해드릴까?' 하고, 재봉 선생에게 그분의 의향을 떠보아주도록 부탁했다. 그의 회답은 당장 '노'라는 거절이었다.

나는 그 '노'가 '그 여자 참 별나게 돈 있는 척한다' 하는 말로만 여겨져 아찔했다. 나는 너무나도 무안하고 창피해서 학교를 며칠 결근하고 말았다. 그런데 어느 날 그이로부터 집에 등기 편지가 왔다. 사연인즉, '같은 남성이라면 내가 그 호의를 받아들을 텐데 이성이어서 그런지 선뜻 못 받아들였다. 그러니 오해 마시고 내일부터 학교에 나오시라'는 것이었다. 이 일이 계기가 되어 그 이후로 이틀에 한 번 정도 그분의 편지가 내게로 배달되었다. 그의 편지는 덤덤한 어투로 언제나 '심 군에게 인생에 대하여 이야기함'이었다. 거의 보름 동안 이어진 그 편지는 문장이 매우 좋아 보였고, 남으로 하여금 무엇인가 생각게 하는 내용이 담겨져 있었다. 나는 그의 재능을 엿보는 것 같아서 읽기에 심심하지 않았고 즐겁기까지 했다. 그러나 집안에서는 '남자에게서 편지가 온다니' 하여 큰 난리가 났다. 나는 그분에게 '집안이 구식이라 내가 야단맞으니 노트북에나 써서 직접 내게 주세요.' 하였다. 그랬더니 편지가 뚝 그치고, 얼마 동안 사이가 뜸해졌다.

그분은 이미 결혼한 몸이었는데, 빼빼 말라 앙상한 인상이었다.[6] 그리고 하루 종일 말 한마디 않고 가만히 앉아 있는 것이 보통이었으며 어떻게나 선량했는지 성낼 줄도 모르고 싸울 줄도 몰라, 어쩌면 바보같이 보일 정도였다. 그래서 나는 언젠가 그분에게 '여보세요, 유 선생님, 선생님은 희로애락을 모르시는 것 같군요.' 하고 빈정대기도 했

---

5 동랑의 코르덴 양복 단벌에 관해서는 1938년에 동경에서 학생예술좌가 〈소〉를 무대에 올릴 때 연출을 맡았던 윤묵(尹黙)의 회고의 글에도 나온다. 즉 그는 그 작품 연출과 관련한 글에서 "그 후 선생을 찾아볼 때마다 코르덴 양복 한 벌로 겨울을 나는 선생은 그래도 애용하는 석유상자 책상과 마주 앉아서 쓰고 있는 〈소〉라는 희곡이 잘 진전되는 것을 말씀하며 서항석 선생이며 이헌구 선생에게서 성공하기를 바란다는 편지마저 온 것을 자랑하고 있었습니다." 윤묵, 「〈풍년기〉 연출에 제하야」, 『극예술』 제6호.

6 심재순 여사는 생전에 필자를 만날 때마다 '동랑이 장년 이후 풍신해진 몸은 자신이 만든 것'이라고 말하곤 했다.

다. (……) 그러한 성미이고 보니 여자 뒤를 좇아다니는 남자나, 너무 가정에 충실한 남자는 마음에 들지 않았다. 적어도 남성이라면 높은 이상과 목표를 내걸어 그에 매진하는 당당함이 있어야 한다고 생각했다. 그런데 그분은 궁핍이 뒤엉킨 생활 속에서도 매사에 정갈하고 조용하고 착할뿐더러 당시에도 연극운동을 한다는 비장한 결심이 서 있었다. 비록 검정색 코르덴 양복의 단벌 신세였지만 그의 몸가짐과 마음가짐은 가위 군계일학(群鷄一鶴)처럼 눈에 띄었던 것이다.[7]

이상과 같은 그녀의 회고는 당시 동랑의 처지, 처신과 그에 대한 관심이 어느 정도였던가를 보여주고 있다. 당시 동랑의 궁핍한 삶은 이미 알려져 있었지만 그럼에도 불구하고 그의 의연했던 자세와 품성에는 그녀가 상당한 호감을 갖고 있었음을 알 수가 있다. 그런데 두 사람이 결정적으로 가까워진 계기가 극히 사소한 사건이었다는 것도 흥미를 끌 만하다. 그러니까 단벌 양복사건에서 알 수 있는 것처럼 그가 비록 궁했지만 구김살이 없었고 자존감 또한 강했던 데다가 이성에 대하여는 매우 보수적이었던 면이 그녀로 하여금 관심을 두게 한 것 같다. 그러나 그녀가 호의를 보이자 부처 같았던 그도 마음이 흔들리고 있었음을 알 수가 있다. 왜냐하면 그가 그녀에게 자주 편지를 보냈다는 것은 우회적으로나마 연정을 표시한 것이라고 볼 수가 있기 때문이다. 그녀 역시 궁벽한 처지에서도 오로지 연극운동에 혼신의 열정을 쏟고 있던 그에 대해서 더욱 존경심을 갖고 다가가기 시작했다는 사실이다. 여기서 한 가지 주목할 점은 그녀의 그에 대한 남다른 동정심이라 하겠는데, 이는 사실 그녀가 '부르주아 죄의식'[8] 같은 것을 은연중 느끼고 그런 생각을 그에게 시혜를 베풂으로써 어느 정도 해소하려 했던 것도 같다.

솔직히 가난하고 기혼자였던 그가 훌륭한 가문의 고명딸에다가 미모와 지성을

7 유치진, 앞의 책, 154~157면.

8 '부르주아 죄의식'이란 대체로 큰 부자가 가난을 대하고 느끼는 일종의 부담감 같은 것으로서 심한 경우 사상적 전환 같은 것을 꾀하게도 된다. 가령 대정시대의 대지주 아리시마 다케오(有島武郎, 1878~1923)가 사회주의자가 되었다든가 그를 흠모했던 김우진(1896~1926)이 한때 사회주의에 호감을 갖고 목포에서 있었던 부두 노동자들의 파업을 뒷바라지한 것, 또는 소설 『임꺽정』을 쓴 대지주 아들 홍명희가 공산주의자가 된 것 같은 경우를 말한다.

갖춘 당대 최고의 신여성인 심재순을 배필로 생각할 수는 없었지만 마음속으로는 대단히 좋아하고 있었음은 숨김없는 사실이다. 바로 그런 시기에 그녀가 직장을 그만두고 도쿄로 떠난 것이다. 평소에 그녀가 워낙 영화를 좋아하다 보니 새로운 영화를 마음껏 볼 수 있는 일본을 이따금 찾기도 했었다. 그러면 그녀는 숨 막힐 정도로 보수적인 가정도 잠시나마 벗어날 수가 있었고 새로운 문물도 호흡할 수 있었기 때문이었다. 그녀가 갑자기 도쿄로 떠나자 마음의 동요를 일으킨 이는 바로 동랑이었다.

그때의 상황과 관련하여 심재순은 회고의 글에서 "1934년 가을(가을이라는 기억은 틀린 것이고 연초로 보아야 한다 - 필자), 마지막 외유(外遊) 삼아 다시 도쿄에 가기로 했다. 그런데 그 말을 들은 그분은 매우 부러워하는 눈치였고, 내가 떠나던 날 서울역까지 배웅해주었다. 그리고 얼마 후 그는 모든 것을 내던지고 일본으로 건너왔다. 연극을 처음부터 새로이 공부하겠다는 비장한 각오에서였다."고 썼다. 실제로 그 시기에 동랑에게도 연극운동에 전환점이 될 만한 사건이 일어났던바, 극연의 전문연출가 홍해성의 이탈이 바로 그것이었다. 그렇지만 일부 동인들의 반대로 홍해성의 연출 바통을 이어받지 못하자 그도 연출공부를 위해 도쿄행을 택하지 않을 수 없게 된 것이다. 그때가 바로 그녀가 떠난 2개월여 뒤인 1934년 3월 말이었다. 이역에서의 재회로 두 외로운 청춘은 급속도로 가까워질 수밖에 없었을 것도 같다. 도쿄에서의 두 사람 간의 재회와 관련해서는 그녀의 회고의 글에 소상하게 나타나 있다.

> 도쿄에서 우리는 거의 매일 만났다. 그이로서는 여배우 난이 심한 터에 나처럼 연극에 열정적인 젊은 여성을 놓치고 싶지 않았을 것이고, 더욱이 내가 집안이 부유하니 만큼 스폰서로서도 상당한 가치가 있으리라 생각했는지 모르겠다. 나는 도쿄 시내의 한 아파트에 묵고 있었으며 우린 서로 자주 만나 연극과 영화를 함께 구경하기도 하고 함께 저녁을 먹기도 했다. 그러던 어느 날, 극장에서 연극을 함께 보다가 퍽 인상 깊은 일을 당했다. 상연물은 〈노동빈민가족〉인가 하는 것이었는데, 그분이 어떻게나 우는지 기막힐 지경이었다. 가난을 벗 삼고 온갖 고생을 겪은 그는 어떤 일에 부딪쳐도 눈물을 흘리지 않는다고 늘 말했으나 이 연극을 보고는 비 오듯 눈물을 흘리는 것이었다.

(……) 아무튼 이역 땅에서 이렇게 가까이 지내다 보니 그분과 나 사이는 학교에서의 동료, 연극계의 동지라는 범위를 넘는 느낌이었다.

게다가 나는 체질이 본래 허약하여 그곳에서도 곧잘 몸져누웠으며 그럴 때면 어김없이 찾아와 미음을 끓이는 등 간병(看病)을 해주어, 우리는 차차 연인처럼 되어갔다. (……) 나는 그이의 프로포스를 받아들였다. 그이는 선량하고 재능이 있는 데다, 연극에 대한 불타는 열정이 있었다. 또 오랜 시간 같이 있으면서 어느새 정이 들었고, 이국땅에서 의지가 되기도 한 그에게 나를 맡길 수 있으리라 판단한 것이다. 결국 나는 그이의 사람됨에 이끌렸던 것이고 그 밖에는 아무것도 바라지 않았다. 오히려 나는 이왕 그이와 살기를 결심한 이상 내 힘이 닿는 데까지 그이를 뒷받침함으로써 나의 꿈마저 살리려 했고 그러기 위해서는 어떤 방법을 써서라도 난관을 헤쳐나가리라 다짐했던 것이다.[9]

이상의 글에서 알 수 있는 바와 같이 그녀가 동랑을 받아들이는 데는 비장한 각오가 필요했던 것이다. 가령 윗글의 말미에 "나도 연극을 위해서 그이의 제물이 되기를 서슴지 않았지만, 그분 역시 소극적인 의미에서 하나의 제물이 된 것이 아니겠는가?"라는 말속에 그런 각오가 함축되어 있지 않은가. 그리고 그녀가 '어떤 방법을 써서라도 난관을 헤쳐나가겠다는' 대목에는 의미심장한 각오가 서려 있다. 그 하나가 귀족 출신의 외동딸이 가난한 극작가와 결혼할 수가 있을 것이냐 하는 난관이었다고 한다면 다른 한 가지는 연극이 생업이 될 수 없었던 시절에 그런 직업의 기혼자와 결혼한다는 난관을 의미한다.

여하튼 평소 남다른 호감을 갖고 있던 두 사람이 결정적으로 가까워진 시기는 1934년 초부터 이듬해 늦은 봄까지 도쿄에 머물 때였다. 귀족 가문의 고명딸답지 않게 그녀는 영화와 연극에 대하여 애호 차원을 넘는 광적(?) 팬으로서 전문가 이상의 안목과 식견을 가졌었고, 영화배우가 못 될 바엔 극작가라도 되겠다는 생각으로 간간이 습작하여 도쿄에서 연말에 우송한 희곡 〈줄행랑에 사는 사람들〉이 1935년 1월 1일 자 『조선일보』 신춘문예에 입선 발표됨으로써 그녀가 단번에 예술애호

9 위의 책, 158~159면.

가의 차원을 넘는 영설지재(詠雪之才)임을 보여주기도 했다.

이처럼 그녀는 반가의 규슈치고는 대단히 별난 신여성이었다. 그녀의 신춘문예 입선은 여성으로서는 최초의 극작가로 인정된 것으로서 특기할 만한 사건이기도 했다. 왜냐하면 1930년대 들어 신문사들의 신춘문예 공모제도가 시행된 이래 시와 소설 분야에서도 여성은 거의 등장하지 못했는데, 그녀가 당당히 희곡 분야에서 당선한 것은 매우 특별한 의미를 지니는 것이기 때문이다. 물론 그 이전에도 시인 김명순(金明淳)과 화가 나혜석(羅蕙錫)이 미숙하나마 희곡을 쓴 바 있지만 수준 면에서는 그녀에게 미치지 못했다. 그만큼 그녀는 상당한 재능이 있었던 것이다. 다만 그가 결혼 이후에는 남편 뒷바라지도 버거워서 창작을 지속하지 않았을 뿐이다.

또 한 가지 흥미로운 점은 사랑보다도 일이 더 좋다고 했던 동랑이 그녀를 극진히 돌봐준 사실이라 하겠다. 평소 과묵해서 아기자기한 면이 별로 없었던 전형적인 경상도 사나이인 그가 몸이 약해 자주 앓아눕는 그녀에게는 지극정성을 다한 점에서 그렇다. 그녀가 회고에서도 밝힌 것처럼 동랑의 "선량하고 재능 있으며 연극에 대한 불타는 열정"이 매력적이었고 '사람됨'에 끌렸다고 했다. 그러니까 평소 부귀영화에는 초연했지만 연극에만은 온몸을 던지다시피 매진하고 있는 동랑의 지사적(志士的)인 태도가 그녀를 결심시킨 것이라고 말할 수가 있다. 더욱이 그런 동랑이 헌신적으로 그녀를 돌봄으로써 감동을 안겨주었던 것 같다. 결국 결혼을 약속한 두 사람은 도쿄 체류 1년 1개월 뒤인 1935년 4월 말에 서울로 돌아왔다.

결혼하기 위해 급거 귀국한 동랑을 매스컴이 주목하기 시작했다. 실제로 그가 당대 최고의 극작가에다가 연극이론가였으며 홍해성이 떠난 극연의 연출가 자리까지 꿰차게 되었으니 『조선중앙일보』의 표현대로 '장래 조선 연극운동에 가장 기대가 큰 인물'(1935.5.11.)이었음이 사실이었다. 따라서 그는 귀국하자마자 인터뷰 요청에 응해야만 했었고, 질문 내용은 당연히 연극계가 안고 있는 문제점에 대한 것이었다. 그에 대하여 동랑은 "연극기술자가 없습니다. 배우가 없습니다. (……) 전문배우들은 공연만 끝나면 그 이튿날부터 무직자입니다. 그러니까 그 사람들은 달리 생활의 길을 찾아가버리고 맙니다. 이렇게 극 행동의 주인공인 배우들을 가져보지도 못하니 어떻게 극을 할 수 있습니까? 억지로 한데야 밤낮 소인극에 그치고 마니 무슨 발전이 있을 수 있습니까?"[10]라고 연극계의 암담함을 실토한 것이다. 그에 대한 타개책으로서 그는 두 가지를 제시하기를, 그 첫째가 배우들의 생활을 보장해주도록 적어도 한 달에 1회씩 공연을 가져야 되는데, 거기에 전제되는 것이 영속적 관객이 절반을 차지해야 한다는 것이고, 둘째 기술자 양성과 배우들의 기술 향상을 위해서는 우리 창작극만을 무대에 올려야 한다고 했다. 우리 생활과 동떨어진 외국 작품은 저들의 생활 감정을 몰라 배우들이 흉내만 내기 때문에 기술 향상에 도움이 안 된다는 것이었다. 결국 그는 전문연극을 추구해가야 우리 연극이 한 단계 앞으로 나아갈 수 있다고 주장한 것이다.

그리고 그의 전문연극론은 「조선 극단의 현세와 금후 활동의 다양성」이라는 글을 통해서 구체적으로 밝히게 된다. 즉 그는 이 글의 모두(冒頭)에 "금후의 조선의 연극운동은 연극 전문극단의 출현이 없는 이상 그 발전의 온전한 장래를 기하기 어려우리라고 생각한다."면서 아마추어 극단으로 자신이 주도하고 있는 극연(劇硏)과 상업극단으로 연극사(硏劇舍), 황금좌, 신무대 등이 존재하는데, 무엇보다도 극연의 업그레이드만이 최선책이라고 단언했다. 왜냐하면 상업극단들은 연극의 탐구보다는 흥행에 제1위를 두기 때문에 전문극단으로서의 역할을 할 수 없고 궁극적으로 그동안 아마추어 극단으로 있던 극연에 가능성이 있기 때문이라는 것이었다. 물론 극연이 전문극단으로 업그레이드하는 데는 전제가 따른다면서 다음과 같이 설명했다.

> 그러면 연극 전문극단의 출현을 위해서 무엇이 그중 필요할 것인가? 〈1〉경제력, 〈2〉기술자. 이상의 두 가지, 즉 연극단체의 경제력과 기술자 양성이 무엇보다 긴급하다는 것은 여기에 새삼스레 췌언할 것도 못 된다. 그러면 〈1〉의 경제력은 어떻게 해서 토대를 장만할 것이며 〈2〉의 기술자는 어떻게 해서 얻을 것이냐? (……) 그러나 연극 전문극단의 출현은 외국의 전례로 보면 상업극단의 변모로써 되는 것이 아니요, 아마추어 극단, 즉 순수 연극단체의 이상(理想)을 연장시키면서 한 가지 그 경제력의 해결로써 출현되는 것이다. 이런 의미로 보아서 극예술연구회가 다음 기회에 연극 전문극단으로

---

10 유치진 씨 담(談), 「곤란한 조선 연극계 6 - 연극계 - 경제조건보다 문제는 기술자에」, 『조선중앙일보』 1935.5.11.

서 발전하려고 지금 준비하는 것은 수긍할 바이다. 즉 극예술연구회가 그 출발 당시에 의도한 제2기적 활동에 들려는 것이라고 하겠다.[11]

이상의 글에서 볼 수 있는 바와 같이 그는 당시의 저급한 상업극단들은 결코 전문극단이 될 수 없고, 다만 그동안 아마추어로서 상업극의 사도(邪道)를 견제하고 올바른 방향을 제시하면서 정극의 꿈을 키워온 극연만이 전문극단이 될 수 있다고 보아서 그 도약을 위하여 준비하고 있다고 했다. 이어서 그는 「조선 연극의 앞길」이라는 글을 통하여 우리 연극이 전문연극으로 진전하려면 갖춰야 할 것에 대하여 구체적으로 그의 견해를 밝혔다. 즉 그는 이 글에서 우리 연극이 나아갈 방향에 대하여 세 항목으로 나누어 설명했는데, 그 첫째가 우리의 전문극장을 갖는 것이고, 두 번째가 전문극단을 갖는 것이며, 세 번째는 연극유산의 발굴과 그 현대적 활용이라고 했다.

그런데 그가 당시(1935)의 연극 현황을 진단한 것을 보면 대단히 참담한 처지였다. 가령 그의 진단에 의하면 1931년에 극연이 창단될 때만 하더라도 학생극의 융성과 흥행극단들의 질적 향상 노력 등으로 연극의 문예부흥운동이 일어나는 듯했지만 5년여 뒤에는 학생극의 열성 저하와 흥행극단들의 기술자(배우) 도피(레코드회사 혹은 유행가수로)로 말미암아 다시 이전의 영양부족증에 걸렸다는 것이다. 게다가 극연마저 그해 상반기에는 공연을 못 하고 있다는 것이었다. 그런 처지에 놓이게 된 근본적 원인은 두말할 것도 없이 그 첫째가 시대적 중압이고 두 번째는 스스로의 역량부족이라고 했다.

따라서 연극이 회생하려면 우선적으로 시설이 열악한 공회당이나 일본인들이 세운 영화관이 아닌 우리의 전문극장이 절박하다는 것이고, 두 번째로는 전문극단이 생겨나야 우리 연극이 발전할 수 있다고 했다. 즉 그는 이 글에서 "다만 나는 연극 전문극단만이 우리의 정당한 극운동의 계승자요, 그의 앞잡이가 될 것을 지금도 확신한다. 연극 전문극단이란 다시 말할 것도 없이 연구극단의 경제적 비약에서

11 유치진, 「연극문화발전과 그 수립의 근본도정 - 조선 극단(劇壇)의 현세와 금후 활동의 다양성」, 『조선일보』 1935.7.7.~10.

가능한 자리를 잡게 될 것은 물론이다. 그러면 이 경제적 비약이란 어떻게 획득할 것이냐? 자금조달! 이것이 긴요하다. 그러나 자금의 조달은 쉬운 듯해도 용이하게 바랄 수 없는 일이다. 그런 까닭에 한 독지가가 나오기까지 나는 관객층 조직을 우선 제창하고 싶다. 우리에게 조직된 관객이 수백 명만 있으면 나는 최소한도이나마 극장인의 생활을 보장해주면서 전문적으로 연극에만 전심하는 극단체를 하나 이끌어나갈 수 있으리라고 생각한다."[12]고 결론지었다. 여기서 떠오르는 인물이 19세기 후반 프랑스의 앙투안이다. 그가 자유소극장을 운영하면서 시도했던 회원조직이 바로 그것이 아닌가.

또 한 가지 이 시기에 동랑이 한 일 중에 일본 연극계와 문단을 심층적으로 분석하여 소개한 점이다. 물론 그가 중등학교부터 시작하여 대학까지 10여 년간 그곳에서 공부했으므로 일본을 잘 알고는 있었지만 큰 관심을 갖고 일본 문예운동을 속속들이 들여다보고 소상하게 소개한 이는 동랑밖에 없었다. 물론 그가 유학 후 귀국 즉시 「최근 10년간의 일본 신극운동」(『조선일보』 1931.11.12.~12.2.)을 썼었고, 1934년 다시 일본에 가서 1년여 머무는 동안에도 「프로극의 몰락과 그 후보」(『동아일보』 1934.10.1.~5.)를 기고했는데, 1935년 귀국 직후에 또다시 8회에 걸쳐서 「동경 문단·극단 견문초」라 하여 『동아일보』에 장문의 글을 발표한 것이다.

그런데 그가 일본 연극이나 문학의 동향에 깊은 관심을 갖고 소개한 것은 그 자신도 밝힌 바 있듯이 우리도 그것을 타산지석으로 삼으라는 메시지를 전하려는 것이었다. 이 글의 논지는 물론 전에 쓴 글들에 연결되는 것으로서 정치적 이데올로기에 매몰되었던 쓰키지소극장의 몰락과 1927년에 조직되어 막강한 힘을 발휘했던 나프(NAPF)의 해체에 관한 설명과 함께 그 후의 방황에 대하여 분석한 것이 특징이다. 그리고 그 시기에 일본에서 프롤레타리아 연극운동을 하다가 쇠퇴한 3·1극장과 조선예술좌 등에 대하여 쓰는 것도 잊지 않았다. 가령 일본 연극인들이 프롤레타리아 연극의 몰락 후에 소위 순수연극을 추구했던 극단들의 한계와 문제점에 대하여 그는 다음과 같이 분석했다.

12 유치진, 「조선 연극의 앞길」, 『조광』 1, 1935년 11월호.

그들이 너무나 오랫동안 번역극만을 돌아보고 있었기 때문에 극작계는 부지불식간에 위(萎)했다. 그리고 연기자는 가슴(감정)으로써 이해하기 어려운 번역극(외국인의 생활)을 무대 위에서 흉내 내었기 때문에 그 연기가 씩씩하고, 작품에 나타나는 성격의 생활 감정의 델리케이트한 부분에 몰입할 수 없었다. 이것은 배우술로 보아서 가장 근본적인 손실이다. 이 같은 경로로 일본 신극계에는 극작가가 불저(佛低)되고 그의 연기자가 크지를 못한다. 도저히 종래의 방침으로는 오사나이 가오루(小山內薰)가 뜻하는바 국민극 수립이 장래를 기할 수 없었다. 국민극이란 그야말로 그 국민이 가지는 모든 층 — 노소, 무식유식, 프로, 부르 — 이 모든 계급을 타진하지 않으면 안 될 것이다. 그러나 번역극에서 자란 배우와 번역극 때문에 침체된 극작계에는 그렇게 할 묘안이 남겨지지를 않았다. 이 번역극 시비문제는 현하 우리 조선의 신극운동에도 좋은 교훈이 될 것이다. 일본 신극의 침체에 대한 원인으로서는 이상의 번역극 시비문제 외에 또 하나의 원인이 지적되었다. 그것은 좌익극 문제다.[13]

이상과 같은 그의 글에서 확인할 수 있는 바처럼 그가 주목한 것은 일본의 신극운동이 왜 실패했으며 그 실패의 근본적 원인을 우리가 간과해서는 안 된다는 것이었다. 여기서도 알 수 있듯이 그가 일본 연극이나 문학의 동향을 면밀히 살펴서 소개하는 이유가 무엇보다도 우리 연극과 문학이 발전하는 데 타산지석으로 삼으려는 것이었다.

이처럼 그가 연극 발전을 위해서 동분서주하는 가운데 결혼문제가 눈앞에 닥쳐왔다. 도쿄에 머무는 동안 심재순과는 결혼을 철석같이 약속했지만 막상 귀국한 뒤에는 예상했던 대로 난관의 중첩이었다. 그 하나가 그녀 가문으로부터의 완강한 반대였다고 한다면 다른 하나는 동랑의 조강지처와의 원만한 이혼문제 해결이었다. 솔직히 대대로 사대부로서 고관을 지내온 심씨 가문으로서는 당연히 천민으로 인식해온 시골 태생의 연극인에게 딸을 준다는 것은 상상할 수도 없는 것이었다. 그런 부모를 설득하기는 불가능한 것이었다. 물론 그녀의 집념과 고집도 또한 만만치는 않았다. 한번 결심하면 꼭 해내야 직성이 풀리는 평소 성격과 형식적인 외면

13 유치진, 「동경문단 · 극단 견문초 - 일본 신극운동의 현상과 그 동향」 (5), 『동아일보』 1935.5.17.

치레를 싫어하는 그녀의 외고집이 가문의 견고한 절벽과 맞부딪칠 때 요란한 소리가 나는 것은 당연한 귀결이었다. 따라서 그녀가 가출까지 하는 등 난리가 날 수밖에 없는 것이었다. 동랑은 그저 지켜보는 도리 외에 뾰족한 대안을 낼 만한 처지가 못 되었다.

그런 난감한 처지에 그녀를 이해하는 원군이 한 사람 있었다. 그녀의 유일한 오라버니 심재홍만은 동생을 어느 정도 이해한 것이다. 일찍이 미국 유학을 하면서 새로운 문물에 익숙한 영문학자 심재홍(영자신문 『코리아 리퍼블릭』 주필과 한국외대 교수 역임)은 동랑의 장래 가능성을 알아차리고는 그들의 사랑을 이해하고 지지해준 유일한 가족이었다.

그녀 쪽에서 겨우 돌파구가 열리는가 싶더니 이번에는 동랑의 조강지처와의 원만한 해결이 난제로 떠오르는 것이 아닌가. 그로서도 부모의 강권에 의한 조혼이었던 만큼 전통 도덕률의 희생자인 조강지처에게 빚을 진 것 같은 미안한 감정만은 항상 갖고 있었다. 그런데 다행히 같은 지역에서 오랫동안 알고 지내온 두 집안이 시대 분위기를 이해하면서 원만하게 해결하기로 했고, 조강지처 역시 문화운동을 열심히 하고 있는 인텔리 남편이 자기의 배필로서는 버겁다는 것을 인식하고 있었기 때문에 동랑으로 하여금 수준에 맞는 여성에게 가도록 놓아준 것이다. 이상과 같은 두 가지 난제가 풀리자 이번에는 혼례 방식을 놓고 또 한 차례 혼동이 발생했다. 심씨 집안으로서는 고명딸인 그녀의 혼례만은 성대하게 치르고 싶었던 것이 극히 자연스러운 수순이었다. 그러나 동랑이 기혼자였다는 것을 알고 있는 사람들이 꽤 있었기 때문에 그렇게 할 수도 없었거니와 그녀 역시 평소 '결혼식이라는 형식을 불필요한 가식'이라고 여겨온 터라서 가족 몇 명만 모여서 간략히 치르기로 했다. 그러려면 지켜보는 사람이 많은 서울보다는 멀리 떨어진 금강산에서 신혼여행을 겸하여 치르는 것이 좋겠다는 결론에 이르게 된다.

이처럼 결혼 방식 역시 파격적이었음은 두말할 나위 없었다. 그녀의 증언에 의하면 그마저도 생략하고 싶었지만 "그의 집에서 돈을 좀 끌어내기 위해서도 정식으로 결혼식을 올려야 했다."는 것이었다. 두 사람은 일본으로부터 귀국한 달포 뒤에 그녀의 오라버니 심재홍 등 가족 몇 명만 대동하고 1935년 6월 하순에 금강산으로 들어가 역사 깊은 고찰 석왕사(釋王寺)에서 주지 스님을 주례로 하여 백년가약을 맺기에 이른다. 결혼비용은 물론 모두 그녀가 부담했다. 하다못해 그녀의 신혼반지까지 스스로 마련했을 정도였다. 이는 그녀의 '한 연극운동가의 제물이 되겠다'고 한 각오와 파격적일 정도로 앞서가는 생각을 극적으로 보여준 크나큰 사건이었다고도 볼 수가 있다. 무일푼이었던 동랑으로서는 체면이 구긴 것도 사실이었지만 별도리가 없었다. 우리 나이로 동랑이 서른한 살이고 그녀가 스물여덟 살이었으므로 당시로서는 두 사람 모두가 대단히 늦은 나이에 안정된 가정을 꾸리게 된 것이었다.

금강산에서 백년가약을 맺은 두 사람은 신부 집에서 마련해준 종로구 필운동 한옥에서 신혼살림을 시작했다. 필운동에는 그녀의 아흔아홉 칸짜리 본가가 있었기 때문에 그 앞에 별채처럼 있었던 아담한 한옥이 그들의 첫 보금자리가 된 것이다. 그 시절 가장 행복했던 이는 당연히 동랑이었다. 그가 대학시절 가졌던 난각(亂角)이라는 아호를 그대로 견지할 정도로 '황야의 늑대'처럼 살아온 과거를 하루아침에 청산할 만큼 그는 평생 가장 행복하고 안온한 생활자로 돌아오게 된 것이다. 게다가 첫사랑이면서 또 자신의 꿈과 포부를 전폭 이해, 지지하는 당대 최고의 신여성을 아내 겸 동지로 맞았으니 더 부러울 것이 없었다. 솔직히 그로서는 당장 생존의 기본 조건이라 할 의식주가 해결되는 정도가 아닌 그야말로 단번에 상류층(?)으로 비약한 것이나 다름없었다. 열여섯 살에 고향을 떠나 타향살이 15년 만에 비로소 황량하기 이를 데 없었던 유목민생활을 청산한 것이기 때문에 그로서는 꿈 그 자체였다. 이처럼 생활이 안정되면서 그의 능력에 날개를 달아준 셈이니 전보다 훨씬 왕성한 활동을 펼쳐갈 수가 있었다.

그렇다면 당시 아내는 그에게 어떻게 투영되어 있었을까? 그에 관해서는 그가 결혼 3년 뒤에 쓴 「나의 이상적 여성 타입」이라는 에세이에 잘 나타나 있다. 그는 이 글에서 이상적 타입으로 한없이 너그럽고 푸근한 성모상과 함께 아내의 성품과 그녀에 대한 지고지순한 사랑에 대하여 다음과 같이 썼다.

> 몸이 호리호리하고 눈은 샛별 같이 반짝이고 두 눈에는 언제 보아도 희망과 예지가 창일합니다. (……) 이 여성은 매섭고 날카롭고 까다롭습니다. 어린애같이 변덕스럽기도 하지요. 이 까다롭고 변덕스러운 성미가 항상 나를 괴롭게 한답니다. 그러나 그

괴로움은 내게는 일종의 즐거움이요, 행락입니다. 나를 괴롭게 할수록 나는 한없는 쾌감을 느끼니까요. 그는 고무공과 같이 쾌활합니다. 그는 장난을 좋아하고 웃기를 좋아합니다. 그는 침울한 것, 울적한 것이란 모르고 자랐습니다. 따라서 그의 말소리는 명랑합니다. 이 암담한 조선 현실에서 그의 말소리는 일개 예술입니다. 조금만 비위에 틀리면 그는 앙탈을 부리고 짜증을 내고 발버둥을 치고 웁니다. 그러다가도 내가 — "여보, 이것 보지, 이게 뭘까?" "응" "이것!" "호호호… 요… 요…" 소낙비 끝에 개인 하늘같이 눈물에 얼룩진 그의 눈초리에는 별안간 맑고도 시원스러운 웃음이 핍니다.

그는 이렇게 철없이 보이면서도 때로는 불 이상의 뜨거운 — 아니 따가운 — 열정을 가졌습니다. 그는 사랑이냐? 미움이냐? 무(無)냐? 전부냐? — 이 양극의 하나밖에는 모릅니다. 그렇기 때문에 그는 그의 사랑하는 사람에게서는 그 전부를 빼앗고(따라서 자기의 전부를 바치고) 자기의 미워하는 사람에게는 그 가슴에 비수를 꽂아줍니다. 그의 성미는 사뭇 칼이지요. 그의 독사같이 미워하는 것은 종용이니까요. 나는 그 여성과 같이 있는 동안 그 불타는 정열에 내 존재를 잊어버립니다. 그가 아무리 내 목에 매어달려도 귀찮기는커녕 나는 끝없이 행복스럽습니다. 그와 노닥이고 있는 동안 내 생은 천당입니다. 내게는 그를 감시하고 그의 뒤치다꺼리를 해주는 이외에는 아무 희망도 없고 아무 욕망도 없습니다.[14]

이상의 글에서 볼 수 있는 것처럼 그는 위대한 성모(聖母)님과 함께 아내를 이 세상에 둘도 없는 구원의 여성상으로 받들어 사랑하고 있음을 진솔하게 고백하고 있다. 그는 아내의 까다롭고 변덕스러운 성미까지도 귀엽게 보고 있었으며 앙탈을 부리고 짜증을 내며 발버둥치는 행위까지 사랑스러운 눈으로 바라볼 정도로 아내를 지극한 행복의 대상으로 받아들이고 있었다. 위의 글을 보고 있으면 그가 결혼 전에 '사랑보다 일이 더 좋고 정사(情死)보다는 일하다가 죽는 것이 더 행복할 것'이라고 한 「망상수기」(『문학』 제2권)의 말이 한갓 구두선(口頭禪)이었음을 알 수가 있다.

그만큼 그는 아내를 사랑하고 있었고, 이 세상의 어떤 일보다도 아내의 보살핌이

---

14 유치진, 「나의 이상적 여성 타입 - 양 극단의 두 여성」, 『동랑 유치진 전집』 6(서울예대출판부, 1993), 147～148면.

더 소중하다고까지 썼던 것이다. 그녀가 첫 임신 때는 동랑이 자작 자장가까지 부를 정도였다. 그와 관련한 일화에 관해서 이광래(李光來)는 「유치진론」에서 "〈춘선생〉 공연을 마치고 관객 5천 명 돌파 위안회 겸 자축회 때인가 한다. '유치진 씨가 어린애를 낳으면(그때 유치진 씨 부인께서 만삭 때이다) 이렇게 자장가를 부르리라고 궁리하고 요즘 매우 자장가공부를 한다는데 미리 여기서 여러분 앞에 먼저 공개하겠답니다'라고 함대훈 씨 소개로 만장의 박수가 터지자 유치진 씨, 전 예대로 조금도 서슴지 않고 상기된 얼굴에 '여보, 여보, 거북님 내말 들으소 / 이 천지 동물 중에 네발 가지고 / 너같이 느린 걸음 처음 보았다 / 이상타 그대 걸음 어찌 그런고' 황소같이 굵은 목소리에 일동은 대소(大笑)하였으나 이것으로도 유치진 씨 면목을 또 한 번 상상할 수 있다."고 했다. 이 일화에서도 짐작할 수 있듯이 그가 아내를 얼마나 아끼고 사랑하고 있었는가를 확인케 한다.

그런데 전술한 바 있는 것처럼 이들의 결혼이 과정에 있어서는 순탄치 못했지만 미래의 한국 현대극이 제대로 자리 잡고 성장해가는 데 있어서는 대단히 중요한 동력이 되었음을 당시에는 아무도 몰랐다. 왜냐하면 심재순이라는 한 여성의 힘이 두고두고 한국 연극 발전에 음양으로 큰 도움을 주게 됨을 당시로서는 아무도 예측하지 못했기 때문이다. 당장 6년 뒤에 닥쳐온 극단 현대극장의 운영자금에서부터 훗날 드라마센터의 건립, 운영까지 그녀가 없었으면 거의 불가능했을지도 모른다.

그러나 호사다마라고 그의 달콤한 신혼의 꿈은 한 달여 만에 끝이 나는 듯했다. 왜냐하면 그의 작품 〈소〉의 일본 공연이 문제가 되었기 때문이다. 그것도 동경학생예술좌원들이 6월 초 일본에서 공연한 것이 한국으로 불똥이 튄 것이었다. 알다시피 그의 초기 대표작으로 꼽히는 〈소〉는 1936년 학생예술좌에 의해 쓰키지소극장에서 초연되었다. 그 직후 학생들이 방학을 맞아 귀국하면서 문제가 발생한 것이었다. 이처럼 일제 경찰이 공연을 지켜보고 있다가 트집 잡을 만한 것을 찾아내어 이들을 옭아 넣으려는 음모를 꾸미고 있었음을 아무도 눈치채지 못했던 것이다. 그것도 순전히 팸플릿에 나와 있는 짧은 글귀 하나를 문제 삼은 것이었다. 사실 극연이 이 작품을 공연하려고 여러 번 경찰국에 심의 요청을 했으나 거부당함으로써 가뜩이나 울화가 치밀었었는데 학생들이 일본에서 공연한 것을 가지고 시비를 걸다니 기가 막힐 일이 아닐 수 없었다. 저간의 사정과 관련하여 그는 다음과 같이 회고했다.

아내 심재순

동랑 부부와 장녀 인형, 장남 덕형(사직동, 1941)

세형·인형·덕형 세 자녀

6월에 결혼식을 올리고 우리만의 생활을 하고 있다가 나는 날벼락을 맞았다. 즉 7월 들어 어느 날, 종로서에서 형사가 느닷없이 들이닥치더니 가택수사를 하는 것이 아닌가. 내 서재에는 학생예술좌 학생들이 보내준 〈소〉 상연 관계의 인쇄물이 있었는데 그들은 이것을 발견하자 의기양양하여 나를 종로서로 끌고 갔다. 가보니 방학으로 귀국해 있던 학생들이 죄다 붙잡혀와 있었고, 우리는 서로 쓴웃음을 지으며 눈인사를 나눌 도리밖에 없었다. 그들이 우리를 구속한 것은 그 인쇄물의 내용에 "…화염(火炎)을 보라. 착취 계급의 분노를 보라…"라는 대목이 있었기 때문이며 도쿄 검사국의 지시에 의한 것이라 했다. 조선인 형사 김○○가 각본을 내놓고 따졌다. "지주의 곡간에다 불을 지른다는 것이 무엇을 의미하느냐? 이건 계급투쟁을 말하는 것이지? 이건 선동극(煽動劇)이 틀림없어, 계통이 뭐냐? 배후조직이 있을 테니 불어라." 난데없는 일이었다. "아니다… 모른다… 그런 것은 없다…" 하고 항변을 하면 으레 매질이었다. 매일같이 엇비슷한 심문과 갖가지 고문이 계속되었다. (……) "고생 말고 어서 배후 조직과 목적을 털어놔!" 하지만 털어놓을 게 있어야 털어놓을 거 아닌가? 나는 작품 내용을 설명하고, 공산주의 작품이 결코 아니라고 역설했다.[15]

이상은 희곡 〈소〉의 스토리 가운데 지주에게 몽땅 빼앗기고 절망한 장남(말똥이)이 분노를 참지 못하고 지주 집에 방화하는 내용을 파괴적인 마르크스주의자로 몰아서 작가와 학생들을 고문한 과정에 대한 회고의 일부다. 여기서 동랑은 그 행위를 말리는 어머니의 처신을 들어 그 부분이 사상과 무관한 것이라고 변명하여 겨우 풀려나긴 한다. 전술한 바 있듯이 그가 사회주의자는 아니었고, 한때 심취했던 무정부주의자로서 자신의 초기 작품에 그러한 파괴적인 내용이 조금 표현된 것뿐이었다. 그럼에도 불구하고 그가 3개월 동안이나 학생들과 함께 고문 등으로 큰 고통을 치렀음을 이렇게 회고했다.

나중에 알고 보니 도쿄 검사국의 지령이라기보다 우리의 언동이 당시의 그들 체제에 반기를 드는 것 같고, 이른바 불령선인(不逞鮮人)의 낌새가 농후했기 때문에 차제에

15 위의 책, 163~164면.

혼을 좀 내주고 골병을 들여놓겠다는 데 그들의 목적이 있었던 것 같다. 나와 함께 구속된 학생들은 모진 고문을 당한 다음 공판에 회부되어, 집행유예를 받고 3개월간의 영어(囹圄)의 몸에서 풀려났다. 이 사건은 장안을 떠들썩하게 만들었고, 나는 그들의 소원대로 골병이 든 것 같았다. 석방 후 갖가지로 조섭했지만 그 후로 걸핏하면 신경통을 앓게 된 것은 아무리 생각해보아도 그 당시 당한 고문의 여파라 생각했다.[16]

이처럼 가뜩이나 마음 약한 그가 〈소〉 사건에 얽혀 몸이 상할 정도로 심한 고문을 당함으로써 필로(筆路)를 전화할 정도로 관동대진재에 이어 일제에 대한 또 하나의 공포 트라우마를 마음속 깊이 드리우게 된다. 그 점은 그가 〈소〉 사건으로 모진 고문을 당하고 나온 뒤 첫 번째로 쓴 글 「역사극과 풍자극」에 고스란히 나타나 있다. 그는 이 글의 모두(冒頭)에서 "이번에 졸작 〈소〉가 검열 불통과가 된 후로 아닌 게 아니라 나도 한동안 퍽 우울해졌습니다. 여기 대해서 일개 극작가로서 나는 어떻게 걸어나가야 하며 어떤 태도를 취해야 할 것인가? 희곡이란 것은 더구나 이중 삼중의 관문을 안 거치고는 무대에까지 올라설 수 없는 것이므로 이 문제에 대한 반성은 적을 수가 없습니다.

그러나 생각건대 한 작가의 특질이란 근본적으로 말해서 객관적 조건에 응해가며 쉽게 변전(變轉)되지는 않는 것 같습니다. 그렇게만 돼먹었으면 좋겠는데요. 더구나 나같이 융통성이 없는 작가는 도저히 그런 현명한 재주를 못 가졌음이 유감입니다. 하지마는 한 연극이 공개되는 이상 시대적 객관적 조건을 도외시할 수는 없는 형편입니다. 내가 내 작품에서 채용하는 '취제(取題)'를 바꾸어보았으면 어떨까? 그러나 '취제'를 바꾼다는 말은 '내용'의 변환을 말함이 아닐 것입니다. 즉 여태까지 나는 농민의 생활을 주로 한, 대체로 '빈궁'을 그렸습니다. 그러던 것을 이제부터는 역사에서 소재를 구해볼까 합니다."[17]라고 했는데, 이는 그로서는 대단히 중요한 시사를 던지는 것이라고 말할 수가 있다.

왜냐하면 그가 자신의 전반기 대표작으로 꼽는 〈소〉를 극연에서 무대에 올리려

16 위의 책, 165면.
17 유치진, 「역사극과 풍자극」, 『조선일보』 1935.8.27.

해도 번번이 검열이 불통과된 데다가 학생예술좌원들이 도쿄에서 공연한 팸플릿까지 트집 잡아 고문을 당한 마당에 무엇을 어떻게 써야 현상을 타파할 수 있겠는가 하는 고민을 솔직히 털어놓았기 때문이다. 당시 일본 군국주의자들은 1931년 만주사변 이후 대동아전쟁을 준비해가는 과정에서 문화 탄압을 강화해감으로써 그 피해를 우리 예술인들이 극심하게 당하고 있었던 것이다. 그가 글에서 "한 연극이 공개되는 이상 시대적 객관적 조건을 도외시할 수 없는 형편"이라고 한 것처럼 다중을 상대로 하는 연극은 문학 작품과는 달리 2중 3중의 관문을 거쳐야 무대 위에 올라갈 수 있기 때문에 현실을 정면으로 다룬 작품은 공연 자체가 불가능했었던 것은 다 아는 사실이다. 바로 여기서 그는 작가로서의 심각한 고민에 빠졌고, 그 한계상황을 돌파할 수 있는 길로서 취재원(取材源)을 현실로부터 역사 속으로 돌릴 수밖에 없겠다는 생각을 한 것이다.

그렇다고 해서 그가 곧바로 방향 전환을 한 것도 아니었다. 그가 글에서 자신은 융통성이 없어서 쉽게 시대 변화를 수용 못 하는 성격이지만 어쩔 수 없이 새로운 돌파구를 찾아나서야 하는 고뇌를 실토했었다. 그러면서 그가 '취재'를 바꾼다고 해서 '내용'마저 바꾸는 것은 아니라고 분명하게 밝혀놓기도 했다. 이 말은 곧 자신의 부정적인 현실관은 절대로 바꾸지 않겠다는 다짐이기도 했다. 예를 들어서 그가 역사극의 첫 작품으로 〈춘향전〉을 택하고 그 작품을 마치 고골리의 〈검찰관〉처럼 재구성한 것이 그 단적인 예가 될 만하다.

그가 시선을 역사 쪽으로 돌리는 것과 관련해서는 "역사에 대한 일반의 관심은 요즘 큽니다. 그리고 우리의 역사극은 아직 처녀지 그대로 남아 있느니만큼 개척의 여지도 퍽 많다고 생각합니다. 만일 역사적 사실을 빌려서 현대를 비판한다면 어느 정도까지 너그러운 대접을 받을 줄 생각합니다. 그러나 우리가 테마를 '과거'에서 구한다고 해서 그것이 결코 '현재'와 무관련한 것은 아닐 것입니다. 과거란 언제든지 현재와 연(連)한 것입니다. 우리가 과거를 말하는 것도 드디어 그것은 현재를 말하는 것이요, 현재를 비판하는 것일 것입니다."[18]라고 씀으로써 그가 역사 원리에도 상당히 밝았음을 확인할 수가 있다. 즉 그가 글에서 "과거란 언제든지 현재와

18 위의 글.

연한 것"이라고 한 말은 E. H. 카가 '역사란 현재와 과거와의 사이의 끊임없는 대화'[19]라고 한 것이나 '모든 역사는 현대의 역사다'[20]라고 주장한 크로체와 일맥상통하는 것이다. 그만큼 그는 역사에 대해서도 잘 알고 그것을 연극에서 어떻게 활용해야 효과를 극대화할 수 있을까에 대해서도 상당히 숙고하고 있었다는 이야기가 된다.

그가 지적한 대로 역사극은 개척 분야이기도 했으며 식민지 치하에서 한국사교육이 부재한 상태였기 때문에 역사극은 곧 대중 교육의 일환도 된다고 본 것이다. 이 말은 그가 역사극에로의 관심은 세 가지 이점이 있다고 본 것인데, 그 첫째가 질곡의 상황에서 취재원을 역사 속으로 돌림으로써 현실의 제약을 벗어나 공연활동을 지속시킬 수 있다는 것, 둘째 비록 소재는 과거에서 가져오더라도 그의 비판적 시대관을 바꾸지는 않겠다는 다짐을 한 이상 저항의식을 접는 것은 아니며, 세 번째로 역사극의 개척을 통하여 연극양식의 스펙트럼도 확장하는 한편 계몽적 기능을 되살려보겠다는 다목적 포석이라는 것이다. 그러니까 그가 정로(正路)가 막힘으로써 우회로를 택하면서도 여러 가지 목적도 달성해보겠다는 것이다. 그렇게 볼 때, 그가 문학의 풍자기법을 활용한 것은 극히 자연스러운 것이었으며 주변의 문단상황도 그런 추세였다.[21]

그런데 여기서 주목할 만한 또 하나의 사실은 그가 역사극으로 눈을 돌리게 된 것이 단순히 현실의 제약만은 아닌 것 같다는 점이다. 가령 그가 당시에 쓴 「춘향전 각색에 대하여」란 글에 보면 "나는 내가 재래로 써오던 농촌극에 테마의 결핍을 적잖게 느꼈습니다. 이 결핍은 나의 개인적 문제라기보다 오히려 전 문단적 문제가 아니었나 합니다. 농촌극(혹은 소설)의 테마라면 모두 일률적으로 보따리를 싸들고 유리(流離)하는 농사꾼이라든가 소작료에 집행을 당하는 소작농이라든가… 대개 공식적으로 이런 문제에 국한된 듯하였습니다. 이런 경향도 우리의 현실이 그렇다면 하는 수 없는 현상이겠지오마는 같은 것만 밤낮 보게 되고 거기에

---

19 E. H. 카, 『역사란 무엇인가』, 길현모 옮김(탐구당, 1966), 38면.

20 B. Croce, *History as the Storyof Liberty*, Engl. trans., p.19.

21 당시 문학평론가 최재서가 문단의 위기극복의 한 방편으로 「풍자문학론」을 『조선일보』(1936.7.14.~21.)에 게재했다.

아무런 타개와 발전이 없을 적에는 벌써 그것의 침체를 초래 않을 수 없게 되는 것입니다.

여기에서 나는 테마의 새로운 개척을 생각해보았습니다. 사극이 무한한 개척지로 우리의 앞에 가로누워 있었습니다. 나는 사극에 손을 대보려 했습니다. 그의 첫 시험으로 〈춘향전〉을 골라보았습니다."[22]라며 역사극을 쓰게 된 동기가 그동안 자신이 심혈을 기울여 해왔던 작업이 현실적으로 별다른 효과를 거두지도 못했을 뿐만 아니라 염증도 났기 때문에 겸사겸사해서 영역 확대로 눈을 돌리게 되었음도 밝힌 것이다. 솔직히 그가 그동안 묘사해온 빈궁한 농촌 현장극이란 것이 농촌 변화에 특별난 도움이 된 것도 아니고, 스스로도 한계와 실증을 느낀 나머지 방향 전환을 꾀하게 되었다는 것이지만 그 자신 역시 결혼과 함께 생활환경도 180도 바뀐 것이 한몫하지 않았을까 하는 생각도 든다.

그런데 더욱 흥미로운 사실은 그가 집착해 있던 현실개혁이라는 연극의식에만 변화가 온 것이 아니라 그가 절대적으로 신봉해왔던 사실주의라는 문예사조까지도 회의하고 있었다는 점이다. 가령 그가 같은 글에서 "나는 이상과 같이 테마의 한계를 느낀 동시에 리얼리즘 연극의 한계도 아니 느낄 수 없었습니다. 리얼리즘 연극의 위기는 벌써 30년 전 불란서 앙뜨완느의 자유극장의 해체 때 아(芽)된 문제이니 여기에서 새삼스럽게 내가 사족하여 논의할 겨를이 없거니와 실로 조선에 있어서의 리얼리즘 연극은 개화도 하기 전에 쇠조(衰潮)에 밀리고 있는 감을 내게 준 것"이라면서 그렇다고 그가 사실주의를 완전히 저버리는 것은 아니고 그것을 토대로 해서 새로운 발전과 전환을 찾아보겠다고 했다.

그러면서 그는 새롭게 개척해보자 하는 형태는 "리얼리즘을 토대로 한 로맨티시즘"이라고 분명하게 밝혀놓았다는 점이다. 물론 그 자신도 그런 형태가 문예사적으로 가능한 것인지 모르겠다고도 했다. 그럴 수밖에 없는 것이 세계 문예사에서 그처럼 역행한 경우는 드믄 일이었고, 다만 후기 낭만주의에서 그런 분위기가 있었을 뿐이다. 그러니까 그는 메마르고 팍팍한 사실주의에 서정성(抒情性)과 꿈을 불어넣어보겠다는 뜻으로 보는 것이 합당할 듯싶다.

---

22 유치진, 「〈춘향전〉 각색에 대하여」, 『극예술』 제5호.

실제로 1936년 후반부터 문단에서는 어려운 현실 돌파를 싸고 창작방법론을 두고 논쟁이 일어난 바 있었다. 그러니까 리얼리즘의 한계를 극복하는 수단으로서 리얼리즘에 꿈을 불어 넣어주어야 한다는 임화의 주장[23]이 있었던바, 이는 진실한 꿈은 미래에의 지향, 창조를 체현한다는 것이었다.[24] 물론 이러한 임화의 창작방법론에 찬반이 없지도 않았다. 가령 박승극(朴勝極)의 경우는 「창작방법론고」(『조선중앙일보』 1936.6.3.~7.)라는 글을 통해서 꿈을 비판하고 리얼리즘의 길, 전형의 창조를 강력히 주장함으로써 임화를 혹독히 비판했다.[25]그러니까 박승극은 리얼리즘의 한계를 지적하면서 꿈을 도입해야 한다는 주장은 단순히 현실도피의 수단에 불과한 것이라고 비판한 것이다.

그러자 『동아일보』가 나서서 문단의 주요 인물들에게 당시 '사실과 낭만의 조화' 문제와 관련하여 당사자들에게 질문한 일이 있었는데 거기서 동랑은 자신이 추구하려는 사실주의에 입각한 로맨티시즘에 대하여 "비교적 소규모의 문제까지도 부민관(府民館) 같은 대무대를 쓰게 되는 관계로 지금까지 리얼리즘에만 충실했던 작품은 빈(空) 데가 있고 기름기가 없어 빽빽하기만 합니다. 그러니까 말초적인 리얼리즘에만 구속되지 않고 좀 더 인간의 자유스러운 감정 — 공상, 희망, 분노, 이데올로기 등을 배태한 로맨틱한 수법이라야 일반 독자나 관중에게 어필할 수 있을 것"[26]이라고 답한 바 있다. 여기서 보면 그가 극연을 이끄는 동안 큰 극장(부민관)에서 빽빽한 사실주의 작품을 공연할 경우 관중의 반응이 좋지 않았다는 것과 그 주원인이 '있는 그대로의 참담한 현실'을 무대화한 것이 관중에게 별로였음을 실토한 것이다. 이는 그가 문단의 임화 등이 제시한 창작방법론에 동조하면서 사실주의 작품에 변화를 주어야 한다는 뜻을 밝힌 것이다. 다시 말하면 그 변화란 문예사조로서의 낭만주의가 아니라 서정성과 함께 꿈과 희망을 불어넣는 일이라고 확신했

---

23 임화는 「위대한 낭만정신」(『동아일보』 1936.1.1.)에서 "문학상의 일 방향으로의 낭만주의는 꿈꾸는 것을 알고 또 그 몽상을 문학의 현실을 가지고 구조한 문학 위에 씌어지는 성격적 호칭"이라고 했다.

24 김윤식, 『한국근대문예비평사 연구』(일지사, 1976), 102면.

25 위의 책, 104면.

26 유치진, 「낭만성 무시한 작품은 기름 없는 기계 - 순수 예술파에도 정의감은 있다」, 『동아일보』 1937.6.10.

다는 이야기다.

여기서 그의 생각을 좀 더 깊이 들여다보기 위하여 당시에 그와 관련해서 쓴 「잃어버린 시혼을 찾자」라는 글을 검토해볼 필요가 있다. 그는 이 글에서 작품을 쓰는 것은 마치 수학문제를 푸는 것과 같고, 우리가 문학을 하는 것도 인생에서 구하는 것을 문학으로 찾는 것과 다름없는 것이라면서 "일왈(一曰) 리얼리즘! 이왈 리얼리티, 아닌 게 아니라 리얼하게 그려야 할 것은 우리 작가가 잊어서는 안 될 물건일 것이다. 그리고 필요한 일이기도 하다. 그러나 리얼하게 그려진 작품이 반드시 우수한 작품일 수는 없다. 리얼을 뚫고 나아가 인생을 구하는 작가의 혼(이것을 시혼이라고 할는지), 이 혼이 작품을 결정하는 최후의 것일 것이다. 그러므로 작가의 창작의 대상은 어디까지든지 우리의 구하는 인생이다. 우리에게 고조되어야 할 것은 이 인생이요, 인생을 찾는 시혼일 것이다. 현실의 가지가지 사실은 단지 우리의 구하는 인생이 이렇다는 — 작가의 인생관을 증명하는 한 도구에 불과한 것일 것이다. 그러므로 현실은 결코 그것만으로는 창작의 수단은 될지언정 창작의 목적물은 될 수 없다. 리얼리티한 사진은 그것이 아무리 리얼리티해도 한 예술품이 될 수 없는 것과 같다. 요즘 우리 문학이 왕왕이 평판(平板)한 것에 불과하며 문학으로서 아무 힘을 가지지 못함은 리얼리즘의 과신, 혹은 리얼리즘에 대한 인식 부족에서 온 것이 아닐까?"[27]라고 쓴 것이다.

바로 이 지점에서 그가 극작가로서는 체호프의 연극관에 기울어가고 연출가로서는 메이예르홀트에게 경도되어가고 있음을 보여주어 주목된다. 이는 곧 그가 그동안 견지해온 쵼 오케이시의 연극 메소드로부터 벗어나 사실주의의 원조라 할 체호프와 스타니슬랍스키, 그리고 한발 더 나아가 메이예르홀트에게로 다가가고 있음을 보여주는 것이어서 그로서는 대단한 변환이라고 말할 수가 있다. 가령 스타니슬랍스키만 해도 그가 사실주의 메소드의 완성자였음에도 불구하고 점차 상징주의에 관심을 갖고 메이예르홀트에게 그 구현 실험을 의뢰했었다.

그러니까 스타니슬랍스키가 상징주의 작품이 가지고 있는 비물질성, 영적인 분위기, 존재의 비밀스러운 느낌, 미묘한 음악성 등을 기존의 연극 수법으로는 쉽게

27 유치진, 「잃어버린 시혼을 찾자 - 우선 리얼리즘의 수정부터」, 『조선일보』 1938.3.9.

무대화할 수 없다는 것을 인식하고 메이예르홀트에게 과제를 제시한 것이었다. 이에 메이예르홀트는 상징주의 연극은 사실주의적 공간의 재현이 아니라 '살아 움직이는 회화'여야 한다면서 현실 모사적이거나 가시적인 세계만을 반영하는 무대가 아닌, 실제를 넘어서는 초월적이고 영원한 세계, 산문적 감각으로는 포착할 수 없는 내적 세계의 구현을 하나의 돌파구로 제시했다. 따라서 그는 현실에서 풀 수 없는 삶의 비밀과 신비, 사실주의가 우리에게 제시할 수 없는 여러 가지 문제들의 해답을 그로테스크를 통해 얻을 수 있다고 믿은 것이다. 그리하여 "그는 '자명한 것으로부터' 자유로워지고 '세계를 새롭게 바라볼 수' 있게 하는 그로테스크만이 '창조적 예술가에게 경이로운 지평을 열어줄 수 있는 것'이라고 주장한다. 그러니까 연극이 삶의 리얼리티를 그대로 무대 위에서 모방하거나 연극적 현실이 삶의 현실과 같은 차원의 것이어서는 안 되는 이유가 바로 여기에 있다."[28]고 한 것이다.

이러한 메이예르홀트의 연극 메소드는 답답한 현실의 벽에 부딪혀 고민하고 있던 동랑에게는 구원의 소리처럼 전해졌을 것도 같다. 사실 연극이란 인생을 탐구하고 인생의 진실을 찾는 과정이지 현실을 있는 그대로 무대 위에 재현하는 것은 아니기 때문이다. 그리고 작가는 끊임없이 변화해가는 것이고 또 변화해야 발전도 있는 것이니만큼 그의 자세 전환에 대하여 시대 역행적인 것처럼 보는 것은 무지에 입각한 근시안적 자세라 말할 수 있다. 오히려 그의 글에서는 그가 현실밀착형 열혈 운동가로부터 벗어나 노련한 전문연극인으로 성숙해가는 모습을 보인 것이고 한국 연극도 한 단계 업그레이드하고 있음을 보여주는 것이라고 하겠다. 즉 그가 5년여 동안 험난한 연극운동을 벌이면서 겪고 느꼈던 한계와 안온한 가정까지 꾸리면서 본격 연극인으로 자리 잡아가는 모습을 보여주고 있다는 이야기가 된다. 이는 사실 단 몇 년(1934) 전까지만 해도 농민극을 제창하면서 초창기 빈궁연극의 대표였던 그가 주변에서 보면 표변했다 싶을 정도로 바뀌어간 것은 놀랄 만하다. 바로 그 결정적 계기가 1935년도 여름의 결혼이라는 인생 대사가 아니었나 싶다. 물론 그는 이러한 연극관의 변화, 즉 상징주의에의 관심과 경도(傾倒)를 당장의 작

28 프세볼로트 메이예르홀트, 『연극에 대해』, 이진아 옮김(지식을만드는지식, 2012), 142~146면. 이진아의 해설 참조.

〈춘향전〉

품에서 구현한 것은 아니다. 왜냐하면 여전히 현실의 절박함이 그를 자유롭게 놓아주지 않았기 때문이다. 그러나 그의 작품에서 그런 경향이 조금씩이나마 나타나는데 그것이 다름 아닌 서정시의 삽입이라고 하겠다. 그가 상징주의 경향의 극을 마음껏 쓰게 되는 것은 만년에 가서였다.

한편 그가 이 시기에 스스로 역사극으로 규정하면서 첫 번째 실험작으로 내놓은 〈춘향전〉의 성격에 대한 의문은 이론(異論)이 분분할 수도 있을 것 같다. 왜냐하면 〈춘향전〉은 설화를 바탕으로 형성된 조선 후기의 판소리 대본이며 동시에 평민소설의 대표적인 작품이기 때문이다. 그가 「역사극과 풍자극」이란 글에서 "나는 역사극과 풍자극을 써보려 하는데 역사극이란 말이 난 김에 한 가지 언급하고 싶은 것은 역사극을 쓰는 데 우리에게는 두 가지의 방식이 있으리라고 생각합니다. 그의 하나는 외국 근대극의 형식을 그대로 따른 것과 또 한 가지는 소위 이전부터 내려오는 조선의 창극의 형식을 그대로 따른 것과 — 이 두 가지이겠습니다. 내가 앞에서 말한 역사극은 전자를 가리켰는데, 후자(창극)에 대한 연구도 우리가 시작해보아야 할 시기에 이른 것 같습니다."라고 씀으로써 〈춘향전〉을 근대극 방식의 역사극으로 만들 것임을 분명히 했다.

또한 그가 공연에 앞서서 발표한 글인 「〈춘향전〉 각색에 대하여」에서도 보면 "나는 〈춘향전〉을 각색하는 데 그 시대적 배경을 되도록 뚜렷이 '클로즈업'해보려고 힘썼습니다. 그 '클로즈업'된 시대적 배경에는 빙공당사(憑公黨私)하는 탐관오리가 준동(蠢動)하고 있습니다. 그중에 전개되는 춘향의 사랑은 결국 그 탐관오리와 싸우는 피의 기록입니다. 어떤 사람은 〈춘향전〉 하면 그것은 봉건적인 열녀전으로만 압니다. 사실 과거의 〈춘향전〉은 그랬습니다. 그 점이 고조되어 있기는 했습니다. 그러나 나는 춘향의 정조를 그의 인습에서 나오는 진부한 관념적인 정열로만 해석하기 싫었습니다. 그(춘향)가 사람의 생명력을 가지고 그 시대의 진부한 권력과 싸워나가려는 의지 — 거기에 춘향의 사랑이 있고 생명이 있는 것이 아닐까요?"[29]라고 씀으로써 그가 하잘것없는 신분의 처녀 춘향을 기본적 인권(생명력)을 지키기 위하여 부패한 절대 권력과 싸워나가는 근대적 인물로 새롭게 재생시켰음을 밝힌 바 있다.

바로 여기서 그가 〈춘향전〉을 근대 역사극으로 재구성하겠다는 생각은 일찍이 루카치가 주창한바, "역사극 속에 있는 오래전에 지나가버린 사건을 현재의 것으로서, 우리들에게 직접 벌어지고 있는 것으로서 체험해야 한다. 단순한 고문헌 수집가적 관심이나 한갓 호기심이 역사소설의 작용력을 전멸시켰듯이 역사극의 내용을 단순한 우리의 전사(前史)로서 체험하는 것만으로는 역사극의 직접적이고 매혹적인 감동을 받아들이기에 충분치 않다. 역사극은 핵심적 갈등의 역사적 진실성을 해치지 않고서도, 이 사건들로부터 수백 년 동안 격리되어 있었던 관객들에게 직접적으로 현재적인 공감을 불어넣어 줄 인간적 특징들을 제시해야 한다."[30]고 정의한 역사극론과 부합함을 알 수가 있다.

혹자는 〈춘향전〉이 설화를 바탕으로 한 고전인 만큼 실재했던 역사적 사실과

29 앞의 글.

30 게오르그 루카치, 『역사소설론』, 이영욱 옮김(거름, 1987), 194면.

동떨어진다고 주장할지도 모른다. 그러나 설화의 뿌리는 어디까지나 현실이라고 볼 때, 이 작품은 하나의 팩션이라고 보는 것이 온당하다. 역사극의 제재로서 아무런 문제가 없다는 이야기다. 그런데 여기서 주목되는 부분은 그가 〈춘향전〉에 대하여 근대적 시각으로 접근한 점이다. 솔직히 반상(班常) 구별이 엄격했던 봉건시대의 작품을 근대적 시대의식으로 풀어낸 그의 의도는 분명하다. 따라서 그가 역사극에다가 풍자문학의 기법을 접목해보겠다고 한 것 역시 극히 자연스러운 것이었다. 왜냐하면 식민지시대에 있어서 춘향을 저항정신의 화신으로 부각시킨 것은 시사하는 바가 크기 때문이다.

그렇다면 그가 〈춘향전〉에서 실제로 자신의 생각을 어떻게 구체화했을까? 이 작품에서 그는 플롯을 바꾸거나 또는 인물을 크게 변형시키거나 가감을 하지 않고도 작가가 의도하는 방향으로 재구성한 것이 돋보이는 부분이다. 가령 그는 사대부 가문의 자제로 영특한 이 도령의 대사 중에 "여기서만 말하지만 요즘 양반들이 너무 상하만 찾는 데는 나는 딱 질색이다. 세상 이치를 따져보면 본시 만물이 날 때에 상하가 있는 법은 아니거든."(제1막 1장)이라고 하여 만민평등사상을 설파함으로써 과연 그가 사대부 자제인가를 의심케 할 정도로 근대적 인물로 묘사되었으며 춘향이와 사랑에 빠지면서는 다음과 같은 이야기를 나누기도 한다.

몽룡 아, 공부하기 싫어 죽겠네, 그저 공자 맹자가 내 원수야.

춘향 호호호… 서방님, 그렇게 공부하기가 싫으셔서 어떻게 하시려오?

몽룡 너하고 단둘이 농사나 지으랴?

춘향 에그 숭해라, 그러지 마시고 나와 바느질이나 배우시지요?

몽룡 옳지! 그 좋은 말이다! 세상사 다 집어치우고 너하고 마주 앉아?

제2막 제1장

이상의 대사에서 보이는 이 도령의 생각은 예사롭지 않다. 여기서도 그는 공맹(公孟)과 관련된 공부에 흥미를 느끼지 못한다고 말함으로써 사대부 자제답지 않게 전통적인 유학사상에 거부감을 표시하고 있는 것이다. 그런데 거기서 끝나는 것도 아니며 '세상사 다 집어치우고, 농사나 지을까?'라고 읊조림으로써 그가 시대에 절망한 나머지 허무주의에 빠져 있는 듯한 모습까지 보여준다. 이는 사실 당시 동랑의 내면풍경일 것도 같다. 또한 춘향의 사또에 대한 저항 역시 수절의 차원을 넘고 있음을 알 수가 있다. 두 사람 간의 대화를 일부 소개하면 다음과 같다.

춘향 소녀는 창녀가 아니오이다.

변 사또 개새끼는 개고 기생의 새끼는 기생이지 무엇이냐?

춘향 그러면 기생은 수절도 못 하란 법이오?

변 사또 이 요망스런 년 같으니! 외마디로 대답하라! 수청을 들 터이냐? 아니 들 터이냐?

춘향 저를 죽이오면 죽사옵고 살리시면 살 터이니 처분대로 하옵소서. 하지만 백 번 죽사와도 회절만은 못 하겠소.

변 사또 못 해, 요년? (춘향한테 덤빈다)

춘향 (피하며) 관장은 위민부모(爲民父母)어늘 유부녀를 억탈하랴는 것은 무삼 법이오? 이것이 국록지신(國祿之臣)의 할 노릇이오?

변 사또 예끼 주릴할 년! (야수처럼 춘향을 쫓는다)

(상방에서 춘향이 발악하는 소리! 외마디 소리! 춘향이 상방에서 쓰러질 듯 나타난다)

춘향 (뜰 앞에 쓰러지며) 초록은 동색이요 가재는 게 편이라더니 양반은 다 이렇소? 애고 분한지고! 아고 분한지고!

제2막 제2장

이상에서 볼 수 있는 바와 같이 춘향은 변 사또뿐만 아니라 양반 관료층 전체의 부패 세력에 대항하여 처절한 싸움을 벌이고 있음을 알 수가 있다. 이에 호응이라도 하듯이 이몽룡 역시 변 사또의 비행을 낱낱이 조사하여 그를 즉각 파직시키는 등 부패 관료들을 척결하는 데 앞장서는 것으로 작품이 끝난다. 그렇다면 여기서 그가 노렸던 것은 무엇일까? 그것은 두말할 나위 없이 관중으로 하여금 일제의 군국주의 세력에 저항하는 우리 민중을 연상하도록 만든 것이라고 말할 수가 있다. 그가 평소 가지고 있었던 '과거와 현재의 대화', 즉 '과거를 말하는 것은 곧 현재를 말하는 것'이라고 한 역사관에 비추어볼 때 〈춘향전〉의 남녀 주인공을 통해서 패악한 일본 군국주의 세력에 저항하는 우리 민중의 생명력을 묘사한 것이라고 보아도 무방하다.

그러나 그의 다음 작품인 〈마의 태자〉만큼은 조금 분위기가 다르다. 왜냐하면 비슷한 시기에 쓴 역사극임에도 불구하고 이 작품은 〈춘향전〉에서 이 도령이 춘향이를 만나 '이 속세를 벗어나 농사나 짓고 살자'는 염세성(厭世性) 주제를 확대시킨 듯싶기 때문이다. 플롯 역시 비교적 야사적으로 구성함으로써 박진감이나 긴장감 같은 것이 없는 점도 이색적이다. 이 작품은 그가 자신의 역사극집 서문에서도 밝힌 바와 같이 김부식이 지은 『삼국사기』의 「신라본기」에 기록되어 있는 사실[31]을 바탕으로 하고 춘원의 소설 『마의 태자』도 참고하여 셰익스피어의 햄릿형 인물을 설정함과 동시에 그리스 비극의 코러스 형식까지 가미시킨 것이 바로 희곡 〈마의 태자〉이다.

그런데 그가 〈춘향전〉에서 보여주었던 것처럼 춘원의 소설에 흥미를 갖고 그의 작품을 부분적으로 참고했던 것처럼 이 작품에서도 동명의 장편소설에 어느 정도 의존한 듯이 보인다. 그러나 춘원이 1926년에 발표했던 소설 『마의 태자』는 7백 페이지나 되는 방대한 양의 작품인 데다가 궁예(弓裔)에 대부분의 이야기가 할애되어 있으며 태자에 관해서는 말미에 대략 30페이지에 걸쳐서 설명되어 있을 뿐이다. 그만큼 동랑의 역사극 〈마의 태자〉 골격은 『삼국사기』에 기록되어 있는 사실(史實)에다가 약간의 사랑 이야기를 가미시킨 것이다. 물론 그나마도 신라를 정복한 고려 태왕 왕건(王建)의 딸(공주)의 이루지 못한 비련일 뿐이다. 당초 그가 1935년도에 써서 이듬해 『동아일보』에 연재될 때는 '개골산'이라는 이름으로 나갔는데, 신라의 마지막 경순왕의 태자가 나라가 멸망하면서 마의(麻衣)를 걸치고 금강산으로 입산하는 것으로 끝낸 4막물이었다.

---

31 "九年冬十月. 王以四方土地盡爲他有. 國弱勢孤. 不 能自安. 乃興群下謨. 擧土降太祖. 群臣之議. 或而爲可. 王子日. 國之存亡. 必有天命. 只合與忠義士收合民心自國. 力盡而後已. 豈宜以一千年社稷. 一旦輕以與人. 王日. 孤危若此. 勢不能全. 旣不能强. 又不能弱. 至使無辜之民. 肝腦塗地. 吾所不能忍也. 乃使侍郎金封休賫書請降於 太祖. 王子哭泣辭王. 徑歸皆骨山. 奇巖爲屋. 麻衣草食. 以終其身." 『三國史記』 卷十二.

〈마의 태자〉

즉 그가 이 작품에서 묘사한 것은 〈춘향전〉에서와는 달리 나라 잃은 사람의 상실감에서 올 수밖에 없는 절망감과 비감뿐이었다는 이야기다. 이는 사실 그가 초기의 빈궁문학에서 보여준 분노를 내면화한 좌절과 절망감을 역사를 빌려 다시 한 번 농도 짙게 표현한 것이었다. 가령 첫 작품 〈토막〉에서 먹고 살기 위해 일본으로 떠났던 주인공이 보내온 소포가 겨우 자신의 뼛가루였다든가, 〈소〉에서 지주에게 모든 것을 빼앗기고 난 뒤 그 지주 집에 불을 싸지르는 장남(말똥이)의 막가는 도발 등은 절망의 극한적 표현 이상도 그 이하도 아니다.

이러한 작가의 절망감이 종국에 가서는 현실도피적이고 염세적으로 흐르게 됨을 〈마의 태자〉를 통해서 보여준 것이라 하겠다. 가령 〈춘향전〉에서 이 도령이 춘향에게 '농사나 짓고 살자'라든가 신라의 태자가 천 년 사직의 종언을 눈앞에서 목격하고 사랑과 부귀영화를 모두 내던져버린 채 마의를 걸치고 금강산으로 사라지는 것이야말로 바로 그런 심정을 표현한 것이라고 볼 수가 있다. 그의 초기 작품에서부터 저변에 흐르고 있는 것은 역시 허무주의라는 생각이다. 그런데 그 허무주의가 때로는 분노로 표출되기도 하고 또 때로는 감상으로 표출되기도 하는데, 〈마의 태자〉야말로 바로 그런 감상으로 표출된 경우였다고 하겠다. 그가 여기서 은연중에 내비친 것은 슬픔에 빠져 있던 당시 우리 민중에 대한 위무(慰撫)에 포커스를 맞춘 것이었다고 말할 수도 있다. 그의 그러한 의도는 적중했다.

가령 그가 후에 쓴 「〈마의 태자〉와 나」라는 글에 보면 그 작품이 무대에 올려졌을 때의 반응이 소상하게 나와 있다. 즉 이 작품이 상업극단인 고협(高協)에 의해서 처음 공연된 것은 1942년도로서 동양극장에서였다. 그때의 관중 반응과 관련해서 그는 "이 작품의 고협 공연은 관중의 열성적인 환영을 받았었다. 그때 우리 민족은 일제의 압정하에서 신음하고 있었던 때라 작중에서 나라를 잃고 애통해하는 마의 태자의 설움을 그대로 나라 잃은 우리 관중의 울적한 가슴에 스며들었던 모양이다. 이 작품의 동양극장 공연을 마치고 지방 순회를 하였을 때 어느 지방에서는 이 극을 보러 밀려든 관중 때문에 극장 2층이 허물어졌다는 에피소드도 남기었다."[32]고 함으로써 〈마의 태자〉가 식민지시대 민중의 커다란 위안물이 되었음을 자랑스럽게 생각한 것 같다. 그러니까 그는 연극이 단순히 저항의 수단으로만이 아니라 때로는 위안의 수단도 되어야 한다는 확고한 신념을 갖고 있었던 것이다.

반면에 일부 식자층에서는 압제시대에 예술이 단순히 위안물에 그쳐서야 되겠는가라는 비판적 시각도 없지 않았다. 그러니까 신라 패망과 고려 통일이라는 커다란 역사적 사건의 배후에 깔려 있는 내면적 충돌 내지 갈등을 격렬하게 파헤치기보다 너무 애사(哀史) 측면에서 감상적으로 접근함으로써 역사적 진실을 선명하게 드러내지 못했지 않느냐는 비판이었다. 특히 적국의 왕 왕건을 살해하기 위해 칼을 빼든 태자가 낙랑 공주의 사랑과 의리로 인해서 단념한다든가 위기에 처한 태자가 공주의 힘으로 구제되는 것 등은 다분히 멜로드라마적 발상에서 나온 결과였다고 볼 수가 있는 것이다. 따라서 신라 패망의 상징 같은 마의 태자는 '햄릿'보다도 더 우유부단하고 허약한 센티멘털리스트에 지나지 않은 인물이 되었던 것이다.[33]

32 유치진, 「〈마의 태자〉와 나」, 『동랑 유치진 전집』 8(서울예대출판부, 1993), 355면.

33 졸저, 『한국현대희곡사』(홍성사, 1982), 292면 참조.

그렇기 때문에 임화(林和)도 작가론에서 "최근의 역작 〈개골산〉은 옹색한 금일의 현실 대신에 역사의 현실 속에서 자기의 꿈을 살릴 영역을 모색하는 커다란 노력이다. 현실은 결코 유치진을 놓아주지 않았다. 〈개골산〉 가운데 결코 금일의 현실에서 발견 못 한 것이 새로 발견되지는 않았다. 유치진의 노력은 한 사람의 조선형 햄릿 '마의 태자'를 만들어냄에 불과하였고, 그가 금일의 세계에서 구성치 못한 역사적 성격의 장대한 갈등이라든가 우리들에게 경풍(景風)과 같은 압력을 갖는 개인의 운명을 그리어내지도 못했다."[34]고 비판한 것이었다.

그러나 유년시절부터 마음이 약했던 데다가 유학시절에 겪었던 여러 가지 시련, 즉 차별과 멸시를 시작으로 하여 관동대진재 때의 생사를 넘나들면 겪었던 공포, 그리고 신혼 직후 학생예술좌와 연관되어 경찰에 끌려가 당한 고문 등이 이어지면서 그는 허무주의에 더욱 젖어듦으로써 적막했을 마의 태자의 애련한 삶이 구미에 당겼을 가능성이 높다. 결국 연속된 고통과 공포의 트라우마가 그로 하여금 현실도피적인 허무주의로 빠져들게 했을 가능성이 컸다고 볼 수가 있다.

그런 그가 얼마 지나지 않아서 성격이 전혀 다른 작품, 즉 〈자매〉(3막)를 쓰게 된다. 이 작품에 대하여 성격이 다르다고 한 것은 그가 그동안 발표했던 소위 빈궁문학 계열 및 역사극과는 상당히 동떨어진 제재였기 때문이다. 그가 사실 초기에 빈궁문학이나 역사극을 쓴 것은 당대 우리 민중이 직면한 고통의 현실을 정면으로 또는 에돌아서 폭로하고 동시에 증언도 하려는 의도에 근거한 것이었다. 좀 더 구체적으로 말하면 그가 압제에 대한 저항의 몸짓으로 희곡이라는 문학수단을 활용한 것이었다는 이야기다. 그렇던 그가 단 1년 뒤에 다분히 일상적인 소재의 작품을 낸 것이 이상하게 보인다는 이야기다. 왜 그랬을까? 그 첫째는 당연히 일제의 극악한 탄압 때문에 쓰고 싶은 제재를 마음껏 쓸 수가 없었고, 다음으로는 그가 스스로 밝혔던 대로 이제부터라도 폭넓게 인생을 그려보아야겠다는 생각에 따른 것이었다고 볼 수가 있다.

그러면 왜 또 젊은 여인들 이야기냐는 의문이 생길 수 있다. 그 이면에는 아무래도 그의 사적인 인생이 그림자처럼 드리워져 있다고 말할 수가 있다. 그것이 다름

---

34 임화, 「극작가 유치진론 - 현실의 빈곤과 작가의 비극」, 『동아일보』 1938.3.1.

아닌 초취(初娶)와의 이혼과 신여성과의 재혼이라는 업보(?)에 대한 부담 때문이 아니었나 싶다. 솔직히 누구보다도 마음 약하고 정직했던 그는 오로지 전근대적인 도덕률에 따른 조혼제도의 희생자였던 죄 없는 초취에 대하여 평생 미안해하고 연민의 정과 함께 부채의식 같은 것을 갖고 있었다. 물론 그 자신도 구 도덕률의 희생자이긴 마찬가지지만 그래도 자신은 사랑하는 신여성과 재혼했던 만큼 더더욱 초취에 대하여 부채의식 같은 것을 안 가질 수 없었던 것이다. 그 시대는 급변하던 때라서 그와 같은 경우가 상당히 많았던 것도 사실이다. 따라서 그는 작가로서 초취에게 해줄 수 있는 보상으로서는 그런 인물을 작품 속에서 형상화시켜주는 도리밖에 없었을 것도 같다. 바로 그 점에서 그 자신의 운명과도 연관될 수 있는 두 여성, 즉 구식 여성과 신식 여성이라는 대조적인 인물 이야기로 승화시킨 작품이어서 한층 흥미롭다. 물론 이 작품에는 그의 사적 인생을 연상시킬 만한 어떤 단서도 없다. 더욱이 그가 두 대조적인 여성을 자매로 설정함으로써 그의 인생을 연상시킬 수 있는 거리를 애초부터 차단시킨 감도 없지 않다. 또한 그 시절에는 그러한 경우의 여성들이 흔하기도 했었다.

그러나 그가 '작가의 말'에서 밝힌 대로 1934년서부터 이 작품을 써보려고 구상했다는 점을 상기할 때, 심재순과 한창 열애 중인 시기와 겹친다. 곧 그가 그녀를 사랑하면서 깊은 고민에 빠져 있던 시기라는 이야기다. 그리고 작품 속에서는 남편이 신여성과 사랑에 빠지면서 조강지처가 '학교공부가 없다고 소박맞았다'는 대사도 나온다. 그럼에도 불구하고 그는 그런 속내를 실제의 작품에서나 창작배경에서도 전혀 내비치지 않았다. 아무래도 그가 주변의 눈을 의식하지 않을 수 없었을 것이다.

가령 '작가의 말'에서도 보면 "나는 〈자매〉에서 두 시대의 여성을 그려보려 하였습니다. 언니(姉)로 대표되는 구시대의 여성과 동생(妹)으로 대표되는 신시대의 여성이 그것입니다. 그들의 세계는, 연령상으로 보면 2, 3세 차이밖에 안 되지만은, 생활상으로 보면 반세기의 거리가 있는 것입니다. 언니는 일찍이 15, 6세가 못 되어서 봉건적 인습에 따라 출가하였습니다. 그리고 동생은 신시대의 향학열에 따라 공부를 한 것입니다. 그리하여 그들 두 자매는 신여성과 구여성인 아주 다른 두 세계에 대립되는 것입니다. 그러나 지금에 와서 보면 이 두 자매는 똑같은 문제에 가슴을 썩이고 있습니다. 그 문제란 결혼문제 그것입니다. 언니는 구여성으로 시집갔기 때문에 그의 무식이 원인되어 소박을 맞게 되고 동생은 인텔리 여성으로 그의 학문이 병 되어 결혼 못 하고 있는 것입니다. 이 극히 평범한 문제 - 이것은 날마다 우리가 보고 듣고 하는 문제입니다.

그러나 우리 자신 그냥 보고 지내기에는 너무도 절실한 한 시대적 단층이 그간에 횡재하여 있지는 않을까? 이 비틍그러진 시대적 차오(差誤)는 얼마나 많은 여성을 울리고 있는 것일까? '글릷톤 페디만'은 말하였습니다. '극작가의 역할 하는 바는 자기 시대의 눈에 보이는 모순을 희곡적으로 지적하는 데 있다…'고. 이런 의미에 있어서는 〈자매〉는 우리 시대에 한 역할을 해줄 줄을 압니다."[35]라고 씀으로써 작가 자신과는 아무런 상관도 없는 보편적인 일로 객관화시켰다. 사실 시대적 모순이야 어느 때나 존재하는 것이고, 또 전통과 근대의 윤리적 괴리가 그 시절 사회의 중요한 이슈로 떠올라 있었던 만큼 좋은 두 상반된 운명의 자매 이야기는 작품 소재로서 좋은 것이긴 했다.

그는 이 희곡을 스스로 연출해서 부민관 무대에 올려 주목을 받기도 했다. 그런데 솔직히 이 시기에 그가 한가롭게 창작에만 전념할 수 있었던 것도 아니었다. 어떻게 보면 창작보다 더 시급하고 중요할 수 있는 일들이 당장 그의 앞에 가로놓여 있었다. 우선 가정을 꾸렸으니 눈에 잘 띄지 않는 소소한 생활을 영위해가야 했고, 다음으로는 극연을 리드해가야 했으며 연출도 전담해야 했다. 그의 연극활동으로는 수입이 전무했으므로 가정의 경제문제는 그동안 아내가 친정의 도움으로 해결해왔고, 결혼 1년 뒤에 장녀(仁馨, 1936.5.7.)까지 태어남으로써 살림은 더욱 빡빡해진 것이 사실이었다. 귀하게만 자란 몸 약한 아내가 어린 딸 양육을 유모에게만 맡길 수 없었던 만큼 그의 잔손도 절대적으로 필요했다. 게다가 자신이 주도하다시피 하는 극연의 골치 아픈 일도 산적했으니 그의 고단함은 나날이 더해갈 뿐이었다. 그런데 극연의 통솔이 어려웠던 것은 식구가 대폭 증가한 때문이었다. 정식 회원만도 50여 명에 이르렀으며 사회 각계의 후원자들만도 60여 명에 다다랐다. 그가 1936년도에는 극연이 창립 5주년을 맞는 해였기 때문에 몇 가지 행사도

35 유치진, 「〈자매〉에 대하여」, 『극예술』 제4호.

구상해야 했다.

그렇기 때문에 그는 평소 주장해왔던 대로 극연이 가급적 빨리 아마추어리즘을 탈피하고 전문화의 길로 가야 한다는 신념에 따라 창립 5주년을 기하여 다섯 가지 쇄신안을 내놓기도 했다. 그 첫째가 공연의 횟수를 자주 갖는다는 것, 둘째 창작극 상연의 기회를 많이 갖는다는 것, 셋째 우리의 무대 위에 세계의 명작을 더 많이 상연시키자는 것, 넷째 찬조원 5백 명 운동을 완성시키자는 것, 그리고 끝으로 5주년 사업을 의의 있게 하자는 것[36] 등이었다. 이상과 같은 복안은 극연의 이름으로 내건 쇄신안이었지만 그가 그동안 우리 연극이 나아갈 방향에 대하여 여기저기 썼던 내용 그것이었다. 가령 이상의 다섯 가지 항목 중에서 제1번은 궁극적으로 우리 극단들이 레퍼토리 시스템으로 가야 전문화가 이루어진다는 것이고, 창작극이 주가 되되 외국 명작도 자주 무대에 올려야 하는 이유는 "첫째, 무대기교를 충분히 구사하는 법을 배우고, 둘째 대사적 언어와 그 리듬을 정리시키며, 셋째 사상적·철학적 내용을 섭취해야"[37] 했기 때문이다. 그리고 찬조원 5백 명 모집운동은 극단의 최소한의 재정유지를 위한 필수 관객 확보를 의미한다.

그러나 모든 일이 그의 뜻대로 순순히 풀려간 것은 아니었다. 당초 식민지 치하에서 민족문화 진흥이라는 원대한 꿈을 안고 인텔리들이 조직한 극연이 공연 실제에서는 수없는 난관과 부딪혀야 했는데, 그 핵심적인 문제는 생활 영위에 대한 것이었다. 즉 직업극단에서 경험을 쌓은 배우들을 비롯하여 전문인들이 섞이면서 창립 동지인 이상주의들과 대립하는 것은 어쩌면 필연적인 문제였다. 따라서 간간이 단원들의 이탈이 있어왔던바, 5주년을 맞은 해에는 좀 더 심각한 내분이라 할 정도로 많은 단원이 집단 탈퇴하는 사건이 일어나기도 했다. 즉 그해 6월 하순에 배우를 중심으로 하여 11명이 집단 탈퇴하는 사건이 벌어진 것이다. 그들이 발표한 탈퇴 성명의 골자는 세 가지로서, 첫째 연구부의 멤버는 유식자들이어서 연극생활에 필요한 시간을 할애하지 않을뿐더러 의식적으로 피하기까지 한다는 것, 둘째 극연 창립 동인들은 극연을 살롱적 존재로 인식하고 있다는 것, 셋째 창립 동인들의 무

36 이서구, 「창립 5주년을 맞는 극예술연구회」, 『신동아』 1936년 1월호.
37 유치진, 「번역극 상연에 대한 사고(私考)」, 『조선일보』 1935.8.8.

기라 할 어학력도 신용할 수 없고 번역도 유치하다는 것[38] 등 부정 일변도였다.

솔직히 탈퇴자들의 지적, 비판은 설득력이 없지도 않았다. 왜냐하면 실제로 창립 동인들은 극연을 민족문화운동 차원에서 출범시킨바, 따라서 굳이 손해를 보면서까지 자주 공연할 필요를 느끼지 못했고, 사회를 향한 자신들의 민족문화 진흥이라는 명분 표시만으로도 어느 정도는 성취를 했다고 믿고 있었기 때문이다. 더욱이 창립 동인들뿐만 아니라 뒤에 가입한 동인들이나 후원자들 대부분도 소위 인텔리겐차들이어서 그런 생각은 비슷했다. 그렇기 때문에 직업연극인들처럼 공연에 목을 매는 것에 별로 열성적이지 않았던 것이다. 게다가 이들 거의가 전문학교 교수나 신문기자 등 밥걱정이 없는 사람들이어서 시간과 발품이 많이 드는 공연에 매달릴 이유도 없었던 것이 사실이었다.

이처럼 문화운동을 하려는 이상주의자들과 직업으로서 연극을 해야만 살 수 있는 절박한 현실주의자들의 갈등은 종종 있어 왔었다. 여기서 한 가지 짚고 넘어가야 할 사항은 갈등의 근본 원인이 창립 동인들의 변하지 않은 자세였다고 보는 것이 정답이라는 생각이다. 앞에서 이미 논급한 바 있는 것처럼 창립 동인 12명 중 연극 실제를 아는 사람은 홍해성과 윤백남뿐이었는데, 홍해성이 생활을 위해 동양극장으로 떠나고 윤백남은 역사소설 쓰기에 전념함으로써 극단 일에서는 손을 뗀 지 오래되었다. 결국 나머지 10명이 극단을 이끌어갔는데, 모두가 이상주의적인 해외문학파들이었다. 조금 뒤에 가입한 김광섭, 박용철, 모윤숙, 노천명 등도 외국문학을 전공한 시인들로서 연극을 평생의 업으로 생각한 이들은 아니었다. 다만 동랑과 서항석, 그리고 함대훈 정도가 연극을 전적으로 해보겠다는 생각을 가진 사람들이었다. 그런데 문제는 동랑과 서항석 정도만이 극단 살림살이를 하면서 아마추어 연극으로는 한계가 있다는 것을 깨달았을 뿐 나머지 문사들은 초심만을 고수하면서 연극 현실을 인정하지 않으려 했다는 사실이다. 조금도 변하려 하지 않았다는 이야기다.

그 단적인 예가 배우들의 탈퇴와 관련하여 극연의 핵심 멤버 중의 한 사람인 김광섭의 응수에 잘 나타나 있다. 즉 그는 이 글에서 "실천부에서 탈퇴한 것이 어

38 『조선중앙일보』 1936.6.12.

떠한 이론적 체계를 세워가지고 신극운동의 좀 더 활발한 발전을 위하여 탈퇴한 것이라면 (……) 성심으로 반가이 생각하겠습니다. 그들은 항상 좀 더 공연을 자주 가지자고 생활보장을 가질 수 없는 자기네 가운데의 몇 명에게 보수를 달라고 요구한 일이 한두 번이 아니었다."[39]고 비판했는데, 이는 극연 측에서 탈퇴 단원들을 즉각 제명한 강경 태도와 맥을 같이하는 것이었다.

이러한 극연의 내분과 관련하여 중립적 입장에 섰던 박승극(朴勝極)은 "잔류 측(殘留側)의 의견, 행동은 고만(高慢)무리하여 보는 자로 하여금 증오를 사게 하였다. 극연이 자기네 몇 사람의 사유물이 아니고, 일로부터라도 좀 더 착실한 연극을 해보겠다고 하면 자기 진영에서 그런 일이 야기된 데 대하여 절실히 반성하고 자기비판을 하는 것이 마땅히 할 것이 아니었던가? 그렇거늘 도리어 탈퇴 측의 소행을 한 어린애 작란 모양으로 따져 동경축지소극장의 예를 남거(濫擧)하여 한결같이 무시하고, '…우리 극단으로서는 조금도 서슴지 않고 당일로 긴급회의를 열고 그들 전부를 단연 제명처분하였습니다' 운운의 제명하기를 초조히 하였으니 그 태도가 극히 부당하다."[40]고 극연 측의 경솔한 행동을 비판했던 것이다. 반면에 전일검(全一劍)은 그 분규가 "조직원 외에 있는 전문기술자를 대담하게 규합하여가지고 이때까지의 실험적이고 온실적인 연극활동의 영역을 벗어나서 전문극단으로 비약하려는 데 따른 것"[41]이라고 긍정적으로 보기도 했다.

그렇다면 혼란스러운 극연의 내분의 한가운데 서 있었던 동랑의 입장은 어떤 것이었을까? 그는 솔직히 탈퇴 연극인들에 마음이 가 있었다. 왜냐하면 공연은 배우와 연출가, 그리고 무대미술가 등 기술자들이 하는 것이지 이론가들이 머리로 만할 수 있는 것은 아니었기 때문이다. 실제로 앞장서서 이들을 영입한 장본인도 바로 그였으며 탈퇴를 막아보려고 상당 기간 그들을 설득하고 말렸던 이도 바로 그였다. 그렇다고 해서 극연의 핵심적 인물인 그가 창립 동인들을 외면하고 탈퇴 연극인들 편에 설 수도 없는 처지였다. 바로 그 지점에서 그가 창립 동지들의 꿈을 좇

39 김광섭, 「1년간 극계 동향」, 『조광』 1936년 12월호.

40 박승극, 「극연 분열에 대하여 - 국외자로서의 간단한 소망」, 『비판』 1936년 9월호.

41 전일검, 「극연 조직의 검토와 신극운동의 진로」, 『조선일보』 1936.7.7.

을 것이냐 연극 전문화의 길로 나아갈 것이냐는 진퇴양난의 고민이 빠질 수밖에 없었던 것이다. 그러나 당장은 그가 창립 동지들의 편에 서지 않으면 순수한 신극운동의 길을 포기한다는 비난을 받을 가능성이 높았기 때문에 울며 겨자 먹기 식으로 동지들의 편에 설 수밖에 없었다.

그 고뇌의 계절에 그의 모습을 옆에서 지켜본 후배 작가 이광래는 「유치진론」에서 "작년 여름 실천부원 탈퇴사건이 있었을 때 일이다. 그는 테이블을 치며 '어째서 유치진의 생각을 그렇게도 못 알아준담' 하고 어린애처럼 목 놓아 울었다 한다. 비탈퇴 회원이 죽일 놈 살릴 놈 하고 돌아다닐 때도 홀로 탈퇴 당원을 찾아와서 울다시피 간곡하게 복귀를 권고한 사람도 유치진뿐이다. 이 한 가지로 그가 얼마나 조선의 연극운동을 위하여 열심히 사랑하는가를 알 수가 있다. 현재 연구부가 모든 자리를 내놓고 실천부가 주동되게 된 것은 그의 점진적인 의도의 성공이라고 할까. 하여튼 그 반면 일도직하의 용단력이 없다, 이것이 그의 성격의 일 이(利), 일 해(害)"[42]라고 하여 진솔하고 원만하며 순직하지만 일도난마의 용단만은 부족하다고 평했었다.

이처럼 시름 깊은 그가 그러한 와중에 홍해성이 떠난 연출의 빈자리를 메꾸는 일도 수월찮은 것이었다. 알다시피 그가 희곡 창작에 몰두하고 있었기 때문에 당초에는 연출할 생각이 있었던 것은 아니었다. 1931년 극연이라는 연극단체가 조직되면서 그는 전 방위적인 운동가로 활약을 했고, 이듬해 극연이 공연한 그의 첫 작품 〈토막〉이 주목을 끌면서 단번에 희곡계를 대표하는 극작가로 부각된 입장이었다. 그런데 극연에는 전문연출가가 홍해성 한 사람밖에 없었기 때문에 평생 연극을 할 사람으로 지목된 동랑에게 연출까지 맡겨져서 그는 생애 처음으로 카이제르의 〈우정〉이라는 단막극을 자신의 첫 연출로 무대 위에 올리면서 얼떨결에 입문했었다. 그 연출이 괜찮다는 평을 받으면서 곧바로 그에게 또 다른 작품의 연출이 주어졌던 바 가령 자신의 작품 〈버드나무 선 동리 풍경〉(1막)을 비롯하여 셰익스피어의 〈베니스의 상인〉(1장, 법정 장면), 그리고 피란델로의 〈바보〉(1막) 등이 바로 그것이었다. 연출가로서는 신출내기인 그에게 극연 동지들이 창작극에서부터 번역극, 그것

42 이광래, 앞의 글.

도 고전에서부터 첨단적인 현대극까지 닥치는 대로 연출을 맡겼지만 그는 겁내지 않고 그것을 기대 이상으로 형상화해냈던 것이다.

이처럼 그는 극작가로 데뷔하던 해에 가능성 있는 연출가로도 당당히 부각된 셈이다. 그가 일본 체류시절 쓰키지소극장을 드나들며 어깨너머로 배운 지식과 홍해성 곁에서 배운 것이 전부였음에도 연출가로서의 재능이 돋보인 것이다. 따라서 그는 동인들로부터도 연출에 상당한 재능이 있다고 인정을 받았으며 홍해성의 빈자리를 메꾸고도 남을 만하다고 했다. 그 역시 작품 몇 편을 해보면서 연출에 자신과 함께 상당한 매력을 느끼기도 했다. 그러나 전술한 바 있듯이 홍해성이 직업극단으로 떠났을 때, 그가 그 바통을 곧바로 이어받지 못하는 좌절을 겪기도 했다. 동인 중에 서항석이 그에게 연출공부를 더 해야 한다고 딴지를 걸었기 때문이다. 서항석이 동랑의 연출 전담을 막은 것은 그에게 자극을 주기 위한 선의였지만, 그는 치욕감을 느끼고 다음 해(1934.3.)에 일본으로 건너가 1년여 간 공부를 더 하고 귀국하게 된 것이었다.

따라서 그가 극연의 책임연출가로 자리 잡은 것은 2년여 만인 1935년 11월에 와서야 가능했다. 그에게 2년 만에 주어진 작품은 세 편으로서 이무영 작 〈한낮에 꿈꾸는 사람들〉(1막)과 그 자신의 작품 〈제사〉(1막), 그리고 번역극인 〈작가생활보〉(쿠르틀린 작) 등이었다. 그가 2년 만에 한꺼번에 세 편의 연출을 맡은 것은 극연으로서는 제8회 공연이었는데 공연을 앞두고 그 의미에 대해여 그는 "실로 이번 제8회 공연은 금년 신춘부터 계획한 것이 그동안에 대내 혹은 대외의 사정으로 중지 또 중지를 거듭하다가 겨우 이번에 실현의 앞길이 틔었다. 우리의 고충이 큰 것만큼 우리의 기쁨도 크다. (……) 극연으로서는 지금 제2기적 활동에 들어가려고 하고 있다. 이 제2기적 활동이란 것은 극연 창립시대의 목표에 있어서 초기에는 하는 수없이 우리의 극적 자양을 외국극에서 섭취하려 하였지만은 어느 기한을 두었다가 우리가 우리의 작품을 내세울 기회를 기다리려 하였다. 그러다가 마침내 그때가 온 것이다. 즉 이번 공연을 계축으로 이후에는 극연의 레퍼토리를 창작극에 그 중심을 두자는 것이다. 그 외에 우리는 극연의 공연을 소인적 결합에서 좀 기술자적 향상을 이후에는 도모하자는 것이다. 이 말은 즉 장차 극연의 연극 행동을 소인극에서 연극 전문극단으로 전진시키자는 것"[43]이라고 하여 그가 선두에 서서 아마추어리즘에 빠져 있던 극연을 전문극단으로 전환시키는 작업을 본격 진행하겠다는 의지를 밝히기도 했다. 이는 사실 그가 연극운동을 벌여오는 동안 현장에서 절실히 깨달은 확신이기도 했다. 이처럼 그가 극연의 연출을 전담하면서 자신의 비장한 각오를 대내외에 알린 것이다.

그런데 그가 이 극연의 제8회 공연을 맡으면서 쓴 「연극은 지난한 길의 하나」에는 그의 연출에 대한 생각의 일단이 어느 정도 나타나고 있어 흥미롭다. "씹으면 씹을수록 씹히지 않고 파보면 팔수록 흠이 나오는 것이 연출"이라는 말로 시작된 그의 초창기 연출관은 다음과 같다.

> 내가 이번에 연출을 맡아보면서 느낀 것의 하나는 '연출'이란 것은 더구나 조선서는 퍽 지난(至難)의 길이라고 생각했다. 무엇보다 우리에게는, (1) 조선말에 대한 표준적 정리가 완성되지 않았다. (2) 조선에 대한(혹은 인간에 대한) 연구가 부족하다, 이런 문제는 우리 문화운동의 공동적 노력으로 수행되는 것이 아닐까. 즉, (1)은 조선어의 연구자와 같이 노력할 것이요, (2)는 조선 문학의 성장과 같이 해결될 것이 아닐까 생각하는 것이다. 여기서 생각하면 조선의 연출의 수준도 모든 문화 수준과 같이 향상될 것임이 분명히 인식된다. 사람은 사람이 만드는 것이 아니요, 주위가 사람을 만든다는 것으로 결국 연극도 연극이 생장하는 것이 아니라 주위 환경이 연극을 생장시키는 것이라고도 하겠다. 더구나 연극의 대상은 관중이요, 연출은 관중의 심리를 거울로 하여 발전되어 가는 데 있어서야 더 말할 것 없다. 연극의 수준은 관중의 수준과 정비례한다. 연출의 방법도 관중의 질에 좌우되는 것이다. 이와 같이 연극(특히 여기에서는 연출)이 너무나 객관적 지배를 많이 받고 독립적으로 생장 못 하는 데 연극의 비극이 있고 연출의 지난의 길이 있는 것이라고 나는 생각한다.[44]

이상의 글에서 주목되는 것은 그가 연극 창조의 중요 부분이라 할 연출이 제대

---

43 유치진, 「극예술연구회 제8회 공연을 앞두고(상)」, 『동아일보』 1935.11.17.

44 유치진, 「연극은 지난한 길의 하나 - 연출자로서의 일언」, 『동랑 유치진 전집』 8(서울예대출판부, 1993), 367면.

로 안착하지 못한 근본적 원인을 우리의 문화 수준에서 찾은 점이다. 그러니까 그의 생각은 연극 창조자, 특히 연출가의 임무는 표준어를 바탕으로 삼아서 한 나라의 정확한 인간상을 만들어내야 하는데 우리의 경우 표준어의 모델 제시는 물론이고 한국인상(韓國人像) 역시 또 어떤 것인지 등이 전혀 정해지지 않아서 캐릭터 창조가 어렵다는 것이었다. 그럴 수밖에 없는 것이 식민지 치하에서 우리말과 글마저 수난을 겪는 처지였으므로 언어의 예술인 연극을 어떻게 창조해가야 할 것인지 난감한 처지였다. 그리고 한국인상은 인류학적 또는 철학적으로 규명되어야 하는데, 연구가 거기에까지 이르려면 오랜 시간을 기다려야 했다. 그런데 여기서 주목할 만한 부분은 그가 연출가로서 마땅히 지향해야 할 점을 지적한 점이다. 그뿐만 아니라 그가 '연출은 관중의 심리를 거울로 하여 발전되어가는 것'이라면서 연극이야말로 관중의 수준과 정비례한다고 설파한 것은 정곡을 찌른 것이었다. 시민의식이 높아져야 연극의 수준도 올라간다는 이야기가 바로 그것이다.

그렇다면 그가 극연의 전문극단화를 지향하면서 메가폰을 잡은 연출은 성공적이었을까? 그 공연에 대해서는 대체로 부정적이었는데, 가령 이은영(李銀影)은 관극평에서 "'장치', 너무 색을 남용한 것이 오히려 과장한 표현이었으며 5월의 힘차고 명랑한 기분을 엿뵈어주는 창이 너무 빈약했다. '의상', 조화가 맞지 않았다. 조화가 없는 곳에 자연이 있을 리 없을 것이며 자연스럽지 못한 곳에서 실감을 이룰 수 없을 것이다. '연기', 전체적으로 실패를 했다."[45]고 비판했는데, 그 공연이 열악한 경성공회당에서 이루어졌다는 것을 감안하지도 않았고, 또 '극장은 요지경이 되어야 하고' '연극은 우선적으로 재미가 있어야 한다'는 동랑의 연극철학을 이해하지 못한 데서 비롯된 평가였다는 생각이다.

이러한 찬반의 반응 속에서 그의 연출 작업은 활발하게 전개되어갔다. 그런데 당초 그는 "제8회 공연만은 제대로 해보려고 〈춘희〉를 연습 중에 있다가 회(會) 내의 부득이한 사정으로 중지하게 되었고, 뒤이어 유치진 작 〈소〉를 7월 9, 10 양일간 조선극장에서 상연하려고 연습까지 다 하였다가 이 또한 극본의 검열 불통과로 역시 중지하였으며 9월 초에 금년의 동아, 조선 양지의 신춘당선 희곡인 한태천

45 이은영, 「행동의 예술 - 극연 제8회 공연을 보고(1)」, 『조선중앙일보』 1936.11.23.~12.3.

작 〈토성낭〉과 심재순 작 〈줄행낭에 사는 사람들〉을 연습하다가 역시 검열 불통과로 중지당하였다."[46] 이처럼 그가 오랜만에 제대로 연출을 해보려고 야심차게 준비했던 작품들이 모조리 일제의 탄압에 좌절되고 부랴부랴 무대에 올린 공연이 위에 열거된 작품들이었던 것이다. 그만큼 제8회 공연은 여러 가지로 부실할 수밖에 없었던 것이다.

그러나 다음의 제9회 공연작부터는 호평을 받기 시작했다. 그가 연출한 세 작품은 톨스토이의 〈어둠의 힘〉과 골스워디의 〈승자와 패자〉 등 번역극 두 편과 이무영의 〈무료치병술〉이었는데, 다행히 막 문을 연 시설 좋은 부민관 무대에서 막을 올릴 수가 있었다. 그래서인지는 알 수 없으나 평가도 전과는 확연히 달랐다. 즉 박송(朴松)은 관극평에서 "무대장치는 향토적 정서가 흐를 뿐 아니라 그 평면의 엄격한 조직성이 자연적, 개연성을 남기고 있었다. 허나 한 가지 실수는 막이 전환되는 만큼 무대 면도 변조를 시켜야 할 텐데 그것에 등한시하여 유감이었다. 아직도 나의 뇌리에는 두옹(杜翁)의 위대한 예술의 극적 분위기를 살리려고 차디찬 무대에서 땀을 흘리며 애를 쓰던 그들의 순진한 예술적 욕망과 정열이 잔상이 되어버렸다. (……) 이러한 견지에서 간단한 귀결을 지은다면 금반 제9회 공연은 연출자의 부주의로 미숙한 점이 많았으나 대체로 보아 성공했다."[47]고 쓴 것이다.

당시 동랑의 나이 겨우 서른한 살로서 연출 경력 2년차에 불과하므로 신출내기나 다름없었다. 그럼에도 불구하고 그는 연출을 할 때마다 승승장구하면서 선배였던 홍해성을 능가해갔던 것이다. 예를 들어서 그가 다음 제10회 공연작인 이광래의 데뷔작 〈촌선생〉(3막)과 이서향의 〈어머니〉(1막)의 경우 부실한 창작극임에도 불구하고 2천여 석의 부민관 대극장을 연일 대만원으로 만들 정도로 깔끔하게 형상화해놓는 대성공을 거두기도 했다. 이운곡(李雲谷)은 관극평에서 "금번 조선의 진실한 극문화 수립을 목표로 하고 5년의 시일을 두고 꾸준한 노력으로서 문자 그대로 형로와 암초우를 용감히 고군분투하여 걸어 나오는 극예술연구회가 그 제10회 공연에 있어서 무엇보다도 우리들 조선의 극작가들로서 빚어진 순창작극만을

---

46 서항석, 「극계 1년의 회고」, 『신동아』 1935년 12월호.

47 박송, 「극예술연구회 제9회 공연을 보고」, 『동아일보』 1936.3.4.~13.

상연한 것은 가장 의의 있고 정당하다고 확신함을 주저치 않으며 나아가서 필자로서는 조선의 진실한 극문화 향상을 위하여 최대의 찬사를 아끼지 않는 바이다. 하물며 금번 약 2천 명이 수용된다는 부민관에 연 3회 계속적으로 대만원을 이루었다는 큰 성과를 얻었음에랴! 이서향 작 〈어머니〉(1막)는… 첫째 연극적 체계가 서지 못하여 조잡한 면이 있었고, 둘째로 희곡으로서의 생명인 연극적 가능성 — 형상 · 언어 · 동작 등이 풍부치 못한 감이 있었다. 연출가 유치진 씨는 무대 위에서 이런 결점을 어느 정도까지 제거시키어 희곡만을 읽고 적이 실망되었던 마음을 얼마큼 풀어주었다.

이광래 작 〈촌선생〉(전 3막)은 자기 향토를 지키자는 주제로 조선 농촌의 복잡한 실제미를 단편적이나마 다분히 가지고 있어 관객으로 하여금 많은 호의를 가지게 하는 조선 극작계로서는 가작의 부류에 들 작품이라고는 하겠으나 주제와 제재가 상합하지 못한 점이 이 희곡의 치명상이다. (……) 그러나 이 희곡 자체의 모순과 부득이 삭제를 당한 개소가 있음에도 불구하고 관객으로 하여금 대호평을 받은 데 대하여는 이 희곡의 제재인 농촌 사정이 무 내용 하나마 조선의 현대 뿌루 · 인텔리층의 자부심과 유한 심리와 영합한 관계도 있겠지만 연출자 유치진 씨의 공적도 컸다는 것을 알 수가 있다."[48]고 하여 부실한 희곡을 수작으로 연출해낸 동랑을 높이 평가한 것이다.

이처럼 그가 성공적인 연출가로 자리 잡는 데는 오랜 시간이 필요치 않았다. 사실 그가 누구보다도 연극이론에 밝았던 데다가 6, 7년간 희곡을 써왔기 때문에 작품분석에 능했고. 따라서 원작의 취약한 부분을 정확히 포착하여 연출력으로 보완해내는 데 어려움이 없었다. 이러한 능력은 아무래도 그가 스타니슬랍스키와 메이예르홀트의 연출 메소드를 열심히 섭렵한 데서 비롯된 것으로 볼 수가 있다. 전술한 바 있듯이 그가 유학시절 모스크바예술극장을 본딴 쓰키지소극장을 열심히 드나들었고, 귀국해서는 홍해성의 연출 작업을 곁에서 지켜보는 가운데 실무를 터득한 것이다. 그러니까 그 역시 당대의 세계의 연출가들처럼 스타니슬랍스키와 메이예르홀트의 연출 메소드에 전적으로 의존했음은 두말할 나위 없는 것이다. 가령

48 이운곡, 「극연 제10회 공연을 보고(상 · 중 · 하)」, 『동아일보』 1936.4.14.~16. 참조.

그가 쓴 「연극독본」이라는 글에 보면 작품에서 '사이(pause)'를 설명하는 가운데 "간(間)은 때로는 시정(詩情)을 심화시켜서 우리의 영혼의 밑바닥을 어루만져주기도 한다. 스타니슬랍스키가 안톤 체호프의 희곡의 연출에서 자아내던 시정은 전혀 '간(間)'에서 찾아낸 마술이었다."[49]고 하여 '사이' 활용의 중요성을 강조한 데서도 알 수 있듯이 체호프와 스타니슬랍스키의 영향을 확인할 수가 있다.

이와 같이 그의 연출 실력이 부민관이라는 대극장에서 여타 극단들을 압도하면서 극연도 자연스럽게 전문극단으로 발전해갈 수가 있었다. 극연이 제2기의 목표로 삼았던 전문극단에의 꿈이 단번에 이루어진 셈이다. 그의 연출가로서의 성공을 불안한 눈으로 지켜보고 있던 동인들은 안심과 동시에 전문연극으로 나아가는 데 어느 정도 자신감도 갖게 된 것이다. 당시 대표적인 공연장이었던 부민관 무대를 점령한 그는 자신감을 갖게 되었고, 곧바로 자신의 작품 〈자매〉(3막)와 중국 작품인 전한(田漢)의 〈호상의 비극〉을 연출했는데, 이번에는 극연을 풋내기 아마추어라고 비판만 해오던 신파계의 중진 신불출(申不出)까지 나서서 찬사를 아끼지 않았었다.

신불출은 관극평에서 "나는 이번까지에 극연 11회 공연을 보고서 두 가지 큰 기쁨을 느꼈다. 극연이 창생된 이래 사실상 너무도 예술적 발전이 빈약함을 늘 한(恨)하더니 문득 거짓말이라고 할 만큼 기적에 가까운 비약적 발전을 보게 되었던바 무대 그늘에서 애쓴 장치가, 연출가들의 눈물과 땀이 흐르는 감격 속에서 출연 배우들의 발정적(發情的)이요 양심적인 진실한 태도의 연기가 놀랄 만큼 숙련되고 능한 데 일종 경이의 염을 금치 못하게 하였음이 그 기쁨의 하나요, 만장한 관객과 더욱 절대한 지지성원을 보게 됨이 그 기쁨의 둘이다."[50]라고 그답지 않게 찬사를 보낸 것이다. 이는 순전히 동랑의 세련된 연출력을 극찬한 것으로 볼 수가 있다.

극연이 출범하면서부터 줄곧 삐딱한 눈으로 폄훼(貶毁)만 해왔던 신불출로부터 동랑의 연출 실력이 인정을 받았다는 것은 특별한 의미가 있는 것이다. 왜냐하면 신불출이 그동안 극연의 연극을 책상물림들이 호사취미로 하는 아마추어로 인정을

49 유치진, 「연극독본」, 『박문』 1939년 2월호.

50 신불출, 「극예술연구회에 보내는 공개장」, 『삼천리』 1937년 1월호.

하지 않았기 때문이다. 그런 그가 동랑의 화려한 연출을 경탄의 눈으로 보고 극찬을 한 것이다. 그로부터 연출에 자신감을 갖게 된 그는 경직되다시피 한 정형의 사실주의 연극 메소드를 벗어나 자유분방한 미국 현대극을 실험해보고 싶어 이색적이라 할 헤이워드 부처 작인 〈포기〉(3막)에 도전한다. 그의 이 희곡 선택이 모험적이라고 한 것은 그동안 연출한 정석의 작품들과는 전적으로 다른 유형인 데다가 가무(歌舞) 훈련을 받아보지 못한 배우들로서는 소화해내기 어려울 것으로 보았기 때문이다. 그럼에도 불구하고 그는 이 작품을 과감하게 취택했는데, 그 의도에 주목할 필요가 있다.

즉 그는 이 희곡을 취택한 배경과 관련하여 "이 작품은 무대적 효과로 비상한 갈등을 보이고 있다. 다이내믹한 흑인의 집단적 생활이 자아내는 음향과 색채와 암영 — 이것은 실로 무대 전체에 창일하여 거대한 심포니를 연출하고 있는 것이다. 이 점에 있어서 라인하르트도 이 작품에 감탄하였다고 한다. 우리는 과거에 있어서 30, 40년 전에 입센이 시험해준 소위 근대극 모형을 보다 많이 공부하여왔다. 입센의 모형을 공부하는 데도 의기(意氣)가 없는 바는 아니었다. 그러나 이번 〈포기〉는 입센 형에서 벗어나서 보다 자유스러운 연극적 형태로 구치(驅馳)한 작품이다. 이 작품에 싸인 이 자유분방하고 대담한 수법은 우리가 흔히 영화에서 보는 자유분방한 통일, 그것인 것을 우리는 간과할 수 없을 것이다. 나는 이 〈포기〉를 연출하는 데 있어서 많은 곤란과 모험을 목도하는 바"[51]라고 하여 자신이 왜 이 작품을 취택했는지에 대한 소견과 거기에 따를 문제점 등에 대하여 구체적으로 밝혔다. 즉 그가 그동안 입센 형의 근대극에만 치중해왔던 만큼 이제는 좀 더 역동적이면서도 새로운 형태의 연극에 도전해보고 싶었다는 것과 우리 연극도 이제는 형태적 다양성으로 그 지평을 넓힐 때가 되지 않았느냐는 것이었다. 그러면서 그가 막스 라인하르트(Max Reinhardt, 1873~1943)를 거론한 것이 예사롭지 않다. 왜냐하면 라인하르트는 20세기 초부터 연출이야말로 연극의 최고 예술가라는 신념으로 극장에서의 다양한 실험을 해온 인물이었기 때문이다. 즉 그는 작품에 합당한 분위기를 창조하려는 시도에서 온갖 종류의 무대기기, 연극의 고안 및 시각적 중심 주

51 유치진, 「극연 신춘공연 흑인극 〈포기〉를 앞두고(하)」, 『조선일보』 1937.1.21.

〈포기와 베스〉

제들을 가지고 실험을 해온 선진적 인물[52]이었음은 다 안다. 이러한 라인하르트의 극장주의적이며 역동적인 연출관에 매혹된 동랑이 메이예르홀트의 상징주의적 연극관과도 일맥상통한다고 보고 그들의 신 연극 메소드를 자기 나름대로 통합, 구현해보려 했던 것이 바로 1930년대 후반의 동랑의 창작세계였던 것이다. 이러한 자신의 연출 실험을 그는 모험이라고 겸손해하면서 새로운 연극형태에 낯설어하는 관객을 걱정하기도 했다. 아니나 다를까. 그의 예측은 정확히 들어맞았다. 예측했던 대로 그 공연에 대하여 제대로 이해는커녕 비판만 따랐기 때문이다.

즉 한 신문은 그 공연에 대하여 "이번 공연이 실패에 돌아간 것은 레퍼토리의 선정을 잘못한 것이 그 근본 원인일 것이다. 근대극의 모형을 벗어난 다분히 영화적 수법을 필요로 하는 새로운 타입의 이 작품은 그들의 힘에 부치는 일이었다.

---

52 오스카 G. 브로케트, 『연극개론』, 김윤철 옮김(한신문화사, 2009), 450면.

실력을 무시한 야망이요, 빈약한 무대장치와 몰이해한 음악적 해석으로 실패했다. 우리가 흔히 아메리카의 영화에서 볼 수 있는 흑인들의 생활, 무지하고 신앙심이 깊고 순박하고, 그러나 항상 춤과 노래를 잊지 않는 낙천적인 흑인들의 성격, 이러한 그릇된 해석을 연극 〈포기〉는 그대로 받아들였던 것 같다. 아메리카인이 보는 흑인과 우리가 보는 흑인은 좀 더 근본적 차이가 있어야 할 것"[53]이라고 엉뚱한 비판을 하기도 했다. 언론의 비판은 전해에 극연 5주년 기념공연으로 무대에 올렸던 〈춘향전〉에 대해서도 그것이 신극이냐면서 시비를 걸었고, '관중이 있어야 연극이 존재할 수 있다'는 동랑의 주장에 대하여도 '흥행극단으로의 타락에 불과한 것'이라고 맹비난한 것이다.

이처럼 그의 전문극단으로의 이행 노력은 말할 것도 없고, 〈포기〉의 공연 역시 그가 미국의 입장에서 작품을 해석하고 캐릭터를 제대로 무대 형상화한 것임에도 불구하고 바로 그것이 잘못된 것이라는 투의 무지한 비판만 뒤따랐던 것이다. 당시 비평가들이 라인하르트나 메이예르홀트 등과 같은 선진적 연극 메소드에 어두웠기 때문에 그가 비판받은 것이었던 만큼 결국 너무 앞서가는 것이 그를 당혹스럽게 한 것이다. 그런데 무엇보다도 여기서 주목하지 않으면 안 될 것은 그의 줄기차게 앞서가려는 실험정신이다. 그는 이미 1930년대 중반에 들면서 '연극은 진선미의 요지경이어야 한다'는 확고한 연극관을 굳혀가고 있었다. 그가 그처럼 앞서갈 수 있었던 것은 라인하르트라든가 메이예르홀트 등과 같은 선진적 연극론을 섭렵하고 그들의 연극 메소드를 이 땅에서 실험해보려 했던 것이다. 다만 당대인들이 그를 이해하지 못했을 뿐이다.

그가 처음 연출한 미국의 새로운 작품에 대한 비판이 따르자 다시 사실주의 작품을 새롭게 만들어보려고 자신의 대표작 〈소〉를 경기경찰국에 검열 신청을 하게 된다. 그가 이 작품을 1년 전에도 신청했다가 곤욕만 치르고 무산된 바 있었는데 이번에는 분위기가 더욱 험악했다. 일본 경찰이 시간이 흐를수록 감시를 강화시켜 가면서 연극인들의 일거수일투족에 신경을 곤두세운 이유는 1937년 7월 노구교(蘆溝橋)사건을 시발로 하여 중일전쟁을 벌이면서였다. 저들이 거대한 중국을 상대로

53 『매일신보』 1937.1.26.

전쟁을 벌이면서 국민의 단결을 꾀하자니 자연히 사상 탄압이 시급했던 것이다. 그 전해까지만 해도 간단히 넘어갔을 문제도 1937년 여름부터는 살벌할 정도로 억지를 부리며 방해를 한 것이다. 따라서 〈소〉에 대해서도 저들이 요구하는 대로 대폭 수정하는 것을 전제로 하여 공연 허가를 받아내긴 했지만 제목은 엉뚱하게도 주제와는 정반대의 〈풍년기〉로 둔갑되었다.

한편 극연 기관지인 『극예술』도 겨우 제5호를 내고 무기 정간당했으며 〈소〉까지 난도질당하고 경찰서에도 드나들면서 곤욕을 치르면서 그가 너무 절망한 나머지 다음 연출을 다른 사람에게 맡기고 한발 뒤로 물러앉기도 했다. 그로서는 연극하는 것이 정말 싫어졌고 무서워지기까지 한 것이다. 이때 그는 일제의 극악한 탄압이 하루 이틀이 아니지만 밥벌이도 되지 않는 이런 연극을 그런 식으로 계속해야 하는가 하는 회의에 빠지지 않을 수 없었다. 게다가 〈포기〉 공연의 반응에서 볼 수 있듯이 일반 관객이나 매스컴에서조차 제대로 이해를 못 해주는 데 대해서도 그는 난감한 생각을 하게 된 것이다.

그뿐만 아니라 그때 서항석이 연출한 〈부활〉(일명 〈카츄-샤〉) 공연에 대해서는 더더욱 비난의 날을 세운 바 있었다. 극연으로서는 어떻게든 단체를 살려보려고 고육지책으로 선택했던 레퍼토리였는데 식자층에서는 대단히 비판적이었고 분노를 터뜨리기도 했다. 즉 한 신문은 그 공연과 관련하여 "〈카츄-샤의 새로운 해석〉이라는 선전문으로만은 풀리지 못하는 점이 많다. 하등의 새로운 해석을 발견치 못한 관객들로 하여금 흥행 가치만을 노리기 위한 레퍼토리가 아니었던가 하는 오해를 갖게 할 뿐이다. (……) 극연이 1개월 1회 공연을 무리하게 실현시키기 위하여 이러한 슬럼프를 자주 계속하는 것을 관중들은 원치 않는다. 반드시 1개월 1회의 공연이 아니라도 좋다. 조제남조(粗製濫造)의 극을 보여주는 것을 혐오하는 연극적 교육을 관중에게 길러주는 중대한 역할을 한 것은 극연 자신임을 잊지 말아야 할 것이다. 우리는 초대의 정열과 진지한 연구적 태도를 언제까지 버리지 말기를 바랄 뿐이다."[54]라는 혹평도 나왔다.

모처럼 극연이 아마추어리즘을 탈피하고 전문극단으로 발돋움하려는 일련의 시

54 「극연 16회공연 〈카츄-샤〉 평」, 『매일신보』 1937.4.14.

도가 연극 실정을 모르는 식자층으로부터 거센 비판과 함께 제동까지 걸고 나선 것이다. 극연에 대한 이러한 비판은 극연이 재정 타개용으로 영화부를 설치하면서 극에 달했다. 가령 『동아일보』 문예부장 자리까지 내던지고 극연의 재정을 담당하고 있던 서항석은 「극연 경리의 이면사」라는 글을 통하여 "극연으로서 중대한 난관이 있다. 언제까지나 우리는 결손에 허덕여야 할 것인가? 지금부터 우리는 차차 생활의 협위(脅危)를 받기 시작했다. 좀 더 예술 방면에 정진하려 하면서도 뜻대로 되지 않아 고민하고 있다. 누구 우리들의 고민을 알아주는 이가 없는가"[55]라고 한탄했던 것은 그들이 만부득이 영화부라도 만들어서 재정문제를 타개해보고자 한 고육지책의 한 방편이었음을 알 수가 있다. 물론 이러한 그들의 구상도 사계로부터 비판받기는 마찬가지였다. 그런데 더욱 큰 문제는 여론에서만이 아니라 동인들 내부에서도 비슷한 저항이 나왔다는 점이다. 실정을 너무나 잘 알고 있던 서항석과 동랑만이 찬성 쪽일 뿐 문사들 대부분은 여전히 이상주의자들로서 순수만 고집한 것이다. 이처럼 극연 자체에서 내부 균열이 야기된 것이다.

이러한 내우외환(內憂外患)의 상황은 동랑으로 하여금 연극운동에 대하여 근원적인 회의를 갖게 만들었다. 이제는 그도 경찰서에 드나드는 일이 지겹고 극단에 목을 매고 있는 직업연극인들을 먹여 살리지도 못함으로써 그들 가족들에게 죄를 짓는다는 생각을 하면서 아무런 보람도 없는 연극을 계속해야 하는가에 대한 깊은 자괴감과 회의 속에 번민의 밤을 지새우는 날이 많았다. 그가 결혼 전까지만 해도 난관을 당연시하면서 그렇게까지 심한 낙망은 하지 않았으나 가정을 꾸려가면서부터는 달라졌다. 그에게 당장 가족을 먹여 살려야 하는 책무도 절박하게 다가왔기 때문이었다.

특히 연전에 극연의 무대를 실질적으로 이끌던 11명의 배우들이 떠날 때 그에게 많은 상념을 일으키게 만들었었고, 그들을 붙잡지 못한 책임감과 죄의식도 그의 마음 한구석에서 떠나지 않았던 것이다. 일찍이 연극을 통한 민족계몽을 위해 한 몸 바치기로 했던 거대한 꿈이 냉엄함 현실의 벽에 부딪히면서 그는 절망과 허무감 속에서 번민의 나날을 보내고 있었다. 바로 그때 그의 내면에서는 구약의 「코헬렛

55 서항석, 「극연경리의 이면서」, 『극예술』 제5호.

서」에 적혀 있는 "허무로다, 허무! 모든 것이 허무로다. (……) 지혜와 지식과 재주를 가지고 애쓰시고는, 애쓰지 않은 다른 사람에게 제 몫을 넘겨주는 사람이 있는데, 이 또한 허무요 커다란 불행이다. 그렇다, 태양 아래에서 그 모든 노고와 노심으로, 인간에게 남는 것이 무엇인가? 그의 나날은 근심이요 그의 일은 걱정이며, 밤에도 그의 마음은 쉴 줄을 모르니, 이 또한 허무로다."[56]라는 말씀이 용틀임하는 것 같았다.

이때(1937년 가을)부터 그는 처음으로 연극계에서 일단 떠나야겠다는 결심을 하게 된다. 마침 청평(양평군 설악면 사룡리, 일명 자잠)에는 처가의 넓은 땅이 있었기 때문에 장인에게 간원(懇願)해서 3천 평을 확보할 수가 있었다. 일단 연극 현장을 떠나 과수원을 가꾸어 살면서 창작이나 해보려 한 것이다. 그때의 사정과 관련하여 그는 한 에세이에서 다음과 같이 쓴 바 있다.

> 내가 이 남이섬에서 멀지 않은 자잠에다가 과원(果園)을 계획하려는 것은 결코 현실을 초연해보려는 데서 온 계획도 아니요, 그렇다고 현실의 흙탕 속에 헤엄쳐보려는 브나로드식의 그것도 아니다. 다만 서울서 내가 하고 있는 연극운동이라는 것이 벌써 근 10년 동안이나 발버둥치고 있음에도 불구하고 신통치를 않다는 것이다. 이 신통치 않다는 것은 누구의 잘못도 아니다. 내 자신의 잘못이다. 결함은 내 자신에 있다. 내가 일을 신통하게 받들 능력이 없기 때문에 결국은 일이 신통치 않은 것이다. 여기에서 나는 연극 실제를 단념하고 쥐구멍으로 들어가려 한다. 즉, 도피하려는 것이다. 연극운동이란 정치운동의 사교와 수단과 기개를 가져야 한다. 그러나 나는 인간적으로 연극 실제가로서의 나의 큰 불행이 있는 것이 아닐까 한다. 나는 내 성격에 맞지 않는 연극 실제에서 떠나서 조그마한 과원에 의식주(衣食住)를 부치면서 한동안 창작에만 전심해볼까 한다.[57]

이상과 같은 그의 글에는 여러 가지로 음미케 하는 대목이 함축되어 있다. 우선

---

56 『구약성서』, 「코헬렛서」 1:2, 2:21~23.

57 유치진, 「한강유반(流畔)」, 『동랑 유치진 전집』 6(서울예대출판부, 1993), 155~156면.

그가 그처럼 절체절명처럼 생각하고 헌신했던 연극 현장을 일단 떠나겠다는 결심을 처음으로 밝혔다는 점이다. 그런데 그는 연극 현장을 떠나는 배경이 현실 초탈이나 농촌계몽운동 등과는 아무 관계가 없으며 하나의 도피라고 했다. 그 도피의 이유는 순전히 자신의 결함과 역량 부족에 있다고도 했다. 이는 자신을 낮추는 데 그치지 않고 자학에 가까운 것이었다. 당시에는 연극운동도 정치운동 비슷하게 사교성도 있어야 하고 수단과 기개까지 갖춰야 하는데, 자신에게는 그런 면이 없어서 운동가로서는 적합지 않다고 본 것이다. 그래서 당시 상황에서는 연극운동이 자신의 성격에 맞지 않는 예술 분야라고까지 했다. 이러한 그의 주장에는 일리가 없지 않았다. 왜냐하면 그는 실제로 선비형의 인물이어서 전혀 융통성이 없었기 때문이다. 이러한 선비형 작가에게 식민지시대의 살얼음판 같은 연극 현장이 적성에 맞을 리가 만무했다.

그런데 그가 왜 하필 양평의 자잠 지역에 과수원을 만들려고 했느냐는 것이다. 전술한 바도 있듯이 처가에는 여기저기 땅이 많았다. 구한말에 처조부 심상훈 대감이 고관대작을 오래 지내다 보니 임금으로부터 하사받은 땅이 여러 곳에 있었지만 동랑이 워낙 자잠을 좋아하고 있었기 때문에 그곳을 과수원 겸 주거지로 삼으려 한 것이었다. 그는 에세이에서 "나는 본시부터 경춘가도를 퍽 좋아하는 편이다. 자동차를 타고 가면 그 기기첩첩한 가도 경치는 무미단조한 다른 신작로에 비할 것이 아니다. 강물을 끼고 산을 돌고 천야만야한 계곡을 바느질해가는 조망은 쉽사리 잊혀지지를 않는다. 경춘가도에서 내려서 청평천에서 자잠으로 들어가는 15리 동안의 한강 상류 풍경도 매우 좋다. 전 여울에서 성황당으로 올라가는 동안의 강은 호수와 같이 고였다. 양편에는 준엄한 산을 꼈다. 고요한 강에 투영된 산 그림자는 호수에 뜬 구름이다."[58]라고 멋지게 묘사할 만큼 일찍부터 그 지역을 마음에 들어 했었다. 물론 그가 과거에는 거기다가 과수원을 만들어 살 곳으로 생각했던 적은 없었다. 다만 괴로운 연극 현장에서 벗어나려다 보니 그곳이 자연스럽게 떠올라서 정한 것이었다. 그가 또 시골 출신이다 보니 풍광이 수려한 그곳에 끌리기도 했다. 물론 서울에서 가깝다는 것도 한 요인이긴 했다.

---

58 위의 글.

그러나 시골을 전혀 모르는 순수 서울 토박이인 아내 심재순은 극구 반대했다. 학교도 병원도 없는 척박한 한촌에서 어떻게 아이들을 키우며 살겠느냐는 것이었다. 아내만 반대한 것도 아니었다. 평소 인생의 멘토처럼 모시고 있던 김철중(金鐵中) 노인 역시 그에게 "농촌으로 가신다구요, 그게 무슨 말씀이오? 아직 이릅니다. 20년만 더 일하시오. 당신네 같은 젊은이들이 서울서 일해주지 않으면 누가 합니까? 나는 나이 60이지만 더 일하고 싶소. 내 나이쯤 되셔서 은퇴하여도 늦지 않소." 라고 만류한 것이다. 그러한 주변의 반대에도 불구하고 그는 아내를 설득하고 달래면서 자신의 구상을 실천에 하나하나 옮겨가고 있었다. 그 시절 자신의 심정과 관련하여 그는 "사실 내가 해오던 연극 실제를 버리고 시골로 들어박힌다는 것은 견딜 수 없는 일이다. 그러나 아무리 해보려고 해도 안 되는 바에야 차라리 중이나 되는 수밖에 없다. 그리고 내 힘으로는 서울서는 경제적 생활 토대를 잡을 수 없었다. 매월 생활비 150원은 있어야 살겠는데, 도저히 그런 수입을 바랄 수 없는 일이다. (……) 내 생각에는 서울의 3분지 1의 생활비면 자잠서 살 수 있을 것 같다. 생활은 미결수(未決囚)와 같이 불안한 그날그날을 보낸다. 인생은 영원한 미결수인지도 모른다. 적어도 내게는 그런 듯하다. 생활과 예술의 미결수 속에서 나는 헤매고 있다."(「한강유반」)고 심경을 토로했었다.

솔직히 생활은 그동안 아내가 전적으로 친정의 도움을 받아 이끌어왔지만 1938년 정월에 둘째(德馨)까지 태어나면서부터는 그의 어깨를 더욱 짓누르고 있었던 것이 사실이었다. 솔직히 정상적인 가정이라면 남편이 생활을 주도해야 마땅한 것임에도 불구하고 그는 연극운동을 한답시고 가정생활에 아무런 도움을 못 주고 있는 데 대한 자괴감으로부터 하루라도 빨리 벗어나고 싶어 과수원을 생각해낸 것이었다.

그리하여 그는 그동안 구상한 것을 곧바로 실천에 옮겨갔다. 그때의 진행 과정과 관련하여 그는 "과목도 심어놓고 했기 때문에 나는 종종 자잠엘 갔다 온다. 몇 해 후에는 아주 정주(定住)할 생각이다. 원예기술에 대해서는 아우를 경기도 농사시험소에 보내서 학득(學得)시키고 있다."고 쓴 것으로 보아 그의 귀농(歸農) 의지가 확고했음을 보여주고 있다. 여기서 그가 아우라고 지칭한 사람은 고향의 작은 학교 통영협성상업학교에 재직 중이던 바로 밑 동생 청마 유치환(柳致環)이었다.[59]

왜냐하면 그 자신은 여러 면에서 어려움에 빠져 있던 극연의 실질적인 리더여서 당장 서울을 비울 입장이 못 되었기 때문이다. 아우 청마가 농사시험소에서 교육받고 있는 동안에 그는 원예에 정통한 친구(金昱柱)와 일본인 전문가 두 사람(久次米, 熊谷), 그리고 그 동네 사람들의 자문을 받아 3월 들어서 배나무 3백 주와 포도, 사과, 복숭아 등을 본격적으로 심어나갔다. 그리하여 그가 이 나무들이 자라는 2, 3년 뒤에는 그곳에 정주할 결심이었다.

그가 자잠에 과수를 심고 있던 3월에 극연이 큰 혼란에 빠지는 수모를 당하는 일이 발생했다. 즉 일본 제국주의자들이 중일전쟁을 확대해가면서 우리 국민을 황국식민화하겠다면서 숨 막힐 정도로 사상 탄압을 하는 중에 극연에 회명 개칭(會名改稱) 명령을 내린 것이다. 좀 더 구체적으로 말하면 일본 경찰 당국이 그동안 지식인이 많이 모여 있는 극연을 눈엣가시처럼 여겨오다가 1938년 3월 20일을 전후하여 극연에 최후통첩식의 공문을 보내온 것이다. 그 내용은 '연구회로서 존속할 수는 없고 만일 전문극단으로 전향을 한다면 무방하다'는 것이었다. 저들의 생각에 연극단체에 후원자니 뭐니 하면서 지식인들이 수십 명이 모여 있는 것은 문제가 있는 것이므로 차제에 불순한 요소를 제거하겠다는 것이었다. 이에 극연은 3월 27일에 간부회의를 열어 진로를 결의한 후 곧바로 임시총회에서 극연좌로서 활동키로 했다. 이 임시총회에서 동인들은 '본래의 정신만 살리면 그만이니 전문극단으로 전향을 하고 양심적 연극만 하자'[60]고 결의한 후 16조로 되어 있는 좌칙(座則)도 발표했다. 그런데 좌칙에 보면 계획부, 무대부, 그리고 영화부를 두기로 한 것으로 미루어보아 극연좌가 본격 전문극단을 지향했음을 알 수 있다.

이러한 극연의 방향 설정에 따라 창립 동지와 지도급 인사들 중에서는 그와 서항석, 장기제 등 세 사람만 남고 대부분 2선으로 물러나기로 했는데, 이는 곧 탈퇴를 의미하는 것이기도 했다. 물론 그 이전에도 하나둘 극연을 이탈했는데, 가령 홍해성을 비롯하여 윤백남이라든가 최정우 등이 일찌감치 극연을 떠났으며 후에

---

59 차영한의 『니힐리즘 너머 생명시의 미학』(2012), 124면에 보면 "1939년도 말 통영협성상업학교를 결국 그만 둔 청마는 아나키스트의 꼬리표가 붙어 다녀, 1940년 만형 동랑의 처가(妻家) 소유농장 관리인이라는 명목으로 탈주(脫走, 청마 자신이 쓴 글에서 탈주라고 함)하게 된다."고 씌어 있는데, 처가 소유농장은 동랑이 일군 과수원이며 그 연도는 1938~1939년이 맞다.

60 「전문극단으로 전향한 극예술연구회 진상」, 『조광』 1938년 5월호.

가입했던 박용철은 타계했으므로 창립 멤버들 중에서 그와 서항석, 그리고 장기제 등 3명만이 끝끝내 극단을 지키게 된 처지였다.

극연의 극연좌로의 방향 전환을 기하여 그가 두 편의 중요한 글을 발표했는데, 그 하나가 「조선 연극운동의 당면 과제」라고 한다면 다른 하나는 「조선의 연극은 어디로」였다. 그러니까 전자에서는 전문극의 개념과 당위성을 구체적으로 정리한 것이라고 한다면 후자에서는 극연좌의 지향점을 명징하게 밝힌 글이라고 볼 수가 있다. 즉 그는 전자에서 당시 우리 연극계에서 혼란스러워하는 소인극과 흥행극, 그리고 전문극의 차이점을 살피는 가운데, 소인극은 우리에게 있어서 근본적인 연극혼을 불러일으키는 중요한 연극운동 방식이지만 딜레탕티슴의 한계를 지니며 흥행극은 수익성만을 추구하기 때문에 조악한 작품도 서슴지 않는다고 했다. 그러면서 그는 연극 전문화와 관련하여 다음과 같이 자신의 생각을 밝혔다.

> 연극의 전문화란 연극을 팔아서 밥을 먹겠다는 것이 아니다. 물론 밥을 먹게 된다면 그 이상 더 이상 없겠지마는, 그보다도 연극의 전문화에서 먼저 문제될 것은 우선 연극에 대한 자세를 고칠 것이다. 즉 여태까지의 소인극에 있어서는 연극은 여가 있는 대로 하는 일이었다. 악의로 말하면 소일거리요, 공정하게 말해서 생활의 종속물이었다. 그 태도를 고쳐서 내 연극이 내 일생의 사업이란 '신념'을 가지자. 이 신념 아래에서 연극을 생활의 최선봉에다가 내세우자. 즉 소인극에 있어서 연극이 생활의 부차적이던 것이 전문극에 있어서는 제1차적으로 수정되는 것이다. 따라서 소인극에서는 다분히 기분으로 좌우되던 운동이 전문극에서는 이성(理性)으로 운행된다. 그리하여 자기의 전 두뇌와 정력을 바쳐서 한 덩어리가 되어 연극 집단을 정확하고 신속하게 운전하자는 것이다.[61]

이상의 글에서 확인할 수 있는 것처럼 그가 생각하는 전문연극이란 그동안 극연이 해왔던 여가로서의 연극, 즉 아마추어 연극을 한층 업그레이드한 본격적인 연극을 가리키는 것이라고 했다. 그러면서 그는 극연과 관련하여 "종래 회(會)가 가지

61 유치진, 「조선 연극운동의 당면 과제 - 연구극 · 흥행극 · 전문극」, 『동아일보』 1938.4.22.~24.

던 모든 딜레탕티슴의 기분적인 폐해와 아마추어의 호사적인 방심을 일소하여 연극을 일생의 사업으로 생각하는 각오를 결속하되 연극 각 부문에 있어서는 우수한 연극예술가를 배출시키자. 그리하여 그 목표와 조직은 양심적인 연극의 완성에 두자. 그러나 회원 각자의 의식주만은 연극에서 타협할 수 없으니 별도로 구하자. 이것이 그 목표다."[62]라고 했다. 그러니까 극연이 그동안 해온 아마추어 연극이 한계에 도달한 만큼 새 국면을 열어가려면 완성품을 만들어내기 위해 온몸을 던져서 해야 한다는 것이었다.

그가 곧이어 쓴 「조선의 연극은 어디로」라는 글에서도 전문연극과 극연좌의 진로와 관련하여 "연극 전문화란 다른 것이 아니다. 전업적으로 연극에 매달려서 연극예술을 완성시키며, 그럴 수 있도록 생계를 세우자는 것이다. 극연이 연극 전문화의 길을 취했기 때문에 세간의 의혹이 많은 모양이다. 그러나 직업이란 생활의 가장 단적인 표현이다. 저술가가 저술을 직업으로 삼는 데 무슨 의혹이 있으랴! 그러나 한 가지 경계할 것은 현대 사회현상으로써 오인은 '빵' 때문에 일수 뜻 없는 짓을 하기 쉽다. 즉 화가가 빵을 위해서 마음에 없는 그림을 그리는 등이 그것이다. 이럴 때 이 화가의 그림 그리는 직업은 벌써 그의 예술에서 탈선하는 것이다.

극연이 연극 전문화의 길을 택한 데 대해서 세간에서 의혹의 눈으로 감시해주는 것은 극연이 혹시나 이 화가의 예와 같이 그 예술에서 탈선이나 아니할까 염려해주는 마음에서 그럴 것이다. 그러나 극연은 극연으로서 전통이 있다. 극연의 전통이란, 첫째 연극을 예술적으로 완성시키려는 것, 둘째 그 완성된 예술로써 문화를 사랑하는 시민의 지력과 교양과 취미와 오락을 북돋우자는 것"[63]이라고 하여 극연좌의 입지를 명징하게 밝혔다. 그가 굳이 이러한 글을 쓰게 된 것은 당시 극연이 전문극단 극연좌로 탈바꿈하면서 일부 식자층으로부터 우려하는 분위기가 충일해 있었기 때문이다. 따라서 그는 그러한 우려를 불식시키면서 동시에 극연좌가 나아갈 방향도 확실하게 밝혀놓아야겠다는 생각으로 그러한 글을 쓰게 된 것이다. 극연좌로 탈바꿈하면서 그는 다시 연출을 하지 않을 수 없는 상황에 놓이게 된다. 즉

62 위의 글.

63 유치진, 「조선의 연극은 어디로 - 우리 극계의 근황」, 『사해공론』 1938년 9월호.

그는 1년여 만에 극연 창립 7주년이면서 동시에 극연좌로 다시 태어나는 기념으로 미국 현대극인 〈목격자〉(맥스웰 앤더슨 작)를 부민관 무대에 올리게 된다. 그런데 그가 왜 이 작품을 선택하게 되었느냐가 관심 되는 부분이다. 그는 이 희곡을 레퍼토리로 선정하게 된 배경과 관련하여 우리 연극무대에서 접하기 어려운 시극(詩劇)이란 점에 끌렸다면서 다음과 같이 썼다.

> 작품 〈목격자〉에는 두 가지의 현저한 특색이 있다. 기(其) 1은 시로써 육박한 낭만적 기백이요, 기타는 저널리스틱한 사건을 적발하는 리얼리스틱한 비판이 그것이다. 이로써 보면 그가 〈목격자〉에서 개척한 문학사상의 업적이란 리얼에 입각한 로맨티시즘의 획득이 아닐까 한다. 나도 최근에 와서 우리 문학 — 특히 극문학 — 이 너무나 산문화하고 신변화(身邊化)하여 생활에 대한 의욕을 상실하여가고 있는 데 대하여 어떠한 의혹을 느낀 바 있어 작품과 생활에 대한 낭만의 기백을 요구한 바 있었다. 이 '낭만'이란 술어의 근본은 우리가 교과서에서 배운바 구름을 타고 가는 천사의 행적이 아니요, 일부적으로 곡해되어 있는 센티멘탈리즘의 동의어가 아니다. 생활에 육박하는 생활의 이념이요, 희원(希願)이요, 의욕이요, 그 에스프리다.[64]

이상에서 알 수 있는 것처럼 그가 굳이 이 작품을 선택한 이유는 뒷골목 삶의 밑바닥을 비판적으로 묘사하면서도 아름답게, 또 끝내 희망을 잃지 않는 긍정적 자세로 접근한 점에서 자신이 근자 주창해왔던 방향과 일치했기 때문이라고 했다. 그런데 그의 이 작품 선택에서 더욱 주목되는 점은 그가 라인하르트와 메이예르홀트식의 시적 상징주의극을 나름대로 시도한 데 있다는 사실이다. 이러한 그의 착안은 일단 성공했던 것 같다. 왜냐하면 그의 이번 작품이 비교적 호평을 받았기 때문이다. 가령 같은 연출가인 이서향은 "재래의 소인적 연구극단에서의 문학의 희곡적 상연을 넘어서서 연극의 극장적 연출에 성공"[65]했다고 썼으며, 월간 잡지 『비판』은

---

64 유치진, 「〈목격자〉 상연에 제하여 - 미국의 번역작가 맥스웰 앤더슨」, 『동랑 유치진 전집』 8(서울예대출판부, 1993), 330면.

65 이서향, 「연극계의 1년 총결산」, 『조광』 1938년 12월호.

"전원 일치한 열연은 긴박한 흥분을 관중에게 주었다."[66]고 호평했기 때문이다. 특히 이서향의 평에서 '연극의 극장적 연출'이라는 구절이 눈에 띄는데, 이는 동랑이 막스 라인하르트라든가 메이예르홀트의 연극 메소드를 자기화하여 무대형상화를 꾀하고 있는 데 대하여 관중도 조금씩 느껴가고 있음을 보여주는 것이어서 주목된다고 하겠다.

이어서 그가 자신의 작품 〈춘향전〉을 부민관 무대에 올린 것을 관극한 신예작가 김사량(金史良)도 공연평에서 "나는 오늘까지 그 기회를 얻지 못하고 다만 2, 3의 신파와 중간극만을 볼 뿐이다가 이제 극연의 〈춘향전〉을 보고 어쩌면 다소의 흥분을 억제치 못하였다. 그것은 조선의 연극도 이만큼이라도 진보하였다는 것과 그리고 이제 얼마든지 진보할 좋은 맹아를 가지고 있음을 발견한 것이다. 물론 〈춘향전〉은 이 극연에서는 '다마데바코'인 모양이다. 언제나 〈춘향전〉의 기획은 성공하였다는 것이 당사자들의 말이다. 번역극 혹은 현대극에 있어서는 이만한 성적을 올릴 수 없는 모양이나 제재 다사의 극연이니 장래는 그 방면도 개척할 것이라 기대된다. 조선의 신극은 영화보다 5년, 신파보다 3년은 앞선 것 같다. 연기자 제씨가 차츰 리얼한 어성(語聲)으로 대사를 읽게 된 것도 신극의 승리라 아니할 수 없겠다. 이 극단에서도 혼일(渾一)한 예술적 향기를 자아내는 시정신이 창일(漲溢)한 앙상블의 무대를 보여주리라고 기대한다."[67]고 하여 동랑의 연출 수준이 높음을 완곡하게 칭찬한 바 있다.

그럼에도 불구하고 극연좌의 활동은 극연시절보다 더욱 어려워져갔다. 왜냐하면 극단의 재정은 말할 것도 없고 경찰국에서 운영상황 등을 일일이 체크하고 감시했기 때문이다. 그런 지경에 이르자 극연좌 단원들은 지쳐갔고 더 이상 연극활동을 하는 것이 불가능하다는 생각을 하게 되었다. 그런 때에 마침 총독부로터 극연좌에 대한 강제 해산 명령이 내려진 것이다. 울고 싶은 놈 뺨 때려준 격이 된 것이다. 그것이 1939년 5월 13일이었으니 극연이 전문극단으로 강제 전환된 지 1년 2개월 만이었다. 동랑으로서도 만 8년 동안 극연을 통하여 가시밭길의 연극운동을 펴오

66 『비판』 1938년 9월호 참조.

67 김사량, 「극연좌의 〈춘향전〉을 보고」, 『비판』 1939년 6월호.

면서 심신으로 지쳐 있었기 때문에 극단 해체가 오히려 홀가분했었다.

그는 그동안 첫째 아우 치환에게 일임하여 가꿔온 자잠의 과수원을 돌보면서 희곡이나 쓰겠다는 결심을 했다. 게다가 1939년도에는 셋째 아들(洗馨)까지 태어나 다섯 식구의 대가족이 되어서 그의 어깨는 더 무거워졌지만 청평에 심어놓은 과수가 잘 자라고 있어서 사는 데 지장은 없을 것이라고 생각했다. 그런데 일이 안 되려는지 총독부에서 청평수력발전소를 만든다고 댐을 막기 시작한 것이 아닌가.[68] 그러니까 총독부가 한강을 막자 청평댐이 되면서 그가 정주하려고 3년 동안 애지중지 가꿔온 과수원이 수몰될 위기에 봉착한 것이다. 따라서 그의 아름다운 꿈이 청평댐의 푸른 물속으로 사라져버린 것이다.

그때의 사정에 대하여 그는 한 에세이에서 "이미 세상도 아는 바와 같이 이번에 한강수력전기회사라는 회사가 생겨서 북한강을 네 군데나 가로막아 수력 전기를 일으킨다는 것이다. 네 군데란 금화·화천·춘천·청평천의 그것인데 화천과 청평천은 이미 공사가 시작되었다. 이 통에 내가 3년 전에 새로 계획하여 경영하려던 과원(果園)이 물속에 묻히게 되었다. 이 큰 공사에 희생되는 것은 비단 내 과원뿐이 아니겠지마는 나로서는 몇 해를 두고 꿈꾸어서 겨우 완전한 생활의 설계도가 다 된 과원이 송두리째로 익몰(溺沒)되게 되니 정말 그 섭섭한 감을 갖다 버릴 곳이 없다."고 애통해한 바 있다.

그렇다면 동랑이 꿈꾸었던 샹그릴라는 어떤 곳이었을까? 그에 대하여 그는 「상전벽해」라는 에세이에서 "안 산(山) 송림(松林) 사이와 동리 군데군데에다 가는 버드나무를 심고 개울가에는 수양버들을 쭉 내려 심고 가까운 뒷산은 밤나무밭(栗園)을 만들고 뒷밭에는 배나무를 심고 앞뜨락 사양한 데다간 복숭아와 포도나무를 심고, 서재는 강변 차돌로 짓고 추워서 잘 크지는 않겠지만 감나무도 한 주쯤은 있어야 겨울 동안에 어린것들의 용용이가 될 테고 정거장까지 타고 다니게끔 당나귀도 한 마리 쳐야겠고"[69]라고 하여 마치 중국 초(楚)나라 때 노자(老子)가 꿈꾸었던 유토피아와 비슷할 정도로 매우 소박한 이상향이었다. 이처럼 그가 한평생의 설계로

68 일제시대인 1939년 초 한강수력전기(주)가 착공하여 1943년 7월에 1호기, 10월에 2호기를 완성.
69 유치진, 「桑田碧海」, 『동랑 유치진 전집』 6(서울예대출판부, 1993), 169면.

서 그의 표현대로 '꿈속 같은 그곳'에서 창작에 몰두해보려고 했던 것이 청평댐의 전화(電化) 사업으로 무산되고 만 것이었다. 따라서 그는 청평수력발전 사업이 시작되자 '나의 꿈이 깨어졌다'고 한탄했고, "그동안의 몇백 주의 과목을 심어놓고 나무를 가꾸고 토질을 걱정하던 보람 없이 그냥 그대로 수중 속으로 들어갈 모양"이라면서 울분을 토하며 기약 없이 서울의 집에 칩거하게 된다.

5. 일본 군국주의의 광풍 속에서

참된 인간은 설사 어두운 충동에 끌리는 일이 있어도 바른 길을 잃지 않는 법이다.
_괴테 『파우스트』

1) 일제의 문예 탄압과 동랑의 생존 방식

일본이 대륙 침략의 꿈을 키워온 것은 아주 오래전부터였다. 조선시대 이전부터 이 땅을 끊임없이 침범했던 것도 실은 섬나라로서 드넓은 대륙으로 진출해보고자 감행했던 야욕의 일단을 드러낸 것에 지나지 않았다. 그런데 저들은 한국 병탄 후에는 조선 땅만으로 만족 못 하고 더 넓은 만주까지도 수중에 넣으려는 음모를 꾸미기 시작해서 드디어 1931년 그 유명한 만주사변을 일으키기에 이른다. 물론 거기에는 저들의 대륙 진출에의 오랜 꿈의 현실화와 함께 대동아 공영권 구축이라는 더 원대한 야심도 작용했음은 두말할 나위 없는 것이다.

만주사변을 굳이 1931년에 일으킬 수밖에 없었던 것은 미국의 경제 대공황에 따른 저들의 다급한 상황 타파라는 시대적 배경이 작용했다는 것은 다 알려진 사실이다. 그런데 저들은 대륙 침략전쟁의 제1보이며 더 나아가 제2차 세계대전의 서막이기도 했던 만주사변을 계기로 이 땅을 병참기지로 삼는 것이 하나의 필수적 수순이었다. 그 과정에서 저들의 신속한 조선 압박 과정이 어떻게 전개되어갔었는가는 일본 역사학자들이 쓴 『한국근대사』(渡部學 편, 김성한 옮김)에 소상하게 나타나 있다.

그러니까 저들이 이 땅을 대륙 침략의 병참기지로 만들려면 한반도를 식량기지화해야 했고, 전쟁 수행에 필요한 물자, 특히 무기생산에 필요한 중화학공장 설립이 따라야 했으며 한국 민중을 일본인화해야 하는 것이 필수적이었을 것임은 명약관화한 것이었다. 따라서 저들은 우선 한반도를 완전 장악하기 위하여 3·1운동 이후 취임한 사이토 마고토(齋藤實) 총독이 우리 민중을 안심시키려고 잠시나마 펴왔던 소위 문치주의를 접고 군 출신의 우가키 가즈시게(宇垣一成) 총독을 임명하여 당초 저들이 구상한 대로 하나하나 음모를 구체화해나갔던 것이다. 그 첫 번째가 소위 농촌진흥운동이었는데, 이는 한국 병탄 이후 토지수탈과 식량착취 등으로 대다수 농민이 초근목피로 연명하는 처지의 농촌 피폐로 민심이 흉흉하고 일제에 대한 반감이 최고조에 달해 있는 데 대한 저들 나름의 일시적 속임수 무마책이었다.

저들의 농촌진흥운동이란 "전선(全鮮) 총동원, 즉 모든 공사의 기관, 모든 계급, 전체 민중이 일치 협력하여 수행하는 일대 국민운동을 일으킴으로써 그 운동의 과정에서 내선의 융화도, 악사상의 시정도, 노사의 협조도, 누습의 타파도 경제의 갱생도, 생활의 안정 내지 향상도, 지방자치의 발달 등도 이 같은 분위기 속에서 확립한다는 것이었다.[1] 그리고 저들은 이 농촌진흥운동을 통하여 위급할 경우에도 모국 일본을 배신하지 않는 대륙 침략의 거점인 식민지로 재편성하려던 것이었다.[2]

가령 저들이 펼친 농촌진흥운동의 내용을 보면 농가경제의 재건과 운동의 대상을 직접 농가의 뜰에까지 파고든 것, 그리고 '물심일여'라 하여 민족운동이나 사회주의운동을 밑바닥부터 제압할 수 있는 명분을 숨길 것 등 세 가지였는데, 이는 곧 한국 민중을 완전 장악하기 위하여 당장 굶주리는 농민들에게 갈증을 채워줄 만한 빵을 제공하면서 교묘하게 황국농민화를 실현시키는 데 궁극적인 목표가 두어졌었다. 따라서 농민의 생활 향상은커녕 피폐만 더해갔을 뿐이었다. 왜냐하면 일본인 대지주로의 집중화와 소수의 한국인 지주들의 소작농 착취가 농민을 파탄시켰기 때문이었다. 저들은 또한 전쟁에 필요한 무기생산에 필수적인 광물자원 확보를 위하여 산금 장려 정책이라는 것을 써서 이 땅의 지하자원을 싹쓸이하는가 하면 섬유 확보를 위하여 남면북양(南棉北羊) 정책이라는 것도 내놓아 가뜩이나 어

1 1934년 11월 10일 총독부 「각도 농촌 진흥 지도주임자 타압회에서의 총독 구연 요지」(조선총독부), 5면. 『한국근대사』, 175면에서 재인용.

2 우가키 가즈시게, 「조선 통치에 취임하여」(『조선』 1932년 2월호). 『한국근대사』, 175면에서 재인용.

려운 농민들에게 목화를 많이 심도록 강요하기도 했다.

다른 한편으로는 그들의 수중으로 들어온 만주를 완전 장악하기 위하여 1936년에 만선척식주식회사라는 것을 만들어서 향후 15년 동안에 한국 농민 15만 호를 이주시키는 계획도 수립했다.[3] 15만 호면 대가족제도에서 적어도 150여만 명을 이주시키겠다는 것으로 추정할 수가 있는 것이다. 그런데 여기에는 몇 가지 목적이 있었는데, 궁극적으로는 만주를 장악하는 것에 있었지만 특히 농촌문제를 한국 땅 안에서만 해결하기가 어렵다고 보고 한국인들을 넓은 땅으로 이주시켜서 해결점을 찾고 또 한국 농민을 저들의 대륙 침략 첨병으로 삼는 일거양득으로 본 것이다.

그 두 번째는 한반도의 대륙 병참기지화로서 이 땅을 군수공창화로 만들면서 일본의 독점자본의 등장으로 인하여 한국의 자본이 자연스럽게 일본에 흡수되어갔으며 값싼 노동력을 착취한 것은 불문가지의 일이었다. 그 결과로 인하여 한반도는 황폐화가 가속화되어갔을 뿐이다.

그러한 처지의 한국인들에게 저들은 그럴듯한 명분을 제시했는데, 그것이 다름 아닌 소위 내선일체론(內鮮一體論)이라는 것이었다. 그 요지는 미국과 영국 중심의 패권제국주의로부터 아시아를 해방시키려면 일본과 한국이 힘을 합쳐 대항해야 한다는 내용이었다. 따라서 '한국인은 일본인으로 내지인과 함께 아시아 제 민족을 해방시켜야 할 주체이지 결코 해방되어야 할 객체는 아니다'라든가 '한국은 사라지는 것도 아니며 독립해야만 할 것도 아니다'라는 등의 엉뚱한 논리로 포장도 했다.

이러한 작업을 진행해가던 우가키 총독이 2·26사건 및 히로다(廣田) 내각 성립 후 전형적 파시스트라 할 관동군사령관 출신의 미나미 지로(南次郎) 총독으로 교체되면서 일제의 한국 통제는 더욱 강화되어갔다. 그리하여 미나미 총독은 부임 초에 벌어진 『동아일보』의 손기정 선수 일장기말소사건(1936.8.)을 빌미로 삼아 한국 내의 모든 독립·반일사상을 제압해갔는데, 그 방식은 물심양면에서 전쟁을 향한 총동원체제의 로드맵을 구축하는 것이었다. 그가 전쟁을 향한 총동원체제를 신속히 내걸 수 있었던 명분을 일장기말소사건이 벌어진 1년여 뒤에 발발한 중일전쟁에서 찾았음은 두말할 나위 없는 것이다.

---

3 위의 책, 176~177면 참조.

미나미 총독은 한국인들을 대륙 전쟁에 모두 내몰려면 우선적으로 그들을 일본 사람처럼 만들어야 한다고 믿고 내선일체의 이념부식 작업에 나섰다. 그것이 다름 아닌 신사참배 강요였다. 저들은 이미 3·1운동 직후 소위 '관폐대사조선신궁'이라는 것을 서울 남산에 세운 바 있었기 때문에 그것을 기점으로 하여 1939년 이후에는 서울과 청진에 호국신궁을, 그리고 백제의 고도인 부여에는 내선일체·동조동근(同祖同根)의 상징으로 부여신궁을 세운 것이다. 그런데 더욱 가증스러운 것은 전국 집집마다 가미다마(神棚)를 설치케 하고 매일 아침마다 참배하지 않으면 비국민이라고 몰아붙이는 데까지 이른 것이었다.

저들은 거기에 그치지 않고 그 악명 높은 '황국신민의 서사'라는 것을 제정하여 항상 제창하도록 하기도 했다. 그 내용은 "1. 우리들은 황국신민이다. 충성으로서 군국에 보답한다. 2. 우리들 황국신민은 서로 신애 협력하여 단결을 굳게 한다. 3. 우리들 황국신민은 인고단련 힘을 길러 황도를 선양한다."였다.[4] 저들은 일반 성인들에게야 그렇다 치고 일본말을 모르는 소학교생들에게까지 강요하여 일찍부터 세뇌 작업을 한 것이다.

그런데 저들은 자국 내에서도 통제를 강화해갔는데, 그것이 1937년 8월의 북지사변 직후부터였으며 그해 5월에 문부성에서 150페이지에 달하는 『국체의 본의』라는 책자를 만들어 전국의 각급 학교와 교화단체에 배포하기까지 했다. 책표지에 "대일본제국은 만세일계(萬世一系)의 천황황조의 신칙을 받들어 영원히 이를 통치한다."로 씌어 있었던 점에서 확인할 수 있듯이 군국통치 이데올로기 구축을 은밀히 꾸며가고 있었던 것이다. 그 핵심은 역시 근대 구미 사상의 근간을 이루는 자유주의와 개인주의의 배격에 초점이 맞추어져 있었던바 이는 곧 일본식 천황 추앙의 일사분란한 체제로의 지향을 꾀한 것이었다. 그러기 위하여 저들은 국민의 사상을 다잡아야 하는 단계로 갈 수밖에 없었고, 1937년 9월 들어서 내각정보위원회를 내각정보부로 바꾸고 언론 통제와 사상 선전에 본격적으로 나서기 시작했다.

그리하여 중일전쟁이 점차 확대됨에 따라 저들은 우선 자국 내에서의 사상·예술·학문상 일체의 자유주의적·개인주의적 경향에 대해서 강력한 탄압이 감행된

4 위의 책, 183면 참조.

것이다.[5] 즉 저들은 1937년 스즈키 모사부로(鈴木茂三郎), 사키사카 이쓰로(向坂逸郎) 등이 주동이 되었던 일본 무산당을 비롯하여 일본 노동조합 전국평의회와 노농파 관계자 417명을 '코민테른의 지령에 따라 인민전선을 책동했다'는 구실을 내세워 검거한 제1차 인민전선사건을 시작으로 하여 지식인들을 검거하거나 유물론적인 색채의 조직의 혁파와 그런 사상이 깃든 잡지 등을 폐간한 것이다. 저들은 사상 탄압에 그치지 않고 사상 개조에까지 나서기도 했다.

일제의 그러한 통제와 탄압 정책이 한국인들에게는 더욱 혹독하게 가해졌음은 두말할 나위 없는 것이다. 즉 저들은 자기 나라보다 앞서 1934년 한국의 좌파 문예인들 전체에 대한 탄압에 나서서 소설가 이기영을 비롯하여 윤기정, 이상춘, 박영희, 김유영 등 20여 명을 전라북도 경찰국에서 검거하고 대중에 영향력이 컸던 극단 신건설 해체에 나섰다. 그리하여 전북경찰국이 중심이 되어 경기도, 충청도 등 전국 8도에 걸쳐서 80여 명의 좌파 문예인들을 닥치는 대로 체포하여 이리, 임실, 김제, 전주 경찰서 등에 유치하고 순차 취조한 후 60여 명은 증거 불충분으로 석방하고 평론가 박영희 등 22명만 전주지방법원에 송치한 바 있었다.

그 외에도 저들은 1939년 유일의 순수 정통극단이라 할 극연좌마저 강제 해산하는 동시에 동경학생예술좌 동인들을 체포하기에 이른다. 당시 종로경찰서가 주동자로 주영섭을 지목하고 검거에 나섰는데, 당시 보도에 따르면 "사건의 내용인즉 동경에 있는 조선 학생들로 조직된 학생예술좌에서는 그들이 장차 학교를 졸업한 후 조선에 돌아오게 된다하면 새로운 극 단체를 조직하기 어려운 터이라 그 중요 간부 박동근, 이서향, 주영섭 등이 여러 차례 협의를 한 결과 현재 경성에 있는 극연좌로 동지를 들어가게 하야 장차는 극연좌의 세력을 잡아가지고 희곡을 통하여 좌익운동을 일으키기로"[6] 했다는 것이 죄목이었다. 이로 미루어볼 때 저들이 얼마나 일찍부터 신경질적으로 우리 연극을 탄압했는지를 짐작할 수 있다.

바로 이 시기에 대표적인 연극인 동랑 유치진이 치욕적인 고통을 당하는 일이 벌어진다. 물론 그가 연극운동을 벌이면서 여러 번에 걸쳐 경찰서를 드나든 일이

5 호쇼 마사오 외, 『일본현대문학사』, 고재석 옮김(문학과지성사, 1999), 211~213면 참조.
6 『매일신보』 1939.8.11.

있기는 하지만 이때와는 성격이 조금 달랐다. 총독부 당국에서는 동랑이 한국 연극을 이끄는 젊은 지도자로 지목되고 있었던 만큼 그의 기를 꺾어놓을 필요가 있었던 것 같다. 즉 동랑이 극연좌 해체 후에 실의에 빠져 있던 1939년 여름 어느 날 느닷없이 종로경찰서로 끌려간 것이다. 죄목은 두 가지였다. 한 가지는 주동자 4명이 기소된 학생예술좌 관련성과 각색극 〈춘향전〉의 불온성이었다. 동경학생예술좌는 창립 때부터 그가 멘토 역할을 한 것이 사실이지만 저들이 주장하고 있는 사회주의 사상 주입과는 아무런 관계가 없었다. 특히 그가 과거에 아나키즘에 심취한 적은 있지만 공산주의 사상에는 동조한 적이 없었기 때문에 아무런 거리낌이 없었다. 그런 그에게 〈춘향전〉을 불온한 작품으로 모는 것 자체가 가소로운 일이었다.

그러나 경찰은 단호했다. 얼마 전 요주의 인물로 찍혀온 연극 동지 김광섭(金珖燮)이 재직학교(중동고보) 학생들을 선동했다는 명목으로 구금되어 있었는데, 죄목 중에 김광섭이 〈춘향전〉(유치진 작)을 예로 들어 계급투쟁이론을 주입했다는 내용이었다. 따라서 그를 기소하려면 동랑이 그 작품을 그런 계열이라고 시인해야 한다는 것이었다. 어처구니없는 일이 아닐 수 없었다. 동랑이 단호히 부정했음은 두말할 나위 없었다. 그는 칼 마르크스 이전인 조선의 숙종조에 나온 원작을 각색한 것이 자신의 희곡 〈춘향전〉인 만큼 그런 주장은 터무니없는 것이라고 강력히 주장한 것이다. 그는 칼 마르크스가 살아 있었다면 개탄할 일이라고까지 했다. 그러자 경찰은 원작은 그렇지만 각색하는 과정에서 그러한 계급성을 투영한 것이라는 억지를 부리기도 했다. 이처럼 저들은 한 주일 동안 갖은 모욕과 구타 협박 등으로 심약한 동랑의 기를 꺾어놓는 해프닝을 벌이기도 했던 것이다.

그런 저들이 1938년 들어서는 20조로 된 '국가총동원법(國家總動員法)'을 공표했고 2월 들어서는 사상 동원 내선일체의 대중적 운동의 하나로서 육군특별지원병령이라는 것을 공표하여 그럴듯한 명분을 내걸고 한국 청년들을 전장으로 끌어내기 시작했다. 그 한 달 뒤에는 조선교육령이라는 것을 공표하여 한국어 사용금지, 일본어 상용을 공식화했다. 명분은 일본어를 모르는 군인이 어떻게 전장에서 총을 쏠 수 있느냐는 것이었다. 필자도 실제로 1944년에 소학교에 입학하여 일본말을 못한다고 교사에게 심한 구타를 당하고 자퇴한 일이 있었다. 이 시기부터 공공기관에서는 일본어만 사용했기 때문에 일본말을 모르는 사람은 차표조차 사기 어려웠다.

원산 근처 송전 해수욕장에서(1938). 앞줄 오른쪽이 동랑, 뒷줄 왼쪽에서 두 번째가 박용철, 세 번째가 정인섭.

더욱 가증스러웠던 것은 1939년 11월에 창씨개명의 법적 근거가 되는 민사령(民事令)의 개정(1940년 2월부터 실시)이었다. 이는 정신뿐만 아니라 외형까지 일본인으로 만들겠다는 것이어서 주목된다. 이의 연장선상에서 한국인들에게 흰옷을 못 입게끔 색복(色服) 장려까지 강제하여 순사들이 길거리를 다니면서 흰옷 입은 한국인들의 등 뒤에 먹물을 뿌리는 웃지 못할 일도 벌어졌었다. 거기다가 남성들은 머리를 빡빡 깎아야 하는 수모도 겪었다. 저들은 또 한국인들과 일본인들의 DNA를 섞는 작업까지 서슴지 않았는데, 그것이 다름 아닌 1939년에 제시한 '내선통혼(內鮮通婚)'이란 정책이었다.

그런데 대단히 교활한 저들이 유치하기 이를 데 없는 이런 황민화 작업을 벌이는 데 이용하려고 그럴듯한 어용단체 국민정신총동원 조선연맹(그해 10월 16일에 국민총력 조선연맹으로 개편)이라는 것을 조직하여 전면에 내세웠다는 사실이다. 그것은 민간 기구였지만 전국의 동・반까지 조직망이 완비되어 행정 기구와 표리일체를 이루었던 것이다. 총독부의 노골적인 관할하에 있던 국민정신총동원 조선연맹이 위력을 발휘하자 그 하부 외곽 단체들도 속속 등장했는데, 가령 김두정, 장덕수, 박영희 등이 관여했던 시국대응전선보국연맹(1938년 7월 발족)을 비롯하여 내선일체의 철저화를 사명으로 한 녹기연맹(綠旗聯盟), 친일파 이용구의 일진회 후신이었던 대동일진회, 최린(崔麟) 등 천도교의 투항파가 가담한 시중회, 그리고 조선문인협회, 동양지광사, 목요회 등이 속속 등장하여 활동을 펼치기도 했다.[7] 이들 중 상당수는 일본 내에서도 그랬던 것처럼 자발적이기까지 했었다.

이러한 상황에서 대다수 한국인은 일제의 폭압을 피하여 외견상으로는 굴종의 자세를 취했지만 내면적으로는 저항의 감정을 억누를 수밖에 없는 처지였다. 그러면서 다른 한편으로는 곳곳에서 사보타주를 서슴지 않았고, 적극적인 항일 투사들은 자결하거나 망명 혹은 저항하다가 피검되는 경우가 부지기수였다. 이에 저들은 1936년에는 사상범 보호 관찰이라는 것을 시행하였고, 1941년에는 '사상범 예비검속령'을 공표하여 저항의 싹을 계속해서 도려내는 흉포함을 보여주었다. 이 시기에 저들은 또한 연극영화 등의 공연물에 대한 검열을 강화하여 표현의 자유를 원천적으로 차단하기도 했다.

그런데 탄압만으로 소기의 목적을 달성할 수 있는 길이 아님을 저들은 잘 알고 있었다. 그것이 다름 아닌 어용화의 방식이었다. 그러니까 예술인들이 스스로 나서서 국책 예술을 하도록 장려하는 것이었다. 실제로 저들 나라의 일부 지식인과 예술인들이 국책에 적극 동조하고 나서기도 했다. 그것이 대체로 1937년 7월 신일본문화의회 결성부터였다. 이후 중일전쟁이 확대되면서 국책 전쟁소설이라 할 진중소설이 대중에게 읽혀서 국민들로 하여금 전의를 불태우게 했고, 그것은 연극영화로까지 확대되어갔다. 그리고 전쟁문학은 다시 농민문학으로 확산되는 양상을 보여주기도 했다. 1939년에 결성된 농민문학간화회가 바로 그 중심 단체였다. 그로부터 대륙개척문예간화회라든가 해양문예협회, 일만(日滿)문예협회 등도 생겨났다.

---

7 위의 책, 185면 참조.

여기서 주목되는 부분은 대륙개척문예간화회의 조직이라고 말할 수가 있다. 왜냐하면 그 목적이 순전히 만주를 일본화하는 데 문예가 한몫해야 한다고 믿고 조직한 단체이기 때문이다. 그 단체의 중심인물인 후쿠다 기요토는 『현대일본문학대사전』이라는 책의 '개척문학' 항목에서 다음과 같이 쓴 바 있다.

> 동기는 일본이 만주에 20년 계획으로 5백만 개척민을 보내 민족협화의 이상 국가를 건설하려는 국책에 협력하는 종래의 협소한 섬나라적인 문학을 지양하고 싶다는 기분을 가졌던 당시 30대 작가가 중심이 되었다. 아라키 다카시, 이토 세이, 후쿠다 기요토, 다무라 다이지로, 다고 도리오(田鄕虎雄, 1901~1950), 유아사 가쓰에(湯淺克衛, 1910~1983) 등에 이어 난관에 봉착했던 일본 농촌의 해결책을 대륙에서 발견한 농민 문학자 와다 텐과 마루야마 요시지, 전향 문학자인 시마키 겐사쿠와 도쿠나가 스나오도 동조했다. (……) 개척정신에 창조정신을 담은 신문학 창조를 염원했지만 전후에는 당시의 국책에 편승했다는 비판을 받았다.[8]

이상과 같이 저들은 다각적으로 대륙 침탈에 혈안이 되어 있었던 것이다. 그리하여 저들은 곧바로 1939년 4월부터 6월에 걸쳐서 이토 세이, 곤도 하루오 등 6명의 작가와 히틀러 유겐트 일본 대표 등으로 대륙개척국책펜부대를 편성하여 제1차로 만주와 북지 지방으로 견학을 시키기도 했다. 거기에는 일찍부터 철저한 친일파였던 장혁주(張赫宙)라는 한국 문인도 참여했다. 이러한 일본 정부의 만주 침탈의 문예 정책으로 『개척문예선서』 책자를 발간하여 배포하였으며 개개인의 문학서도 활발하게 내도록 격려했다.

저들의 이러한 일본 내에서의 어용문학 권장은 곧바로 한국으로 전파되어 1939년 11월에는 '내선일체의 문장보국'을 목표로 삼은 조선문인협회가 출범하기에 이른다. 당시 저들은 한국의 대표적인 작가 춘원 이광수를 명목상 회장으로 표면에 내세웠지만 실권은 일본인 가라시마(辛島)가 쥐고 있었고, 시인 김동환을 위시하여 이기영, 박영희, 정인섭, 주요한, 김문집 등이 간사로 나섰으며 250여 명의 문인들

---

8 위의 책, 222면 참조.

이 회원으로 가입한 것으로 되어 있다.[9] 저들은 회유책으로 1940년 2월에는 조선예술상이라는 시상제도를 제정하고 제1회 수상자로 이광수를, 그리고 두 번째 수상자로는 이태준을 선정하기도 했다.

한편 총독부에서는 민족지로서 한국 민중의 사랑을 받아온『동아일보』와『조선일보』를 1940년 8월 들어 차례로 폐간함으로써 정보를 원천적으로 차단하고 나섰다. 그러니까 1937년 중일전쟁 이후 대륙에서의 전승에 편승하여 그 여세를 몰아 한국을 정신적으로까지도 완전 장악하기 위한 포석으로 정보 차단을 꾀한 것이다. 따라서 한국인들은 총독부 기관지『매일신보』와 그 자매지인 일어신문『경성일보』의 보도에만 의존할 수밖에 없었다. 물론 그동안 양대 민족지도 창간 때부터 총독부의 엄격한 검열과 1939년 6월에 총독부가 내린 신문이 보도해서는 안 될 금기사항이 많은 '편집에 관한 희망 및 주의사항'[10]이라는 지침에 따라 진실 보도에는 한계가 있었던 것이 사실이다. 그러나 한국인들은 우리말 신문을 통하여 세상 돌아가는 것을 어느 정도는 알고 있었다. 그러다가 두 민족지의 폐간으로 시민들은 총독부의 기관지를 통해서만 편향된 정보를 얻는 처지가 되었다. 이는 그만큼 세상 돌아가는 것에 어두울 수밖에 없었다는 이야기가 되는 것이다.『매일신보』와『경성일보』는 총독부의 전략대로 '황도(皇道)', '내선일체', '미영(米英) 격멸'이라는 것을 기본 방침으로 내걸고 열심히 제국주의의 전쟁 승리를 독려했다.

그런 즈음에 조선총독부는 대중에 영향력이 큰 영화와 연극에 대한 통제를 강화하면서 한편으로는 당초 저들이 구상했던 대중 단합과 더 나아가 황국신민화의 수단으로 공연예술을 활용하는 방향으로 목표를 잡아나가고 있었다. 그러한 조짐을 눈치 챈『매일신보』의 한 기자가 그 사실을 이렇게 보도했다.

> 문화 향상에 한 가지 새로운 체제를 갖추는 의미에서 조선에서는 영화령을 실시하여, 대중오락으로 으뜸가는 영화를 전면적으로 통제 지도하게 된 것은 조선 영화계를 위하여 장래가 크게 기대되는 일인데, 연극 방면에는 아직 이렇다 할 신체제를 갖추지

9 위의 책, 224면.

10 송건호,『한국현대사론』(한국신학연구소출판부, 1979), 302면.

못하고 있으므로 총독부에서는 근실한 오락으로서 또는 진정한 예술활동으로서 연극도 지도 장려하는 방침을 세우고 있다. 연극은 특히 종합예술로서 무대를 통하여 대중에게 문화적 역할을 하고 있는 바인데, 최근 조선의 극예술계는 사상적으로 그 내용이 불순하다는 것보다 저속한 애욕의 갈등을 그 주제로 해서 영리적으로 대중을 획득하려는 것만이 대부분이므로 이래서는 총후 대중을 지도하는 한 가지 문화활동으로서 그 사명을 다하게 할 수 없다고 해서 영화와 한가지로 지금의 연극을 검토한 후 향상과 지도와 연극인의 보호에 힘쓸 터이라고 한다. (……) 그래서 검열이 되었다 하더라도 레퍼토리(상연 각본)가 무대 위에 가져올 효과와 또는 연기자들의 기술 따라서 관중들이 얼마나 상연 각본과 연기자들의 연기에 이끌려가는가를 살펴서 총후 대중이 진정으로 요구하는 각본을 상연케 해서 시국인식과 국가 총력전에 관중에게 가르치며 따라서 명랑 건전한 예술로서 오락으로서 진보적인 것을 상연토록 적극 지도하여 연극에도 신체제를 갖추게 하리라 한다.[11]

위의 기사에서 확인할 수 있듯이 저들은 일찍부터 우리의 공연예술 현황과 문제점, 그리고 그 영향력까지를 간파하고 그것의 근본적인 변혁을 구상하고 있었던 것이다. 그런데 여기서 주목해야 할 점은 저들의 현황 파악에는 우리 연극인들이 공감할 만한 부분도 없지 않았다는 사실이다. 가령 연극 분야에서 보면 극연좌와 중간연극을 표방한 중앙 무대 등 순수 정통극이 완전히 사라지고 저속한 상업주의만이 판을 치고 있는 현실과 생계에 어려움을 겪고 있는 연극인들의 보호 등과 같은 문제였다.

따라서 당시 우리 연극인들 상당수가 총독부가 궁극적으로는 국책극을 하겠다는 음험한 저의를 어렴풋이 느끼면서도 의도적(?)으로 외면한 채 흥행극 타파와 순수연극의 질적 향상, 그리고 연극인에 대한 대우라는 지점에만 귀가 솔깃했던 것이다. 가령 동랑 유치진의 다음과 같은 글이 단적인 예가 될 수 있을 것이다.

시국극에 대한 문제는 우리의 절박한 과제의 하나다. 흥아 건설의 대업을 목전에

11 『매일신보』 1940.10.12.

두고 그 목적 달성을 위한 국민여론의 통일은 현하 절박한 문제이기 때문이다. 더구나 감회적인 예술이다. 이 예술이 정치에 참가하야 국민정신의 통일을 위하여 나서는 것은 수긍할 일이다. 그러나 연극은 예술의 일 분야이다. 예술은 정치의 일 도구가 되기 전에 예술이어야 한다. 그 이유는 대중이 예술을 즐기고 시간과 돈을 들여 개연 정각을 다투어 극장에 모이는 것은 연극이 가지는 예술적 매력, 그 때문이다. 연극에 이 매력이 없으면 아무 연극을 거들떠보지도 않게 될 것이고 그 연극의 효과는 오히려 일석의 가두연설만도 못한 효과를 가지고 올 것이다. 협동예술좌나 낭만좌가 시국극을 시도한 것은 그 진의는 누구나 충분히 이해할 것이다. 그러나 너무나 조급히 정치적인 효과만을 겨누어 도리어 연극 그 자체의 예술적 매력과 질을 떨어뜨렸다. (……) 조선의 현존한 연극은 예술로서 아직도 일가를 이루지 못하고 있다. 시중에는 사이비 연극이 횡행한다. 우리는 예술적으로 저하되고 있는 조선 연극을 예술적으로 바로잡아야 연극으로서 건전한 내용을 담을 수 있을 것이다. 금반에 신문에 보도된 바를 보면 조선에도 국민오락개선위원회가 창립되어 국민예술의 선도와 국민정신의 통일을 꾀하리라고 전한다. 차제에 있어서 연극 부문은 일층 더 긴장하여 그 예술성을 고양함으로써 국민예술로서의 그 임무를 다할 수 있을 것이라고 나는 생각한다.[12]

이상의 글은 1939년 하반기에 극단 협동예술좌와 낭만좌가 〈5인의 척후병〉과 같은 앞서가는 국책극을 공연한 것을 평가한 것인데, 여기서 특히 주목되는 부분은 '흥아 건설'이라는 불길한(?) 용어와 함께 "예술은 정치의 일 도구가 되기 전에 예술이어야 한다."는 내용이라 하겠다. 그러니까 동랑은 어쩔 수 없이 앞으로 우리 연극인들이 시대가 요구하는 목적극을 할 수밖에 없다는 것을 예감하고 그 방향까지를 제시해보려 한 것 같다. 식민지 치하에서 만부득이 일제가 강요하는 국책극을 쓰더라도 수준 높은 예술 작업을 해야 하지 않겠는가라는 이야기였다. 그러니까 그가 절망과 체념 상태에서 그런 자세만이 저질 흥행극을 극복하고 우리 근대극이 앞으로 나아가야 할 방도라 본 것이 아닌가 싶다.

동랑이 이 글을 쓴 얼마 후에 일본보다도 먼저 이 땅에서 조선연극협회(朝鮮演劇

12 유치진, 「국민예술의 길」, 『매일신보』 1940.1.3.

協會)가 생겨났고(1940.12.22.) 그 연극협회 출범의 의미를 극작가 김영수가 긍정적으로 본 것[13] 등도 같은 흐름으로 볼 수가 있지 않을까 싶다. 물론 조선연극협회의 결성이 우연의 일치일 수도 있지만 일부 흥행연극인들과 총독부의 의기투합으로 일본보다 빨리, 그리고 쉽게 결성된 면도 없지는 않다.

당시 흥행극단 배우 출신의 고설봉(高雪峰)에 의하면 대중적 인기에도 불구하고 중앙에서 활동하는 데 지장이 많았던 황금좌 대표 성광현과 예원좌 대표 김조성이 중앙 진출 거점으로 연극협회 조직을 구상했고, 때마침 우리 연극인들을 어떻게든 묶어보려고 고심하고 있던 총독부가 그것을 선뜻 수용한 것이라고 주장한 바 있다. 즉 그는 자신의 저서에서 상업연극인들 몇 명이 협회 조직 초안을 총독부에 올리자 "총독부에서는 예술인들을 조직으로 흡수해서 선무공작에 이용해보려는 시안을 마련 중이었기에 현장에서 구두 승인은 물론 후원까지를 약속했다. 총독부에서 승인을 받자 성광현, 김조성 두 사람이 자금을 대어 무교동에 사무실을 개설하고, 중앙의 5개 단체에 황금좌, 예원좌가 가세하여 총 7개 극단을 회원으로 한 조선연극협회가 결성되었다."[14]고 주장한 바 있다. 그러니까 조선연극협회의 조기 결성이 총독부로서는 울고 싶은 놈 뺨 때려준 꼴이 된 것이라는 이야기다.

가령 조선연극협회 출범 직후 그 의미를 분석한 글에 보면 "연극의 건전한 발달과 연극인의 질적 향상을 꾀하여서 문화의 새로운 건설에 공헌하자는 목적으로 경무국의 통제 아래 극인의 행동과 사업을 단결하자는 조선연극협회는 소화 15년 12월 22일 오후 2시부터 부민관 중강당에서 그 결성식을 거행하였다."면서 "이제부터 이 기관의 기능은 연극인의 양성지도, 연극에 관한 조사, 지방 순업에 대한 지도개선, 연기인의 표창 — 여러 방면으로 연극을 통하여 직역봉공(職役奉公)의 실을 거두기로 되었다."[15]고 하여 비교적 희망적 조직인 양 써어 있음을 확인할 수가 있다.

---

13 "국민문화의 진정한 향상 발전을 위해서 재래에 있어오던 개인주의적인 우(又)는 자유주의적인 연극인으로서의 그릇된 자존심을 버리고 한 곳에 집중해서 다만 연극보국이란 한 가지 목표를 세우고 매진하자는 데 연극협회의 제1의 사면이 있으리라 믿는다." 김영수, 「연극의 각성」, 『인문평론』 1941년 1월호.

14 고설봉, 『이야기 근대연극사』(창작마을, 2000), 167~168면.

15 「조선연극협회 결성의 유래」, 『삼천리』 1941년 3월호.

초대 회장을 맡았던 이서구도 그 의미와 관련하여 "협회가 결성된 뒤의 우리는 우리가 나갈 길 우리가 해야 할 일에 자신과 광명과 깨우침을 갖추어 얻게 된 결과 '우리도 이제는 국민의 일원으로서 직역봉공의 거룩한 역군이 되었다'는 떳떳한 자랑과 사내다운 큰 숨을 내쉬게 된 것입니다. 이것만 가지고라도 극협의 결성은 크나큰 뜻이 있었다고 봅니다. 다음에 일컬을 것은 옥석을 가려서 사계의 적년(積年)의 폐단을 깨끗이 하게 된 것입니다. 이것은 협회 자신의 능력으로는 도저히 될 일이 아닙니다. 주무관청의 통제의 힘입니다마는 이 힘의 발동을 보게 된 것은 극협이 생긴 까닭입니다.

그래서 앞으로는 내용의 실답지 못한 단체나 소행상, 또는 연극인로서의 태도에 있어 불순, 불성실하다고 인정된 개인에게는 단연 무대에서 물러가게 하는 제도입니다. 이 제도를 베풂으로써 깍두기판같이 선배, 선생을 몰라보고 공부할 줄 모르고 철없이 떠돌던 일부 연극인들이 깊이 반성하여 다 좋은 역군이 되어준다면 그 얼마나 기꺼운 일이겠습니까"라면서 "극협이 가장 크게 생각하는 일은 연극보국의 큰 목표 아래 가입된 극단이 발길을 맞춰 신체제하의 신도실천의 거룩한 직책을 느껴 조그마한 불평, 조그마한 손실에 구애하지 말고 꿋꿋하게 씩씩하게 협회 발전을 공익으로 보아서 공익우선이란 이념을 가지고 기운차게 협회의 뒤를 밀어줄 것"[16]이라고 했다.

이러한 분위기에 발맞춰서 동랑도 새로 조직된 협회에 대하여 기대에 찬 글을 썼는데, 그가 요구한 것은 다섯 가지였다. "첫째, 새로운 국민연극 수립을 위해서 연극인 양성을 목표로 한 연극학교를 가까운 장래에 솔비해줄 것, 둘째 극본감독부서를 협회 내에 두어서 당국에 제출하기 전에 협회로서 우선 극본의 사전검열을 행하여 당국에서는 극본의 치안상 검열을 한다면 극본감독부에서는 문화적 내지 예술적인 검열을 행하게 함이 어떨까 한다. 연극의 질적 향상과 국민극의 방향을 건전케 함은 무엇보다도 극본이 먼저 그 성과의 열쇠를 가졌으니, 좋은 극본의 생산을 위한 격려와 감상은 그 책임을 당국에서보다 연극의 전문단체인 협회에다가도 분담시킴도 연극 정책의 일 방책일 듯하다. 셋째, 협회에서는 잡지를 발행하여

---

16 이서구, 「신체제와 조선연극협회 결성」, 『삼천리』 1941년 3월호.

협회가 내포하는 극단 내지 회원 상호 간의 소식 전달과 국민극 수립에 대한 이론적 확립과 희곡의 활자화와 관객층의 교도와 지상 개척을 책해봄도 좋을 듯하고, 넷째 연극상 제도(상금은 많을수록 좋음)를 창정하여 연 1회 그해에 가장 우수한 업적을 남긴 연극인(협회에 소속된 극작가나 배우나 미술가나 기타 연극 종업자)에게 상을 증여하여 연극기술의 장려와 연극의 질적 향상을 꾀했으면 좋겠고, 다섯째 연극 종업자의 공제회 같은 것을 만들어서 실업한 혹은 병환에 신음하여 일하지 못하는 협회원의 생활 개척의 일조를 삼으면 어떨까"[17]라고 하여 한국 연극이 안고 있는 가장 기본적인 문제점을 해결하면서도 발전의 밑받침을 튼튼히 해주었으면 바람직하겠다는 것을 제창했다. 그의 요구사항 가운데 특별히 눈길을 끄는 부분은 연극학교 설립과 연극인 복지문제여서 그가 우리 연극 발전에 대하여 얼마나 심사숙고하고 있었는가를 짐작할 수가 있다.

그렇지만 이서구 초대 회장의 글에서 보면 협회 결성이 당초 연극인들이 희망했던(?) 총독부의 연극 지원과 연극인의 권익신장 등과는 거리가 있었고, 단순히 당시 뜻있는 연극인들의 눈살을 찌푸려 마지않던 타락한 상업주의 연극과 연극인들에 대한 복지를 당국이 배려해준다는 데 고무되어 있었으며, 그것의 반대급부로서 우리 연극인들이 황국신민으로서의 신체제 선전에 앞장서겠다는 결의가 나타나 있음을 알 수가 있다. 이는 그만큼 이서구가 소위 국민연극이라는 용어는 쓰지 않았지만 일제가 추진하려는 목적을 미리 간파하고 그에 뒤질세라 동조하고 있었음을 보여주는 것이다.

이상과 같은 이서구와 동랑의 뉘앙스가 다른 두 가지 성격의 글이 나오기 이전에 우리 연극계에서는 '국민연극'이라는 신용어가 등장하여 그 의미와 방향에 대한 담론이 퍼져나가고 있었다. 가령 나웅(羅雄)과 같은 연출가는 1940년 가을 『매일신보』에 처음으로 국민연극이란 용어를 써서 그 개념을 '사리를 떠나 국가봉사를 제1목적으로 하는 연극'이라 규정한 바 있었다.[18]

그러자 인텔리급 연극인들이 다투어 국민연극론을 전개해나갔는데, 당시 신예

17 유치진, 「신체제하의 연극 - 조선연극협회에 관련하여」, 『춘추』 1941년 2월호.

18 나웅, 「국민연극으로 출발 - 신극운동의 방향」, 『매일신보』 1940.11.16.

연극 리더였던 동랑도 가만히만 있을 수가 없었는지 그러한 흐름에 동조하고 나선 것이다. 즉 그는 「신극과 국민극」이라는 글에서 당초 신극은 저질 신파극으로 대변되는 상업극에 대한 반발로부터 일어난 것이라면서 신극의 근본적인 정신을 살려주는 것, 그 정신을 일보 실현의 길로 이끌어주는 것이 곧 국민연극이라고 자신 나름의 정의를 내리고 나섰다.

그러면서 그는 국민연극운동과 관련해서는 "영리주의자 손에 붙들려 있는 연극을 빼앗아 그것을 국민에게 내주는 운동이다. 영리의 도구가 된 연극을 공익 우선으로 내세우자. 즉 연극을 국민의 공유물을 만들어서 전 국민으로 하여금 한 가지 이념 속에서 다 같이 행복을 느끼고 공통된 불행에서 같이 울게 하는 것이 국민극의 근본적인 이상이 아닐까. 영리 만능의 경제 기구에서 괴뢰화되어가는 우리 문화를 영리의 구속에서 해방시켜 문화 본연의 자태로 돌아가게 하자는 것이 신체제하의 문화운동의 핵심"[19]이라 하여 영리 위주의 저급한 상업주의로부터 벗어나 건전한 연극으로 가는 것이 국민연극이고, 그것을 추진해가는 것이 국민연극운동이라 했다.

이처럼 우리 연극인들은 1940년대 초기만 하더라도 이서구 등 친일에 앞장섰던 연극인 몇몇 외에는 대부분의 연극인은 국민연극을 저질 상업주의 연극을 정화, 제재하고 건전한 연극으로 나아가는 것으로 인식하려 애썼다고 하겠다. 이는 사실 당시의 형편없이 타락해 있던 상업연극계를 알지 못하고는 우리 연극인들의 행태 역시 이해하기 쉽지 않을 것 같다. 가령 동랑의 경우만 하더라도 순수 연극운동을 펴오면서 부단히 상업주의 연극의 타락을 비판해왔고 그것이 국민정서에 미치는 폐해에 대하여도 누누이 글을 쓴 바 있었다.

따라서 그는 일제가 모처럼 저질 상업극을 건전한 예술로 선도하겠다고 나선 만큼 그가 굳이 반대하지 않은 듯싶고, 특히 이이제이(以夷制夷) 방식으로라도 상업주의 연극 정화에 나서는 심정으로 임했던 것 같기도 하다. 가령 그가 국민연극론 전개에서 반복하여 주장한 것이 다름 아닌 영리 만능으로부터의 해방이었던 점에서 그렇다. 그러니까 그는 강력한 일본 정부의 힘을 빌려서라도 국민정서를 외면한

---

19 유치진, 「신극과 국민극 - 신극운동의 금후 진로」, 『삼천리』 1941년 3월호.

채 오로지 영리만을 추구하는 우리 상업극을 대폭 정비하고 싶었던 것 같다.

그 점은 동랑 말고도 여러 연극인의 글에서 나타난다. 가령 이민(李民)은 「신체제와 연극」이란 글에서 "물론 과거에 진실한 신극운동이라든가 예술성이 풍부한 노력도 다분히 있었다는 것은 조선 연극사상에서 불소히 상기할 수 있는 사실이지만 그보다는 대중의 저급한 감정을 노리는 안가(安價)의 통속물이 대부분 성행코 있어 온 것이 조선 연극의 한심한 형상이요 또한 오점이었다."[20]고 주장했으며 김건(金健) 역시 「신체제하의 연극」이란 글에서 "먼저 우리가 한 번 돌아볼 것은 금일까지의 반도의 연극상황인데 그것은 너무나 상업주의에만 급급한 신소설식의 한 개의 얘기였다. 물론 그 중에는 내용이라든가 경향을 달리한 상당히 발전적인 연극도 있었지만 그 대부분은 저급한 민중을 상대로 하는 용렬한 것이었다."[21]고 거들었다. 이처럼 1941년 초까지만 해도 국민연극에 대하여 연극인들이 각자 아전인수 식으로 해석하고 받아들이려 했다는 이야기다. 그렇기 때문에 함세덕 같은 신진극작가도 1941년 초에 쓴 글에서 "국민연극이란 숙어가 등장한 지 불과 5, 6개월은 지나지 못함으로 우리에게는 아직껏 그 이론이 확고히 수립되지 못했다."면서 "이러고 보면 어느 것이 국민연극인지 그 정체를 파악할 수가 없게 되었다."고 했었다.

이와 같이 국민연극에 대하여 매우 순진하게 생각하면서 중구난방으로 담론을 벌이고 있을 때 일본에서는 강력하게 자국 연극을 옭아매고 있었다. 즉 일본이 본격적인 전쟁에 돌입하면서 군부는 일일이 연극을 검열하며 군국주의를 찬미하는 연극만 허용하는 체제를 굳혀갔던 것이다. 뿐만 아니라 1940년에 문부성에 '연극영화음악개선위원회'라는 것을 설립하고 연극 개선에 관한 구체적인 방책을 발표해 흥행시간, 공연 횟수 등을 일일이 규정하고, 연극인에 대해 품행과 기능 등을 국가에서 심사하고 등록증, 즉 감찰(鑑札)을 발부해 휴대하도록 하는 제도를 만들기도 했다.[22] 그만큼 일본에서는 이미 국책 연극을 착착 준비, 진행해가고 있었던 것이다.

한편 연극사학자 이두현도 자신의 저서[23]에서 국민연극론과 관련하여 "당초 서양

---

20 이민, 「신체제와 연극」, 『인문평론』 1940.11.

21 김건, 「신체제하의 연극」, 『조광』 1941년 1월호.

22 이용수 외, 『이야기 일본연극사』(세종대학교출판부, 2011), 167면.

23 이두현, 『한국신극사 연구』(서울대출판부, 1966), 267면.

에서 근대 민족국가 성립과 더불어 국민의식의 표징으로서의 연극 개념을 일컫는 것이었던바 2차 세계대전 시의 독일, 이태리, 일본 등의 배타적 · 국수적인 국민연극운동이 이들 나라에서는 거꾸로 민족주의 이념을 부분적으로 왜곡하고 침략과 억압의 목적극으로 이용한 것"이라고 그 위험성을 지적한 바 있었다. 이두현의 이러한 설명은 정곡을 찌른 것이다. 왜냐하면 당초 국민연극(national theater)이란 용어를 만들어낸 사람은 18세기 후반의 G. E. 레싱(1720~1781)이었던바, 그는 철저한 반봉건적 입장에서 연극이 어떤 특권층만을 위한 것이 아닌 국민 전체를 위하는 연극으로서 국민연극이란 개념을 제시한 바 있었다. 그런데 그것을 나치 정권이 악용하여 자신들의 정치이념을 담아내는 선전연극으로 왜곡한 것이다. 더욱이 나치 정권은 민족공동체 의식을 극대화하는 에너지를 국민에게 불어넣는 데 연극을 이용하기도 했었다.

일제가 내세운 국민연극이라는 것도 바로 거기서 힌트를 얻어 모방한 것임에도 불구하고 우리 연극인들은 순진하게도 나치스의 국책극과는 다른 것으로 인식하고 있었음이 함세덕의 글에 나타나 있어 흥미롭다. 즉 함세덕은 「신극과 국민연극」이란 글에서 "국민연극이란 어휘가 한 시국어(時國語)처럼 등장케 되자 혹 일부에서는 흔히 나치스 독일 국민연극과 동일시하는 경향이 없지 않은 듯하다. 그러나 나치스 선전성에 속하야 정치의 방편적 역할을 하는 독일과 국민의 정신을 주인으로 하는 우리의 연극은 같은 전체주의 정치형태이되 독일과 아국이 다른 것과 같이 또한 다른 것"[24]이라면서 국비로서 연극 전체를 선전극으로 만드는 것과 국가가 통제, 협력, 지도하는 우리와는 차이가 있다고 보았다.

실제로 이처럼 혼란스러운 착각은 당시 여러 연극인의 글에서 보이는 것이 사실이다. 그렇지만 한 가지 분명한 것은 연극 창조활동에 국가가 직접 개입함으로써 연극인들의 자율성이 크게 줄어든다는 것은 인식하고 있었고, 연극인들이 그에 협조해야 한다는 당위성을 강조하고 있었다. 그에 따라 동랑도 「국민연극 수립에 대한 제언」이란 글에서 "신체제하에 있어서의 예술 통제란 결코 예술의 속박을 의미하는 게 아니고 오히려 새로운 발전을 위한 기초적 자세라 해석함이 타당하다."[25]면

24 함세덕, 「신극과 국민연극」, 『매일신보』 1941.2.8.

서 저들의 음험한 의도마저 호의적으로 받아들였으며, 이어서 「원칙적인 것과 구체적인 것」이란 글에서는 "세계 연극사를 들춰보더라도 연극이 국가적인 보호를 받았을 때에 보다 왕성했던 전례를 지적할 수 있다."[26]고도 했다. 이러한 그의 글에 대하여 비판자들은 일제 협력에 적극적으로 나선 것이라고 비판하고 있다. 사실 이러한 글을 쓴 동랑은 비판자들로부터 오해를 받을 만도 했다.

그러나 당시의 상황만을 놓고 볼 때, 연극을 아예 포기할 수 없다면 다른 방도는 없었을 듯싶고, 또 동랑이 주장한 대로 세계 예술사에서 국가의 보호를 받았을 때 예술이 번창했던 사례는 무수히 많다. 예를 들어서 오스트리아 · 헝가리 제국의 보호가 없었으면 빈에서 과연 모차르트가 나왔겠는가. 비근한 예로서 1970년대 이후 정부의 문예진흥법 제정에 따라 문예진흥원(오늘의 예술위원회)이 생겨나면서 예술이 크게 활성화된 경우도 있지 않은가. 문제는 정부가 그럴듯한 명분을 내세워 예술을 국가이념 선전에 이용하는 경우이다. 그러므로 동랑이 일제의 음험한 저의를 너무 순진하게 생각했던 것은 비판받아 마땅하다고 하더라도 저질 상업극을 척결하고 건전한 연극을 만들 수 있는 여건이 조성될 것이라고 본 것에는 어느 정도 수긍이 가는 것도 사실이다.

이와 같이 혼란스러운 국민연극 담론에 대하여 동경 유학시절 지나사변을 겪으면서 일본 군국주의자들이 국민단합을 위하여 총동원령을 내리고 개인주의와 자유주의를 말살한 사실을 체험했던 젊은 연출가 주영섭만은 일제의 의도를 비교적 정확하게 꿰뚫어보고 「국민연극을 위하여」라는 글에서 "신극이나 신파가 국민연극으로 발전하기 위하여는 전반적인 국민의식의 고조와 전자(前者)에 있어서는 개인주의, 자유주의의 청산과 후자에 있어서는 상업주의의 청산과 형식 내용의 향상을 도모하여야 할 것이다. 국민연극의 길은 신극의 전진이요, 신극의 이상이다."[27]라고 자신의 견해를 명확하게 밝힌 바 있다. 주지하다시피 개인주의와 자유주의 청산은 전체주의를 내건 일본 군국주의의 궁극적 목표였고 그 실천을 위하여 국민을 얼마

25 유치진, 「국민연극 수립에 대한 제언」, 『매일신보』 1941.1.3.

26 유치진, 「원칙적인 것과 구체적인 것」, 『조광』 1941년 6월호.

27 주영섭, 「국민연극을 위하여」, 『매일신보』 1941.4.9.

나 탄압해왔는가. 일제는 병 주고 약주는 식으로 연극인들의 고민도 어느 정도 들어주는 척한 것이 국민연극운동이 아닌가.

아니나 다를까, 일제는 우리 연극계보다 조금 늦은 1941년 3월에 소위 '국민연극 수립에의 적극책'이라는 것을 슬그머니 내비쳤다. 그 적극책이란 두 가지로서 첫째, 일본 연극의 전통미를 살림과 동시에 국민문화의 진전에 자(資)할 국민연극을 수립할 것, 둘째 이것으로 인해 종래 비생산분자의 점유물로 보여지던 연극을 국민 전체의 것으로 만들기 위한 방침하에 연극의 기구 조직의 재편성과 공장, 광산, 농산어촌의 생산 면에 보내는 이동연극대의 확대 강화할 것[28] 등이었다. 그러나 이 두 가지 주문 중에는 매우 중요한 내용이 함축되어 있었다. 그것이 다름 아닌 일본 전통미를 살린다는 내용인데 이는 곧 앞으로 만들어가는 작품에는 반드시 일본 혼이 들어 있어야 한다는 것이었다. 이를 다른 말로 표현하면 연극에 반드시 황국신민의식(臣民意識)을 담아야 한다는 뜻이었다.

그리고 영리 위주의 비생산적인 상업주의 연극을 국가가 지향하는 정치목적극으로 전환시켜서 농어촌과 광산 및 공장 지대로 파견하여 농어민과 생산노동자들을 계몽할 수 있도록 이동연극대를 확대 강화한다는 것이었다. 이들은 그러한 목표를 달성하기 위하여 4월에 일본연극협회를 출범시키기도 했다. 이즈음 한국 상황도 소용돌이치고 있었다. 왜냐하면 국민총동원법(1938.5.)이 공포되고 1년여 지나서부터 그 법의 제4조, 즉 '정부는 전시에 국가총동원상 필요한 때에는 칙령이 정하는 바에 따라 제국 신민을 징용하여 총동원 업무에 종사할 수 있다.'[29]고 한 것을 그대로 강행하고 있었기 때문이다. 그리하여 저들은 한국인들의 희생을 강요하는 모집, 징용, 보국대, 근로 동원, 정신대 등을 통한 노동력의 강제 수탈을 본격화하고 있었던 것이다. 가령 일제의 침략 전쟁이 아직 본격화하기 전에는 농촌에서 쫓겨난 한국의 값싼 노동력을 모집이라는 형식으로 일본의 토목공사장이나 광산에 집단 동원했다. 따라서 1939년부터 1945년 전쟁이 끝날 때까지 동원된 한국인은 113만 명으로 통계된 자료가 있는가 하면 146만 명으로 통계된 자료도 있다. 전쟁 막바지

28 이두현, 앞의 책, 267면.

29 고려대학교 한국사연구소 편, 『한국사』(새문사, 2014), 433면.

에는 '여자정신대근무령(女子挺身隊勤務令)'을 만들어 12세에서부터 20세까지의 처녀 수십만 명을 강제 징집하여 일본과 한국 내의 군수공장에서 일하게 하는 한편, 중국과 남양 지방의 일선 지구에 보내어 군인 상대의 위안부 노릇을 하게 하는 만행을 저질렀다.[30]

그런데 이러한 저들의 한국인에 대한 만행이 단순히 노동력 착취에 국한한 것이 아니고 지식인과 예술인들의 정신 착취로 마수를 뻗친 것은 극히 자연스러운 흐름이었다. 가령 1940년대의 소위 국민예술운동이라는 것이 바로 그런 명제였다고 말할 수가 있다. 그리하여 저들의 정책을 앞장서서 선전해주는 인텔리 행동대 구성도 은밀하게 진행해가면서 각계의 지도급 인사들을 선정하여 회유와 협박의 수단으로 하나둘씩 굴복시켜갔다. 우선 대중성이 강한 문화계만 하더라도 문단의 상징이라 할 춘원 이광수를 필두로 하여 평론가 박영희(朴英熙), 연예계의 이서구, 무용계의 조택원(趙澤元) 등을 굴복시키는 데 성공한 것이다.

그럴 즈음에 조선총독부에서는 연극계에도 손을 뻗쳐서 동랑을 의식하고 내밀하게 음모를 꾸미고 있었다. 그러니까 저들이 구상하고 있었던 것은 식민지 한국에 힘 있는 목적극단을 하나 만들어서 국가가 추진하는 일을 하게끔 조종한다는 것이었다. 그러려면 가장 유력한 연극인을 포섭하는 것이 필수적이었다. 따라서 1930년대 한국 근대극을 주도했던 신예 극작가 동랑 유치진이 자연스럽게 부각될 수밖에 없었고, 즉각 그의 포섭에 총독부가 나선 것이다. 당시 동랑은 방향이 아리송했던 국민연극에 대해서 어느 정도 긍정하는 듯한 글을 한두 편 발표한 일도 있었기 때문에 그를 포섭하는 것이 가장 이상적이라 생각했던 것이 아닌가 싶다.

그럼에도 불구하고 총독부에서는 동랑이 나서서 목적극단을 조직할 것 같지는 않다는 판단하에 총독부의 젊은 엘리트들인 경성제국대학 출신의 호시데(星出壽雄) 사무관과 사이키(雜賀)를 내세웠다. 호시데는 과거 동랑이 여러 번 경찰서에 끌려가 수모당했던 일을 상기시키면서 은근히 회유와 협박을 하면서 극단조직을 종용한 것이다. 물론 동랑은 세상 돌아가는 것을 인식하고 국민예술도 인정은 하고 있었지만 극단 만드는 일만은 못 하겠다고 거부했다. 동랑은 호시데에게 과거 극예술

30 강만길, 『한국현대사』(창작과 비평사, 1984), 36~37면 참조.

연구회를 사상이 불온하다고 극연좌로 개편케 하더니 그마저 1년여 만에 강제 해산시켰던 예를 들면서 있는 극단도 없앤 총독부가 또 무슨 극단을 만들라는 것이냐며 고개를 돌린 것이다.

이처럼 동랑은 10여 년간 극연(劇硏) 운영의 어려움을 핑계 삼아 수지도 맞지 않는 또 다른 극단조직은 못 하겠고, 심신도 핍진해 있다고 버텼다. 솔직히 저들의 의도를 어느 정도 짐작하고 있던 동랑으로서는 극단조직에 나설 마음이 전혀 없었던 것이다. 그는 우선 정치상황 면도 그렇지만 모든 면에서 최악이었던 시절에 극단을 운영한다는 것은 화약을 지고 불로 뛰어드는 것이나 마찬가지라는 생각을 한 것이다. 잠시 극연좌를 운영하면서도 아내의 신세를 졌었는데 아이가 셋이나 되는 가장이 또 무슨 염치로 극단을 운영한다는 것인가. 동랑이 계속 거부하자 호의적이던 호시데가 갑자기 돌변하여 '당신이 요주의 인물로서 어느 때나 불려갈 수 있는 대화숙(大和塾)에 묶여 있는 것을 아느냐'며 은근히 협박의 수순을 밟아갔다. 특히 호시데가 극연에서 함께 활동했던 함대훈, 서항석, 이하윤, 모윤숙 등을 사상불온으로 잡아넣을 수도 있다고 협박하는 데는 동랑도 당황하지 않을 수가 없었다. 그래도 동랑은 버텼다.

그러자 호시데는 동랑을 총독부 경무국의 노회한 사이키(雜賀)에게 인계하고 뒤에서 원격조종하는 방식을 택했다. 사이키는 호시데보다도 더욱 교활하고 단수가 매우 높은 관리였다. 그는 동랑의 약점을 파고들었다. 그는 동랑에게 '일본도 비슷하지만 특히 한국에는 현재 극단다운 극단이 전무하고 저질 흥행극단 몇 개만이 근근이 연명해가고 있는데 일생을 연극에 걸었다는 네가 극단을 하지 않겠다는 것은 연극활동을 완전히 접겠다는 것이 아니냐'며 총독부가 모든 것을 뒷받침해줄 것이니만치 건전한 극단 하나를 해보라고 회유작전으로 나왔다. 그의 말이 부분적으로는 설득력도 없지 않았지만 동랑은 자기가 집에서 작품을 쓰고 있는 만큼 연극활동을 접는 것은 아니라고 계속 거부했다. 그러자 그는 희곡은 무대에 올리려고 쓰는 것이 아니냐며 건전한 극단이 있어야 하지 않겠는가라면서 집요하게 설득해온 것이다.

그런 그의 말은 동랑을 어느 정도 공감시킨 것도 사실이었다. 특히 그가 평소 혐오하던 저질 흥행극단 몇 개만이 대중의 정서를 좀 먹고 있는 상황에서 자신들이 강력하게 뒷받침해줄 것이니만치 건전한 연극을 해보라는 사이키의 이야기가 상당한 설득력을 지닌 것도 사실이었다. 솔직히 당시 동랑은 이렇게 버티다가는 배우들의 생계도 걱정이고 신극사의 맥이 끊어질 수 있다는 위기감이 없지도 않았다. 사이키의 말대로, 그 자신 10대 후반부터 연극운동에 몸을 바치기로 한 마당에 일신만 편하자고 집안에 틀어박혀 희곡이나 쓰면서 극단활동을 접는다는 것이 쉽지는 않았다. 물론 그가 일본이 곧 망한다는 확실한 신념만 있었으면 버텼을 것이다. 그러나 그때까지만 해도 일본은 대륙 전쟁에서 승리를 구가하는 분위기였다.

동랑은 연극 동료 함대훈의 백씨로서 언론계의 중진이었던 함상훈(咸尙勳)을 몇 번 찾아가게 된다. 왜냐하면 통제 언론하에서 도대체 전쟁상황과 앞으로의 국제역학 등 불확실한 미래에 대하여 너무나 궁금했기 때문이었다. 그런데 함상훈이라고 해서 국제 정세의 정확한 방향을 알 리가 있었겠는가. 그 역시 제한된 정보만 받아서 보도하는 관제 언론의 기자에 불과했기 때문이다. 그러나 여기서 중요한 것은 동랑이 가급적 정확한 세상 읽기를 통해서 어떤 결단을 내리려고 안간힘을 썼다는 점이다. 이는 그만큼 그가 일제에의 협력과 관련하여 주저와 번민이 컸다는 것을 의미하는 것이기도 하다. 바로 그런 때 극연좌를 함께 운영했던 함대훈과 서항석 등이 신변에 위협을 느끼고 고민하면서 연극계를 떠나지 않는 한 극단활동을 할 수밖에 없지 않느냐는 의견을 낸 것이다. 여러 날에 걸친 장고 끝에 내린 이들의 결론은 수치스럽긴 하지만 어떻든 간에 신극사의 맥은 이어가야 하지 않느냐는 것이었다. 여기서 신예 서양사학자인 박지향의 당시의 상황 진단이 떠오른다. 즉 그녀는 한국 현대사를 부정적으로 기술해서 화제가 된 브루스 커밍스(Bruce Cummings)의 저술 『햇빛 속의 한국 궁정(Korea's Palace in the Sun)』에 나오는 일제 말 지식인들의 입장과 관련하여 "거부하고 인생의 기회를 포기하는 것, 저항하고 죽거나 감옥에 가는 것, 혹은 참여하는 것' 외에 다른 대안이 없었을 것"(196면)이라는 글을 받아 "일제 말기 협력자들의 공식적 발언이나 행동이 내면의 생각과 반드시 일치하는 것은 아니었다. 많은 사람이 겉으로는 일본의 대의명분에 대한 충성을 표방하면서도 속으로는 민족운동이라는 또 다른 명분을 지지하고 있었다."[31]고 쓴 것에 공감이 간다.

한편 동랑과 운명을 함께했던 연극 동지 서항석은 한 회고에서 "이념은 하루아침에 고칠 수 있지만 기술은 하룻저녁에 얻어지는 것이 아니니만치"[32] 치욕적인 국책극에 나서서 우리 연극계에 당장 필요한 사람을 키우고 신극사의 명맥이라도 이어가자는 공통 인식에 도달했다고 쓴 바 있다. 그러니까 당시 연극계를 주도했던 젊은 인재들은 엄혹한 상황 속에서 일본 제국주의 정책을 찬성해서가 아니라 어쩔 수 없는 처지에서 연극을 버리기보다는 욕을 먹더라도 지속하는 것이 우리 연극사에는 보탬이 될 것이라는 확신을 어느 정도 가졌던 것 같다. 그리고 국가 통제하의 언론만이 존재했던 당시 시국상황만을 놓고 보아서는 4년 뒤의 민족 해방 같은 것은 상상도 못했을 것이다.

게다가 실질적 리더인 동랑의 개인적 상황도 보면 부모가 강제로 시킨 조혼에 실패한 뒤 모처럼 가장 이상적인 아내를 만나 행복한 가정을 꾸리고 있던 처지였다. 결혼 5년 차에 네 살(仁馨), 두 살(德馨), 그리고 한 살(世馨)짜리의 어린 3남매는 매일매일 재롱을 떨고 있을 때였지 않은가. 이처럼 그가 가정적으로 가장 행복한 시절이었던 만큼 혈기 방장한 그 자신도 뭔가 해야 한다는 강박관념 속에 빠져 있었기 때문에 심하게 흔들릴 수밖에 없었던 것 같다. 더욱이 그가 일본 제국주의자들과 맞서서 싸울 만큼 강건한 성격도 못 되는 데다가 모처럼 이룬 가정의 행복을 깨고 싶지 않았을 것이란 생각이다. 유년시절부터 심약했던 그는 누구보다도 겁이 많았으며 언제나 이상보다는 현실을 중시하는 성격의 소유자가 아니었던가.

전술한 바도 있듯이 그는 10대에 일본 유학길에 올라 가난과 박대, 그리고 고독 등 시련의 타향살이 20여 년 만에 처음으로 가장 따뜻한 가정의 안온함에 빠져 있던 30대 중반에 접어들어서 그러한 고뇌의 갈림길에 서 있어야 하니 허탈하기 이를 데 없었다. 즉 그가 사랑하는 아내와 올망졸망한 세 남매의 눈망울이 어른거리는 시점에서 어떤 결단이든 내려야 하는 절박한 처지에 서 있게 된 것이다. 그런 그에게 연극활동을 지속할 수밖에 없지 않느냐는 아내 심재순의 격려가 큰 힘이 되었음은 두말할 나위 없었다. 그가 결혼과 함께 오랜 동안의 궁핍한 생활에서도 벗어날 수 있었던 것도 순전히 아내 덕분이었던 만큼 그녀의 격려는 절대적이었다.

---

31 박지향, 『윤치호의 협력일기 - 어느 친일 지식인의 독백』(이숲, 2010), 89면.

32 서항석, 「원각사 이후의 신연극 - 개관편」, 『한국예술총람』(1964), 446면.

솔직히 그 자신도 연극계의 리더인 입장에서 저들에게 협력하지 않고서는 어떠한 연극활동도 불가능하다는 것을 너무나 잘 알고 있었다.

그 시기에 동랑의 처지를 누구보다도 잘 알고 있던 연극 동지 김관수(金寬洙)의 다음과 같은 글은 시사하는 바가 크다.

> 당시 조선연극협회는 전국 연극문화의 통제를 기하기 위하여 우리나라 전 연극인을 한데 묶은 하나의 연극 통제단체로서 이에 가입치 않은 개인이나 단체는 일체의 연극 행동을 할 수 없게 되었었다. 창피스러운 일이지만 먹고 살기 위하여 모든 연극인은 자진하여 이 집단에 가입했던 것이다. 더구나 지금 월북해 있는 송영, 박영호, 임선규, 김태진 등 극작가들은 매우 적극적이었다. 연출자로는 이서향, 안영일, 나웅 등도 그랬었다. 그러나 유치진만은 그가 운영하던 극연좌를 당국의 명령으로 해산당하고 극계에서 물러나 앉아 있지 않으면 안 될 입장에 서 있었다. 왜정(倭政)은 당시 일급 극작가인 그(柳致眞)를 그대로 두지 아니하였다. 무슨 수라도 그를 연극 일선에 끌어내려 했다. 그에게 말로서 유인하다가 아니 들으니까 마침내 그를 위협했다. 즉 당시에 중동중고교 선생이었던 김광섭이 학생사건으로 종로서에 검속되었음을 계기로 유 씨를 위시한 극연좌 간부들을 검거하려 하였던 것이 그것이다. 그로 인하여 그는 현대극장이란 극단을 아니 가질 수 없게 되었다.[33]

이상의 글에서 동랑이 극단 현대극장을 만들게 되는 결정적 사건이 등장하는데 그것이 다름 아닌 극연(劇硏) 동지 김광섭(金珖燮)의 피포사건이다. 김광섭은 당시 중동고보 교사로서 학생극을 지도하고 있었는데, 마침 동랑이 쓴 희곡 〈춘향전〉을 공연하다가 종로서에 잡혀 들어가 있었다. 이유는 그 작품이 공산주의 색채가 있다는 것이었다. 그러니까 총독부 관리인 호시데가 그것을 고리로 삼아 동랑을 얽은 것이다. 그때의 사정에 대하여 동랑은 1957년도 『한국일보』 지상에 다음과 같이 소상하게 밝혔다.

---

33 김관수, 『경향신문』 1957.12.20.

어느 날 종로서에서 나를 불렀다. 당시 동 서(署) 고등계 형사 김봉관(金鳳官)은 내게 이렇게 말했다. 지금 종로서 유치장에 갇혀 있는 김광섭은 너(필자)의 각색극인 〈춘향전〉을 공산주의 작품임을 인정했다. 각색자인 네가 그렇다고만 대답해주면 김광섭의 취조는 일단락되어 입건 서류와 같이 그는 송치되는 것이다. (……) 3일째 되는 날 밤 온종일 취조를 받고 종로서에서 집으로 돌아가는 길에 동행하던 동 서 고등계 형사가 말했다. '김봉관이 선생에게 하는 수작은 소위 유도심문이란 건데 김광섭 씨도 거기에 걸려들었습니다. 선생님마저 그 말에 넘어간다면 그는 〈춘향전〉을 상연한 단체인 극예술연구회 간사들을 모조리 잡아들일 것입니다.' 일제시대의 형사 중에도 이런 예외가 있었다. 그래서 나는 결사 부인했다. 그러나 사태는 험악하였다. 김봉관은 내게 갖은 폭언을 다 퍼부은 끝에 "너희들 극예술연구회 간사 함대훈, 이헌구, 이하윤, 모윤숙 등은 일당이 되어 문단의 한 구석까지도 더럽히고 있음은 세상이 다 아는 사실이다. 나는 너희들을 일망타진하고 말 테다."라고 했다. 나는 각 동지들에게 재빨리 검거 선풍이 불어올 것을 예고했다. 함대훈 형은 매우 당황한 얼굴로 그날 밤으로 우리 집을 방문했다. '이것은 우리가 경찰국에서 지도하는 연극 정책에 참가하지 않기 때문에 나타난 반동이다. 날이 새거든 성출(星出) 사무관을 만나자!'는 것이다. 나는 서재에 박혀서 연극공부나 하겠다고 했다. 그러자 함 형은 일정(日政)의 제안을 거부한다면 다른 동지들까지도 희생되고 만다고 주장하며, 친구를 위해 십자가를 지면 어떠냐 했다. 그래도 내 결심이 서지 아니함을 보고 함형은 '그러면 자네와 같이 나도 나서겠네!' 했다. 이로써 나는 새로운 극단 현대극장의 대표가 되었고 함대훈 형은 연기자 획득을 위한 국민연극연구소 소장이 되었다. 그래 불어올 뻔한 검거 선풍을 막았던 것이다.[34]

이상과 같은 글을 보면서 떠올려지는 것은 민주언론인 송건호(宋建鎬)가 일찍이 분석한 당시 지식인들의 시국 대처 행태 유형이라 하겠다. 가령 송건호의 조사 분석에 따르면 일본 군국주의가 기승을 부린 시기, 즉 1940년을 전후한 때 우리 지식인들이 일제의 폭압에 대처하여 세 가지 양태가 있었는데, 그 첫째가 민족적 양심

34 유치진, 「짓밟힌 우정 - 희곡 〈왜 싸워〉의 분규를 계기로」, 『동랑 유치진 전집』 7(서울예대출판부, 1993), 79~80면.

은 살아 있으나 저항할 용기는 없어 일제의 폭압 앞에 그저 절망적인 현실 속에 마지못해서 소극적으로 협력한 부류라는 것이다. 그러니까 속으로는 민족의 현실을 개탄하면서도 다소의 부일협력은 거절 못 한 부류를 일컫는다. 두 번째로는 일제에 아부하여 일신의 안락을 찾으려는 부류고, 세 번째는 일제에 타협하지 않고 민족적 양심을 지킨 부류였는데, 이런 양심파도 두 종류로서 한 부류는 적극적인 투쟁을 벌여 망명하거나 형무소로 간 경우와 은둔의 길을 택한 경우라는 것이다.[35]

이러한 송건호의 분석은 대단히 적확하다. 왜냐하면 연극인들 중에도 이러한 세 가지 부류가 존재했었기 때문이다. 가령 일제에 협력하면서도 끝까지 창씨개명을 거부한 동랑이 첫 번째의 부류라고 한다면, 창씨개명을 하고 연극협회를 주도한 이서구와 같은 경우가 두 번째의 경우로 볼 수 있으며, 처음에 연극협회 결성에 참여했다가 곧바로 연극계를 떠나 만주로 갔던 연출가 박진(朴珍)과 향리인 황해도에서 은둔생활을 한 최상덕(독견) 같은 경우가 세 번째의 부류로 볼 수 있을 것 같다. 그런데 흥미로운 점은 만주를 떠돌던 박진 역시 얼마 못 버티고 귀국하여 국민연극활동에 참여했다는 사실이다. 이는 그만큼 당시 예술인들이 일제의 폭압에 끝까지 저항하기가 현실적으로 어려웠음을 보여주는 단적인 예라 하겠다.

이처럼 혼란스럽고 절박한 상황하에서도 동랑은 우리 연극의 존속을 위해서 잇속을 챙길 것도 없지 않으리라는 자기 편의적인 생각을 한 것 같다. 그 잇속이란 세 가지였다. 첫째는 일단 흥행극단을 정화함으로써 건전한 근대극이 발전할 수 있는 토대를 만들어보자는 것이고, 두 번째는 신진 연극인들을 발굴 양성하는 일이며, 세 번째가 차제에 자신의 창작 지평도 넓혀보겠다는 것이었다.

이들 중 세 번째 경우인 그 자신의 창작 지평 확대문제에 대하여는 이의를 제기하는 이도 없지 않을 것이다. 왜냐하면 일제의 극악한 통제 속에서 무슨 창작의 지평을 넓힌다는 것이냐고 비아냥거릴 수도 있기 때문이다. 그러나 그의 생각은 조금 달랐다. 사실 그는 당시에 일제의 탄압으로 인하여 자신이 이상으로 삼았던 리얼리즘 희곡을 더 이상 쓸 수가 없어서 '사실과 낭만의 조화' 운운하면서 현실도피적인 역사극과 낭만주의 성향의 희곡 몇 편을 썼던 일에 자괴감을 느끼고 있던

35 송건호, 앞의 책, 294면 참조.

터였다. 따라서 그는 이제 초심으로 돌아가 스케일이 큰 리얼리즘 희곡을 써보고 싶기도 했었다. 다시 말해서 그는 일제에 협력하는 척하면서 자신의 창작 실험도 해보겠다는 것이었다. 물론 거기에는 자신과 스스로 약속한 전제 조건이 있었다. 그 전제 조건이란 최소한의 자존만은 지키겠다는 것이었는데, 그것이 다름 아닌 창씨개명 거부와 조국혼(祖國魂) 잃지 않기였다. 그가 끝까지 창씨개명을 하지 않은 이유도 바로 그런 자신과의 약속 때문이었다.

2) 버팀과 순응의 궤적

결국 그는 자신이 내건 몇 가지 요구조건을 총독부가 들어준다는 내락을 받아낸 후에야 함대훈, 서항석 등 극연 동지 몇 명 및 동경학생예술좌 리더 주영섭 등과 극단조직에 나서게 된다. 그 요구조건이란 앞에 말한 바와 같은 개인적인 일과 극단조직에 '우수한 연극 인재양성'을 포함시키는 것이었다. 그가 이러한 요구조건을 내건 것은 자존을 지키면서 좋은 인재를 많이 키워내서 우리 연극을 진흥시켜보겠다는 신념에 따른 것이었다. 그가 처음 연극운동에 나섰을 때, 가장 힘들었던 일이 재능 있는 연극인의 부족이었다는 것을 체험을 통해 너무 잘 알고 있던 터였다. 지난 시절 무대에 대한 아무런 경험이 없었던 문사들이 의욕만 가지고 갑자기 연극을 하면서 겪은 고통이 여간한 것이 아니었다.

그래서 극연 주도자들은 결국 그들이 폄훼해왔던 기성 연극계에서 배우들을 영입해왔고, 새로운 젊은이들을 모집하여 급조해서 연극을 한 것이 아닌가. 그때 그는 연극이란 것이 문사들 생각처럼 뜬 구름 잡는 것 같은 허황된 이론으로 되는 것이 아니라 경험 많은 배우들이 만드는 매우 실제적인 예술이라는 것을 절실히 깨달은 바 있었다. 그래서 그가 총독부의 강요에 못 이겨 극단을 조직하면서 내건 제1조건이 바로 인재양성소 설치였다.

그의 오랜 연극 동지들이 함께하고 총독부가 뒷받침해주었기 때문에 극단조직은 순조로웠다. 이 단체에서 제대로 된 연극을 해보겠다는 연극인들이 대거 모여들었던바 창립 멤버는 그를 대표로 하고 함대훈, 서항석, 이헌구, 김영옥, 이웅, 김일영 등 극연에서 함께했던 사람들과 강정애, 김신재, 유계선, 전옥, 윤성묘, 이백수, 김양춘, 현지섭, 유종열, 김단미, 이원경, 함세덕, 진훈, 윤방일 등 극단 토월회 계열의 기성 연극인, 그리고 주영섭, 김동원, 마완영, 이해랑 등 동경학생예술좌 출신들이었다. 명칭을 현대극장으로 정하고 1941년 3월 16일에 정식으로 발족식을 가졌다. 극연좌를 해산하고 꼭 1년 반 뒤에 출범시킨 극단 현대극장의 창단식에는 호시데 등 총독부 관리들이 참석하여 축사를 하는 등 예상한 대로 불길한 조짐이 감돌았으며 저들의 도움으로 태평로에 사무실도 마련할 수가 있었다.

그런데 여기서 주목해야 할 것은 극단 창단 주도자들 중의 한 사람이었던 함대훈의 국민연극론 설파라 하겠다. 그는 극단 창단 직후 일간지와 월간지에 각각 쓴 글에서 국민연극은 "국가이념을 연극 속에 집어 넣어가지고 이 순화된 연극문화를 국민 대중에게 보급시키자는 것"[36]이라면서 그 개념을 다섯 가지로 압축 정의한 바 있다. 그가 정의한 국민연극의 본질은 첫째, 근대극에서 일보를 진(進)하여 국가이념을 굳세게 무대에 표현할 것, 둘째 근대극의 민중이란 너무나 막연한 대상을 여기서는 국가정신을 참으로 이해하는 민중으로 고쳐야 할 것, 셋째 제재로 민중 속에서 구하되 총후의 민중이라는 것을 염두에 두어야 할 것, 넷째 구체제와 신체제에 대한 변모를 명확히 할 것, 다섯째 개인보다 공익 우선이란 것을 이해하는 것[37]이라 했다. 이런 글을 그가 매우 민감한 시기에 쓴 것은 총독부의 강요에 못 이겨 마지못해 겨우 출범시킨 극단 현대극장의 나아갈 길을 제시한 것으로 보여 주목된다고 하겠다. 이는 결국 연극인들이 총독부의 강요에 굴복하여 국책 연극을 실천해 나가겠다고 만인 앞에 선포한 것이나 마찬가지였다.

그런 혼란스러운 상황 속에서 동랑은 총독부와의 약속대로 2개월 뒤인 5월에 극단 부설 국민연극연구소부터 출범시켰다. 연구소는 즉각 모집공고를 냈고 의외로 2백여 명 가까이나 되는 많은 지원자가 응모해옴으로써 이들 중 65명을 일차로 선발하여 휘문고보를 빌려서 교육에 들어갈 수가 있었다. 연극 동지 함대훈을 책임자로 정하고 출범한 국민연극연구소가 대외로 내세운 명분은 '우수한 연극인의 육성과 그 정신의 함양'이란 것이었는데, 동랑과 극단 주도자들은 '그 정신의 함양'에

---

36 함대훈, 「국민연극의 첫 봉화 - 극단 현대극장 창립에 대하여」, 『매일신보』 1941.3.30.

37 함대훈, 「국민연극의 현 단계 - 현대극장 결성과 금후 진로」, 『조광』 1941년 5월호.

국민연극연구소 졸업 기념(1941)

무게를 실었음은 두말할 나위 없었다. 왜냐하면 황국신민정신을 가리키는 '그 정신의 함양'이라는 구절은 총독부가 요구한 사항으로서 함부로 뺄 수가 없었기 때문이다. 아니나 다를까, 커리큘럼에는 저들의 요구대로 수강생들이 반드시 들어야 하는 교양 과목으로서 총독부 관할하의 일본 학자들이 강의하는 '일본 정신'을 비롯하여 국어(일본어), 국사(일본 역사), 그리고 세계정세 등이 들어 있었다.

이처럼 동랑을 비롯한 현대극장 간부들은 굴욕적이긴 하지만 차제에 연극 인재들만이라도 양성해야 한다는 신념으로 강습을 시작한 것이다. 그리하여 교양 과목은 일본학자들이 맡았고, 일반 예술개론은 춘원 이광수를 비롯하여 백철, 정인섭, 이태준 등 문인들이 담당했으며, 전문적인 과목인 연극이론 및 실기이론은 동랑을 비롯하여 함대훈, 서항석, 이헌구, 장기제 등 극단 주도자들과 주영섭, 이원경, 배운성 등 신인들이 맡았다. 어떻든 1920년대 현철이 주도했던 조선배우학교 이래 20여 년 뒤에 만든 국민연극연구소는 소리 없이 성과를 거두고 있었다.

연구소가 제대로 굴러가는 동안 동랑은 극단 현대극장의 창립 공연 작품 구상에 들어갔고, 저들이 요구하는 대로 분촌(分村)문제를 제재로 한 작품을 써야 했다. 그는 이미 1940년대 상반기에 만주여행을 한 달간 한 바 있기 때문에 그 땅과 그들의 삶의 현장이 낯선 것만은 아니었다. 동랑이 잡지 『인문평론』에 썼던 「대륙인식」[38]이란 글도 실은 그때 겪은 인상을 스케치한 것에 지나지 않았다. 그는 첫 번째의 만주 여행에서 멀리 조국의 역사를 음미하면서 많은 것을 느끼고 생각도 했지만 마음대로 쓸 수가 없는 처지였다. 따라서 그는 속내를 숨기고 극히 표피적인 인상만을 기술했던바, 만주인들이 선입견과는 달리 대단히 투쟁적이고 활동적이며 치밀하기까지 하다는 것을 깨닫는 한편 한국인들에 대한 편견이 심했음도 알게 되었다고 썼다. 그래서 새로운 인식을 갖고 출발해야 하는데, 그 이유는 흥아대업을 성취하기 위한 것이라고 결론지음으로써 그가 불행하게도 총독부의 뜻에 충실하게 동조하는 것처럼 쓰기도 했다. 그러한 기조 아래서 작품 구상에 들어간 그는 단기간에 첫 희곡 〈흑룡강〉(5막)을 완성하고 그 창작배경에 대하여 자신의 입장을 소상하게 밝히기도 했다.

즉 그는 일본 군국주의 정책에 동조해서 쓴 첫 희곡이 무대에 오르는 것에 맞춰서 관심 깊게 지켜보는 주변 사람들을 향하여 '국민연극의 구상화 문제'라는 제목으로 그 배경을 매우 구체적으로 발표해놓았던 것이다. (1) 내용, (2) 형식, 그리고 (3) 대(對) 관객 등으로 나누어 쓴 그의 글의 요점에는 그의 제3기에 해당하는 창작 방향이 솔직하게 드러나 있어 흥미롭다. 우선 내용 면을 보면 일제가 좋아할 만한 것으로서 "만주사변부터 그 건국에 이르기까지의 갖은 고난 중에도 힘차게 뻗친 만주 건국에의 이념을 주제로 하여 민족상극에서 민족화해로 발전되는 대동아건설의 국가이상의 일단을 구상화해본 것이"라고 솔직하게 밝혔다.

그런데 그 설명에 이어서 그는 "국민연극은 그 내용에 있어서 직접 혹은 간접으로 국가이념에 뛰어드는 면이 있어야 함은 물론이다. 그러나 그것이 생(生)으로 내밀어서는 물론 안 되고 인간 본능의 고뇌 속에서 차츰차츰 국가의 큰 이상에 가까워져야 할 것이다. 내가 표현하려고 한 것은 국가이념 그것보다는 국가이념에까지

38 유치진, 「대륙인식」, 『인문평론』 1940년 7월호.

발전되는 만주 여러 민족의 고투다. 인간의 이상은 하늘에서 떨어지는 게 아니고 고투와 고뇌 속에서 자연적으로 발생되는 것이 아닐까? 값싼 시국극은 왕왕이 하늘에서 떨어진 이론을 우리에게 강요한다. 거기에는 예술적 향훈도 감동도 없다." 고 했다.

여기서 그가 말한 것은 어쩔 수 없이 작가는 군국주의가 강요하는 대로 내용과 주제를 취할 수밖에 없다고 하더라도 이데올로기를 위한 이데올로기 제시는 작품 이전이므로 우선적으로 예술적 향훈이 넘치는 작품을 써야 한다는 것이었다. 특히 그 문맥에서 보이는 "시국극은 왕왕이 하늘에서 떨어진 이론을 우리에게 강요한다."는 구절로서 시국극이야말로 순전히 강요에 못 이겨서 쓰고 있다는 것을 그가 당당하게 공개적으로 표명한 것이다. 그러면서 그는 군국주의 시국극을 쓰더라도 예술성 있는 희곡을 쓰겠다고도 했다.

두 번째로 형식과 관련해서는 "리얼이 기반이 되어 그 이념은 낭만에까지 뻗쳐야 할 것으로 생각된다. 그러나 그 방법으로서는 대별하여 두 가지 스타일이 있지 않을까 한다. 그 하나는 선이 가늘고 섬세하여 주로 곡선의 미를 보이는 환상적인 동양화적인 수법이요, 그 타(他)는 그와 반대로 선이 굵고 거칠고 직선적인 것! 말하자면 서양화적인 것이 그것일까 한다. 금반 〈흑룡강〉에서는 나는 후자를 택하였다. 소박하고 거칠고 야성적인 것을 리얼한 면에서 취하여 대륙 기질의 다이내믹한 박진력을 낭만에까지 뻗게 하였다. 여기서 말한 낭만이란 김빠진 노스탤지어가 아니다. 비등된 이면의 승화를 가리킴"이라고 했다.

그런데 이 형식 부분에서 주목되는 특징은 그가 등단 초기에 썼던 섬세하면서도 선이 가늘었던 방식에서 벗어나 대륙적인 기질의 스케일이 크고 다이내믹한 야성의 희곡을 썼다는 것이다. 바꾸어 말해서 그가 시국극은 쓰되 우리 민족의 개척정신도 차제에 담아보겠다는 것이었다. 이는 앞으로 〈흑룡강〉 분석을 통해서 확인할 수 있겠지만 실제로 그는 그러한 자세로 작품에 임했던 것이다.

끝으로 그가 관중을 향해서는 어떤 자세를 취했느냐 하는 문제다. 사실 그는 초기 신극운동을 할 때, 소수 인텔리층보다는 모든 계층을 상대로 하는 작품을 쓰겠다고 했었다. 그러면서 그는 "이 극을 쓰는 데 있어서 문학적인 면에도 힘을 썼지만 극장적인 면에도 적지 않은 힘을 썼다. 극장적이란 사색적(문학적)인 데 대한 감각적인 것을 말함"[39]이라고 부연함으로써 문학 작품보다는 공연 대본으로서의 희곡을 쓰겠다고 분명하게 밝혀 주목된다.

바로 이 지점에서 느껴지는 것은 그가 일제에 협력했느냐 아니냐를 떠나서 일단 극작가로 등단한 지 근 10여 년 만에 비로소 문학청년적인 아마추어리즘에서 탈피하여 성숙한 전문극작가로 성장했음을 보여준다는 점이다. 왜냐하면 그의 초기 희곡들이 문제성은 있지만 다분히 문학적인 소품들인 것만은 부정할 수 없는 것이고, 1940년대 들어 불행한 군국주의 국책극을 쓰면서 비로소 스케일이 큰 전문적인 작품을 만들어내기 시작했다고 볼 수 있기 때문이다.

따라서 이러한 시각에서 그의 시국 목적극을 살펴보는 것은 매우 흥미롭고 또 주목되는 사항이라 아니할 수가 없다. 우선 그가 고통스러운 가운데 첫 번째로 쓴 〈흑룡강〉(5막)만 하더라도 일단 조선총독부의 종용하에 썼음은 자명하다. 왜냐하면 동랑이 첫 번째 희곡에서 제재로 삼았던 한국인들의 만주 개척 이야기는 일본 군국주의가 만주를 완전하게 일본화하기 위해서 국가적으로 추진하던 가장 큰 정책 중의 하나였던 사실에서 확인할 수가 있기 때문이다. 그와 관련해서는 앞 절에서 설명한 바 있지만 일제는 일찍부터 자국민 4백만 명과 한국인 150만 명을 만주로 이주시켜서 그곳을 영구히 일본화하려는 목표가 명확히 세워져 있었다.

물론 그러한 이주 정책이 계획대로 이루어진 것은 아니었다. 추진 과정에 여러 가지 변수가 나타남으로써 실제로는 훨씬 못 미치는 결과를 가져왔다. 가령 다나카 류이치가 쓴 글에 보면 러일전쟁 승리 후부터 일인 군관 중심으로 조금씩 만주에 들어가 살다가 1931년 만주사변 이후 히로타고키 내각 때 만주 이민을 7대 국책으로 설정하고 1936년부터 농업 공황으로 고통받고 있던 나가노현의 오히타나 촌민들과 야마가타현의 아츠나이 농민들을 중심으로 분촌 이민과 분향(分鄕) 이민이라는 명목으로 집단 이민을 시켰었고, 다음 정권인 고노에 후미마로 내각은 성인 남성 이민자의 부족을 보충하기 위하여 1938년부터 만몽(滿蒙)청소년의용군이라 하여 만주로 송출했는데 그 수는 8만 6천 명에 불과했던 것이다.[40] 저들의 이주농민

39 유치진, 「국민연극의 구상화문제 - 〈흑룡강〉 상연에 제하여」, 『매일신보』 1941.6.7.

40 다나카 류이치, 「일본인에게 만주국은 무엇인가」, 『만주 그 땅, 사람 그리고 역사』(동북아역사재단,

들까지 합쳐도 기십만을 넘지 못했다는 사실에서 일제가 당초 세웠던 분촌 정책이 제대로 실현되지 못했다고 볼 수가 있는 것이다. 그럼에도 불구하고 조선총독부에서는 1940년대 초부터 우리에게 분촌 정책을 은연중에 제시한 것이다. 그래서 당시까지만 해도 대중 설득력이 강했던 연극을 이용한 것이 아닌가 싶다.

그런데 동랑은 저들의 그러한 요구를 들어주면서 나름대로의 계산을 한 것이다. 그 계산이란 우리 민족의 치열한 개척정신 부각 바로 그것이다. 만주 지역은 우리 민족에게는 특별한 땅이라고 말할 수가 있다. 멀리 고조선에서부터 고구려(B. C. 37~668), 그리고 발해(698~926)에 이르기까지 그곳은 우리 민족이 수백 년 동안 지배하던 고토(故土)였다. 그 당시의 역사적 유물들이 오늘날까지도 만주 땅 여기저기에 산재해 있지 않은가. 그래서 조선시대에도 효종의 북벌론에서 볼 수 있듯이 왕들이 몇 차례에 걸쳐 북벌 정책의 꿈을 펼쳤던 것도 그러한 한국인의 잠재의식이 현실정치와 결부되어 나타났던 것으로 유추해도 크게 어긋나지 않을 것이다.

한편 근대에 와서도 만주 땅은 특별한 지역인데, 그 이유는 조선조 말 그러니까 19세기 후반부터 흉작에 따른 빈궁을 벗어나기 위한 방편으로 함경도와 평안도 농민들을 중심으로 국경을 넘어 비옥한 만주 땅으로 이주하기 시작했었다. 김기훈의 「조선인은 왜 만주로 갔을까」라는 글에 따르면 한국인들의 만주 입국을 알고 있던 청나라 정부가 황무지를 개간하여 경제적 이익을 획득하려고 이주를 권장하기까지 함으로써 1894년에 이미 한국인이 6만 5천 명이나 되었고, 1904년에는 7만 8천 명에 이르렀다고 했다.

이러한 한국인들의 만주 이주는 1905년 을사늑약 직후부터는 의병들과 그 가족들이 가세한 데다가 간도협약까지 체결됨으로써 간도 지역으로의 한국인 이주가 급증하여 1910년경에는 한국인 수가 20만 명에 달했던 것이다. 게다가 1910년 일제의 한국 병탄 이후에는 더욱 급증했는데, 우선 일제의 토지 수탈 정책이라 할 토지조사사업과 증산 정책으로 농민들의 몰락으로 그들이 호구지책의 최후 수단으로 남부여대하여 만주로 떠난 것이다. 그러니까 19세기 후반에는 대체로 북선 지방 농민들이 국경을 넘어 만주로 이주했지만 일제의 한국 침략 이후에는 경상도, 전라

2008) 참조.

도, 경기도, 충청도 등 남부 지방 농민들까지 만주의 전 지역으로 이주해간 것이다. 따라서 1930년대에 한국인들의 만주 거주자가 무려 60여만 명에 이르렀다.

그런 시기에 일제가 분촌 정책을 쓴 것인데, 그 배경은 일본 국내의 과잉 인구문제를 해결하고 만주 지역을 자신들의 영구적이고 실질적인 식민지로 만들기 위하여 일본 농민들을 만주로 이주시키는 정책에 주안점을 둔 것이었다. 그리고 핵심은 '일본 이민은 장려하고 한국 이민은 방임하며 중국 이민은 제한한다'[41]는 것이었다. 여기에 비추어보면 일제가 한국인들에게 실제로 분촌 정책라는 것을 그렇게 강력하게 종용했던 것 같지도 않다. 그러니까 일제 당국자는 한국 농민들의 이주를 알선하고 보조해준다는 명목으로 선만(鮮滿)척식회사까지 두고 이주를 통제 조종하기까지 했다. 그런 가운데서도 한국 농민의 이주는 계속 증가하여 1940년에는 145만 명이나 되었다. 그리고 1944년에는 대략 160~170만 명에 이른 것이다.[42] 그런데 여기서 주목되는 점은 일제가 무조건 한국 농민을 다량으로 이주시키려 한 것도 아니었다는 사실이다. 저들의 필요에 따라 권장도 하고 때로는 통제도 했으며 전쟁 말기에는 이민 정책을 거의 추진하지 않았다는 김기훈의 주장은 동랑이 쓴 희곡으로서 분촌 주제와 관련이 있다는 〈흑룡강〉과 〈대추나무〉 해석에도 적지 않은 여지를 남긴다고 하겠다.

그렇다면 우선 그가 극단 현대극장을 조직하고 창립 공연작으로 내놓은 첫 작품 〈흑룡강〉 속에 한 번 들어가보자. '만주 건국을 위해서 싸운 조선 농민의 건국 이전의 이야기'라는 타이틀이 붙은 이 희곡은 그가 초창기에 쓴 사실주의 작품들과는 스케일이 다를 뿐만 아니라 분촌 정책과는 거리가 멀다. 왜냐하면 그가 부제에서 암시하듯 이 작품은 우리 민족이 이국땅 만주를 개척해가는 과정에서 여러 가지 난관에 부딪힐 때마다 그것을 어떻게 극복해냈는지를 보여주면서 동시에 우리 민족만이 지닌 강인하고 지혜로운 개척정신을 드러내주었다고 보기 때문이다. 그리고 그가 초창기에 썼던 협소한 스케일의 답답한 사실주의극들과 차원이 다른데, 그

41 김기훈, 「조선인은 왜 만주로 갔을까」, 『만주 그 땅, 사람 그리고 역사』(동북아재단, 2008), 184~194면 참조.

42 위의 글, 195~196면 참조.

이유는 당장 드넓은 만주 땅을 배경으로 하여 시적 리얼리즘 기법을 활용한 것에서부터 찾을 수가 있다. 그리고 5막 극이어서 등장인물도 많을 뿐만 아니라 한국인, 만주족, 그리고 몽고인까지 등장시킨 것은 그의 전작들에서는 찾아볼 수가 없다.

동랑이 희곡에서 밝힌 대로 시대는 만주사변 이듬해인 1932년 2월이므로 대단히 추운 겨울철이다. 일본 영사관에 피신해 있다가 종전과 함께 돌아온 한인들이 전쟁으로 말미암아 모두 파괴된 가옥들을 재건하는 것으로부터 이야기는 시작된다. 수십 명의 등장인물 중에서 주인공은 개척 청년 성천(星天) 모자와 연인(蓮), 성천의 반대자 박대규, 한인들의 멘토 박 선생, 길보 형제, 토호 장거장과 그의 애첩 정도로 보면 된다.

특히 잠깐 등장하지만 박대규는 현실주의자 성천의 반대자라는 점에서 주목되는데, 이는 사실 동랑 자신의 내면적 양면성이라 할 현실과 이상(理想), 일제에 대한 협력과 거부를 상징한다고 볼 수가 있다. 가령 제1막에서 만주족이 한국인들에게 사변 당시 일본 영사관에 피신해 있었던 것을 들어 비난하며 폄훼하자 민족주의자이며 동지이기도 한 박대규가 성천의 뺨을 때리면서 '그 썩은 오장으로 얼마나 잘 사나 보자'면서 뛰쳐나가는 장면이 나온다. 그 장면을 옆에서 지켜보고 있던 박 선생은 오열하는 성천에게 "성천아 울지 말아라. 젊은 기상에 분하기야 하겠지만 개면 어때? 사람이란 살구 볼 일이야, 이번 난리에 우린 살려고 얼마나 애썼나. 장학량(張學良)의 군사한테 쫓겨서 달장간(거의 한 달 동안)을 산으로 강으로 헤매며 냉수만 먹던 땔 생각해봐라. 싱거운 냉수만 먹으니까 짠 게 먹구퍼 우린 제 살을 핥지 않았었나? 그 사람은 아직도 사는 맛을 못 봐서 하는 소리다. 아무리 짓밟혀도 살려는 게 사람이다."라고 달랜다. 그러면서 박 선생은 "사람하고 버러지가 다를 게 뭐냐? 하긴 나도 너와 같은 시절이 있었다. 남한테 이만한 소리도 안 들으려던 때가. 그 때문에 난 조선 바닥에서 못 배겨나고 이 만주로 쫓겨왔지만 와서 몇십 년을 고생을 해보니까 결국 사람이란 아무것도 아냐."라고 달랜다. 그러니까 당장 사람이 살고 보아야 그다음에 뭐든지 할 수 있는 것이 아니냐는 것이었다. 이러한 박 선생의 현실주의적인 생각은 시대에 대한 저항과 순응, 그리고 그 변증법적인 종합으로서 그 당시 동랑의 입장으로 볼 수가 있지 않을까 싶다.

이러한 상황에서 재건에 땀 흘리고 있는 한국인들에 대한 만주 토착민들의 배타적인 적대감이 날로 심해져서 식량도 팔지 않을뿐더러 빌려주었던 소작권까지 몰수하려고 한 것이다. 이에 성천은 "대인(土豪)이 그 땅의 아버지라면 우린 그 땅을 길러낸 어머니요, 우리의 땀줄기와 핏줄기로 그 땅은 길러졌단 말이에요."라고 저항하는데, 이는 그동안 한국인들이 피땀 흘려서 황폐한 땅을 옥토로 만들어놓았더니 갑자기 토지를 빼앗겠다는 것은 어불성설이라면서 거부한 것이다. 이러한 성천의 지적과 저항은 철저히 사실에 근거한 것이었다. 가령 만주국 연구자 윤휘탁(尹輝鐸)의 경우 당시 한국 이주민의 실상과 관련하여 "대부분의 조선인들은 아무런 준비 없이 만주로 들어왔다가 커다란 곤경에 처하곤 했다. 특히 중국말을 모르고 그곳 지리에 어두운 조선인들 가운데 상당수는 모든 사회환경이 조선과는 판이한 만주에서 여러 가지 불편뿐만 아니라 막대한 정신적 부담까지 느끼면서 실질적인 손실을 입기도 했다(『조선일보』 1940.3.26.). 특히 조선인들은 지상권이나 경종권(耕種權) 형식의 계약을 맺고 피땀 흘려 땅을 개척했다가 그 땅이 만주국에 매수되는 과정에서 아무런 권리를 인정받지 못하곤 했다(『조선일보』 1940.3.30.). 결국 수도작(水稻作) 기술 외에는 아무것도 없이, 그리고 정치적 · 경제적인 보호나 원조 없이 무작정 만주로 이산한 조선인들은 대부분 중국인 지주로부터 저습지(低濕地) 등을 빌려 소작생활을 했다. 게다가 조선인 농민은 경지 부족, 식량 부족, 고리대금 및 이중적인 소작료의 수취, 영농 자금 융통의 곤란, 경제 통제 정책에 따른 물자 부족과 농산물에 대한 공정 가격의 저하로 인한 수지 불균형, 농기구· 역축의 부족 등으로 잉여가치를 창출하지 못하고 여전히 소작농으로서 극도의 궁핍한 생활을 하고 있었다. 그들은 영농 자체가 곤란해질 정도로 절박한 경영 여건 속에서 허우적거리고 있었다."[43]고 씀으로써 성천의 저항이 사실에 근거한 것임을 시사하고 있다.

성천은 바로 이러한 처지에서 죽 쑤어 개 좋은 일 시키지 않겠다고 버틴 것이었다. 그런데 토호와 만주인들의 한국인 배척의 전환점을 만드는 결정적 계기는 장학량 패잔병들의 행패였다. 이 작품의 시간적 배경이 1932년인데, 이 시기는 일본 관동군이 장학량 군벌을 무너뜨리고 난 직후여서 아직 괴뢰 황제 푸이(溥儀)의 만

43 尹輝鐸, 『滿洲國: 植民地的 想像이 잉태한 '複合民族國家'』(도서출판 혜안, 2013), 109~110면.

주 제국이 들어서기 전이었다. 그만큼 혼란기였기 때문에 패잔병들의 기습이 잦았었다. 동랑은 바로 그 지점을 희곡의 배경으로 삼아 1930년대 초기에 처해서 한국인들이 혹독한 추위와 토착민들의 배척, 그리고 수시로 출몰하는 패잔병들의 내습 등으로 인하여 만주 개척이 얼마나 어려웠던가를 리얼하게 보여주자는 것이었다.

이처럼 꿈을 갖고 찾아온 한인들이 만주 땅에서 곤경에 처할 때마다 고국에 대한 그리움이 솟구칠 수밖에 없었다. 그 점은 길보라는 등장인물의 다음과 같은 대사가 잘 보여준다. 말끝마다 고국을 자랑하는 길보에게 열세 살 먹은 소년(만주리)이 고국이 그렇게 좋으냐고 묻자 길보는 "조선이 제일이거든. 산도 조선이 제일이요, 물도 조선이 제일이요, 인물도 조선이 제일이다. (……) 만주 살다가 조선 땅에 척 들어서서 제일 눈이 번듯한 건 산이다. 산에는 숲이 있고 숲 사이로 골짜구니가 나고 골짜구니에는 마을이 있고 마을 앞에는 시내물이 흐르고 시내물에는 징검다리가 놓이고 징검다리 옆엔 빨래터가 있고 빨래터엔 수양버들이 흐늘어지고 그 흐늘어진 수양버들 아래선 어여쁜 아가씨 아주머니가 겨울에도 봄날같이 호호 하하 빨래를 하고 —"라고 찬탄한다.

여기서 우리는 동랑이 만주 개척 이야기를 쓴 것임에도 불구하고 대단히 시적인 표현으로 고국 땅의 자연미를 예찬한 데 주목할 필요가 있다. 왜냐하면 한국이 비록 일제에 점령을 당하고는 있지만 그것은 어디까지나 한시적인 것으로 인식하고 있었으며 이 땅은 영원한 내 조국 한국 땅이기 때문에 사랑스럽고 떼려야 뗄 수 없는 것이라고 굳게 믿고 있었던 것이다. 그래서 그는 항상 아름다운 자기 조국 산천과 인정, 그리고 풍정을 사랑하고 있었다. 그러나 그것보다도 더 주목해야 할 부분은 그가 조국 산천을 하나의 거대한 문화유산으로 인식하고 접근했다는 점이다. 즉 그가 한국 땅을 민족의 문화유산으로 인식함으로써 누구도 영원히 강탈해갈 수 없는 민족혼 그 자체로 보았다는 사실이라 하겠다. 이는 대단히 중요한 사항이다. 왜냐하면 그가 거기서 끝나지 않고 자신과 아름다운 조국 산천을 은연중에 일치시켜놓고 있기 때문이다. 그러니까 비록 그가 강요에 못 이겨 저들의 군국주의 정책 홍보에 협력은 하고 있었지만 내면에서 불타고 있었던 애국심은 여전했다고 말할 수가 있는 것이다.

이러한 그의 조국 산천에 대한 사랑과 그리움은 주인공인 성천의 젊은 연인(蓮)

을 통해서도 드러낸바, 가령 그 처녀(蓮)가 대화하는 과정에서 "조선이 좋은 줄은 인제야 아셨어요? 조선이 좋고 아름답길래 아름다운 조선을 지키려고 우리가 여기서 고생을 하는 게 아닙니까. 우리가 여길 못 지키면 아름다운 조선도 급기야는 도적의 나라가 되고 만답니다. 저 북쪽 흑룡강 밖에는 틈만 있으면 몰려들려고 지금 도적의 떼가 웅성거리고 있대요. 우리는 제 고향을 사랑하길래 여기서 죽기를 맹세합니다. 여기서 조선과 같이 마음 놓고 살 수 있을 때까지는 결단코 고향을 생각지 맙시다. (……) 여긴 춥기는 하지만 수백 년 동안 거름이 돼서 살이 포동포동이 찐 밭, 수수를 심으면 두 길 세 길씩 크고 조를 심으면 빨랫방망이 같은 이삭이 줄줄이 열리고 — 이렇게 건 땅은 조선엔 없대요. 그나 그뿐이에요? 며칠을 걸어도 끝없는 들이 하늘 끝까지 닿지 않았어요? 여기가 자리만 잡히면 조선과 같은 아름다운 금수강산이 몇십 개 생길는지 모른대요."(3막)라고 읊조린다.

이상과 같은 대사 속에는 만주 개척이야말로 곧 조국 사랑이고 거칠지만 옥토로 만들어서 조선 땅처럼 아름다운 금수강산을 만들어 우리 땅화 함으로써 가난을 이겨내보자는 동랑의 의도가 함축된 것이다. 여기서 드러나는 그의 첫 번째 진정한 의도는 역시 끝까지 견지하고 있던 정체성(正體性) 추구라고 말할 수가 있다. 그가 일제에 협력하면서도 끝까지 창씨개명을 거부했던 사실도 그 점을 단적으로 나타내주는 것이라고 말할 수가 있다. 그리고 이는 곧 그의 조국에 대한 애틋한 사랑이기도 하다. 두 번째로는 그의 광활한 대륙에의 개척정신이다. 그가 「만주 기행문」에서도 밝힌 바 있듯이 우리 땅이 꽤 비좁다는 것을 느끼면서 장차 광활한 만주 벌판을 우리 민족이 뻗어나갈 새로운 개척지로 생각한 것이다. 더욱이 만주 땅은 우리의 고토(故土)였지 않은가. 이는 또한 오늘날의 세계화 정책과도 어느 정도 연관성이 있지 않을까 싶다. 세 번째로 그가 일제의 분촌 정책에 일정 부분 동조함으로써 상생해보려는 일석이조의 효과도 거두고 있다는 사실이다.

가령 그가 이 작품에서 자신의 분신이라 할 청년 성천은 배척하는 만주족과 토호에게 진정한 적은 한국인들이 아니고 장학량 군벌이라고 설득하고 있다는 사실이다. 그러던 차에 패잔병들이 쳐들어와서 재건에 분주한 마을을 쑥대밭으로 만들고 동지로 믿어 후원까지 해왔던 토호의 젊은 애인마저 납치해간다. 바로 거기서 토호는 장학량이 동지가 아니고 성천으로 대변되는 한국인들이 진정한 동지임을을 비로소 깨닫게 된다. 토호가 잡혀온 패잔병들에게 "이놈아 난 너희들이 이런 놈인 줄 모르고 뒤를 떠받쳐주고 군자금까지 대주었지. 너희들은 거짓말을 쓰고 불쌍한 백성들을 못살게만 굴었지. 그 밖에 한 일이 뭐냐? 난 이런 줄 모르고 너희들한테 속아 온 게 뭣보다 분하다."면서 모두 죽이라고 호통치는 것이다.

그러나 청년 성천은 장학량군을 격퇴한 후 패잔병들을 설득해서 그들도 그동안 이용만 당했음을 일깨워준다. 즉 성천은 패잔병들에게 "너희들이 호만복(胡萬福)이한테 홀려 다녔다면 호만복이는 장학량이한테 홀리고 장학량이는 장개석이한테 홀려서 장개석이를 사로잡고 있는 것은 더 큰 도깨비다."라고 일깨워준다. 그러면서 주인공 성천은 다 함께 힘을 합쳐서 새 나라 건설을 해나가자고 외치는 것으로 막이 내린다.

그렇다면 여기서 성천이 외치는 새 나라는 어느 나라를 뜻하는가. 그것은 당연히 일본이 목표하는 만주국일 것이다. 그 점은 최종 막이 내리면서 "멀리서 새벽을 고하는 종소리. 그 종소리와 함께 만주 국가를 모티브로 한 음악 들린다. 일장기와 오색기 나부낀다."라는 지문에 분명하게 나타나 있다. 실제로 동랑은 주인공 가운데 '박 선생'이란 인물을 등장시켜서 현실에 순응할 수밖에 없는 처지를 밝힌 바도 있다. 한편 그는 그런 상황 속에서도 조국에 대한 사랑과 한국인으로서의 정체성을 잃지 않으려는 노력을 부단히 하고 있었음이 작품의 구석구석에서 보인다는 점에 주목할 필요가 있다.

그러나 무엇보다도 이 작품에서 우리의 주의를 끄는 부분은 그가 만부득이 건조한 목적극으로서의 국책극을 쓰면서도 강한 색채를 별로 드러내지도 않았을뿐더러 한국인들의 강인성을 부각하려 한 점이라 하겠다. 즉 그가 전쟁으로 살벌한 만주 개척시대의 이야기를 전개하면서도 작품 전체에서는 세상살이에서 야기될 수 있는 복잡한 인간관계 묘사와 그 중심에서 한국인들이 난관을 뚫고 헤쳐나가는 모습을 적나라하게 묘사한 것이다. 주지하다시피 만주 건국 과정에서 만주 군벌과 일본과의 대립 사이에서 한국인들의 생존투쟁은 그야말로 고행 그 자체였다. 그러한 상황에서 자식을 지키려고 생명까지 헌신짝처럼 내던지는 주인공 성천 어머니의 비극적 희생과 성천의 연인이 패잔병들에게 여성성을 잃자 자존을 세우기 위하여 자결하는 것 역시 한국인들만이 해낼 수 있는 처절한 항거였다.

바로 여기서 함대훈의 글은 주목할 만하다. 그는 「국민연극의 방향」이란 글에서 "현대에서 그 제재를 취하는 데 대한 것이어니와 역사상에서 취급하는 데 있어서도 또한 여기는 조선적인 특수성이 내지의 국민연극의 소재와 상이가 있다는 것을 인식하지 않을 수 없다. 조선의 역사상의 인물을 취급해서 거기 개척정신이나 영웅적인 행동 등에 있어서 이것을 통해 직접 관중에게 이 동아공영권 확립에 직접적인 노력을 하라는 것은 못 준다 해도 이 영웅적인 역사상 인물의 행동으로서 넉넉히 조선인도 오늘날처럼 이렇게 쇠약하지 않았으니 옛사람의 피를 본받아 우리도 영웅적인 개척적인 정신으로서 이 동아를 한 일선에 들도록 하자는 그런 영웅심을 길러줄 수 있다."[44]고 씀으로써 저들이 강요하는 국책극을 할지라도 우리 작가들은 민족적 자존마저 저버릴 수 없음을 은연중에 강조하고 있는 것이다.

한편 동랑은 한국인들이 주도하는 만주 개척기의 살벌하면서도 비극적인 삶을 그려나가면서도 자신의 시적(詩的) 장기(長技)를 유감 없이 발휘하고 있어서 주목된다. 그것이 다름 아닌 서정적인 삽입가요의 효율적 활용이다. 즉 추위에 떨던 여주인공들(만주리와 연이)이 "기럭기럭 / 기럭이 떼 / 추운 줄도 / 모르구서 / 앞서거니 / 뒤서거니 / 사이좋게 / 날러가네"라고 노래 부르는 것에서부터 장학량 군대에게 주인공 성천이 납치되어간 상황에서 그의 모친은 통곡하지만 마을 사람들은 "불꽃아 피어라 / 노야령 검은 봉이 시커멓게 타도록 / 불꽃아 피어라 / 이 가슴에 품은 포부 하늘에 닿도록－ / 불꽃아 피어라 / 불꽃이 피어야 우리도 사노니－"라고 합창도 한다. 그뿐이 아니다. 동랑은 늙은 패잔병의 입을 통해서도 "오늘은 동으로 / 내일은 서로 / 흑룡강에서 / 흥안령까지 / 온 천하는 내 집 / 토파 헤매어라"라는 구슬픈 노래를 읊조리게도 한다. 그만큼 그는 황량한 이역에서 고난을 극복해가는 우리 동포들의 각박하고 처절한 삶을 묘사하면도 서정성을 불어넣은 것이다. 그가 스스로도 몇 번에 걸쳐 밝힌 바 있는 것처럼 우리 개척민들의 질박하고 야성적인 삶을 인간 본성에 포커스를 맞춰서 리얼하고 다이내믹하게 묘사하면서도 사이사이에 시적 서정성을 불어넣음으로써 작품 전체가 무미건조하지 않게 만들었다. 특히 대륙적 기질의 다이내믹한 분위기에 낭만성까지 불어넣은 점은 그의 초기 작품에

44 함대훈, 「국민연극의 방향」, 『춘추』 1941년 6월호.

서는 찾아볼 수 없는 경우였다고 하겠다.

실제로 그가 공연을 앞두고 월간 『삼천리』지와 가진 인터뷰에서도 국민연극을 표방하는 작품이 국가이념에 부응해야 할 수밖에 없는 것이긴 하지만 "그러나 그것이 투박한 것으로 강요되어서는 안 되며 인간 본능의 고난에서부터 한 발 한 발 국가 대이상을 향해 접근해가지 않으면 안 된다. 내가 표현하고자 한 것은 국가이념 그 자체보다는 국가이념으로 발전해가는 만주의 각 민족의 고투에 있으며, 그것은 또한 종종 저속한 시국극이 하늘에서 떨어지는 듯한 이념을 강요하는 것에 반해서, 어디까지나 고난과 고투의 가운데에서 자연적으로 발생하게끔 시험해본 바"[45] 라고 명징하게 밝힌 바도 있다. 이 작품이 근대희곡사에서도 의미를 찾을 수 있다면 소재를 국내에서만이 아닌 타국에서도 취한 것이었으며 소재의 폭을 광활한 만주 땅으로까지 확장시킨 데도 있다고 하겠다. 물론 그가 초기에 노동운동를 다룬 희곡 〈빈민가〉의 경우 사건의 무대를 중국 상하이로 잡은 적이 없지는 않다. 그러나 그것은 검열을 피하기 위한 방편에 불과했으므로 만주 땅을 무대로 삼은 〈흑룡강〉과는 차원이 다르다.

여하튼 이러한 그의 인터뷰 내용은 앞에서 기술한 것처럼 그가 공연에 임하여 잡지에 썼던 작품의 구상화 계획과도 맥락이 닿아 있다. 이처럼 〈흑룡강〉이 비록 총독부의 강요로 마지못해 쓴 희곡이라고 하더라도 일본이 강요했던 국가 이데올로기 투영보다는 인간의 삶이라는 보편적인 것에 더 치중했음을 알 수 있으며, 바로 그 점에서 이데올로기 부분만 제거하면 그의 작품으로서는 진일보한 것이라고 말할 수도 있다고 본다.

이러한 배경의 희곡 〈흑룡강〉이 부민관 무대에 올려진 것은 1941년 6월 6일부터 8일까지 3일간 4회였다. 견실한 사실주의 수법을 써서 연출했다는 주영섭의 말대로 작품은 동랑이 의도했던 대로 형상화되었던 것 같다. 그 작품을 후원했던 『매일신보』는 첫 공연의 분위기를 전하는 기사에서 "이번 새로이 창립된 현대극장이 최초의 선물로 내는 〈흑룡강〉 5막의 호화로운 공연은 (……) 제5막의 무대가 바뀌기까지 만장한 관중은 만주사변 전으로부터 만주국 건국할 때까지에 조선 농민들

45 『삼천리』 1941년 7월호.

이 피와 땀으로 만주 벌판에 쌓아온 고난의 개척사를 눈에 보는 듯이 그리어주는 능숙한 연기에 시종 감격과 흥분으로 손에 땀을 쥐었다."[46]고 하여 작품이 한국 농민들의 만주 개척 의지에 포커스가 두어져 있음을 솔직하게 지적했다.

그리고 다분히 의례적인 평가로 보이기는 하지만 전문가들의 반응 역시 좋은 편이었다. 예를 들어서 작품의 전개 과정과 스케일 면에서 셰익스피어 무대를 연상케 할 뿐만 아니라 '건전한 국민적 양식과 국민예술 창조에 대한 정열을 가지고 조선 예술의 재건에 나선 최초의 횃불'이라는 김사량의 격찬[47]에서부터 "사건의 용약(勇躍)은 확실히 〈벵갈의 기병〉처럼 서양화적인 스타일을 이루고 있다."[48]에 이르기까지 호평일색이었는데, 호시데 등 일부 일본인 외에는 그 작품이 국책극으로서 의미가 있다는 이야기는 극히 희미했다는 점에서 흥미롭다고 하겠다. 특히 비연극인이었던 유자후(柳子厚) 고고학자의 관극평이나 유명 언론인 서춘(徐椿)의 글은 동랑의 희곡에 대하여 비교적 후한 점수를 주었는데 이는 아무래도 색안경을 끼지 않고 예술적 성취만을 바라본 때문이 아니었나 싶다.

즉 유자후는 〈흑룡강〉 공연을 보고 나서 "현대극단의 출현은 영성하는 효천의 욱일(旭日)이 승천하는 느낌이 있다."고 했고, 서춘은 "과거 50년간 재만 조선 형제는 만주 땅의 개척자이었을 뿐이 아니라 동시에 정신의 개척자였습니다. 왕도 낙토의 이면에는 조선 사람의 숨은 노력이 적지 않았습니다. 금번 공연에는 〈흑룡강〉은 우리나라의 국책선을 그려가면서 이 사실을 밝힌 데 특징이 있는 것"[49]이라고 하여 동랑이 당초 의도했던 진의를 가감 없이 읽어내려고 애썼음을 알 수가 있다.

그러나 관중의 호응 면에서는 후원사였던 『매일신보』의 자화자찬 기사와는 달리 전체적으로는 별로였던 것 같다. 왜냐하면 3일 공연에 1만여 명의 관중이 적은 편은 아니었지만 관객의 대부분이 동원(시내 각급 학교생들과 철도국 직원, 은행원 등)의 성격을 띠었기 때문이다. 여하튼 국민극운동을 위해서 창립된 극단 현대극장의 〈흑룡강〉은 일단 3일간의 공연으로 그 첫 번째 임무를 끝마친 셈이다.

---

46 『매일신보』 1941.6.7.
47 김사량, 「〈흑룡강〉을 보고」, 『매일신보』 1941.6.10.
48 박영호, 「〈흑룡강〉의 인상」, 『매일신보』 1941.6.11.
49 『삼천리』 1941년 7월호.

자신의 창작극을 무대에 올렸던 동랑은 극단의 두 번째 공연으로 제자 함세덕이 번안한 〈흑경정〉을 연출했는데, 이 작품은 프랑스의 낭만희곡인 M. 파뇰의 〈마리우스〉와 〈화니〉 2부작을 5막으로 다듬은 것이다. 즉 함세덕이 성장한 '서해안의 항구(인천)를 배경으로 태양과 창해와 종려나무의 남양을 동경하는 외아들 광화와 선창에서 잡화를 파는 정순과의 청순하고도 슬픈 청춘의 시첩(詩帖)인바, 무릇 모든 남성에게 영원의 여성으로서 동경과 사랑의 적(的)이 될 여성이 있을 수 있다면 그것은 오휘리아, 에반제린과 함께 이 작품의 여주인공일 것'[50]이라는 당시 기사에서 보이듯이 동랑은 각박한 시대상황에서의 공허함을 낭만성으로라도 풀어보려 한 것이 아닌가 싶다.

그렇지만 이 작품 역시 국민연극을 해야 한다는 강박관념(?)에서 억지로라도 일본 군국주의 정책과 결부시켜야 했으므로 작가는 『매일신보』의 기사(1941.9.19.)에서 보이는 것처럼 일제가 획책하고 있던 동남아 여러 나라의 점령을 통한 대동아공영권 완성이라는 배경 그림을 제시한 것이다. 다시 말하면 작가가 이 낭만적인 작품을 통하여 청년들로 하여금 일제가 동남아에서 침략 전쟁을 벌이고 있는 만큼 남양 진출에의 타당성을 제시했다는 이야기다. 그러나 제국주의 정책은 한국이 주도한 것도 아닌 만큼 구태여 우리 대중을 상대로 한 작품에서 그런 주제를 내세울 필요가 있었을까. 바로 그 점에서 그가 일면으로는 총독부의 침략 정책에 동조하면서 다른 면에서는 반도국가인 우리나라 청년들로 하여금 넓은 세계로의 진출의 꿈을 키워주고 싶었던 속마음의 발로라고 보는 것도 크게 어긋나지 않을 것 같다.

동랑이 극단 현대극장을 조직하고 자작의 〈흑룡강〉과 번안극 〈흑경정〉을 부민관 무대에 올린 뒤에는 두 작품을 갖고 인천 등지 몇 군데 순회공연을 갖는 것으로 1941년도를 흘려보낸다. 그러는 사이에 연극계에서는 여러 가지로 변화가 일어났다. 가령 일본 국내에서는 대동아전쟁이 본격화되는 데 따라 "군부가 전면에 나서서 사상 통제를 강화해나갈 수밖에 없다는 인식하에 연극 검열이 더욱 강화되었고, 군국주의를 찬미하는 작품만 허용하는 체제를 굳혀갔다. 뿐만 아니라 1940년에 문부성에 '연극영화음악개선위원회'라는 것을 설립하고 연극 개선에 관한 구체적인

50 『매일신보』 1941.9.20.

현대극장 시절 함세덕과 함께

방책을 발표해 흥행 시간, 공연 횟수 등을 일일이 규정하고, 연극인에 대해 품행과 기능 등을 국가에서 심사하고 등록증, 즉 감찰(鑑札)을 발부해 휴대하도록 하는 제도를 만들기도 했다. 또한 총독부는 지방 문화의 발전을 위해 특히 농어촌에 대한 건전한 오락을 제공한다는 목표로 아마추어 연극의 공연을 장려했다. 이를 위해 국민정신총동원본부를 두고 지방에 연극인을 파견하거나 대본을 제공하는 등으로 군국주의 정책의 홍보연극을 보급하고자 노력했다."[51]

51 이응수 외, 앞의 책, 167면.

그렇다면 일본 국내에서 1940년도에 들어 시행된 위와 같은 연극 통제 정책이 이 땅에서는 어떻게 나타났는가 하는 점이다. 전술한 바도 있지만 연극 통제는 일제 침략과 함께 시행되다가 1940년대 들어서는 더더욱 강화된 것이었다. 그러한 전형의 하나가 전술한 바 있는 조선연극협회 결성(1940.12.22.)과 현대극장 창설이었고, 모든 연극단체를 그 산하에 묶어놓게 했으며 단체 행동으로서 소위 이동극단 운동의 강요였다. 그러니까 조선연극협회가 출범하고 며칠 뒤부터 협회 직속 이동극단 파견에 대한 이야기가 나오기 시작한 것이다. 즉 총독부 기관지였던 『매일신보』는 1941년 1월 중순에 협회의 '첫 사업으로 이동극단을 조직하여 협회 직속으로 두고 사설적으로 농산어촌을 방문하여 비상시국을 효과 있게 인식시키려는 계획을 세우고 있다'고 보도한 바 있다. 그럼에도 불구하고 대외적인 명분은 극예술에 대한 혜택을 누리지 못하는 농어촌 등 벽지 사람들을 문화로 계몽시키기 위한 것이라고 했다.

그러니까 저들의 목표는 '광산이라든가 농산어촌에 건전 명랑한 연극을 주고 이를 통하여 지방 문화의 확립과 아울러 애국사상의 함양, 시국인식의 철저화'를 꾀하겠다는 것이었다. 이는 솔직히 애국사상 고취니 시국인식의 함양 같은 구절만 제외하면 연극인들이 흔쾌히 수용할 만한 제안이었다. 왜냐하면 오랜 중앙집권제 국가였던 우리나라의 경우 지방 문화는 거의 불모지 상태로 방치되어온 처지였기 때문이다. 따라서 뜻있는 연극인들도 그러한 방침에 일면으로는 찬동도 했다. 가령 동랑의 경우 1941년을 회고하는 글에서 "극단이 대개 도시 중심으로, 그 활동을 하고 있음에 반하여, 비교적 오락과 문화의 혜택을 입지 못하고 있는 농산어촌의 산업 전사에게 위안을 주고 교양을 넓히기 위해서 국민연극의 새로운 장르로서 이동연극대의 활동도 주목할 만한 것"[52]이라고 했다.

그리고 그는 신문에 기고한 글에서도 "농산어촌에 문화와 오락을 갖다주자! 이것이 요즘 시대적인 군호(軍號)다. 이때에 전선(全鮮)에 농산어촌을 중심으로만 활동하는 천막극단이 산재한다는 것은 우리의 다행한 일의 하나다. (……) 그러므로 나는 앞으로 이 천막극단의 추이에 많은 관심을 가지는 동시에 그 산병적(散兵的)

52 유치진, 「연극계의 회고」, 『춘추』 1941년 12월호.

인 경쾌한 기능이 이용 여하에 있어서는 새 시대의 문화 영역의 한 귀퉁이를 능히 차지하는 바 있을 것을 믿는 자"[53]라고 하여 이동극단운동을 긍정적으로 바라보고 있었음을 나타내주었다.

그런데 여기서 동랑을 일제의 음험한 문화 정책에 무조건 맹종하는 순응파로만 매도하기 전에 일찍이 러시아에서 전개되었던 연극브나로드운동에 감화되어 행장 극장을 만들어서 일제에 저항해보려 했던 그의 청년기를 생각해볼 필요가 있다. 물론 일제가 계획한 이동극단운동과 러시아의 연극브나로드운동과는 본질적인 차이가 있는 것은 사실이다. 그러나 동랑이 생각한 것은 그가 이이제이식(以夷制夷式)으로 퇴폐적인 상업주의를 정화 제거하는 데 국민연극을 이용해보려 했던 것처럼 이동극단운동도 불모지나 다름없는 지방 문화를 진흥시켜보고 싶은 꿈을 말한 것으로도 볼 수 있지 않느냐는 것이다.

가령 그가 한 월간 잡지의 좌담회에서 이동극단운동과 관련해서 설명하는 중에 "조선의 연극운동은 스스로 두 갈래로 나누어져서, 하나는 도회의 교양이 높은 인텔리층에, (이것은 고정극장을 가지며) 또 하나는 순회식 이동연극의 형태로 일반 대중에게로 노력하지 않으면 안 되기 때문에, 먼저 우리는 '현대극장'이라고 하는 신극운동 단체를 만들었습니다. 이것은 수많이 있는 상업주의 극장이 아닌 그야말로 진짜 국민극 수립의 요람답게 하는 것이나, 현재는 농어촌의 연극 이야기가 되지만, 이것은 먼저 이쪽으로부터 보내는 것도 좋겠지만 수천이라고 하는 부락으로 빠짐없이 보급하는 것은 도저히 바랄 수 없습니다. 그래서 아무래도 각각 향토적인 아마추어 연극 육성에 힘써야 할 것입니다. 지방에 따라서는 그 지방 독특한 민요와 전설이 있는 것처럼 지방 풍토에 맞는 연극이 있을 것임으로, 이러한 것을 취급하며 좋은 지도자 손으로 재조직하여 그들 자신의 연극으로 만들었으면 합니다. 흙냄새와 햇빛에 가득 찬 소박한 연극, 이러한 것이야말로 농민 노동자의 양식이 되어야 합니다."[54]라고 했다.

여기서 그가 생각한 것은 중앙의 극단들이 지방에 전문적인 연극 작품을 보급하

53 유치진, 「금년의 연극 3」, 『매일신보』 1940.12.17.

54 「8단체 간부가 말하는 새로운 문화단체의 움직임」, 『삼천리』 1941년 4월호 참조.

는 것도 중요하지만 궁극적으로 지방 연극이 살아나려면 자생적인 아마추어 연극 운동도 일어나야 한다는 것이었다. 이는 대단히 앞서가는 생각이다. 그러니까 그는 일제가 구상했던 황국신민화 정책의 지방 확산 획책을 우리의 지방 문화 진흥 쪽으로 역이용하려는 의도였다. 솔직히 선진국이란 중앙 문화와 지방 문화가 격차 없이 균형을 이루고 있는 것을 의미하는 만큼 그가 이동극단운동을 지방 연극 진흥에 대한 기회로 생각하고 참여한 것으로 보아도 크게 어긋나는 것은 아니다. 왜냐하면 그는 몽매에도 한국 연극 발전만을 꿈꾸고 있었기 때문이다.

이러한 그의 꿈과는 달리 연극협회는 그해 여름에 전담이사인 김관수를 책임자로 하여 이동극단 기획을 수립했다. 그리고 8월 중순에 제1대의 시연회를 갖고 9월부터 전국을 순회했는데, 작품은 〈지하의 악수〉(김건 작)와 〈청년과학자〉(김건 작), 〈소제부〉(송영 작)와 〈유훈〉(송영 작), 〈익모초〉(이서구 작), 〈어부의 집〉(이운방 작), 〈흙에 사는 사람〉(박춘강 작), 〈사위 맞는 날〉(마태부 작) 등으로서 희곡은 대부분 농어촌 사람들의 소박한 삶을 다룬 경극들이고 김건, 송영, 이서구, 이운방 등 대중극작가들이 쓴 작품들이었다. 동랑도 물론 자신이 이끌던 극단 현대극장과 함께 몇 군데 지방 순회를 했음은 두말할 나위 없다. 그런데 이동극단운동이 시작되고 3개월여 지나면서 총독부의 강력한 지시가 내려오기 시작한 것이다. 그러니까 총독부에서 그해 12월 중순 들어서 협회에 내린 통첩에 보면 종래에 상연하던 극본 중 필승 태세에 알맞지 않은 것은 곧 자발적 철수를 시켜야 하는 것으로부터 시작하여 공연 중 10분 이내에 전원이 무대에서 애국가 합창을 통하여 사기를 고취해야 하며 단원들은 금주금연 등 자숙하여 종연 후에도 외출을 삼가고 각 극단들은 협회와 수시로 연락을 통하여 비상시국에 대처해야 한다는 것이었다.[55] 그럴 수밖에 없었던 것이 일제가 12월 8일에 하와이 진주만 공격을 감행함으로써 제2차 세계대전의 서장을 열었기 때문이다. 시시각각 전황이 바뀌면서 악에 바친 일제는 애꿎은 국민만 옥죄는 일만을 생각했고, 그러한 분위기는 이동극단운동에도 그대로 하달된 것이었다.

가령 이동극단에 내린 일주일 뒤에 또다시 내린 통첩에 보면 공연극본과 관련하

55 『매일신보』 1941.12.17.

여 매우 구체적인 지시사항이 담겨 있었는데, 즉 미영(米英) 배격 작품의 상연, 전시생활 강화 작품의 상연, 건전한 일본 작품의 상연, 대동아전쟁 수행목적 천명 작품의 상연, 그리고 미영 사상적 작품의 불상연 등 5개 항목을 제시한 것이다.[56] 이처럼 일제는 광분이라고 말할 수 있을 정도로 연극의 선전수단화를 꾀해갔다. 그래서 당시에는 이동극단원을 가리켜서 자조적으로 연극정신대라고까지 부를 정도였다.

이러한 시국하에서 이듬해 들어서는 통제를 강화하기 위하여 연극협회를 악극, 창극 등 음악극단체들이 중심이 된 연예협회와 통합하여 조선연극문화협회라는 법인체를 출범시켜 회장도 아예 일본인인 가라시마 다케시(辛島驍, 경성제대 교수)를 앉히고 한국 연극인들로 하여금 그 휘하에서 일을 돕도록 했다. 그런데 흥미로운 사실은 병 주고 약 주는 식으로 저들은 연극인들을 우대한답시고 몇 가지 혜택을 주면서 다른 한편으로는 연극인들의 활동에 제약을 추가했다. 그러니까 총독부는 일본 국내에서 자국 연극인들에게 시험을 치게 하여 등록증을 발부했던 것처럼 우리 연극인들에게도 회원들에 한해서만 이른바 '연극인 시험'이라는 통과의례를 만든 것이다. 여기에서 저들이 내건 명분은 건달, 병역 기피자, 아편쟁이 등을 추려내어 연극계를 정화한다는 것이었지만 실제로는 통제를 강화하는 데 주목적이 있었다.

왜냐하면 시험 과목에 일본어가 들어 있는가 하면 논술 제목도 '국민연극의 나아갈 길'이었던 점에 그 의도가 잘 나타나 있는 것이다. 그리하여 1천여 명의 연예인들 중에 일본어 시험에서만 반수가량이 탈락했다. 이처럼 연극계가 저들의 뜻대로 정비되자 총독부가 역점 사업으로 설정한 이동극단운동은 더욱 속도를 내기에 이르렀다. 즉 이동극단운동이 총독부로부터 직접 지시를 받는 연극문화협회가 주도함으로써 지지부진했던 순회활동이 단번에 활기를 띠어갔다. 당시 이동극단운동에 배우로 참여했던 고설봉에 의하면 총독부에서는 연극장려책이라고 하여 협회 산하 단체가 지방 공연을 갈 때는 대관이 쉽도록 행정명령을 내려주기도 했고, 극단에 세금감면도 해주었으며 이동극단들이 지방 공연을 갈 때의 모든 일정도 총독부가 직접 맡아서 해주었으므로 일하기가 쉬웠다고 한다. 특히 수십 명의 단원들이 수시로 이동해야 하므로 기차의 승하차라든가 대소도구의 이동이 수월한 것이 아니었

56 『매일신보』 1941.12.26.

지만 역무원이나 경찰의 협조로 과거에 비해서 훨씬 편해졌다는 것이다.[57]

따라서 1941년 9월 2일부터 시작되고 1942년 7월 연극문화협회가 적극적으로 추진한 이동극단운동이 1년 반 동안에 전국 2백여 지역, 공연 횟수 250여 회, 관객 동원 32만여 명을 동원했다는 것이다.[58] 총독부가 이처럼 열의를 갖고 이동극단운동을 벌이던 시기에 동랑은 두 번째 창작 희곡 〈북진대〉를 탈고하고 우리 연극 현실에 대하여 근원적으로 절망하는 글 한 편까지를 쓰게 된다. 가령 그가 〈북진대〉를 설명하기 전에 현대극장의 침체를 개탄하는 한편 우리 연극이 당면한 보다 근본적인 문제점에 대하여 고민하면서 쓴 글에서 "각 극단이 13도 방방곡곡으로 보따리를 싸 짊어지고 1년 365일을 집시와도 같이 떠돌아다녀야 한다. 이렇게 해서 비로소 연명을 하고 호구를 할 수 있는 게 조선 연극의 현상이다. 이것이 이동연극으로서의 한 간소한 형태를 가진 것이라면 모르겠다. 그러나 우리가 가지고 다니는 것은 이동극이 아닌 일종의 실내극이다. 실내극을 이와 같이 떠다니면서 해야 되니, 여기에 연극으로서의 무슨 스타일의 완성을 바랄 수 있으며 예술적인 성격의 특성을 배양할 수 있으랴? 국민연극이 제창된 지 거진 2년 동안에 연극의 수준은 부끄러운 말이나 그 식이 장식이다. 밤낮 해야 발전이 없을 뿐 아니라 하면 할수록 조잡해지고 만다. 뜻있는 연극인의 어찌 두려워할 일이 아니랴?

연극을 단지 돈벌이의 미끼로 생각하고 돈만 벌면 그만이라면 또 모르겠다. 허나 양심 있는 연극인으로 누가 돈벌이에만 만족하랴. (……) 그러나 문제는 극장이란 연극의 도장이 없이는 해결될 문제가 아니다. (……) 창립 후 1년 동안에 현대극장은 꼭 백 일의 지방 순업을 했다. 그동안에 단원들은 연극의 현상이 이러하며, 그 전도가 이럴 바에야, 즉 국민연극의 설계란 ○상의 꿈에 불과할 바에야, 차라리 그 꿈이나 꾸다가 죽는 게 나으리라 이렇게 생각하고 뿔뿔이 극단을 떠나려 하고, 또 떠났다."[59]고도 썼다.

동랑의 실의에 찬 글에서 느껴지는 것은 당초 그가 극단조직에 소극적이었던 이

57 고설봉, 『이야기 근대연극사』(창작마을, 1993), 168~173면 참조.

58 유장안, 「이동극단의 현지소식」, 『신시대』 1943년 2월호 참조.

59 유치진, 「연극의 나아갈 길 - 극장은 연극을 결정한다」, 『신시대』 1942년 9월호 참조.

유의 한 가지가 그대로 드러난다는 점이다. 솔직히 예나 지금이나 이 땅에서 극단을 꾸려간다는 것은 참으로 어려운 일이다. 그런 우려가 단 2년 만에 현실로 다가온 것이었다. 따라서 그는 자신의 모든 활동을 뒷받침해온 아내 심재순의 전적인 도움에 의존할 수밖에 없었다. 가정사는 말할 것도 없고 공적인 극단 운영까지 아내의 도움을 받아야 하는 그로서는 고통스러운 나날이었다. 또 하나 그가 우리나라에는 연극을 할 만한 공연장이 없어서 급조된 어떠한 정책을 써도 발전이 불가능하다고 했는데, 이러한 글 가운데서 느껴지는 것은 그가 애초부터 국민연극을 단순한 일제의 국책으로서만이 아니라 새로운 연극 발전의 프레임으로 인식하고 있었던 것 같다. 좀 더 구체적으로 말하면 그가 국민연극을 단순히 어용연극으로만 보고 있지 않고 신파극이니 뭐니 하는 저절 상업극을 극복하고 한 단계 업그레이드한 근대극으로 인식하려 했다는 점이다.

그가 평소 1930년대에 대중 정서를 혼탁하게 만들었던 상업연극을 혐오하면서 그 극복을 위해 노력했던 사실을 염두에 둘 때, 그러한 그의 입장은 어느 정도 이해될 수 있지 않을까 싶다. 그뿐만 아니라 그는 총독부가 열성을 갖고 추진했던 이동극단운동에도 그렇게 적극적으로 참여하지는 않았다. 그가 처음에 이동극단운동의 유용성을 언급한 것도 실은 일제의 황국신민화 작업으로서가 아니라 연극의 불모지인 산간벽지의 농어촌에도 연극문화를 보급해주어야 한다는 것이었다.

그러나 그가 두 번째로 쓴 희곡인 〈북진대〉 만큼은 가장 치욕스러운 작품으로서 평생 그를 곤혹스럽게 만든 경우였다. 물론 그가 이 작품을 쓴 시기는 일제가 태평양전쟁을 일으켜서 국가의 존폐를 걸고 미국과 싸우고 있던 때이긴 하다. 아마도 동랑에게도 창작에 어떤 압력이 있었을 개연성도 없지 않다. 그러나 이 희곡은 그 자신이 작의[60]에서도 분명하게 인정했을 뿐만 아니라 악명 높았던 대화숙(大和塾)

---

60 "풍운이 휘몰아치는 일한합방의 전야, 일본은 노, 불, 독 3국 간섭에 의하여 눈물을 삼키며 요동반도를 청국에 돌려주었다. 와신상담, 의분강개에 불타오르던 이때, 일부 조선 민중 사이에는 배일사상이 싹텄다. 일로전쟁 개전과 함께 조선은 세계 최강의 유군국가임을 자부하던 러시아에 친선하자는 데에 경도되었다. 이러한 급박한 역사적 변환기에 제하여 감연히 일어나 한국의 정치적 허약성을 규탄하고, 한국을 열국의 세력투쟁에서 구하고 이로써 동양의 영원한 평화를 확립하는 것은, 조선과 그 동맹국인 일본이 친화하는 것이라고 외치던 선각자가 있었으니, 그가 바로 이용구를 필두로 한 일진회였다." 유치진, 「북진대」, 『대동아』 1942년 7월호 참조.

이 작품 기획에 나섰으며 친일파의 괴수 이용구(李容九, 1868~1912)를 긍정적으로 묘사했던 점 등에서 친일 작품으로 몰려도 변명하기 어렵다고 본다. 다 알다시피 이용구는 친일 매국노로서 1900년대 초에 한국을 일본에 넘기는 선봉자 역할을 한 인물이 아닌가. 동랑이 이 작품을 어떻게 구체화했는지는 희곡이 전하지 않아서 확실히는 알 수가 없다. 다만 줄거리가 전하므로 내용과 주제를 짐작할 수는 있다. 그 줄거리는 당시 프로그램에 간단한 것과 소상한 것 두 가지가 전하는데 그 경개(梗概)는 다음과 같았다.

우선 간단한 줄거리를 보면 "이용구 선생의 문하생인 고백선(高百先)은 한국 명문의 귀공자인 정병조(鄭炳朝)를 권유하여 일진회에 가입시켰다. 양인은, 조선은 일본과 협력 합방하여 장래는 전 아세아 민족의 결성에 의하여 대아세아 건설에 매진할 것이라고 굳게 맹세하였다. 일진회의 여회원 박정숙은 매우 불우한 과거를 가진 고아로서 부산의 모 일본인에게 양육을 받아 친일 사상에 깊이 감화된 여성이다. 정병조는 그 외숙이 부사로 동래에 좌정하였던 때에 박정숙을 처음 보고 그 미모에 심혼이 끌린 일이 있었다. 그는 우연히도 일진회 사무소에서 수년 만에 박정숙과 재회한 것이었다. 정은 일진회 입회를 한층 더 행복으로 느꼈다."는 내용이다. 그리고 좀 더 소상한 줄거리는 다음과 같다.

> 정(鄭)은 자기의 외사촌으로 현재 해삼위(우라지보스토크)에서 배일파와 기맥을 통하고 있는 조영철(趙永哲)을 전향시켜, 일진회에 입회시키려고 여러 가지로 노력한 결과 두만강을 건너는 증명서를 얻어 보내어 조를 무사히 입선(入鮮)시켰다. 그러나 조는 입선 후 정의 권유도 듣지 아니하고 도리어 정의 눈을 피하여 정이 일진회 입회 시에 백인 기념사진을 훔쳐내어 친로 배일파에 주었다. 이때에 마침 경의선 군용철도공사가 시작되어 일진회원은 총동원하여 이 철도공사에 참가하여 공사를 조력하고 있었다. 어느 날 이 공사장에서 일진회 회원의 구타사건이 있었다. 이것은 일진회의 사업을 반대하는 친로파 분자의 한 일로서 그 현장에 유기된 보자기 속에서 나온 사진으로 증명되었다. 그 사진은 정의 집에서 조가 훔쳐내어 친로파에 준 예의 정의 일진회 입회 기념사진이었다.
>
> 이 사건 때문에 경성의 일진회 사무소에서는 긴급회의를 열고서 정을 친로파의 밀정

으로 일진회에 가입하여 암약하는 자로 단정하였다. 그러나 회장이나 박정숙은 정의 인격을 믿어 여러 가지로 변명하여 일시 정의 행동을 감시하기로 결정하였다. 이 사실을 알은 정병조는 자기의 신의를 의심하여 친로파의 밀정으로 오해한 일진회를 원망하여 드디어 박정숙의 자기에게 대한 애정까지 의심하고 심지어 일진회 운동 자체까지도 조소하게 되었다. 그리하여 동지에게 배반을 당하고 사랑에 속임을 받은 정의 원한은 복수의 불길이 되어 타올랐다.

정은 일진회의 운동을 방해하려고 분기하였다. 정은 비밀히 노군(露軍)의 명령을 받고 경의선 군용 철도를 파괴하려고 입선하였다. 그러나 정은 감시 중의 고(高)에게 붙잡혔다. 정에게 사형이 선고되었다. 고는 정의 행동을 책하였으나 정은 도리어 고가 자기를 배반하였다고 꾸짖는다. 이 구론(口論)으로 예의 사진은 조영철이 훔쳐간 것으로 판명되었다. 오해가 풀리자 고(高)는 오해 때문에 친우로 하여금 사로(邪路)를 밟게 한 것을 후회하여 정의 생명을 구해주어 박정숙과 함께 도망하게 하고 자기가 정을 대신하여 벌을 받으려고 각오하였다. 그리하여 정에게 일진회의 진의를 알고 옳은 사람이 되어주기를 부탁하였다. 정은 고의 순정을 깊이 느껴 자기의 사(死)를 각오하는 동시에 각선(各線)에 긍(亘)한 군용 철도 파괴의 음모와 노군 작전의 일단 등 적군의 중요 기밀을 고하였다. 회장은 정의 죄를 용서하고 철도 파괴를 미연에 방지하였다. 명치 38년 3월 봉천은 함락되고 그 입성식 날에 경의선 군용 철도는 전통(全通)되어 주위를 찢는 듯한 기적소리 동아의 천지를 진동하면서 후속 부대를 만재한 기차는 북으로 매진하였다. 고와 정은 굳게 악수하고 명랑한 기분으로 이 매진하는 건설 열차를 배웅한다.[61]

이상의 줄거리에서 알 수 있듯이 〈북진대〉는 1905년 3월에 있었던 경의선 군용 열차 폭파미수사건을 다룬 희곡으로서 실존인물인 친일파 이용구를 직접 등장시킨 점에서 동랑이 시도했던 일제 협력 목적극임이 분명하다. 이 희곡을 무대화했던 주영섭도 연출기에서 다음과 같이 그 사실을 인정하고 있다.

---

61 이재명, 『일제 말 친일 목적극의 형성과 전개』(소명출판사, 2011)에서 재인용.

〈북진대〉는 기록영화적 성격과 대중문학적 체험을 가지고 있다. 역사적 기록으로 일로전역(日露戰役) 당시 조선의 풍운을 그리고 전면에 나온 이야기 줄거리로는 일진회원들의 헌신적 활동과 그들의 사상과 열정과 애정을 생동하게 그리어놓았다. 〈북진대〉의 시대는 지금부터 37, 8년 전이다. 40년이란 시대가 역사적으로 볼 때 짧은 연대에 속하지만 그 시기가 조선의 변혁기였던 만큼 우리에게는 원거리감을 준다. 〈북진대〉를 가리켜 역사극이라 명칭할 수 있을는지는 별문제로 하고 우리가 일반적으로 역사극을 상연하는 의의는 어디 있을까? 그것은 역사극의 현대화가 아니고 그것은 어디까지나 현대적인 해석이고 현대인에게 감명 줄 점을 발견하는 데 있을 것이다. 그것이 없는 것은 단지 한 편의 채색화 — 역사의 회상이요 의상의 전람회에 불과할 것이다. 역사적으로 볼 때 일로전역은 정히 대동아전쟁의 서전이라고도 할 수 있을 것이다. 아세아인의 아세아 건설의 제일보를 확립한 것은 일로전역이다. 그것을 단지 한 편의 기록에 그칠 것이 아니고 대동아전과 연관을 맺게 하는 데 그 역사적 의의는 크다고 생각한다. 이것을 배경으로 하여 그 시대의 정치적 분위기와 생동하는 사회상을 그리고 시대적 조류를 명확히 스케치하고 싶다. 그리하여 그 속에 생활하는 일진회 청년남녀의 선구적 사상과 헌신적 활동을 무대에 부조하고 싶다. 국민연극이 제창된 이후로 많은 이론 탐구와 무대 행동이 나왔다. 그러나 아직도 기술적 면에서는 다대한 실험과 연구가 필요할 것이다. 〈북진대〉 연출에 있어서는 진실한 사실주의를 기조로 하여 구성적 역학적 낭만적인 면을 섭취해보려 한다. 이것이 또한 국민연극의 한 성격이라고 나는 생각하고 있다. 지금까지 우리가 많이 보아온 소박한 사실주의 내지 자연주의 무대에서 우리는 생동하는 연극미를 발견할 수 없었다. 연전 〈흑룡강〉 연출을 보고 리뷰 같다는 평자도 있었지만 그런 사람이 라인홀드의 무대를 보면 곡마단 같다고 할 것이다. 무대 위에 소도구 고물상을 차려놓아야 충실한 무대로 아는 유치한 연극관을 교육하지 않아서는 아니 된다. 그렇다고 무대의 양식화는 취할 바 못 된다. 유동하는 역사를 진실한 무대 위에 — 생동하는 현실을 발랄한 무대 위에 — 국민연극은 생장한다. 〈북진대〉의 무대를 국민연극도장에 — 또 하나의 실험체(實驗體)로 제공한다.[62]

62 위의 책에서 재인용.

이상의 연출기에서도 확인할 수 있는 것처럼 〈북진대〉는 한일병합에 앞장섰던 이용구의 일진회가 노일전쟁에서 공을 세우는 과정을 리얼하게 묘사한 희곡임이 분명하다. 그런데 일제의 대동아공영권 완성이라는 주제를 제거하고 희곡 자체만 놓고 보면 인물 설정에서부터 스케일과 짜임새 등 면에 있어서는 전문적인 수준의 작품이라고 말할 수가 있다. 가령 절친한 사이인 고백선과 정병조 간의 배신과 음모, 오해와 진실에서부터 정병조와 박정숙 두 연인 사이의 만남과 헤어짐, 그리고 재회의 해피엔딩 등으로 연결되는 극적 반전은 드라마의 정형을 보여주는 것이며 작품을 사랑의 아름다움과 위대함으로 결말지었다는 점에서도 동랑이 그동안 주장해왔던 국민연극이 단순한 선전수단이기 이전에 예술이어야 한다는 점을 은연중에 강조한 것으로도 볼 수도 있다는 점이다. 그리고 여기서 또 하나 우리의 눈길을 끄는 부분은 경의선 개통이다. 설사 그것이 군용 철도로서 만들어진 것이긴 해도 당시 이 땅에서 철도 개설은 교통혁명에 해당될 정도로 대단한 교통 인프라 사업이었다. 이 작품에서 두 주인공(高百先과 鄭炳朝)이 경의선 개통 때 함께 손을 잡고 달리는 열차를 바라보면서 기뻐했다는 것도 어떤 시사점을 던지는 것은 아닐까?

이처럼 군국주의의 폭압 속에서 마음에 내키지 않는 국책극을 쓰고 있던 그에게 총독부에서는 어용신문인 『경성일보』를 종용하여 징병제를 찬양하는 글을 쓰도록 한다. 그 당시 춘원 이광수 등 유력한 인사들은 국내는 물론 일본까지 가서 젊은이들에게 군대에 지원토록 강연을 하고 다닐 때였다. 동랑에게는 그런 주문은 하지 않고 글로써 선전토록 한 것 같다. 그래서 그는 지정된 『경성일보』에 「먼저 상무정신」이라는 치욕의 글을 게재한 것이다. 그는 이 글에서 "이번에 발표된 조선 징병제는 반도인으로서는 이 이상 영예로운 일은 없을 것이라 해도 과언이 아니다. 우리들은 이 제도로 해서 한 인간의 국민이 될 수가 있게 된 것이다. (……) 우리들은 우선 일본 정신을 파악하는 데서 시작하지 않으면 안 된다. 그중에서도 상무정신을 배양하는 데 힘쓰지 않으면 안 될 것이라고 생각한다."고 쓴 부분은 다분히 저들의 구미에 맞는 내용이다. 그러나 그다음에 이어지는 글에서 그는 "신라의 화랑제도는 차치하고 고려에서 이조에 이르는 약 천 년의 기간 동안 조선은 문(文)을 숭상하고 무(武)를 천시하였다. (……) 징병은 인간 연성(錬成)의 초등학교라 하는데, 정말로 그러하여서 병(兵)의 세례를 받지 않은 인간은 단련되지 않은 쇠와 같아서 쇠로서 쓰임새가 되는 것"[63]이라고 하여 은근히 우리 청년들에게 강인한 정신을 기르는 기회로 삼기를 바라는 듯한 뉘앙스를 남기기도 했다.

이처럼 그가 방황하는 가운데서도 좋은 작품을 만들어내야 한다는 생각은 세 번째 희곡 〈대추나무〉에서 어느 정도 구현된다. 그는 이 작품을 쓰면서 '작극상의 메모'라 하여 창작에 임하는 자세에 대하여 이렇게 썼다. "국민연극이 제창된 지 이제 2년 가까이 되지만, 사실 지금까지의 국민연극은 너무 딱딱했다. 생경하고 소화할 수 없는 이념이 지나치게 도드라졌다. 그것은 초창기 국민극으로서는 어쩔 수 없는 일이지만, 그 때문에 창피하게도 연극은 국민 대중으로부터도 경원되고 있는 조짐이 보이고 있다. 극이 적극적인 것일수록 경원되는 정도가 크다. 이것은 슬퍼할 만한 현상이 아닐 수 없다. 그렇다면 이상과 같은 현상을 야기하고 있는 것은, 국민연극이 내용으로 하는 이념이 잘못된 탓일까? 아니, 그렇지가 않다. 내가 보는 한에서, 내용을 담는 방법 혹은 작용하는 방법에 자상하지 못한 점이 있지 않았을까라고 생각한다. 분에 넘치는 말이지만 나는 신작 〈대추나무〉에서 이상과 같은 결점을 시험삼아 보충해보려고 했다.

졸작 〈흑룡강〉과 〈북진대〉를 과거의 작품으로 묻어버릴 수 있는 작극상의 새로운 이정표는 없을까? 그것을 찾고 싶다. (그러나 그것은 쉬운 일이 아닐 것이다.) 우선 〈대추나무〉에서 나는 잃어버린 시를 상기하지 않으면 안 된다. 이 경우의 시란, 시로까지 승화할 수 있는 농민의 강건한 생활력과 그것을 포함한 농촌의 서정이다. 게다가 희극적 요소를 담고 싶다. 즉 농민의 순박한 삶—, 그것을 파고들면 들수록 바람직하고 웃음을 자아내게 하는 것은 아닐까? 그것을 희극적 형태로 담아보고 싶다. 이상의 두 가지 — 시와 웃음 — 을 깊이 파고듦으로써 종래의 국민연극이 딱딱한 이론으로 내달았던 면을 살리고, 관객으로 하여금 온화한 예술적 향기 속에서 편안한 마음으로 연극을 보게 하고 싶다. 그래서 얼마간 연극이 지니는 대중에 대한 친화력이 그 날개를 펼칠 수 있는 것이 아닐까? 나는 위에서 말한 것과 같은 마음가짐으로 썼다."[64]

---

63 유치진, 「먼저 상무정신」, 『경성일보』 1942.5.20.

64 이재명 외 편, 『해방 전(1940~1945) 공연희곡집』 별쇄본(평민사, 2004)에서 재인용.

현대극장 〈대추나무〉 공연(1943) 당시 관객

윗글에서 확인할 수 있는 바와 같이 동랑이 〈대추나무〉를 쓰는 소회와 관련하여 자신의 입장을 진술하게 밝힌 내용을 보면 일제에 대한 충성 같은 것은 그림자도 없다. 그러니까 어떻게 하면 대중에 다가갈 수 있는 수작을 만들어내느냐에 포커스를 맞춘 것이다. 그는 목적성이 짙었던 전작 두 편에 대하여 자성하면서 이 번 작품만은 제대로 된 희곡을 쓰겠다는 의지를 표명한 것이다. 따라서 그가 만주 개척 이야기를 제재로 하되 우리 농민들의 강건한 생명력을 부각시키면서도 그것을 아름다운 서정으로 승화시키겠다고 했다. 그러려면 자연히 시적 환상이 가미될 수밖에 없으며 희극적 기법으로 대중의 응어리를 풀어주겠다고까지 했다. 여기서 은연중에 나타나는 것이 다름 아닌 그가 탄압을 겪으면서 자연스럽게 터득한 시적 사실주의 기법이라고 말할 수가 있다. 바로 그 점에서 뒷날 이 작품을 갖고 그가 연극 동지들과의 친일 시비가 붙었을 때 불같이 화냈던 것이 아닌가 싶다.

물론 그가 '작극상의 메모'와는 달리 '작의'에서는 일제의 의도에 부응하는 듯한 뉘앙스를 풍긴 것도 사실이다. 즉 그는 '작의'에서 "지금 동아(東亞)는 팽배하는 신흥 건설의 기운에 휩싸여 있다. 이 미증유의 대건설 시기에 조선 농촌이 담당해야 할 분야와 사명이란 광범위하고 중대하다. 농촌이 식량자원으로서, 인적 자원으로서 전시하에 커다란 역할을 훌륭하게 완수하고 있는 국민 모두가 인식하고 있는 바이지만, 농촌은 지금 더욱 커다란 비약을 시도함으로써 신동아 질서에 몸을 바치려 하고 있다. 즉 만주 대륙의 개척을 목표로 하는 분촌운동이 그것이다. 일촌 일향(一鄕)에서 백 호든 2백 호든 계획적, 집단적으로 만주국으로 보내고, 떠나온 마을과 같은 이름의 새로운 농촌을 건설함으로써 만주국의 건전한 생장에 공헌함과 동시에 주로 경지 면적의 과소에서 오는 조선 농촌의 한없는 궁핍을 근본적으로 타개하려는 이 운동의 본뜻은 고이소(小幾) 새 총독의 부임과 함께 세상에 발표되었다. 나는 지금 바야흐로 문제화되고 있는 이 과제를 취급함으로써, 조선 농촌에서 한 줌의 땅과 한 방울의 물로 쓸데없는 싸움만 하고 있으며, 그리고 얼마나 정답게 그들은 신대륙으로 보내고 보내지는가를 무대에서 구현하려고 한 것"이라고 씀으로써 그가 일제의 정책에 동조하고 있음을 분명하게 밝힌 것이다.

그렇지만 작품 분석에서 나타나는 바와 같이 동랑은 일제가 시행하고 있는 소위 분촌운동에 겉으로는 동조하는 척하면서도 내면적으로는 비좁은 조선 지역을 벗어나 광활한 만주 땅을 개척함으로써 오랜 궁핍에서 벗어나보려는 한국인들의 의지를 표현한 것이다. 우선 4막으로 된 이 작품의 이야기를 따라가보자. '계절은 여름이다. 초목이 자랄 대로 자랐고, 감나무는 터질 듯 부풀어 이제 열매를 기다리는 때이다. 도화동이라 불리는 농촌, 주위는 산으로 둘러싸인 벽촌인 산골짜기이다. 그 마을에 소작농인 경주(慶州)와 정촌(鄭村)이 울타리를 사이에 두고 살고 있다. 두 사람 다 조상 대대로 이 마을에 뼈를 묻고, 옛날에는 별다른 충돌 없이 무난하고 평범하게 살아왔다.

그런데 근년에 들어 두 집 울타리의 경계가 문제가 되었다. 즉, 그 경계선에 한 그루의 대추나무가 서 있는데, 그것이 누구의 소유인가 하는 문제 때문에 가을이 다가오자 적대감이 격화된다. 올해는 또 어찌된 일인가, 예년과 달리 대추가 주렁주렁 쓰러질 듯 열렸지 않은가. 그럼 이를 누가 따먹을 것인가? 싸움의 씨앗이 또 생긴 것이다. 경주는 자신의 4대조가 그 나무를 심었다고 주장하자, 정촌은 지기 싫어하는 마음으로 그보다 전에 자신의 8대조가 그 나무를 심은 것이라고 우긴다. 어느 날, 이 일로 드디어 서로가 뒤얽힌 큰 싸움이 벌어진다. 마을 주재소의 순사까지 일부러 중재하러 온다. 그러나 순사도 그 대추나무가 누구의 소유물인지 알 턱이 없다. 그러나 경주는 4대조, 정촌은 8대조가 심은 나무라고 하지만 아무리 봐도 이 나무는 백 년밖에 되지 않았다. 8대조라면 적어도 나무의 나이가 250년 가까이 되어야 한다. 정촌의 말이 엉터리라는 것이 증명된다. 그래서 경주가 이기게 되어 대추나무는 경주의 집 쪽으로 넘어지고, 경관 입회하에 견고한 울타리가 새롭게 둘러쳐진다.' 이상이 제1막의 줄거리다. 그런데 이 1막 가운데 만주 이야기가 나온다. 왜일까? 그것은 때마침 총독부에서 실시하고 있는 분촌운동에 대한 군수의 강연 이야기가 오가면서였다.

지주 또 그놈의 밉쌀스런 분촌 계획이니 뭐니 하는 거군요.

경주 괘한 짓들이야.

지주 암 괜한 짓이구말구요.

경주 제 고장 버리구 남의 고장에 가서 잘되는 눔을 난 50평생을 살아와도 한 번도 못봤으니까-.

이상과 같은 대사가 오가는 가운데 전해 만주로 이주했다가 못 살고 도망쳐온 청년(길수)이 끼어들게 된다.

길수 만주 바람을 한 번 쏘이구 보니까 여기선 정말 못 살겠어요. 이 손바닥 같은 데선-.

지주 만주가 그렇게 좋디?

길수 그 넓은 들, 돌멩이 하나 없이 그 살 깊은 들이 하늘 끝에 닿았겠죠. 그런 델요. 왜 버리고 왔는지 후회가 돼서 못 배기겠어요.

지주 그럼 왜 그런 델 버리구 왔어?

길수 고향이란 멀리 두구 볼 거예요. 와보니까 콧구멍 같은 데서 여태 어떻게 살았는지 기가 막힙니다.

이상과 같은 대화 속에는 여러 가지가 함축되어 있다. 즉 우리 농민들에게 분촌운동에 참여하라는 메시지를 전하는 것이 핵심이긴 하지만 다른 한편으로는 비좁은 이 땅의 답답스러움과 가난에서 벗어나고 싶은 생각 역시 내포되어 있는 것도 사실이다. 다음의 제2막 이야기는 이렇다. 양가의 분쟁은 이것으로 일단락되었지만, 정촌의 소리 없는 원망은 좀처럼 사라지지 않는다. 그건 그렇고 이 싸움에서 굉장한 피해를 입은 것은 경주의 아들인 동욱과 정촌의 딸인 유희이다. 이 두 사람은 어린 시절부터 사이가 좋았고 울타리를 넘어 내심 사랑하고 있었다. 그러나 지금은 울타리가 높게 세워졌다. 유희는 적잖이 동욱의 집을 원망한다.

왜냐하면 동욱의 집은 부자가 열심히 일해서 같은 소작농이면서도 생활 형편이 유희의 집보다는 낫기 때문이다. 그런데도 끝까지 욕심을 부려 결국 대추나무와 그것이 서 있는 경계를 자기 것으로 해버린 것이다. 불행한 날이 이어진다. 이보다 앞서 마을에서는 분촌문제가 일어난다. 토지가 협소하므로 마을의 평화가 깨진다. 그러므로 도화동 121호 중에서 50호만 만주 대륙으로 분촌시켜, 한편으로는 북변의 개척을 완료하고, 또 한편으로는 조선 농가의 재편성을 단행함으로써 도화동의 건전을 꾀하고자 하는 것이 주된 뜻이다. 동욱도 마을의 중견 청년의 한 사람으로 이 문제에 관심을 가지고 있었지만 대추나무 싸움으로 더욱더 여실하게 분촌 계획의 필요성을 통감한다.

그래서 동욱은 마을의 젊은이들을 설득한다. 처음에 그들은 좀처럼 찬동하지 않는다. 그러나 동욱이 가면 자신들도 개척단에 참가한다는 말을 꺼낸다. 동욱은 기뻤다. 하지만 동욱의 부친은 고집쟁이다. 좀처럼 동욱의 뜻을 받아들이지 않는다. 그는 말한다 — 선발대에서 도망쳐서 돌아온 길수를 봐라 —. 아무리 군(郡)에서 선전을 해도 만주는 필경 인간이 살 수 있는 곳이 아니다. 그러니까 길수는 도망쳐서 돌아온 거라고 한다. 그래서 동욱의 부친은 설마 동욱이 만주로 가지나 않을까 경계하고, 마을의 박천 지주와 함께 반대한다. 그런 과정에서 젊은 주인공 동욱과 그의 친구(도야) 간에 이런 대화가 오간다.

도야 생각해봐. 이따위 손바닥 같은 지단을 가지고 이웃끼리 싸우는 게 어디 이 집뿐인지? 접때도(한 동무를 가리키며) 이 애네 집하고 만(晩)이네 집하고 밭살피를 가지고 머리를 깨고 싸우지 않았어. 정말이지 한 이랑의 밭에서 곡식이 나문 얼마나 나겠니? 그걸 가지고 내 해니 네 해니 밤낮 싸우고만 있으니…, 이러구서 어떻게 산단 말야? 따져보면 이게 다 — 해먹을 땅이 모자라서 그러는 거야, 해마다 동리에 사람은 붓지만 농토는 그대로 꽉 째 있고 그러니 어찌 인심이 야박해지지 않겠니? 여다가 우리가 모두 장가를 가서 자식을 낳고 한다면 또 어떻게 돼? 그땐 어떻게 사느냐 말야? 그러니 여기서 우리 언약하세, 우리가 몇이서 한 덩어리가 되어 만주로 가기로…, 우리가 뿔뿔이 간다면야 을씨년시럽기도 하겠지만 우리 젊은 사람들이 떼를 지어 가게 되면 뭣이 무서울 게 있겠어. 동욱이 어떤가?

동욱 자네 말이 적실히 옳으이. 이번 분촌에는 내기 앞장을 서겠네. (한 동무에게)그러니 자네두 같이 가세.

이상의 대화 속에는 당시 동랑이 전하려는 두 가지 메시지가 선명하게 나타나 있다. 우선 총독부가 적극적으로 추진하고 있는 분촌운동에 앞장서자는 것과 또 하나는 이 비좁은 땅에서 하찮은 땅 몇 평을 가지고 아웅다웅하지 말고 과감하게 박차고 일어나서 드넓은 만주 대륙을 개척함으로써 가난을 벗어나보자는 것이었다. 그런데 그가 이 작품을 쓸 당시인 1942년도에는 이미 우리 동포들이 만주 땅에 1백 수십만 명이 거주하고 있었다. 이들 대부분이 가난을 벗어나기 위해서 19세기부터 국경을 넘어 만주 땅에 뿌리를 내린 동포들임으로 분촌운동과는 무관했다고 볼 수가 있다. 전술한 바도 있는 것처럼 일제 침략과 함께 벌어진 토지 수탈과 착취로 1930년대를 전후하여 동포들의 만주 이주가 급격히 증가했던 것은 다 아는 사실이다. 따라서 동랑이 당시 생각했던 것은 기왕에 벌어진 분촌운동에서 우리가 실속도 차려보자는 것이었다. 그가 우리 민족의 개척정신에 힘을 불어 넣어보려는 의지는 전작 〈흑룡강〉에서도 보여준 바 있지 않은가.

이 〈대추나무〉 이야기는 이렇게 계속된다. '동욱은 좋아하는 유희를 열심히 설득한다. 분촌에 참가하여 마을을 근본적으로 다시 세운다면 모든 일이 원만하게 해결될 것이라고. 유희에게도 그러한 이치가 이해된다. 두 사람 사이는 다시 좋아지고 양가 부친들의 결사반대에도 불구하고 함께 만주로 떠나기로 약속한다. 그러나 양가 부모는 고집을 꺾지 않는다. 그러나 동욱이 만주로 도망치듯 가버리고 유희마저 뒤따라가자 양가 부모도 결국 마음을 돌린다. 그들도 만주행을 결심하는 것이다. 동욱의 부친 경주는 후회한다. 난 얼마나 바보인가. 이런 데서 싸움만 하며 살았다니, 조상 대대로 이웃하며 살아온 사람들끼리 — 진짜 형제와 다르지 않은 사이가 — 서로 헐뜯다니, 한 평의 땅이 대체 뭐란 말인가. 그는 살며시 경관 입회하에 둘러쳐진 울타리 안의 대추나무를 정춘의 집 안쪽으로 보내고 울타리를 고쳐놓는다. 정춘도 딸이 걱정되어 마당으로 나왔다. 그리고 경주가 대추나무를 자신의 집 쪽으로 보낸 것을 확인한다. 화해가 이루어지는 순간이다.' 이처럼 두 연인의 사랑에 감복한 앙숙의 경주와 정춘도 자신들의 옹졸했던 과거를 부끄러워하며 함께 만주로 떠나는 것으로 작품이 종결된다.

이상의 줄거리에서 알 수 있는 바와 같이 하찮은 것을 가지고 이웃 친구와 갈등을 빚는 가운데 두 청춘남녀의 애틋한 사랑이 모든 것을 녹여버림으로써 대륙 개척의 동력을 얻는다는 내용인 것이다. 이처럼 〈대추나무〉는 만주 개척과 사랑이 두 축을 이루고 있는 작품이다. 실제로 동랑 자신도 이 작품을 쓰기 전에 진행되었던 현지 조사와 관련하여 "금반에 조선문인협회의 주선으로 본부 척무과(拓務課) 주최 만주국 개척 시찰에 파견되게 되었습니다. 만주국 건국 10년 동안에 대동아 건설의 씩씩한 소리를 치고 성장한 만주의 자태와 그 건설에 헌신하고 있는 동포의 용감한 개척생활을 보고 문필로서 정당히 조선 문단 급 사회에 보고하려는 게 그 시찰의 목적입니다. (……) 가급적으로 틈을 내어서 만주 원주민의 생활과 조선 분산 이주민의 생활 등도 충분히 시찰해보겠습니다. 만주국 개척이란 종래의 단순한 이민이 아니요, 대동아 건설의 설계도뿐에서 건축되는 새로운 생활의 방식인 줄 나는 생각합니다. 그 장엄한 사상과 꿈을 이 3주일 동안에 다 볼 수 있을는지 걱정입니다."[65]라고 하여 총독부의 종용으로 떠났음을 솔직하게 밝히고 있다. 그렇기 때문에 글은 자연히 일제의 분촌 정책에 동조하는 방향으로 쓸 수밖에 없었을 것이고, 따라서 대동아 건설이란 명제에 포커스를 맞추고 있는 것이다. 그러나 글의 행간을 자세히 살펴보면 개척민들의 꿋꿋한 생활상을 리얼하게 묘사해보겠다는 의지도 담겨 있다.

그런데 흥미로운 사실은 동랑이 작품의 모티브를 19세기 중반 스위스의 사실주의 소설가인 고트프리트 켈러(1816~1890)가 쓴 소설집 『젤트빌라의 사람들』(1856)에 들어 있는 단편 다섯 작품 중 하나인 「마을의 로메오와 율리아(Romeo und Julia auf dem Dorfe)」에서 가져왔다는 점이다. 주지하다시피 이 단편은 1847년 9월 초 라이프치히 근교의 어느 마을에서 일어났던 실화를 소재로 삼은 것[66]이긴 하지만 구조적 측면에서 셰익스피어의 비극인 〈로미오와 줄리엣〉을 패러디한 것처럼 느껴질 정도로 비극미를 지닌 소설이다. 그렇기 때문에 평소 셰익스피어를 흠모해왔던 동랑이 그 주제를 우리 상황에 적용해보고 싶었던 것 같다. 물론 동랑도 19세기 후반의 대표적 시적(詩的) 사실주의 작가로 꼽히는 고트프리트 켈러의 소설을 좋아했을 개연성은 충분히 있다. 왜냐하면 그가 비록 오케이시나 싱그 같은 아일랜드 극작가를 선호하긴 했지만 그것은 분노에 이글거리던 20대 등단 초기였고 시간이 흐르면서 그의 작품들 상당수가 서정적으로 바뀌어간 것은 아무래도 켈러와 같은 시적 사실주의 성향이 자신에게 맞는다고 본 데서 비롯된 것이 아닌가 싶다. 예를 들어서 그가 서정적인 시를 많이 포함시킨 〈흑룡강〉의 묘사에서도 시적 사실주의의

65 유치진, 「북만으로 향하면서 - 작가개척지행」, 『대동아』 1942년 7월호.

66 고트프리트 켈러, 『마을의 로미오와 줄리엣』, 정서웅 옮김(도서출판 열림원, 2002), 작품 해설 참조.

성향이 강하게 나타나지 않는가.

가령 그가 〈대추나무〉를 쓰는 자세와 관련하여 유독 '잃어버린 시'를 찾겠다고 강조한 것도 바로 시적 사실주의만이 무미건조하고 살벌하기까지 한 국책극의 답답스러운 국면을 돌파하는 수단이 될 수 있다고 생각한 것으로 볼 수가 있다. 고트프리트 켈러만 하더라도 「마을의 로메오와 율리아」에서 보면 19세기 후반에 유행하던 냉정하고 분석적인 표현 방식과는 달리 사소한 사물에도 독특한 빛과 숨결을 부여해 일상적 삶의 진부성에서 벗어나보고자 시적 서정을 활용했으며, 이야기 자체 역시 비록 동화적이고 환상적이지만 결코 낭만주의자들의 허황된 방식을 따르지 않고 시대가 제기하는 문제점들을 현실적으로 다루고 있지 않은가. 이런 방식이야말로 그가 자신의 작품에서 취택할 수 있는 가장 이상적인 수법으로 삼은 것으로 볼 수가 있다. 여기서 우선 「마을의 로메오와 율리아」의 줄거리를 한번 검토해보자. 이야기는 몰락한 두 탐욕스러운 이웃의 두 농부가 주인 없는 밭을 사이에 두고 격렬하게 다투는 것이 뼈대다. 그런 와중에 두 농부 사이에 17세 된 딸(잘리)과 20세의 아들(브렌헨)의 애절한 사랑이 문제를 복잡하게 만든다. 왜냐하면 두 가난한 농부들이 절대 밭을 양보할 수는 없었기 때문이다. 이처럼 두 농부가 다툴수록 이 청순한 사랑의 남녀는 더욱더 비극적으로 나아갈 수밖에 없었다. 결국 가난과 양가의 다툼, 그리고 사랑 사이에서 고뇌하던 두 청춘남녀는 현세에서 살아갈 수 있는 희망을 상실하고 멀고 먼 죽음의 여로를 떠나간다는 비극적인 내용이다.[67] 그러니까 동랑이 켈러의 단편소설 이야기에서 '밭'을 '대추나무'로 대체했고, 낙관적인 우리 정서 특유의 해피엔딩으로 만들면서 그 돌파구를 만주 이주로 삼은 것이다. 이 작품을 보면 개화기 때 일본 작가 오자키 고요(尾崎紅葉)의 원작 비극 〈곤지키야샤(金色夜叉)〉를 조일재가 〈장한몽〉으로 번안하면서 해피엔딩으로 바꾸었던 것이 연상된다.

그런데 1942년 가을에 〈대추나무〉가 조선연극문화협회 주최의 제1회 연극경연대회에 참가하는 명목으로 부민관 무대에 올려지자 찬반으로 평가가 갈렸다. 즉 시인이었던 임화는 비교적 긍정적으로 평가한 반면, 같은 극작가인 김건(金鍵)은

67 쿠르트 로트만(Kurt Rothmann), 『독일문학사』, 이동승 옮김(탐구당, 1981), 171~172면 참조.

회의적인 평가를 내린 점에서 비평가와 극작가의 관점 차이가 나타나 흥미롭다. 임화는 공연평에서 "〈대추나무〉가 뜻하지 않게 현대극장의 재생의 공연이 된 것은 기쁜 일이다. 오랫동안 곤란한 상태에 있던 동 극단이 이번 공연을 기해서 재기한 것도 사실이거니와 예술적으로 이 공연이 현대극장의 진면목을 드러내게 한 것은 여간 다행함이 아니었다. 거기엔 무엇보다도 유치진 씨의 희곡의 공로가 대단히 컸다. 〈흑룡강〉, 〈북진대〉 등에서 볼 수 있던 주제에의 무정견한 추종과 거기에 따르는 작가의 초조와 불안이 여기에서는 모두 진정되었다."[68]고 씀으로써 이 작품이 국책극으로서보다는 예술적인 작품으로서 진일보했음을 높이 평가한 것이다. 이는 그만큼 동랑이 악조건 속에서도 이데올로기극보다는 예술성 높은 작품을 만들어보려 몸부림친 모습을 임화가 높게 평가해준 것이다.

한편 김건의 경우 글 서두에서는 '아름다운 작품이었다. 유 씨 독특한 향토적 시취(詩趣)의 범람이었다'고 극찬한 다음 "그러나 나는 이런 작품을 통해서 〈흑룡강〉의 면모를 연상했고 10년 전의 유 씨의 모양을 다시 보는 듯했다. 환원인가? 물론 그것은 아니리라. 그러면 예술적 관념의 정체일까? 나는 서운했다. 유 씨는 어찌해서 대추나무 한 개와 분촌문제를 결부시키어 극적 동기를 삼았을까? 분촌문제가 아무리 대추나무 갈등 이전에 잠류했다손 치더라도 대추나무와 분촌문제를 결부시킨 것은 너무나 작가적 시야의 압축인 것 같다. 분촌문제의 의의와 동기는 좀 더 다른 면에 속해 있는 국가적 입장이 아닐까 — 분촌의 개념은 간단한 설명으로만 그칠 성질의 것이 아닐 줄 믿는다. 좀 더 생명 있는 형상화가 약속되어야 할 것이다. 대추나무 때문에 분촌 계획의 필요를 느낀 주인공의 존재는 너무 개념적이었다. 분촌문제의 진실성은 농민들의 '생활'에 있는 것이지 결코 그들의 고습(古習)이나 성벽(性癖)에 있는 것이 아닐 것이다. 분촌문제는 '관념'을 떠난 한 개의 생생한 '현실'이 아닐까 — 여기에 비로소 농민들의 국민적인 의무도 시인되는 것이다. 그리고 모든 등장인물에게서 받는 인상이 비현실적인 시화(詩化)였다. 그들 등장인물은 예술가의 손에 빚어진 움직이는 — 숨 쉬는 — 산 릴리프가 아니라 면(面)을 쓴 작가 자신의 전령들로 보였다."[69]고 쓴 것이다.

---

68 임화, 「연극경연대회의 인상」, 『신시대』 1942년 12월호.

이상과 같은 김건의 평문에서 느껴지는 바는 동랑이 두 집안의 갈등과 화해, 그리고 청춘남녀의 아름다운 사랑 이야기에 분촌문제를 억지로 끼워넣었다고 비판한 것이다. 그러니까 김건은 어떻게 두 가족의 타국(만주) 이주라는 거대한 행사가 고작 나무 한 그루에 의해서 좌우될 수 있느냐는 지적이었다. 김건은 그러한 견강부회로 인하여 작품의 개연성이 약하고 등장인물들도 생동감이 떨어진다고 보았다. 그가 마지막 구절에서 '주인공이 예술가의 손에 의해서 빚어진 생동하는 릴리프가 아니라 가면을 쓴 전령 같다'고 말한 것도 같은 뜻을 외돌아 지적한 것이다. 이처럼 김건은 극작가답게 동랑이 강요에 의해서 자신의 본뜻을 숨긴 채 일제의 구미에 맞도록 어거지로 분촌문제를 결부시켜서 무리하게 창작했음을 예리하게 지적한 것이다.

실제로 동랑은 이 작품 창작에 임할 때 분촌문제는 부수적인 것으로 생각했다고 보아야 한다. 동랑이 '극작상의 메모'에서도 분명하게 밝혔던 것처럼 그가 진정으로 쓰려고 한 것은 우리 농민들의 강인한 개척정신과 열악한 환경 속에서 피어오르는 청춘남녀의 애틋한 사랑을 시로까지 승화시키면서 아울러 농촌의 서정을 형상화해 보려 한 것이었다. 아울러 그가 마음속에 항상 품고 있던 우리 민족의 고토인 만주 평원에서 빈곤 탈출의 꿈도 실현해보자는 것이 아니었을까 싶다. 만주 땅을 고토라고 생각하는 것은 동랑뿐이 아니다. 그것은 우리 민족 전체의 생각인 것이다. 함경도 출신의 국문학자 주종현(朱鍾演)은 한 에세이에서 "7세기 중반 신라가 당나라의 힘을 빌려 삼국을 통일했을 때 통일신라가 차지한 땅은 고작 한반도뿐이었다. 그러니까 고구려의 멸망은 결과적으로 한족(漢族)과 대치하던 역사적이고 전통적인 대세력인 북방 지역의 큰 기둥이 무너지는 결과를 초래하고 중원을 중심으로 하는 새로운 질서 속에서 한반도는 변방으로 전락하고 말았던 것이다. 이는 곧 동북 아시아에서 한족(韓族)이 더 이상 한족(漢族)과 대결할 수 없는 열세로 전락했음을 의미한다. 그리하여 반도의 한족(韓族)들에게 '잃어버린 왕국'에 대한 흠모는 더 이상 지울 수 없는 신화처럼 아로새겨져서 세월이 흐를수록 실지(失地)의 복원이 민족 전체의 지상명제로 대두하게 된다. 삼국의 종립을 보다 냉철하고 객관적 입장에

69 김건, 「제1회 연극경연대회 인상기」, 『조광』 1942년 12월호.

서 수용하게 된 고려조는 이 같은 민족적 염원을 역력히 나타내고 있는 것이다. 해동삼국이란 단순한 지리적 지칭이라기보다 한족(韓族)이 서식하고 있는 한반도와 만주, 그리고 연해주와 블라디보스토크 지역에 대한 범칭이며 그것은 한 묶음 속에 넣어지는 깊은 민족적 유대를 표상하는 것이다. 가령 12세기에 들어와서 『삼국사기』가 왕명에 의해서 편찬되고 젊은 혈기의 문사 이규보가 『동명왕편』을 짓고 13세기에는 일연(一然)이 『삼국유사』를, 이승휴가 『제왕운기』를, 오세문이 『역대가』를 짓는 일련의 사태는 상실된 북방 영토와 그곳 유민들을 동족으로 다시 흡수해보려는 강력한 민족적 염원일 것이다. 더욱이 북방으로부터 남하한 한족(韓族)의 역사적 내력으로 보면 고구려의 옛 영광에 대한 향수는 모태회귀의 강한 본능처럼 작용해 그들의 질긴 뿌리의 근원을 확인하는 계기가 될뿐더러 잃어버린 고토를 다시 찾으려는 열망을 공통적으로 확인할 수 있는 것이다."[70]라고 씀으로써 동랑의 민족적 잠재의식을 이해하게 해준다.

그런데 의외로 이 작품에 제1회 전국연극경연대회에서 총독부 정보과장상인 작품(희곡)상이 주어진 것이 아닌가. 그래서 이 희곡이 두고두고 친일 작품으로 낙인찍히게 된 것이다. 뒷날 이 작품이 친일 논란에 휩싸였을 때 당시 조선연극문화협회 상무이사로서 심사에 깊이 간여했던 김관수는 그 배경에 대하여 다음과 같이 증언한 바 있다.

> 그러나 필자가 기억하기엔 당시에 동 작품은 친일성을 띠었다거나 혹은 반민족적인 성질의 작품이었다고는 해석되지 않았던 것이다. 동 작품의 이야기는 일제 식민지하인 조선에서는 살 수 없어 만주로 이민하지 않으면 안 될 광경을 그렸기 때문이었다. 그럼으로써 당시 그 경연대회 심사위원들은 이 작품은 그네들 일인의 목적하는 바에 대하여 아무런 적극성이 없는, 오히려 불온한 사상으로 곡해되기 쉬운 작품이라 하여 수상할 수 없다고들 하였던 것이다. 그러나 그중에 한 심사위원(日人)이 말하기를 〈대추나무〉는 작품으로서는 우수한 것이 사실이다. 그러니 유 씨(柳氏)를 포섭하기 위해서 이 작품에 상을 주어야 한다고 우겨댔다. 그래서 작품상으로서 정보과장상을 주었던 것이

70 주종현, 「만 주땅 길림(吉林)에서」 참조; 이상옥 외, 『열흘에 한 줄기 강물을』(푸른사상, 2002).

다. 이상이 〈대추나무〉가 수상케 된 경위이다. (……) 끝으로 참고로 말하거니와 유치진은 일제 시 탄압적으로 실시되었던 창씨개명에도 응하지 않았던 것이다. 당시 연극계는 유 씨 외에는 창씨 아니한 사람은 없었던 것을 상기할 때에 유 씨를 친일파 운위하는 것은 너무나 지나친 소리라 아니할 수 없다 하겠다.[71]

이상과 같은 김관수의 증언에서 주목되는 부분은 〈대추나무〉가 일제가 강력하게 추구했던 국책극으로서는 미흡해서 당초에는 수상권에 들지 못했다가 일본인 심사위원의 강요로 수상케 된 것이라는 내용이다. 물론 앞에서도 설명했던 대로 동랑이 이 작품에서 분촌문제를 다룬 것이 사실이지만 작품 속에 깊숙이 들어가 보면 그 문제는 어디까지나 부수적인 데 그치고 만주 개척과 청춘남녀의 운명적 사랑에 비중을 두었음을 확인할 수가 있다. 그럼에도 불구하고 동랑에게 상이 돌아간 것은 그가 연극인으로서는 포섭대상 제1호였기 때문이다. 더 분명하게 말하자면 총독부가 동랑에게 계속해서 당근을 주어야 한다는 계산에 따라 연극상도 주어진 것이라는 이야기다. 이는 마치 일제가 당대 최고의 문사였던 춘원 이광수를 일찍부터 협박 회유하여 제국주의 선전용으로 이용했던 것과도 상통하는 것이다. 이처럼 동랑은 극단 현대극장을 이끌면서도 그렇게 적극적으로 앞장서서 일제에 아유(阿諛)하거나 굴종한 것은 아니었다. 절박한 상황에서 운명이라 체념하고 일제가 강요하는 것에 순응은 하면서도 자기의 진정한 속내를 소극적으로나마 표현하려고 발버둥친 인물이 바로 동랑이다.

이러한 동랑(함께 국민극 활동을 했던 송영 등 여러 명도 포함해서)의 속내와 국책극에 대한 소극적 자세를 누구보다도 불만스럽게 지켜보고 있던 총독부의 앞잡이 가라시마 다케시(辛島驍)가 정면으로 비판하고 나섰다. 즉 그는 「조선연극운동의 근본문제」란 글에서 "전쟁의 새로운 성격은 지금에 와서 후방인 반도까지도 전장으로 만들고 있다. 오늘날 반도의 연극운동은 따라서 전장의 연극운동이다. 싸우면서 연극을 하는 게 아니라, 연극 그 자체가 전쟁이다. (……) 우선 말하고 싶은 점은 오늘날의 연극계가 조선연극운동의 황금시대라고 말하는 사람이 있지만, 과

71 김관수, 앞의 글.

연 그런 것인가에 대한 문제이다. (……) 오늘날 다시 반성해볼 때 과연 국민연극이 향해야 할 개략의 방향은 발견되었다고 말해도 좋을 것이지만, 그 국민연극을 건설해나가는 위에 절대적으로 빼먹어서는 안 되는 연극인 자체의 그것에 대한 '사상적 정세'가 다시 한 번 충분치 않다."면서 "휘몰아치는 정세, 깊은 사색적인 것에 뿌리내린 정세, 자기를 기울여 진력을 다하는 정세, 전쟁과 연극을 일체로 보고 그리하여 그곳에 자기의 전 생명을 바치는 정세, — 그것은 결코 연극 도락적, 혹은 연극 마니아적 정세만이 아닌 진실한 인생의 — , '국민으로서의 삶의 방법'에 뿌리를 둔 정세이지만, 바로 그것이 부족한 것처럼 느껴진다. 이것은 그대로 방치해둬도 좋은 문제인 것인가. 이래서는 아무리 경영이 좋아졌다고 하더라도 그것으로부터 시대를 지도하는, 말을 바꾸어서 말하면 진정으로 대중, 국민과 함께 살아가는 '진실한' 국민연극은 도저히 태어나지 않을 것이다. 나는 이 결함의 최대 이유를 극단 경영자의 사상성이 희박하기 때문이라고 생각하고 있다. 상연작에 있어서도 또는 자기의 삶에 있어서도 전쟁이라는 현실을 다만 무엇인가 그럭저럭 견뎌내면 된다는 식으로, 자기 내부의 '전쟁에 대한 명확한 인식'으로부터 출발한 것이 아닌, 즉 노골적으로 말해서 국민적 태만으로부터 발생한 마음가짐에서부터 나온 결함이 나타난 것이다. 대동아전쟁 수행 중인 일본 국민으로서의 국민적 자각의 부족이 오늘의 연극에 사상적 정세의 부족을 불러온 원인일 것"[72]이라고 쓴 것이다. 이를 명확하게 설명하면 우리 연극인들이 사상적 무장이 전혀 되어 있지 않다는 불만이었다. 가라시마가 정곡을 찌른 것처럼 왜 강제 점령당한 한국인들이 일본 국민처럼 그들의 전쟁에 적극적으로 나설 필요가 있었겠는가. 이것이 당시 한국인들의 진정한 속내였고 그래서 국책 선전극에도 건성으로 임했다고 보는 것이 정답이라고 믿고 싶다.

그리고 또 한 가지 우리의 주목을 끄는 바는 이 작품이 만주와의 접경지 함경북도로 순회공연 갔을 때, 그곳 주민들의 부정적인 반응이라 하겠다. 즉 일본 전문가 야마베 만타로(山部珉太郞)가 쓴 이동극단운동의 현지 보고에 따르면, 〈대추나무〉

72 가라시마 다케시(辛島驍), 「조선연극운동의 근본 문제」, 『문화조선』 1943.8. 이재명, 『일제 말 친일목적극의 형성과 전개』에서 재인용.

를 관극한 주민들이 "'만주는 사람이 살 곳이 아니다'는 등의 대사가 나오는 연극, 남조선의 사람들이 아무것도 모르면서 멋대로 만주라는 곳에 대해 상상해서 불안해하며 '간다 안 간다'라고 혈안이 되어 논의를 하고 있는 이 연극은, 매일 강 저편으로 별다를 것도 없는 만주의 산을 바라보며 살아가는 사람들에게는 이상한 일이다. 그래서 때로는 무대의 비극적인 장면을 웃어넘기는 듯한 홍소(哄笑)가 관중 사이에서 터져 나올 때도 있다."[73]고 쓴 대목이다. 그러니까 함경도 사람들은 가난을 벗어나기 위하여 수시로 만주 땅으로 넘어가고 있는데, 작품에서는 왜 그곳이 살 만한 고장이 못 되는 양 묘사했느냐는 것이다. 작품이 리얼리티가 떨어진다는 비판이었는데 적어도 함경도 사람들에게는 분촌운동 같은 것은 할 필요도 없을 만큼 만주는 개척해야 할 땅일 수밖에 없는 것 아니냐는 것이었다.

그리고 가라시마의 글 속에서 또 하나 발견되는 부분은 우리 연극이 기량이나 경영적 측면에서만은 전보다 많이 향상되었다고 지적한 점이다. 이는 맞는 말이다. 비록 일제의 강요에 의한 목적극만을 할 수밖에 없었지만 무대의 기량 수준에서만은 이전까지 해왔던 연극 프레임을 업그레이드한 것만은 사실이었다. 그 점은 동랑의 희곡에서도 어느 정도 나타나고 있다. 그러니까 답답하리만치 건조한 초기의 사실극에서 희미하게 나타나는 시적 리얼리즘 기법이 1940년대에 와서는 비교적 세련되어 나타나는 점에서도 동랑의 극술이 진전되고 있음을 보여준다고 말할 수가 있다. 이 말은 곧 그가 비록 국책극을 쓸망정 자신의 창작 기술의 향상을 위한 실험도 하고 동시에 취재 영역도 넓혀가려고 분투했다고 말할 수가 있는 것이다. 가령 1940년 전반기 국민극운동을 1970년대 후반부터 시행된 대한민국연극제와 연관시켜 비교 연구한 이미원(李美媛)도 당시의 장막극의 활성화를 긍정적으로 보면서 다음과 같이 쓴 바 있다.

> 뿐만 아니라 희곡 구성에 있어서 그 드라마투루기가 20년대와 30년대 초반에 비해 진일보했음을 느끼겠다. 즉 이때 싹튼 근대극의 드라마투루기들이 제법 자리를 잡아갈

---

73 야마베 민타로(山部珉太郎), 「벽지에서 싸우는 연극 - 조선 이동연극 제1대를 살펴보다」, 『문화조선』 1943.8. 이재명의 앞의 책에서 재인용.

무렵이 40년대 전후이며, 이러한 드라마투루기들의 실험장이 국민극이었다 하겠다. 목적극의 필요상 인물들은 추상성을 띠거나 갑자기 급변하여 리얼한 인물 창조에는 문제가 있는 경우가 많으나, 플롯 — 특히 복잡한 전개나 반전의 묘미는 잘 살렸다. 즉 구성력으로 뻔할 수도 있는 이야기를 흥미 있게 진행시킬 만큼 극작법을 구사했다. 또한 대사의 일상성이나 주변의 사실적인 묘사에도 진일보했다고 하겠다.[74]

이상의 글은 1940년대 상반기에 한때 유행했던 일제의 국책 목적극을 부정적으로만 보아왔던 종래의 관점을 뛰어넘어 객관적으로 냉철하게 접근했다는 점에서 주목되는 연구라 하겠다. 그러니까 이미원은 1940년대의 국민극에서 목적성만 제거하면 희곡사적으로나 연극사적으로 진전된 것임을 부정하기 어렵다는 평가였다. 사실상 문예사에 후퇴가 있을 수 있겠는가. 우리 근대연극사도 1940년대라는 불행한 시절을 맞아서 주춤거리기는 했지만 완만하게나마 진전되고 있었다고 보는 것이 온당할 듯싶다.

그 점은 희곡에서만이 아니라 연출이나 연기 면에서도 마찬가지였다. 동랑의 경우만 하더라도 불행한 시대에 희곡 창작은 세 편으로 끝맺으면서 곧바로 연출 작업으로 방향을 전환했었다. 물론 그것도 함세덕 등 후배 제자들이 쓴 국책 목적극이 주가 되었음은 두말할 나위 없었다. 왜냐하면 당시 일제는 대동아전쟁으로부터 제2차 세계대전으로 확전해가고 있는 광란의 시대로서 목적극이 아니면 할 수 없었기 때문이다. 즉 그는 제자인 함세덕이 쓴 〈황해〉를 시작으로 하여 자신이 쓴 순수작품 〈춘향전〉(1943.1.)과 〈봄밤에 온 사나이〉(이서향 작), 일본 작가의 〈백일홍〉(阿木翁助 작) 등을 차례로 무대에 올렸다. 그런데 친일 목적극으로서 지원병 권장과 미영 격퇴를 주제[75]로 삼은 함세덕의 〈황해〉에 대한 일본의 연극전문가 세키구치 지로(關口次郎)의 다음과 같은 호평은 주목을 끌 만하다.

〈황해〉는 어쨌든 조선에 와서 처음으로 연극을 본다고 하는 강한 인상을 받았다.

---

74 이미원, 「국민연극 연구」, 『국민연극』 1(연극과인간, 2003).

75 서연호, 『식민지시대의 친일극 연구』(태학사, 1997), 127면 참조.

솔직히, 무대 그것으로부터 매력을 충분히 느꼈고, 극작가의 문장도 본격적이었다. 연출의 유 군(柳君)은 역시 내지보다 대중적 기교를 이용해 멋진 무대효과를 올리고 있는 점은 우리들에게도 종종 생각하게 만드는 문제를 제공해주고 있다. 특히 서막은 막이 내리기 전의 수분간은 혼연한 무대로, 최근 내지에서도 볼 수 없는 명연출로, 깊은 감동을 주었다. 뒤로 가면서 점점 박력이 부족해진 점이 작품의 결점이었지만, 어쨌든 이 밤의 소연은 작품과 연출력의 하나의 레벨(연출자도 배우도 끌어당기는)을 보여준 것으로서 가장 인상에 깊이 남았다.[76]

이상과 같은 작품평에서 우리의 눈길을 끄는 부분은 그의 연출이 '내지보다 대중적 기교를 이용해 멋진 무대효과를 올리고 있는 것'이라는 구절과 '내지에서도 볼 수 없는 명연출'이었다고 평가한 대목이다. 일본의 연극전문가로부터 이런 칭찬을 받을지는 동랑 자신도 상상 못 했을 것이다. 왜냐하면 그는 솔직히 그때까지만 해도 극작가였지 전문연출가는 아니었기 때문이다. 사실 그는 극작가로 데뷔하여 활동하다가 극예술연구회에서 연출을 도맡았던 홍해성이 갑자기 동양극장으로 옮겨가는 바람에 엉겁결에 연출을 맡아서 몇 번 무대 작업을 한 것이 전부였다. 물론 그가 극예술연구회의 연출을 맡은 후에 잠시 재도일하여 현지에서 우리보다 앞서가는 연출을 배우고 체험한 적은 있었다. 솔직히 그는 대학에서 영문학을 전공하는 동안 극작법을 배운 적도 없을뿐더러 연출법도 배운 바 없었다. 이는 그만큼 그가 타고난 재능과 독학으로 극작가가 되었고, 연출 역시 홍해성의 연출 작업에 참여하면서 어깨너머로 익힌 것이 고작이었다.

그런 그가 단 몇 년 만에 일본의 연극전문가를 감동시킬 수 있었던 것은 아무래도 천부적 재능과 노력으로 극작 못잖게 연출가로서도 일가를 이루어가고 있음을 보여준 것이어서 주목된다. 이는 또한 그가 전문연출가로서 성숙함을 보여주는 것이기도 하다. 실제로 당시 일본의 연극전문가로부터 그와 같은 상찬을 받은 연출가는 그밖에 없었다. 이러한 그의 연출가로서의 명성은 그다음 작품에서도 그대로 이어졌다.

---

76 세키구치 지로(關口次郎), 「조선 연극 시찰기」, 『신시대』 1943.8. 이재명의 앞의 책에서 재인용.

현대극장의 〈춘향전〉(이 도령 역의 강계식, 1944)

이어서 그는 비슷한 이념의 국책극 몇 편을 연출했는데, 가령 연초에 막을 올린 '영미 격멸 주제'의 〈무장선 셔먼호〉(조천석, 원명 박노아 작)를 비롯하여 일본인(菊田一夫)이 쓴 희곡 〈결혼조건〉과 진우촌의 신작 〈뇌명(雷鳴)〉 등이 바로 그런 계열의 작품들이다.

그리고 지원병제도를 적극 옹호하는 함세덕의 목적극을 연출하면서 전술한 바 있듯이 징병제를 선전하는 산문 「먼저 상무정신」이란 글을 『경성일보』(1942.5.20.)에 게재하기도 했으며 총독부가 주최한 예능제 〈성난 아시아〉 대본을 송영, 박영호, 김태진 등과 함께 구성했는데, 이 작품 역시 징병제 찬양 목적극이었다. 1945년 그러니까 제2차 세계대전이 막바지에 다다르던 해에는 소설가 정비석이 쓴 〈청춘의 윤리〉를 연출한 데 이어 초여름에는 고향 후배 신진 극작가인 박재성의 〈애정무한〉을 연출하여 약초극장에서 공연하던 중에 해방을 맞음으로써 4년여 동안의 치욕스러운 활동을 끝맺게 된다.

그런데 그가 극작을 중단한 뒤 만 2년여 동안 연출한 작가와 작품들을 유심히 살펴보면 매우 흥미로운 사실이 드러난다. 즉 그가 연출한 작가들을 보면 신인 박노아(예명 조천석)와 일본인(菊田一夫) 등 두 사람을 제외하고는 함세덕, 진우촌, 정비석, 그리고 박재성이다. 이들 4명의 작가들의 공통점은 모두가 서정적이면서 토착적인 분위기의 작품을 쓴 것이 특징이다. 그뿐만 아니라 동랑 자신과의 인연도 있는 작가들로서 함세덕은 직접 희곡을 가르친 경우이고, 정비석은 친구 사이의 소설가였으며 박재성은 고향 통영의 후배였다. 이처럼 그는 일제가 일본말로 연극을 하라고까지 강요하던 시절에도 무미건조하고 생경한 국책극보다는 가급적이면 서정성이 있는 작품을 선택해서 연출을 하려고 노력했음을 확인할 수가 있다.

이상에서 살펴본 바와 같이 동랑의 일제 말 소위 일제 협력활동이라는 것이 그동안 알려졌던 사실과는 상당한 차이가 있음을 확인할 수가 있다. 사실 그의 일제 협력 행위는 자발적이거나 적극적인 것이 아니었으며 순전히 총독부의 협박에 의해서 마지못해 끌려간 것이 전부였다. 일찍이 재일사학자 강동진(姜東鎭)이 자신의 저서 『일제의 한국침략정책사』[77]에서도 밝혔던 것처럼 일본 제국주의는 3·1운동을 계기로 강압 통치의 한계를 인식한 나머지 조선에서 협력자를 양선하는 방향으로 나아갔고, 대동아전쟁 이후에는 아예 지식인들을 강제 동원하여 국책선전대로 몰아갔었다. 따라서 동랑도 그런 강제 동원된 희생자의 한 사람에 불과했던 것이다. 그러니까 일제는 교육 수준이 낮은 농어민들은 징용으로 끌고 가서 노동력을 착취했고, 젊은 여성들은 정신대라는 이름의 성노예로서 인격 말살을 꾀했으며 지식인들은 국책선전대로서 영혼을 착취했다고 말할 수가 있다. 특히 일제는 각 분야에서 지도급 인사들을 집중적으로 협박, 회유했기 때문에 동랑 역시 연극계의 대표로서 자연스럽게 말려들 수밖에 없었다고 보아야 한다.

여기서 그 시대를 살아보지 않은 '오만한 후손들'은 동랑에게 왜 저항하지 않고 협력했느냐고 묻고 질타할 수 있다. 그러나 앞에서도 언급한 바 있거니와 그는 유년시절부터 심약하여 무지막지한 철권통치에 끝까지 저항하기에는 용기가 부족했

77 강동진, 『일제의 한국침략정책사』(한길사, 1980), 196~197면 참조.

던 것 같다. 그리고 그가 10대에 출향(出鄕)하여 20여 년 가까이 객지생활을 전전하다가 사랑하는 아내를 만나 겨우 행복한 가정을 꾸린 시기에 그런 절벽에 부닥침으로써 현실주의자였던 그가 상황을 비켜가기에는 역부족이었을 것이다.

더욱이 대동아전쟁기의 언론 통제로 국제 정세에 대한 무지와 미래에 대한 불확실성이 그로 하여금 총독부의 회유와 협박에 국척(跼蹐)케 만들었다고 보아진다. 그는 또한 연극 분야에서는 단연 선도적인 지도자로서 계몽의식이 강한 인물이었다. 따라서 엄혹한 시절이라 하더라도 연극인들은 먹여 살려야 한다는 다분히 현실적인 생각과 건전한 신극사의 맥은 이어가야 한다는 소명의식에 젖어 있었고, 일종의 강박관념 같은 것이 그로 하여금 협력의 길로 몰아간 것 같다. 특히 그가 당시 대중 의식을 타락시키는 저질 흥행연극의 정화를 꿈꾸고 있을 때, 총독부가 그 개혁을 하나의 명분으로 내걸었기 때문에 그 지점에서 어느 정도 공감대가 이루어졌던 것이 아닌가도 싶다.

그렇기 때문에 그는 당초 국민극도 일제가 음험하게 의도했던 식민통치 강화라든가 침략전쟁 선전 목적극으로 보지 않고 건강한 대중연극으로 착각했던 것 같다. 바로 그 점에서 그는 '오만한 후손들'이 지금까지 인식해왔던 친일파와는 거리가 멀며 강제 동원된 소극적 협력자에 불과한 것이라고 본다. 적어도 친일파라면 그 행위가 자발적이면서도 적극적이어서 영화도 누려야 하는데, 그는 개인적으로 일제로부터 어떤 특별한 직위를 얻은 적도 없고 경제적 후원을 받은 바도 없다.

가령 그의 극단 현대극장 운영도 조상으로부터 유산을 받은 아내가 사적으로 운영자금을 마련해주어서 가능했음은 다 알려진 비밀이다. 이처럼 그는 대표적인 연극지도자로서 총독부로부터 강제 징발되어 일제 군국주의 정책 선전에 협력한 것에 지나지 않는다. 주지하다시피 식민지 말엽에는 대부분의 지식인과 예술인은 선전요원으로 징발되어 군국주의 찬양의 거짓 나팔을 불어야 했지 않는가. 그 점에서 매국노들을 제외하고는 대다수가 시대의 피해자고 동시에 역사의 희생자들이라고 보아야 하지 않을까 싶다. 물론 그들에게 백범 김구(金九)나 만해 한용운(韓龍雲) 등과 같은 독립투사들처럼 왜 끝까지 항거하지 않았느냐고 나무랄 수는 있다. 그러나 이제는 역지사지의 입장에서 그 시절을 고되게 살았던 선인들을 연민의 눈으로 바라볼 때도 되지 않았나 싶다.

6. 민족 해방과 좌우익 연극 갈등의 중심에 서다

1) 차가운 돌베개를 베고 누워

찌는 듯한 여름이 기울어가고 있던 1945년 8월도 중순에 접어들고 있었지만 보통사람들은 뭔가 모르게 불안하고 뒤숭숭한 분위기 속에서도 별 다름 없이 일상의 쳇바퀴 속에서 하루하루를 보내고 있었다. 그런 중에도 극소수 식자들이 국제 정세가 급박하게 돌아가는 듯한 느낌은 받고 있었지만 일제가 워낙 강력한 언론 통제를 하고 있어서 시국을 예측하기란 불가능했다. 그런 와중에 동랑은 일본에 원자탄이 떨어지자 서울도 연합군의 폭격을 받을지 모른다는 소문에 따라 일찌감치 연로한 장인장모 내외와 어린 3남매를 철원의 농장으로 보내놓고 불안 속에서도 늘 해오던 대로 현대극장을 이끌고 고향 후배 작가의 〈산비둘기〉(박재성 작)를 스칼라극장에 올려놓고 있었다.

그런 어수선함 속에서 8월 15일에 갑자기 일본 천왕이 연합군에 항복한다는 중대 방송을 함으로써 그는 '천지가 진동하는 듯한 기쁨'의 새날을 맞게 된다. 그때의 감격에 대하여 그는 '하늘을 날 것 같았다'는 표현을 쓴 바 있지만 그것은 당시 모든 국민의 심정이기도 했다. 1905년 을사늑약의 해에 태어나서 식민지시대의 한가운데를 가로지르면서 파란곡절의 아까운 청춘을 다 흘려보낸 그로서는 남다른 감회에 젖을 수밖에 없었다. 왜냐하면 그가 특히 일제 말엽에 총독부의 강요에 못이겨 4년여를 그들의 꼭두각시 문화선전대(?)의 일원으로 그들이 시키는 대로 글을 쓰고 극단활동 등의 처신을 해왔으니 해방의 기쁨 뒤에는 곧바로 잠 못 이루는 자괴감이 빠질 수밖에 없었기 때문이다.

따라서 그는 두문불출하고 지난 일을 참회하는 스스로의 시간을 갖기로 했다.

그런데 놀라운 사실은 단 한 사람의 연극인도 예외 없이 식민지 말엽에 일제에 협력했지만 스스로 부끄러워하고 참회하는 경우는 찾아보기 어려웠다는 것이다. 그 점은 해방 이튿날(8월 16일) 시인 임화가 주도하여 서울 한청 빌딩에서 조선문학건설본부라는 조직체를 가동했고 이어서 연극건설본부를 출범시킨 것이 잘 말해준다.

그렇지만 그는 갑작스럽게 맞은 해방 직후의 공백기에 예술인들이 손을 놓고만 있을 수 없었다는 것을 이해는 하면서도 스스로의 참회 없이 발 빠른 행동으로 옮기는 그들의 몰염치에는 아연했던 것이다. 여하튼 당장은 임화의 지휘 아래 예술인들이 분주히 움직였고, 연극건설본부 역시 방향을 잡아나가기 시작했다. 즉 프롤레타리아 연극 출신의 극작가 송영을 위원장으로 하고 안영일을 서기장으로 한 조선연극건설본부는 근처에 얼씬도 하지 않은 동랑까지를 포함시킨 지도부를 구성했는데, 모두가 일제 말엽에 조선연극문화협회에서 함께 활동했던 인물들이었다. 그래서 연극건설본부가 출범하자 비판자들은 즉각 연극문화협회의 재판이라고 비아냥거렸던 것이다.

가령 일제 말엽에 연극계를 떠나 있었던 이해랑은 그 당시를 회고하는 글에서 "왜적의 소위 대동아전쟁 수행에 주구적 역할을 하게 하는 전조선연극문화협회의 이사 심영, 안영일, 임선규, 송영, 김태진 등이 과거의 반민족 과오에 대한 뉘우침도 없이 새로운 일제나 만난 듯이 연극건설본부에서 여전히 큰 얼굴을 하고 해방 후 또다시 연극계의 패권을 장악하겠다고 동분서주"[1]하고 있었지만 유치진 등 몇 사람만은 그들이 부화뇌동하고 있을 때 거기에 동조하지 않고 해방의 망아적인 흥분이 가라앉기를 조용히 기다리고 있었다고 증언한 바 있다. 실제로 일제 말엽에는 좌우 이념이나 순수, 대중 구분 없이 조선연극문화협회 안에서 활동했고, 또 해방 직후 얼마 동안은 좌우익 이념의 구분과 대립이란 것이 없었던 것도 사실이긴 했다. 그것이 바로 해방 직후 수개월간 좌우 구분 없이 함께 활동한 배경이었다. 따라서 연극건설본부에서는 두문불출하고 있던 동랑에게 계속 참여를 종용해왔다. 그럴 때마다 그는 가정사를 핑계 대고 참여를 거부했다.

---

1 이해랑, 「해방 4년 문화사 - 연극」, 『민족문화』 1948년 1월호 참조.

그러니까 그는 비록 그것이 타의에 의하고 강요된 활동이긴 했어도 일본 군국주의 선전활동에 협력한 것은 사실이었기 때문에 아무도 자성 않는 연극계를 대표해서 자기만이라도 스스로의 돌베개를 베고 누어야 한다는 생각에 잠겨 있었다. 따라서 그는 착잡한 머리도 식힐 겸 일제 말엽에 철원농장으로 피신시켜놓은 어린 3남매를 집으로 데려오려고 곧바로 철원으로 떠나게 된다. 그가 세 자녀를 데려온 직후에는 장인장모를 모시려 또다시 철원을 가서 한동안 서성이기도 했다. 그가 1939년 일제 경찰에 의해서 극연좌를 강제 해산당하고 집에 칩거하면서 창작이나 해보려고 결심했던 이후 6년여 만에 두 번째로 또다시 연극 일선에서 물러나 창작에만 몰두해보려는 것이었다.

그러한 그의 참회 기간에 무주공산의 정치·사회와 연극계에는 소용돌이가 휘몰아치고 있었다. 특히 프롤레타리아 연극인들의 이념적 표변이 심했는데, 거기에는 국제 정치 정세와 무관치 않았다. 즉 소련이 제2차 세계대전 말기인 1945년 8월 8일에야 겨우 대일 선전포고를 하고 참전하였으나 일본이 항복하자 단 17일 뒤인 8월 25일에 평양에 진주하여 공산주의 군정을 펴기 시작했었다.[2] 그러자 오랫동안 지하운동을 펴오던 좌파 성향의 여운형, 안재홍 등이 중심이 되어 9월 2일 건국준비위원회가 발족되었으며 뒤이어 소련의 비호 아래 소위 인민공화국이 선포되고 각 지방에 인민위원회라는 것이 설치된 것이다.

이런 움직임에 놀란 김성수, 송진우 등 우파 인사들이 나서서 임시정부 환영준비위원회를 구성했고, 이를 모체로 하여 9월 8일에 한민당을 출범시켜 인공(人共) 타도를 외치게 되었는데 그날 미군도 서울에 진주해서 12일 자로 군정을 선포한다.[3] 이처럼 미군의 진주가 소련군보다 3주가량 늦어진 공백기에 소련 군정이 힘을 발휘하면서 좌파가 위세를 떨치게 된 것이다. 이와 같은 상황에서 소련이 주도해서 38선을 그었고, 그 선을 경계로 하여 서서히 긴장이 조성되고 왕래도 불편해지기 시작했다.

---

2 김국후, 『평양의 소련 군정 - 기록과 증언으로 본 북한 정권 탄생 비화』(도서출판 한울, 2008), 13면 참조.

3 홍승면 외 공편, 『해방 20년』(세문사, 1965), 76~77면 참조.

특히 철원은 38도선 이북이어서 소련군이 들어와 치안을 담당하게 되었다. 동랑은 일제강점기부터 가끔 머물던 철원 농장 집에 웬만한 살림살이를 갖춰놓고 있었기 때문에 해방 직후에는 더욱 자주 그곳을 드나들고 있었다. 그래서 그는 자녀들과 장인장모 때문에 전곡에서 철원행 기차를 타고 38선을 넘나드는 일을 몇 번이나 계속해야 했다. 다행히 그곳에 마침 극단 현대극장 시절 함께 연극을 했던 김모가 보안서장을 하고 있었기 때문에 여러 가지 편의를 보아주기도 했다. 소련 군정 치하에 있던 철원은 토지개혁이다 뭐다 해서 처가의 많은 땅도 대부분 빼앗기다시피 수용당하고 얼마 남지 않았다.

그런데 특히 그가 그곳에 잠시 머무는 동안 겪은 황당한 일이 적지 않았다. 가령 토지개혁이라는 것도 소작농들에게 분배했던 토지를 회수하여 국유화함은 물론이고 추수한 곡식까지 모두 거두어간 뒤 배급제로 소량을 주는 방식이었다. 그가 그동안 보아온 것은 공산주의는 농민들이 좋아할 줄 알았는데 불평불만이 보통이 아니었다는 점이다. 그 역시 처가가 수십만 평의 토지를 모두 빼앗기고 있는 것을 직접 본 것이다. 그러니까 구한말에 참정대신을 지낸 한규설을 외조부로 두고 이조판서를 지낸 심상훈을 조부로 두었던 아내는 고종으로부터 하사받은 선대의 땅을 몽땅 빼앗긴 것이다.

그런데 그가 철원에서 직접 겪은 황당한 일은 그뿐이 아니다. 그가 살벌한 그곳을 빠져나오는 길에 겪은 또 다른 체험이 바로 그것이었다. 갑자기 길이 막혀서 그가 38선 바로 앞에 도착했을 때는 이미 월남하려는 수백 명이 몰려들어 발을 동동 구르고 있었다. 결국 그는 비상수단을 쓸 수밖에 없었고 갓길을 따라 산속으로 숨어들어 온갖 고생 끝에 가까스로 한탄강의 지류를 건너 돌아올 수가 있었던 것이다. 젊은 시절 아나키스트였고 사회주의에 대해서도 한때 관심을 가져보았던 동랑이지만 철원에서의 체험으로 그의 생각은 완전히 바뀌어갔다. 즉 그는 사유재산을 인정하지 않고 개인의 자유를 제한하는 전체주의적인 공산주의는 우리가 지향할 이데올로기는 아니라는 확고한 생각을 굳히게 된 것이다.

그가 철원을 오가는 동안 연극계도 급박하게 돌아갔는데, 전술한 연극건설본부 주도로 전국연극인대회가 열려 과거의 온갖 조직과 모든 기만활동을 일체 정지 해산시키고 급조된 9개 극단, 즉 인민극장, 자유극장, 청포도, 일오극장, 동지, 혁명극장, 서울예술극장, 조선예술좌, 그리고 백화 등으로 재편성하여 양심적인 연극활동을 해나가기로 한 것이다. 그러나 연극계는 예상한 대로 이상하게 흘러갔는데, 이는 전술한 인공(人共)의 위력 및 9월에 박헌영(朴憲永)을 태두로 한 조선노동당의 출범과 관련이 있어 보인다.

왜냐하면 문화를 순전히 선전용으로 생각하는 마르크스주의자들이 남한에 노동당을 출범시키면서 연극인들을 자신들의 품 안으로 끌어들이려는 조짐이 여기저기서 나타나고 있었기 때문이다. 한 예로서 송영과 안영일이 주도하는 연극건설본부가 점차 좌향좌로 흘러가면서 색깔을 드러내가고 있었던 것이다. 따라서 동랑은 같은 극작가로서 일제 말엽 연극문화협회에서 함께 연극활동을 했던 송영이나 안영일 등과는 길을 달리해야겠다는 생각으로 연극건설본부에서 그들이 마음대로 올려놓았던 이름을 빼달라고 했다. 그들과의 과거 인연상 이름 올리는 것을 묵인했던 그가 차제에 노선을 분명히 해야겠다는 것이었다.

마침 그런 시기에 그는 일찍부터 프로문학을 비판하면서 민족문학을 주도해온 소설가 월탄 박종화(朴鍾和)로부터 연락을 받게 된다. 평소 친하게 지내온 월탄은 세상이 이상하게 돌아가는데, 우리들이 관망만 해서는 안 되겠다는 이야기였다. 결국 동랑도 철원의 섬뜩했던 경험을 그에게 들려주면서 민족예술 지킴이로 앞장서자는 결의를 하게 된 것이다. 그리하여 그는 박종화, 김동인, 양주동, 이은상, 그리고 지난 시절 연극운동을 함께 했던 시인 이하윤 등과 9월 11일에 대한문예협회라는 조직체를 출범시키게 된다. 이는 해방 후 최초의 우파 문예단체로 볼 수 있는데, 그 이유는 이들이 그동안 걸어왔던 문예행태도 그렇지만 특히 '문학예술 각 부문의 총역량을 집중하여 국가에 공헌하고 자유 조선의 신문화를 건설한다'[4]는 메시지에서도 보이듯이 자유주의라는 슬로건을 분명히 내걸고 나온 데 따른 것이다. 이 지점이 바로 해방 직후 좌우익 문예운동이 선명하게 양분되는 계선(界線)도 된다. 이 대한문예협회는 곧 명칭이 중앙문화협회로 개칭되었고, 이듬해 3월에 전조선문필가협회로 발전되었다. 이 단체가 1949년 전국문화단체총연합회(文總)의 모태가 되는 것이다.

4 『일간 조선통신』 1945.9.11.

그런데 동랑이 이 협회 문인들과 특별하게 일을 꾸민 것은 아니었다. 사상적 노선만 분명하게 천명하고는 여전히 자숙의 기간에 창작에 전념하면서 때를 기다리기로 한 것이다. 그가 정중동의 자숙 시간을 보내는 동안 시국은 시시각각 바뀌어 가고 있었다. 한민당이 민족노선의 정치노선을 선언하고 인공 세력 및 남로당 세력과 대결하고 있는 동안 백범 김구 등 민정파와 이승만(李承晩) 박사도 귀국했지만 미군정은 좌파 사회주의 세력을 제어하는 일에 소극적이었다. 워낙 민주주의 정치 훈련이 잘된 나라의 군대이기 때문인지 미군정은 사상의 자유를 극도로 제한하는 일에 나서기를 꺼렸던 것이다. 따라서 이념적 결속력이 강하고 선전선동에 능한 사회주의 세력의 활동은 역동적일 수밖에 없었다.

연극판만 보더라도 처음부터 노선을 분명히 하고 등장한 혁명극장, 서울예술극장, 인민극장 등 여러 단체가 활발하게 공연활동을 펼쳐나갔으며, 1945년 9월 27일에는 벌써 조선 프롤레타리아 연극동맹이라는 결사체도 등장하여 공연예술계를 장악해가려는 운동이 전개되었다. 그러니까 해방이 되자마자 비교적 순수한 마음으로 극단을 조직하고 나섰던 프로연극인들이 눈에 보이지 않는 인공 세력이나 남로당의 지령에 따라 이념적 색깔을 분명히 해가고 있었다는 이야기다. 좌파 연극인 김욱(金旭)의 말대로 프롤레타리아 연극동맹은 "사회개량주의나 우경적 기회주의의 모략과 책동 같은 언사"를 격파하고 "혁명적 연극인의 투쟁이 모든 장애를 극복할 수 있다."[5]는 신념으로부터 비롯된 것이었다.

이 프로연극동맹은 출범하자마자 그들의 주장에 따르면 한 달여 만에 8개 극단을 산하에 끌어들였으며 연극인 9할 이상을 포섭했다는 것이다. 이들의 주장이 일리가 있었던 것은 그러한 흐름이 사상적으로 혼란기였던 시대 분위기에 따른 것으로 볼 수가 있다. 당시 현장을 지켜보았던 중견 연출가 박진(朴珍)도 그때를 회고하는 글에서 "저들 동맹에 가담한 자들은 저마다 투철한 사상이 있어서가 아니라 비판할 여지도 없이 유행병적인 소아병에 걸려서 공산주의자 연하는 것을 진보적인 것처럼 여겼던 데"[6] 따른 것이었다.

---

5 김욱, 「연극시감」, 『예술운동』 1945년 12월호.

6 박진, 『세세연년 - 한국의 연극 비장의 화제』(경화출판사, 1966), 200면.

프로연극동맹이 석 달 뒤에는 그들이 배격했던 연극건설본부 사람들을 다시 끌어들여 조선연극동맹(이하 연극동맹)으로 발전하게 된다. 그런데 모스크바 3상회의에서 한국의 신탁통치문제가 제기되자 좌우를 가리지 않고 1946년 정월 초하루에 전국연극인대회(위원장 송석하)가 중앙극장에서 개최되어 '신탁통치 절대철폐'를 외쳤으며 '조선 독립을 피로써 전취하자'와 '파쇼를 타도하고 테러를 근절하자'는 메시지도 천명하는 등 정치에 자연스럽게 끌려 들어가게 된다.

그런 와중에서도 연극동맹 사람들은 부지런히 공연활동을 전개해나갔다. 그러자 연극동맹과 노선을 달리하는 이광래(李光來), 김동원 등 우파 민족연극인들 일부가 극단 전선(全線)과 민예(民藝)를 출범시켜 정통연극을 지켜나가려는 안간힘을 쓰기도 했다. 그러나 연극동맹의 위세는 더욱 거세졌다. 가령 3·1기념 연극대회라는 대대적인 연극행사도 그들이 주도했음은 물론이다. 그리고 특히 극단 서울예술극장이라든가 조선예술좌 등의 경우를 보면 노골적인 사회주의 선전선동의 작품을 버젓이 서울 한복판에서 공연하고 있었다.

가령 두 극단의 레퍼토리 중에는 소련의 사회주의 선전 작품들인 시모노프의 〈남부전선〉에서부터 키루손의 〈폭풍의 거리〉 등이 공연되는가 하면, 조영출의 〈독립군〉과 한홍규의 〈옥문이 열리는 날〉 같은 작품은 김일성군(金日成軍)과 조선의용군의 빨치산운동을 묘사한 것이었다. 특히 어제까지 반탁운동에 앞장섰던 좌익 연극인들이 남로당의 지시로 하루아침에 찬탁으로 돌아서서 우익 연극인들을 공격하고 나서는 데는 아연할 수밖에 없었다. 그들의 연극을 통한 정치 행위는 몰상식하기까지 했다. 무대 위에서의 이념 선전은 예사로 치더라도 공연이 끝난 뒤에도 관중을 이끌고 꽹과리를 치면서 거리를 행진하기도 했다. 이런 행위는 예술 품위와는 너무나 거리가 먼 것이었다.

이처럼 좌익 연극인들의 비예술적인 행위가 기승을 부리는 가운데 연극계의 대세가 어느덧 대중의 이념적 혼란까지 야기하자 그동안 작품 구상에만 몰두하고 있던 동랑이 나서지 않을 수 없는 상황에 몰리게 된 것이다. 오랜 번민 속에 동랑은 당초 그가 민족계몽운동을 자신의 삶의 목표로 삼았던 만큼 사상적 혼란기에 방관만 하는 것은 나라에 죄를 짓는 것이라고 생각한 것이다. 그때 선명하게 떠오른 것이 1920년대 초에 러시아의 연극브나로드운동이었고, 그 파급력이 컸던 것도 익히 알고 있는 바였다. 따라서 그는 이런 때 연극인으로서 할 수 있는 가장 적절한 것은 계몽운동이라는 결론을 내리게 된다. 그것은 또한 그의 장기(長技)이기도 했다. 좀 더 구체적으로 말하면 그의 생각으로는 날로 기승을 부리고 있는 사회주의의 전국 확산을 막을 수 있는 유일한 방식은 연극브나로드운동 외에 다른 묘책이 없다는 것이었다.

그런데 그가 연극계몽운동을 펼치려면 주최 기구가 있어야 하는 만큼 일제강점기에 했던 극연을 재건하여 모체로 삼기로 했다. 그리하여 그는 5월 25일에 과거의 동지들을 다시 불러 모아 극연을 재건하게 된다.[7] 해방되고 9개월 만에 그가 다시 문화운동의 전면에 나선 배경이다. 자신이 대표를 맞고 총무부는 함대훈과 이용규가, 사업부는 서항석과 이웅이, 그리고 출판부는 김광섭과 최영수가 맡는 것으로 기구를 짠 것이다. 연극단체 기구에 공연부를 두지 않고 총무부 · 사업부 · 출판부로 구성한 것은 극단으로서보다는 운동단체로 활용하기 위해서였다. 그는 당초부터 극단을 하고 싶은 생각은 전혀 없었고, 하더라도 새로 만들어서 해야지 이미 지나간 시절의 단체를 재건해서 하기는 싫었던 것이다. 출판부를 둔 것은 『극예술』 같은 잡지를 만들어내려는 의도에서였다.

그는 극연을 재건하자마자 곧바로 『민주일보』라는 언론사와 공동 주최자가 되어 연극브나로드운동 실천위원회를 출범시켜서 애국심에 불타는 전국 학생 · 청년 · 여성 · 소년으로 145개의 조직체를 만들었다. 1대를 10명 내외로 하여 출발 전 10여 일 동안 레퍼토리에 대한 구체적 훈련을 시킨 후 각 부 군 단위로 배분, 파견하기로 했으며, 레퍼토리는 〈안중근의 최후〉, 〈매국노〉, 〈윤봉길 의사〉, 〈애국자〉(기미만세운동), 〈38교수선〉 중에서 한 편 내지 두 편을 택해서 가져가기로 했다.[8] 그런데 공동 주최 단체인 『민주일보』가 보도기사에서 연극브나로드운동의 취지와 관련하여 “일제의 악정에서 해방은 되었으나 38선의 봉쇄로 양단되어 조국은 바야흐로 위기에 접하고 이때 그것을 물리치고 건국 대업에 노력하고자 이번 본사와 극예술연구회 주최로 전국적으로 연극의 브나로드운동을 일으키어 그의 사명을

7 「극예술연구회 재건」, 『경향신문』 1946.5.25.

8 「연극브나로드운동 실천위원회 조직」, 『조선일보』 1946.6.12.

최대한으로 발휘시켜 국민의 집단심과 애국심을 함양"[9]시키고자 기획했음을 분명하게 밝혀놓은 점에 주목할 필요가 있다.

왜냐하면 그때의 연극브나로드운동이 지난 시절과 달리 예술적이기보다는 정치문화운동에 기울어져 있었기 때문이다. 가령 '건국 대업에 노력하고자 했다'라든가 파견대원 훈련을 위한 강습회의 연사로 대표적인 거물급 애국지사 조소앙(趙素昻, 1887~?)을 초빙했던 점 등에서도 그 점은 확인되는 것이다. 다 알다시피 조소앙은 상해 임시정부에서 백범 김구 등과 요직을 맡았었고 한독당의 부위원장으로서 김구와 남북 합작을 위하여 평양까지 다녀온 애국적 정치인이 아닌가. 강사진으로는 조소앙을 제외하고는 대부분 연극인들이었다. 이처럼 목적을 민족노선의 애국운동에 두고 수단으로서 연극과 음악, 그리고 국민계몽을 위한 웅변까지도 포함시켰으며 각 지역의 군 단위 외에 마을과 직장에도 연극브나로드 지부를 설치하여 운용하도록 한 것도 주목할 만한 것이다. 전국 단위의 세포조직 방식도 주목할 만한 것이다. 그만큼 동랑은 사상 혼란기에 있어서 도시 사람들보다는 지적 판단력에서 떨어지는 농어민들의 계몽이 시급하다고 본 것이다.

그런데 수백 명의 연극계몽대원들이 전국을 누비는 데는 상당한 비용이 필요했다. 그것을 해결해준 사람이 다름 아닌 미공보원 문화담당 책임자(공보원장) 스튜어트였는데, 그는 대단한 반공주의자로서 미군정을 대표해서 우익 민족연극인들을 전적으로 돕고 나섰던 인물이다. 그의 도움이 없었으면 그런 대대적인 연극브나로드운동은 불가능했을지도 모른다.

동랑이 총지휘한 계몽대는 백조악극단장 최일(여배우 전옥의 남편)을 행동대장으로 삼아 학도대, 청년대, 여성대 그리고 소년대로 편성하여, 학도대는 방학을 기하여 인정이 밝은 자기 고향을 중심으로, 청년대는 각 청년단 문화단체 직장의 집단적 참가 아래 지역적으로 활동하게 했다. 그리고 여성대는 청년대처럼 여성만으로 조직하여 여성을 상대로 하는데 여학생과 혼성 편대로 조직시켰으며, 소년대는 고아원 아동, 소년군, 마을의 소년들로 조직하여 활동하게 했다.[10]

---

9 「연극을 대중생활 속에 - 본사와 극연 주최로 전 조선에 브나로드운동 전개」, 『민주일보』 1946.6.12.
10 「농촌계몽에 학도대 출동, 『동아일보』 1946.6.12.

이러한 4개 조직 편대는 7월 접어들어 두 달여간 남한 전 지역을 순회하면서 좌익 단체들이 그동안 노골적으로 선전해온 사회주의의 허구성을 우회적으로 비판, 광정(匡正)하는 활동을 펼치는 노력을 한 것이다. 물론 이 조직 편대는 홍수가 나서 곳곳에서 다리가 끊어지는 등 교통문제가 발생하여 예정했던 만큼은 다 못 다녔지만 어느 정도는 찾아다닌 것이 사실이었다. 그런데 이들이 노골적으로 선전에만 치중하는 좌익 단체들의 선전 방식과 달랐던 점은 안중근(安重根)이라든가 윤봉길 등의 탁월한 애국지사들의 삶을 진솔하게 그린 정통연극을 보여줌으로써 스스로 애국심이 우러나도록 한 것이었다. 게다가 음악 등도 가미함으로써 외형적으로는 가급적 정치성을 배제한 것처럼 포장함으로써 농민들로부터 좋은 반응을 얻기도 했다.

솔직히 이념적 갈등이 극심했던 해방 공간에서 분연히 일어나 대중을 상대로 자유 민주주의의 소중함을 일깨우는 계몽운동을 펼치는 일은 당시 동랑이 아니면 누구도 생각해낼 수 없었던 것이다. 바로 그런 점이 그를 뛰어난 인물로 만드는 요인의 하나라고 말할 수가 있다. 그가 이처럼 자유 민주주의 계몽운동의 선봉에 나서자 지난 시절 동지였던 좌익 연극인들로부터 비판을 많이 받았고, 심지어 현실인식이 결여된 예술지상주의로까지 몰리기도 했다. 좌익 연극인들은 계속해서 동랑을 비난과 모략을 하는 데 그치지 않고 갈월동 집을 폭파하겠다는 위협까지 하는 지경에 이르렀을 정도였다.

그는 참으로 어처구니없다는 생각을 하지 않을 수 없었다. 일찍이 로맹 롤랑의 『민중예술론』에서 공리주의 연극론을 배웠던 그에게 세상물정 모르는 예술지상주의라니 황당하지 않을 수 없었다. 그러나 그는 개의치 않고 차제에 자신의 예술관을 분명하게 밝혀놓아야 할 것 같다는 생각을 하게 된다. 그런 흉흉한 때 그는 자신의 입장을 선명하게 밝히는 「조선 연극운동의 지향」이란 글을 일간지에 쓴다. 즉 그는 어차피 함께 갈 수 없는 그들에 대한 반격도 하는 동시에 자신의 예술관도 분명하게 밝혀놓아야 좌익 연극인들의 중상모략도 저지시킬 수 있으리라 확신한 것이다.

그는 그 글에서 1920년대 카프사건 이후 연극계의 이념 괴리를 우회적으로 설명한 후 자신은 애초부터 예술지상주의자도 아니고 또 그렇게 되고 싶지도 않다면서

"여태까지의 나의 작품 행동을 통하여 보더라도 나는 오히려 예술에 있어서의 그 예술성(형식)보다도 그 사상성(내용)을 소중히 여겨온 자의 하나이다. 그러나 내가 아무리 예술의 사상성을 소중히 여겨도 나는 예술이 한 정책에 봉사, 혹은 이용당함을 즐거워하지는 않는 자다. 해방 후의 우리 연극계 정세를 둘러보건대, 우리 연극계 전체를 휩쓸어서 한 정당의 끄나풀로 봉사시키려는 상스럽지 못한 경향이 대두하여 있고, 그 끄나풀에 매달리지 않으면 예술지상주의니 무엇이니 하며 공식적인 단(斷)을 내리는 모양이다. 그러나 나는 예술을 한 정당의 끄나풀화(化)하려는 운동에는 찬동할 수 없을뿐더러 현재는 물론 앞으로도 우리가 가장 경계하여야 할 문제"[11]라고 하여 남로당의 지령에 따라 꼭두각시처럼 움직이고 있던 당시 프로연극동맹 산하 단체들의 행태를 정면으로 비판하고 나섰다.

이처럼 그는 그동안 좌익 연극인들로부터 예술지상주의자로 몰려 집요하게 매도 협박받아왔던 터여서 자신의 입장을 다시 분명하게 밝혀놓고 그들과 정면으로 대결해야겠다는 결심을 글로 표현한 것이었다. 그의 뇌리 속에서 항상 떠나지 않는 나쁜 기억은 일제 말엽에 군국주의 폭력 세력에게 강제적으로 유린당한 것인데, 해방 후에 또다시 연극인들이 정치단체의 하수인 노릇을 해서는 안 된다는 확고한 신념에 입각한 것이었다. 그렇기 때문에 그는 차제에 자신이 생각하는 예술에 있어서의 진정한 사상성에 대하여 설명할 필요가 있겠다고 마음먹은 것이다.

그는 자신이 생각하고 실천해온 예술의 사상성과 관련하여 눈앞에 보이는 어떤 목적을 위한 사회 정책 수단은 아니라면서 그것은 곧 작가가 지닌 인생관, 즉 철학성을 의미한다고 했다. 극히 교과서적인 설명이었다고 볼 수가 있다. 그러면서 그는 "오늘의 우리 예술은 그 예술을 생산하는 작가의 확고한 인생관과 고매한 철학성을 기축 삼아 제작되어야 할 것은 물론이요, 나아가서는 이것이 예술의 본연의 자태가 되어야 할 것"이라면서 "우리 국토가 양분되고 민족은 쓸데없는 분열을 일삼고 있을 때에 예술이 그 본연의 자태에 입각하여 분열과 알력을 융화치 못하고 공연히 그 와중에 휩쓸려들어 한 정당의 앞잡이 노릇에 시종한다면 예술의 독자적인 우위성은 상실당하는 동시에 우리의 예술운동의 지향은 물론이요, 민족의 앞길

---

11 유치진, 「조선 연극운동의 지향」, 『동랑 유치진 전집』 6(서울예대출판부, 1993), 356~357면.

조차 영원히 그르치고 말 것"이라고 경고하기도 했다. 그러니까 그는 예술이 본도를 잃으면 존재 이유를 상실하는 것이고, 그것은 장기적으로 볼 때 민족의 앞날에도 좋을 것이 없다는 주장을 한 것이다. 이는 곧 남로당의 하수인으로 전락한 좌익 연극인들에게 경고와 함께 각성을 촉구하는 글이기도 했다.

이어서 그는 이념이나 정책은 시대에 따라 변할 수 있는 것이지만 예술은 시공을 초월하는 영원성을 지니는 것인 만큼 좌우 이념을 떠나서 누구나 예술의 독자성을 지켜나가는 데 진력해야 한다는 원칙론을 폈다. 이러한 그의 연극관 내지 예술관은 좌우익 연극의 극심한 대립 관계에서 유치진이라는 한 개인의 입장에 그치지 않고 우익 연극의 입장과 방향성을 제시한 것이기도 했다는 점에서 큰 의미를 지닌다고 하겠다. 왜냐하면 그러한 동랑의 방향성이 곧바로 우파 진영의 규범이 됨으로써 한국 연극은 그 길을 따라 행진하기 시작했기 때문이다. 그런 때에 마침 우파 행동대장 노릇을 하고 있던 이해랑이 그를 찾아와서 제대로 된 우익 정통극단을 만들자고 제안한다. 이해랑의 갑작스러운 제안에 동랑이 처음에는 머뭇거렸다. 왜냐하면 그는 좌익 극단들은 생경한 이데올로기 이념 선동에 혈안이 되어 있었고 상업극단들은 영리 추구에 연극정신을 내던진 상태에서 조악한 작품만을 남발하고 있는 상황에서 극단조직에 흥미를 느끼지 못했기 때문이었다. 이해랑의 설득에 결국 그는 희곡 창작에만 머물 수는 없다고 확신했고, 그러한 예술철학을 실천하는 행동으로 옮기는 일을 펼쳐나가기로 한 것이다. 그것이 다름 아닌 극단조직과 결사단체 조직이었다.

그런데 극단조직과 공연활동에는 자금이 필요한 것인데, 마침 조선문화흥업사를 하고 있던 신봉균(申鳳均) 회장이 공연활동을 전적으로 지원하고 나섰다. 그리하여 그는 1947년 정월에 좌익 연극인들과 맨 앞에서 이론과 행동으로 싸우고 있던 이해랑을 비롯한 김동원, 박상익, 오사량 등을 모아서 조선연예문화사라는 사단법인을 만들고 그 산하에 극단(극예술원)과 무용단을 두고 공연활동을 전개해나가기로 했다. 극단활동을 원활하게 하기 위해서 그는 자신과 극연 동지 함대훈은 고문으로 앉고, 신봉균 회장 밑에 이창건(李彰健)을 사장으로 두는 법인체를 구성한다. 그 밑에 극단 극예술원과 무용단을 두는 방식이었다.

여기서 짚고 넘어가야 할 것은 무용단을 운영해보려던 그의 계획이라 하겠다.

잘 알려지지는 않았지만 그는 일찍부터 배우들은 춤을 출 줄 알아야 한다는 생각을 하고 있었다. 제대로 연기하려면 춤을 몰라서는 안 된다는 확신을 갖고 있었다. 이는 곧 연기의 확장을 의미하는바 반드시 필요한 것인데, 당시로서는 비용의 문제로 무용단 창단 계획은 뒤로 미루어질 수밖에 없었다. 극단 하나를 운영하는 것도 버거운 때여서 어쩔 수 없이 뒷날을 기약했던 것이다.

여하튼 좌익 단체들의 집요한 방해 속에서도 제대로 된 우익 연극단체가 출범할 수 있었던 것은 신봉균 회장의 재정적 후원과 때마침 단행된 미군정의 좌파 압박이 뒷받침된 것이었다. 즉 2월 들자마자 장택상(張澤相) 경찰총감이 살벌한 좌익 예술인들의 지나친 정치이념 선전활동에 제동을 거는 특별고시[12]를 발표한다. 그리고 곧이어 경찰의 대대적인 좌익 연극인들에 대한 검거 선풍이 불어닥쳤다. 그러한 분위기 속에서 좌익 연극인들 중 상당수가 두 번째로 월북했다. 그러나 공연예술계는 여전히 혼란스러움 그 자체였다. 이때 이해랑을 앞세운 동랑이 조선연예문화사 산하의 극예술원을 일단 출범시켰다.

이 극예술원의 출범은 해방 공간의 연극 흐름에서 적잖은 의미를 지니는 것이다. 가령 국문학자 박노춘(朴魯春)은 그 의미와 관련하여 "1947년에 이르러 흥분된 감정을 정리한 연극인은 눈뜬 바 되어 본연의 민족연극의 자세로 돌아와 염증 나는 좌익 연극과 결별하기 시작했으니 반공의 기치를 내걸고 맨 먼저 일어난 극단 전선에서 극예술원"[13]으로 얼굴을 바꿔서 모습을 드러낸 것이라고 했으며, 리더급의 배우 이해랑도 극예술원은 "1930년대 극예술연구회의 신극정신을 계승하고 좌익 연극과 대항하여 민족극 수립을 표방 동인제로 출범한 극단"[14]이라고 규정한 바 있다. 그동안 극단 전선이라든가 민예 등이 좌익 연극에 대항하여 미미하게 활동하다가 1947년 초에 이르러 비로소 좌익 연극과 정면으로 승부를 건 극예술원이 등장하게 되었다는 이야기다.

---

12 "최근 시내 각종 흥행장에는 오락을 칭탁하고 정치선전을 일삼는 흥행업자가 있는 듯한데 민중의 휴식을 목적으로 하는 오락 이외 정치나 선전을 일삼아 치안을 교란시킨 자는 엄형에 처함." 1947년 1월 31일 자. 『경향신문』 1947.2.3.

13 박노춘, 「한국 신연극 50년사략」(신흥대학교 창립 10주년 기념논문집, 1959).

14 이해랑의 증언, 1968년 12월 2일, 그의 사당동 자택에서.

그러나 창립 공연은 쉽지 않았는데 그 이유는 여전히 전문직 노동자들이 대부분 좌익에 포섭되어 극장노동자동맹을 조직하고 있었기 때문에 극장 빌리기가 좀처럼 쉽지 않았기 때문이다. 겨우 국제극장을 빌려 2월 22일부터 1주일간 동랑의 〈조국〉(2막)을 무대에 올릴 수 있었다.

이 작품은 동랑이 해방 직후 근신과 자중의 기간에 스스로를 자책하면서 쓴 여러 편의 희곡 중에서 첫 번째로 극장에서 선보인 것이다. 이 작품 역시 당시 봇물 터지듯 유행하던 독립운동 이야기지만 좌익 작가들과는 궤를 달리한 것이다. 왜냐하면 그는 희곡 속에 어떤 특정 이념을 불어넣지 않았기 때문이다. 우선 시대를 1919년 2월 말, 그러니까 고종의 승하일로 잡음으로써 그가 항일운동에 불을 지피려는 의도가 나타난다. 그리고 3·1운동의 극적(劇的) 이면을 다루면서 1905년 을사늑약으로 파탄 난 가정의 모자(母子)를 주인공으로 설정함으로써 항일의 불길이 보이는 듯하다. 가령 주인공인 전문학교생(박정도)은 구한말 장교(副尉)로서 왜병과 싸우다가 죽은 아버지를 두었고, 홀어머니는 삯바느질로 근근이 생계를 이어가는 것이 바로 그런 점이다. 그런 그가 모친의 반대에도 불구하고 3·1운동에 분연히 일어나는 이야기가 바로 〈조국〉이다.

주인공은 외아들마저 남편처럼 잃을지도 모른다는 걱정으로 만세운동에 나서지 말라는 모친에게 "저희들의 목적은 살육이 아니고, 독립입니다. 반만년 역사를 가진 우리나라는 당당한 독립국가이며, 우리 백성은 한 핏줄기에 얽힌 자주민인 걸 온 세계에 선포하려는 것"이라며 설득한다. 이 대사는 독립선언서의 핵심 부분이기도 하다. 결국 설득당한 모친 역시 "보리밭 종달새도 제 노래를 노래하고 뒷산 갈가마귀도 제멋대로 지저귀는데 우리만이 제 할 소리 못 하니 젊은 너희 가슴이야 오죽이나 답답하겠니? 가서 외쳐라. 삼천리 방방곡곡이 울리도록 마음껏 외쳐라."면서 사나이답게 싸우라고 독려하고 자신도 만세운동에 나서는 것으로 막이 내린다.

이처럼 이야기는 단순한 구조지만 동랑이 진작부터 쓰고 싶었던 진심 어린 애국심을 담은 주제로서 그가 1930년대 후반부터 추구해온 시적 리얼리즘을 기조로 한 희곡이라는 데 주목할 필요가 있다. 어떻게 보면 목숨을 건 독립운동이라는 매우 살벌한 이야기지만 묘사 자체는 비교적 시적인 것이 특징이다. 예를 들어 주인공이

다음 날의 출정을 앞두고 이런 시를 읊기도 한다. "백두산 제아무리 / 그 입을 봉하여도 / 그 넋은 이미 / 태고에 뻗혔으며 / 무쇠 같은 그 의지는 / 벽력에도 동치 않아 / 듣느냐, 삼각아! / 보느냐, 한강수야! / 맥맥히 벅찬 / 내 가슴의 이 강물과 / 하늘에 울부짖는 / 소리 없는 내 노래를." 이런 자작시야말로 동랑의 불타는 애국심의 발로 그 자체라고 말할 수가 있는 것이다.

공연은 되지 않았지만 비슷한 시기에 비슷한 주제를 다룬 그의 희곡으로 〈며느리〉, 〈흔들리는 지축〉, 〈장벽〉 등이 있다. 가령 〈조국〉이 동랑의 소년시절 체험을 바탕으로 한 3·1운동 이야기라고 한다면 이 세 희곡은 장년기의 동랑이 해방을 맞아서 겪고 느낀 당대를 정면으로 묘사한 작품이라고 말할 수가 있다. 즉 〈흔들리는 지축〉은 해방 당일의 상황이 어떠했는지를 묘사한 작품인데, 우리 국민이 정세에 얼마나 어두웠었던가를 잘 보여주고 있어 흥미롭다. 왜냐하면 일본 천황이 항복 방송을 하기 전까지는 아무도 일제의 패망을 모르고 있었기 때문이다. 일반 시민들은 그렇다 치더라도 징병을 피해 다니는 인텔리 주인공(강을봉)마저 까마득히 모르고 있었다는 것은 일제의 언론 통제가 얼마나 철통같았는지를 명징하게 보여준다.

서울 근교의 한 마을에서 해방을 맞는 이야기인 이 작품에서 못난이(태복)로 등장하는 인물이 내뱉는 말 중에 "이 동네에 나 빼놓고 어디 쓸 만한 사람이 있어? 보국대니 징용이니 병정이니 하구 젊은 놈이란 젊은 놈은 다 다 잡혀가버리지 않았어?"란 구절 속에는 식민지 상황이 모두 담겨 있다. 그런 엄혹한 가운데서도 "내가 죽었으면 죽었지 왜놈을 위해선 난 안 죽는다. 내가 왜 왜놈 때문에 총을 든담." 하면서 산속으로 숨어 다닌 주인공(을봉)이 일황의 항복을 전해 듣고 "우리의 땅을 우리가? 꿈에나 그리던 일을 생시에 해보게 되다니… 하느님, 이 일이 웬일이에유?" 하면서 감격한다. 이러한 감격은 마을 사람들 전체로 확산되어 농악 소리에 맞춰서 "얼씨고 좋다! 저얼씨고! / 지화자! 좋을씨고! / 화란춘성 만화방창 / 때는 좋다 벗님네야 / 만산은 홍록들의 / 가지가지 봄빛이요 / 쌍쌍이 범나비는 / 꽃을 보고 너울너울 / 거리거리 동네마다 / 발끈히 뒤집혀서 / 멍멍개도 나와 뛰고 / 소도 좋아 영각하고 / 터지느니 만세 소리 / 눈에는 눈물이라 / (……) / 세계에 일등국을 / 누리고 누리고저."라고 노래하면서 춤추는 것으로 막이 내린다.

그러니까 그가 해방의 국민적 감격을 한마을의 고난과 환희를 통해서 표현한 것이다. 이 작품에서 또 한 가지 간과해서는 안 될 것은 비록 1막극이지만 그가 연극 유산으로서 높이 평가해온 우리 전통 가면극의 개방형 무대로 꾸몄다는 점인데, 가령 마지막 장면에서 등장인물들이 노래하고 춤출 때는 관객들도 참여시킴으로써 마을이 하나가 되도록 한 것도 가면극의 끝맺음과 맞닿아 있다는 사실이다. 그러니까 그가 일관되게 실천해온 시적 리얼리즘의 기조는 유지하면서도 일찍부터 주장해온 전통공연예술의 현대적 재창조도 실험하기 시작했다는 이야기가 된다. 이러한 개방적인 형태의 희곡은 동랑이 우리나라 리얼리즘극의 개척자로서 교과서적인 기법으로 써왔던 초창기 창작 방식에서 벗어나는 것으로서 그의 작품이 크게 변화하고 있음을 잘 보여주는 것이기도 하다.

이러한 변신의 연장선상에 비슷한 시기에 쓴 〈남사당〉(12장)이 있다. 사당패의 미소년 꽃나비와 양반집 규수와의 이루어질 수 없는 사랑을 묘사한 이 희곡을 동랑의 기존 틀에서 크게 벗어난 것으로 보는 이유는 세 가지에 있다. 첫째로 그가 처음이면서 동시에 마지막으로 시나리오에 가까운 키노드라마를 썼다는 점이고, 두 번째로는 그가 평소 주목해온 전통공연예술 유산이라 할 유랑예인집단의 하나인 사당패 사람들의 애환을 그려냈다는 점이며, 세 번째로는 역시 개방형 무대를 설정했다는 점에서 그렇다. 그가 초창기에 라디오드라마 한 편을 쓴 바 있고 또 뒷날 시나리오도 여러 편 내긴 했지만 키노드라마는 유일하다. 키노드라마야 누구나 쓸 수 있는 것이지만 철두철미한 리얼리스트로 누구나 인정하는 동랑이 그런 형식의 작품을 쓴 것이 색다른 것인데, 이는 곧 그가 절대로 고루함에 빠져 있지 않았으며 경우에 따라서는 대단히 실험적이었음을 보여주는 경우이기도 하다.

그런데 여기서 그가 하필이면 정치·사회적으로 혼란스럽고 이념 갈등으로 살벌한 시절에 현실과는 너무나 동떨어진 제재라 할 떠돌이 예능인들의 애환을 작품화했을까 하는 의문이다. 여기에는 그의 예술관의 일단이 숨겨져 있다. 가령 해방 직후에 쓴 희곡들을 보면 모두가 애국심에 입각해서 현실을 정면으로 묘파한 작품들이다. 이는 공리적인 연극관을 지닌 그가 현실과 싸워서 이겨야 한다는 그의 신조에 맞는 것이다. 그러나 다른 한편으로 그는 예술은 대중 정서를 순화하는 기능을 가져야 한다는 신념도 지니고 있었다. 그가 평소 '연극은 진선미의 요지경'이라고 주장한 것도 바로 거기에 근거한다. 따라서 그는 해방 직후의 현실을 증언하고 이념을 경계하며 민족의 정체성을 정립하는 희곡을 쓰는 와중에 슬쩍 〈남사당〉이라는 슬픈 사랑 이야기를 내놓음으로써 살벌함과 상쇄시켜보려 한 것이 아닌가 싶다. 거기에 그치지 않고 그는 작가들에게 너무 현실에 얽매이지 말고 우리의 전통에도 눈을 돌려보라는 무언의 메시지를 던진 것이기도 하다. 왜냐하면 우리 전통이야말로 무한한 소재의 보고(寶庫)라고 믿고 있었기 때문이다.

이러한 그가 다시 현실로 눈을 돌려서 해방 1주기를 시대배경으로 삼은 다음 희곡 〈장벽〉을 내놓는다. 당시 평양과 서울에 소련군과 미군이 각자 군정을 펴고 있었고, 국내 각 정파들의 주도권 다툼이 치열하던 혼란기를 동랑이 어떤 시각으로 바라보고 있었는지를 보여주는 작품이라고 말할 수가 있다. 이 작품이 특히 주목되는 것은 그가 해방 직후에 철원에서 겪은 어처구니없었던 체험이 투영되어 있다는 점이다. 알다시피 소련은 평양에 진을 치고 군정을 펴자마자 김일성을 내세워 국제공산주의를 펴가기 시작했고 38선을 그어놓고 통행을 막기까지 했었다. 그리고 신탁통치를 펼치겠다고 나선 상태였다.

그런 시대배경을 깔고 있는 이 희곡의 무대가 바로 38선 접경의 이북 땅이므로 동랑이 해방 직후 잠시 머물렀던 철원이 연상된다. 허름한 주막집이 무대가 되어 있어서 오가는 사람들이 들르게 마련이다. 등장인물들 중에서 핵심적인 인물은 역시 그곳 보안대장과 주막집의 대학생 아들, 그리고 만주 생활을 청산하고 수십 년 만에 귀국길에 있던 어느 행객 등이다. 그런데 보안대장은 38선을 지키면서 특히 신탁통치 반대자들을 잡아들이는 데 혈안이 되어 있다. 국제공산주의를 기조로 하는 평양의 지시에 따랐음은 두말할 나위 없다. 다음에 보이는 두 사람의 논쟁은 당시 상황의 일부를 잘 나타내준다.

행객 대관절 조선 사람으로 신탁통칠 반대하는 게 틀렸단 말요?

보안대장 이 멍텅구리! 신탁통칠 지지해야 온 조선이 새빨갛게 적화되는 거야.

행객 옳아, 조선을 적화시키려구 임자네들은 신탁통칠 자원하시는군그래.

보안대장 그야 물론이지, 조선의 장래란 어느 모로 보든지 자주독립할 능력은 절대로 없어. 신탁통치를 해야지 그렇지 않으면 결국은 조선은 열국의 싸움터가 되구 마는 거야.

행객 그러면 임자네들은 조선이 어떤 나라의 1연방이 되기를 자원하시는구려.

보안대 암 그러지, 그래야만 조선 인민은 두구두구 행복이야.

행객 40년 동안이나 왜놈과 싸워두 우리가 총칼이 무서워 할 소릴 못 하겠니! 조선 사람이라면 아이, 어른, 노동자, 농민, 관리, 순사까지라두 다 들고 일어나서 자주 독립을 찾는 마당에, 어쩌면 너희 놈들은 뻔뻔스럽게….

이상의 대화에서 확인할 수 있듯이 1946년 봄에 38선 이북에서는 실제로 이러한 일이 수없이 벌어지고 있었다. 작품에서 마지막에 등장하는 주막집 아들인 서울 유학 대학생 주인공(태원)이 잠입하여 부친(조 노인)과 이런 대화를 나눈다.

태원 삼팔선을 국경으로 남북으로 쪼개져 있는 우리나라는 한 덩어리로 합쳐서 독립하지 않으면 안 돼요. 그래 저는 삼팔선 이북의 학생들과 연락해서 우리 청년의 힘으로 우리나라의 독립을 이룩해보려는 거예요.

조 노인 이놈아, 하지만 하필 네가?

태원 연합국은 신탁통치라는 새 쇠사슬로 우릴 엮어서, 우릴 새로운 노예로 만들려는 거예요. 우린 우리나라의 독립을 위해서 싸우지 않으면 안 돼요. 불효한 말씀이나 제 생명을 이 나라에 맡겼습니다. (……) 신탁통치를 반대하고 삼팔선을 부숴라! 그리고 우리나라는 남북으로 합쳐서 독립하자… 이거예요.

조 노인 서울 가설랑 부디 열심히 공부하고, 기써 싸워 목을 졸라매는 듯한 이 삼팔선 장벽을 너희 놈들의 손으로 부숴다구. 그래야 우린 살지, 이게 뭐냐? 이 손바닥같이 좁은 나라가 두 조각이 나서 부자 상면도 할 수 없으니, 이따위 나라에 살아선 뭘 하구, 이따위 해방을 해서 뭘 하겠니?

이상과 같은 부자간의 대화에서 확인할 수 있는 것은 이들의 주장이 당시 정통 민족주의 세력의 입장과 부합한다는 점이다. 신탁통치를 통해서 한반도를 지배하려는 외세를 배격하고 남북 합작으로 자주독립을 이룩해야 한다는 것인데, 이는 당시 동랑의 시국관이기도 했다. 그가 당시 대단히 예민했던 정치적인 문제를 작품을 통해서 과감(?)하게 표출했던 것은 좌익 연극인들이 앞장서서 찬탁운동에 불을 지피고 있었기 때문이다. 즉 1946년 정초에 좌익 연극인들은 민족통일 조선 촉성 연극인대회라는 것을 열어 '신탁통치 반대세력의 정치적 음모'라는 맹비난 결의문을 발표한 데 따른 것이었다.[15] 그가 특히 연극브나로드운동을 펼칠 때 백범 김구 등과 함께 남북 협상에 앞장섰던 조소앙을 강습연사로 초빙했던 것도 평양을 중심으로 펼쳐지고 있던 국제공산주의를 반대한 그의 시국관과 무관치 않은 것이다. 이처럼 동랑은 희곡 〈장벽〉과 미완성 작품으로 보이는 다음 작품 〈어디로〉 등을 통해서 자신의 시국관을 분명하게 설파하는데, 이러한 희곡에서도 그의 시적 리얼리즘의 장기는 여전했다. 즉 이 희곡에서도 조역인 한 소년의 입을 통해서 "삼팔선 넘나드는 저 구름 보게 / 어쩌면 저렇게도 두둥실 둥실 / 에랑 에랑 에헤야 네가 내 사랑가"라는 노래를 부르게 한 것이다. 반탁운동의 또 다른 작품 〈어디로〉의 경우도 이상우의 견해에 의하면 평안도 출신의 월남 고학생들이 서북학사라는 우익 비밀결사를 조직하여 반탁운동을 벌여나간다는 내용이라는 것이다.[16]

그 시기에 그는 약간 감상적인 시국관의 일면을 보여주는 희곡 〈며느리〉를 썼다. 서울의 한 중산층 가정을 중심으로 하여 일제의 핍박과 해방 직후의 이념적 혼란을 정면으로 다룬 이 작품에서 주목되는 부분은 젊은 독립운동가 태성이라는 인물의 인생행로다. 독립운동을 하다가 체포되어 6년 동안 옥살이하다가 해방과 함께 석방된 그가 찾아간 곳은 학병으로 끌려가 죽은 뒤에 거의 폐가가 되다시피 한 친구 집이었다. 그런데 풍비박산 나기는 태성의 가정도 마찬가지였다. 왜냐하면 그가 일경에 체포되면서 그의 부모는 만주로 망명했었고, 그곳에서 울화병으로 객사했기 때문이다. 따라서 친구의 부모는 태성을 자식처럼 생각하고 미망인이 된 며느리와 결합되기를 은근히 바란다. 또 며느리는 태성의 옛 친구이기도 했다. 그러나 태성은 혼란스러운 세상을 등지고 광산으로 떠나버리고 만다는 이야기다. 여기서 현실에 실망한 애국 청년 태성의 이야기를 들어볼 필요가 있다. 즉 그는 함께 살기를 원하는 친구의 부친에게 "서울에 앉아서 좌익이니 우익이니 하구 괜한 정치 싸움에 끼이는 것도 싫고요. 그러느니보다 광산에 가서 돌이나 캐는 게 건국에 협

---

15 『문화통신』 7(1946년 1월호) 참조.

16 이상우, 『유치진 연구』(태학사, 1997), 197면 참조.

력하는 유일한 길인 것도 같고 해서" 떠나겠다고 한다. 여기서 양심적인 한 인텔리의 시국상황에 대한 환멸을 읽을 수가 있으며 동시에 당시 동랑의 심중도 짐작게 한다. 결국 주인공(태성)은 친구의 부모와 옛 애인(찬실)의 간청에도 불구하고 "찬실 씨 마음은 알았어요. 그럼 나도 결심하지요. 찬실 씨는 불행한 아저씨, 아주머니 잘 위로해드리세요. 그분은 왜놈의 폭정에 희생된 우리의 아버지, 어머니에요. 나는 가려던 광산으로 곧 가렵니다. 거기서 돌을 캐지요, 열심히 돌을 깨지요."라면서 떠나는 것으로 막이 내린다.

동랑이 이러한 희곡을 쓰면서 여름 동안 전국적인 연극브나로드운동을 펼친 뒤에 곧바로 조선연예문화사를 설립하고 극예술원이라는 단체를 통하여 우익 민족극운동의 깃발을 들자, 좌익 연극인들이 그에 질세라 소위 '연극대중화운동'이라는 명제를 내걸고 반격에 나서게 된다. 즉 연극동맹 중앙집행위원회는 긴급회의를 열고 '새로운 정세와 동맹활동에 대한 자기비판을 가한 다음 운동의 방침과 활동의 분야를 근본적으로 전환할 것을 필요로 하는 결정서까지 발표하고 나선 것'[17]이다. 우익 진영에서 벌인 연극브나로드운동에 충격을 받고 자신들이 그동안 벌여온 서울 중심의 선전활동에 대하여 근본적인 반성을 한다는 것이었으며 자신들도 그에 상응하는 색다른 계몽운동을 펴나가겠다는 것이었다.

따라서 이들이 내건 여섯 항목의 결정서를 보면 동랑이 전년도에 펼쳤던 연극브나로드운동에 대한 대반격임을 알 수가 있다. 참고삼아 그 결정서 요지를 소개하면 첫째, 동맹 제(諸) 극단의 구체성을 충분히 고려하여 우선 가능한 극단으로부터 대극장 공연중심주의에서 소규모 이동공연으로 전환시키고 점차로 전 극단에 확대하여 연극운동 대중화의 방침을 수립할 것, 둘째 직장, 농촌, 학교 등의 자립적 연극활동을 지도 원조하고 각 지방에 지부를 설치하여 연극 서클 활동을 전개할 것, 셋째 비속주의의 만연과 투쟁하고 그것을 선도하기 위하여 비평활동을 강화하고 희곡부의 활동을 왕성히 하여 이러한 경향의 소탕을 위한 적극적인 방책을 강구할 것, 넷째 의식 얕은 대중에게 영합하여 그들에게 심대한 악영향을 끼치고 있는 가극의 옳은 지도를 위하여 가극에 대한 조직적 대책과 아울러 각 분야의 기술

17 「연극대중화운동, 극맹 결정서 발표」, 『조선일보』 1947.2.2.

가들이 가극단과의 협동을 강화하여 그들의 활동을 시정하기에 노력하는 한편 유해한 영향에 대하여는 용인 없는 투쟁을 전개할 것, 다섯째 동맹중앙기관의 일부급 약간의 극단에 잠재하여 있는 예술주의를 철저히 비판하고 더욱이 그러한 경향이 학생극운동 등에 미치고 있는 악영향을 충분히 경계하여 그들을 옳은 연극 창작 노선으로 지도할 것, 여섯째 대중화의 사업을 위하여 정기 간행물과 총서 등을 발간하여 대중의 자주적 연극활동의 원조와 지도를 위하여 전 출판물을 활용할 것[18] 등이었다.

이상에 열거한 여섯 가지 결정서에서 특별히 눈길을 끄는 부분은 소규모 이동극장 방식을 통한 지역 침투와 직장, 농촌, 학교 등의 아마추어 연극을 활성화시켜 동맹 산하에 묶어두겠다는 계획이었다. 그러면서 그들은 이념극을 가지고 인민 속으로 파고 들어간다는 것이 핵심이었다. 그리고 동맹 산하 극단들 중 일부 남아 있는 예술주의 잔재 추방 및 공연 외에 서책을 통해서도 이념 부식을 꾀하겠다는 것이었다. 그만큼 이들의 연극대중화운동은 철저하게 계산된 것임을 알 수가 있다. 이들은 곧바로 자신들이 구상한 것을 실천에 옮겨서 8·15 해방 기념일을 기하여 소위 자립극 경연대회라는 것을 개최했다. 이때의 슬로건을 보면 '민족연극을 수립하자 — 모든 예술을 인민에게'였는데, 여기에서도 그들의 의도가 나타나고 있는 것이다. 실제로 참가자들도 대부분 노동자들이었다.

이들이 서울 중심의 연극대중화운동에 이어 지방으로 눈을 돌려서 민중 속으로 뛰어 들어간 것이 다름 아닌 문화공작대였다. 이 문화공작대는 네 개 대로 편성되어 좌익 작가들이 쓴 목적극들인 〈위대한 사랑〉(조영출 작), 〈태백산맥〉(함세덕 작) 등을 갖고 1947년 6월 말부터 8월 6일까지 한 달 넘게 주로 남한 일대를 순회했는데, 30여 지역에서 80여 회 공연을 가져 10만여 명의 관객을 동원하는 성과를 올리기도 했다. 이 문화공작대의 지방 파견은 당연히 동랑이 벌인 연극브나로드운동에 대한 반격의 정치운동적 성격을 띠었음은 김남천의 글에 잘 나타나 있다.

즉 김남천은 문화공작대 지방 파견의 의미와 관련하여 여러 가지를 열거하는 중에 "중앙·지방을 통하여 전문화인 예술가를 인민의 앞에 복무케" 한다든가 "민전

18 『일간예술통신』 1947.2.7.; 『조선일보』 1947.2.2 참조.

(民戰, 민주주의 민족전선의 약칭) 산하 각 정당 사회단체의 확대 강화를 추진 원조하는 임무"[19]가 부과되어 있다고 쓴 점에도 잘 나타나 있다. 그만큼 이들은 문화공작대 파견을 순수하게 자유 민주주의를 계몽했던 동랑 주도의 연극브나로드운동과는 정반대로 사회주의 이념을 확산시키는 정치운동으로 진행한 것이다. 따라서 이들의 색깔 짙은 정치이념운동을 지켜만 보고 있던 미군정청이 더 이상 방치할 수 없다는 결론을 내리고 강력한 탄압의 손길을 뻗치게 된다. 바로 이 점에서 좌익 문화운동의 기세가 꺾일 수밖에 없는 처지가 된 것이다.

동랑은 저들의 이러한 어지러운 상황 전개를 지켜보면서 오로지 창작과 민족연극 재건에 골몰하게 된다. 그는 우선 자신이 지도하고 있던 조선연예문화사 산하의 극예술원을 본격극단으로 전환시킬 필요가 있다고 생각하여 5월 초에 보국문화흥업사와 제휴하여 극단 극예술협회(약칭, 劇協)로 개칭하고 국도극장에서 자신의 희곡 〈자명고〉(5막)를 스스로 연출까지 해서 무대에 올리게 된다. 그런데 실질적으로 우익 민족연극의 기치(旗幟)가 되는 극예술협회의 창립 공연인 〈자명고〉가 햇빛을 보는 데는 적잖은 난관이 가로놓여 있었다.

왜냐하면 좌익 계열의 격렬한 방해공작 때문이었다. 공연 하루 이틀을 앞두고 리허설을 할 때부터 극장 내의 기술직 노동자들이 비협조적이었고, 태업까지 했으며 공연날 아침에는 무대장치까지 망쳐놓았던 것이다. 거기서 끝나지도 않았다. 남로당의 지시를 받은 불량배들까지 와서 극장 입구를 봉쇄, 관중을 몰아내기도 했으며 출연자들을 공갈 협박하기도 했다. 다행히 이철승(李哲承)이 주도하는 전학련(全學聯)이 막아주어서 겨우 한 주일 동안 공연했는데 관중이 무려 3만여 명이나 몰렸다. 이는 곧 좌익 단체들의 이념 선전극에 식상해 있던 대중이 상황 판단을 제대로 하고 있었던 것으로서 극예술협회의 이 공연이 우익 민족연극 계열이 비로소 연극계를 주도하는 단초가 된 것이다.

주지하다시피 〈자명고〉는 그가 해방 이후 쓴 여러 편의 희곡 중에서 두 번째로 무대에 올린 작품으로 그의 시국관이 선명하게 나타나 있다. 기원전 107년부터 고구려에 합병되어 기원후 313년까지 무려 4백여 년 동안 한(漢)나라의 식민지배를

19 김남천, 「제1차 문화공작대 지방 파견의 의의」, 『노력인민』 1947.7.2.

극협 창립 공연 〈자명고〉(1947)

받은 낙랑군의 마지막 왕(최리)의 몰락을 장대하게 묘사한 이 희곡은 외세 배격과 민족의 자주독립이라는 대의명분을 만천하에 선포한 시대극이었다. 즉 그가 해방 직후 무주공산의 이 땅에 미국과 소련의 양국 군대가 진주하여 조국을 분할 통치하고 있는 현실을 한사군시대의 고대사를 빌려 우회적으로 비판한 것이다. 가령 한나라에 빌붙어 사는 낙랑에 국가방위의 상징인 신고(神鼓)라 할 자명고를 파괴하려고 침투했다가 체포된 고구려의 젊은 왕자 호동은 궁정에서 그를 붙잡은 한나라 장수에게 "수천 년의 역사를 가진 우리 겨레가 너희들의 후살이에 만족할 리가 없다. 경곗돌은 내 손으로 저렇게 빼어 치웠은즉 냉큼 이 땅에서 물러나라!"고 호통치는 장면에서부터 이 작품이 외세 배격의 주제를 다루고 있음을 알려준다. 여기서 잠시 낙랑 왕(최리) 및 공주와 맞서는 호동 왕자의 주장을 들어보자.

호동 한나라는 우리를 보호하여준다는 핑계로 민심을 무마하여 마침내 이 땅을 송두리째 먹어보겠다는 수작이요.

공주 동족을 팔고 땅덩이를 떼어주어?

호동 보아라! 수천수만의 우리의 겨레를! 한 줄기에 얽힌 우리를 예맥이니, 옥저니, 고구려니, 부여니 하고 사면팔방으로 천 갈래 찢어 동족을 상잔시키려던 너희들 잔악한 무리를 도륙하려 우리는 일어섰다. 북에는 고구려! 남에는 백제! 동에는 신라! 빼앗긴 국토를 다시 찾으려는 우리의 정의의 창끝은 너희들의 간담을 노리고 있노라.

이상과 같이 체포된 뒤에도 왕 최리와 공주에게 당당히 자기주장을 펴고 낙랑의 물 한 방울도 입에 대지 않은 왕자 호동에게 감복된 공주가 결국 설득된 뒤에 다음과 같이 화답한다.

공주 왕자님, 우리는 어찌하여야 서로 화목하게 살 수 있으리까? 한 핏줄기에 얽힌 우리 겨레가 한 하늘 밑에서 한 조상을 모시고 언제나 말썽 없이 살아볼 수 있으리이까? 낮에는 들에 나가 같이 씨 뿌리고 밤에는 집에 앉아 같이 물레질하고 가을에는 같이 거두어들이고 겨울에는 같이 사슴을 쫓는 그런 세상은 어찌하여 맞이할 수 있으오리까? 이 땅이 그렇게 엉키기만 한다면 이 몸은 언제 죽어도 여한이 없겠소이다.

이상과 같이 왕자 호동에게 설득당한 뒤에 아름다운 이상향을 꿈꾸면서 결국 자명고를 찢음으로써 부왕(父王)인 최리로부터 처형당할 처지에 몰려 있었음에도 불구하고 공주는 호동 왕자만은 절대로 죽여서는 안 된다면서 "사람을 베는 칼이 아무리 영험하다 하여도 조국을 아니 빼앗기려는 우리의 가슴 한복판에 박혀 있는 응어리는 에워내지 못하나이다."라고 최후의 탄원을 한다.

그런데 특히 공주가 자신을 처형하려는 부왕 최리를 향하여 "아바마마, 우리나라가 다 망하여도 같은 피를 받은 우리 동족끼리는 한데 뭉치어 의좋게 살아야 하지 않겠나이까? 우리 낙랑이 우리 동족을 못살게 하는 한나라의 앞잡이가 되어 있는 한 자명고는 우리 겨레의 피를 빠는 독사! 이 금수강산을 병들게 하는 마물이오."라고 호소한다. 이러한 딸의 간절한 호소를 듣고 고민하는 부왕에게 한나라 장수(장초)가 처형을 강요하자 어쩔 수 없이 공주를 처형하고 절망한 왕 최리도 자결을 감행한다.

그런 때에 마침 고구려 군사가 쳐들어옴으로써 호동 왕자는 극적으로 개선장군이 되는데, 호동의 말대로 공주의 순국(殉國)으로 조국 통일의 대업이 이룩된 것이었다. 따라서 왕자는 눈물을 흘리면서 "이 개선장군의 영구나마 꽃수레에 실어주시오. 공주님을 우리의 국내성으로 모시어 나는 이 영구와 더불어 영원토록 살겠소."라고 읊조리는 것으로 대단원의 막이 내린다. 이처럼 한 핏줄 조국 통일의 대업이 가녀린 한 여인(낙랑 공주)의 구국 용단으로 이루어진다는 내용이 바로 〈자명고〉다.

이 작품에서 주인공의 입을 통해 반복되는 대사 중에 '외세를 배격하고 조국을 통일하려면 민족이 단결해야 한다'는 것이었는데, 이는 바로 동랑의 말이기도 했다. 그는 이 작품에서 미국과 소련을 한(漢)나라에, 남한을 고구려에, 그리고 북한을 낙랑에 비유했다. 따라서 외세, 특히 소련의 국제공산주의 세력을 물리치고 통일을 이룰 때까지 싸워야 한다고 외친 것이 다름 아닌 〈자명고〉였다. 〈자명고〉에서 볼 수 있는 것처럼 우익 민족진영 연극인들도 독특한 시대상황 속에서 목적극에서 크게 벗어나지 못했지만 차이는 있었다. 가령 좌익 연극인들이 이념을 우선하는 팍팍한 리얼리즘을 고수한 데 비해서 우익 민족연극 쪽에서는 시적 리얼리즘을 추구했다는 점이다. 〈자명고〉야말로 애국적인 국가지상주의 목적극이지만 서정성이 넘친다.

낙랑의 궁녀들이 한나라 장수에게 술을 권하면서 부르는 노래 "삼백 년 늙은 낙랑 / 님의 덕에 젊어지어 / 새소리 반기는 꽃 / 온 누리 젊어지어 / 이 젊음 길이길이 / 님과 같이 젊어지어다."라 하는가 하면, 공주 또한 "패수(浿水)는 유유하고 / 모란봉 아름답다 / 오늘의 이 성사(盛事)는 / 낙랑군 삼팔현과 / 한나라 일백삼군 / 한마음 한뜻으로 / 노래하고 기뻐할 일! / 자명고야 잠 잘 자라 / 이제는 태평성세!"라고 읊는다. 그리고 궁궐에서는 아름다운 궁녀들이 노래에 맞춰서 춤을 추기도 한다. 이처럼 살벌하기까지 한 사회 현실을 정면으로 다루면서도 시와 아름다운 춤이 넘실대도록 서정적으로 묘사한 것이다.

그런데 작품 안에는 단순히 서정적인 삽입 가요만이 들어 있는 것이 아니다. 식민지 조국을 배신하면서 한 핏줄의 국가 통일을 위하여 기꺼이 목숨까지 버린 가녀린 공주를 영원한 사랑으로 끌어안을 줄 아는 호동 왕자 역시 아름다운 청년으로 묘사되어 있는 것이다. 그러니까 이성 간의 사랑을 조국 사랑으로 승화시킨 작품이 바로 〈자명고〉라고 말할 수가 있다. 이는 곧 민족의 정체성 확립이 궁극적 목표였다는 이야기가 된다. 당시 주역의 한 사람이었던 이해랑도 이 작품의 선택 배경과 관련하여 "극한 상황의 이데올로기 분쟁 속에 민주·민족적인 주체성을 외치고 싶었기 때문이었다."[20]고 회고한 바 있다.

이처럼 연극계가 양분되어 서울의 한쪽에서는 국제공산주의를 선전하는 좌익 극단들의 생경한 목적극들이 관객들을 현혹하고 있었고, 다른 쪽에서는 우익 극단들의 민족 정체성을 외치는 낭만적 목적극이 공연되는 속에서 연극인들의 암투는 위험할 정도로 끝없이 지속되고 있었다. 따라서 동랑은 해방 이후 처음으로 본격 반공극인 〈은하수〉를 내놓기도 했다. 솔직히 좌우익 이념의 갈등이 최고조에 달해 있을 때 본격 반공극을 내놓는다는 것은 보통의 용기로는 쉬운 일이 아니었다. 이는 그만큼 그가 연극계 지도자로서 자신감과 또 철원에서 겪었던 생생한 체험이

20 이해랑, 앞의 책, 422면.

뒷받침된 소신에 따른 것으로 보아야 할 것 같다.

이어서 그는 좌익 연극인들의 지나치리만치 경직된 이념을 내건 리얼리즘에 반기를 들고 대단히 낭만적 희곡이라 할 수 있는 〈별〉을 쓰기도 했다. 알다시피 이 작품은 분명히 그가 평소 사사해온 셰익스피어의 〈로미오와 줄리엣〉에서 모티브를 빌려온 비극적 사랑 이야기라는 것은 맞다. 왜냐하면 조선시대 권력자들의 피튀기는 당쟁의 틈바귀에서 희생자가 되는 아들딸의 비극적 사랑을 묘사한 작품이 다름 아닌 〈별〉이기 때문이다. 당시 주역을 맡았던 김동원도 이 작품과 관련하여 "〈별〉의 내용은 조선조 봉건시대를 배경으로 한 두 원수 집안 자식 간의 비련의 얘기인데 한마디로 한국판 〈로미오와 줄리엣〉이었다. 작품성보다는 구시대의 잔영을 감상화시킨 일종의 여성 취향물이었다. 장안의 여성들을 모두 울린 것은 물론 40여 일간의 전국 지방 공연도 대성공이었다."[21]면서 현장에서의 성과와 주연배우로서 느꼈던 바를 소박하게 회고했다.

그렇지만 과연 이 작품이 김동원의 회고대로 철저한 리얼리스트인 동랑이 봉건시대의 야사를 셰익스피어의 희곡에 맞춰서 당시 여성 팬들만을 울리기 위한 멜로물로 만들었을까 하는 의문이다. 물론 표면적으로만 보면 그렇게 느낄 수도 있을 것이다. 바로 이 지점에서 그의 창작 소견을 자세히 들여다볼 필요가 있다. 즉 그는 '작자의 말'에서 "눈앞에 어른거리는 감투 바람에 자칫하면 민족의 대과업을 망각하려 드는 지금 정세에 비추어 이 작품에서 나는 확실 이상으로 성격화된 우리 민족의 국민 도의의 하나의 결함을 지적하여보려고 노력하였습니다."[22]라고 밝혀놓은 것이다. 당시 주연배우에서부터 여러 연구자가 하나같이 조선시대 양반들의 당과 싸움으로 희생되는 아들딸의 비련이라고 규정하고 있지만 정작 그 작품을 쓴 당사자는 다른 이야기를 한 것이다.

특히 작가의 말 가운데 '눈앞에 어른거리는 감투 바람에 자칫하면 민족의 대과업을 망각하려 드는 지금 정세'라는 구절이 뜻하는 것에 주목해야 하지 않을까 싶다. 이처럼 그는 해방 직후의 정치이념 갈등으로 인한 혼란상을 직시하고 그것을 역사

21 김동원, 『예에 살다』(1991), 53면.

22 유치진, 『동랑 유치진 전집』 8(서울예대출판부, 1993), 382면.

〈별〉(1948)

를 빌려 폭로하고 비판하려 했다는 이야기다. 가령 미소 군정 기간에 남북이 갈리고 자주 독립국가를 세우기 위하여 북한에서는 민주 세력을 몰아내는 음모를, 남한에서는 남북 합작이냐 남북 각자 두 개의 국가냐를 두고 보혁(保革) 정파 사이에서도 피 튀기는 싸움을 벌이고 있었다. 그러는 사이에 민족지도자들인 고하 송진우(宋鎭宇)가 1945년 12월에 한현우 등 6명의 총격을 받고 암살당했고, 이어서 설산 장덕수(張德秀)가 1947년에 현직 경찰에게 암살당했으며, 남북 합작파였던 몽양 여운형(呂運亨)이 잇달아 한지근(당시 19세)에게 암살당함으로써 정국의 혼란은 극에 달해 있었다. 이러한 정치이념의 갈등은 조국의 장래를 심히 불안하게 하고도 남음이 있었다.

동랑은 바로 정치·사회의 혼란의 DNA가 우리 민족의 악성 종양인가를 질문한 것이었다. 이처럼 그가 이 작품을 통해서 말하려 한 것은 단순한 사랑 타령이 아니라 민족이 40여 년 만에 겨우 조국을 되찾았는데, 지도자들이란 사람들이 끊임없는 정쟁으로 나라가 뿌리째 흔들리고 있는 현실을 불안한 눈으로 지켜보고 있음을 작품으로 표현한 것이었다. 단지 그가 연극은 어디까지나 진선미의 요지경이어야 한다는 평소의 연극관에 따라 그러한 현실을 에둘러 아름답고 애연하게 썼을 뿐이다.

그런 와중에서도 좌익 연극인들은 정신을 못 차리고 사회주의 정파의 앞잡이로 부화뇌동하고 있었는데, 그들이 대단히 조직적이었던 데 반해서 우익 민족 세력은 중구난방이었다는 점이었다. 바로 이 지점에서 그가 또다시 행동으로 전면에 나서지 않을 수 없는 배경이 되는 것이다. 때마침 문화계 상황을 주시하고 있던 미군정청 공보부가 우익 민족진영 연극인들을 적극적으로 지원하겠다고 나섬에 따라 그가 앞장서서 연극인들을 규합하는 일을 떠안게 된 것이었다.

그것이 다름 아닌 전국연극예술협회 결성(1947.10.29.)이었는데, 이것이 해방 직후 우익 연극인들이 좌익 연극단체들과 조직적으로 대결하는 첫 번째 결사체였다. 당시 이 결사체 출범에 대하여 언론에서도 '격동하는 정치정세에 비추어 은인자중하여오던 연극예술가들은 민주주의 원칙과 창조적 자유를 확보하고 일체의 사대사상 배격, 순수 연극문화 수립, 상업주의 연극의 지양 등을 강령'[23]으로 전국연극예

23 「전국연극예술협회 결성」, 『조선일보』 1947.11.8.

술협회가 조직되었다고 보도했다.

동랑이 이사장을 맡고 성광현과 김춘광이 부이사장을 맡았으며 최병홍(상무), 이서구, 이화삼 등 9명이 이사로 선임되었다. 그런데 여기서 주목되는 것은 당시 상업극의 대부라 할 김춘광과 성광현이 부이사장을 맡은 점인데, 그럴 수밖에 없었던 것이 사회주의 연극에 물들지 않은 연극인들을 모두 규합하는 과정에서 불가피한 것이었다. 실제로 이 협회에 가입된 12개 극단들 중에 정극단은 극예술협회와 단명했던 신지극사, 그리고 대중성 짙은 신청년 정도였고 나머지 극단들은 상업극을 추구하는 단체들이었다. 정상적인 사회 분위기라면 함께하기 어려운 연극인들과 단체들이 뭉칠 수밖에 없었던 것은 이들이 공산주의에 오염되지 않았었고, 민주주의를 추구하는 공통분모를 지닌 데 따른 것이었다.

혹자는 조직의 리더인 동랑이야말로 평소 상업연극을 혐오하고 그 정화를 꾸준히 꾀해왔던 터라서 그들을 몽땅 끌어들인 것에 대해 의아하게 생각할 수도 있을지 모른다. 바로 여기서 동랑의 포용력과 함께 그의 이이제이(以夷制夷) 전법이 다시 가동된 것으로 보아야 한다. 그러니까 동랑은 일단 뭉쳐서 좌익 연극을 퇴치해야 하는 과정에서는 당시 이 눈치 저 눈치 보면서 진보지식인인 척하는 얼치기 연극인들보다는 상업연극인들이 오히려 낫겠다고 생각한 것이다. 사상 면에 있어서는 그들이 오히려 순수했기 때문이다. 그래서 그는 전국연극예술협회의 네 가지 강령 중에 '상업주의 연극의 지양'이라는 사족을 달아놓지 않았던가.

갈월동 집에 칩거하다시피 묻혀서 극작에 전념하고 있던 그는 전해의 연극브나로드운동 이후 또다시 운동가로 나선 만큼 뭔가를 보여주어야 하는 처지에 다시 놓이게 되자 세 가지 큰 사업을 벌여나갔다. 그 첫 번째 사업이 전국연극경연대회 개최라고 한다면, 두 번째 사업은 총선거 선전문화계몽대 발족이었으며, 세 번째 사업은 미군정청의 세법 개정 투쟁이었다. 그런데 흥미로운 사실은 위의 두 가지가 정부의 협조로 이루어진 것에 비해 나머지 한 가지는 정부와 투쟁하는 것이었다는 점이다.

즉 그동안 사회주의 이데올로기 선전에만 몰두해온 좌익 극단들에 대항하기 위해서 힘을 한데 모으려고 조직한 전국연극예술협회는 새해에 접어들자마자 한국무대예술원(원장 유치진)으로 개칭하고 첫 번째로 벌인 사업이 다름 아닌 전국연극경연대회 개최였다. 해방 직후 처음으로 우익 진영에서 만든 제1회 연극경연대회는 초여름부터 10차에 걸쳐서 진행되었는데, 10개 극단이 시내 네 곳 극장에서 열 편의 공연을 가졌다. 극단 극예술협회를 비롯하여 동방예술좌, 호동, 청춘극장, 새별, 예문화가극부, 백민, 신청년, 백조, 그리고 태평양 등이 참가한 것이다.

그런데 여기서도 주목할 만한 것은 무대예술원의 구성 모습대로 정극단은 극예술협회와 신청년뿐이고 나머지는 모두 상업극단들로서 악극단도 여럿 참여했다는 점이다. 따라서 참가 희곡들도 극예술협회의 번역극 〈검둥이는 서러워〉(헤이워드 부처 작)를 비롯하여 〈백일홍 피는 집〉(이광래 작), 〈황포강〉(홍개명 작), 〈흘러가는 인생선〉, 〈태극기 밑에서〉, 〈꿈꾸는 처녀〉, 〈백제성〉 등 다분히 대중성 짙은 작품들뿐이었다. 그러니까 한국무대예술원이 처음으로 무이념의 순수연극을 한데 모아 놓은 것이었다. 그래야만 설익은 이데올로기 연극에 식상해 있는 대중을 순화할 수 있다고 생각한 것 같다.

이처럼 우익 연극인들이 좌익 연극인들과 이념투쟁을 하고 있는 와중에 미군정청에서는 느닷없이 극장 입장세율 인상법령이란 것을 공표했다. 가뜩이나 이데올로기 선전극 과잉과 미국 영화의 범람, 그리고 저질 상업극의 횡행 등으로 연극이 고사 직전에 놓여 있는 마당에 연극장 입장세율 인상까지 겹침으로써 공연예술계는 말이 아니었다. 이 입장세율 인상 공표 직후 '극단들이 해산을 하고 지방에 나갔던 단체가 여관 회식대를 못 갚아서 억류당하고 극장이 한산하여 인건비조차 자충키 곤란하여 바야흐로 독립 전야의 연예문화계는 몰락, 퇴폐, 종식의 위기에 처하게 되었다'[24]고 개탄한 신문기사의 지적은 당시 사정을 정확하게 표현한 것이었다.

이에 동랑은 한국무대예술원을 동원하여 조선영화사 등 연예단체들과 함께 세율개정법령을 즉각 철회하라는 건의서를 군정 당국에 제출하고 만약에 받아들이지 않으면 6월 1일부터 일체의 공연활동을 중단하겠다고 최후통첩을 보낼 만큼 강경투쟁도 불사했다. 이처럼 그는 거리에서는 강경 투쟁을 벌이는 한편으로 글을 통해서도 그 기조를 이어갔다. 한 예로서 그가 그 시기에 『경향신문』에 쓴 「해방 4년의 문화 적적(績跡)」이란 글에서 보면 해방 직후의 연예계 파탄의 근본적인 원인이

24 『경향신문』 1948.7.27.

미군정의 잘못된 정책에 기인한다면서 첫째는 미국 영화의 무검열 방출로써 우리 연극계로 하여금 성욕발분소화(性慾發憤所化)한 것이고, 두 번째로는 노동법으로써 무대 출연자를 유녀와 같이 취급함으로써 무대에서 예술가를 추출한 것이며, 세 번째는 입장세를 유흥세 3할에 비하여 물경 10할로 인상하여 예술계를 경제적으로 파멸시켜버렸다[25]고 비판한 것이다.

이러한 그의 비판은 정확한 팩트에 근거를 두고 한 것이었다. 가령 10할 유흥세 공표 직후의 연극영화계의 변이를 보면 실시 이전(2~5월)의 영화상영 횟수의 경우 845회였는데, 실시 이후(6~9월)의 횟수는 946회가 넘음으로써 3개월 동안에 영화상영 횟수는 무려 100회가 증가한 것이다. 반면에 연극의 경우는 실시 이전(2~5월)에 635회였던 것이 실시 이후(6~9월)에는 겨우 591회로 44회나 감소했다.[26] 그러니까 유흥세 10할 인상으로 대중물인 영화는 득세하고, 순수물인 연극이 급격히 쇠퇴함으로써 시내의 주요 극장들이 연극을 기피하는 일이 벌어졌고, 따라서 연극은 변두리 작은 극장들을 빌려서 막을 올려야 하는 신세가 되었다. 대단히 온건하고 합리적인 동랑이었지만 강경 투쟁을 벌일 수밖에 없는 소이였던 것이다. 그런데 그의 강경 투쟁에도 머지않아 대한민국정부에 정권을 넘겨주어야 하는 것을 잘 알고 있던 미군정은 미동도 하지 않았다.

그러자 그는 선언한 대로 최후통첩일인 6월 1일부터 3일간 신극사상 처음으로 전국의 극장문을 닫고 민족문화 멸망에 대한 조의(弔儀)를 표하는 이벤트를 갖고 일단 장기 투쟁에 들어갈 수밖에 없었다. 이 시기에 그는 대단히 절망적인 생각을 하고 있었다. 도대체 왜 이런 일이 벌어지는가에 대하여 근본적인 의문을 제기하기도 했다. 가령 그가 그때 쓴 글을 보면, 우리 공연예술 특히 연극이 밑바닥으로부터 헤어 나오지 못하는 근본적 이유는 '우리 사회의 연극예술에 대한 인식의 결핍'과 '정부 당국의 연극 육성에 대한 노력 부재' 등에 있다면서 육성은 고사하고 억압까지 하고 있다고 개탄했다. 그러니까 세금 정책은 말할 것도 없고 연극 관람료에다

25 유치진, 「해방 4년의 문화 적적」, 『경향신문』 1948.8.8.

26 10할 세금 실시 후 주요 극장들의 연극 관객 감소율을 보면, 국도극장이 36%, 수도극장이 11%, 시공관이 77%, 중앙극장이 10%, 단성사가 44%, 동양극장이 27%, 성남극장이 38%, 서울극장이 48%였다. 『경향신문』 1948.11.21. 참조.

가 전재민(戰災民) 구제비니 하다못해 마라톤 선수 장려금까지 덧붙여서 가뜩이나 어려운 연극인들은 궁핍을 면할 길이 없다고 탄식했다. 이처럼 그는 당국이 연극에 대한 배려나 육성에 대한 구체적 방침이 없어서 연극이 흥행극적인 악질 흙탕물 속에 휩쓸리게 되고 만다고 했다.[27] 특히 그는 기대를 걸었던 신생 대한민국 정부를 향해서도 비문화적인 흥행세율 인상과 관련해서 다음과 같이 비판하고 나섰다.

> 결국 유흥세를 입장세보다 우대한 것은 기생을 끼고 호유(豪遊)하는 모리간상배의 발호를 계발하는 일방, 극장무대를 통하여 발표되는 민족예술(연극, 영화, 음악, 무용)을 압박하여 대중의 정신적 양식과 계몽적 오락을 박탈하려는 심사에 지나지 못하고, 그 결과는 도리어 남조선의 인플레를 조장시켜 민생을 도탄에 빠뜨리고, 그렇지 않아도 정신적 지도성이 박약한 우리의 문화운동을 근본적으로 거세하여 암흑 조선을 초래시키려는 것이다.[28]

이상과 같이 그가 정부와는 격렬하게 싸우면서도 나라를 위해서는 할 일은 해야 했으므로 정부의 요청에 따라 한국 역사상 처음 치러지는 5·10총선을 위한 계몽운동에 앞장서기도 했다. 그는 평생 '나라가 있고 예술이 있는 것'이라는 신념을 저버린 적이 없었다. 그리고 그가 연극을 하는 것도 궁극적으로는 조국이 정신적으로 풍요해지도록 하는 데 이바지하는 것으로 생각하고 있었다. 가령 입장세율 인상문제를 이야기할 때도 궁극적으로 문화운동을 약화시킴으로써 나라가 암흑사회로 변한다고 본 점에서도 그렇다. 그가 문화의 계몽적 기능을 저하시킬 때 민족의 정신적 건강성이 무너지고 이것은 곧 국가의 재앙으로 발전할 수 있다고 본 것이다. 이는 사실 애국심에 불타는 지성인이 아니면 생각할 수 없는 것이다.

따라서 그가 정부의 10할 흥행세율 문제에 대하여 온몸을 던져 싸우면서도 5·10총선을 위한 계몽운동에 흔쾌히 나선 이유도 바로 거기에 근거하는 것이었다. 즉

---

27 유치진, 「연극건설 제2과」, 『동랑 유치진 전집』 8(서울예대출판부, 1993) 참조.

28 유치진, 「극장예술 어디로 가나 - 법령 193호와 관련하여」, 『동랑 유치진 전집』 8(서울예대출판부, 1993) 참조.

그가 이끄는 한국무대예술원이 남한만의 단독정부 수립을 위한 총선거를 실시함에 있어서 한 번도 해본 일이 없는 전 국민을 상대로 민주주의 기본 교육계몽에 나섰다. 그러니까 무대예술원은 4월 들어서 산하 극단들과 가입하지 않은 단체들까지 총동원하여 '총선거선전문화계몽대'라는 것을 조직했는데, 여기에는 무려 30개 극단이 참여했다.

가령 각 시도에 파견된 극단들을 보면 서울 지역에는 청춘극장을 비롯하여 황금좌, 신청년, 강남, 새별, 반도, 라미라, K. P. K. 등이 나섰고, 경기도에 연극호, 대도회, 제7천국 등이, 충청북도에 백조, 연극시장 등이, 충청남도에 무궁화, 극우회 등이, 강원도에 연예사, 민성, 화랑 등이, 경상북도에 조선극장, 혁신, 현대 등이, 경상남도에 동해, 태평양, 극예술협회 등이, 전라북도에 춘향, 신민극장 등이, 그리고 전라남도에 백민, 협문극사, 조선, 낙원 등이 나섰다. 여기서도 주목되는 부분은 악극단들이 크게 활동한 점이다.

이들 30개 극단들은 기존의 작품들을 공연했지만 거기에는 반드시 유세반이 따라붙어 '민주주의는 무엇이고 선거란 무엇이며 또 어떻게 하는 것인가' 등을 설명하는 것이 필수였다. 왜냐하면 총선거선전문화계몽대를 조직, 파견한 것은 당연히 선거계몽이 주였고 공연은 사람들을 모으고 흥미를 유발하기 위한 것이었기 때문이다. 이러한 무대예술원의 선거계몽운동은 의외로 큰 반향을 불러일으켜 한 달 동안에 150만 명의 관객을 동원함으로써 총선이 성공적으로 끝나는 데 절대적인 기여를 했다. 이는 곧 무대예술원의 선전문화계몽대가 1948년 8월 15일 역사상 최초의 민주공화국 수립에 적잖은 기여를 한 것도 되는 것이다. 이 시기야말로 그의 애국심이 극에 달해 있었기도 했다. 가령 그가 많은 극단을 이끌고 5·10선거에서의 민주주의 계몽운동을 벌인 직후 그 분주한 와중에도 극단 극협의 정기 공연에서 시드니 킹즐리의 〈애국자〉를 직접 연출했던 사실에서도 그 점은 여실히 드러난다. 그가 이 작품을 직접 연출한 배경과 관련하여 "국내외의 모든 반동 세력의 준동을 물리치고 우리가 우리의 정부를 세우기 위하여 5·10선거를 전취(戰取)한 지 벌써 1년! 우리는 그 첫돌을 맞이함에 있어 감개무량함을 금할 수 없다. 그동안 우리는 우리나라의 독립을 선포했고 헌법을 만들고 국제적 승인을 받고 (……) 실로 많은 중대한 일을 하였고, 앞으로도 해야 할 일이 산적하였다. 이런 때에 제하여 극예술협회에서 미공보원 및 전국문화단체총연합회의 후원으로 미국 건국에 취제(取題)한 시드니 킹즐리 작 〈애국자〉를 상연하려 한다. 이 작품은 그 땅의 선각자들이 새로운 민주주의 정부를 수립하는 데 있어 그 주의의 낡은 사상의 소지자들과 얼마나 쓰라린 노력과 투쟁을 하였는가를 그린 것으로 우리가 이를 참고하여 봄도 무위한 일이 아닐 것"이라면서 다음과 같이 쓴 바 있다.

> 시드니 킹즐리의 〈애국자〉는 두 가지 형태의 애국자—실로 인민을 신뢰하여 인민에게 정치를 맡기자는 제퍼슨(현 민주당의 창설자), 그리고 우민(愚民)을 정치에 참여시켜서는 안 된다는 해밀턴(현 미국 공화당의 창설자)—이 두 사상(민주주의와 군주주의)의 대립을 묘사함으로써 참다운 민주주의의 형태를 각명(刻明)해 보여주는 일방, 민주주의 정부 형태란 얼마나 이상적이요, 진보적인 생활 방식인가를 설명하고 있다. 이 연극은 연극이라기보다 새 시대의 산 역사요, 인류생활의 한 귀감이요, 민주주의 구상적(具象的) 교본이다. 민주주의 정부 형태란 쉬운 일이 아니다. 더구나 삼팔선으로 양단되어 상태를 일(逸)한 오늘의 우리나라에서는 용이하게 완성될 수 없는 것이다. 그 때문에 왕왕 우리는 이상에 대하여 절망의 담벼락에 부딪치는 때가 많다. 이 연극 〈애국자〉에서 보여주는 세계적인 거인들의 그 고투의 사실(史實)은 절망하기 쉬운 우리에게 용기를 줄 것이다. 이런 의미에서 5·10선거 1주년 기념일을 맞이하여 이 연극을 상연함은 적지 아니한 의의가 있는 것으로 생각한다.[29]

이상과 같은 그의 연출 소견에 보면 그가 단순한 연극인을 넘어서 이데올로기 대립과 분단상황으로 말미암아 얽히고설킨 이 복잡다단한 한국이 어떻게 제대로 된 나라로 서고 건전한 민주주의 국가로 나아갈 것인가 하는 고뇌가 짙게 깔려 있음을 확인할 수가 있다. 그만큼 애국심이 누구보다도 강했던 그가 이 시기에는 문화예술운동도 불안정한 정치상황이라는 특수한 시대적인 분위기로 말미암아 원하건 원하지 않건 간에 정치적으로 접근할 수밖에 없는 처지에 놓여 있었다고 생각한 것이다. 솔직히 그 당시로서는 국가 존립과 민족 생존이라는 명제를 넘어설 만한

29 유치진, 「〈애국자〉 공연에 제하여」, 『동랑 유치진 전집』 8(서울예대출판부, 1993), 347면.

그 어떤 과제도 없었기 때문이다. 따라서 창작극도 번역극도 가급적이면 애국적인 주제에 바탕한 작품을 선호했던 것은 그로서는 극히 자연스러운 것이었다.

그럼에도 불구하고 나라 꼴은 말이 아니었으며 여전히 미군정이 사사건건 영향을 미치고 있었기 때문에 그의 걱정은 말할 수가 없었다. 그러니까 새 정부에 대한 기대가 클수록 실망과 걱정이 늘어만 간 것이다. 특히 그는 그동안 미군정이 펴왔던 문화 정책에 너무나 실망스러워했었다.

따라서 그는 개인적으로 또 집단의 힘을 빌려서 크게 두 가지를 정부에 건의하게 된다. 즉 문학 동지들과는 문총(文總)을 통하여 정부에 문화부 설립을 요구했고, 개인적으로는 정부에 각 지역의 문화원 설립[30]을 요구한 것이다. 그러나 결과적으로 두 가지는 이루어지지 않았고 대신 정부조직법에 대통령령으로 국립예술원을 설치하는 것으로 끝났다. 그러자 그는 「새 문화 정책에 대한 요망」이란 글을 통하여 그에 대한 소견을 피력했다. 그는 이 글에서 군정 4년 동안 문화를 너무 홀대방임함으로써 우리 문화가 상상 이상으로 후퇴했다면서 신정부에 대해서는 일말의 기대를 갖고 있다고 다음과 같이 썼다.

> 나는 금번에 발표된 정부조직법을 보고 문화에 대해서(스스로 자탄하기 전에) 일루의 희망을 가져보려는 자의 하나임을 고백한다. 발표된 정부조직법에는 앞으로의 문화는 문교부와 공보처와의 양 처에서 행정하게 되고, 공보처에서 취급하는 문화란 국가이념과 정치 선전으로서의 공리적 이용이요, 문교부에서 취급하는 문화란 문화의 근본적인 탐구 그것인 모양이다. 문화를 전자에만 치중함은 소련을 위시한 전체주의 국가에서의 문화행정이요, 후자에만 치중함은 문화를 현세와 분리시켜 마침내 골동품화의 일로를 밟게 한 지난 봉건주의 시대의 처사이다. 그러나 생각건대, 예술이 전자에만 소속되어도 안 될 것이고 그렇다고 후자에만 의화(擬化)되어도 안 됨은 물론 이 양자가 병립상부함으로써 신시대의 건전한 새 문화의 창조와 발전을 기해야 함은 물론일 것이다. 문교부와 공보처로서 발휘되는 이상과 같은 문화 발육의 두 성격 외에 신생 정부는

---

30 유치진은 『평화일보』 1948년 10월 8일 자에 「새 문화 정책에 대한 요망」이란 글을 써서 문화원 설립을 촉구했다.

국립예술원(국립과학원까지도)을 대통령령으로 창설하게 하였다.[31]

이상의 글에서 알 수 있는 바와 같이 그는 자신이 바랐던 요구가 수용된 것은 아니었지만 신생 정부의 문화 청사진에 대하여 아쉽지만 일단 수긍했고, 특히 정부 조직법에 국립예술원을 두기로 한 것에 기대를 걸었는데, 그 이유는 국립예술원이 문교부와 공보처의 컨트롤 타워 기능을 할 수 있을 것으로 보았기 때문이다. 물론 실제로 그런 기능을 한 것 같지는 않고 다만 그 뒤에 국립국악원이 출범하고 학·예술원이 탄생되는 데 모체가 된 것이 아닌가 싶다. 그런 글을 쓴 직후에 여순반란사건(麗順叛亂事件)이 터지자 그는 그 문제를 문화 측면에서 생각하게 하는 글을 쓰기도 했다.

그는 여순반란사건에는 계층을 초월하여 다양한 사람이 참여했음을 비추어볼 때, 전 국민의 이념적 재편성과 정신적 재교육이 절실하다면서 국민으로서의 정신적인 무장이 되어 있지 않으면 모든 공장, 모든 노동, 모든 무역, 모든 공부, 모든 총검이 결국은 적을 이롭게 하는 한 개의 예비 공작밖에 안 될 것이라고 경고한 것이다. 그럼에도 불구하고 "오늘날 우리의 대부분 정치인은 너무도 문자 면에만 기를 써 관심을 갖고 인생의 정신 면을 취급하는 이 중대한 문화에 대해서는 불행히도 오불관이의 태도를 취해왔으며 현재도 취하고 있다. 그들에게 국사를 맡긴다니 이 얼마나 위험한 불장난이랴?"[32]고 개탄하기도 했다. 그는 특히 남한 사회의 이념적 빈혈이 심각하다면서 하루빨리 전 민족을 사상적으로 무장할 문화운동이 전개되어야 할 것이라고도 했다. 무엇보다도 그는 정부가 출범한 지 3개월이 지났는데도 불구하고 바람직한 애국적 문화 정책이 나오지 않는다고 아쉬워하기도 했다.

그러나 여순반란사건이 일어나는 등의 정치·사회적으로 이념 갈등이 없지 않았지만 그 시기에 문화예술계, 특히 연극계에서는 안정을 찾기 시작했다. 왜냐하면 1946년부터 좌익 연극인들이 수차에 걸쳐서 월북하거나 아니면 전향했기 때문에

31 유치진, 『동랑 유치진 전집』 8(서울예대출판부, 1993), 38~39면.

32 유치진, 「사상의 공백시대」, 『동랑 유치진 전집』 6(서울예대출판부, 1993), 182~183면 참조.

공연 현장에서의 좌우 대립이 전과 같지 않았기 때문이다. 그러자 그가 개인적으로는 희곡 창작과 함께 연극의 기초 다지기에 심혈을 기울이기 시작했다. 연극의 기초 다지기는 두 가지 방향으로 진행해갔다. 그 하나가 연극 인재양성 프로그램이라고 한다면 다른 하나는 대중의 연극 인식제고 작업이었다. 즉 그는 연극을 살리려면 역시 전문성을 갖춘 우수 인재가 충원되어야 한다는 신념에 따라 우선적으로 연극학교 설립과 대학의 연극학과 설치운동에 나선 것이다.

가령 남한에서만 연극영화상영관에 하룻동안 동원되는 관중이 10여만 명이고 연 인원수는 물경 3650여만 명이나 되는데, 이들의 인성교육 및 세뇌시킬 수 있는 공연예술이 오늘날처럼 질이 낮아서는 제 기능을 발휘할 수 없고, 이는 결국 이념적 혼란기에 처해 있는 오늘날에 있어서 국가 민족적으로 불행한 일이므로 우수 인재양성이야말로 시급, 절실하다는 것이었다. 따라서 그는 인재육성 프로그램의 방향이 서자마자 당장 자신이 주도하고 있던 한국무대예술원을 이용하여 연극학교 모금운동에 직접 발 벗고 나섰다. 이처럼 그가 1948년 초여름에 연극학교 설립을 위하여 모금운동에 나서면서 발표했던 글의 일부를 여기에 소개하면 다음과 같다.

> 다른 예술 부문(예를 들면 음악, 미술, 문학 등)은 이를 습득할 만한 학교 교육기관을 가지고 있다. 그러나 극장문화에 관련된 연극(무용과 영화도 이에 포함)만은 이를 습득할 만한 아무런 교육기관도 없다. 이에 종사하는 우리로서 이 위에 더 큰 불행은 없을까 한다. 목하 연극에 종사하는 현역인은 이남만 하여도 수천 명이나 된다. 이 수천 명의 현역군은 개중에는 머리가 우수한 자도 있지마는 부끄러운 일이나 다수 인원은 지적으로 얕은 수준에서 방황하고 있지 않을 수 없는 형편이다. 이 때문에 우리의 연극예술은 질적인 비약을 꾀할 수 없음은 물론 항상 저회(低徊)와 암담에서 헤매지 않으면 안 되게 되었다. 우리는 이 불행을 극복하지 않으면 안된다. 이 불행은 비단 이 방면에 종사하는 우리 전문인만의 불행이 아니요, 실로 우리 국가 전체의 불행이기 때문이다. (……) 이렇게 사회적으로 거대하고도 무서운 힘을 가진 극장문화 기관을 국가가 무지 그대로 방임하여 두다니! 생각할수록 몸서리를 칠 일이다. 이 실정을 통감한 우리 무대예술원은 오래전부터 연극의 정상적 발전에 미력이나마 유의하여왔거니와 금반에 연극의 학교 교육기관 설치를 꿈꾸게 된 것도 그 하나의 노파심에 불과한 것이다. 우리는

극협 〈춘향전〉(성남극장, 1948)

연극의 지도자 양성으로서의 연극대학과 일반 전문종업원 배양으로서의 연극전문학교(즉 고등중학 과정) — 이 2종의 학교기관은 반드시 있어야 할 것으로 생각한다.[33]

이상의 글에서 우리가 확인할 수 있는 그의 생각과 구상은 세 가지다. 첫째는 그의 냉철한 현실 진단이다. 가령 1948년도를 기준으로 볼 때 국립 서울대학과 연희대학, 고려대학 그리고 신생 대학들에는 다양한 학과가 생겨났고 예술 분야의 경우는 문학이나 미술, 음악과 등은 있었지만 연극이라든가 무용, 그리고 영화학과의 경우는 아무도 꿈꾸지 않았다. 그러니까 그가 프로 스포츠 등 대중이 즐길 만한 특별한 오락이 없었던 시절 연극과 영화의 대중적 영향력이 엄청났음에도 전문인 양성기관은 전무함은 큰 문제라고 본 것이다. 그가 지적한 대로 당시 공연예술 분야에 종사하는 사람(주로 배우)은 수천 명이나 되었다. 그러나 그들 중 대학 출신은 기십 명에 불과했고, 특히 전문교육을 받은 사람은 희소했다. 그럴 수밖에 없었던 것이 국내에는 그런 학교나 기관이 전무했으므로 당연한 것이었다.

가령 신극 전통만 보더라도 1910년대 초에 임성구(林聖九)가 일본 신파를 어깨너머로 배워서 시작했고 그런 관행이 수십 년 동안 이어져옴으로써 연극 발전이 더디고 저급할 수밖에 없었다. 연극이나 영화는 어디까지나 배우의 예술인데, 제대로 훈련받지 못한 배우들이 창조해내는 작품이 오죽했으랴! 그것을 너무나 절감해 왔던 그가 시국안정을 바라보면서 연극 인재양성을 시도하고 나선 것이다. 두 번째로 연극영화의 부실은 곧 국가의 불행으로 이어진다는 동랑의 인식이다. 오늘의 입장에서 보면 대단한 그의 인식이 과장(誇張)으로 생각될 수 있다.

왜냐하면 오늘날 우리 사회에서 연극영화가 차지하는 비중이 그렇게 대단하지 않기 때문이다. 미디어의 발전과 프로 스포츠 등 대중이 접할 수 있는 오락 범위가 워낙 광범위하고 교육의 폭도 대단히 넓어서 연극이나 영화가 대중의 사고를 변화시킬 만한 영향력은 적다. 그러나 일제강점기나 해방 직후의 사상 대립 와중에서는 연극영화가 대중 정서에 미치는 영향력은 대단했다. 특히 문맹률이 70, 80%에 이

33 유치진, 「공연 서언 - 연극학교 설립을 위하여」, 『동랑 유치진 전집』 7(서울예대출판부, 1993), 361～362면.

르던 그 시절에 민족주의자들은 다투어 대중을 일깨우고 가르치며 의식까지 개조하는 수단으로서 연극과 영화를 활용했다. 젊은 시절에 누구보다도 연극을 통해서 불행한 시대와 싸우고, 또 대중 계몽에 앞장서왔던 민족 계몽주의자였던 그로서는 연극영화를 국가의 흥망성쇠를 좌우할 수 있는 수단이라고 생각한 것이다.

즉 그는 연극 리더, 이를테면 극작가, 연출가, 연극학자, 연극평론가, 그리고 외국 문학 번역가 등을 양성할 수 있는 연극학과를 국립 서울대학교 문리대학에 설치토록 정식으로 건의하는 한편, 배우 등 실기인은 전문학교를 만들어 거기서 양성하면 된다고 보았다. 그런데 주목할 것은 그가 연극인 양성 시급성의 두 가지 이유로서 1) 학적 견지에서 민족 연극영화의 수립과 그 질적 향상을 도모해야 한다는 것과 2) 지금 바야흐로 세계적으로 격화된 사상전에 있어 민족을 참된 길로 인도하자면 연극영화의 교화력과 그 대중성을 무시해서는 안 되기 때문[34]이라는 것이었다.

이를 좀 더 구체적으로 설명하면 연극은 희랍시대부터 어느 나라나 대표적인 예술 장르로서 취급되어오고 있는 만큼 독립국가가 된 마당에 민족예술로서 학적 체계를 세워놓아야 한다는 것이다. 학적 체계 없이 어떻게 민족유산으로서의 전통예술을 연구, 정립할 수 있느냐는 것이었다. 그는 특히 우리 연극의 정체(停滯)와 연극인의 질적 저하가 조선조 5백 년 동안의 유교적 실리주의에 입각한 예술 천시 폐풍과 일제 40년 동안의 탄압 말살에 기인하는 것인 만큼, 이를 단번에 극복하고 업그레이드할 수 있는 지름길은 전문적인 인재양성뿐이라 했다. 이는 동랑이야말로 대단히 선구적 계몽주의자다운 생각이었다고 하겠다.

그런데 그가 허황된 주장으로 끝나지 않고 구체적인 실천 단계로까지 나아갔다는 점이 주목되는 부분이다. 즉 그는 자기의 원대한 구상을 현실화하기 위하여 무대예술원을 중심으로 모금운동을 전개해나간 것이다. 가령 그가 지도하고 있던 극단 극예술연구회의 제12회 〈별〉(유치진 작) 공연은 모금을 내세워 아예 '연극학교 창립 기념'이라고 명명하기까지 했다. 이는 그만큼 그가 연극학교 설립에 올인하고 있음을 천명한 것이라고 말할 수가 있다. 이처럼 그가 솔선수범하는 모습을 보이면서 타 극단들도 동참하도록 압박하기도 했다. 그러나 극단들의 수익성 자체가 변변

34 유치진, 「연극영화학교 창설」, 『동랑 유치진 전집』 8(서울예대출판부, 1993), 100면 참조.

찮던 시절에 모금운동이 구상한 대로 수월할 리 만무했다. 따라서 그는 민간 차원의 한계를 절감하고 그 문제를 정부에 떠넘기는 운동을 대대적으로 전개해나갔다. 그가 1949년 정월에 무대예술원 주최로 전국무대예술인대회라는 것을 연 것이야말로 바로 그러한 꿈의 실현을 위한 첫 번째 대정부압박운동이었다.

즉 그는 한국무대예술원 주최로 전국무대예술인대회를 열어 그동안 각자 도생하고 있던 연극협회, 가극협회, 국악협회, 무용협회, 음악협회 등 5개 단체를 발전적으로 해체하여 무대예술원 산하로 한데 묶는 일부터 단행했는데, 이는 분산되어 있는 예술인들을 한군데로 모음으로써 그 힘을 극대화하기 위해서였다. 그리고 곧바로 정부가 해결해주어야 할 시급한 사항을 당국에 건의했다. 여섯 가지 요구사항 중에는 그동안 그가 바로잡아보려고 부단히 투쟁해온 법적인 문제까지 포함되어 있었는데, 첫째 입장세 철폐에 관한 건, 둘째 외국 영화에 관한 건, 셋째 문화행정과 공연 수속 사무 일원화에 관한 건, 넷째 무대예술의 질적 향상을 위한 시책에 관한 건(1. 무대예술인의 자격심사, 2. 무대예술인 양성기관 설치, 3. 무대예술인의 후생시설에 관한 건 등), 다섯째 공연 자재 수배에 관한 건, 여섯째 국립극장 기성 촉진에 관한 건[35] 등이 바로 그것이다.

이상의 여섯 가지 요구사항 중에서 첫째에서 셋째 사항은 군정이 해결하지 못한 것 외에 그들이 남긴 적폐 시정 요구였고, 나머지 세 가지는 새로 들어선 정부에 대한 건의였다. 가령 10할 흥행세 문제는 군정이 공표해서 공연예술계를 초토화시킨 악법이어서 당장 시정해달라는 것이었고, 외국 영화에 관한 건은 미국 영화의 무분별한 수입으로 '극장이 성욕발분소가 되었다'는 동랑의 평소 소신을 반영한 것으로서 에로틱한 미국 영화가 보수적인 한국 대중의 정서를 나태케 하므로 어떤 조처가 필요하다는 것이었다.

그런데 무대예술원이 정말로 노린 사항은 역시 네 번째의 공연예술의 질적 향상을 위한 시책이었다. 이 시책에는 세 가지가 내포되어 있었는데, 예술인의 자격심사와 양성기관 설치, 그리고 후생시설에 관한 것이다. 무대예술인의 자격문제는 미군정이 1946년 여름에 일제의 '조선 흥행 등 취체규칙'이라는 공연법을 대체할 수

35 「무대예술원 개편발족」『조선일보』 1949.1.19.

있는 새 공연법을 마련하는 가운데 예술인 자격심사 조항 삭제를 의미하는 것이다. 물론 그 공연법이 당장 제정되지 않았기 때문에 시정 요구 역시 흐지부지될 수밖에 없었다. 즉 그 안은 일제의 통제 망령을 떠올린다는 일부 예술인들의 반발에도 불구하고 일단 시행되어 좌익 연극단체들을 억제하고 또 연극계로부터 그들을 격리시키는 데 어느 정도 힘을 발휘한 것이 사실이었다. 그러나 이 항목의 핵심은 양성기관 설치 요구와 후생시설에 집중된 것이었다. 물론 이것은 요구로 끝났을 뿐 실현되지는 않았다. 요구사항들 중에 문화행정의 효율화라든가 10할 흥행세 국회 상정과 통과에 따라 3할로 통과된 것(10월 21일부터 시행됨), 그리고 국립극장설치법 통과 등은 가장 큰 소득이었다.

그런데 여기서 반드시 짚고 넘어가야 할 것은 동랑이 신생 정부를 향하여 무대예술 발전을 위한 장기 비전을 제시했다는 데 주목해야 한다는 점이다. 다시 말해서 일찍이 그가 아니면 생각해낼 수 없는 탁월한 무대예술 발전책이 정부를 향해 외쳐졌다는 점에서 그의 선구성이 새삼 돋보이는 것이다. 특히 그가 무대예술원을 통해 정부에 요구한 시책들 중 연극인 양성문제나 후생시설 설치 같은 것은 해결이 불가능하다는 현실을 깨닫고 새로운 돌파구를 찾아 나선 점도 돋보인다고 하겠다. 그러니까 그가 큰 비용 들이지 않고 할 수 있는 일을 암중모색하던 중 대중의 연극에 대한 인식 제고와 연극인 양성 방식으로서는 일반 대중 계몽과 대학극 활성화만이 지름길이라 생각한 것이다. 그가 그런 일을 실천하려면 어떤 조직이 필요했으므로 그 방편으로서 연극학회를 구상했다.

그리하여 그는 1949년 5월에 서항석, 오영진, 김진수 등 동지 및 후배들과 연극사상 최초로 한국연극학회를 출범시켰다. 당시 학회에 참여했던 오사랑은 "연극의 일제 잔재 불식과 종래의 공연 일변도의 활동을 지양하고 새로운 민족극 수립을 위한 이론적 뒷받침을 위해"[36] 연극학회가 만들어졌다고 했지만, 그보다는 연극의 저변 확대와 인재 발굴에 더욱 중점을 두었던 것으로 보는 것이 타당할 듯싶다. 이 연극학회는 출범과 함께 세 가지 일을 했는데, 그 첫 번째가 하계 연극 강좌라 하여 2주간 문총회관에서 공개 강의를 펼친 것이라고 한다면, 두 번째는 민족정신

36 오사랑, 『동랑 유치진 선생과 드라마센터 이야기』(1999), 18면 참조.

앙양 선전대를 전국 8도에 파견한 것이며, 세 번째는 전국대학연극경연대회를 개최한 것이라고 하겠다.

즉 연극학회는 출범과 동시에 연극의 저변 확대를 꾀하기 위하여 문총회관을 빌려 2주 동안 제1회 연극 강좌를 열었는데, 강좌 제목과 연사를 보면 서양 연극사 개론(서항석), 희랍・로마극론(김진수), 셰익스피어론(오열, 전일현, 최정우), 고전주의 연극 A. 모리엘・B. 라신(이헌구), 근대극사(김영섭), 희곡론(유치진), 연출론(이진순), 연기론(이해랑), 극장 발달사 및 장치론(김정환), 중국 연극론(김광주), 영화론(오영진), 한국 연극사(이광래) 등으로서 세계 연극사와 일반 연극론을 커버하는 내용이었고 강사도 당대를 대표할 만한 인사들이었다. 따라서 호응이 좋은 편이었으며 연극을 희망하는 젊은이는 물론이고 일반인도 상당수 청강하는 성과를 올린 것이다.

이에 고무된 동랑 학회장과 간부들은 곧바로 민족정신 앙양 선전대를 구성, 8대로 조직하여 전국 8도에 각각 파견했는데, 공연과 강연을 통하여 '명실공히 정치적으로나 사회적으로나 문화적으로나 풍요한 향연을 베풀어서 민족문화에 이바지하려 했다'[37]는 이광래의 주장처럼 이 역시 광범위한 연극계몽운동의 일환으로서 연극의 저변 확대는 물론이고 이념 혼돈기에 있어서 자유 민주주의의 소중한 가치를 널리 알리려는 의도도 깔려 있었다. 그만큼 동랑은 순수 연극학자가 없었던 시대에 학회를 바탕으로 당장 할 수 있는 일이라는 것이 그러한 계몽운동만큼 좋은 것은 없다고 생각한 것이다.

따라서 그는 근대극 초창기부터 우리 연극의 건강한 바탕이 되고 민족극의 원천이 되었던 학생극에 활력을 불어넣기 위해서 학회 주최로 전국대학연극경연대회를 열었다. 한국 연극사상 최초였던 대학연극경연대회는 10월 1일부터 명동의 시공관에서 열렸는데, 참가 대학은 고려대(피란델로 작, 〈천치〉)를 비롯하여 동국대(조성하 작, 〈밀주〉), 서울대(〈베니스의 상인〉), 세브란스의대(카이저 작, 〈칼레의 시민들〉), 숙명여대(유치진 작, 〈춘향전〉), 연희대(〈오이디푸스 왕〉), 정치대(오영진 작, 〈정직한 사기한〉), 중앙대(싱그 작, 〈비 오는 산골〉), 치과대(유치진 작, 〈흔들리는 지축〉) 등

37 이광래, 「연극시평」, 『민족문화』 제2권 제1호.

9개나 되었다. 전국적으로 대학이 몇 개 되지 않았던 시절에 그렇게 많은 대학이 참여했다는 것은 대단히 이례적인 현상으로 당시 젊은이들의 연극에 대한 관심과 열정이 여전했음을 알 수가 있다.

그러나 더욱 놀라운 것은 배우나 연출자로 참여했던 사람들의 면면이라고 말할 수가 있다. 즉 주요 출연자들을 보면 고려대의 최창봉(언론인) · 김경옥(극작가), 서울대의 김기영(영화감독) · 전광용(소설가) · 박암(영화배우) · 신영균(영화배우), 연희대의 차범석(극작가), 중앙대의 박현숙(극작가) · 최무룡(영화배우) 등으로서 뒷날 우리나라 문화예술계에 커다란 발자국을 남긴 인재들이었던 점을 미루어 동랑의 인재양성과 대학극의 활성화를 통한 민족연극의 질적 향상이라는 장기 프로그램이 성공했음을 보여준 것이라 하겠다. 동랑도 제1회 연극경연대회 프로그램에 쓴 글에서 "우리의 민족연극 수립에는 여러 가지 방법이 있겠으나 그중에도 우리의 학생 연극 문제는 결코 소홀히 할 수 없는 과제일 것이다. 왜냐하면 우리의 민족연극이 건전히 수립되자면 깊은 학구에 그 뿌리를 박아야 하며 그 학구에는 학생층의 헌신적 관심과 유의가 요청되기 때문이다. 학생이 가장 진지하게 이 운동에 참여할 때 우리의 민족연극의 수립의 기초 지반은 이미 그 일부를 공사하였다고 보아도 좋을 것이며 민족연극의 앞으로의 대성을 믿어도 무방할 것"[38]이라고 분명하게 밝혔다.

그러면서 그는 그 시기에 굳이 대학연극경연대회를 열게 된 것은 "이 기회에 우리가 신생 독립국으로서 건설해야 할 우리의 예술에 플러스 되는 것이 있게 해야 하며, 따라서 우리의 문화를 전진시켜야 할 중대한 책임과 프라이드를 짊어졌다는 것을 지금 인식해야 한다."고 부연함으로써 민족극 고양도 궁극적으로는 신생 독립국인 이 나라에 문화적으로 기여하는 것이라고 했다. 이처럼 그는 언제나 예술이든 뭐든 궁극적으로는 조국에 공헌해야 한다고 주장한 점이 주목된다. 우리 연극사에서 학생극의 중요성을 누구보다도 잘 알고 있는 그였기에 그러한 대대적인 운동을 펴는 동안에도 틈틈이 서울대학과 연세대, 동국대, 그리고 숙명여대 등에 출강하여 희곡론과 연극론을 강의했다. 미래를 짊어지고 나갈 대학생들에게 연극의 가치와 중요성을 일깨움으로써 그 저변을 확대하는 데 조금이나마 이바지하고 싶었기 때

---

38 유치진, 「제1회 전국대학연극경연대회를 열며」, 『동랑 유치진 전집』 7(서울예대출판부, 1993), 421면.

문이었다.

그러는 한편 그는 연극의 기본이 되는 이론서가 전무한 현실을 너무나 잘 알고 있어서 비교적 초보적인 안내 글이라 할 두 편, 즉 단행본인 『희곡창작법』(1949)과 논문인 「희곡론」(1949)을 발표하기도 했다. 그는 여기서도 선구적 계몽주의자답게 대학 강의용으로서 학생들이 희곡과 연극의 기초를 이해할 수 있도록 가장 초보적인 글을 쓴 것인바, 자신의 글을 통해서 신진 극작가도 나올 수 있도록 한 것에서도 그의 선구성이 돋보인다. 왜냐하면 그 두 편의 글이 단순한 외국 이론의 소개에 그치지 않고 자신의 창작 체험을 바탕으로 한 구체적인 내용뿐 아니라 목차면 하단에 '독자에게'라는 글을 덧붙임으로써 자신의 책이 극작가 희망생을 위한 것임을 분명하게 밝혀놓았기 때문이다.

그는 이 '독자에게'라는 글에서 세 가지 의도를 적었는데, "첫째, 희곡자의 비법은 없을까, 만약 있다고 하면 그 비법을 알려서 체득케 하고자 하는 것이 본서의 목적이다. 둘째, 이 소책자는 전문적 작가를 상대로 한 것이 아니라 이제부터 희곡을 쓰려고 하는 사람을 위한 초보적인 창작술의 ABC이다. 셋째, 따라서 고도의 연극이론과 연극사론은 제쳐놓고 어떻게 하면 자기는 하나의 희곡을 창작할 수 있을까 하는 여러분의 요구에 응하고자 하는 것이다."[39]라고 했다.

따라서 그는 다섯 장으로 구성된 『희곡창작론』의 제1장 '희곡이란 무엇이냐?'라는 부분에서 "지금 희곡을 어떻게 쓰느냐 하는 희곡작법을 얘기하려고 그러는데 희곡을 쓰는 법이라는 것은 희곡 자체를 모르면 희곡을 쓸 수가 없어요. 결국 희곡을 쓰는 법을 얘기하는 것은 희곡이라는 것이 무엇이냐 하는 것을 얘기하고, 그 희곡이라는 것의 윤곽을 여러분이 알게 되면 자연히 쓸 수 있게 될 것입니다. 그리고 예술 작품을 쓰려고 운문작법이니 시작법이니 소설작법이니 하는 책을 많이 읽는 사람도 있고, 저희들도 많이 읽기도 했지만, 결국 예술품을 창작한다는 것은 상상력이라든지 기타 각자의 개성적인 창조력, 그 위에 후천적인 노력 수양, 이것이 결국은 작품을 쓰게 하는 원동력이 될 것입니다. (……) 희곡이란 무엇이냐 하면 '연극을 문자로 기록한 것'이에요. 그러면 연극이란 무엇이냐? 연극이라는 것은

---

39 유치진, 『희곡창작법 - 연극과 인생』(개조출판사, 1949), 1면.

'표정으로써 발표한 예술의 한 형식'을 연극이라고 해요. 표정이란 여러 가지가 있겠습니다. 손을 움직이는 것, 얼굴을 찌푸리는 것, 소리를 꽤 지르는 것, 이런 것도 다 표정의 한 종류인데 이런 예술의 한 부분을 연극이라고 합니다. 그러니까 금방 얘기한 두 개를 더 구체적으로 말해보면 '표정으로써 표현한 예술을 문자로 기록해놓은 것이 희곡이다' 이렇게 되겠습니다."[40]라고 강의하듯 쓴 것이 특징이다.

그런데 이 글이 주목되는 것은 그가 단순히 아리스토텔레스 이후 수많은 서양 연극학자의 희곡론과 연극론을 그대로 소개하는 데 그치지 않고 창작을 해오면서 터득한 나름의 이론을 개진했다는 점이다. 그 점은 두 번째 장이라 할 '희곡의 기원'에서 보면 그가 서양 학자들의 제의기원설에 바탕을 두면서도 자생론(自生論)에 기울어져 있음을 확인할 수 있어 흥미롭다. 즉 그는 그 기원과 관련하여 "우리가 외국의 희곡, 연극사, 이런 것을 읽어볼 때에도 희랍에서는 디오니소스 신을 제사하기 위해서 신을 찬미하는 노래, 신 앞에서 좋아서 뛰는 것, 신의 행적을 여러 가지 그린 것, 이것이 차츰 연극의 시초가 되었다고 그러는데, 우리나라에 있어서도 세계 다른 민족의 전례에 빠지지 않고 역시 신을 찬미하고 신한테 치성을 드리고 하는 데서 연극예술이라는 것이 생겼다고 볼 수가 있습니다. 그의 가까운 예로 '신청(神廳)'이라는 것이 있어요. 나는 고향이 경상도인데 거기 가면 신청이라는 것이 있어요. 전라도에도 있답니다."라고 하여 한국 연극의 기원을 숭천경신(崇天敬神)의 의식에 연유함을 분명하게 밝히고 있어 주목된다. 이는 일찍이 『조선연극사』(1931)를 처음 쓴 김재철(金在喆)이 우리 연극의 기원과 관련하여 "상고시대에는 숭천경신의 사상이 그들을 지배하여 연중행사로서 어떤 시기를 정하여 하늘과 귀신을 제사하였고, 또 신을 즐겁게 하려는 목적으로 가무를 하게 되었다."[41]고 한 것과 일치한다. 그런데 동랑이 구체적으로 조선시대에 광대라든가 기생 등 연예인들을 관장하는 신청(神廳)의 어의에서 우리 연극의 모태를 유추해낸 것이 기발하다.

특히 그가 기원과 관련하여 "연극의 형식이라는 것은 신과 접촉할 때의 유일한 중개물, 중개보다 매개적인 역할을 한 것이 연극이었고, 정신생활을 전적으로 취급

40 위의 책, 2~3면 참조.

41 김재철, 『조선연극사』(학예사, 1939), 37면.

한 것이 굿이었으며, 따라서 그것이 연극이었다는 것을 우리가 생각할 수 있습니다."라고 한 연극풀이도 기발하다고 말할 수가 있다. 그 연장선상에서 그는 "우리가 하고 싶은 말, 그것이 연극의 맨 첫번 시작이에요. 그런데 우리가 이 하고 싶은 말도 병이 났을 때, 사람이 죽었을 때, 여러 가지 그때그때에 따라서 다를 텐데 그 말을 기록해놓은 것이 희곡이란 말이에요. 그리고 그 기록해놓은 말로 신 앞에서 고사를 드리고 치성을 드릴 때에 행동하는 것은 연극을 하는 배우예요. 그래서 무당이 말하는 사실, 그것이 이를테면 연극을 하는 대본인데, 그것이 희곡의 시초라고 생각할 수 있어요."라고 정의함으로써 서양 이론을 극복하고 있다. 이러한 연극과 희곡의 개념 설정은 그동안 어떤 민속학자나 연극학자도 하지 못한 것을 그가 극작가의 입장에서 정의해낸 것이라고 볼 수가 있다.

그리고 세 번째 장인 '희곡의 특질'에서도 보면 '희곡이라는 것은 행동, 표정 이것을 기록해놓은 것'이라면서 독일의 연극학자 쉴레르의 이론, 즉 '희곡은 그 내용에 있어서 순간적인 개개의 사건을 제삼자의 개입을 기다릴 새 없이 인간의 상상력과 감각 앞에 현존적인 것으로서 직접 시현하는 것'이란 정의와 비교하기도 했다. 제4장의 '희곡의 형성' 부분에서는 독일의 연극이론가 G. 프라이타크의 명저 『희곡의 기교(Die Technik des Dramas)』의 골자가 되는 소위 '3일치 법칙'과 아리스토텔레스의 『시학(詩學)』을 토대로 하여 설명했으며, 마지막 장인 '희곡의 구성'에서는 극작가답게 경험을 바탕으로 하여 매우 구체적인 설명을 함으로써 독자가 창작에 도움을 받도록 한 것이 돋보인다.

즉 그는 희곡의 구성을 설명하는 중에 "연극이라는 것은 단순히 사건만 짜 세우는 것이 아니라 예술이기 때문에, 예술이라는 것은 앞서 말한 바와 같이 순간적으로, 감흥적으로 이해하기보다도 마음속에 감흥이 뛰어들게 그려야 한단 말이죠. 그저 사건만 나열해놓은 것이 연극이 아니고, 심리적인 '이즘'이 있어야 된다. 보통 사람이 심리적으로 어떤 감흥을 파동쳐가면서 보아야만 된단 말"이라면서 자작 희곡 〈별〉(5막)을 하나의 실례로 제시하기도 했다. 그는 이 작품에 대하여 원수를 갚으려다가 도리어 원수를 사랑하게 되는 이야기를 하면서 "1막 끝머리에 있어서 이 연극의 주인공 여자아이가 원수를 갚겠다고 출발하는 것이에요. 그래 가지고 2막에서 이것이 좀 발전해서 원수의 집에 들어왔어요. 그래 가지고 3막 끝머리에 와서 원수를 갚으려고 독약을 넣었는데 그것이 들켜 반전이 돼요. 그래서 4막에 와서는 그 원수인 그 집 도련님하고 원수를 갚겠다고 하던 그 여자아이가 사랑을 속삭여요. 여기서 사건은 재차 답보를 한단 말이에요. 나중에 5막에서 정서(情死)를 하게 돼요."라면서 〈햄릿〉을 비롯하여 입센의 〈사회의 기둥〉 및 톨스토이의 〈어둠의 힘〉 등 고전과 근대극이 모두 이러한 5단계 과정을 밟았다고 결론짓고 있다.

이상과 같이 그가 극작을 희망하는 초보자들을 위한 희곡 창작 방법론을 발표하고 나서 곧바로 그 본질 규명의 글이라 할 「희곡론」을 쓰게 된다. 전 9장으로 구성되어 있는 희곡론은 그가 그동안 감명 깊게 읽고, 또 그 이론을 토대로 하여 창작을 해온 바여서 선진 이론의 우리화라고 해도 무방할 것 같다. 즉 그는 희곡론을 전개하는 과정에서 아리스토텔레스로부터 쉴레르, 슨제로위치, G. 프라이타크, 그리고 숀 오케이시 등의 이론을 광범하게 원용하면서도 그가 창작을 해오면서 스스로 터득한 이론까지 가미함으로써 독자들이 쉽게 이해하도록 논리를 전개한 것이 특징이다.

예를 들어 첫 번째 장에서는 아리스토텔레스의 『시학』 이론을 바탕으로 희곡의 기원과 특질을 소개하면서 "희곡은 작가의 마음의 불이 작중인물에게 옮아가서 희곡의 행동이 제정되는 것이며 배우는 희곡에 옮은 작가의 마음의 불을 동작으로 재연시킴에 불과한 것"[42]이라고 한 숀 오케이시의 주장을 인용하기도 했다. 그러면서 작가의 마음의 불이란 곧 인간의 고민, 의욕, 회오, 사유 등의 날카로운 정신적 현상이라 부연했다. 이는 사실 그가 대학시절 절대적인 영향을 받고 창작의 멘토로 삼아온 숀 오케이시 연극론의 본질이기도 하다. 그런데 흥미로운 것은 그가 희곡과 시·소설과의 차이점을 설명하는 과정에서 계씨 청마(靑馬)의 「광야」라는 시를 인용한 사실이다. 평소 계씨의 시를 좋아했던 그가 희곡론을 쓰면서까지 하나의 실례로 다룬 것은 청마를 얼마나 아꼈는가를 잘 보여주는 예라고 하겠다.

그리고 제3장 '희곡의 제재'에서는 그의 연극관이 고스란히 나타나 있어 흥미롭다. 즉 그는 인간 생활의 제 현상이 희곡의 제재라면서 숀 오케이시의 주장을 바탕

42 유치진, 「희곡론」, 『동랑 유치진 전집』 6(서울예대출판부, 1993), 19~21면 참조.

으로 "극작가는 우선 현실에 대한 깊고 정확하고 게다가 독창적인(상식이 아닌) 관찰을 가져야 한다. 관찰이란 냉각된 지각(地殼)에서 인생의 불을 발견하는 것이요, 아무것도 아닌 흙 속에서 영원히 뻗친 진리의 광맥을 찾아내는 공작이다. (……) 희곡은 같은 문학 작품 중에서도 형식적 제약이 많기 때문에 왕왕히 너무나 기교면을 치중하여 내적인 정신을 등한시하는 경향이 흔히 있다. 나의 경험으로 볼 때 독창적 관찰과 심오한 통찰의 가시밭길을 지나오지 않은 작품은 그 작가가 아무리 최대의 노력을 그 기교 면에 경주한다 하여도 필경 그것은 읽는 사람의 가슴에 깊은 인상을 주는 작품은 될 수 없고, 고작해야 상식의 범주를 벗어나지 못하는 극히 공허한 작품밖에 안 되는 것"이라면서 훌륭한 극작가가 되려면 우선 인생을 보는 눈을 만들어야 한다고 했다. 그러면서 그는 희곡의 제재는 그 제재 자체에 있지 않고 작가의 눈(관찰)에 전적으로 의존하므로 극작가가 유의할 것은 무슨 제재를 취하느냐를 생각하기 전에 그 제재를 어떻게 취급하며, 또한 취급되는 그 제재 속에서 우리 인생의 진선미(眞善美)를 어떻게 발굴하느냐 하는 것이 문제라고 하여 자신의 고전적인 연극관을 내비치기도 했다.

그러면서 희랍 비극이나 셰익스피어극, 또는 입센 등의 작품들만 보더라도 우리 시대와는 상당한 거리가 있음에도 불구하고 생명력이 있는 것은 그들 작품이 인간의 진실과 아름다움이라는 보편성을 표현해주고 있기 때문이라고 했다. 예술은 언제나 상식을 뛰어넘는 것이라면서 그는 극작가가 어떤 제재 취택도 무방하나 제재의 뿌리만은 항상 진리와 미에 대한 인생의 이상(理想)에 근원하지 않으면 안 되고, 그 이상에 대한 희망이 용출하여 있지 않으면 안 될 것이라고도 했다.

여기서도 확인할 수 있듯이 그는 전형적인 고전적 연극관의 소유자였던 것이다. 그렇다고 해서 그가 희곡론을 전개하면서 고전적인 이론에만 얽매이지 않았다는 사실이다. 즉 그는 이미 해방 직후에 어떤 연극인도 접해보지 못한 신진 서구 연극 이론가들의 주요 저서를 섭렵하여 우리 현실에 맞도록 소개하기도 했다는 점에서 연극이론의 측면에서도 선구적 계몽주의자였다고 말할 수가 있다. 가령 그가 희곡의 여러 가지 본질과 특성을 설명하는 가운데 스토리와 관련해서는 알라다이스 니콜(Allardyce Nicoll)의 명저로 꼽히는 『희곡론 입문』에 의존하여 아리스토텔레스의 고전적인 이론을 비판하면서 F. 니체가 그의 저서 『음악정신으로부터 비극의 탄생』에서 강조한 "희랍 예술은 우리에게 몸서리가 끼치는 심각성이 없고는 실로 아름다운 평면이 없음을 가르쳐주었다."고 하여 희곡의 깊은 내면성이 중요함을 강조하기도 했다.

이처럼 그는 연극이론을 전개해가는 과정에서 세계 대부분의 연극학자처럼 아리스토텔레스의 『시학』에 바탕을 두면서도 그것을 극복한 이론들을 광범위하게 섭렵하여 자신의 이론으로 육화하여 전달하려 했다. 희곡의 성격문제에서도 그는 G. P. 베이커(Baker)를 비롯하여 F. 메리온(Merion), 그리고 W. 롤레(Roleigh) 경 등의 저서들을 바탕으로 하여 자신의 주장을 펴나갔다. 특히 놀라운 점은 그가 외국의 최신 저서나 논문들도 두루 섭렵하고 거기에 바탕하여 논리를 전개한 점이다. 가령 희곡의 구성을 설명하는 가운데서도 보면 H. 그랜빌바커(Granville-Barker)의 최신 저서 *Player's Sheak*와 아서 윌리암스의 저서 *Play Making*을 인용했으며, 유르스 밧부의 저서 『연극사회학』까지도 동원하여 자신의 주장을 펴나갔다. 그가 희곡의 대사를 설명하는 결론 부분에서 "셰익스피어의 희곡의 독백과 입센의 희곡의 그것을 대조해보면, 저간의 소식은 짐작할 수 있을 것이다. 그러나 방백은 옛날의 극장 구조에서 자연발생적으로 발생한 것으로서 등장인물의 심리 묘사를 하는 방법으로는 매우 필요한 것이다. 현대극에 부활시킬 필요가 있다."[43]고 하여 외국의 이론에 의존하면서도 언제나 자신의 체험으로 터득한 논리를 덧붙였다.

그런데 그가 외국의 연극학자들 중에서도 가장 영향받고 선호한 이는 미국 연극 발전에 절대적인 영향을 미친 G. P. 베이커(George Pierce Baker, 1866~1935) 교수이다. 왜냐하면 베이커는 여타 연극이론가들과 달리 현장과 이론, 실제와 교육 등 다양한 측면에서 미국 연극의 토대를 탄탄하게 만든 대학자였기 때문이다. 알다시피 G. 베이커는 연극은 어디까지나 대학에서 기초가 다져져야 한다는 신념으로 1905년 래드클리프대학에서 처음 극작법 강의를 한 것을 시작으로 하여 자신의 모교인 하버드대학에서 극작 워크숍을 열어 유진 오닐을 비롯하여 시든 호와드 등 기라성 같은 극작가들을 양성함으로써 미국 연극을 유럽의 수준으로 끌어올렸으며, 예일대학 등 많은 대학에 연극학과를 개설했고, 그의 저서 『극작술(Dramatic

43 위의 글, 43면.

Technique)』은 극작가 지망생들에게는 하나의 고전처럼 읽히기도 했었다.[44]

이상과 같은 그의 희곡론과 연극론의 전개는 1920년대 초에 현철(玄哲, 1889~1965)이 처음으로 소개했던 희곡론이나 연극론과는 차원이 다른 것이었다. 가령 신문화기의 계몽운동가로서 현철이 1920년 5월에 월간 『개벽(開闢)』지에 「희곡의 개요」 등과 같은 극히 초보적인 희곡·연극론을 소개했던 것과는 달리 동랑은 20여 년 뒤인 해방 직후에 같은 계몽주의자로서 대단히 수준 높은 최신의 희곡·연극론을 전개함으로써 한국 연극의 동력을 키우려는 열정을 보였던 것이다. 이 역시 그가 우리 연극의 선도적인 견인자로서의 면모를 잘 보여주는 경우라고 말할 수 있다.

다른 한편으로 그는 이 시기에 '민족극의 기초 다지기'를 위한 새로운 공연법 제정운동에 앞장서기도 했다. 사실 미군정이 정치·사회 변화에 맞춰 전 시대의 악법을 모두 폐기하고 그 자리에 새 시대에 맞는 공연법을 제정하려고 나선 것은 민족 해방 만 1년 뒤인 1946년 8월이었다.[45] 그런데 군정이 마련한 공연법에 일제 잔재가 남아 있어서 문화계의 반발이 일어나자 더 이상 거론하지 않고 뒤로 미룬 것(?)은 아마도 곧 탄생할 대한민국 정부를 염두에 두었기에 그랬던 것 같다. 실제로 새 정부가 들어서자마자 곧바로 공보처에서 마련한 새로운 공연법이 국무회의에 상정되었다.[46] 전문 12조와 부칙으로 되어 있는 새 공연법의 제1조에 보면 '본법은 국민문화의 건전한 발달을 촉진하며 공연 내용의 질적 향상을 도모'한다고 되어 있어 전문 46조로 되어 있었던 억제 탄압의 '조선 흥행 등 취체규칙'과는 상반된 내용임을 알 수 있다. 그러니까 일제가 어떻게든 우리의 공연물을 억제, 말살하려 했던 흥행취체 법률과는 달리 발전과 촉진을 위한 공연법이 한국 역사상 처음 발의된 것이라는 이야기다.

그러나 박영정도 지적한 바 있듯이 내용 중에는 공보처장의 공연 각본 검열(제7조)과 공연 허가(제9조), 극장 경영 인가(제11조), 내무장관의 공연의 연제 일시 장

---

44 이근삼, 『서양연극사』(탐구당, 1980), 326면 참조.

45 「공연법령 제정에 착수 - 광범위의 권한을 당국이 장악?」, 『예술신문』 1946.8.17.

46 「공연법 조안 작성 - 방금 국무회의서 토의 중」, 『국제신문』 1948.12.17.

소의 제한(제10조), 공무원의 공연 장소에 대한 임검(제13조), 규정 위반 시의 처벌(제14조) 등 주로 공연활동에 대한 국가기관의 감독·관리, 즉 연극 통제에 중점이 두어져 있는 것이 사실이었다.[47] 즉 새 공연법에도 일제강점기에 있었던 연극 통제의 나쁜 그림자가 드리워져 있는 것이 사실이었다. 그럼에도 불구하고 동랑은 새 공연법에 독소 조항으로 악용될 수 있는 요소가 적지 않다는 것을 알고 있으면서도 정부에서 공포하기를 바랐다.

왜냐하면 그것이 이상적인 법은 아니지만 일단 일제강점기의 악법보다는 훨씬 진전된 것으로 보았을 뿐만 아니라 설마 우리 정부가 예술을 탄압하겠느냐는 생각을 했기 때문이다. 따라서 그는 공연법의 국무회의 통과 후 국회 처리를 요망하는 글에서 "대체 공연법이란 공연을 취체(取締)하는 법임에 틀림없다. 내가 지금 소위 문화인의 한 사람으로서 공연법의 상정을 요망하여 예술로 하여금 법의 카테고리에 구속시키려 함은 자승자박의 화를 면치 못할 우려가 없지 않으나 현하 연극계를 살펴보면 법의 제재가 없고는 이 말 못 할 혼란을 막아낼 도리가 없을 것 같다.

일전에 어느 평론가가 '해방으로부터 획득한 귀중한 우리의 자유는 지금에 와서는 악이 생식하는 온상이 되고 말았다'는 말을 한 바 있었는데, 불행히도 이는 우리 연예계에도 동시에 적용되는 진실임을 어찌하랴? 눈이 있는 이는 누구나 우리 연예계에 지금껏 횡행하는 역족(逆族)운동의 사상과 아직도 청산키 어려운 악질 모리(謀利)의 흉행을 간과치 못할 게다. 이는 모두 우리에게 향유된 자유의 부산물임은 물론 그 덕으로 우리 극장문화계는 난마와 같이 얽혀 해방 전에는 남북을 통틀어 불과 십수 개밖에 안 되던 극단이 지금은 남한에 있는 무대예술원 가맹단체만 해도 물경 70여 단체! 속담에 살이 살을 먹고 쇠가 쇠를 먹는 혼돈을 정(呈)하고 있는 형편으로서 이 극단의 난립 상태는 한때 우후죽순 격의 신문사의 난립 이상이다.

이 난립은 집단으로서 구성되어야 할 각 연예단체의 집단성을 완전히 궤멸시켜 그 예술적 수준을 저하일로(低下一路)로 줄달음질 칠 뿐이다. 이 혼란을 바로잡아 우리의 천부(天賦)의 자유를 옹호하기 위해서는 부끄러운 말이나 법의 도움을 아니 받을 수 없다. (……) 그러나 한 가지 주의할 것은 우리 신생 국민의 공연법은 일제

---

47 박영정, 『유치진 연극론의 사적 전개』(태학사, 1997), 221면.

시대의 흥행취체령 따위의 취체 압박에만 그치는 악법이 되지 말고 진실로 우리의 민족예술을 보호 육성하는 법이 되도록 양선(良選)은 한층 더 힘써주심을 바라는 바"[48]라고 했다. 그러니까 그가 진정으로 걱정한 것은 좌우익 이념 갈등으로 난맥상이 된 연극계와 저질 상업극의 횡행이 대중의 정서를 훼손하고 있는 현실이었다. 따라서 그런 혼란상을 바로잡으려면 부끄럽지만 법의 도움을 받아 사도(詐道)에 빠진 예술계를 올바로 정리할 수밖에 없는 것이고, 그것이 역설적으로 우리 예술을 정도에 올려놓을 뿐 아니라 표현의 자유도 얻는 길이라고 본 것이다.

그가 정부의 공연법의 조속 공포를 바라는 글에서도 "법이란 구속을 의미하는 것임은 물론이기 때문에 한 사람의 민간인으로 나는 구태여 법의 제약에 의존하려는 바는 아니지만 요즘의 무질서한 흥행계를 살펴볼 때 나는 공연법이 조속히 통과 실시됨을 원하는 자의 하나다. 사상적인 반동분자와 악질적인 흥행 브로커의 발호의 온상이 되어 있는 이 이원(梨園)은 이대로 가다가는(입장세가 3할로 인하되었기 때문에 더구나) 자멸하고 말 것이다. 이 무지에서 나오는 자멸을 막자면 거기에 적절한 법의 제약이 요청되는바 공연법의 적절한 운용은 어수선한 극계를 명랑화할 것"[49]이라고 주장했다.

바로 이 지점에서도 보면 그가 현실주의자답다는 생각이 든다. 왜냐하면 동랑이야말로 완벽한 것이 아니면 안 된다는 식의 이상주의자는 아니었기 때문이다. 그럼에도 불구하고 공연법은 제대로 공표되지 못하고 뒤로 미루어졌고, 일제 잔재 악법인 흥행취체규칙 역시 5·16 군사 쿠데타 이후 새로운 정부가 들어선 뒤인 1961년에야 폐기되었던 것이다.

2) 무대예술 전문극장 설치운동

지난 시절 우리나라 공연예술의 낙후 원인 중에 전문극장 부재가 가장 앞자리에 놓인다. 솔직히 전문극장의 건립에는 정치·경제적인 요인이 충족되어야 하기 때

48 유치진, 「공연법의 즉시 상정」 『경향신문』 1949.10.25.
49 유치진, 「몇 가지 주요한 과업」, 『신경향』 1949년 12월호.

문에 적어도 일제강점기에는 제대로 된 전문극장 세우기에 한계가 있었다. 따라서 공연예술 단체들은 일본의 대륙 낭인들이 전국 곳곳에 세운 영화관을 빌려 공연활동을 펼칠 수밖에 없었다. 그런데 일본인들이 만든 극장들은 당초부터 영화를 염두에 두고 건축된 것이기 때문에 무대시설이 전혀 안 되어 있어서 연극이나 무용 같은 고급 무대예술을 공연하기에는 대단히 불편했다. 그런데 일본인 극장들의 문제는 시설 불비에만 있었던 것도 아니고 과대한 임대료까지 부과됨으로써 공연단체들의 알량한 수익까지 착취하는 창구까지 되었다. 당시 일본인 극장주들이 우리 극단들에게 얼마나 독하게 착취했었는가는 동랑의 글에 잘 나타나 있다. 즉 그는 「신극 수립의 전망」이라는 글에서 극장 수입의 최대 부분을 극장주에게 착취당했다면서 "선전 인쇄, 기타 연극에 관한 준비, 심지어 전기, 조명의 준비까지 전부를 우리가 부담하고서 수입액의 6할을 극장주에게 주게 된다."[50]고 쓴 바 있다.

그러면서 그는 "지금 신극운동의 필수의 문제는 극장이다."라고 외친 것이다. 당시 수입도 변변치 않던 시절에 대부분의 입장료를 일본인 극장주에게 바치고 나면 극단에 남는 돈은 부스러기에 지나지 않았음은 명약관화였다. 이런 상황에서 극단의 존립은 거의 불가능한 것이었다. 바꾸어 말하면 제대로 된 우리의 전문극장의 부재로 공연예술의 발전은 전혀 꾀할 수 없었다는 이야기도 되는 것이다.

그나마 신무용가 배구자(裵龜子)가 1935년도에 서대문에 동양극장을 세움으로써 신파극 중심의 대중연극이 꽃필 수 있었던 사실은 전문극장의 중요성을 잘 보여주는 것이라고 말할 수가 있다. 그만큼 동양극장의 경우는 제대로 설계된 전문극장이 공연예술 발전에 얼마나 절대적인가를 웅변으로 말해주는 예이다. 바로 그 점에서 공연예술인들은 언제나 우리만의 전문극장 갖기를 갈망했고, 그것만이 우리나라 무대예술의 살 길이라 확신했다.

가령 동랑은 연극운동을 시작하고 나서 겨우 3년 뒤에 쓴 「조선 연극의 앞길」이란 글에서 "거(去) 7월 초순에 조선일보사에서는 창립 15주년을 맞이하면서 조선의 신문화 건설의 일부문으로서의 연극문화 건설에 대한 제가의 고견을 청한 바 있었다. 그중에서 보건대 대부분의 의견이 '우리는 우선 극장을 가지자'는 데 일치하고

50 유치진, 「신극 수립의 전망」, 『동아일보』 1934.1.6.~12.

있었다. (……) 조선의 목하 연극 행동을 살펴보건대 그의 가장 큰 고질의 하나가 극장문제에 걸려 있는 까닭인 때문"이라면서 그동안 자기들이 활동 공간으로 써온 공회당은 극장이 아니어서 제대로 된 작품을 만들어낼 수가 없었다고 했다. 그나마 영화관들도 극단들에는 임대를 꺼릴 뿐만 아니라 임대료가 고가여서 수지를 맞출 수 없다는 것이다. 그러면서 그는 "극장을 가지게 되면 극장운동의 앞길이 여간 타개될 게 아니다. 그것은 사실이다. 그러나 우리는 누가 극장을 지어주려니 하고 극장 되기만 기다리고 있을 수 없다. 극장 건축은 극장 건축대로 노력하는 일방 연극운동은 연극운동대로 해나가야 할 것"[51]이라고 결론내린 바 있다. 그가 이런 글을 쓴 뒤에도 상황은 나아질 기미는 전혀 보이지 않았다. 현실적으로 식민지 상황에서 뾰족한 타개책이 나올 가능성도 전무했다.

따라서 1942년 그는 국민극운동을 펼치던 시절에도 전문극장 부재로 연극단체들의 공연이 얼마나 부실하고 또 경제적으로 열악한가를 매우 비관적으로 묘사한 바 있다. 즉 그는 '극장은 연극을 결정한다'는 부제를 단 「연극의 나아갈 길」이라는 글에서 "반도의 연극은 어떠한가? 그들은 그들의 성격을 결정할 극장을 가지지 못했다. 각 극단이 각기 13도 방방곡곡으로 보따리를 싸 짊어지고 1년 365일을 집시와도 같이 떠다녀야 한다. 그렇게 해서 비로소 연명을 하고 호구를 할 수 있는 게 조선 연극의 현상이다. 이것이 이동연극으로서의 한 간소한 형태를 가진 것이라면 모르겠다. 그러나 우리가 가지고 다니는 것은 이동극이 아닌 일종의 실내극이다. 실내극을 이와 같이 떠다니면서 해야 되니, 여기에 연극으로서의 무슨 스타일의 완성을 바랄 수 있으며 예술적인 성격의 특성을 배양할 수 있으랴?"[52]라고 개탄하면서 극장이라는 연극의 도장이 없이는 우리 연극의 발전은 불가능하다고 했다.

그러한 상태에서 민족 해방을 맞게 되었고, 모든 상황은 긍정적으로 급변해가고 있었다. 물론 공연예술인들 역시 극장의 해묵은 과제들이 잘 풀릴 것이라는 막연한 희망으로 부풀어 있었다. 왜냐하면 일본인들의 소유였던 극장들이 모두 한국인의

---

51 유치진, 「조선 연극의 앞길 - 그 방침과 타개책에 대하여」, 『조광』 1935년 11월호.

52 유치진, 「연극의 나아갈 길 - 극장은 연극을 결정한다」, 『신세대』 1942년 9월호. 이재명, 『일제 말 친일 목적극의 형성과 전개』에서 재인용.

손으로 넘어올 것으로 믿고 있었기 때문이다. 따라서 연출가 이서향(李曙鄕)도 해방 반년 뒤에 쓴 글에서 "다난한 조선 극계의 제 과업 중에 어느 것이 중대하지 않음이 없지만 그중에서도 가장 초미의 급무는 극장문제"[53]라고 한 것이다. 그런데 상황은 공연예술인들이 생각하고 있던 방향으로 흐르지 않았다. 우선 상당수 일본인 소유의 극장들이 그들 밑에서 심부름이나 하고 있던 흥행 모리배들이 차지하고 나선 것이 아닌가. 보합제와 같은 착취 방법도 여전해서 5 : 5제나 4 : 6제 등이 그대로 통용되고 있었던 것이다.

이재현(李載玄)도 「수난의 민족연극」이란 글에서 "8·15 직후 연극인들은 커다란 오산을 했다. 첫째, 왜놈의 악질 흥행 모리배 손에 점취되어 이윤 고율에 있어 원시적 수탈을 감행하던 극장이 앞으로는 진정한 문화인 손에 넘어와 우리 연극인에게 활짝 문호가 개방될 것으로 믿었는데"[54] 정반대로 극장이 비문화인에게 점취당했다면서 흥행 모리만을 획책하는 상업흥행배들이 일인 극장들을 운영하기 때문에 "수많은 양심적인 연극인은 허다한 나날을 극장에서 쫓겨나 가두에서 방황하기에 이르렀다."고 개탄한 바 있다. 그런데 극장상황은 더욱 나쁜 방향으로 흘러갔다. 모리배들이 벌써 손을 썼는지는 알 수 없지만 1946년 3월에 경기도 적산관리과에서 서울 시내 일본인 소유의 10개 적산 극장을 연극인이 아닌 일반인에게 대여 입찰하겠다고 발표한 것이다. 그렇게 되면 무지한 흥행 모리배들이 합법적으로 적산 극장들을 장악하는 것이 되기 때문에 공연예술인들은 당혹할 수밖에 없었다.

공연예술인들이 그런 현상을 지켜만 보고 있을 수 없어서 좌우익이라는 이념을 넘어 전체가 연합하여 '극장을 예술가들에게 맡기라'는 건의서를 군정청에 내기에 이르렀다. 건의서의 내용은 네 항목으로 되어 있는데 첫째, 극장예술의 발전책, 둘째 극장 관리문제, 셋째 종전 관리인의 결함, 넷째 인선에 관한 희망 등으로서 핵심은 적산 극장들을 전문가들에게 일임해야 한다는 것이었다.[55] 그런데 군정 당국에서는 묵묵부답으로 있다가 3개월 뒤인 7월 들어서 아예 대여에서 불하하겠다고 발

53 이서향, 「극장문제의 귀추」, 『매일신문』 1946.1.27.

54 이재현, 「수난의 민족연극 - 해방 후 연극계 동향」, 『민성』 1948년 7, 8월호.

55 「극장을 예술가에 맡기라 - 문화단체서 건의서 제출」, 『서울신문』 1946.3.30.

표한 것이다.

이때 해방 이후 처음으로 동랑이 발언하고 나서게 된다. 즉 그는 『중앙신문』 대담에 나와서 연극 동지 서항석과 그 문제에 대하여 소신을 분명하게 밝혔다. 그는 적산 극장의 민간인에 불하하는 문제에 대하여 "현 단계에 있어서 극장 불하는 불필요한 일이겠죠. 이번에 미소공위(美蘇共委)에 제출한 답신을 보면 중공업 이상은 모두 국영으로 하라고 주장하였으니 그런 점으로 보더라도 극장은 당연히 국영으로 해야 하겠지요. 극장을 영리기관으로 생각한다면 애당초에 불하 운운은 문제부터 안 될 말이 아닙니까? 가령 학교를 불하하라고 하면 누구나 웃을 것이 아닙니까. 그와 마찬가지로 극장도 크게 국가적 견지에서 보아 교화의 전당으로 국가에서 경영해야 할 것입니다."[56]라고 했다.

여기서 주목되는 부분은 그가 극장을 '교화의 전당'으로 본 점과 '국가 경영이 바람직하다'고 한 점이다. 이어서 그가 『조선일보』에 기고한 글에서도 "연극의 흥망을 논위할 때 극장의 안부를 일별하지 않을 수 없는 것이다. 수일 전에 신문기자단이 러취 군정장관에게 발(發)한 질문 중에 남조선의 문화 정책에 관하여 극장문제에 언급한 바 있다. 왈(曰) 북조선에 있어서는 극장이 예술가의 손에서 운영되고 있는데 남조선에서는 모리배의 장중에서 농단당하고 있으니 남조선에서도 예술가의 지위와 대우를 개선하여 달라는 것이 논지였다. 나는 무조건 북조선 찬미자는 아니다. 오히려 북조선에 있어서의 예술 행동이 예술가의 창의보다도 소련적인 전체주의적 강권 밑에서 운동되고 있음에 반대하는 자의 하나이다. 그러나 남조선에 있어서와 같이 예술에 대하여 무관심, 무성의한 방임 정책에는 나는 절대 동의할 수 없다. (……) 학교가 자녀교육의 보금자리라면 예술은 예술적인 면을 떠나서 공리적으로만 본다 하더라도 성인 교화의 유일한 무기다. 더구나 계몽이 절대 필요한 이 건국 초두에 있어서는 극장은 학교나 교회당 이상의 매력을 가진 일의 교실임은 벌써 상식화된 사실"[57]이라고 씀으로써 극장을 교화의 전당으로 보고 있음이 그대로 나타나고 있다. 더욱이 당시만 하더라도 대표적인 공연물은 연극이었던 데

56 『중앙신문』 1946.7.20.

57 유치진, 「극장 사견」, 『조선일보』 1947.4.8.

다가 미디어가 발달되지 않은 시절이었기 때문에 극장이 최고의 대중 계몽장소로서 활용되지 않았던가. 동랑이 극장의 중요성을 그런 각도에서 파악하고 있었다는 데 그의 선구적 혜안이 보이기도 한다. 막스 엥겔스나 레닌 같은 공산주의 혁명가들도 연극과 영화를 최고의 선전매체로 보고 극장을 보호하지 않았던가.

동랑은 극장이 갖는 정치 · 사회 · 문화적 가치가 대단하기 때문에 개인보다는 국가가 제대로 만들어서 운영하는 것이 바람직하다고 보고 차제에 국립극장을 세우는 것이 절대적으로 필요하다는 생각을 굳혀간다. 때마침 일부에서는 이미 군정청을 상대로 하여 국립극장운동을 벌이고 있기도 했다. 즉 동랑이 제외된 채 그의 연극 동지이자 라이벌이기도 했던 서항석을 중심으로 하여 급속이 전개되었던 국립극장 설치운동은 추진 주최자 러치 장관의 급서(急逝)와 부민관 사용을 놓고 흥행업자 김동성(金東成)과의 갈등으로 무산되고 말았다.

그러나 분명한 것은 누가 먼저 발의했든 간에 국립극장 설치운동은 일단 점화되었기 때문에 새 정부가 들어서면 가능하다고 본 것이 바로 동랑이었다. 1948년 8월 대한민국 정부가 들어서자마자 동랑을 중심으로 한 설치운동은 힘을 얻었고, 정부 역시 그에 호응하여 공보처로부터 흥행 허가권을 인수한 문교부가 적극적으로 추진해갔다. 특히 국립극장이 발달되어 있는 독일에서 공부한 안호상(安浩相) 박사가 문교부 장관으로 임명되면서 국립극장 설치운동은 탄력을 받게 되었다. 그리하여 문교부안이 국무총리의 결재를 받은 것은 1949년 1월 3일이었다. 문교부 초안에는 국립극장을 서울과 대구(대구키네마)와 부산(봉래관)에도 두어서 지방의 공연예술도 함께 육성하기로 했었다.[58]

그런데 국립극장 운동도 서울에서는 마땅한 건물을 정하지 못한 상태에서 전개되었기 때문에 난관에 부딪힐 수밖에 없었다. 물론 연극인들은 조선총독부가 지은 부민관과 해방 후 국제극장으로 바뀌어 영화관으로 쓰이던 명동의 명치좌를 염두에 두고 있었지만, 부민관은 미군이 휴게 공간 비슷하게 사용하고 있었고, 명치좌는 서울시가 접수하여 시공관으로 쓰고 있던 터였다. 그런데 국회가 그 건물을 쓰겠다고 나섬으로써 문화계에서는 닭 쫓던 개 꼴이 되는 듯했다. 그런 분위기에 놀

58 『조선일보』 1949.1.8.

란 동랑은 문화예술계를 대표하여 신익희(申翼熙) 의장에게 부민관은 근대문화재이니만치 국립극장으로 쓰이는 것이 마땅하다는 요청서를 공개적으로 보내기도 했다.

그는 그 공개서한에서 부민관은 남북을 통틀어서 가장 크고 시설도 명치좌에 비할 바가 아니며 여러 가지 면에서 국립극장으로 가장 적합하다면서 "이러한 대극장은 국가적인 문화시설로서 독립국가의 체면을 유지하기 위하여 꼭 하나쯤은 있어야 할 것이다. 간혹 외국에서 국빈이 오더라도 어디에다가 그 손님을 모셔 우리의 문화를 소개하랴? 그뿐이 아니라 명일(明日)의 남북통일을 앞두고 국가사상 계몽은 턱에 닿은 화급한 국가적 과제로서 클로즈업되어 있는 이때 유일한 국민 교화 전당으로서의 극장의 활용과 그 증축은 시급한 문제"[59]라고 그 당위성을 제시함으로써 신익희 의장이 공감했음을 당시 곁에서 지켜본 오사랑의 회고 글에 잘 나타나 있다. 즉 오사량은 「동랑 선생과 국립극장」이란 글에서 그와 관련하여 "동랑 선생은 즉각 신익희 의장 앞으로 건의문을 내서 구 부민관을 국립극장으로 사용케 해달라고 간곡히 호소했다. 다행히 선생의 충정과 연극인들의 뜻이 받아들여져서 부민관이 국립극장으로 확정되고, 문교부 장관, 문화국장, 치안국장, 국회 문사위원 그리고 안석주, 채동선, 박헌봉, 서항석, 유치진 등 아홉 명의 운영위원회에서 유치진 선생을 초대 국립극장으로 선출했다."[60]고 쓴 바 있다.

이처럼 그가 초대 극장장으로 임명된 데다가 대통령의 특별 지시로 부민관도 국립극장으로 지정됨으로써 설립 절차는 착착 진행되어갔다. 국립극장 개설이 가시권에 들어서자 그는 극장을 진흥시키는 걱정부터 했다. 즉 그는 「연극, 몇 가지 주요한 과업」이란 글에서 "이만큼 판세가 됐으니 앞으로 돈만 있고 사람만 있으면 이 일은 성취될 것이다. 돈이야 아무리 가난한 우리나라지만 대통령령으로 국립극장이 설치된 이상 정부에서 아주 모른다 할 수 없을 것이니 이 점 걱정할 것은 없겠지만 실상인즉 사람이 문제일 것이다. 국립극장에는 물론 사무직 사람도 필요하고 극장 운영에 밝은 사람도 필요하겠고…. 그런 사람은 또한 구할 수도 있겠지

59 유치진, 「문화재를 지키자 - 신국회의장에게 올리는 글」, 『경향신문』 1949.7.29.

60 오사량, 앞의 책, 24면.

만 예술적인 면! 특히 극작가가 문제일 것이다. (……) 우리의 민족적 성격과 우리의 새로운 시대를 작품화할 우리의 실력 있는 작가가 있어야 할 것이다. 지금은 그런 작가가 우리에게 많지 못하다. 그러면 우리의 극작가를 어떻게 획득하느냐? 국립극장의 앞으로의 성공 여부는 이 문제에 달려 있다."고 우려 섞인 글을 발표하기도 했다.

여하튼 우여곡절 끝에 문교부에서 초안을 작성한 국립극장설치령은 1949년 12월 23일에 국무회의를 통과했고, 이듬해 1월 12일 자에 대통령령으로 공포되었다. 아시아 국가들 중에서 최초로 국립극장이 이 땅에서 문을 열게 된 것은 한마디로 역사적인 사건이라고 말할 수 있다.

왜냐하면 정치·경제적으로 후진국을 면치 못했던 제3세계 국가에서 순수 공연예술을 위한 정부 직영의 극장이 문을 연다는 것은 쉬운 일이 아니었기 때문이다. 세계 연극사에서도 보면 국립극장 형식으로 최초로 세워진 것이 1669년 프랑스의 오페라극장이고 내셔널 시어터란 명칭으로 개관된 공연장이 1767년의 독일 함부르크극장이므로 우리나라는 서양보다 약 3백여 년 뒤에 비로소 국립극장이 설립된 것이다. 그리고 전문 9조로 된 설치령의 제1조에 보면 '민족예술의 발전과 연극문화의 향상을 도모하여 국제 문화의 교류를 촉진하기 위하여 국립극장을 설치한다'고 규정되어 있는데, 이는 사실 동랑이 그동안 외쳐왔던 예술철학 그대로라고 볼 수가 있다. 그렇게 염원해 마지않던 국립극장 설치가 정식으로 공포되자 그 주역이었던 동랑은 감개무량한 글을 다음과 같이 썼다.

> 혹 항간에서는 이렇게 말한다. 대한민국과 같은 민주주의 국가에서 무슨 국립극장이냐? (……) 그러나 우리 민족은 우리 민족극을 수립해야 할 엄연한 사실 밑에 놓여 있다. 과거 수백 년 동안 연극뿐만 아니라 우리는 우리의 예술을 너무나 천시하였다. 그 때문에 우리의 연극이란 아직도 원시적 형태 그대로 남아 있지 않은가? (……) 다른 민족이 오늘까지 수백 년 걸려서 밟아온 길을 우리는 최소한의 시일 내로 경험하여야 한다. 우리는 한 군주를 위하여 혹은 전체주의 국가의 강권을 위하여 국립극장을 세우는 것이 아니라 우리 민족의 연극을 창조하기 위하여 국립극장을 세우는 것이다. 국립극장은 우리 민족극 창설의 산실이요, 그 수련의 도장인 것이다. 이렇게 생각하면 오늘

> 우리가 우리의 국립극장을 가지는 것이 결코 하나의 시대착오가 아니며 응당 가져야 할 것을 가지는 게 아닌가. 앞으로의 희망은 국립극장의 활동에 달렸다. 만일 국립극장이 실패하는 날이면 연극은 물론 음악, 무용, 기타 이 나라의 진정한 극장예술은 여지없는 타격을 받을 것이다.[61]

이상의 글에서 우리가 확인할 수 있는 바와 같이 그는 주로 국립극장 설치의 당위성에 초점을 맞춰서 논리를 전개했다. 당시 일부에서는 국립극장이 없었던 미국과 같은 민주주의 국가의 예를 들어서 국립극장 불필요론을 펴는 사람도 있었기 때문에 그에 대한 반론의 성격을 띠는 글을 쓰면서 우리나라와 같이 수백 년 동안 성리학에 뿌리를 둔 지배층에 의한 예능 천시 풍조와 일제의 탄압으로 지진아가 된 공연예술을 단시일에 진흥시킬 수 있는 지름길이야말로 국립극장 설치 운영이라고 한 것이다. 그의 생각이 오랜만에 뜻대로 성취된 것이라고 말할 수가 있다. 그가 그동안 누누이 민족예술의 필수요건으로 국립극장의 필요성을 강조해오지 않았던가.

솔직히 그때 국립극장이 개설되지 않았으면 한국전쟁 이후에 연극, 무용, 음악, 오페라, 국악 등 우리의 공연예술은 정체를 면치 못했을 것이다. 왜냐하면 연극은 말할 것도 없고 무용을 비롯하여 오페라, 교향악, 창극 같은 고급 예술 장르가 모두 국립극장에서 새롭게 태어났기 때문이다. 여러 가지 난관을 뚫고 그가 염원해 마지않던 국립극장설치령이 정식으로 공포되자 그는 「국립극장론」[62]을 통해 우리의 국립극장은 소련과 같은 사회주의 국가 극장과는 전혀 다른 파리의 코메디 프랑세즈를 롤 모델로 삼아 민족예술의 보존 육성의 순수 전문극장으로 나아가야 한다는 소회를 다음과 같이 썼다.

> 국립극장이 창설되면 나는 한 작가로서 혹은 한 연출가로서 정성껏 나의 예술 행동을 전개할 수 있는 기회를 얻어볼까 했었다. 그러나 불행히도 나는 극장장이란 뜻하지

61 유치진, 「국립극장의 실현」, 『경향신문』 1949.12.26.

62 유치진, 「국립극장론」, 『평화일보』 1950.1.1.

아니한 중책을 맞게 되어 아침부터 밤까지 극장 잡무에 휘둘려 한 잡역부로서 당분간은 예술 행동과는 담을 쌓아야 할 지경이다. 내게는 국립극장 문제란 내 개인의 문제가 아니요, 우리의 극장예술 전반에 관한 운명을 좌우할 문제다. 여태 짓밟히어 발 디딜 자리조차 얻지 못할 만큼 악운에 떠밀리던 나머지 이 이상 견딜 수 없게 된 극장예술이 국립극장 창설로써 일루의 희망의 줄을 붙들지 아니하였는가? 이 희망의 줄이 끊어지는 날이면 우리 극장예술은 다시금 구할 수 없는 암흑에 빠지고 말 것이다. 그럼에도 불구하고 예술에 대한 몰이해와 제 배만 부르면 그만이라는 사욕 — 그리고 비문화적인 공세와 압력은 아직도 극예술에 처해 있는 현하 실정과 국립극장의 민족적 사명을 이해치 못하고 어떻게 이 위대한 국립극장의 출발을 저해시킬까 하고 호시탐탐하고 있다.

그 때문에 때로는 가지가지 악질 잡음이 항간에 방송된다. 그러나 무슨 일이 있더라도 우리 예술인은 이 사실만은 살려야 한다. 그래야만 이 땅 민족예술의 르네상스가 도래할 것이며 신생 국가의 새날은 약속될 것이다. 그러나 국립극장의 요망이 급한 나머지 국립극장의 구상에 조금도 조루가 있어서는 안 된다. 국립극장의 간판에 도취한 나머지 국립극장다운 예술 창조를 게을리해서는 안 된다는 말이다. 이 점에 대해서 우리는 있는 지혜를 다 짜내야 할 것이며 세계 각국의 국립극장의 현 기구와 우리나라의 실정을 아울러 연구하는 데 게을리해서는 안 될 것이다. 우리가 국립극장을 개장하는 날은 우리의 예술은 적어도 1세기는 전진되어 있어야 할 것이다. 그렇지 않으면 국립극장에 대한 우리의 실망은 개장 당일로 발족할 것이며 국립극장 창설의 의의조차 없어질 것이다.

사업이란 그러나 성의만으로 되는 것이 아니며 거기에 환경이 허용되어야 하고 조건이 맞아야 한다. 오늘의 우리 국립극장이 처해 있는 환경이란 결코 순조롭지 않다. 그리고 부여된 그 조건도 좋을 수 없다. 그럼에도 불구하고 우리는 전진해야 하며 이 기회에 만난(萬難)을 물리치고 초인적인 성과를 거두어야 할 것이다. 이 기회에 우리가 희망하는 르네상스를 피게 하지 못한다면 극장예술의 앞날은 영원히 열리지 못할 것이요, 우리는 다시금 구렁텅이 속에서 헤매일 것이다. 전진! 전진이 있을 뿐이다.[63]

63 유치진, 「국립극장과 나」, 『동랑 유치진 전집』 8(서울예대출판부, 1993), 58~59면.

신극협의회 창립 준비 중인 국립극장장 시절의 동랑(중앙)

이상과 같은 그의 글에서 우리가 확인할 수 있는 것은 네 가지다. 첫째, 동랑은 당초 극작가와 연출가로서 창조 작업에 올인하려 했지만 극장장 책임을 맡아 어쩔 수 없이 일을 하게 되었다는 것, 둘째 국립극장 설립에 아직도 딴지를 거는 사람들이 여전해서 아쉽다는 것, 셋째 국립극장 개설은 우리 민족예술의 르네상스를 불러올 수 있는 절호의 기회인 만큼 잘 키워야 하는데, 그러려면 선진국의 국립극장 연구가 필수적이라는 것 등이었다. 네 번째로 모처럼 창설된 국립극장을 제대로 살리지 못하면 우리의 민족예술은 또다시 구렁텅이 속으로 추락할 것이라고도 했다. 이처럼 그의 글에는 초대 극장장으로서의 무거운 책임감과 사명감이 나타나 있으며 동시에 비장한 각오도 서려 있다.

벅찬 사명감을 갖고 백지상태에서 구체적 개관 작업에 들어간 그는 시설 보수 문제에서부터 인력 예산 확보 등 해결해야 할 일이 한두 가지가 아니었다. 특히 정부조직법이 국회에서 통과되기 전에 대통령령으로 공포되었기 때문에 국립극장 예산은 특별 회계에 들어가 있었다. 극장장이 당장 예산을 집행할 수가 없었다는 이야기다. 그러므로 4년여 동안 미군이 오락장으로 써왔기 때문에 난장판이 된 부민관을 당장 보수해야 할 재원이 문제였다. 그는 소년시절 부산에서 함께 하숙하면서 사귀어온 죽마지우 오위영(吳緯泳) 저축은행장으로부터 1억 원을 융자하여 보수에 들어가면서 동시에 인력 구축에 나섰다. 그런데 뜻밖에 국회에서 정부조직법이 통과되면서 일부 직제가 바뀌었는데, 핵심은 국립극장을 서울에만 두고 대구와 부산은 두지 않기로 한 것이었다. 이와 같은 국회의 판단 오류로 인하여 지방 문화가 장기간 정체 상태에 빠지게 된다.

그러나 그것은 일개 연극인의 힘으로 어쩔 수 없었으므로 그는 오로지 개관 작업에만 매달릴 수밖에 없었다. 따라서 그는 극장 운영의 청사진을 내놓았는데, '국립극장은 연극에만 그치는 것이 아니라 심포니, 오페라, 국악, 무용 등 극장예술의 각 부문에 긍하여 그 육성의 촉수를 뻗치려 노력하고 있다'면서 6개 항으로 된 운영 방침을 발표했다. 그 첫 번째가 전속단체의 문제인데, 우선 신극협의회(약칭, 新協)라는 기구를 두고 극장을 운영하되, 전속배우를 두지 않고 전속극단 두 개를 둔다는 것으로 극단 신협과 극협으로 하고 한 극단이 남녀배우 15명 내지 20명 이내로 구성하며 각 극단은 개별적으로 극장과 전속계약을 맺는다. 그 이유는 극단 신협과 극협은 신극협의회 기구 밑에서 예술적으로나 경제적으로 협조하겠지만 다른 면에서는 서로 경쟁시켜서 좋은 예술적 특징을 갖도록 하자는 것이었다. 두 번째는 공연은 두 극단이 격월로 시작 한 편씩을 2주일씩 함으로써 국립극장은 연간 무휴 공연이 되게 한다는 것, 세 번째로 작품은 창작극을 위주로 하되 번역극도 곁들이고 신인 발굴과 소설가의 참여도 유도하며 원고료는 전 입장료 수입의 5%를 지불한다는 것, 네 번째로 무대미술에서부터 대소 도구, 의상, 신발 등 모든 것은 극장의 무대과 의상 제작실에서 만들게 되므로 모든 출연자는 알몸으로 극장에 오면 극장의 제작실에서 모두 해결해 준다는 것, 다섯째 연출은 극단의 자주성을 고려하여 전속단체에 일임한다는 것, 끝으로 출연료는 전 입장료에서 원작료를 공제한 나머지 10분의 3을 전속극단이 받아서 연출자와 배우들에게 지불하게끔 한다는 것"[64]이었다.

이상과 같은 그의 극장 운영 청사진에서 우선적으로 주목되는 부분은 국립극장이 연극으로 출발하지만 음악, 무용, 오페라와 교향악까지도 전속단체를 두고 공연예술 전반을 육성하겠다는 것이었다. 그것은 극히 당연한 방향이었다고 생각한다. 왜냐하면 당시 전문극장이 없었던 시절 연극 이외의 공연예술을 육성할 곳은 국립극장밖에 없었기 때문이다. 그리고 운영의 청사진에서 특별히 눈에 띄는 대목은 배우를 전속으로 하지 않고 극단만을 전속으로 둔다는 것이었는데, 이 역시 현명한 판단이었다. 그의 주장에 의하면 배우를 전속으로 하면 급료를 공무원에 준해서 지급할 것이므로 예술가 대우를 제대로 할 수가 없다는 것이다. 당시 하급 관리의 봉급이 7천, 8천 원 정도였는데, 그것 가지고는 관록 있는 배우를 데려오기가 어려웠으며 예술적인 면에서도 배우가 관리와 같은 행세를 해서는 안 된다고 보았던 것이다. 그리고 그가 전속극단을 두 개 두어서 경쟁도 시키고 연중무휴 공연을 기획했던 것도 당시로서는 획기적이면서도 선진적인 구상이었다. 물론 예산상 등으로 인하여 극협을 가동하지 못하는 처지가 되기는 했지만 그의 구상만은 대단히 앞서가는 것으로서 만약 그가 기획한 대로만 일이 풀렸다면 우리 연극은 크게 진전되었을 것이다. 또한 극장 레퍼토리를 창작극을 우선으로 하고 번역극을 곁들이면서 좋은 소설을 번안 공연하며 신인 발굴을 꾀하겠다는 포부 역시 하나밖에 없는 국립극장 레퍼토리의 스펙트럼을 넓힌다는 것이었으므로 대단히 미래 지향적인 구상이었다고 하겠다.

극작가로 출발했지만 척박한 시대로 인하여 문화운동가로서 더욱 많은 역할을 하고 있던 그는 국립극장 설치라는 하나의 꿈을 이루자 민족극의 정립이라는 목표를 향해서 줄달음치기 시작했다. 그것은 우선 기구 구성과 단체 조직을 통한 개관작품 준비로부터 비롯되었다. 즉 그는 1950년 1월 19일에 극장 관리기구인 신극협의회를 설치하고 극작가 이광래(李光來)를 간사장으로 앉혔다. 신극협의회는 산하에 예술국과 지방국을 두고 그 밑에 극작분과, 연기분과, 무대분과를 설치했다. 극장에 지방국을 둔 것은 대구와 부산에 설치키로 했던 국립극장이 무산됨으로써 앞으로 지방을 배려하겠다는 뜻에 따른 것이었다. 그는 특히 공연을 이끌어갈 신협에

64 유치진, 「국립극장 설치와 연극 육성에 대한 방안」, 『신천지』 1950년 3월호.

주안점을 두고 간사에 신진 극작가 윤방일, 기획에 박민천 그리고 무대미술에 김정환을 앉혔다. 이처럼 그는 당시 가장 믿을 만한 민족극단이었던 극협 멤버를 스태프까지 고스란히 끌어들이고 사상과 실력 면에서 비교적 안정적이라고 평가해온 기성 배우들과 신인 몇 명으로 극단을 조직했다. 그러니까 그가 그동안 물심양면으로 키워온 배우들 중심으로 전속극단을 구성했다는 이야기가 되는 것이다. 이해랑을 비롯하여 김동원, 박상익, 오사랑, 김선영, 박제행, 박경수, 송재로, 최삼, 전두영, 주선태, 유계선, 황정순, 유해초, 백성희 등 15명이 영예로운 창립 단원이 되었다.

전속극단 신협이 출범하자마자 그는 4월 말의 개관 공연 준비에 들어갔는데, 가장 시급한 것은 희곡의 선택이었다. 당대 대표적인 극작가는 누가 뭐래도 극장장인 동랑 자신이었으므로 그가 마침 탈고를 끝낸 시대사극 〈원술랑〉(5막 7장)이 자연스럽게 창립 공연작으로 선정되어 곧바로 연습에 들어갈 수가 있었다. 해방 직후의 외세 지배와 이념의 갈등으로 혼란스러운 상황에서 민족의 굳건한 자주독립과 애국사상 고취라는 주제를 스케일 크게 펼친 역사극 〈원술랑〉이야말로 개관 프로로서는 가장 적절한 것이었다. 당대 최고의 작가, 연출가(허석 · 이화삼), 배우들 그리고 무대미술인 등이 만들어낸 화려하고 장대한 무대는 관중을 압도하고도 남았다. 그리하여 2천 석 가까운 객석은 연일 초만원을 이루었고, 관객들의 요청으로 5일간 연장 공연까지 함으로써 보름 동안에 근대연극사상 최대라 할 5만 명 이상을 동원하는 신기록을 세우고 개관 공연을 마칠 수가 있었다.

여기서 동랑이 쓴 희곡 이야기를 짚어보고 가야 할 것 같다. 왜냐하면 그는 시대사회가 급변해가는 와중에 분주하게 연극운동을 펼치면서도 창작의 손을 놓지 않았기 때문이다. 그리고 그가 해방 공간에서 민족주의자의 입장에서 그 정체성을 확립하겠다는 의지를 일련의 희곡을 통해 표출해왔는데, 이 작품 역시 그런 계열에 속하는 희곡이다. 그는 작품배경을 신라 문무왕시대로 잡았는데 소재는 국사학자 문일평(文一平)의 저서 『호암전집의 라당교전사(羅唐交戰史)』에 근거하고 있음을 밝힌 바 있다. 그 내용에 보면 '신라가 당과 협력하여 백제와 고구려를 쳐 없애고 나서는 당과 다시 충돌이 생겼다. 그리하여 라당이 교전한 지 6, 7년 동안에 당수(唐帥)가 누패(屢敗)하여 필경 구축(驅逐)되고 려제고지(麗濟故地)를 차지하여 반도 최초의 통일국이 되었다. 라당의 충돌로 말하면 그 실은 고구려가 몰락한 익익년인 문무왕

국립극장 창립 공연 〈원술랑〉(1950)

10년부터 생겼으니 정면 교봉(交鋒)은 석성전(石城戰)이 처음이니 이는 문무왕 11년 일이다. 석성전이 있은 이후 문무왕 16년 지벌포(백강)전에 이르기까지 한강 하류를 끼고 범 대소 백여 전(百餘戰)에 그중에도 양방 운명을 결정지은 최대 결전은 매초성(양주)의 총공격이다. 이 싸움이 있어 적군 20만이 패주하고 전마 3만 380필을 획득하였으며 기여 병장(兵杖)도 이만큼 많이 획득하였다 하니 신라 측의 대전첩임을 알 것이다."라고 기록되어 있다. 그가 바로 당나라를 패퇴시키는 데 결정적 승기를 잡았던 매초성(買肖城, 오늘의 楊州) 전투에 포커스를 맞추고 상상력을 발휘하여 승전의 영웅으로 원술(元述)이라는 젊은 화랑을 등장시킴으로써 혼란기의 방황하는 젊은 세대에게 불타는 애국심을 고취시켜보려 한 것 같다.

그런데 궁극적으로는 그가 전작 〈자명고〉에서 이미 보여주었던 외세 배격과 민족의 자주독립이라는 대의명분 아래서 국민 개개인이 어떤 자세를 취해야 하는가를 삼국통일의 주역 김유신 장군과 그의 아들 화랑 원술의 비장한 삶에서 교훈을 얻도록 한 것이었다. 그 교훈이란 자신을 희생해야만 성취할 수 있는 투철한 애국심임은 두말할 나위 없는 것이다.

알다시피 그는 해방 공간에서의 남북 양쪽의 외국 주둔군의 임시 통치에 대하여 불만이 적지 않았었다. 그것은 특히 문화 정책, 이를테면 노동법이라든가 극장 10할 입장세, 그리고 미국 영화의 무분별한 수입 등에 대하여 대단히 비판적이었음은 전술한 바 있다. 그뿐만 아니라 주둔군으로서의 갖가지 불미스러운 일들이 끊이지 않았으며 북한 지역에서의 소련군의 행패 등도 그가 겪어보아서 잘 알고 있었다. 거기에다가 소련이 북한 정권을 향하여 끊임없이 요구해온 국제 공산주의 확산 정책에 따라 남한에서의 빨치산운동으로 인한 소요 등에 대하여도 대단히 불안하고 불만스럽게 생각하고 있었다.

그 점은 그가 쓴 여러 편의 희곡에서도 잘 나타나고 있다. 따라서 그는 항상 민주주의에 입각한 민족의 자주독립과 정체성 확립에 대하여 고민했고, 그것을 작품을 통해서 이야기하려 했다. 〈자명고〉와 연결되는 〈원술랑〉도 바로 그런 유형의 작품이라고 볼 수가 있다. 가령 문무왕 시절 신라가 삼국을 통일하기 위하여 부득이 당나라의 힘을 빌렸던바 당나라 군대가 주둔군으로서의 행패가 적잖았음은 불문가지의 일이다. 그것은 곧 일본 제국주의를 패퇴시키고 미소 양국군이 개선군으로서 서울과 평양에 주둔하는 동안 그들이 통치하면서 저질렀던 여러 일들도 그를 당혹케 했었다. 그래서 그가 또다시 전작 〈마의 태자〉에서처럼 역사를 빌려서 현실을 폭로 비판, 풍자하는 수법을 다시 꺼내 들었다고 볼 수가 있다. 바로 이 지점에서 그는 오늘의 애국심을 신라의 강인하면서 투철한 화랑정신에서 찾아보려 한 것이다.

가령 주인공인 원술이 당나라를 어느 정도 신뢰하고 있는 부친 김유신과의 대화에서 "하지만 고구려가 망한 지 4년, 그리고 백제가 망한 지 벌써 10여 년이 된 오늘까지 그들 당나라가 자기의 군사를 우리나라에 주둔시켜두는 것부터가 수상한 노릇이 아니겠습니까?"라면서 임무가 끝났으면 돌아가는 것이 원칙인데 굳이 남아서 행패 부리고 더더구나 다 망해버린 백제와 고구려 유민을 부추겨서 반란까지 꾀하고 있는 것이 문제임을 지적하고 그들을 몰아낼 결심을 하게 된다. 당나라 군대가 유민들을 부추기는 것은 여수순천반란사건을 연상시키는 부분이기도 하다. 그런데 노 부친 김유신이 출전을 준비하자 아들 원술은 "이 당나라와의 싸움은 백제·고구려와 싸우던 때와는 다릅니다. 이때야말로 건곤일척하여 이 나라, 이 겨레의 운명을 결정할 위급존망지추가 아닙니까? 아버지께서는 최후까지 살아계시어 수십 년 싸우신 그 풍부하신 경력으로 삼군을 질타하여야 합니다. 아버지의 전 지력을 쓰실 때는 그때예요."라고 만류하면서 자신이 출전한다.

그러나 애석하게도 그가 첫 전투에서 패하고 돌아오자 부친 김유신은 화랑 5계를 어겼다는 이유로 아들 원술을 박정하게 내침으로써 그의 기나긴 방랑의 고난이 시작된다. 그 고된 시련기를 버티게 한 힘은 유민 출신의 시골 처녀 진달래에게서 나온다. 이처럼 동랑은 언제나 작품 속의 각박한 삶에 구원의 여성을 등장시킴으로써 리얼리즘의 무미건조함을 윤택하게 만든다. 이는 곧 그가 내건 시적 리얼리즘의 기조를 꾸준히 유지해가고 있었다는 이야기다. 원술이 산야에서 고난에 찬 방랑을 거듭하고 있는 동안 그의 부친 김유신이 사망하지만 모친 역시 원술의 화랑 5계 어김을 용서치 않음으로써 임종에 참여치 못한다. 그러다가 주인공 원술은 조국을 위해서 재기할 수 있는 기회를 맞게 되는데, 그것이 다름 아닌 사서에 기록되어 있기도 한 매초성 전투에서였다. 즉 그가 국가 운명이 존망지추에 몰려 있던 매초성 전투에서 화랑의 신분을 감추고 무명의 병사로 자원하여 불굴의 용기와 지략으로 당나라 진영 깊숙이 침투하여 당나라 적장 고간의 목을 벤 후 오합지졸이 되어 버린 당나라 군대를 패퇴시킨 것이다. 그는 전투 도중에 한쪽 팔을 잃을 정도로 큰 부상을 당하였지만 조국을 구하는 것으로 화랑 5계를 어긴 속죄감을 느꼈을 뿐이다.

그에 감복한 문무왕이 원술의 공로를 치하하여 소판(蘇判)이라는 직위와 도조(賭租) 3천 석지기 땅을 하사하는 한편 왕의 부마로 책봉하겠다고 하자, 그는 "신이 싸움터로 나간 것은 상을 받기 위해서가 아니옵고, 오로지 신의 지은 죄를 씻기 위한 것에 불과하였나이다."라면서 모두 사양하고 자신을 그동안 지탱해준 진달래와의 정리 때문에 부마 자리도 완곡하게 거절한다. 그러니까 그는 아름다운 공주와의 결혼과 호화로운 궁중생활도 마다하고 이름 없는 시골 처녀 진달래와의 진정한 사랑을 택하겠다는 것이다.

이에 왕이 마지막으로 그에게 소판의 직위를 가진 인물로 사기(史記)에 기록을 남기겠다는 뜻을 말하자 원술은 "만일에 부득이 남겨야 하실 일이라면 신의 공을 내세우기보다 신의 지은 죄를 서서히 기록하시어 사람으로서 계율을 어김이 얼마나 기막힌 일인가를 후세에 전하시와 신과 같은 불충불효한 자가 두 번 다시 나지 않도록 중계하여주시기 바라 아뢰나이다."라고 복배하는 것으로 막이 내려진다. 이처럼 〈원술랑〉은 조국에 대한 충성심을 극대화한 그의 대표작이라고 말할 수가 있다. 이러한 애국주의 유형의 작품은 해방 공간의 외세 지배와 이념적 상극의 혼란 속에서 관중에게 어필할 수 있었기 때문에, 국립극장 개관 공연은 연극사의 기록에 남을 정도로 큰 반향을 불러일으킬 수가 있었던 것이다.

개관 공연의 대성공은 우여곡절 끝에 겨우 설립된 국립극장이 대단히 잘 풀려갈 것이라는 확신을 정부에 주는 것에 그치지 않고, 수십 년 동안 방황해온 우리나라 근대 민족극이 이제 제자리를 찾게 되었다는 의미도 던져준 하나의 사건이었다. 특히 초대 극장장으로서 국립극장 운영의 시험대에 올랐던 동랑은 개관 공연 성공이야말로 그의 능력을 널리 알림으로써 공연예술계의 지도자로서도 자리를 확고히 다지는 계기도 되었다. 연극공연이 크게 성공하자 그는 당초 약속한 대로 여타 공연예술도 함께 육성해야 한다는 생각으로 국극사의 창극 〈만리장성〉을 공연했고, 이어서 음악사상 최초로 창작 오페라인 현제명의 〈춘향전〉을 김생려(金生麗)가 지휘하는 고려심포니 연주로 무대에 올렸으며, 발레 〈인어공주〉도 공연함으로써 국립극장을 한국 공연예술의 메카로 만들어갔다. 그의 총지휘하에 4대 무대예술 장르가 선을 보임으로써 국립극장은 단시일 내에 명실상부한 민족예술의 센터가 된 것이다.

자신감에 찬 그는 곧바로 제2회 연극공연 준비에 착수하여 중국의 대표적인 극작가 조우(曺遇)가 쓴 〈뇌우〉(김광주 역)를 레퍼토리로 정하고 그 자신이 직접 연출가로 나서기도 했다. 극장장인 그가 직접 연출의 메가폰을 잡은 것은 개관 공연의 성공을 그대로 밀어붙이겠다는 계산에 따른 것이었기도 하지만, 그보다는 그가 〈원술랑〉에서 묘사하고자 했던 애국적 주제와 무관치 않았다고 보아서였다. 그 점은 그가 다분히 애욕적 비극인 〈뇌우〉를 봉건국가라는 환경에 포커스를 맞춰 해석했던 점에서도 확인할 수가 있다. 즉 그는 이 작품 연출의 변에서 "작품 해석에 있어 나는 우선 이 작품의 비극성을 환경에서 찾으려 하였다. 작중인물(아버지인 周撲園을 위시하여 그 아내인 번기, 그 아들 인평과 종, 그리고 그 전처인 노시평 등) 모두가 이 작품이 제시한 사건에 엉키어 고민하고 있는데, 이 고민은 그 인물의 각자 성격의 소치이기는 하지만 그와 동시에 중국의 당시의 봉건주의 제도가 빚어내는 중압에서 오는 것이다. 봉건주의의 모순된 중압에 억눌리어 인간 본연의 자태에 돌아가려는, 아니 인간 본연의 자태를 찾아내려는 작중인물들의 피눈물 나는 발버둥이 이 작품의 주제가 되어 있는 것이 아닌가.

주평이 그 계모와 불의의 정을 맺은 것이며 노시평이 전남편에게서 버림을 받은 것도 모두 봉건주의의 가족제도의 불합리성에서 오는 과실인 것이며, 봉건주의를 가장 깊이 체득하여 그 생활에 가장 적응하고 있는 것으로 보이는 아버지 주박원조차도 봉건주의의 덫에 걸리어 마침내 비극적인 고민을 청산 못 함이 아닌가. 이 모든 인물이 마치 거미줄에 걸린 미물과 같이 봉건주의의 가시철사에 걸리어 그 생명선을 부지하려고 애쓰다가 결국 아무런 구원을 받지 못한 채 희생되고 마는 것이다. 이 때문에 나는 이 작품의 비극성을 환경의 중압에서 찾아보려 한 것"[65]이라고 하여 작품을 정치적 측면에서 접근했음을 분명하게 밝힌 바 있다. 그러니까

65 유치진, 「운명극 〈뇌우〉 - 〈뇌우〉 연출자로서」, 〈뇌우〉 프로그램.

국립극장장 시절 〈뇌우〉 연출

김광주 번역극 〈뇌우〉 공연 때 국립극장 앞에서. 뒷줄 가운데가 동랑, 오른쪽 끝이 김광섭. 앞줄 오른쪽 끝이 박렬, 왼쪽 끝이 이헌구.

번역극까지도 당시 그가 몰두하고 있던 애국심이라는 큰 명제에 입각하여 다루고 있음을 확인할 수가 있다.

그리고 흥미로운 사실은 그가 연출을 맡자마자 새로운 실험을 감행했다는 것이다. 여기서 새로운 실험이란 연극계의 오래된 관성, 즉 배역을 결정하는 구투를 깨는 것을 의미한다. 과거에는 으레 인기 있는 주인공은 정해져 있을 정도로 변함이 없었다. 그런데 그는 그런 관례를 깬 것이다. 가령 이 작품에서도 젊고 멋있는 주인공은 김동원이 맡아야 했지만 그는 그 관례를 깨고 이해랑을 내세우면서 김동원을 그의 아버지인 노역으로 바꾸었으며 여주인공도 신인 황정순을 내세우고 김선영은 어머니 역으로 밀어냈다. 한편 중견 배우 유계선과 신인 백성희를 더블 캐스팅함으로써 새로운 유망주에게 기회를 주기도 했다. 그의 과감한 신인 발탁은 대학극 출신의 신태민을 등용한 것에서도 나타났다. 신인 발탁은 뒤 스태프에 차범석, 최창봉, 김경옥, 김정섭 등을 기용한 것에서도 잘 나타났다. 이는 그가 당시 극단들의 매너리즘에 충격을 주는 동시에 장기적인 안목에서 유망주들을 발굴하고 키워내겠다는 야심에 따른 것이기도 했다. 따라서 제2회 공연은 개관 공연 이상으로 성공적이었다. 극장 앞에 매일 장사진을 쳤고 10일간의 연장 공연에도 불구하고 관객의 수는 줄 줄을 몰랐다. 총 입장객이 무려 7만 5천 명이나 되었으니 개관 공연을 앞지르는 숫자가 아닐 수 없었다. 그러나 다음 무대에 올라가야 하는 작품이 기다리고 있어서 마지못해 막을 내리는 처지가 될 정도로 국립극장 연극의 인기는 하늘을 찌를 듯했다.

이러한 기조를 유지하려 그는 곧바로 제3회 공연 준비에 들어가 인기소설가 정비석의 장편 『청춘의 윤리』를 이광래에게 각색시켜서 막 독회에 들어가려던 찰나에 6·25전쟁이 발발함으로써 모든 것이 정지되고 말았다. 1950년 4월 29일 개관하여 불과 58일, 그러니까 만 두 달도 못 채우고 그의 국립극장운동은 그 막을 내리게 되었다. 승승장구하던 그는 졸지에 한국 근대극과 함께 또다시 기나긴 시련의 계절을 맞아야 했다.

7. 한국전쟁과 기나긴 겨울

1950년 6월의 동랑은 오랜만의 행복감으로 가득 차 있었다. 일제의 치욕으로부터 벗어나 5년여 만에 아시아에서 최초로 개관된 국립극장장으로서 그가 오랫동안 꿈꾸어왔던 민족극운동이 순항의 조짐을 보여주고 있었던 데다가 3남매도 중학교와 소학교에 잘 다니고 있었기 때문이다. 따라서 그는 국립극장을 굳건하게 정착시키는 한편 어떻게 하면 좋은 희곡을 쓸 수 있을까 노심초사하고 있었다. 평생 일밖에 모르는 그는 6월 25일이 일요일임에도 불구하고 오후에 극장에 출근하여 뒷좌석에 앉아서 무용공연을 보고 있었다. 그런데 한창 공연 중에 마이크에서 갑자기 "관객 중에 군인이 있으면 곧바로 병영으로 돌아가시오."라는 급박한 소리가 음악과 함께 울려 퍼지는 것이 아닌가. 일종의 공연 사고로 여긴 그가 당황하여 곧바로 기계실로 올라갔더니, 기사가 놀란 표정으로 북한 인민군이 38선을 넘어 남하하고 있다는 문교부의 전갈을 보고했다. 그는 너무 놀랐지만 공연은 예정대로 진행시켰고, 극장 업무가 종료하자마자 곧바로 귀가하여 라디오에서 들려오는 상황을 통해서 전쟁 발발을 확인할 수가 있었다.

그런데 이튿날에도 상부 기관인 문교부에서 어떤 지시사항도 없었기에 그는 불안한 가운데서 정상적으로 아무 일 없었다는 듯이 극장에 출근했다. 상황을 알게 된 직원 몇 명은 나오지 않았다. 곧 문교부에서 모든 업무를 중단하라는 지시가 내려옴으로써 국립극장은 개관한 지 꼭 두 달 만에 일단 문을 닫게 되었다. 멀리서 포성이 들려오는 가운데 그는 아이들을 일단 북아현동의 처가로 보내놓고 앞으로 어떻게 해야 할지를 아내와 함께 고민하다가 노환의 장인이 걱정되어 곧바로 장인 내외까지 갈월동 집으로 모셔오게 된다.

때마침 6월 장마까지 시작되어 매일 비는 억수같이 퍼붓고 있었다. 전쟁이 발발하고 이틀이 지난 6월 27일 밤 그는 후배이자 신협의 핵심 단원인 이해랑의 방문을 받는다. 이해랑은 그때의 상황과 관련하여 "한참 가다가 유치진 씨가 갈월동에 살고 있는 게 생각났다. '유 선생은 나보다 더 여기 있으면 견디지 못할 것이다. 빨갱이들은 유 선생을 더 증오하고 큰 적으로 삼을 것이다. 내가 모시고 가야겠다.' 유 선생은 부인과 덕형 등 3남매와 있었다. 내가 '부산에 가면 우리 선친이 계시니까 거기로 같이 갑시다' 했다. 부산까지 괴뢰가 쳐들어오면 그때 또 같이 가자고 종용했던 것이다. 그러나 유 선생은 한참을 부인·아이들과 의논하더니 결론이 '해랑 혼자 가'였다. 처자를 두고 떠날 수 없다는 것이었다."[1]고 회고한 바 있다.

이해랑의 회고는 사실이었다. 동랑 자신도 「90일간의 수난기」라는 글에서 그때의 상황과 관련하여 "6월 27일 밤 10시쯤 되어서 때 아닌 노크 소리가 들린다. 현관문을 여니 L 군(이해랑을 지칭함)이다. 바깥의 빗소리는 쉬지 않고 멀리서 포성은 간간이 문창호지를 흔든다. 비를 쪼르르 맞은 L 군은 당황한 어조로 날더러 서울을 피하라고 재촉한다. 괴뢰군은 지금 미아리 고개에 다다랐다는 것이다. L 군의 설명을 기다리지 않더라도 시 일각(時一刻)으로 가까워오는 포성만 들어도 분명히 서울은 떠나야 살 것 같다. 그러나 내게는 아직도 그러한 마음의 준비가 조금도 되어 있지 않음을 어찌하랴! 무엇보다도 내게는 의정부를 탈환했다는 정부의 낮 보도가 내 기억에 아직 생생하다. 설사 그런 보도가 없었다 해도 우리의 국군이 그렇게도 허무하게 밀리리라고는 생각할 수 없었다. 아니다. 중과부족으로 혹 우리 국군이 놈들한테 밀릴는지도 모른다. 그러면 이렇게 쉽게 도성(都城)을 빼앗기는 우리의 무력일진대 무엇을 믿고 우리는 어디로 간단 말인가? 어디로 피하더라도 살길은 없을 것 같았다. 더구나 나는 국립극장의 책임자가 아닌가? 5년이란 긴 세월을 두고 선배·후배가 애를 써서 만든 국립극장이다. 이 극장을 개관한 지 불과 한 달 반! 이 아까운 자식을 팽개치고 떠나다니 내게는 생각할 수 없는 일"[2]이라고 쓴 바 있는 것이다.

이상과 같은 글에서 복잡하면서도 어찌할 바를 모르고 당황하고만 있었던 그의

1 이해랑, 『허상의 진실』(새문사, 1991), 331면.
2 유치진, 『동랑 유치진 전집』 6(서울예대출판부, 1993), 211면.

심중을 읽을 수가 있다. 그가 갈피를 못 잡고 서울을 떠나지 못한 이유 중의 한 가지가 가족에 대한 지극한 애정이었다고 한다면, 두 번째는 조국과 국군에 대한 신뢰였으며, 세 번째는 국가 공무원으로서의 투철한 책임감이었다. 따라서 그는 일단 서울에 잔류하기로 결심하고 가족과 하루를 보냈다. 더욱이 국군이 의정부를 탈환했다는 라디오 뉴스가 흘러나옴으로써 잠시나마 안심도 된 것이 사실이었다. 그는 국립극장 숙직실과 수시로 연락을 취해보려고 했으나 수위도 이미 사라지고 없었다. 포성은 점점 가까워지고 총소리도 자주 들려옴으로써 전세가 라디오 뉴스와는 다른 방향으로 흐를 것 같기도 했다. 밤을 꼬박 새운 그는 아침 일찍 집에서 가까운 갈월동 전차 길로 나가보게 된다. 아니나 다를까, 붉은 깃발을 단 인민군 전차가 50미터 간격을 유지하면서 삼각지 쪽을 향해 가고 있는 게 아닌가. 길 양옆으로 늘어서서 불안한 얼굴로 그 광경을 지켜보고 서 있는 시민들과 왼팔에 빨간 완장을 찬 청년들이 거리로 뛰어다니면서 '인민공화국만세!'라고 쓴 전단을 붙이고 다니는 모습도 보였다.

기겁한 그가 황급히 집으로 돌아와서 가족에게 상황을 설명하니 아내가 그에게 장인과 함께 남쪽으로 몸을 피하라고 내쫓다시피 했다. 그는 일단 도강을 위해 한강 쪽으로 갔으나 이미 다리는 끊어진 상태였고, 결국 거기서 머뭇거리다가 장인을 따라 처 생질이 운영하는 삼각지의 민중병원을 찾아갈 수밖에 없었다. 그는 민중병원의 3층 다락에 은신처를 구하고 그 캄캄한 곳에서 기약 없는 기다림의 생활을 하지 않으면 안 되었다. 특히 여차하면 죽을 각오로 다량의 수면제까지 처방받아 가지고 있었던 것으로 보아 그는 비장한 각오를 하고 있었음을 알 수가 있다. 그때의 절박했던 사정에 대하여 그는 다음과 같이 회고했다.

> 간밤의 폭발로 한강 다리는 이미 끊어져 있는 줄은 알고 있었다. 나는 다리 가까이 있는 어느 친지의 집에 들러 거기에서 카르모찡(수면제의 일종)을 구했다. 다량으로 먹고 기어나와 한강 사장(沙場)에서 절명하면 그 친지의 집에는 아무런 누도 끼치지 않으리라고 생각한 것이다. 불안한 며칠이 지났다. 우리의 국군은 한강을 끼고 적의 남하를 가로막느라고 장렬한 전투를 계속하고 있는 게 보인다. 응전하는 소총, 기관총 소리는 콩 볶듯 튄다. 아무런 준비도 없는 국군은 문자 그대로 육탄으로 싸우는 것이다. 그

때문에 적의 탱크는 그 전진이 완전히 저지되었다. 나의 운명도 육탄으로 응전하는 우리의 국군과 꼭 같은 끈에 서로 연결되어 있음을 나는 느꼈다. 한강의 우리 국군의 방어선이 무너져 우리의 국군이 이산(離散)될 때 나도 나의 생명의 끈을 끊으리라고 결심하고 전투의 귀추만을 주시하고 있었다.

그러던 중 불행히도 7월 3일 새벽! 우리 국군의 한강 방어의 선이 끊어지며 괴뢰군은 물밀듯 남으로 몰려가기 시작했다. 나의 실망은 구할 수 없었다. 마침내 나는 죽는 수밖에 없었다. 그러나 나는 우연히도 그날 UN군이 우리나라에 파견되었다는 라디오의 뉴스를 들었다. 그러면 대한민국이 다시 살아난단 말인가? 그 후 나는 초조한 가슴을 졸이면서 대한민국이 다시 살아오리라는 일루의 희망을 품고 하루하루를 보냈다.[3]

이처럼 그는 그 다락에서도 처 생질 가족이 알려주는 소식으로 바깥 사정을 알고 있었으며 이따금 환자로 가장하여 병원을 찾아오는 아내가 장인 장모 내외와 애들 처지도 알려주었다. 예상한 대로 그의 집안은 반동분자로 낙인찍혀서 모두 내쫓겨나 뿔뿔이 지방으로 또는 서울의 친척 집 등으로 흩어져 지내고 있었으며, 그의 갈월동 집은 인민위원장 가족이 차지해서 살았다. 문화계의 대표적인 반공주의자로서 연극계의 리더였던 그의 집안이 풍비박산이 난 것은 너무나 당연했다. 다행히 UN군이 참전했다는 보도로 승리의 희망이 있었기에 자살을 포기한 그는 캄캄한 3층 다락에서 '고도'를 기다리듯이 하루하루를 긴장 속에서 보내고 있었다. 매우 지루하고 답답했으나 어쩔 도리가 없었다. 책도 읽힐 리 만무했고 그렇다고 작품을 쓸 분위기도 아니었다.

그처럼 생사가 갈릴 수 있는 긴박한 상황 속이긴 하지만 평소 일벌레로 알려진 그에게 있어서 그냥 지나가는 지루한 하루의 긴 시간은 하나의 고문이었다. 따라서 그는 작가로서 공상의 나래를 펴기 시작했고, 취재하지 않고도 쓸 수 있는 작품을 구상하게 되었다. 항상 현실과 역사에서만 작품 소재를 찾았던 그가 희곡을 구상하면서 이 민족이 왜 이처럼 고통 속에서만 살아가야 하는가를 숙고했다. 개화를 맞아서는 제대로 대비하지 못해 일제의 식민지 피압박 민족으로 살아야 했고, 해방을

---

3 위의 글, 211~213면.

맞아서는 이데올로기가 무엇이기에 서로 동족의 가슴에 총부리를 대고 싸워야 하는가. 거기서 그는 찌들고 때 묻은 기성세대에게는 희망이 없다는 생각을 하고 미래 세대를 위해 일해야겠다는 결심을 하게 된다. 극작가로서 할 일은 그들에게 아름다운 꿈과 정서 함양을 생각하면서 동화극을 한 편 써야겠다고 마음먹는다. 이러한 사실은 작곡을 의뢰했던 정윤주(鄭潤柱, 1918~1997)의 다음과 같은 회고에 잘 나타나있다.

> 어느 날 선생님 작품들 중에 음악으로 작곡해보고 싶은데 적당한 작품이 있느냐고 문의하였더니 장차 우리나라 아동을 위한 작품이 필요할 것으로 알고 동양의 전설인 〈까치의 죽음〉이라는 동극을 써둔 것이 있는데 이를 보라고 하셨다. 이를 정독한 후 무용극으로 작곡하겠다고 하였더니 쾌히 승낙해주셨다.[4]

이상에서 확인할 수 있는 것처럼 그는 전쟁의 고통 속에서 마치 사과나무를 심는 심정으로 동극(童劇)을 구상하고 그 첫걸음으로 생애 최초로 동극을 쓰게 된다. 그리하여 그는 평소 주창해왔던 전통에서 소재를 찾아보았고, 거기서 '까치의 전설'을 떠올린 것이었다. 그는 석 달 은신해 있는 동안 간단한 도구만으로 짤막한 음악무용곡 〈까치의 죽음〉을 탈고했다. 이 작품은 그가 해방 직후에 쓴 〈남사당〉과는 적어도 전통세계에서 소재를 끌어왔다는 점에서는 공통성을 지닌다. 그러나 희곡형식에 있어서는 판연히 다르다. 왜냐하면 이 작품은 철저한 리얼리스트로서 메이예르홀트의 상징주의에 기울어진 이후 그가 처음 시도한 동화적이고 몽환적인 작품이기 때문이다. 설화의 배경을 신라시대로 잡음으로써 용맹한 화랑 한 사람만 등장시키기고 나머지는 모두 동식물들을 등장시켰다.

즉 까치 부부를 비롯하여 까치 새끼들과 구렁이 부부, 나비들, 개구리들, 두꺼비들, 자라, 그리고 꽃들이다. 이야기는 설화의 내용대로 까치 부모가 먹이를 구하러 나간 사이에 수놈 구렁이가 나무에 올라 까치 새끼들을 잡아먹으려는 순간 화랑이 활을 당겨 죽였는데, 암놈 구렁이가 미녀로 변신하여 화랑의 몸을 감아 복수하려는

4 『시사음악신문』 2000.9.13.

순간 까치 부부가 은혜를 갚기 위해서 부리와 머리를 부딪쳐 죽으면서까지 새벽종을 울림으로써 화랑이 살아난다는 줄거리다. 그런데 흥미로운 것은 이 작품에서는 까치를 비롯하여 구렁이, 개구리, 자라, 두꺼비 등은 말할 것도 없고 나비와 꽃까지도 말을 한다는 것이다. 비록 동화이긴 하지만 그가 한국 연극사상 처음으로 생태학적 세계관을 마음속에 품고 작품을 썼다는 의미가 있다는 이야기다. 그러니까 동족 간에 총부리를 겨누고 죽고 죽이는 전쟁의 한복판에서 그는 하다못해 동식물들까지도 함께 어울려서 평화롭고 행복하게 살았던 태고의 생태학적 유토피아를 끌어들여서 살벌한 현실을 풍자했다는 점이 주목을 끈다. 가령 1970년대에 박조열(朴祚烈)이 〈오장군의 발톱〉을 통하여 생태학적 유토피아를 꿈꾼 것이라든가 근자에 오태석(吳泰錫)이 〈갈머리〉라든가 〈내 사랑 DMZ〉 등을 통하여 분단의 고통을 생태학적 유토피아로 승화시킨 것도 동랑이 6·25전쟁 중에 썼던 〈까치의 죽음〉에 닿아 있다고 해도 과언이 아니라는 생각이다.

그런데 이 작품에서는 그는 어린이들이 좋아할 춤과 음악을 염두에 두고 그의 장기라 할 시가(詩歌)가 많이 활용한 것 또한 특징이라면 특징이다. 가령 꽃들이 합창으로 부르는 "봄바람 살랑 / 꽃봉오리 오동통 / 보슬비 보슬보슬 / 나뭇잎 파릿 / 아지랑이 아롱아롱 / 시냇물 졸졸"을 비롯하여 까치새끼들이 어미를 기다리면서 부르는 합창에서는 "아빠 엄마 왜 안 와? / 저 하늘 푸른 하늘 / 높은 산 넓은 들 / 엄마 아빠 날으면 / 눈 깜짝 코 쨍긋 / 잠깐일 텐데 / 아빠 엄마 어서 와 / 심심해, 어서 와." 등이 읊어진다. 그의 시적 리얼리티로서의 상징성이 동화극에서 빛을 더하고 있는 것이다.

혹자는 전쟁 와중에 한가롭게 이런 동화극을 썼느냐고 의아해할지도 모른다. 그렇지만 동랑의 생각은 달랐던 것 같다. 이 작품 역시 단순히 어린이용 동화극이 아니라 절망을 뛰어넘어 초극의 길을 꿈꾸었던 그의 이상(理想)을 에돌아 표현한 것이라고 보는 것이 적절할 것 같다. 을사늑약이 맺어진 1905년에 태어나 일제강점기에 교육을 받고 극작가로서 조국에 이바지하려 연극운동에 뛰어들었지만 척박한 시대가 그의 이상을 실현하기 어렵게 가로막음으로써 항상 시대와 부딪치고 부대끼는 답답하고 빡빡한 작품만 써야 했으나, 그는 항상 연극의 아름다움과 인간의 본질적인 문제를 천착하는 작품을 쓰고 싶어 했었다.

실제로 그는 이 작품의 창작과 관련하여 "〈까치의 죽음〉은 연극과 오페라와 발레의 삼위일체적인 심연한 표현으로써"[5] 썼다고 분명히 밝힌 바 있다. 그런 측면에서 보면 이 작품은 그의 창작 생애에서 적잖은 의미를 지닌다고 볼 수가 있다. 왜냐하면 철저한 리얼리스트가 180도 달라진 가무극을 쓴 것이기 때문이다. 그러나 그는 자신이 수십 년 동안 추구해온 리얼리즘에 한계를 느끼면서 메이예르홀트와 같은 상징극에 매력을 느끼고 있었다. 그에 따라 표현 영역을 확대함으로써 한국 연극의 지평을 넓혀보려는 실험을 한 것이라 말할 수가 있다.

그런데 흥미로운 사실은 이 작품이 뜻밖의 두 가지 소득(?)도 올렸다는 점이다. 그 첫째가 이 동극으로 인하여 정윤주라는 뛰어난 신예 작곡가를 음악계에 화려하게 데뷔시킨 점이다. 즉 그의 고향 후배 정윤주는 〈까치의 죽음〉을 아름답고 환상적인 무용조곡으로 작곡하여 전쟁으로 인하여 정신적으로 피폐해 있던 시민들을 위무(慰撫)시키기도 한 것이다. 그와 관련한 정윤주의 회고를 여기에 소개해보겠다.

1952년 5월 10일 육군교향악단이 〈까치의 죽음〉 전주곡을 연주키로 했다는 통보를 받고 그 전날 연습실에 가서 지휘자를 비롯하여 단원 70여 명을 소개받고 곡의 연습이 시작됐다. 지휘자나 전 단원이 내 작품을 마음에 들어 하며 나에게 잘 대해주었다. 초연하는 날은 부산극장에서 1차로 낮 공연이 있었고, 2차로 저녁에 미국 전용극장이 된 전 보래(寶來)극장에서 본 공연이 있었다. 그때가 전시 중이고 음악회다운 음악회가 거의 없었을 때라 입장객의 반은 미국인, 반은 한국인이었다. (……) 그 당시까지 우리나라 작곡가 중에 관현악곡을 작곡하여 발표한 작곡자로는 임동혁, 안익태, 채동선 선생 등이었는데, 거기에 내가 포함된 것이고 작품만을 가진 작곡자로는 2, 3인이 더 있으리라 짐작된다.

1952년 5월 10일 저녁에 무용조곡 〈까치의 죽음〉 전주곡으로 첫 데뷔를 잘 마쳤는데 그 당시 타지에서 나 혼자만이 참관하여 허전하기도 하고 이 곡을 고향인 통영 사람들에게 들려주었으면 하는 심산에서 통영문화협회장인 유치진 선생에게 부산의 육군교향악단을 초청해 시민들을 위한 음악회를 갖자고 하였더니 흔쾌히 승낙하였다. 얼마

5 유치진, 「〈처용의 노래〉의 상연」, 『동랑 유치진 전집』 8(서울예대출판부, 1993), 375면.

후 김판기 단장을 비롯하여 70여 명의 육군교향악단이 통영 봉래극장에서 2회 공연으로 낮에는 학생들을 위해, 밤에는 일반인들을 위하여 연주했다.[6]

이상과 같은 정윤주의 회고에서 확인할 수 있는 것처럼 동극 〈까치의 죽음〉은 전혀 예상치 못한 음악계에서 한 사람의 탁월한 작곡가를 탄생시키는 결과를 가져왔을 뿐만 아니라 동랑 자신 역시 연극에서 음악과 무용의 중요성을 새삼스럽게 깨닫는 결과도 가져왔다는 점에서 큰 의미를 지닌다. 그가 특히 연극에서 음악이나 무용의 가치뿐만이 아니라 연극과 음악, 무용은 함께 갈 수밖에 없다는 생각까지 하게 된 것은 이 작품이 전쟁이 끝난 뒤인 1965년 9월 13일부터 17일까지 5일간이나 명동의 국립극장 무대에 올려져 큰 반향을 일으키면서부터였다.[7] 그래서 그는 기회가 닿는 대로 음악과 무용을 염두에 둔 희곡을 써야겠다는 생각도 한 것이 사실이었다. 그가 전쟁의 고통 속에서 새로운 창작 실험을 하고 있는 동안에도 전화(戰禍)는 혹독하게 국토를 초토화시키면서 죽음의 그림자를 드리우고 진행되었다.

그는 적 치하의 서울에서 생애 처음으로 어두컴컴한 다락에 박혀 기약 없는 시간과의 지루한 싸움을 하고 있을 수밖에 없었다. 그러는 동안 평양에서 내려온 월북 좌익 연극인들이 무법천지의 황량한 서울 거리를 활보하는 현상이 벌어졌다. 당시 서울에 있었던 연출가 이진순은 그때의 상황과 관련하여 "선무공작대로 들어온 북의 연극인들은 '빨치산'복 차림으로 자못 선동적이었고, 역시 '빨치산'복 차림의 이서향(李曙鄕)이 시공관(구 명동예술극장) 관장실에 자리하고 그들이 말하는 소위 국립극장장 행세를 했다. 이들은 옛날에 하던 버릇대로 또 연극동맹의 간판을 내걸고 남한의 연극인들을 강제로 모아들이기 시작했다. 미처 피하지 못한 연극인들은 본의 아니게 끌려가 협력하게 되고, 그들 눈을 용케 피한 연극인들은 변장하

---

6 「작곡가 정윤주 선생의 음악 공책」, 『시사음악신문』 2000.9.13.

7 "그해 9월 13일부터 17일까지 5일간 명동의 국립극장에서 국립무용단 제9회 공연으로 무용조곡 〈까치의 죽음〉 전곡을 임성남 안무와 나의 지휘로 KBS 교향악단의 연주로 공연했다. 본래 내 의도는 무대 앞에서 음악을 연주함과 동시에 무용은 무대에서 펼치는 것이었으나, 악곡 구성이 테너와 소프라노 독창, 그리고 혼성 합창의 대규모 관현악단으로 작곡되어 연주 인원이 최소한 1백여 명 정도가 필요한데 명동의 국립극장 무대 규모가 작기 때문에 부득이 스튜디오에서 녹음한 테이프를 사용할 수밖에 없었다." 「작곡가 정윤주 선생의 음악 공책」, 『시사음악신문』 2001.4.4.

고 서울을 빠져나가 시골구석과 산간벽촌으로 들어가 숨어버렸다."[8]고 전쟁 초기의 서울 상황을 생생하게 증언한 바 있다.

그만큼 단 몇 달 동안에도 평양의 좌익 연극인들이 내려와서 분탕질을 한 것이다. 그러한 상황을 까맣게 모르고 은신해야만 했던 동랑이 다락에서 해방된 것은 맥아더 장군이 인천상륙작전을 성공적으로 수행하고 서울을 탈환하고서였다. 그러니까 만 3개월이 지나 9·28수복이 되고 나서인 것이다. 그가 비록 석 달 동안 다락에 숨어 있었지만 그동안 북한 공산주의자들이 남한에 와서 벌인 여러 만행은 소문을 들어 알고 있었다. 그가 『서울신문』에 「허위의 상습한(常習漢)」이라는 글을 기고한 이유도 바로 거기에 있었다. 그는 이 글에서 "공산괴뢰군의 치하에서 불과 몇 달밖에 지나지 아니한 우리지만 허위와 강압을 뼈가 저리도록 느낀 것은 비단 나 한 사람만이 아닐 것이다. 연설을 들으러 ○○장소로 나오라고 해서 나가보면 그들의 의용군으로 나가기가 일쑤요, 쌀 배급할 터이니 모이라고 해놓고는 노력동원이란 강제 노동을 시키는 게 보통이 아니던가?

이와 같은 모든 것이 허위와 기만! 심지어는 조선민주주의인민공화국이란 그들의 국호, 그 자체부터가 허위임을 우리는 간과할 수 없다. 도대체 공산주의를 신봉하면서 민주주의인민공화국이라고 붙이는 건 무엇 때문인가? 민주주의란 레테르부터가 허위란 말이다. (……) 원체 공산주의란 인간성을 무시한 탁상의 공론이기 때문에 그것을 실천에 옮기자면 허위와 강압을 쓰지 않고는 도저히 행세를 못 하게 되어 있기 때문이다. 그것을 입증하자면 여러 가지 실례가 인용될 수 있다. 그러나 그중에서도 가장 근본적으로 우리가 체험한 것이 있다. 그것은 사유(私有)를 부정하는 데서 출발하는 공산주의의 원리 그 자체다."[9]라고 하여 그가 3개월 동안 겪어서 체험적으로 알게 된 공산체제의 반인륜성과 포악성을 맹비난하기도 했다.

이어서 그는 「적(敵), 최후의 발악」이라는 에세이를 통해서도 "지난여름 석 달 동안 적군에게 포위당하여 서울에 갇혀 있을 때 나는 그들이 얼마나 무리한 전쟁을 기도하고 있는가를 보았다. 그들은 식량이 없어 먹지 못함은 물론 운수 기관이 없

8 이진순, 『한국연극사 제3기(1945년~1970년)』(예술원, 1977), 52면.
9 유치진, 「허위의 상습한」, 『서울신문』 1950.11.3.

어 약과 포탄을 운반하는 데 밤을 새워 부녀자를 동원하였다. 의외로 그들은 교량을 놓는다, 참호를 판다, 선량한 백성을 한시도 쉬지 못하게 강제 노동에 끌어냈다. 그들은 갈팡질팡 갖은 수단으로 최후의 발악을 하였던 데" 비해서 "지금 우리는 얼마나 여유 있는 전쟁을 하고 있는가? 우리의 거리에는 실로 무위 태평이 흐르고 있다. 산업계나, 상가나, 문화계! 정치계! 어디를 둘러보아도 피비린내 나는 근대전을 감득하기가 어렵다. 전쟁은 군에만 맡겨두고 우리 백성은 안(岸)의 불구경이나 하듯 전쟁을 구경하고 있다."면서 다행히 전쟁에서 이기면 괜찮겠지만 국민이 태만해서 패배라도 하면 어떻게 되겠는가 걱정이 앞선다고 우려했다.

그러면서 그는 "지금 우리의 태만은 비단 국민 간에만 미만되어 있는 것이다. 국민이란 정부만을 믿고 있을 게 아니라 오히려 정부를 리드해야 할 것이지만 민주주의의 훈련을 못 한 우리의 백성은 정부를 의뢰하고 정부에서 무슨 조처가 있기를 바라고 있는 형편이다. 정부는 전시에 적합한 방책 — 예를 들면 총동원법 같은 것을 제정하여 아직 전열에 서지 못한 혹은 서고 싶어도 설 기회를 얻지 못하고 있는 각계각층의 부유(浮遊) 역량을 적극 활용하도록 힘써 이 싸움을 하루바삐 승리의 길로 이끌어나갈 생각은 없을까?"[10]라고 하여 허둥대는 정부와 국민의 해이한 정신 상태를 우려하면서 정부의 특단 조처를 촉구하는 내용의 글을 쓰기도 했다. 이처럼 그는 전쟁의 초기 와중에 심신이 피폐한 처지에서도 문화계의 중진 지도자로서의 우국충정을 드러내 보인 바도 있다.

이러한 마음 상태에서 단 석 달 만에 엉망이 된 집안 꼴에도 불구하고 그는 국가 공무원으로서의 책무를 다하기 위하여 국립극장부터 챙기기 시작했다. 극장 내부는 형편없이 망가져 공연을 하려면 상당한 보수가 이루어져야 하는 상황이었다. 신협 단원들은 모두 뿔뿔이 흩어져서 도강파 이해랑을 제외하고는 김동원처럼 납북당했다가 탈출하거나 서울 교외 등에 은신하거나 아니면 남파된 심영(沈影)과 이서향에게 끌려가 곤욕을 치르는 등 여러 가지였다. 그런데 곧바로 납북되어 생사불명의 이화삼을 제외하고 모두 모여들자 부산으로 피난 가 있던 이해랑이 극작가

---

10 유치진, 「적(敵), 최후 발악 - 총 궐기대열에 서자」, 『동랑 유치진 전집』 6(서울예대출판부, 1993), 289면.

한노단 등을 데리고 상경함으로써 극단 신협은 자연스럽게 재건되었고, 열정 역시 여전해서 마치 평화라도 찾아온 양 재기 공연을 하자는 의견이 분분했다.

동랑은 난감할 수밖에 없었다. 물론 연극인이 공연을 해야 하고 또 하고 싶은 심정을 이해 못 하는 바는 아니었지만 몇십 킬로 떨어진 전선에서 하루에도 수십 명씩 장병이 죽어나가는 상황인 데다가 피난민들도 다 돌아오지 않은 황량한 서울에서 무슨 연극을 하겠다는 것인지 황당하기 이를 데 없었다. 그런데 다른 측면에서 볼 때, 그는 불안해하는 시민들을 안심시키는 하나의 방편으로 평상시처럼 연극을 하는 것도 괜찮겠다는 생각을 했다. 그러나 전시 중에 공연을 하는 데는 여러 가지 난관이 없지 않았다. 그는 이해랑을 시켜 동경 유학시절부터 친교가 있는 이선근(李瑄根) 정훈감과 연락해서 공연이 가능토록 해보라고 지시했다. 그때 앞장섰던 이해랑은 저간의 사정에 대하여 다음과 같이 회고했다.

> 이런 때일수록 연극을 해야 한다고 주장했다. 당시 극단의 힘만으로는 연극을 할 수 없는 상황이었다. 전시였으니까 역시 군의 힘이 필요했다. 군의 비호가 없으면 예술을 할 수 없었던 것이다. 그래 나는 당시 육군정훈감이던 이선근 박사를 찾아갔다. 우리 신협을 육군정훈감 소속으로 해달라고 청한 것이다. 이선근 박사가 쾌히 승낙해서 우리는 육군정훈감실과 인연을 맺고 소위 문관촉탁으로 등록을 시켰다.[11]

이렇게 해서 9·28수복 직후에도 신협이 연극을 하게 되었는데, 작품은 김영수의 환경극 〈혈맥〉과 동랑 자신이 국립극장 개관 공연으로 삼았던 〈원술랑〉의 리바이벌 공연이었다. 그런데 국립극장 무대가 망가져서 부득이 국도극장을 대관해 공연을 가진 것이어서 쓸쓸한 무대였다. 이는 사실 신협 단원들의 열정도 있었지만 동랑의 극장장으로서의 책임감이 아니었으면 불가능한 것이었다. 당시 그가 생각한 것은 오로지 신극사의 단절만은 어떻게든 막아야 한다는 역사적 사명감뿐이었다. 그것은 또한 국립극장 전속인 신협만이 그 임무를 수행할 수 있다고 본 것이다. 아마도 세계 연극사를 되돌아보아도 치열한 전투 중에 연극공연을 한 경우는 거의

11 이해랑, 앞의 책, 358면.

없었을 것이다. 관객은 많지 않았지만 일단 전쟁 중에 연극을 했다는 자부심은 신협 단원들을 뿌듯하게 한 것도 사실이었다.

그런데 금방 통일될 것만 같았던 전세가 중공군의 참전으로 갑자기 돌변했다. 동랑은 또다시 전쟁의 시련을 겪어야 하는 처지에 놓이게 된 것이다. 마침 그의 뒷집에 채병덕(蔡炳德) 육군참모총장이 살고 있었기 때문에 그의 호의로 동랑 가족도 군용 지프차를 얻어 탈 수가 있었다. 그래서 서울 탈출은 비교적 수월했으나 이미 피난민들로 북적이는 부산에서 방을 구하기란 하늘의 별 따기였다. 당시 50만 명 정도의 중형 도시에 일시에 백만 명이나 몰려들었으니 방이 남아 있을 리 없었고, 설사 있다손 치더라도 그의 식구 5명에다가 장인 내외, 그리고 4촌 처제(극작가 이서구의 전처)까지 합쳐서 8명의 대식구를 받아줄 주인은 없었다.

따라서 그의 가족은 우선 친동생 청마 유치환의 집에 머물다가 요행으로 아내의 친지로서 부산 토박이인 신 모 씨를 만나게 되어 가까스로 큰 방 한 칸을 얻어 겨우 짐을 풀 수가 있었다. 서울에서 비교적 윤택하게 살다가 전쟁 중이긴 하지만 방 한 칸에서 8명이 북적이는 것은 그들에게는 정말로 견디기 어려운 시련이었다. 그래서 그는 지인을 수소문하여 부부만 부산에 남기로 하고 여섯 식구는 제주도로 보냈다. 즉 그는 애들이라도 살려야겠다고 생각하여 마침 부산과 제주를 오가는 배인 LST가 있어서 장인 내외와 3남매는 제주도로 피난시킬 수가 있었다.

피난민들로 북적이는 부산생활은 정말 생활이랄 수가 없었다. 그의 아내 심재순이 패물을 팔아 생활은 근근이 이어갔지만 물가가 비싼 데다가 생필품마저 태부족이어서 가족의 영양 상태는 말이 아니었다. 그러나 그는 신원이 고달프고 하루하루가 괴로운 피난생활이었지만 극작가로서 정신적으로는 행복감을 느낀 것도 사실이었다. 왜냐하면 그가 문총 부위원장으로서 광복동 네거리에 위치한 사무실을 가끔 나가서 문인 동료들을 만날 수가 있었던 데다가 머릿속에서만 막연히 생각해왔던 공산주의 체제를 단 몇 달 만에 뼈저리게 느끼고 자유세계에 살면서 작품을 마음껏 쓸 수 있는 것은 최고로 복 받은 것이라 자위할 수가 있었기 때문이다.

이러한 그의 생각은 「우리의 행복」이라는 글에서 "우리의 예술인 중에는 북한 공산괴뢰 집단에서는 예술 정책을 세워 예술을 적극 후원하여 그를 이끌고 있는데도 불구하고 대한민국에서는 너무도 예술을 모르는 체하고 있음을 비방하기도 하고

부산 복병동에서 두 아들과 함께(1952)

유감히 생각하기도 한다. 나도 한때 그렇게 생각하는 자의 하나였다. 그러나 나는 나의 무지한 탓이었고 요즘은 정부에서 예술을 모르는 체함을 오히려 나는 다행으로 생각하게 되었다."면서 그 이유는 "예술이란 한 시대의 것이 아니요, 원칙적으로 만대의 빛나는 성질의 물건이며, 정치가란 예외 없이 언제나 공리주의자이기 때문이다. 정치가가 예술을 원조할 때에는 그 예술이 그 정치가에 대하여 언제나 공리적이어야 함을 전제로 한다."고 쓴 것에 잘 나타나 있다. 그가 정치가의 가장 나쁜 의도성의 예로서 북한 공산주의자들과 기타 전체주의 국가에서 예술을 원조한다는 미명하에 예술을 정치도구로 쓰고 있음을 적시한 것이다. 그러면서 자신은 예술을 죽이면서까지 정부의 원조를 받고 싶지 않다고 분명하게 밝히고 나서 "나는 예술을 도운다는 미명하에서 예술을 압제하지 않고 예술로 하여금 자유스럽게 시대와 정치를 비평하며 발전케 하는 대한민국과 같은 자유국가에서 예술에 종사하게 됨을 천만다행으로 생각하고 있다."[12]고 쓰기도 했다.

그러니까 그가 이 시기에 다짐한 것은 「민주주의적인 창작활동에의 길」이란 글에서도 구체적으로 밝힌 바와 같이 시대나 정치, 정책 등에 좌우되는 다분히 이데올로기적인 것이 아닌 영원성을 띤 보편성의 작품을 쓰겠다는 것이었다. 가령 그가 그 시기에 쓴 또 다른 글에서 보면 "1·4후퇴 이래로 나는 한 예술가로서의 나의 생각을 완전히 청산하였다. 즉 나는 내 예술을 정치나 정책보다 언제나 영원할 수 있는 작품을 써보려고 애쓰고 있음이 그것이다."라고 하여 그동안 그가 원하건 원하지 않건 간에 시대에 부응하는 작품을 여러 편 썼던 것을 스스로 반성도 한 것이다. 그러면서 그는 비록 정치나 정책문제를 제재로 하는 작품을 쓰더라도 공산주의 작가들처럼 품팔이적인 선전물이 아니라 인생의 본질과 맞닿을 수 있는 작품을 써야 비록 누더기를 걸쳐도 무관의 제왕이라는 말을 들을 수 있다고도 했다.[13]

그러한 심경과 상황 속에서 그는 대구를 자주 오가야 했다. 왜냐하면 대구에는 이해랑이 서울에서 이끌고 온 극단 신협 중심의 문예 중대 요원 1백여 명이 대구키

12 유치진, 「우리의 행복」, 『동랑 유치진 전집』 6(서울예대출판부, 1993), 201면.

13 유치진, 「민주주의적인 창작활동에의 길」, 『동랑 유치진 전집』 6(서울예대출판부, 1993), 203면 참조.

피난시절 국립극장으로 사용된 대구 중심가의 한일극장. 이곳은 당시 한국 연극의 메카였다.

네마에 짐을 풀고 공연을 간간이 하고 있었기 때문이다. 솔직히 그의 후배인 이해랑의 연극 열정은 못 말릴 정도로 대단했었다. 대구에 오르내릴 때 평소 친분이 두터운 문인들이 1950년 가을에 대구 남산동 657번지 오르막길 옆 교남학교를 교사로 한 최초의 예술 전문 교육기관이라 할 '상고(相古)예술학원'이란 것을 설립했는데, 동랑에게도 발기인으로 참여하도록 권유하여 이름을 올리기도 했다.[14] 그러나 그는 대구를 오랫동안 오르내리지는 않았다. 왜냐하면 고달픈 피난생활 속에서도 그는 그동안 쉬지 않고 활동해온 것에 대하여 휴식과 성찰의 기회를 갖고 싶었으며 곧바로 고향에 돌아가서 세사(世事)에 사로잡혀 제대로 쓰지 못했던 희곡을

14 문학평론가 권영민은 『동아일보』 2013년 2월 4일 자에 쓴 「권영민의 그때 그곳」이란 글에서 대구 피난시절 2년 정도 존속했던 상고예술학원의 정신이 오늘의 서울예술대학교로 이어졌다고 했지만 그의 추정일 뿐 사실이란 증거는 없다.

쓰기로 마음먹고 곧바로 실천에 옮겼기 때문이다.

그가 부산생활 몇 개월 만에 고향인 통영으로 간 것은 1951년 봄이었다. 그러니까 그가 좁은 방구석에 앉아서 궁상스럽게 작품이나 쓰거나 아니면 문총 사무실 근처의 밀다원 다방에 들르는 정도로는 불안정한 생활이었다. 마침 자신의 그런 사정을 알고 있는 고향의 죽마지우 서병문 박사가 빨리 오라는 연락을 해왔기도 했다. 그 친구가 통영병원을 운영하고 있었으므로 여러 개의 입원실 중에서 넓은 방을 쓸 수 있다고 해서 부산생활을 접고 귀향한 것이다. 그곳은 부산생활에 비해서는 그야말로 천국이었다. 그곳은 고향이기도 했지만 부산에서처럼 사람들과의 번다한 접촉도 피할 수 있어서 창작생활에는 안성맞춤이었다. 그와 관련하여 그는 다음과 같이 술회했다.

> 나는 무관의 제왕을 꿈꾼 바는 아니지만 1·4후퇴 시 남쪽으로 피난 간 이후로 부산서 배를 타면 네 시간이나 걸리는 통영(統營)으로 몸을 감추었다. 통영으로 간 것은 내 고향인 관계도 있겠지만 그보다도 내 몸을 시국에 휩쓸려 돌아다니는 물건을 만들기 전에 내게 정말 예술가다운 작가생활을 할 수 있는 기회를 주고 싶었기 때문이다. 소잡한 부산 거리에는 매일 일 아닌 일이 많고 문제롭지 못한 문제가 많다. 이 일과 이 문제는 나 같은 것이 비록 관여하지 아니하여도 우리의 극계 내지 예술계는 제 갈 데로 가는 것이다. 내가 알은체하는 것은 때로는 탁한 물을 더욱 탁하게 만들 염려도 없는 바 아니다. 통영으로 몸을 피한 후로 나는 금년 말까지 네 개의 작품을 썼다. 〈순동이〉 3막과 〈처용의 노래〉 4막, 〈청춘은 조국과 더불어〉 2막, 그리고 〈가야금의 전래〉 5막이 그것이다. 1년에 네 편의 작품이란 그다지 많은 생산은 아니며 작가란 다작으로서 뽐낼 것은 아니다. 다만 1년 1작(作) 정도로 써온 나로서는 종래의 극작 방법을 청산함으로써 이만한 작품을 생산할 수 있었다는 데 한 가지 의의를 발견함을 여기에 밝히고 싶을 뿐이다.[15]

이상의 글에서 알 수 있는 것처럼 그는 비록 전시 중이긴 하지만 국립극장장이

15 유치진, 위의 글.

라는 번거로운 행정 사무에서 벗어나 오랜만에 예술가다운 모습으로 창작에 몰두할 수 있도록 문화계 사람들을 피해서 통영으로 일단 갔는데, 제주에서 떨어져 살던 아이들도 합세함으로써 모처럼 전 가족이 모이게 되었다. 고향에는 또한 부모가 막내 여동생과 살고 있었으므로 오랜만에 효도도 할 수 있는 기회도 잡았다. 그러나 불행하게도 노모가 숙환으로 곧 세상을 떠남으로써 효도할 기회는 갖지 못했다. 장남으로서 항상 외지를 떠돌아다녀야 했기 때문에 그로서는 모친과의 영별(永別)이 커다란 아픔이었던 것을 숨길 수 없었다.

다만 그가 잠시나마 안정된 통영에서 단 1년여 만에 중·장막극을 무려 네 편이나 쓸 수는 있었던 것은 큰 소득이었다. 이는 사실 그의 생애에서 한 해에 가장 많은 작품을 쓴 경우였다. 그러니까 평생 1년에 한 편 쓰는 것을 원칙처럼 삼아온 그가 네 편을 쓴 데는 '종래의 극작방법을 청산한 데 따른 것'이라고 했다. 그렇다면 이는 무슨 뜻일까? 이 말속에는 여러 가지 뜻이 함축되었는데, 그 첫째는 치밀한 현실 드러내기식 사실주의극 수법에만 얽매이지 않고 상징성 짙으면서도 제재 폭을 넓힌다는 뜻이 담겨 있어 보이고, 두 번째는 1년에 한 편씩 쓴다는 원칙의 저버림이며, 세 번째는 창작에 전념하는 예술가 본연의 길로 접어들겠다는 의미라고 해석할 수 있다. 그 점에서 이 시기에 쓴 네 편 중 두 편이 고대 설화를 음악무용극 방식으로 쓴 것은 주목되는 것이라 하겠다.

그렇다면 그가 전쟁이 한창이었던 1951년부터 1952년까지 고향에 은거하면서 쓴 네 편의 희곡은 어떤 것일까? 그것은 두 부류로서 한 가지는 그 자신이 직면해 있는 현실에 대하여 책임 있는 작가로서의 반응이었다고 한다면, 다른 한 가지는 설화를 소재로 한 비현실적인 몽환극이라고 볼 수가 있다. 즉 〈순동이〉와 〈청춘은 조국과 더불어〉는 동족 전쟁을 정면으로 다룬 것인 데 반해서 〈처용의 노래〉와 〈가야금의 전래〉는 전쟁과는 전혀 동떨어진 설화 소재극이라는 점에서 이색적이기까지 하다. 그러니까 전자의 두 작품은 그가 해방 직후 상황을 사실적으로 묘사했던 〈며느리〉, 〈흔들리는 지축〉 그리고 〈장벽〉 등과 마찬가지로 한국전쟁 상황을 역사를 기록하듯이 사실적으로 묘사해놓은 작품이다.

실제로 그는 극작가로서 등단 초기부터 자신이 부대끼며 살고 있는 현실을 사학자가 역사를 기록하듯이 사실을 정면으로 묘사하는 것을 신념으로 삼아온 리얼리스트였다. 그러한 신념은 그가 일찍이 밝혔던 창작 태도에 대한 글에서 "너는 생활로 환원하라! 그리하여 철저히 현실 파악에서 출발하라! 여태 책에서 얻어 든 이론의 기성품을 완전히 불살라라! 이론으로부터 생활을 해방하고 도리어 생활 속에서 이론을(또는 이데올로기를) 추출하라! 이론은 생활의 구상화에서 발견되는 까닭이다 — 이것이 당분간의 나의 모토"[16]라고 한 말에 잘 담겨져 있다. 그런데 다만 그가 왕조사(王朝史)를 축으로 하는 일반 역사학자와는 달리 역사를 민중의 삶에 포커스를 맞추어 기록하려 했다는 점에서 차이점이 있을 뿐이다. 가령 통영에서 쓴 두 작품인 〈푸른 성인〉(일명 〈순동이〉)의 경우만 보더라도 전쟁 발발 전후 어느 한촌의 우매한 농민들의 행태를 묘사한 것이고, 〈청춘은 조국과 더불어〉는 전쟁 발발 당시 도시 서민들의 상황을 묘사한 것이며 역시 피난지에서 쓴 〈조국은 부른다〉(일명 〈통곡〉)는 1·4후퇴로부터 1년 동안의 상황을 묘사했다는 점에서 전쟁 3부작이라고 이름 붙여도 무방할 듯싶다.

그리고 〈푸른 성인〉이 38선과 아주 멀리 떨어져 있는 경상도의 어느 한촌에서 6·25전쟁 초기에 벌어진 상황을 묘사한 것이라고 한다면, 〈청춘은 조국과 더불어〉는 서울의 한복판에서 벌어진 상황 묘사이며, 〈조국은 부른다〉는 피난열차와 피난지 부산에서 벌어진 현상을 다루었다는 점에서 차이가 있을 뿐만 아니라, 세 작품을 연결하면 전쟁 초기에 전국에서 어떤 상황이 벌어졌는가를 일별할 수 있게 묘사했다는 점에서 주목이 간다. 그러나 그것보다도 더욱 흥미로운 사실은 세 작품 모두가 절박했던 상황을 묘사했음에도 불구하고 청춘남녀의 사랑을 배경으로 깔았다는 점이다. 이는 그만큼 그가 어디까지나 역사학자가 아닌 극작가로서 시대상황을 문학적으로 묘사해놓았다는 사실이다.

가령 3부작의 첫 번째 희곡인 〈푸른 성인〉을 한번 보자. 주지하다시피 이 작품은 전쟁이 발발한지도 모르고 조용히 살고 있는 어느 한촌에서 '덕이'라는 한 처녀를 둘러싸고 착한 청년(순동이)과 악한 청년(곰이) 간의 애정 갈등이 뼈대를 이루고 있다. 그런데 전쟁이 발발하고 인민군이 들어오면서 상황이 급변하고 애정 갈등도 더욱 첨예하게 전개되는데, 그것은 곧 인민군의 힘을 빌린 '곰이'가 승리하는 듯하

16 유치진, 「1934년 문학 건설, 철저한 현실 파악 - 창작의 태도와 실제」, 『조선일보』 1934.1.21.

다가 결국 역전되어 '순동이'가 승리함으로써 극히 고전적인 권선징악과 같은 멜로물이 되기는 했다. 그러나 이 작품에서 한 가지 분명한 사실은 6·25전쟁 발발 당시의 상황을 매우 정확하게 묘사해놓았다는 점이다. 필자도 소년시절에 시골에서 그 상황을 목도한 바 있었기 때문에 그의 상황 묘사의 정확성을 짐작할 수가 있다. 당시에 인민군이 들어오면서 지주 집 머슴이 하루아침에 인민위원장이 되어 붉은 완장을 차고 어제의 상전을 탄압하는 권력자로 표변하여 갖가지 행패를 부리곤 했다. 이 작품에서 처녀를 짝사랑하는 청년 곰이가 완장을 차고 호가호위(狐假虎威)하는 모습은 한국전쟁 당시 인민군이 쳐들어왔을 때 모든 지역에서 실제로 벌어졌던 상황 그 자체였다.

이처럼 그는 이 작품에서 공산주의의 우매함과 폭력성을 폭로하는 동시에 국란기 우리 청년들의 애국심을 고취시켜보려 쓴 것으로 볼 수가 있다. 가령 마을 친구(바우)가 처녀의 오라비(쇠돌이)에게 북에서 피난민들이 도시에 쏟아져 들어오고 있으니 이때 장사하여 한밑천 잡자고 하자, 오라비는 "그 안 될 소리여! 집도 절도 없이 쫓겨 내려오는 피난민을 뜯다니!"라고 면박을 주면서 자원입대를 앞둔 자신이 군대에 가서 목숨을 걸고 싸우려는 것은 우리 조국과 동포를 위해서라고 단호하게 말한다. 그런데 처녀의 (오라비 쇠돌이) 아비가 병환으로 눕자 친구 순동이가 모친 몰래 돼지를 팔아 병원비를 마련해준다. 목숨 걸고 나라를 지키러 가는 사람을 위해서는 무엇이든 할 수 있다는 게 순동이의 생각이었다. 한편 출정하는 쇠돌이에게 마을 노인은 "두 동강이가 난 나라를 꼭 하나로 맹글어가지구 와야 하느니라."라고 [illegible] 일제히 만세를 부른다.

이 작품은 이상우도 지적[illegible] 바처럼 처음에는 반공 이념에 포커스를 맞춘 작품이었는데 개작하면서 이념적 [illegible]깔을 느슨하게 한 감이 없지 않다. 예를 들어 그가 개작한 후 1955년도에 [illegible]판된 희곡집 『자매』에 쓴 작의를 보면 이렇다.

> 기독(基督)은 '마음이 가난한 자는 복이 있나니 천국이 저의 것이다'고 하였다. 이 자품의 주인공인 순동(順童)은 이런 유의 교훈을 배운 일도 없거니와 실천하려고 마음먹어본 적도 없었다. 그러나 순동은 그 스스로가 가난한 마음의 소지자였고 겸허한 인간이었다. 그는 자기를 주장해본 일이 없고, 주장할 줄도 모른다. 그렇기 때문에 순

동은 이 악랄한 현실에서는 때로는 못난이 취급을 받기도 한다. 그러나 궁극에 가서는 이 가난(겸허)한 마음은 이기적인 우월감을 제물에 극복하여 초연히 현실에 군림하게 된다.

이럴 때 세인은 순동의 가슴속에 성인(聖人)이 들어앉은 게 아닌가고 의심하는 동시에, 가난한 자는 복이 있나니 천국이 저의 것이란 철리의 본의를 알게 되는 것이다. 나는 순동의 성격에서 볼 수 있는 이 겸허한 마음을 우리의 흙에서 자란 소박한 농민의 한 특성으로 생각하며 선천적인 이 마음이 있음으로써 배우지 않은 농촌은 이(利)에 약빠른 도시인이 상상할 수 없을 만큼 천진 그대로의 천국이 아닌가 생각하는 것이다.[17]

이상과 같은 작의(作意)에서는 살벌한 전쟁이나 이념의 갈등이 빚어내는 피비린내 나는 쟁투 같은 것은 전혀 찾아볼 수가 없다. 그러니까 전체 작품을 읽어보지 않으면 마치 기독교 복음의 말씀을 극화한 것처럼 보이는 것이 사실이다. 그러나 실제로는 6·25전쟁 초기에 한 농촌에서 벌어진 이야기가 아닌가. 바로 여기서 유추되는 것이 그가 정말로 그려내고 싶었던 것은 '순동이'라는 작품 제목처럼 난세에(亂世)에 억울하게 박해받는 어느 착한 청년을 우리 농심(農心)의 상징으로 모델화하고 싶었던 것 같다는 생각이다. 즉 그는 중국의 극작가 루쉰(魯迅)이 창조해놓은 「아Q정전」의 주인공인 '아Q'라든가 루마니아 출신의 소설가 게오르규가 창조해놓은 『25시』의 주인공 '요한 모리츠' 같은 캐릭터를 구상했던 것 같다는 이야기다. 물론 이상의 두 인물은 비극적이지만 '순동이'는 역전하여 해피해지는 것으로 끝나는 점에서 극히 한국적이기는 하다.

이 작품에서도 그의 시적 리얼리스트로서의 장기(長技)는 잘 드러나는데, 가령 주인공 순동이가 팔았던 돼지를 되찾은 뒤에 그의 모친(박 씨)은 "지화자 지화자 / 지성이면 감천이다 / 금지옥엽 내 도야지 / 그냥 먹구 떨어질 놈 / 이 세상엔 나지 않어."라고 노래하는 것이 그 하나의 징표다.

한편 그가 같은 시기에 전쟁 발발 당시에 포커스를 맞춰 쓴 〈청춘은 조국과 더불어〉는 국란기에 처해서 애국 청년들이 어떻게 대처했는지에 포커스를 맞춰 묘사한

---

17 유치진, 희곡집 『자매』(진문사, 1955).

작품이다. 즉 작품의 주인공 연길은 월남한 대학생이다. 그는 하숙집 처녀 옥란과 가까이 지내고 있었지만 갑자기 전쟁을 만나면서 결사대로 지원하여 전선으로 떠나게 된다. 그는 떠나기에 앞서 연인 옥란에게 "노력 없는 공을 바랄 수 없듯이 피를 흘리지 않고는 나라를 바로 세울 수 없는 법야, 내가 죽어 삼팔선이 틘다면… 삼팔선이 틔어 굶주리고 계신 우리 어머니를 구해낼 수 있다면… 나는 몇백 번을 죽어도 여한이 없어. 옥란이, 내가 죽는다고 조금도 서러워 말고, 우리 어머니 뵙걸랑 연길인 씩씩하게 죽었다고 말해주어, 응. 부탁야!"라고 비장하게 말한 뒤 전선으로 나서려 한다.

그러던 순간 인민군이 서울에 입성하자 옥란은 괴로워하는 연길에게 "파괴를 일삼는 그놈들이 계획적으로 침략을 해왔으니, 어떻게 당해? 낙심하지 마아, 다시 일어서면 돼. 옛날부터 악한 놈이 잘된 적은 없다지 않어?"라고 위로하면서 연길에게 용기를 불어 넣어준다. 연길이 전선에 자원해간 뒤 곧바로 총상을 입고 숨어드는 순간 옥란의 집에는 짝사랑해오던 거간꾼(김 주사)이 인민군의 위세를 업고 그녀를 차지하려 들이닥친다. 특히 연길을 찾아내라고 윽박지르는 동안 그들의 요구를 들어주려는 옥란의 모친(박 씨)에게 옥란은 "어머니, 가엾은 어머니! 우리는 우리의 젊은이를 한 사람이라도 더 살려 이 어지러운 나라를 바로잡아야 하잖겠어요."라고 애소한다.

이 순간 한바탕 피 튀기는 싸움이 벌어져서 공산군 앞잡이들이 연길의 총에 맞아 쓰러질 때 박 씨는 "(피비린내 나는 싸움에 질려 간신히) 가자, 한강을 건너…"라는 장탄식으로 막이 내린다. 이처럼 이 작품은 인민군의 서울 입성 직후 젊은이들의 피 끓는 애국심을 리얼하면서도 박진감 넘치게 묘사했다. 그런데 이는 허구가 아닌 사실에 가깝다. 실제로 전쟁이 발발하자 수백 명의 학도의용대라든가 7백 명으로 구성된 '백골병단'의 경우와 같이 젊은이들이 너도나도 자원하여 군번도 없이 조국을 위하여 전선에서 용감하게 싸우다가 산화한 애국 청년들이 부지기수였다. 동랑은 그런 역사적 현실을 다큐멘터리처럼 희곡에 담아보려 한 것이다.

이상 두 작품의 연장선상에 놓이는 희곡이 바로 〈조국은 부른다〉(일명 〈통곡〉)이다. 앞에서 조금 언급한 것처럼 이 작품의 시기는 전쟁 발발 6개월 뒤인 1951년 1·4후퇴로부터 부산 피난지에서 1년 동안 벌어졌던 현상을 피난열차에서 만나 인연을 맺은 한 일행을 중심으로 하여 묘사한 희곡이다. 작품 제목 옆에 '공보처 제정'이라고 써넣은 것처럼 이 희곡은 정부 요청에 따른 계몽용으로 쓴 것임을 알 수 있다. 당시 정부에서는 예술인들에게 전쟁의 혼란기에 국민의 사기 진작과 애국심 고취 그리고 불안을 억제하기 위한 여러 가지 계몽과 홍보활동을 권장했다. 동랑도 바로 그런 정부의 간곡한 요구에 응해서 쓴 작품이 바로 이 희곡이다. 따라서 구성상의 어색함도 없지 않다. 그러나 분명한 것은 그가 그동안 추구해온 '현실의 작품화'라는 기조에서 벗어나는 것은 아니며 자신의 조국애까지 투영하여 극화한 것이라고 말할 수가 있다.

즉 1951년 겨울 엄동설한에 중공군이 참전함으로써 아군이 밀리는 중에 많은 사람이 혼란 속에 남쪽으로 피난 가는 아비규환의 상황을 극화한 것이 바로 이 작품이다. 그러니까 〈조국은 부른다〉야말로 피난열차가 남하하는 중에 추위와 굶주림, 그리고 열차에서 한 청년(대길) 가족과 그 일행이 자식을 잃는 일까지 벌어지고 부산에 도착한 뒤에 또다시 시작되는 고단한 피난살이를 정면에서 다룬 작품이다. 겨우 열차가 출발한 얼마 뒤에 완장을 찬 한 애국 청년이 등장하여 메가폰을 입에 대고 "피에 주린 적군은 지금 대공세를 전개하여 재차 서울을 침노하려는 태세를 취하고 있다. 우리 수도 서울이 6·25의 재판이 돼서야 되겠는가. 피 끓는 젊은이들이여! 서울을 피하여 도망만 하지 말고 자진 국군에 나아가 조국 수호의 영령이 되라! 조국은 부른다. 우리 젊은이들의 총궐기를! 자, 뜻있는 젊은이들은 모이라. 대한청년단의 깃발 밑으로!"라고 외친다. 이때 동랑이 부정적 인물로 창조한 청년 사업가(강억조)는 조국을 구하기보다는 한 처녀(옥실)를 차지하려고 그녀의 애인(대길)을 충동질하여 입대케 한다.

그가 입대한 뒤에 그의 가족이 겪는 피난생활은 고단할 수밖에 없었고 그 틈을 비집고 처녀를 회유하기 위하여 대길이가 전사했다는 허위 정보까지 퍼트릴 정도로 사업가의 비겁한 행태가 적나라하게 이어진다. 물론 사업가의 사술은 대길이 휴가를 나옴으로써 마각이 드러나지만 대길은 가족의 가난에 찌든 고통이 자신 때문이라는 자책과 그 사업가의 행태로 상징되는 후방의 부패한 현실에 절망하고 한때 자살까지 생각한다. 여기서 잠시 모자(母子, 허 씨와 대길)의 대화를 들어보자.

허 씨 너의 젊은 놈이 약한 맘을 먹으면 그만큼 우리의 힘이 줄어드는 줄을 왜 모르냐? 우리의 힘이 강해야 나라가 바로잽히고 나라가 바로잽혀야 저 강가 놈 같은 구데기 떼도 없어지는 것 아니냐?

대길 천만에요! 어머니, 똑똑히 들으세요. 저런 것들이 후방에서 욱실거리고 있는 동안엔 절대로 우린 싸움에 이길 수 없고 나라도 바로 설 수 없는 거예요.

허 씨 대길아, 이 에미가 고구마를 내놓고 길거리에 쭈구리고 앉아 있으면서도 고량진미를 처먹고 호강등양을 하고 돌아다니는 것들을 볼 때마다 나는 너를 둔 것을— 조국을 위해 피를 흘리고 있는 네가 있는 걸— 다시없는 자랑으로 살아왔단다.

위에 인용한 간단한 모자 대화를 통하여 동랑은 이 나라를 뒷받침해온 강인한 한국 여인상을 부각시키는 한편 모성의 힘이 얼마나 강한가도 보여주려 한 듯싶다. 이러한 광경을 지켜본 사업가도 결국 자책하고 장사를 때려치우고 전선으로 나서는 것으로 종결된다. 그런데 종반부에서 사업가 강억조의 변신에 대하여 억지스러움이라고 비판하는 연구자도 있지만, 동랑이 그것을 모르고 그렇게 끝맺은 것은 아니었다. 그 점은 그가 몇 년 뒤에 개작하여 그러한 억지를 광정했던 데서 잘 나타난다. 다만 당시에는 시시각각으로 전세가 뒤바뀌고 조국의 운명이 경각에 달려 있었던 만큼 국민의 애국심 고취가 급선무였음을 상기할 필요가 있을 것 같다. 알다시피 우리 희곡사에서 동랑만큼 극작술이 뛰어난 작가는 거의 없다고 해도 과언이 아니다. 그의 치밀한 희곡 구성 작업은 장막희곡 〈별〉을 『평화신문』에 연재할 때 그 곁을 지켰던 오사량의 회고 글에서도 보인다.

오사량은 그 글에서 "마침 선생은 원고를 쓰시느라 여념이 없으셨다. 나는 옆에서 방해가 안 되게 조용히 기다리고 지켜보게 되었다. 선생은 이따금 쓰시다 말고 책상 위 한구석에 펼쳐놓은 무대 스케치로 보이는 그림 위에 흩어져 있는 작은 종잇조각을 만지작거리고는 다시 원고를 쓰시곤 했다. 나는 방해가 되지 않게 넌지시 보니 그 종잇조각에는 작중인물로 보이는 이름들이 적혀 있었다. 얼마 후에 선생은 시계를 보고 나서 원고 말미에 시간을 적어넣었다. 아마도 그 막의 소요 시간인 듯했다. (……) 나는 선생의 극작을 지켜보며 문득 근대극의 비조라고 일컫는 노르웨이의 입센이 머리에 떠올랐다. 베르겐의 극장감독을 역임한 그는 작품을 쓸 적에 반드시 작중인물의 이름을 체스 밑에 써 붙이고 그것을 움직여가면서 대사를 썼다고 한다. 나는 두 작가의 상통이 무대의 실제를 철저히 파악하고 있는 데서 오는 것이라고 생각했다."[18]고 썼다.

이상과 같은 오사랑의 관점은 신빙성이 있다. 왜냐하면 동랑과 입센 두 극작가는 연극 분야의 다양한 활동 등 여러 면에서 공통성을 지니고 있기 때문이다. 두 사람이 희곡만을 쓰는 서재형의 작가가 아닌 현장형 작가라는 점에서도 그렇다. 즉 그들은 배우로서 직접 무대에 서 보았다든가 연출을 했다든가, 아니면 극장을 운영해보았다든가 하는 등의 현장활동을 부지런히 하는 가운데서 희곡을 썼기 때문에 누구보다도 무대에 익숙하고 언어 구사도 무대에 맞는 리듬을 찾아낼 수가 있었던 것이다. 적어도 그들은 무대 메커니즘에 관한 한 달통해 있었다. 따라서 동랑의 희곡을 가지고 구성에 문제가 있다느니 하는 것은 그를 잘 모르는 데서 비롯된다고 말할 수가 있다. 그가 일관되게 희곡의 문학성에 무게를 두고 창작을 했지만 그보다도 무대성을 더욱 중요시하면서 작품을 구성했다. 왜냐하면 어차피 희곡은 무대 위에서 완성된다는 확고한 신념이 있었기 때문이다.

그런데 그가 이 시기에 전쟁상황만 사실적으로 묘사한 것은 아니었다. 그가 그 시기에 현실과 전혀 동떨어져 보이는 희곡 두 편, 즉 〈처용의 노래〉와 〈가야금의 전(유)래〉도 쓴 점에 주목할 필요가 있다. 가령 6·25전쟁기의 후방 상황 3부작이 민족계몽주의자로서의 사명감에 입각하여 애국적 견지에서 현실을 작품화한 것이라고 한다면, 위의 두 작품은 일단 현실을 벗어나 새로운 실험을 시도해본 것이라고 할 수가 있다. 그렇다고 해서 그가 디디고 서 있던 이 나라의 운명과 전혀 무관한 작품을 쓴 것은 물론 아니다. 다만 우리의 현실을 에돌아 짚었을 뿐이다.

따라서 그의 실험도 세 가지 방향에서 접근했던 것이 아닌가 싶다. 그 첫째가 동랑이 평생의 목표로 삼았던 전통 탐구와 그 현대적인 재창조, 즉 법고창신(法古創新)의 작은 실험이라고 한다면, 두 번째는 고난에 찬 우리 역사를 우회적으로 묘사해보려 한 것이었으며, 세 번째는 팍팍한 리얼리즘 일변도를 벗어나 가무(歌舞)가 주가 되는 환상극을 통하여 인생의 아름다움과 구원의 문턱에 다가가려 했던

---

18 오사랑, 『동랑 유치진 선생과 드라마센터 이야기』(1999), 14면.

것이라고 볼 수가 있다. 그러니까 그가 영향받은 메이예르홀트식의 상징주의적인 기법과 연극의 원형적인 자세를 복원하여 우리 연극의 지평을 넓혀보려 한 것이기도 했다고 본다. 그가 이 작품의 무대화와 관련하여 "나는 종래 우리의 연극인 화극(話劇)의 따분함에 불만을 느껴 연극이 대사에만 의존할 게 아니고 음악·무용 등 무대가 구치할 수 있는 감각적인 요소를 충분히 도입함으로써 연극의 표현 범위를 다각적으로 넓혀보려고 노력한 것이 이 〈처용의 노래〉다."[19]라고 하여 그 점을 시인한 바 있다. 이처럼 그는 이 땅의 리얼리즘 희곡을 개척하면서도 그 한계를 절감하고 연극의 원형이라 할 가무극으로의 표현 지평을 스스로 확대하는 실험을 누구보다도 먼저 시행했던 것이다. 그 점에서도 그가 얼마나 앞서나가고 있었는가를 알 수가 있다.

그리고 첫 번째의 전통 탐구는 앞장에서 이미 설명한 바 있어서 여기서는 두 번째에 포커스를 맞춰서 집중적으로 설명해보겠다. 알다시피 신라시대의 처용 설화는 향가와 더불어 전래되었기 때문에 중학교만 다녔어도 다 아는 이야기다. 처용 이야기는 문학보다는 궁중무용으로 천 수백 년 동안 전래되는 무형문화재의 일종으로 남아 있다. 그 설화를 그가 정공법으로 극화한 것이 바로 4막의 〈처용의 노래〉이다. 그는 희곡의 모두에 『삼국유사』에 기록되어 있는 관련 설화를 다음과 같이 인용했는데, 그 이유는 설화의 테두리를 크게 벗어나지 않겠다는 의도였던 것 같다.

第四十九憲康大王之代 自京師至於海內 比屋連墻 第一草屋 笙歌不絶道路 風雨調於四時 於是 大王遊開雲浦 王將還賀 晝歌於汀邊 忽雲霧冥에 迷失道路 怪問左右 日官奏云 此東海龍所變也 宣行勝事以解之 於是勅有司 爲龍佛寺近境 施令已出 雲開霧散 因名開雲浦 東海龍喜 乃卒七子現於賀前 讚德獻舞奏樂 其一子隨賀入京 轉佐王政 名曰處容 王以美女妻之 欲留其意 又賜級干職 其妻甚美 疫神欽慕之 變爲人 夜至其家 寢輿之宿 處容自外至其家 見寢有二人 乃唱歌作舞而退 歌曰云云 時神現形 前曰 吾羨公之妻 今犯之矣 公不見怒 感而美之 誓今已後 見畵公之形容 不入其門矣 因此國人門帖處容之形以僻邪進慶[20]

19 유치진, 「〈처용의 노래〉의 상연」, 『동랑 유치진 전집』 8(서울예대출판부, 1993), 375면.

그러니까 그는 위에 인용한 『삼국유사』의 「처용랑 망해사」를 바탕으로 하면서 약간의 허구를 곁들여 희곡을 구성한 것이 특징이다. 위의 인용에서 알 수 있는 바와 같이 제49대 헌강왕이 바닷가로 놀러나갔는데 갑자기 안개가 가득하여 길을 잃었다. 괴이하게 여겨 신하에게 물으니 일관이 가로왈 "이는 동해 용이 조화를 부린 것이니 좋은 일을 행하여야만이 해결될 수 있습니다."라고 아뢴다. 이에 왕은 즉각 용을 위해서 가까운 곳에 절을 짓도록 명령하니 안개가 걷혔다. 그래서 이름을 개운포라 지은 것이다. 용왕이 기뻐하여 일곱 아들을 데리고 왕의 가마 앞에 나타나 덕을 칭송하며 가무를 보여주었다. 그 아들 중 하나인 처용만은 왕을 따라 서라벌로 들어가서 왕을 위해서 일을 했는데, 왕이 기특히 여겨 아름다운 처녀를 아내로 삼아주었다.

그런데 그 아내가 대단히 아름다워서 역신이 탐을 낸 나머지 사람으로 변신하여 강제로 취하게 되니 처용이 그 광경을 보고 「처용가」(새발 발기 다래 / 밤드리 노니다가 / 드리아 자리보곤 / 가라리 네히어라 / 둘은 내해엇고 / 둘은 뉘해언고 / 본대 내해다마는 / 아아날 엇디하릿고)를 부르자 역신이 감복하여 그들을 떠나면서 처용 앞에 다시는 나타나지 않겠다고 다짐함으로써 신라 사람들이 처용의 형상을 붙여서 벽사의 민속으로 삼았다는 설화이다. 그 틀을 동랑이 거의 그대로 따라가면서 작품의 골격을 만든 것이다. 다만 희곡에서는 처용 모자와 가야, 역신 등을 모두 현실로 끌어내어 이야기를 풀어간 것이 특징이며 용왕의 아들로서보다는 범용한 갯가 청년으로서 마을 처녀 가야와의 사랑으로 구성한 것이 특징이라고 하겠다. 무엇보다도 이 작품의 특징 중의 하나는 그가 전작 〈까치의 죽음〉에서 조금 선보였던 환상적이면서도 생태학적 자세를 또다시 보여주었다는 점이다.

작품 전체가 환상적으로서 여주인공(가야)을 둘러싸고 처용과 역신의 치열한 대립은 박진감마저 있다. 가야를 결코 포기할 수 없는 역신은 왕의 호위 병사들까지 물리칠 수 있을 정도로 변신에 능하고 용맹하다. 그러한 역신의 괴롭힘에도 불구하고 처용과 가야의 사랑은 무르익어간다. 가령 두 사람의 사랑노래 한 구절을 여기에 소개하면 "처용(노래), 봄바람 가지 스쳐 / 산야가 푸르르고 / 햇볕이 땅에 기어 / 각

---

20 『삼국유사』 권2.

〈처용의 노래〉(1952)

색 꽃이 만발하고 / 아가씨 노랫소리 / 짐승도 춤을 추는 / 조화무궁 이 강산에 / 나는 좋아 정말 좋아 / 가야(노래), 이 세상 좋다 해도 / 너 없으니 안개 바다! / 그 안개가 나를 도와 / 너를 다시 보는구나."라고 부르는 등 삽입 가요가 풍부하다.

그리고 거기에 그치지 않고 처용이 학(鶴)으로 변신한다든가 가야가 모란꽃 속에 숨어서 꽃으로 보이게 하고 부용루라는 별궁은 송림에 둘러싸인 연못에 꿈과 같이 둥둥 떠 있으며 송림 사이로 한 쌍의 학이 춤을 추는 등의 환상무대를 만들어 놓기도 했다. 그뿐이 아니다. 역신의 현신화(現身化)는 물론이고 환상동물인 용(龍)을 등장시키는가 하면 '산수(山水)의 정령(精靈)'들까지 무대 위에 등장하여 가무를 할 정도로 동화적이기까지 하다. 이는 리얼리즘 연극무대와는 천양지차이며 그가 평소 사실적이면서도 상징주의자답게 '연극은 진선미의 요지경'이라고 한 그의 연극관의 일단을 구현한 것으로써 처절한 현실을 잠시라도 벗어나 정신적으로나마 샹그릴라를 꿈꾸고자 한 것이었다.

특히 역신이 처용의 결혼식 전날 가야를 차지하려다가 잘못하여 그녀가 죽자 비로소 자기 것이 되었다고 울면서 "가야의 숨을 거두어 가야를 내게서 다시는 달아나지 못하게 해주었으니, 오늘 저녁에 결혼식을 못 올리게 해주었으니, 이렇게 큰 공이 또 어딨어? 하늘이여, 가야를 죽여준 이 손에 상을 내려주소서. (가야의 얼굴을 들여다보며) 가야아, 어여쁜 가야아! 꽃송이보다도 아니, 달님보다도 어여쁜 가야아! 너는 찍소리 없이 나를 맞아 내 품에 안겨 있구나. 내 손이 네 몸의 어느 구석에 닿아도 너는 나를 떠밀어내지 않는구나. 너는 이제 내 물건이다."라고 외치는 장면은 마치 영국 작가 에밀리 브론테의 소설 『폭풍의 언덕』의 주인공 히스클리프가 보잘것없었던 자신을 버리고 부잣집으로 시집가서 고민하다가 죽은 캐시를 안고 '너는 이제 완전히 내 것'이라고 외치는 장면을 떠올리게 할 정도로 로맨틱하다. 이처럼 그는 시적 리얼리스트로서의 낭만성을 마음껏 구현하기도 했다.

그런데 여기서 주목을 끄는 부분은 처용과 역신이 사랑하는 여주인공 '가야'가 내포하는 상징성이다. 그는 왜 하고많은 이름들 중에 여주인공을 '가야'로 명명했을까 하는 의문이다. 이는 아무래도 오늘날의 경남 김해를 중심으로 3세기 중엽부터 6세기 중엽까지 하나의 국가로서 존립하다가 왜국 등 주변 세력에 시달리던 중 통일신라에 패망, 흡수당한 가야국(加耶國)에서 이미지를 가져온 것으로 보인다.

바로 이 지점에서 당시 동랑의 정신적 상황을 유추할 필요가 있다. 알다시피 이 작품을 쓴 시기는 피난 중인 1951년이다. 그가 식민지 치하에서 성장하고 유소년 시절을 보냈던 고향 통영으로 수십 년 만에 낙향했는데, 그것도 적군에게 쫓겨서 피난을 와 있게 된 처지가 아니던가. 국가가 존망의 기로에서 앞날을 기약 못 하고 있었던 시절 출렁이는 고향 바닷가를 거닐면서 그가 과연 무슨 생각을 하고 있었을까. 아마도 그는 역사 속으로의 긴 여행을 하면서 조국의 운명을 추체험한 것으로 보인다. 즉 그는 바다의 파도를 응시하면서 삼국시대부터 끊임없이 외침과 내란으로 몸살을 앓아온 이 나라 운명의 기구함에 통탄한 것 같다. 그리하여 같은 바닷가인 울산(蔚山)을 떠올리면서 통일신라의 대표적인 문학 작품인 향가로 눈을 돌려 가무극 형태인 〈처용의 노래〉를 만들어낸 것이 아닌가 싶다.

그렇게 볼 때 그가 새롭게 창조해낸 설화 속의 인물들은 함축하는 의미가 예사롭지 않다. 가령 여주인공 '가야'가 조국과 민족을 상징한다면 그를 차지하려고 시종일관 끊임없이 괴롭히는 '역신'은 외세를 의미하며 '가야'를 구해낸 '처용'은 민족혼을 의미한다고 말할 수가 있다는 이야기다. 여기서 외세란 물론 가야국을 넘보고 침략했던 주변국들, 특히 일본을 염두에 두었던 것 같고, 그 연장선상에서 북한을 포함한 국제공산주의 세력까지 역신의 상징으로 삼았다고 볼 수가 있을 것 같다. 그렇게 보아야 다음 작품인 정체성 찾기의 〈가야금의 유래〉가 내포하고 있는 본뜻도 명료하게 풀린다.

이 작품 역시 그가 리얼리즘을 넘어 표현의 영역 확대를 실험한 전작 〈까치의 죽음〉 및 〈처용의 노래〉의 연장선상에 놓이는 희곡이다. 그러니까 앞의 두 작품들과는 세 가지 측면에서 공통성을 지니는데, 그 첫째가 전통을 소재로 삼은 것이라고 한다면, 두 번째는 전술한 대로 표현의 영역 확대를 통하여 가무 중심의 환상적인 원형연극으로 돌아가려 한 것이며, 세 번째로는 민족의 정체성 찾기 내지 회복이라고 말할 수가 있다.

여기서 우선 작가가 밝혀놓은 이 희곡의 작의를 한번 살펴보자. 그는 역사서 『삼국유사』를 들추다가 우연히 대가야국 가실왕의 말, 즉 '각 나라의 말이 다르거늘 어찌 음인들 같을쏘냐'를 발견하고 놀랐다면서 창작의 배경과 관련하여 "1,400여 년 전에 우리의 고유한 민족정서를 찾으려고 애쓴 가실왕이나 우륵 선생의 선각자적인 예안에는 감격하지 않을 수 없고, 비록 그가 불행히 나라를 잃었다 하더라도 그가 남긴 공적과 노력은 높이 평가되어야 할 것으로 나는 생각한다. 그런 견지에서 희곡 〈가야금〉을 써본 것"[21]이라고 했다. 이 말은 곧 가실왕이 중국 문화의 홍수 속에서 우리 고유의 문화를 창조하고 또 지키려 했던 것을 타산지석으로 삼아 민족의 정체성을 확립하겠다는 그의 의지가 담겨 있다는 이야기가 된다.

그뿐만 아니라 이 작품에는 당시 그가 꿈꾸고 있었던 몇 가지 이상(理想)이 표현되어 있다. 그 첫째가 당시 누구나 갈망하고 있던 평화 희구라고 말할 수가 있다. 가령 우연히 우륵의 가야금 소리에 감동된 태자가 가야국에 쳐들어와서 왕까지 죽이고 생포된 신라 성주 일행을 과감히 석방하겠다면서 공주에게 "이제부터 나는

21 『유치진 희곡선집』 하(성문각, 1971) 참조.

칼을 버리고 이 악기로써 우리의 넋의 소리를 밝히어 난마와 같이 헝클어진 겨레의 마음을 달래어 부왕께서 품으시던 조국 통일의 큰 뜻을 이룩할 결심이야. (공주 수긍) 그러면 경들은 내가 곧 즉위할 터인즉, 그 대례를 이룰 차비를 차리고, 싸움터에서 사로잡은 적의 포로들을 일체 백방하라."고 명한다. 그러니까 평화주의자들이 무기를 녹여 쟁기를 만들듯이 태자는 칼을 녹여 악기를 만들겠다는 평화주의자로서 전쟁 없이 통일을 이루는 꿈을 꾼 것이다(그런데 더욱 흥미로운 점은 이 작품이 우연하게도 이승만 대통령의 반공 포로 석방과 비슷하게 맞물린다는 사실이다).

이는 곧 당시 동랑의 꿈이기도 했던 것이다. 그러면서 태자는 왕위를 계승한 뒤에도 주변국들과의 전쟁보다는 우륵의 제자가 되어 민족 악기와 음률을 창조하는 데 전념하는 동시에 우륵의 수제자 배꽃아기를 왕비로 맞아들이기를 소망한다. 한편 공주는 우륵을 사모하지만 우륵이 응하지 않자 개운사(開雲寺)로 출가하는데, 이는 이 작품이 전작 〈처용의 노래〉와 연결된다는 것을 암시해준 것으로 볼 수가 있다.

그런데 두 작품의 연결고리는 샹그릴라를 찾으려는 주인공의 이상주의에서도 나타난다. 가령 〈처용의 노래〉에서 두 주인공인 처용과 가야는 왕궁도 마다하고 바닷가에서 김을 따고 조개를 캐면서 사는 것이 하나의 꿈이었던 것처럼 〈가야금의 유래〉에서도 두 주인공 우륵과 배꽃아기 역시 화려한 왕궁을 버리고 가야산 속에서 가야금을 타면서 사는 것이 가장 바라는 것이었다는 점에서 공통성을 지닌다. 이는 곧 동랑이 청년기에 일제의 폭압에 좌절하고 해방의 소용돌이를 벗어나자마자 동족 전쟁을 만나 또다시 기약 없이 떠돌면서 삶에 지친 나머지 정신적으로나마 평화로운 샹그릴라를 꿈꿨던 것으로 볼 수가 있다.

그가 이 작품에서 또 하나 표현하고 싶었던 것은 일종의 현실도피적인 유미주의(唯美主義)라고 말할 수가 있지 않을까 싶다. 왜냐하면 우륵은 공주의 사랑도 거부하고 오직 가야금에만 탐닉하는 데다가 그의 애제자 배꽃아기 역시 왕비도 마다하고 스승과 함께 가야산 동굴로 돌아가 음악 창조에만 전념하겠다는 사실 때문이다.

가령 가실왕이 제공하는 제국의 영화(榮華)를 마다하고 굳이 입산하여 가야금을 켜면서 살겠다는 우륵을 위해서 공주의 관과 활옷을 벗어던지고 찾아온 배꽃아기는 "스승님, 떠나소서. 인제 소녀는 그 절벽에서 새어나오는 음률을 즐기며 스승님을 모시고 가야산과 더불어 살 수 있게 되었어요."라고 외친다. 결국 가실왕 역시 그들의 음악에의 열정에 감복하여 용인하려 한다. 마침 그런 때에 진흥왕이 이끄는 신라 군대가 가야국을 침략한다. 전쟁을 혐오하는 가실왕이 대항하지 않았기 때문에 신라 군대는 피 한 방울 흘리지 않고 가야국을 평정할 수가 있었다.

즉 가실왕은 신라군에 맞서자는 부하에게 "이래 봬도 나는 수로왕의 후예! 우리의 역대 선조, 칼을 들어 신라군에게 물러난 적이 없거니와, 나 역시 일찍이 패배해 본 적이 없다. 그러나 나는 칼을 버렸다. 칼을 휘두르면 음률에 대한 나의 꿈이 허물어지기 때문이다."라면서 "다들 울지 마라. 나 비록 이 자리에서 죽어, 가야 나라 5백 년 사직이 여기 그 자취 없어진다 하더라도, 우륵 스승이 남기신 이 음률만은 우리 민족의 넋과 더불어 영원히 남을 것이다. 내가 원함은 그 영원한 것! 그것을 위하려다가 죽는 것이니 조금도 서러워할 것은 없다."고 위로까지 한다. 어렵게 창조된 고유 음률을 파괴하면서까지 동족 전쟁을 할 수 없다는 것이었다.

그러자 진흥왕은 신라에는 당나라 음악밖에 없다고 개탄하는 동시에 우륵 일행을 경주로 데려가서 민족 고유 음률을 지키겠다면서 "가야 임금은 가야 고국에서 이 가야 산천과 더불어 가야금을 즐기도록 이 몸이 보호하여드리겠소."라고 화답한다. 가실왕의 무저항에 진흥왕의 관용으로 화답하는 것으로 작품의 대단원은 끝난다. 물론 작품에서 역사적 사실과 부합하지 않는 부분도 있다. 작가가 우륵을 너무 우상화했다는 점에서 그렇다. 실제로 역사에서는 가야가 망하게 되자 우륵이 먼저 신라로 피신해서 생을 누리는 것으로 되어 있다. 어떻게 보면 우륵은 비겁하고 기회주의적인 인물일 수도 있다. 그러나 동랑은 긴 역사적 눈으로 볼 때, 우륵이 중국 음악의 범람 속에서 창안해낸 민족 악기인 가야금을 보존 유지하기 위하여 살신성인하는 방향으로 묘사한 것이라고 볼 수가 있다. 그러니까 그는 우륵의 인간적 약점보다는 민족예술을 지키기 위하여 헌신한 면을 더 중요하게 보았다는 이야기가 된다. 바로 그 점에서 〈가야금의 유래〉는 평화에의 갈망과 민족의 정체성 찾기 및 지키기를 주제로 하면서 '사직은 없어져도 민족과 민족혼, 그리고 산하는 그대로 남는다'라는 동랑의 신조를 구체화한 작품이라고 말할 수 있다. 이러한 주제를 형상화하는 데에 있어서 그의 시적인 낭만성이 충분히 발휘되기도 한다. 당초 그가 이 작품을 음악극으로 만들려던 대로 서정시가 십분 발휘된다. 가령 우륵과 그의 애제자 배꽃아기가 주고받는 노래를 보면 "(우륵) 고인물이 맑을수록 / 산 그림자

완연하고 / 하늘색이 활짝 틔어 / 구름발이 자유롭고 / 수풀이 짙을수록 / 웃는 꽃이 향기롭듯 / 배꽃 가슴 즐거워서 / 저 새소리 아름답지. (배꽃아기) 리륵 우리륵 / 리륵! / 새야 울어라 / 먼동 트는 하늘에 / 씻은 듯 맑은 / 햇볕 더덩실 / 솟는구나 / 리륵 우리륵 / 리륵!"이라고 대창(對唱)한다. 이러한 서정적인 시는 여러 번 되풀이된다. 이처럼 그는 척박한 현실을 정신적으로 뛰어넘으려는 듯 아름다운 무대와 서정적인 시로서 자신의 무대를 수(繡)놓기도 했던 것이다. 이는 당초 좌익 연극인들이 리얼리즘을 강조하는 데 대한 반작용이기도 했지만 일제강점기에도 시적 상징주의자로서 이따금 활용했던 방식이다.

그런데 그가 고향에서 한가롭게 작품만 쓰게 놔두지 않았던 것이 당시의 절박한 현실이었다. 만부득이 그는 1년 만에 다시 부산으로 돌아올 수밖에 없었다. 왜냐하면 우선 세 남매의 건강과 교육 문제가 첫 번째였고, 두 번째는 비록 전쟁 중이어서 제 기능을 할 수는 없었지만 국가 공무원으로서의 책무, 그리고 극단 신협의 운영 조언 및 부위원장으로서의 문총(文總) 일도 무시할 수 없었기 때문이다.

그는 우선 아이들의 건강문제부터 챙기기 시작했다. 장녀 인형과 장남 덕형은 영양실조로 인해 폐결핵에 걸려 있었고, 막내 세형은 신장과 심장이 너무 안 좋아서 위중하기까지 했었다. 극히 가정적인 그는 아비로서 자식들의 고통을 보면서 전쟁으로 인하여 고통받고 있는 모든 어린이에 대하여도 깊은 관심과 연민의 정을 드러내기도 했다. 가령 그가 당시 쓴 간단한 에세이에 보면 "목발 신세를 지고 있는 아동을 간혹 거리에서 보는 때가 있다. 마치 상이군인을 만난 듯, 아니 그보다 더 큰 충격을 나는 그들에게서 느낀다. 너무도 가련하여 바로 못 보는 때도 더러 있다. 이들 부상당한 아동들은 그 상처가 눈에 보이는 희생자들이다. 그러나 눈에 보이지 않는 상처로서 고생하는 아동들이 이 전쟁의 와중에 또 얼마나 많을까? 그 예가 우리 가정에도 있다."[22]면서 3남매의 아버지로서의 괴로워하는 심경을 토로하기도 했다.

다행히 그의 가족에게 은혜를 베푼 한 가톨릭 수도회가 있었다. 그 단체가 다름 아닌 미국의 메리놀 수녀회가 운영하고 있던 병원이었다. 당초 메리놀 수녀회는

22 유치진, 「우리 집 아이들의 경우」, 『동랑 유치진 전집』 6(서울예대출판부, 1993), 208면.

한국에 선교하러 왔었는데, 진료 시설이 열악한 것을 알고 전쟁 전인 1950년 4월 15일 부산시 중구 대청동에 무료 진료소를 개설한 것이다. 그런데 두 달 뒤에 전쟁이 발발하면서 피난민들이 몰려와 환자들이 급증하면서 병원으로 확대된 것이었다. 이 병원에는 미국에서 들여온 신약과 선진적인 미국 의사들이 있어서 아이들이 무료 치료를 받을 수가 있었다.

거기서 그는 생애 처음으로 가톨릭 종교에 대하여 관심을 갖게 되었고, 입교까지 하려고 잠시나마 교리를 배우는 기회도 가졌다. 바쁘다 보니 미처 영세는 받지 못했지만 가톨릭교의 매력에 빠진 것은 큰 소득이었다. 왜냐하면 수백 년 동안 성리학을 가훈으로 지녀온 그로서는 대단한 변신이었기 때문이다. 건강을 되찾은 세 남매는 각각 이화고녀와 용산중학에 정상적으로 다닐 수가 있었다. 그런 와중에서도 부산에서의 그의 생활은 대단히 분주했다. 문총 일이야 박종화 회장이 알아서 했지만 이해랑이 재건한 극단 신협은 그에게 많이 의존하는 편이었다. 그럴 수밖에 없었던 것이 당초 국립극장 전속으로 있었던 극단이 사설단체로 재건됨으로써 그의 코치를 받을 수밖에 없었기 때문이다. 그리고 그 주도자 이해랑도 그가 아끼는 후배가 아닌가.

따라서 그는 우선 국립극장 문제부터 풀어야겠다는 결심으로 정부 측에 부산에서의 재개관을 요청한다. 그러나 정부는 한창 전쟁 중인 1952년도에 부산에서 국립극장을 재개관한다는 것은 무리라면서 불가를 통보해왔다. 그리하여 그는 문교부에 극장장 사표를 정식으로 제출함으로써 자유로운 몸이 될 수가 있었다. 이는 그가 극단 신협의 일을 돕는 데 장애가 완전히 사라진 것을 의미하는 것이기도 했다. 그로부터 그는 아무 부담 없이 신협의 공연을 도와주면서 이따금 연출도 하고 희곡도 써주기도 했다. 가령 그들이 부산대학에 재직 중이던 영문학자 겸 극작가인 한노단(韓路檀)의 번역본으로 셰익스피어 작품을 공연할 때 극본을 그곳 극장에 맞도록 재정리해주는 일(〈햄릿〉의 경우)에서부터 〈오셀로〉의 연출에 이르기까지 그는 신협의 정신적 지주로서의 역할을 해주지 않을 수 없었던 것이다.

그의 그런 도움으로 신협은 전쟁 중 대표적인 정극단으로서 우뚝 설 수가 있었다. 신협이 피난지에서 정극단으로 활기를 띨 수 있었던 것은 셰익스피어 공연이 성공을 거둔 데 따른 것이었다고 해도 과언이 아니다. 아마도 셰익스피어 작품 속에 인간의 애증과 삶과 죽음이 장대하게 펼쳐지는 것이 매일 벌어지고 있는 전장터의 생사와 연관 지어져서 피난민들의 공감을 샀던 것도 같다. 바로 그런 지점의 한가운데에 동랑이 작가와 연출가 또는 연극 기획자로서 버티고 서 있었던 것이다.

그런 와중에 그에게 정부로부터 뜻밖에 KBS 방송국장 제의가 온다. 그것도 국립극장장 사표를 제출하고 나서 얼마 지나지 않은 때였다. 국장직을 수락하면 관사와 생활비가 넉넉히 주어진다는 단서까지 따라붙었다. 연극과 관련된 일 외에는 단 한 번도 다른 일을 하지 않은 그였지만 유일한 국영방송인 KBS 국장 자리에는 마음이 쏠렸던 것도 숨길 수 없는 사실이다. 왜냐하면 그의 몇몇 친구는 이미 차관급의 관직에 진출해서 활발하게 활동하고 있었던 데다가 단칸방의 옹색한 생활과 아내가 패물을 팔아 겨우 생계를 이어가는 처지만은 면하고 싶었던 것이 솔직한 심정이었기 때문이다. 그런데 의외로 그의 아내(심재순)가 결사반대하고 나섰다. 그런 샛길로 빠지려면 무엇 때문에 당초부터 그 어려운 연극운동을 지금까지 계속해왔느냐는 것이 아내의 항변이었다. 아내의 그런 반응은 예상했던 것이기도 했다. 왜냐하면 아내는 기회가 있을 때마다 연극을 이용하여 무엇을 해보려는 것은 바른길이 아니라고 말해왔고, 자신도 그에 전적으로 공감을 표해왔던 터이기도 했다.

결국 그 문제를 내걸고 오랜만에 가족회의까지 열어보았지만 실질적으로 생활을 이끌어가고 있었던 아내의 완강한 반대에는 아무도 이의를 제기하지 못했다. 그는 그 일로 해서 아내를 새롭게 인식하는 계기도 되었다. 친·외가에서 대대로 고관대작을 적잖이 낸 집안의 후손인 그녀가 남편으로 하여금 배고프고 빛이 나지 않는 연극예술에 매진토록 한 올곧은 자세는 그를 감동케 할 만했다. 다 알다시피 1941년도에 일제가 강압적으로 동랑으로 하여금 극단 현대극장을 만들어 운영하도록 했을 때도 4년여 동안 온통 아내가 재산을 팔아서 겨우 지탱했던 것도 잘 알려진 사실이 아닌가. 여하튼 KBS 사건을 겪으면서 그는 더욱 연극 외길만을 고집스럽게 걷겠다는 다짐도 하게 되었던 것이다.

그러는 동안 전쟁은 더욱 치열해져서 전선은 오르락내리락하는 과정을 반복했다. 정부는 예술인들을 동원하여 1952년 말에 종군작가단을 조직하여 동부전선으로부터 중부전선, 그리고 서부전선 등 3개 위문단을 파견했는데, 동랑은 서부전선에 배정받아 유령도시가 된 서울을 거쳐서 한 달여 간 총포탄이 날아다니는 참혹한 현장을 돌아보는 기회를 가질 수가 있었다. 그가 언론을 통해서나 간접적으로 대충 알아왔던 치열한 전장을 직접 목전에서 지켜보면서 전쟁에 대한 회의와 함께 공산주의에 대하여 깊은 성찰을 하게 되는 계기도 되었다. 당시 그는 수많은 청년이 죽거나 부상당하고 전 국토가 초토화되는 참화의 근원이 순전히 국제공산주의 때문이라는 것을 전투가 벌어지고 있는 서부전선에서 절감할 수가 있었다. 따라서 그는 전선을 돌아보면서 공산주의에 대하여 본질적으로 그 허상을 파헤치고 고발하는 작품을 제대로 써야겠다는 생각도 했다.

전쟁이 밀고 밀리는 과정이 반복되면서 양측의 휴전회담이 열리고 전투는 일단 끝나가는 듯했다. 따라서 성미 급한 피난민들은 휴전이 성사되기도 전에 서둘러 환도를 단행하기도 했다. 그만큼 피난생활이 고달팠던 것이다(휴전은 1953년 7월 27일에 이루어짐). 그도 더 이상 견디지 못하고 혼자서 1953년 5월에 피난생활 2년 반 만에 서둘러 서울로 돌아오게 된다. 감격에 찬 귀경 일성을 그는 다음과 같이 썼다.

이번(금년 5월)에 환도열(還都熱)에 휩쓸려 내가 상경하였을 때는 서울의 체내(體內)에 제법 온기가 드는 듯했다. 아침이면 성당의 미사 종소리가 평화롭게 울리고 거리에는 아이들이 나와 손을 이끌며 놀고… 꿈에 보는 한가로운 화모(畵帽) 같았다. 그러나 눈만 뜨면 하늘을 찢는 제트기의 굉음! 밤이면 멀리 울리는 전선에서의 포성은 자못 불안과 공포를 자아내는 것이었다. 6·25 때도 저렇게 포성이 들리더니 그 익일 새벽엔 괴뢰군의 탱크가 시내를 횡단했었지… 하는 생각이 내 머리를 점령하고 9·28 국군 서울 탈환까지의 3개월간 지하에서 숨어 살았던 그 지긋지긋한 공포감이 온 전신을 습격하는 것이었다.

나는 은신할 수 없는 평화와 화란(禍亂)의 틈바구니에 끼인 듯했다. 그런데도 나는 서울을 떠날 수 없었다. 그간 나를 붙든 것의 하나는 서울에 수목이 무성한 것이었다. 한적한 거리의 가로수며 빈집 뜨락에선 나무들이 때를 만난 듯이 제 마음대로 가지를 뻗치고들 있는 게 아닌가. 나의 집 창가에 서 있는 정향나무도 그 꽃이 하도 향기로워서 이 몇 해를 두고 어서 자라기를 축복하고 있었지만 노상 한 모양으로 부족증에 걸린 소년같이 말라비틀어져 있었는데 이번에 와보니 어느새 장년이 되어 온 뜰을 뒤덮어버렸다. 그뿐인가? 있는지 없는지 모르던 무궁화도 벌써 꽃이 피고 심지도 않은 오동나무가 제 키를 자랑하듯이 장독대를 굽어보고 있지 않은가?

따라서 매미 우는 소리도 격에 맞고 도회지에서는 양철 조각으로밖에 안 보이던 달도 제법 여유 있는 풍치를 자아낸다. (……) 세 칸 방 하나를 혼자서 독차지하여 그 방 한가운데에 이불을 펴고 누울 수 있다는 단순한 이 한 가지 사실만으로도 서울이 한없이 좋다. 이상과 같은 심정에서 선견대의 역할로 서울을 잠깐 둘러보고 가려던 내가 쉽사리 서울을 못 떠나고 있었다. 그러는 동안에 말썽 많던 휴전이 정식으로 조인되고 서울 거리에서 친구들을 하나둘 만나게 되니 이제 정말로 여기에 눌러앉을 수밖에 없게 되었다. 나는 며칠째 방바닥을 바르고 문짝을 고치고 정원을 가꾸어본다. 괴로운 줄을 모른다. 가난한 내 방 내 뜨락이 이렇게 내 정신을 빼앗을 줄이야? 다시는 고간차(庫間車) 지붕 위 신세가 안 되었으면… 다시는 부산의 흙탕물을 안 먹었으면… 하고 나는 기원해본다. 정말 피난살이는 지긋지긋하다.[23]

이상과 같은 긴 글을 여기에 인용한 것은 휴전 직전 그가 홀로 상경해서 겪고 느꼈던 진솔한 심경을 알 수 있어서다. 위의 글에서 느껴지는 첫 번째는 휴전 직전의 혼란스럽고 갈피를 잡을 수 없었던 정황을 알 수 있었다는 점이다. 눈만 뜨면 전투기들의 굉음과 포성으로 사람들을 불안에 떨게 하고 있었다는 사실이다. 두 번째로는 역시 그의 가정적인 면모라 할 수 있다. 그러한 불안과 공포 속에서도 떨어진 문짝을 고치고 방바닥을 바르며 여유라도 있는 듯이 정원을 가꿨다는 것은 여간 가정적이지 못하면 가능하지 않다고 본다. 그가 그만큼 가정적임을 단적으로 보여주는 예이다. 그리고 마지막으로는 역시 그의 문학적 감수성이라고 말할 수 있을 것 같다. 그 점은 그의 자연예찬에서 보인다. 가령 그가 귀경하면서 바라본 서울 거리와 갈월동 집 풍경을 설명하는 가운데 가장 중점을 두고 묘사한 것은 역시 자연의 눈부신 풍치였다. 이런 것은 사실 종교적 심성이나 문학적 감수성이 없으면 쉽지 않다.

---

23 유치진, 「다시 찾은 온기 - 서울에 돌아와서」, 『동랑 유치진 전집』 6(서울예대출판부, 1993), 205~206면.

갈월동 자택 앞에서 동랑 내외와 두 아들

이처럼 그가 혼자서 대충 집을 정리하는 와중에 다행히 휴전협정이 이루어짐으로써 부산의 식구들을 서둘러 불러올릴 수 있었다. 그리하여 2년 반 만에 그 지긋지긋한 피난생활을 끝마칠 수가 있었던 것이다. 그런 그가 조금씩 안정을 찾으면서 심혈을 기울인 것은 두 가지였다. 그 하나가 완전히 파괴된 연극계의 재건문제였고, 다른 한 가지는 역시 창작에 전념하는 것이었다. 솔직히 연극계의 재건문제는 어디서부터 손을 대야 할지 막막했다. 왜냐하면 그나마 국립극장은 대구에 내려가서 그곳 극장을 빌려 겨우 생명을 유지하고 있는 처지였고, 국립극장에서 떨어져나간 극단 신협이 겨우 실낱같은 정극의 맥을 유지하고 있었으며 고정 관객도 모두 흩어져 없어진 상태였기 때문이다. 따라서 그는 연극운동을 새로 시작하는 자세로 나아가야 할 형편이 된 것이다. 하나부터 다시 시작하기 위해서 그는 우선 신변 정리부터 했다. 그러니까 그가 제대로 연극운동을 하기 위하여 자신이 맡고 있던 문화계의 잡일부터 내려놓아야겠다는 생각을 했다는 이야기다. 그래서 그는 해방 직후 자신이 주도해서 만들어 5년여 동안 이끌어왔던 한국무대예술원장직부터 벗어던졌다. 이제는 자신 말고도 할 만한 사람들이 있다고 생각해서 내린 결단이었다.

그가 팔을 걷어붙이고 폐허화된 연극계 재건운동에 나서서 처음 제안한 것이 다름 아닌 미국의 '시어터 인 라운드(Theather in Roumd)' 방식이었다. 그러니까 마땅한 공연장이 거의 없는 상태에서 '둘러싸인 극장'을 뜻하는 이 방식이 괜찮다고 본 것이다. 그의 설명에 따르면 "조그마한 강당에 2백 명쯤 되는 관객이 원형으로 쭉 둘러앉은 한가운데를 무대로 쓰며 연극을 진행하는 방식"으로서 "무대는 보통 무대 모양으로 결코 높은 단상으로 되어 있지 않고 관객이 앉은 마루와 똑같은 평면인 것이 특징이며 연극을 연출할 때에는 결코 무대장치를 세우지 않고 간단한 소도구와 암시적인 조명만 사용한다는 것이다. 그리고 관객석에는 관객이 사용하는 통로가 넷이 있는데 이 통로를 배우의 등퇴장에도 사용한다는 것이다. 이 연극은 극히 소수의 관객 앞에서 진행되기 때문에 배우는 부자연하게 억양을 높일 필요가 없고 과장된 동작을 할 필요도 없다. 즉 하등 무리 없는 연기로서 관중을 완전히 현혹시킬 수 있다. 그 때문에 연극이 끝나서 조명이 다시 밝아지면 관중은 자기 자신이 무대상에서 배우와 같이 호흡하던 사람인 듯이 혼연(渾然)해지는 것"이라고 했다.

이 같은 그의 생각은 대단히 앞서가는 것으로서 무대와 객석을 허물어서 배우와 관객이 혼연일체를 만들어야 한다는 것이다. 이는 사실 연극원형으로 되돌아가자는 것이었다. 이런 그의 선진적 생각이 훗날 드라마센터 극장구조로 나타난 것이라고 볼 수가 있다.

당시 그는 이런 방식과 관련하여 "우리 한국은 본시 극장 건물이 부족 불비(不備)한 데다가 금반 전쟁으로 많이 파괴되어 뜻있는 이가 연극운동을 하려고 해도 극장이 없다. 있다 해도 엄청나게 고가이다. 이 새로운 형태의 연극은 강당, 교실, 옥상의 공지, 뜰, 넓은 실내 — 아무 데고 손쉽게 할 수 있고 더구나 무대장치를 하지 않기 때문에 경비도 적게 든다. 이 시어터 인 라운드야말로 우리 한국 연극에서 꼭 전개해봄 직한 운동이다. 앞으로 소극장운동자는 물론이요, 학생극 등은 반드시 이 새로운 형태를 채용해보았으면 어떨까 한다."[24]고 했다.

이러한 그의 제안은 매우 탁월한 것이었다. 왜냐하면 당시 이렇다 할 공연장이 없었던 시절의 극적 돌파구로서 그만한 대안을 찾아냈다는 것은 놀라운 일이었기 때문이다. 특히 수백 년 동안 유지해온 극장의 '제4의 벽'을 허물어서 무대와 객석을 하나로 해야 한다는 그의 발상은 대단히 앞서가는 생각이었다. 또한 그가 목전에서 벌어진 전쟁 중에도 해외 연극의 동향을 면밀히 살피고 있었다는 사실도 대단한 일이 아닐 수 없다.

이어서 그는 피폐한 연극계에 활력을 불어넣기 위한 당장의 방편으로서 두 가지를 제안하고 나섰다. 그 하나가 당장 기존 극장의 내부 구조를 개량하여 극단들로 하여금 쉽게 접근할 수 있도록 하자는 것이었다. 주지하다시피 당시 극장들은 당초 국립극장으로 사용했던 충정로의 구 부민관과 동양극장을 제외하고는 모두가 일본인들이 영화관으로 지어놓은 것이었기 때문에 무대 구조가 연극장으로서는 부적합했다. 그나마 임대료까지 비싸서 극단들로서는 빌려 쓰기도 수월찮고, 또 수지타산도 맞지 않았었다. 따라서 극단들이 살려면 우선적으로 극장문제가 해결되어야 하는 처지였다. 그가 들고 나온 해결책도 바로 그런 현실적인 난제의 극복부터 해야 한다는 것이었다.

24 유치진, 「소극장운동」, 『서울신문』 1953.3.8.

즉 그는 「극장 내부의 구조를 개량」이란 글에서 "지금의 현상으로 보아서는 극장을 이용할 수 없이 되어 있는 것이 신극이요, 설사 이용해서 극을 올려보았댔자 적자만 보고 마는 것이 여러 단체들이다. 애당초에 국가에서 신극단체의 육성과 일반 대중의 계몽을 위하여 상용(常用) 극장을 하나쯤 설립해주었다고 해도 시원치 않을 터인데 실제 면에서 우리가 겪는 괴로움이란 이만저만한 것이 아니다. 나는 요즘 이런 생각을 해본다. 국립극장의 실현이 가망이 없는 꿈일진대 차라리 서울을 비롯한 각 도시의 극장 구조를 개량해서 관객이 보다 다수 수용될 수 있도록 해야겠다고. 이 방안은 결코 나쁘지 않을 것이다. 손님이 보다 많이 여러 극장에 수용될 수 있게 되면 하다못해 극장을 빌리지 못해 쩔쩔매고 돌아가는 우리들에게도 한두 개의 극장은 손쉽게 얻어질 수 있겠기 때문이다. 좌우간 극장 내부 구조를 대폭적으로 개량해야겠다. 이것의 구체적 방책은 국가와 문화인(연극인)의 합동으로 해도 좋은 것이다. 이런 단행 내지 노력이 만일 우리에게 없다면 우리 연극의 내일은 더한층 암담해질 수밖에 없이 될"[25] 것이라고 단언까지 했다.

이러한 그의 주장이 당시로서는 매우 합리적인 것이었지만 현실적으로 실현은 불가능했다. 왜냐하면 전국의 극장주들은 모두가 개인들로서 영화관으로 돈을 잘 벌고 있었는데 누가 굳이 영화관을 개조하면서까지 돈이 벌리지 않는 연극장으로 내놓겠는가. 그리고 정부 역시 파괴된 건물, 도로, 교량, 항만 등 인프라의 재정비에도 허덕이는 처지에 한가롭게 연극장을 위해서 돈을 쓸 만한 여유가 있을 리 만무했다. 그러나 한 가지 분명한 것은 그가 한국 연극의 재건을 위해서 매우 합리적인 대안을 갖고 있었고, 그러한 이상의 실현을 위하여 한 걸음씩 앞으로 나아가고 있었다는 사실이라 하겠다.

그리고 두 번째로 그는 연극인들의 자율권 보장을 외치고 나섰다. 여기에도 여러 가지 사연이 내재한다. 즉 원장인 그가 통영에서 미처 부산으로 돌아오기 전인 1952년 늦가을에 몇몇 간부들이 한국무대예술원을 재건하고 부랴부랴 무대예술인과 단체들의 등록제를 다시 결의한 것이다. 저들의 명분은 아무래도 무대예술단체의 난립을 막아보겠다는 의도에서였던 것 같다. 따라서 그 등록제에 대하여 원성이

25 유치진, 「극장 내부 구조를 개량」, 『동랑 유치진 전집』 8(서울예대출판부, 1993), 69면.

자자했고 그 의도성에 대해서도 의구심을 갖는 사람이 적지 않았던바, 그 대표적 인물이 다름 아닌 동랑이었던 것이다. 동랑이 즉각 철폐를 들고 나온 이유도 바로 거기에 있었다.

그러니까 그의 생각은 정부 수립을 전후하여 좌익 예술인들이 모두 월북했고, 또 전쟁을 겪으면서 저질 상업극단체들도 상당수 자동 정리된 상태인데 굳이 일제 강점기의 망령을 떠올리게 하는 등록제를 또다시 실시할 필요가 있느냐는 것이었다. 특히 대한민국에 남아 있는 공연예술인들이 빵과 일자리를 주겠다는 북한의 유혹을 뿌리친 가장 근본적인 이유는 자유(自由)였는데, 그것을 제약하는 것은 결코 용납될 수 없다는 주장이었다.

그래서 그가 등록제를 통렬하게 비판하고 나섰던바 그 문제를 지적하는 글에서 "우리가 실시하고 있는 오늘의 통제가 아무리 북한의 그것과 같은 그런 질식적이며 살인적인 게 아니라 하더라도 예술활동의 자유를 유일한 재산으로 알고 있는 우리 연극인에게 어떤 유의 통제건 해서야 될 말인가? 자가당착도 이 위에 더 할 수 없을 것이다. (……) 듣는바 극단이 공연차 지방으로 내려가면 경찰에서는 극단원들을 경찰서 마당에다 불러놓고 일일이 등록된 단원증과 실물을 대조하며 검두점고(檢頭點考)를 하는 수가 흔히 있다는 것이다. 마치 지난날 공창(公娼)을 검두하듯이… 이것은 등록제가 가지고 오는 하나의 지엽적 현상이지만 이 얼마나 불쾌한 노릇이냐? (……) 무릇 예술이란 통제나 압력으로 이루어지는 게 아니다. 그뿐만 아니라 대한민국은 자유 국가이다. 통제란 예술 생산에도 역행하는 제도거니와 대한민국의 헌법에도 역행하는 것이며 범법인 것이다. 대한민국에서는 경제 면에서도 통제 경제를 배격하고 있는데, 절대 자유가 보장되어야 하는 예술에 어찌 통제가 가해질 수 있으랴? (……) 민주주의의 기본은 어디까지나 개인에 있고 독창적인 개성과 천 배의 자유스러운 활동에 우리 예술의 나아갈 길이 있을 것"[26]라고 주장한 것이다.

이러한 그의 글이 공론화되면서 등록제는 흐지부지되고 말았다. 그럴 수밖에 없었던 것이 그의 주장이 상당한 설득력을 지니고 있었기 때문이다. 즉 일제강점기부

---

26 유치진, 「극단의 민주화」, 『동랑 유치진 전집』 8(서울예대출판부, 1993), 63~64면.

터 해방 직후까지 반세기 동안 당해온 통제와 탄압에 진저리를 치고 있던 연극인들의 규제 콤플렉스가 동랑의 논리정연한 비판의 글에 기름을 부은 것처럼 광범위하게 번져나가면서 등록제는 단번에 그 위력을 잃어버리고 말았던 것이다. 이처럼 그는 연극 현실을 읽는 예리한 통찰력을 지니고 있었기 때문에 연극계는 대체로 그가 제시하는 비전대로 움직여가고 있었다고 해도 과언이 아니다. 이 문제 역시 그의 영향력이 막강했음을 단적으로 보여주는 한 예라고 하겠다.

이상과 같이 그가 연극계, 더 나아가 공연예술계가 당면한 공통적 문제점에 대하여 하나의 해법을 제시한 뒤에는 폐허 위에서의 극단들이 어떻게 살아날 수 있는가에 대하여 세 가지의 구체적 대안을 내놓기도 했다. 그 첫째가 다름 아닌 극장 시설의 재비(在備)였다. 이 문제는 그가 앞에서 주창했던 '극장 내부 구조 개량'과 연결되면서도 한발 진보된 것이었다. 즉 그는 자신이 쓴 글에서 남한에 1백여 개의 극장이 있는바, 그중에서 전쟁으로 파괴된 극장이 30%로서 현재 70여 개가 가동될 수 있지만 그나마 온전한 것은 몇 개 안 된다면서 "우선 연극을 담을 그릇인 극장을 짓고 고치자! 극장을 짓고 고치는데 일제의 잔재 그대로가 아니요, 현대의 고도한 기계문명을 도입한 무대이어야 할 것이다. 그래야 거기에서 생산되는 예술이 현대인의 감정을 좌우할 수 있을 것"이라고 했다.

좀 더 구체적으로 말하면 그는 지난 시절에 일본인들이 지은 영화관 형태의 진부한 극장들을 현대연극을 담을 수 있는 첨단 시설의 무대로 바꾸자는 것이었다. 그러면서 그는 두 번째로 극장의 전문화를 외쳤다. 그리고 그가 그동안 수익성 위주를 운영 원칙으로 삼아온 모리배형의 극장주들의 인식 전환이 필수적이라는 것을 전제로 삼았다는 데 주목할 필요가 있다.

그는 그와 관련하여 "대체로 종래의 우리 극장에는 아무런 성격이 없고 주관이 없었다. 어떤 특색이 있었다면 잡화상적인 나열에 있다 할까? 무엇이든지 수입이 될 만한 연극물이면 갖다 올렸다. 이런 잡박한 기획 속에서 무슨 예술이 육성되랴? 앞으로의 우리 극장은 우선 영화 전문관·연극 전문관·오페라 전문관쯤으로 대별하여놓고, 그 전문에 적합하도록 시설을 완비시켜야 할 것이다. 그쯤이라도 되지 않고는(즉각 극장이 제대로의 성격을 가지지 않고는) 거기서 생산되는 예술의 순수성을 찾아볼 수 없을 것이며 극장 경영 그 자체부터가 시대착오적인 낙오자가 되고 말 것"이라고 한 것이다.

지금부터 꼭 60년 전에 그가 전문극장론을 제시했다는 것은 대단히 놀라운 발상으로 당시로서는 꿈꾸기조차 어려웠던 매우 선진적인 생각이었다. 왜냐하면 우리가 겨우 연극장과 영화관을 구분한 것이 1980년대 들어서였으며 오페라극장(예술의전당)을 세운 것은 그가 그런 주장을 하고 난 40년 뒤인 1990년대 초였기 때문이다. 그럼에도 불구하고 오늘날까지 일제 잔재 의식을 청산하지 못한 지방에서는 다목적홀 성격의 부민관식 거대 문예회관만을 짓고 있지 않은가? 이처럼 그가 매우 시대에 적합한 전문극장론을 주장했지만 당시로서는 너무 앞서가는 이상론이어서 전혀 실현되지는 못했던 것이다.

세 번째로 그는 희곡 생산 장려와 신인 극작가 양성을 제시했다. 그는 번역문학자 김광주가 월간 『신천지』를 통해서 지적했던 '극장 없는 연극', '희곡 없는 연극'이라는 말에 전적으로 동감을 표하면서 극단 운영자들이 창작 개발을 전혀 하지 않으면서 번역극이나 재탕 공연으로 날을 보냄으로써 그나마 몇 명 있는 극작가들도 의욕을 잃고 작품을 쓰지 않는다고 한탄했다. 그러면서 그는 "작품 없이 연극기획이 서지 못하는 이상 극단 작흥에 있어 희곡 생산은 제1위에 있어야 할 것이며 극단은 희곡을 얻기 위하여 특별한 노력과 경비를 경주해야 할 것"이라고 했다.

그는 또한 극작가 부족은 어디까지나 신인이 배출되지 않은 데 있으며, 이는 젊은이들이 전장(戰場)으로 나간 때문으로 신진 부족은 다른 분야도 함께 겪는 문제라 했다. 따라서 신인 육성을 위한 방편으로 "소인극(素人劇)·학교극·아동극 — 여러 가지 방면으로 연극의 씨를 뿌려서 조속한 시일 내로 거두어야 할 것"[27]이라고 결론지었던 것이다. 로마가 하루아침에 이루어진 것이 아닌 만큼 우리 연극을 살리는 방안도 보다 근본적이면서도 장기적으로 접근할 필요가 있으며, 그것은 아무래도 아마추어 연극의 권장, 활성화와 함께 학교의 연극교육에서 찾아야 할 것 같다는 생각을 한 것이다.

이처럼 그가 공연예술 발전을 위해서는 치밀하게 계획된 장기적인 프로그램을 갖고 접근해야 한다고 본 것은 특이할 만한 사항이다. 물론 이러한 그의 생각은

---

27 유치진, 「극단 재건책」, 『서울신문』 1953.11.22.

당시 연극계의 극심한 위축에서 비롯된 것임은 두말할 나위 없다. 가령 환도 직후인 1954년 봄에 문교부 주최로 시행된 연극경연대회에 참가한 극단은 기껏 신협을 위시하여 공연극장, 신청년, 그리고 배협뿐이었는데, 그나마 그해 연말에는 신협만 남고 세 극단은 모두 해산된 상태였다. 우리나라 근대연극사상 극단 하나만 덩그러니 존재했던 경우는 1911년 임성구가 신파극단 혁신단을 출범시켰던 때 외에는 단 한 번도 없었다.

그러니까 연극단체의 고사 위기는 종전(終戰)과 함께 미국 영화와 유럽 영화가 쏟아져 들어온 데다가 국산 영화마저 오랜 침체를 벗어나 진흥의 깃발을 들었던 시기와 맞물려 있었던 데 따른 당연한 추세였다. 가령 1954년에 들어서서 국산 영화의 보호육성책의 하나로 입장세법(법률 제329호)이 개정(3월 31일 자)되어 영화관람에 따른 입장세가 면제됨으로써 우리 영화 중흥의 발판이 마련된 것을 계기로 1955년 정월에 개봉된 이규한 감독의 〈춘향전〉은 단번에 10만 명의 관객을 동원했고, 신예 감독 신상옥의 〈꿈〉도 대단한 호평을 받아 많은 관객을 동원했다.[28] 이 시기에 신상옥뿐만 아니라 유현목, 김기영 등 재능 있는 감독이 속속 등장했으며, 영화가 인기를 몰아가자 가뜩이나 빈약한 연극계에서 김동원, 주선태, 황정순, 최은희 등 기둥배우들조차 영화계로 떠남으로써 연극계는 그야말로 빈사의 늪에 빠져들었던 것이다. 이처럼 영화의 부흥이 곧 연극의 위기를 가져오게 했던 것이다. 그러나 동랑은 우리 연극의 위기를 외적 요인에 앞서 자체 내에서 찾으면서 시대 사회 변화를 따라가지 못 하는 연극인들의 실력 부족에 더 근본적인 원인이 있다고 본 것이다. 당시 그가 쓴 「자체의 실력 보강」이란 글에 보면 "근년에 와서 우리의 관객의 눈은 상당히 높아졌다. 특히 외국 영화가 범람하여 거기에 대한 접촉이 잦을수록 관객의 견식은 깊고 넓어진다. 관객의 견식은 이렇게 깊고 넓어감에 반하여 우리의 연예인들은 과거의 영화(榮華)에 자만하여 면학(勉學)에 게을리하고 자기의 기득하고 있는 역량 그것만을 우려먹고만 있다. 여기에 무슨 신선한 독창과 참신한 매력이 나올 수 있겠는가? 이로써 관중의 실망은 나날이 늘어가고 극계는 차츰 관객의 발그림자가 성글어감을 발견하게 되는 것"[29]이라 했다.

---

28 김종원 · 정중헌, 『우리 영화 100년』(현암사, 2001), 241~246면 참조.

여기서 그가 특히 강조한 부분은 관중의 냉혹성이라고 말할 수가 있다. 한때 박수갈채를 보내도 박수 대상의 발전이 보이지 않으면 단번에 외면하는 관중의 속성을 지적한 것이다. 그가 1954년 연극계를 평하는 가운데 "금년의 극단(劇壇)이 이렇게 흉작인 데 대하여서 흔히 외국 영화의 범람이 지적된다. 즉 요즘 너무나 많은 국내 흥행 장소를 독차지하고 있으므로 민족연예가 발을 붙일 곳(극장)이 없어졌다는 것이다. 이도 하나의 원인일는지 모른다. 그러나 내가 보는 한에서는 반드시 외국 영화의 범람에서만 연극 침체의 원인을 발견하려는 것은 일종의 자기 만족적 궤변에 불과한 것이 아닐까 싶다. 요는 우리의 연극인이 너무나 태만하였다. 전쟁 중 어수선한 틈을 타서 약간 흥행상의 성적이 올랐기 때문에 이 수입의 황금시대가 길게 계속될 줄로만 알고 자만하였던 것이다. 그래서 극단이 누구나 할 것 없이 그 창조적 노력을 게을리한 것이었다. (……) 일시적 관객의 환희를 받았다고 자만하였다가는 큰 코 다치는 것이다. 관객이란 무자비하게도 냉혹한 것이며 자기의 호주머니를 털어서 입장권을 살 때에는 장차 극장 안에서 받을 감격을 타산하는 것이다. 관객이 언제까지나 속을 줄 알아서는 안 된다. 한번 속으면 그다음에는 용서가 없는 것이 관객의 심리"[30]라고 했다. 그렇기 때문에 그가 연극을 소생시키는 방법은 오로지 자체적으로 실력을 배양하는 길 외에 다른 방도는 없다고 한 것이다.

그렇다면 실력 배양은 어떻게 해야 하는가? 그는 그 방도가 기성 연극인들의 재교육만으로는 부족하다고 보고 미국의 G. 베이커 교수가 했던 것처럼 학교교육에서 근본적인 해법을 찾아야 한다고 했다. 즉 그는 그 글에서 초등학교 때부터 미술, 음악 그리고 문학 공부는 시키는데 연극 과목은 전문학교에서도 가르치지 않는다고 비판하면서 미국은 이미 초등학교에서 연극연출을 가르친다고 했다. 그러면서 그는 해방 직후부터 지니고 있었다는 자신의 소신과 앞으로의 구상까지를 다음과 같이 소상하게 밝혔다.

---

29 유치진, 「연극 - 자체의 실력 보강」, 『새벽』 1955년 1월호.

30 유치진, 「질로 저조 양적으로도 흉작 - 1954년 문화계 총결산(연극편)」, 『동랑 유치진 전집』 8(서울예대출판부, 1993), 229면.

그렇기 때문에 나는 6·25 전부터 전국 남녀대학 연극 콩쿨을 한국연극학회 주최로 개최한 바 있었다. 그리고 새해에는 전국적인 중고등학교의 연극 써어클 조직까지 나는 꿈꾸고 있다. 요즘 전국 각 고등학교에서 학예회의 명목으로 성행하고 있는 연극공연을 조직적인 시스템 아래에서 계획적인 공부를 시켜봤으면 하는 희망에서다. 전국 각지의 중고등학교의 연극 써어클이 잘 움직이면 초등학교의 아동극의 활동도 자연발생으로 정상적인 길에 오를 수 있을 것으로 나는 믿는다. 그러나 이상의 계획도 연극이 학과목으로 편입될 때에 비로소 정상적인 발전을 할 수 있음은 물론이다. 그러나 연극이 학교 과목에 정상적으로 끼이기까지에는 이와 같은 비정상적이나마 시급히 쓰지 아니하면 도리어 극계의 퇴보를 걷잡을 수 없을 것으로 나는 믿는다.[31]

이상 그의 글에서 특히 주목되는 부분은 초등학교 때부터 조직적으로 연극에 접할 수 있는 기회를 만들어주기 위하여 그는 서클 조직이라든가 학예회의 활성화 등을 제안하면서도 궁극적으로는 연극이 초·중등학교의 교과목으로 편입되어야 정상적으로 발전할 수 있다고 주장한 점이라 하겠다. 그의 그러한 주장 이후 반세기가 지난 오늘날까지도 그런 꿈은 진행형일 뿐 이루어지지 않고 있다. 그는 당시까지만 해도 자신의 꿈이 언젠가는 이루어질 것이라는 확신을 갖고 스스로 할 수 있는 일만을 찾아서 완만하긴 하여도 한 걸음씩 앞으로 나아가고 있었던 것이다.

한편 그는 1955년 월간 『현대문학』지 신년 계획 설문에서 첫 번째로 '작품활동에 치중하겠다'[32]면서 그 한 해에만 〈자매〉와 〈사육신〉 등 두 편을 새로 썼고, 몇몇 작품을 개고해 무대에 올리는 활기를 보이기도 했다. 그런데 〈사육신〉은 그가 즐겨 썼던 역사극이지만 〈자매〉만은 1953년도에 발표한 〈나도 인간이 되련다〉와 마찬가지로 이데올로기와 전쟁문제를 다룬 작품이다. 여기서 우선 전쟁이 끝나갈 무렵에 쓴 〈나도 인간이 되련다〉부터 짚고 넘어갈 필요가 있을 것 같다.

그는 그 공연 프로그램에 쓴 창작 동기와 관련하여 "공산주의 천국이 그리워 월북한 진짜 남로당원들이 소위 인민공화국에서 감시와 대상이 되어 있을뿐더러 머

31 위의 글.

32 유치진, 「신년도의 문화적 구상」, 『현대문학』 1955년 1월호 참조.

리로 그리던 공산사회와 실제 공산사회 사이에 건널 수 없는 깊은 장벽이 가로놓여 있음을 발견하고 고뇌하고 있다는 소식을 일찍부터 나는 듣고 있었다. 그 고뇌상을 작품화해보려고 애쓴 것이 졸작 〈나도 인간이 되련다〉이며 이 작품은 작년 이맘때 탈고한 것이다. 이 작품이 완성되어 책상 위에서 잠자고 있는 금년 늦은 여름에 일대 센세이셔널한 뉴스가 발표되었는데, 그것은 북한에서 박헌영을 위시한 남로당원 2천여 명이 숙청당하여 혹은 사형, 혹은 체형, 혹은 추방을 당하였다는 사실이다.[33] 이상과 같은 북한에 있어서의 남로당원의 총 몰락은 희곡 〈나도 인간이 되련다〉에서 취급한 사실이 얼마나 진실인가를 말해주는 것으로서, 공산주의란 인간으로서 도저히 용납될 수 없는 제도임을 작품을 통해서 증명하려 한 것이다. 이런 의미에서 나는 이 작품이 널리 읽혀지고 널리 관람됨을 바라는 바다."라고 쓰기도 했다.

이 희곡의 제명 밑에 '인간성을 말살하려는 공산당의 내막을 폭로한 얘기'라는 부제가 달려 있는 것처럼 동랑이 실제로 북한 공산 권력의 비상식적이면서도 냉혹한 내막을 정면으로 파헤친 작품이라는 점에서 마치 기록극처럼 리얼하게 썼던 것이다.

그런데 흥미로운 점은 그가 프로그램에 쓴 글에서도 언급했듯이 북로당이 집권한 김일성 정권이 전쟁이 끝나면서 1953년 8월에 패전의 모든 책임을 남로당에 덮어씌워 그 리더였던 박헌영 등 간부들을 참혹하게 처형하는 사건이 벌어진 것이다. 같은 시기에 월북한 문인들인 임화를 비롯하여 한설야 등 여러 명도 모두 숙청당했다. 그러한 사건이 벌어지기 전에 동랑은 마치 예언이라도 하듯 이 희곡을 발표함으로써 비록 허구임에도 불구하고 리얼리티가 넘치는 작품으로 자리매김했다.

앞장에서도 이미 언급한 바처럼 그가 유학시절 막연히 관념적으로만 받아들였던 공산주의에 대하여 해방 직후 철원에서 몇 달 동안 실체를 접하고는 그에 대하여 실망과 함께 혐오감까지 갖기 시작했던 것은 다 아는 사실이다. 게다가 그는 해방

---

33 남로당의 박헌영은 한국전쟁 패배 후 김일성에 의하여 '미제국주의의 첩자'로 몰려서 1953년 8월에 체포되어 1955년 12월에 처형되었다. 송남헌, 『한국현대정치사』(성문각, 1980); 박갑동, 『박헌영』(도서출판 인간, 1983) 등 참조.

공간에서의 좌익 연극인들의 경거망동과 행패, 그리고 참혹했던 6·25전쟁 등을 잇달아 겪으면서 공산주의의 비인간적이고 폭력적인 면을 누구보다도 잘 알고 있었다. 그렇기 때문에 그는 언젠가는 그 실체를 리얼하게 파헤치려고 마음먹고 있었으며, 북한에서의 숙청사건을 전후하여 그것을 구체화한 것이 바로 이 작품이다.

따라서 이 작품의 주인공은 월북 작곡가와 그의 연인이다. 2대에 걸쳐서 항일투쟁을 벌일 만큼 철저하게 공산주의 사상으로 무장된 두 주인공 '석봉'과 '정복희'는 오래전부터 사랑하는 사이였고, 석봉이 먼저 월북하여 국립극장 전속작곡가로 활동하고 있었다. 그런데 그를 따라 정복희가 월북함으로써 전혀 예상치 못한 사건이 벌어지게 된다. 일제강점기 때부터 철저한 좌익 문필가인 정복희의 부친(정태두)이 김구, 김규식 등과 함께 남북 협상파로서 평양을 다녀간 뒤로는 침묵일관으로 회색분자가 되었기 때문에, 그의 딸인 정복희는 국립극장에서 예술가로서 일할 수 없고 견직공장으로 좌천되어 가야 한다는 것이었다. 그런데 그것으로 끝나지 않고 석봉과의 결혼도 유보해야 한다고 했다.

이에 정복희가 억울함을 호소하자 위원장은 그녀를 간첩으로 몰려고까지 한다. 그러자 정복희는 혼잣말로 "여태 지하에서만 쫓겨 다니다가 공산주의 국가에만 찾아오면 짓밟힌 꿈이 실현될 줄 알았는데, 도대체 이게 무슨 봉변이람. 이따위 선고나 받으려고 목숨을 내걸고 내가 38선을 넘어왔단 말인가? (입술을 깨물고 흐느낀다)"고 자탄한다. 궁극적으로 두 연인을 갈라놓게 만든 요인은 석봉을 짝사랑하는 막강한 소련인 2세 나타아샤 김(金)이라는 전속가수의 개입이었다. 따라서 숙청 위기에 몰린 석봉은 살아남기 위하여 다음과 같이 자아비판까지 한다.

석봉 동무들, 앞으로 저는 제 선친의 유지를 계승하여선 물론 영광스러운 당의 노선을 지키기 위하여 여기서 맹세합니다. 조국과 전체 인민의 이름으로 맹세합니다. 이 순간부터 내 당성은 더욱 굳게 무장하여 절대로 그 여성을 생각지 않을 테니, 내게 재생의 길을 한 번만 더 열어주십시오. 소원입니다.

석봉이 그렇게까지 자아비판을 하고 나서자 이번에는 정복희가 연인에게 배신감을 갖고 절망하면서 공산주의 사상에 대하여 근본적으로 회의하기 시작한다. 그녀는 잠적하여 자살할 길밖에 없다는 생각에까지 이른다. 정복희의 잠적에 놀란 석봉은 갑자기 내면에서 솟구치는 사랑의 감정을 억제치 못하고 그녀를 찾아 헤맨다. 두 연인이 만나서 다음과 같은 이야기를 나눈다.

석봉 난 인제 모든 걸 청산했어. 난 내 목덜미를— 나를 제멋대로 끌고 다니던 쇠사슬을 끊어버렸어. 용감히 당을 버렸단 말야.

복희 선생이 당을 버려요? 그 좋은 무기를? 당만 내세우면 이 세상엔 안 되는 것 없고, 해결 안 되는 게 없는 그 하늘의 금방망이를 왜 내버려요? 그런 거짓말은 하지도 마세요.

석봉 복희에겐 그렇게 생각될 거야. 그러나 난 그걸 해냈어. 나타아샤 년의 뺨을 치고서 난 그걸 단행했어.

복희 호호호! 그만두세요. 이 북조선에서는 소련 2세면 그만! 지상의 신이오. 천상의 금방망이가 아뇨? 무소불능한 그 신의 뺨을 선생이 쳐서 그 하늘의 금방망이를 선생이 놓쳐요?

석봉 공산주의 국가에서는 당을 떠나선 못 사는 것! 당원이 아니면 개보다도 천한 존재가 되고 마는 게 아냐?

복희 그러면 선생은 그런 특권 계급인이 되자고 공산주의자가 되셨단 말요? 종래 우리가 꿈꾼 건 선체 인민이 공정하게 살 수 있는 계급 없는 사회가 아니었던가요? 헌데 지금 당원이란 특권 때문에, 그 특권을 버리면 개같이 천한 계급으로 떨어질까 봐, 공산주의를 버리지 못했다니 그게 말이라고 하세요? 선생의 불타는 정의감은 어떻게 되셨나요.

석봉 …공산주의에 내가 너무나 도취해 있었기 때문에 그걸 비판할 마음의 여유가 없었던 거야. 마치 체내에 스며든 독소가 시간이 지나면 만성적으로 돼버리는 것 같아.

이상과 같이 석봉이 공산주의의 허구성을 몰랐던 무지로 인하여 정신적 파탄에 이르렀다고 자탄하면서 사상 전향의 결심을 밝힘에도 불구하고 복희가 믿지 않자 석봉은 즉시 38선을 넘어 남한으로 가자고 호소한다.

복희 (깜짝 놀라) 뭐라구요? 그 무슨 소리에요?

석봉 당이 인간에 속하지 않고, 인간이 당에 속하여, 내가 그 괴뢰가 되었기 때문에 모든 불행이 일어난 거야. 나도 인간이 되어야겠다, 인간이 되어, 인간을 말살하려는 공산주의 쇠사슬을 끊어버려야겠어.

이상과 같은 대화가 오갔지만 정복희는 여전히 석봉의 진의에 의심을 갖고 망설인다. 그러자 석봉은 그녀에게 "제발 서울 가서 아버지와 손을 잡고 싸워요. 우리에게 남은 길이란 공산주의에 대한 보복밖에 더 있어?"라고 애소한다. 그런 때에 나타아샤 김 등 국립극장 간부들이 들이닥친다. 이미 모든 것을 체념한 석봉은 악에 받친 나타아샤 김에게 "지금 돌이켜 생각하니, 그게 모두 내가 억지로 공산주의자가 되려던 모순당착의 발버둥이었구료. 그러나 인제야 나도 사람의 길을 발견했소. 동무도 이 붉은 소굴에서 발을 빼시오. 공산주의 국가란 아무래도 성립될 수 없는 거니까."라고 그녀의 분노에 오히려 불을 지른다. 그런 제의에 나타아샤 김은 더욱 노기에 몸을 떤다.

성난 극장 간부들은 마지막으로 작곡가로서 이용 가치가 큰 석봉과 게임을 벌인다. 정복희의 목을 눌러죽이면 살려주겠다는 것이었다. 바로 그때 정복희가 자결함으로써 작품은 급격하게 비극으로 흐른다. 왜냐하면 석봉마저 할복자살을 해버리고 말았기 때문이다. 이처럼 〈나도 인간이 되련다〉는 공산주의의 패덕과 폭력성, 그리고 허구성을 정면으로 폭로하고 비판한 목적극적 성격이 강한 희곡이다. 물론 동랑은 해방 직후부터 여러 작품을 통해서 공산주의에 대한 회의를 나타냈지만 이 작품만큼 그 문제점을 노골적이면서도 치열하게 폭로한 경우는 처음이다. 그러니까 그는 작정하고 반공 이데올로기 희곡을 쓴 것이었다.

혹자는 이 작품을 프랑스 실존주의 작가 사르트르의 희곡 〈더러운 손〉(1948)과 연결시켜서 동랑이 마치 실존주의에 영향이라도 받은 것처럼 말하지만, 두 작품이 구조상 유사점도 없지 않지만 주제만은 전혀 다르다. 가령 전자가 주인공 위고의 신념과 거대 조직 간의 괴리에서 빚어지는 개인의 파멸을 묘사한 것이라면, 후자는 공산주의의 무모성과 폭력성을 고발한 전형적인 반공극인 점에서 그렇다. 물론 〈더러운 손〉이 1951년 말에 부산에서 공연되었으므로 동랑이 관극했을 개연성을 전혀 배제할 수는 없다. 그러나 그 작품이 무대에 올려질 때 그는 고향 통영에서 창작에 몰두하고 있었음을 상기할 필요가 있다. 물론 그가 이따금 공무로 부산을 왕래했지만 반드시 그 작품만을 관극하려고 배편으로 4, 5시간이나 걸리는 거리를 갔을까 하는 의문이 드는 것도 사실이다.

그런데 흥미로운 점은 〈나도 인간이 되련다〉가 한국 최초로 영역되어 영국의 월간지 『아담(ADAM)』에 게재되어 그곳 평단으로부터 호평을 받은 사실이다. 즉 "이 희곡을 읽은 영국 평론가 톰 그린웰은 사르트르가 1955년도에 발표한 희곡 〈네크라소프〉라든가 카뮈가 1944년도에 발표했던 희곡 〈칼리굴라(Caligula)〉 등과 대등한 수준의 작품이라고 격찬을 한 것이다. 한편 덴마크의 극작가 린델만은 '동서양의 연극'이라는 제목의 강연에서 이 작품은 유럽의 직업적 극작의 수준을 뛰어넘을 만큼 우수하다며 자국에서 공연할 수 있느냐고 문의해오기도 했다."[34]고 한다. 이는 동랑의 극작술이 서양의 수준에서 별로 뒤지지 않았음을 단적으로 보여주는 경우이다.

그가 〈나도 인간이 되련다〉를 쓸 무렵(1953.8.7.)에 정부에서는 문화보호법(법률 제248호)를 제정하고 학술원과 예술원을 만들어 회원 선정 작업을 진행하고 있었다. 즉 대학 졸업 후 예술 방면에 10년 이상 종사한 사람과 대학을 다니지 않고 그 방면에 20년 이상 종사한 사람만을 등록시켜서 등록문화인들이 회원을 뽑는 방식이었다. 그리하여 전체 25명을 뽑는 가운데 연극인은 그와 이해랑, 그리고 오영진 등 세 사람만이 선출됨으로써 그가 창립 회원과 함께 곧바로 부회장 자리까지 오르는 영예를 안기도 했다.

그는 창립 회원으로서의 소회와 관련하여 "나는 종래 결심해오던 바와 같이 앞으로도 꾸준히 그리고 성실하게 작가적 반성을 게을리하지 아니하며 한 편이라도 나은 작품을 쓰고 한 편이라도 좋은 연출을 감행해볼 결심이다. 그러는 것이 앞날에 찬란히 빛나야 할 우리 민족예술을 위하여 다소라도 이바지하는 것이 될 것이며 따라서 예술원 회원의 한 사람으로 투표해주신 동료에 대한 내 채무를 갚는 길도 될 것"[35]이라고 썼다. 이러한 그의 각오는 빈말이 아니었으며 곧바로 창작 희곡 〈자

34 오사량, 『동랑 유치진 선생과 드라마센터 이야기』(1999), 16~17면 참조.

서울시문화상 수상(1954.3.1.). 왼쪽부터 김태선(서울시장), 염상섭(문학상), 손재형(미술상), 김기수(음악상), 동랑(연극상), 김성집(체육상).

매〉와 〈사육신〉으로 보답한다.

그가 고심 끝에 내놓은 〈자매〉(5막)는 1936년에 발표했던 동명의 〈자매〉(3막)와는 주제나 구성 등 여러 면에서 전혀 다른 작품이다. 가령 전작이 윤리의 변화에 따른 여성의 좌절을 묘사했다면 후자는 동족 전쟁의 비극을 여성의 삶에 포커스를 맞춰본 것이라고 말할 수 있다. 그 자신도 공연 프로그램에 쓴 글에서 "금반 작품은 이번 한국전쟁 때문에 물질과 정신을 송두리째 유린당하고 파괴당한 절망적인 한 여성(언니)을 그림으로써 구원의 길을 잃은 영혼의 몸부림을 적출해보려 한 것"이라면서 "그 때문에 나는 이 작품의 예제를 애초에는 '절망'이라고 붙여봤다. '자매'보다 오히려 '절망'이라 함이 이 작품의 주제에 합당하다는 것 같기도 했다. 그러나

---

35 유치진, 「무거워진 책임감 - 작품 써 채무 갚겠다」, 『서울신문』 1954.4.22.

제1회 학술원 및 예술원 공로상 수상. 앞줄 왼쪽부터 박종화, 정문기, 최현배, 윤일선. 뒷줄 왼쪽부터 동랑, 현제명.

제1회 예술원상 수상(1955). 앞줄 오른쪽부터 동랑 내외, 홍해성, 장남 유덕형. 맨 뒷줄 가운데가 이해랑.

'절망'이란 너무나 단적인 표현이라 하여 평범하게 '자매'라고 붙여보기로 했다."[36] 고 한 것이다.

그러니까 이 작품은 그가 그동안 발표했던 전쟁문제극들인 〈청춘은 조국과 더불어〉, 〈푸른 성인〉, 〈통곡〉 등과 연결되는 희곡이라고 볼 수가 있다. 다만 전작들의 시대상황 묘사와는 달리 이 작품은 6·25전쟁이 직접 인간(주로 여성)을 어떻게 파괴했는가를 정면으로 묘사함으로써 동족 전쟁의 비극적인 결말에 주안점을 두었다는 사실이다.

이 희곡의 시간은 1951년 여름으로 휴전선 북쪽에서 오르락내리락하며 치열하게 땅 넓히기 전투를 하고 있던 때였다. 따라서 시민들은 전투상황에 따라 짐을 싸기도 하고 또 풀면서 우왕좌왕하고 있었다. 이 작품은 바로 그 시기에 벌어진 한 이산가족의 비극을 주된 내용으로 하고 있다. 즉 장소는 부산 피난지이고 플래시백 장소는 영등포역전과 그 언저리의 사창굴이 되고 있는 것이 특징이다. 가령 주인공 자매(성희와 옥경)는 영문학자였던 부친이 세상을 떠나기 전까지는 행복한 가정의 귀염둥이들이었다. 그중 언니 성희는 미모의 성악가로서 전도가 유망했다. 그런데 전쟁을 만나 세 모녀가 부산 피난 중에 인파로 붐비는 영등포역에서 성희가 가족을 잃음으로써 비극의 단초를 만들게 된다. 왜냐하면 가족을 놓친 그녀가 밀려오는 중공군에게 잡혀 집단 성폭행을 당함으로써 만신창이가 되고 결국 창녀로까지 전락하고 말았기 때문이다. 그런 그녀를 부산의 가족에게 데려온 이는 전부터 이 집안과 잘 알고 지내던 청년 사업가(김대석)였다. 그러나 그녀들의 재회가 행복한 것은 아니었다. 모친은 그녀를 애타게 기다리다가 병사했고, 그녀 역시 재생이 어려울 만큼 심신이 병들고 피폐해 있었기 때문이다.

그런데 우연히 같은 피난민으로서 동생 옥경과 한 가옥에서 생활하고 있던 염세주의 시인(최열)을 만나면서 자기도 모르는 사이에 희미하게나마 생에 대하여 의욕을 느끼기 시작한다. 그 점은 시인 역시 마찬가지였다. 전쟁으로 말미암아 염세주의자가 된 두 사람이 자연스럽게 동병상련(同病相憐)으로 가까워지면서 동시에 삶의 희망을 찾게 되는 데는 푸른 바다와 드넓은 자연이 매개가 된다는 데 주목할 필요가

36 유치진, 「〈자매〉 상연에 제하여」, 1955년 극단 신협 공연 프로그램.

있다. 즉 두 사람이 2막에서 부산 바닷가로 놀러가 다음과 같은 대화를 나눈다.

시인 바로 오늘 아침의 일이에요. 내가 저 바위에 올라앉아, 먼 하늘을 바라보고 있지 않았겠어요? 그때 문득 이런 생각이 내 머리를 스쳐갔습니다. 사람의 사는 거란 별것이 아니로구나. 바다를 보라. 바닷물은 바람이 오면 파도를 일으키고 바람이 자면 잔잔해지는 것! 그리고두 바다는 제 아름다움과 권위를 잃지 않고 있다. 우리 인간도 그와 같이 대자연에 순응하자. 자아, 대자연의 품속에 안겨있는 저 하늘에 뜬 물새며, 저 수평선에서 감실거리는 돛대! 영원을 지향하여 그 얼마나 허탈한가?

성희 사람도 그와 같이 자연에 몸을 맡기고….

시인 그렇지요. 저를 내세우려는 쓸 데 없는 야망과 잡념을 버리고….

성희 바람에 불리는 낙엽과 같이?

이상과 같은 두 남녀의 대화를 통하여 동랑이 말하려는 것은 대자연 속에서 인간이란 얼마나 하잘것없는 존재인가였으며 한갓 미물에 불과한 인간은 거대한 자연의 힘에 순응할 수밖에 없다는 메시지였다. 이처럼 상처받은 두 청춘은 허무 속을 유영(游泳)하면서도 그 속에서 실낱같은 희망의 싹을 찾아보려 몸부림치고 있었던 것이다. 특히 바다는 생명의 원초적 고향이 아닌가.

그런데 그가 자신의 작품에서 바다를 삶의 원초적 고향으로 내세우기 시작한 것은 1951년 고향 통영에서 〈처용의 노래〉를 쓸 때부터였다. 가령 그가 바다를 작품 속에 등장시킨 것은 두 가지 이유에서였지 않나 싶다. 그 하나가 현실도피의 탈출구로서였다고 한다면, 다른 한 가지는 생명의 근원으로서의 원초적 고향 복귀였다고 볼 수가 있다. 그렇게 볼 때 〈자매〉에서의 바다는 염세주의자들인 두 청춘에게 회생의 계기를 만들어주는 요인이 되는 것이다.

그러나 평소 시인을 짝사랑해온 여동생 옥경의 존재로 말미암아 두 사람의 사랑도 물거품이 되고 결국은 성희가 자살함으로써 비극으로 극적 반전이 된다. 즉 성희가 홀로 절망에 빠져 있을 때 삼각관계 속에서 고민하던 시인이 연인에게 동반자살을 하자면서 "(자기도 양손에 물과 약을 들고) 인간이란 이 세상에 태어난 그것이

거제 둔덕면 방하리 선영 성묘

바로 불행의 시초인 것처럼, 내가 외람하게도 성희를 구해낸 그것이 우리의 비극의 발단이었소. 희망이란 결국 수유(須臾)를 비치는 번개를… 광명이란 어둠의 한껏 그림자에 불과하고, 생은 사멸을 위하여서만 존재하는 것… 아무리 따져봐도 둥근 지구는 허공으로밖에 안 되니 진리의 궁극은 결국 절망! 자아, 이것을 마심으로써 우리 또한 절망을 넘어 영원의 망각 속에서 살기로 합시다."라고 읊조린다. 그러나 성희는 동반자살을 거부하고 홀로 생을 끝마치고 만다. 그녀가 숨을 거두기 전에 한때 진정으로 사랑했던 시인에게 "선생님 내 한평생은 선생님과 사귄 그 며칠뿐이었어요. 내 생애는 그 며칠을 위해 있었던 거예요."라면서 운명하자 시인 역시 "나도 이 길로 곧 성희의 뒤를 따를 테니 마음 놓고"가라면서 병실을 나서는 것으로 막은 내린다. 그러니까 시인 역시 죽음을 향해 떠난 것이다.

그런데 여기서 주목할 만한 사실은 그 순간 가까운 성당에서 종소리가 들려온다는 점이다. 이는 곧 종교적 구원(救援)을 의미하는 것이다. 마치 F. 카프카의 소설들에서 성당의 종소리가 들려오듯이 말이다. 실제로 동랑이 가톨릭에 관심을 갖기 시작한 것은 부산 피난생활 시절 3남매가 메리놀 병원에서 치료를 받으면서부터였다. 그가 가톨릭교에 관심을 가지면서 신의 존재를 조금씩 느껴간 것 같고, 그것을 작품에 처음으로 반영한 것이 바로 〈자매〉였다고 볼 수가 있지 않을까 싶다. 그가 직전에 쓴 〈나도 인간이 되련다〉도 처절한 비극이지만 그 작품에서는 구원의 손길이 나타나지 않았었다. 그 점에서 〈자매〉는 그의 작품에서 특별한 의미를 지니는 것이라고 말할 수가 있다.

그뿐만 아니라 이 작품은 그의 시적 리얼리스트로서의 절정을 보여주는 예도 된다고 볼 수가 있다. 우선 주인공에 처음으로 시인을 등장시킨 점에서부터 예사롭지 않다. 사실 동랑의 3형제(치환, 치상)가 시인적인 재능을 타고난 것은 잘 알려진 것이다. 그래서 그의 대부분의 작품에 시가 나오는 것은 극히 자연스러운 것이고, 메이예르홀트의 상징주의에 영향받으면서 작품에 자주 서정시를 자주 투영한 바 있었다. 이 작품에서도 그의 장기가 잘 나타난다. 즉 제1막에서부터 시가 나오기 시작하여 제2막에서도 여동생 옥경의 입을 통해서 "올밤아! 광명에 눈 어두운 올밤아 / 너 불구라 서러워 말라 / 본시 / 암흑은 영원 / 광명은 수유 / 암흑을 보기에 너의 눈 밝았으니 / 차라리 / 광명밖에 못 보는 인간의 눈을 나는 / 애달파하노라."라고 노래하며 제3막에서는 직접 시인이 "생명! / 눈에는 안 보여도 소리치면 응하는 / 산울림 - / 생명! / 짓밟히면 밟힐수록 되살아나는 / 잔디풀 - / 생명! 생명!"이라고 노래하기도 하는 것이다.

이처럼 이 시기 동랑의 마음 바탕은 절망에서 벗어나 구원의 길을 찾는 듯했던 것이다. 그러니까 그가 처절한 전쟁을 겪고 죽음을 수없이 목격하면서 삶의 근원을 명상하기 시작했으며 자신의 인생을 다 바쳐온 연극계의 피폐도 더욱 그를 절망에 빠트리면서 스스로 한 가닥 희망의 빛을 찾아보려는 몸부림을 치고 있었던 것 같다는 이야기다. 그러한 징조는 그가 일제강점기에 썼던 〈마의 태자〉 5막의 완결에서도 어느 정도 나타난다. 그런데 흥미롭게도 이 작품에서는 〈자매〉에서와 달리 불교적 구원을 추구하는 점에서 이채롭다. 이는 아무래도 작품의 시대배경이 가톨릭이 전래되기 훨씬 이전인 데다가 불교를 국가이념으로 삼았던 고려 초기였으므로 어쩔 수 없었을 것 같기도 하다.

다 알다시피 4막으로 된 〈마의 태자〉(1935)는 신라의 패망을 통해서 식민지 치하 우리 민중의 좌절감과 수치심, 고통 및 울적함을 우회적으로 묘사한 작품인데, 거기에 20여 년 뒤에 5막을 추가로 더 써서 작품의 종결을 짓는 동시에 자신의 인생관도 투영한 것이다. 그 자신도 프로그램에 쓴 글에서 그와 관련하여 "이 작품을 완성하기까지에는 거의 20년에 가까운 세월이 흘렀는데, 그만큼 제5막 개골산 장면이 나오기까지는 고된 과업이었다. 나는 이 장면에서 나라를 잃고 사랑을 잃은 실의의 태자가 마침내 개골산에 들어 고뇌의 가슴을 달래려고 갖은 무언의 고행을 거듭한 끝에 모진 풍상에 시달려 한 덩어리의 돌이 되고 만다는 기막힌 정상을 그리고 싶었던 것"이라고 밝힌 바 있다. 그의 설명대로 제5막은 제4막으로부터 십수 년이 흐른 뒤로서 무대는 금강산의 어느 계곡이다.

즉 어느 깊은 동굴에서 흘러나오는 합창 소리인 "밤은 가고 또 날이 샌다 / 어둠은 스러지고 / 솟아나는 산봉우리! / 굽이굽이 8백 리 / 뭔 물 소리친다 / 햇빛 안개를 뚫고 / 곤두서는 무지개! / 숨 쉬는 하늘과 땅! / 아아, 어제는 가고 / 오늘 하루! / 또 하루 / 오라! 보랏빛 구름아! / 듣자! 말 없는 산봉우리! / 내 가슴에 스치는 바람 / 달린다, 고개 너머 / 부딪쳐 몸부림치며"가 울려 퍼지는 가운데 안개가 걷히자마자 바위 위에서 먼 하늘을 바라보고 석불처럼 앉아 있는 마의 태자의 자태가 드러난다. 그러니까 신라가 패망하자 고려의 낙랑 공주의 사랑도 뿌리친 채 마의를 입고 금강산을 방랑하던 마의 태자는 유민(流民)들은 물론이고 그를 찾아온 낙랑공주와 승복을 입은 마지막 왕인 부친 김부까지 쫓아와서 회유하지만 아무런 반응도 나타내지 않는다.

그런 그를 바라보면서 공주가 "저 돌이 산 사람이면 저렇게 몸에 이끼가 끼고 앉은 자리에 고드름이 달렸을 리 만무하오."라고 하니까 유민들은 "조국의 명운을 비는 일념에 스스로의 몸을 돌보지 아니하시기 때문이오."라고 하면서 "태자님이 저렇게 고행하심은 천 년 사직을 망친 죄를 속죄하려 하심일 것"이라고 답한다. 그러는 사이 갑자기 뇌성벽력이 치면서 주변의 암석은 허물어지고 화석이 된 태자만이 거인과 같이 우뚝 솟구친다. 이때 유민들은 "오오 오오 / 기쁨과 괴로움! / 웃음과 울음! / 사랑과 미움! / 이 모든 사바의 번거로움에서 / 돌이 되시었도다 / 우뚝 솟은 태자님은 / 온 누리와 한 빛깔인 / 태자봉이 되시었도다."라고 경건하게 노래를 부르게 되고 실의에 빠진 공주는 돌이 된 태자봉을 껴안고 "아! 태자님!" 하고 거의 체념 상태에서 장탄식하며 그를 둘러싼 유민들이 "오 유구한 천지! / 영겁으로 속삭이소서 / 푸른 하늘과 더불어 / 이 나라의 한 덩이의 / 돌이 된 태자님! / 오! 영겁으로 속삭이소서."라고 합창한다. 그때 태자의 아버지 김부가 합장함으로써 불승(佛僧)의 모습을 보여주는 것으로 장엄하게 막이 내린다.

그런데 여기서 주목되는 부분은 동랑이 이 작품에서 신라의 마지막 왕 김부를 승려로 만들고 그의 아들 마의 태자마저 석불(石佛)로 승화시킴으로써 불교적 구원을 추구했다는 점이다. 그가 같은 시기에 쓴 〈자매〉에서 기독교적인 구원을 추구한 것과 달리 〈마의 태자〉에서는 불교적 구원으로 나아간 것은 작품의 시대배경과 관계가 깊다고 말할 수가 있다. 즉 전자가 6·25전쟁 시기를 시대배경으로 삼은 데 비하여 후자는 기독교가 이 땅에 소개되기 훨씬 이전인 데다가 불교를 국가이념으로 삼았던 고려 초기를 시대배경이므로 삼은 데 따른 것이라고 말할 수가 있다. 문제는 그가 궁극적으로 특정 종파를 떠나 종교적 구원의 길을 추구했다는 데 있는 것이다. 이는 솔직히 그의 창작세계에 있어서 대단한 전환점을 이루는 것이고, 그가 작가로서 50대에 접어들어 원숙기에 다다르고 있음을 의미하는 것이기도 하다.

그리고 그는 2년 뒤에 역사극 〈사육신〉을 썼는데, 이 작품은 전작 두 편과 연계가 되면서도 차이점도 없지 않다. 가령 이 세 작품의 공통점이라고 한다면 동랑이 전쟁 직후에 정신적으로 패닉 상태에서 허우적대고 있었음을 보여주고 있다는 것이고, 차이점은 그가 〈사육신〉에서는 어떤 구원의 손길을 뻗치고 있지 않다는 것이라 하겠다. 이는 역시 작품의 시대배경과 관계가 있어 보이는데, 그것은 곧 유교를 국가이념으로 삼고 있던 조선 초기가 작품배경이 되고 있는 데 따른 것이라고 볼 수가 있다.

사육신 이야기는 그동안 역사책에서나 문학 작품 등으로 수없이 다루어져서 누가 작품화해도 새롭기는 쉽지 않다. 그 점을 잘 간파하고 있는 동랑도 사육신을 극화하면서 국가 정체성 지키기에 신명을 걸었던 6명의 비극적 운명에 포커스를 맞추고 폭군에 의해 좌절해가는 과정을 리얼하게 묘파한 점이다. 따라서 이 작품의 백미는 주역인 성삼문이 형장으로 끌려가면서 절명시(絶命詩) "북은 울리어 / 내 목숨 재촉하는데 / 머리 돌리니 / 이미 해는 비끼고 / 황천에는 주막조차 없으니 오늘 밤 / 나 뉘 집에 머무려는고?(擊鼓催人命 回頭日欲斜 黃泉無一店 今夜宿誰家)"를 애절하게 읊는 가운데 성삼문의 어린 딸이 뒤따르면서 "아버지, 나도 가! 아버지!"라고 애절하게 울부짖는 장면이라고 하겠다.

이상과 같이 동랑이 전쟁의 폐허 위에 그가 평생을 걸었던 연극마저 장래가 잘 보이지 않는 상황에서 절망만을 노래하고 있을 수만은 없었다. 따라서 그가 할 수 있는 것은 절망에 빠져 있는 동포들에게 희망과 위안을 전해주는 것이었다고 실토한 바 있다. 즉 그가 휴전 직후 처음 미국에 초청받아 가서 그곳 연극인들을 향하여 한국인들은 전쟁으로 수난 속에 고통받고 있다면서 "그러나 한국 연극인들은 그러한 가운데서도 연극을 했습니다. 분장할 물자가 없었기 때문에 가마솥 밑에서 검정을 긁어모아 얼굴에 바르고 가발을 잃었기에 여자의 헌 양말과 털실로써 그것을 만들어 썼습니다. 극장 건물이 남아 있을 리 있겠습니까? 남아 있다면 피난민의 소용소나 군대의 병사(兵舍)로 할당되었습니다. 그러기에 우리는 아무 데고 사람이 모일 수 있는 데면 극장인 줄 알고 연극을 했습니다. 물론 포탄이 휘날리는 제1선 고지에서 총 쏘는 군인들에게도 연극을 보였으며 후방에서는 집과 가족을 잃고 갈 바를 모르는 피난민들에게도 연극을 해보였습니다. 이 같은 불행한 처지에 있는 민족에게는 연극은 단지 하나의 오락뿐일 수 없습니다. 연극은 하나의 오락인 동시에 삶의 희망을 잃고 인생을 포기하여 자포자기에 빠지기 쉬운 인간에게 용기를 고무시키고 살아나갈 힘을 부어주는 한 봉지의 약(藥)"[37]이라고도 했다. 이러한 말 속에는 그의 연극관의 일단이 은연중에 표출된 것이다. 그러니까 그가 난시에는 연극이야말로 민중에게는 치유의 기능도 하는 것이라면서 자신이 거기에 맞춰서 창작에 진력했던 이유도 솔직하게 털어놓았다고 볼 수가 있다.

그런 시기에 그가 록펠러재단으로부터 미국 방문 초청장을 받음으로써 연극 인생의 중요한 전기(轉機)를 만들게 되는 것이다. 왜냐하면 그가 록펠러재단과의 중요한 인연 맺음과 함께 암담하기만 했던 우리 연극을 밖에 나와 되돌아보면서 새로운 길을 찾을 수 있는 기회를 잡았기 때문이다.

---

37 유치진, 「연극행각 세계일주」, 『문학예술』 1957년 11월호.

8. 신극 본향(本鄕)을 향한 머나먼 여정

6·25전쟁이 한국인들에게 역사상 가장 큰 시련과 고통을 안겨주었지만 동시에 '파괴는 건설의 어머니'라는 이언(俚諺)처럼 도약의 한 전기가 되었듯이, 동랑에게도 앞장에서 설명한 대로 시련과 함께 연극 인생에 절대적인 변화를 준 계기도 되었다. 그 절대적인 변화란 그의 연극 시야 넓히기와 일생일대의 꿈이었던 극장 건설과 깊은 관련이 있다는 점이다. 가령 그의 연극 시야 넓히기란 구미 연극기행을 말하고 극장 짓기란 드라마센터 건립을 말한다. 그런데 그런 일이 어째서 6·25전쟁과 연관이 있을까라는 의문이 야기되는데, 만약 전쟁이 없었다면 그가 세계재벌인 미국의 록펠러재단과 인연을 맺지 못했을 개연성이 없지 않기 때문이다. 따라서 저간의 사정을 알기 위하여 그의 자전 일부를 여기에 소개한다.

6·25가 나고 부산이 임시 수도가 된 피난시절, 우리 극계는 모든 부문이 원점에서 재출발해야 했고, 나는 나대로 이 땅의 연극 재건을 위해 무슨 활동이건 서둘러 전개해야 했다. 그 무렵, 원조 대상을 구하러 내한했던 미국 '록펠러'재단 인사가 나더러 유학이나 해외 시찰을 해보는 게 어떻겠느냐고 제의해왔다. 나는 당시의 내 처지를 설명하고, 영어도 못한다며 사양했다. (……) 그런데 수복 후에 '록펠러'재단의 파견 요원이 또 찾아와서 유학 내지 해외 시찰을 재차 권유했다. 나는 그때도 두 가지 이유를 들어 거절했다. 하나는 당시의 지상 과제요 초미의 급무였던 '실지회복(失地回復)' 운동이었고, 하나는 역시 영어 실력의 부족이었다. 이런 일이 있은 후 한 2년 동안 연극활동을 하면서 나는, '현 실정에서 내가 연극을 한다는 것은 무의미하다. 잠시 중단하여 나의 머리를 정리하고 시야를 더 넓히지 않는다면 제대로 된 일을 해낼 수가 없겠다'라는 생각이 들었다. 이렇게 심경 변화가 일어나 있던 차에 1956년 4월, '록펠러'재단에서

또 조사차 나와, 연극 연구를 위해 유학 겸 해외 시찰을 하라는 종전의 제의를 되풀이했다. 그 당시 '록펠러'재단에서는 2년에 한 번인가 한국을 방문하여, 지원 요청을 받고 자료도 조사하는 등 원조 사업을 계속하고 있었던 것이다.[1]

이상의 회고기에서 알 수 있는 것처럼 동랑이 해외 연극기행을 할 수 있었던 배경은 미국의 세계 전략의 조그만 일환으로부터 발단된 것이었다. 당시 전쟁으로 파괴된 한국을 재건시키기 위하여 미국 정부는 정부대로 또 기업은 기업대로 다각적인 노력을 기울이고 있었는데, 세계적 기업인 록펠러재단은 문화 쪽에 관심을 갖고 있었던 것이다.

알다시피 당대 세계 최고 재벌 록펠러재단은 5백 년 뒤를 내다보고 뉴욕에 거대한 링컨센터를 세울 만큼 문화예술을 위해 헌신하고 있던 문화재단으로서 전쟁으로 폐허가 된 한국에 원조 방식을 찾고 있었다. 그리하여 록펠러재단은 6·25전쟁으로 황폐화된 한국의 문예도 재건해야 한다는 사명감을 갖고 초대 국립극장장을 지낸 연극계의 리더 동랑을 찾은 것이 1951년 부산 피난지에서였다.

록펠러재단이 한국에 파견한 인사는 파스 박사였는데 그는 동랑에게 한국의 미래 연극을 위해서는 서양의 선진 시스템을 배워야 한다며 미국 유학이나 시찰을 하도록 권유한 것이었고, 동랑은 고마워하면서도 그런 혼란기에 한가하게 해외 유학이나 시찰 같은 것을 한다는 것은 상상조차 할 수 없는 것이었고 또 영어도 시원치 않아서 두 번이나 고사했었다. 그런 일이 있고 나서 잊고 지냈는데, 그에게 세 번째로 이제 구면이 된 파스 박사가 찾아온 것이 1956년 4월이었다. 다행히 동랑의 가정 사정 등의 환경은 전에 비하여 여러 면에서 어느 정도 나아진 상태였다. 가령 부서진 집수리도 끝냈고, 그동안 3남매의 건강도 회복되어 학교를 잘 다니고 있었다. 더구나 국가적으로 미국에 많은 신세를 지고 있는 약소국의 한국 연극인에게 과분할 정도로 전액 무료로 유학을 시켜주겠다는 것도 고마웠으며, 일본에서 공부한 부족한 영어 실력을 특별 교육을 통해서라도 보완해주겠다는 것 역시 대단한 특혜였다. 솔직히 그가 영문학을 전공은 했지만 일본식 영어교육은 순전히 문법과

1 유치진, 『동랑자서전』, 299~300면 참조.

독해에 주안점이 두어져 있었기 때문에 말하기와 듣기 실력은 형편없었다. 그것을 록펠러재단에서 특별 교육으로 해결해주겠다는 것이니 얼마나 고마운 일인가. 물론 회화가 단 몇 달 교육으로 해결되는 것은 아니지만 독해 능력이 있었기 때문에 그에게 자신감을 주는 데에는 도움이 된 것이 사실이었다.

그리고 무엇보다도 그는 모든 것이 완전히 파괴된 우리 연극을 원점에서부터 다시 일으킬 수밖에 없겠다는 고민에 빠져 있던 터여서 선진국의 시스템을 현장에 가서 제대로 해본다는 것은 더없이 중요한 과업이라 생각했다. 솔직히 당시 우리 연극 현황은 연극사상 가장 저조한 때였다. 우선 연극이 거의 없는 것이나 마찬가지였다. 왜냐하면 극단이라야 신협 하나뿐이어서 겨우 하루하루 목숨을 이어가는 중환자와 같은 처지였기 때문이다. 따라서 그는 당시 '연극인들은 다 없어지고 모든 것이 파괴된 지금, 학교교육으로써 연극인을 양성하고 연극기술을 연마시켜야겠다. 그러는 한편 극장을 지어 연극을 해나가면, 그 동안에 관객도 서서히 확보되고 배우나 극단도 생겨나서 비로소 연극은 다시 살아날 것이다'[2]라는 구상을 하고 있던 터였다. 그렇기 때문에 선진 서양의 선진 연극 시스템 시찰은 절호의 기회이기도 했다. 이처럼 절박한 상황에서 자연스럽게 그로 하여금 서양을 향하게 등을 떠밀었고, 그 역시 다목적을 마음속에 품고 떠밀리다시피 긴 여행에 나서는 결심을 하게 된 것이다.

그러나 나이 오십 줄에 들어 있던 그는 건강문제라든가 가족 부양 등이 걸려 있어서 장기 유학은 어렵다고 사양하고 단기 시찰을 제의한다. 그의 생각으로는 대략 3개월 정도면 서양의 웬만한 연극 시스템은 들여다볼 수 있을 것이라 계산한 것이다. 이러한 그의 제의에 의아하게 생각한 이는 바로 록펠러재단의 파스 박사였다. 다른 사람들은 오래 못 가서 안달인데 동랑이 3개월만을 고집하자 우습다는 것이었다. 그러면서 파스 박사는 외국인에게 정해진 돈을 써야 재단이 면세 혜택을 받는다는 미국 공법(公法)에 대하여 장황하게 설명해준 것이다.

결국 그는 10개월로 시한을 정하고 출국 준비에 들어가게 된다. 솔직히 젊지도 않은 나이에 영어 실력도 부실한 상태에서 먼 나라로 홀로 장기 여행을 떠난다는

---

2 유치진, 『동랑자서전』, 302면.

것은 정신적으로나 육체적으로 간단하지 않았다. 더구나 미국이라는 거함은 세계 최강국이면서 한국전쟁을 승리로 이끌었고, 현재까지도 많은 영향력을 끼치고 있는 나라이므로, 약소국의 한 연극인으로서 동경의 차원을 뛰어넘는 대상이 아닌가. 그렇지만 그가 적어도 미국의 연극, 영화 등 공연문화에 대하여는 상당한 예비지식을 갖고 있었기 때문에 겁낼 만한 일은 아니었다.

그가 영문학을 전공했기 때문에 자연스럽게 미국과 영국의 문화 예술에 관한 수강과 서적을 통한 이런저런 공부를 했고, 특히 미국 연극에 관하여는 비교적 깊이 천착한 편이었다. 그만큼 그는 이미 20, 30대의 젊은 나이에 이미 미국 문화와 관련된 글을 세 편이나 쓸 정도였다. 그리고 더욱 중요한 것은 그의 미국에 대한 생각의 변화 과정이다. 가령 20대 청년시절에는 대학 강의 중 미국 문화를 공부했으니까 미국은 막연한 동경의 나라일 수밖에 없었고, 일제가 태평양전쟁을 일으켰을 때는 남들처럼 경계(?)의 대상으로 생각했으며, 해방 직후 미군정 시에는 문화 정책이 마음에 들지 않아서 적어도 미국의 대중문화를 폄훼했었다. 그러나 전쟁을 겪으면서 거대한 미국에 대하여 다시 호감을 가지게 된 것이다.

이러한 그의 미국에 대한 개인감정의 변화는 어쩔 수 없는 시대상황과 맞물렸던 것인 만큼 별도로 치더라도 그가 그동안 미국 문화에 얼마나 관심을 갖고 연구했는가를 살펴보는 것은 큰 의미가 있을 것 같다. 그가 처음 미국에 관해서 글을 쓴 것은 스물여덟 살 때인 1933년 여름으로 미국 문예부흥운동의 기폭제 역할을 했던 글래스펠(Susan Glaspell) 부인에 관한 것이었다. 즉 그는 세계의 여성 연극인에 관한 글의 미국편 서두에 "수전 글래스펠은 조지 크랜 쿡(George Cran Cook)의 부인입니다. 이 두 사람은 그들의 열성을 서로 합하여가지고 소극장 단체 프로빈스타운 플레이어스(Provincetown Players)를 만들어서 20세기 아메리카 문예부흥운동에 커다란 파문을 일으켰습니다."로 시작하면서 그들의 일생을 바탕으로 그들이 전개했던 파란만장한 소극장운동을 소상히 설명했다. 그리고 그들이 만년에 뉴욕으로 돌아와 만든 소극장에서 위대한 극작가 유진 오닐을 발견한 것이야말로 기념비적이라면서 남편 쿡이 죽은 뒤에도 홀로 끝까지 그 소극장을 이끌었음을 설명한 후 말미에서 "1916년 여름 프로빈스타운으로 부인을 찾아왔을 때에는 '오닐'은 아주 무명한 문학청년이었습니다. 그는 자기가 습작한 희곡 중에서 〈가디프를 동으로 향하여〉라는 희곡의 상연을 청하였습니다. 본시 동지 규합에 열심한 글래스펠 부인인지라 크게 환영하여 그의 희곡을 무대에 올렸습니다. 이렇게 되어서 '오닐'은 이 극단과 같이 성장하게 되었는데 실로 아메리카의 셰익스피어를 발견한 그들은 그 공적에 있어서 아메리카를 발견한 콜럼버스에 지지 않을 만한 대사업을 하였다고 하지 않을 수 없었습니다."[3]라고 쓴 것이다.

그런데 여기서 주목되는 사항은 동랑이 글래스펠 부인이 이끌었던 소극장 프로빈스타운 플레이어스를 미국 근대연극운동의 핵심으로 파악하고 그가 특별히 평가했던 유진 오닐의 발굴을 획기적 사건으로 다룬 점이다. 이처럼 그가 이미 20대에 미국 연극의 흐름을 소상하게 파악하고 있었다는 이야기가 된다. 그 점은 그가 2년 뒤에 쓴 「미국의 신극운동」이란 글에 잘 나타나 있다. 가령 '미국의 소극장열', '신극의 발생 과정', 그리고 '미국의 극작가' 순으로 나누어 쓴 이 글에는 그의 독특한 미국 문화관(文化觀)도 나타나 있어 흥미롭다. 필자가 여기서 '독특한 미국 문화관'이라고 지칭한 것은 그가 처음부터 미국 문화가 유럽에 비해서 격이 떨어지는 것으로 폄하하여 한 가닥 접고 접근하고 있었다는 것을 의미한다.

즉 그가 이 글의 모두(冒頭)에서 "누구나 미국인을 가리켜 활동적이요, 야생적이라 한다. 사실 그들은 건국의 연조가 어려서 그런지 경험에 대한 미지적 동경이 많고, 철없는 중학생과 같이 모험을 즐긴다. 그리고 장난을 좋아하는 국민이다. 대체로 보일러의 관통(罐筒)과 같이 완건(琓健)하고 센티멘털하다는 것이 그들에 대한 정평이다. 그러면 일반으로 그들(미국인)을 심취시키는 것 — 그것은 무얼까?… 스포츠 · 영화 · 댄스홀 · 비어홀 · 레뷔 · 곡계극장 · 서커스… 그리고 극장! 그러나 아메리카의 극장에서 손님을 부르는 것은 모험을 좇는 갱식의 에로 드라마나 불란서의 소극(笑劇)이나, 오스트리아의 도나우 왈쯔적 로맨스… 이렇게 비근(卑近)하고 달콤한 철없는 장난거리가(놀라지 마십시오!) 아메리카적 대규모의 투자로써 흥행왕국으로 군림하기도 하는 것"[4]이라고 규정했음에 주목할 필요가 있다.

---

3 유치진, 「신극운동에 나타난 여성의 족적 - 남편의 동반자로서의 글라스펠 부인」, 『신가정』 1933년 8월호.

4 유치진, 「미국의 신극운동」, 『중앙』 1935년 4월호.

물론 이 글에서 그는 이상과 같은 인식이 보편적 경향이라 하여 객관화시키기는 했지만 그 자신의 시각이기도 했다. 사실 1930년대에 있어서 미국이 세계 최강국으로 떠오르고 할리우드 영화 등 대중문화와 스포츠가 세계를 휩쓸기 시작하면서 그 종주국이라고 자임해온 유럽은 미국에 대한 열등의식으로 인하여 미국 문화를 폄하하려는 경향이 없지 않았고, 그런 견해가 마치 보편적인 것인 양 굳어졌었다.

그렇지만 동랑이 그런 일반적 편견을 지니면서도 거기에 머물지 않고 그 속에서 새로운 면을 찾아보려는 노력을 했다는 점에서 일반 사람들과 달랐다. 그 점은 다음 글에서 그가 "그러면 이와 같은 사회에 어디에 우리가 말하는 신극이 있느냐? 라고 반문할 것이다. 그러나 잠깐 계십시오! 당신을 만족시킬 만한 자료를 나는 가졌으니까."라면서 미국의 본격적 신극운동을 설명해갔다. 그는 여러 가지 자료를 일일이 예거하면서 미국 현대문화의 궤적을 공연예술 발달을 중심으로 하여 분석했다.

그리하여 그는 "지금 미국에 있어서 신극운동은 세계적으로 보아서 가장 활발하고 가장 젊고 가장 열심이다. 전도유망한 청년기에 처한 미지수의 학도! 그것이 발육 과정에 있는 미국의 신극이다."라고 결론지었다. 동시에 아이작스의 말을 빌려 미국 전역에 산재한 수천 개의 소극장들과 거기서 일하고 있는 50여만 명의 인력, 그리고 초등학교에서부터 대학에 이르기까지 각종 학교의 연극반 활동과 하버드대학 등 유수 대학들의 연극학과 운영까지도 짚고 있다. 그러면서 그는 미국의 자각된 인사들이 소극장들이야말로 그들의 교양을 높이는 사교기관으로 인식함으로써 소극장운동을 전국적으로 확산시키는 바탕이 되고 있음도 지적했다. 이어서 그는 1911년 말 W. B. 예이츠가 아일랜드의 애비(Abbey)극장을 이끌고 미국에 순업(巡業)함으로써 본격 신극운동의 씨앗을 뿌렸고, 그로부터 시카고의 소극장과 뉴욕의 윈스로프 에임스 소극장, 그리고 쿡과 글래스펠 부인의 유명한 프로빈스타운 플레이어스도 탄생되어 미국 신극운동이 세계적인 수준으로 업그레이드되었다고 결론지은 것이다.

이어서 그는 소극장운동에 자극되어 탄생된 극작가들, 이를테면 〈허수아비〉 등을 쓴 파시 맥케이를 비롯하여 여성 작가 조세핀 피보디, 윌리암 무디, 유진 오닐, 엘마 라이스, 하워드 로슨, 시드니 호워드, 수전 글래스펠, 맥스웰 앤더슨, 그리고 흑인들의 삶을 써서 호평받은 헤이워드 부부까지 소개하면서 그들의 주요 작품들을 간략히 설명하기도 했다. 그만큼 그가 미국의 신극운동의 과정과 그 배경 및 인물들까지 소상하게 파악하고 있었던 것이다.

이처럼 그가 미국의 개방된 문화를 잘 알고 있었기 때문에 일제의 통제 정책에 항상 불만과 저항감을 갖고 있었음은 두말할 나위 없다. 따라서 일본에서 더욱 강력한 공연예술 통제법이라 할 '영화법'(1939년 4월 공포)이 제정되고 있음을 감지한 그가 저들에게 타산지석으로 삼기라도 하라는 듯이 「미국의 영화 정책」이라는 글도 발표했었다. 그는 이 글의 모두에서 "미국이란 나라는 그 나라의 건국의 본위가 자유에 있고, 영화 그 자체가 순전히 개인의 힘으로 자라나온 기업이기 때문에 영화에 대한 '국가적 통제'라는 것은 비교적 그 힘이 미약하다고 볼 수 있다."라고 일제 당국자가 들으라는 듯이 쓰기도 했었다. 그러면서 그는 미국의 영화 정책을 사상적 견지와 산업적 견지로 나누어 설명해갔는데, 특히 통제문제 설명에 대부분을 할애함으로써 억압적 시대 분위기를 우회적으로 비판하려는 데 포커스를 맞춰 가려 한 것임을 느끼게 한다.

그러면서도 그는 영화의 상당수가 너무 상업성만을 염두에 두고 제작됨으로써 자라나는 청소년들에게 유해할 수도 있다고 본 미국 정부가 윤리적 차원에서 어느 정도의 통제의 필요성을 인식하고 실천에 나서려는 시도가 없지 않았다고도 했다. 이처럼 그는 미국의 영화 통제 움직임이 정치이념 문제가 아닌 순전히 청소년들의 교육과 윤리 문제를 고려하여 추진된 것이지만 여론이 부정적이었던 데다가 의회에서마저 제동이 걸림으로써 보수적인 가톨릭계 종교단체에서 자체적으로 정화운동을 벌였다고 설명했다. 그만큼 그가 주안점을 둔 것은 미국에서의 통제 정책이 정부 차원이 아닌 민간단체에 의한 스스로의 정화로 이루어지고 있음을 설명하려 한 것이다.

그렇다고 해서 그가 미국의 영화산업 정책을 간단하게 본 것도 아니었다. 그는 이미 미국이 국가적 차원에서 영화산업을 상위 정책으로 삼아 권장하고 있음을 주목하고 있었던 것이다. 따라서 그는 결론 부분에서 "미국 영화 정책에 있어서는 산업적 면이 사상 면보다 얼마나 적극적인가를 엿볼 수 있는 것이다. 그리고 전반적으로 미국 영화 정책은 정부의 힘보다도 민간의 자립적 힘으로써 보다 강렬히 통제도하고 있다는 것이 외국에서는 보지 못하는 특색"이라고 하여 모든 것을 정부 통제 하에 꽁꽁 묶어놓고 있는 일본 군국주의를 에돌아 비판하기도 했다.

그렇다고 해서 그가 일방적으로 미국 영화를 긍정적으로만 본 것은 결코 아니다. 경상도의 유교적 가부장적인 가문의 장남답게 그는 대단히 보수적이었음은 다 아는 사실이다. 따라서 그는 미국의 개방적인 영화, 즉 선정적이면서도 호쾌한 작품들을 매우 싫어했다. 그 점은 해방 직후의 군정 치하에서 미국 영화가 물밀듯이 쏟아져 들어온 것을 극렬하게 비판한 그의 글에 잘 나타나 있다. 즉 그는 해방 직후 우리 문화에 악영향을 준 세 가지로서 미국 영화의 무검열 방출과 노동법, 그리고 입장세율 인상 등을 꼽고, 그중에서도 영화의 해독과 관련하여 "군정(軍政)에는 영화 검열이 실시되어 있고 미국 영화도 역시 검열을 받을 것이다. 그러나 그 검열은 미인의 권한이다. 그런 때문인지 세간에 나오는 미국 영화는 그 결과로 보아 무검열로밖에 안 보인다. 그래서 우리네 도덕관으로서는 도저히 용납할 수 없는 파륜적인 장면을(아메리카적 윤리) 공공연히 상영한다. 이로써 극장은 성욕발분소로 화하고 미국 영화에 반한 무의식 대중은 궤멸당한 제방에서 터져 나오는 홍수와 같이 미국 영화관에 몰린다. 이 때문에 극계는 종래 가지고 있던 관객 동원의 균형을 잃고 연극뿐만이 아니라 일반적으로 진지한 연예물도 파리를 아니 날릴 수 없게 되었다."[5]고 개탄한 바 있다.

이상과 같이 그는 이미 20년 후반의 청년기부터 미국 문화의 흐름, 그중에서도 연극과 영화의 진전 및 정책 등에 대하여 관심을 갖고 탐색하여 상당한 식견을 갖고 있었던 것이다 그런데 전술한 바 있듯이 그가 20대 청년시절부터 50대 장년기까지 역사의 격랑을 겪어왔기 때문에 미국이라는 나라에 대하여 때론 애증도 지녔고 경외감도 있었다. 그러나 한 가지 분명한 것은 미국은 범접할 수 없는 거국이라는 인식에는 변화가 없었다. 따라서 위의 글에서도 확인할 수 있는 것처럼 그는 미국 정부라든가 민간 차원에서 펴고 있는 문화운동에 깊은 공감과 선망의 입장이면서도 개방적인 영화에 대해서만은 역시 폐쇄적일 정도로 부정적이었다. 이는 아무래도 당시 우리 사회윤리의 후진성과도 무관치 않을 듯싶다. 이런 미국이라는

5 유치진, 「해방 4년의 문화 적적(文化績跡)」, 『경향신문』 1948.8.8.

나라 자체에 대한 인식 및 문화에 대한 편견(?)도 없지 않았던 그가 드디어 그 선망의 신세계를 향하여 발걸음을 내딛게 되었다는 점에서 그로서는 처음부터 적잖은 문화적 충격을 피할 수 없었을 것 같다.

그 점은 그가 동경해 마지않던 미국에 도착하고 난 직후 고국에 보낸 첫 번째 서간에 잘 나타나 있다. 1956년 6월 23일 여의도 공항에서 출발한 그는 도쿄를 거쳐 미국 땅 하와이의 호놀룰루, 샌프란시스코, 블루밍톤, 인디애나, 그리고 뉴욕을 두루 거쳐간 것 같다. 그곳에 도착하자마자 비슷한 시기에 초청된 제3세계 여러 나라 사람과 영어공부부터 해야 했고 매우 빡빡한 스케줄을 따라야 했으므로 오십 줄에 들어선 그로서는 고달플 수밖에 없었던 것 같다. 그는 첫 편지에서 "매일 여덟 시부터 저녁 네 시까지 영어 강습에 출석합니다. 외국인을 위한 외국어 학원입니다. 교실은 남미의 각국인을 비롯하여 태국, 대만, 인도네시아, 유고 등등 세계 약소민족의 전시회 같은 풍경입니다. 여기에 와보니 미국과 한국은 낮밤이 바뀌고 음식이 맞지 않고 게다가 비행기 멀미까지 겹쳐서 죽을 지경이었으나 이제부터 약간 정신이 납니다."라고 하여 한 나라의 문화계 지도자도 별수 없이 처음 외국 나들이에서는 촌사람임을 보여주어 흥미롭다.

그는 이어지는 서간에서 "이 인디애나대학에 온 것은 아시다시피 섹스피안협회 주최로 열리는 제6차 전국극예술회의(National Dramatic Arts Conference)에 참가하려는 것입니다. 이곳에 닿은 다음 날 아침에 교정에 나와 보니 별유천지(別有天地)입니다. 이렇게 깨끗하고 아름답고 규모가 짜인 대학이 어디 있겠어요(나중에 알고 보니 미국의 대학은 다 이렇답니다만). 이런 환경에서 공부를 하면 저절로 사람이 될 것 같아요. 사실은 나는 미국의 대학을 업신여겨왔는데 실제로 보고 생각이 달라졌습니다. 자제를 공부시키자면 이런 환경에 두어야겠고, 그 먼지 속에서 뒹구는 한국의 청소년들이 불쌍해졌습니다."[6]라고 쓴 것이다.

그리고 여유롭고 친절한 미국인들에 대해서도 깊은 인상을 받았던지 그는 기행문에서 "나와 한방에 있던 룸메이트는 뉴잉글랜드 출신인 미국인이었다. 그의 덕으로 나는 많은 미인 친구를 사귀게 되었다. 나는 그들의 겸손한 마음씨에 감탄했다.

6 유치진, 「연극인의 미국 여행」, 『한국일보』 1956.7.18.

나는 그들이 다투기는커녕 피차에 얼굴을 붉히는 것도 못 보았다. 교정에서 서로 시선이 마주치면 예외 없이 서로 빙그레 미소를 지어 보냈다. 그 상대방이 생면부지 초면이라도 그랬고 나 같은 황인종에게도 그랬다. 처음에는 나는 속으로 싱거운 자식들 했다. 한국에서 밤낮 돌덩이같이 고경(固硬)한 얼굴만 보고 자란 내게는 긴장력이 풀린 그들의 표정이 싱거웠기 때문이다. (……) 나는 아무리 생각해도 다른 데에 그 원인이 따로 있는 게 아닌가 했다. 필경 나는 그 원인을 종교에서 찾아보았다. 그네들 전부가 주일마다 성당에 참배하는 독신자는 아니겠지만 어려서부터 가정적이나 사회적으로 종교적 분위기 속에서 듣고 본 게 그네들로 하여금 부지불식간에 기독교적 교리를 터득케 한 것이 아닌가? 이번 여행 중 여권, 기타의 종교란에다가 내 종교를 유교라고 썼었다.

사실 유교란 하나의 종교라기보다 하나의 생활 철리(哲理)로 해석함이 좋을는지 모른다. 그런 견지에서 따지면 나는 일개의 무신론자임이 사실일 것이다. 그러나 상술한 바와 같은 미국 사회의 일면을 보고 나는 한 나라 한 국민이 제대로 형성되려면 종교란 불가결의 것이 아닌가 생각했으며, 우리나라도 명랑한 사회적 분위기를 조성하기 위해선 하루바삐 종교의 보급을 더욱 기(期)할 필요가 있는 게 아닌가 싶었다."[7]고 썼는데, 여기에는 여러 가지 의미가 함축되어 있어 주목된다. 그중 하나가 청교도 정신이 바탕이 되어 있는 미국 사회를 보면서 기독교의 중요성을 강조하고 우리의 전통사회가 그러하듯이 자연스럽게 유교로 무장된(?) 자신에 대하여도 회의감을 표현한 점이다. 사실 그가 기독교에 관심을 갖기 시작한 것은 1951년 부산 피난 중 자녀들의 질병으로 미국 메리놀 선교회가 운영했던 병원에서 무료 치료를 받으면서부터였다. 그가 바로 그러한 가톨릭교의 신세를 지었던 것을 기억하면서 미국과 미국인들을 새로운 눈으로 본 것이 아닌가 싶다. 그러니까 그의 관심이 기독교로 기울어감을 보여준 점이라 볼 때 주목되는 대목이라고 하겠다.

그는 미국에 가서도 일하는 버릇은 여전했다. 관광은 뒷전으로 하고 여러 가지 연극과 관련된 행사에 빠짐없이 참여한 것이다. 그 첫 번째 연극행사는 위에 예시한 섹스피안협회 주최의 전국극예술회의였는데, 이때부터 그는 한국과 한국 연극

---

7 유치진, 「연극행각 세계일주」, 『동랑 유치진 전집』 7(서울예대출판부, 1993), 230~231면.

을 소개하는 연설을 하기 시작했다. 그가 미국에 와서 그들을 상대로 한 첫 연설은 대강 이러한 내용이다.

> 당신네들에게는 익숙하지 않은 이름일는지 모르겠지만 우리 한국은 참 오랜 나라다. 당신네들은 금년을 서기 1956년이라 하는데 우리는 단기 4289년이라고 부른다. 이는 즉 우리에게 4천 년이란 오랜 역사가 있음을 말하는 것이다. 따라서 우리의 문화 역시 오랜 전통을 가지고 있고 우리의 연극 또한 그렇다. 그러나 우리나라는 지리상으로 탐욕스러운 강대국들에 둘러싸여 있기 때문에 그 침략으로 말미암아 예술의 건전한 발전을 기할 수 없었다. 그러나 우리에게는 두 가지 형태의 전통적인 연극 — 가면무극과 창극 — 이 있고 금세기 초에는 구라파의 화술극(話術劇)을 도입하여 신극(新劇)이라고 이르는 현대극을 형상화함에 성공하였다. 그래서 우리는 우리의 생활을 그린 창작극은 물론이요 구미의 고전 및 현대극을 번역 상연하고 있다. 당신네들은 혹 이런 의문을 가질는지 모른다. 서양의 연극을 인정과 풍속이 다른 동양 사람이 어떻게 이해할 수 있느냐고? 신(神)이 하나임과 같이 인간의 본능이란 동서의 별(別)이 없이 하나인 것이며 인간의 고뇌와 환희는 고금의 차(差) 없이 같은 것이다. 그래서 우리는 능히 당신네들의 작품을 즐길 수 있는 것이다. 한국의 학생 역시 이 화술극과 보조를 같이하여 발전하고 있다.

당시로서는 극히 생소하고 또 동족 전쟁에 수만의 미국 젊은이를 희생시킨 나라에서 온 연극인의 호소력 있는 강연에 그들은 호기심을 넘어 새로운 것을 발견이라도 한 듯 열렬한 반응을 보여주었다. 그의 진심어린 애국심이 미국인들을 자극한 것이었다.

뉴욕에서 그는 새삼 거대한 문명도시에 압도당하면서 글을 통해서만 알고 있던 브로드웨이극을 처음 관극한다. 이와 관련해서는 "뉴욕의 관객은 모두 모처럼 초대받은 파티의 손님 같았다. 단정한 몸차림과 여유 있는 감정으로써 고귀한 주빈을 대하려는 듯한 허락된 마음과 겸허한 심정에서 무대를 접하고 배우를 맞이하고 있었다. 장내의 분위기는 온화하고 맑아 어딘지 사랑이 넘쳐흐르는 듯하였다. 그들은 설사 무대상에서 무슨 실패가 있다 해도 우리나라에서처럼 욕지거리를 하지 아니할 것이다(우리나라 극장 내의 때로 악다구니패의 소굴 같은 살기등등함이여!). 어떤 외국 사람이 한국의 극장 구경을 하고 신문에 써 가로대, 한국에서는 극장에 오지 아니할 사람들이 온다 했다. 즉 돈을 내고 극장의 문을 두들겼으면 극장을 사랑하는 마음이 앞서야 하겠는데 그렇지 않다는 것이다. 나는 저도 모르게 속으로 '교양'이라 했다."[8]고 씀으로써 서양인들의 수준 높은 교양에 감복했음을 전하기도 했다. 알다시피 연극을 단순히 놀이 정도로 삼아온 우리와 달리 저들은 연극을 고급 예술로서 오랜 동안 가꾸어왔기 때문에 거기에 임하는 자세 역시 세련되어 있었고, 그 현장을 직접 목격한 그가 감동한 것은 자연스러운 것이었다고 볼 수가 있다.

그런데 여기서 주목해야 할 부분은 그때 그가 보낸 두 번째 편지에 담겨 있는 범상치 않은 내용이다. 즉 그는 그 당시 브로드웨이에서 공연되고 있는 작품들 중 가장 높이 평가되어 퓰리처상까지 받은 바 있는 〈안네 프랑크의 일기〉에 대한 관극 소감을 묻는 미국 연출가에게 "우리 한국에도 신극이라고 일컫는, 오늘 저녁에 본 〈안네 프랑크의 일기〉와 같은 리얼한 화술극이 있고, 내 자신도 그런 연극을 쓰는 작가의 한 사람입니다. 그러나 불행히도 요즘에 와서는 그 관객이 차츰 줄어가고 있습니다. 아마도 리얼한 화술극에 염증이 느끼는 것 같아요. 그래 한국의 연극인은 이를 구출하기 위해서는 화술극에 어떤 종류의 개혁이나 혁명이 초래되어야 할 것으로 생각하고 있습니다. 정직하게 고백한다면 나는 실망했습니다."라고 답변한 점이다. 이처럼 동랑이 리얼리즘극으로서는 흠잡을 곳이 없는 그 작품에 대하여 형태상의 근본적 문제를 건드리자, 그 미국 연출가는 "그렇다면 당신은 리얼리즘 연극을 반대하고 계시나요?"라고 반문한다.

이어지는 대화에서 동랑은 "리얼리즘 연극이 현대의 심미관(審美觀)을 벌써 만족시키지 못하는 것 같아요. 다른 나라는 모르지만 한국의 관객에게는 그래요."라고 답변하자, 그 미국 연출가는 "아까 당신은 한국에는 고전으로 가면무극과 창극이 있다고 하였는데 그런 유의 연극은 당신 나라의 관객을 만족시킬 수 없나요?"라고 다시 반문해온다. 그에 대하여 동랑은 "우리나라의 실정으로 창극이 리얼한 화술극인 신극보다 관객이 많은 것은 사실입니다. 그러나 우리의 고전극 형태는(중국의

8 위의 글.

경극이나 일본의 가부키까지도) 그것이 양식화되었기 때문에 현실적인 사회적 고뇌라든지 인간문제를 구체적으로 그리기에는 많은 구속과 제한을 줍니다. 즉 화술극 모양으로 자유롭지 못해서 그 테마에 따라서는 극화하기에 곤란한 게 있단 말이에요."라고 응답하면서 대담 끝에 "나는 동양적인 양식화된 연극과 서양식의 리얼한 화술극, 이 두 가지 형태의 장점을 피차에 종합 절충해서 무슨 새로운 연극형태를 찾아낼 수 없는가 하고 생각해보기도 했습니다만"이라고 매우 주목할 만한 말을 던진 것이다. 여기서 필자가 그 말을 매우 주목할 만한 것이라고 한 것은 동랑의 연극관의 일단이 거기에 함축되어 있기 때문이다.

전술한 바도 있듯이 그는 이미 1930년대 중반부터서는 팍팍한 현실 모사의 리얼리즘극의 한계를 인식하고 상징성 짙은 연극도 조금이나마 실험해보았으며 헤이워드 부처 작 〈포기〉 연출을 통해서 음악적이면서도 역동적인 작품도 시도했었다. 그는 거기서 그치지 않고 1950년대 초반에는 매우 실험적인 〈처용의 노래〉라는 희곡을 통해서 '동서 연극의 만남'을 시도해보기도 했었다. 그가 미국 연출가에게 한 말도 바로 그런 취지였고, 서양 연극 현장을 찾아다니면서 그 가능성 여부를 사색해보겠다는 것이었다. 그만큼 그는 앞서가고 있었던 것이다.

그가 처음 머문 미시간에서 두 번째로 이해랑에게 보낸 서간에서는 주로 극장무대 구조의 새로움에 대한 것이었다. 물론 그 글에서도 그가 미국 연극인들과 연극에 관심이 많은 젊은이들에게 틈나는 대로 한국 역사와 현실 및 연극 정통에 대하여 설명하고 있다면서 "캐나다에서 셰익스피어제(祭)가 있다 하여 미시간에서 가볼 참입니다. 앞으로의 스케줄은 내가 이곳과 구주(歐州) 정세를 조사할 때까지 덮어두기로 했습니다. 여기에서 8월 중순까지 지내겠습니다. 이곳 미시간에도 여름 연극이 한창 성행하고 있습니다. 여기 와서 보니 아레나식 극장(Arena Style Theatre)은 관객석을 고정해놓지 않고 그 연극연출에 따라 무대 위치며 관객석의 형태를 변경시키는 것이 유행이었습니다. 무대가 어느 때에는 가운데로 왔다 한 모퉁이로 갔다 원형이 됐다 하며 따라서 관객석도 변동이 됩니다. 그러하니 우리의 아레나를 돈도 없는데 고정시키려고 애쓰지 말 것입니다. 오히려 나중에 폐스러워서 헐어내게 될 것 같습니다."[9]라고 하여 과거 전통적인 형태라 할 프로시니엄 극장무대의 진부함을 지적하고 돌출, 이동식 무대의 신선함을 부러워하기도 했다. 이처럼 그의

캐나다 연극인들에게 한국에서 공연된 연극 사진들을 설명하는 동랑

연극관은 언제나 열려 있었고 앞서 나아가고 있음을 확인할 수가 있다. 그러한 그의 열린 극장관이 3년 뒤 드라마센터를 지을 때 구체적으로 실천되는 것이다.

그러한 그의 열린 극장관은 캐나다의 스트랫퍼드에서 매년 열리는 셰익스피어 축제 관람 소감에서도 그대로 나타나 있다. 영국의 셰익스피어 고향과 같은 이름의 캐나다 스트랫퍼드에서 1953년부터 매년 열리고 있는 축제는 야외극장에서 연행되는 것이 특징이다. 거기에 처음 참석한 동랑은 그 광경에 대하여 "무대와 객석의 구조는 고대 희랍의 원형 노천극장과 영국의 엘리자베스조 시대의 에프론 무대를 절충해서 새로 창안된 것으로 3천여의 의자를 가지고 있는 대극장이다. 그러나 천장은 천막으로 덮이었다. 본 건축에 착수하기 전에 가설로써 연극의 효과를 시험하고 있는 것이었다.

9 유치진, 「연극기행」, 『경향신문』 1956.7.14.

개연의 벨이 울렸다. 장내의 전 전등이 꺼지고 무대만이 다시 밝아진다. 어느새 무대에는 첫 막의 등장인물들이 제 위치에 자리 잡았다. 셰익스피어 작 〈윈저의 즐거운 아내들〉이 개막된 것이었다. (……) 연극의 진행에는 전혀 막을 쓰지 아니하고, 조명의 명암으로써 장면을 바꾸었다. 그리고 관객석의 통로를 가부키 연극에 있어서의 하나미치(花道)처럼 무대의 일부분으로써 사용했다. 즉 관객석에는 방사상(放射狀)으로 일곱 개의 통로가 있는데 그 어느 것에서나 배우가 등장 혹은 퇴장하며 때로는 그 통로에서 다른 통로에 나타난 배우나 혹은 무대 위에 있는 상대방과 대사를 주고받는다. 그뿐 아니다. 때로는 그 통로에서 한바탕 연극을 하기도 했다. 이런 식의 연출법은 프로시니엄 무대의 울타리 속에 갇히어 영축(嬰縮)할 대로 영축하고 있는 근대극을 무한한 자유 천지에 해방해놓은 듯한 감을 주는 것이다. 이렇게 극장을 구사(驅使)하니까 3천여 명이나 수용하는 대극장이건만 그렇게 커 보이지 않고 무대와 관객석이 하나가 되어 있는 듯했다. 내게는 이런 식의 연극이야말로 연극의 본도(本道)가 아닌가 싶었다."[10]라고 하여 그가 경직된 프로시니엄 무대가 아닌 열린 극장만이 미래 연극의 대안이 될 수 있다는 생각을 굳혀가고 있음을 전해주고 있다.

필자도 1978년도에 캐나다의 스트랫퍼드에서 셰익스피어 축제를 직접 관람한 적이 있어서 동랑의 설명이 정확했음을 알 수 있다. 그런데 그의 열린 극장관, 더 나아가 연극관은 아무래도 유년시절부터 고향에서 보아온 〈통영 오광대〉 가면극으로부터 연유하는 것이 아닌가 한다. 실제로 그는 이미 1930년대부터 우리나라 전통연극의 열린 형식을 긍정적으로 설명한 글을 쓴 적도 있었다. 그러니까 그가 미시간에서 구경한 아레나 스테이지라든가 스트랫퍼드의 셰익스피어 축제에서 작품을 공연하는 노천극장을 보면서 고향의 〈오광대〉 가면극의 열린 무대를 연상했던 것도 같다.

그는 이어서 그가 미국을 비롯한 서양의 여러 나라를 장기 여행하는 목적과 사명이 "세계 각국의 연극의 동태 속에서 현대인의 생활 감정에 꼭 들어맞는 연극의 본질을 파악하는 것과 연극교육의 실태 파악"[11]에 있다고 한 것은 우리도 그러한

---

10 유치진, 「연극행각 세계일주」, 『동랑 유치진 전집』 7(서울예대출판부, 1993), 234~235면.

좋은 시스템을 배워 실천하고 그에 걸맞은 인재를 키워야 한다는 구상에 따른 것이었음을 알린 것이다. 한편 그가 극장 무대의 열린 형태에 주목하고 그것의 한국 적용까지를 암시하는 글을 썼던 것은 현대연극의 진로에 대하여 고민하고 있음을 알려준 것이다. 그는 캐나다에서 미국으로 다시 돌아온 뒤의 일정과 관련하여 "뉴욕으로 돌아온 나는 주간(晝間)은 아침부터 오후까지 각종 연극학교를 시찰하거나 도서관, 박물관 등 연극 자료를 열람하는 데 소비하고 밤에는 극장에 가기로 했다." 면서 "미국의 연극학교는 대별하여 두 가지 종류가 있었다. 그 하나는 대학 연극학교(University Drama School)요, 또 하나는 직업연극학교(Professional Drama School)가 그것들이었다. (……) 뉴욕에서 전자에 속하는 것으로서는 컬럼비아대학교의 연극대학, 뉴욕대학교의 연극대학, 컬럼비아대학교 소속의 사범대학 내의 연극과 등이 이름이 있었으며, 후자에 속하는 것으로서는 시어터 윙스, 네이버후드 플레이하우스, 액터스 스튜디오, 그리고 아메리칸 아카데미 오브 드라마틱 아츠 등이 가장 활발히 운영되고 있는 것들이었다."고 소개하고, 전 미국에 2백여 개의 대학 연극학과에 놀라면서 뉴욕에 있는 연극대학과 직업연극학교에 직접 학생들처럼 다니면서 "연기, 연출, 검술, 발성, 무용, 음악, 각종 강의 등 각 클래스에 출석하여 교재 내용, 교수방법, 각 과목에 있어서 학생들을 다루는 법, 공연 발표 방식 등을 그 학교의 설비와 운영과 아울러 참관했다."는 것이다.

그런데 그가 현장답사를 하면서 미국이 자국어교육에 있어서 화술교육에 중점을 둠으로써 자연스럽게 드라마 교육열이 일어날 수밖에 없음을 알게 되었으며, 그러한 교육 방식에 깊은 공감과 함께 경탄해 마지않은 것이다. 특히 그가 미국의 대학과 직업연극학교들의 이론·실기교육을 들여다보고 많은 것을 배웠으며, 그것을 장차 한국에서 어떻게 적용할까 등에 대하여도 곰곰이 생각하는 계기도 되었다.

그가 연극 관람과 대학 및 직업학교들의 연극교육을 훑어보고는 여러 연극인 중에서도 미국을 대표할 수 있는 극작가들, 이를테면 그가 가장 높이 평가하고 있는 유진 오닐을 비롯하여 맥스웰 앤더슨, 시드니 킹즐리, 그리고 테네시 윌리엄스 등을 만나겠다고 신청한 것이다. 그중에서도 연전(1955)에 작고한 유진 오닐의 무덤

11 유치진, 「연극행각 세계일주 〈제2회〉」, 『문학예술』 1957년 11월호.

세계일주 여행 때 미국 베일러 극장 방문(1957). 베일러 대학 연극과 교수들과 함께.

이라고 찾고 싶었다고 했다. 오닐의 부인 M. 칼로타를 만나 그녀가 크게 못마땅해한 브로드웨이 연극의 상업주의 경도(傾倒)에 동감한다는 듯이 그녀의 말을 다음과 같이 옮겨 쓰기도 했다.

미국의 극단 — 더 쉽게 말하자면 브로드웨이는 매표구를 위해서만 존새하고 있지요. 그들은 돈밖에 모릅니다. 예술하고는 담을 쌓고 있어요. 그들이 요구하는 것은 흥행극입니다. 그렇기 때문에 내 남편은 자기의 연극이 브로드웨이에 걸려도 구경도 안 갔음은 물론 총연습 때에도 아무 예고도 없이 어두운 객석에 앉았다가 불만만 잔뜩 품고 물러 나오곤 했더랍니다. 오닐은 죽기 전 10여 년 동안은 참 비참한 생활을 했습니다. 이상에 불타 새로운 것만을 창조해보려던 그는, 차라리 굶어 죽어도 흥행사의 호주머니만을 채워주기 위한 연극은 쓰지 않겠다 했습니다. 그래 브로드웨이의 흥행사들은 끝판에는 오닐을 미워하며 그의 극은 구식이니 시대적인 감각이 없느니 하여 비방다가 마침내는 그를 아이리시(Irish)라고까지, 즉 내 남편의 혈통까지 들춰서 욕을 퍼부었어요. 외국에서는 그가 병들었을 때 문안의 편지도 왔고, 죽을 적에는 조전(弔電)도 왔었습니다만 브로드웨이에서는 초상을 치를 때에도 들여다보는 자가 없었습니다.[12]

이상과 같은 칼로타의 남편 오닐에 대한 추억과 브로드웨이 상업주의 폐해에 대한 실토는 곧 동랑 자신이 그동안 비판해온 우리나라 연극의 상업주의 경도와도 통한다고 생각되어 소상하게 쓴 것 같다. 그가 칼로타를 만난 뒤에는 당초 계획했던 극작가들과의 만남을 취소하고 미국의 대표적인 연극대학이라 할 예일대학을 찾아가 연극교육 실제를 체험하면서 탐색도 했다. 그리고 브로드웨이에서 열린 전국연극대회(National Theatre Conference)에 참가하여 미국 연극인들에게 우리나라와 한국 연극을 소개할 절호의 기회라 생각하고 다음과 같이 긴 연설을 하게 된다.

여러분도 잘 아시다시피 우리 한국은 극동의 한구석에 끼여 인구 3천만밖에 안 되는 조그마한 나라로서 한동안 외국의 잠식(蠶食)을 입고 있었기 때문에 그 본바탕이 서양 각국에 잘 소개되어 있지 않았습니다. 그 까닭인지 요즘 나는 미국 국내를 여행하는 중에 이런 질문을 가끔 받습니다. '당신네 나라에서는 무슨 말을 쓰오?' 혹은 '한국에도 고유한 글자가 있나요?' 등등. 이상의 질문은 상당한 식견이 있다고 믿어지는 인사들의 입에서도 가끔 발하여짐을 볼 때에 나는 놀라지 않을 수 없었습니다. 따라서 연극문화에 있어서도 우리는 중국이나 일본의 그것과 아주 다른 발전적 근원을 가지고 있으며, 우리의 전통적 연극 중에는 수천 년의 역사를 가진 가면과 무용으로써 밤에 횃불을 켜놓고 수일을 두고 야외에서 계속 공연하는 〈산대놀이〉니, 〈봉산 탈춤〉이니, 〈오광대〉니 하는 가면연극도 있습니다. 그것들은 세련된 현대적 심미안으로서는 다소 원시적이라 하겠지만 일본의 노(能)나 중국의 창희(唱戲)와도 다른 특색을 가진 것들임엔

12 위의 글.

틀림없는 것입니다.

그러나 금세기 초에 일본이 우리나라를 점령하자 수많은 군중을 주야 불구하고 야외에 모아놓고 행하는 가면무극은 독립운동의 수단으로 사용될 염려가 있다 하여 일본 경찰은 그 공연을 금지했던 것입니다. 그래서 그 전통은 거진 끊어지다시피 되어버렸습니다. 그러나 극장 내에서 행하는 한국의 노래로써 엮은 창극과 대사에 의거한 화극(話劇)만은 공연이 허용되었습니다. 그래서 이 두 종류의 연극의 공연단체 수는 전국적으로 도합 20여 개를 산(算)하였으며 거기에 종사하는 연극인 수는 5백여 명에 달하였습니다. 그중에는 20여 명쯤 되는 극작가와 그와 동수의 연출가들도 포함되었던 것입니다.

1945년에 제2차 세계대전이 그 종말을 고하자, 우리나라는 독립을 얻었습니다. 그러나 불행히 우리나라는 북위 38도선으로서 양분되어버렸습니다. 북부 반쪽은 공산주의 국가로 갈라진 것입니다. 땅덩어리가 두 쪽이 나니까 모든 게 갈라집디다그려. 연극계도 두 쪽이 났습니다. 그래서 상술한 연극인들이 그 반수쯤 북쪽으로 속하여버렸습니다. 북쪽으로 간 연극인들은 다른 모든 공산주의 위성국가의 그것들과 똑같이 당에서 명령하는 공산주의 찬양의 판박이 선전극만을 상연할 수밖에 없게 되었습니다. 작품 속에 조금이라도 당의 목표에다 창의성을 삽입한다면 반동적 개인주의니 부르주아적 잔재를 청산 못 했느니 하여 단박에 숙청의 대상이 되고 마니까요. 그들은 전전긍긍하는 가운데에 예술적 노예로서 반신불수가 되고 말았습니다.

그러나 정치적 자주성과 개인적 자유를 가진 남쪽의 연극인들은 전면적으로 환희에 불탔으며 극계도 일제 시에는 보지 못한 만큼 활발히 움직였습니다. 극장인들의 반수를 북으로 빼앗겼으나 몇 해 안 가서 대두한 신인으로서 부족한 대열은 보충되어졌습니다. 정부에서는 국립극장을 만들어 국비로써 연극 창조의 뒷받침을 했습니다. 새로운 민족연극의 르네상스가 온 것 같았습니다. 연극인의 생활도 비교적 풍족해졌습니다. 그러나 얼마 가지 못해서 모든 희망은 뒤집혀버리고 말았습니다.

1950년 6월 25일에 소련의 사주를 받은 북한 괴뢰군이 수백 소련제 탱크를 선두로 남한으로 밀려온 사실이 그것입니다. 한국 반도의 좁은 허리를 적과 아군은 마치 톱질이나 하듯이 수를 거듭하여 밀었다 밀렸다 하는 통에 애꿎은 한국의 산천과 도시와 농촌은 근대적 중무기로써 완전히 파괴되어, 그 틈에 살던 백성들은 집과 양식과 살림을 불태우고 더러는 죽고 더러는 불구자가 되어 전통이고, 역사고, 과거고, 현재고, 미래가 혼란한 가운데에 뒤죽박죽이 되어버리고 말았습니다. 여러분! 이렇게 평화스럽고 행복스러운 나라에 살고 계신 여러분은 그 참상이 어느 정도인지 상상조차 하시기 어려울 것입니다. 그러나 우리 한국 연극인들은 그러한 가운데서도 연극을 했습니다. 분장할 물자가 없었기 때문에 가마솥 밑에서 검정을 긁어모아 얼굴에 바르고 가발을 잃었기에 여자의 헌 양말과 털실로써 그것을 만들어 썼습니다.

극장 건물이 남아 있을 리 있겠습니까? 남아 있다면 피난민의 수용소나 군대의 병사(兵舍)로 할당되었습니다. 그러기에 우리는 아무 데고 사람이 모일 수 있는 데면 극장인 줄 알고 연극을 했습니다. 물론 포탄이 휘날리는 제1선 고지에서 총 쏘는 군인들에게도 연극을 보였으며, 후방에서는 집과 가족을 잃고 갈 바를 모르는 집단 피난민들에게도 연극을 보였습니다. 이 같은 불행한 처지에 있는 민족에게는 연극은 단지 하나의 오락뿐일 수 없습니다. 연극은 하나의 오락인 동시에 삶의 희망을 잃고 인생을 포기하여 자포자기에 빠지기 쉬운 인간에게 용기를 고무시키고 살아나갈 힘을 부어주는 한 봉지의 약이기도 했습니다. 1953년에 휴전이 성립되었습니다. 총소리는 멎었습니다. 그러나 양군은 지금도 총만 쏘지 않을 뿐이지 언제든지 총질을 할 수 있게끔 대포알을 재어놓고 과녁을 노리고 있습니다. 우리의 불안은 사라질 수 없습니다. 더욱 불안한 것은 남한의 문화와 정치 중심지인 수도 서울이 휴전선에서 불과 30마일밖에 떨어지지 않았다는 사실입니다. 적이 자기의 진지에서 장거리포를 쏘면 아마도 그 포탄은 서울 시가지 한복판에 떨어질 수 있을 겁니다. 이런 불안한 환경 속에서 사람이 미치지 않는다는 게 오히려 기적이 아니겠습니까?

그러나 우리는 서울을 위시한 여러 도시와 촌락에서 지금 연극을 계속하고 있습니다. 이제는 옥외의 이동식인 간편한 극장만이 아니고, 당당한 예술적 작품을, 파괴된 극장을 고쳐가며 상연하고 있습니다. 우리의 극작가가 쓴 창작극은 물론 당신네들이 쓴 미국의 작품을 위시하여 구라파 각국의 현대극이며, 고전극까지도 상연하고 있습니다. 뉴욕 공공 도서관에서 목하(目下) 개최 중인 연극전람회에도 작금 여름에 우리나라에서 상연된 테네시 윌리암스의 〈욕망이란 이름의 전차〉의 무대면 사진이 전시되어 있으며, 오늘 서울의 어느 극장에서는 프레더릭 너트 작의 〈다이얼 M을 돌려라〉가 상연되고 있다는 신문기사를 나는 읽었습니다. 이상은 전문적인 극단들의 일부 활동에 불과하고, 그 외에 학생극을 포함한 소인극들도 성(盛)히 공연되고 있습니다. 그 가운데에서 휴전 후에 계속된 전국 대학연극경연대회와 중고등학교 연극대회는 특기할 만한 것들일 겝니다.

왜냐하면 그것들은 한국 학생연극운동의 원동력이 되어 있기 때문입니다. 어느 나라 어느 시대를 막론하고 열성적 연극인과 같이 정력적인 노동자는 없다지 않습니까? 우리 한국의 연극인들도 그 예에 빠지지 않게 일하고 있음을 이 자리에 모인 여러분들에게 자랑할 수 있음을 나는 행복으로 생각하는 바입니다. 이(異)민족의 지배 밑에서 고생해보지 못한 백성은 자주 국권의 거룩함을 충분히 알지 못함과 같이 공산주의 정권 밑에서 뼈저린 고생을 해보지 못한 백성은 민주주의의 보배로움을 전폭적으로 알지 못할 것입니다.

나는 공산주의 밑에서 잠시 동안이나마 고생해본 불행한 사람의 하나이기에 당신네들이 이 세상에서 얼마나 행복스러운 국민인가를 알 수 있습니다. 예술은 결코 독재 밑에서는 성할 수 없고 당신네들과 같이 자유를 마음껏 누릴 수 있는 분위기 속에서만 자랄 수 있음을 나는 압니다. 그러기에 미국의 연극문화는 그 역사가 극히 짧은데도 불구하고 이처럼 발달했으며, 그 뿌리는 국민의 생활 속에 깊이 파고들고 있습니다. 내가 보는 한 지금 세계적으로 연극은 매우 저조합니다.

연극예술은 그의 기본적인 성능을 다 활용 못 하고 있으며 우리 연극인들은 일찍이 우리의 선배들이 획득한 광영(光榮)을 다 누리지 못하고 있습니다. 극단적일는지 모르나 금일의 연극은 그 본연의 대도(大道)에서 이탈하여 옆길에서 방황하고 있다고 나는 단언합니다. 이러한 불행 속에서 고뇌하는 연극을 전화(戰禍)에서 허덕이고 있는 우리 한국의 연극인으로서는 도저히 바른길로 인도할 수 없습니다. 그 일을 능히 할 수 있는 이는 안정된 사회에서 풍부한 설비와 많은 인재를 가진 당신네 미국의 연극인들임을 나는 알며, 그중에서도 매표에만 신경을 쓰고 있는 일부 상인이 아니고 바로 이 자리에 앉으신 당신네 — 참다운 예술의 본도를 위하여 헌신하시는 공중극장과 대학극장의 대표자들임을 나는 확신합니다. 나는 끝으로 5백 명 한국 연극인들을 대표하여 여러분의 전도에 번영과 영광이 있기를 하늘에 기도합니다.[13]

---

13 위의 글.

〈욕망이라는 이름의 전차〉(1956)

〈욕망이라는 이름의 전차〉를 연출한 뒤 무대 세트 위에서(1956)

이상과 같은 그의 연설에서 확인할 수 있는 것은 그가 대단히 애국심이 강한 민족주의자라는 것을 보여주는 점이라 하겠다. 이처럼 그는 누구보다도 일찍이 미국인들에게 한국을 소개하고 또 한국 연극, 더 나아가 개성 있는 전통문화를 알리려고 노력한 전도자였다. 그것은 누가 시켜서 되는 것도 아니며 또 시킨다고 그렇게 열정적으로 홍보할 수 있겠는가. 이는 오로지 마음속에서 우러나와야 가능한 것이다. 실제로 그가 우리의 굴곡진 현대사의 한복판을 가로질러 살아왔기 때문에 우리의 처지를 미국인들에게 실감나게 알릴 수 있었고, 듣는 이들로 하여금 공감을 불러일으킬 수 있었다.

특히 그가 고난 속에서도 굴하지 않고 연극의 생명을 이어온 이야기는 미국 연극인들을 크게 감동시켰다. 누구나 조국을 떠나면 애국자가 된다고는 하지만 동랑은 남다른 데가 있었다. 그가 우리의 전통극에서부터 현대극, 그리고 동서양 연극에 대해서도 상당한 식견을 갖고 있었기 때문에 막힘이 없었고, 특히 서양 연극의 한계에 대해서까지도 자신의 견해를 솔직히 밝히자 미국 연극지도자들은 그를 특별한 눈으로 보기 시작했다.

그가 해방 직후의 혼란기에 연극학회를 조직하여 대학연극경연대회를 개최했고, 전쟁으로 잠시 중단했다가 수복 후에 다시 시작함과 동시에 중고등학교 연극경연대회까지로 확대한 이야기를 한 것은 미국의 학교연극 활동과도 일맥상통한다고 보아서였으며, 우리의 문화운동도 결코 뒤떨어진 것만은 아니라는 사실을 자랑하기 위해서였다. 그의 이러한 열정적인 선전(?) 활동으로 미국 연극인들이 한국과 한국 연극문화에 대해서도 새롭게 인식하게 되었다. 그전까지만 해도 한국은 미국인들에게 기껏 동족 전쟁이나 벌인 최빈국으로 비쳤기 때문에 문화 역시 중국이나 일본의 아류 정도로 치지도외하다가 동랑의 강연을 듣고 한국을 새롭게 인식하기 시작한 것이다.

미국에 와서 수개월 동안 정신없이 뛰어다니는 동안 그는 고국의 가족까지 생각할 틈이 없었다. 그런데 '집에 강도가 들어 가재도구를 다 털어갔다'는 아내의 화급한 편지를 받고 나서야 부랴부랴 아내를 미국으로 불러야겠다는 마음을 먹고 록펠러재단에 이를 추진해달라고 부탁했다. 그가 더욱이 미국인들의 화목한 가정생활을 직접 경험하면서 아내와의 동반 여행을 꿈꾸게 된 것이다. 가령 미국인들은 언제나 부부 동반이 생활화되어 있어서 혼자 돌아다니는 그를 이상한 눈으로 보는 경우까지 종종 있었다.

록펠러재단에서는 그의 아내의 초청을 당연지사처럼 크게 환영했는데, 문제는 국내에서의 제동이었다. 그때까지만 해도 부부의 해외 동반 여행은 곧 해외 도피로 이어질 가능성이 있다 하여 금지하고 있었기 때문에 아내의 미국행은 쉽게 이루어지지 않았다. 그래서 아내가 여러 지인을 동원하고 외무부 장관도 직접 찾아가서야 겨우 일이 성사되었다. 그가 미국에 온 지 거의 6개월 만이었다. 뉴욕에 머물던 그는 로스앤젤레스까지 날아가 아내를 마중했다. 그들 부부는 만나자마자 할리우드부터 찾게 되는데, 이는 영화광인 아내가 평생 동경해 마지않던 미국 영화의 산지(産地)부터 먼저 보고 싶어 했기 때문이다. 젊은 시절 그녀의 꿈이 영화배우였던 것은 전술한 바 있다. 따라서 그는 아내의 꿈부터 충족시켜야겠다는 생각 끝에 할리우드행을 부부 여행의 서장으로 장식한 것이었다. 평생 가정 경제를 아내에게 일임함으로써 마음속에 미안함과 부담감을 갖고 사는 처지에서 그만한 선물도 못 하겠느냐는 것이었고, 할리우드 여행으로나마 아내에 대한 빚을 조금이라도 갚는다는 자위도 했었다. 생전 처음 부부가 오롯이 미지의 신대륙 미국, 그것도 꿈의 생산지 할리우드를 여행한다는 것은 오랜만에 누려보는 여유와 크나큰 행복이기도 했다.

그는 아내와 함께 할리우드를 여행하면서 느낀 소회를 자전에서 "과연 미국의 3대 산업의 하나라는 영화 제작의 고장이었다. 그 규모와 시설이 어마어마하여 각종 세트며 의상, 소품, 스튜디오 등이 광대한 지역에 거쳐 갖추어져 있었다. MGM사의 30개나 되는 '오픈 세트'는 그 크기가 우리를 압도했고, 웬만한 학교 건물은 됨 직한 곳에 의상이며 신발들이 도서관의 장서처럼 비치되어 있었다. 또 서울대학 크기만 한 '파라마운트'사의 사무소, '세트'를 만들기 위해 쌓아놓은 거대한 통나무들과 제재소, 수십 개의 작가실과 수없이 많은 창고들은 퍽 인상적인 광경이었다."[14]고 경탄하면서 한 달가량 할리우드에 머물면서 영화계를 둘러본 것은 순전히 영화를 사랑하는 아내 덕분이었다고 쓰기도 했다. 아내 역시 오랜 꿈을 이루었다는 만족감으로 피로한 가운데서도 대단히 흐뭇해했다. 그로서도 그동안 막연하게만 생각했던 미국의 거대한 영화산업 단지를 구석구석 볼 수 있었던 것도 산 공부였으며, 혼자서만 좋은 세상과 첨단문화를 호흡하는 것이 안타까웠는데 아내와 모처럼 여유롭게 여행하는 것은 대단히 즐거운 일이기도 했다. 그런데 흥미로운 점은 그가 할리우드를 구석구석 다 보고 나서 지은 결론이었다. 즉 "약 한 달가량 허리우드에 머물면서 영화계를 둘러본 것은 영화를 지극히 좋아하는 아내 덕분이었다. 극장은 하루 두 세 번의 상연이 고작이었고, 1천 석쯤 될 극장에 관객은 30~40명에 불과했다. 얘길 들으니 영화관들은 창고나 슈퍼마켓으로 변하는 중이며 돈벌이가 안 되니까 자본가 대부분의 유대인들이 모두 손을 뗐다고 했다. 미국 영화산업의 사양화(斜陽化)가 필시 우리에게도 닥칠 것으로 생각되어 우울한 마음을 금할 수가 없었다."[15]고 소회를 밝혔던 것이다. 그러니까 과잉 생산이 할리우드를 쇠락시키고 있다는 지적인 듯싶다. 이러한 지적은 정확했지만 경제 사정으로 영화산업이랄 것

14 유치진, 앞의 책, 313~314면.

15 위의 책, 314면.

도 없었던 우리 형편에는 와 닿지 않는 것이었다. 오히려 그가 할리우드를 관광하는 동안 정부에서는 영화 진흥을 위한 정책을 내놓을 때였기 때문이다. 그러나 분명한 것은 우리도 영화 정책을 잘못 쓰면 그러한 할리우드와 같은 상황에 처할 수도 있다는 경고로서는 적절한 지적이었다고 하겠다.

할리우드를 보고난 뒤 그는 아내와 뉴욕 등 미국의 몇몇 도시를 두 달가량 더 여행하고 이듬해(1957) 2월 초 유럽으로 떠나게 된다. 그것은 록펠러재단의 스케줄에 따른 것이기도 했다. 그가 유럽의 여러 나라 중에서도 가장 먼저 찾은 곳은 당연히 작은 섬나라 아일랜드였다. 여기서 필자가 '당연히'라는 용어를 쓴 것은 그가 대학시절에 심취하고, 또 절대적으로 영향을 받은 숀 오케이시로부터 존 밀링턴 싱그, 그리고 예이츠 등의 고국이어서였다. 따라서 그에게는 아일랜드가 마치 친숙한 나라처럼 느껴지고 있었던 것도 사실이다. 더욱이 그가 이들 작가들을 연구하면서 역사까지 공부한 바 있어서 우리처럼 외침(外侵)에 시달린 아일랜드가 감성적으로는 마치 제2의 고국처럼 상상하는 때도 없지 않았다.

그가 유럽 연극기행의 서두에서도 "그곳의 연극운동이 애란의 독립운동에 이바지했기 때문에 독립 이후의 애란 연극을 보고 싶어서였다."[16]라고 씀으로써 그 나라와 연극이 퍽 궁금했고 또 깊게 알고 싶기도 했음을 밝혔다. 그 나라의 첫인상에 대하여 그는 "에이레는 워낙 메마른 풍토에다 기후도 시원찮은 편인데, 내가 갔을 때가 유독 2월이라, 몹시 춥고 바람이 불어 〈아일랜드의 연풍〉이 생각났다. 서해안의 비행장에 내려서부터 바람은 더욱 기세를 저하여 〈바다로 가는 기사〉의 분위기가 그대로 실감 나는 정도였다. 미국에서는 모든 것이 기계화되어 있었는데, 여기는 공항에서 '더블린'으로 가는 도중에 삽질하는 사람도 보이고, 산꼭대기까지 일군 밭 사이로 농부들이 지게를 지고 올라가는 것도 눈에 띄었다. 나무가 땅에 납작 붙어 있었고, 돌멩이도 많은 것이 꼭 우리나라의 제주도와 비슷했다."[17]면서, 예상은 했지만 아일랜드가 우리처럼 가난하고 후진의 때를 벗지 못했음을 확인한 듯한 인상을 표명하기도 했다.

---

16 유치진, 「구미의 연극영화계」, 『경향신문』 1957.7.16.

17 앞의 책, 325면.

해외 시찰 중인 심재순

그가 아일랜드에서 가장 먼저 찾은 것 역시 젊은 시절 자신에게 영향을 준 극작가들의 창작 산실이라 할 애비극장이었다. 이 극장에 대한 인상 역시 "보잘것없는 규모에 놀라지 않을 수 없었다."는 것이었다. 그럴 수밖에 없는 것이 150석의 목조 건물인 데다가 화재까지 나서 폐관 상태였으므로 꿈의 극장으로 상상해온 그에게 실망을 안겨준 것은 어쩌면 당연지사였다고 말할 수 있다. 그는 더블린의 한 호텔에 여장을 풀고 잠을 청했으나 만감이 오갔기 때문에 이리 뒤척 저리 뒤척 잠들 수가 없었다고 했다. 젊은 시절 자신을 열뜨게 만들었던 아일랜드 작가들의 조국애에 얼마나 감동했던가. 두 나라가 똑같이 약소민족으로서 어쩔 수 없이 강대국에 짓밟히고 시달려온 쓰디쓴 과거가 오버랩되면서 온갖 상념이 그를 잠 못 들게 한 것이다. 그렇기 때문에 그가 아일랜드를 여행하고 나서 쓴 마지막 글에서 "아무튼 나는 에이레의 현실에서 희망과 실망을 같이 접했으며 '현실'의 의미를 되새기기도 했다. 연극은 영원히 죽지 않겠지만, 연극운동이 어떠한 것인가를 암시받았던 것이다. 그리고 그러한 사념(思念)의 결론은 연극에 대한 새로운 용기와 자신이었고, 에이레의 신화에 대한 변함없는 믿음이었다."[18]고 함으로써 젊은 시절 자신의 꿈이 현실과의 괴리가 없지 않았지만 그래도 아일랜드에 대한 동질감과 사랑은 저버리고 싶지 않다고 했다.

그러면서 그는 그들의 연극 행위에 대하여 꼬집는 말도 했는데, 그것은 지나치리만치 고집스러운 민족주의에 대한 것이었다. 이 말은 곧 그들이 해방되었음에도 불구하고 애비극장이 켈트어로만 연극을 하고 있는 것에 대한 지적이었다. 즉 그는 연극기행에서 "애비극장에서는 창립할 때의 모토를 그대로 살려서 외국의 작품은 일절 상연치 않고 애란인이 애란어로 애란 살림을 그린 것만을 상연하고, 특히 영어로 쓴 연극은 상연하지 않는다. 그래서 그런지 활기도 없고, 빛도 없이 고루한 느낌을 주었다. (……) 모국어(켈트어를 말함) 부흥운동을 위해서 애비극장은 국가 보조를 받고 있었지만 너무 민족적인 고루한 것에 치우쳐서 초라하다는 느낌을 받았다." 고도 했다. 그러니까 동랑의 생각은 극장이 뭐 그렇게까지 배타적이고 폐쇄적일 필요가 있느냐는 것이다. 이 지점에서도 평소 그의 열린 사고를 읽을 수가 있다.

그의 평소의 일벌레(?) 습성은 외국 여행에서도 그대로 나타났다. 그의 여행 스케줄도 관광과는 거리가 먼 순전히 '일 중심'으로 짜인 것이 바로 그런 모습이다. 그의 여행에서의 일이라는 것은 그 나라의 연극계 동향 살피기와 연극교육 실태 파악을 의미한다. 가령 그가 문화의 폭과 깊이가 대단한 프랑스의 파리나 이탈리아의 로마를 제쳐두고 초라한 아일랜드부터 찾은 것도 바로 그런 그의 성향에 따른 것이었다. 그래서 그가 더블린 다음으로 찾은 곳도 셰익스피어의 고향인 스트랫퍼드 어폰 에이번이었다. 다 알다시피 셰익스피어는 그에게 숀 오케이시 이상으로 영향을 미쳤으며 그가 가장 숭배하는 고전작가였다. 그렇기 때문에 그는 이번 여행에서 셰익스피어와 관련된 공연과 연극행사를 소상하게 관찰키로 마음먹은 바 있었다.

따라서 그가 처음 미국에 도착하자마자 가장 빠른 시간 안에 캐나다 온타리오주

---

18 앞의 책, 238면.

에 있는 스트랫퍼드 어폰 에이번의 셰익스피어 축제부터 보았으며, 다시 미국으로 돌아와서 코네티컷주의 스트랫퍼드 어폰 에이번의 축제도 관람했던 것이다. 그러니까 두 나라가 셰익스피어의 본향(本鄕)을 모방해서 만든 스트랫퍼드 어폰 에이번에서 해마다 열리는 축제를 그가 구경한 바 있기 때문에 영국에 도착하자마자 본고장의 여러 가지 모습을 보려고 그곳을 찾은 것이었다. 마침 본향에서는 탄생일을 전후하여 한 달 동안 셰익스피어 작품들이 공연되고 있어서 그가 다른 나라들의 작품과 비교해볼 수가 있었다. 물론 그는 런던의 웨스트엔드에서도 공연되고 있는 그 유명한 극단 올드 빅의 작품도 보았음은 두말할 나위 없다.

그가 구미 여러 나라들의 셰익스피어 공연들을 둘러보고 결론지은 것은 네 가지였는데, 첫째는 장치가 없다는 것, 둘째 장면이 비교적 많다는 것, 셋째 대사가 운문, 즉 낭송조라는 것, 그리고 선이 굵어 디테일한 것을 추려버린 것 등이다.[19] 이러한 그의 셰익스피어 연극 관찰은 대단히 예리한 것으로서 훗날 드라마센터 개관 공연작인 〈햄릿〉 연출에서 그의 일부 방식이 응용되기도 했다. 그 외에 그가 영국에서 인상 깊게 관찰한 것은 지방 연극 육성책이었다. 제2차 세계대전 전에는 불모지였던 영국이 전쟁이 끝난 뒤에는 지방 연극 육성책을 적극적으로 펼침으로써 중앙과 지방 문화의 불균형을 해소한 점에 주목했다. 그가 기행문에서 "무엇보다도 영국의 연극 정책이 참고될 점이 있었다."[20]고 한 것도 바로 그 점을 지적한 것이다.

그가 영국 다음으로 찾은 나라는 근대극의 비조라 할 헨리크 입센의 고향 노르웨이였다. 런던에서 곧바로 오슬로에 간 그는 우선 입센의 작품이 주 무대를 이루었던 국립극장부터 찾아서 입센을 추억한 다음에 스트린드베리의 고향인 스웨덴의 스톡홀름으로 이동했다. 거기서 연극 한 편을 보고 그는 독일 함부르크와 서베를린으로 갔다. 당시 실험극이 강했던 서베를린의 극장에서 그는 "딴 곳에서는 볼 수 없는 참신한 창의성을 조명이나 무대 장치에서 볼 수 있었다."고 했다. 그가 처음으로 독일 연극의 무대 메커니즘에 주목한 것이다. 그만큼 그는 서양 연극을 단순히 감상하는 것이 아니라 전문가의 예리한 눈으로 각 나라마다 제각각 그들이 어떻

19 유치진, 「각국의 셰익스피어극」, 『동랑 유치진 전집』 7(서울예대출판부, 1993), 259면.
20 유치진, 「구미의 연극영화계」, 『경향신문』 1957.7.16.

노르웨이 국립극장 앞에서(1957)

게 연극기술을 진전시키고 있는가를 살펴나가고 있었던 것이다.

곧바로 세계 문화의 중심지라 할 파리로 이동한 그는 대표적인 국립극장인 코메디 프랑세즈부터 찾았다. 프랑스는 워낙 예술이 다양성을 띠면서 발달해 있었기 때문에 그로 하여금 어떤 것부터 보아야 할지 어리둥절케도 만들었다. 그런데 파리에서 무엇보다도 그가 꼭 들러야겠다고 마음먹은 기관은 국제극예술협회(ITI) 본부였다. 사실 그는 연전에 영국 런던대학 방문 교수로 가 있던 극연 동지 정인섭(鄭寅燮)이 아니었다면 ITI를 전혀 모르고 지낼 뻔했었다. 그럴 수밖에 없었던 것이 ITI가 1948년도에 발족되어 10년도 채 안 된 연극의 국제기구였던 만큼 바깥 세상에 어두웠던 그가 제대로 알 리가 없었다. 다행히 정인섭이 편지로 그에게 ITI에 관해서 설명해주어서 대강 알고 있는 정도였다. 그의 생각으로 우리도 결국 한국 연극을 해외에 알리려면 머지않아 서양의 여러 나라와 연극 교류를 가질 수밖에 없지 않겠는가라는 당위성에 따라 ITI 본부를 부랴부랴 찾게 된 것이다. 거기서 그는

파리 김환기 화백댁 방문(1957년 봄)

파리 코메디 프랑세즈 앞에서

파리 노트르담 대성당에서

조세 앙드레 사무총장을 만나 개인 자격으로 ITI에 가입한 후 적당한 시기에 한국도 가입하겠다는 약속을 해놓기도 했다. 그 점에서 그에게 있어서 프랑스 방문은 그 어느 나라보다도 큰 의미가 있는 여행이었다.

그가 로마로 이동했을 때는 연극 시즌이 지난 한여름이어서 야외 공연을 접하는 행운도 얻을 수가 있었다. 그가 구미 각국을 돌아보면서 절절하게 생각했던 것과 관련해서는 "내가 무엇보다도 뼈저리게 느낀 것은 어디를 가나 대부분의 나라에 우리나라가 알려져 있지 않다는 것이었다."면서 "심지어는 기자를 만나도 그런 야만국에 무슨 문화나 연극이 있느냐 하고 미리 깔보는 것이었다. 다행히 나의 작품을 서너 개 번역해서 가져갔고, 뉴욕에서는 출판도 하게 되었으니 말발을 세워 인식을 고쳐주기는 했으나, 우리는 우리의 문화를 선전도 못 했고, 정리도 못 했으며, 우리가 야만국이 아니라는 것을 외국에 보이기 전에는 독립성도 없는 것임을 느꼈다."고 하여 약소국가의 처지를 한탄하기도 했다. 덧붙여서 그는 "우리의 문화 정책이나 대외 정책을 하루속히 잘 세워야 할 뿐만 아니라 우리도 더욱 더욱 공부하여서 외국에서 야만국이라고 보지 않도록 인정을 받는 것만이 우리가 떳떳한 독립국가임을 과시하는 것"이라고 술회하기도 했다. 이러한 조국과 우리 연극 현실에 대한 안타까운 심정이야말로 그가 처음 미국 땅에 발을 들여놓자마자 우리나라 사정과 연극 상황을 부지런히 소개한 것과 궤를 같이하는 것이다.

한편 그가 그들의 연극 현장을 직접 체험하고 느낀 소감과 관련하여 "유럽에는 미국을 포함하여 문화적으로 완전한 일환(一環)이 되어 있는 것을 나는 보았다. 즉 뉴욕이나 파리에서나, 백림이나 로마, 기타 어느 나라 어느 도시를 물론한 유럽에서 상연되는 연목(演目)은 어쩌면 그렇게도 같은지? 뉴욕에서 본 연극이 파리에서 상연되고 파리에서 상연된 연극이 백림·로마에서 흥행되고 있는 것이다. 그들은 이렇게 각본을 교환하는 일방 사람(배우, 연극학자, 연출가, 무대미술가)을 교환한다. 그래서 남의 나라의 장점을 배우고 그를 또한 섭취한다."[21]고 했다. 반면에 동양의 각 나라들은 교류는커녕 상호 간 무시만 할 뿐만 아니라 자신의 장점마저 제대로 발견하지 못해서 후진성을 면치 못하고 있다고 했다.

---

21 유치진, 「문화교류의 필요성 - 대봉극단 공연을 보고」, 『서울신문』 1957.7.28.

로마 트레비 분수 앞에서

그러면서도 그가 서양 연극계에서 발견한 주목할 만한 점은 현대극의 한계와 함께 동양 연극에 대한 관심을 직접 확인한 것이라고 말한 것은 흥미롭다. 즉 그는 그와 관련하여 "유럽 문명은 이제 갈 데까지 다 갔다. 다른 부문은 모르겠고, 나의 전문인 연극에 있어서는 더욱이 그런 감이 깊었음을 나는 이번 구미 연극 행각에서 절실히 느꼈다. 구미의 전위극인 연극인들은 발버둥치고 있었다. 어떻게 해야 연극의 본연적인 자태를 그리고 그 매력을 찾아낼 것인가 하는 것이었다. 그들은 그 활로를 동양 연극에서 구하려 하고 있는 것이었다. 구미 각국에 있어 동양 연극에 대한 열은 이렇게 대단하다. 작년에 파리에서 개최된 국제연극제에 매란방(梅蘭芳)의 창극이 나타나서 대환영을 받았고 그 공연 끝에 유럽 몇 나라를 돌면서 격찬을 받았던 것이다. 일본의 가부키 역시 미국과 유럽을 순연하여 대 갈채를 받았던 것이다. 올해 파리의 국제연극제에는 중국의 인형극과 일본의 노(能, 가면극)가 각각 6월과 7월에 내연키로 되어 있었다. 자기들의 전통적인 연극이 너무나 실생활

제9회 파리 국제민속예술제 한국민속예술단 인솔(1962)

그대로의 화술극임에 염증을 느낀 유럽인들은 상술한바 동양 연극의 그 양식화된 형태에 큰 매력을 느끼며 학자들 중에는 이것을 모방하자는 설명까지 나왔던 것"이라고 했다.

그러니까 그가 그동안 서구 연극인들의 동양 연극에의 관심을 예의 주시하고 있었다는 이야기가 되는 것이다. 알다시피 서구 연극인들이 동양 연극에 관심을 갖고 거기서 어떤 한계를 극복하는 극술을 찾아내기 시작한 것은 20세기 들어서였다. 즉 그들이 20세기에 와서 동양 연극 연구의 기초적인 수준을 벗어나 문학적, 연극적 방향으로 눈을 돌리기 시작했다. 가령 예이츠를 비롯하여 클로델, 브레히트, 그리고 아르토 같은 연극인들이 자신들의 실험극 속에 동양적인 방법과 기교를 채용하여 주목받게 됨에 따라 동양 연극 연구는 점차적으로 활기를 띠게 되었던 것이다.[22] 예를 들어 막스 라인하르트가 1900년 초에 가부키를 보고 자신의 무대미술의 획기적 전환을 마련한 것에서부터 메이예르홀트의 특수한 연출기법 창출, 그리고 브레히트의 서사극 이론이 매란방의 경극에서 결정적 힌트를 얻은 것과 함께 발리의 가면묵극에서 새로운 실험극 이론을 창출해낸 아르토의 경우까지 동랑은 이미 알고 있었고, 그것을 여행 중에 확인했음을 알려준 것이다.

가령 그가 「단체마다 극장 소유 - 구라파에서는 동양적 작품을 동경」이라는 글에서도 우리의 전통극과도 연결시켜서 "구라파의 연극문제는 몹시 심각한 단애(斷崖) 앞에 놓여 있음을 알 수 있다. 즉 모든 작가들은 현재의 연극하는 상태에서의 탈피를 기도(企圖)하고 새로운 모티브에의 강렬한 욕망 앞에 방황하는 듯하였는데, 이는 곧 '동양적'인 것에의 동경으로 표현되고 있다. 일본의 가부키, 노(能), 중국 오페라, 인도, 버마 등 고전극 연구의 성행…. 그들은 한국의 고전극에 대하여도 크나큰 흥미를 느끼고 있어 코리아의 새로운 조직은 점차 무르익고 있는데, 여기에서 우리도 하루바삐 진퇴일로의 우리 연극을 바로잡아 전 세계의 호흡에 임할 수 있어야 한다."[23]고 쓰기도 했다. 이는 사실 그가 일찍부터 주창해온 '전통극의 재발

---

22 고승길, 『동양연극 연구』(중앙대학교 출판부, 1993), 27면.

23 유치진, 「단체마다 극장 소유 - 구라파에서는 동양적 작품을 동경」, 『동랑 유치진 전집』 7(서울예대출판부, 1993), 203면.

견과 그 창조적 계승'이라는 명제가 옳았다는 확신도 갖게 해준 것이기도 했다.

그리고 그가 해방 직후 가장 공들여 세웠던 국립극장의 장래 문제와 관련해서는 우리도 프랑스나 일본 등과 같이 고전극 전용극장과 현대극 전용극장, 그리고 오페라극장 같은 것이 필요하며 지방 연극을 육성하기 위해서도 당초 설치령(부산과 대구에 국립극장을 설치키로 한 것)대로 지방의 국립극장 역시 절실하다고 했다. 또한 그가 그에 못잖게 예술가 양성이 시급하며 연극인들을 해외에 유학시켜서 기술자들의 질적 향상을 꾀해야 한다고도 했다.[24] 이상과 같이 그는 구미 여행을 하면서 보고 느낀 점을 소상하면서도 솔직하게 밝혔다. 이처럼 그는 구미 연극 여행을 통해 기행문에서 확인할 수 있는 바와 같이 예상했던 것 이상으로 많은 것을 보았고 배우기도 했으며 우리 연극의 미래에 대하여도 깊이 생각한 것이다.

가령 신극 본바탕의 연극 현황에서부터 연극교육, 각종 연극 관련 기구, 그리고 관중의 동향에 이르기까지 광범위한 것을 절절하게 체험한 것이다. 특히 그는 그들의 연극 기반이 우리와는 상대가 안될 만큼 견고한 데 감탄할 수밖에 없었으며 역시 오랫동안 쌓아온 전통이야말로 무시할 수 없는 것임을 확인했다. 그런데 주목할 만한 점은 그가 우리 연극도 그런대로 그들을 어설프게나마 흉내는 내고 있었음을 알았고, 적어도 우리가 금과옥조로 삼고 있던 리얼리즘극이 한계에 봉착해 있으며 그것을 극복하기 위해서 동양 연극에 깊은 관심을 갖고 있음도 알아내는 등 큰 소득을 얻었다는 것이다. 또한 그가 브로드웨이에서 성행하고 있는 뮤지컬이라는 연극 형식에 주목하면서 할리우드의 영화산업과 함께 우리나라의 공연예술 장래에 시사하는 바가 크다는 것을 깨달은 점도 간과할 수 없다.

그리고 그는 세계 연극여행을 하면서 느꼈던 여러 상념을 총정리한 글 「무제(無題)」를 발표했는데, 이는 그가 당장하고 싶어도 개인의 힘으로는 벅차다고 보고 정부에 건의하는 형식의 글이다. 그는 이 글에서 정부가 당장 해주어야 할 것으로 다섯 가지를 제안했는데, 그 내용은 첫째 무대예술인의 질적 향상을 도모하고 나아가서 민족예술로서의 세계적인 특징을 확립하기 위하여 다른 예술 부문과 마찬가지로 무대예술인의 육성 기관을 창설할 것, 둘째 무대 예술의 예술적 근원의 소재와

24 유치진, 「구미의 연극계」, 『동랑 유치진 전집』 7(서울예대출판부, 1993), 264면.

본질적 방향의 탐구의 정확성을 파악하기 위해 세계 무대예술과의 교류 및 견문과 기술을 세계적으로 높이기 위한 무대예술인의 해외 시찰을 적극 추진할 것, 셋째 민족 고유의 전통으로 세계 어느 나라에도 존재하지 않는 국악의 예술적 위치를 순수하게 계승할 수 있는 국악인의 양성 기관 설치를 서두를 것, 넷째 무대예술의 문화재로서의 높은 이상을 발휘하고 무대예술인의 창조 행동을 촉진하기 위하여 무대예술인 회관을 건립할 것, 다섯째 인간 생활의 본원인 화술(말)을 위주로 영위하는 무대예술의 본질적인 활동을 활발히 전개하기 위하여 선진국 교육행정의 실례(實例)에 따라 중·고등학교 이상의 교육 과목으로 화술과를 설치할 것[25] 등이었다.

이상과 같은 그의 제안은 당시로서는 지나치리만큼 선진적인 것이었지만 우리나라 무대예술이 반드시 해결해야 할 매우 급박하면서도 절실한 과제였다. 우선 첫 번째의 무대예술인 양성 기관 설치야말로 공연예술의 향상을 위해서는 가장 화급한 것이었다. 당시만 하더라도 전국에 공연 분야의 예술대학 하나 없던 시절이어서 양성 기관 설치는 필수 불가결한 것이었다. 그리고 두 번째의 건의사항인 무대예술인들의 해외 견문 넓히기 역시 그들로 하여금 우물 안 개구리를 면하게 해주는 자극제가 됨은 두말할 나위 없는 것이다. 세 번째, 국악인의 양성 기관 설치 또한 대단한 혜안이라고 말할 수가 있다. 일찍부터 전통예술의 보존 계승을 주창해온 그로서 국악의 가치를 누구보다도 잘 알고 있던 터라서 제대로 된 양성 기관 설치를 건의한 것은 시의적절한 것이었다. 물론 당시에 빈약하지만 궁중음악 전승을 위한 중등교육기관으로서 국악사양성소(1955년 개설)가 있기는 했다. 그러나 그것은 순전히 궁중음악 전승의 국악사 양성이라는 제한된 교육목표를 지니고 있어서 인원도 몇 명 되지 않았다. 따라서 광범위한 국악 인재양성과는 거리가 먼 처지였다. 그러면서 그는 국악의 근대적 형태라 할 창극에 대해서는 그 장점과 관련하여 장황한 설명까지 붙였던 것이다.

즉 그는 이 글에서 "창극은 앞에 말한 가면무극과 달라 푸로페쇼널한 것이며 실내에서 상연되는 것입니다. 이 극은 경향(京鄕)의 각지의 각 극장에서 언제나 상연되고 있기 때문에 여러분께서는 많이 보셨겠습니다. 가면무극의 표현 수단이 춤에

25 유치진, 「무제」, 『동랑 유치진 전집』 6(서울예대출판부, 1993), 392~393면.

의지하고 있음에 반하여 이 극은 노래에 의지하고 있습니다. 그래서 우리는 이것을 창극(singing play)이라고 부릅니다. 그 민족의 전통적인 노래에 중심을 두고 있는 점으로 보아 이는 마치 중국의 창희(唱戱, Chinise Opera)나 일본의 가부키(歌舞伎, Kabuki)와 비슷한 것이라 하겠습니다. 그러나 중국의 창희나 일본의 가부키가 수백 년의 역사를 가지고 있음에 비하여 우리의 창극은 그렇게 긴 역사가 있지 못합니다. 물론 우리의 창, 그것은 퍽 오랜 전통을 가지고 있습니다. 아마도 그 발생을 따지자면 수천 년의 옛날로 소급해야 할 것입니다. 즉 극장 건물이 서고 원각사가 서울에 생긴 이후의 일이었습니다. 그전까지의 〈춘향전〉을 들면, 〈춘향전〉의 이야기(story)를 한 사람이 나서서 노래와 사설(dialogue)을 섞어가며 얘기했던 것입니다. 즉 한 사람의 노래하는 스토리텔러에게 모든 것이 맡겨져 있었던 것입니다. 이 역사가 이렇게 얕기 때문에 창극은 불행히도 창희나 가부키처럼 하나의 연극예술로서 충분히 발효되지 못하고 있음이 사실입니다. 즉 중국의 창희나 일본의 가부키는 그 노래와 동작이 다 같이 양식화되어, 한 장단에 통일되어 있습니다. 그러나 우리의 창극은 그 노래와 동작이 따로따로 놉니다. 즉 노래에는 장단이 있는데 동작은 아직도 산문적이요, 무장단(無長短)인 것입니다.

이것은 마치 서양의 오페라와 같습니다. 서양 오페라 역시 그 연자(演者, performer)의 동작이 창희나 가부키와 같이 무용화되어 있지는 않지 않습니까? 그러나 우리의 관중은 창극을 매우 좋아합니다. 창극공연에는 약간의 불경기에도 만원입니다. 창극에서는 우리의 고전 작품을 상연함은 물론이요, 우리의 역사적인 사실에서 취재한 신작들도 많이 상연되고 있습니다. 앞으로 백 년만 지나면 우리의 창극에도 이끼가 끼어서 극예술의 한 형태로서 완전한 자리를 잡게 될 것임을 나는 의심치 않습니다. 그래서 창극에 관계하는 우리의 선배들은 이 창극을 앞으로, 일본의 가부키나 중국의 창희와 같이 우리 민족예술을 대표하는 연극예술로 완성시키고자 국극(國劇)이라고 부르기 시작했습니다."[26]라고 썼다. 창극에 대한 식견과 그 미래상에 대한 생각은 그의 탁월한 선견지명을 잘 보여주는 사례의 하나라고 말할 수가 있다.

---

26 위의 글.

네 번째 건의사항인 무대예술인 회관 건립도 시의적절했다고 말할 수가 있다. 왜냐하면 당시 배우들의 연습실 하나 변변한 것이 없었고, 또 무대예술 관련 자료(의상, 대소도구, 무대장치 등) 보관 장소가 전무했던 시절이어서 그 문제는 심각했기 때문이다. 끝으로 중등학교 이상의 학교에 화술교육 강화를 위한 커리큘럼 및 학과 설치 역시 앞서가는 그의 생각을 잘 알게 하는 건의사항이다.

그런데 흥미로운 사실은 그가 1958년에 정부에 건의했던 다섯 가지 사항 중 정부에서 수용하여 실천한 것은 1970년대 문예진흥원이 발족되어 공연예술인 해외 연수제도가 생긴 것 정도 뿐이었던 데 반해서 동랑 스스로가 실천한 것과 예술인들이 알아차려서 실천한 것들이 있었다는 점이다. 예를 들어 무대예술인의 양성 기관 설치문제만 놓고 보더라도 그가 1960년 초 동국대학교에 연극학과를 설치한 것이 그 하나의 예다. 일이 잘 풀리려고 그랬는지는 몰라도 마침 평소 친교가 깊었던 저명한 불교학자 백성욱(白性郁, 1897~1981)이 동국대 총장으로 임명되면서 동랑은 그에게 연극학과 설치를 권유한 것이다. 특히 그는 백 총장에게 자신이 해방 직후 서울대학에 연극학과 설치를 건의했다가 거부당했던 배경까지 설명하면서 미래를 위하여 연극 인재가 꼭 필요하다는 것을 인식시켜 학과 개설의 응낙을 얻어낸 것이다.

백 총장은 불교학자였지만 오랫동안 독일에서 철학을 공부하면서 문화를 체험했기 때문에 동랑의 생각을 충분히 이해했던 것 같다. 그는 우리나라 정규 대학 사상 최초로 동국대학에 연극학과가 개설되자 8년여 동안 교수로서 학과의 기반을 다져 놓기도 했다. 이는 그가 개인적으로는 1950년 상반기에 국립극장장으로서 몇 개월 동안 급료를 받는 직장인으로 근무한 이후 두 번째로 직장인이 되었다는 의미도 있다. 동국대학이 연극학과를 설치할 무렵 한양대학이 영화과를 만들었고, 중앙대학이 연극영화과를 설치하는 등 다른 대학으로 확산되기도 했다. 그러나 그보다 더 중요한 것은 그가 드라마센터를 건립하자마자 공연예술 분야의 인재양성에 본격적으로 나선 점이었다고 하겠다.

그리고 국악인 양성 기관 설치에 관한 건만 해도 그가 문제를 제기한 뒤 곧바로 서울대학에서 원로 국악학자 이혜구(李惠求) 박사 주도로 국악과를 개설함으로써 본격적인 국악 인재양성이 시작되었던바, 그것이 우연이라고만 말할 수 있겠는가.

그로부터 정규 대학과 전문대학들의 국악과 개설도 전국적으로 확산되었음은 두말할 나위도 없는 것이었다. 동랑이 이미 50여 년 전에 제기한 국악인 양성이야말로 그의 선견지명의 한 징표로서 오늘날 서울 돈화문과 종로3가를 잇는 길이 국악로(國樂路)로 명명되고, 남산 국악당과 돈화문 앞에 국악예술당을 세워서 장대한 국악벨트까지 조성하는, 말 그대로 국악시대가 개막되었기 때문이다.[27]

그리고 그가 네 번째로 제안했던 창작 행위를 위한 회관 건립 문제는 그 자신이 타계한 2, 3년 후에 퇴계로5가에 잠시 생겨났다가 사라졌고, 수십 년이 흐른 뒤에 겨우 대학로에 개설되었다. 마지막으로 그가 중요시했던 화술교육을 위한 여러 가지 제안 역시 많은 시간이 흐른 뒤에 각급 학교라든가 학원 등의 기관에서 시행되고 있는 실정이다.

이상과 같이 그가 세계 여행을 하는 동안 평소 고민하고 있던 우리나라 공연예술 발전의 근본적인 문제와 그에 대한 해결책을 선진국의 예술 정책이라든가 학교교육 등에서 찾아냈으며, 그에 바탕한 구상을 '무제'라는 제목으로 발표한 바 있는데, 이는 그가 세계 연극여행을 하면서 알아낸 소감을 총정리해서 내놓은 한국 공연예술 발전에 대한 그랜드 비전(grand vision)이었다고 말할 수가 있다.

27 「남산~북촌 국악(國樂) 벨트 만들기로」, 『조선일보』 2014.3.18. 참조.

9. 귀국 직후의 호사다마(好事多魔)

빛이 강렬한 곳에도 짙은 그림자는 있다. _괴테, 〈괴츠 폰 베를리힝겐〉 1막

동랑이 장장 11개월 동안 미주와 유럽 연극계를 돌아보고 귀국한 것은 초여름인 1957년 6월 12일이었다. 1년 가까이 구미 21개 나라를 쉴 새 없이 강행군하느라 그도 지쳤지만 특히 몸이 약한 아내가 과로로 몸살을 앓을 정도였다. 그렇지만 그가 구미를 돌아다니면서 보고 듣고 느낀 것이 워낙 대단해서 그 자신이 전혀 다른 사람이 된 것 같은 착각을 일으킬 정도였다. 그런 벅찬 감정은 그로 하여금 장차 우리나라에서 어떻게 유용하게 활용할 것인가는 하는 희망의 과제로 다가오기도 했다. 그러나 한 가지 분명한 것은 그가 여러 가지 난관은 있겠지만 장차 이 땅에서 멋지게 연극의 꿈을 펼칠 수 있을 것 같다는 희망에는 부풀어 있었다는 점이다.

그런데 막상 귀국한 직후에는 호사다마라고 그의 앞에 호재와 악재가 가로놓이게 된다. 악재라고 한다면 그의 리더십에 치명적 상처를 입히는 사건이었고, 호재는 그가 새 작품을 발표하고 또 영화 분야에까지 작품의 세계를 펼치게 된 것을 말한다. 그중 먼저 닥친 것은 궂은일이었다. 즉 그가 10여 년 동안 애지중지 키워 온 극단 신협을 잃는 사건이 벌어진 것이다. 사건의 발단은 시국의 변화와 관계가 있었다. 휴전이 되고서도 국립극장이 4년여 동안이나 무의미하게(?) 대구에 머물 수밖에 없었던 것은 순전히 사용할 만한 극장을 찾지 못해서였다. 당초 사용했던 부민관은 폭격으로 파괴된 것을 수리하여 국회가 쓰고 있었고, 명동의 시공관은 서울시가 내놓지 않았다. 그러자 국립극장에 대한 사회 여론이 나쁘게 돌아가기도 했다. 지방에 머물고 있는 유명무실한 국립극장 폐지론까지 나오면서 여론이 국립극장 환도 필요성으로 흐르기 시작했다.

그러자 이때다 싶어 서항석 극장장이 자신이 최고위원으로 있던 문총을 동원하여 1957년 1월 초에 정부 요로에 국립극장 환도 촉진에 대한 건의문을 내는 등 여론을 등에 업고 정부에 압박을 가한 것이다. 다행히 그러한 노력이 주효하여 시공관을 서울시와 공동으로 사용키로 하는 데 합의함으로써 국립극장은 환도를 서두르게 되었다. 그런데 문제는 환도 후의 전속단체 필요성이었다. 환도 후에도 대구에서처럼 대관극장 노릇이나 하면 정말 국립극장이 제구실을 제대로 할 수가 없다는 생각으로 서항석 극장장이 당시 유일무이한 정극단이라 할 신협 측과 교섭을 해온 것이다. 신협 측으로서도 단원들의 생계가 어려운 터에 급료를 받는 국립극장 전속은 구원의 손길일 수가 있었다. 전통 있는 신협 측에서는 국립극장으로 들어가도 명칭을 그대로 쓸 것을 요구했지만 극장 측에서는 전속인 만큼 국립극단으로 해야 한다는 주장을 절대로 굽히지 않았다. 극장 측에서 절대로 양보를 안 한 것은 차제에 동랑의 후원 극단인 신협을 죽이려는 서항석의 고집에 따른 것으로 비쳐졌다. 운영위원들도 모두 자기파로 구성했기 때문에 요지부동이었다.

극장 측에서는 특히 문총 간부로서 소설가 겸 극작가인 이무영(李無影)이 총대를 메고 이해랑과 격렬하게 대립했다. 이는 곧 동랑과 서항석의 주도권 대리전이기도 했다.[1] 그 사실을 알고 있던 김승호, 최남현, 주선태, 그리고 박암 등은 우연히 만난 이무영에게 항의하는 감정싸움으로 비화되기도 했다. 이 사건은 결국 상대 측이 이들을 이승만 대통령을 비난한 빨갱이로 몰면서 문총 산하의 연예협회를 이끌고 있던 임화수(林和秀)까지 나서서 이해랑의 휘하에 있던 배우 김승호, 최남현, 주선태, 박암 등에 폭력을 행사하는 불상사도 야기시켰던 것이다.[2] 이런 불상사가 있을 즈음에 동랑이 유럽에서 귀국한 것이다.

동랑으로서는 아연할 수밖에 없었다. 왜냐하면 자신이 1947년부터 10여 년 동안 애지중지 키워온 신협이 라이벌인 서항석의 국립극장으로 흡수되는 상황에 이르렀기 때문이다. 그것이 무슨 문제가 되느냐고 할지 모르나 여기에는 동랑과 서항석

1 1930년 대 초부터 함께 연극운동을 해온 동랑과 서항석이 서먹해진 계기는 초대 국립극장장을 유치진이 맡으면서부터였다고 서항석이 회고했다. 『경안 서항석전집(5)』, 1895면 참조.

2 이해랑, 『허상의 진실』(새문사, 1991), 404~408면 참조.

뒷줄 왼쪽부터 황남, 김승호, 김삼화. 앞줄 왼쪽부터 석금성, Kelvin Linderman(덴마크 극작가), 조미령, 동랑.

간의 공연예술계에서의 치열한 주도권 경쟁이 내재되어 있었다. 주지하다시피 두 사람은 극예술연구회를 함께 해오면서부터 동지이면서 동시에 경쟁적 관계였고, 극장장도 서로 주고받았다. 사실 당시 공연예술계에는 별다른 자리가 없었던 때라서 국립극장장이 겨우 2급 촉탁에 불과했지만 공연예술계의 수장 비슷하게 비치던 시절이었다. 그 자리를 동랑은 전쟁으로 인하여 겨우 반년 정도만 하고 말았지만 서항석은 대구 시절부터 수년간 맡아오면서 공연예술계에 군림하고 있었다. 그러던 차에 동랑으로서는 유일한 의지처라 할 극단 신협마저 서항석의 품으로 들여보낸다는 것은 도저히 받아들일 수가 없는 것이었다. 왜냐하면 그로서는 그동안 공연예술계에서 절대적으로 누려온 리더 자리를 몽땅 빼앗긴다고 생각했기 때문이다. 그때의 사정에 대하여 그의 절대적 신임을 받으면서 극단을 이끌고 있던 후배 이해랑은 다음과 같이 회고했다.

> 그랬는데 문제가 생겼다. 미국, 유럽, 동남아 각국의 연극계를 시찰하고 유치진 씨 내외분이 돌아왔던 것이다. 유 선생을 만나뵙고 그분이 안 계셨을 때 우리 신협의 처지와 문제를 보고랄까 말씀드렸다. 그랬더니 이 양반이 펄쩍 뛰시는 게 아닌가. (……) 그런 망발이 어디 있나. 나는 세계 각국을 다니면서 신협 선전을 했다. 한국에 신협이란 극단이 있다고 자랑하고 왔는데 웬 말이냐. 안 된다. 어떡하든 싸워서 신협 이름을 되찾아라. (……) 신협이란 문제는 교착 상태에 빠져 있었다. 나로선 샌드위치가 된 꼴이었다. 국립극장 운영위원들의 말에도 일리가 있었고, 유 선생이 주장하는 것도 전적으로 아집이라 하기 어려웠다. 전에 극협(신협의 전신)을 조직할 때, 유 선생을 고문 또는 지도위원으로 받들었었다. 극협을 조직할 때의 정신을 생각할 때 그분의 신협 명칭 고집은 일리가 있었던 것이다.
>
> 좌우지간 선배들의 시비와 압력 사이에서 나는 이러지도 저러지도 못했다. 고민 끝에 나는 '에이 내가 그만두면 되지 않느냐' 샌드위치 질곡에서 벗어나기 위해 나는 국립극장에 사표를 제출하고 나와버렸다.[3]

이해랑으로서는 자신을 희생양으로 삼는 선택을 함으로써 고통에서 벗어나기는 했지만 동랑이 요구하는 대로 문제가 풀릴 수는 없었다. 가령 전 단원이 호응해주었다면 신협이라는 이름을 버리지 않고도 국립극단에서 활동할 수 있었을 것이다. 그러나 단원들로서는 하루하루 생계가 시급한데 명칭 따위가 뭐 그리 중요하냐는 투였다. 사실 동랑이 배우들을 발탁해서 키워오긴 했지만 그들을 통솔할 위치에 있는 것은 아니어서 당장 어떻게 손쓸 수도 없었다. 병원장 부친을 둔 이해랑이야 믿는 데라고 있어서 반기를 들었지만 다른 배우들은 국립극단원이 되는 것에 대해서 하나도 거부감을 갖지 않았던 것이다.

결과적으로 신협의 문제는 칼자루를 쥐고 있던 서항석의 뜻대로 고유 명칭을 버린 채 국립극장으로 흡수됨으로써 서항석의 승리(?)로 끝나고 말았다. 해방 직후부

---

3 위의 책, 399~401면.

한국무대예술원 제12회 정기 총회(1959.10.15.). 의장 유치진(맨 오른쪽 단상 위).

터 1950년대까지 정극의 주된 극단이던 신협이 역사의 흐름 속에 소멸하는 듯싶었다. 특히 후배 이해랑을 통해 간접 통솔해오면서 든든한 버팀목 구실을 해준 신협이 소멸하면서 동랑은 짝 잃은 거위처럼 적요(寂寥)의 상태에 빠지게 된다.

당시 누구도 대적할 수 없을 만큼 막강한 공연예술의 지존이었던 동랑이 처음으로 경쟁자에게 밀려나는 수모를 당한 뒤의 상황을 이르는 말이다. 동랑의 리더로서의 위상이 어떠했는가는 그의 후배로서 동시대에 함께 연극활동을 했던 연출가 이진순이 자신의 글 「한국현대연극사 - 제3기(1945~1970)」에서 명료하게 규정한바 "유치진은 1930년대 초 극예술연구회 창립 동인으로 출발하여 그 후 극연좌, 현대극장을 주재해왔으며 실질적으로 연극계 주역이었다. 해방 후에는 좌우익 싸움에 우익 진영을 대표하는 주도적 역할을 하였고, 한국무대예술원을 창설하고 초대 회장에 취임했으며 한국연극학회를 창립했다. 또한 대한민국 국립극장 초대 극장장으로 그는 어쩌면 한국 연극의 대명사처럼 항상 분주하고 무엇을 조직하였으며 선두 지휘를 했다. 그것은 예술 면에 있어서는 극작가로, 연출로, 평론으로, 그리고 연극행정가로서, 연극지도자로서 일했었다."[4]라고 쓴 데서도 잘 나타난다.

시국이 바뀌면서 일어난 피할 수 없는 일이긴 했지만 동랑의 자존심에는 큰 타격을 가함으로써 그의 상처는 대단히 깊을 수밖에 없었다. 그런데 문제는 거기서 끝나지 않았다는 데 있다. 액운은 겹쳐온다는 말이 있듯이 이번에는 신협사건 이상으로 그를 궁지로 모는 일이 벌어진 것이다. 즉 그는 인재육성 사업이나 제대로 하자는 각오로 그가 해방 직후부터 시행해온 전국대학극경연대회를 본격적으로 시행하기 위하여 사전준비를 하면서 당장 마땅한 창작 희곡도 없고 하여 자신이 1943년에 썼던 〈대추나무〉를 개작한 〈왜 싸워〉를 지정 작품으로 삼아 참여 대학들에 주어 연습시키고 있었다. 한편 그는 그 작품을 잡지에 먼저 발표하려고 극연 동지로서 문총(文總, 1947년 2월에 발족됨) 간부로 있던 김광섭(金珖燮) 시인에게 부탁하여 그 기관지인 월간 『자유문학』(1957년 12월호)에 게재한 것이다. 그런데 문총이 이 작품을 친일 희곡의 개작이라고 이의를 제기함으로써 문교부가 대학극 경연대회를 중지시키는 큰 사건이 빚어진 것이다.

당시 문총은 매월 회의를 열고 문화계의 주요 사항을 논의하는 관례가 있었다. 그런데 거기서 대학극경연대회에 관한 논의가 있던 중에 자연스럽게 동랑이 쓴 지정 희곡 〈왜 싸워〉에 대하여 장시간 토론이 벌어지면서 문제가 야기된 것이다. 그 논의에서 위원들은 '일제 때 경연대회에 참가하여 작품상으로 조선총독부 정보과 장상을 받은 바 있는 〈대추나무〉의 개작인데, 이러한 반동 작품이 어떻게 대한민국의 청순한 학생극경연의 대본이 될 수 있겠느냐'면서 저지키로 한 것이 아닌가. 동랑의 즉각적인 반발로 문총은 개작 여부를 가리기 위한 심의위원회를 열어서 심층 논의에 들어갔는데, 그 위원 중에 당시 연출을 맡았던 서항석도 참여하여 '〈왜 싸워〉는 〈대추나무〉라 하기에는 다른 데가 많고, 〈대추나무〉가 아니라 하기에는 같은 데가 많다'고 긍정도 부정도 아닌 애매한 답변을 한 것이다.[5]

---

4 이진순, 「한국현대연극사 제3기(1945년~1970년)」(프린트본, 1982), 90면.

5 서항석, 『경안 서항석전집(5)』, 1986면 참조.

그런데 서항석의 답변을 자세히 들여다보면 긍정 쪽으로 기울어져 있음을 확인할 수가 있다. 따라서 문교부로부터 즉각 대학극경연대회의 중지 명령이 내려짐으로써 동랑에게 치명적 타격을 입히게 되었다. 솔직히 서항석의 증언은 그 작품의 연출자로서 할 수 있는 답변이었다는 생각이 든다. 크게 당황한 동랑은 즉각 문총으로 달려가 극연의 동지로서 문총 간부로 있던 김광섭, 이헌구, 모윤숙 등과 격렬한 논쟁을 벌여야 되는 야릇한 처지에 놓이기도 했다. 그런데 그들은 막무가내였다.

자신도 한때 부위원장으로서 몸담았던 문총 사무실에서 참담한 심정으로 되돌아 나와야 했던 그는 당시 『한국일보』 지상을 통하여 "〈대추나무〉는 농사가 째어서 살 수 없는 우리 농민이 만주로 이민하는 얘기요, 〈왜 싸워〉는 기미년 독립만세를 전후하여 일인(日人)이 우리 국토에 밀고 들어 우리는 나날이 살 수 없게 되었는데, 국가 대의를 망각하고 철없이 싸우고만 있는 우리 사회에 대한 풍자적 교훈극"이라면서 "〈왜 싸워〉는 〈대추나무〉를 백지로 환원시켜 상이한 얘기와 작의로 고친 것"[6] 이라고 해명하는 것으로 끝내야 했다.

그런데 객관적으로 보면 양쪽 주장이 모두 일리가 있었다. 왜냐하면 동랑이 일제의 강요에 따라 당시 군국주의가 내세운 분촌운동(分村運動)을 염두에 두고 그 작품을 쓴 것은 숨길 수 없는 사실이기 때문이다. 그러나 친일 색채가 약한 데다가 은근히 조국애를 밑에 깔고 있다고 하여 총독부상도 겨우 받은 작품이었다. 실제로 개작한 희곡을 보면 시대도 원작(1940년대)과 달리 1919년 3·1운동 때로 잡았으며 분촌운동을 독촉하던 군서기(郡書記) 같은 일본 공무원은 뺐을 뿐만 아니라 젊은 주인공인 동욱의 경우도 만주 개척을 위해서가 아니라 조선 독립을 위해서 만주군관학교에 입학하려고 만주로 떠나는 것으로 바꿔놓음으로써 4막은 완전히 다른 작품이 된 것이다. 그렇기 때문에 그대로 넘어가도 괜찮은 것이었는데 문총에서 문교부에 건의함으로써 문제가 확대된 것이었다.

결론적으로 말해서 그가 옛 동지들로 구성된 문총으로부터 뒤통수를 맞은 꼴이 된 셈이다. 왜 그랬을까? 일단 작품 자체는 차치하더라도 동랑과 문총 간의 눈에 잘 띄지 않는 알력이 개재되었음을 유추케 하는 글을 여기에 인용할 필요가 있을

6 유치진, 「민족을 파는 작품 아니다」, 『한국일보』 1957.12.14.

것 같다. 즉 그는 그 문제와 관련하여 "9·28이 되어 수도가 적의 손에서 탈환되자 나도 천행으로 살아나왔다. 나는 내 결심대로 내 이름이 걸린 모든 모임에서 물러나왔다. 당시에 나는 문총의 부위원장이었으나 그 직에서도 물러나왔다. 들어앉아 작품만 쓰기로 위주했기 때문이다. 그러는 동안에(1953)에 예술원이 창립되었다. 나는 불행인지 다행인지 예술원 회원으로 당선되었다. 이때에 문총에서는 김광섭, 이헌구 제형이 선봉에 나서서 예술원 창립을 여러 각도로 반대했다. 마침내 예술원은 문총의 적으로 돌려졌다. 그 통에 예술원 회원인 필자도 도매금으로 문총의 적으로 넘어갔다."[7]고 씀으로써 갈등의 배경이 간단치 않음을 설명한 바 있다.

이상의 글에서 확인할 수 있는 바와 같이 그 사건은 다분히 극연의 옛 동지들 간의 사원(私怨)에 의한 것임을 짐작게 한다. 가령 문총의 옛 동지들(김광섭, 이헌구, 서항석 등)이 작가인 자신에게 일언반구도 없이 〈왜 싸워〉를 친일 작품으로 몰아 대학극경연대회 중지 건의서를 일방적으로 문교부에 낸 것을 도저히 이해 못 한 동랑은 자신의 소회를 이렇게 쓰기도 했다.

죽을 죄를 지어 단두대에 끌려가야 할 죄수라도 사법관은 그 죄에 대하여 그 죄수에게 물어보는 것이 상식이며 일을 처리하는 것이 순서가 아니겠는가? 소위 반생의 친구이며, 우의를 두터이 하려고 애쓰는 마당에 이 무슨 참혹하고 무자비한 행동인가? 민주주의란 '상의'와 '이해'가 앞서야 하지 않는가? 남을 때리기 전에 그 사람과 서로 상의하여 상대방을 충분히 이해한 연후에 벌을 주는 것이 우리 민주주의의 생활 태도가 아닌가? 형들은 지금 몇 사람의 손으로 문총을 독점하여 그것을 권리화함으로써 공산주의적인 처사를 하고 있는 것이라고 나는 예언한다. (……) 나는 내가 문총의 숙청 대상이 되어 사회에서 친일파로 몰락해도 좋고 행사가 중지되어 세간의 웃음거리가 되고 수백만 환의 손해를 보아도 좋다. 그러나 나는 단지 문총 제형들을 친구로 여겨왔던 것이 분하다.[8]

7 유치진, 「짓밟힌 우정 - 희곡 〈왜 싸워〉의 분규를 계기로」, 『한국일보』 1957.12.13.
8 유치진, 「누구를 위한 십자가였던가」, 『한국일보』 1957.12.15.

위의 인용문에서 알 수 있듯이 그는 문총의 옛 동지들이 의도적으로 자신을 골탕 먹이려고 그러한 거사를 했다고 보고 있었다. 이는 충분히 납득할 만한 것이었다. 왜냐하면 당시 문총을 좌지우지한 최고 위원들인 김광섭, 이헌구, 서항석 등 대부분이 소위 서북파(西北派)라고 하여 함경도 평안도 출신들이었던바, 예술원 창립에 적극적이었던 경남 출신의 동랑을 좋아하지 않았던 것이다. 그러한 눈에 보이지 않는 알력이 그를 궁지로 몬 것이 아닌가 싶다. 그런데 동랑으로서는 예술원이라는 문제를 떠나서 그들이 자신에게 그렇게까지는 할 수 없는 관계라고 생각했다. 왜냐하면 일제강점기에 저들의 탄압을 받는 가운데 함께 연극운동을 해오면서 불운한 시대상황을 속속들이 너무나 잘 알고 그런 실정에서 얼마나 고통스러웠는가는 그들이 더 잘 알고 있었기 때문이다. 그러니까 그 열악한 상황에서 저들의 악랄한 괴롭힘을 함께 당했고, 또 1940년대 들어서 강제로 국민연극활동을 하게 된 배경을 그들이 너무나 잘 알고 있지 않은가. 따라서 그 시대상황을 제대로 모르는 사람들이 그렇게 나와도 함께 아파하고 변호를 해주어야 할 동지들이 앞장서서 자신만을 콕 찍어서 그런 식으로 매도하는 것은 사람의 도리가 아니라고 본 것이다. 그렇다면 그들은 총 들고 만주 벌판을 누비면서 독립운동이라도 했단 말인가.

그런 측면에서 볼 때, 자신에 대한 그들의 적대 행위를 친구에 대한 배신이라고 확신한 동랑은 꺼내고 싶지 않은 과거사를 들추기도 했다. 즉 일제 말엽에 자신이 1940년대 초 총독부의 협박과 회유로 극단 현대극장 조직에 나서게 된 결정적 동기가 전혀 내키지 않는 심정에서 수치심을 무릅쓰고서 김광섭 등 친구들만은 당장 구해야 했기 때문에 마지못해 착수했음을 다음과 같이 회고했다.

> 연극 통제의 일을 맡아보는 경무국 호시데(星出)라는 사무관이 하루는 나를 불렀다. 금반 연극 통제로써 앞으로 신규 극단 허가는 절대로 불가능하다. 그러나 유능한 연극인인 당신(필자)의 활동마저 막을 생각은 없다. 특히 신규 극단 허가를 하나 보유해 두고 있으니 새 극단을 조직해봄이 어떠냐고 말했다. 나는 내게 한 극단을 조직할 배우가 없음을 이유로 그의 권유를 물리쳤다. 그 후 어느 날 종로서에서 나를 불렀다. 당시 동 서 고등계 형사 김봉관(金鳳官)은 내게 이렇게 말했다. 지금 종로서 유치장에 갇혀 있는 김광섭은 너(필자)의 각색인 〈춘향전〉을 공산주의 작품임을 인정했다. 각색자인

네가 그렇다고만 대답해주면 김광섭의 취조는 일단락되어 일건 서류와 같이 그는 송치되는 것이다. 〈춘향전〉은 우리의 고전이다. 동 고전이 공산주의 작품이라면 수백 년 전에 우리나라에서 공산주의가 존재했다는 말이다. 그런 망발은 있을 수 없다 하고 나는 서명하기를 거부했다.

취조관은 화가 치밀어 내게 갖은 행패를 부렸다. 3일째 되는 날 밤 온종일 취조를 받고 종로서에서 집으로 돌아가는 길에 동행하던 동 서 고등계 형사가 말했다. '김봉관이 선생에게 하는 수작은 소위 유도심문이란 건데 김광섭 씨도 거기에 걸려들었습니다. 선생님마저 그 말에 넘어간다면 그는 〈춘향전〉을 상연한 단체인 극예술연구회 간사들을 모조리 잡아들일 것입니다.' 일제시대의 형사 중에도 이런 예외가 있었다. 그래서 나는 결사 부인했다. 그러나 사태는 험악하였다. 김봉관은 내게 갖은 폭언을 다 퍼부은 끝에, '너희들 극예술연구회 간사 함대훈, 서항석, 이헌구, 이하윤, 모윤숙 등은 일당이 되어 문단의 한구석까지도 더럽히고 있음은 세상이 다 아는 사실이다. 나는 너희들을 일망타진하고 말 테다'라고 했다.

나는 각 동지들에게 재빨리 검거 선풍이 불어올 것을 예고했다. 함대훈 형은 매우 당황한 얼굴로 그날 밤으로 우리 집을 방문했다. '이것은 우리가 경찰국에서 지도하는 연극 정책에 참가하지 않기 때문에 나타난 반동이다. 날이 새거든 호시데 사무관을 만나자!'는 것이다. 나는 서재에 박혀서 연극공부나 하겠다 했다. 그러나 함 형은 일정(日政)의 제안을 거부한다면 다른 동지들까지도 희생되고 만다고 주장하며, 친구를 위해 십자가를 지면 어떠냐 했다. 그래도 내 결심이 서지 아니함을 보고 함 형은 '그러면 자네와 같이 나도 나서겠네!' 했다. 이로써 나는 새로운 극단 현대극장의 대표가 되었고, 함대훈 형은 연기자 획득을 위한 국민연극연구소 소장이 되었다. 그래 불어올 뻔한 검거 선풍을 막았던 것이다.[9]

위의 긴 인용문에 나타나 있는 것을 보면 동랑이 동지들의 검거를 막아야겠다는 생각으로 기꺼이 자신을 희생양으로 바쳤음을 알 수가 있다. 그럼에도 불구하고 그들은 20년도 지나지 않아 과거에는 아무 일도 없었다는 듯이 그를 친일파로 몰

---

9 위의 글.

아간 것에 배신감과 함께 분노로 치를 떨고 있었던 것이다. 특히 그가 섭섭해한 동지는 서항석이었다. 왜냐하면 친일 작품이라고 지목받는 〈대추나무〉를 연출한 당사자가 바로 서항석이었기 때문이다. 동랑의 생각으로는 그 작품이 친일 작품이라면 작가뿐만 아니라 연출자도 친일 행위를 한 것이 아니냐는 것이었다. 그럼에도 불구하고 서항석이 그 희곡이 친일 작품인 양 애매모호하게 처신한 것에 당혹한 것이었다.

그러나 결과적으로 씻을 수 없을 정도로 치명적 상처를 입은 이는 동랑 한 사람뿐이었다. 그 상처가 정신적, 육체적으로 너무 커서 수많은 불면의 밤을 보냄으로써 그에게 고혈압이라는 평생의 질환까지 안겨주었고, 결국 뒷날 죽음의 한 원인이 되지 않았나 싶다. 왜냐하면 그가 그런 일이 있은 16년 뒤 뇌일혈로 갑작스러운 죽음을 당했기 때문이다. 여하튼 그 일로 해서 그는 후일 화해한 서항석을 제외한 김광섭 등 옛 동지들과는 끝끝내 화해하지 못하고 소원하게 지내게 된다. 연극계 전체에서도 그 후유증이 나타남으로써 국립극장에 들어갔던 신협 단원들 대부분이 다시 이탈하는 사태도 벌어졌었다. 즉 1958년도에 김동원을 비롯하여 박상익, 주선태, 최남현, 박암, 황정순, 백성희, 김승호, 최은희 등 옛 신협 멤버 대부분이 탈퇴를 해버린 것이다.

극단 신협 사건과 대학극경연대회 지정 작품의 논란 후 한동안 깊은 시름에 빠져 있던 동랑이 눈앞의 연극 현장보다는 창작에 힘쓰면서 눈을 밖으로 돌려야겠다는 생각을 하기 시작했다. 그 첫 작업이 국제극예술협회(ITI) 한국본부 창립이었다. 그가 1년여 동안 구미 연극계 시찰을 하면서 느낀 몇 가지는 우리나라가 구미 선진국들에 너무 알려지지 않은 것에 대한 아쉬움이었고, 단순히 알려지지 않은 정도가 아니라 아예 고유 문화 같은 것이 없는 미개한 나라처럼 비쳐지고 있다는 점이었다.

그래서 그는 각 나라 문화계 인사들이나 연극지도자들, 특히 학생단체를 접할 때마다 한국을 소개하고 한국 문화와 고유연극 및 신극운동까지 소리 높여 알리곤 했었다. 그러면서 그는 자신과 같은 일회성 선전이 미미하다는 것을 깨닫고 한국을 지속적으로 알릴 방법이 없을까 노심초사하기도 했었다. 그러다가 프랑스 파리를 방문하는 동안 ITI 본부를 방문하면서 거기에 가입해야겠다는 결심을 하고 왔던 것이다. 즉 한국이 더 이상 연극의 변방 국가로 뒤처져 있으면 안 되겠다는 생각을 한 것이었다. 전술한 바도 있듯이 ITI가 출범(1948년 6월 체코의 수도 프라하에서 유네스코의 한 단체로 조직됨)한 지 불과 10년밖에 되지 않아 그때까지 가입한 나라는 불과 30개국에 그쳤었다. 그것도 출범 당시 프랑스, 영국, 호주, 벨기에, 체코, 폴란드, 스위스, 중국 등 8개국이었던 것이 10여 년 만에 증가한 것이었다.

그가 구미 여행에서 돌아온 직후부터 ITI 한국본부 창립을 구상했지만 여러 가지 일이 터지는 바람에 묵혀두었던 것을 그는 불미스러운 사건이 대충 마무리되던 시점인 1957년 말엽부터 급진전시켜 1958년 1월 24일에 창립 선언을 하게 되었다. '극예술은 인류의 보편적 표현이며 세계인의 평화 성취를 위한 힘을 소유한다'는 선언문에서 알 수 있듯이 우리가 그동안 강력하게 추진해온 민족극운동을 세계 연극의 프레임 속에 편입시킴으로써 한국 연극이 더 이상 변방에 머물지 않는 거대한 발걸음을 내디딘 것이었다. ITI의 제1기 임원들의 명단은 동랑을 위원장으로 하고 부위원장에 극작가 오영진과 명창 김연수였고, 상임위원으로 정인섭, 남경흥, 오화섭, 이해랑, 김승호, 이광래, 김학상, 김백봉, 이두현, 최창봉, 차범석, 김세영 등이고 사무국장은 김경옥이었다. 여기에 반드시 들어갈 만한 서항석과 이진순 등이 빠져 있다는 점이다. 여기서도 연극계의 분화 현상이 보이는데 동랑의 사감이 어느 정도 개재되었을 개연성이 없지 않다. 따라서 『동아일보』는 ITI의 출범을 소개하는 글에서 "앞으로의 일 성과가 주목되거니와 창립 준비위원으로 중요한 소임을 거쳐 온 인사의 성명이 상임위원 명단에서 안 보이는 등, 다소의 경홀(輕忽)과 난점이 있지 않나 하는 의아의 소리가 들리는바, 오직 앞으로의 활동이 이를 해소해줄 것이라고 한다."[10]고 쓰기도 했다. 이는 사실 연극계의 반목과 알력을 은근히 지적한 기사가 아닌가 싶다.

그건 그렇다 치고 그가 크게 관심을 둔 것은 ITI의 3개 위원회 중에서 두 번째의 편집위원회와 세 번째의 아동극위원회였다. 왜냐하면 아동극위원회는 매년 아동극에 관한 도서를 만들어서 아동을 위해 일하는 연극인과 교사들에게 배포하고 있었기 때문이다. 장차 연극의 미래를 짊어지고 나갈 아동들의 연극교육의 바탕이 되는 도서가 한국에는 없기 때문에 아동극 관련 책자 발간은 그의 최대 관심사였다. 아

---

10 『동아일보』 1958.2.5.

시아에서는 중국 다음으로 ITI 한국본부를 창설한 그는 이듬해 핀란드의 수도 헬싱키에서 열린 제8회 ITI 국제대회에 오영진, 박석인 등과 참가했는데, 의외로 2명을 뽑는 부의장에 동랑이 서독 대표 베르크샤겐과 함께 선출되어 단상에 앉아 회의를 진행하는 행운을 누리기도 했다.

그것도 아시아인으로는 처음으로 간부에 당선된 것이었고 또 갓 가입한 한국인으로서 UN이 공인하는 국제기구의 2인자가 된 것은 동랑이 최초라고 볼 때, 그의 당선은 개인의 영광을 넘어 국가적인 경사라고 말할 수가 있다. 그런데 그가 어떻게 첫 가입한 생소한 나라의 대표로서 처음 참가하여 당당히 부의장으로 당선될 수 있었느냐 하는 의문이다. 여기에는 세 가지 측면에서 설명될 수 있을 것 같다. 그 첫 번째는 연전에 세계일주 연극여행을 하면서 그가 여러 나라의 연극인들에게 얼굴을 익힌 점을 들 수 있다. 두 번째로는 그가 외국 연극인들에게 얼굴을 익힌 정도를 넘어 그들과 벌인 다양한 연극 토론에서 결코 밀리지 않았고, 앞서가는 연극론 등에서 드러난 그의 탁월한 경륜이 서양 연극지도자들에게 깊은 인상을 남긴 결과였다고 말할 수가 있다. 그리고 세 번째로는 그가 피압박 민족으로서 매우 열악한 환경 속에서도 굴하지 않고 수많은 희곡 창작과 연출활동 및 연극이론을 펴옴으로써 조국의 문화 발전에 적잖게 기여한 것을 인정받은 것이라고 말할 수가 있을 것 같다.

그리고 그의 첫 번째 ITI 국제대회 참가 보고에서 눈길을 끌 만한 부분 두 가지가 있는바 그 하나가 유진 이오네스코의 핵심적인 연극철학에 대한 한국 소개라고 한다면, 다른 한 가지는 자신의 변화된 연극관을 외국 기자에게 설명한 것이라고 말할 수가 있다. 가령 그가 크게 공감한 이오네스코에 관한 연설 일부를 여기에 옮기면 다음과 같다.

> 아방가르드 연극은 언제나 비통속적인 것입니다. 그는 이미 알려진 진실을 되풀이함에 만족해서는 안 되기 때문입니다. 어떤 고정화된 시대적 관념에 의존해서는 안 되며 항상 창조적인 상상력에만 의거해야 합니다. 정책극이란 정치적 지도자의 이념의 해설에 불과한 것입니다. 이런 유의 연극은 유효할는지는 모르나, 언제나 불필요한 것입니다. 그것은 하나의 개념의 도해일 뿐! 그 자체의 본원적인 사색이 아니기 때문입니다.

작가란 누구나 타인이 일찍이 말하지 않은 그 무엇을 말하고자 하며 앞서 말한 것보다 더 좋게 말하고자 합니다. 극작가는 작일(昨日)의 그것보다 더 나은 연극을 창조하려 합니다. 그러기에 — 연극의 원천 — 으로 돌아가야 합니다. 그 자신 안에 연극의 성능을 발견치 못하는 자는 연극인일 수 없습니다. 극작가는 이런 말을 할 수 있어야 합니다. '나는 내 인간성과 내 슬픔과 내 환희로써 모든 것을 발견한다'고. 극작가는 결박되어 있어서는 안 됩니다. 과학자와 같이 극작가도 자기 예술을 실험해볼 권한을 가져야 합니다. 아방가르드는 새로운 형식과 정신의 창조이기 때문입니다. 그 예술은 타인의 것의 복사가 아닙니다. 그것은 소수인의 것이며 대중의 것일 수 없습니다. 극작가는 전통과 싸우는 것입니다. 아방가르드는 '자유'입니다.[11]

이상과 같은 이오네스코에 관한 연설 가운데서 그가 특히 공감한 부분은 아무래도 진부한 연극형태와의 결별과 새로움에 대한 끊임없는 도전에 대한 것이었다. 그 점을 확인할 수 있는 것은 그가 유네스코 파견 기자 로크 로우렌자의 질문에 대한 답변에서 "명일(明日)의 세계 연극이 오늘의 그것과 같이 리얼리즘에서만 답보해야 한다면 연극을 버리고 영화에 종사하겠다. 스크린은 스테이지보다 더욱 정확하게, 그리고 더욱 변화무쌍하게 있는 그대로의 물건을 리얼하게 보여주기 때문이다. 수십 년 전에 사진기가 발명됨으로써 리얼한 그림이 무색하게 되고 말았다. 사진에 대항하여 그림이 추상적 내지 무형태(informal)적으로 발전한 것같이 영화가 생긴 이상 연극 역시 리얼을 벗어남으로써 그의 활로를 개척하지 않으면 안 된다."라고 설명한 것에 잘 나타나 있다.

물론 그가 리얼리즘 연극을 뛰어넘자고 외친 것은 이미 1930년대 중반부터였다. 이 땅에서 처음으로 본격적인 리얼리즘극을 개척했던 그가 그것의 한계를 느낀 것은 불과 3, 4년 뒤였다. 그렇다고 그가 이오네스코와 같은 아방가르드극을 상상한 것은 아니었고, 신낭만주의 혹은 상징주의적인 작품을 주창하고 실험도 했지만 20여 년이 지난 뒤 이오네스코를 만나면서 또 다른 신세계에 눈뜨기 시작한 것으로 보인다. 그만큼 그는 세상을 읽는 눈과 감각이 열려 있었고 또 앞서갔다고 말할

11 유치진, 「국제대회에 다녀와서」, 『동랑 유치진 전집』 7(서울예대출판부, 1993), 268면.

수가 있다.

그런데 그의 말에서 대단히 주목할 만한 대목은 '만약에 우리뿐만 아니라 세계 연극이 리얼리즘에만 머무르려 한다면 차라리 영화를 하겠다'는 부분이다. 그가 왜 여기서 영화를 끄집어냈을까 하는 의문이다. 거기에는 두 가지 이유가 있었다고 말할 수가 있을 것 같다. 그 하나가 그가 일찍부터 영화에 많은 관심을 두어온 것이라고 한다면, 다른 하나는 당시 그가 영화계로부터 시나리오 제공에 대한 러브콜을 받고 있었던데 따른 것이라고 하겠다. 솔직히 그는 당초 영화를 별로 좋아하지 않았다. 그 이유는 아무래도 보수적인 그가 일찍부터 개방적인 서양 영화를 좋아할 리 만무했다. 그러다가 평생의 반려 심재순을 만나면서 생각이 달라진 것이 아닌가 싶다.

왜냐하면 아내 심재순은 귀족 출신답지 않게 영화광이었고 영화배우까지 꿈꿨던 터라서 자연스럽게 그도 영화에 관심을 갖지 않을 수 없었을 것이다. 더욱이 영화가 대중에게 서서히 영향력을 발휘해가고 있었던 시절이어서 그자신도 관심을 갖지 않을 수 없었던 것 같다. 그래서 그는 시나리오에 호기심을 갖게 된 것인바, 그것을 문학의 한 장르로 규정하는 글을 쓰기도 했다. 즉 그는 한 신문사의 시나리오를 문학의 한 장르로 볼 수 있는가라는 질문에 대하여 "원칙적으로 인정됩니다. 희곡은 연출될 연극의 한 대본이 아닙니까. 이와 마찬가지 이유로 영화의 대본인 시나리오 역시 원칙적으로 문학의 장르에 넣을 수 있을 것입니다. 그러나 희곡이 문학의 영경(領境)을 범하기까지는, 구전(口傳)의 얘기가 문학의 장르인 소설의 수준에 달하기까지 수천의 시일을 허비함과 마찬가지로 실로 수천 년의 역사를 가졌습니다. 시나리오가 빨리 어른이 되자면 모름지기 영화가 가지는 통속성과 상식을 도태시켜야 할 것입니다. 그러면 시나리오도 빠른 시일에 완전히 문학의 장르에 달할 수 있을 것"[12]이라고 말함으로써 그가 시나리오를 희곡 못잖게 중요시했음을 알 수가 있다.

그리고 그가 추구하는 것은 대중성보다는 순수 예술영화였음도 확인할 수 있다. 좀 더 구체적으로 말하면 그가 꿈꾼 영화는 대중을 염두에 두고 만드는 미국식 스

---

12 유치진, 「시나리오도 문학의 장르로 볼 수 있는가?」, 『영화연극』 1939년 11월호.

펙터클한 대형 영화가 아니라 프랑스의 소형 예술영화였다. 즉 그는 우리의 경우 대자본을 기본으로 하고 세계 시장을 염두에 둔 기업 차원의 대중영화가 아니라 소수 정예(精銳)가 만들어내는 예술영화를 추구해야 한다고 본 것이다. 그 점은 그가 그 시기에 쓴 우리의 영화 현실의 후진성을 개탄한 글에도 잘 나타나 있다. 그는 영화가 급속이 우리 대중 속을 파고들면서 뜻있는 자본가들과 유능한 영화인들이 열정적으로 영화 제작에 나서는 것을 '반가운 문화적 현상'으로 받아들이면서 다음과 같이 썼다.

> 영화계는 앞으로 물론, 돈을 앞장세워야 하겠지마는 사람도 중한 줄을 알아두어야 할 것이다. 일견(一見) 금일의 영화계는 브로커적 기분을 너무나 과도히 행사하고 있지 않은가? 이 과도기적 현상은 확호한 자본의 기초가 서면 자본의 통제로써 어느 정도까지 융화시킬 수도 있을 것 같기도 하다. 그러나 아무리 큰 자본이 확립된다 하더라도 바닥이 조선이다. 아메리카가 아니요, 할리우드가 아니다. 즉, 조선은 영화의 큰 자본을 용납할 만한 지반이 없고 시장이 없다. 그 때문에 조선에 있어서는 자본 만능의 아메리카 영화 기업의 체계는 적중되기 어렵고 오히려 인재 본위로 편성되는 불란서 영화 기업 체계에 가까운 것이 성공할 수 있고, 앞으로 존재의 의의도 가질 수 있을 듯하다. 그러므로 나의 의견으로서는 인재 본위의 연구적 동인의 영화단체를 가짐이 자본의 토대를 장만하려 함과 한가지로 우리 영화계의 긴요한 과제의 하나인 듯 생각된다.[13]

이상에서 주목되는 부분은 그가 이미 영화에 대하여 많은 연구를 해왔고, 한국영화의 가능성과 진로에 대하여까지 깊은 생각을 하고 있었다는 점이다. 특히 우리나라가 영화시장으로서는 너무 비좁다고 본 것은 1930년대에 춘사 나운규가 그랬던 것처럼 대단히 탁월한 관점이다. 그뿐만 아니라 더욱 주목되는 것은 그가 미국영화를 이야기하면서 영화산업이야말로 미래의 주요 국가 기간산업이 될 것이라고 예측한 점이다. 솔직히 당시만 하더라도 미국 정부 관리들과 영화 제작자들 외에는 영화가 한 나라의 기간산업이라 생각하고 그것을 실천한 이는 찾아보기 어렵다.

13 유치진, 「국외자가 본 영화계」, 『동아일보』 1938.12.1.

그리고 우리나라도 언젠가는 영화를 산업 차원은 아니더라도 정부 차원에서 바라볼 필요가 있음을 은연중에 내비치고 있었던 것이다.

그런 측면에서 보았을 때 당시에 그가 미래를 내다본 거의 유일한 인물이었다고 말할 수가 있다. 이러한 영화관(映畵觀)과 지식으로 무장한 그는 그 시기에 한 영화사의 요청을 받고 기꺼이 시나리오 〈도생록〉을 썼던바, 윤봉춘이 자신의 감독 데뷔작으로 삼아 곧바로 촬영에 들어가게 된다. 춘사 나운규 이래 가장 짜임새 있게 썼다고 볼 수 있는 이 시나리오는 부잣집 머슴살이를 하는 늙은이와 그의 딸 사이에 빚어지는 숙명적인 비극을 센티멘털하게 그린 작품으로 천일영화사 제작으로 이신웅이 촬영했으며 이금룡, 김신재, 안복록, 김일해 등 당대의 스타급 배우들이 출연하여 성공을 거둔 바 있다.[14] 그가 쓴 첫 번째 시나리오가 어떤 내용인가를 알아보는 것은 그의 초기 희곡세계와도 연결된다고 볼 수 있기 때문에 여기에 소개해 보겠다.

경개 좀 산다는 영달의 집 머슴(재봉)은 그이 딸(순이)과 같이 산다. 처녀가 된 순이를 이웃 마을의 평범한 청년 석주가 좋아하게 된다. 그러나 순이는 영달의 계략으로 아버지의 생계가 어려움에 처하게 되자 할 수 없이 영달의 첩이 되고 만다. 딸 순이의 덕으로 한몫을 챙긴 아비 재봉은 꼭 하고 싶던 선술집을 차릴 수가 있었다. 그러자 순이는 아비에게 한마디 말도 없이 편지 한 장만을 남겨놓고 평양으로 떠나버린다. 그로부터 얼마 뒤에 순이로부터 아비에게 150원이라는 당시로서는 거금이 송금되어온다. 순이가 그곳에서 창녀로 일하고 있었던 것이다. 그에 놀란 아비는 딸 순이를 사랑하고 있던 이웃 동네 청년 석주와 함께 평양으로 달려간다. 그러나 아비는 아직도 갚지 못한 빚 5백 원까지 남아 있었기 때문에 딸을 그 구렁텅이에서 구해낼 수도 없는 처지였다. 폭우가 휘몰아치는 칠흑 같은 밤, 아비는 전당포를 턴 돈 뭉치를 석주에게 건네주고 쓰러진다. 그런데 그 돈뭉치는 신문지 조각이었다. 죄를 면했다는 안도의 한숨을 깊이 내쉬는 아비의 눈앞에 딸과 석주가 행복한 결혼식을 올리는 광경이 희미하게 떠오르는데—

---

14 유현목, 『한국영화발달사』(한진출판사, 1981), 211면 참조.

이상의 줄거리에서 알 수 있는 것처럼 〈도생록〉은 그의 초기 작품세계를 대중영화에 맞도록 형상화한 것이다. 이 말은 곧 그가 처음에 사실주의를 추구하면서 기층 민중의 피폐한 삶을 묘사하다가 조금 뒤부터 거기에 낭만성을 불어넣는 경향으로 전환했던 바를 시나리오로 표현해본 작품이라는 이야기다. 그럼에도 불구하고 채만식이 그 영화 시사회를 보고 주로 시나리오에 대하여 시비를 걸고 나오자 동랑이 그에 대해서 조목조목 반박하는 글을 쓰기도 했다. 즉 소설가 채만식이 모 신문에 '문학과 영화 그 실천인 〈도생록〉평'이라는 제목으로 시나리오의 문제점을 지적한 바 있는데, 동랑이 즉각 받아서 '영화 옹호의 변'이라는 제목으로 채만식의 영화 지식의 무지를 통박하고 나선 것이다.

가령 동랑의 시나리오에서 두 청춘남녀의 사랑 묘사 중에 이런 장면이 있다. "석주와 순이, 반석을 징검징검 뛰어 건너 계곡을 타고 기쁘게 올라간다. 입 맞추는 물새!" 이 장면에 대하여 채만식은 '새라면 일반 수금(水禽)이 아니라 전금(田禽)이라는 새인가 본데, 역시 물새밖에는 볼 수 없으나 비둘기는 몰라도 천선(川蟬)이라는 그 물새는 암놈·수놈이 쌍 지어 노는 일도 없고 사람이 많은 곳에서 유유히 입을 맞추는 습성도 없다'고 비판하고 나섰다. 그러자 동랑은 즉각 몽타주 이론으로 채만식에 반박하고 나선 것이다. 즉 그는 채만식의 글에 대하여 "사람이 많은 곳에서… 운운한 것을 보니 석주와 순이가 계곡을 타고 뛰어 올라가면 물새는 유유히 입을 맞추고 있을 새도 없이 다 날아가버린다는 채 씨의 의견이신 모양이다. 그러나 채 씨여! 새가 날아가고 안 가고가 여기서 문제가 아니다. 그리고 그 새가 천선이든 산선이든 해선이든 그것이 문제가 아니다. 여기 문제되는 '입 맞추는 물새'라는 커트는 반석을 징검징검 뛰어노는 석주와 순이의 청춘의 행복을 상징해주면 그만이다. 즉 영화의 술어로 말하면 소위 몽타주에 속하는 게 아닌가? 이 몽타주의 수법은 그때의 화면의 기분과 내용을 고조하기 위하여서는 북극의 오로라와 열대의 야자수와 수천 년 전의 피라미드와 구름 속 선녀가 한꺼번에 나올 수도 있지 않은가? 이렇게 공간과 시간을 초월하여 자유롭게 그리고 대담히 묘사할 수 있는데 신흥 예술로서의 영화의 참신성이 있고 발랄성이 있지 않은가? 이만한 몽타주에 관한 영화의 상식쯤은 현대에 호흡하는 사람이면 누구나 아는 것이다."[15]라고 통박한 것이다. 그런데 여기서 주목할 만한 것은 그가 이미 영화공부를 많이 하고 있었다는 점이다. 그러니까 그는 시나리오를 쓰기 위하여 몽타주 이론을 이미 습득하고 있었다는 이야기고, 1920년대 후반에 몽타주 이론을 정립한 러시아의 예이젠시테인(Eisenstein)이나 독일의 아른하임(Arnheim)의 글을 읽었다는 이야기도 되는 것이다. 이러한 그의 영화에 대한 관심과 지식은 다음 해에 쓴 「미국의 영화 정책」이라는 글에서도 엿보인다. 즉 그는 필자가 전장(前章)에서도 언급한 바 있듯이 선진국, 특히 세계를 주도하고 있던 미국의 영화 정책의 실정과 영화산업에 대하여 해박한 식견을 보여주고 있다. 당시 우리나라에서는 수공업 차원의 영화 제작과 보급에 머물러 있을 때, 미국에서는 산업 차원에서 영화를 만들고 세계 시장을 장악하고 있는 배경을 소상하게 소개한 것이다.

물론 그가 이 글을 쓰게 된 배경은 일제의 공연예술 통제 강화를 우회적으로 비판하면서 동시에 우리나라 영화 관계자들을 자극하기 위한 것이었지만 미국 영화 정책을 보면서 수십 년 앞을 내다본 글이었다는 점에서 그의 선견지명이 놀라운 것이었다. 솔직히 당시 누구도 영화를 국가의 주요 사업으로 생각하지 못했었다. 그러나 그는 미국의 영화 정책을 들여다보면서 영화야말로 미래 산업의 주요 바탕이 된다는 것을 알고 있었던 것이다. 특히 그는 미국 정부가 영화를 국가 기간산업의 일종으로 삼아서 상무부에 영화부(映畵部)를 두는 한편 해외 곳곳에 상무부 소속으로 59개 사무소를 설치하고, 전 세계 5백여 개 미국 영사관과 협력하여 각국의 영화정세를 보고하게 한 것 등도 주목했었다. 이처럼 그는 미국이 일등 국가가 되는 데 있어서 영화산업이 차지하는 비중이 적지 않음을 인식하고 있었던 유일한 한국인이었다.

그렇다고 해서 그가 미국 영화를 전적으로 좋아한 것은 아니었다. 왜냐하면 미국 영화가 지나치리만치 대중적이어서 자신이 추구하고 있는 순수 예술영화관(映畵觀)과 부합하지 않았기 때문이다. 그 점은 그가 해방 직후의 미군정하에서 무분별하게 수입되는 선정적인 미국 영화가 한국인들의 정서를 훼손한다고 본 데 따른 것이었다.

한 예로 그가 해방기 4년(1945~1948)의 문화계를 정리한 글에서 "군정(軍政)에

15 유치진, 「영화옹호의 변: 채만식씨에게 보내는 글」, 『조선일보』 1938.6.27.

는 영화 검열이 실시되어 있고 미국 영화도 역시 검열은 받을 것이다. 그러나 그 검열은 미인의 권한이다. 그런 때문인지 세간에 나오는 미국 영화는 그 결과로 보아 무검열로밖에 안 보인다. 그래서 우리네 도덕관으로서는 도저히 용납할 수 없는 파륜적인 장면을(아메리카적 윤리) 공공연히 상영한다. 이로써 극장은 성욕발분소로 화하고 미국 영화에 반한 무의식 대중은 궤멸당한 제방에서 터져 나오는 홍수와 같이 미국 영화관에 몰린다. 이 때문에 극계는 종래 가지고 있던 관객 동원의 균형을 잃고 연극뿐만이 아니라 일반적으로 진지한 연예물은 파리를 아니 날릴 수 없게 되었다."[16]고 비판한 바도 있다. 이처럼 그가 앞서가는 미국 영화산업에 대하여는 후진국들이 배워야 할 만한 정책으로서 예찬하면서도 선정적인 영화 작품들에 대하여는 보수적인 그의 성향과 동떨어진 것이어서 대단히 비판적이었음은 물론이고 그런 유형의 외화 범람이 우리나라 공영예술을 고사시킬 수 있다는 우려를 표함으로써 그의 민족주의자적인 면모를 보여주기도 했었다.

그의 선정적 외화에 대한 거부감과 우려는 6·25전쟁 기간에 쓴 「영화와 연극」이라는 글에서도 그대로 나타난다. 즉 그는 이 글에서 "외국 영화가 보여주는 각종 관능적인 장면, 단적으로 말하면 나체와 키스 등등 우리의 생활 방식과 사회적 환경으로서는 도저히 있을 수 없는 해괴한 광경 — 때로는 야반 침구 속에 묻혀서 행하여도 민망스러울 만한 노골적인 색정 구면(具面)이 그것도 보통이요, 최대한으로 확대된 와이드 스크린의 시각적 어필과 확성기로써 가슴 밑바닥까지 들여다보게끔 하는 최대한의 분위기 조성으로써 실감을 자아내는 구절구절을 식자는 어떻게 보겠는가? 외국인에게는 일상적으로 공공연하게 생활화되어 있는지 모르지만 우리 동양인에게 그런 장면을 노골화시킴은 정상적인 일일 수 없고 한 장의 춘화도적 효과밖에 안 준다. 춘화도란 숨어서 봐도 민망스러운 것, 우리 작가는 억만금을 준대도 그런 노출 장면은 그릴 수 없는 것이다. 그러나 색정이란 본능이기 때문에 사람은 남녀노소를 불문하고 이 정욕적 도발에 끌리는 것이요, 망칙하다 하면서도 보려 함이 인간의 본심인즉, 외국 영화의 매력은 반 이상이 관능적인 면에 있다 해도 과언이 아닐 것이다.

16 유치진, 「해방 4년의 문화적적(文化績跡) - 암흑 초래한 악법」, 『경향신문』 1948.8.8.

그 때문에 요즘 여학생들의 풍기문제는 왕왕 외국 영화와 결부되어 논의되지만 이것은 여학생에게만 문제될 것이 아니라 동시에 성인에게도 문제이며 예술로서도 사고인 것이다. 당국은 외국 영화의 수입에 있어서 수량적 제한에만 머리를 쓸 것이 아니라 그 내용도 동시에 검토해야만 하고 특히 검열 면에 있어서 우리 현실에 비추어 때로는 무자비한 커트를 감행해도 좋을 것이다. 그렇게 내용을 바로잡는 것이 문제화되어 있는 사회 풍기를 위해서는 물론이요, 예술을 색정적 춘화도에서 구출하기 위해서도 큰 도움이 될 것이고 엽색(獵色)에 기울어지고 있는 관중들에게 잠깐 머리를 쉬게 하여 담담한 국산품을 돌아보는 기회를 주는 데도 한 도움이 될 것"[17]이라고 씀으로써 선정적 외화의 범람을 크게 우려한 바 있다.

물론 오늘의 시점에서 보면 그의 영화관(映畵觀)이 지나치게 고루할 정도로 완고해 보이지만 당시로서는 그런 시각이 양식 있는 지도층의 거의 공통된 견해였다고 말할 수가 있다. 실제로 선정적인 그런 외화들에 대한 비판의 글은 그 말고도 당대의 오피니언 리더들도 간간이 쓴 바 있다. 그러니까 그가 무분별한 외화들이 당시 청소년들의 윤리 형성에 해악을 끼침은 물론이고, 성인들의 관음증(觀淫症)도 은연중에 유발시킴으로써 궁극적으로 국민윤리를 피폐하게 한다고 본 것이다.

그리고 그가 선정적 외화 범람을 단순히 윤리적 차원에서만 바라본 것이 아니라 우리의 건전한 공연예술 발전에도 악영향을 준다고 우려했다. 가령 그가 윗글의 중반부에서 '엽색에 기울어지고 있는 관중들에게 잠깐 머리를 쉬게 하여 담담한 국산품을 돌아보는 기회를 주는 데도 한 도움이 될 것'이라고 한 말속에 그런 의중이 다 실려 있다. 그런데 여기서 주목해야 할 점은 그가 외국 영화의 수준에 미치지 못하는 우리 영화를 먼저 지적한 부분이라 하겠다.

즉 그는 윗글에서 "우리가 외국 영화를 수량적으로 그리고 내용적으로 제재만 가하면 곧 국산 연예물이 그 자리를 메꿀 수 있겠는가? 즉 외국 영화가 불러들이고 있는 관중을 국산 연예물이 대행하여 극장 영업주를 만족시킬 수 있을 것인가? 불행히 여기에 대한 대답을 이 자리에서 할 수 없음을 나는 슬퍼한다. 미국 영화를 예를 들어보면 한국의 돈을 다 끌어모아야 몇 작품밖에 만들 수 없을 만큼 그렇게

17 유치진, 「영화와 연극」, 『동랑 유치진 전집』 7(서울예대출판부, 1993), 309~310면.

거대한 금액을 들여서 각국에서 세계적으로 가장 재조 있고 특색 있고 인기 있고 관록 있는 천재들만 뽑아내어 만들어놓은 작품들이다. 그런 작품들조차도 우리의 관중은 비판적 눈으로 보며 불만을 말한다. (……) 이만큼 우리의 관중의 안식은 높아져 있다. 그런 눈에 외국 영화에 비하여 경제적으로나 인재에 있어서나 전통과 환경에 있어서 말씀이 안 될 만큼 부족 미흡한 우리나라 연예물이 만족될 리가 만무한 것이다. 이렇게 되고 보면 비극은 외국 영화에만 있는 것이 아니고 외국 영화의 덕으로 높아진 우리 관중의 눈을 만족시키지 못하는 국산 연예물에도 있는 것" 이라며 우리의 연예물은 오늘의 대중 앞에서는 이미 그 존재 가치를 상실한 상태라고 개탄했다.

따라서 우리의 경쟁자는 국내에 있는 것이 아니라 외국에 있는 만큼 잃어버린 관중을 다시 불러들이려면 외국 영화에 대적할 만한 수준의 작품을 만들어내는 도리밖에 없다고 했다. 그러니까 그런 수작을 만들어내야 세계에 통할 수 있는 것이며 그렇지 못하면 도태되고 만다고 경고하면서 "외국 영화의 범람은 우리 불행의 하나였다. 그러나 우리의 몇 푼어치 안 되는 자만심을 여지없이 꺾어 우리로 하여금 겸손하게 우리 자신의 입장과 실력을 재각성시키는 데 있어서는 좋은 교훈을 제시해준 것이다. 전화위복이란 말이 있다. 우리는 한동안 외국 영화에서 받은 화를 복으로 돌이켜야 할 것이며 그때는 왔다."고 결론지은 바 있다. 여기에서도 보이는 것처럼 동랑이 일관되게 주창해온 민족의 자주자강(自主自彊)이라는 평생의 화두가 국산 영화 진흥론에서도 나타나고 있는 것이다.

동랑의 외화 범람에 대한 우려와 민족예술 자주자강론은 비슷한 시기에 쓴 「근안원시(近眼遠時)」란 글에서도 반복된다. 즉 그는 6·25전쟁 직후 외화가 90%나 차지하고 있던 당시의 왜곡된 영화 정책 및 극장주들의 행태와 관련하여 "만일 외국 영화의 수입을 제한한다거나 하면 극장문을 닫게 될 테니 제발 그런 짓은 하지 말아달라는 소리가 일부 극장주 간에는 들리고 있다. 외화가 없으면 필연 극장 폐업을 초래할 것인가? 나는 그렇지 않다고 본다. 왜? 외국 영화가 이렇게 범람치 않던 수년 전을 생각해보라. 그때의 전국 극장의 상연 프로의 비율은 국산 연예물 80%에 외국 영화 20% 정도였으며 영업도 곧잘 해오지 않았던가? 그 80%의 국산 연예 프로를 제공하던 한국 무대예술인들은 그동안 몰살당하지 않고 아직도 살아 있다.

외화가 제한되어 민족 연예물이 상연할 무대를 얻게 되면 그 룸펜들은 되살아나서 걱정 없이 다시 극장 프로를 채울 것이다. 그러니 극장 문을 닫을 염려는 없다. 요는 국산 연예물과 외화, 어느 편이 돈벌이가 잘되느냐는 문제다. 물론 외화 수입이 월등 낫다. 설사 입장세율이 15%가 아니고 그 이상이 되더라도 외국 영화의 수입이 나을 것이다. 그러나 수입이 낫다고 외화만 앞세우고 민족예술을 버림은 문화전당으로 자칭하는 극장의 취할 태도겠는가? 더구나 일국의 문화 정책이 그 일점(一点)을 돈벌이에 두어서도 안 될 일이다. 극장주가 다소 이익을 덜 먹더라도 우리는 극력 우리의 민족예술을 육성시키기에 협력하여야 할 것"[18]이라고 썼던 것이다. 이처럼 그는 1950년 6·25전쟁을 기점으로 하여 그 후에 외화가 우리의 극장가를 점령하게 된 것은 순전이 극장업자들의 엄살만 듣고 그들의 수익성만 높여준 정부의 문화 정책 부재에서 비롯되었다면서 그 전거로 국산 연예물이 80%를 차지했던 해방 공간의 상황을 예시했다. 그러면서 정부의 각성과 함께 극장주들의 솔선수범에 따른 민족예술 육성에 협력해줄 것을 요청하기도 했다.

그런데 그의 외화 범람에 대한 걱정과 그 원인 분석에서 보이는 것은 의외로 우리 자신의 실력 부족에 대한 자책과 개방적 자세라 하겠다. 그는 그 글에서 "우리에게는 외국 영화의 질과 양의 제한보다 오히려 우리의 실력 함양이 급한 것이다. 외국 영화를 제한하는 것만이 능사가 아니요, 그와 동시에 예술가는 자체 교양에 분발해야만 한국 연극은 존재할 수 있다는 말"이라면서 미국의 경우를 예로 하는 대안을 제시했다는 점에서도 그의 선구적인 운동가로서의 면모가 드러난다.

즉 그는 미국의 경우 많은 대학이 연극 관련 학과를 설치하여 인재를 양성하고 있음에도 불구하고 리 스트라스버그의 액터스 스튜디오와 같은 사적인 연기교육 시스템이 존재하며 고등학교에서부터 의무적으로 연극예술과 화술교육을 시키고 있음이 우리와 차이나는 점이라고 했다. 이는 그동안 타고난 재능만 믿고 주먹구구식으로 연기를 해왔단 우리 실정과는 너무 동떨어진 것인 만큼 앞으로 "연극대학을 세워야 하며 적어도 고등학교 교과에는 연극 과목을 필수 과목으로 넣어야 한다." 면서 "우리의 뒤를 이을 우리의 후배는 기본적인 훈련 밑에서 양성되어야 하며 우

18 유치진, 「근안원시」, 『동랑 유치진 전집』 7(서울예대출판부, 1993), 313면.

리 기성인은 겸손한 학도로 돌아가서 재교육을 받아야 할 것"이라고도 했다.

이러한 그의 주장에서 가장 크게 다가오는 말은 연극대학 설립과 고등학교 교과과정에 연극 관련 과목을 필수 과목으로 넣어야 한다는 것과 기성 연예인들의 재교육 제언이라 하겠다. 그는 평생 인재양성 문제를 연예계의 최대 숙원으로 생각해서 1941년 극단 현대극장을 만들 당시에도 부설 연구소를 조건으로 단 바가 있지 않은가. 이 글을 쓴 시기가 종전(終戰) 직후라고 보았을 때, 그가 매우 일찍부터 공연예술 관련 대학 설립을 꿈꾸고 있었음을 알 수가 있다. 그가 당시 제기했던 연극대학 설립은 몇 년 뒤 드라마센터 설립으로 꿈을 이루었지만 고교교육에서 연극을 의무적으로 가르쳐야 한다고 문제 제기를 한 것은 아직도 성취되지 않았으나 과외 선택 과목으로나마 중등학교에서 연극을 가르칠 수 있게 된 것이 60여 년 뒤인 최근의 일이니 그의 선구적인 안목에 놀랄 수밖에 없다. 이 역시 그의 갈망의 일부가 이루어진 것으로 볼 수가 있을 것 같다. 그러나 그가 절실히 필요하다고 주창한 기성 연예인들의 재교육 시스템 같은 것은 아직도 이루어지지 않고 있다. 이어서 그는 연예인들이 그동안 상투적으로 해왔던 외부 탓에 이의를 제기하면서 "걸핏하면 정부를 탓하고 관중을 탓하고 돈이 없음을 탓하고 자기를 몰라줌을 탓한다. 그러고는 자기 자신에 대하여서는 탓할 줄을 모른다."고 자기반성부터 해야 한다면서 다음과 같이 썼다.

> 이 얼마나 이기적인 생각인가? 나의 견해로서는 우리의 연극계가 이렇게 침체된 가장 근본적인 병폐는 우리 자신에게 — 즉 우리 자신의 실력 부족에 있는 것으로 본다. 공산주의 사회에는 예술가와 대중 사이에 가로막힌 장벽이 있다. 그것은 당(黨)이다. 당은 철통같은 '제도'를 통해서만 대중과 접촉할 수 있게 한다. 그러나 우리에게는 예술가와 대중 사이를 막는 아무런 장벽이 없다. 우리에게 대중을 흡수할 능력 제조만 있다면 대중은 확실히 우리의 것이다. 상연물만 좋으면 돈을 들고 구름 떼같이 모여드는 관객을 극장 문 앞에서 우리는 보지 않는가? 무엇을 한탄하고 누구를 탓할 것인가? 우리는 묵묵히 그리고 하루빨리 실력만 함양하자! (……) 외국 영화 흥행업자도 국내 연예인도 다 같이 각성하자. 자만하지 말고 시기(猜忌)하지 말고…. 우리의 운명은 풍전등화다! 앞이 빤히 보인다.[19]

이상의 글에서 주목되는 것은 역시 그가 일관되게 주장해온 자주자강론이었다. 우리가 좋은 작품을 만들면 대중은 언제든지 따라오게 되어 있음에도 스스로 실력은 기르지 않고 남의 탓만 하고 있는 것이 아니냐는 것이다. 그러니까 우리 공연물이 대중의 외면을 받아 빈사 상태에 빠진 것이 단순히 외화 때문만도 아니라는 것이다. 가령 1950년 국립극장 개관을 전후해서 수작(秀作)들이 수많은 관중을 동원했던 경우가 그 하나의 예증이 아니냐는 것이었다. 그럼에도 불구하고 공연예술인들은 스스로의 끊임없는 연마는커녕 외화 탓, 재정 탓, 정책 탓 등 모두 외부 여건에만 그 원인을 돌리고 있다고 했다.

그리고 그가 윗글에서 통제가 심한 공산주의와 비교하면서 우리는 자유로운 창작 환경을 누리고 있는 만큼 얼마든지 좋은 작품을 만들어낼 수 있지 않느냐고도 했다. 이런 말은 그가 6·25전쟁 발발 직후 미처 피난을 가지 못해 3개월 이상을 남의 집 다락방에 숨어 지내면서 공산주의자들의 행태를 지켜본 데 따른 것이다.

당시 이렇다 할 영화평론가가 없었기에 영화평단이 형성되지 못한 상황에서 동랑의 선구적인 영화 관련 글은 영화계는 말할 것도 없고 정책 당국에도 적잖은 영향을 미쳤으며, 그에 따라 그의 말 한마디는 그대로 정책에 반영되기도 했다. 그리고 한국 영화의 기린아로서 요절한 나운규의 죽마지우인 윤봉춘(尹逢春)이 그의 처녀 시나리오 〈도생록〉으로 성공적 데뷔를 한 이후 영화계의 중진으로 자리 잡고 있던 터라서 자연스럽게 그에 대한 영화계의 대접도 남다를 수밖에 없었다. 더구나 그는 수난의 신극운동을 이끌어온 대표적인 극작가이며 동시에 문화계의 지도자가 아니었던가.

특히 그동안 그는 영화계가 어려움에 처할 때마다 가려운 데를 긁어주는 글을 써왔기 때문에 영화계의 대표적인 멘토로서 그에 대한 신뢰는 절대적이었다. 따라서 오영진(吳泳鎭)과 최금동(崔琴桐)을 제외하고는 변변한 시나리오 전문작가가 없던 시절 여러 영화사로부터 그에게 시나리오 청탁을 해옴과 동시에 이미 무대극으로 발표되어 검증된 희곡들에도 관심을 갖기 시작했던 것이다. 그 첫 번째 요청이 다름 아닌 시나리오 〈철조망〉이었던바, 그로서는 생애에 두 번째로 쓴 시나

19 유치진, 앞의 글.

리오였다.

그런데 첫 번째 시나리오 〈도생록〉이 그의 초창기 희곡세계의 연장선상에 놓이는 작품이라고 한다면 〈철조망〉은 시기적으로 보아도 그의 전쟁 드라마의 연장선상에 놓이는 작품이라고 볼 수가 있다. 그러니까 이 시나리오는 그가 6·25전쟁 기간에 썼던 희곡들, 이를테면 〈조국은 부른다〉에서부터 〈순동이〉, 그리고 〈청춘은 조국과 더불어〉 등과 연계되는 작품이라는 이야기다. 왜냐하면 이 시나리오가 거제도 포로수용소에서 벌어진 이데올로기 갈등을 정면으로 다룬 작품이기 때문이다. 이 작품이 6·25전쟁을 다룬 시나리오임에도 불구하고 그가 쓴 여타 6·25시대극들과 다른 점은 포로들의 행태를 통해서 이데올로기가 얼마나 무서운가를 휴머니즘의 입장에서 묘사했다는 것이 그 한 가지이고, 두 번째로는 르포 형식으로 사실과 허구를 교직(交織)한 수법상의 차이를 두고 이른 말이다.

예를 들어서 주인공들인 '이혁'이라든가 '김혜련', '강삼수', '박기봉' 등은 모두가 허구적인 가공인물이지만 이승만 대통령 같은 주요 인물은 실명이고, 당시 포로수용소에서 벌어졌던 가지가지 사건은 역사책에 기술된 그대로이다. 잘 알려진 대로 전쟁 중에 잡힌 인민군 포로들은 대략 3만 7천 명이었다. 물론 그들 중에는 군인이 아닌 경우도 더러 있었다. 그 많은 전쟁 포로를 육지와 격리된 거제도에 철조망을 치고 3년여 간 가두어놓았으니 별일이 다 벌어질 수밖에 없었다. 전쟁에 정신이 집중되었던 때, 느슨한 관리 속의 거제도 포로수용소는 문자 그대로 무법천지였으며 그 안에서의 피비린내 나는 사상투쟁은 전투 현장을 방불케 했었다. 특히 전쟁포로에 관한 제네바협정을 철저히 준수하고 있던 미국의 법치주의를 교묘하게 악용할 줄 아는 골수 공산주의자들이 절대 다수로서 주도권을 잡고 음모를 꾸미고 있었다.

따라서 저들은 '강삼수'라는 인민군 중좌 출신을 연대장으로 추대해가지고 각종 음모와 학살극을 벌여나갔다. 더구나 상당수 포로들이 공산주의의 잔학성과 허위성을 깨달아가면서 자유 민주주의의 소중함을 신봉하자 무자비한 학살극이 극에 달한 것이다. 그런데 포로들로 하여금 자유 민주주의를 깨닫게 되는 동기는 국군정훈장교로서 지극 정성으로 포로들을 돌보아온 '김혜련'이라는 여성과 남한 출신으로 포로가 된 가톨릭 신자 네 명(김혜련, 박기봉, 정을술, 정을병)의 힘이 컸다. 박기봉은 혼란과 고통 속에서 때때로 "(가느다란 소리로) 주여, 당신의 보혈로서 전쟁의 흉악한 뿌리를 뽑아주시고, 자유를 갈망하는 우리에게 질식할 듯한 이 순간을 이겨나갈 수 있는 힘을 주시옵소서."라고 기도하곤 했다.

이러한 분위기 속에서 전향하는 포로들이 하나둘씩 증가해가는 가운데, '이혁'과 같은 주요 인물이 등장한다. 가령 '이혁'이 어느 날 밤 빗소리를 들으면서 감상에 젖어 "이 전쟁은 무수한 젊은이들을 죽이고 있습니다. 왜 죄 없는 우리들을 죽여야 합니까? 저는 아직까지 남을 죽여보지 못했습니다."라고 절규하는 것도 바로 포로수용소의 혼란과 고통 그리고 심경 변화를 암시해주는 것이다. 천주교 신자 포로들의 감화를 받은 '이혁'은 부상병들을 극진히 돌보는 국군 정훈장교 '김혜련'을 마주하고 "나도 한때는 공산주의 이상론을 좋아했지요. 그러나 그것은 현실과는 부합되지 않는 공상론이었어요. 지금 생각하면 자유가 무엇인지를 깨닫지 못했던 나 자신이 정말 어리석었지요. …그 누구에게 말할 수 없는 울분을 천주님께 호소할 수 있는 자유를 찾았습니다."고 고백하기도 한다.

이러한 상황에서 전향한 '이혁'과 남한 출신 천주교 신자 '박기봉' 등이 공산주의자들에게 대항하는 주동자로 나서서 결사체를 구성함으로써 그들이 숙청의 대상이 되는 것은 극히 자연스러운 것이었다. 자신이 일차적 숙청 대상이 된 것을 알아차린 '박기봉'은 처형당할지도 모른다는 것을 의식하고 "찬미하나이다. 거룩하게 죽으신 예수여, 구하오니 주는 내게 성종하는 은혜를 주시고, 또 죽기를 달게 받아 천주의 광명을 위하여 성의에 합하여 천주의 명을 좇고, 천주의 공의를 온전히 갚게 하소서."라고 기도한다. 자유 포로들은 공산 포로들의 무자비한 학살극에 대항하지만 중과부족이었고, 결국 이승만 대통령에게 호소하는(2,720명이 서명) 연판장과 혈서로 그린 태극기를 헌병에게 전한다. 이러한 상황에서 양측이 치열하게 전개하는 쟁투 장면을 조금 소개하면 다음과 같다.

이혁 소련의 앞잡이를 타도하라!

일동 타도하라!

이혁 괴뢰정부 김일성의 정권을 타도하라!

일동 타도하라!

강삼수 미제국주의자의 앞잡이를 타도하라!

일동 타도하라!

강삼수 우리 노동자 농민의 적 미국 놈의 주구 도당을 부숴라!

일동 쳐부숴라! 우우우….

(E) 와, 와!

이혁 때려 부숴라, 괴뢰군!

일동 때려 부숴라, 괴뢰군! 야!

(E) 야, 개새끼들아, 와, 와! 죽여라.

강삼수 야, 야 이 돼지만도 못한 새끼들아, 더 뜨거운 맛을 봐야 정신 나겠니?

(E) 죽여라, 야!

갑득 이 개새끼들, 살인마, 악당들아!

이혁 그렇게 사람을 죽여놓고 너희 놈들이 천벌을 안 받을 줄 아니?

강삼수 야야, 이혁아, 넌 왜 날뛰니, 잔뼈가 굵도록 누구의 밥을 먹고 자랐느냔 말야, 개새끼 같으니, 비겁한 변절자! 너는 언제든지 내 손으로 갈기갈기 찢어 죽이고 말 테다.

(E) 와, 와!

이혁 너희 놈들의 행실이 옳아서 내가 괴뢰군 행세를 한 줄 아니, 응?

(E) 와, 와!

적군 포로 야이, 개새끼야, 너희들도 사람 새끼야?

(E) 와, 와! 죽여라.

이상의 한 장면에서 짐작할 수 있듯이 거제도 포로수용소 내의 분위기는 문자 그대로 피비린내 나는 전쟁터와 다름없었다. 다행히 자유 포로들이 은밀하게 추진해왔던 연판장이 이승만 대통령에게 전달됨으로써 최고 권력자도 포로수용소 내의 사정을 인식하게 되었다. 그런데 그 순간에 미국과 중국, 남북한 등 전쟁 당사국은 판문점에서 휴전협정을 논의하는 가운데 포로문제와 관련하여 전원을 중립국에 인도해서 남북한 중 자유로이 선택하게 하는 것으로 의견을 모으고 있었다, 만약 그렇게 한다면 포로수용소 내의 행태로 보아서 남한에 대단히 불리할 상황이 전개될 것이 명확함을 인식한 이승만 대통령이 1953년 6월 18일 자로 반공 포로 2만 7천 명을 일방적으로 석방하는 선수를 친 것이다. 이에 당황한 미국과 한국은 전쟁 중에 갈등이 생길 수밖에 없었는데, 다행히 미국 정부가 로버트슨(Robertson) 국무부 차관보를 보내서 원만히 해결을 보는 것으로 휴전협정도 마무리된 바 있다. 이 시나리오도 바로 그 장면에서 종결된다.

헌병 A　김 하사, 파수! 철조망 제쳐!

S/137 터져 나오는 철조망

(E) 와아! (환호성)

대통령 소리　이 일은 전 인류의 인권에 관한 문제이며 전 인류의 생명에 관한 일인 만큼 한 사람의 생명에 대해서도 소홀히 취급할 수 없다. 제네바협정 총칙 제12조에 의하여 내가 스스로 책임을 지고 애국 포로 석방을 명하여 전 세계 인류에 호소하는 바이다.

박기봉　혁이, 같이 가세.

이혁　어, 기봉이….

혜련　이혁 씨, 이혁 씨!

이혁　잊지 않으시고 저를 찾아주셨군요. 혜련 씨, 인제는 우리가 가는 것을 아무도 막을 사람이 없어요.

혜련　자, 가시죠.

포로 A　어머니.　- 끝 -

이상에서 알 수 있는 바와 같이 시나리오 〈철조망〉은 거제도 포로수용소의 실체를 마치 사진 찍듯이 생생하게 표현함으로써 분단과 이데올로기 전쟁의 본질을 휴머니즘의 입장에서 정면으로 다룬 유일한 작품인 것이다. 따라서 조긍하(趙肯夏) 감독에 의하여 영화화된 것에 대하여 영화평론가 이영일은 "부산 거제도의 포로수용소를 소재로 해서 그 속에 반공 포로와 괴뢰군 포로를 그린 것으로 그 웅대한 수용소의 스케일과 작품 내용은 하나의 문제작이 되었다. 수용소 내부에서 일어나는 북괴 포로와 반공 포로 사이의 가지가지 사건은 상상할 수 없을 만큼 치열했었다. 북괴 포로의 반란, 도주, 음모, 전향자에 대한 암살과 사형(私刑), 그리고 투석전을 벌이는 장면을 비롯해서 〈철조망〉에 집약된 한국의 비극은 관객을 압도할 만하다."[20]고 극찬한 바 있다. 이영일의 영화평이 설득력이 있는 것은 실제로 시나리오 자체가 웅혼, 방대할 뿐만 아니라 사실과 허구를 교묘하게 교직한 소위 팩션영화였기 때문에 관중을 압도할 수가 있었다. 따라서 이 작품은 6·25 전쟁 포로수용소를 정면으로 다룬 팩션영화로서 유일무이한 것으로 기록되는 것이다.

이 작품이 주목을 끎으로써 동랑에 대한 영화계의 관심은 남다를 수밖에 없었다. 왜냐하면 그가 이미 식민지시대에 썼던 〈도생록〉이 성공을 거둔 바 있는 데다가 그동안 한국 영화계가 안고 있는 문제를 세계적인 안목으로 부감(俯瞰)하는 글을 여러 편 써왔기 때문이다. 그런데 때마침 이규환 감독이 만든 영화 〈춘향전〉(조미령, 이민 주연)이 10만 명이라는 경이적인 관중을 동원하면서 오랜만에 국산 영화의 가능성이 부각되었으며 인기작가들에게 시나리오 의뢰가 많이 들어오게 된다. 거기에 당대 최고의 극작가로서 두 편의 시나리오까지 성공을 거둔 바 있는 동랑은 영화사들이 가장 선호하는 인물로 자연스럽게 떠올랐던 것이다. 작품이 당장 써지는 것은 아니므로 그가 희곡으로 무대에서 성공을 거둔 바 있는 〈단종 애사〉와 〈마의 태자〉를 전창근 감독으로부터 영화화하겠다는 청이 들어왔고 곧바로 촬영에 들어갔는데, 전자는 신예 황해남과 엄앵란이 주연을 맡았고 후자는 노련한 이향과 유계선이 각각 주연을 맡아 적지 않게 관심을 끌게 된 것이다. 그리하여 이 두 작품은 그동안 사극에 주저하던 영화사와 감독들에게 그 가능성을 일깨워주었으며, 두 작품의 성공이 역사영화의 새로운 지평을 여는 계기가 된 것이다.

그 후 영화계로부터 계속 작품 의뢰가 이어지자 그는 희곡으로 쓰려고 마음을 먹고 있던 임진왜란 문제에 접근하여 〈논개〉를 시나리오로 완성한다. 다 알다시피 동랑의 역사에 대한 인식은 그가 과거에 발표한 작품들에서 확인할 수 있는 바와 같이 민족의 정체성 찾기와 애국심의 발로라고 말할 수 있을 것이다. 가령 한사군(漢四郡)시대를 다룬 〈자명고〉를 비롯하여 신라시대의 설화를 바탕으로 한 〈처용의 노래〉, 그리고 우륵(于勒)의 국악기 창제를 모티브로 한 〈가야금의 유래〉 등에

---

20 이영일, 『한국영화전사』(삼애사, 1969), 225면.

서 알 수 있듯이 그는 역사적 사건들을 극화해오다가 드디어 조선 중기 임진왜란을 시나리오화한 것이 바로 〈논개〉였다. 어떤 작가도 민족과 조국, 그리고 애국심을 떠올린다면 자연스럽게 임진왜란으로 눈길을 돌리지 않을 수 없을 것이다. 많은 작가가 그동안 임진왜란을 작품화한 이유도 바로 거기에 있었던 만큼 어떻게 보면 그 시기는 진부한 소재일 수도 있다.

그렇기 때문에 그가 임진왜란을 다루는 데 있어 승승장구했던 이순신의 수군(水軍)과 관군 쪽보다는 의병(義兵)운동 쪽으로 방향을 돌린 것이라고 말할 수가 있는 것이다. 즉 그가 민중의 힘으로 왜병을 격퇴하는 모습을 묘사해보겠다는 의도에서 비롯된 것인 만큼 일종의 역사의 측면 접근인 셈이다. 그래야만 그의 의도대로 기생 출신의 주논개(朱論介)와 같은 일개 아녀자의 숨은 공로도 부각시킬 수가 있겠다고 생각한 듯싶다. 따라서 주인공도 동복현감 황진(黃進, ?~1593)과 의병장 김천일(金千鎰, 1537~1593) 정도뿐 당대의 장수(將帥)들이 아닌 의병들과 그 수족들 및 민중에 포커스를 맞춘 것이 특징이다. 그리고 그의 시대극들이 그렇듯 등장인물도 자연 실존인물과 가공인물이 반반이다. 그래서 이 작품도 역사적 사실과 픽션이 잘 교직된 말 그대로 팩션이라고 볼 수 있다. 시작은 오늘의 시점에서 과거를 되돌아보는 형식으로 되어 있다. 그가 역사는 항상 현대사라는 전제하에 과거사를 생생하게 되살려놓은 것이 특징이다. 시나리오는 논개를 추모하는 장면으로부터 시작된다.

s/2 논개의 비각 앞

수많은 기녀들의 군무 한동안 — 최고조에서 맺는다. 제주인 듯한 한 여인, 제문을 읽는다.

오로라! 님 논개 가신 지 360여 년, 우리들 여기 모여 님의 명복을 비노니, 님이여! 얼이여! 고이 잠드소서, 고이 잠드소서. 님의 몸은 가셔도, 님의 얼은 면면히 흐르고 또 흘러 저 남강물 흐르듯 끝없이 우리 핏줄에 흘러 흘러, 여기 님 생각하며, 여기 님 걸으신 길 돌이켜 님의 명복을 비노니, 우리 님 고이 잠드소서, 고이고이. 자욱이 피어오르는 분향불 —

카메라 PAN UP.

이상과 같은 시작 장면을 여기에 인용한 것은 추도 제문에서 또다시 드러나는 동랑의 시적 상상력을 상기시키기 위해서다. 그가 그동안 많은 희곡에서 활용했던 시적 아름다움을 시나리오에서도 유감없이 드러내고 있음을 알 수가 있다. 그리고 장면은 곧바로 1592년(선조 25) 전으로 돌아간다. 논개가 마을 청년(마당쇠)의 일방적 구애를 피해서 병석의 노모를 모시고 고향(전남 장수)을 떠나 타향으로 가는 와중에 쫓아온 마당쇠에게 봉변당하는 과정에서 동복현감 황진(黃進)을 만나 모면하면서 인연을 맺게 되고 모친과의 사별 후에는 동헌에서 시중드는 하녀의 삶을 시작한다. 때마침 임진왜란이 발발하면서 논개의 삶 역시 급변하게 되는 것은 명약관화하다. 이때 새롭게 등장한 두 명의 청년이 있는데 그가 바로 의병장의 한 명이었던 김천일(金千鎰)의 아들 김상건과 그의 친구 양산주이다. 이들은 임진왜란에서 적들과 싸울 의병 모집을 하면서 일본 정세를 살펴보라고 선조가 파견했던 동인(東人) 출신의 김성일(金誠一)의 오판을 비판하면서 당파 싸움의 병폐까지 매도한다. 이 말은 곧 풍신수길(豊臣秀吉)이 천하를 통일한 후의 일본 정세를 살펴보라고 선조가 보낸 서인 황윤길(黃允吉)과, 김성일의 보고 과정에서 침략의 위험성을 경고한 황윤길과 달리 무사함을 보고했던 김성일을 매도함을 의미한다.

김상건 여러분! 똑같은 사람의 눈에 왜 이렇게 다르겠습니까? 그들은 세력 싸움을 하기 위해서 피차에 옳은 것도 그르다고 하기 때문입니다. 이 싸움에서는 결국 동인이 이겼습니다. 그래서 지금 조종은 동인 김성일의 말대로 왜적에 대한 아무런 방비도 하지 않습니다. 그러나 왜적은 지금 우리를 칠 만반의 준비를 하고 있습니다. 여러분! 이 나라를 걱정하시는 여러분! 우리가 어찌 당파 싸움만 하는 조종을 믿고 있겠습니까? 우린 우리나라를 지켜야 합니다. 왜적의 더러운 발을 우리 강토에 한 발도 올려놓지 못하게 해야 한단 말이오!

군중 옳소! (흥분한 군중들의 소리)

양산주 우리는 우리들의 힘을 모아 창의대를 조직합시다. 그래서 피로써 조국 강토를 지킵시다.

'옳소!' 하고 호응하는 군중들!

이상과 같은 의병 청년 김상건과 양산주의 군중 선동에 놀란 관군이 두 사람을 체포한다. 다행히 현감 황진은 김상건이 향리를 지낸 김천일의 자제임을 알아보고 즉각 석방함과 동시에 이들과 뜻을 같이하게 된다. 왜냐하면 두 청년의 주장이 옳다고 판단했기 때문이다. 이들의 경고대로 얼마 뒤에 일본이 20만 대군을 이끌고 부산을 시작으로 쳐 올라오고 있다는 보고를 황진은 받게 된다. 이에 황진은 광장에 모인 군중을 향하여 "들거라! 드디어 왜적은 우리를 침범해왔다. 이 미증유의 국난을 죽음으로써 막아내야 한다. 그래서 이겨야 한다. 이 마당에 고하가 있을 수 없고 관민이 있을 수 없은즉, 하물며 제 목숨이란 있을 수 없다. 우리에게 남은 것이 있다면 그것은 온 겨레와 같이 있을 것이오. 우리에게 죽음이 있다 하여도 그 또한 온 겨레와 함께 있을 것"이라고 비장한 열변을 토한다. 애국심에 불타는 황진의 열변에 백성은 만세로 화답한다. 이 황진의 조국애는 바로 6·25 동족 전쟁을 겪은 동랑의 솔직한 심경이기도 했다. 황진은 병석의 아내를 남겨둔 채 곧바로 전쟁터로 달려가면서 시중들던 논개 역시 그를 따라간다. 이 시나리오가 대단히 리얼한 것은 s/47에서 보여주는 다음과 같은 조선 지도인데 그것이 역사적 사실과 부합했다는 점이다.

#(F.1) 지도에 현해탄을 건너온 왜군 침략의 선이 부산에서부터 동시에 세 갈래로 지렁이같이 기어서 북으로 올라오고 있다. 그 세 갈래 선은 부산을 기점으로 하여 하나는 중로(中路)를 타고 양산, 청도, 대구, 조령을 넘어 충주에 이르고, 다른 한 선은 서로(西路)를 택하여 김해, 성주, 추풍령을 넘어 청주에 이르러 양 선이 합하여 한양을 찔러 한양에서 대가(大駕)를 국경 의주에까지 밀어붙인다. 이와 동시에 다른 한 선은 동로를 택하여 기장, 마산, 경주, 영천, 안동, 풍기, 충주를 뚫고 멀리 함길도 해정창(海汀彰, 성진)을 찌른다. 이상과 같이 움직이는 선에 따라 해설(양산주의 목소리로)이 곁든다.

주인공의 한 사람인 양산주의 이상과 같은 해설은 전술한 바와 같이 역사적 사실과 정확히 일치한다. 이 말은 그가 당시 임란사(壬亂史)를 충분하게 연구한 후에 약간의 픽션을 가미하여 시나리오를 구성했음을 의미한다. 따라서 이 시나리오가 창작임에도 불구하고 상당한 설득력을 지닐 수밖에 없는 것이다. 물론 논개가 거의 포위 상태에서 적정을 살피러 가는 척후병 역할을 해서 전공을 거두는 것 등은 픽션이다. 그러나 황진의 상처(喪妻) 후에 논개가 후처로 들어가는 것은 사실인 듯싶고, 황진의 군대가 성안에 포위당했을 때 성벽을 기어오르는 왜병들을 막으려고 의병들과 관군이 부녀자들이 운반해주는 돌멩이와 끓는 물을 끼얹는 장면 등은 사실과 부합한다. 그리고 황진이 이끄는 군대가 왜군에게 쫓겨서 진주성을 최후의 교두보로 삼고 김천일 대장의 의병들과 일대 결전을 벌이게 되지만 결국 진주성마저 함락당하면서 황진은 적탄에 쓰러지고 김천일은 아들 김상건과 함께 남강에 투신자살한다.

그런데 동랑은 그 과정을 조국애라는 관점에서 좀 더 구체적이면서도 극적으로 묘사했다. 즉 성을 함락당한 황진은 "이 목숨이 끊어질 때까지 싸워야지, 제 성을 적에게 내주고 성 밖에 물러나와 있다니, 이 어찌 살아 하늘을 우러러볼 수 있단 말이냐?"라고 장탄식을 하면서 성 주변에 김천일의 의병 일부와 잠복해 있다가 촉석루에서 왜장들이 승전 축하잔치를 벌이고 있는 동안에 급습하여 최후의 백병전을 벌이다가 황진은 죽음을 맞는다. 김천일 등은 살아남았지만 도피하지 않고 왜군을 하나씩 끌어안고 남강에 함께 뛰어내려 죽는 것으로 만든 점이 흥미롭다. 이들이 죽어도 그냥 무가치하게 혼자 죽지 않고 왜장들과 함께 죽음으로써 못다 한 조국애를 발휘한다는 것이다. 이들의 최후가 처절하게 끝나자 논개도 곧바로 기회를 노리다가 축하잔치를 벌이는 동안 왜장과 춤추는 시늉을 하면서 끌어안고 남강에 몸을 던짐으로써 조국에 최후의 보답을 하는 것으로 종결된다.

이 작품 역시 그의 첫 시나리오 〈도생록〉을 데뷔작으로 하여 재미를 보았던 윤봉춘이 메가폰을 잡았는데, 당시 떠오르는 신성 김삼화(金三和)를 여주인공으로 삼은 것이 주효하여 주목을 끌기도 했다. 그가 쓴 역사물이 인기를 끌자 과거 희곡으로 써서 무대화되었던 〈마의 태자〉와 〈단종 애사〉를, 전창근 감독이 전자(前者)는 기성 배우 이향과 유계선을 주인공으로 썼고 후자는 신성 엄앵란과 황해남을 발탁하여 영화화했다. 그리고 윤봉춘도 동랑이 해방 직후에 조선시대의 붕당 싸움을 비극적으로 묘사한 역사물 〈별〉을 인기배우 김진규와 하연남을 주인공으로 삼아 재미를 본 바 있었다. 동랑은 자신의 시나리오와 전에 희곡으로 발표했던 작품들이 영화화되면서 모처럼 그에게 꽤 많은 수입도 생겨났고 연극과는 또 다른 영화의 위력도 느낀 것이 사실이었다.

때마침 정책 당국에서도 국산 영화의 중흥을 고심하다가 드디어 자유당 말기인 1958년 4월에 문교부 고시 제53호로 '국산 영화 제작 장려 및 영화 오락 순화를 위한 보상 특혜 조치'라는 당시로서는 매우 획기적이라 할 국산 영화 보호 정책을 처음으로 내놓음으로써 꿈틀거리던 영화계를 더욱 자극하기에 이르렀다. 그뿐만 아니라 곧이어 정부가 외국 영화 쿼터제까지 실시함으로써 국산 영화는 더더욱 가속 페달을 밟게 되었다. 당시 정부가 내놓은 국산 영화 특혜 조치를 보면 첫째 우수 국산 영화 제작사에 대한 보상 특혜, 둘째 국산 영화 수출 장려를 위한 보상 특혜, 셋째 국제영화제 참가에 대한 보상 특혜, 그리고 문화영화 및 뉴스영화 수입자에 대한 보상 특혜 등[21]이었다. 이는 한국 영화사상 최초이며 동시에 최고의 보호 육성 정책으로서 당장의 효과가 나타나기 시작했다. 우선 숫자상으로만 보더라도 진흥책이 나오기 전인 1957년에 연간 국산 영화 제작 편수가 고작 37편에 불과했으나 육성책이 발표된 1958년도에는 74편으로 증가했고, 1959년도에는 111편으로 늘어날 정도로 급팽창한 것이다. 정부의 육성책이 얼마나 효과적이었던가를 극명하게 보여주는 경우라 하겠다.

국산 영화의 활성화는 곧 관객의 확대로도 이어짐으로써 공연예술계는 결국 영화가 주도하는 분위기로 바뀌기도 했다. 따라서 우리 사회에서는 극장에 가는 것은 곧 영화 관람을 의미할 정도가 되었던바 이는 곧 순수연극의 홀대를 의미하는 것이기도 했다. 이런 분위기에 쐐기를 박고 나온 인물이 바로 동랑이었다. 그는 「연극관객과 영화관객」이라는 글을 통해서 서양의 경우를 예로 하여 극장과 영화관조차 구분 못 하는 당시 대중의 무지를 비판하고 나서기도 했다. 즉 그는 이 글에서 "구미에서는 극장(theater)이라면 연극을 공개하는 건물에 한해서만 사용한다. 그래서 시어터란 연극이란 뜻으로도 쓰인다. 영화를 공개하는 건물은 무비 하우스(movie house)라고 부르고 있다. 그래서 '나는 오늘 극장에 간다'고 하면 연극 구경하러 감을 의미하는 것이지, 결코 영화 보러 간다는 게 아니다. 그러나 우리나라에서 극장이란 말에는 연극과 영화의 분간이 없다. 입장료를 두고 말해도 외국에 있어서

---

21 김화, 『이야기 한국영화사』(하서출판사, 2001), 253~254면.

는 연극의 그것이 영화보다 훨씬 비싸다."면서 "쉽게 말해서 연극장의 손님은 귀족적이며 영화관의 그들은 대중적이다. 귀족적인 관객과 대중적인 관객이 따로 있는 게 아니지만 그 장내의 분위기와 풍습이 다르기 때문에 저절로 그렇게 행동하게 되는 것이며 달리 보이게 되는 것이라 하겠다. 영화는 연극을 기계로 찍어낸 복제품이 아니던가? 그림으로 치면 연극이 원화라면 영화는 복사된 사진이다. 원화와 복제품과의 예술품으로서의 가치를 구미인들은 분간할 줄 안다. 그래서 원화를 대하는 태도와 복사품을 보는 태도가 스스로 다른 것이다. 그러나 우리나라의 관중은 그것을 분간 못 한다. 분간 못 하기는커녕 기계제품을 '핸드 메이드(수제품)'보다 오히려 낮게 쳐주는 경향이 있다. 우리나라에서 인간이 기계만 못한 탓이다."[22]라고 쓴 것이다.

그런데 이상과 같은 글이 이제 와서 보면 극히 상식적인 것으로 여겨지기도 하지만 이런 그의 견해가 매우 앞서간 지적이었다고 보는 것은 실제로 당시에는 연극이 별다른 역할도 주목도 못 받는 하찮은 존재로서 영화의 하위 오락을 넘어서지 못했던 것이 사실이기 때문이다. 실제로 연극학을 전공하는 필자 역시 1950년대의 고교시절에 단체 관람은 당연히 영화였음은 두말할 나위 없는 것이다. 그렇기 때문에 당시 서울의 많은 극장, 이를테면 중앙극장을 비롯하여 수도극장, 국도극장, 대한극장 등이 모두 영화관으로서 시민이 가장 선호하는 예술 감상 장소였다. 오늘날 이들은 모두 시네하우스나 시네마로 바뀌지 않았는가. 그리고 또 하나 그가 지적한 당시 대중들의 기계제품 선호문제도 정곡을 찌른 것이었다. 왜냐하면 그 시절에 대중이 좋아한 것은 라디오라든가 카메라 등과 같은 소위 문명의 산물이었지 수제품은 아니었기 때문이다. 그가 바로 그런 문제점을 연극과 영화의 전도된 관계로 본 것이다. 그렇다고 해서 그가 영화를 과소평가한 것은 결코 아니었다. 만약 그렇다면 그가 희곡 못잖게 심혈을 기울여서 시나리오를 10여 편 가까이 썼겠는가. 그는 평소 영화를 대중오락의 최고 전달 매체로 파악하고 있었다. 다만 영화는 어디까지나 대중오락이지 연극만 한 무게를 가진 순수예술로는 보지 않았을 뿐이다. 따라서 그는 이 글에서도 연극을 영화보다 우위(優位)의 예술로 보면서 저급한 관

22 유치진, 「연극관객과 영화관객」, 『동랑 유치진 전집』 7(서울예대출판부, 1993), 305~306면.

극 태도를 비판하고 있었음도 확인할 수가 있다. 그 점은 그가 이 글의 말미에서 다음과 같이 쓴 것에서도 확인할 수 있다.

> 무대에 대한 애착은 고사하고 관극하는 태도부터가 너무나 불성실한 것이다. 관객석 내에서 껌을 씹고 떠들고 왔다 갔다 할 바에야 뭣 때문에 표를 사서 극장엘 오느냐 말이다. 그래서 외국인에게 극장에 오지 아니할 사람이 극장에 왔다는 인상을 준 것이 아닌가? 민도가 낮다면 그뿐이겠지만 생물이란 환경의 영향에서 자유로울 수 없는 것과 같이 연극은 더욱이 환경에서 떠나서 성립할 수 없기 때문에 문제는 까다로워진다. 연극학자들 중에는 관객을 연극의 구성 요소의 하나로 보는 이가 있지 않은가? 연극이 관객을 떠날 수 없음은 고기가 물을 떠날 수 없듯이 절대적인 것이며, 자고로 연극은 관객의 호흡 속에서 자라왔기 때문에 우리가 관중에 대해서 쓰는 신경을 다른 예술가들은 상상키 어려울 것이다. 좋은 연극의 성육(成育)을 바라는 우리가 동시에 좋은 관객의 성육을 바라는 소이이다.[23]

이상은 영화가 마치 고급 예술처럼 우대되면서 연극이 홀대되던 1950년대 풍경을 대중의 관람 태도에 포커스를 맞춰 쓴 글의 한 부분이다. 여기서 느껴지는 것은 역시 그가 모든 부분에서 계몽주의자다웠다는 점이라 하겠다. 이처럼 공연문화 현실에 대하여 계몽성 짙은 글을 쓰던 시절에 그도 영화를 자주 보았으며 리뷰도 몇 편 썼다. 그 시절 그가 가장 인상 깊게 본 미국의 대작 영화 〈전쟁과 평화〉(톨스토이 원작)에 대하여 영상화하기 어려운 대하소설을 치밀한 구성과 적절한 배역 발탁으로 성공시켰다고 한 다음과 같은 글은 영화 리뷰의 전범이 될 만하므로 여기에 그 일부를 소개한다.

> 워낙 방대한 줄거리와 사상이 겹치는 이런 작품을 영화화하기란 여간 어려운 일이 아니겠는데 처음부터 끝까지 톨스토이의 소설 수법이 그러하듯 지루한 느낌을 주지 않음은, 연기가 좋다는 점을 떠나서 이 영화가 우선 성공한 것이라는 느낌을 가지게

---

23 위의 글.

한다. 가장 중요한 인물인 나타샤 역의 햅번은 매우 신비스러운 연기를 보여주었거니와, 안드레이 공작역의 멜 파라도 좋은 인상이었다. 페르 역의 헨리 폰다도 과거의 서부극에서 풍겨주던 미국적 향훈을 거의 극복하고 새로운 감각을 의식한 연기를 과시하였는데, 배역도 무난하지만 그보다도 킹 뷔다나 제2반(班) 감독을 맡은 마리오 소르다리의 의장(意匠)이 매우 좋은 경지를 발굴해내고 있는 사실은 이 영화를 두고 특기할 일이 아닌가 싶다. 나는 이 영화를 보고 또다시 지난날 원작을 읽었을 때의 감격을 다시 불러일으킬 수 있었다. 웅장하면서도 어딘가 비극적인 애수, 환희에 넘치면서도 어딘가 모르게 인간의 허무를 뼈저리게 느끼게 하는 이 작품의 정신과 인상은 가슴속 깊이 남아서 육중한 여운을 긋는 것이라고나 할까. 어쨌든 이 영화는 오래간만에 사정없이 나의 가슴을 때려준 대작 중의 하나라고 오래오래 새겨두고 싶다.[24]

이상과 같은 동랑의 영화 리뷰에서 확인할 수 있는 것은 그가 평소에 영화를 많이 보고 있었음은 말할 것도 없고 독서 범위도 상당히 넓었다는 점이다. 왜냐하면 그가 미국 배우들이 그동안 출연했던 영화들도 이미 꿰뚫어보고 이번 영화의 배역 소화를 짚고 있었으며 독서광도 쉽게 독파하기 어려운 톨스토이의 대하소설 『전쟁과 평화』도 이미 읽었던 점에서 알 수가 있는 것이다.

이런 그가 국산 영화가 모처럼 봄을 이루던 그 시절에 새로운 시나리오를 쓰지 않고는 못 배겼을 것 같다. 왜냐하면 영화사상 처음으로 정부가 앞장서서 국산 영화 진흥 정책을 내놓음으로써 국산 영화의 가능성을 확인했기 때문이다. 가령 그가 1959년도에만 신작 시나리오 두 편을 썼던 것도 그러한 분위기를 탔던 데 따른 것이 아니었나 싶다. 그가 마지막으로 쓴 장편 시나리오인 〈개화전야〉와 〈유관순〉이 바로 그런 경우다. 그런데 여기서 주목되는 점은 그가 시나리오 〈철조망〉에서 보여준 바와 같이 애국심에 입각하여 우리나라 역사를 재구(再構)해보겠다는 원대한 차원에서 작품에 임했다는 것이다. 가령 그가 거제도 포로수용소를 통하여 6·25 전쟁 기간을 기록한 것이 〈철조망〉이라고 한다면, 시선을 개화기 쪽으로 돌린 것이 〈개화전야〉이고, 1919년 3·1운동으로 돌린 것이 바로 〈유관순〉인 것이다.

---

24 유치진, 「영화 〈전쟁과 평화〉」, 『동랑 유치진 전집』 7(서울예대출판부, 1993), 304면.

그렇다면 먼저 〈개화전야〉를 검토해보자. 그는 작의(作意)에서 "때는 1896년 청일전쟁(1894~1895)을 겪은 한국은 독립을 얻어 왕은 그 칭호를 '황제'로 높였으나, 갑작스럽게 새 세계의 각광을 받은 이 '유아(乳兒)'는 열국의 탐욕의 대상이 되었다. 그럼에도 불구하고 당시의 무능한 집정자들은 자립 독립은커녕 외세에만 의존하려 함으로써 국내적 혼란을 국제적으로 폭발시켰으며, 근시(近侍)하는 벼슬아치들은 자기의 기성 지반 유지에만 급급했다. 민생은 극도로 피폐하고 사회는 불안하였으므로, 백성들은 누구건 입만 벌리면 세상은 뒤집히고 만다는 소리를 잠꼬대같이 외우고 있었다.

이와 같은 암담한 시대에 구미 선진국의 새 문화를 받아들여 민주 독립 국가를 이룩하려는 이상과 꿈에 불타는 일군의 식자층이 있었으니, 그들의 집단을 가리켜 개화당이라 일컬었고, 그 많은 지도자들 중에서 혜성과 같이 그 종막을 장식한 몇몇 분이 있었다. 그 이상(理想)은 무지한 수구파들의 압력으로 말미암아 그 당시에는 실현될 기회를 놓쳤었다. 그러나 오랜 시련을 겪어 그 '이상의 씨'가 오늘날 비로소 대한민국으로 발아한 것이 아니겠는가? 이 작품은 수구파의 압력을 뚫고 일어서려던 당시의 지각 있는 청년들의 투쟁상과 고민상을 그려, 드디어 그 노력이 오늘의 독립 국가를 초래하였음을 밝히려는 것"이라고 쓴 바 있다.

이상과 같은 동랑의 창작 의도에서 보이는 것은 그가 일단 개화사를 충분히 섭렵하고 작품성이 될 만한 역사적 사건 한두 가지를 끌어내어 현재를 짚어보겠다는 의지가 드러난다는 사실이다. 그 의도는 이승만 초대 대통령의 등장을 멀리 개화기로부터 추적함과 동시에 그로부터 대한민국의 정체성까지 세워보자는 것이 아니었던가 싶다. 주지하다시피 개화사상은 1853년경부터 1860년대에 발아하여 1874년에 김옥균(金玉均)을 중심으로 하여 개화당이 출범했으나 수구파 정부에 의하여 번번이 좌절되면서 적잖은 지식 청년이 체포되는 일도 여러 번 있었다.

그런데 그가 작품 시기로 잡은 것은 작의에서도 조금 비친 바와 같이 개화운동이 막바지에 이르러서 좌절되는 시기였다고 볼 때, 1896년서부터 노일전쟁 때까지인 1904년으로 7년여 간이다. 이 기간이 개화운동의 막바지였던바, 독립협회 주도의 박정양의 진보 내각을 중심으로 의회 설립을 위한 국민 참정권 획득운동이 좌절되는 일이 벌어진다. 독립협회의 이러한 구상에 위기를 느낀 보수 반동 세력은 고종(高宗) 황제를 움직여 일시에 박정양 내각을 무너트리고 조병식의 보수 내각을 구성했다. 그러면서 수구파들은 개화 세력을 말살하기 위하여 독립협회가 왕정을 폐지하고 박정양을 대통령, 윤치호를 부통령으로 하는 공화제까지 추진하고 있다는 익명서사건을 꾸며내기도 했다. 이로 인하여 독립협회 등 모든 민회가 혁파됨과 동시에 이상재(李商在), 남궁억(南宮檍), 이승만 등 리더급 17명을 국가 전복 혐의로 체포함은 물론이고 의회식 중추원 발족마저 무산시켰었다. 독립협회가 강제 해산당한 뒤에는 만민공동회가 대체 상설 단체로서 11월 5일 이후 50여 일간 격렬한 저항운동을 벌이는 등 정국이 소용돌이쳤다. 이 시나리오가 바로 이 지점을 다룬 것으로 볼 수가 있다.

왜냐하면 이 작품에서 중요하게 취급된 약관의 개화 청년 이승만(李承晩)의 체포사건도 실제로 그 시기에 일어났으며 석방되어 도미하는 하는 것으로 마무리시켰기 때문이다. 물론 이 작품에서 이승만은 주역으로 등장하지는 않는다. 그러나 후반부에 가면 이승만이 주역처럼 다루어진다. 그러니까 동랑은 무명 지식 청년을 주역으로 내세워 개화운동이 민중의 저변으로부터 번져나갔음을 묘사하고 싶었던데 따른 것으로 볼 수가 있다. 이 작품도 그가 즐겨 써온 역사적 진실과 허구를 조화시킨 팩션 스타일이다. 가령 주역만 하더라도 농업 개혁을 추구하는 개화당원(김효)과 수구 정부의 경무청 주사의 딸(희열)의 이루어지기 어려운 사랑을 밑에 깐 것이 특징이다.

그가 일제 말엽에 쓴 희곡 〈대추나무〉 때부터 즐겨 다루어온 적대적 관계 속의 이루어지기 어려운 사랑이라는 테마인 것이다. 그리고 그는 전작 〈논개〉의 방식대로 이 작품에서도 오늘의 시점에서 과거를 돌아보는 수법을 활용하고 있다. 그 오늘은 바로 해방의 날이다. 즉 충청도의 어느 산골에 묻혀서 농사를 지으며 농학을 연구하는 칠순의 부부가 회상하는 형식인 것이다. 즉 주인공 김효는 이승만 등 개화 청년들과 이들을 체포하려는 수구파 일당들을 피해 다니는 것으로 이야기가 전개된다. 처음에는 1895년에 고종 황제가 내린 단발령(斷髮令)을 놓고 수구파들과 대립하는 풍경이 전개되고, 이들이 만민공동회 운동에 앞장서면서 쫓기는 신세가 되는 것이다.

그런데 여기서 주목되는 것은 배재학당을 다닌 지식 청년 이승만이 성탄 전야에 골방에 숨어 동지들 앞에서 "마치 양 떼를 노리는 독수리와 같이 저희들을 해치려는 수구파의 폭력배로부터 저희들을 보호하사 오늘 저녁의 호별 방문의 새벽 찬양을 순조롭게 마치게 하여주신 은혜에 감사하오며, 거룩한 성탄일과 더불어 어지러운 우리나라에도 새 광명을 맞이하게 해주시기를 주님의 이름을 받들어 비옵나이다."라는 기도를 올리는 장면이 나오고, 주인공 김효 역시 실학자로서 『장경(檣經)』이라는 농업 개혁서를 쓴 박세당(朴世堂, 1629~1703)의 추종자지만 기독교도를 개화운동의 정신적 바탕으로 삼고 있다는 점이다. 여기에서 드러나는 것은 개화세력의 중추가 실학사상을 계승한 개신 유학파(改新儒學派)와 기독교를 바탕으로 한 미국 유학파(留學派)였다는 점이다. 그리고 이들이 펼친 개화운동의 궁극적 지향점은 개인의 자유와 인권을 바탕으로 한 자유 민주주의였음은 주인공 김효가 불행한 처지를 운명으로 돌리는 처녀 희열과 주고받는 대화 속에 투명하게 나타나 있다.

희열 이렇게 된 것도 내 팔잔걸요. 나는 누굴 탓하기도 싫어요.

김효 그런 게 팔자란 말이 성경말씀 어느 구석에 씌어 있습니까? 희열 씨는 이 억울한 굴레를 벗어나야 합니다. 자기 자신을 산 인간으로 되살려야 한단 말이에요. 우리 개화당이 수구파와 싸우는 것도 근본을 따지자면 인간이 인간으로 돌아가자! 하나님이 점지해주신 인간의 권한을 찾자! 그겁니다. 오늘날 서양의 문명도 인간의 이 권한을 찾음으로써 이루어진 겁니다. 우리도 우리의 권한을 찾아야 합니다. 그래야 나라가 바로 섭니다.

이상과 같은 두 연인 간의 대화 속에는 개화운동이 기독교사상과 깊은 연관이 있음을 보여주는 사례이다. 그런데 이들 신지식 청년들의 치열한 개화운동도 결국 노회한 수구파 관료들이 고종의 우려에도 불구하고 독립협회를 해체시키고 동시에 개화운동의 지도급 인사들인 월남 이상재, 남궁억, 정교(鄭喬)는 물론이고 젊은 이승만 등도 체포(逮捕)하는 것으로 좌절시킨다. 가령 이승만이 체포되기 직전에 동료들에게 다음과 같은 이야기를 하는데, 여기에 풍전등화의 조국애가 고스란히 나타나 있다.

이승만 황제를 도와 나라를 위해 일하는 이들을 역적으로 몰다니, 이는 나라야 어찌 되건 자기네들의 벼슬길만 유지하려는 무지한 발악이 아니고 뭐겠는가? 이러구서 어찌 청국의 기반에서 벗어나 천재일우로 독립된 우리 조국을 바로 세울 수 있겠냐 말야. 이렇게 정신을 못 차린다면 우리나라는 또다시 외적의 손아귀에 들고 말아. 우리가 또다시 남의 종이 안 되려면, 독립된 나라의 의젓한 주인이 되려면, 우리는 목숨을 내걸고 조정의 이 간신배들을 내쫓아야 해, 그러기 위해서는 우리 젊은이들의 피와 결단과 용맹심이 필요하다. 그렇지 아니하면 우리는 망국지한(亡國之恨)을 다시 맛보게 돼.

이상과 같은 이승만의 입헌군주국을 위한 우국충정은 그대로 개화 청년들의 마음 그 자체였다. 감옥에 갇힌 이승만은 동지 김효에게 자신은 석방되면 먼 앞날을 내다보고 해외 유학을 가겠다면서 김효에게는 실학자 박세당처럼 농업을 연구하여 국가 대업을 준비하는 것이 좋겠다고 당부한다. 결국 7년 만인 1904년에 고종의 특사로 석방되자마자 이승만은 자기 결심대로 미국 유학길에 오른다. 이 부분은 분명 역사적 사실이다. 그러나 이승만과 함께 개화운동을 한 김효 등은 석방되지 않았다. 김효가 옥살이를 하는 동안 그의 연인(희열)은 완고한 수구파 경찰인 부친(박거림)의 엄명 속에 집에 갇혀 있는 형국이었다. 이에 그녀를 이해하는 모친의 도움으로 가사(假死) 장례를 치르는 방식으로 야반도주한다. 그 시기에 주인공 김효 역시 탈옥에 성공하여 은신해 있던 희열과 극적으로 재회한다. 우여곡절을 벗어나 사랑의 결실을 얻게 되는 것이다. 동랑은 희열이 자신의 가사 장례 행렬을 감회에 젖어 김효와 바라보는 장면을 다음과 같이 매우 아름답고도 슬프게 영상화했다.

S/130 큰 한길
처량한 참로가(懺露歌)에 요령을 흔들면서 지나가는 꽃상여!
참로가—
지낸 시름 묵은 시름
싣고 가는 꽃상여야
저승길 머나먼 길

한번 가면 못 오는 길

어화능 어화능 어화능차 어화능

S/131 언덕길(아침)

언덕길을 걸어가며 멀리 꽃상여를 바라보는 김효와 희열!

S/134 김효의 농장 (다시 S/5. 50년 후인 1945년)

행복에 젖은 70노인 김효 부부의 얼굴!

농장으로 몰려온 농악대, 마침내 노부부를 둘러싸고 원을 그리며 신이 나서 노는 동안, 행복스러운 노부부 김효와 희열의 얼굴 스크린 하나로 되면서. 승리의 합창과 더불어….

이상과 같이 그가 개화운동을 무명 청년들의 애국심에 포커스를 맞추면서 동시에 초대 대통령 이승만의 청년시절에 많은 부분을 할애한 것은 대한민국의 정체성을 부각하기 위한 것으로 보인다. 그리고 흥미로운 점은 그가 작품에서 즐겨 써온 '로미오와 줄리엣' 모티브를 활용하면서도 우리의 낙관적 세계관과 전통의 미학을 부각한 것은 작품이 해피엔딩으로 마무리한 것과 상여 행렬의 참로가(讖露假) 연창에서 잘 나타나 있는 것이다.

이러한 그의 조국애는 다음 시나리오 〈유관순〉에서 절정을 이룬다. 그의 역사극 대부분은 민족과 조국에 대한 사랑을 바탕으로 하고 있지만 그런 사극들 중에서 〈유관순〉은 그 절정에 놓이는 작품이라고 말할 수가 있다. 왜냐하면 그가 과거에도 1919년 3·1운동을 배경과 제재로 삼은 희곡 〈조국〉이라든가 〈왜 싸워〉 등이 있지만 〈유관순〉만큼 독립운동을 정면으로 다룬 작품은 없었기 때문이다. 특히 그가 정통 희곡이 아닌 시나리오로 자신의 진정한 조국애를 묘사한 것 또한 주목할 만한데, 이는 아무래도 좁은 극장무대에 오르는 희곡보다는 수많은 대중이 보는 영화를 통하는 것이 효과적이라는 배려에 근거한 것으로 볼 수가 있다. 그의 의도대로 이 작품은 1959년도에 윤봉춘 감독(주연 도금봉, 한은진)으로 영상화되어 국민들에게 큰 감동을 안겨주었다.

이 시나리오도 전작 〈개화전야〉처럼 오늘의 시점에서 과거를 돌아보게 만든 것이 특징이다. 가령 〈개화전야〉가 해방 직후를 현재로 잡은 것이라면 〈유관순〉은

1948년 대한민국 건국 시기를 현재로 잡은 것이 특징이다. 그러니까 이 작품에서도 이승만 초대 대통령을 부각시켜보려는 동랑의 의도가 숨어 있었다고 볼 수가 있다. 이는 곧 대한민국의 정체성 세우기의 일환이라고 볼 때, 전작 〈개화전야〉와 연결되는 작품이라고 말할 수가 있다. 유관순(柳寬順)은 한국 독립운동사상 안중근 의사와 함께 최고의 애국지사로 꼽히는 인물이어서 그녀의 생애와 활동 상황은 교과서에 자세히 기술되어 있어서 누구나 잘 알고 있다. 따라서 그녀에 관해서는 이미 많은 예술인이 여러 형태의 작품으로 형상화한 것이 사실이다. 이 말은 곧 유관순 소재의 웬만한 작품 가지고는 사람들을 감동시키기가 쉽지 않다는 이야기도 된다. 그런데 의외로 이 작품은 독자와 관람자들을 감동시킬 만하다는 생각이다. 왜냐하면 그가 이 작품에서는 과거에 즐겨 썼던 팩션식이 아닌 다큐멘터리 형식으로 접근하여 실제적인 사실을 처절하리만치 투명하게 묘사했기 때문이다. 그래서 이 작품에 등장하는 인물들은 극소수를 제외하고 모두가 실존인물들인 것이 특징이다. 당연히 주인공은 유관순과 그의 가족 및 천안 아우내 사람, 그리고 이화학당의 학우와 스승들이다. 이야기는 3·1운동의 전야에서부터 유관순의 순국에 이르는 과정이다. 그런데 주목되는 부분은 이 작품에서도 전작과 마찬가지로 주인공의 애국운동의 동력이 기독교사상을 바탕하고 있는 점이다.

가령 33인 중에서도 기독교 목사가 주요 역할을 하고 일제에 대한 저항운동에 기독교가 불교, 천도교 등과 함께 최전선에 앞장섰던 것은 잘 알려져 있는 사실이다. 실제로 작품에서도 보면 유관순이 각 교회를 중심으로 하여 만세운동을 구상한다. 그리고 봉화를 들기 직전에 그녀는 "하나님 아버지시여, 우주만물을 창조하시고 거기에 하나하나 생명의 씨를 넣어주신 아버지시여! 최후의 희망이던 애덕 언니마저 나서지 못하게 되었습니다. 저는 하잘것없는 계집애입니다. 하지만 아버지시여, 부디 저에게 지혜의 영감을 주셔서 저 혼자만이라도 불쌍한 우리 조국과 민족을 위해 일할 수 있는 용기를 주시옵소서. 저의 하잘것없는 목숨만이라도 조국을 위해 바칠 수 있는 영광을 베풀어주옵소서."라면서 곧바로 "주님께서 부디 제 가까이 계셔서 어른들로 하여금 제가 어리다고 업신여기지 아니하게 해주시며, 그들의 불붙는 애국심에 불을 붙여 여러 갈래 물길이 한 곬수에 모이듯이, 고을 사람들이 하나로 뭉치어 저의 뜻하는 일이 하나님께 영광되게 하여주시옵소서."라고 기도하는 말속에 그녀의 기독교사상에 입각한 조국 독립과 애민사상이 절절하게 나타나 있다는 이야기다.

그리고 유관순이 또 다른 기도에서 “저희들은 남을 해치려는 자가 아니옵고 우리에게도 아버지께 받은 자유와 생명이 있음을 그들에게 보이어 그들로 하여금 반성의 기회를 주고자 하오니, 아버지께서 그들을 불쌍히 여기시와 그들의 우매한 마음을 하루속히 깨우치게 해주시옵소서.”라고 말함으로써 그녀가 우리 조국과 민족의 자주독립운동이 단순한 타국에 대한 증오가 아닌 인간의 기본권과 자유, 박애라는 기독교적인 인류애에 입각해서 벌이는 신성한 자유민권운동임을 밝힌 것이다. 이는 곧 안중근 의사가 동양 평화라는 차원에서 이토 히로부미(伊藤博文)를 암살한 사상배경과도 일치하는 것이다.

그런데 이 작품에서 동랑이 주안점을 둔 부분은 유관순을 상당수 작가처럼 초인적인 인간상으로서보다 인간미가 넘치는 하나의 가녀린 소녀로 묘사해보려 했다는 점이다. 가령 거대 권력의 일제와 가녀린 소녀가 대항할 수 있겠느냐고 걱정하는 모친을 향하여 그녀는 “어머니, 남의 종으로 백만 년을 사느니보다 단 일순간이라도 이 강산은 내 강산! 이 민족은 내 민족이란 소릴 외치고 죽고 싶어요.”라고 말할 때는 잔 다르크처럼 비장하지만 실제로 고문의 고통을 못 견뎌서 괴로워하는 것이나, 만세운동 과정에서 부모를 모두 잃고 하루아침에 고아가 되어 거리를 떠도는 두 동생에 대하여 애통해하면서 “(눈물이 앞을 가려 말을 못 하고) 하나님, 저 같은 건 어떻게 되어도 좋으나, 제발 부모 없고 갈 데 없고 헐벗고 주리는 이 가엾은 어린 동생들을 보호하여 주옵소서.”라고 애절하게 기도하는 모습은 효심 깊고 우애 넘치는 인간적인 소녀의 모습 그대로인 것이다. 결국 모진 고문을 못 견딘 그녀는 옥사하고 일경에게 개처럼 버려진다. 그녀가 죽은 것을 알고 감옥으로 찾아간 이화학당 은사인 월타 부인과 옥리와의 대화 장면은 이렇다.

월타 부인 (전옥 앞에 바짝 다가가서 관순의 시체가 든 석유 궤짝을 가리키며) 죽은 사람의 몸뚱어리 전체에 생긴 이 푸릇푸릇한 상처는 어찌 된 것이오? 말을 해요! 말을!(하며 책상을 치고 고함을 지른다)

전옥 B 제절로 생긴 상처까지 우리더러 책임을 지란 말요? 그따위 소릴 할려거든 좋소!

가지고 가지 마오. 간수장! 간수장!(하고 부른다)

월타 부인 어디 할 대로 해보오! 당신네들은 정말 나쁜 사람이오.

간수장, 눈이 둥그레져서 나타난다.

전옥 B (궤짝을 가리키며) 도로 갖다 둬!

이상의 한 장면에서 확인할 수 있듯이 유관순은 심한 고문에 의해 옥사한 뒤 석유 궤짝에 담겨져서 버려진 상태였던 것이다. 결국 유관순은 월타 부인이 인계받아 정동교회에서 장례를 치르고 꽃상여를 타고(?) 공동묘지로 떠나면서 장면(場面)은 1948년 정부 수립을 축하하는 광장으로 바뀐다.

S/175 광장 (1948년 8월 15일)

계속되는 장엄한 코러스, 폭발하는 만세 소리에 묻히면서 수십만 군중이 모인 대한민국 독립 기념 축전의 전경. 높은 단상에서 식사(式辭)를 낭독하는 우리의 초대 대통령.

소리 (엄숙하게 광장 전체에 울린다) 이와 같이 흘린 우리 선열의 피는 마침내 조국의 광복을 이룩하였노라!

군중의 터져 나오는 환희의 만세 소리와 함께 장엄한 합창 다시 일며 〈끝〉

이상과 같은 종장에서 알 수 있듯이 동랑은 1948년 8월 15일 대한민국 건국의 정신적 바탕을 1919년 3·1운동의 빛나는 항일 민족 투쟁에서 찾아보려 했다. 이 점은 그가 전작 〈개화전야〉에서 1945년 8월 15일 민족 해방의 사상적 근원을 개화운동에서 찾아보려 한 것과 연결되는 것으로서 그가 궁극적인 목표로 삼았던 대한민국의 정체성 세우기를 영상으로 완성한 것이라고 말할 수 있다.

그가 창작 시나리오는 이상 두 작품으로 일단락 지었지만 자신의 기존 희곡이나 다른 작가의 소설 시나리오화는 몇 개 더 했다. 예를 들어서 1960년도에는 그가 평소에 좋아하고 있던 작가 이광수의 소설 『재생』을 시나리오화해서 홍성기 감독

(김진규, 김지미 주연)으로 하여금 영상화하도록 한 바 있고, 1964년도에는 자신의 희곡 〈가야금〉이 권영순 감독(신영균, 김지미 주연)이 영화화했으며, 〈나도 인간이 되련다〉 역시 1968년도에 유현목 감독(김진규, 김지미 주연)에 의하여 영화화된 바 있다. 그 외에도 창작인지 각색인지 밝혀지지 않은 장일호 감독의 〈산하무정〉(신영균, 문희 주연)도 있다.

이렇게 볼 때, 그의 작품이 영화된 것이 무려 열 편이나 된다. 그러니까 6·25전쟁 직후부터 1960년대 중반까지 그가 대표적인 시나리오 작가로서도 영화계의 중심에 설 만했었다는 이야기가 되는 것이다. 그러나 더욱 중요한 것은 전문적인 영화평론가가 없던 시절에 그가 외국 영화계의 동향 소개라든가 정부의 영화 정책 등 한국 영화계가 나아가야 할 방향에 대하여 올바른 길을 제시한 유일한 인물이었다는 점이다. 따라서 그에게 수시로 영화 관계자들, 이를테면 윤봉춘이나 신상옥, 그리고 김기영 감독 등이 찾아와서 조언을 들었던 것은 잘 알려진 사실이다. 이처럼 그는 한국 영화가 꽃피어갈 무렵에 유일무이한 멘토로서 영화의 갈 길을 제시한 대표적인 인물이었다.

그렇다고 해서 그가 연극 분야에 등한했던 것도 아니었다. 그가 영화는 순수연극과 조금 다른 대중성의 예술이라고 분명하게 선을 긋고 두 분야에 다르게 대응하면서도 중요성에 있어서는 연극에 무게를 실은 것이 숨길 수 없는 사실이다. 따라서 영화에 많은 관심을 갖고 시나리오를 열심히 쓰면서도 영화가 연극의 발전을 가로막는 것에 대하여는 우려를 표하기도 했다.

예를 들어 그가 1958년도에 쓴 글에 보면 당시 유일한 극단 신협마저 고사 직전에 놓여 있는 것과 관련하여 "이 모양으로 가다가는 우리의 선배들이 가혹한 일제 탄압과 싸우면서 애써 쌓아놓은 연극의 금자탑을 아주 허물어뜨리고 말게끔 되었다. 이 얼마나 죄스러운 노릇인가. 그러면 연극이 왜 이렇게 멸망의 길을 걷고 있는 것일까? 그 원인이 뭘까? 거기에는 여러 가지 사회적 혹은 연극 그 자체로서의 근인과 원인이 있을 것이다. 그중에서 가장 직접적인 것을 들자면 그것은 역시 '영화'의 범람에서 오는 압력일 것이다. 그리고 이 압력은 외국 영화와 국산 영화의 두 부면에서 오는 것임은 물론이다. 외국 영화에서는 두 가지 작용을 연극에 하고 있는데, 그의 하나는 외화를 통해서 소개된 외국의 세계적인 우수한 배우들의 연기

신협 단원 장일호의 결혼식 주례(운현궁예식장, 1957.10.28.)

와 극술이 우리의 관중의 눈과 감상력을 높였기 때문에 종래의 우리의 연기 수준이나 극 수준에 우리 관중을 만족시킬 수 없게 된 점과, 다른 하나는 전국 각 극장이 의회(議會)에 의해 점령당했기 때문에 연극은 그 상설무대를 잃고 만 것이다.

그리고 국산 영화에서도 연극에 대하여 두 가지 압력을 가하고 있는데, 그 하나는 연극인들이 수입이 나은 영화 제작에 전업 내지 품팔이로 충원되기 때문에 그나마 질적으로 얕은 연극의 수준을 올리지 못하고 인재의 결핍으로서 연극은 갈수록 빈혈증이 노정되는 점과, 다른 하나는 상연한 외국 영화의 경우와 같이 국산 영화 역시 연극의 극장 진출을 봉쇄하고 있는 사실을 지적할 수 있다."[25]고 씀으로써 영화가 연극의 진전을 가로막고 있다고 쓴소리도 서슴지 않았다. 그러면서 그는 연극

25 유치진, 「극계 위기를 극복하는 길 - 예술성의 자각 실력의 재연마」, 『서울신문』 1958.5.25.

이 침체의 늪에서 벗어나는 길은 오직 전용극장을 갖는 것이라고 결론지은 바 있다. 이처럼 그가 영화에 깊은 관심을 갖고 여러 편의 시나리오와 영화론을 쓰기도 했지만 연극만큼 중요한 장르라고 보지는 않았다. 그가 그 무렵에 세 편의 희곡인 〈한강은 흐른다〉를 비롯하여 〈별승무〉, 그리고 마지막 작품이 되는 〈청개구리는 왜 날이 궂으면 우는가〉를 탈고했던 것도 바로 그 때문으로 보아야 할 것 같다.

그가 마지막으로 쓴 희곡 세 편은 자신의 창작세계를 정리한 것으로 보인다. 왜냐하면 같은 무렵에 썼음에도 세 작품의 성격이 매우 다르기 때문이다. 가령 〈한강은 흐른다〉가 구미 연극기행 뒤에 새로운 기법으로 동족 전쟁의 참담함을 총 정리한 비극이라고 한다면 〈별승무〉는 구도(救道)의 세계를 추구한 작품이고, 〈청개구리는 왜 날이 궂으면 우는가〉는 전쟁 초기에 쓴 〈까치의 죽음〉과 연결되는 생태주의적인 우화극(寓話劇)이라는 점에서 흥미롭다. 그러니까 마지막에 쓴 두 희곡은 만년에 그가 가장 관심을 갖고 써보고자 했던 주제였다는 점에서 주목된다고 말할 수 있다. 필자가 그렇게 본 이유는 두 가지에 있다. 그 하나는 그가 궁극적으로 쓰고 싶어 했던 주제가 인간의 근본적인 문제였다는 것이고, 두 번째는 미래 세대, 즉 어린이의 인성교육을 위한 우화극이었다는 점에서 그렇다.

그렇게 볼 때, 그가 마지막에 쓴 세 희곡은 그의 작품생활의 중간 단계의 정리라고 볼 수가 있다. 왜냐하면 세 작품 중 〈한강은 흐른다〉가 그가 평생 추구해온 리얼리즘의 마지막 희곡이라고 한다면, 나머지 두 작품은 그가 진정으로 쓰고 싶었던 제재의 희곡이기 때문이다. 좀 더 구체적으로 말하면 그가 처해 있던 당대의 불행한 현실 때문에 사실주의 수법으로 작품을 써왔지만 진정으로 쓰고 싶었던 작품은 인생의 근원적인 문제였다. 그러나 그에게는 당장 시급한 극장 짓기와 그로 인하여 건강을 상실함으로써 뜻을 모두 이루지는 못한 것이다. 따라서 그는 시대가 요구하는 희곡을 써서 한국 희곡사에 거대한 이정표를 세워놓았음에도 불구하고 불후의 명작을 남기지 못했다는 점에서 스스로 크게 아쉬워할 정도로 개인적으로는 불행한 극작가였다고 말할 수 있다. 후반에 몇몇 작품에서 확인할 수 있는 것처럼 그는 충분히 영원히 남는 걸작을 쓸 만한 능력의 소유자였다. 그런데 그것을 이루지 못한 것이다. 필자가 그의 마지막 세 작품을 가리켜 중간 단계 정리라고 한 것도 바로 거기에 있는 것이다. 극작가로서 자신의 인생을 정리하는 최후의 작

〈한강은 흐른다〉

품을 쓰지 못했다는 이야기다.

그렇다면 그의 사실주의극 방식을 정리했다고 보는 〈한강은 흐른다〉는 어떤 작품인가? 이 작품은 우선 전쟁 초기를 정 조준한 현대희곡사의 유일한 작품이라는 점에서 일단 의미가 있다. 가령 작품 시기가 되는 1951년 4월 초는 남북한군이 밀리고 미는 치열한 전쟁이 한창인 때다. 동랑은 바로 그 혼란기에 맞춰 서울 사람들의 일상을 묘사함으로써 동족 전쟁 중에 그들이 어떻게 대처하고, 또 생존을 위해서 어떻게 상처받으면서 변모해갔는지를 살피고 있다.

여기서 먼저 그가 작품배경을 설명한 일부를 보면 "시가전으로 폐허화된 서울은 바리케이트, 가시철망 등에 묻혔고, 공산군이 버리고 간 각종 포・탄피는 물론, 시체까지도 노변에 방치되어 있다. 이것들을 치우지 못할 만큼 아직도 전선은 바쁜 것이다. 노변 가옥들은 모두 파괴되었고, 성한 집일지라도 탄흔을 입지 않은 데가 없다. 서울의 한 외곽인 미아리고개 저편은 아직도 적의 준동 지대다. 야간이면 때때로 UN군은 그 상공에 조명탄을 밝힌다. 그리고 거대한 포문을 연다. 이 포는 서울 시내에서 쏘기 때문에 그때에는 시민들의 얼굴은 창백해지며 전화를 사전에 피하려는 초조한 마음은 그들로 하여금 지하로 숨게 하고 때로는 한강을 건너게도 한다. 이 연극은 서울 동대문시장에서 벌어진다."고 하여 독자로 하여금 내용이 어떨 것인가를 짐작게 했다.

그리고 등장인물도 보면 인민군으로 끌려갔다가 돌아온 청년을 비롯하여 피랍자의 아내와 어린 딸, 소매치기, 댄스홀 가수, 전재민구호소 소장, 천주교 노인, 모리상, 구두닦이 소년, 그리고 정보원과 점쟁이 등으로서 천주교 신자를 제외하고는 모두가 비정상적인 인물들이다. 그런데 주목되는 부분은 이러한 비정상적인 인물들의 틈에 없어도 괜찮을 천주교 노인을 등장시킨 점이다. 가령 무대 설명에서도 보면 "양식 목조 건물에는 소매치기 클레오파트라와 미꾸리가 동거하고 있고, 한국식 고옥에는 '전재민구호소'란 간판이 붙었다. 그 창과 문은 전당포처럼 철창으로 굳게 무장되어 있음이 눈에 띈다. 중앙 벽돌 건물의 2층에는 안희숙과 그 올케인 최정애가 그의 딸과 같이 들었고, 그 아래층엔 성경 할아버지가, 이 연극의 진행 중 항상 양지에서 두꺼운 돋보기를 통해 성경책을 읽고 앉았다."고 했다.

단도직입적으로 말하면 동랑은 그의 후기 작품에서 조금씩 보이기 시작하는 구원(救援)문제에 대한 사유의 표현이라 볼 수가 있는 것이다. 물론 그 구원도 가톨릭에 근거하고 있다. 이 작품의 주요 장면에는 반드시 천주교 할아버지가 등장하여 방향을 제시하곤 한다. 이는 마치 프란츠 카프카의 소설의 결정적 장면에서 성당의 종소리가 들려오는 것과 비교될 수도 있지 않을까 싶다. 물론 그가 궁극적으로 쓰고자 했던 본격적인 인간 구원문제를 다룬 작품을 남기지 못한 것은 사실이다. 그러나 후기의 여러 작품에서 그러한 면이 짙게 나타나고 있는 것이 사실이다.

이 작품에서도 보면 그는 대부분의 시민이 떠나고 텅 비다시피 한 동대문시장의 한 모퉁이에 무대를 설정하여 남아 있는 비상시국 상황에 처해 있던 사람들의 실존을 통해서 전쟁의 상처를 정면으로 다루면서 동시에 정신적 치유(治癒)의 따사한 손길을 뻗어보려는 모습도 보여주고 있다. 결론부터 말하면 주제는 '전쟁과 사랑'이고

이해랑 연출의 〈한강은 흐른다〉(신협, 시공관, 1958)

사악한 이데올로기에 의해서 빚어진 동족 전쟁이 인간을 어떻게 파괴했는가를 두 청춘남녀의 비극적인 사랑과 죽음을 통해서 묘사한 것이다. 즉 공산군의 남침으로 시작된 동족 전쟁에 의한 인간 파괴는 여주인공(안희숙)의 비극적인 삶을 통하여 표출되고 있다.

그러니까 전쟁이 한창인 가운데 서울에 남아 있는 사람들이 생존을 위해서 어쩔 수 없이 매춘과 사기까지도 서슴지 않는 고단하고 흉흉한 삶 속에 두 청춘남녀의 애잔하면서도 비극적인 이야기가 골격을 이루고 있는 것이 바로 〈한강은 흐른다〉인 것이다. 전체 이야기를 끌어가는 두 남녀(정철과 안희숙)는 전쟁 전 대학생 신분으로 약혼한 사이였고 미술학도였다. 그런데 전쟁이 발발하면서 정철이 의용군으로 끌려감과 동시에 납치되어 있는 부친을 구하기 위하여 금기를 깨고 만다. 그것이 다름 아닌 밀고사건인바 인민군의 강요에 의하여 숨어 있던 약혼자 안희숙과 남매지간인 대학 은사를 밀고함으로써 은사는 납북당하고 안희숙은 의용군으로 끌려가 심각한 부상을 당하고 돌아와서 담배장수로 겨우 연명하는 처지가 되었다. 바로 이 지점에서 비극이 시작되는데 의용군으로 끌려가서 약혼자의 가족을 불행하게 만든 연인 철이가 막노동자가 되어 나타난 것이다. 다시 만난 두 청춘남녀는 결혼까지 서두를 정도로 잠시나마 환희에 빠진다.

그러나 남편을 잃은 올케(정애)가 배신자인 철이를 용서하지 못할 뿐만 아니라 희숙의 심각한 신체적 상처까지를 상기시킨다. 즉 결혼하려는 시누이인 희숙에게 "작은 아씨, 깊이 생각해보우. 설사 주위 환경이 용납한다 해도 작은 아씨의 입장은 그때와 지금이 다르지 않우? 첫째, 작은 아씨의 가슴에 받은 상처를 어떻게 해? 여자로서 있을 게 없으니 말야(희숙, 정신이 썩 돌아온 듯 자기의 가슴에 손을 얹는다. 숨소리가 달라진다). 지금은 그자가 작은 아씨의 육체적 비밀을 모르니까 그렇지, 만일 결혼해봐, 빨갱이가 닥치면 왼쪽으로, 흰둥이가 돌아오면 바른편으로 왔다 갔다 하는 위인이 오죽이나… 더구나 작은 아씨의 뱃속에 파편까지…."라고 그녀의 가장 아픈 것을 정면으로 건드리면서 희숙으로 하여금 180도로 돌변케 한다. 이때부터 희숙은 의도적으로 철이를 피하기 시작하고 속사정을 모르는 철이가 오해한 가운데 방황한다.

그러는 중에도 전쟁으로 뿌리 뽑힌 사람들은 절망한 가운데서 살기 위하여 몸부

립친다. 가령 댄서로 생계를 꾸리고 있는 여인(클레오파트라)이 구호물자 소장과 나누는 대화 속에서 "서울은 남편에게 버림받은 미망이거든요. 그렇게도 호화롭던 거리가 지금은 어떻게 되었죠? 명동거리에 나가보셨나요? 개미 새끼 한 마리 없잖아요? 그리고 그 참혹한 부서진 모습! (글썽거리며) 정말 기막혀요."라고 눈물 짓자 구호소장은 "암은요, 서울이란 거대한 시체에 눈물을 쏟기 위해서 예서 고생을 하고 계신걸요."라고 응답한다. 그러자 댄서는 그 말을 받아서 "산야는 전화 입어 벌집 같아도 / 한강은 흐른다. 쉴 사이 없이 / 이 몸은 포탄 맞아 누더기 같아도 / 한강은 속삭인다. 가슴속 깊이 / 한강은 나의 넋! 님의 젖줄기! / 한강은 흐르는 동안 우린 살아 있다."고 읊조린다. 비록 댄서의 입을 통해서 읊어진 이상과 같은 시지만 이것은 바로 동랑이 무모한 이데올로기에 찌든 어리석은 인간들이 저지른 패덕과 문명 파괴를 시적으로 승화시킨 것이기도 했다.

이처럼 그는 참혹한 전쟁을 유유히 흐르는 한강(자연현상)과 대비시켜 인간의 몽매함을 연민의 시로 표출한 것이다. 따라서 이 시가 암시하듯이 두 청춘남녀는 파국을 향해서 한 발짝씩 나아간다. 즉 홀로 자신을 폐물이라고 자학하면서 돌아선 연인(희숙)의 속사정을 전혀 모르는 철이는 배신과 상실감에 방황하고 타락하며 분노하기까지 한다. 희숙이가 그를 사랑하면서도 여자로서의 만신창이 된 신체적 결함 때문에 결혼을 거부하면서, 극도로 오해한 철이는 잠시 도피처로 삼았던 댄서의 품에 가슴을 묻고 "이제 하직이다. 캔버스하고도, 색채하고도, 내가 그리던 모든 꿈하고도 하직이다!"라고 타락해가는 것이야말로 바로 전쟁이 만든 파국의 어두운 그늘이라고 볼 수가 있다.

동대문시장에서 꿈을 잃고 하루살이처럼 살아가고 있는 뿌리 뽑힌 이들에게 성경 할아버지의 등장과 충고는 많은 것을 암시하고 있다. 가령 구호소에서 심부름하고 있는 소년에게 성경 할아버지는 "주님께 자꾸자꾸 기도 올리라구, 그러면 웬만한 병은 물러가느니라, 이 세상에서 무소불능하신 이는 주님뿐이니까. 6·25 때 우리 집안 식구가 폭격에 다 죽었지만 나만 살았어, 내가 성경책을 놓지 않는 까닭이, 허지만 내가 죽고 젊은 것들이 살아야 할 것을… 난 그들을 성당에 데리고 다니지 않은 걸 후회한다. 에이, 지금이야 후회해서 뭘해?"라고 자탄하는 장면이 나오는데 이는 동랑의 구도 의식을 잘 보여주는 것이라고 말할 수가 있다. 그리고 그의 구도에로의 지향은 성경 할아버지뿐만 아니라 올케(정애)를 통해서도 표출된다. 가령 철이와의 결혼을 이야기하는 중에 올케는 "작은아씨, 부산에 내려가거든 둘이서 성당엘 찾아가슈. 신부님이 안 계셔도 좋아, 십자가 앞에 무릎 꿇고 경건한 마음으로 맹세만 해도 돼요. 그러면 그게 바로 훌륭한 결혼식이 될 테니까…."라고 하는 장면이다.

그러나 더 극적인 구원 의식은 안희숙이 자살한 뒤 성경 할아버지가 그녀의 시체 위에 봄꽃을 덮어주는 장면이며 철이가 그동안 홀로 고민하다가 죽은 연인 앞에서 자책하는 장면이라고 말할 수가 있다. 즉 철이는 경찰(작품에서는 정보원으로 되어 있음)에게 자신이야말로 잔인무도한 살인범이요 죄인이라면서 "잠깐만 나으리, 이놈은 공산당에 가까이 갔다가 무참히도 사람을 죽였소. 보십시오, 여기에 그 증거가 이렇게 빼드러져 있습니다. (정보원, 희숙의 시체를 본다) 그뿐이겠습니까? 이놈은 제 은사(정애를 가리키며)가 바로 이 부인의 남편입죠. 그 은사를 죽였소. 자아, 이 가증한 살인마를 잡아가십시오! 이놈은 이미 하늘의 벌을 받은 놈이니 이 지상에서도 가장 준엄한 형벌에 처해주세요."라고 울부짖는 장면이 나온다.

철이의 이 자책을 구원의 상징으로 보는 이유는 그가 하늘을 향해서 통회하고 있어서다. 물론 기독교도가 아니라도 일반적으로 사람들은 하늘을 들먹이는 경우가 있지만 철이의 자책과 참회는 절대자를 향한 것으로 보여진다. 그렇게 보는 이유는 철이의 참회가 성경 할아버지가 희숙의 시체 위에 봄꽃을 덮어주는 장면과 오버랩되는 데 따른 것이다. 이러한 동랑의 구도로의 지향은 다음 작품들에서 변형되어 표출된다.

아울러 이 작품에서 주목되는 부분은 동랑의 전쟁극에서 공통적으로 나타나고 있는 반공 이데올로기이며 동시에 사실주의 정신의 견지라고 말할 수가 있다. 그러나 그가 초기에 구사했던 사실주의 작품들과 확연하게 다른 점은 기법의 변화와 진전이라고 말할 수가 있다. 주지하다시피 그는 누구보다도 견고한 사실주의극 기법을 개척하고 견지해온 선구적 작가다. 그러나 그가 이 작품의 서두에서 연출가에게 '주의할 점'이라고 하여 "이 연극의 연출은 되도록이면 단일 장치로서 막 대신에 조명과 음악을 사용하여 막간 없이 진행되었으면 한다."고 했으며 실제로 그는 4, 5막에 해당하는 장막극을 22장면으로 구성했다. 좀 더 구체적으로 말하면 그동안 견지해온 아리스토텔레스의 『시학』 이후 소위 삼위일치식(三位一致式) 고전적 방식을 지양하고 시간과 공간의 구속을 혁파하는 새 극작법을 시도했다는 이야기다.

이는 그가 스스로도 밝힌 바 있듯이 구미 연극기행 후에 달라진 극술의 변화와 진전이라고 보여서 흥미롭다고 아니할 수 없다. 그로서는 또 하나의 실험적 작업이었다는 이야기가 된다. 그리고 이번 작품에서 눈에 띄는 부분은 전작들보다도 시(詩)의 활용을 많이 한 점이다. 물론 그가 이미 1930년대 후반부터 작품에 시를 조금씩 활용하기 시작했지만 이번 작품처럼 살벌한 비극에서마저 아름다운 시를 많이 활용한 것은 매우 특이하다. 그가 이처럼 후반으로 갈수록 시적 운문극으로 변해간 것은 상징주의로 더욱 기울어지면서 결국 우화극과 음악극에 깊은 관심을 갖고 있었음을 보여주는 것이기도 하다. 한 예로 이번 작품에서 보면 시를 다섯 편이나 활용함으로써 시극(詩劇)에 근접해가는 것처럼 느낄 정도다.

이러한 흐름 속에서 그는 시극과 같은 매우 특이한 〈별승무〉를 쓴다. 그런데 이 작품에서 특히 주목되는 점은 그가 궁극적으로 쓰고자 했던 인간의 근원적인 문제, 즉 구원문제를 정면으로 다룬 데 있으며 전작들에서처럼 가톨릭이 아니라 불교를 통한 구도문제를 다루었다는 사실이다. 그리고 또 하나 흥미로운 점은 대사 위주의 사실주의에 전적으로 의지해온 사실주의 연극의 선구자였던 그가 완전히 대사를 제거하고 동작과 춤, 그리고 음향과 조명만을 활용한 침묵의 게슈탈트(Gestalt)만을 무대 위에 제시했다는 사실이다.

즉 그가 '별난 승무'라는 의미의 이 작품에서 슬프고 아름다운 시적 게슈탈트만을 제시했다는 이야기다. 등장인물도 젊은 수도승 한 명뿐이다. 따라서 대사 없는 무언극이기 때문에 그는 상황 제시만 했다. 그런데 여기서 참으로 우리를 놀라게 하는 것은 그의 끊임없는 실험정신이라 하겠다. 그리고 그 실험정신이 형식의 변화에 그치지 않고 정신의 변화에 더욱 주안점을 두었다는 점이다. 따라서 그의 작품 변화의 추이를 되돌아보면 초창기의 현실 천착(穿鑿)에서 외적 상황에 따라 잠시 역사의 세계로 회피했다가 다시 현실로 복귀했으며 중반기에는 현실과 역사를 넘나들다가 결국에는 영혼의 세계로 귀착했음을 알 수 있다. 그가 마지막에 '영혼의 시'로 쓴 두 편의 희곡이 바로 그런 작품이다.

그 앞자리에 놓이는 이 〈별승무〉야말로 그런 대표적인 작품이라고 말할 수 있다. 왜냐하면 이는 그의 어떤 작품에서도 찾아볼 수 없는 구도의 무언극이기 때문이다. 다섯 장면으로 되어 있는 이 작품의 상황 설명 서두에서 그는 '주의'라고 하여 "천상에 나타난 물체는 형상을 하고 있으나, 북은 아니다. 님을 상징하는 것이면 좋겠다."고 했다. 그러니까 작품은 한 젊은 구도승과 물체의 대립으로 전개된다고 보면 된다. 즉 제1장의 설명을 보면, 은은한 목탁 소리에 따라 막이 열리면 먼동이 트는 새벽에 한 젊은 승려가 휑한 법당 안에서 잡념을 억제하려고 고투하는 것으로 시작된다. 두 번째 장면에서는 무대가 광대한 초원으로 옮겨져서 그 승려가 춘정(春情)에 빠져 황홀한 춤을 추다가 하늘에서 내려온 어떤 물체를 발견하고 멈칫한다. 제3장에서는 그 승려가 하늘에서 내려온 물체에 호기심을 갖고 다가가려다가 갑자기 들려온 어떤 소리를 듣고 놀라 자괴감을 갖고 쓰러져서 몹시 고뇌한다. 이 장면은 〈봉산 탈춤〉의 노장과장을 연상시키는데, 그렇게 보는 이유는 〈봉산 탈춤〉의 제4과장에서 노장(高僧)이 소무(遊女)의 유혹을 받고 고뇌하는 장면과 너무나 흡사하기 때문이다. 그러니까 구도의 어려움을 잘 표현한 데서 두 장면은 동질성을 지닌다고 보는 것이다.

이 작품의 네 번째 장면에서는 그 승려가 대담해져서 그 물체에 접근하여 흥겨운 춤을 추고 장삼까지 벗어던질 정도로 환희에 넘쳐서 황홀경에 빠져든다. 그러다가 절정의 순간 그는 대지에 널브러진다. 요란하던 반주도 멈추고 어둠이 닥쳐온다. 마지막 장에 오면 첫 장면의 법당이고 암흑과 침묵 끝에 한 줄기 빛이 쓰러져 있는 젊은 승려를 비춘다. 먼 하늘 저 멀리서 은은하게 들려오는 목탁 소리가 점점 가까워지며 복수의 소리로 증가하면서 젊은 승려가 조금씩 움직이고 그를 꾸짖기라도 하듯이 수많은 목탁 소리가 소나기처럼 강렬해진다. 놀란 승려는 잠에서 깬 듯이 머리를 번쩍 들고 주위를 살피더니 곧바로 벗어던졌던 장삼(법의)을 입고 머리를 마룻바닥에 박는다. 대죄를 지은 죄인처럼 참회를 하는 것이다. 이상에서 알 수 있듯이 〈별승무〉는 구도의 어려움을 매우 극적으로 묘사했는데, 그 방식은 〈봉산 탈춤〉의 노장과장과 춘원 이광수의 소설 「꿈」을 결합, 변형시킨 것처럼 구성한 것이 특징이다.

그러나 여기서 무엇보다도 주목해야 할 점은 그가 만년에 와서 인간의 구원문제를 어떻게 무대 위에 형상화할 것인가를 고민했으며, 그런 그의 생각을 한 젊은 승려의 파계와 해탈의 과정을 〈별승무〉를 통해서 묘사해냈다는 사실이다. 이러한 그의 인간의 근원적인 문제에 대한 천착은 마지막 작품인 〈청개구리는 왜 날이 궂으면 우는가〉로도 연결되지만 방식은 전혀 다르다.

즉 이 작품은 그가 전쟁 중에 썼던 〈까치의 죽음〉과 맥락을 같이하면서도 생태주의적인 접근이라는 점에서는 차이가 난다. 가령 〈까치의 죽음〉이 동양의 전설에 바탕을 두고 있다면 〈청개구리는 왜 날이 궂으면 우는가〉는 무대를 원초적인 공간에 두고 생태주의적인 입장에서 구원문제까지 짚고 있다는 점에서 차이가 난다는 것이다. 이 작품의 경우 천둥 소리에 막이 열리면 비가 내리고 비를 맞고 있는 소년에게 개구리 울음소리는 그들의 합창으로 들려온다. 개구리들이 "비야 비야 오지 마라 / 개울 개울 넘지 마라 / 울 엄마 떠내려간다…"고 합창한다. 그것이 비록 동화적 상상력을 바탕으로 접근한 것이기는 하지만 개구리들과 두꺼비, 그리고 뱀마저 사람처럼 말을 한다는 것은 작가가 인간과 동물 더 나아가 생명체들을 동격에 놓고 작품을 진행해 갔다는 사실에서 생태주의적 세계관을 표출한 것임을 알 수가 있다.

알다시피 생태주의자들은 이 우주 속에서 인간을 비롯한 모든 생물종이 상호 연결고리로 얽혀서 공존했던 평화로운 원초적(原初的) 사회로 이루어져 있었다고 본다. 이것이야말로 신화적(神話的) 공간이며 모든 생물종이 그리는 샹그릴라일지도 모른다. 실제로 동랑은 연극속의 연극무대 설명에서 시대를 '태곳적'이라면서 잎이 우거진 나무 밑에 개구리의 집이 있다고 했으며 청개구리가 날이 궂으면 우는 이유를 설명하는 할아버지 역시 손자에게 "옛날 — 지금으로부터 까마득한 옛날이지"라고 하여 원초적이면서도 신화적인 공간으로 관객을 인도하고 있다.

그런데 그가 이 작품에서 대표적인 생태주의자라 할 아르네 네스가 말하는 것처럼 "이 세상에 존재하는 모든 유기체들이 생물권이라는 그물망, 혹은 본질적인 관계망의 매듭으로서 모든 생물은 평등하다."[26]는 데 주안점을 두기보다는 교훈적인 데 포커스를 맞춘 점에서 큰 차이가 난다는 사실이다. 이는 아무래도 그가 어린이들을 상대로 이 작품을 썼기 때문이라고 볼 수가 있다. 그렇다고 해서 그가 생태주의적인 자세를 완화시킨 것은 결코 아니다. 가령 제3장의 장면 설명 초두에서 "녹

26 아르네 네스, 『외피론자 대 근본론자』, 문순홍 옮김, 『생태학의 담론』(솔, 1999), 69면 참조.

음이 우거진 늪과 그 언저리. 시커멓게 괸 물에 아름답게 핀 꽃들"이라고 묘사한 것은 인간이 마구잡이로 버린 오폐수 속에서도 꽃은 피어난다는 뜻으로서 문명에 의한 자연 파괴를 우회적으로 비판한 것이다.

이처럼 그는 박조열의 〈오장군의 발톱〉 이후 근자 오태석(吳泰錫)이 즐겨 쓰고 있는 생태주의 연극을 처음 개척한 선구적 극작가인 것이다. 그런데 그는 소위 생태주의 연극의 개척자로 끝나지 않고 그것을 종교와도 연결시킴으로써 한 차원 더 높였다는 점에 주목할 필요가 있다. 예를 들어서 그가 '썩은 물속에서도 아름다운 꽃'이 피어났다고 하여 자연의 위대함을 상기시키는 동시에 극락세계를 상징하는 '연화(蓮花)'를 떠올리게 한 점에서 그렇다. 이는 곧 이 작품이 그의 전작 〈별승무〉와도 연결되는 것으로서 흥미롭다고 아니할 수 없다.

그렇지만 그가 이 작품에서 주안점을 두고 있는 것은 어디까지나 아동을 상대로 한 것이어서 자연스럽게 교훈적으로 흐를 수밖에 없었고, 따라서 항상 빗나가기 일쑤인 아이들을 훈육하기 위하여 새끼 청개구리들이 어미 청개구리의 말을 잘 듣지 않아 비극적인 결과를 빚는 이야기를 만들어낸 것이다. 다시 말하면 그가 아이들의 삐딱함을 우의적(寓意的)으로 풍자한 것이다. 이처럼 그는 생명체들의 약육강식 문제 등도 이야기하면서 자식들을 먹여 살리기 위하여 부모 개구리들이 무참하게 죽임을 당하는 슬픈 이야기를 아름답고 환상적인 동시로 풀어간 것이다. 가령 먹이를 구하러 간 뒤에 할아범 개구리가 "자장 자장 / 우리 아기 자장 / 풀잎에 열린 이슬 / 따먹었으니 자장 / 자장 자장 / 우리 아기 자장 / 바위에 고인 물에 / 멱 감었으니 자장 / 자장 자장 / 자장 자장 / 우리 아기 자장 / 꿈꾸며 어서 자라 / 자장 자장 / 우리 아기 자장"이라고 자장가를 불러주는가 하면, 어미 개구리가 뱀에게 물려 죽자 동네 개구리들이 모여서 "불쌍한 과부를 / 살려주슈 / 청개구리 엄마를 / 살려주슈 / 이 사람 죽고 나면 / 저 새끼들 어이하겠소 / 청개구리 엄마를 / 살려주슈."라고 합창도 한다. 이처럼 동시극에 가까울 정도로 슬프면서도 아름답게 형상화한 이 동화적인 운문극에서 작가가 궁극적으로 전하려는 메시지는 역시 구원문제와 잇닿아 있음을 알 수가 있다.

할아버지 인제 날이 궂으면 왜 청개구리들이 우는가를 알았지?

손자 (혼잣말같이) 엄마 말을 잘 들어야겠어.

할아버지 마치 아담과 이브가 하느님의 말씀을 안 듣고 에덴동산의 과일을 따먹은 죄로 우리 인간이 지금까지 그 벌을 받듯이 태곳적에 청개구리들이 제 어미의 말을 안 들었기 때문에 오늘날 그들은 저렇게 울면서 비 오는 밤을 지샌단다.

손자 벌을 받고 있는 거군요.

할아버지 그렇지.

이상과 같은 할아버지와 손자의 마지막 대사에서 보이는 바와 같이 동랑은 인간의 원죄(原罪) 이야기로 끝을 맺고 있다. 이러한 인간의 원죄문제에 대하여 어린이들이 이해하기는 어려웠겠지만 동랑은 그의 마지막 희곡에서 원죄라는 화두를 던짐으로써 인간 특히 자신이 풀어야 할 과제를 제시한 것이라고 볼 수가 있다. 결국 그는 그해 가을에 스스로 가톨릭에 입교한다.

경상도의 전통적인 유교 집안의 장남으로 태어난 그는 대단히 보수적인 종교관을 지니고 있었다. 그러나 그는 결혼 직후부터 아내의 관심사에 은연중 동조해가고 있었던 듯싶다. 이 말은 곧 가톨릭 신자가 아니면서도 항상 수도원에 가고 싶어 했던 아내의 갈망과 연관되는 것이라고 말할 수가 있다. 그 점은 그가 1938년에 쓴 에세이 「나의 이상적 여성 타입」이란 글에서 자애로 넘치는 성모 마리아를 '나의 영원한 동경'이라고 하여 구원(久遠)의 여성상이라고 분명하게 밝히고 있는 사실에서 확인된다. 그리고 다음으로는 극히 우연이긴 하지만 1937년도에 극예술연구회가 제작한 유일무이한 영화 〈애련송〉(최금동 원작, 이효석 각색, 김유영 감독)에서 비록 단역이긴 하지만 그가 자청해서 신부(神父) 역을 맡은 일도 있었다. 물론 그것은 영화배우로서 나선 것이긴 해도 전문배우도 아닌 그가 자청해서 가톨릭 신부 역을 했다는 것도 그가 특별한 관심이 없었다면 하기 어려운 것이다. 그러나 결정적으로 그가 가톨릭에 입교하기로 한 것은 1951년 6·25전쟁 중 부산에서였다.

누구보다도 가정적이고 자식 사랑이 강했던 그에게 피난 중 3남매의 병고는 견딜 수 없는 고통이었다. 온실 속의 화초처럼 곱게 자란 3남매가 전쟁을 만나 악식(惡食)과 불편한 생활로 인하여 영양실조 등에 따른 폐결핵과 심장병으로 생명까지 위협받을 정도였다. 그런 때에 미국 가톨릭 선교회가 운영하는 메리놀 병원에서

3남매가 무료로 치료를 받음으로써 생명을 건질 수 있었다. 이에 감복한 동랑 부부는 가톨릭의 위대함을 처음으로 깨닫고 입교키로 마음먹게 된다. 특히 그의 아내가 소녀시절부터 막연하게나마 수도원을 동경해왔던 터라서 가톨릭 입교는 극히 자연스러운 것이기도 했다.

그런데 가톨릭은 다른 종교와 달라서 교리를 배우고 시험에 통과해야 하기 때문에 그들 부부는 예비자로서 교리를 열심히 배우기도 했다. 그러는 동안에 정전협정이 이루어지면서 이들 가족은 영세 직전에 환도하게 된다. 환도와 함께 갑작스러운 환경 변화와 연극계, 더 나아가 문화계의 복잡다단한 일로 교리공부는 중단될 수밖에 없었다. 특히 그들 부부는 돈 없이 극장 짓는 일로 심신은 지쳐갔고, 동랑이 고혈압 등의 병까지 얻었으며, 부산 피난시절 약속했던 가톨릭 입교에 대한 마음의 부담만 마음속에 지니고 있었다. 그런 때에 평소 가깝게 지내던 화가 장발(張勃, 1901~2001)로부터 가톨릭 입교 권유를 받게 된다.

주지하다시피 장발은 민주당 내각의 초대 총리를 지낸 장면(張勉) 박사의 계씨로서 전형적인 구교 집안으로서 대단히 독실한 신자였다. 본명이 루도비코인 우석 장발은 저명한 동양화가로서 서울대학교에 미술대학을 설치하는 데 주도적인 역할을 한 인물이다. 예술원 창립 때부터 두 사람이 함께 활동해오면서 돈독한 관계를 맺을 수 있었던 것은 평소 무욕(無欲)의 훌륭한 인품을 서로 존중해온 데 따른 것이었으며, 따라서 그의 입교 권유를 동랑이 흔쾌히 받아들인 것 역시 장발에 대한 신뢰 표시였다고 말할 수가 있다. 그리하여 그는 1964년 10월 1일 세종로성당에서 세례를 받게 된다. 당시 대단히 지성적인 사제로 이름이 높던 요한 박귀훈(1916~2006) 신부 주례로 동랑 부부는 평생에 그리던 세례를 받기에 이른다. 그리고 가톨릭 전례에 따라 대부를 세워야 되는데, 당연히 그에게 입교를 권한 장발이 자청했음은 두말할 나위 없는 것이었다.

우리 나이로 갑년이 되는 1964년 10월 1일은 그에게 있어서는 영원한 생명을 얻는 역사적인 날이 된 것이다. 특히 그보다도 아내인 심재순(본명 데레사)은 소녀시절부터 꿈꾸어왔던 가톨릭 입문을 성취한 것이어서 더없이 기뻐했었다.

그런데 흥미로운 사실은 그의 본명 짓기였다. 가톨릭에 밝은 장발은 박귀훈 신부와 상의하여 동랑의 본명을 이탈리아 출신의 성인 돈 보스코(Don Giovanni Bosco,

1815~1888)로 하자는 데 합의한 것이다. 대체로 본명은 당사자의 성향과 걸어온 길을 참작하여 짓게 되는데, 예술가로서 동랑이 걸어온 길이 사제(司祭)로서 걸어온 돈 보스코 성인의 행로와 닮은 데가 많아서 흥미롭다. 돈 보스코는 신부로 서품된 뒤 불우 청소년들의 그리스도교적 교육에 온 생애를 바친 사제다.

즉 돈 보스코는 1846년 성 프란체스코 살레지오의 오라토리오를 창설하여 토리노 근교의 발도코에 전 세계를 포괄하는 활동의 근거지를 마련했다. 그는 이 회의 발판을 더욱 굳히기 위해서 1868년에 자신이 가르친 아이들을 중심으로 살레지오회를 창립했으며 다시 1872년에 살레지오 수도회를 설립했다. 그는 학생들에게 과오를 범하지 않도록 사전에 예방하는 교육방법을 실시했다. 또한 교사와 학생 사이의 긴밀한 신뢰 관계를 유지하기 위해 종교적인 수단을 이용했다. 그의 교육적 성과는 도제(徒弟)학교, 공업학교, 일요학교 및 야간학교 등 어느 곳에서나 두드러져 사회적 모범이 되었다. 그가 이러한 종교적인 교육활동에는 적잖은 시련이 따랐으며 돈 없이 성당을 짓고 학교를 만드느라 빚쟁이에게 시달리기도 했다. 이러한 무모하기 이를 데 없는 일을 끊임없이 저지르자 교구로부터 정신병자로 몰리기까지 했다.[27]

이처럼 돈 보스코가 여러 성당 건립으로부터 불우 아동들의 교육장 거처 등을 마련하느라 빚쟁이에게 시달렸던 인생행로가 마치 동랑이 무모할 정도의 맨손으로 드라마센터를 세우고 연극 인재육성 교육사업 등을 위한 재정 궁핍으로 빚쟁이에게 시달렸던 모습과도 닮았다고 본 것이다. 그리고 두 사람 간의 공통점은 또 있다. 예를 들어 돈 보스코의 현실 참여정신이 바로 그런 것이다. 돈 보스코 성인은 미묘한 개인적인 문제나 정치적 문제에까지 탁월한 조언을 서슴지 않았고, 근대 포교운동의 개척자였으며 문필가로서도 백여 권의 저서를 남겼다는 점에서 그렇다. 동랑 역시 민족계몽운동가로서 정치적인 시련도 수없이 겪었고 많은 작품과 정치, 사회, 문화 등에 걸쳐서 수많은 글을 쓴 점에서 공통점을 지닌다는 보는 것이다. 다만 두 사람 간의 차이점이라고 한다면 돈 보스코가 사제로서 모든 문제를 종교에 입각

---

27 정진석, 『돈 보스코 성인』(가톨릭출판사, 2000), 전체 참조; E. 체리아 엮음, 『돈 보스코의 회상』, 김을순 옮김(돈보스코미디어, 2011) 전체 참조.

드라마센터 공사 현장을 방문한 데이비드 록펠러와 함께(1961.11.)

해서 행했던 데 반해서 동랑은 문화예술 그중에서도 공연예술에 입각해서 기여했다는 사실이다.

그는 솔직히 세례를 받은 이후에 독실한 신자는 못 되었다. 워낙 유교사상이 몸에 밴 데다가 드라마센터 일에서부터 학교 일, 그리고 문화계 지도자로서의 일이 많은 데 따른 것이었다. 그러나 그는 가톨릭을 예술적 측면에서 받아들이려고 끊임없이 노력했다고 말할 수가 있다. 좀 더 구체적으로 말하면 그가 신앙생활을 연극으로 보답하려 했다 사실이다. 그 점은 그가 일상생활에서의 올곧고 도덕적이었으며 청빈한 삶과 연극공연을 통해서 포교활동을 하려고 노력했다. 그런 첫 번째 경우가 신춘문예를 통해서 갓 데뷔한 신인 오혜령의 단막극 〈성야〉를 직접 연출했던 데서도 잘 드러난다고 말할 수가 있다.

왜냐하면 그가 바쁜 가운데서도 가톨릭교가 바탕이 되어 있는 그녀의 작품을 선

드라마센터 앞에서(1962)

호했기 때문이다. 약관의 신진 오혜령이 '가톨릭 사제도 어디까지나 인간'이라는 관점에서 성속(聖俗)의 문제를 대담하게 묘사한 작품에 동랑이 주목한 것이다. 왜냐하면 동랑이 바로 연전에 쓴 〈별승무〉에서 다루었던 구도문제를 그녀가 가톨릭의 측면에서 다루었기 때문이다. 물론 동랑은 젊은 승려를 통해서 구도의 어려움을 취급한 것이라는 점에서 가톨릭 사제를 주인공으로 삼은 오혜령과 차이가 없는 것은 아니나 수도자의 성속 갈등문제를 집요하게 천착했다는 점에서는 공통점을 지니기도 한다. 그가 유난히 오혜령을 아끼고 사랑했던 이유도 자신이 쓰고자 했던 주제를 그녀가 대담하게 파고든 데 따른 것이었다. 동랑은 그녀가 두 번째로 쓴 장막극 〈인간적인 진실로 인간적인〉도 직접 연출했는데, 이 작품 역시 가톨릭 신부가 주인공으로 등장하는 구원문제를 다룬 희곡이었음에랴.

당시 가톨릭 서울대교구도 명망 높은 그의 입교를 좋아했기 때문에 때때로 그를 불러 문화행사에 관해서 자문을 받기도 했다. 그가 노기남(盧基南, 1902~1984) 대주교와 돈독한 친분을 쌓음으로써 1967년 한국 최초의 김대건 신부를 기리는 기념 행사 때는 앞장서서 희곡 작품 〈이름 없는 꽃들〉(김다두 작)을 발굴하여 드라마센터 무대에 올리기도 했다. 이처럼 그가 비록 성당에는 자주 다니지 못했었어도 나름대로 가톨릭교도로서 역할을 다하려고 노력한 인물이었음은 틀림없는 사실이다.

10. 동랑의 대몽(大夢), 드라마센터
—드라마센터의 제1기(1958~1963) 활동

극장은 연극, 무용 등 공연예술을 창조하여 대중과 함께 즐기고 또 마음을 나누는 장소이고 동시에 집이다. 그렇기 때문에 극장이 공연예술의 기본 요소의 하나가 될 수 있는 것이다. 이러한 극장 개념은 인류가 공동생활을 하고 제의(祭儀)라는 기복신앙을 가지면서부터 어렴풋이 형성되어 존재해왔다고 말할 수 있다. 왜냐하면 기복신앙 행위에는 반드시 만남의 신성(神聖) 공간이 필요한 것이고, 바로 그곳이 다름 아닌 원초적인 극장형태라고 볼 수 있기 때문이다. 특히 제의가 오락으로 발전되면서 극장 개념은 신성 공간에서 오락 공간으로 변이되고, 나아가서 오늘날의 극장형태가 굳어졌다고 보아도 무방하지 않을까 싶다. 그렇게 볼 때 극장의 역사는 인류가 공동체 생활을 하면서부터 시작된 것인 만큼 오래고, 우리나라에서의 극장의 역사 역시 부족국가시대부터 기산(起算)한다면 대단히 길다고 말할 수가 있는 것이다. 그러나 극장이 외형적 형태를 갖추기 시작한 것은 대체로 고려조 후반부터가 아닌가 싶다. 왜냐하면 그 시대에 산대잡극을 하면서 산붕(山棚)이라든가 채붕(綵棚) 등으로 불리던 가설무대 혹은 이동무대의 모습을 갖춘 형태가 등장했을 것으로 보기 때문이다. 그러나 확실한 것은 중국 사신 아극돈(阿克敦)이 그의 '봉사도'에서 분명히 밝힌 바와 같이 조선조에는 바퀴 달린 이동무대의 형태가 소위 산대라는 이름으로 유행(?)한 것이 사실이었다. 문제는 보편적으로 생각하고 있는 서양식 건축형태의 극장은 근대에 와서야 겨우 시작되었다는 점이다. 우리의 현대적인 극장사가 일천한 이유도 바로 거기에 근거한다. 가령 19세기 말엽에 서울의 관문이었던 용산이나 아현동(阿峴洞) 마루에 무도장이 있었다든가 동대문 밖 한성전기주식회사 건물의 한 귀퉁이를 무대로 꾸며서 근로자들을 위로하는 전통예능 공연을 가졌다는 기록 등이야말로 소위 근대적인 건축형태 극장의 효시라고 볼 수 있지 않을까 싶다. 그러다가 1902년에 드디어 협률사라는 옥내극장이 모습을 드러냈는데, 그나마도 내무부 산하 봉상시(奉常寺) 건물을 리모델링한 것에 불과해서 이렇다 할 극장이라고 보기에는 미흡한 점도 없지 않다.

그러다가 일본 제국주의 세력의 침투에 발맞춰 따라 들어온 일인들이 서울을 중심으로 모여 살면서 극장을 세우기 시작했고, 1910년 일제의 한국 병탄 이후에는 소위 대륙 낭인들이 착취의 한 수단으로서 전국 곳곳에 영화관을 세워나갔다. 물론 우리도 1900년대에 광무대를 비롯하여 장안사, 연흥사, 단성사 등을 운용했고 1920년대 초에는 조선극장을 세웠으며 1935년에는 동양극장이라는 연극 전용극장을 만들었지만, 대부분 일본 자본에 의지했던 것이 사실이다. 이 말은 곧 당시에 국내외 공연예술계의 동향을 두루 아는 공연예술 전문가나 극장을 아는 전문가도 없는 상항에서 그런 극장들이 등퇴장했다는 이야기가 되는 것이다. 환언하면 초창기 극장들은 약간의 자본을 가진 비전문가들이 호사취미로 또는 경제적 이득을 위하여 공회당이나 상점 만들듯이 극장을 세웠다가 소기의 목적을 달성 못 하면 폐기했다는 이야기가 된다. 왜냐하면 초기의 어느 극장 설립자도 뚜렷한 인물이 나타나 있지 않을뿐더러 설립 비전이 없고, 그렇기 때문에 단명했던 것이 아닌가 싶다. 이 땅에 백 년의 역사를 가진 극장이 단 하나도 없다는 것이 그 단적인 예라 하겠다. 그렇기 때문에 우리 손으로 만든 극장들이라는 것이 동양극장을 제외하고는 공연장이라 이름 붙이기 어려울 정도로 열악한 시설을 갖추고 있었던 것이다. 따라서 우리의 공연단체들은 그나마 일본인들이 세운 영화관을 활동 무대로 삼을 수밖에 없었다.

그런데 문제의 심각성은 일본인 극장주들이 공연단체들에게서 수익의 대부분을 착취해감으로써 우리나라 연극이나 영화의 발전이 더딜 수밖에 없었다는 점에 있었다. 이러한 현상은 민족 해방 이후에도 크게 개선되지 않았다. 왜냐하면 일본인 소유 극장들이 해방 이후에는 일본인 극장 주변에서 일했던 흥행 모리배들의 손으로 넘어갔고, 또 정치 불안정과 경제상황의 열악함 등으로 인하여 제대로 된 극장을 세우기에는 역부족이었기 때문이다. 가령 1950년에 아시아에서는 최초라는 이름으로 개관했던 국립극장도 조선총독부가 1935년에 경성부민관으로 세운 건물이었고, 전후(戰後)에 우리의 근대극을 명맥을 굳건(?)하게 지켰던 명동의 국립극장 역시 일본 도쿄의 타마다 건축사무소장인 이시바시 료스케(石橋良介)가 1934년도에 영화관으로 지은 명치좌[1]였지 않은가.

그럼에도 불구하고 일단 예술인들은 극장의 난제를 풀어보기 위하여 해방을 맞자마자 범문화적으로 국립극장 설치운동을 벌였고 1950년 초 개관하여 공연예술 중흥의 싹이 잠시나마 보이기도 했었다. 그러나 그것도 잠시였고, 6·25전쟁으로 제 역할을 지속하지 못한 것이다. 바로 이 지점에서 동랑은 미래 지향적인 극장을 만드는 것이 한국 공연예술 발전의 단초가 될 수 있음을 생각한 것이다. 가령 그가 전후(戰後)에 쓴 「소극장운동」이라는 글을 보면 미국의 연극계 일각에서 성행하고 있던 Theater in Round(둘러싸인 극장)를 소개하면서 "우리 한국은 본시 극장 건물이 부족, 불비한 데다가 금반 전쟁으로 많이 파괴되어 뜻있는 이가 연극운동을 하려고 해도 극장이 없다. 있다 해도 엄청나게 고가다. 이 새로운 형태의 연극은 강당. 교실. 옥상의 공지, 뜰, 넓은 실내 — 아무 데고 손쉽게 할 수 있고 더구나 무대장치를 하지 않기 때문에 경비도 적게 든다. 이 시어터 인 라운드야말로 우리 한국에서 꼭 전개해봄 직한 운동이다."[2]라고 하여 당장 필요한 것은 열린 형태나마 소극장 개설이 국면 타개의 최선책이라고 설파한 바 있다. 그리고 그가 구미 연극여행을 하면서 주목했던 것도 브로드웨이의 대극장들이 아니라 각 나라의 소극장활동이었다. 가령 그가 쓴 연극기행문들 중 「단체마다 극장 소유」라는 글에 보면 "그 후 다시금 뉴욕으로 돌아와 미국을 비롯한 전 세계 상업극의 본거지인 브로드웨이로 갔다. 이곳 역시 40개의 실연(實演)극장이 있는데, 특이한 것은 보통 백 명 내지 150명 정도의 관객 수용 극장이 많다는 점이며, 심지어는 자기 아파트만 한 방에 막도 없이 조명만 비치해 연극하는 데는 놀라지 않을 수 없었던 것이다. 어느 극단체이건 규모의 대소는 있을망정 한 개의 소극장을 소유한다는 것은 그들의 상식같이 되어 있으니 자본주만이 극장을 설립할 수 있게 되어 있는 우리나라 실정에 비추어 새삼스럽게 재고하지 않을 수 없었다."[3]라고 하여 우리야말로 대극장주의에서 벗어나 소극장운동에서 공연예술 발전의 동력을 찾아보자고도 했다.

---

1 유민영, 『한국근대극장변천사』(태학사, 1998), 338면.

2 유치진, 「소극장운동」, 『동랑 유치진 전집』 8(서울예대출판부, 1993), 68면.

3 유치진, 「단체마다 극장 소유」, 『동랑 유치진 전집』 7(서울예대출판부, 1993), 202~203면.

이러한 동랑의 생각은 그가 전후에 등장한 작은 극단들이라 할 제작극회라든가 떼아뜨르 리브르, 원방각 등 소수 사람이 건물 없이 벌였던 소극장운동을 격려하면서 쓴 「소극장운동의 발전을 위해」라는 글에서도 확인되는 바다. 즉 그는 이 글에서 "근자에 젊은이들이 소극장을 조직하여 새로운 연극운동의 의욕을 보여주려고 함은 반가운 일이다. 구미 각국에서도 참된 실험적 연극은 백 석, 많으면 2백 석의 좌석을 가진 소극장에서 상연되고 있으며 그들은 언제나 좋은 레퍼토리로써 자기네들의 관객과 호흡을 같이 융화하는 것을 볼 수 있었다. 반면에 우리나라에선 겨우 국립극장 하나를 두고 그나마도 운영에 급급하고 있는 실정인데, 앞으로 배출될 새로운 연극인을 위해서는 이러한 소극장이 더 건립되어 그들에게 자유롭게 발표할 기회와 일터를 마련해주었으면 좋겠다."[4]고 쓴 바 있다. 이처럼 그는 궁극적으로 우리 연극의 발전은 건전한 소극장운동이 밑받침되어야 한다는 확고한 신념을 갖고 있었으며 한 걸음 더 나아가 소극장 건립에 대한 갈망을 은연중에 내비치기도 했다. 그렇게 볼 때, 드라마센터 건립은 그러한 그의 소망의 필연적 소산물이었다고 말할 수가 있는 것이다.

한국 현대극의 요람 드라마센터는 일반적인 나라들의 극장 설립 과정과 달리 매우 특이하면서도 복잡한 배경을 지니고 탄생한 극장이라고 말할 수 있다. 왜냐하면 드라마센터가 탄생하는 데는 복잡한 국제 정세와 깊은 관련이 있기 때문이다. 만약에 드라마센터를 처음 후원했던 미국의 세계적인 재벌 록펠러재단이 일제의 한국 침략과 조국 분단, 그리고 동족 전쟁이라는 긴박한 상황이 벌어지지 않았다면 이 땅에까지 찾아와서 극장을 짓는 데 도움을 줄 기회를 가졌을까 하는 의문이다. 바로 그 점에서 록펠러재단이 한국과 깊은 인연을 맺는 데는 해방 직후의 미군정 및 6·25전쟁과 연관이 있다는 이야기가 되는 것이다. 가령 드라마센터를 건립하는 과정에서 록펠러재단 측의 창구 역할을 한 파스 박사만 하더라도 1950년을 전후하여 한국에 와서 동랑과 인연을 맺은 바 있었고, 동랑으로 하여금 미국을 비롯한 세계 일주 여행을 하도록 종용, 알선한 것도 바로 그였다. 이처럼 드라마센터 건립은 대단히 복잡하면서도 미묘한 국제 정세와 깊은 연관이 있다. 그리고 결정적으로는

4 유치진, 「소극장운동의 발전을 위해」, 『동랑 유치진 전집』 8(서울예대출판부, 1993), 60면.

동랑의 미국 여행이 드라마센터 건립의 단초가 되었음도 흥미로운 점이다. 즉 그가 1956년도에 미국 여행 중에, 그리고 귀국 후에도 잇달아 록펠러재단을 향하여 한국의 열악하기 이를 데 없는 극장상황을 설명하고 구애를 했음은 그의 다음과 같은 회고에 잘 나타나 있다.

> 나는 미국 연극계를 돌아보는 동안 내게 혜택을 베푼 록펠러재단 사람들에게 장기적 안목에서 한국 연극 진흥을 도와달라고 여러 번 이야기한 바 있었다. 장기적 안목에서 한국 연극 발전을 돕는 것이란 연극인들이 모일 수 있고 또 거기서 연구도 하며 사람들을 가르칠 수 있는 장소 마련이다. 연극인들의 모임 장소는 단순한 사무실일 수 없고 극장이어야 함은 명약관화한 일이다. 록펠러재단 관계자들은 내 이야기에 고개를 끄덕였고, 한국을 다녀간 사람일수록 내가 바라는 바가 무엇인가를 금세 알아차렸다. 록펠러재단의 연극담당자(파스 박사를 일컬음)는 비평가 못잖은 전문지식까지 갖추고 있어서 대화하기가 참으로 수월했다. 우리나라는 언제 기업이 문화예술을 지원하고 또 담당자들이 평론가 못잖은 식견을 갖출 것인가.
>
> 내가 세계일주 여행에서 귀국한 후 보고서 작성과 함께 여러 가지 감회를 말했다. 그랬더니 저들은 뭐 더 도와줄 것이 없겠느냐고 물어왔다. 나는 전부터 꿈꾸어왔고, 또 세계여행에서 더욱 구체적이면서도 절실하게 가시적 형태를 갖고 싶음을 토로했다. 그것은 곧 연극인을 양성하는 동시에 새로운 연극도 창조하며 연극인들이 한군데 모일 수 있는 집, 즉 소극장을 짓고 싶다고 했다. 당시 2백 평 정도에 소극장을 하나 세우려면 미화로 10만 불 정도는 족히 들었다. 그랬더니 록펠러재단 측에서 매우 좋은 의견이라면서 지원하겠다고 약속을 해왔다. 전혀 뜻밖의 지원을 끌어내게 되어 나는 뛸 듯이 기뻤다.[5]

이상과 같은 그의 회고는 대단히 신빙성이 있는 이야기다. 왜냐하면 그가 1956년부터 1957년까지 세계일주 여행을 하면서 쓴 기행문에도 미국 등 세계 곳곳에서 소극장들이 그들 나라에서 매우 중요한 역할을 하고 있는 점과 록펠러재단 사람들

---

5 '서울예술대학 50년사'(미발간 초고), 52~53면.

이나 미국의 지도급 연극인들을 만날 때마다 그런 소극장 갖기를 소망한다는 것을 자주 언급했다는 이야기가 나타나 있기 때문이다. 특히 드라마센터 건립을 록펠러재단이 결심하게 된 결정적 동기는 아마도 그가 귀국 후에 재단에 보낸 보고서였던 것 같다. 그 점은 그가 세계일주 여행에서 돌아와 여러 가지 신상의 복잡한 일로 한참 뒤인 1958년도에나 제출했는데, 마침 그해 9월 19일 자에 『서울신문』에 기고한 글에서 "우리는 오래전부터 소극장 건축운동을 시작하여 지금 약간의 서광(瑞光)을 보게 되어 있다. 장차 건축될 소극장에서는 저녁마다 연극이 공개되는 극작가, 연출가, 배우 등 기술자들의 보충이 계획될 것"[6]이라고 처음으로 드라마센터 건축이 가시권에 접어와 있음을 분명하게 알린 점에서 확인되는 바다. 여하튼 드라마센터가 세워지는 데는 네 가지 요인이 복합적으로 작용하게 되는데, 그 첫 번째가 6·25전쟁을 겪으면서 우리나라와 혈맹국 관계가 된 미국의 유수 재벌 록펠러재단이 앞장서서 한국 연극 재건에 발 벗고 나선 점이었고, 두 번째 요인은 어떻게든 소극장을 세워보려는 동랑의 열정적인 전방위 활동에 기인하며 세 번째와 네 번째 요인은 건립 과정에서 구체적으로 드러나지만 정부 당국의 보이지 않는 협조와 범문화계의 적극적인 후원에 따른 것이라고 말할 수가 있다.

솔직히 당시 이 땅에서 개인이 외국 자본을 얻어다가 극장을 짓는다는 것은 보통 어려운 일이 아니었다. 더욱이 하다못해 비슷한 전례조차 없었기 때문에 무엇부터 해야 할지 동랑이 우왕좌왕하자 록펠러재단 측에서 자금을 지불하기 위하여 부지 확보라는 선행 조건이 달린 법인체 결성을 요구해옴으로써 일이 풀리기 시작했다. 그 전말과 관련하여 동랑은 "나는 우선 그들이 제공하겠다는 10만 불을 염두에 두고 극장을 머릿속에 그리기 시작했다. 그런데 그 10만 불은 법인에게만 지급되는 것이라 하여 나는 부랴부랴 내가 살고 있는 갈월동 집과 처남 집(심재홍) 등 그 밖의 부동산을 기부하여 1958년 5월 12일에 재단법인 한국연극연구소 유지재단이라는 것을 설립하기에 이르렀다. 이렇게 법인체를 만들고 나니까 비로소 그들은 한미재단을 통해서 우선 4만 5천 불을 지급하겠다는 통보를 해온 것이다. 거기에는 선행 조건이 붙었는데, 그것은 부지 확보였다. 그러니까 부지가 확보되어야 그

---

6 유치진, 「신극운동의 과제 - 극장과 기술자를 다시 찾자」, 『서울신문』 1958.9.19.

드라마센터 앞에서

드라마센터 전경

4만 5천 불을 받을 수 있었고 기한을 넘기면 그마저 무효가 되느니만큼 나는 애가 달아 여기저기 돌아다니기 시작했다."고 술회한 바 있다.

그의 이러한 회고에서 주목되는 부분은 록펠러재단이 극장 건축 과정에서는 자금을 일부만 지원한 것이고, 출발부터 동랑의 재산이 투입되기 시작했다는 사실이다. 가령 그가 록펠러재단의 요구에 따라 법인체를 만드는 데 자신의 집과 처남의 집까지 기부하여 11,366,000원을 마련했다는 것이 그 단적인 예라하겠다. 여기서 반드시 짚고 넘어가야 할 또 한 가지는 동랑의 재산이라는 것도 엄밀히 따지고 보면 심씨(沈氏) 가문의 재산이었다는 것이 정답이 아닐까 싶다. 왜냐하면 동랑은 연극운동 과정에서 돈을 벌어본 적이 거의 없기 때문이다. 그의 평생의 반려자 심재순이 1942년 극단 현대극장 운영 때부터도 극단의 살림살이를 전적으로 맡았던 사실은 잘 알려져 있다. 이처럼 그녀가 드라마센터 건립에 있어서도 가장 적극적으로 재정적 뒷받침을 한 장본인이 된 것이다. 솔직히 그녀가 아니었다면 드라마센터는 생겨날 수 없었을 것이라는 생각조차 든다. 그리고 뒤에 록펠러재단에서 온 돈은 겨우 1만 5천 불이었으므로 그들이 지원한 것은 모두 5만 5천 불에 불과하다. 당시 환율이 1불에 50원[7]이었으므로 5만 5천 불이라야 275만 원에 불과하지 않은가. 그러니까 그들의 지원은 법인체 만드는 데 소요된 돈 11,366,000원에도 훨씬 못 미치는 금액이다. 그리고 여기서 미리 밝히거니와 총공사비만도 1억 2천만 원이 소요되었으므로 록펠러재단이 후원한 돈은 극히 미미하다는 사실이다. 따라서 드라마센터가 전적으로 록펠러재단의 돈으로 세워졌다는 세간의 낭설은 사실과 전혀 부합하지 않는 것이다. 또 하나 여기서 반드시 주목해야 할 부분은 재단법인 한국연극연구소(이사진: 이사장 유치진, 이사 이홍근·이해랑·김동원·심재홍·한학수·김인애, 감사 이일동·심재훈)의 설립취지문이다. 왜냐하면 거기에는 드라마센터의 설립 배경과 함께 미래상이 제시되어 있기 때문이다.

---

7 1958년도 환율은 1:50이었고 1960년 2월부터는 1:65로 정해졌다. 『한국민족문화대백과사전』 25권, 환율 부분 참조.

재단설립취지서

연극이란 세계 어느 민족에 있어서나 그 민족의 정신생활과 더불어 성장하였으며, 우리의 민족극 역시 그 극적 형태를 우리 민족의 정신생활의 원천인 원시종교에서부터 시작하였던 것이다. 따라서 우리 민족생활에 있어 연극의 씨가 발아한 지 벌써 오랜 세월이 흐른 것이다. 그동안에 우리는 이미 〈산대놀이〉와 같은 고유의 가면극과 〈홍동지 박첨지〉와 같은 인형극을 가지게 되었으며 근세에 와서는 창극, 신극 등 우수한 극술까지 창조하게 되었다. 이상과 같이 우리의 민족의 연극 보고(寶庫)는 결코 빈약한 것이 아닌 것이다. 그럼에도 불구하고 우리의 사회적 환경은 이들을 충분히 가꾸어 발전시킬 기회를 마련하지 못하였다. 그 때문에 오늘의 우리의 연극계 현상은 유감스럽지만 만족할 만한 것으로 되어 있지 못하다. 본시 연극이란 한 예술형태로서나 학문의 대상으로서 그 연조가 깊고 심오할뿐더러 그 활용되는 부면도 다기(多岐)롭다. 자고로 연극이 글로써 기록되어 희곡이란 면목에서 문학예술의 한 부문을 이루었거니와 근세에 이르러서는 기계화되어가는 현대인의 생활 속에서 영화, 라디오, 텔레비전 등으로써 새로운 발전의 길을 개척하고 있는 것이다. 따라서 이것들이 대중에게 영향하는 범위도 또한 광대해졌으며 이용되는 방면 역시 실로 다각적인 것이다. 더구나 구미(歐美)의 연극은 그들의 모국어의 정화 발전의 한 방법으로써 널리 활용되며 높이 평가되고 있는 현상인바 이는 외적의 침략으로 오랫동안 억압당하였던 우리의 국어교육과 그 발전에 하나의 시사일 수도 있을 것이다. 이렇게 귀중한 예술이며 문화재인 연극을 우리나라에서는 올바른 방향으로 지도 육성하기 전에 모리(謀利)의 대상으로만 악용함에 급급한 나머지 그 본연(本然)의 사명을 완수케 못하고 있음은 유감지사라 아니할 수 없다. 이에 느낀 바 있어 동지 수인이 모여 민족연극의 건전한 육성과 그의 선양을 목적으로 재단법인 한국연극연구소 유지재단을 창립하여 미력이나마 민족연극 육성에 하나의 초석이 되려는 바이다.

단기 4291년(서기 1958) 5월 12일 한국연극연구소 유지재단 발기인 일동[8]

이상과 같은 재단법인 한국연극연구소 설립취지문을 여기에 소개한 것은 그 속

8 '서울예술대학 50년사'(미발간, 초고), 54면.

에 드라마센터의 설립 배경과 그 미래 비전이 어느 정도 제시되어 있어서다. 설립 취지서 내용을 좀 더 구체적으로 살펴보면 대강 다섯 단계로 서술되어 있음을 알 수 있다. 첫째 단락은 연극의 가치와 기원에 관한 것이고, 두 번째 단락은 우리나라에도 훌륭한 연극 전통이 있다는 설명이며, 세 번째 단락은 불운한 역사 환경으로 인하여 우리 연극문화가 제대로 발전이 안 되었다는 것이다. 그리고 네 번째 단락은 기계문명의 발달에 따른 다양한 미디어의 등장으로 인하여 희곡의 영역이 확장, 대중화되었다는 점과 그렇기 때문에 더욱 민족연극의 육성이 시급하여 재단 설립을 하게 되었다고 했다. 그러면서 재단이 앞으로 할 일 다섯 가지를 제시했는데, 첫째 소질이 풍부한 소수의 연극학도에게 전문적인 연극교육을 시킬 수 있는 연극학원을 운영하며, 둘째 연 4회의 유료 시연회를 개최하여 연극예술의 창조와 아울러 각 부문의 신인을 양성하기 위한 시연회를 개최한다는 것, 셋째 연극 연구 논문 및 연극 재료를 수록한 연구지 『한국연극』을 연 4회 계간지로 발간하며, 네 번째로는 연극전문가들에게 연구를 촉진시키기 위해서 월 1회의 연구발표회를 가지며 끝으로 연극에 관한 국내외의 각종 문헌과 재료를 수집, 정리하여 영구 보존하는 한편 출판까지 하겠다는 것이었다.

물론 이러한 구상은 극장을 세운 다음에 할 일이었으므로 하나의 비전 제시였던 바, 4년 뒤 완공 뒤에는 당초에 구상했던 것과는 많이 달라질 수밖에 없었다. 왜냐하면 막상 극장을 짓고 나니까 잡지 발간이라든가 연구발표회, 그리고 문헌 수집 발간 등 아카데믹한 일보다는 당장 공연활동과 인재발굴이 시급해졌기 때문이다. 그와 관련해서는 후술하겠거니와 당장에 닥친 극장 건립문제는 어려움의 연속이었다. 그럴 수밖에 없었던 것이 부족한 자금 때문이었음은 두말할 나위 없다. 당장 록펠러재단의 돈을 들여와야 하니까 부지 확보가 급선무였다. 재단 설립 후 1년이 지났지만 서울의 한복판에서 극장 터를 찾는 일이 쉬울 수 없었다. 그러다가 행인지 불행인지 4·19학생혁명이 일어나 허정(許政) 과도정부가 들어섰고, 평소 알고 지내던 사학자 이병도(李丙燾)와 법학자 이항녕(李恒寧)이 각각 문교부 장차관으로 임명되어 집무를 보고 있었다. 그렇다면 이런 어수선한 시국상황에서 그가 어떻게 극장 부지를 얻어냈을까? 그에 관한 것은 그의 자전에 다음과 같이 소상하게 설명되어 있다.

그러던 중 4·19가 일어나고 허정(許政) 과도정부가 수립되었다. 이때 이병도가 문교부 장관으로 있었는데, 나는 그동안 눈여겨보아오던 현 드라마센터 터를 불하해달라고 교섭했다. 그러나 이 장관은 과학관 부지를 극장 부지로 내어줄 수는 없다고 거절하는 것이었다. 한때 나는 종로 보신각 옆, 한청빌딩 부근의 1백여 평의 터도 생각해보았다. 나는 세계 연극 시찰여행 중 이만한 부지에 극장을 지어도 아쉬운 대로 연극운동을 할 수 있겠다는 자신을 가지기도 했지만 막상 결정하려고 드니 30여 년간 꿈꾸어오던 연극 전당으로서는 너무나 협소했다. 나는 고심 끝에 당시 문교부 차관으로 있던 이항녕을 찾아갔다. 그와는 평소 친교가 있었던 터라 나는 좀 도와달라고 억지를 쓰다시피 매달렸더니 마침내 그는 과학관을 지을 만한 곳을 따로 주선해주면, 남산 자리를 내어주겠다고 언질을 주는 것이었다. 나는 이왕직(李王職) 재산 관리를 맡고 있던 오재경(吳在璟)의 도움으로 이왕직 부지와 맞바꾸기로 하고, 남산 부지 불하 신청을 허정 수반에게 내어놓았다. 그때는 이미 과도정부의 존속 기간이 몇 주일밖에 안 남았을 때라 나는 서둘지 않을 수 없었다. 나는 내 아내와 함께 허정 수반 자택으로 아침 일찍 찾아갔다. 문 앞에 지켜 서서 그분이 나오기를 기다리고 있는데 비서들이 무슨 일로 왔느냐고 물으면서, 중앙청에서 뵙는 것이 좋겠다고 일러주었다. 그러나 나는 '허(許) 수반이 내가 여기 서 있는 걸 보면 왜 그런지 잘 알 테니 당신네들은 상관하지 말라'며 한참 실랑이를 했다. 그런데 때마침 허 수반이 나왔다. '어유, 아침 일찍 웬 일이오?' '무조건 도장이나 찍어주시오.' '그렇게 쉬운 일이 아니오.' '어려울 건 또 뭐가 있소?' 이렇게 우리는 한길에 선 채로 두 시간 가까이 설전을 벌였으며, 이러한 우여곡절 끝에 나는 가까스로 허정 수반의 결재를 받는 데 성공했다.[9]

이상과 같은 그의 회고에서 알 수 있듯이 남산 부지 980평을 불하 받는 데는 적잖은 우여곡절이 있었던 것이다. 그렇지만 여기에도 의문은 뒤따른다. 가령 지명도가 높은 예술인이라 하더라도 어떻게 국가수반 집 앞에서 그에게 국유지를 불하해달라고 매달릴 수 있었겠느냐 하는 것이다. 여기에는 분명 눈에 안 보이는 심재순의 역할이 컸지 않나 싶다. 왜냐하면 동랑이 부인을 대동하고 허정 수반 댁을

9 유치진, 『동랑자서전』(서문당, 1975), 342~343면.

딸 인형과 함께

방문했다는 것부터가 예사롭지 않다. 가령 유인형(柳仁馨)의 증언(2014.1.9.)에 의하면 모친 심재순이 평소 이철원(李哲遠, 자유당 정권 공보처장)의 부인과 친한 사이였고, 그를 통해서 허정 수반의 부인과도 평소 가까이 지내는 사이였다는 것이다. 그런 사적 연(緣)으로 해서 동랑은 허정 수반에게 떼를 쓸 만했었다고 보는 것이다. 그만큼 심재순은 자금 뒷받침에서부터 절대적인 막후 역할을 한 것이다.

이러한 우여곡절을 겪은 후에 극장을 짓게 됨으로써 그다음 문제에 착수하게 된다. 누가 과연 자신이 구상하고 있는 첨단적인 극장을 설계할 수 있는가였다. 그래서 여기저기 건축전문가를 알아보고 또 주변의 추천으로 당시 프랑스에서 갓 귀국하여 홍익대학 건축미술학부 교수로 있던 김중업(金重業, 1922~1988)으로 결정이 난 것이다. 일반 건물을 건축하는 건축가는 더러 있었지만 예술 건축물을 설계해본 전문건축가가 전무했던 시절 김중업을 찾아낸 것은 하나의 행운이었다. 다 알다시피 김중업은 평양에서 출생했지만 해방과 함께 월남한 신예 건축가로서 프랑스에서 공부했기 때문에 극장을 조금 아는 인물이었다. 그러니까 그가 서양 물을 먹어서 생각도 열려 있었고 감각도 예민한 건축가였다는 이야기다. 동랑이 그런 김중업을 찾아내어 그에게 극장 설계를 맡긴 배경과 관련하여 "설계는 역시 예술 감각이 있고 당시 가장 유명한 김중업한테 의뢰했다. 그가 일반 건축 설계는 타의 추종을 불허하지만 극장 설계는 처음이어서 내 자문을 요청했고, 나 역시 기왕에 극장을 만들어야 했기 때문에 시시콜콜 간여하지 않을 수 없었다. 나는 마침 세계여행을 하면서 잘되어 있다는 극장은 대부분 샅샅이 보아둔 터였기 때문에 김중업은 내 이야기를 전적으로 수용했다. 드디어 1960년 10월 극장 건립의 삽질이 시작되었다. 산을 파헤치고 바위를 들어낸

다 뭐다 해서 대단한 난공사였다. 나는 난생처음 극작가가 아닌 공사판 십장이 되었다. 돈이 뭉청뭉청 들어갔다. 록펠러재단에서 보내준 4만 5천 불은 단 몇 달의 기초 공사에 다 들어가고 말았다. 어려운 일도 다 감내할 수 있는데, 단 한 가지 경제적 고통만은 정말 견딜 수 없었다. 여기저기 나와 내 아내가 수십 년 동안 친교를 맺어두었던 사람들을 모두 찾아다니면서 사정의 어려움을 이야기하고 현금 아닌 시멘트(미8군 제공), 목재(한두 기업) 등 건자재를 닥치는 대로 지원받아 건물이 하나둘 완성되어갔다. 그런 고통 속에서도 한편으로는 내 30년의 연극 인생을 결산한다는 굳은 의지로 버텨나갔다."[10]고 회고한 바 있는 것이다.

그런데 여기서 주목되는 부분은 그가 김중업에게 설계를 맡겼지만 무대 구조에 대해서는 자신의 구상대로 가져갔다는 점과 부족한 자금 때문에 사회 각계각층의 도움을 받았다는 것, 그리고 이때부터 극작가로서는 이미 손을 놓을 수밖에 없었음을 솔직히 토로한 점이라 하겠다. 한 연극인이 극장을 짓는다는 것은 당초부터 무리였다. 그러나 시운이 따랐는지는 알 수 없으나 자금 부족으로 고통받고 있던 1961년 늦은 봄 5·16 군사 정변이 일어남으로써 국가재건최고회의 재정담당 유원식(柳原植) 장군의 도움으로 5개 시중은행으로부터 6300만 원이라는 거금을 융자받을 수가 있었다. 그 융자금으로 건축 공정은 급진전되어 착공 1년 반 만인 1962년 4월에 드라마센터가 남산 중턱에서 그 역사적인 모습을 드러냈다. 한국 연극사상 최초의 현대적인 극장은 우뚝 섰지만 그 건물을 세운 동랑의 가세는 황폐 그 자체였다. 왜냐하면 재벌도 기업인도 부자도 아닌 그가 록펠러재단만 믿고 시작했으나 실제로 대부분은 자신이 감당해서 무리하게 공사를 하느라고 기한 내에 은행융자를 갚지 못한 나머지 그의 가족은 부동산을 모두 다 내놓음으로써 집도 절도 없는 처지가 되어 극장 뒤 하꼬방 수준의 골방을 거처로 삼아야 했고, 아내 심재순은 친정집에서 물려받은 국보급의 귀한 보물들마저 몽땅 팔아 써야 했기 때문이다. 게다가 동랑 부부는 재단법인 출범에서부터 4년여 간의 노심초사, 동분서주하느라고 건강까지 잃음으로써 기진맥진한 상태였다.

주지하다시피 대지 916평에다가 건평 560평으로 이루어진 드라마센터를 가리켜서

---

10 앞의 책, 50~60면.

전 미국 부통령 데이비드 록펠러를 영접하는 동랑 내외

드라마센터 개관식

초현대적 극장이라고 부르는 데 아무도 주저하지 않는바, 어떻게 만들어져서 그런 칭호가 붙었는지 알아볼 필요가 있을 것이다. 바로 여기서 우선적으로 알아볼 것은 새로운 극장을 꿈꾸면서 현장을 지휘한 동랑의 이야기다. 그가 1931년 연극운동에 뛰어들면서 30여 년 동안 마음속에 그려왔던 극장인 드라마센터 무대를 만든 뒤에 그 감회를 이렇게 피력했다.

> 이 극장은 전체가 무대로 구성되어 있다고 해도 과언이 아니다. 관객석을 무대가 꽉 둘러섰고 객석 뒤의 원형무대는 그리스 야외극장을 본뜬 것이지만 힌트는 사실 가톨릭 성가대 스테이지에서 얻은 것이었다. 내가 가톨릭 성당에 다니지 않았다면 그런 아이디어가 안 나왔을지도 모른다. 전면에는 객석에 돌출한 앞 스테이지 에푸론이 있다. 이것은 중세기의 동시무대 형태에서 따온 것이고 메인 스테이지는 근대극에서 발생한 무대 형식이다. 따라서 이 극장 무대는 유사 이래 모든 형식을 절충 가미한 다양식(多樣式) 형태라 부를 만하다. 또 한 가지 특색이라고 한다면 배우들이 객석 발밑에서 드나들게 되었다는 점이다(갱도라고 이름을 붙임). 이것은 순전히 연극적인 필요성에 의해서 고안된 것인데 배우가 관객 속에서 솟아오르고 관객들이 연극에 완전히 휩싸인 가운데 연극이 진행될 것을 의도한 것이다. 사실 오늘날에 와서 연극이 급속히 쇠퇴한 여러 가지 원인 중에 하나는 연극이 관객과 멀리 떨어져 있다는 점에 있다. 연극이 살아나려면 관객 속에 깊숙이 침투해야 한다고 믿었다. 적어도 내가 짓는 극장은 대중의 호흡과 감각을 고스란히 받아들이는 형태여야 했다. 이런 생각도 실은 내가 1년여 동안 세계 연극을 두루 살펴보고 또 심층적으로 분석해본 결과에서 자연스럽게 우러나온 것이다. 나는 형태만이 아니라 그것을 살릴 수 있는 기자재에도 신경을 세심하게 썼다. 그리하여 우리나라에서는 당시에 상상을 초월할 만큼 앞서가는 기자재를 들여다 쓰기로 했다. 연극은 역시 하나의 일루전이라 볼 때 조명과 음향 등으로 분위기를 살려주지 않으면 안 되니까 말이다. 그래서 대형 시네스코 이상의 롱 스포트 열 대, 달 모양으로 비치는 빔 스포트 두 대, 부드럽고 맑은 광선을 내는 핀 스포트 열다섯 대, 그리고 구름·눈·비·파도·불·연못 등을 환등 식으로 비추는 이펙트 머신 두 대 등 특수 조명기를 많이 들여놓았다. 효과는 장내의 벽이나 천장이 재래의 방음 장치가 아니라 음향이 잘 공명하여 부드럽고 깊이 있게 울리도록 만들었다. 또한 객석과 무대

를 돌아가며 아홉 개의 스테레오식 사운드 트랙이 장치되어서 대형 영화의 입체적 음향효과를 연상시키도록 한 것이다. 누가 뭐라 해도 이 극장은 우리의 종래 극장 개념을 혁명적으로 바꾸어놓은 것이었다고 자부할 수 있으며 아시아권에서는 말할 것도 없고 서양에 내놓아도 뒤지지 않는 전진적 무대였다. 내가 이름을 서양식의 드라마센터로 지은 것은 고루함을 탈피하여 세계로 지향하자는 뜻이었고, 그보다도 이 극장이 단순히 공연장의 개념을 넘어 인재양성, 연구, 창조 작업, 토론, 화합 등 모든 연극인, 극예술의 총화의 의미를 띠기 위해서였다.[11]

이상과 같은 동랑의 극장 만들기에 관한 설명을 여기에 소개한 이유는 그 스스로 혁명적인 것이었다고 자부한 주장이 전혀 과장된 것이 아니어서이다. 결론부터 말하면 그는 드라마센터 건립 하나만 가지고도 연극사에 남을 일을 한 것이다. 왜냐하면 그가 드라마센터 구조에 누천 년 세계 극장의 역사를 압축시켜놓은 데다가 현대적인 영상예술의 기능까지 접목시킴으로써 한국 공연예술이 미래를 향하여 힘차게 펼치고 나갈 기본 토대를 마련했기 때문이다. 솔직히 돈만 있다고 해서 아무나 세계 극장의 역사를 압축한 초현대적인 극장을 지을 수 있는 것은 아니다. 거기에는 세계 연극사를 꿰뚫고, 또 무대 구조도 잘 알아야 가능한 것이다. 바로 이 지점에서 누구보다도 연극공부를 광범위하게 해둔 데 따른 그의 높은 안목을 평가하지 않을 수 없다. 그가 평소 극작만 한 것이 아니고 비평, 연출, 그리고 영화까지 연구했기 때문에 영상기법까지 도입할 수가 있었다고 보는 것이다. 게다가 그가 스스로 고백했듯이 연전에 세계일주 연극여행을 하면서 그동안 자신이 서책으로 공부한 것을 현장에서 직접 확인해보려고 그리스의 원형극장에서부터 현대적인 오픈 스테이지까지 일일이 분석하여 거기서 얻은 결론을 드라마센터에 극장 구조에 적용한 것이다. 그리고 그가 유소년시절에 고향에서 관심을 가지고 구경했던 〈오광대〉 가면극의 열린 무대 공간도 세계 첨단적이면서도 토착화된 드라마센터를 탄생시킬 수 있는 배경이 되었다고 말할 수가 있다.

그런데 그가 드라마센터를 짓는 데 있어서 서양의 고・근대극장 구조에서만 암

---

11 위의 책, 63~64면 재인용.

개조한 드라마센터 내부

시를 받은 것이 아니고 가톨릭 성당에서도 장점을 차용했다는 데 주목할 필요가 있다. 즉 그는 드라마센터의 무대 구조와 관련하여 "객석 뒤의 원형무대는 그리스의 야외극장을 본뜬 것이지만 힌트는 사실 가톨릭교회의 성가대 스테이지에서 얻은 것"이라고 실토했는데 이는 맞는 말이다. 이 말은 그가 그리스의 원형무대뿐만 아니라 중세의 종교극의 무대 형식까지 드라마센터에 투영해보겠다는 것이었다. 주지하다시피 중세기 연극은 주로 성당에서 신의 말씀과 사랑을 전하는 형식으로 연행되었으므로 그의 생각은 매우 옳은 것이었다. 그리고 별도의 장(章)으로 후술하겠거니와 그와 가톨릭 신앙과의 깊은 관계도 성당의 2층 뒤에 자리 잡은 성가대 방식으로 드라마센터의 객석형태를 조성한 것은 희귀하면서도 흥미롭다고 볼 수 있다. 왜냐하면 객석이 무대를 푸근히 감싸 안는 구조이기 때문이다. 그러면서도 그가 구상한 것은 수백 년 동안 내려온 극장의 제4의 벽을 무너뜨림으로써 배우와 관객을 하나로 엉키게 하는 소위 아르토식의 제의극(祭儀劇) 방식이었다. 실제로 개관 공연에 주연으로 참여했던 배우 김동원(金東園)도 그와 관련한 회고의 글에서

"평소 유치진 선생은 관객과 무대와의 일치를 지론으로 삼았고 이것이 그의 이상(理想)이었다."[12]고 술회한 바 있다.

그가 이처럼 한국 연극사상 전무후무한 극장을 만들어낼 수 있었던 것은 무대 테크닉에 대한 해박한 지식과 연극적 정통의 역사적 변화에 대한 안목, 그리고 연극에 대한 특별한 사랑을 갖고 있었던 데 따른 것이다. 그 점에서 동랑은 20세기 초반 러시아의 리얼리즘에 끝까지 비판적이었던 연극평론가 쿠겔(호모 노부스)과 닮은 점이 있다.[13] 이처럼 전무후무한 드라마센터의 극장 구조는 세계 연극인들에게도 찬사를 받았으며 일부 자금을 지원했던 록펠러재단 측에서도 대단히 만족한 나머지 그들이 그동안 여러 곳에 지원한 그 어떤 것보다도 성공한 케이스로 선정하여 『록펠러 50년사』에도 수록할 정도였다.[14]

그러나 무엇보다도 그가 이런 첨단적인 드라마센터 건립을 통해서 소위 프로시니엄아치 형태의 구태의연한 극장 구조를 일거에 혁파(革罷)한 것은 '새 술은 새 포대에 담아야 한다'는 속담에서처럼 궁극적으로는 앞선 연극을 하기 위한 확고한 신념에 따른 것이었다. 바로 이 지점에서 근대극 초창기에 서구의 리얼리즘극을 개척했던 그의 또 다른 모습이 드러난다고 하겠다. 대부분의 연극인은 그를 리얼리스트로만 알고 있지만 그가 고루한 리얼리즘에 한계를 느끼면서 그로부터 벗어나야겠다고 마음먹기 시작한 것은 이미 1930년대 후반부터였다. 그러니까 그가 초기에는 스타니슬랍스키의 연극론에 바탕을 두고 있으면서도 동양 연극에서 새로운 돌파구를 찾고 있던 고든 크레이그나 메이예르홀트의 실험극에 주목하면서 리얼리즘의 한계를 인식하고 그 타개책에 대하여 고민도 했었다. 특히 그가 구미 연극계를 돌아보면서 자신의 생각을 더욱 굳히게 되었던 것은 서양 연극도 이미 리얼리즘의 한계를 극복하려 몸부림치고 있음을 몸소 확인한 데 따른 것이었다.

또 하나 우리가 여기서 주목해야 할 부분은 그의 극장 개념의 확대라고 말할 수가 있다. 가령 그가 드라마센터를 완공한 뒤 '개관에 부치는 말'에 보면 우리 연

---

12 김동원 희수기념집, 『예(藝)에 살다』(1992), 84면.

13 프세볼노트 메이예르홀트, 『연극에 대해』, 이진아 옮김(지식을 만드는 지식, 2013), 52면 참조.

14 유치진, 『동랑자서전』(서문당, 1975), 65면 참조.

극이 후진성을 탈피하고 민족연극을 세계적 수준까지 끌어올리겠다면서 극술 탐구, 인재양성, 그리고 연극문화재의 정리, 보존이라는 세 가지 방향을 제시한 점에서 그것이 분명하게 드러난다.[15] 사실 일반적 개념으로서는 극장은 예술을 창조, 보급하는 집을 뜻한다. 물론 미국의 링컨센터와 같이 대형극장의 경우 줄리어드와 같은 음악대학을 갖고 있는 경우도 없지는 않다. 그러나 드라마센터는 중형극장이라는 이름을 붙이기도 어려울 정도로 작은 극장이다. 그럼에도 불구하고 거기서 그렇게 다양한 일을 벌여나가겠다고 한 것 역시 동랑이 그동안 품어왔던 오랜 꿈을 실현하기 위한 것임은 두말할 나위 없다.

물론 그 꿈이란 민족연극을 세계 연극의 대열에 올려놓는 것이지만 그 구체적인 실현 전제조건이 다름 아닌 극장 갖기와 인재양성, 그리고 연극유산의 보존과 그 재현이었다. 바로 그 점에서 드라마센터의 건립은 그의 오랜 꿈의 구현인 동시에 한국 연극의 미래상 구현 그 자체이기도 했다. 당대의 평론가 여석기(呂石基)가 그와 관련하여 "1962년 초 서울 남산에 모습을 나타낸 드라마센터는 그 거대한 계획과 더불어 한 연극인의 꿈의 실현이자 (……) '행복했던 1960년대 한국 연극'의 심벌로 삼고자 하는 것이다. 덧붙여 유치진의, 유치진에 의한 그리고 유치진을 위한 이 프로젝트 역시 '무구의 시대'의 산물이라고 보고자 하는 것이다. 잘 알다시피 1905년생인 그의 나이는 1960년이면 그때 벌써 회갑에 가깝다. 당시로서는 활동을 접고 은퇴기에 들어서는 고령이다. 그런 그가 새로운 프로젝트를, 그것도 보통사람으로서는 상상키 어려운 꿈의 계획을 실천에 옮기겠다고 나섰으니 심상찮은 일이다. 당시 그의 주변은 물론 연극계를 통틀어 그 꿈을 이해할 수 있는 사람이 과연 몇이나 있었겠는가. 나는 없다고 생각한다."[16]라 찬탄한 것은 동랑의 민족연극에 대한 이상(理想)을 정확히 평가한 것이었다.

동랑은 극장 개관 함께 즉각 원대한 꿈을 구체적으로 현실화하기에 들어간다.

---

15 드라마센터 개관에 부치는 말씀, "드라마센터가 앞으로 하려는 일은 대별하여 세 가지 방향입니다. 하나는 극술 탐구요, 다음은 인재의 양성, 끝이 우리 연극문화재의 정리 보관입니다. 드라마센터 건물 안에 설비된 반원형의 소극장과 아카데미(연구원)와 도서관이 이상 세 가지 일을 상호 부조하면서 각각 담당할 것입니다." 위의 책, 65~66면.

16 여석기, 『여석기 나의 삶, 나의 학문, 나의 연극』(연극과 인간, 2012), 350면.

그 첫 번째가 인적 조직과 함께 공연 작품을 선보이는 행사였다. 인적 조직은 두 방향으로 진행되었다. 그 하나가 시스템을 움직여나가는 일종의 행정·경영 요원들의 기용이라고 한다면 다른 하나는 작품 창조자들의 초빙이었다. 그가 우선적으로 시행한 것이 극장을 이끌어갈 인물 배치였다. 즉 전체를 총괄하는 재단법인 한국연극연구소장에는 동랑이 앉으면서 그 아래로 극장장에 이해랑, 아카데미원장에 여석기, 사무국장에 신태민과 오사량, 상임위원에 이근삼과 김정옥, 무대과장에 박연진, 그리고 서무 과정에 유필형을 각각 임명한 것이다. 그런데 여기서 유심히 관찰해 보아야 할 것은 구성원들의 성향이다. 가령 일선 실무를 담당하는 무대과나 서무과 직원은 그렇다 치고 거의 모두가 연극인들이라는 점이다. 즉 경영을 아는 전문인은 단 한 명도 없었다. 행정 총괄의 신태민 사무국장만 하더라도 단순히 연극애호가로서 『경향신문』 간부 출신의 언론인이었다. 그런데 드라마센터가 재단의 경제적 어려움으로 인하여 이들에게 급료를 지불할 능력이 없었던 만큼 자원봉사자 역할 이상은 바랄 수 없는 처지였다. 여기서 굳이 이 말을 하는 이유는 갓 출범한 드라마센터가 인적 조직과 재정 등 내외 여건상 제대로 굴러가기가 쉽지 않은 구조였다는 점이다. 왜냐하면 어느 시대 사회에서도 정부나 기업의 지원 없이 문화단체가 스스로 순탄한 길을 간다는 것은 거의 불가능하기 때문이다.

드라마센터만 하더라도 한국 연극 진흥에 열정만을 가진 예술인들이 모인 곳이 아니었던가? 그리고 과거를 돌아볼 때, 우리 사회에는 극장 경영을 제대로 알고 효율적으로 운영하는 노하우가 쌓이지 않았으며 따라서 전문가도 없었다. 모두가 주먹구구식으로 해오지 않았는가. 동랑만 하더라도 연극의 대가였을 뿐 경영에 대해서는 알지 못했다. 결국 간난신고 끝에 개관은 했지만 드라마센터가 처음부터 쉽게 굴러가기는 어렵게 되어 있었던 것이다. 예를 들어서 개관 공연만 하더라도 시간에 쫓기고 자금에 시달리면서 졸속으로 시행되었음을 확인할 수 있다. 우선 재단법인 한국연극연구소 측에서는 극장 문을 시급히 열어야 했기 때문에 서둘러 견고한 극단조직이 아닌 엉성한 임시 구성으로 공연 팀을 구성했던바, 면면을 보면 신협 출신(이해랑, 김동원, 황정순, 오사량 등)과 대학극 출신(최상현, 김성옥, 김동훈, 오현경, 나영세, 박규채, 유용환, 여운계 등), 성우 출신(장민호, 김성원, 남성우 등), 해외 유학파(양광남, 양동균), 그리고 오현주, 권영주 등 신인이었다. 개관 프로만 하

드라마센터 개관 공연 〈햄릿〉(1962)

더라도 최첨단 무대와는 어울리지 않는 〈햄릿〉으로 정하여 동랑이 직접 연출하기로 했으나 그는 극장 전체 살림을 하면서 동국대학 교수까지 겸하고 있었기 때문에 바쁜 나머지 이해랑이 대신하는 해프닝도 있었다. 개관 공연 준비의 허술함이 어떠했는지는 직접 참여한 이해랑의 회고에 잘 나타나 있다. 그는 「나의 삶 · 우정 · 연극」이라는 회상기에서 "남산 드라마센터에 올라갔더니 마침 〈햄릿〉 동작 연습을 하고 있었다. 첫머리 1막부터 연습을 하는데, 그야말로 5단장 8감독이라더니 서로가 다 연출자였다. 출연자, 조연출자, 또 해외서 연극공부했다는 친구들이 제각기 백가쟁명(百家爭鳴)을 이루고 있었다. 연출을 맡은 유 선생이 보이지 않았다. '어디 가셨냐' 하니 개막전에 건물이 다 돼야 하기 때문에 그 짓는 현장에 가셨다는 것이다. 시멘트는 다 말랐나, 어디 구멍은 안 뚫렸나 온 신경 쓰느라 연출을 돌볼 새가 없다는 얘기였다. 자기들끼리 이러쿵저러쿵 중구난방이다가 내가 가니까 김동원, 장민호 등이 좀 보아달라고 사정했다. 개막이 며칠 안 남았는데 첫 막부터 시비만 하고 당최 진척이 안 된다는 것이다. 그러니 나보고 행동선만 정해주고 가라는 것이다. (……) 하룻 동안 될 일이 아니었다. 며칠 남산을 오르내리다가 〈햄릿〉의 막이 열릴 때까지 내가 책임을 맡게 돼버렸다. 유 선생도 '아, 해랑이, 좀 도와주게' 간곡히 부탁을 하니 어쩌랴"[17]고 쓴 바 있다.

이렇게 만들어진 개관 공연이 선보인 것이 1962년 4월 12일이었다. 그동안 극장 짓는 데 물심양면으로 지원해준 정부 관계자는 물론 록펠러재단, 한미재단, 아세아재단, AFAK, 그리고 문화계 인사들을 초청하여 역사적인 막을 올렸다. 개관 공연에는 당시 국가재건최고회의 박정희(朴正熙) 의장을 비롯한 정부 요인들이 대거 관람함으로써 드라마센터가 사회·문화계에서 차지하는 비중을 짐작게도 했다, 왜냐하면 관립 극장도 아닌 겨우 4백 석 남짓한 사설 소극장 개관에 국가수반이 구경을 온다는 것은 흔한 일일 수 없기 때문이다. 이렇듯 의기충천한 드라마센터가 연중무휴 공연을 내걸고 막을 연 창립 작품 〈햄릿〉은 우리의 근대연극사상 최초로 50일 동안이나 지속되었으나 예상과 달리 재정적 결손 때문에 드라마센터의 미래를 어둡게만 했다. 그렇지만 그동안에 연극계의 관행처럼 내려온 단기 공연체제를 무너트리고 한 작품을 50일간이나 연속 공연한 것 한 가지만 가지고도 드라마센터의 시도는 큰 의미를 지닐 만했다. 드라마센터의 야심찬 개관 공연 50일간 동안에 겨우 1만 7,830여 명이 모였다는 것은 시민이 호응해주지 않았음을 의미하며, 수지타산상 커다란 결손만 남기고 말았던 것이다. 여기서 당시 드라마센터의 창립 공연에 대한 언론 보도를 소개해보겠다.

> 연극 중흥의 커다란 사명을 지니고 지난 12일 문을 연 남산의 드라마센터는 하루 평균 250명꼴의 관객밖에 동원되지 않아 재정적인 위기에 직면하게 되었다. (……) 훌륭한 연극을 상연하여 '잃어버린 관객'을 다시 찾겠다고 하는 것이 드라마센터 관계자들의 말이다. 그러나 월 평균 유지비를 1천8백만 원가량으로 추산하고 있는 드라마센터의 최근 수입은 잘 잡아보아 월 평균 5, 6백만 원 정도밖에 되지 않을 것 같다고 하여 이 액수는 한 달치 전기 수도 요금에 불과하다고 당황하고 있다.[18]

---

17 이해랑, 『허상의 진실』(새문사, 1991), 411~412면.

18 『한국일보』 1962.4.28.

드라마센터 개관 공연 〈햄릿〉을 관람 중인 박정희 국가재건최고회의 의장과 영부인 육영수 여사(1962.4.)

드라마센터 개관 공연 관람 후 박정희 국가재건최고회의 의장과 영부인 육영수 여사, 출연진들과 파티장에서(1962.4.)

이상에서 확인할 수 있는 바와 같이 언론은 작품의 호불호가 아닌 재정문제에 초점을 맞춰서 보도할 정도로 드라마센터의 수익성은 심각한 것이었다. 솔직히 그런 결과는 예상될 만한 것이기도 했다. 왜냐하면 당시 국민소득 75불 정도의 세계 최빈국이었던 현실에서 호구지책에 급한 시민 중에 드라마센터를 찾는 사람들이 얼마나 되었겠는가. 더구나 6·25전쟁으로 연극 기반이 완전 붕괴된 이후 경제상황도 최악이었지만 전후에 정부 정책이 영화 진흥 쪽으로 쏠리면서 수준 높은 외화와 국산 영화가 관객을 흡수함으로써 연극은 고사 직전에 놓여 있었던바, 그런 결과가 드라마센터 개관 공연에 그대로 반영된 것이었다고 볼 수 있다. 그러니까 동랑이 고사 직전의 연극계에 동력을 가한 것이었지만 시민이 화답해주지 않았다는 이야기가 된다. 만약에 드라마센터가 이러한 내외 사정을 염두에 두고 사전에 시장 조사를 제대로 했더라면 그렇게까지 실망하지 않았을 것이다.

그렇다고 해서 동랑이 당장 연중무휴의 구상을 접을 위인이 아니었을뿐더러 극장 문을 닫는다는 것은 상상할 수도 없었다. 동랑은 시민과 약속한 대로 곧바로 다음 작품 준비를 이해랑에게 맡겼다. 6월 20일부터 막을 올릴 두 번째 레퍼토리는 유진 오닐의 〈밤으로의 긴 여로〉였는데, 이해랑 연출에 주역도 그가 직접 맡은 무대였다. 황정순, 장민호, 최상현 등 배역도 당시로서는 최고였다. 깐깐하기로 소문난 신예 극작가 이근삼도 그 공연에 대하여 "그러나 그의 일생과 제대로 알지 못하는 한국의 관객들에게도 이번 공연은 크나큰 감명을 주었으며 특히 아픈 가슴을 쥐어짜며 인생행로에 선 젊은 날의 오닐의 모습은 젊은 관객들의 무한한 동정과 공감을 불러일으켰다."[19]고 극찬했다.

이와 같이 근대연극사상 최고의 수작을 만들어낸 이해랑은 연출의 변에서 "연극이 침체한 원인은 여러 가지 있겠으나 무대에 선 사람들이 관객을 지도할 만한 교양과 인격을 갖추지 못한 데도 있다. 배우에게 인격이 무슨 소용이며 교양이 또 무슨 필요가 있느냐는 무지한 생각이 오늘의 우리 연극을 극장적인 구속 속에서 허위와 기만을 일삼는 답보를 계속하게 하였다. 교양 있는 사람들이 극장을 경원하

19 이근삼, 「흐뭇한 분위기에 공감 - 드라마센터 2회 공연 〈밤으로의 긴 여로〉」, 『한국일보』 1962. 6.21.

〈밤으로의 긴 여로〉(드라마센터, 1962)

는 것도 좋은 희곡이 상연되지 않고 연출이 예술적인 탄력을 상실하여 통일된 무대를 보여주지 못하는 데 그 까닭이 있겠으나 무엇보다도 무대에서 관객과 직접 극적 정서를 주고받는 배우들의 행동에 교양의 뒷받침이 없고 인격적인 품의가 결여되어 무지한 냄새를 피운 데도 큰 이유가 있다."[20]고 하여 당시 한국 연극이 직면한 근본적인 문제점을 지적하고 나선 것이다. 그러니까 이해랑은 그동안 우리 연극이 살아남기 위하여 저질 상업주의에 매몰됨으로써 수준 높은 외화만도 못했기 때문에 지식인 관객도 잃고 연극이 고급 예술로서의 지위마저 상실했다는 이야기였다.

처음으로 무대구조도 비교적 잘 살렸던 두 번째 공연은 그 극장을 새롭게 꾸민 동랑까지 만족할 정도로 문화계의 반향은 뜨거웠다. 왜냐하면 그 작품이 30여 년 동안 한국연극이 추구해온 리얼리즘을 한 단계 끌어올릴 정도로 격조 높은 공연이

20 〈밤으로의 긴 여로〉 프로그램 참조.

었기 때문이다. 그동안 표피적이라는 말을 들어온 우리의 리얼리즘 연극을 〈밤으로의 긴 여로〉의 연출을 통해서 한층 심화시킴으로써 새로운 이정표를 세운 이해랑은 자연스럽게 그 작품을 계기로 주류 연극계에서 누구나 인정하는 동랑의 후계자로 굳게 자리매김하는 계기도 만들었다. 그렇다고 해서 드라마센터의 재정 상태가 호전된 것은 아니었다. 왜냐하면 관객은 19일 동안에 5천6백여 명밖에 되지 않음으로써 결과적으로는 개관 공연 때보다 크게 증가한 것은 아니기 때문이었다. 바로 여기서 드라마센터의 인적 구성의 문제점도 드러난다. 이 말은 드라마센터가 당시 경제 사정 등 내외 환경이라든가 관객 성향 같은 것을 전혀 예측치 못했음을 지적하려는 것이다. 전술한 바와 같이 만약에 드라마센터가 경영적 측면에서 시장조사를 충분히 한 뒤에 막을 올렸다면 다분히 낭만적이기까지 한 연중무휴를 내걸지는 않았을 것이다. 드라마센터가 뒤늦게 수습책을 모색했으나 뾰족한 방안이 나올 리 만무했다. 기껏 실현키도 어려운 고정적인 국가 보조 요구, 외국 민간원조기관과의 제휴, 그리고 후원회 결성 등을 추진했지만 하나도 성사되지 않았다. 고육지책으로 고안해낸 것이 겨우 앙투안의 자유극장식의 철 지난 회원제 방식이었지만 그마저도 호응은 신통치 않았다.

그럼에도 불구하고 동랑은 여전히 드라마센터의 공연활동에 대하여 의도적으로 낙관적 자세를 취하고 있었음이 「전진하는 드라마센터」라는 글에 나타나 있다. 그는 이 글에서 "개관 이후 드라마센터의 흥행 성적이 좋지 못하였음에 부심해주시는 손님이 더러 계십니다. 매우 감사한 일입니다. 그러나 〈햄릿〉을 상연한 지난 4, 5 양월에 비하면 제2회 공연인 〈밤으로의 긴 여로〉를 상연한 6, 7 양월은 더운 날씨에 화폐 개혁 등 환경적 여건이 극악하였음에도 불구하고 제 발로 걸어온 관람객의 수는 〈햄릿〉 공연 시보다 배로 늘었습니다. 이 숫자로서 우리는 우리의 앞날을 결코 비관만 하고 있는 것이 아닙니다. 우리가 노력하면 반드시 밝은 날이 올 것을 확신합니다."[21]라고 쓴 점에서 쉽게 절망하지 않으려는 의지가 보이는 것이다. 이는 아마도 그가 워낙 어려운 고비를 수없이 넘기면서까지 연극운동을 해온 데다가 〈밤으로의 긴 여로〉의 관객 호평에 고무된 데 따른 것이 아니었나 싶다.

21 유치진, 「전진하는 드라마센터」, 『동랑 유치진 전집』 7(서울예대출판부, 1993), 379면.

이처럼 그가 드라마센터의 공연에 가능성을 견지하면서도 한편으로는 불안한 가운데 장기적인 국면 타개의 방법을 놓고 숙고하기 시작한다. 여기서 그는 대중의 연극 인식이 식민지시대보다 별로 진전되지 못했으며 따라서 우리 연극이 단기간에 회복될 것 같지 않다는 결론을 내린 듯싶다. 그리하여 그는 밑바닥부터 다시 시작한다는 생각으로 연극문화에 대한 대중 인식 제고를 대전제로 하여 연극 인재를 찾아 기르면서 아마추어 연극의 대대적인 조직 및 활성화 등을 구상한 것이다. 그리하여 7월 들어서 '연극의 범국민적인 보급과 계몽을 목적으로 하는 연극 개발 3개년 계획안'을 발표하기에 이른다. 이것은 곧 그가 1930년대 초에 기치를 들었던 브나로드운동 방식에 근거하여 극연(劇硏) 초기의 대중 연극 인식 제고운동과 하계 연극 강습회 개최, 해방 직후인 1947년에 프로연극동맹이 전개했던 자립극 권장과 연극대중화운동 및 한국무대예술원의 자유 민주주의와 민족연극 회복운동 방식 등을 변증법적으로 종합한 범연극국민운동을 제창하고 나서기에 이른 것이다. 그가 이러한 제창을 하고 나선 배경에 대해서는 1962년 10월에 쓴 「연극 콩쿠르를 하면서」라는 글에 투명하게 나타나 있다.

그는 이 글에서 "본시 연극은 민족의 생활 속에서 저절로 생겨나서 민족의 생장(生長)과 더불어 장구(長久)한 시일을 두고 자라온 것이지, 결코 우리가 보는 바와 같이 특정한 직업인들에게 점유(占有)당해 있었던 것이 아니다. (……) 그러니까 우리는 연극을 특정인에게만 맡기는 게 궁극의 목적이 아니라, 궁극의 목적은 연극이 널리 국민의 향유물(享有物)이 되기를 원한다. 즉 연극은 그 발생 당시에 민족의 생활 속에서 생겨서 그 생장과 더불어 자라온 자태로 돌려보내자는 것이다. 국민 누구나가 연극예술을 창조하고 국민 누구나가 연극예술에 젖어 있게 해보려는 것이다. 음악에 있어서의 개창운동(皆唱運動)과 같은 것일 것이다. 우리는 이것을 연극의 범국민운동이라고 부르고 싶다."면서 이 운동을 향토연극운동과 학교극 운동으로 나누어 전개하겠다고 설명했다. 이러한 동랑의 생각을 자세히 들여다보면 당초 연극은 인류가 집단생활을 하면서 제의와 함께 생활 일부로 발전되어온 것인데 근대에 와서 지나치게 전문화되고, 또 기능화되어 '선택받은 자들의 전유물'이 됨으로써 대중과 멀어졌다는 것이다. 그렇기 때문에 우리가 앞장서서 연극이 본래대로 대중의 생활 속으로 젖어들게 만드는 것이 그 무엇보다 급선무라고 본 것이다(여기서도 그가 일찍이 영향을 받은 로맹 롤랑의 '민중예술론'의 냄새가 난다고 하겠다).

이러한 그의 원대한 실천 계획안을 보면 5개 항으로 나뉘어 있다. 첫째, 아동극 지도자 강습회 : 학생극이 지닌 의의와 본분을 갖추게 하기 위하여 우선 연극지도자(교사) 강습회를 연다. 둘째, 초등학교 및 중·고교 연극 콩쿠르 : 연중행사로서 전국적으로 실시하는데 각 도에서 도내 연극 콩쿠르를 실시하고 우승 팀이 중앙에서 결선한다. 셋째, 대학연극 : 지방에서는 콩쿠르보다 대학 내에 연극부 설치를 촉진하여 연극운동을 활발하게 한다. 넷째, 직장 연극 서클 : 재건국민운동에서 추진 중인 직장 문화 서클과 호응, 연극지도자 양성 강습회 각본 배포 등의 방식을 강구한다. 다섯째, 농어촌 계몽운동과 발맞추어 농어촌의 소인극을 장려한다.[22]

이상과 같이 밑바닥부터 다시 시작해보겠다는 획기적인 그의 비전 제시는 전술한 바와 같이 그가 20대 청년시절부터 30년 동안 시행착오를 거치면서 전개해왔던 연극운동의 변증법적인 종합이었다. 그런데 그러한 그의 원대한 포부와 구상이 실현 단계에서 별로 성과를 올리지 못했다. 처음 발표되었을 때는 국민 모두는 물론이고 언론에서 크게 다루어질 정도로 기대를 모은 프로젝트였으나 실천 과정에서 대부분 흐지부지된 것이다. 왜 그랬을까. 여기에는 몇 가지 이유가 있었는데, 그 첫째가 범연극국민운동을 앞장서서 지휘할 수 있는 별동대와 같은 조직이 없었고, 두 번째로는 우리 사회에서 차지하는 연극문화에 대한 대중 인식이 두텁지 않은 데 기인한 것으로 볼 수 있다. 가령 예능을 천시해온 수백 년 동안의 유교적인 전통이 하루아침에 불식될 수 없었으며 더구나 보수적인 학교 사회 같은 데서 호응이 좋을 리 만무했다. 그것은 각급 직장에서의 아마추어 연극활동 역시 별반 다를 게 없었다. 먹고 살기조차 힘들었던 당시 직장인들이 그런 여유가 있었겠는가. 게다가 드라마센터는 공연활동조차 힘들게 진행되어가는 와중에 범연극국민운동을 벌여 나갈 인력 동원이 불가능했던 것이다. 따라서 다시 나오기 어려운 매우 멋지면서도 가장 이상적이었던 국민연극개발 3개년 계획안 중에 실현된 것은 초·중등학교 연극 콩쿠르 등 한두 가지 정도에 그치고 말았다.

그리고 극장의 공연활동의 경우는 낙관도 비관도 하지 않은 상태에서 시민과의

---

22 「국민연극개발 3개년 계획」, 『동아일보』 1962.7.26.

〈포기와 베스〉(드라마센터, 1962)

약속 때문에도 지속해나가기로 했다. 그는 다음 작품을 직접 자신이 연출키로 하고 과거 극연시절과 해방 후 극협 때에 두 번이나 연출했던 〈포기와 베스〉(듀보스·헤이워드 부부 작, 조지 거슈윈 작곡)를 8월 8일부터 한 달 남짓 무대에 올리게 된다. 그런데 그가 재정적 어려움과 바쁜 가운데서도 이 작품을 직접 연출키로 한 데는 매우 중요한 의도가 숨어 있다. 그 당시 누구도 생각지 못했던 그 특별한 의도는 그의 '연출의 변'에 잘 나타나 있다. 즉 그는 "나는 브로드웨이 뮤지컬을 보고 그런 극 양식이 미래에 큰 비중을 차지할 것이라고 생각했다. 왜냐하면 뮤지컬은 언어연극의 답답스러움을 극복한 데다가 템포도 빨라서 현대인의 감각에 맞기 때문이다. 따라서 이번 공연은 우리가 시험해보려는 프로젝트의 하나인 내일의 음악극의 시금석이 되지 않을 수 없다. 그런 의미에서는 의의가 깊은 것"[23]이라고 한 것이다.

---

23 〈포기와 베스〉 프로그램.

유인형 연출 〈포기와 베스〉 공연장 앞(드라마센터, 1966.11.). 왼쪽부터 오영진, 정인섭, 노리스 호턴(미국 연극학자), 유인형, 동랑, 김의경.

이상과 같은 '연출의 변'에는 그의 연극관과 한국 연극의 미래에 대한 생각이 함축되어 있다. 예를 들어서 그는 이미 1930년대 중반에 〈포기와 베스〉를 연출하면서 음악을 도입한 바 있는데, 이는 그가 그동안 추구해온 무미건조하고 빡빡한 사실주의 작품에서 한계를 느낀 나머지 음악으로라도 연극에 감성과 함께 역동성을 불어넣어보려 한 것이었다. 그때까지만 해도 서구식 뮤지컬은 전혀 상상도 못 하던 시절이었다. 그러다가 세계 연극여행을 하면서 서구 연극도 사실주의적인 언어극에 한계를 느끼고 새로운 돌파구를 찾기 위해 몸부림치고 있음을 확인했으며, 특히 대중이 열광하는 브로드웨이 뮤지컬을 보고 연극의 오락성에 주목하게 된 것이다. 그렇다고 해서 정극 작가인 그가 뮤지컬을 최선책이라고 본 것은 결코 아니었다.

문제는 자신의 연극철학이나 취향과는 관계없이 궁극적으로 즐겁지 않은 연극이 대중 속에서 살아남을 수 있겠느냐는 근본적인 회의를 하게 된 것이다.

그가 당시 우리 연극인들이 전혀 이해 못 하고 또 음악 무용극을 하기에는 열악하기 이를 데 없던 그 시절에 훈련이 안 된 배우들을 데리고 두 달 동안이나 연습하여 초기 형태의 뮤지컬을 만들어낸 것도 결국 한국의 미래 연극에 대한 하나의 작은 봉화(烽火)를 올리겠다는 의도에서 비롯된 것이었다. 그는 자신이 처음 서양 뮤지컬 방식으로 시도해본 〈포기와 베스〉를 보고 "연극은 역시 즐거워야 되고 그런 면에서 뮤지컬이야말로 한국 연극의 낙후를 극복할 수 있는 한 가지 방편이 될 수 있다고 생각한다. 그러나 뮤지컬은 참으로 어려운 작업이다. 그렇다고 만날 딱딱한 언어극만 하고 있을 수는 없지 않은가. 어떻든 뮤지컬 연기자를 따로 양성해서라도 뮤지컬이 우리 연극의 한 갈래로서 키워야겠다."[24]고 그 속내를 솔직하게 밝히기도 했다. 이러한 그의 새로운 시도에 관객의 호응은 의외로 좋은 편이었다. 가령 신예 정극 작가 차범석은 관람 직후에 쓴 글에서 "드라마센터의 제3회 공연 〈포기와 베스〉는 메마른 극계에서 파낸 하나의 맑은 우물을 연상케 했다. 아니 어쩌면 그것은 사막에서 발견한 오아시스일지도 모른다. 과문한 탓일지는 몰라도 극계에서 음악극이 상연되기는 이번에 처음이기 때문이다. (……) 이번 유치진 씨가 연출한 〈포기와 베스〉는 원작이 지니는 흑인의 비애와 인간의 고뇌를 춤과 노래로 뒷받침하여 훌륭하게 형상화했다. 이것은 확실히 우리 극계에 있어서 또 하나의 가능성의 발견"[25]이라고 하여 동랑이 의도했던 비전을 정확히 짚어냈던 것이다.

그리고 흥미로운 사실은 마침 서울에 왔던 미국의 저명한 연극연출가이며 연극교수인 패터슨(Thoms M. Patterson)이 우연히 이 공연을 보고 "그간 드라마센터에서 공연 중인 〈포기와 베스〉를 두 차례 보았다. 보기 전에 '흑인 아닌 한국 사람들이 이 걸작을 어떻게 표현할 수 있을까?' 하는 의심이 있었다. 미국에서 흑인 캐스트로 공연되는 〈포기와 베스〉를 다섯 번이나 보았지만 볼 때마다 나는 흑인 캐스트가 아니고서는 절대 이 극의 연출을 맡지 않겠노라고 마음을 먹어왔다. 그러나

24 오사랑, 『동랑 유치진 선생과 드라마센터 이야기』(1999), 57면에서 재인용.

25 차범석, 「또 하나의 가능성」, 『한국일보』 1962.8.19.

한국에서의 이 공연을 보고 나는 한국 배우들이 훌륭히 흑인 역을 해나갈 뿐만 아니라 제법 능력 있는 연기력을 갖고 있음을 알았다."[26]고 하여 가능성을 인정한 점이다.

그러니까 동랑이 노래와 춤이라는 기본기가 전혀 되어 있지 않은 배우들을 데리고 얼마나 강훈(强訓)을 시켰는가를 짐작할 수 있다. 그가 그동안 연극운동을 해오면서 순간순간 느껴왔던 유능한 배우 부족에 대한 아쉬움이 드라마센터 활동에서 더욱 절실해졌고 결국 공연예술계의 만병의 근원이 인재 부재에 있다는 것을 확인한 것이었다. 따라서 그는 자신이 할 일은 우선적으로 '사람 기르기'로 생각을 모으게 된 것이다. 그는 당장 드라마센터를 개관하면서 약속했던 인재 발굴과 양성 작업부터 서둘러야겠다는 생각을 하고 사람 모으기에 나섰다. 이러한 그의 구상은 처음 연극운동을 시작했던 극연 시절에 하계 강습회를 해본 것이라든가 1940년대 초 현대극장 때 부설 국민연극연구소의 신인 양성 경험이 있었기 때문에 별 어려움 없이 즉각적으로 '연극아카데미'를 개설할 수가 있었다. 제3회 공연을 마치고 나자마자 아카데미를 열면서 그는 "드라마센터는 그동안 사회적으로 공약한 연극아카데미(학교)를 개강하게 되었습니다. 아카데미의 교육 방식은 소위 천재교육이라는 것입니다. 이는 프랑스의 국립 연극 꽁세르바투아의 교육방침을 본받은 것으로 예술가 양성으로서는 이 이상 더 적절한 방법이 없다고 생각하는 바입니다. 드라마센터에서뿐만 아니라 우리의 극계는 매력 있는 예인(藝人)을 요구합니다."라고 선언하고 나섰다. 이러한 그의 선언 배경에는 그가 구미 연극 시찰을 하는 동안 눈여겨보았던 프랑스 파리의 국립 콩세르바투아르의 실기교육 방식이었는데, 그 장점을 한국 실정에 맞도록 변형시킨 것이 연극아카데미로서 개설하자마자 의외로 좋은 재목이 될 만한 인재들이 50여 명이나 모였다.[27]

---

26 T. M. 패터슨, 「곡해된 작품의 본의」, 『한국일보』 1962.9.13.

27 「연극아카데미 개소」, 『조선일보』 1962.10.12. "한국연극연구소에서 개설한 연극아카데미의 개소식이 15일 낮 1시부터 드라마센터에서 열렸다. 16일부터 개장되는 이 아카데미는 전문적인 직업연극인의 양성을 목적으로 하고 있는데 대학 졸업 정도의 자격자들을 입소시킨 연구과 13명, 그리고 자격을 불문하고 천재적인 연기자를 양성하게 될 연기과에는 40명이 제1기생으로 뽑혔다. 2개년 코스로 출발한 이 아카데미는 연극계는 물론 TV, 영화 등의 탤런트 양성에 구실할 것으로 크게 기여된다." 제2회까지 지속된 연극아카데미에서는 후일 공연예술계에서 크게 활약한 윤대성을 비롯하여 박조열, 김기수,

그런데 여기서도 특기할 만한 점은 그가 아카데미를 열면서 생각한 것이 단순히 연극인 양성만을 염두에 두지 않고 당시 이미 대중오락으로 자리 잡은 영화계 인재는 물론이고 장차 각광받을 미디어라 할 TV 분야에서 활동할 인재(기술자, 탤런트 등)들의 양성까지 염두에 두었다는 사실이다. 따라서 강좌도 대단히 다양하고 강사진도 당대 최고의 학자와 전문가들로 짜였음은 두말할 나위 없다. 가령 커리큘럼을 보면 교양 국어와 화술부터 시작하여 연극개론, 한국 연극사, 동서양 연극사, 동작, 분장, 무용, 무언극, 무대미술, 영화개론, 라디오·TV개론, 실습 및 세미나, 영화감상, 그리고 연기의 개인지도 등과 같은 실기교육이 포함되어 있다.[28] 그런데 여기서 더욱 특기할 만한 부분은 당시 아카데미에 깊숙이 간여했던 오사량의 회고대로 동랑이 "학생들에게 앞으로의 민족극 수립을 위해 그 바탕이 될 우리 민속을 전수케 한 것인바 이는 비단 연극뿐만 아니라 교육의 주체성을 위해서도 매우 의의가 클 뿐 아니라 동랑 선생의 민족적 예술관의 소이이기도 하다"라고 한 점이다. 실제로 동랑은 교수 요원 확보문제와 시간 관계상 가면극이라든가 판소리, 그리고 남사당패 연구 등과 같은 전통연희에 관한 강좌는 정규 커리큘럼 외의 특별활동 시간으로 배정해서 학생들이 교육받도록 했다. 따라서 그는 우리나라 가면극들 중에서 비교적 잘 짜였다고 볼 수 있는 〈봉산 탈춤〉과 〈양주 별산대놀이〉, 그리고 판소리와 남사당패 등에 관해 집중적으로 가르치도록 한 것이다. 〈봉산 탈춤〉의 경우는 김진옥(金辰玉, 1892~1969)을 비롯하여 양소운(梁蘇云) 등 원로들이 직접 출강했고, 〈양주 별산대놀이〉 역시 김성대(金成大, 1907~1970)와 유경성(柳敬成)이 가르쳤으며 판소리는 김소희(金素姬), 남사당패에 관해서는 당대 유일의 꼭두쇠였던 남운용(南雲龍, 본명 南亨祐, 1907~1978)이 노구를 이끌고 직접 와서 학생을 지도하기도 했다.[29]

이것이야말로 연극아카데미가 한국 교육사상 최초의 전통공연예술에 관한 강좌 개설이었으며 실무 위주의 체계적인 교육이기도 했다. 또 하나 여기서 주목되어야

신구, 민지환, 전무송, 이호재, 방태수, 최동욱, 백의현, 유민석, 서도장, 구경자, 한미숙 등 많은 인재가 배출되었다.

28 백형찬, 「동랑 유치진의 예술교육사상 고찰」, 드라마센터 공연 팸플릿 모음집, 10면 참조.

29 당시 수강생이었던 〈봉산 탈춤〉 예능 보유자 김기수의 증언. 2014.1.20.

할 사항은 당시 김진옥을 비롯하여 김성대, 남운용 등 유년시절부터 전통예능을 몸으로 익혀온 인간문화재들이 이미 고령에 접어든 상태였기 때문에 연극아카데미가 그런 교육을 하지 않았다면 〈봉산 탈춤〉이라든가 〈양주 별산대놀이〉, 그리고 남사당패 같은 무형문화재의 맥이 끊어졌을지도 모른다는 사실이다. 동랑이 무리하면서까지 고령의 이들을 아카데미에 끌어들인 것은 인멸되어가는 전통공연예술의 복원이라는 프로젝트의 일환이기도 했다. 그만큼 1960년대 초에 드라마센터 연극아카데미의 민속예술교육은 대부분 전승이 끊어져가던 우리의 소중한 문화유산의 복원과 전승이었다는 점에서도 대단히 중요한 의미를 지닌다.

이처럼 동랑은 항상 주체적인 입장에서 미래를 내다보고 일을 벌여나갔던 것이다. 그는 연극아카데미를 셰익스피어 연구가이며 신예 연극평론가였던 여석기(원장)에게 전적으로 일임하고 자신은 드라마센터 살림살이와 공연활동에만 신경을 썼다. 사실 당초 그가 드라마센터를 건립한 궁극적 목표가 민족연극 진흥이었는데, 개관 작품에서부터 모두 번역극만 선보였으니 그에 대한 자기반성을 하지 않을 수 없었고 결국 창작극에 눈을 돌리지 않을 수 없었다. 솔직히 민족극 중흥을 목표로 개관한 드라마센터가 연속적으로 번역극만 무대에 올렸으니 동랑뿐만이 아니라 뜻있는 이들의 비판도 없지 않은 상태였다. 동랑 스스로도 자기반성하고 있었음이 그의 글에 나타나 있다. 즉 그는 「전진하는 드라마센터」라는 글에서 "우리의 계획은 1년 12개 작품 상연에 있어 그 반은 외국 번역극을, 그리고 나머지 반은 국내 작가의 창작물을 취택할 예정이었고, 장차 실력 있는 우리의 극작가의 생산 작품이 많아짐에 따라 차츰 전 상연 작품을 창작극만으로 채울 작정이었습니다. 그러나 지금의 우리의 실력으로는 애초 계획인 반수의 창작극도 채우기 어려운 형편입니다."라고 하면서 드라마센터의 이상은 "어디까지나 우리 현실에 즉하여 그 인간과 그 사회의 밑바탕을 오려내어 무대와 관객석이 혼연일체가 된 가운데 배우와 관중이 같이 느끼고 같이 깨닫자는 것입니다. 어디까지나 우리는 우리의 생활을 그린 우리의 작품이 소망"[30]이라고 자신의 포부와 신념을 분명하게 밝힌 바 있다. 그런데 문제는 당시 극작가라야 그 자신을 제외하고 드라마센터 무대에 올릴 만한 희곡을

30 유치진, 앞의 글.

동서 국제연극심포지엄 참석(1962). 오른쪽은 D. Rai Anderson 박사.

쓸 수 있는 작가는 전무한 상태였다는 데 있었다. 그리하여 결국 그는 구미 연극여행 뒤에 새로운 무대를 연상하면서 쓴 〈한강은 흐르다〉를 네 번째 레퍼토리로 삼게 된 것이다.

사실 이 작품은 당시 연출을 맡은 이해랑이 4년 전에 한 번 무대에 올려서 실패한 희곡이었다. 과거에 극단 신협이 공연 실패를 자초한 이유는 여러 가지가 있었으나 가장 큰 실책은 열린 형식의 희곡을 고루한 프로시니엄의 닫힌 무대에다가 억지로 구겨 넣은 연출 방식 때문이었다. 그 점은 이해랑이 자신의 '연출의 변'에서 솔직하게 털어놓는 바 있다. 즉 그는 "〈한강은 흐른다〉는 4년 전에 유치진 선생이 구미의 연극계를 시찰하고 돌아와서 처음으로 발표한 작품이다. 그때 우연히 연출을 맡아보게 된 것이 인연이 되어 오늘 또 이 작품의 연출을 다시 맡아보게 되니, 하나의 희곡 작품과 연출이 어느 새에 이렇게 헤어질 수 없는 관계가 되었는가? (……) 지난 일을 더듬어보면 흐뭇하게 만족을 느끼는 일보다는 곧장 얼굴을 찌푸리게 하는 일이 많듯이 4년 전에 이 작품을 연출했을 때의 일을 생각하면 낯이 붉어지는 일이 하나둘이 아니다. (……) 그러나 그보다 더 좋지 않은 것은, 이 연극을 무리하게 프로시니엄 아치 무대 속에다가 몰아넣어 작가의 의도와는 반대로 우구렁 바가지를 만들어서 불구가 되게 한 죄가 적지 아니 컸다. 그 당시 작가는 구미 연극계 시찰을 마치고 돌아왔을 때 벌써 오늘의 드라마센터의 입체적인 극장양식을 머리에 그리며 이 작품을 집필했던 것이다. 그러한 작품을 회화적인 프로시니엄 아치 무대 속에 억지로 꾸겨 넣었으니 그 면모가 마구 비틀어졌을 것은 당연한 노릇이다."[31]라고 하여 열린 연극 형식의 희곡을 프로시니엄 아치 무대에 억지로 맞추는 작품으로 만들어 실패했음을 고백한 바 있다. 드라마센터의 이 네 번째 작품은 19일간의 공연에 겨우 3천2백 명의 동원으로 그치고 말았다. 점점 수익성이 떨어져가는 중에 다섯 번째에는 미국 사회에 커다란 충격을 던진 바 있는 아서 밀러의 사회문제극 〈세일즈맨의 죽음〉(이기하 연출)을 보름 동안 공연했는데 역시 관중의 반응은 신통치 않았다. 그래서 여섯 번째는 젊은이들과 대학생 관객을 염두에 두고 〈로미오와 줄리엣〉(이해랑 연출)을 공연하는 가운데 어느덧 그해를 넘겨 1963년 1월 초까지 만 9개월이 된 것이다. 여섯 번째의 이 작품은 전작에 비해서 관객의 반응은 약간 나았지만 어렵기는 마찬가지였다.

이처럼 매번 출혈이라는 어려운 가운데서 공연을 이어왔지만 여론으로부터도 전적인 호응을 얻은 것도 아니었다. 가령 6회 공연까지를 평가한 어느 언론 매체는 다섯 가지 항목을 들어서 드라마센터를 비판하기도 했다. 즉 드라마센터가 재상연 작품이 많다는 것, 너무 번역극 위주라는 것, 레퍼토리선정위원회를 통해 작품을 선택하라는 것, 상연 작품의 연출을 한 연출가에게만 동결시키지 말라는 것, 그리고 관객 동원에 영화배우를 이용하는 '이지'한 자세를 지양하라는 것 등이었다.[32]

이러한 여론의 비판이 부분적으로는 타당성을 지니지만 드라마센터의 속사정을 너무 모르는 가운데 이상론만 내세운 면도 없지 않다. 가령 동랑 자신도 밝힌 바 있는 것처럼 마땅한 창작극이 없어서 마지못해 번역극을 선택한 것이었고, 연출의

31 〈한강은 흐른다〉 프로그램.

32 『한국일보』 1963.1.6.

경우도 당시 이해랑만 한 사람이 없었기 때문에 그를 중용한 것이었다. 그리고 다섯 편의 공연[33]에서 신예 영화배우들을 기용한 것 역시 영화에 쏠려 있는 관중의 시선을 연극으로 돌려보려는 고육지책으로 이해했어야 하지 않았을까 싶다.

이처럼 드라마센터가 여러 가지 몸부림 속에도 더 이상 견디지 못하고 당초 내걸었던 연중무휴 공연은 아쉽지만 여기서 멈춰야 했다. 더 이상 끌고 가기에는 역부족이었다. 드라마센터가 대중과의 약속을 지키지 못하고, 그것도 급작스럽게 공연장으로서의 문을 닫아야 했던 데는 두세 가지 이유가 있었다. 그 첫째는 당장의 재정난에 따른 것이었다. 9개월 동안 232회 공연에 연인원 5만 3,676명을 동원했지만 그 수익금으로는 겨우 수도 전기료를 충당하는 정도였다. 그래서 출연료를 받지 못하는 기둥 배우들이 영화나 새로 생겨난 TV, 그리고 라디오 등 방송 쪽으로 하나둘 떠나간 것이다. 그 당시 극장장으로서 연출을 주로 맡으면서 무대에도 섰던 이해랑은 저간의 사정과 관련하여 "드라마센터의 연극활동으로 인해 우리 연극계가 큰 진전을 보게 될 것같이 생각됐다. 그런데 1년 하는 동안 수입이 없었다. 단원들에게 출연료를 잘 주지 못하고 매번 들이는 공연비만 겨우 나올 정도였다. 때마침 텔레비전이라는 게 생겨서 젊은 친구들 중에 가버리거나 영화로 나가는 사람도 있었다. 그러고 보니까 처음 시작할 때 같이 있던 사람은 오사량하고 나하고 있게 된 것 같았다. 그즈음 셰익스피어의 〈로미오와 줄리엣〉을 공연했는데 출연자가 없어 내가 출연·연출을 겸했다. 연극이 내일모레쯤 끝날 때 유 선생이 나를 집으로 불렀다. 극장 문을 닫아야겠다는 것이었다. 내가 '아직 인재들이 많이 남아 있고 몇 해 더 끌어가면 세계적으로 부끄럽지 않은 연극을 창조할 수 있는 극장이 될 텐데' 우겼지만 유 선생 얘기는 자기도 그것은 알지만 공연할수록 적자가 나서 안 된다는 것이다. 이유는 전기 값 때문이었다. 경험하지 못한 사람은 생각할 수 없을 정도로 공연을 할 때의 전기 값 소요가 엄청나다는 것이었다. 결국 드라마센터를 뒤로하고 내려왔다."[34]고 당시 극장 문을 닫을 수밖에 없었던 상황을 회고했다. 그

---

33 영화배우 기용은 〈햄릿〉에서 김보애, 〈포기와 베스〉에서 최지희, 〈한강은 흐른다〉에서 김삼화, 〈세일즈맨의 죽음〉에서 차유미, 그리고 〈로미오와 줄리엣〉에서는 남궁원이 각각 출연한 바 있다.

34 이해랑, 앞의 책, 413면.

외에 동랑으로 하여금 폐관을 결심케 했던 또 하나의 결정적인 동기는 젊은 배우들의 '연판장사건'이었다. 그에 관해서는 끝까지 동랑과 운명을 같이했던 오사량의 다음과 같은 회고에 잘 나타나 있다.

> 드라마센터 제6회 공연인 〈로미오와 줄리엣〉도 무대의 열기에 비해 관객의 반응은 이를 따라주지 못했다. 따라서 개관 공연 이래 줄곧 누적되는 적자로 모두가 의기소침해서 출범 당시의 의욕은 찾아볼 수 없었고, 이미 단원들이 하나둘씩 빠져나갔다. 공연 마지막 날 아침에 극장에 나가니까 동랑 선생이 침울한 얼굴로 내게 서장(書狀)을 주시면서 그걸 어떻게 생각하느냐고 물으셨다. 나는 뭔가 심상치 않은 예감이 들어 받아보니 그것은 건의문이라고 쓴 연판장이었다. 내용인즉슨 앞으로 극단 공연에 있어서 레퍼토리 선정과 운영 일체를 자기들에게 일임할 것을 요구하는 것이었다. 발기인은 김동훈, 이낙훈, 박규채, 유용환, 나영세, 오현경, 김성원, 김성옥, 김년수 등 주로 실험극장 멤버였다. 나는 직감적으로 올 것이 왔다고 느꼈다. 그리고 그것은 최후통첩과 다를 바 없었기 때문에 타협의 여지가 없다고 보고, 일단 극장 문을 닫을 수밖에 달리 방도가 없는 것 같다고 말했다. 동랑 선생도 어젯밤 공연이 끝난 다음 이 통첩을 받고 밤새껏 고민한 끝에 같은 결론을 내리셨던 것이다. 그 모습은 옆에서 뵙기 민망했다. 선생을 모신 지 근 20년 동안 그처럼 침통한 표정을 나타내신 적이 없기 때문이다.[35]

이상과 같은 오사량의 회고에는 당시 급조되어 끈끈함이 전혀 없는 오합지졸의 배우들이 출연료 등의 문제를 내세워서 드라마센터를 좌지우지하려던 속사정과 함께 동랑의 고뇌가 얼마나 깊었는가가 생생하게 나타나 있어 주목된다. 동랑의 입장으로서는 도대체 그 극장이 어떻게 만들어 진 것인데 세상물정 모르는 젊은 배우들이 운영권까지 요구하고 나섰느냐는 것이다. 부연하지만 드라마센터가 궁극적으로 문을 닫게 된 동기는 인적 조직 불비 및 재정적인 뒷받침 없이 무모하게 공연활동을 펼친 데 따른 것이었으며 그것은 예정된 수순이었다고도 볼 수 있다. 이처럼

35 오사량, 앞의 책, 70~71면. 이 연판장에 이름을 올렸던 박규채와 유용환은 군복무 중이어서 사건과 무관했다(유용환 증언, 2014.1.19.).

드라마센터가 단 1년도 못 버티고 공연활동을 중단하게 된 데는 전후(戰後) 경제적으로 어려운 시절에 순전히 개인의 힘만으로 무리하게 극장을 짓고 예술에 대한 '의욕과 열정'만 있었을 뿐 내외 여건이 뒷받침되어주지 못하는 상황에서 합리적인 '경영'을 몰랐던 것이 복합적으로 작용한 데 따른 것이었다. 동랑 자신도 드라마센터가 문을 닫게 된 직접적인 동기는 경제문제였다면서 그 소회를 이렇게 밝혔다.

> '연중무휴 매일 공연'을 목표로 재작년(1962) 4월에 〈햄릿〉으로서 개관한 드라마센터는 작년(1963) 정월에 〈로미오와 줄리엣〉 공연을 마지막으로 극장 문을 닫지 않으면 안 될 비운에 빠졌습니다. 그 기간에 상연된 작품은 여섯 편이었으나 그 공연 횟수는 232회란 한국 신극사상에서는 최근에 보기 드믄 기록이었습니다. 그러면 우리가 극장 문을 닫지 아니하면 안 되게 된 가장 큰 원인은 무엇이었던가? 두말할 것 없이 경제난이었습니다. 1962년 4월부터 익년 정월까지 10개월간의 작업이었지만 창립 공연 준비 기간을 합치면 꼬박 12개월의 활동이었는데 그동안에 5백여 만 원의 결손을 보았으니 월 평균 40만 원의 적자였습니다. 이 적자는 연 60, 70회의 공연밖에 가지지 못하는 국립극장이 연 2천만에 가까운 예산을 쓰고도 그 10분의 1 남짓한 수입밖에 올리지 못하는 현 한국적 실정에 비춰보면 우리는 그 몇 분의 1밖에 안 되는 적자지만 원체 튼튼치 못한 서생들의 경제적 배경으로서는 도저히 지탱할 수 없는 형편이었습니다. 그래서 공연활동을 쉼으로서 무리한 출혈을 막고 운동 방향을 다른 곳으로 모색하였던 것입니다.[36]

이상에서처럼 동랑의 제1차적인 목표는 일단 좌절된 것이었고 드라마센터가 새로운 길을 모색할 수밖에 없는 상황에 처하게 된 것이다. 일찍이 오사량이 이를 가리켜 "드라마센터가 이상(理想)으로 출발해서 현실로 복구한 것"이라고 한 것은 정확한 지적이었다. 그런데 동랑이 특히 고뇌하고 또 아쉬웠했던 것은 자신이 먼 장래를 내다보고 세계에서 가장 앞서갈 만한 현대적인 하드웨어를 만들어놓고도 활용 한 번 제대로 못해보고 공연장으로서의 막을 내려야 했던 점이었다. 물론 그

36 유치진, 「우리의 앞길은 화려하다」, 『동랑 유치진 전집』 7(서울예대출판부, 1993), 383면.

자신도 드라마센터가 당장 제구실을 할 수 있으리라고 확신하지 못했을지도 모른다. 왜냐하면 당시 앞서가는 연극을 창조해낼 만한 능력의 연극예술가가 없었던 것은 그 자신이 더 잘 알고 있었기 때문이다. 바로 여기서 동랑은 자신이 생각하고 있던 '새 연극' 창조는 차세대의 과제로 넘기면서 미래 준비에 착수케 된다.

그런데 여기서 한 가지 간과해서는 안 될 중요한 사건이 그를 곤혹스럽게 했다. 구체적인 이야기는 은밀히 진행된 것이어서 밝혀져 있지 않지만 그가 결심만 하면 그의 일생이 바뀔 수도 있는 일이 벌어진 것이다. 그것이 다름 아닌 민주공화당 창당 참여 요청이었다. 그러니까 5·16 군사 쿠데타 세력이 민간정부로 넘어가는 과정에서 정당조직이 촉급한 가운데 문화예술계의 대표로서 동랑에게 참여를 간청한 것이었다. 연극 외의 어떤 자리에도 관심이 전혀 없었던 동랑이 끝까지 고사함으로써 그런 제안이 없었던 일이 되긴 했지만, 만약 그가 그때 마음만 먹으면 새로 출범하는 신정부에서 좋은 자리에 오르고도 남았을 것이다. 6·25 피난 당시 부산에서 KBS 방송국장(현재의 사장 격)도 마다했었고, 수복 후 자유당 정권 당시 경무대(현 청와대)의 문화담당 비서 제의와 공보처 차장 제의 역시 친구들을 추천하고 끝까지 고사했던 그에게 있어서 정당 참여란 가당치도 않은 것이었다. 경무대 비서와 공보처 차장은 극연 동지였던 김광섭 시인과 이헌구 교수가 했었다. 이처럼 그는 오로지 민족극 중흥에만 심혈을 기울이고 있었다.

그리하여 그는 전년도에 '국민연극개발 3개년 계획'이라 하여 내세웠다가 실현 안 된 부분과 9개월간의 무휴 공연활동을 중단하고 드라마센터가 현실적으로 해낼 수 있는 제2의 미래 비전을 고심하기 시작했다. 이는 사실 그가 그동안 계획했던 이상주의적인 프로젝트들이 한계에 부딪힐 수밖에 없었음을 스스로 깨닫고 현실로 복귀하여 공연활동에서 성취하지 못한 것을 보완하는 의미이기도 했다. 그리하여 그가 고안해낸 제2의 미래 비전은 그동안 극장 안팎으로 광범위하게 펼쳤던 명제들을 드라마센터 안으로 끌어들여 가용(可用) 인력 한도 내에서 해낼 수 있는 것만을 선택하여 실현해보자는 것이었다. 이는 드라마센터로서는 숨 고르기이며 동시에 구조조정이기도 했다. 물론 여기서도 난제는 그를 버겁게 했다.

왜냐하면 해마다 늘어가는 은행 이자 빚과 신태민 사무국장까지 드라마센터를 떠남으로써 사무직원 두세 사람과 배우 오사량이 가용 인력의 전부였기 때문이다.

따라서 그는 드라마센터가 당장 감당할 수 있는 일만을 해가기로 하고 연극아카데미 활성화와 중·고등학교 연극경연대회 및 연극 전문도서관 개관 개설, 그리고 한국연극상(제7회부터 동랑연극상으로 개칭) 제정 등 몇 가지로 압축해갔다. 전국 남녀중·고교 연극경연대회는 이미 드라마센터가 한창 공연활동을 벌이고 있던 1962년 가을에 시행하여 그 자신이 쓴 〈춘향전〉(여학교 지정 작품)과 한노단의 〈전유화〉(남학교 지정 작품)를 갖고 여섯 학교만이 참여하는 작은 행사가 되었으나, 제2회부터 점차 증가하기 시작하여 제3회에는 8개, 제4회에는 20개 학교가 참여하는 명실상부 전국 규모의 큰 행사가 된 것이다.

이처럼 동랑이 후일 우리나라 공연예술의 든든한 인재를 길러내는 연극아카데미 운영과 전국 중·고등학교 연극경연대회를 진행하면서 또 하나의 '기초 다지기'라고 할 수 있는 작업으로 연극 전문도서관을 만들었다. 당시 국립도서관 한 곳과 몇몇 대학의 부속도서관밖에 없었던 시절에 드라마센터가 연극 전문도서관을 개설한 것도 보통 앞서간 계획이 아니었다. 왜냐하면 그가 당시 누구도 도서관이 국민의 지적 향상을 도모하는 기본이 된다는 것을 인식하지 못하던 시절이었음에도 불구하고 한국 극장사상 전례 없는 전문도서관까지 구상해서 실천한 것은 대단히 선구적인 일이었기 때문이다. 물론 첫술에 배부를 수는 없었기 때문에 많은 도서를 갖출 수는 없었다고 하더라도 이 땅에서 전문도서관의 첫 테이프를 끊었다는 것이 중요한 의미를 지니는 것이다. 그런데 여기서 주목되는 것은 그가 도서관을 연극박물관과 함께 연계하여 개설하려 한 것이 특기할 만한 일이었다고 하겠다. 그러니까 그가 생각한 연극도서관은 곧 연극박물관의 모기지로 생각하고 드라마센터를 지을 때부터 시설에 반영하기도 했던 것이다. 그가 극장 개관 첫해 말에 쓴 「새해를 맞으면서」라는 글에 "1962년은 실로 연극계로서는 기념할 만한 해였다. 3년을 두고 동분서주하던 드라마센터의 건물이 마침내 이해 봄에 준공하여 4월에는 역사적인 개관 공연을 가졌었고, 그리고 가을 신학기에는 부설 연극아카데미(학교)가 개강했었고, 그리고 이 역시 부설기관인 연극도서관의 장서 5천 권 수집이 완수되었다. 5천 권의 책은 애초에는 3년을 두고 수집할 기획이었던 것이나 그 목표가 초년에 초과한 것이다. 이미 발표한 바와 같이 드라마센터는 이상 세 가지 — 실험적 소극장과 아카데미(학교)와 도서관 — 을 가지려 했던 것이다. 그것들이 묵은해에 이룩

전국 중 · 고교 연극경연대회 시상식

제13회 전국 중 · 고교 연극경연대회 여자부 최우수 수상학교인 서울여상 연극부와 함께 (1973). 앞줄 오른쪽부터 유인형 교수, 오사량 교수, 동랑.

되었다. 1962년은 시설 완비를 위한 해였다. 그러나 한 가지 이룩 못 한 게 남았다. 연극박물관이다."[37]라고 하여 전문도서관이 박물관과 연결되는 것임을 분명하게 밝혔다.

그가 연극 전문도서관 개설과 함께 또 하나의 기초 다지기 일에 나선 것은 연극상 제정(1963)이었다. 오늘날에는 흔해빠진 것이 연극상이지만 당시로서는 연극경연대회에 출연한 학생들에게나 주어지던 연극상만이 있었던 시절에 기성 연극인에게 시상을 한 것은 근대연극사상 처음이어서 대단히 중요한 의미를 지닌다. '한국연극상'이라는 이름이 붙여진 이 상의 첫 수상자가 1919년 3·1운동 이후 십수 년간 가산을 탕진하면서 우리 근대극의 초석을 다진 춘강 박승희(朴勝喜, 1901~1963)였다는 점에서 이 상의 성격을 어림할 수 가 있다. 특히 그가 매일 빚에 쪼들리는 가운데서도 당시 문교부가 수여한 문예상으로 받은 상금 10만 원을 연극상의 기금으로 삼았다는 점에서 그의 민족극 사랑을 짐작게 한다.

그런데 전술한 바 있는 것처럼 당시 동랑을 안타깝게 한 것은 만난을 무릅쓰고 잘 만들어놓은 드라마센터가 개관 1년여 만에 금융기관의 늘어만 가는 빚 때문에 옴짝달싹 못 하고 빈 창고처럼 덩그러니 서 있는 것을 지켜보는 일이었다. 따라서 그는 고육지책으로 무료로나마 임시 대관의 길을 택하지 않을 수 없었다. 솔직히 아무리 훌륭한 예술적인 목표를 내세워도 경제적인 뒷받침이 없으면 이루어내기가 어려웠던 것이 당시 실정이었음을 인식한 그는 잠시 자존심을 버리고서라도 극장 문만은 열어야 했기 때문에 비교적 견실한 극단이었던 제작극회 및 실험극장과 전속계약을 맺은 것이다. 그러나 두 극단 역시 일천(日淺)한 단체들이었기 때문에 1963년 6월과 7월에 한 작품씩만 무대에 올린 뒤 손을 털고 나갔다. 대관료를 물지 않고도 제작비가 없어 드라마센터를 쓸 수 없었던 것이 당시 연극계 실정이었기 때문이다.

결국 동랑은 여론의 비판을 무릅쓰고 미8군 쇼단과 임대 계약을 맺음으로써 드라마센터는 잠시나마 재즈 공연장으로 탈바꿈하기도 했다. 그렇다고 해서 극장문제가 근본적으로 해결되는 것은 아니었다. 이 시기가 드라마센터로서는 가장 고통

---

37 유치진, 「새해를 맞이하면서」, 『동랑 유치진 전집』 7(서울예대출판부, 1993), 381면.

한국 최초의 연극도서관 개관(1962.4.12.)

스러운 계절이었다. 바로 여기서 동랑은 드라마센터의 슬럼프를 벗어나기 위한 새로운 진로를 모색하지 않으면 안 되는 매우 절박한 처지에 놓이게 된다.

그렇다면 드라마센터의 등장과 3년여 간의 활동이 한국 극장사, 더 나아가 연극사에 던지는 의미는 무엇일까. 그와 관련하여 몇 가지 측면에서 그 의미를 되새겨 볼 때, 우선적으로 드라마센터는 앞에서도 누누이 설명한 바 있듯이 동랑이라는 한 개인의 꿈의 성취를 넘어 한국 근대극 60년의 총화이기도 하다는 점이다. 왜냐하면 근대극의 시작과 함께 닥쳐온 민족 수난의 과정에서 우리 연극이 갈망해왔던 소망이 바로 드라마센터로 형상화된 것이었기 때문이다. 가령 극장사적 의미로 보더라도 드라마센터는 우리의 토착 자본(유치진 가족의 재산)과 순수한 우리의 기술(설계자 김중업)로 지어진 최초의 공연예술 전문극장이다. 물론 1935년에 문을 연 동양극장이 배구자(裵龜子)라는 한 무용가의 힘에 의해서 만들어지긴 하지만 일본 자본에 의지한 바 크고 건축설계자 역시 한국인은 아니었다. 그렇게 볼 때, 1961년 11월 11일 세종로에서 문을 연 서울시민회관(뒤에 세종문화회관으로 개칭)이 우리 자본과 기술(설계자 이천승)로 지어진 최초의 극장이긴 했지만 전형적인 구식(프로시니엄 아치)의 관립 종합문화 공간이라는 점에서 드라마센터와는 차원을 달리하는 것이다.

특히 드라마센터는 구조에서부터 극장 개념을 혁명적으로 바꿔놓았다는 점에서 세계적인 주목을 끌 만했다. 이 말은 곧 드라마센터가 오랫동안 하나의 기본처럼 내려온 극장 구조를 일거에 바꿔놓음으로써 새로운 연극 창조의 기틀을 마련했다는 이야기다. 이는 곧 드라마센터가 개화기 이후 전개되어온 근대극이 명실상부 현대극으로 전환되도록 하는 하드웨어였다는 이야기가 된다. 그리고 이 드라마센터가 지어짐으로써 조기에 현대극이 일찍 정착할 수가 있었던 것이다.

물론 드라마센터가 개관 초기에는 그 초현대적인 하드웨어를 충분히 활용한 작품을 만들어내지 못하고 결국 차세대(유덕형 연출)에 와서야 명실상부 현대적인 작품을 창조해낼 수 있었던 것은 아쉬움이었다. 또 하나 드라마센터의 특기할 만한 점은 극장이 단순히 예술 작품 창조장이라는 통념을 넘어 인재양성이라든가 전문도서관 등과 같은 다기능의 예범도 실천적으로 보여주었다는 것이다. 가령 드라마센터 부설 연극아카데미는 서구식 콩세르바투아르의 한국적인 모델 제시로서 뒷날 예술교육의 전범이 되었으며 연극 전문도서관 개설 역시 프랑스 파리 퐁피두센터의 경우에서 확인할 수 있는 것처럼 극장 개념 확대의 좋은 예라 볼 수 있다. 이런 것이야말로 동랑이 오랫동안 꿈꾸어왔던 한국 연극의 미래를 향한 거대한 밑그림(grand design)의 일환이기도 하다.

그리고 드라마센터가 초기에는 경영 적자로 인하여 9개월간 다섯 작품밖에 선을 보이지 못했지만 〈밤으로의 긴 여로〉는 우리 연극이 수십 년간 추구해온 리얼리즘을 한층 심화시킨 공연이었으며, 〈포기와 베스〉는 이 땅에서도 뮤지컬이 싹틀 수 있도록 하는 단초를 마련한 공연이었다는 점에서 중요한 의미를 지닌다. 그 외에도 드라마센터가 전후(戰後)의 황량한 시절에 큰 성과를 거두지는 못했지만 범연극국민운동 제창이라든가 한국연극상 제정, 그리고 중·고등학교 연극 경연대회 등과 같은 한국 연극의 지평을 넓히는 작업을 적잖이 했다.

11. 전통극의 새로운 발견과 법고창신(法古創新)의 선도자

전통극이란 개화기 이전, 그러니까 서양 문화의 영향을 받지 않고 이 땅에서 자생적으로 성장해온 우리 고유의 연극을 말한다. 광의로서는 무속극(巫俗劇)이라든가 다시라기 등과 같은 장례 의식도 전통극에 포함시킬 수가 있겠으나 이들은 연극의 원형적 형태라 보기 때문에 본고에서는 협의로서 가면극을 비롯하여 꼭두각시 인형극, 판소리, 그리고 광대소학지희 등에 한정하고자 한다. 그런데 이러한 고유의 전통극이 개화기와 함께 서양 문물이 유입되면서 주로 신문화의 세례를 받은 식자층으로부터 낡은 것으로 인식, 배타됨으로써 서서히 쇠퇴의 길을 걷기 시작했다. 이러한 경우는 대체로 제3세계의 공통적 현상이었던바, 그 이유는 선진 문화로 무장한 강대국이 식민통치를 하면서 약소국의 전통문화를 의도적으로 폄훼(貶毁)시킨 데 따른 것이라 말할 수가 있다. 그러다가 1945년 제2차 세계대전이 끝나면서 제3세계의 여러 나라들은 각자 정체성 찾기에 나섬으로써 잃어버린 고유문화 복원 계승 작업이 탄력을 받게 된 것이다.

우리도 이러한 세계적 흐름에서 벗어나지 않았으며 어느 나라 못잖게 적극적으로 전통문화 복원운동을 활발하게 펼친 나라에 속한다고 말할 수 있다. 그런데 더욱 주목해야 할 것은 우리의 경우는 종전 이전부터 우리의 전통문화의 중요성을 인식하고 그에 대한 연구의 필요성을 역설하면서 복원운동을 펼친 학자가 나타났고 학회까지 조직되었었다는 점이다. 예를 들어 전통문화 연구의 선편(先鞭)을 쥐었던 인물은 3·1운동 직후 『조선민속고』라든가 『조선해어화사』 같은 책을 출간한 이능화(李能和)였으며 최남선(崔南善)이라든가 손진태, 송석하(宋錫夏) 등이 그 뒤를 이었다고 하겠다. 이들은 전통문화 연구를 일종의 항일민족운동의 차원에서 접근했으며 조선민속학회(1932)까지 조직할 만큼 열정적이었다. 혹자는 민속학회 주도 인물들이 경성제국대학 교수 아카바 다카시(秋葉隆) 등 여러 명의 일본 관학자였는데 무슨 민족운동의 일환이었는가라고 의문을 제기할지도 모른다. 그러나 그것은 민속학 연구의 전통이 없었던 우리로서는 선학(先學)의 그들에게 방법론을 배울 수밖에 없는 부득이한 사정에 따른 것이었다. 여하튼 선구적인 민속학자들의 노력으로 1920년대 말엽부터 〈양주 별산대놀이〉라든가 〈봉산 탈춤〉 등과 같은 전통극이 이따금 야외무대에 올려지기도 했다.

그런데 이러한 민속학자들의 전통극에 대한 관심은 어디까지나 학문적인 연구 차원을 넘어서는 것은 아니었다. 그렇게 볼 때 처음부터 전통극을 단순한 연구 차원을 넘어서 일본의 가부키(歌舞伎)라든가 중국의 경극 등과 같은 위상에 놓고, 그 가치를 인식하는 동시에 그 현대적 계승까지 고민했던 인물은 동랑 한 사람뿐이었다고 해도 과언이 아니다.

동랑이 우리의 전통 또는 전통극에 대해서 관심을 갖고 그에 관해서 생각을 조금씩 표명했던 것은 동경 유학시절부터였다. 물론 그가 대학에서 영문학을 전공하고 근대 서양 문학과 연극 공부에 주력은 했지만 일본에 장기간 머물면서 극문학을 공부하다 보니 자연스럽게 가부키라든가 노(能), 그리고 분라쿠(文樂) 등을 접할 기회가 있었다. 그런 것을 구경하면서 그는 유년시절 고향에서 무심결에 구경했던 가면극인 〈통영 오광대〉를 떠올리곤 했던 것이 아닌가 싶다. 그러나 그것을 어떻게 활용한다는 생각을 한 적은 없었던 것 같고, 다만 유학을 하면서 우리나라에도 일본에 결코 뒤지지 않는 연극유산이 있다는 자부심을 갖고는 있는 정도였다고 보는 것이 옳을 듯싶다. 그러니까 우연히도 그가 영남 가면극의 본고장이라 할 통영에서 나서 성장했던 것이 그 배경이었다는 이야기다.

가령 그가 1950년대 후반 세계 연극여행을 한 뒤에 쓴 「무제(無題)」라는 글을 보면 유소년기에 고향에서 구경했던 가면극에 대한 기억을 생생하게 떠올리는 내용이 담겨 있는데 이 기억이 그가 뒷날 전통극의 가치와 소중함, 그리고 현대에 있어서의 재창조의 원천으로 삼게 되는 바탕이 되는 것은 자명하다. 즉 그는 그 여행기에서 "나의 소년시절 지금으로부터 40년 전 일이었습니다. 나의 고향인 한반도의 남단인 통영(지금은 충무시라고 부릅니다만)이란 곳에서 그 연극이 공연되었습니다. 시가 중심지에서 그다지 멀지 않은 고개 넘어 잔디밭이 그 연극을 하는

〈통영 오광대〉

장소였습니다. 요즘 연극 모양으로 건물 안에서가 아니고 노천에서 행하는 것이었습니다. 일종의 야외극인 것입니다. 산허리의 경사면이 관객석으로 이용되고 산 밑 평지가 무대로 사용되었습니다.

무대 한 옆에는 임시 포장으로 만들어놓은 갱의실(dressing room)이 있었고, 반주하는 악사들이 주요 등장인물처럼 무대 중앙 정면에 앉아 있었습니다. 사용되는 악기는 북, 장고, 해금, 젓대, 피리 등이었다고 기억됩니다. 이 극장에는 구경하는 사람을 제한하는 울타리가 없습니다. 입장료도 없습니다. 모두 무료입니다. 구경꾼들은 통영읍에서는 물론이요, 근방 시골에서도 모여들었습니다. 남녀노소 할 것 없이 새옷들을 갈아입고 언덕 밑에 하얗게 모였었습니다. 읍내 음식 상인들은 이 판에 한몫 보려고 줄줄이 노점을 벌여놓았습니다. 그 잡답(雜沓)한 품을 짐작하려면 요즘 곳곳에서 보는 도떼기시장을 연상하면 족할 줄 압니다. 이와 같이 활발한 군중에 휩싸여 연극은 시작되었습니다.

연자(演者, performer)들은 하나도 예외 없이 모두 가면을 쓰고 춤을 추었고, 춤은 물론 악기들의 반주에 맞춰서 추었습니다. 가다 오다 대화도 했습니다. 그럴 때 반드시 반주는 중지되었습니다. 대화는 가면 쓴 각 연자끼리보다도 반주하는 악공(樂工)과 연자 간에 더 많이 행하여졌었음을 보았는데, 이는 서양 연극 같았으면 의당 독백으로 표백(表白)해야 할 것을 무대상에 앉은 악공과 대화체로 행하였습니다. 그 대화로써 자기가 누구라는 것과 뭣 때문에 등장하였다는 것과 아울러 연극의 줄거리까지도 관객에게 알려주는 것이었습니다. 연극 내용은 승려들과 양반들의 부패된 내막생활을 폭로한 것이었으며, 따라서 등장하는 캐릭터들도 파계승, 상좌들을 위시하여 생원님이나 그 처, 혹은 첩 등이 주요한 역할을 했습니다. 이리하여 이 극은 주로 저녁 해거름부터 시작하여 화톳불을 켜놓고 밤을 새워 놀다가 새벽이면 그치는데, 그것도 하룻저녁만이 아니고 3일을 두고 계속했습니다. 그것이 계속되는 동안의 이 고을의 화제는 모두 이 극에 쏠려 있었고, 이 고을 사람들의 전 신경은 모조리 이 놀이판에만 집중되어 있었습니다. 그때에 이 극을 어른들은 '오광대(五廣大)'라 불렀습니다."[1]라고 하여 소년시절에 고향에서 구경했던 영남지역의 대표적인 가면극 중 하나인 〈오광대〉 공연 광경을 소상하게 설명한 바 있다. 물론 그가 나중에 연극을 전공했기 때문에 상당한 지식을 바탕으로 하여 소년시절에 구경한 〈오광대〉 연희 장면을 묘사한 것이긴 하지만 그 특별한 가치를 깨달았던 것도 물론 한참 뒤 성인이 되어서였음은 두말할 나위 없다.

그런데 필자가 여기서 그 글을 인용한 것은 그가 연극이란 것을 전혀 몰랐던 유소년시절에 우연히 구경했던 우리 고유의 전통 가면극 〈오광대〉가 일본 유학 중에 관극한 가부키나 노 등에 뒤지지 않는 가치가 있음을 새롭게 인식했을 것이란 점을 상기시키기 위해서이다. 만약에 그가 대학에서 연극을 전공하지 않고, 또 일본에서 전통극을 구경하지 못했다면 우리 가면극에 대해서 별다른 생각을 하지 않았을지도 모른다. 바로 그 점에서 그가 통영에서 출생 성장하고 일찍부터 일본 유학을 할 수 있었던 것은 그 개인뿐만 아니라 한국 현대연극사에서도 행운일 것도 같다. 그런 그가 유학을 마치고 귀국하자마자 신극운동을 시작하면서 과거의 기억

1 유치진, 「무제」, 『동랑 유치진 전집』 6(서울예대출판부, 1993), 393~394면.

들을 새삼 떠올리며 그 중요성도 새롭게 인식하기 시작한 것은 당시의 시대 분위기와 무관치 않았다.

가령 1920년대 이후 『조선일보』, 『동아일보』 등 일간지가 등장하고 여러 종류의 전문잡지들이 발간되면서 민족학에 대한 관심이 조금씩 일어났고, 그런 배경에서 이능화라든가 최남선 같은 국학자가 몇 명 등장하여 우리 민속의 가장 기초적인 것이 정리되어가기 시작했다. 이어서 도쿄대학에서 상학을 공부하던 송석하가 민속 연구로 방향을 틀면서 그와 동조하는 안확, 손진태 등도 나타나서 전통극에 관한 논문을 발표하고 조선민속학회라는 학술단체도 출범케 된 것이다. 그뿐만 아니라 『조선일보』, 『동아일보』 등 일간지가 전통극 공연을 적극 지원함으로써 대중의 전통문화에 대한 인식이 크게 바뀌는 모멘텀을 만들기도 했다.

가령 경성방송국 주최로 매년 열렸던 전국명창대회를 민족지들이 지원하고 홍보에도 앞장섬으로써 붐을 조성하기도 했다. 그 시절에 그만큼 민족예술에 대한 애호사상이 크게 진흥되어가고 있었던 것이다. 그러한 흐름 속에서 대중을 사로잡았던 조선야담사(1928) 주관의 전국순회야담대회도 '우리 것 찾고 지키기'의 일환이었으며 이 역시 연례행사가 되었다. 이러한 사회 분위기 속에서 지적 호기심이 유난히 강했던 동랑이 젊은 민속학자들의 움직임에 주목하면서 그들과 호흡을 맞췄다고 볼 수 있는 글을 1931년 6월 21일 자 『동아일보』 지상에 발표한다. 물론 그 글은 『동아일보』 후원의 연극영화전람회 개최에 관한 것이었는데, 여기에 그가 처음으로 전통극의 가치가 중요하다는 것을 밝히고 나선 것이다.

동랑은 자신의 데뷔 칼럼이기도 한 그 글의 서두에서 "흙내 나는 산대도감의 가면은 오늘의 우리에게 새로운 용기와 암시를 가지지 않느냐"로 시작하여 "우리는 극에 관한 고유의 전통을 잃어버린 지 오래다. 다른 예술 부분과 한가지로. 조선에는 재래에 그다지 찬란한 극예술의 발전이 있었으리라고는 단언 못 할지언정 지금과 같이 이다지도 무능한 민족은 아니었으며 이다지도 맛없는 생활은 하지 않았을 것이다. 그는 아직까지 향촌에 유존하여 있는 각종 가면극과 춤 등속을 보더라도 규지(窺知)할 자료가 될 것이다. 전통이란 그 자체는 아무 권위 있는 것은 아니다. 권위란 새로운 생명에서만 발견할 수 있는 것이다. 그러나 새로운 생명은 전통이란 좌표에서 반발적으로 발생되는 것이 아닐까! 그러면 왜 우리는 우리의 전통을 잃어버리게 되었을까? 그 근본적 원인으로 무엇보다 먼저 검열(檢閱)을 들 수 있다. 새로운 문화의 발아를 저지하는 검열은 흐르는 전통의 줄기까지도 마르게 하는 것이다. 참신한 생명은 묵은 전통에서 생기는 것이니 묵은 전통은 새싹의 거름이니 전통이 없는 곳에서 새로운 예술의 발랄한 용출을 기다리기는 어려운 것이다. 작금 연극영화운동에서 두각을 가진 신인의 배출이 적고 건전한 독학자(篤學者)가 없는 것은 그 때문이 아닐까! 그네들 독학적 신인의 손으로 비로소 우리는 우리의 종래에 잊은 전통을 찾으며 장래의 발전을 약속할 수 있을 것"[2]이라고 쓴 것이다.

그가 홍해성, 윤백남, 서항석 등 연극 동지들과 우리 역사상 처음으로 연극영화전람회를 열면서 그 의미를 설명하는 가운데 슬쩍 전통극의 중요성을 언급한 것이지만 그 내용 중에는 그의 전통 인식에 대한 매우 중요한 단서가 담겨 있다. 가령 그가 처음으로 우리 연극인들이 아무도 관심을 갖고 있지 않던 가면극을 비롯하여 전통무용의 가치를 언급한 것에서부터 그런 전통예술이 일제의 탄압에 의해서 단절되었음도 밝혔다. 그리고 새로운 예술이란 전통의 바탕 위에서 발아되는 것인데, 일제에 의한 탄압으로 전통이 단절됨으로써 훌륭한 예술이 탄생되지 못하고 있다고 개탄한 데 주목할 필요가 있다. 그것이 전통에 관한 글도 아닌데도 그의 전통문화에 대한 인식과 예리한 통찰력이 드러나 있다.

그의 탁월한 전통예술에 대한 인식은 그 다음 글에서 한 걸음 진보되어 표출된다. 즉 그가 두 번째로 쓴 글 「노동자구락부극에 대한 고찰」에서는 우리의 가면극이 세계 근대극의 한계성을 탈피하는 하나의 돌파구로 파악하고 있는 점이 눈에 띈다. 가령 그가 러시아에서 한때 유행했던 노동자구락부극에 대하여 논하는 가운데 '산 신문극', 슈프레히콜 등등 여러 가지 진보적 현대극 상황은 곧 르네상스 이후 잃어버린 연극의 원형 회복의 한 형태라면서 우리나라의 가면극이야말로 그 모델이라고 단언했다. 즉 그는 그 글에서 "오인(吾人)의 흥미를 끈 사실은 연극사상의 새로운 신흥 연극의 가지가지 형태상의 특징은 연극의 발생 당시, 즉 그의 국외(局外) 시대(농촌 벽지에 아직 그 잔형을 가지고 있는 산대극, 광대극 등도 연극의 국외시대적 형태라고 보겠다)에 가졌던 본래적 특성과 열성을 소생시킨 것이다."[3]라고 주

2 유치진, 「연극영화전을 개최하면서」, 『동아일보』 1931.6.20.

장한 것이다.

이어서 그는 「연극의 대중성」이라는 글을 1932년 6월에 한 영화잡지에 발표한다. 당시에는 몇몇 민속학자들이 현장 발굴과 관련하여 보고서 수준의 글을 쓰고 있을 때였는데, 동랑만은 현대극 이론을 바탕으로 하여 우리 가면극의 본질과 연극성, 그리고 그 활용성에 대해서까지 정확하게 꿰뚫는 글을 쓴 것이다. 즉 그는 그 글에서 "〈산대놀이〉나 〈오광대〉를 연출하는 장소란 결코 권리 매인 건물이 아니다. 지나치는 민중은 아무나 구경하고 아무나 참관할 수 있는 야천(野天)의 마당"이라고 하여 옥내극장 아닌 야외극장 놀이로서의 가면극의 장점을 높이 평가했다.

이어서 그는 배우와 관련해서는 "출연하는 사람은 금일의 배우와 같이 직업화된 상인이 아니었다. 그 마을에서 흥미를 가진 자 혹은 여가 있는 자는 아무나 그 놀이에 출연할 수 있는 것"이라 하여 아마추어리즘의 장점도 지적하고 있다. 그리고 관중의 역할과 기능에 대해서는 "구경꾼 중이라도 그 극에 매혹되어 흥을 못 이기는 때에는 언제라도 뛰어 들어가서 출연자들과 함께 덧뵈기춤을 춰도 좋다. 이로 인하여 이 극의 효과가 상하거나 극의 스토리가 난맥되거나 하는 법은 없는 것이다. 이 사실은 극을 휩싸고 구경하는 민중이란 극을 구성하는 한 요소이며 극을 진행시키는 한 도구임을 예증함이요, 극장과 관중이란 뗄래야 뗄 수 없는 유기적 관계에서 휘일(揮一)히 일개가 되어 있는 것을 말함"이라고 하여 가면극에서의 관중의 공연 참여와 함께 관객의 기능이 단순히 참관에 그치지 않고 연극의 주요 구성 요소임을 설명하고 있다.

그는 거기서 그치지 않고 우리의 가면극이 "민중의 창작이며 오락이요, 드디어 그들의 의지"라면서 "이보다 더 밀접한 예술의 대중성을 어디서 구하랴! 연극이 가지는 이 대중성이야 연극의 가장 독자한 특징이며 이상"[4]이라고 하여 가면극의 생성 배경은 물론이고 그 전위성(前衛性)까지 지적하고 있다. 이는 동랑만의 놀라운 관찰로서 1920년대의 선구 연극인 현철(玄哲) 등과는 차원이 다른 전통극 인식이라고 말할 수가 있다. 왜냐하면 현철은 우리 고유의 가면극을 보편적인 연극으로서가

---

3 유치진, 「노동자구락부극에 대한 고찰」, 『동아일보』 1932.3.2.

4 유치진, 「연극의 대중성」, 『신흥영화』 1932년 6월호 참조.

아닌 저급한 민속예능 정도로 폄하했기 때문이다. 따라서 현철이 전통극을 세계 연극사에 포함시키려 하지 않았던 것도 당연한 귀결이었다.

바로 그런 점에서 볼 때 유소년시절 고향에서 이따금 구경했던 기억밖에 없었던 동랑이 가면극의 본질을 꿰뚫어보는 혜안을 가진 것은 그의 탁월성을 보여주는 한 예이다. 더욱이 가부키나 노 등 일본 전통극과 비교해 볼 때, 세련미라든가 적극적인 국가보호 정책 면에서 상당한 차이가 남에도 불구하고 우리 가면극을 매우 긍정적으로 본 것은 그의 민족애를 보여주는 것이기도 하다.

그의 이러한 긍정적 전통연극관은 3년 뒤에 쓴 농민극론으로 다시 이어진다. 즉 그는 1930년대 도시 중심의 저급한 대중극에 대한 비판의 글에서 "연극의 발생을 보더라도 그것은 본시 흙에서 자란 물건임에 틀림없다. 그 입증으로써 멀리 고대 희랍극의 '미모스'를 인용하지 않더라도 바로 우리의 손 아래서 유일한 연극 형식으로 발달한 〈오광대〉며 〈산대놀이〉 같은 우수한 극을 보아도 긍정할 수 있는 바이다. 〈오광대〉는 우리의 아는 바와 같이 말뚝이란 인물로서 생원님 계급을 야유하는 것이며, 〈산대놀이〉에서는 그 시대의 특권 계급이던 승려의 비행이 폭로되었다. 이 폭로는 바야흐로 그 시대의 피압박 계급이던 농민층의 분노의 발로임에 틀림없고, 그 형태는 가장 원시적으로 발달하여서 타작마당 같은 넓은 광장에서 모닥불 붙여놓고 하룻저녁의 흥을 돋우는 것으로 가면이 채용된 것도 수긍할 바"[5]라면서 우리의 전통극도 결국 도회 중심으로서가 아니라 토속적인 농민의 요구와 농민의 품속에서 성장한 것이라고 하여 가면극의 중요성을 강조하고 있다. 그런데 여기서 눈여겨보아야 할 것은 그가 신파극 등 극히 도회적(都會的)인 대중연극의 타락을 극도로 혐오하는 한편 우리 전통극이야말로 그동안 잃어버린 연극원형 찾기의 한 방편도 될 수 있다고 본 점이다. 그와 같은 사실은 그가 글의 말미에서 "우리가 여기에서 농민극을 고찰하는 것은 그것이 연극의 한 특수한 형태로서가 아니요, 박탈된 연극정신, 또는 연극본질의 탈환으로서 생각될 것이라고 믿는 까닭"이라고 주장한 점에 잘 나타나 있다. 다른 한편으로는 고유의 그가 우리 연극의 건강성을 부각하는 한편 거기서 어떤 대안을 찾아보려는 듯한 뉘앙스를 풍긴 점도 주목의

5 유치진, 「농민극 제창의 본질적 의의」, 『조선문단』 1935년 2월호.

〈양주 별산대놀이〉

대상이 될 만하다.

이러한 그의 생각은 그해 11월에 발표한 「조선 연극의 앞길」이라는 글에서 조금 더 구체화되어 표출된다. 즉 그는 우리 연극의 발전책에 대하여 여러 가지 방안을 제시하는 중에 '우리 연극유산을 발굴하자'면서 "조선 연극을 운위하는 자는 누구 없이 우리에게는 계승 받을 연극의 유산이 없음을 슬퍼하는 것이다. 사실 우리한테는 이것이 연극유산이요 하고 뚜렷이 내세울 만한 것이 남아 있지는 않다. 그러나 그렇다고 전무한 것은 아니다. 〈산대놀이〉, 〈오광대〉, 〈사자놀이〉 등의 가면극, 〈홍동지〉, 〈박첨지〉 등의 인형극, 〈춘향전〉, 〈심청전〉, 〈흥부전〉 등의 창극 등 가장 조선적인 연극 형태가 불충분하나마 아직 그의 잔형(殘型)을 보이고 있지 않은가?"라고 했다. 그러니까 그는 현철 등과는 달리 우리 고전극의 3대 장르라 할 가면극, 민속인형극, 그리고 창극(여기서는 판소리를 지칭한 것임)을 빈약하나마 서양에도 내놓을 만한 연극유산으로 확신하고 있었던 것이다.

그러면서 그는 이러한 연극유산에 대하여 어떻게 대처해야 하는가에 대해서는 "우선 조선적이란 의미에서 애수(哀愁)하는 센티멘털리즘을 버려야 한다."면서 "가면극이면 가면극, 인형극이면 인형극, 창극이면 창극이 가지는 세계 연극사상에 남긴 존재 가치를 살피고 그다음은 그것을 현대적으로 부흥시킬 수 있고 시켜야만 할 그 시대성을 충분히 평가해보지 않으면 안 될 것"[6]이라고 했다. 그러니까 그는 우리 것이라고 하여 감상적으로 접근할 것이 아니라 당당히 세계에 내놓아서 제대로 된 평가를 받아보아야 할 것이며 개화기 이후 일본과 서양문화의 유입과 함께 날로 쇠퇴 소멸해가는 전통극을 찾아 복원하여 현대에 되살리는 것이 급선무라고 했다. 그만큼 동랑은 판소리 외에는 대중으로부터 외면받고 국권 상실에 따라 버림받다시피 된 우리의 전통극을 안타까워하면서 일본의 전통극 보존 정책을 타산지석으로 삼고 싶어 했다. 그의 일본 유학 체험은 그래서 더욱 중요하다는 생각이다.

그런데 그가 거기에 머물지 않고 연극유산 활용과 관련하여 한 발짝 앞으로 나아가고 있는데, 가령 3대 전통극 장르 중 판소리와 관련해서는 "더구나 창극 같은 것은 그것을 현대적으로 살리면 얼마라도 살릴 수 있는 것이라고 나는 생각한다. 우리 창극은 일본의 가부키보다도 더 특이한 세계적 존재가 아닌가 싶다. 메이에르홀트(현 러시아가 낳은 세계적 연출가)는 가부키를 현대적으로 살려서 그의 극술을 풍부히 한 연출을 한 바 있었다. 그러므로 나는 우리도, 조선의 창극도, 우리의 기능 여하로 얼마라도 현대적으로 끌어 쓸 수가 있을 것이라고 믿는다. 우리는 여태까지 조선의 연극문화 수립을 제창하면서 그 방법을 외국극(外國劇)에서만 급취(汲取)하려 하였다. 그것도 한 방법임에 틀림없다. 그러나 나는 생각한다. 외국극의 급취와 조선 연극유산의 정리 — 이 두 가지를 휘일하게 소화시키는 데 비로소 조선극의 신면목이 횡재할 것"이라고 확신했다.

여기서 우리의 관심을 끄는 부분은 세 가지 장르 중에서 그가 가장 주목한 것은 창극(판소리)이었으며 거기서 어떤 극술을 뽑아내어 실험적인 현대극을 창조해볼 수 있다고 주장한 점이다. 그런 시도를 하는 데 있어서 그가 하나의 예범으로 제시

---

6 유치진, 「조선 연극의 앞길 - 그 방침과 타개책에 대하여」, 『조광』 1935년 11월호.

한 인물이 다름 아닌 메이예르홀트였는데, 주지하다시피 메이예르홀트는 일본 전통극과 인도네시아의 발리 댄스 등에서 극술을 차용하여 리얼리즘극의 한계를 극복해보려는 실험을 시도했던 실험적 연출가였다.

그러한 그의 주장은 비슷한 시기에 쓴 「역사극과 풍자극」이란 글에서도 반복되어 나타난다. 그 글에서 그는 역사극을 씀에 있어서 두 가지 방식이 있는데 "그 하나는 외국 근대극의 형식을 그대로 따른 것과 또 한 가지는 소위 이전부터 내려오는 조선의 창극의 형식을 따른 것과 — 이 두 가지이겠습니다. 내가 앞에서 말한 역사극은 전자를 가리켰는데 후자(창극)에 대한 연구도 우리가 시작해보아야 할 시기에 이른 것 같습니다. 창극의 형식은 우리 선조가 남긴 중요한 연극 형식인 동시에 세계 연극사에 비추어서 유의미한 존재라고 나는 봅니다. 만일 메이예르홀트가 조선의 창극을 보았으면 그의 〈위임장(委任狀)〉의 연출은 더 성공하였으리라고 생각하는 까닭"[7]이라고 썼다. 그의 창극에 대한 유별난 관심은 김재철이 쓴 『조선연극사』 서평에서도 그대로 이어졌던바, 그 책을 개척적인 저술로서 높이 평가하면서도 창극 연구가 미흡했음을 지적하고 있다. 즉 그는 그 서평 말미에서 "나의 욕심으로는 여기서 구극이라고 명칭된 창극에 대한 좀 더 깊은 연구가 있어주었으면 생각한다."[8]고 꼬집은 것이다.

그만큼 동랑은 창극에 특별히 주목했는데, 왜 그가 창극에 관심을 가졌는지는 밝혀지지 않았지만 아무래도 1930년대에 우리 전통극들 중에서 판소리와 창극만을 대중이 선호했던 데 따른 것이 아닌가 싶다. 실제로 1910년도에 원각사가 해체된 뒤 주로 남녘을 떠돌던 명창들이 1934년 4월 조선성악연구회로 집결하면서 판소리 붐이 일어났고 창극운동도 활기를 띤 것이 사실이다.

그러면서 그는 "사실 우리는 조선 연극유산에 대한 연구를 게을리해왔다. 일로부터서는 우리 연구의 대상이 이 방면으로 좀 쏠려도 좋을 것"이라 말하고 신예 민속학자 송석하(1904~1948)의 연구 작업을 높이 평가하기도 했다. 이처럼 그는 전통극에서 극술을 차용하는 것에 앞서서 제대로 된 연구가 먼저 이루어져야 한다

7 유치진, 「역사극과 풍자극」, 『조선일보』 1935.8.27.

8 유치진, 「찾아진 연극고전 - 『조선연극사』를 읽고」, 『동아일보』 1939.6.30.

고 보았다. 이는 극히 당연한 관찰이었다. 그리고 결론 부분에서는 "조선의 여러 가지 조선적 조건은 우리들한테 이런 사업을 하기에 좋은 위치를 주지 않는다."면서 식민지 현실을 비판하기도 했다. 그러면서 그는 선구자답게 열악한 상황 아래서도 국학자들은 더욱 용기를 갖고 우리의 전통극 연구에 매진해야 한다고도 했다.

이러한 자신의 생각을 솔선해서 처음 구체화한 작업이 다름 아닌 희곡 〈춘향전〉 창작이었다. 그는 〈춘향전〉 창작과 관련하여 "내가 〈춘향전〉을 각색하게 된 동기를 혹 묻는 친구가 있습니다. 〈춘향전〉이란 우리의 고전이면서도 아직 내가 본 한에서는 연극다운 각색이 없었습니다. 그래서 이것을 한번 각색해보려니 하는 야망이 수년 전부터 있었습니다. 이번 각색은 결국 숙년의 이어진 야망을 성취시켰다고 할까요?"[9]라고 하여 그가 그동안 줄기차게 외쳐온 전통극관의 작은 실천이었음을 실토하기도 했다.

그는 역사극과 창극 두 방식을 염두에 두고 4막 9장의 〈춘향전〉(각색)을 써서 1936년 8월에 그가 주도하고 있던 극예술연구회 주최로 부민관 무대에 올려 크게 히트시켰다. 그동안 주로 소강당에서 공연하여 적자를 면치 못했던 극예술연구회가 이 작품으로 1천8백 석의 부민관 객석도 모자라 보조의자까지 갖다놓고 매회 2천여 명의 관객을 불러들였던 것은 그의 전통극관이 적중한 것으로도 볼 수가 있다.

그런데 여기서 우리의 관심을 끄는 부분은 동랑이 신극운동을 함께했던 동지들과는 달리 정체성에 대하여 깊은 인식을 지녔고, 또 그러한 자기 생각을 실천에 옮겼다는 점이라 하겠다. 솔직히 그가 근대극운동의 발판으로 삼았던 극예술연구회만 하더라도 이 땅에다가 서양 근대극을 이식한다는 것이 목표가 아니었던가. 그럼에도 불구하고 그가 유독 전통극 보존 계승을 부르짖고, 또 〈춘향전〉 각색에서 보듯이 그 이상(理想)을 현실화하기도 한 것은 정말 그만의 색다른 개성이었다. 이는 일찍부터 그가 우리 문화에서 정체성을 찾아내야겠다는 생각을 갖고 실현해 보겠다는 의지에 따른 것이었다. 그리고 또 하나 이 작품이 의미를 가지는 것은 그가 전통극에의 관심을 현실극으로부터 역사극에로의 지평을 넓혀가는 정신적 고리로 삼았다는 점에서 주목을 끌 만하다. 왜냐하면 그가 이 작품을 계기로 하여

9 유치진, 「〈춘향전〉 각색에 대하여」, 『극예술』 제5호.

역사극으로 눈을 돌렸기 때문이다. 〈마의 태자〉 등도 바로 그 시기에 쓴 것이다.

그가 이처럼 외롭게 전통극론을 전개하고 또 〈춘향전〉을 통해서 전통극과 신극과의 거리를 좁혀보려는 시도를 하자, 그런 노력이 큰 의미를 지니는 작업이라고 긍정적으로 바라보는 논자들이 하나둘 나타나기 시작했다. 가령 박향민은 「신극운동과 조선적 특수성」이라는 글에서 "탈춤 유의 연극밖에 못 가진 이 땅의 신극은 첫째 전통과의 교차점을 발견하기에 힘쓰는 동시에 전통의 정수를 신극의 피로 삼아야 할 것이다. 조선적인 정조를 몸에 지닌 신극은 이럼으로써 탄생될 줄로 믿는다. 장구한 세월 민족의 성격을 반투(反透)하고 감정의 굴곡을 표상해온 전통과 타협을 하는 것은 당연한 것"[10]이라 했고, 소설가 채만식도 「연극발전책」이라는 글에서 "조선이란 땅은 연극예술이 좋은 전통을 가지지 못했습니다. 가령 요새로 들어서야 비로소 발굴, 연구, 감상이 되는 탈춤이라든지 꼭두각시나 홍동지, 박첨지라든지 비교적 극다운 내용과 형식을 갖춘 창극의 전신인 협률사라든지 하는 것이 없던 바는 아니나, 첫째 그런 것들은 우리에게 그다지 우수하다고 할 근대극의 씨앗이 되어주기에는 너무도 빈약할 뿐만 아니라, 그거나마 고전의 고전다운 값을 발휘하도록 연구 정리도 되어 있지를 않습니다. (……) 즉 빈약하나마 그런대로 조선의 고전극을 파내고 연구하고 정리를 하여 거기에서 되도록이면 자양을 섭취하는 일방, 선진한 외국의 연극예술로부터 연극 본유의 정신과 기교를 습득하는 것"[11]이라고 하여 동랑이 주창한 전통극 수용 논의에 적으나마 힘을 실어준 것은 주목할 만한 것이다.

1930년대 후반에 전통극 논의가 문화계 일부에서 긍정적 측면에서 일어나게 된 배경은 전술한 바 있듯이 민속학 연구로부터 어느 정도 자극받은 것이 사실이었다. 그리고 그것을 주도한 인물들 중 몇 명이 경성제국대학의 관학자들이었지만 송석하라든가 손진태, 김재철 등 소장학자들만은 민족주의적 입장에서 접근함으로써 예술인들에게는 은연중에 상당한 영향을 미쳤다고 말할 수가 있다. 그 점은 동시대에 연극계뿐만 아니라 문단에서도 응답이 될 만한 소설과 시나리오가 나왔기 때문

10 박향민, 「신극운동과 조선적 특수성」, 『비판』 1938년 8월호.

11 채만식, 「연극발전책 - 극연좌에의 부탁」, 『조광』 1939년 1월호.

이다. 예를 들어 정비석의 소설 〈성황당〉을 비롯하여 황순원의 〈독짓는 늙은이〉, 김동리의 〈역마(驛馬)〉, 그리고 오영진의 시나리오 〈맹진사댁 경사〉 등 소위 로컬리즘 수작들이 바로 그 시절에 쓰인 것이다.

그러나 동랑은 1940년대의 엄혹했던 시국상황에서는 한동안 잠복기를 거치게 된다. 즉 그는 일본 제국주의가 만주사변으로부터 시작하여 중일전쟁, 그리고 태평양 전쟁으로 이어가던 1930년대 후반부터 민족 해방기까지의 뒤숭숭한 상황하에서는 전통론 논의를 잠시 중단한 것이다.

1) 전통극 담론의 구체화 작업

동랑은 일제강점기를 지나는 과정에서 엄혹한 시대상황에 의하여 저항과 굴절이라는 정신적 궤적을 겪고 40세의 나이로 1945년 민족 해방을 맞게 된다. 그런데 뜻밖에도 그의 앞에서 전개된 시대상황은 민족의 이념 갈등이었다. 따라서 그는 전 시대에 줄기차게 주창해왔던 전통극 담론을 민족의 정체성 찾기로 그 지평을 넓히게 된다. 그러한 그의 생각을 창작으로 표현한 것이 다름 아닌 키노드라마 〈남사당〉과 〈자명고〉 등 일련의 역사극이라고 말할 수가 있다.

그런데 필자가 〈남사당〉을 주목하는 이유는 그가 전통극을 현대적으로 계승하는 하나의 작은 메소드를 나름대로 제시했다고 보기 때문이다. 그러니까 그는 가면극이라든가 판소리 등 전통극 복원 계승에 국한하지 않고 한국적 미학을 탐색하는 데까지 확대해갔다는 이야기다. 가령 〈남사당〉만 하더라도 꼭두각시 인형극을 하나의 레퍼토리로 삼고 있는 유랑 예인집단이 아닌가. 그러니까 그는 이러한 제재 확대를 통해서 우리의 전통미를 추구해보려 한 것이라고 말할 수가 있다. 이 작품에서도 보면 그가 작품의 시대배경를 전통사회와 근대사회가 교차하기 시작하는 19세기 말로 잡았으며 한가한 농촌마을과 서낭당을 무대로 삼음으로써 전통시대 우리 삶의 한 부분을 형상화해보려고 한 것임을 알 수 있다. 더구나 유랑극단의 열일곱 살 꽃제비와 부모의 재물 욕심 때문에 할 수 없이 시집을 가야 하는 양반집 규수와의 이룰 수 없는 비련을 묘사한 이 희곡은 오영진의 시나리오 〈배뱅이굿〉(1942)과도 연결되는 로컬리즘 작품으로서 한국 연극이 나아가야 할 하나의 방향도 제시한 것으로 볼 수 있는 수작이다.

이러한 그의 전통에 기반한 창작 실험은 6·25전쟁을 맞아 부산 피난지에서 가장 민족적인 장막희곡 두 편을 쓰는 것으로 이어졌던바 〈처용의 노래〉와 〈가야금의 유래〉가 바로 그런 작품이다. 승려 일연(一然)의 『삼국유사』 중 「처용랑 망해사」를 바탕으로 쓴 이 작품은 그의 민족주의자로서의 면모와 장차 우리 현대극이 나아갈 방향이라는 두 가지 원려(遠慮)가 바탕에 깔려 있다. 그러니까 그가 이 작품에서 민족의 정체성과 가무를 중시해온 선조들의 예능을 현대적으로 재창조해 보겠다는 의도를 드러낸 것이다. 동랑 자신도 이 작품 창작의 배경과 관련해서 "나는 종래 우리의 연극인 화극(話劇)의 따분함에 불만을 느껴 연극이 대사에만 의존할 게 아니고 음악, 무용 등 무대가 구사할 수 있는 감각적인 요소를 충분히 도입함으로써 연극의 표현 범위를 다각적으로 넓혀보려고 노력한 것이 이 〈처용의 노래〉다."[12]라고 분명하게 밝힌 바 있다. 그러면서 그는 "이 작품 공연에 있어서 또 한 가지 난관은 이 작품이 요구하는 동양적인 환상의 세계의 구상화"라고 하여 그 자신이 매달려온 사실주의를 뛰어넘어 가장 동양적인 민족극을 창조해보려 했다고 썼다.

여기서 두 가지가 주목되는데, 그 하나는 가장 현실주의자인 그가 소재를 신라 향가로 확대함으로써 자신이 구상하고 있는 대로 민족극의 개념 역시 비좁은 한반도 문화를 넘어서 범동양문화권에서 만들어진 연극으로 지평을 넓혀놓은 것이다. 가령 그가 이 작품의 창작배경 글에서 "영(靈)과 선과 생과 극락을 상징하는 처용, 그리고 그 반대인 육(肓)과 악과 사(邪)와 지옥을 대표하는 역신, 이 두 성격의 갈등을 현실과 꿈, 진실과 거짓, 인위와 자연의 갈등을 동시에 표현하기 때문이다. 그 초사적(超寫的)인 무대는 도저히 피난 과정에 있는 오늘의 무대의 기구로서는 다 할 수 없는 일"이라고 하여 초현실적인 무대를 꾸미는 데 있어서의 한계를 자탄하기도 했다. 이러한 그의 현실 직시는 정확하다. 왜냐하면 당시 피난지의 열악한 극장 시설을 가지고서는 그가 형상화해보려는 무대미학은 창출될 수 없었기 때문이었다.

---

12 유치진, 「〈처용의 노래〉 상연」, 『동랑 유치진 전집』 8(서울예대출판부, 1993).

두 번째로는 그가 뮤지컬의 전 단계로 보아도 무방할 소위 토털 테아터(總體劇)를 시도했다는 점이다. 이는 그가 그동안 주목해온 우리 전통극에서 힌트를 얻어 사실주의 시대에 근대극에다가 다양한 춤과 노래 및 효과음악을 활용한 것은 그로서는 매우 놀라운 변신이었는데 이 역시 그가 추구해온 전통극의 현대적 재창조를 실험해본 것이라 하겠다. 더구나 그가 우리 근대희곡사에서 본격 사실주의를 실험 정착시킨 대표적 리얼리스트가 아닌가. 여기서도 확인할 수 있듯이 그는 어떤 틀에 얽매여서 헤어나지 못하는 고루한 작가가 아니었던 것이다.

또 하나 흥미로운 사실은 그가 이 작품을 무대에 올릴 때 무명 음악가였던 고향 후배 윤이상(尹伊桑, 1917~1995)에게 작곡을 의뢰[13]했는데, 이는 아마도 그에게 보편적인 효과음악을 만들어보라고 한 것이 아닌가 싶다. 당시 출연했던 주연배우 이해랑의 회고에 의하면 효과음악은 마치 장송곡 같아서 실패로 끝났지만 창작극 효과음악에 처음 입문한 윤이상이 그로부터 음악계에 이름을 올렸고, 곧 상경하여 독일 유학길에 오름으로써 훗날 세계적인 작곡가가 된 것이다.[14] 남달리 고향 후배를 아끼고 또 예술가로서 성장하도록 자극을 주었던 동랑이 정윤주에 이어서 일개 중학교 음악 교사였던 윤이상도 작곡계 데뷔의 계기를 만들어준 것이다. 그가 윤이상을 특별히 눈여겨보게 된 계기는 아무래도 정윤주의 뜻밖의 성공에서 힌트를 얻은 것이 아닌가 싶다. 왜냐하면 그가 별로 기대를 안 했던 정윤주가 자신의 동극 〈까치의 죽음〉을 빼어난 무용조곡으로 탄생시켰기 때문이다. 이처럼 그는 항상 주변 사람들을 관심 갖고 키우는 데 혜안을 갖고 행동으로 옮기곤 했다.

실제로 〈처용의노래〉 공연에 대해서도 안영숙은 "이 공연이 최후의 막을 마칠 때까지 나는 무엇이 어떻게 된 것인지 정신이 없었다. 노래와 춤이 심심치 않게 나왔고 하늘에서 용이 내려오고 학이 날고 대체 굉장한 극이다. 남주인공은 목소리가 좋을 뿐 아니라 춤도 잘 춘다는 것을 알았다. 여주인공은 연기 순서를 외우는 것만도 힘이 드는데 나오지 않는 소리를 높이자 춤도 따라서 해야겠고 보는 사람이

13 이해랑, 『허상의 진실』(새문사, 1991), 376면.

14 아마 윤이상이란 이름이 그때 처음으로 활자화되었을 것이다. 음악을 잘 모르는 나지만 실패작이었다는 걸 느낄 수 있었다. 그러나 윤이상은 그 작품으로 점차 이름을 얻었고 환도 후 서울서 활동하다가 독일로 갔다. 위의 글, 377면.

가엾을 지경이었다. (……) 다음 기회에 한 번 각본이라도 읽고 싶으리만치 마음에 걸리는 문제작이다. 그래도 눈물에서 시작해서 눈물로 그치는 우리나라 전통적 특징에서 벗어나 해피엔드로 끝을 맺힌 이 각본은 하나의 창작성을 가지고 있다고 믿는 바"[15]라고 하여 음악성과 무용 면에 포커스를 맞춰서 여러 가지로 문제작임을 평가한 바 있다. 그러니까 그의 평에서 강조된 부분은 '노래와 춤이 심심치 않게 나왔고 하늘에서 용이 내려오고 학이 날았다'는 대목과 '눈물 없는 해피엔딩으로 끝맺었다'라고 한 대목이 주목되는 부분이다.

이는 곧 동랑이 연극사상 최초로 공연 작품에 창작 음악을 사용한 것이어서 아주 중요한 의미를 지닌다. 왜냐하면 그동안에는 대부분의 극단들이 주로 서양의 고전 명곡을 주제와 상관없이 가져다가 쓰는 것이 상례였기 때문이다. 그 점에서 〈처용의 노래〉 공연의 의미는 대단히 크다고 말할 수가 있다. 더욱이 무명 음악교사였던 윤이상에게 일종의 창작 국악을 작곡시켜서 〈처용의 노래〉를 가장 한국적인 가무극으로 만들어냈다는 것도 예사롭지 않다. 왜냐하면 윤이상으로 하여금 전통을 체험시킴으로써 그가 훗날 독일로 가서 세계적인 작곡가로 다시 태어날 수 있도록 하는 데 있어서 하나의 모멘텀을 만들어준 것이라고 볼 수 있기 때문이다. 윤이상이 독일로 유학을 떠나게 되는 동기를 마련해준 것도 바로 동랑이었다. 그가 평소 인재 키우기를 주요 목표로 해왔고 그 일환으로 고향 후배인 윤이상에게 자신의 작품에 창작 작곡을 의뢰했고, 거기서 가능성을 발견한 그가 윤이상으로 하여금 유학길에 오르도록 한 것이었다.

그리고 또 하나 우리의 관심을 끄는 부분은 그 공연이 신파조를 과감하게 걷어냄으로써 가장 한국적인 정서를 창조한 작품이었다는 점이다. 주지하다시피 일제의 한국 침략과 함께 묻어 들어온 신파극과 엔카(演歌)는 감상주의가 정서적 바탕을 이루는 가장 일본적인 대중예술이다. 이런 유형의 대중예술이 한국인의 고유정서를 많이 훼손, 변질시킨 것도 사실이었다. 따라서 그러한 일본 대중예술에 혐오감을 가졌던 동랑이 신라시대의 민족설화를 가지고 대사 위주 화극의 한계도 극복하고 동양적 환상이 깃들인 한국인의 호방하면서도 낙관적인 정서를 표출해보려

---

15 안영숙, 「동란 후의 공연 소평 - 연극」, 『문화세계』 1953년 8월호.

한 것이 다름 아닌 〈처용의 노래〉였다. 그가 형태상으로나 정서적인 면에서 전형적인 민족연극을 실험했다고 본 이유도 바로 거기에 있었던 것이다.

이어서 그는 아예 창작 창극대본 같은 〈가야금의 유래〉를 내놓으면서 한 걸음 더 나아갔다. 그는 이 작품의 창작배경과 관련하여 "몇 해 전의 일이다. 『삼국유사』를 들추다가 나는 다음과 같은 대가야국 가실왕의 말을 발견하고 놀랐다. '각 나라의 말이 다르거늘 어찌 음(音)인들 같을소냐'라는, 이 말은 각 민족은 고유의 언어를 가지고 있는 것과 같이 고유의 음률을 가져야 한다는 뜻일 것이다. (……) 가실왕은 악성(樂聖) 우륵 선생을 도와 중국의 25현금을 개조시켜 12현금(지금 우리가 부르는 가야금)을 만들고, 그 선생으로 하여금 거기에 적합한 곡까지 작곡시켜 제자들에게 가야금을 뜯는 기술을 가르치게 했던 것이다. (……) 그러나 1,400여 년 전에 우리의 고유한 민족정서를 찾으려고 애쓴 가실왕이나 우륵 선생의 선각자적인 예안(叡眼)에는 감격하지 않을 수 없고 비록 그가 불행히 나라를 잃었다 하더라도 그가 남긴 공적과 노력은 높이 평가되어야 할 것으로 나는 생각한다."[16]고 썼다. 그러면서 그는 "우리 민족의 가슴 깊이 뿌리박힌 사대주의 사상은 오늘날까지도 정치, 경제, 사회, 문화 각계각층에 뻗치어 나라를 좀먹는 근본적인 독소가 되어 있다."고도 했다.

여기서 확인할 수 있는 것은 그가 대가야국 가실왕의 민족정서 추구 노력을 타산지석으로 삼아 우리가 그동안 잃어버린 민족의 정체성을 되찾고 더 나아가 민족연극도 수립해보겠다는 야심을 드러내보였다는 점이다. 따라서 그는 공연 과정에서 여주인공도 아예 판소리 명창 김소희(金素姬)를 과감하게 기용하는 모험까지 했다. 그가 일종의 창작 창극을 만들어낸 것인데, 그 공연에 대한 평가는 좋지 않았다. 왜냐하면 극예술연구회와 동경학생예술좌, 극협, 그리고 신협으로 이어지는 신극 목표는 서구의 근대 리얼리즘극을 이 땅에 이식하는 것이 목표였는데, 갑자기 창극 스타일의 작품을 무대에 올리니까 모두가 당황할 수밖에 없었던 것이다. 가령 그 시절의 연출가 이진순이 그 공연에 대하여 "유치진 작 〈가야금의 유래〉는 민족연극의 본질적인 모태를 발견하려는 작가의 의욕과는 상반으로 연극 형성에 있어

16 하유상, 「작품해설」, 『유치진희곡전집』 하권(성문각, 1971).

서는 신협의 나태성이 극도로 노출된 연극이었다."[17]고 평함으로써 민족연극 창조 노력은 인정하면서도 연극형태만은 신협의 이념에 어긋날 정도로 고루했다고 본 것이다.

이는 사실 정곡을 찌른 지적이었다. 왜냐하면 동랑으로서도 극단 신협 배우들을 데리고 창극을 한 것이 너무나 대담한 실험이었기 때문이다. 그러나 단 한 가지 평가해야 할 점은 그가 민족의 정체성 찾기와 함께 서구 연극의 일방적 답습에서 벗어나 가장 한국적인 작품을 창조해보려고 모험을 한 것이라는 사실이다. 물론 그가 그 이후로는 두 번 다시 창극을 만들지는 않았다. 아마도 그 자신이 그런 연극 형식이 옳다고 보지는 않았던 것 같다.[18]

그런 시도를 한 2년여 뒤에 그는 처음으로 동경에 마지않던 서양을 철저하게 체험하게 된다. 즉 그는 1956년 초여름부터 1년여 동안 미국을 시발로 하여 유럽 연극여행을 한 것이다. 그가 선진적인 서양 연극과 예술교육 현장을 둘러보고, 서양의 지도급 연극인들을 만나면서 충격적일 정도의 자극을 받음과 동시에 우리 것에 대한 성찰도 하게 된다. 다시 말해서 그가 밖에 나가서 개관적으로 우리 전통문화 예술을 냉철하게 되돌아볼 수가 있었으며, 장차 우리가 무엇을 어떻게 해야 할 것인가 대한 생각도 더욱 심화시켰다는 이야기다.

가령 그가 미국연극계를 둘러보는 과정에서 '한국에도 고유언어가 있느냐'는 질문에 충격받고 나서 그들을 향하여 "우리는 우리의 고유의 문화를 가지고 있습니다. 우리에게는 어느 나라의 말과도 다른 말과 글자를 가지고 있습니다. 따라서 연극문화에 있어서도 우리는 중국이나 일본의 그것과는 아주 다른 발전적 근원을 가지고 있습니다. 우리의 전통적 연극 중에는 수천 년의 역사를 가진 가면과 무용으로써 밤에 횃불을 켜놓고 수일을 야외에서 계속 공연하는 〈산대놀이〉와 〈봉산탈춤〉이니 〈오광대〉니 하는 가면무극도 있습니다. 그것들은 세련된 현대적 심미안으로서는 다소 원시적이라 하겠지만 일본의 노나 중국의 창희와도 다른 특색을

17 이진순, 『한국현대연극사 제3기(1945년~1970년)』(프린트본, 1982), 65면.

18 동랑 자신도 당초 "창극으로 쓰려던 것이 아니요, 순수한 연극 형식으로 썼다. 그러나 지금 이 작품은 국악단체에서 각광을 보게 되었다."고 쓴 바 있다. 유치진, 「창극 우(偶)감 - 〈가야금〉을 상연하면서」, 『동랑 유치진 전집』 8(서울예대출판부, 1993).

〈봉산 탈춤〉

가진 것들임엔 틀림없는 것입니다. 그러나 금세기 초에 일본이 우리나라를 점령하자 수많은 군중을 주야 불고(晝夜不顧)로 야외에 모아놓고 행하는 가면무극은 독립운동의 수단으로 사용될 염려가 있다 하여 일본 경찰은 그 공연을 금지했던 것입니다. 그래서 그 전통은 거진 끊어지다시피 되어버렸습니다. 그러나 극장 내에서 행하는 한국의 노래로써 엮은 창극과 대사에 의거한 화극만은 공연이 허용되었습니다."[19]라고 우리의 고유 연극 유산을 그들에게 알려줌과 함께 일제 침략에 따른 훼손까지도 소상히 설명해주기도 했다.

지금 생각하면 격세지감이 들 정도로 지극히 황당한 질문이었지만 당시 서양인들에게는 한국이라는 나라는 생소하고 매우 후진적인 국가로 비쳤을 것임은 당연하다. 왜냐하면 일본 식민통치에서 벗어나자마자 동족 전쟁으로 온 국토가 초토화된 약소국이었으므로 고유문화 같은 것이 존재했겠는가 하는 의구심이 들었을 것 같기도 하다. 오죽했으면 그가 피를 토하듯 우리의 고유문화를 소개하면서 일본을 매도했겠는가. 이 지점에서도 그의 민족주의자로서의 성향이 드러난다.

---

19 유치진, 「연극행각 세계일주(완)」, 『문학예술』 1957년 12월호.

2) 법고창신(法古創新)으로의 긴 여정

구미 연극여행을 하는 동안 많은 것을 보고 또 깊은 성찰을 한 그는 귀국하자마자 전통극 복원운동의 선봉에 적극적으로 나서게 된다. 즉 그는 세계 연극기행 직후 1948년도에 자신이 주도하여 만든 한국연극학회 주최로 1957년 11월 9일에 이화여고 노천극장을 빌려서 〈양주 별산대놀이〉를 공연하기에 이른 것이다. 그런데 여기서 주목할 만한 것은 그가 가면극을 복원하게 된 배경을 설명한 「민족극 수립을 위한 또 하나의 과제 - 가면무극 〈산대놀이〉 공연에 즈음하여」라는 글이다. 그는 이 글에서 임성구의 신파극운동에서부터 박승희의 토월회, 그리고 자신이 주도해왔던 근대연극운동까지를 회고하는 한편 서양 연극의 일방적 답습의 한계를 자성하면서 "이번 세계 연극 시찰여행 중에서 나는 나와 같은 회의를 품고 있는 몇 사람의 연극 동지를 미주(美洲)에서, 그리고 구주에서 만났다. 그들 역시 본연의 자태를 찾아내기 위해서 여러 가지 연극 형식의 탐구를 꾀하고 있었다. 그중에는 동양 연극에서 그 해답을 얻으려고 노력하는 학자나 예술가도 있었다. 그들의 연구는 중국의 창희나 일본의 가부키 등에 경주되어 있었음을 나는 보았다. (……) 그러나 불행한 일은 그들은 한국의 가면무극에 대해서는 아는 바 전혀 없었다. 우리의 가면무극은 동양의 연극 중에서도 연극학적 견지에서 보아 창희나 가부키에 뒤떨어지는 게 아니요, 그것들과는 아주 다른 특이성을 가지는 것이며 현대인의 지성에 재생시키는 데 있어서도 창희나 가부키보다 유리한 몽소(夢素)를 훨씬 많이 구비하고 있는 것이다. 우리의 가면무극은 창희나 가부키와 같은 실내극이 아니요, 야외극이다. 그 연출 방식도 프로시니엄에 갇힌 화극적 무대에서가 아니고 희랍 고대에서 보는 바와 같은 원형극장식이다. 극에 등장하는 각 성격은 모두 가면을 쓴다. 그리고 극을 진행시키는 주된 매개체는 춤이다. 게다가 노래와 대사와 마임과 반주가 곁들어 극에 구성을 돕고 극의 내용을 다채롭게 표현시키고 있다. 가면무극의 테마는 〈산대놀이〉를 예로 들면 현실의 시정적(市井的) 생활을 풍자하고 있기 때문에 우리 생활 감정과 매우 친근감을 느낀다."고 그 장점을 구체적으로 설명한 것이다.

그러면서 불행하게도 우리 가면극이 오랫동안 공연되지 못하고 방치됨으로써 망

이화여고 노천극장 〈양주 별산대놀이〉 공연 후(1957.11.11.)

각되어 있는 현실이 안타깝다고도 했다. 이상의 글에서 느껴지는 것은 동랑이 가면극의 개방성을 높게 평가하고 있는 점인데, 그가 정식 극작가로 데뷔하기 전인 1932년 6월에 『신흥영화』라는 잡지에 발표한 「연극의 대중성」이란 글에서도 가면극의 개방성, 즉 희랍극에서와 같은 야외놀이로서의 장점을 설파했다. 그가 일찍부터 우리 가면극과 희랍시대의 원형적인 야외무대에서 어떤 공통점을 찾아보려고 한 것은 대단히 주목할 만한 부분이라고 아니할 수 없다.

그리하여 그는 자신이 직접 나서서 〈양주 별산대놀이〉 예능인들을 초치하여 그 원형을 보여주게 되었다면서 그 공연의 의미와 관련하여 "있는 그대로를 보여주는 이 공연 기획은 사장(死藏)되어가는 하나의 민속을 회고함에 그치려 함이 아니요, 앞으로 이 극을 가꾸어 극예술로서 남에게 뒤지지 않을 만한 것으로 정리하여 보존하는 동시에 우리 극작가로 하여금 이 우수한 가면무극의 형식을 활용하여 새로운 희곡을 창작케 함으로써 한국적인 극술을 수립해보기 위해서다. 만일 이와 같은 새 극술이 수립된다면 이는 종래의 서구의 그릇(화극)에다가 우리의 아이디어를 담은 따위의 창작극이 아니요, 우리의 그릇에다가 우리의 생활을 담은 명실공이 우리의 민족극일 것이며, 이는 나아가서 화극에 고심하는 세계의 전위적인 연극인들에게 하나의 계시적인 해답도 줄 수 있을 것"[20]이라 썼다.

이러한 그의 가면극 복원 의도가 우리를 놀라게 하는 것은 식민지 통치 이후 급속히 쇠퇴한 전통예술을 재생시키겠다는 데 그치지 않고 그 현대적 활용을 위해서라는 데 있는 것이다. 특히 그의 놀라운 점은 우리 가면극을 가지고 새로운 창작 방향을 창조해낸다면 그것이 세계의 전위적인 연극인들에게도 하나의 계시적인 것이 될 수 있다는 확신을 가진 것이었다고 하겠다. 그만큼 그는 우리 전통극의 우수성에 자부심을 지니고 있었다. 이처럼 철저한 리얼리스트였던 그가 자신의 창작 이데올로기도 극복하고, 더 나아가서 우리 현대극의 새로운 활로도 열며 선진국의 전위적인 연극인들에게도 하나의 길을 열어주겠다는 야심에서 가면극의 복원 전승에 나선 것이었다. 그는 단 1년 동안 서양 연극계를 둘러보고 현대 세계 연극이

---

20 유치진, 「민족극 수립을 위한 또 하나의 과제 - 가면무극 〈산대놀이〉 공연에 즈음하여」, 『한국일보』 1957.11.5.~6. 참조.

안고 있는 문제, 즉 리얼리즘의 끝이라 할 이야기극의 한계로 고심하고 있는 서양 연극을 몸으로 느끼고 가면극의 극술 응용을 한 대안으로 생각한 선구안(先驅眼)에 주목할 필요가 있다.

주지하다시피 서구에서 사실주의의 이야기극에 한계를 느끼고 저항하기 시작한 것은 이미 19세기 말엽부터였고 동양 연극에서 어떤 돌파구를 찾아보려 시도한 것은 메이예르홀트, 브레히트, 그리고 아르토 등과 같은 연극인들이 사실주의의 해독제로서 동양 연극을 옹호하기 시작한 이후부터다.[21] 결국 아르토가 1931년 파리의 식민지 박람회에서 선보인 발리섬의 가면무극에서 영감을 얻어 『연극과 그 환상(The Theater and Its Double)』이라는 저서를 펴냄으로써 새로운 연극운동이 일어나기 시작했다. 물론 아르토의 새로운 연극이 구체적으로 무대에서 구현된 것은 동랑의 유럽 여행 전해인 1959년에 그로토프스키가 폴란드에서 〈오르페우스〉라는 공연을 하면서부터였다. 이는 동랑이 그로토프스키를 전혀 알지 못하는 상황에서 아르토의 새로운 연극 방식을 어느 정도 눈치 챘다는 이야기가 되므로 그의 예리한 시대감각이 돋보이는 것이다. 물론 아르토가 구상한 것과 동랑이 생각한 것에는 차이가 있다. 다 알다시피 아르토는 인간과 그의 일상적인 삶의 현실에서 일어나는 심리적인 갈등이 바탕이 된 언어극에 한계를 느낀 나머지 연극의 영역을 관객들의 육체적 감수성에 직접적으로 작용하도록 구사된 육체적 경악의 효과와 절규와 격렬한 동작의 힘에 주안점을 두었었다. 이름하여 잔혹극이라고도 부르는 것이다.

반면에 동랑은 자신의 글에서 '서구의 그릇(話劇)에다가 우리의 아이디어를 담은 따위의 창작극이 아니요, 우리의 그릇[22]에다가 우리의 생활을 담은 민족극'이라고 규정함으로써 아르토 유의 동작 중심의 비언어극 지향성과는 상당한 차이점이 있다. 여하튼 그가 우리 전통극에 특별한 관심과 그 복원에 심혈을 기울이기 시작한 것은 세계 연극여행 직후였다는 사실이다. 그만큼 그가 서양에서 오히려 우리 것의 소중함을 절실히 느꼈다는 이야기가 되는 것이다. 동랑이 주도하여 〈양주 별산대놀이〉 발표회를 갖자마자 그는 연말에 임석재, 이두현 등 민속학자들과 곧바로 산

21 오스카 G. 브로켓(Oscar G. Brockett), 『연극개론』, 김윤철 옮김(한신문화사, 1989), 405면 참조.
22 여기서 동랑이 말하는 '우리의 그릇'은 한반도뿐만 아니라 아시아권을 포함하는 의미를 지님.

대가면극보존회(후에 한국가면극연구회로 개칭하고 이두현이 종신 회장을 지냈다)를 출범시켰다. 그가 본격적으로 가면극의 복원 작업에 나서기 위해서였다. 이처럼 그는 세계 연극기행이 자신이 오랫동안 막연하게 관심을 두어온 전통연극을 되살리고, 그것을 현대극에까지 응용을 생각하게 만든 계기가 된 것만은 분명했다. 그래서 그가 직접 그러한 생각을 행동으로 옮기게끔 된 것이라고 말할 수가 있다. 이처럼 그의 선구성은 여러 면에서 드러나고 있다. 몇몇 민속학자가 전통극 연구를 겨우 시작했을 때, 그는 이미 신극인으로서 거기에 눈을 돌려서 복원 작업에 앞장섰고, 또 거기에 머물지 않고 그것을 서양 근대극 답습의 벽을 뚫는 하나의 방편으로까지 생각한 선구적 발상을 한 것이다. 여기서도 확인할 수 있듯이 그가 일찍부터 우리 전통극 뿌리 찾기 운동을 펼치면서 그 현대적 재창조라는 비전까지 제시하고 실천에 나선 것은 어떻게 보면 본능적이기까지 했다.

그리하여 그는 곧바로 다음 해(1958) 초에 캠페인성 글인 「가면극을 구하라」를 일간지에 발표하게 된다. 그 글의 요지는 3대 전통연극 장르 중 가면극과 민속인형극은 너무 방치하여 소멸될 위기에 처했으므로 당장 복원 작업에 나서야 한다고 했다. 즉 그는 글을 통해서 산대놀이는 겨우 6명의 탈꾼이 살아 있고, 〈진주 오광대〉의 경우도 80여 세의 노인 한 사람뿐이라고 아쉬워했다. 따라서 그가 당장 할 일은 가면극의 대본 정리라고 했다. 대본이 구전으로 전해져서 지방에 따라 내용이 다르고 앞뒤가 맞지 않는 대목도 있어서 제대로 정리해야 한다고 했다.

그리고 두 번째로 해야 할 일은 "극에 쓰는 가면, 의상, 소품 등을 우리가 아는 우수한 미술가들로 하여금 제작케 하여 그 제품 자체부터 높은 예술작인 평가를 받을 수 있게 해야 한다."는 것이다. 사실 가면극은 서민예술이어서 의상이나 소품 등이 허술할 수밖에 없었고, 또 공연 후에는 항상 태워버렸기 때문에 제품이 조잡했던 것도 부인할 수 없다. 그만큼 그 올바른 정리가 불가피했다는 이야기다.

그가 세 번째로 제시한 것은 오늘날까지 생존해 있는 연로한 가면극 연희자들을 초빙하여 우리의 젊은 무용가들로 하여금 그 춤과 사설과 연출을 배우게 해야 한다는 것이었다. 그리하여 '영구적인 공연 태세를 갖출 것'이라고 했다. 이는 가면극 복원에 필수 불가결한 것이다.

그러면서 그는 이러한 복원운동이 "서울이나 그 주변인 경기 각 읍에만이 아니고 영남의 〈오광대〉, 황해도의 〈봉산 탈춤〉에까지도 뻗쳐야 할 것"이라고 하여 전국으로 확대시켜나갈 것임을 선언했다. 이러한 그의 꿈은 우연하게도 당시 정치현실이 뒷받침해주었다는 사실이다. 가령 전쟁으로 많은 것이 파괴되고 특히 문화재의 손실이 컸던 것에 우려를 느낀 정부가 그 복원사업을 추진했던 것이 그 하나의 예가 될 것이다. 즉 1958년 8월부터 정부가 뒷받침해주고 전국문화단체총연합회(약칭 문총)를 주최 부서로 삼아 정부 수립 10주년 경축행사의 하나로 전국민속예술경연대회를 개최하기 시작한 것이다. 거기에 민속학자가 아니면서 가장 선두에 섰던 인물이 바로 극작가 동랑 유치진이었다. 그 대회에서는 〈하회 별신굿놀이〉, 〈봉산 탈춤〉, 그리고 〈양주 별산대놀이〉 등 세 편의 가면극이 모두 최고상을 받음으로써 전통극 부활의 가능성을 제시해주었다.[23] 그 중요 행사에는 처음부터 민속학자가 아닌 연극인 동랑이 유일하게 앞장서서 자신이 오랫동안 구상해온 전통극 찾기와 복원운동을 보편화시키는 역할을 한 것이다. 특히 그 시절에 임석재, 최상수, 이두현, 이혜구 등 신진 민속학자들이 등장하여 학문적 뒷받침을 해준 것도 그의 꿈을 현실화시키는 데 적잖은 힘이 되었다. 그러나 이들 민속학자들과 동랑이 차원적으로 달랐던 것은 학자들의 생각이 단순히 연구에 머물러 있을 때, 동랑만은 그 현대적 재창조까지를 구상했던 점이다.

그렇기 때문에 그가 민속학자들에게 더욱 정교한 연구를 촉구하면서 "우리들 연극계 일선을 더럽히고 있는 연극학도들은 이 가면무극의 극예술로서의 우수한 요소를 재활용시켜 새로운 가면극을 창작하기에 전력하는 동시에 그 연출의 효과적인 방안과 그 성장을 위한 야외극장의 신축까지도 안출해야 할 것"[24]이라고 하여 희랍의 야외극장과 유사한 극장을 염두에 두고 이의 실현까지를 촉구했던 것이다.

이상과 같은 그의 야심찬 꿈은 곧바로 하나하나 실천되어갔다. 우선 구비 문학으로서 엉성하기 이를 데 없는 각 지역의 가면극 대본들이 제대로 정리되도록 민속학자들을 격려하면서, 자신이 직접 나서서 하나의 잘 다듬어진 가면극 대본을 만들어낸 것이다. 그것이 다름 아닌 〈한국가면극 산대놀이〉 극본이다. 젊은 민속학자

---

23 백현미, 『한국연극사와 전통담론』(연극과 인간, 2009), 223면 참조.

24 유치진, 「가면무극을 구하라」, 『경향신문』 1958.1.6.

이두현과 극작가 오영진과 함께 세 명이서 다듬어낸 이 대본은 〈양주 별산대놀이〉와 〈봉산 탈춤〉을 하나로 묶은 것인데, 가면극의 핵심 부분인 승려과장과 양반과장만을 따로 떼어내서 2부 10과장으로 하여 〈파계승과 양반놀이〉로 재구성한 것이다. 특별히 새롭다고 할 것은 없었지만 〈양주 별산대놀이〉의 파계승놀이와 〈봉산 탈춤〉의 파계승과장을 한데 섞어서 일목요연하게 파계승과장을 구성했고 양반과장도 그렇게 정리한 것이었다. 그렇지만 그의 이러한 작업이 산만했던 가면극본을 연극 문법에 맞춰서 정리한 것이기 때문에 민속학자들이 가면극을 수집, 정리하고 더 나아가서 합리적으로 연구하는 데 있어서는 큰 도움을 줄 만한 것이었다.

그 시기에 그가 드라마센터 건립에 착수케 되는데 그 과정에서 무대설계를 하면서 우리의 전통 가면극의 야외무대에서 부분적이나마 차용을 한다. 물론 그가 동서양의 여러 무대형태에서 힌트를 얻어서 첨단적인 원형 돌출무대를 만든 것이기 했지만 배우와 관중이 함께 어울리도록 한 것은 역시 우리 가면극의 개방적인 야외무대를 염두에 두었다고 유추할 수가 있다.

그가 힘들게 극장을 짓고 있을 때, 5·16 군사정부가 들어섰던바, 이러한 정변이 그의 전통극 부흥운동에 순기능을 할 줄이야 아무도 상상 못 했을 것이다. 그러니까 군사정부가 민족적 민주주의를 내세우면서 '민족문화 창달'을 국가의 주요 시책으로 내세웠기 때문이다. 그에 따라 그동안 시행해오던 전국민속예술경연대회를 확대 활성화시키는 한편 전통문화를 창달하기 위한 법령, 즉 문화재보호법을 제정 공표(1962.1.)하기까지 했다. 이러한 정치·사회의 흐름이 고군분투하고 있던 동랑에게는 힘을 불어 넣어줌과 동시에 새로운 과제도 안겨주었다. 그 과제란 다름 아닌 인재문제였다. 전통문화를 발굴하고 재평가하는 것은 민속학자들이 할 수 있는 일이라 하더라도 그 복원 전승할 예능인은 별개의 문제가 아닌가? 그러한 전문인재가 노쇠한 몇 사람밖에 남아 있지 않은데 누가 전통예술을 창달한단 말인가?

바로 이러한 명제하에서 동랑은 전통극 복원운동을 새 사람 키우는 일과 병행하기로 방향을 잡고 드라마센터를 지은 직후 부설 연극아카데미를 만들자마자 전통극 인재육성을 중점 사업으로 삼아서 학생들을 가르치기 시작한 것이다. 이어서 그는 1964년 연극아카데미를 발전적으로 개편하여 서울연극학교를 출범시키면서 본격적으로 전통연극 교육을 진행해갔다. 동랑은 서울연극학교를 개설한 직후「참다운 민족극은 민족의 전통 위에 심어져야 한다」[25]라는 글을 통하여 당초 드라마센터의 건립이 서구식 극예술의 한국적 정착과 전통극의 부활에 있었다면서 그는 자신이 애당초부터 "전통극의 계승 작업도 꿈꾸어왔던 터라서 서울연극학교가 되자마자 당장 정규 과목으로 가면극을 넣어놓았다. 내가 세계일주 여행에서 돌아온 직후 만든 가면극보존회를 드라마센터에 옮겨놓고 발굴, 전승 작업을 펴기 시작했다. 처음 〈봉산 탈춤〉으로부터 시작하여 경기도의 〈양주 별산대놀이〉, 〈북청 사자놀이〉, 〈꼭두각시놀음〉 순으로 강좌를 설치하고 원로 연희자 김성대(金成大) 옹 등을 초빙하여 가르치도록 했다. 다행히 원로급 몇 분이 생존해 있어서 우리 학생들이 그 원형을 교습 받을 수 있었다."고 쓴 바 있는 것이다. 서울연극학교에서의 전통연희 인재를 키울 즈음 정부에서는 전통문화의 지속적 보호를 위해서 유·무형문화재로 지정하는 작업을 했고, 〈양주 별산대놀이〉, 〈봉산 탈춤〉, 〈하회 별신굿놀이〉 등을 차례로 문화재로 지정하게 된다.

이런 시기에 그는 연극학교에 전통극 강좌를 설치하자마자 〈양주 별산대놀이〉의 김성대 옹뿐만 아니라 〈봉산 탈춤〉의 김진옥 옹, 그리고 남사당패의 남운용 옹 등 당대 최고 원로 예인들을 강사로 초빙하여 학생들에게 거의 의무적으로 탈춤과 〈꼭두각시놀음〉의 실기를 전수시키기도 했다. 그런데 여기서 주목해야 할 부분은 그가 단순히 전통극의 전수와 재창조에 그치지 않고 그것을 민족혼의 정립과 민족의 자존으로까지 대내외에 선양하려 한 점이다. 가령 그가 같은 글에서 원로 연희자들과 그들이 가르친 신인들을 동원하여 드라마센터에서 발표회까지 했던 것은 "내외 인사들에게 우리 조상의 입김에 서린 극술의 특이성을 감상시킴으로써 민족의 얼을 널리 선양할 방침에 따른 것"이라고 분명하게 밝혀놓았던 사실에 잘 나타나 있다.

그러니까 그가 전통극을 부활시키는 동시에 현대극에다가 조심스럽게 연결시키려 한 것은 단순히 극술의 접합에 그치는 것이 아니라 "고유의 전통적 극술이 서구적인 신극에 어떻게 이용되며 조상의 얼을 현대에 어떻게 살리느냐는 문제에까지

25 유치진, 「참다운 민족극은 민족의 전통 위에 심어져야 한다」, 『동랑 유치진 전집』 6(서울예대출판부, 1993).

민속아카데미. 대한적십자사 창립 14주년 기념 공연.

발전하기를 원하는 마음"이라고 씀으로서 궁극적으로는 극술상의 교합에 그치는 것이 아니라 한국 혼의 현대 부활과 함께 서구에도 알려서 민족의 자존을 높여보겠다는 원대한 꿈의 표출이었음을 알 수가 있다. 따라서 1970년대 이후 정부에서 전통예능 전수사업을 벌였던 것도 실은 동랑의 철학이 구현된 서울연극학교 방식이 모델이 되었다고 해도 과언이 아니다. 동랑은 주요 전통극을 복원, 전승 훈련에 한정하지 않고 김백봉 등 전통무용가도 초빙하여 고전무용을 가르치도록 했으며 전통무술 같은 것도 교습시켜서 주목받기도 했다. 그가 비슷한 시기에 쓴 민족극론에서도 "원형 보존으로 만족하지 않고 궁극적으로는 전통극을 재발견, 재평가하여 민족의 얼을 국내외에 선양함은 말할 것도 없고 고유의 극술이 서구적 신극에 어떻게 원용되어 우리 미래 연극에 바탕이 될 수 있을 것인가를 탐색·연구해보고자 했다."고 주장했었다.

이처럼 그가 단순히 일실되어가는 전통극을 복원 전승하는 것으로 만족하지 않고 그 현대적 계승과 재창조를 궁극적 목표로 삼고 있었다는 점이다. 이는 사실 그가 신극운동을 시작했던 젊은 시절부터 막연하게나마 마음속에 품어왔던 '전통극에 바탕을 둔 민족극 정립' 작업을 드라마센터에서 본격적으로 실험하겠다는 결의를 밝힌 것이기도 했다. 그러면서 그는 "우리의 신극이 그동안 서구적 연극의 흉내에 불과했으니 이제는 자주적인 민족극 수립에 한 발짝 다가갈 때가 왔다."면서 "우리가 외국 흉내만 내다가는 정신적인 식민지가 되지 않는다는 보장이 있겠는가."라고 하여 그가 궁극적으로 나아가려는 방향은 탈식민주의임을 분명하게 천명한 것이다. 이는 대단한 의미를 지니는 것인데, 그 이유는 1950년 중엽 이후 제3세계로부터 광범위하게 불기 시작한 탈식민주의 이데올로기를 한국에서는 동랑이 가장 먼저 깃발을 치켜 올린 것이기 때문이다.

주지하다시피 제3세계 문예운동은 아시아와 아프리카, 그리고 라틴아메리카 등 서구 제국주의의 피지배국가들이 제2차 세계대전이 끝난 뒤에 저들의 정신적 오염을 벗어던지고 문화적 정체성을 찾으려는 예술활동을 가리키는 것이다. 아시아에서는 필리핀을 중심으로 하여 활발하게 전개되었고, 아프리카에서는 케냐를 중심으로 전개되었으며, 라틴아메리카에서는 브라질을 거점으로 해서 활기를 띠었다. 그리하여 1956년에 처음으로 인도 뉴델리에서 '아시아・아프리카 작가회의'라는 것이 열림으로써 제3세계 문학운동의 깃발이 펄럭이었고, 이후 2년마다 장소를 옮겨서 문화적 탈식민주의를 위한 노력을 함께하는 세계적인 행사가 된 것이다. 그런 흐름과 관계없이 우리나라에서는 동랑 주도로 어렵게 그런 탈식민주의운동이 펼쳐진 것이라고 말할 수가 있다.

따라서 그는 피식민지 연극지도자로서 탈식민주의라는 거대한 목표 달성을 위해서 필생의 사업 중 한 가지로 전통예술 복원, 육성, 전승 작업을 강력히 펼쳐나가는 과정에서 우연하게 1960년대 초에 출범한 5·16 군사정부가 내세웠던 소위 한국적 민족주의 담론과 맞닥뜨림으로써 탄력을 받은 것도 사실이다. 전술한 바대로 군사정부는 대내외적 명분으로 민족주의를 내걸고 전통문화 중시 정책을 썼으며 문화공보부라는 부서를 새로 설치하여 문화보호법을 만들어 문화재 보호에 적극적이었다. 이는 사실 군사정부가 동랑을 비롯한 민속학자들이 사적으로 펼쳐온 전통예술 진흥운동을 벤치마킹한 것이라고도 말한다면 지나친 것일까.

여하튼 동랑은 정부가 전통예술 진흥사업에 적극적으로 나선 것에 고무되어 자신의 견해를 피력하기도 했다. 즉 그는 「전통연극의 위치와 새 실험의 전망」이라는 글에서 "1957년에 한국가면극 전시회(Research Reservation for Korean Mask-dancings)가 발족되어 지방별로 다섯 가지로 남아 있는 〈봉산 탈춤〉, 〈북청 사자놀음〉, 〈양주 산대놀이〉, 〈하회 가면극〉, 〈통영 오광대 가면극〉을 차례로 기록화하고, 새로운 세대들에게 탈춤전달 강습도 열어왔다. 공보부는 1958년 이래 금년까지 전국 민속경연대회를 열어 가면극을 비롯하여 농악과 민속놀이의 계승 발전에 진력하고 있고, 또 문교부 문화재관리국은 가면극의 기록과 보존을 위하여서도 예산을 할당하고 있다."고 정부 정책을 높게 평가했다. 그리고 이어서 그는 공연예술계의 움직임과 관련해서도 "금년 초에 무대 무용가의 일단(troop)이 가면극의 하나인 〈봉산 탈춤〉의 무대화를 국립극장 무대에서 시도한 일이 있으며 이전에도 몇 번 부분적으로 전래 가면무의 현대무대화가 시도되었으며 앞으로도 무용극으로서 민족발레의 수립을 위하여 전래의 한국 가면무극은 그 기본적 요소를 살려야 할 것으로 생각한다. 따라서 전통적 가면극은 앞으로 그 무용적 측면에서 민족발레로 계승, 발전되는 한편, 연극으로서도 그 대사 내용의 서민 문학성이 전통 문학으로서 계승되며 전통가면의 미학에 의거한 새로운 창작가면과 더불어 현대의 가면극으로 발전할 것"[26]이라고 전망했다.

그러면서 그는 가면극뿐만 아니라 〈꼭두각시놀음〉과 창극의 보존과 계승 및 그 현대화의 방향에 대해서도 구체적으로 설명했다. 이러한 그의 주창은 점차 동서 연극의 만남이라는 명제로 확대됨으로써 1963년에 쓴 「한국 연극의 근황」이라는 글에서 보면 동양 연극과 서양 연극의 접합(?)에 우리 연극의 미래가 있다고까지 했다. 즉 그는 이 글에서 우리 연극의 부진이 서양 연극의 일방적 답습에 따른 화극(話劇)에 있는바, 그것은 우리 관객들이 "오랫동안 가면극이나 창극 같은 우리 민족의 유산에서 춤과 노래에만 젖어 있었기 때문에 가락이 없는 평판적(平板的) 화극에는 아무 매력도 느끼지 못한다."는 것이다. 따라서 그 극복의 길은 "전통적

26 유치진, 「전통연극의 위치와 새 실험의 전망」, 『동랑 유치진 전집』 7(서울예대출판부, 1993), 86~87면.

유산의 정확한 계승과 외래 연극의 섭취(동양적인 것과 서양적인 것의 비교 연구), 이것들을 병행시켜 줄기찬 탐구에 있고, 그래야만 동양의 연극에도 빛이 나고 서구의 그것도 새로운 각광을 받을 것이며 한 걸음 나아가서 동양 것이면서 또한 서양 것인, 즉 동서양의 장점을 섭취한 새로운 연극"[27]이라고 했다. 그러면서 그는 새로운 극술 탐구 명제와 관련하여 "우리 고유의 민족적 전통극인 가면무극은 춤이 위주다. 중국, 일본, 한국 등 동양 3국의 그것뿐 아니라 동양의 전통주의란 모두 춤 — 무브먼트가 표현의 주요 매개체가 되어 있음도 우리가 다 아는 바이다. 춤(무브먼트) 위주의 동양 극은 상징적인 묘미는 가졌지만 복잡다단한 오늘의 현실을 그리기에는 너무나 손이 닿지 않는 데가 많다. 때로는 불가능한 적도 없지 않다. 이것이 동양 극술의 약점이기도 하다. 서구식 신극을 우리가 전 세기말의 그들의 자연주의 작품에서 받아들이기 시작한 탓도 있겠지만, 본래 서구식이 너무나 리얼한 화술에 치우친 감이 없지 않다. 동작에서 유리된 대사란 있을 수 없겠지만 지나치게 화술에 의존한 나머지 서구 극은 동작의 상징성을 흐리게 하고 거세하는 수가 많음은 부정할 수 없다. 아리스토텔레스의 입을 빌리지 않더라도 드라마란 말하는 것이요, 연극이란 동작의 모방인 것이 아닌가? 대사 위주의 서구식 연극은 그것대로의 매력이 없는 바 아니지만 대사 위주에 치우치는 서구식 연극은 확실히 연극의 근본 원리에서도 벗어나가는 것이라 할 수 있을 것이다. 그러나 동양 연극의 특징인 춤과 서구 연극인 화술을 조화시켜서 새로운 극술을 창안할 수 없을까? 그렇게 된다면 그것은 반드시 세계 연극에 색다른 문제를 제기할 수 있겠고 따라서 한국 연극에 새 진로를 개척하게 될 것이 아닌가라는 과제에 몰두하는 젊은 층이 한국연극연구소에 나타나기 시작했다. 나도 이 문제에 흥미를 가져 서울연극학교의 학습에 각종 육체훈련 과목을 되도록 많이 넣어서 배우 수업 시 동양의 율동 발견에 노력토록 동의하고 있고, 무대에서 이 새 연출 방식을 실험토록 권장하고 있다."[28] 고 하여 우리 미래 연극이 정체성을 가지면서도 세계성을 지닌 새 연극 창조란 동

27 유치진, 「한국 연극의 근황」, 『동랑 유치진 전집』 7(서울예대출판부, 1993) 참조.

28 유치진, 「신인과 화술 - 내가 꼽는 후계자, 나의 신인상(新人像)」, 『동랑 유치진 전집』 7(서울예대출판부, 1993), 344~345면.

서 연극의 절묘한 융합이라는 것을 구체적이면서도 명확하게 밝혀놓은 것이다.

따라서 그가 우리의 진정한 미래 연극 창조를 위하여 전통극 복원에서부터 그 분야 인재양성 등 여러 가지 일을 벌여왔다는 것인바 그가 당초 계획한 대로 모든 것이 만족할 만큼 성취된 것은 아니기 때문에 여전히 미진하다고 다음과 같이 쓰기도 했다.

> 우선 나의 두통거리의 하나인 〈산대놀이〉, 〈봉산 탈춤〉 등 우리 민족의 고유 전통연극을 젊은이들에게 어떻게 전수하여 어떻게 보존하고 어떻게 고유의 특이성을 되찾느냐는 문제다. 이 과업을 달성하기 위하여 서울연극학교 학생들에게 벌써 8년 동안이나 그 기본적인 훈련을 실시하고 있어 이미 백 명 가까운 이수자를 배출하였다. 그중에서 이 고전연극술의 중요성을 자각하고 그리고 재능이 있는 자로서 드라마센터 가면극회를 조직하여 여러 가지 형태의 대외적인 발표회를 가져왔다. 그러나 우리의 선조가 남긴 귀중하고도 유일한 이 연극에 대하여 깊은 관심을 쏟아주는 이는 불행히도 우리 동포 간에는 그다지 많지 못하고 오히려 외국인 간에 그 동호자를 발견할 수 있음은 하나의 기현상이라 아니할 수 없다. 아직도 연구 부족으로 한국 고유 전통연극이 지금은 번듯하지 못하다. 그래서 우리 선남선녀의 심미감을 만족시키지 못할는지 모른다. 그러나 우리는 애석하게도 인멸 직전에 있는 이 극술을 가꾸어서 국제 수준의 예술품으로 다듬어놓아야 할 것이다. 이것이 우리 민족의, 아니 이 나라 연극을 맡고 있는 우리 연극인의 하나의 사명일 것이다.[29]

이상과 같은 그의 거대한 꿈이 여전히 미완이긴 했지만 그가 개인적으로 펼쳐온 전통예술 전승 작업은 새로 들어선 정부에까지 자극을 주었을 뿐만 아니라 그의 후예들에게는 절대적인 영향을 미쳤으며, 1970년대 이후 우리나라 현대문화 전반에 분명한 이정표(里程標)가 되기도 했다. 즉 드라마센터를 중심으로 하여 그의 장남과 제자들, 이를테면 유덕형, 안민수, 윤대성, 그리고 오태석 등을 중심으로 하여 대단히 전위적인 현대극운동이 일어난 것이다. 가령 유덕형은 1969년 6월 귀국 데

---

29 위의 글, 『동랑 유치진 전집』 7(서울예대출판부, 1993), 343면.

뷔 무대였던 '연출작품발표회'를 통해서 동랑이 제시한 '우리의 그릇에다가 우리의 아이디어와 생활을 담은' 새로운 현대극을 제시함으로써 수십 년 동안 매너리즘에 빠져 있던 우리 연극계를 충격에 빠트렸다. 그러니까 평소 부친인 동랑으로부터 귀가 따갑도록 들어온 전통극의 가치를 유학생활을 통하여 새롭게 인식한 그가 단막극 세 편, 즉 〈갈색 머리카락〉을 비롯하여 〈낯선 사나이〉과 〈자아비판〉 등을 매우 이색적이면서도 색다른 기법의 현대극으로 만들어낸 것이다.

당시로서는 놀랄 만한 현대극을 갖고 혜성처럼 등장한 신예 연출가 유덕형은 「신 전통극의 탐구」라는 글에서 '자신의 연출 방향'을 설명하며 "가장 새롭고 완벽한 극술인 줄 알고 우리가 심취했던 서구 연극인 신극이란 따져보면 그 자체에 부실한 점이 있음을 나는 발견합니다. 그것은 서구의 극술이 너무나 '말하기'(대사)에 치우쳐 있다는 사실입니다. 연극, 즉 드라마란 액션, 즉 '움직임'을 뜻하는 것이요, 일찍이 아리스토텔레스도 연극은 행동의 모방이라고 정의를 내린 것이 아니겠습니까? 그럼에도 불구하고 서구적 연극(신극)이 말하기(speech)에 치우쳐 있는 사실은 신극이 연극의 본질에서 벗어나 있는 것"이라고 했는데, 이는 동랑이 서구 연극을 돌아보면서 저들의 대사 위주 연극의 한계를 몸으로 느낀 나머지 우리 전통극에서 돌파구를 찾아내야 한다고 주창했던 명제와 거의 맞닿아 있다.

유덕형은 이어서 "나는 어떻게 하면 연극으로 하여금 연극 본연의 자세를 되찾게 하는가? — 아리스토텔레스가 말한 바와 같이 연극으로 하여금 행동의 모방이 될 수 있게 하겠는가? — 하는 문제를 생각해보았습니다. 이 문제에 관련해서 나의 주목을 끄는 것이 있었습니다. 그것은 〈산대놀이〉, 〈봉산 탈춤〉, 〈오광대〉 등 우리의 전통적 가면무극이었습니다. 우리의 이 고유 가면무극은 동양의 각 민족연극이 그렇듯이 행동이 — 그것도 율동화된 춤이 그 표현의 주요 매개체가 아니겠습니까? 우리 연극이야말로 아리스토텔레스가 갈파한 행동의 모방임을 알았습니다. 그러나 유감스러운 일은 우리의 고유의 극술인 가면극에는 대사의 역할을 극도로 제한해 있기 때문에[즉 행동(춤)만으로의 표현이란 표현의 한계선이 있기 때문에] 인간심리와 상황을 상징적으로만 그렸지 구체적으로 보여줄 수 없습니다. 그러면 우리 고유무극에 대사를 곁들일 수는 없는가? 우리의 고유무극의 대사를 활용해보자. 그러면 우리의 극술로도 '현대'를 표현할 수 있지 않겠는가?

그래서 나는 나와 같이 일할 배우는 우선 한국 가면무극을 터득해야 함은 물론 모든 동양적인 나아가서는 범세계적인 무브먼트(movement)를 익혀야 할 것으로 생각했습니다. 내가 가르치고 있는 서울연극학교에서 한국 가면무극 외에 합기도, 당수, 무통십팔기, 유도, 검술, 정도술에서 기계체조에 이르기까지 광범한 신체 적성운동을 연마하고 있음은 그 때문입니다. 이상과 같은 훈련으로 심신을 도야함으로써 진정한 한국적인 리듬을 발견하여 그 리듬에 대사(말)를 곁들여 현대극을 다루어보려는 것이 내가 시도해보려는 연출의 방향인 것"이라고 소상하게 밝힌 바 있다.

이러한 그의 실험적인 연출 방식 역시 동랑이 이미 제시했던 명제를 발전적으로 구체화한 것으로 볼 수가 있다. 그러나 한 가지 분명한 사실은 유덕형이 제시한 연출방법론은 수십 년 동안 별다른 자극 없이 흘러온 한국 근대연극사에 큰 충격을 던져주면서 우리 연극도 세계 연극사조와 어깨를 나란히 하는 명실상부한 현대극으로 발돋움하는 전환점이 되었다는 점이다. 그것은 특히 그가 내놓은 해럴드 핀터의 〈생일파티〉 등 번역극들과 오태석의 〈초분〉 등으로 이어진 창작극들이 하나의 조류를 만들기도 했다. 그를 뒤이어서 안민수가 〈태〉(오태석 작)를 가지고 그런 흐름에 가세했으며 〈햄릿〉을 번안한 〈하멸 태자〉로서 동랑이 제시한 '동서양의 만남'을 진척시켰던 것이다.

이어서 극작 분야에서도 드라마센터 연극아카데미 출신의 윤대성이 전통예능의 프레임을 가지고 고루한 리얼리즘에 반기를 든 〈망나니〉로 화답을 하고 나섰다. 그는 〈망나니〉가 1969년 극단 실험극장 무대에 올려질 때 쓴 작가의 변에서 "한국의 연극은 마당에서 출발하였다. 원님의 생일잔치 또는 중국 사신을 영접할 때 일정한 무대장치도 없이 촌락의 광장, 대감집 안마당 또는 궁정의 뒤뜰에서 모닥불을 밝힌 채 춤추고 노래하며 광대들의 익살 속에 시작된 것이다. 이들 광대들은 탈(가면)을 씀으로써 이미 현실의 인(人)이 아닌 성격으로 변형되어 시대나 그들이 대한 상황에 구애됨이 없이 마구 놀 수가 있었던 것이다. 첫 마당에 잡귀를 쫓는 의식무, 사방 신고(神告)에서 시작되어 종장의 지노귀굿 또는 달고질 노래로 막을 내리는 열두 마당이 끝날 때는 동쪽 하늘이 부옇게 밝아오는 새벽이 되곤 한다. (……) 될 수 있는 한 우리 민속 본래의 연극 형식을 빌려오려고 애썼으며 최소한도나마

안민수 연출 〈태〉(서울예술전문학교, 1973)

몇 등장인물에 탈을 씌워보았고 또한 우리의 음악과 무용을 연극 중에 도입하는 노력을 시도해보았다."[30]고 씀으로써 스승 동랑이 줄기차게 주창해온 '가면무극의 형식을 활용하여 새로운 희곡을 창작케 한다'는 목표에 윤대성이 화답하고 나온 것임을 알 수가 있다.

윤대성의 뒤를 이어 오태석이 1972년에 〈양주 별산대놀이〉를 몰리에르의 희곡 〈스카팽의 간계〉에 꿰맞춰본 〈쇠뚝이놀이〉를 내놓자 동랑은 "오태석 군의 〈쇠뚝이놀이〉는 이조시대의 우리나라 풍속에 어울리게 번안하였기 때문에 몰리에르를 불란서 작가라기보다 우리 작품으로 감상해보자는 것"이라면서 "불어(佛語) 극단이 국립극장에서 상연하는 이번 〈스까뺑〉은 현대 복(服)으로 연출된다는 것이다. 이조 때 옷을 입은 〈스까뺑〉과 현대 불란서 옷을 입은 〈스까뺑〉을 비교 감상하면 퍽 흥미롭기도 하고 극작계의 전도에 어떤 시사도 줄 것"[31]이라면서 기대를 나타내

30 윤대성, 「던져진 '나'의 발견」, 실험극장의 〈망나니〉 팸플릿, 1969.

오태석 연출 〈쇠뚝이놀이〉(드라마센터, 1972)

기도 했다. 그러니까 동랑은 그 작품의 성공 여부를 떠나 자신이 제시한 동서양의 만남에 대하여 제자들이 실험한 것을 크게 반겨한 것이라고 말할 수가 있다.

이처럼 그가 수십 년 동안에 걸쳐서 한결같이 주창해온 '우리(동양권) 그릇에 우리의 아이디어와 생활을 담은' 실험적인 작품들이 창조된 것은 일종의 후예들의 화답이었으며, 이는 곧 한국 현대극이 형태상으로 한 단계 업그레이드되어가는 하나의 징표였다. 또한 그가 제시한 '전통의 현대적 수용과 그 재창조'라는 거대담론도 문화계에서 서서히 자리 잡아가고 있었으므로 이 역시 성취의 가능성을 보여주는 것이라고 하겠다.

이처럼 전통의 수용과 재창조 작업에 많은 예술인이 집중하는 동안 김기수(金琪洙, 〈봉산 탈춤〉 예능 보유자) 등의 경우에서 볼 수 있듯이 드라마센터에서 양성된 젊은 탈꾼들이 서울을 중심으로 하여 가면극 보존 전수 활동에 나서게 된다. 예를 들어서 1969년도에 서울대학 문리대에서 '민속극연구회 - 말뚝이'라는 조직이 나타

31 유치진, 「불란서 극단과 경연하는 〈쇠뚝이놀이〉」, 『동랑 유치진 전집』 6(서울예대출판부, 1993).

났고 그들의 본격 활동은 1971년부터 시작되었는데, 그들에게 실기를 가르친 인물이 다름 아닌 김기수였다. 김기수 외에도 몇 명의 탈꾼이 다른 대학들의 탈춤반을 지도했으며 이러한 흐름은 전국적으로 확산되어갔다. 이러한 대학들의 탈춤운동은 1973년 유신정부가 들어서면서 곧바로 마당극이라는 정치극운동으로 발전되어갔다.

그리고 비록 정부가 나서서 한 일이기 하지만 1970년대 초부터 서울을 시작으로 하여 전국에 가면극 전수회관을 건립한 배경도 엄밀하게 추적해보면 그 뿌리는 동랑의 전통극 부활운동과 맥이 닿고 있음을 알 수가 있다

이상에서 살펴본 바와 같이 동랑 유치진이라는 한 연극인의 꿈이 한국 현대문화를 크게 변화시키는 촉매제가 되었는데, 그럴 수 있었던 것은 그 꿈이 민족애에 바탕한 데다가 대단히 미래 지향적이었기 때문이다. 여기서 그의 꿈이 애국심에 바탕을 두었다고 보는 것은 '민족의 정체성 회복'이라는 대명제를 그 바탕에 깔고 있는 데 따른 것이다. 그러니까 개화기 이후 국권 상실과 함께 불어닥친 외래문화는 우리 전통문화를 낡은 것으로 치지도외하는 시대 분위기를 조성했고, 그로 인해서 외래문화 추수(追隨)에 급급한 상황이었다. 그런 때에 그는 선진 문화를 받아들이되, 그것을 어디까지나 우리 고유문화, 더 나아가 동양적인 바탕 위에서 수용해야 한다고 주창하고 나섰다.

이러한 그의 민족의 정체성 찾기 운동은 공연예술계뿐만 아니라 문화계 전반으로 확대되어 한국 현대문화를 크게 변화시킴과 동시에 한 단계 끌어올리기도 했다. 솔직히 오늘날 세계를 휩쓸고 있는 한류의 바탕도 어느 면에서는 정체성 있는 우리 문화의 독특한 색깔 때문이라고 보아도 크게 어긋나지 않을 것이다. 바로 이 지점이 동랑 유치진의 선견지명과 지속적인 활동이 높게 평가받아 마땅하다고 보는 이유다.

그의 정체성에 있는 민족문화 창조 작업에 대한 열정과 선견지명이 무엇보다도 높게 평가되어야 함은 아무도 그런 생각을 하지 못할 때 그가 선구자적인 입장에서 실천했던 데 따른 것이라 하겠다.

12. 인재 발굴 육성도 창조 행위다
—드라마센터의 제2기(1963~1974) 활동

한국 연극 중흥이라는 거대한 기치를 내걸고 다양한 공연을 선보이면서 힘찬 발걸음을 내디뎠던 드라마센터가 단 1년여 만에 재정난 등으로 위기에 직면하자 동랑은 새로운 길을 모색해야만 하는 중대한 기로에 놓이게 된다. 그가 당초 드라마센터를 건립하면서 구상했던 극장의 공연활동, 연극아카데미, 그리고 연극 전문도서관 및 박물관 운용이라는 트라이앵글 중에서 공연활동이 일단 정지됨으로써 그동안 어느 정도 성과를 올렸다고 생각한 연극아카데미에 시선을 집중하게 된다. 그러니까 그가 당분간은 다시 시작한다는 각오로 새싹을 기르는 쪽으로 방향을 잡았다는 이야기가 된다. 그러려면 연극아카데미 방식이 한계를 지니는 만큼 제대로 된 실기학교가 필요하게 되었음은 자명한 일이다.

즉 그가 1962년 가을에 연극아카데미를 급히 열면서 프랑스의 콩세르바투아르를 벤치마킹했지만 그것은 어디까지나 외형만 빌려왔던 만큼 그 방식을 우리 실정에 맞춰 구체화하여 시행해보겠다는 것이 바로 2년제 대학 구상이었다. 따라서 그는 1963년 11월 30일 자로 재단법인 한국연극연구소를 학교 법인으로 변경하고 연극아카데미를 초급대학 과정의 각종 학교 설립에 매진한다. 당시 문교부로 봐서도 전례 없는 연극예술전문학교가 필요하다는 인식을 하고 즉각 인가를 내줌으로써 서울연극학교는 드디어 이듬해(1964) 신학기부터 그 역사적인 출발을 하게 된 것이다.

서울연극학교가 연극아카데미의 발전적 형태였기 때문에 학과도 연극과와 영화과, 그리고 라디오 TV과로 구분해서 학생을 모집했다. 서울연극학교를 창설한 초대 교장인 동랑은 그와 관련하여 "그것은 후진 양성이었습니다. 즉 드라마센터의 부속 기관의 하나인 연극아카데미를 현실적으로 강화하는 것이었습니다. 이미 세

서울연극학교

상에 주지된 바와 같이 우리 연극아카데미에는 대학원 과정의 연구과와 대학 코스의 연기과가 있는데, 이번에 그중의 연기과를 문교부장관의 인가를 얻어 서울연극학교로 개명하여 연극전문학교로 정비된 것"[1]이라고 의미를 부여한 바 있다. 그러면서 그는 갑작스럽게 이러한 학교를 만들게 된 직접적인 동기에 대하여 "비록 명칭은 다르나 서울연극학교 역시 연극아카데미와 마찬가지로 배우를 비롯하여 연출가, 극문학가 및 무대미술가 등을 양성함이 목적이다. 그리고 수업 기간은 2년이란 짧은 기간이지만 교과 내용은 4년제 대학의 그것보다 질적으로나 양적으로 오히려 짐이 무겁고 다채로운 편이다. 그만큼 신인 양성에 강행군을 하고 있다. 그 이유는 절대 인구의 부족을 느끼고 있는 현하 우리 극계의 실정에 하루속히 그 부족 수를 보강하여 소생의 길을 모색해야 하기 때문"[2]이라고 그 취지를 밝혔다.

1 백형찬, 「동랑 유치진의 예술교육사상 고찰」에서 재인용.

초대 연극아카데미 원장을 지낸 여석기도 이 학교의 등장에 대하여 "연극을 전문으로 하는 단과대학으로서는 우리나라 초유의 것이며, 극단활동이 저조해진 시기에 드라마센터의 명맥을 이어나간 핵심이 바로 서울연극학교였다."[3]고 그 의미를 부여했다. 이처럼 출발부터 높게 평가받은 서울연극학교의 교육 내용 역시 만만치 않았다. 우선 커리큘럼과 교수진만 보더라도 상당히 넓고 탄탄했다. 가령 커리큘럼은 연극아카데미보다 더 충실해졌는데, 한국 연극사를 시작으로 하여 동서양 연극사, 고전극, 현대극, 무대 변천사, 미학개론, 영화개론, TV개론, 희곡론, 희곡 연구, 작품 강독, 연출, 연기, 무언극, 무대 기본 동작, TV극, 방송극, 라디오 구연, 낭독법, 화술, 극작술, 극작 워크숍, 시나리오 작법, 라디오 TV극작, 무대미술, 분장술, 의상 디자인, 그리고 무대 종합 실습 등 대단히 광범위하고 이론과 실습을 병행 편성했다. 그렇기 때문에 학생들이 제대로 수업만 들으면 당장 연극계, 영화계, 그리고 방송계 현장에서 일할 수 있도록 한 것이다. 교수진 역시 당대 최고의 학자와 예술가들이라고 지칭할 수 있는 여석기, 김갑순, 이해랑, 이원경, 김정환, 유현목, 임성남 등 쟁쟁한 인사들로 구성되어 있어서 학교의 위상을 높여주기도 했다. 그리고 또 하나 간과해서는 안 될 것은 연극아카데미에서 시작했던 전통예능 교육의 강화였다. 설립자 동랑이 그의 자전에서 밝힌 다음과 같은 회고는 서울연극학교가 얼마나 유니크한 교육 내용을 갖고 출발했었는지를 짐작게 한다.

> 내가 평생 신극 발전과 하께 전통극의 계승 작업도 꿈꾸어왔던 터라서 서울연극학교가 되자마자 당장 정규 과목으로 가면극을 넣어놓았다. 내가 세계일주 여행에서 돌아온 직후 만든 가면극보존회를 드라마센터에 옮겨놓고 발굴, 전승 작업을 펴기 시작했다. 처음 〈봉산 탈춤〉으로부터 시작하여 경기도의 〈양주 별산대놀이〉, 〈북청 사자놀음〉, 〈꼭두각시놀음〉 순으로 강좌를 설치하고 원로 연희자 김성대(金成大) 옹 등을 초빙하여 가르치도록 했다. 다행히 원로급 몇 분이 생존해 있어서 우리 학생들이 그 원형을 교습 받을 수 있었다. 물론 나는 원형 보존으로 만족하지 않았다. 궁극적으로는

---

2 유치진, 「연극 재건의 역군들을 내놓으며」, 『동랑 유치진 전집』 7(서울예대출판부, 1993), 390면.
3 백형찬, 앞의 글에서 재인용.

전통극을 재발견, 재평가하여 민족의 얼을 국내외에 선양함은 말할 것도 없고 고유의 극술이 서구적 신극에 어떻게 원용되어 우리의 미래 연극에 바탕이 될 수 있을 것인가를 탐색, 연구해보고자 했던 것이다. 우리나라의 신극이라는 것이 서구적 연극의 흉내에 불과했으니 이제는 자주적인 민족극 수립에 한 발짝씩 디뎌나갈 때라고 생각했다. 그러려면 서구의 연극에 우리 고유의 극술을 조화시켜 무엇인가 만들어낼 때가 되지 않았나 하는 생각이었다. 우리가 언제나 외국 흉내만 내다가는 정신적인 식민지가 되지 않는다는 보장이 있겠는가.[4]

이상의 글에서 확인할 수 있는 것은 그가 평생 마음속에 품어온 민족극에 대한 신념을 자신이 설립한 대학에서 구현해보겠다는 의지라고 하겠다. 이와 관련해서는 그가 쓴 「연극교육의 어제와 오늘과 내일」이란 글에서도 분명하게 밝혔다. 그는 이 글에서 자신이 서울연극학교에서 전통극 교육을 중요하게 대우하고 가르치고 있는 이유와 관련하여 "첫째, 사라져가는 한국의 고전 극술을 찾아내어 그 원형을 후대에 보존하기 위해서이고, 둘째로는 우리가 우리의 현대극을 창조하는 데 있어 서구 극술에만 의존할 게 아니라 우리의 고유극술의 특성을 살려서 자주적인 민족극을 수립해야 한다. 그래야 한국 연극이 세계 극계에서 그 존재성이 인식될 것이며 동시에 빛을 낼 수도 있기 때문"[5]이라고 분명하게 밝힌 것이다.

따라서 그는 연극아카데미에서 여건상 특활 정도로 소홀히 했던 전통예능 교육을 대폭 확대 실천하기도 했다. 그런데 그가 학생들에게 전통극을 교습하는 것에 그치지 않고 그것을 외부로 널리 확산시키기고 민속학자들로 하여금 지속적으로 연구토록 하기 위하여 최초로 드라마센터에 가면극회를 설치하기도 했다. 이와 같은 그의 혼신의 노력으로 인멸(湮滅)되어가던 가면극, 민속인형극, 사당패 등이 되살아나 복원될 수도 있었던 것이다.

그리고 그가 서울연극학교를 통해서 단순히 연극 인재육성에만 국한하지 않고 영화계 인재와 라디오, TV 등 방송계 요원들까지 양성하는 학교로 만들면서 이곳

4 유치진, 『동랑 유치진 전집』 9(서울예대출판부, 1993), 289면.

5 유치진, 「연극교육의 어제와 오늘과 내일」, 『동랑 유치진 전집』 7(서울예대출판부, 1993), 399면.

서울연극학교 앞에서

에서 배출되는 인재들이 광범위하게 퍼져나가도록 하는 한편, 어느 분야에서 일하건 주체적인 입장에서 문화를 창출하도록 배려도 했다. 이러한 그의 예술교육 철학은 당시 어느 대학에서도 시도해보지 못한 것으로서 뜻있는 이들로부터 큰 공감을 불러일으켰으며, 재능 있는 학생들이 단번에 125명이나 몰려들었던 것이다. 이런 현상은 서울연극학교의 성공을 예감하는 하는 징조이기도 했다.

그런데 여기서 간과해서는 안 될 것이 그의 '떡잎 키우기' 철학이다. 예를 들어서 연극아카데미나 서울연극학교가 성인 인재 키우기에 한정되어 있던 만큼 가능성 있는 유소년들을 위한 프로그램이 시급한 처지였다. 왜냐하면 그가 1962년도에 뮤지컬 실험으로서 〈포기와 베스〉를 공연했을 때, 가장 애를 먹은 것이 다름 아닌 배우들의 춤과 노래의 기본 실력이 부족함을 발견했기 때문이다. 그때부터 그는 장차 닥쳐올 연극형태의 하나가 될 뮤지컬을 제대로 하려면 조기 교육이 필수적이라는 생각을 굳혔고, 따라서 '새싹을 찾아 가꾸는 일이야말로 이 땅에서는 가장 위대한 창조 행위'라는 신념을 갖게 된 것이다.

그의 아동극에 대한 깊은 관심은 1960년 문교부 산하 교육주보사가 주최했던 제1회 전국 아동극 경연대회에서의 축사에도 잘 나타나 있다. 그는 이 축사에서 "본시 연극은 매스커뮤니케이션 아트라 일컬어 사상계몽과 정서 도야에 신속하며 직접적인 영향을 가지고 있고, 그리고 현대과학의 총아로서 등장한 영화·라디오·텔레비전을 통해서 연극이 공간을 넘어 널리 이용되게 된 오늘에 이르러서는 연극의 존재는 옛날의 비(比)가 안 될 만큼 큰 위치를 차지하게 되었습니다. 그뿐 아니라 연극이 본래 아동들의 유희 본능에서 싹튼 것이란 점에서, 그리고 연극은 일종의 말을 다루는 예술이란 점에서 연극이 아동교육—특히 학교교육에 널리 그리고 깊이 그 뿌리를 박게 된 사실은 오늘 미국 등 선진 국가에서 볼 수 있는 현상입니다.

그러나 불행하게도 우리나라에서는—이상의 연극의 특이한 기능을 아는 이가 없지 않으면서도—아직도 연극은 충분히 우리의 교육 면에 활용되어 있지 못한 형편일뿐더러 되레, 연극이라면 위험한 것, 가까이해서는 안 될 금단의 과일처럼 기피해야 할 것으로 생각되어왔습니다. 그래서 이 방면의 우리의 연구의 태세가 미비하였던 것이 사실이며, 그렇기 때문에 요즘 시청각 교육의 필요성이 널리 대두

되어 있음에도 불구하고 우리는 여기에 뒷받침할 만한 것을 갖추지 못하고 있는 것입니다. 이러한 시기에 교육주보사에서 아동극경연대회를 연 것은 가장 적절한 조치이며 기획이라고 생각하지 않을 수 없습니다. 이런 의미에서 이 행사를 주최하신 교육주보사는 물론 이를 완수하기 위하여 참가하여주신 여러 학교—특히 수천 리 먼 지역에서 오신 지방 학교에 대하여 본인은 깊은 감사를 드립니다. 원컨대 이 행사를 반드시 상에만 치중하시지 말고 상을 초월하여 대한 새 나라의 새 교육의 한 귀퉁이를 개척하는 데 여러분이 이바지하고 계시다는 긍지를 가져주시기를 바랍니다. 본인은 믿습니다. 이 행사는 비단 우리의 새 교육뿐만 아니라 '한 나라 한 민족의 표현'이라고 일컫는 연극, 그 자체의 발전에도 큰 공헌을 할 것"[6]이라고 했다.

이상과 같은 그의 축사에는 몇 가지 중요한 내용이 담겨 있다. 그 한 가지가 우리 사회에 깊이 뿌리박혀 있는 구 도덕률, 이를테면 연극을 천시하는 폐습이 현대에 와서도 여전히 위력을 발휘함으로써 연극 발전을 저해하고 있다는 것과 그에 따라 아동의 정서 발달이라든가 화술교육 등에 좋은 연극이 학교에서 전혀 활용되고 있지 못한 것에 대한 아쉬움이었다. 그런데 여기서 또 한 가지 주목할 만한 사항은 그가 아동의 조기 예술교육의 중요성과 이미 외국에서 널리 활용되고 있는 아동교육에 있어서의 미디어 활용에 밝았다는 점이라 하겠다. 이처럼 그는 매우 일찍부터 연극을 통한 아동의 정서 화술교육에 대단히 깊은 관심을 갖고 있다가 1963년 초여름에는 자체적으로 전국아동극경연대회를 실시하기도 했다. 거기서 가능성을 확인한 그는 아예 드라마센터에 부속으로 어린이극회를 두어야겠다는 결심까지 하기에 이른다. 그리하여 서울연극학교가 문을 열자마자 곧바로 떡잎 키우기 프로젝트의 한 가지로서 부속 어린이극회 창립에 나선 것이다. 동랑이 드라마센터 어린이극회 창단을 기해서 행한 다음과 같은 연설에는 그의 예술철학과 비전이 투명하게 나타나 있다.

---

6 유치진, 「제1회 전국아동극경연대회 기념」, 『동랑 유치진 전집』 8(서울예대출판부, 1993), 386~387면.

우리 어린이극회의 나아갈 길

'드라마센터 어린이극회'는 금년 5월에 공부를 시작하여 지난 10월에 그 첫 시연회를 가졌습니다. 상연 각본은 내가 쓴 〈까치의 죽음〉이었고, 작곡에 정윤주 선생, 춤 지도에 김학자, 연출에 서도남 두 분이 수고하여주었습니다. 어린이들과 자모님들의 열성으로 그 공연 성과도 매우 좋았던 것입니다. 이 지면을 빌려 그때의 수고를 치하하는 바입니다. 곧 뒤를 이어 보시는 바와 같이 이번에 두 번째 발표회를 가지게 되었습니다. 자모님들과 여러 지도 선생님들의 꾸준한 노력의 결과라고 생각합니다. 첫 번째의 〈까치의 죽음〉과 두 번째의 이번 공연을 보셔도 아시겠지만, 우리 어린이극회는 되도록 노래와 춤과 대화로써 엮는 연극을 상연하려는 것입니다. 이는 대화에만 치중하던 어린이 연극에 노래와 춤을 담뿍 실음으로써 새로운 맛을 내보려는 것입니다. 물론 대화 위주의 연극도 가다 오다 하겠지만 노래와 춤을 겻들인 연극을 더 많이 상연하여 '드라마센터 어린이극회'의 특색을 내어보려는 것입니다. 노래와 춤을 곁들인 연극은 확실히 어린이들의 정서와 꿈을 기르는 데 큰 도움이 될 것입니다. 그러나 종래 대화 한 가지에 의존하던 때보다 몇 갑절의 수고와 노력이 들 것은 부득이한 일이라 하겠습니다. 서투른 점이 있더라도 널리 봐주셔서 앞으로 크게 발전할 날을 기약하여주시기 바랍니다.

1964.10. 드라마센터 소장 유치진[7]

이상의 연설문에 보면 처음 시도했던 음악무용극인 〈까치의 죽음〉이 크게 성공을 거둔 사실에서 확인할 수 있듯이 어린이극은 대화극보다도 춤과 노래가 곁들인 연극이 훨씬 재미가 있으며 어린이들이 꿈과 정서를 기르는 데 도움이 된다고 했다. 그래서 아동극사상 최초의 드라마센터 어린이극회는 무용음악극, 즉 뮤지컬을 주로 하겠다고 선언한 것이다. 실제로 단원 모집요강에도 보면 '노래와 춤에 소질을 길러서 무대, 영화, 방송, 텔레비전에 출연할 수 있는 어린이'가 해당자였고, 연령은 6세부터 중3까지로 한정해놓고 있다. 여기서도 보면 그가 먼 장래를 내다보고 얼마나 많은 준비를 하고 있었는가를 확인할 수가 있다.

특히 그가 자라나는 어린이들의 정서순화와 꿈을 심어주는 일은 무엇보다도 중

7 '서울예술대학교 50년사'(미발간, 초고), 99면.

제5회 3·1문화상 수상 기념(1964.3.1.). 맨 뒷줄 오른쪽에서 여섯 번째가 동랑.

요하며 그 수단으로서 연극을 꼽은 것이야말로 대단한 안목이었다고 말할 수가 있다. 일찍이 천재 괴테를 만든 것이 그의 외조모(外祖母)였다는 것은 꽤 알려진 사실이다. 그의 조모가 집에서 인형극을 만들어서 수시로 보여줌으로써 어린 괴테가 꿈과 상상력을 마음껏 키울 수 있었던 일은 유명하다. 일찍이 『괴테 자서전』을 읽고 크게 감명 받은 바 있는 동랑이 오랫동안 마음속에 품고 있던 어린이들의 정서교육 문제를 풀어보려고 드라마센터에 전속 어린이극회를 설치한 뒤에 그것을 국민운동 차원에서 펼쳐보려고 한 것이 다름 아닌 인형극 보급운동이었다.

그런데 그가 인형극 보급운동을 단순히 글을 통해서밖에 할 수 없었던 것은 드라마센터가 갖고 있는 인력이라든가 재정적인 문제 등 여건상 한계가 많았기 때문이다. 그러니까 그가 인형극 보급운동을 드라마센터라는 한정된 극장 안에서가 아닌 범국민운동 차원에서 일어날 수 있도록 그 구체적인 방법을 글을 통해서 펼친 것에 주목할 필요가 있다. 그가 1967년에 『예술원보』(대한민국예술원 발간)에 게재한「가정과 학교를 위한 간단한 인형극」이란 글이 바로 그것이다. 다섯 장으로 나누어 쓴 이 글의 서두에서 그는 "아동교화에는 여러 가지 수단과 방법이 있겠지마는 그중에서 가장 우리에게 많은 흥미를 주는 것은 아직 조선에서는 새로운 의미에서 시험되지 않은 인형극, 그것이라 하겠습니다."라고 했는데, 당시 누구도 이런 생각을 한 사람은 없었다. 이 말은 곧 그가 일찍부터 어린이 정서교육에 관심을 두어왔으며 그 방법이 무엇일까를 숙고한 끝에 찾아낸 것이 인형극이라고 확신한 것이었다. 물론 부모들은 누구나 자녀교육에 관심을 갖는 것은 당연하지만 그 정서순화 방법에 대하여 깊이 고심하는 경우는 드물다.

그런데 동랑이 『괴테 자서전』을 읽으면서 '아직 조선에서는 시험되지 않은 인형극'을 생각해낸 것 같다. 실제로 『괴테자서전』[8]을 보면 괴테가 외할머니에게서 배운 인형놀이 이야기가 소상하게 설명되어 있다. 바로 이 지점에서도 동랑의 선구자적인 면모를 발견할 수가 있는 것이다. 그는 이어지는 글에서 "나는 전부터 이 방면에 눈을 두어왔으나 좋은 기회가 없어서 실제로 배우지 못하다가 연전에 하와이에서 토속예술 연구차 이곳에 왔던 메스거 양의 친절한 지도로 실제로 가지고 장난할 일반의 지식을 얻었습니다. 그동안 틈틈이 혹은 혼자서 뜻있는 몇 동무들과 각종의 인형을 만들어보았습니다. 그중의 몇 개는 지금 이 글을 쓰는 책상 위에 앉아 있습니다. 언젠가 조선의 어린이를 만나서 재미있게 즐길 하룻저녁을 하염없이 기다리듯이"라고 썼는데, 이는 사실이다. 즉 그가 막연하게 생각하고 있던 인형극의 활용과 효과를 하와이의 토속예술 연구자 메스거 양으로부터 힌트를 얻었다는 것이며 실제로 그가 인형을 만들어서 간단한 실험도 했었다. 가령 그가 평소 희곡을 쓸 때, 주요 인물들을 인형으로 만들어 책상 위에 놓고 인형을 하나하나 옮기면서 등퇴장을 시켰던 것은 알 만한 사람은 안다. 그런 방식 때문으로 해서 그의 희곡 구성이 어느 작가보다도 탄탄한 것이다.

그는 이어서 어린이들이 왜 인형극에 적합하고 또 거기서 생동하는 꿈을 얻게 될 수밖에 없는 속성과 관련해서는 "생각건대 어린이들의 유일한 동무는 인형이요,

---

8 요한 볼프강 폰 괴테, 『괴테 자서전 - 시와 진실』, 정영애 · 최민숙 옮김(민음사, 2009), 64~83면에 보면 괴테가 외할머니에게 배운 인형놀이 이야기가 구체적으로 나온다.

인형을 가장 잘 이해하는 벗은 어린이밖에 없을까 합니다. 어린이의 공통적으로 가지는 풍부한 상상력은 움직이지 아니하는 것을 움직이게 하는 신비한 영감을 가지고 있습니다. 아이들은 부지깽이를 걸터앉아 말[馬]이라 가상하고 목편(木片)을 끌고 다니면서 자동차라고 믿어버리지 않습니까? 그들은 모든 것을 자기의 벗으로 여기고 그와 놀기를 좋아합니다. 여러분은 고양이와 노는 그들을 보셨겠고, 개와 장난치는 그들을 보셨겠습니다! 노리개(완구)를 안고 자기의 동생같이 사랑하며 그와 이야기하며 자장가를 부르는 아이를 본 사람은 나 혼자가 아닐 것입니다."라면서 "어린이들의 이와 같은 움직이지 아니하는 것을 움직이게 하여 모든 것을 자기의 동무로 삼으려는 성질, 조금 어렵게 말하면 대상을 의인화(擬人化)하려는 그 성질에 우리는 인형극의 근본정신이 있는 것이라 생각합니다. 인형극의 가장 현저한 매력과 특징은 일언으로 폐지하면 움직이지 못하는 것, 즉 생명이 없는 것을 생명이 있는 듯이 생각하는 데 있다고 할 수 있습니다."라고 하여 인형극의 애니메이션 효과를 지적하기도 했다.

3·1연극상 수상(1967.3.1.). 장녀 유인형과 함께.

그러면서 그는 "인형극은 산 배우의 연기와 달라서 어떤 유(類)의 동작이라도 가능케 됩니다. 인형이 거꾸로 달려서 하룻밤을 새울 수도 있고 인형의 목을 환도로 베어버릴 수도 있지 않습니까. 그러나 이와 같은 황당무계한 참혹하고도 그로테스크한 동작이 인형극에 있어서는 조금도 부자연스럽지 않습니다. 인형극에서는 새가 나와서 노래도 불러줍니다. 호랑이가 나와서 이야기도 하여줍니다. 요녀(妖女)가 나와서 춤도 춥니다. 이와 같은 비현실적인 것이 현실 가운데에 대담하게도 등장합니다."라고 하여 인형극의 환상성이 연기의 광역화와 극대화를 꾀해서 자라나는 어린이들에게 무한한 상상력을 불러일으킴과 동시에 꿈을 심어주기 때문에 다른 예술에서는 도저히 얻을 수 없는 특수한 오락성과 교화성이 있는 것이라고 했다.

이처럼 그는 인형극이 어린이의 생명력을 북돋우는 최상의 수단임에도 불구하고 저급한 상업극만을 접해온 성인들이 연극을 마물시(魔物視)하여 오히려 어린이들로부터 격리시켜놓으려고 한다면서 "아동에게서 오락을 빼앗기 전에 그들의 오락성을 만족시킬 기관을 만들어라! 그리하여 그들의 창조적 자유정신을 선용하고 항상 인간미 넘치는 정조(情調)와 생에 대한 감격성을 풍부히 하여 탄력 있는 지능을 양성하기에 힘써야 할 것"이라면서 전국의 교육자들과 학부모들을 향해서는 "우리는 (세상의 교육가여! 어린이의 부형이여!) 연극을 배격하기 전에 연극의 참됨을 깨달읍시다. 하여 그것을 선용하여야 좋을 것인지 그 구체적 방법을 생각하여봅시다."라고 주창하기도 했다. 여기서도 그의 고독한 선지자 같은 모습이 드러난다고 볼 수가 있다.

이상과 같이 외친 뒤에 그는 인형극 제작의 구체적인 방법을 제시했다. 그는 우선 전 세계에 산재되어 있는 인형극의 대강을 설명하는 것으로 시작했는데, 가령 동남아에 널리 퍼져 있는 그림자극에서부터 시작하여 손 조종의 인형극으로서 실 끝에 매달아 조종하는 마리오네트(Marionet)와 손으로 인형을 쥐고 조종하는 퍼펫(Puppet)이 존재함을 설명하고 있다. 여기서도 그가 인형극에 대하여 공부를 많이 했음을 확인할 수가 있다. 그러면서 우리가 할 수 있는 인형극으로서는 퍼펫이 가장 적절한 형태라고 권하기도 했다. 이어서 그는 퍼펫 인형극 방법을 구체적으로 설명하고 있는데, 거기에는 재료에서부터 시작하여 머리 만드는 법과 손 만드는 법, 그리고 의상과 기타 부속품들 제작에 이르기까지 매우 세세하게 설명하고 있어서 글만 잘 읽으면 곧바로 인형극을 만들어낼 수가 있다.

제작법을 설명한 뒤에 그는 곧바로 조종법으로 넘어가서는 어린이들에게 보여줄 인형극의 주제와 내용으로서는 요정극과 역사극, 그리고 세속극이 좋을 것이라고 했다. 그러면서 그는 "인형극의 분위기를 살리는 데 가장 좋은 효과는 조명이요, 인형의 동작을 살리는 데 가장 좋은 효과는 음악 반주가 아닌가 합니다."라고 설명한 뒤 그것들이 가져올 형상과 관련하여 "무궁한 변화 속에서 환상적인 조명과 음악 반주로 인형이 등장할 적에는 우리는 벌써 다른 현실에서 생활하고 있는 것을 깨닫게 되는 것입니다. 음악 반주는 인형 놀리는 데는 없어서는 안 될 물건입니다. 더구나 요정극에서나 역사극에서는 큰 효과를 주는 것입니다. 음악은 그 반주로써 인형의 동작을 매우 리드미컬하게 보이게 하고 대단히 굴절이 있게끔 보이게 하는 것"[9]이라고 했다.

동랑이 그 시기에 이처럼 중요한 인형극론을 발표한 이유는 앞에서도 언급했듯이 그가 장기적 프로젝트로 전개하고 있던 어린이 조기 예술교육 범국민연극운동의 차원에서였으며 가정과 학교를 겨냥함으로써 그 운동을 밑바닥부터 다져나가기 위한 것이었다. 그 점은 그가 결론 부분에서 인형극을 당장이라도 해야 할 대상으로 가정부인들과 유치원, 초등학교, 그리고 농촌을 지목한 다음과 글은 음미해볼 만한 가치가 있다는 생각이다.

> 나는 먼저 인형극을 할 일 없이 병을 앓는 우리의 주한 부인숙녀(晝閑婦人淑女)에게 권하고 싶습니다. 그들은 누구보다 이 인형극을 가지고 놀릴 만한 시간과 여유를 가지고 있는 때문입니다. 그들은 인형을 가지고 놀음으로 말미암아 한편 그들의 권태를 자위할 것이며 타방(他方) 그들의 자녀의 불건강한 발육을 다스리게 될 것입니다. 그다음으로 이 인형극이 없어서는 안 될 곳은 유치원입니다. 유치원에서는 원아의 자유스런 공상력을 훈화하고 그들의 정서를 순화하기 위하여서는 없어서는 안 될 물건이며 그리고 인형극을 시험하기에 가장 유리한 지위에 놓여 있는 것입니다. 그럼에도 불구하고 이 인형극이 시험되고 있다는 유치원을 듣지 못한 것은 우리의 수많은 원아를 위하여 한 가지 통탄할 일이라 하겠습니다.

---

9 유치진, 「가정과 학교를 위한 간단한 인형극」, 『예술원보』 제2호(대한민국예술원, 1967).

끝으로 이 인형극을 권하고 싶은 데는 농촌 강습소입니다. 날마다 쪼들리는 과로에 애잔하여가는 농촌에서 농민의 심경은 날로 영락(零落)으로 흘러내리기 쉽습니다. 그럴 때 그들에게 단순하고도 순박한 이 인형극의 역할이 적지 않은 영향을 줄 것입니다. 하여 그들로 하여금 그들 스스로가 바른길로, 그들의 의사(意思)의 길로 나아가게 할 것은 물론입니다. 이와 같은 인형극의 필요는 우리의 생활의 아무 구석에나 연결시킬 수 있는 그런 큰 영역을 그리는 것입니다. 나는 이러한 인형극을 어디까지라도 소인적(素人的) 입장에서 우리의 가정에서나 학교에서나 널리 채용되고 시험되기를 바라고 각필(擱筆)하는 바입니다.[10]

이상과 같은 그의 결론을 유심히 살펴보면 인류가 전통사회에서 인형극을 중요한 오락 수단으로 삼아왔던 것을 떠올리게 하는데, 이는 그가 연극(인형극)을 문화인류학적 차원에서 접근하고 있음을 알 수가 있다. 그러니까 그가 지난 시절 동서양 어느 곳에서도 흔하게 인형극을 오락과 교화의 수단으로 활용했던 것을 현대에서도 잘만 하면 더욱 유용하게 쓰일 수 있고, 특히 유소년들의 정서순화와 상상력 그리고 꿈을 심어주는 데 절대적으로 필요함을 역설한 것이어서 주목할 만하다.

물론 그의 원대한 꿈은 당대에는 실현되지 않았지만 오늘날 방송의 어린이 프로그램이나 유치원들의 교육 내용에 인형극이 널리 활용되고 있는 것을 보면 그의 선견지명의 효과가 수십 년의 시간이 흐른 뒤에 이제 겨우 나타나고 있음을 알 수 있다. 이처럼 그는 이 땅에서 가장 일찍이 어린이들의 조기 예술교육의 중요성을 역설하고, 또 그것을 실천에 옮겼던 최초의 인물이었다. 그런데 그것이 단순히 예술인재의 조기 육성에 그치는 것이 아니라 어린이들의 정서순화교육이라는 윤리적 차원에서 접근했다는 점에서 그의 선구성과 위대함이 돋보이는 것이다.

이어서 그가 구상한 것은 성인극을 위한 두 가지였다. 가령 그동안 그가 아카데미를 통해 심혈을 기울여서 키워낸 신진 연극인들을 그냥 황야로 내보내기보다는 어렵더라도 드라마센터에서 활동할 수 있게 해야 한다는 생각과 장차 신진을 캐내고 육성하려면 일단 극단을 만들고 극장 문도 열어놓아야 한다는 것이었다. 가령

10 위의 글.

극단 창립 취지문에서 "드라마센터 자체가 그동안에 경제적으로 형편이 호전되어서가 결코 아니면서도 인적, 경제적 애로와 장애가 앞을 막고 있는 극단 운영을 꾀함은 무엇보다도 드라마센터가 한국 연극의 명맥을 유지하고 나아가서는 후진을 육성하려는 숙명적인 사명을 자부함이며, 아울러 이 사명과 자부에 찬동하고 적극 참여하고자 호응해주신 동지들의 열의와 이번에 처음으로 연극아카데미를 졸업한 새 일꾼들의 탄생에 힘을 얻어 다시 한 번 긴 도정을 물리치고 의욕과 희망에 찬 발걸음으로 출발하는 것입니다. 이 새 극단이 앞으로 건전한 발전을 이룩하려면 오로지 관객 제현의 절대적인 지도 편달을 없이는 안 될 것이므로 많은 성원을 아끼지 마시옵기를 간절히 바라는 바"라고 하여 그 점을 분명하게 밝혔다.

물론 그가 그동안 아카데미 재학생들과 1기 졸업생들을 데리고 발표회 형식으로 〈소〉를 비롯하여 〈맹진사댁 경사〉, 〈시라노·드·벨쥬락〉, 〈혈맥〉, 〈춘향전〉, 〈오셀로〉, 〈햄릿〉 등 일곱 작품이나 무대에 올렸었으나 드라마센터 전속이라는 극단 명칭을 내세우지는 않았었다. 따라서 그는 아카데미 출신들의 역량도 만만치 않고 해서 대외적으로 내세울 만하다고 확신케 된 것이다. 여기에 유능한 기성 연극인들을 끌어들인다면 드라마센터가 연극의 주류로서 굳건히 설 수 있을 것으로 확신하여 1964년 가을에 정식으로 극단 드라마센터라는 하나의 연극단체를 대내외에 알리게 된다. 가령 창단 취지문에 이어 쓴 「극단 드라마센터에 부치는 글」에 보면 그의 복잡하면서도 연극지도자로서의 의지가 나타나 있음을 확인할 수가 있다.

즉 그는 그 글에서 "드라마센터 자체가 그동안에 경제적으로 형편이 호전되어서가 아니면서도 인적, 경제적 애로와 장애가 앞을 가로막고 있는 극단 운영을 또다시 꾀함은 무엇보다도 드라마센터가 한국 연극의 명맥을 유지하고 나아가 후진을 육성하려는 숙명적인 사명과 자부함에 있으며 아울러 이 사명과 자부에 찬동하고 적극 참여하거나 호응해주신 동지들의 열의와 이번에 처음으로 연극아카데미(연극학교)를 졸업한 재기 발랄하고 의기충천한 새 인물들의 탄생에 힘을 얻은 것입니다. 우리는 여기에서 온갖 긴 도정을 물리치고 1962년 드라마센터 개관 때와 똑같은 의욕과 희망에 찬 발걸음으로 재출발하는 것입니다. 한 가지 드라마센터가 개관 때와는 다른 점이 있습니다. 그것은 이번에는 예산의 뒷받침이 없는 우리로서는 하나의 무모한 기획일 수밖에 연중무휴 공연이란 큰 간판을 내세우지 않으려는 것입니다.

연극아카데미에서 강의하는 여석기

이원경의 강의. 양택조, 김종구 등이 보인다.

연극아카데미 강의

우리 현실에 맞는 기획으로서 정기적인 연극공연을 치르면서 극장이 연극에 쓰이지 않고 비어 있을 때는 무용, 음악, 오페라, 영화, 창극 등 자매예술 공연에 대여해주며, 그래도 극장이 빌 때에는 각종 회합에도 이용케 하여 거기에서 얻는 수입금으로써 본래의 사명인 연극공연비를 뒷받침해나갈 생각입니다. 그럼으로써 우리의 기술이 고양되어 우리의 실력이 능히 많은 관객을 동원시켜 자립하게 됨을 기다려서 점차로 공연 횟수의 날짜를 늘려갈 계획입니다. 그러나 우리의 이상은 어디까지나 연중무휴 매일 공연입니다. 그 목표를 향하여 우리는 끊임없이 매진하면서 그날이 하루속히 오기를 심원하는 것입니다. 연극을 성립시키는 기본 요소의 하나가 관객이라 합니다. 이 새 극단이 앞으로 건전한 발전을 이룩하여 드라마센터의 백년대계가 성취되려면 오로지 관객 제현의 절대적인 지도 편달이 있어야 함은 두말할 것 없습니다. 많은 성원을 아끼지 마시옵기를 간절히 바라는 바"[11]라면서 극단 드라마센터의 창단 배경과 진로에 대한 자신의 계획을 분명하게 밝혔다.

이상의 글에서 유독 눈에 띄는 부분은 아무래도 그가 꿈은 그대로 유지하면서도 극장 개관 때보다는 상당히 현실로 돌아왔음을 보여준다는 사실이다. 그러니까 그가 극장을 열 때만 해도 자신만이 한국 연극의 미래를 짊어질 수 있다는 자부심과 사명감에 짓눌림으로써 좌고우면하지 않고 무작정 연중무휴 공연을 내걸었지만 단 1년을 못 버티고 손을 들었던 실패의 경험이 그로 하여금 냉철하게 현실을 직시케 한 것이다.

따라서 그는 우리 연극의 주류를 이끌어가야 한다는 의무감과 함께 자신이 아카데미를 통해서 길러낸 인재들의 활로도 열어주어야 하고 또 마냥 극장을 비워둘 수도 없는 상황에서 찾아낸 묘안이 바로 드라마센터의 대외 개방과 수시 공연 방식이라는 것이었다. 여기서도 그는 우리 연극의 명맥 잇기라는 말을 특히 강조 한 데 주목할 필요가 있다. 그가 일제 군국주의 통치시대 말엽에 강압에 의한 것이긴 하지만 그들의 정책에 협력했던 이유 중의 가장 큰 것이 바로 신극사의 명맥 잇기가 아니었나.

하물며 당당한 독립국가의 극장주가 극장의 문을 닫고 있다는 것은 어떤 명분으

---

11 위의 책, 101~102면.

로도 용납할 수 없었던 것이다. 당시 연극계를 돌아만 보더라도 자신이 지도했던 신협은 이미 활동 정지 상태였고, 기대를 모으던 제작극회 역시 창립 멤버들 대부분이 대학(이두현과 노희엽)이라든가 관공서(김경옥), 방송국(최창봉) 그리고 극단 창단(차범석) 등으로 흩어짐으로써 거의 활동 정지 상태였다. 그렇기 때문에 대학극 출신들의 실험극장과 민중극장, 동인극장, 극단 산하, 자유극장 정도가 춘추로 겨우 공연 한두 편 올리는 정도였다. 이처럼 당시의 연극상황은 천신만고 끝에 드라마센터를 세운 연극계 지도자로서는 머뭇댈 수는 없는 입장이었다. 그리고 그는 전부터 우리 손으로 만든 극장만 있으면 얼마든지 좋은 연극을 할 수 있다고 호언해오지 않았던가. 그런데 여기서 흥미로운 점은 그가 아무래도 문화계의 눈치를 보지 않을 수 없는 입장이었던지 극장을 개방하되 음악, 무용, 창극 등 자매예술에 한정한다고 한 점이다. 스스로 금도는 지켜야 한다고 생각한 때문으로 보인다.

어떻든 이러한 상황에서 그는 극단 드라마센터를 출범시켰던바, 단원은 연극아카데미 출신에다가 개관 초부터 간여했던 사람들, 그리고 영화와 방송에서 활동하고 있는 성우들까지 끌어들여서 60여 명으로 구성한 것이다. 영화배우 김진규를 간사장으로 내세웠던 극단 드라마센터의 주요 면면을 보면 중진 연극인 이광래를 비롯하여 이원경, 이춘사, 전옥, 김정환 등과 고운정, 김보애, 유현목, 윤대성, 유덕형, 유인형, 안민수, 신구, 박정자, 이호재, 전무송 등등 제제다사(濟濟多士)했다. 극단 드라마센터는 스스로를 다짐하는 다섯 항목의 선언문까지 발표했는데 그 내용을 보면 "첫째, 연극은 인류 역사와 함께 생성해왔고 앞으로도 인류와 더불어 공생한다. 20세기 후반기의 오늘에 와서 연극에서는 메커니즘과 스피드의 시대적 욕구에 순응하는 자매 방식이 수많이 파생되어 신생과 발전을 꾀하고 있다. 극영화가 그러하고 방송극, 텔레비전 등이 그러하다. 둘째, 자칫 잘못 생각할 때는 무대의 연극은 멸망한 것같이 보인다. 그러나 이는 한국적인 현상이지, 연극은 역시 인류와 더불어 공생할 것이며, 신생 발전하는 극영화, TV극, 라디오 드라마 등은 결국 '연극'의 기계적 복사에 불과한 것이다. 여기에 우리들은 한국적인 현상이라는 극한 속에서 연극의 본래의 매력과 사명을 되찾고자 드라마센터에 집결하였다. 셋째, 아울러 우리들은 고식적인 한국의 연극적 현실을 타개하는 데 있는 힘과 정열을 다할 것이다. 넷째, 편파성, 유아독존, 모든 타성, 태만, 이런 것들을 우리들 몸에서 스스로 먼저 깨끗이 씻어버림으로써 이 일의 첫걸음을 디디는 것으로 하겠다. 다섯째, 그러나 우리들은 연극의 선배와 이제 새 출발한 드라마센터 부설 연극학교인 아카데미 출신의 학도들과 함께 어울리어 이 험한 태산을 힘차게 넘어갈 것을 여러 어른들에게 엄숙히 선언하는 바"[12]라고 했다.

연극단체들이 출범하면서 자신들의 목표를 내외에 알리는 경우는 종종 있어왔지만 극단 드라마센터의 선언문에는 영화와 방송 드라마의 발전으로 인하여 점점 위축되어가고만 있는 당시 연극상황을 어떻게든 돌파해보려는 비장한 각오가 담겨있어 자못 주목된다. 이러한 비장한 각오는 극단을 대표한 김진규의 각오에서도 그대로 드러난다. 즉 그는 배우들을 대표한 인사말에서 "연극은 우리의 생명입니다. 이 생명을 불태우기 위해 우리는 극단 드라마센터에 모였습니다. 우리가 불태우는 생명은 그대로 무대 위에 드러날 것이며 무대 위에서 움직이는 또한 무대 위에서 모든 대화를 교환할 것입니다. 우리는 마음의 고향 드라마센터에서 이 생명을 불태우고 싶었습니다. 드라마센터는 연극의 고장입니다. 어쩌면 전설의 선향(仙鄕)인지도 모릅니다. 하나의 깃발, 하나의 목표, 하나의 구호 아래 뭉친 우리들 단원, 그중에서도 연기자 일동은 이곳을 더러는 항상 동경해왔고 더러는 이곳에서 연극을 알았으며 또한 이곳에서 연극을 하면서 자랐습니다. 드라마센터는 우리들의 어머니입니다. 이제 우리가 여기 모인 명분은 자명해졌습니다. 첫째는 우리의 생명이 연극이기 때문이요, 둘째는 드라마센터가 바로 우리의 어머니이기 때문입니다. 우리는 하나로 뭉친 이상 보람을 낳고 싶습니다. 이 보람을 바로 연극을 사랑하는 여러분, 연극을 목마르게 찾는 여러분에게 평가받고 싶습니다."라고 외치기도 했다. 이러한 극단 대표의 외침은 우리나라 극단사상 처음 있는 일로서 그들의 각오가 얼마나 대단했던가를 짐작게 한다.

동랑의 경쟁자였던 서항석까지도 축사를 통하여 "극장이란 요컨대 '연극의 집'으로서 집은 되어 있고도 연극이 마련되지 않아서는 집이 그 기능을 완전히 발휘하기 어려운 것인데, 이제 극장이 제 극단을 가졌으니 극장의 앞날의 번영이 내다뵈어 기쁜 일이요, 극단이란 이 땅에서는 가는 곳마다 극장마다 푸대접받기 마련이어서

---

12 〈마의 태자〉 공연 프로그램 참조.

모처럼 될성부르던 극단도 대개는 극장 난으로 그냥 시들어버리기가 일쑤였는데, 이제 '극단 드라마센터'는 극장을 모태로 태어나면서부터 제 집을 가졌으니 그 앞날의 번영이 내다뵈어 이 또한 기쁜 일이다. 제 극단 없는 아쉬움과 제 극장 없는 아쉬움이 한꺼번에 해소되어, 그야말로 능히 여의주를 얻는 격이다. 감우패연(甘雨沛然)하리니 극계의 풍년이 점쳐진다."면서 그 가능성과 함께 큰 기대를 표하기도 했다.

그만큼 기대를 걸 만했던 것이 드라마센터는 1935년에 개관했던 동양극장 이후 두 번째로 좋은 시설과 최고의 연극인들로 단체를 구성했기 때문이다. 물론 동양극장은 수익성을 먼저 생각해야 하는 상업극의 요람이었던 데 비해 드라마센터는 순수 정통극을 추구했다는 점에서 차이는 컸다. 어떻든 근 30여 년 만에 시설 좋은 사설극장이 전속으로 극단을 두게 되었다는 것은 역사적인 의미를 지니는 것이다. 그런데 극단 드라마센터는 동랑의 연극 비전에 따라 동양극장의 경우는 물론이고 관립의 국립극장 등과 달리 인재 발굴과 육성이라는 데 궁극적인 목표가 주어졌다는 사실이다.

따라서 레퍼토리는 주로 새로 등장한 신인들의 창작극 위주였으며 간간이 배우 훈련을 생각해서 기성 작품을 곁들이는 방식으로 틀을 잡아갔다. 이런 레퍼토리 선택도 드라마센터가 근대연극사상 처음 시험하는 것이었다. 1964년 9월 극단 드라마센터가 〈마의 태자〉(유치진 작)로 고고성을 울리자마자 이듬해 초(1965.1.)에는 두 번째 작품으로 『경향신문』을 통해서 갓 데뷔한 오혜령의 〈성야〉를 동랑 자신이 직접 연출한 것이야말로 드라마센터가 지향하는 목표를 단적으로 보여주는 것이라고 하겠다. 그러니까 그는 아예 1965년을 '극작가 캐내는 해'라고 선언하고 그 작업을 벌여나간 것이다. 그렇다면 극작가 캐내기 프로젝트를 가동한 배경과 그의 각오는 어떠했을까.

근대연극사상 누구도 해보지 못했던 '극작가 캐내기 운동'과 관련하여 그는 "드라마센터는 1965년을 신인 극작가 육성의 해로 제정하고 이 방면에 힘을 기울여볼 생각입니다. 책(脚本)이 없다는 소리는 오늘날에 있어 우리나라에서만의 비명이 아니고 온 세계의 그것이며, 무대극에서만의 비극도 아니요, 영화・TV・방송에서도 한결같이 울리고 있는 몸부림인 것입니다. 일찍이 우리 일간 신문사들은 책을 쓰는 작가인 극작가를 발굴하기 위하여 매년 신춘이면 문학 작품 모집이란 행사를 설정하고 다른 문학의 장르와 같이 희곡을 쓰려는 이에게도 그 등용문을 마련해주었던 것입니다. 수십 년 동안 계속된 이 등용문은 많은 신인 극작가를 배출시켰습니다. 이 등용문을 거친 극작가로서 지금 내 기억에 떠오르는 이만 적어보아도 이광래, 조용만, 김영수, 임희재, 차범석, 김자림, 박현숙, 이용찬 등 다수입니다. 그러나 그동안 다수 일간지가 수십 년을 두고 베푼 이 행사에 우리 극계가 좀 더 적극적인 자세를 취하였더라면 더 많은 극작가가 발굴되었겠고, 선출된 극작가도 더 밝은 각광을 받았으리라고 생각합니다. 소설, 시 등 문학 작품들은 지상에 활자로 발표되면 그것이 최상일 것입니다만 희곡은 활자화가 마지막 '꼴'이 아니고 그것이 무대화되어서 비로소 희곡 발표의 최후 목적이 달하여지는 것 아닙니까. 여러 가지 신춘문예에 당선된 희곡들이 각광을 본 예가 많지 못했습니다. 우리 연극인은 당선희곡 상연에 대하여 등한하였습니다. 그 이유는 신인을 키워보려는 의욕이 우리에게 없었던 것이 아니고 신인을 키우기 위하여 그 작품들을 무대화할 만한 재정적 여유가 없었던 까닭이었습니다. 그 때문에 결과적으로 신문사에서 베풀어진 이 행사가 신문사의 일방적인 행사에 그친 감이 농후하였습니다.

드라마센터는 금년부터 시작하려는 신인 극작가 양성의 첫 사업으로서 각 신문사의 뜻을 받들어 신춘문예에 당·입선 희곡으로서 하룻저녁의 프로를 짜봅니다. 금년에 당·입선한 작품으로서 여기에 취택된 세 편 외에 따로 『경향신문』 입선의 고동율 작 〈통나무다리〉와 『서울신문』 입선의 정수인 작 〈여인상〉 등 두 편이 있음은 이미 지상에서 보도된 바입니다만 그 작품들이 이번 공연에 끼이지 못함은 유감된 일입니다. 이 두 편이 빠진 것은 결코 질이 얕거나 무대효과가 적어서가 아니요, 프로 편성의 시간적 제한 때문입니다. 이번에 빠진 두 편도 가까운 장래에 드라마센터의 무대에서 각광을 받을 기회가 있을 것으로 믿습니다. 두 분 신인께서 과히 낙심 말기를 바라면서 강호 제위께서는 화려하고도 고달픈 이원(梨園)에서의 첫 항해를 시작하는 신인 작가들에게 아낌없는 편달과 격려를 고루고루 베풀어주시기를 바랍니다."라고 하여 그가 어려운 가운데서도 신진 극작가를 캐내겠다는 각오를 밝힌 것이다.

그의 이러한 포부 배경에는 결국 민족극 육성의 지름길 중에 창작극의 바탕이 되는 극작가 키우기가 우선이라는 구상이 깔려 있음을 알 수가 있다. 그 점은 그가 자전에서도 분명하게 밝혔던바 "극작가는 저절로 탄생되는 것이 아니다. 키워내야 하는 것이다. 물론 극작가를 발굴, 양성하려고 해도 자금이나 무대가 마당치도 않았다. 그러나 결국 민족극은 창작극이 바탕이 되는 것이고, 또 창작극으로 결판을 낼 수밖에 없는 것이다. 그것도 결국 내가 나서는 수밖에 없을 것 같다. 나는 그래도 드라마센터 무대를 갖고 있는 데다가 내 주변에 동원할 수 있는 연출가와 배우들이 있으니까 해볼 수가 있지 않은가."라면서 극단 드라마센터의 주요 사업의 하나로 신진 극작가 캐내기에 나섰다고 했다. 이러한 그의 포부는 오혜령의 첫 희곡집인 『인간적인 진실로 인간적인』의 서문에서도 밝힌 바 있는데, 그는 그 글에서 "연극에는 여러 가지 부문이 있으나 그 핵심은 역시 극작 부문, 희곡이라고 생각한다. 그 생각 때문에 나도 극작가가 되었고, 역량 있는 극작가를 배출하는 일이 한국 연극운동에 있어서 가장 긴요한 과업임을 주장하게 되었다. 그것은 좋은 극작가를 발굴하고 양성하려고 내가 연극운동을 대폭적으로 전개한 이유이기도 하다."[13]고 썼다.

그가 이러한 꿈을 드라마센터를 통해서 구체화시킨 것이다. 동랑의 극작가 키우기 운동에 몇몇 언론사도 동조해주었던바 가령 첫해에 『동아일보』 신춘문예에 당선된 하경자의 〈비행장 옆 자선병원〉을 필두로 해서 노경식의 〈철새〉(『서울신문』), 그리고 오혜령의 〈성야〉 등 세 편에 대한 공연 평가가 바로 그것이었다. 솔직히 신인들의 데뷔작에 대하여 높게 평가하는 글을 메이저 신문이 게재하는 경우는 극히 이례적인 일이어서 여기에 소개하면 다음과 같다.

〈비행장 옆 자선병원〉에서는 인생을 아름답게 관조하는 작가의 고운 말을 엿볼 수 있으며, 〈철새〉에서도 삶에 대한 긍정적인 태도를, 그리고 〈성야〉에 있어서는 평행선상의 절실한 사랑의 고뇌를 체험할 수 있다. 연기진에 있어서는 김진규, 전옥, 천선녀, 김보애 등 기성인을 위시하여 드라마센터 출신의 열성적인 신인 배우들의 팀워크가 한동안 한산했던 드라마센터에 약동하는 생명을 불러일으켰다. 또한 이들 신진 작가와

13 오혜령, 『인간적인 진실로 인간적인』(덕문출판사, 1973) 참조.

대다수 신진 배우들을 위하여 유치진, 이원경, 김경옥, 제씨가 솔선 연출을 맡아 지도한 사실을 특기하여 감사하지 않을 수 없다.[14]

이상의 평가에서 볼 수 있는 것처럼 극작가 캐내기 운동은 두 가지가 잘 어우러져서 처음부터 순탄하게 진행되고 있었음을 알 수가 있다. 그 두 가지란 첫째, 동랑의 확고한 신념과 추진력이며, 둘째 배우, 연출가 등 중진 연극인들의 적극적인 협조와 참여 등이었다고 하겠다.

이런 흐름은 그대로 이어져서 이듬해(1966)에는 오재호의 〈담배내기〉(『동아일보』), 고동율의 〈동의서〉(『경향신문』), 전진호의 〈들개〉, 오태석의 〈웨딩드레스〉(『조선일보』), 그리고 원희갑의 〈동굴설화〉(『중앙일보』) 등 네 편 모두가 무대화되었다. 여기서 특히 주목되는 바는 연출만은 그 자신을 비롯하여 이해랑, 이원경, 이진순 등 중진들이 직접 맡은 점이라 하겠다. 솔직히 내키지 않아하는 당대의 중진 연출가들을 불러내어 설익은 신인들의 단막극을 연출케 한 것도 순전히 동랑의 의지에 따른 것이었음은 두말할 나위 없다. 이러한 그의 노력으로 두각을 나타내는 신진들, 이를테면 오혜령, 윤대성, 오태석, 노경식, 오재호, 전진호, 고동율, 김영무, 이강백, 이현화 등이 매년 속속 등장했다. 그의 극작가 캐내기 운동이 곧바로 효과를 나타낸 것이다.

더욱이 드라마센터의 극작가 캐내기 프로젝트를 언론계가 후원을 해줌으로써 그동안 극장에서 펼쳤던 어떤 기획보다도 성공을 거둘 수 있었다는 사실이다. 이 말은 모처럼 언론계가 드라마센터가 벌이고 있던 연극부흥운동에 크게 공감한 데서 비롯된 것이라고 볼 수가 있다. 그 점은 동아일보사 이희승(李熙昇) 사장의 축사에 잘 드러나 있다. 즉 이희승 사장은 축사에서 "근래 우리나라 연극은 그 존재 여부가 의심될 정도로 침체되어 있는 감이 있습니다. 전후 기계문명의 발달에 편승하여 급격히 팽창하게 된 영화와 텔레비전 등 대중예술에 눌려 연극이 그 명맥을 유지하기 곤란하다 함은 문화민족을 자임하는 우리 겨레에게 부끄러운 일이 아닐 수 없습니다. 그것은 우리 겨레가 부박(浮薄)한 오락예술에 심취하여 본연의 예술적 감흥

14 오화섭, 「3사 신춘문예 희곡 공연」, 『동아일보』 1965.1.28.

을 상실하는 게 아닌가 하는 걱정을 수반하기 때문입니다. 문명한 나라들의 실례를 보더라도 연극은 연극대로 존립하고 기타 오락예술을 즐기는 실정입니다. 이번 극단 드라마센터의 연극진흥운동이 기회가 되어 침체 일로에 있는 우리나라 연극계가 활기를 찾고 소멸되어가던 우리 겨레의 예술 감정을 소생시켜 문화민족으로서 선위를 되찾기를 기대합니다."라고 하여 외롭게 연극진흥운동을 벌이고 있던 동랑을 고무시켜주기도 했다.

솔직히 각 신문사에서 연극운동을 전적으로 후원했던 것은 1919년 3·1운동 직후 벌어졌던 젊은이들의 소인극운동 이후 40여 년 만이었다. 물론 신문사들이 1930년대 이후 신춘문예를 통해서 극작가를 키워내긴 했지만, 연극운동을 측면에서 지원하고 나선 것은 매우 오래간만이었다는 점에서 드라마센터의 극작가 캐내기 프로젝트는 성공적이었음을 보여준다.

이처럼 극작가 캐내기 프로젝트가 순탄하게 진행되는 것을 지켜본 동랑은 그 소회와 관련하여 "민족극 수립을 제창한 지 이미 오래다. 민족극이란 우리 민족의 생활이 우리의 국어로써 동포에게 공감이 가도록 쓰인 작품임은 더 말할 것 없다. 이와 같은 민족극을 제창하면서 우리는 우리말로 번역된 외국의 생활을 그린 외국인들의 작품을 종종 상연하고 있다. 이는 민족극 수립이라는 명제와는 상충되는 행동임에 틀림없다. 그러나 우리들의 번역극 상연은 타국의 극술을 배우고 인생에 대한 외국인들의 사고방식을 참고함으로써 우리가 수립하려는 민족극에 다소나마 피익(被益)되는 바가 있기를 바라기 때문이다. 그렇지 않다면 현 시점에 있어서의 번역극 상연이란 우리에게 거추장스러운 짐일 수밖에 없다. 여러 가지로 뻗쳐 있는 민족극 수립 작업 중에서도 가장 기간적이며 가장 필수적인 것은 우리가 우리의 극작가를 가져야 한다는 사실"[15]이라고 하여 극작가 캐내기 프로젝트가 궁극적으로 민족극의 기반을 다지는 작업임을 다시 한 번 상기시키기도 했다. 그러면서 그는 새로 등장하는 신인들에게 원로서의 노파심에 입각하여 다음과 같은 네 가지 당부도 빠뜨리지 않았다.

15 유치진, 「제2년을 맞이한 신인 극작가 캐내는 작업」, 『동랑 유치진 전집』 7(서울예대출판부, 1993), 336면.

1. 다른 분야와 마찬가지로 우리 극계에서도 목이 마르게 신인을 기다립니다. 그러나 신인은 출세하기보다 실력 양성에 힘써야 합니다. 천재는 추락하기 쉽기 때문입니다.

2. 우리는 편당적(偏黨的)인 행동을 고집하여 자기의 시야와 무대를 좁히지 말고 넓은 분야에서 지식을 흡수합시다. 그리고 조그마한 집단에서 어른 노릇 하려 들지 말고 진실한 집단에서 한 병졸(兵卒)로 만족합시다. 소성(小成)은 미성(未成)만 못한 까닭입니다.

3. 모방은 창조의 제1단계이기는 하겠지요. 그러나 모방의 대상은 엄선합시다. 하잘것없는 흥행극을 모방하는 신인이 많음을 보고 나는 놀라지 않을 수 없습니다.

4. 정말 연극 지대는 연극적이 아닌 데에 있을 것입니다. 우리는 되도록 연극 지대에 흐르는 탁류를 삼가며 경계합시다. 한번 발을 들여놓으면 그 탁류에 자기 자신을 잃기 쉽습니다.[16]

이상과 같은 그의 당부는 1960년대에 국한하는 것이 아니고 오늘의 연극인들에게도 그대로 적용되는 훈수라고 보아도 무방하다. 왜냐하면 오늘날 대학로에서 벌어지고 있는 수백 개 군소 극단들의 저질 작품의 양산이라든가 관객 끌기의 혼탁성 등이야말로 일찍이 동랑이 우려했던 바이기 때문이다.

한편 그가 벌였던 극작가 캐내기 프로젝트의 또 하나 특징은 신춘문예 출신 신인들의 단막극뿐만 아니라 기성 문인들의 장막극도 발굴하여 그 스펙트럼을 넓힌 점이었다. 그런 취지에서 발굴된 첫 번째 장막극이 바로 저명한 시인 구상(具常)의 〈수치〉라는 희곡이었다. 그런데 6·25 당시 지리산에서 벌어진 빨치산 운동을 다룬 이 작품이 문제된 것은 극히 자연스러운 일이었다. 왜냐하면 반공을 국시로 삼고 등장한 군사정부가 주제는 어떻든 그런 문제를 소재로 한 희곡을 가만둘 리 만무했기 때문이다. 그것도 당국에서 개막 직전에 공연 보류 조치를 내린 것이다. 이는 솔직히 당시의 경직된 정치·사회적 상황을 단적으로 보여주는 것이어서 문화계를 당혹스럽게 했는데, 그에 관해서는 다음과 같은 반응에 잘 나타나 있다.

16 유치진, 「신인에게 드리는 말」, 『동랑 유치진 전집』 7(서울예대출판부, 1993), 351면.

지난 8일 드라마센터의 〈수치〉 공연이 개막 직전에 돌연 당국으로부터 상연 보류 통고를 받았다. 금년 들어 영화 〈7인의 여포로〉로 인한 이만희 감독 구속사건에 이어 야기된 잇따른 불상사는 연극·영화계뿐만 아니라 전체 문화계에 충격을 주었다. 지리산에 서식하는 빨치산을 소재로 다룬 이 희곡은 이미 『자유문학』(1963년 2월호)에 발표, 활자화까지 되었고, 작년 여름엔 국영 KBS-TV에서도 3회의 연속극으로 소개된 일이 있는 작품이기 때문에 이제 새삼스럽게 공연 보류라는 딱지를 붙이기에는 걸맞지 않은 처사라고 관계자들은 말한다. 드라마센터 측은 공연에 앞서 원작에 약간의 수정과 삭제를 가한 다음 당국에 검열을 의뢰, 검열 당국에서도 재차 삭제를 가한 다음 그대로 통과시키려 했던 것으로 알고 있었는데, 돌연 공연 보류 통고를 받았다는 것이다. 이것은 어떻게 보면 당국이 작품 검열 내지는 문화 사찰에서 일원화를 못 하고 갈팡질팡하고 있다는 인상이 짙다.[17]

이상과 같은 사건은 당시로서는 자주 있었던 불상사였지만 극단 측에서는 여러 가지로 손실을 입는 것이기 때문에 드라마센터의 극작가 캐내기 프로젝트가 얼마나 어려운 가운데서 진행되었는가를 잘 보여주는 경우였다고 하겠다. 다행히 당국으로부터 공연 보류가 곧 풀림으로써 〈수치〉가 햇빛을 보긴 했지만 드라마센터에 남긴 상처는 적지 않았다. 〈수치〉 사건이 1965년 봄에 일어난 뒤 곧바로 수습되면서 극작가 캐내기 운동은 다시 활기를 띨 수 있었다. 평소 신문화 초창기의 선구자들의 형극의 예술운동을 누구보다도 높이 평가해온 그는 영화 개척자 춘사 나운규 30주기를 맞아서는 『한국일보』와 공동의 기념사업으로 〈풍운아 나운규〉(차범석 작, 이원경 연출)를 드라마센터에 올리게도 했다.

이러한 그의 부단한 민족극 부흥운동에 대해서는 문화예술계에서 너무나 잘 알고 있었다. 그러던 차에 그가 회갑을 맞자 범연극인들이 나서서 그의 노고를 기리는 행사를 갖기로 했다. 물론 동랑은 어려운 연극계 현실을 감안하여 고사했으나 극작가 오영진을 위원장으로 하는 준비위원회까지 구성하여 기념행사를 벌였던 바, 한 달여에 걸쳐서 그의 작품 〈소〉(김학주 연출)와 〈춘향전〉(이해랑 연출), 그리

17 「잇따라 발 묶이는 예술」, 『한국일보』 1965.3.11.

고 〈별〉(이원경 연출) 등을 드라마센터 무대에 올리기도 했다. 이는 연극사상 최초로 한 연극인을 위한 축하무대였다는 점에서 의의가 크며 적으나마 그의 고단함을 위로해준 행사였다.

연극인들의 동랑 위로행사는 더욱 그를 고무시킨 것도 사실이었다. 여기서 용기를 얻은 그는 인재양성에 더욱 박차를 가해서 언론사들이 몇 명 배출하는 신인들에 만족 못 하고 자신이 직접 극작가를 키워내는 작업을 해야겠다는 생각으로 서울연극학교에 극작과를 설치하는 한편 속성과로 극작 워크숍을 개설하기도 했다. 그는 연극아카데미와 연관성이 있으면서도 또 다른 창작 수련 과정의 하나라 할 극작 워크숍의 전체적인 주관을 평론가인 여석기(원장)에게 일임하는 것으로 시작한 것도 특징이랄 수 있다. 그 자신은 드라마센터 운영에도 골머리를 앓고 있던 터라서 거기까지는 손을 쓸 수가 없었던 것이다. 따라서 극작 워크숍에 전후 맥락에 관해서는 여석기가 소상하게 알고 있다.

여석기는 극작 워크숍의 유래와 진행 등과 관련하여 "드라마센터 극작 워크숍이 발족한 것이 어느 해냐고 물으면 관련자들은 모두 1965년이라고 한다. 그런데 이 모임을 주재한 나 자신은 확실치 않다. 그 이유가 몇 가지가 있다. 첫째, 극작 워크숍이 분명 유래를 드라마센터 연극아카데미에 두고 있지만 그곳의 정규 커리큘럼에 들어 있지 않은 과목이라는 점이다. 워크숍에 참여한 멤버들이 대부분 아카데미에 적을 두고 있던 사람들이지만 학점 따기 위하여 모여든 것은 아니었다. 둘째로 그들이 뭔가 새로운 형태의 교육을 갈망한 건 사실이지만 이런 워크숍 형태의 극작가 수련 코스를 염두에 두었는지는 분명치 않다. 솔직히 나 자신부터 뚜렷한 그림이 있었던 것은 아니었다.

처음에는 '워크숍'이 아니라 '세미나'라는 무난한 표현을 사용한 것으로 알고 있다. 그러다가 자연스럽게 이름을 워크숍으로 바꾸자고 제의한 것이 나였는데 바꿔놓고 보니 그게 아주 마음에 들었다. 극을 쓰는 사람들이 자기 것을 써가지고 와서 서로를 왈가왈부하면서 논의하다가 고쳐와서 다시 논의하고 또 뜯어고치고 하니 이게 바로 워크숍이 아니겠는가. 회의하면서 점잖게 서로 의견 개진하는 세미나보다야 낫지. 여담이지만 지금 대유행하는 이 낱말은 당시 아주 생소했다. 문화예술 분야에서는 아마 우리가 처음으로 사용하지 않았나 한다."[18]고 회고함으로써 당초 극작 워크숍이 아카데미와는 달리 순수 창작 모임으로 출발했음을 알려주고 있다.

따라서 아카데미처럼 입학과 졸업 등과 같은 교육법에 다른 형식 같은 것에서 벗어나 창작 역량만을 기르는 이름 그대로 워크숍이었고, 학점 이수를 위한 강의 형식이 없었던 것도 당연한 것이었다. 가령 여석기 원장의 워크숍 운영 방식 세 가지, 즉 희곡론 강의 배제, 누구나 참여자는 반드시 작품을 써와서 평가받아야 하며 수료도 연한도 없도록 한 것이 바로 그 점을 보여주는 것이라 하겠다. 이와 같이 자유스러운 토론 방식은 작가 지망생들에게 창의력을 발동케 한 주요 요인이 되었으며 특히 가차 없는 상호 비판은 지망생들을 자극해주기도 했다. 여석기 원장이 15명 내외의 참여자들과의 진행 방식과 관련하여 "극작 워크숍에 참여한 이들이 매주 한 번씩 모여서 각자의 작품을 놓고 기탄없이, 그리고 활발하게 논의를 하는데 때로는 겨냥을 못 맞춘 의견도 나오고 도를 넘는 주문도 한다. 그러나 한 가지 확실한 것은 작품과 적당히 타협해버리는 기풍을 일절 배격한다는 점이다. 서로들 좋다, 좋다 하면서 슬그머니 자기기만을 하는 따위는 결코 용납되지 않았다."고 한 회고야말로 창작 워크숍다웠다고 말할 수 있다. 그 결과 극작 워크숍을 통해서는 1970년대 이후의 우리의 창작극을 주도했던 우수한 극작가들, 이를테면 윤대성을 비롯하여 박조열, 오태석, 노경식, 오재호, 이강백 등이 배출될 수가 있었던 것이다.

이처럼 동랑이 드라마센터를 이용하여 인재 배출에 심혈을 기울이고는 있었지만 마음이 편한 것은 아니었다. 그것은 쌓여만 가는 은행 빚과 그 이자 때문이었음은 두말할 나위 없는 것이었다. 그동안 미8군에도 대여하고 때로는 영화관으로 대관도 해주는 등 여러 가지 방도를 강구했어도 근본적으로 은행 빚이 해결되는 것은 아니었기 때문이다. 그런데 궁하면 통한다고 했던가. 어느 날 민주공화당 의장인 김종필이 그를 찾아온 것이다. 그와는 드라마센터 개관 공연 때 만난 적이 있어서 구면이었지만 특별한 인연이 있었던 것은 아니었다. 주지하다시피 김종필은 5·16 군사 쿠데타의 주역 중의 한 사람이었지만 젊은 시절부터 문예에 관심이 많은 낭만적 군인이었다. 따라서 그는 군사혁명 세력이 내세운 민족주의를 문예적인 측면에서 부각시키기 위한 예술단의 필요성을 절감하여 1962년에 예그린악단이란 것을

---

18 여석기, 『여석기 나의 삶, 나의 학문, 나의 연극』(연극과 인간, 2012), 360~361면.

야심차게 출범시킨 바 있었다.

이 단체는 당초 우리의 전통예술을 부흥시킴과 동시에 그것의 국제화까지를 목표로 삼았으며, 그에 따라 처음부터 우리 고유의 민요를 현대화하는 작업을 시도한 바 있었다. 그 당시 신민요 〈옹헤야〉를 유행시켰던 것도 바로 예그린악단이었다. 처음에는 이 단체가 음악을 주로 하는 이름 그대로 악단이었기 때문에 단장도 지휘자 김생려(金生麗)로 정해졌으나 예그린악단이 음악만 가지고는 큰 성과를 내기 힘들고 종합예술로 효과를 극대화해야겠다는 것으로 방향을 틀게 된 것이 1965년 초였다. 그렇다면 누가 이 단체를 제대로 이끌 수 있겠는가 하는 문제에 봉착했고, 거기서 자연스럽게 당대 공연예술계의 대부 격인 동랑이 부각된 것이다.

김종필은 1963년 1월 민주공화당 창당 때 문화계 대표로서 동랑에게 참여를 요청한 바 있었지만 권력이나 어떤 자리에 전혀 관심이 없었던 그가 끝내 고사하고 아끼던 후배를 대신 천거함으로써 무욕(無慾)의 그에 대하여 존경심을 가지고 있던 터였다. 만약에 그때 동랑이 공화당 창당에 참여했다면 자연스럽게 국회의원도 되고 고관 자리에도 오를 수 있었을 것이다. 왜냐하면 민주공화당은 십수 년 동안 집권당으로서 나라를 좌지우지했기 때문이다. 그러나 그는 그런 것에 전혀 관심도 욕심도 없었다. 그런데 김종필이 야심차게 발전시키려는 예그린의 변신이 은행 빚으로 허덕이고 있던 드라마센터를 구제하는 계기가 되리라고는 누구도 상상 못 했다. 그러나 그런 기적이 실제로 일어났던 것이다.

저간의 사정에 대하여 동랑은 그의 자전에서 "하루는 김종필(金鍾泌) 의장이 나를 찾더니 예그린악단을 맡아달라는 것이었다. 나는 악극단에는 경험도 없고 그럴 경황도 없다고 사양하면서 박용구(朴容九)를 추천했다. 그랬더니 그는 예그린을 위한 건물이 마련될 때까지 드라마센터를 연습장 등으로 활용하고 싶다고 제의했다. 나는 '그야 어렵지 않은 일이니 무료로 쓰시오'라고 승낙했다. 그는 미안스러운 생각이 들었는지 나더러 드라마센터를 위해서 자기가 해줄 수 있는 일이 없겠느냐고 다그쳐 물었다. 할 수 없이 나는 드라마센터가 처해 있는 사정을 설명하고, 은행 빚 때문에 앞길이 캄캄하다고 솔직히 이야기했다. 그는 나의 딱한 처지를 동정했는지 후원회를 조직하여 향후 1, 2년 동안에 극장 사용료를 일시불로 내는 셈 치고 은행 빚을 청산해주기로 약속했다. 솔직히 말해서 나는 그의 약속이 너무나도 뜻밖

이어서 얼른 믿을 수가 없었다. 그러나 그는 그 이듬해까지에 약속을 어김없이 실행했고, 그로써 나는 오랜 고통에서 풀려날 수가 있었다. 한 푼의 경제적 뒷받침 없이 손발이 묶이다시피 했던 드라마센터는 드디어 밧줄을 풀고 새로운 전진을 꾀할 수 있게 되었던 것이다. 나는 삶의 묘미를 또 한 번 느끼면서, 드라마센터의 지나온 발자취와 앞날의 구상을 되새겨보았다."[19]면서 그동안 극장을 지어 운영하면서 고통스러웠던 심경을 다음과 같이 토로한 바 있다.

> 한 푼의 경제적 뒷받침 없이 손발이 묶이다시피 했던 드라마센터가 김종필이라는 은인을 만나 굵은 밧줄을 풀고 극장으로서의 제구실을 할 수 있는 최소한의 조건만은 갖출 수 있게 되었다. 그것은 일을 시작한 지 무려 8년 만의 일이었다. 생각해보라. 사업이나 경제에는 전혀 손방인 내가 오직 연극 중흥에의 욕심만 갖고 뛰어들어 그런 큰 건물을 지으면서 8년간이나 갖은 수모와 고통을 겪어야 했으니 말이다. 나는 후배 연극인들에게 말하고 싶다. 뭔고 하니 개인이 할 일과 국가가 할 일은 다르다는 것을. 그것은 내가 드라마센터를 건립 운영하면서 뼈에 사무치도록 겪고 느낀 것이다.
>
> 사람이 빚에 시달리는 것 이상으로 고통스럽고 치사스러운 일은 이 세상에 없을 것이다. 거기에는 참으로 인격이나 체면이나 하는 것도 없다. 그것은 고문 그 자체이고 오직 정글의 법칙밖에 없다는 생각이다. 더욱이 심약한 예술가들은 그 고통을 견디기 어렵다. 단돈 10원도 못 꾸는 주제에 어마어마한 빚을 짊어지고 살아가다니 될 말인가. 나는 두 번 다시 그런 일은 저지르지 않겠다는 것을 마음속으로 수없이 다짐했었고, 후배가 그런 모험을 하겠다면 찾아가서 만류해야겠다고 마음먹곤 했었다. 나는 8년여의 시달림으로 내 정력이 모두 소진되었고, 작품을 쓸 여력마저 잃어버렸다. 작품은커녕 기본적 건강마저 상실한 것이다. 그것은 내 아내도 마찬가지였다.[20]

이상과 같은 그의 회고에서 느껴지는 것은 그가 드라마센터의 건립 운영에 따른 심신의 고통으로 말미암아 작가로서의 창작 원천이라 할 생명력까지 잃을 정도였

19 유치진, 앞의 책, 350~351면.

20 유치진, 『동랑 유치진 전집』 9(서울예대출판부, 1993), 293~294면.

음을 알 수가 있다. 그런데 흥미로운 사실은 드라마센터가 은행 빚에서 헤어나던 해에 또 다른 행운(?)이 굴러왔다는 점이라 하겠다. 그것이 다름 아닌 극장의 외연 확대이다. 알다시피 드라마센터는 개관당시 달랑 극장건물 한 동뿐이었다. 그래서 연극아카데미로부터 서울연극학교를 운영하면서 공간 확대가 절실한 상황이었다. 그렇다고 하더라도 이제 겨우 은행 빚에서 벗어난 드라마센터가 할 수 있는 것은 아무것도 없었다. 그러던 차에 한 예식업자로부터 극장 앞 공터에 예식장을 지어서 운영하고 싶다는 청이 들어온 것이다. 당시만 하더라도 서울에는 이렇다 할 만한 예식장이 몇 개 없었던 시절이어서 남산 중턱이라 위치가 좋은 드라마센터 자리는 기막힌 장소였다. 동랑은 극장이 아닌 새 건물을 지어 한정 기간(1972)까지만 예식장으로 쓰는 것은 결국 건물이 하나 거저 생기는 것이므로 즉각 허락했음은 두말할 나위 없는 것이었다. 저간의 사정에 대하여 그는 자전에서 다음과 같이 술회했다.

> 그리하여 4백만 원을 들여서 205평의 번듯한 건물이 들어서게 된 것이다. 운수업 출신의 조남중(曺南重)이 주도한 예식업은 꽤 잘되어서 돈도 벌어간 듯싶다. 그런데 재미있는 것은 드라마센터가 혼례식에 참여하는 손님들로 자연스럽게 선전이 됐다는 것이다. 연극 관객이 아니라 결혼식 손님으로 드라마센터가 선전되다니 웃지 못할 한국적 현실이라 아니할 수 없다. 그런데 여기서 내 불찰 때문에 손해 본 이야기 한 가지를 적어야 될 것 같다. 그 이야기는 무어냐 하면 예식장 주인 조남중과의 계약 당시에 참으로 손방 노릇을 한 것을 말한다. 즉 사람과 계약하면서 결혼식 한 건당 단돈 1천 원씩만 받기로 한 것이다. 그 체결 당시만 해도 한 건당 1천 원이면 그렇게 손해 보는 것은 아니었다. 그러나 해가 가면서 화폐가치의 하락으로 돈 천 원은 아무것도 아닌 것이 되었다는 데 문제가 있었다. 개발도상국인 데다가 한창 군사 정권이 경제 발전을 꾀하고 있던 때라서 인플레가 대단히 심했기 때문에 화폐가치는 다달이 하락 추세였다. 그런데 그러한 계약을 장장 7년이나 맺어놓았으니 드라마센터에 들어오는 돈이라고는 정말 보잘것없었다. 그나마도 예식장이 잘 안 되었다고 한다면 별것도 아니겠지만 예식장은 사철 초만원을 이루고 있었다. 그럴 수밖에 없었던 것이 서울 시내에 예식장이 몇 개 되었던가. (……) 이처럼 세상 물정에 어둡고 이재에 밝지 못한 내가 그 거대한 드라마센터를 짓고 운영하고 있었으니 그 고통이 어떠했겠는가.[21]

이상과 같은 그의 회고에는 매우 흥미로운 내용이 담겨 있다. 그것은 곧 드라마센터가 우연찮게 건물 한 동을 얻게 된 내막과 세상 물정에 어두운 자신이 충분히 이득을 볼 수도 있었던 때에도 기회를 놓쳤다는 이야기다. 그가 스스로 세상 물정에 어둡고 이재에 밝지 못했다는 실토는 맞는 말이다. 왜냐하면 그가 연극운동을 하면서 돈을 별로 벌어본 적이 없었으며 부인(심재순)이 생활을 꾸려온 것을 알 만한 사람은 다 알고 있기 때문이다. 그런데 솔직히 그가 세상 물정에 밝고 이재에 뛰어났다면 무모하게 극장 짓는 일을 시작도 못 했을 개연성이 없지 않다. 바로 그런 그의 비현실적인면서 몽상가적인 성격으로 인하여 아이러니컬하게도 우리나라 현대극의 산실인 드라마센터도 탄생될 수 있었던 것이다. 물론 그 개인으로서는 평생 무거운 짐에서 한시도 벗어날 수가 없었던 것이 사실이었다. 여하튼 결과적으로 예식장은 시효가 만료되면서 학교 운영 및 강의실의 숨통을 틔워주는 호재가 된 것만은 다행이었다.

드라마센터를 자신의 분신처럼 생각하고 있던 그는 그 시절 교가(校歌)도 스스로 작사해서 고향 후배 작곡가인 정윤주에게 작곡을 의뢰하여 입학과 졸업식 때마다 부르게도 했다. 자신의 연극 철학과 비전을 담은 교가는 3절로 되어 있는데, 제1절은 "부풀은 꿈을 안고 / 네가 있고 내가 있어 막이 오른다 / 거룩할사 삼라만상 무대는 거울 / 그대로 밝혀내자 인생의 모습 / 구름도 여기 있고 바람도 여기에 / 예술은 삶의 기쁨 드라마센터"이고, 제2절은 "남산 허리 우뚝 솟은 예술의 전당 / 모든 예지 모든 정성 여기에 쏟아 / 무대 위와 관객석이 하나가 되어 / 흥분의 도가니에 웃으며 울며 / 그러자 이룩하자 우리의 삶을 / 극장은 인간 도장 드라마센터"이며, 제3절은 "가시밭 헤쳐 헤쳐 쉬지를 말고 / 꾸준히 나아가자 앞을 바라고 / 가파르고 앞을 막는 고개 있어도 / 저 고개 저 산 넘엔 해가 솟는다 / 소리쳐 해를 받자 영영 만만세 / 우리의 가는 곳 드라마센터"로 되어 있다. 여기서도 그의 학교 사랑이 얼마나 대단했던가를 짐작할 수가 있다.

그런 그가 심신이 쇠해지면서 잡다한 일에서 벗어나려 노력했고, 그동안 소홀했던 영신생활에 기울어지는 듯했다. 가령 서울연극학교 일은 그의 회갑에 맞춰 귀국한

---

21 유치진, 『동랑 유치진 전집』 9(서울예대출판부, 1993), 290면.

서울연극학교 졸업식(1972)

장녀 인형(仁馨)에게 서서히 이양하면서 드라마센터의 신인 양성 프로그램에 정신적 멘토 역할에 충실하려 한 것이다. 특별한 경우에 연출도 가끔 했던 그는 연극평론가 오화섭의 장녀 오혜령이 〈성야〉라는 희곡으로 『경향신문』을 통해 데뷔하자 직접 그 작품을 연출한 데 이어 1967년 들어서는 반공극인 〈산하는 다시 푸르러지리〉(이항구 작)에 이어 자신이 연극아카데미를 통하여 키워낸 윤대성의 데뷔작 〈출발〉을 직접 무대에 올리기도 했다. 그는 연출의 변에서 "〈출발〉은 일찍이 연세대학교 법학과에서 BA를 획득하고 드라마센터 아카데미 연구과에서 2년 과정을 마친 후 드라마센터 극작 워크숍의 동인으로 줄곧 극작에 정진해온 윤대성(尹大星) 군의 1967년도 『동아일보』 신춘문예 현상 모집에 당선된 단막극이다. 이 작품은 마리아라는 한 여성을 애끓이 사랑하는 두 남자를 그렸다. 그중 한 남자는 육체적으로 마리아를 정복한 전남편이요, 또 한 남자는 정신적으로 마리아를 잊지 못하는 전직 수도사다. 작자 윤대성 군은 이 두 남성을 내세워 사랑이 '집념'으로서 고질화된 '현실'과 '꿈', '폭력'과 '영혼' — 이 두 세계를 대결시켰다. 이 대결에서 작자는 어느 한쪽에 편들지 않고 승리도 패배도 없는 영원히 평행하는 비극의 대결을 보여주고 있다. 이 작품을 구경하시는 이 역시 숙명적인 비극을 다소라도 느껴준다면 연출의 의도한 바는 달성되는 셈이다. 작자 윤대성 군은 현재 한일은행 본점의 행원이다."[22]라고 썼는데, 여기에는 동랑의 제자 사랑이 깊이 묻어 있음이 나타나 있어 흥미롭다.

사실 연출의 변에서는 대체로 작품의 해석 방향 같은 것을 알리는 게 상례인데, 동랑은 윤대성의 이력까지 소상하게 밝혀놓음으로써 그에게 큰 기대를 갖고 있음을 널리 알렸다. 이처럼 그는 제자를 매우 아끼고 사랑했다. 그 점은 오혜령이 희곡집 『인간적인 진실로 인간적인』을 출간했을 때에도 그대로 표출되었다. 즉 그는 그 작품집 서문에서 연극의 핵심은 뭐니 뭐니 해도 희곡이기 때문에 자신이 연극운동을 해오면서 역점을 둔 것은 극작가 발굴이었다면서 "초기, 일제 때에는 지금은 이미 고인이 된 함세덕(咸世德)이나 박재성(朴在成) 군 같은 전도가 촉망되는 신인들을 내세우려고 나 스스로 그들의 작품을 연출도 하고 공연할 기회도 만들어주었

22 유치진, 「윤대성의 〈출발〉에 관하여」, 『동랑 유치진 전집』 8(서울예대출판부, 1993), 361면.

다. 그 뒤로도 쭉 부단한 노력을 해오던 중, 나는 혜령을 발견하게 되었다. 1965년도 『경향신문』 신춘문예 희곡 부문에서 입선 작품으로 뽑힌 그의 첫 번째 작품 〈성야(聖夜)〉(단편)를 내 스스로 연출했고, 그 후 1966년에 〈인간적인 진실로 인간적인〉(장막)을 내가 자진해서 연출하여 드라마센터 무대를 통해서 상연을 한 일도 있다. 그는 그의 작품 속에서 인간의 심리 저변에 깔려 있는 깊은 고뇌를 언제나 파헤치려고 애쓰고 있다. 왕왕 신인들이 얘기 줄거리 전개에 치중해서 그것에만 관심을 쏟고 있는 데 반하여 혜령은 얘기 줄거리보다 인간의 성격 묘사에 중점을 두고 있다는 것을 나는 높이 평가하고 있다. 여기에 수록된 작품들도 그런 의도로 쓴 것들이며 이 작품들이야말로 극작의 본령을 개척하려는 그의 노력의 소산물이다. 앞으로 혜령의 노력은 한국의 희곡 문학 정립에 좋은 초석이 되리라고 확신하는 바이다."라고 하여 갓 등장한 신인에게 깊은 신뢰와 함께 힘을 실어주기도 했다.

이러한 그의 신인 작가 키우기에 대해서는 언론에서도 크게 주목하여 호의적 평가를 해주기도 했다. 예를 들어 『서울신문』은 「신춘문예 당선 합동 공연」이란 평에서 "이번 네 작품에서도 예년과 같이 어떤 경향이라든지 질적으로 몹시 뛰어난 작품을 찾아낼 수는 없었지만 대체로 소재를 일관성 있게 다루었고, 주제의 전달을 위해서도 어느 정도 끈질긴 노력을 베푼 흔적이 엿보였다. (……) 〈출발〉(『동아일보』)도 주제 의식이 명확한 작품이었다. 현실의 사나이와 꿈의 사나이의 야릇한 관계의 설정은 좋았고 현실의 사나이의 자살도 작품의 가치를 높이는 데 크게 도움이 되긴 했지만, 이 작품은 지나친 관념적 유희 때문에 오히려 허구를 느끼게 했다. 꿈의 사나이의 묘사만 해도 좀 더 뚜렷하게 존재성을 부여해주었으면 하는 아쉬움이 컸다.

〈웨딩드레스〉(『조선일보』)는 색다르고 재미있는 작품이었다. 인물의 알맞는 구사 때문에 퍽 호감도 있고 바로 우리 자신의 이야기이기 때문에 다소곳이 극에 말려 들어가기도 했지만 지나친 잔재간 때문에 작품이 보다 높은 차원에까지 이르지는 못했다. 이런 작품일수록 작가는 그가 시도한 주제에 우둔했다는 말을 들을 정도로 파고 들어갔으면 했는데, 이 작가의 경우 너무 기교만을 앞세웠기 때문에 작가의 독선으로만 끝나고 만 느낌이 없지 않다."[23]고 평가한 것이다. 주요 신문이 신인들의 데뷔작에 대하여 이처럼 꼼꼼하게 분석한 글을 써주기란 쉽지 않음에도 불구하고 지면을 할애했다는 것은 동랑의 작가 키우기를 높이 평가한 때문으로 보아도 무방할 것 같다.

그런데 이 시기에 그가 가톨릭 신앙을 바탕으로 하고 있는 오혜령의 희곡을 유난히 아끼고 또 좋아했다는 사실에 주목할 필요가 있다. 그가 1964년 가을 가톨릭에 입교한 이후 분주한 일로 인하여 신앙생활에 충실한 편은 아니었으나 가톨릭에 관한 일들에는 대단히 적극적이었다. 전술한 바도 있듯이 그가 1966년에 가톨릭 서울대교구 주최로 병인순교 1백 주년 기념행사를 할 때, 문화계 대표로 참여하여 연극 공연으로서 성심성의껏 화답했던 일은 잘 알려져 있다. 그것이 다름 아닌 〈이름 없는 꽃들〉(김다두 작, 이원경 연출) 공연이었다. 사실 가톨릭 서울대교구는 병인순교 1백 주년이 1966년도이기 때문에 평소 친분이 있던 노기남(盧基南) 대주교가 동랑에게 드라마센터에서 작품을 하나 올리길 바랐으나 가톨릭 정신을 기리는 희곡이 없어서 그냥 넘어갔고, 마침 그해에 가톨릭시보사가 주제를 내걸고 작품을 뽑음으로써 겨우 다음 해에나 공연을 하게 된 것이다. 그와 관련하여 그는 다음과 같이 쓴 바 있다.

> 작년 이른 봄 명동 주교관(主敎館)에서 병인순교의 백 돌을 기념하는 행사를 위한 회합이 있었다. 그 회합에 참석했던 나에게 연극으로써 이 기념행사에 참가해보라는 지시가 있었으나 적당한 각본이 없어 이 약속을 이행 못 한 채 그해를 넘기고 말았다. 그러던 중 마침 가톨릭시보에서 이 역시 병인순교 백 주년 기념행사의 일환으로 공모한 문예 작품 중에서 희곡 김다두(金茶斗) 작 〈이름 없는 꽃들〉을 얻었다. 다행히 〈이름 없는 꽃들〉은 그 주제가 순교에 관계되었기도 하거니와 예술적으로 보아 꽤 짜임새 있는 작품이다. 극단 드라마센터는 병인순교 백 주년 기념사업회 주최로 이 작품을 상연하게 됨을 다행으로 생각하며 이 공연을 후원해주시는 서울대교구, 그리고 가톨릭시보사와 한국 가톨릭 저널리스트 클럽에 감사한다.[24]

---

23 『서울신문』 1967.5.6.

24 유치진, 「〈이름 없는 꽃들〉을 상연하면서」, 『동랑 유치진 전집』 8(서울예대출판부, 1993), 360면.

이상의 글에서 알 수 있듯이 그가 평소 가톨릭계를 위해서 음양으로 기여하려 애쓰고 있었음을 알 수가 있다. 병인순교 백 주년이 지난 다음 해에 〈이름 없는 꽃들〉을 공연했던바 그 작품이 한국 가톨릭사상 최초의 사제였던 김대건(金大建) 신부의 일생을 다룬 것이어서 서울대교구에서 후원도 하고 많은 교우가 찾아줌으로써 극단 드라마센터로서는 모처럼 호황을 누리기도 했다. 그래서 그는 신인 김다두보다는 비교도 할 수 없는 중진 연극인인 이원경(李源庚)으로 하여금 좀 더 완성된 작품을 쓰도록 종용하여 다음 해에 또다시 〈김대건 신부〉라는 작품을 드라마센터 무대에 올리기도 했었다. 이처럼 그는 만년에 가톨릭을 위해서 뭔가 해주려고 노력을 많이 했다. 이는 아마도 그의 건강도 더욱 나빠지고, 또 그동안 해온 연극운동의 피로가 누적되면서 종교에 의존하려는 모습을 보여주었던 것이 아닌가 싶다. 다행히 그가 가장 사랑하고 신뢰하고 있던 장녀(仁馨)가 미국 유학을 마치고 귀국한 터여서 1968년도 신학기부터는 서울연극학교 책임을 그녀에게 완전히 넘기고 모처럼 한유(閑裕)를 즐기는 생활을 할 수가 있었다. 특히 전과는 달리 연극학교

이원경 작 · 연출 〈이름 없는 꽃들〉(드라마센터, 1968)

지망생들도 점차 증가함으로써 학생 모집의 고통에서도 벗어나게도 되었다. 제대로 급료를 주지 못하는 가운데서도 사명감으로 강의를 해주는 공연예술계 인사들이 있어 서울연극학교도 시간이 흐를수록 자리를 잡아갈 수 있었던 것이다. 그런 그에게 뜻밖의 걱정이 하나 생겼다. 그가 그렇게 애지중지하면서 후계자로 키우고 있던 장녀 인형이 애제자 안민수(安民洙)와 사랑에 빠진 것이다. 솔직히 동랑은 여러 가지로 자질이 뛰어난 그녀를 이화대학 총장으로서 교육계와 사회에 크게 공헌한 김활란(金活蘭) 박사처럼 키우겠다고 마음먹고 있었던 터였다. 그던데 그녀가 갑자기 결혼하겠다고 나서자 실망과 함께 거의 공황 상태에 빠진 것이다. 처음에는 동랑도 설득을 했지만 장녀와 안민수 간의 사랑이 워낙 강해서 어쩔 수가 없는 처지에까지 이른 것이다. 평소 그렇게 살갑던 부녀간에는 대화도 끊기고 그로서는 상심만 깊어갔다. 결국 1969년 초 그 두 사람은 부모의 축복도 못 받은 상태에서 결혼에 골인한다.

그전에(1968.8.)에 마침 장남(德馨)이 유학을 마치고 귀국함으로써 허탈에 빠져 있던 동랑을 위무(慰撫)해주었고, 극단 드라마센터 역시 모처럼 든든한 원군을 얻게 되었다. 그런데 그의 귀국이 단순히 서울연극학교의 강사진 보강에 그치는 것이 아니라 극단 드라마센터의 위상을 획기적으로 격상시킬 만한 재능과 훈련을 쌓고 돌아왔다는 데 의미가 있다. 이 말은 그가 미국에서 연극을 공부하면서 주 전공인 조명만이 아니라 연출 수업을 제대로 받았음을 의미한다. 가령 1966년도 『서울신문』에 게재되었던 「해외의 코리언」이란 글에 보면 그가 텍사스의 댈러스 연극센터 요원으로 일하면서 이미 〈작은 엘리스〉를 시작으로 하여 〈빨간 인디언〉과 〈성난 얼굴로 돌아보라〉(존 오스본 작) 등을 연출한 바 있었으며, 일본 소설가 아쿠다가와(介川)의 번안극 〈라쇼몽(羅生門)〉 연출은 지도교수까지 감동시킬 만큼 색다른 면모를 보여줄 정도로 히트시킨 바도 있었다. 그런데 여기서 더욱 주목을 끈 것은 그가 단순히 연출만 한 것이 아니고 혼자서 연출은 물론이고 무대미술과 조명, 그리고 의상까지 해냈기 때문에 장래성을 인정받은 바 있었던 것이다.[25]

---

25 「해외의 코리안」, 『서울신문』 1966.4.30. 김숙현, 『드라마센터의 연출가들』(현대미학사, 2005), 62면에서 재인용.

그런데 더욱 주목해야 할 부분은 그가 미국에서 연극을 공부하던 1960년대라는 시기라고 보아야 한다. 왜냐하면 이 시기는 제2차 세계대전 이후의 언어연극(환상연극)의 귀환과 그에 대한 저항으로서 60년대의 뉴아방가르드의 몸연극 구도가 펼쳐진 시기다. 후자의 예로는 초기의 로버트 윌슨과 쉐크너의 퍼포먼스 연극, 그로토우스키의 가난한 연극을 들 수가 있다. 그러니까 이 시대에는 말 중심의 언어연극, 탄츠테아터(Tanztherter), 퍼포먼스, 해프닝 팬터마임, 애크러배틱 연극 등 모든 장르의 연극이 존재했던 때다. 그리고 피터 부룩의 연극 작업과 같은 세계 시민주의자적 혹은 세계주의적 성격을 지닌 연극도 있었었다.[26]

그러니까 이 말은 곧 그가 유학 기간 중에 제2차 세계대전 이후 물밀듯 밀려들어온 비언어적인 다양한 실험극의 세례를 흠씬 받고 귀국했다는 이야기가 되는 것이다. 그렇기 때문에 그의 연극 의식 속에는 실험극의 어느 한 흐름에 멈춰져 있지 않았으며, 따라서 그의 실험극을 어느 한 가지 잣대로 재단하기는 어렵다고 말할 수가 있다. 실제로 그가 한 인터뷰에서 자신이 가장 많은 영향을 받은 예술가로서는 20세기 미국 실험조각가 알렉산더 칼더(Alexander Calder, 1898~1976)[27]와 로버트 윌슨(Robert Wilson, 1941~)였다고도 했다.[28]

이런 그가 귀국하자마자 연출 작품 발표회를 통해서 한국 연극을 근대극의 프레임에서 단번에 현대극의 프레임으로 바꿔놓는 저력을 보여주었고, 관객들에게 충격과 함께 그에 대한 해석 역시 분분할 수밖에 없게 만들었다. 그러나 한 가지 분명한 것은 그의 획기적인 실험 작업이 우리 연극이 그동안 금과옥조로 삼아온 소위 리얼리즘 연극을 한꺼번에 혁파하고 아르토 이후 그로토우스키라든가 피터 부룩 등으로 이어지는 움직임 중심의 현대극마저 또다시 한 단계 넘어서보려는 일대 혁명적 시도를 한 것만은 확실했다. 그 단초가 되는 것이 바로 1969년 6월의 '유덕형 연출작품발표회'였다. 연출가가 단막물 세 편, 즉 〈갈색 머리카락〉(김종달 작), 〈낮

26 김정숙, 『해외 연출가론 1 - 로버트 윌슨(Robert Wilson)』(도서출판 게릴라, 2003), 21면 참조.

27 알렉산더 칼더(Alexander Calder, 1898~1976)는 네덜란드의 화가 피터르 몬드리안(1872~1944)의 영향을 가장 많이 받은 조각가로서 움직이는 조각을 주로 한 인물이다. E. H. 곰브리치, 『서양미술사』, 백승길·이종승 옮김(도서출판 예경, 1997), 581면 참조.

28 『한국연극』 통권 78호.

유덕형 연출 〈자아비판〉(드라마센터, 1969)

선 사나이〉(부룩 작), 〈자아비판〉(유치진 작) 등을 가지고 작품 발표회라는 이름으로 공연을 가진 것도 이색적이었지만 그보다도 공연 내용이 기존의 틀을 완전히 벗어나는 것이어서 충격적이기까지 했다. 여기서 우선 그의 연출 의도를 들어볼 필요가 있을 것 같다. 그는 프로그램에 쓴 「나의 연출 방향」이란 글에서 다음과 같이 썼다.

학술, 경제, 정치, 산업 등 여러 면에 있어 19세기 말엽의 서구 문명의 수입은 우리에게 많은 지식을 일깨워주었습니다. 깜깜한 쇄국의 암흑 속에서 우물 안 개구리로 갇혀 있던 우리에게 세상을 보는 눈을 뜨게 해주었습니다. 좀 늦은 감이 있었으나 그때 그런 개화운동이 없었던들 우리는 얼마나 뒤진 민족이겠습니까? 극문화 역시 이 개화운동의 물결에 쏠려 우리에게 서구의 극술에 접할 기회를 마련해주었던 것이 아닙니까? 작년이 바로 서구 극술을 우리가 받아들인 지 60년이 되는 해였습니다. 우리 모두는 신연극 60년의 기념행사를 베풀었지요. 나는 60년 동안 갖은 악조건 속에서 고투를 해주신 선배들을 못내 숭배합니다. 그들이 없었던들 오늘의 우리의 신극이 있을 수 없을 것은 분명하기 때문입니다.

그러나 가장 새롭고 완벽한 극술인 줄 알고 우리가 심취했던 서구 연극인 신극이란 따져보면 그 자체에 부실한 점이 있음을 나는 발견합니다. 그것은 서구의 극술이 너무나 '말하기'(대사)에 치우쳐 있다는 사실입니다. 연극, 즉 드라마(drama)란 액션(action), 즉 '움직임'을 뜻하는 것이요, 일찍이 아리스토텔레스도 연극은 행동의 모방이라고 정의를 내린 것이 아니겠습니까? 그럼에도 불구하고 서구식 연극(신극)이 말하기(speech)에 치우쳐 있는 사실은 신극이 연극의 본질에서 벗어나 있는 것이라고 말할 수 있겠습니다. 희곡이 문학의 한 장르요, 문학이 근세에 와서 섬세한 성격 묘사에 기울어졌기 때문에 연극 역시 화술의 포로가 아니 될 수 없었던 것이 아니겠습니까? 화술도 연극의 한 표현 수단임에는 틀림없고 화술극은 화술극대로 특징이 있음도 사실입니다만 지나치게 화술에 기울어진 나머지 연극이 연극 본연의 길에서 벗어나고 있음도 인정해야 하지 않으면 안 될 사실일 것입니다.

여기에서 나는 어떻게 하면 연극으로 하여금 연극 본연의 자세를 되찾게 하는가? — 아리스토텔레스가 말한 바와 같이 연극으로 하여금 행동의 모방이 될 수 있게 하겠는가? — 하는 문제를 생각해보겠습니다. 이 문제에 관련해서 나의 주목을 끄는 것이 있었습니다. 그것은 〈산대놀이〉, 〈봉산 탈춤〉, 〈오광대〉 등 우리의 전통적 가면무극이었습니다. 우리의 이 고유 가면무극은 동양의 각 민족연극이 그렇듯이 행동이 — 그것도 율동화된 춤이 그 표현의 주요 매개체가 아니겠습니까? 우리 연극이야말로 아리스토텔레스가 간파한 행동의 모방임을 알았습니다. 그러나 유감스런 일은 우리의 고유의 극술인 가면극에는 대사의 역할을 극도로 제한했기 때문에[즉 행동(춤)만으로의 표현이란 표현의 한계성이 있기 때문에] 인간 심리와 상황을 상징적으로만 그렸지 구체적으로 보여줄 수 없습니다. 이것이 하나의 약점인 것입니다. 그러면 우리의 고유무극에 대사를 곁들일 수는 없는가? 우리의 고유무극의 대사를 활용해보자. 그러면 우리의 극술로서도 '현대'를 표현할 수 있지 않겠는가?

그래서 나는 나와 같이 일할 배우는 우선 한국 가면극을 터득해야 함은 물론 모든 동양적인, 나아가서는 범세계적인 무브먼트(movement)를 익혀야 할 것으로 생각했습니다. 내가 가르치고 있는 서울연극학교에서 한국 가면극 외에 합기도, 당수, 무통십팔기, 유도, 검술, 정도술에서 기계체조에 이르기까지 광범한 신체 작성 운동을 연마하고 있음은 그 때문입니다. 이상과 같은 훈련으로 심신을 도야함으로써 한국적인 리듬을 발견하여 그 리듬에 대사(말)를 곁들여 현대극을 다루어보려는 것이 내가 시도해보려는 연출의 방향인 것입니다.[29]

이상과 같은 유덕형의 연출 방향에 관한 글을 여기에 그대로 소개한 이유는 그가 부친이며 선배 연극인인 동랑이 수십 년 동안 꿈꾸어왔던 우리 전통극을 바탕으로 한 '현대극' 창조를 고도로 승화시키고 더 나아가 구체화시키는 작업을 하겠다는 의지가 그대로 담겨 있어서다. 전술한 바도 있듯이 동랑이 세계일주 여행을 한 뒤에 쓴 글들을 보면 서구 연극계에서는 이미 리얼리즘극, 즉 화술극을 뛰어넘으려 동양 전통극술에 주목하고 있다는 내용이 들어 있다. 그런데 유덕형은 거기서 한발 더 나아가 우리의 전통극술에다가 동양의 각종 무술까지 가미함으로써 외연을 넓히고 표현의 극대화를 꾀했다는 점에서 주목되는 것이라 하겠다. 가령 그가 열거한 무술들, 이를테면 합기도라든가 당수, 무통십팔기, 유도, 검술, 그리고 정도술 등은 우리의 전통무술에 그치지 않고 중국이나 일본 등의 것도 차용하겠다는 것이다. 이러한 그의 의도와 구상이 연출 작품 발표회에서 상당수 드러남으로써 수십 년 동안 화술 위주의 진부한 연극계에 충격을 던져주게 된 것이다. 그러니까 유덕형이 그동안 우리 근대극이 금과옥조로 삼아온 연극 풍토를 단번에 혁파한 것이다. 좀 더 부연하면 그가 동랑의 법고창신(法古創新) 정신을 초현대적으로 승화시켰다는 이야기다.

가령 당시 서양의 새로운 연극 흐름에 비교적 밝았던 평론가 여석기는 유덕형의 작품에 대하여 "연극의 종합성을 우리는 매양 강조하는 터이지만 정작 종합하여

29 유덕형, 「나의 연출 방향 - 신전통극의 탐구」, 유덕형연출작품발표회 프로그램, 1969.

이루어져야 할 개개의 요소 — 이를테면 연출이라든지 연기, 또는 무대미술, 음악, 효과, 안무 등이 무대화(無對話)의 과정을 통하여 어느 만큼 독자적인 창조를 보여주었느냐 할 것 같으면 매우 아리송하다고 볼 수밖에 없다. 그런 의미에서 이번에 드라마센터에서 가진 '유덕형연출작품발표회'는 색다르고, 또 어느 의미에서는 충격적인 경험을 전달해주었다. 미국에서 배워 돌아온 지 얼마 안 된 이 연출자는 작품 내용을 '해설'해주는 연출이 아니라 '연출'이란 독립된 하나의 창조를 위해서 작품이 존재할 수 있다는 점을 강조해주는 데 성공했다. 그가 이번에 다룬 세 개의 단막극은 각기 작품의 성격이 다른 것이었음에도 불구하고 뚜렷하게 유덕형이란 연출가를 의식시켜주는 데 통일성을 지녔다. 아르토의 연극이론을 좇는 '잔혹 연극'의 영향이 농후한 그의 연출 스타일은 지나치리만큼 무대 위에다 현란한 움직임을 전개시키는 데 〈낯선 사나이〉처럼 작품과 맞지 않은 경우도 있었지만, 아무튼 대사를 지양하고 재래적인 동작을 거의 묵살해버린 그의 연출은 우리 연극을 위한 좋은 각성제가 되었다. 그러나 한마디 첨가할 것은 이런 스타일의 아류가 나오지 않을까 걱정이다. 이번의 세 작품 중 가장 성공한 것은 〈자아비판〉 — 이런 성질의 작품에 그의 스타일이 가장 적합한 듯했고, 탈춤의 아이디어를 도입한 동작이나 배경의 사용, 음향효과, 그리고 줄타기 기교까지 작품 내용이 갖는 과장, 풍자, 희화의 효과를 적절하게 살린 듯하다."[30]고 평함으로써 유덕형의 실험적인 작업에 큰 의미를 부여했다.

특히 여석기의 작품 평가에서 두 가지 부분이 주목되는데, 그 하나가 그동안 우리의 연출이 작품을 해설해주는 데 그쳤다는 지적이라고 한다면, 다른 하나는 그의 연출이 서구 실험극에 뿌리를 두고 있다는 지적이라 하겠다. 그러니까 그동안 선배 연출가들이 무지하여 "등장인물의 내면에 숨어 있는 욕망과 결함을 밝혀내고 강조함으로써 희곡에 담겨 있는 에너지를 발견하는 일과 희곡의 구조에 집중하는 작업"[31]에 등한했는데, 유덕형만은 연출의 본질을 터득하여 연출다운 연출을 했다고 본 것이다. 그리고 또 하나는 유덕형이 추구하려는 반사실주의 연출 형식의 근원이

30 여석기, 『한국 연극의 현실』(동화출판공사, 1974), 253면.
31 마이클 블룸, 『연출가처럼 생각하기』, 김석만 옮김(연극과 인간, 2012), 19면.

아르토의 연극철학에 기인한다면서 그가 거기에 그치지 않고 탈춤 등과 같은 우리 고유의 전통예술을 가미한 새 방식을 추구했다고 지적한 점이다. 그의 지적은 타당성이 지니는데, 그 이유는 유덕형의 연출 방식은 과거처럼 희곡을 충실히 해석하는 데 그치지 않고 연출의 본질에 충실했을 뿐만 아니라 더욱 확대하여 연출의 독자적인 영역을 확보한 것이라고도 말할 수 있다. 그만큼 그의 새로운 연출 방식은 우리 연극이 수십 년 동안 거의 타성적으로 해왔던 연출 방식을 일거에 무너뜨린 것이나 마찬가지였다고 보아도 무방할 것 같다.

따라서 그의 연출 방식에 대하여 찬반이 일어날 수밖에 없었음은 당연한 것이었다. 그 찬반도 반대쪽에서는 연출 영역이 너무 확대됨으로써 원작이 의도하는 본래의 목표가 왜곡되거나 훼손되는 것이 아닌가 하는 의구심이었다. 반면에 그의 연출 의도가 작품세계를 극대화한다는 의미에서 긍정적으로 인식하는 사람들이 절대다수였다. 한편 그가 활용한 기법, 동작, 대사, 분장 등이 비사실적인 것은 말할 것도 없고 이제까지 아무도 써보지 않았던 무술까지 동원한 연출 방식이 독창적인 것이냐, 아니면 구미의 아르토 이후의 새 경향을 모방한 것이냐를 놓고도 의견이 분분했다. 그러나 한 가지 분명한 것은 그가 자신의 연출 노트에서 연극을 행동의 모방이라고 한 아리스토텔레스 방식을 따르려다 보니 거기에 우리 전통극이나 동양적 무술과 부합하는 요소들이 있어서 그런 것을 현대적으로 재창조했을 뿐이라고 했다. 물론 그가 미국에서 선진적 연극 실험을 경험했던 만큼 여석기가 지적한 대로 아르토류의 잔혹극 수법을 차용했을 개연성은 농후하다 할 것이다. 그렇다면 연출 작품 발표회라는 전무후무한 시도를 했던 그 자신은 그러한 작업에 대하여 어떻게 설명했을까?

그와 관련해서는 그는 뒷날 한 연구자의의 인터뷰에서 "먼저 〈자아비판〉은 완전히 무술로 간 것이었다. 말(대사)을 완전히 배제한 것은 아니다. 다만 움직임이 중심에 있었고 그 중심에 무술이 있었을 뿐이다. 무술도 무술 그 자체가 아니라 연극적으로 무술이 안무화되게 했다. 무술은 빠르다. 그런데 그걸 어떻게 시간적으로 느리게 연장도 하고 빠를 땐 빠르게 하는가, 그러한 시간의 관계 같은 것을 많이 생각했다. 예를 들어 시간을 단축하기 위해서 세 동작으로 움직일 것을 한 동작으로 움직이게 하느냐… 그런 고민이 들어간 작품이었다. 시간을 단축하고 일상적인 공간을 (물리적으로) 초월하고 그러려면 움직임 훈련이 되어야 한다. 무술, 아크로바틱을 하지 않을 수 없다. '드러눕는다' 하면 몇 번의 동작이 있어야 한다. 그러나 나는 한 번에 끝낸다. 무술전문가 장의근을 데려다가 훈련을 시켰다.

내가 가르칠 적에는 '정신도야' 과목이 있어서 명상, 단전호흡 등 에너지를 어떻게 모으는가 하는 그런 공부를 시켰다. 거기엔 어떻게 시간을 단축하고 공간을 확대시키는지가 연관된다. 예컨대 이 공연에서 배우는 산악인들이 등반할 때 발에 거는 것을 발목에 걸고 무대 천장까지 줄을 잡고 기어 올라갔다가 순식간에 거꾸로 획 뒤집어져 그냥 떨어진다. 죽기 살기로 공연했다. 그에 반해 〈갈색 머리카락〉은 리얼리스틱한 공연이었다. 등장인물, 특정 역의 캐릭터라이션을 그대로 수행했다. 화술 중심의 연출법이었다.

〈낯선 사나이〉는 원제가 〈리투아니아〉라는 작품이다. 이 작품은 잔혹성, 심리연극으로 보여주었다. 시간 연장을 많이 한 작품이다. 시간을 어떻게 빌려보냐 하는 작품이었다. 느린 리듬과 템포, 그리고 음향으로 시간을 연장하고 심리를 드러내는, 굳이 말하자면 화술 중심의 연극으로 간 것이다."[32]라고 하여 작품 모두를 움직임 중심의 공연으로 한 것은 아니었음을 설명한 바 있다.

그리고 그는 부연해서 자신의 연출이 비평가들이나 연극인들이 말한 것처럼 전위적인 것이 아니고 우리 고유연극을 현대연극과 조화시키려는 노력에 불과했다면서 우리 전통극은 물론 동양 연극의 본원을 이루는 극소(劇素)를 서구적 연극 표현수단으로 응용했으며 관객이 사고의 선택권을 향유하도록 연극을 만들었다고도 했다. 그러니까 그는 '말하기 위주의 연극'에 반발을 느낀 나머지 아리스토텔레스가 일찍이 말한 대로 연극은 행동의 모방이 되어야 한다는 생각으로 우리 가면극과 동양 전통극의 극술을 활용한 것일 뿐이었다고 한 것이다.[33]

그러나 그가 가장 공들였다고 볼 수 있는 〈자아비판〉 설명에서는 그가 크게 영향받은 미국의 실험적인 조각가 알렉산더 칼더의 분위기가 강하게 드러난다. 즉

---

32 김숙현, 『드라마센터의 연출가들』(현대미학사, 2005), 51~52면에서 재인용.

33 유덕형, 「나의 〈초분(草墳)〉 이야기 - 70년대의 초상, 상황적 고통의 확인」, 『한국연극』 통권 8호 참조.

네덜란드의 화가 피터르 몬드리안의 영향을 받은 알렉산더 칼더는 우주는 끊임없이 움직이지만 균형을 잡아주는 신비스러운 힘에 의해 함께 결합되어 있다는 균형에 대한 관념에 따라 움직이는 조각을 만든 인물이다.[34] 칼더가 공중에 매다는 조각으로 유명했고 특히 우주의 수학적 법칙을 그의 작품에서 많이 활용한 것을 유덕형이 〈자아비판〉에서 부분적으로 응용한 것은 흥미롭다. 실제로 그가 유학 중에 알렉산더 칼더의 실험적인 조각 체험에서 느낀 공간 속의 시간과 무게가 완전히 균형을 얻을 때에 생기는 미(美)를, 조형미술, 동적 장치에로 확대시키는 일련의 작업에 흥미를 느꼈으며, 이를 지켜본 지도교수 폴 베이커의 요청으로 〈라쇼몽(羅生門)〉도 연출하게 되었음을 밝힌 바도 있다.

이는 결국 그가 알렉산더 칼더의 움직이는 조각예술에서 연출의 영감을 많이 얻었음을 의미하는 것이다. 그런데 그가 연극을 공부하면서 하필 미술 분야의 조각가에게서 깊은 영향을 받은 배경에 주목할 필요가 있지 않을까 싶다. 거기에는 평소 그의 잠재적 소질과 연관이 있는 것 같다. 여러 면에서 그가 천부적으로 부계보다는 모계의 소질과 정서를 이어받은 것으로 보이는 것은 그가 소년시절 미술을 하고 싶어 했던 것만 보더라도 그 점은 확인된다. 전술한 바 있듯이 그의 모친(심재순)은 일본에서 미술을 전공한 영화광(映畵狂)으로서 빼어난 미적 감각의 소유자였다. 그가 바로 그런 모친의 소양을 이어받은 것이다. 그런 그가 당초 전자공학과를 지망했던 것은 부친의 권유도 있었지만 수학에도 재능을 보인 데 따른 것으로 보인다. 이처럼 미술적인 소질과 수학적 재능을 지니고 있던 그가 알렉산더 칼더의 움직이는 조각을 보고 충격과 함께 영향까지를 받은 것으로 유추할 수가 있다.

그러한 동류의 맥락에서 그가 귀국 이후이기는 하지만 또 한 사람인 로버트 윌슨(Robert Wilson, 1941년생이므로 1938년생인 유덕형보다 세 살이나 아래다)이라는 연출가에게 경도된 것이 아닌가 싶다. 왜냐하면 기존의 텍스트 해석에 의존하는 연극 방식을 거부하고 '연출 과정이 시각과 청각적으로 고정되고 형식화되는 다큐멘트로 규정'[35]하는 로버트 윌슨의 방식이야말로 유덕형의 마음에 들었던 것 같기

34 E. H. 콤브리치, 『서양미술사』, 백승길 · 이종승 역(예경, 1997), 583면 참조.

35 김정숙, 앞의 책, 22면에서 재인용.

때문이다. 주지하다시피 로버트 윌슨의 연출 작업 과정은 3단계, 즉 그림 소묘의 과정, 텍스트 합성의 과정, 그리고 소묘의 몽타주 과정[36]으로 이루어지는 만큼 색채에 민감한 유덕형에게는 더없이 좋은 모델이 될 만했다고 볼 수가 있다. 그가 대학원에서 조명을 주로 연구했던 것도 로버트 윌슨의 방식을 무시할 수 없을 것 같다.

그러니까 그는 작품에 따라서 시공간의 축약이라든가 심리기법 등도 취했으나 그의 머리에 항상 떠도는 것은 알렉산더 칼더가 생각한 우주의 수학적 원리에 입각한 움직이는 조각과 로버트 윌슨의 시각적 아름다움에 깊이 빠져 있었다고 말할 수가 있는 것이다. 이처럼 그의 연출 작업에서 한 가지 분명하게 드러난 것은 그가 그동안 우리 연출가들이 타성적으로 해왔던 안이한 희곡 해설적인 방식을 완전히 탈피함으로써 연출이 무엇을 해야 할 것인가를 확실하게 제시한 점에서 우리 연극의 흐름을 획기적으로 바꾸어놓은 선구적 연출가였음을 누구도 부인하지 못할 것 같다.

그런데 그의 일종의 연극 혁명은 연출을 독창적 영역으로 확대한 것에 그치지 않고 근대극의 관행처럼 되어온 번역극의 온전한 모습의 재현이 아니라 우리화(?)한 것에도 있었다. 알다시피 그동안 연출가들이 서양 연극을 번역해서 무대에 올릴 때는 우리 배우가 머리 모양까지 흉내 내느라고 머리를 노랗게 물들이고 나오기까지 했다. 대사만 우리말일 뿐 모든 것은 서양적 풍물의 충실한 재현이었다. 그러나 유덕형은 달랐다. 즉 그는 외국의 번역극을 우리의 것으로 연출되어야 함은 물론 우리의 문화배경에 뿌리를 둔 '객관화된 주관'이 있어야 한다고 주장했다.

그렇기 때문에 외국 작가의 희곡은 내용을 충실하게 옮기는 데만 급급한 번역에 그칠 것이 아니라 우리의 문화배경에 맞추어서 재창조하는 번안이 되어야 한다고 주장한 것이다. 그것은 어떻게 보면 당연한 주장이었다. 실제로 경우나 방식에 차이는 있었지만 1910년대 소위 신파극 시대부터도 그런 방식을 써온 경우는 흔했다. 가령 오자키 고오요(尾崎紅葉)의 〈곤지키야샤(金色夜叉)〉를 조일재 번안으로 〈장한몽〉을 만든 것은 가장 좋은 예가 될 만하다. 근대극 발전 과정에서 그런 경우는 수없이 많다. 그러나 유덕형의 경우가 다른 것은 과거처럼 배경을 우리나라로 하고

---

36 위의 책, 23면.

등장인물을 우리 이름으로 바꾸는 정도의 방식이 아니라 문화배경과 생활풍정을 근본적으로 변형, 토착화시켰다는 점이다.

그런데 흥미로운 점은 그의 그러한 작업이 그 주변의 신예 극작가들에게서 미약하나마 조금씩 나타났다는 사실이다. 가령 그해 9월에 윤대성이 처음으로 장막극을 썼던바 전통탈춤이나 판소리에 등장하는 마당쇠형 인물의 좌절을 묘사한 〈망나니〉를 발표하는가 하면, 이재현은 〈내 거룩한 땅에〉라는 희곡을 통해서 판소리의 도입을 하기도 했다.[37] 이는 곧 동랑이 그동안 뿌려놓은 법고창신의 싹이 그의 후예들에게서 조금씩 돋아나기 시작했음을 의미하는 것이기도 했다.

유덕형의 촉발에 의한 이런 드라마센터의 생기(生氣)는 동랑을 크게 자극했고, 평소 하나의 꿈처럼 여겨온 소위 레퍼토리 시스템을 선언하기에 이른다. 그가 세계일주 연극여행을 하면서 가장 부러워했던 것 중 하나가 바로 그들의 레퍼토리 시스템이었다. 한 극장이 몇 가지 레퍼토리를 갖고 돌려가면서 수년씩 공연을 하고 있기 때문에 작품의 완성도는 말할 것도 없고 연기의 무르익음도 극치를 이루고 있는 것을 그가 수없이 목격함으로써 연극의 진수를 맛볼 수가 있었던 것이다. 그렇기 때문에 우리나라 연극도 본궤도에 오르려면 레퍼토리 시스템을 반드시 실현해야 할 것으로 생각해왔었다.

그가 드라마센터를 세운 다음 제자들에게 수시로 레퍼토리 시스템에 대해 이야기해왔던 것도 바로 그러한 그의 구상과 꿈을 표현한 것이었다. 그동안 연극아카데미와 연극학교를 통해서 키워낸 배우, 극작가, 연출가 등의 자원도 확보한 데다가 특히 미국에서 제대로 공부하고 귀국한 장녀(유인형)와 장남(유덕형)의 연출가로서의 뛰어난 재능을 확인한 뒤로 그에게 어느 정도 자신감도 생겨났으며 유덕형 역시 레퍼토리 시스템의 실현을 강력히 권유함으로써 1969년 가을에 별 준비 없이 전격적으로 드라마센터를 레퍼토리 시스템 극장으로 전환하겠다고 선언해버린 것이다. 그 선언문은 그가 극장을 지은 이후 자신이 직접 만든 드라마센터뿐만 아니라 한국연극이 안고 있는 근본적인 문제와 장차 나아갈 방향까지를 짚은 마지막의 장문(長文)이어서 그 원문을 여기에 소개한다.

---

37 유민영, 「신극무대에 전통의 융화」, 『서울신문』 1970.7.14.

드라마센터가 레퍼토리극장으로 출발하면서

1962년 4월에 연중무휴 매일 공연을 목표하여 창립한 드라마센터는 자금 부족, 인재난 등 몇 가지 불여의한 여건으로 개관 10개월 만인 1963년 정월에 폐문하고 말았습니다. 그 후 드라마센터는 불명예스럽게도 공연 창고로 전락하여 간신히 그 간판만을 유지하며 오늘에 이르렀습니다. 그동안 오랜 굴욕의 질곡을 뚫고 이번에 레퍼토리극장으로 재출발하려고 지금 안간힘을 다하고 있습니다. 본시 레퍼토리극장이란 그 이상을 연극의 예술적 완성 — 완성된 연극으로의 매진에 두고 있습니다. 이 시스템이야말로 슬럼프에 빠져 있는 지금의 우리 연극을 구제, 육성하는 데 가장 적절한 방법의 하나가 아닌가 하고 스스로 다짐해봅니다. 대체로 서울 중심의 대부분의 극단들이 공연활동은 매년 한 극단이 춘추 2회 각 5일 정도 1년에 두 번의 작품을 상연하고 있는데, 이 두 차례 발표조차 공연에 참가하는 주요 연기자들이 주로 TV나 라디오, 영화 등에 얽매여 충분한 연습도 가지지 못한 채 막을 열어야 하는 실정입니다. 그 때문에 한 작품 5일 남짓밖에 안 되는 공연은 미처 대사나 동작선조차 익히기 전에 막을 닫게 되는 형편이 아닙니까? 이런 설익은 무대는 관객의 연극에 대한 매력과 신뢰성을 감퇴시킴과 동시에 개막을 위해 쏟은 연극인들의 적지 않은 정력과 금력에도 불구하고 짓궂게도 날이 갈수록 우리 연극은 영양 부족증에 빠지고 마는 역현상을 나타내고 있습니다.

이 불행한 실정에 약간의 브레이크가 걸릴까 하고 나는 레퍼토리 시스템을 생각해보는 것입니다. 나는 우선 연극에 전 시간을 바쳐 충분히 익힌 다음에야 공개하는 연극풍토를 조성하고자 하며 한번 공개했다고 그 작품을 모른 척 버려둘 게 아니라 몇 번이고 다듬고 다듬어서 그 완성품이 되도록 재검토해서 우리 민족의 무형문화재로 보존할 수 있도록까지 가꾸어보고 싶습니다. 그리하여야 극단에는 그 극단의 완성된 레퍼토리가 정립되고 연기자는 제가 내세울 수 있는 역을 개척하게 되지 않겠습니까? 그리고 우리나라도 마침내는 세계에 자랑할 수 있는 레퍼토리를 가지게끔 성장될 것이고요. 앞으로 드라마센터를 레퍼토리극장으로 출발시키는 데 있어 나는 당분간 1년 중반을 연습에, 그리고 나머지 반은 공연에 — 그러니까 봄 3개월에 공연을 위하여, 겨울 3개월은 연습으로 지새우고, 가을 3개월의 공연을 위하여는 여름 3개월을 연습에 소비하면 어떨까 구상해봅니다.

상연 작품은 춘추 2기에 각 3편씩 즉 1년에 6편쯤은 우리가 기를 쓰면 준비해내지 않을까 합니다. 그러나 6편 중 2편은 장차 우리 고전에 편입시켜 영구 보존될 만한 재상연물이 되어야겠습니다. 만일 모든 여건이 갖추어져 있고 진지한 연극 동지들의 호응을 얻어 레퍼토리 시스템의 이상대로 완성에로 매진한다면 우선 극장의 성격이 확립되겠고 그다음에는 우리나라에도 우수한 희곡이 생기겠고 극단이 제 특색을 찾을 것이며 연기, 연출, 심지어는 무대미술에 이르기까지 정착될 것입니다. 그뿐이겠습니까, 관중 정착도 기대할 수 있는 것입니다. 흔히 볼 수 있는 우리의 유동적 관객층이 예술을 아끼고 비판하고 공명하려는 동호자로 정리될 것이란 말입니다.

무릇 외국의 극계를 보면 우수한 극단일수록 제각기 제 레퍼토리를 가지고 있고 연기자는 연기자대로 연극사에 남을 만한 제 장기의 역을 가지고 있음을 우리는 과거에도 봤고 현재도 보고 있습니다. 요즘 우리와 같이 한 공연을 치르고 그대로 그 작품을 내버린다면 공연을 치렀다는 인쇄물이나 남을까 연극의 완성을 바랄 수 없고 예술적으로 정착될 가능성은 매우 희박합니다. 백년하청으로 우리는 우리의 레퍼토리를 못 가지게 되며 따라서 우리 민족의 연극 보고(寶庫)는 영영 텅 비어 있을 뿐! 우리의 극문화는 이 땅에 뿌리조차 박을 수 없게 되지 않을까 저어합니다.

레퍼토리 시스템은 스타 시스템과는 상반되는 연극 이상(理想)입니다. 스타 시스템은 유명배우의 인기로서 관객을 부르게 되지만 레퍼토리 시스템은 주역에서 단역에 이르기까지의 일사불란한 앙상블로서의 관객의 존경을 받고 있는 것입니다. 돈벌이보다 연구가 위주며 겉으로의 전시보다 알찬 완성을 앞세우는 게 레퍼토리극장의 방향입니다. 그러므로 레퍼토리 시스템을 지향하는 극장은 진실로 연극만을 사랑하고 일생을 연극에 헌신하려는 공부하는 동지들의 규합체여야 할 것입니다. 무대를 TV나 라디오나 영화 같은 대중예술에의 발판으로만 이용하려는 공리적인 동기는 결과적으로 이 시스템을 파괴하고 말 것입니다.

레퍼토리 시스템은 흥행을 초월하며 흥행을 무시한 순수 예술활동이기 때문에 아무런 정부, 기타 사회의 원조가 없는 한국에서는 경제적으로 적지 않은 압박이 수반될 줄로 압니다. 그러나 한국 연극을 살리는 길은 이 길밖에 없다고 생각하는 바에야 모든 괴로움을 극복할 도리밖에 없지 않겠습니까? 이 운동은 극장 건물이 있어서 비로소 내볼 수 있는 기획이기 때문에 감히 드라마센터가 나서보려는 바입니다. 아마 이것이 나의 최후의 모험인가 합니다. 나는 신중히 출발하지 않을 수 없습니다. 우선 금년

1년은 레퍼토리 시스템의 예행 기간으로 잡고 차츰 발을 맞추어 전진해보려 합니다. 본격적인 성과는 10년 후에나 바라볼 수 있을까 합니다.

1969년 가을 연극연구소장 유치진

이상의 글에서 확인할 수 있는 것처럼 드라마센터가 재정적으로 가장 어려울 때, 레퍼토리 시스템 선언은 그의 말대로 연극 인생 40여 년의 '최후의 모험'으로서 비장한 승부수를 던진 것이었다. 그 당시 극장이 얼마나 어려웠는지는 세금을 제대로 못 내서 중부지방국세청으로부터 건물 철거라는 최후통첩(?)을 받기까지 했을 정도였다. 그와 관련해서는 당시 드라마센터가 위기를 넘기는 데 큰 도움을 주었던 고향 후배면서 당시 중부지방국세청장이었던 이철성(李喆晟)의 다음과 같은 회고에 소상하게 나타나 있다.

> 드라마센터는 5·16 주체 세력의 한 사람인 김종필 정보부장의 주선으로 국유지에 지어진 건물이었다. 당시까지 오페라나 뮤지컬 등 신극은 대중성(大衆性)이 없던 시절이라 극장 운영은 적자(赤字)를 면할 수 없었다. 그렇게 되자 국유지에 대한 임차료(賃借料)가 쌓여 중부세무서에서 건물을 철거하거나 아니면 직접 철거하겠다는 등 통고를 수없이 보내고 있었던 것이다. 그런 처지에 놓였던 그분은 때마침 그 댁에 기식하던 정창수 씨로부터 내 얘기를 듣고 '잘됐다' 싶어 찾아오셨던 것이다. 감종필 씨가 자의 반 타의 반으로 외국에 나가버려 답답하던 차에 꼭 필요한 관직에서 고향 사람을 찾았으니 아마도 그분은 대단히 반가웠을 것이다. 당시에 국유재산의 관리와 처분에 관한 사무는 국세청이 관할하고 있었다. 나는 그 분야를 잘 몰랐지만 고향 어른께서 궁지에 몰린 사정을 듣고 어떻게든 도와드리고 싶었다. '이분은 고향 어른이시고 우리나라 신극 무대(舞臺)를 어렵게 만들고 지켜오시는 분이오. 가능한 한 도와드리고 싶소'라고 말했다. 그때가 어수선한 시대였던지, 강제 처분은 물론 연기될 수 있었다.[38]

이상의 글에서 확인할 수 있듯이 당시 드라마센터가 재정적으로 얼마나 절박했

38 이철성, 「드라마센터 밝힌 '통영의 밤'」, 『한산신문』 2008.2.23.

는지를 미루어 짐작할 수가 있다. 오죽했으면 1962년부터 시작한 연극아카데미는 말할 것도 없고 서울연극학교 때까지 무려 7, 8년 동안 강사료를 지불 못 했을 정도였겠는가. 그런 상황 속에서도 동랑이 역으로 레퍼토리 시스템이라는 비장의 승부수를 던졌다는 점에서 그가 얼마나 연극에 다걸기를 했었는가를 짐작게 한다.

사실 연극계 지도자로서 그는 당시 대여섯 개의 동인제 극단들이 춘추로 명동의 국립극장 무대를 빌려 5, 6일씩 공연하고 흩어지고 하면서 생업은 TV나 라디오, 영화 등에서 찾고 있는 현상을 더 이상 방관만 할 수는 없다고 생각한 듯싶다. 왜냐하면 그런 현상은 아마추어도 프로도 아닌 호사취미 같은 뜨내기 극단활동이어서 우리 연극의 장래가 무망하다고 보았기 때문이다. 그렇기 때문에 레퍼토리 시스템이 여건상 어렵기는 해도 일단 극장을 가진 자신만이라도 모험을 걸어보겠다는 것이었다.

당시의 우리 연극현실을 너무나 잘 알고 있는 그였기에 당장 서양처럼 할 수는 없다고 보고 한두 해 준비 기간을 갖겠다는 치밀함도 보여주었으며, 그가 바라는 소위 성공은 10년 뒤로 내다보기까지 했다. 솔직히 레퍼토리 시스템이 가능하려면 극장은 기본이고 전문배우들과 연출가, 무대미술가, 프로듀서 등 많은 인적, 물적 자원이 필수이고 고정 관객층도 형성되어 있어야 한다. 그러나 드라마센터에는 우선 재정적인 뒷받침이 가장 큰 문제였다. 그 점을 너무나 잘 알고 있던 그로서는 조심스럽게 진행할 수밖에 없었고, 따라서 그는 1969년 가을부터 1년여 동안을 준비 기간으로 잡기도 했다.

그러는 동안 장남 유덕형은 데뷔 이후 두 번째 작품 연출로서 또 다른 면모를 보여주게 된다. 즉 영국 극작가 해럴드 핀터의 최신작 〈생일파티〉 연출이 바로 그것이다. 이 두 번째 연출을 가리켜 첫 번째 연출과 다르다고 한 것은 그의 과학적 사고가 무대 위에서 선명하게 드러난 데 따른 것이다. 전술한 바 있듯이 그는 당초 미술을 좋아한 수학적 두뇌의 소유자였지만, 소련에서 인공위성을 쏘아 올리는 것에 충격을 받고 부친의 권유에 따라 전기공학을 공부해보려고 연세대학에 진학했었다.

그랬던 그가 전기공학에 흥미를 못 느끼고 영문학으로 방황 전환을 한 것은 은연중에 연극이라는 가업을 잇기 위한 것이 아니었던가 싶다. 따라서 그는 언제나 연출을 해도 수학적 구도를 염두에 두고 동선을 짜는 것으로 유명하다. 〈생일파티〉는 바로 그의 그러한 과학적 성향을 무대 위에서 보여준 대표작이라고 말할 수가 있다. 그러나 무엇보다도 그가 이 작품에서 장기(長技)를 보여준 부분은 드라마센터라는 최첨단 무대구조를 십분 활용한 점에 있었다고 보는 것이 타당성을 지닌다. 그렇기 때문에 당시 어느 신문이 그의 작품에 대하여 기하학적이라고 평했던 것은 정곡을 찌른 것이었다. 즉 그는 이 작품에서 인물 배치에서부터 동선 하나하나를 마치 자로 잰 듯이 구도를 짜나갔다.

가뜩이나 현대인들이 일상생활에서 부지불식간에 부닥치고, 또 느끼는 공포감을 템포 빠르면서도 독특한 분위기로 표출했던 그 공연은 그동안 우리가 무대에서 전혀 경험한 적이 없었던 어떤 작품들보다도 강렬했다. 이는 곧 그가 해럴드 핀터가 노렸던 현대인들의 삶의 실상을 매우 극적으로 경험케 하는 데 성공했다는 이야기가 되는 것이다. 물론 그는 당초 핀터가 묘사하고자 했던 기존 질서와 새 세대, 개인과 사회 간의 관계에서 오는 충돌과는 달리 개인과 사회, 그 어느 것도 상호관계없이는 존재할 수 없다는 것으로 연출 방향을 잡기는 했었다. 그러나 분명한 것은 핀터가 느끼고 있던 현대인의 부조리를 매우 극적으로 표출했던 것만은 분명했다.

두 번의 실험적인 연출 작업에서 자신을 얻은 그가 이번에는 외국 연극인들로부터 평가받을 기회를 갖게 된다. 그것이 다름 아닌 1971년 필리핀 마닐라에서 열린 제3세계 연극제에서였다. 현지에서 필리핀 배우들을 데리고 그가 그동안 구상했던 동서양의 연극의 접점을 찾아보겠다는 의지와 자신의 작업에 대한 외국 전문가들의 평가도 생각하고 나선 그는 '칼리낭간 앙상블'이라는 필리핀 배우들을 데리고 매우 이색적인 작품을 선보임으로써 호평을 받은 것이다. 그런데 그 작품을 관극한 국내 전문가가 없었던 만큼 그 자신이 전한 내용을 통해서 유추할 수밖에 없을 것 같다. 그는 그 작품과 관련하여 어느 잡지 기자와의 대담에서 다음과 같이 설명했다.

〈알라망〉이란 마닐라 토어(土語)인 타갈로그어로 '작은 새우'라는 뜻이며 국내 라디오드라마를 영역, 다시 타갈로그어로 각색한 것으로 죽음과의 대화를 주제로 다루고 있다. 이 연극에서는 어린이 놀이터의 것과 비슷한 철근 구조물 하나뿐, 이 움직이는 세트에 무대 전면으로부터 불을 비춰 호리전트에 생기는 그림자로 연극의 효과를 얻고 있다. 등장인물은 주인공과 가면을 쓴 죽음의 사자 3명, 그리고 그 사자의 목소리를 대신하는 무대 밖의 '보이스' 〈1〉〈2〉〈3〉, 또 세트를 움직이는 두 사람뿐. 언어보다는 '사운드' 효과를 더 중시한 이 연극에는 목탁, 북, 중국 금, 풍경 소리 등이 혼합되어 등장하고 무대동작도 중국의 당수, 또 우리 탈춤 등의 몸짓이 가미된 독특한 것이었다. 특히 클라이맥스에서 세트가 앞으로 다가오면서 그 위의 주인공은 비명을 지르고 호리전트에 비친 그림자가 확대되는 '신'은 크게 주목을 받았던 것 같다.[39]

이상과 같은 유덕형의 설명을 자세히 분석해보면 그동안 그가 영향받고, 또 주체적 입장에서 스스로 사유해왔던 것을 가미했음을 알 수가 있다. 그가 서구의 실험예술에서 영향받은 첫째가 비언어극을 기본으로 한 것이라고 한다면, 두 번째는 움직이는 세트로서 이는 그가 깊이 사숙하고 있던 알렉산더 칼더의 동적인 조각기법이라고 말할 수가 있다. 거기에 그가 동양적인 공연예술 요소로서 동남아에 널리 퍼져 있는 그림자극(인도네시아의 와양푸르와 등과 같은)의 활용과 중국의 악기와 무술의 도입, 그리고 우리 탈춤의 몸짓과 사찰에서나 들을 수 있는 풍경 소리와 목탁 소리 활용 등이 바로 그런 것이다. 동서양의 연극과 각종 공연재(公演材)의 융합으로 만들어낸 〈알라망〉이 특별한 관심과 함께 주목을 끈 것은 극히 자연스러운 것이었다. 그로부터 그는 아시아의 대표적인 신예 연출가로 인정을 받게 된 것이다. 그 한 편의 작품으로 그가 현대연출가로서는 외국 전문가들로부터 처음으로 인정을 받는 동시에 차세대 연출가로서 자리매김까지 했으며 한국 연극을 제3세계 연극의 선두 위치로까지 끌어올렸다는 점에서 큰 의미를 지닌 경우였다고 말할 수가 있다.

유덕형의 날로 높아지는 명성도 동랑으로 하여금 레퍼토리 시스템 시동에 힘을 불어 넣어준 것이 아닌가 싶다. 왜냐하면 1971년 2월 초에 드디어 동랑이 한국 연극의 미래상으로 생각해온 레퍼토리 시스템의 첫 공연의 막을 올렸기 때문이다. 동랑이 신춘문예를 통해서 등단시킨 오태석은 연출 분야에서도 재능을 보여왔기

39 『한국연극』 통권 78호, 34면.

때문에 그에게 첫 작품 〈LUV/사랑〉(머레이 쉬스갈 작)을 무대에 올리게 했다. 첫 작품을 직접 골랐던 동랑은 그와 관련하여 "머레이 쉬스갈의 〈사랑〉과 같이 재미있는 연극을 나는 읽어본 적이 없다. 한 젊은 여자를 두고 같은 대학을 나온 두 친구 사이에 일어나는, 어디서나 있음 직한 극히 평범한 얘긴데도 이렇게 재미있을 수가 있을까? 뉴욕 브로드웨이에서 처음 상연되었을 적에도 극장은 시종 웃음바다! 전체 관객은 제자리에 앉아 있질 못하고 통로에까지 나와서 대굴대굴 뒹굴었다는 것이다. 과연 작자 쉬스갈은 몰리에르를 무색케 한다."[40]고 설명했다.

평소 연극은 일단 재미가 있어야 한다는 연극관을 지닌 그가 직접 브로드웨이에서 크게 성공한 희곡을 선정한 것이었다. 그런데 실제로 공연은 예상한 만큼 성공을 거두지는 못했고 오태석의 고통 역시 컸었다. 왜냐하면 레퍼토리 시스템의 부족한 재정적 지원과 잘 훈련된 전문배우의 부족 등으로 인하여 준비가 소홀해짐으로써 첫 번째 연출가로서는 많은 고통을 받을 수밖에 없었기 때문이다. 가령 그가 첫 작품을 끝낸 뒤에 쓴 소감(?)에서 "지난봄, 레퍼토리 위주 공연 계획을 감당하면서 우리는 하루 6시간씩 60일 이상 연습 기일로 할애했고, 낮밤 15일에서 30일 공연을 치렀다. 그러니까 한 레퍼토리를 위해서는 100일 가까운 시간과 열정의 경주가 불가피했는데, 그렇게 해서 만들어진 작품이라고 주지하는바 빼어나게 신통한 것도 되지 못하였다. 거기에는 담당자들의 재능과 자질이 미흡하였거나 힘이 미치지 못하여 그렇게 된 까닭도 있겠지만, 보다 앞서 나는 연습량이 부족했기 때문에 그 정도의 한계에서 그쳤다고 보고 있다. 한 번도, 충분하다 내가 할 일 다 했다는 느낌이 든 적이 없다. 그래서 나는 무난한 한 편의 연극이라도 만들어놓으려면 5개월의 연습은 있어야 예의 미흡한 여건을 어느 만큼은 메우고 그 한계점을 한 치쯤 올려놓은 공연이 되지 않을까 생각하고 있다. 그러니까, 1년의 반을 한 레퍼토리에 할애할 수 있는 연기자를 우리는 몇이나 가지고 있다고 믿고, 레퍼토리 위주 공연 계획의 성과를 기대해서 옳겠느냐는 반문을 거듭하게 된다. 희망을 버리지 않는다면, 극단 전체의 연기자로 한 작품은 감당할 수 있으리라 믿는다."고 하여 전문배우

40 유치진, 「이렇게 재미있는 연극이 있을 수 있을까」, 『동랑 유치진 전집』 8(서울예대출판부, 1993), 368면.

의 절대수 부족으로 인하여 극단 드라마센터가 레퍼토리 시스템을 감당하기가 쉽지 않음을 실토했다.

그러면서 그는 "그런데 레퍼토리 공연이 계속되려면 극장이 연중무휴 문을 열고 있으려면, 최소 3개의 레퍼토리를 감당할 수 있는 연기자의 수가 절대적으로 필요하다. 실제적으로 레퍼토리 위주 공연 계획은 무모한 작업인지 모른다. 그러나 이 계획만이 현재의 연극을 건지는 방법이라는 점에 의심은 없다. 결국 6개월을 감당하는 연기자의 훈련과 확보만이 연극을 살리는 길이 되겠다. 따라서 본격적인 레퍼토리 공연 계획은 당분간 어려울지 모른다. 뜻밖에 장구한 시일을 요할지도 모른다."고 매우 회의적인 전망도 했다. 이는 사실 그가 첫 번째로 작품을 만들면서 느낀 소감을 솔직하게 털어놓은 것으로서 그의 예측은 점차 적중해갔다고 말할 수도 있지 않을까 싶다.

그러나 그의 레퍼토리 시스템 실현에 대한 회의적인 상황 인식 속에서도 동랑의 연극 인생 '최후의 모험'은 시작하자마자 중단되는 일은 생각할 수가 없었다. 두 번째 작품으로 유덕형의 인기작 〈생일파티〉를 다시 무대에 올린 뒤 극단 산하(山河)를 초청 공연하는 임시방편으로 하여 차범석의 〈왕 교수의 직업〉으로 상반기를 마무리했다. 동랑이 레퍼토리 시스템 방식을 선언하면서 약속한 연간 상하반기 여섯 편의 반을 첫 상반기에 일단 이행한 셈이다. 그런데 흥미로운 점은 세 편 중 한 편을 외부 극단 초청 방식으로 채웠다는 사실이다. 극단 드라마센터가 자체 역량만으로는 연간 여섯 편을 제작할 수가 없기도 했지만 당초 약속한 것도 극장을 레퍼토리 시스템으로 운영해보겠다는 것이었으므로 외부 극단을 참여시킨 것은 하나의 참신한 아이디어라고도 볼 수가 있다. 따라서 하반기에도 외부 단체인 자유극장을 참여시켜서 번역극인 〈프로방스는 어디에〉가 드라마센터 무대를 밟게 된다.

그런데 더욱 주목되는 부분은 건강이 별로 좋지 않던 동랑까지 연출에 가세한 점이라 하겠다. 즉 그는 하반기의 첫 작품인 오태석 연출의 〈잉여부부〉(닐 사이몬 작)에 이어서 두 번째 작품으로 앤서니 섀퍼의 〈사랑을 내기에 걸고〉를 직접 연출했다. 외국 특히 영미 연극계의 흐름에 정통했던 그는 당시 브로드웨이에서 인기를 끌고 있던 작품을 드라마센터 무대에 맞도록 형상화한 것이다. 그가 연출의 변에서 자신의 마지막 작이 될지도 모른다고 했듯이 그 작품은 역시 그의 연출 인생을 마무리하는 것이 되었다.

즉 그는 프로그램에 쓴 '연출의 변'에서 "내 건강이 회복되어 이번에 나는 오래간만에 연출을 맡았다. 여러 스탭들의 협력으로 활발히 연습에 임하고는 있으나 어쩌면 이것이 내 40년의 연출생활의 마지막 기회가 될는지 모른다. 내가 연출을 맡은 〈사랑은 내기에 걸고〉는 인간의 집념을 그린 작품"이라고 하여 평생 연극에 집념해온 자신을 성찰이라도 하는 것처럼 쓰기도 했다. 물론 작품은 이성 간 사랑의 집념으로서 자신의 연극 집념과는 거리가 있는 것이지만 어떻든 어떤 무엇에 집요하게 달라붙는 그의 성격과는 일치하는 것이 아니겠는가.

그는 작품 설명에서 "이 작품은 침통한 비극 작품에 틀림없지만 관객은 이 연극을 시종 웃지 않고는 구경할 수 없을 게다. 그만큼 이 작품은 희극적 농도가 짙다. 그러나 이 연극은 정확한 의미로서의 희극은 아니고 그렇다고 정통적인 비극일 수도 없다. 구태여 이름 붙이자면 희화된 비극이라고 말할 수가 있을 것 같다. 하여튼 이색적인 작품이다. 이 연극의 세계적 초연은 1970년 2월 12일 런던의 세인트 마르틴극장에서 막을 열어 런던 시민들을 감격의 도가니에 몰아넣었고, 런던 공연의 배역 그대로 미국으로 건너가 1970년 11월 12일부터 브로드웨이의 뮤직박스 극장에서 지금까지 절대적 찬사를 받으며 속연 중이다. 이 작품의 런던이나 뉴욕 공연에서의 연출자는 클리포드 윌리암즈이고, 출연자는 앤드류 와이크 역에 안소니 퀘일, 밀로 틴들 역에 키스 박스터. 안소니 퀘일은 영국의 관록 있는 성격배우로서 영화를 통해 우리에게도 널리 소개된 바 있지만 키스 박스터는 젊은 신인, 그의 밀로 틴들 역은 그를 일약 세계적인 명배우로 부상시킬 만큼 성공적이었다. 이 작가 안소니 쉐퍼는 블랙 코메디를 써서 이미 우리에게도 알려진 바 있는 피터 쉐퍼와 쌍둥이 형제, 이 쌍둥이 형제는 다 같이 지금 한창 완숙한 필치를 휘두르고 있는 영국 희곡계의 중견들"[41]이라고 소상하게 설명해주기도 했다.

그런데 여기서 굳이 필자가 그의 '연출의 변'의 일부를 소개한 이유는 그의 꼼꼼한 성품과 함께 동랑이 세계 연극 동향에 대한 생생한 정보를 갖고 있었음을 보여주기 위해서다. 또 하나 그의 마지막 연출에서 보여준 장기는 드라마센터 극장 전체를

41 유치진, 「희화된 비극 - 〈사랑을 내기에 걸고〉의 연출을 맡고」, 공연 프로그램.

하와이대학 리처드 메이슨 교수의 서울예전 특강 후(코리아하우스, 1970.5.23.)

무대로 활용한 점이라 하겠다. 즉 그는 극장 입구에 주인공을 형상화한 움직이는 인형을 세워놓음으로써 관객은 일단 입장과 함께 관극하는 것으로 연출한 것이다. 이는 그가 선진적인 드라마센터를 짓고 처음으로 극장 전체를 이용하는 연출을 한 것이기도 해서 그의 연출 생애에 특별한 의미를 던진 것이었다고 말할 수가 있다.

그렇지만 동랑이 더 이상 연출을 할 만큼 건강이 호전된 것은 아니었다. 따라서 레퍼토리 시스템은 제자와 2세들이 주도해갈 수밖에 없는 사정에 이르렀다. 즉 제자 오태석과 장남 유덕형, 그리고 서랑 안민수 등 세 연출가들이 이끌어가게 되었다는 것이다. 레퍼토리 시스템 시행 첫해에는 외부 극단 산하가 창작극 한 편을 무대에 올렸을 뿐 다섯 편이 번역극이어서 우리의 고전을 만들어내겠다는 당초의 계획에서 벗어난다고 생각한 그는 2세들에게는 될 수 있는 대로 창작극을 공연토록 종용했다. 그러나 당시 관객을 사로잡을 만한 창작극이 갑자기 생산될 리가 만무했다. 그런데 문제는 창작극 부재 못잖게 연간 여섯 편 공연 약속을 지켜내기가 가장 힘든 사정이었다. 다행히 두 번째를 맞은 1972년도에는 몰리에르 탄생 350주년(1973)을 준비하는 해여서 외부의 두 극단과 프랑스에서도 참여케 되어 오히려 흥미로운 축제 같은 행사가 될 수가 있었다. 즉 극단 자유극장의 〈사랑과 위선의 흥정〉과 극단 광장의 〈수전노〉 공연에 이어 자체 극단의 공연으로 세 작품을 무대에 올릴 수가 있었던 것이다.

그러나 그보다도 더욱 주목될 만한 사실은 동랑이 프랑스 극단이 가져올 몰리에르의 대표작 중의 하나라고 할 〈스카팽의 간계〉와 대비시킬 번안극을 오태석으로 하여금 써보도록 한 점이라 하겠다. 그와 관련하여 동랑은 "외국극의 번안 연출이란 외국극을 대사만이 아니고 때와 곳, 그리고 풍습까지도 우리의 것으로 고쳐서 상장하기 때문에 우리에게 친근감을 주는 동시에 자국의 창작극 못잖은 효과를 주는 것으로써, 우리나라에서서도 여러 번 시험해본 바도 있었고, 외국에서도 오래전부터 시도해왔었다. 창작극이 쉽게 생산되지 못하는 현재로서는 레퍼토리 획득의 한 방편으로 널리 활용되기도 한다. 오태석 군의 〈쇠뚝이놀이〉는 이조시대의 우리나라 풍속에 어울리게 번안하였기 때문에 몰리에르를 불란서 작가라기보다 우리 작품으로 감상해보자는 것이다. 때마침 불란서 본국에서 이번 축전에 참가키 위하여 내한한 불란서 극단도 거진 같은 날짜에 작품을 원어로써 상장한다. 듣건대 불어극단이 국립극장에서 상연하는 이번 〈스까빵〉은 현대복으로 연출된다는 것이다. 이조 때 옷을 입은 스까빵과 현대 불란서 옷을 입은 스까빵을 비교 감상하면 퍽 흥미롭기도 하고 극작계의 전도에 어떤 시사도 줄 수 있을 것으로 생각된다."[42]고 씀으로써 그가 전통극 부활과 그 현대적 재창조, 즉 법고창신의 목표를 제자로 하여금 실험해보도록 했음을 확인할 수가 있다. 그 당시 번안 대본을 직접 썼던 오태석도 동랑 선생을 기리는 「곡간 문 열쇠 쥐어주신 나의 큰 아버님」이라는 회고의 글에서 "선생님 말씀이 우리 극단(동랑 레퍼토리 컴퍼니)은 작가도 있고 하니 〈허생전〉모양 우리 얘기로 번안해서 하는 게 좋겠어, 마침 〈스까빵의 간계〉라고 종이 주인 골탕 먹이는 작품이 있어요, 우리 〈산대놀이〉가 그거 죄 종놈이 양반 종에 골리는 얘기 아니고 뭐야."[43]라고 쓴 바 있는 것이다. 이 말은 곧 동랑이 기성 연극인들이 해내기 어려운 과제를 신진들에게 과감하게 실험해보도록 모험을 건 것이었다고 말할 수가 있다. 몰리에르의 〈스카팽의 간계〉에서 플롯만 빌려다가 〈양주별산대놀이〉를 골간으로 전통인형극인 〈꼭두각시놀음〉은 물론이고 줄타기까지 곁들여서 번안한 〈쇠뚝이놀이〉는 전래의 야외극을 극장 안으로 끌어들인 점에서도 주목할 만했다. 따라서 공연의 성공 여부와 관계없이 동랑이 막연하게 구상해온 방식을 오태석이 처음 시도한 것으로서 연극사적인 의미를 던지는 작업이었던 것만은 확실했다.

그 번안극에서 힌트를 얻은 오태석이 다음 해에 매우 특이한 소재의 창작극이라 할 〈초분〉을 내놓자 유덕형이 호기심을 갖고 연출 작업에 나선다. 그가 마침 제3세계 출품작 〈알라망〉에서 죽음문제를 연출의 주제로 삼았었기 때문에 한국인의 토속적인 장례 의식은 일단 흥미로운 제재일 수밖에 없었다. 그러니까 오태석이 남도 지방에서 일부 전래되어온 장례 의식의 일종인 〈초분〉을 써옴으로써 그것을 1973년도에 무대에 올리게 된 것이다. 지금은 사라진 초분(草墳)은 바다에 나가 죽은 어부를 장례비용이 없어 시렁에 얹었다가 비바람에 풍화되고 어포처럼 말라 앙

42 유치진, 「불란서 극단과 경연하는 〈쇠뚝이놀이〉」, 『동랑 유치진 전집』 7(서울예대출판부, 1993), 83면.

43 오태석, 「곡간 문 열쇠 쥐어주신 나의 큰 아버님」, 『동랑 유치진, 한국공연예술의 표상』(서울예술대학교출판부, 2014), 211면.

유덕형 연출 〈초분〉(1973)

상하게 되면 그때 가서야 겨우 장례를 치르는 형식을 말한다. 그러니까 이러한 섬 사람들의 기속(奇俗)을 생에의 연민과 공포로 접근한 〈초분〉은 매우 이색적인 희곡이어서 유덕형이 첫 번째의 본격적인 창작극의 레퍼토리로 삼을 만했다. 그런데 그가 〈초분〉을 형상화하는 자세에 대하여 다음과 같이 설명한 바 있다.

> 질서와 혼란의 대립 개념에서 내 작업은 시작되고 끝난다. 어떤 조각가의 말을 나의 연극 행위에도 똑같이 적용시키고 싶다. 모든 것은 대립의 개념에서 시작되고 끝난다. 삶이 그렇고 나의 삶인 연극 또한 그렇다. 연출가로서 오태석의 〈초분〉에 세 번씩이나 도전한 것은 이 작품이 어느 작품보다 무수한 갈등을 안고 있기 때문이다. 죽음과 삶이라는 근원적 대립을 뼈대로 해서 인간과 자연, 법과 질서, 섬과 물, 습한 것과 마른 것, 남과 여, 사랑과 미움, 희생과 이기 등 수많은 대립이 〈초분〉을 구축하고 있다(……). 근본적으로 나는 〈초분〉을 대립이라는 이원성(二元性)으로 이해했고, 지금까지의 내 모든 작업은 이원적인 힘의 극대화에서 그 표현방법을 찾은 것이다. 〈초분〉을 형상화하면서 나는 작가가 쓴 변천하는 유물적 오행사상을 추출하여 나의 음정양동(陰

靜陽動)의 표현관과의 만남을 꾀했다. 만나는 점, 그곳에 해탈과 열반의 체험이 있으리라 믿었다. 그리하여 우리 고유의 동양 사상의 얼을 아름답고 새롭게 심어보고자 한 것이 나의 연출 의도였다. 이러한 연출 방향 아래 첫 번째 한국에서의 작업이 이루어졌다. 작품의 이해를 위해 음양오행설과 선(禪)예술, 동양 신화와 무속신앙, 동양 연극, 샤머니즘과 토테미즘, 그로테스크 연극이론, 부조리연극 등을 토론하고 집단 연출을 시도했다. 동양적 얼을 찾는 것은 서구적 방법으로 시도되었다. (……) 연극 〈초분〉에도 같은 논리를 적용시켰다. 즉 처음 한국 공연에서는 서양 모던 댄스의 동작을 활용하고 뉴욕 공연에서는 동양 율동을 도입했다.[44]

이상과 같은 유덕형의 이야기를 들어보면 우선 그가 〈초분〉을 형상화하기 위하여 동서양의 우주관과 인생관에 대하여 잡다한 섭렵과 사색을 했음을 알 수가 있다. 가령 중국의 전통사상인 음양오행설에서부터 불교, 무속, 그리고 토테미즘에 이르기까지 광범위하게 섭렵했으며 동양 고전극과 서양의 실험극까지 연구한 것이 드러난다. 그러면서도 그가 작품에 임하는 기본자세에 있어서는 자신에게 크게 영향을 미친 알렉산더 칼더의 예술관에 입각했음을 밝히고 있다.

그러면서도 그가 미국 유학생활에서 깨친 정신과 물질이라는 이원론에 바탕을 두고 작품 해석에 나선 것이 특이하다. 그중에서도 그가 우주와 인간 사회의 제 현상을 밝음과 어둠의 소장(消長)으로 설명하는 음양론과 만물의 생성 소멸을 물[水], 불[火], 나무[木], 금[金], 그리고 흙[土]의 변전이라는 오행설을 바탕으로 작품 해석을 시도한 것은 매우 유니크하다고 말할 수가 있다.[45] 그리고 그의 무대상의 표현은 동서양의 여러 가지 사상과 연극 형식을 취하면서도 궁극적으로 불교의 선(禪)을 핵심 주제로 삼았음은 당시 필자의 다음과 같은 공연평에 잘 나타나 있다.

이번 〈초분〉에서는 유덕형이 맨 처음 시도했던 동서 연극의 표현법상의 접합을 넘어서서 동서 정신의 융화까지를 꾀해보려는 것 같아서 주목된다. 그는 처음 번의 동양

---

44 유덕형, 「나의 〈초분〉 이야기 - 70년대의 초상 · 상황적 고통의 확인」, 『한국연극』 통권 78호.
45 양계초 · 풍우란 외, 『음양오행설의 연구』, 김홍경 편역(신지서원, 1993) 참조.

무술과 창(唱) 율조의 단조로움을 벗어나 새로운 철학의 정립을 시도하고 있는 것이다. 〈초분〉에 있어 빠르게 진행되는 대사와 음성의 주문(呪文)에 가까운 아우성, 신음 소리, 절규, 그리고 저주하는 고함 소리의 효과라든가 배우들이 서로 말을 건넨다기보다 제각기 지껄여대고 공격하는 듯이 보이는 것하며 원(圓)과 사각형, 대각선으로 꿇어 엎드리고 넘어지며 잡아당기고 밀치는 동작은 그로토우스키와 닮은 데가 있다. 또한 그같이 추상화된 연극을 통해 삶의 고통을 표현하는 것도 인간의 수난을 주로 그리는 그로토우스키와 상통한다. 그러나 유덕형의 세계는 그로토우스키와 크게 다르며 그로토우스키가 극복하지 못하는 한계를 넘어서려는 듯 보인다.

유덕형은 생의 과정을 두 가지 면, 즉 기독교적인 원죄와 불교적 구원으로 파악하고 있다. 더욱이 〈초분〉 1막 전반부에서 인간이 처음 세상에 태어나는 순간의 처절한 공포를 리얼하게 그리고 있는데, 이는 바로 인간이 원죄에서 출발하여 생의 전 과정을 그 죄의 보상으로 지내는 아픔을 묘사한 것이다. 이를 현대 심리학 용어로 '탄생 충격'이라 부를 수 있는데, 따라서 〈초분〉의 2막 중간까지 계속되는 몸부림과 신음 소리, 비명은 인간의 무의식 속에 잠재해 있는 알 수 없는 공포 의식(원죄)의 원천적 체험을 반사하는 것으로 극대화한 표정과 동작으로 인간의 심층심리를 상징적으로 표현하고 있다. 물론 여기서도 동양 무술적인 것과 탈춤의 율동을 원용하고 있다. 그러나 그는 인생을 단말마의 몸부림으로 끝내지 않고 구원으로까지 끌고 간다. 2막 끝에서 특히 불을 강조한 것도 오행설 내지는 불교의 사원설(四元說)을 배합한 것이고, 또한 열반의 순간을 표현키 위한 방법인 것이다.

이처럼 그는 생의 수난과 고통을 주로 그리는 서구의 실험극운동과는 달리 불교를 끌어들여서 속박과 번뇌로부터 인간을 구원하려는 시도에까지 도달하려는 데 중요성이 있는 것이다. 그의 연출세계는 동서양의 만남이며 영(靈)과 육(肉)의 갈등과 그 승화인 동시에 영원한 자유와 안식을 희구하는 '연화(蓮花)의 세계'라고 말할 수가 있다.[46]

이상과 같은 긍정적인 평가와는 달리 '아무 내용도 없는 공허하고 시끄러운 무대였다'는 혹평도 없지는 않았다. 그럴 수밖에 없는 것이 그가 한 작품에 너무 많은

46 유민영, 「획기적 연출 시도 - 〈초분〉 공연」, 『경향신문』 1973.4.12.

〈초분〉

것을 버무려 넣었던 데다가 무대를 상징과 추상성으로 가득 채움으로써 사실주의 연극에 익숙한 관객에게는 난해성으로 비칠 수밖에 없었기 때문이다. 그러한 비판에 대하여 일정 부분 수긍하면서도 그에 대한 해명(?)으로서 그는 "콘벤셔널한 방법으로 하나하나 풀어서 이해시키는 것보다 관객의 인텔렉트에 자극을 주어 생각하게 하는 것이 현대예술의 경향이다. 기계문명 속에서 스테레오 타입화된 현대인들은 예술 작품까지도 인스턴트식품처럼 편하고 쉽게 향수하려 하지만 풍요는 생각하는 속에 있다. 사실적인 상황이 지나치게 노출되는 것을 두려워한 작가는 모든 드라마투르기를 원용해서 깊숙이 숨어버렸고, 연출가는 그 작품에 너무 가깝게 있었다. 이번 공연에서 내가 찾으려고 한 것은 의지와 용기였다. 잠재의식과 환경의 변화 속에서 인간의 미약성을 절감했기 때문이다.

그러나 책임의 소재는 각자 찾아야 할 것으로 남겨두었다. 관객은 여러 곳에서 자기대로 결론을 얻을 수 있다. 한국을 모계 사회로 규정하고 개체로 독립하지 못한 동기간이라는 안타까움 속에서 작가가 강조한 연대 의식을 바탕으로 가질 수도, '임자'의 질서에서, 사랑에서 해답을 구할 수도 있다. 아니면 당자(當者)의 희생을 선택할 수도 있으며 군자(君者)의 법이 결론으로 이끌 수도 있을 것이다. 이 작품 속에 나타난 모든 대립이 1시간 동안의 갈등 속에 내던져졌다. 일어서는 관객에게 해답의 실마리를 줄 것으로 믿었다."[47]고 쓴 바 있다.

이러한 그의 해답을 보면 역시 추상적이고 모호한 면이 없지는 않지만 한 가지 분명한 것은 그가 반사실주의를 추구했듯이 관객에게도 지적(知的) 상상력을 요구하면서 작품에서 각자 해답을 찾도록 했다는 점이라 하겠다. 그러니까 그의 작품 형상화만이 현대적인 것이 아니라 관객의 작품 수용도 현대적이기를 요구한 것이라고 말할 수가 있다. 브로드웨이의 실험극단 라마마가 그의 작품을 초청한 것도 바로 이러한 현대성에 매혹된 때문이었다고 볼 수가 있다.

그런데 여기서 그의 실험극에 대하여 소상하게 설명한 이유는 동랑이 6·25전쟁 직후 〈처용의 노래〉를 쓰면서 막연히 사유하기 시작했고, 1957년 세계 연극여행을 하면서 확신을 가졌던 동서양 연극의 만남을 그의 아들(덕형)이 구체화시켰다고 본

47 유덕형, 앞의 글.

데 따른 것이다. 어떻게 보면 동랑이 멀리 내다본 것이 그의 아들에 의해서 비교적 빨리 성취되기 시작한 것이라고도 말 할 수가 있다. 게다가 서랑 안민수까지 하와이대학에서 3년간 앞서가는 연극을 연구하고 1973년 귀국, 합세함으로써 드라마센터가 동랑의 꿈대로 한국 연극의 주도 극장으로 자리 잡아 갈 수가 있었다. 이 말은 곧 동랑이 2세들에게 한국의 미래 연극 창조에 시동을 걸어놓고 자신은 서서히 물러앉아도 되겠다는 생각을 하기 시작했다는 이야기가 된다.

13. 인연·연민, 그리고 인생 황혼녘에서의 회한
―노년기의 삶과 관련하여

허무(虛無)로다. 허무! 모든 것이 허무로다. (……) 태양 아래에서 그 모든 노고와 노심으로 인간에게 남는 것은 무엇인가? (……) 그의 나날은 근심이요, 그의 일은 걱정이며, 밤에도 그의 마음은 쉴 줄을 모르니, 이 또한 허무로다. _『구약성서』「코헬렛서」

1) 가족 사랑과 제자 사랑

동랑은 탁월한 예술가임에도 불구하고 현실생활 태도에서는 윤리 교사나 수도자처럼 무미건조할 정도로 담백하고 무덤덤한 인물이었다. 그 점에서 그는 전형적인 호야형(好爺型) 인물이라고 말할 수 있을 것 같다. 이는 아무래도 경상도의 전통 있는 유교 집안의 장남으로 태어나 성장한 데서 비롯된 것이 아닌가 싶다. 따라서 그가 퇴폐적이기까지 했던 낭만과 절망의 시대를 거치면서 지순한 사랑을 주제로 삼은 작품을 여러 편 쓴 극작가였음에도 숱한 여배우들과 추문(醜聞) 하나 남기지 않았다는 점에서 그가 얼마나 전통적인 선비형 인물이었나를 짐작게 한다. 즉 그가 중산층의 견실한 유교 집안의 8남매 맏이로 태어났지만 생활력 있는 부모덕으로 모두 고등교육을 받고 각자 나름대로 사회활동을 영위했기 때문에 장남으로서의 부담 같은 것도 비교적 적었다고 볼 수 있다. 물론 그가 당시 누구나처럼 비록 구습에 따른 강제 조혼이라는 고통을 잠시 겪기는 했지만 가장 이상적인 신여성을 아내로 맞아 3남매를 잘 키운 다복한 가장이었기 때문에 적어도 가정적으로는 몇몇 계씨들의 잃음을 제외하고는 비교적 행복한 경우였다.

가령 『맹자』의 「진심편(盡心編)」에 보면 군자삼락이 있는바 그 제1일이 "부모가 살아계시고 형제가 무고한 것이 첫째 즐거움(父母具存兄弟無故一樂也)"이라고 적혀 있지 않은가. 그만큼 그는 가정적으로 비교적 행복한 편이었다. 전통적으로 수재 집안에서 요절한 넷째 계씨(致現, 1914~1928) 외에는 모두가 나름대로 사회・문화적인 역할을 했던 7남매였다. 가령 생명시의 원조로 한국 시단에서 거봉으로 우뚝 서 있으면서 지방 유수의 고등학교 교장을 오랫동안 지냈던 첫째 계씨 청마 치환(致環, 1908~1967)을 비롯하여, 바이올린을 잘 켰던 둘째 치상(致祥, 1911~1981), 고향의 초등학교 교감으로 있다가 드라마센터가 어려울 때 곁에서 만형인 동랑을 도왔던 다섯째 치담(致倓, 1917~1973) 등 4형제는 모두 한가락 하는 준재들이었다.

그리고 그 밑으로 여동생 세 명, 즉 여섯째 치표(致標, 1921~?)는 1940년대 잠시 극단에서 연기 등으로 활동하다가 배우 배용(裵勇)[1]과 결혼하여 남편을 따라 월북해서 생사불명이고, 일곱째 치열(致洌, 1924~2012)은 경성사범을 졸업하고 KBS에 다니던 최경철과 결혼하여 3녀를 두었는데 한국전쟁 중 남편이 납북됨으로써 홀로 교직생활을 하다가 장녀를 따라 미국으로 떠나 살았다. 막내 여동생 치선(致善, 1927~2010)은 서울음대를 나와 역시 부산에서 여성 지도자로서 사회활동을 했었다.

이처럼 7남매 형제들은 모두가 최고 교육을 받고 사회 각 분야에서 평생 동안 공직에서 일했다. 아마도 일제강점기에 보수적인 경상도 지방의 소도시 중산층 가정의 형제들이 모두가 고등교육을 받고 사회활동을 한 경우는 극히 드물 것이다. 그 점에서 그의 가정은 비교적 개명된 명문가였다고 해도 과언이 아닐 듯싶다.

전술한 바도 있듯이 장남인 동랑 역시 일본 유학을 하고 당대 최첨단의 신여성과 결혼하여 3남매를 공연예술 분야의 최고 엘리트로 키워냈으니 유씨 집안이야말로 가정적으로 성공한 경우였다고 말할 수가 있다. 전장(4장)에서 이미 상술한 바 있듯이 그가 평소 성모 마리아와 함께 가장 이상적인 여성상으로 여겼던 아내 심재순은 귀족 집안의 외동딸로서 이화여전과 동경미술학교에서 수학한 재색 겸비의

1 배용은 서울 출생으로 일제강점기에 무명배우로 활동하다가 해방과 함께 프롤레타리아 극단에서 적잖은 역할을 했다. 1946년 제1차로 박영호 등과 월북하여 평양에서 연극극장 지도위원 겸 배우동맹 중앙위원으로 활동하여 1954년에 공훈배우 칭호를 받기도 했다. 1957년에는 최고인민회의 제2기 대의원을 했으며, 1959년도에는 예술영화촬영소 배우극장 총장을 함으로써 인민배우 칭호를 받은 바 있다. 이듬해에는 국기훈장 제2급 수훈을 받았고 연극인동맹 중앙위원회 위원장 등을 지낸 중요 인물이었다. 『북한인명사전』(중앙일보사 동서문제연구소, 1990), 187면 참조.

신여성이 아닌가. 더욱이 심재순이 부군으로 하여금 마음껏 연극운동을 하는 데 생활에서부터 극단 운영까지 전적으로 뒷받침해주었기 때문에 그에게는 아내가 평생의 동지였고, 또 최고의 후원자이기도 했다.

좀 더 구체적으로 말하면, 동랑이 생활력이 없고 오직 연극에만 전력투구하는 7남매의 장손이었던 만큼 그 대신 가정 경제는 물론이고 유씨 집안의 대소사까지 모두 책임져서 처리해주었었다. 그런데 거기서 끝나는 것도 아니었다. 그녀는 1940년대, 즉 극단 현대극장 때부터는 단체 살림까지 도맡았었다. 당시 문화계에서 유례를 찾아볼 수 없는 그런 이상적인 여성을 아내로 두었다는 것은 그에게는 최고의 행운으로서 화목한 가정은 극히 자연스러운 것이었다.

따라서 그의 아내에 대한 지순한 사랑은 잘 알려져 있으며 자녀에 대한 지극한 사랑 또한 남달랐다. 그가 예술 활동가로서 누구보다도 명성을 얻은 명사였지만 미인들이 많은 이원(梨園)에서도 단 한 건의 스캔들도 일으키지 않았음은 잘 알려진 사실이다. 그만큼 그는 공연예술계 지도자로서 자신에 대하여 매우 엄격했었다.

그런데 그의 가족 사랑은 보통사람들과 크게 달랐다. 대체로 평범한 사람들은 가장의 주도로 외식을 한다든가 가족여행 등과 같은 방식으로 아내와 자녀들을 감성적으로 행복하게 해주려고 애쓰지만 동랑은 그렇지가 않았다. 비교적 윤택한 생활이었음에도 불구하고 평생 가족 나들이 한 번 없었다는 장녀(인형)의 회고야말로 동랑의 색다른 가족 사랑 방식을 단적으로 보여주는 것이라고 말할 수가 있다.

그렇다고 해서 그가 가족을 도외시했다는 이야기가 아니다. 그도 한 어버이로서 누구보다도 자녀를 아끼고 사랑했음은 피난지 부산에서의 3남매에 대한 지극했던 병간호와 그들을 치료해준 미국 메리놀 선교회에 대한 보은의 표시로 평소 별로 무심했던 가톨릭교 입교까지 서둘렀던 사실이 잘 보여준다. 그 점은 그가 부산 피난지로부터 환도 직후에 쓴 에세이 「우리 집 아이들의 경우」라는 글에도 부분적으로 나타나 있다.

그는 이 글에서 "나는 3남매를 가졌다. 그들은 이번 전장에, 특히 6·25 때 서울에 남아 있어 결핍한 생활 중에 어떻게 공산주의의 등쌀에 놀랐는지 모두 병을 얻었다. 끝의 아이는 심장! 큰 것 둘은 호흡기! 지금은 위급한 고개는 넘겼지만, 아직도 전쾌치는 못하고 있다. 그 때문에 이 4년 동안의 우리 집 아이들에 대한 전 집안

식구들의 관심은 오로지 그들의 건강에만 총집중되고 있다. 어떻게 하여야만 병에 맞는 식생활을 유지시키며, 어떻게 하여야 좋은 공기 속에서 거처하게 하며, 어떻게 하여야만 여린 신경을 전쟁의 공포에 쏠리지 않게 하느냐? — 이것이 그들에 대한 부모의 전체 심경이다. 그러기 때문에 가정교육이고 뭐고 있을 수 없다. 오히려 그들에게 매달린 부모가 교육을 받아야 할 지경"[2]라고 쓴 바 있을 정도이다.

그런데 주목해야 할 것은 그다음의 글 내용이라고 하겠다. 즉 그는 이어지는 글에서 "어느 날, 우리 집 아이가 값비싼 만년필을 가지고 있기에 웬 거냐고 물었더니 병문안 왔던 어떤 동무에게서 선사받았다는 것이다. 아이들끼리의 선사품으로서는 너무 값비싼 것이기 때문에 도로 돌려주라고 하였더니, 우리 집 아이의 말이, '이건 쌔빈 거래요' 한다. 쌔볐다는 소리는 나는 처음 듣는 단어였다. '쌔볐다니?' '훔쳤단 말이에요.' '그럼 그 애가 소매치기냐?' '아녜요.' '소매치기가 아니면 왜 남의 것을 훔치니?' 이렇게 내가 추궁하니까 우리집 아이는 오히려 긴장된 아비를 비웃듯 요즘 중・고등학교 학생들은 피차에 쌔비는 것을 죄로 알기는커녕 일종의 장난으로 여겨 많이 쌔비는 학생들일수록 영웅적인 프라이드를 가진다는 설명을 해준다.

나는 다시 한 번 아니 놀랄 수 없었다. 쌔비는 것을 죄로밖에 안 보는 내가 젊은 아이들에게는 시대 감정에서 밀려난 하나의 골동품으로밖에 안 뵐는지는 모르나 아무리 선의로 해석할지라도 쌔비는 것은 죄며 이 죄가 아무런 반성도 없이 아동들 사이에 유행하고 있다. 나는 우리 집 아이들이 병으로 집에 갇혀 있는 것을 다행으로 여겼다. 만일 학교에 다녔다면, 우리 집 아이들도 제 동무들과 같이 쌔비기(도적)를 하였을는지 모르기 때문이다."라고 하여 6·25전쟁이 어린이들의 도의심까지 붕괴시켰음을 개탄하는 한편 그가 자식들의 윤리교육에 얼마나 세심하게 신경 쓰고 있었는가를 단적으로 보여주고 있는 것이다.

그는 또 이어지는 글에서 "요즘 떠드는 시청각교육이란 성한 아이들에게보다 병상에 누운 아이들에게 더욱 필요함을 나는 느낀다. 요즘 우리 집 아이들의 유일한 소일거리는 라디오이다. 아침부터 저녁까지 라디오를 머리맡에서 떠나지 못하게 한다. 라디오만 가지고는 너무 단조로울 것 같아서 나는 그들의 건강이 허락되는

2 유치진, 「우리 집 아이들의 경우」, 『동랑 유치진 전집』 6(서울예대출판부, 1993), 208면.

한 관중이 적은 틈을 타서 극장 구경도 시킨다. 책으로 읽으려면 무척 고생을 해야 다 읽을 수 있는 작품도 연극이나 영화로면 아무 힘 안 들이고 즐기며 감상할 수 있기 때문이다. 그러나 그것도 극장 설비가 불완전하여 환기가 잘 되지 않은 데다가 아이들의 건강이 지탱할 수 없기 때문에 자주 보이지를 못하고 있다."고 안타까워했다. 사실 그가 이 글을 쓴 것이 1953년으로서 대부분의 사람은 전쟁 직후의 폐허 상태에서 호구지책에 매달려서 허덕일 때였음에도 불구하고 동랑은 자식들을 윤리 의식이 강한 인물로 키우기 위해 시청각교육까지 활용했을 정도로 자녀교육 면에서도 크게 앞서가고 있었던 것이다. 3남매 모두가 병약하긴 했지만 명민해서 공부 걱정을 할 필요는 없었다. 따라서 그는 3남매에게 큰 기대를 걸었다.

그런데 그도 일반적인 아버지들처럼 3남매 중에서 주변으로부터 딸밖에 모른다고 할 정도로 장녀(仁馨)를 가장 사랑했다. 그가 유독 눈에 띌 정도로 편애를 한 것은 인형이 외모에서나 성품 등 여러 면에서 자신을 가장 닮았다고 생각한 때문이 아니었나 싶다. 착하고 바를 뿐만 아니라 매사에 진중하고 공부밖에 모르는 장녀야말로 자신이 평생 일구어온 일을 계승할 만하다고 믿었던 것 같다. 당초 그의 신조가 자식들이 아버지의 일을 계승해야 한다는 것이었기 때문에 3남매를 모두 공연예술을 하게끔 유도한 측면이 없지 않다. 어떤 업종이든 대를 이어야 나라에 이바지할 수 있다는 것이 그의 확고부동한 신념이었던 것이다. 그가 일본의 부강도 바로 그러한 자세에서 비롯되었다고 보기도 했다. 그 점은 그가 만년에 쓴 「개성은 생명의 힘」이라는 에세이도 나타나 있다. 즉 그는 그 글에서 "일본은 그들의 문화가 어디에서 유래했건 간에 분명 일찍 개화했고, 오늘날 경제 대국으로서의 부를 누리고 있는 발전된 나라임에 틀림없다. 물질뿐만 아니라 문화예술 면에서도 그들은 놀라운 발전을 보여주고 있다. 그들의 '가부키'나 '노' 같은 것은 희랍 비극 및 셰익스피어극과 함께 현재 세계 3대 극술(劇術)의 하나로 되어 있다. 그들의 이러한 발전은 어디에서 연유한 것일까? 나는 그것이 그들 민족의 개성, 그리고 거기에 대한 집념 때문이라고 생각한다. 초밥이나 가락국수 하나만 보더라도 일본에서 그것을 3대, 4대째 계속해서 해내려오는 집안들이 수두룩하다. 따라서 이렇게 몇 대씩 한 가지 직종에만 충실하다 보니, 그들이 만들어내는 물건들이 우수해질 수밖에 없는 것이다. 장 담그는 일이라든가, 씨름, 도자기 기술 같은 것 등이 모두 우리에게서 배워간 것인데도 불구하고 오늘날 우리를 능가하고 있는 것은 모두 이러한 그들의 생활태도 때문"[3]이라고 평소 자식들에게 귀가 따갑도록 되풀이해서 말을 해왔었다.

이러한 신념의 그가 장녀로 하여금 우선 연극을 공부하도록 강권(?)한 것은 극히 자연스러운 것이었다. 따라서 그는 장녀를 우선 유학 보내기로 마음먹고 1957년도 미국 체류 중 알게 된 폴 베이커 교수에게 부탁도 해놓았다. 솔직히 그로서는 드라마센터 짓느라고 빚에 허덕일 때여서 장녀의 유학은 생각하기 어려운 처지였다. 미국 연극계의 주요 인물인 폴 베이커 교수는 동랑의 미국 체류 중 강연을 듣고 서로 존경심을 갖고 있었던 터라서 장녀의 유학을 흔쾌하게 받아들여 자신이 봉직하고 있던 베르너대학 장학생으로 맞아들인 것이다. 숙식도 아예 베이커 교수 댁에서 할 수 있도록 편의를 보아주기까지 했다. 이때부터 그는 장녀에 대한 교육은 서간을 통해서 하기 시작했다. 즉 그는 여러 가지 일로 분주한 가운데서도 평상시 집에서 했던 것처럼 매주 서신을 통해서 장녀를 교육시켰다. 약관의 여성으로서 미국 생활은 고독 그 자체였음은 불문가지의 일이다. 그래서 그녀는 동랑에게 한국인들이 많이 사는 LA로 학교를 옮겨달라고 애원하는 편지를 보내기도 했다. 동랑은 역시 그답게 매우 이성적이고 냉정했다. 한국인들과 자주 어울리면 영어공부가 안 되므로 외롭더라도 거기에 그대로 머물러 공부하라는 당부였다.

그러나 그도 여느 어버이들처럼 딸의 고된 유학생활을 안타깝게 여기고 있었기 때문에 1963년 우리 예술단을 이끌고 프랑스 파리 공연 후 귀국길에 자신만 따로 떨어져서 장녀가 있는 텍사스까지 비행기로 날아갈 정도로 딸에 대한 사랑이 지극했다. 그는 인형에 이어 3년 뒤인 1963년도에는 장남 덕형과 차남 세형까지 유학길에 오르게 했다. 그는 두 아들이 각각 연세대학과 동국대학을 졸업한 데다가 예능에도 재능이 있다고 보았기 때문에 장차 드라마센터를 발전시킬 수 있다고 확신한 것이다.

그러니까 그는 평소 견지해온 이른바 '예술은 대를 이어야 한다'는 신념에 따라 덕형은 연극을 공부하도록 폴 베이커 교수 밑으로 보냈고, 음악과 영화를 남달리

3 유치진, 「개성은 생명의 힘」, 『동랑 유치진 전집』 6(서울예대출판부, 1993), 272면.

좋아하고 특별한 소질까지 갖췄던 막내는 영상예술교육으로 성가가 높던 S. M. U.(남감리교대학)으로 보낸 것이다. 3남매를 모두 유학 보내고 나서 그는 먼저 가 있던 장녀에게 다음과 같은 편지를 보냈던바, 거기에는 그의 지극한 자식 사랑과 평소의 세심한 성격 등이 그대로 드러나 있다.

인형에게

덕형이가 학교에 등록이 되고 방도 따로 얻어 나갔다니 저으기 안심이 된다. 그리고 학교에서 일도 하게 되었다는구나. 그동안 너의 노고가 많았겠다. 같이 있는 너의 미국 친구에게도 신세를 졌겠지. 너의 논문이 그 바람에 또 늦어지는구나. 걱정이다. 더구나 너의 가진 돈이 떨어지게 되었을 테니 불안하다. 네가 뉴욕에서 좀 머물면서 연극 구경을 하고, 그리고 구주를 돌아보고 올 것을 희망했지만 네게 돈이 없을 테니 어찌 그럴 수가 있겠니? 구주는 다음에 가기로 하고 바로 귀국해라. 너의 예정대로 오는 4월에는 네가 귀국했으면 좋겠다. 너의 생각과 계획은 어떤지 알려라. 〈소〉의 번역을 파리의 ITI에 보냈는데 어찌 되었니? 네가 얼른 알려주어야 번역료를 미국으로 보내라고 할 텐데….

그러나 그렇게 아니하면 그 번역료가 한국으로 송금되는 것이다. 한국으로 돈이 오면 다시는 미화로 찾을 수 없다. 그러니까 어찌되는 건지 내게 곧 알려라. 네가 댈러스에 있는 동안에 덕형이를 산안토니오로 데리고 가서 멜로이 장군을 만나라. 멜로이 부인은 네가 댈러스에서 공부하는 줄 알고 있다. 덕형이가 댈라스에 있는 동안 멜로이 장군의 도움을 받을 기회를 만들어주어야 할 것이다.

세형이가 로스앤젤레스에서 있던 집을 나갔다가 고생하는 모양이다. 잘 데가 없어 돌아다니는데 종운 군도 냄새를 내고 자기 집에 오지 말란다는구나. 기타를 믿고 비약하려다가 큰 고생 하는 모양이다. 네 모(母)도 주야로 걱정이다. 다시 하우스와크로 들어가라고 내가 편지를 했다. 요즘 어찌하는지? 드라마센터 학생들은 제1기생, 제2기생이 각각 공연을 했다. 오늘은 제2기생 출연의 〈시라노 드 벨쥬락〉을 공연했다. 연출에는 이원경과 오현주(미스 코리아) 두 사람이 수고했다. 4월에는 셰익스피어를 할 예정이다. 베이커 씨에게 덕형의 걱정을 해주어 고맙다고 내 대신 인사해라. 너의 친구에게서 편지가 왔기에 동봉해 보낸다.

1963년 12월 28일 아버지 씀.

이상과 같은 그의 편지에는 사랑하는 딸을 멀리 타향으로 유학 보내놓고 나서 걱정하는 한 어버이의 절절한 심경이 고스란히 나타나 있다. 우선 그의 편지 내용에서는 덕형과 세형 형제가 미국에 가자마자 해결해야 할 주거문제에서부터 학비 조달 등에 대하여 먼저 자리 잡은 장녀에게 세세하게 방안 제시를 한 것을 확인할 수가 있다. 그리고 두 번째로는 장녀의 귀국을 재촉한 부분인데, 여기서 눈에 띄는 부분은 그녀로 하여금 귀국 길에 가능하면 유럽 연극계를 돌아보고 오라는 내용이었다. 이처럼 그는 언제나 교육적 차원에서 자녀들의 행적을 살핀 것이다.

그가 한창 공부에 열중하고 있던 장녀로 하여금 빨리 귀국하도록 재촉한 것은 드라마센터가 아카데미를 정규 예술학교로 업그레이드하려고 동분서주하고 있던 때라서 학교를 책임질 그녀가 절대로 필요했기 때문이었다. 그 당시 드라마센터의 경제 사정이 최악이었기 때문에 외부 인사를 초빙하여 학교를 맡기기에는 불안하다고 생각한 때문이다. 동랑은 그녀가 3년여 동안 연극을 제대로 공부했기 때문에 이제는 귀국해서 학생들을 가르치면서 학교도 맡을 수 있다고 생각한 것이다. 그리고 그의 구상대로 1964년 4월에는 아카데미가 연극학교로 정식 승격 인가 받음으로써 인재양성의 꿈이 순탄하게 이루어지고 있었다. 그런데 그러한 동랑의 기대와는 달리 그녀는 논문 작성의 지연 등으로 그로부터 2년 뒤에나 귀국할 수가 있었다.

세 번째로는 그가 편지를 통해서 드라마센터의 이야기를 소상하게 알려주는 내용을 읽을 수 있는데, 이는 유학 중이라 하더라도 자식들이 장차 헌신해야 할 드라마센터가 어떻게 돌아가고 있는지를 알아야 한다고 생각했기 때문이다. 그러니까 그가 항상 편지에 드라마센터의 재정상황의 어려움에서부터 아카데미의 전후 사정, 그리고 공연활동 등에 대하여 소상하게 적은 것은 자식들로 하여금 드라마센터의 소중함과 한국 연극의 장래에 대하여 깊이 생각하도록 의도적으로 세뇌(?)시킨 것이라고 말할 수가 있다.

그가 가장 기대를 걸고 있었던 장녀 인형은 유학 떠난 지 만 5년 만인 1965년 가을에 그의 회갑을 맞아 귀국하게 된다. 장녀 인형의 귀국은 그녀에게 큰 기대를 갖고 있던 동랑에게는 큰 힘이 될 수밖에 없었다. 그녀는 귀국하자마자 주당 15시간 강의를 할 정도로 혹사를 당하기도 했다. 드라마센터의 재정 상태가 워낙 어려워서 강사를 초빙하기가 어려웠기 때문이었다. 그러다가 1968년부터 그녀가 부친에 이어서 제2대 교장으로 취임한다. 그녀의 후계 수업이 착착 진행되고 있었다.

그런데 그녀가 갑자기 연극학교 제1기 졸업생인 안민수와 사랑에 빠짐으로써 동랑의 여러 가지 구상에 혼란(?)이 왔다. 그러니까 동랑이 장녀의 사랑과 결혼 희망에 대하여 좋아하기는커녕 오히려 크게 놀라고 당황한 것은 그가 오래전부터 남몰래 구상해왔던 꿈과 계획이 무산(?)된다고 생각한 데 따른 것 같다. 그의 장녀에 대한 꿈과 계획이란 평범한 아녀자가 아닌 큰 여성 인물로 키우려던 포부였다. 저간의 사정에 대하여 장녀 인형은 부친을 회고하는 글에서 "1965년 내가 미국에서 돌아왔을 때에는 여자로서 이미 과년했기에 주위 친척들이 모두 결혼을 주선하려 했으나 아버지께서는 '제가 원한다면 결혼을 안 해도 괜찮지' 하시며 김활란 박사를 여성의 표본으로 들어주시며 여자가 결혼을 안 하더라도 얼마나 훌륭하게 인생을 살 수 있는지를 암시하시곤 하시었다."[4]고 쓴 바 있다.

이 사건에서 우리가 알 수 있는 것은 동랑이 매사에 보수적인 인물이었지만 남녀의 결혼관에 있어서마는 비교적 진보적이었다는 점이라 하겠다. 따라서 그는 장녀가 큰 인물로 성장할 자질을 두로 갖추고 있다고 믿고 평소 여성 지도자의 모델로 삼고 있던 이화여대총장 김활란(金活蘭, 1899~1970) 박사처럼 키워보겠다는 것이었다. 그가 장녀의 귀국 뒤 단 2년여 만에 그녀를 전격적으로 제2대 교장으로 승격시켰던 것도 바로 그러한 후계 구도로서의 원대한 꿈에 따른 것이었다. 그러나 장녀의 생각은 달랐다. 당시로서는 여자 나이 서른세 살은 많은 편이었고, 연하였지만 양순하고 바른 미남청년 안민수가 그녀를 운명적으로 견인하고 있었다.

실제로 동랑도 평시에 경기도 광주 출신의 반듯한 연극학도 안민수를 좋아해서 졸업과 동시에 학감으로 앉힐 정도로 아끼는 제자였기는 했다. 그런데 모친은 동랑과는 다른 차원에서 두 사람의 결혼을 반대하고 나서게 된다. 모친은 앞에서도 누누이 설명한 대로 선민의식이 누구보다도 강하고 안목이 대단히 높았던 인물이어서 엘리트 코스를 거친 당대 문화계의 최고 명문가 장녀를 연극공부하러 온 평범한 청년에게 시집보낸다는 것은 상상할 수도 없다고 본 것 같다.

---

4 유인형, 「숙명의 연극인 나의 아버지」, 『동랑 유치진, 한국공연예술의 표상』(서울예술대학교출판부, 2014), 24~25면.

회갑연에서 동랑 내외(1965)

아우 청마 유치환(왼쪽)과 함께(1965)

뒷줄 왼쪽부터 이해랑, 이두연, 오사량, 끝 신태민. 앞줄 왼쪽부터 김상호 건너 김정환, 동랑 내외, 오영진, 임영웅.

물론 모친은 한 여자로서는 장녀의 사랑을 어느 정도 이해하는 편이었지만 남편 동랑이 공연예술계의 최고 인물이었음에도 불구하고 평생 자신을 너무 고생시킨 쓰라린 경험 때문에 장래가 불투명한 평범한 연극학도 안민수는 딸의 배필이 될 수가 없다고 본 것이다. 평소 모친도 동랑처럼 진중하고 양순한 모범 청년으로 인정하고 있던 안민수를 아끼고 있었던 것은 사실이었다.

바로 여기서 부모의 이상과 딸의 현실이 충돌했다. 동랑으로서는 오랫동안 마음속에 품어온 장녀에 대한 큰 꿈을 포기할 수는 없다고 생각한 반면에, 사회적 역할이냐 범용한 여자의 길이냐라는 갈림길에서 한때 갈등하기도 했지만 장녀는 사랑의 소중함으로 기울어갔다. 이로부터 한동안 부모와 장녀 간의 냉전(?)은 지속되었고 누구도 뒤로 물러서지 않았다.

동랑으로서는 그토록 사랑하는 딸과 한 지붕 아래서 대화 없는 나날을 이어가야 하는 고통스러운 긴 시간이었다. 그가 그처럼 기대하고 있던 장녀가 자신을 떠난다고 생각할 때, 그의 심정이 어떠했겠는가. 물론 장녀 역시 이러한 부친의 상심을 이해 못 하는 것은 결코 아니었다. 그러나 장녀는 여자로 살고 싶었고, 평생 처음 사랑을 느낀 안민수를 놓치고 싶지 않았던 것이다. 결국 장녀는 부모의 뜻을 외면하고 1969년 1월에 축복받지 못하는 결혼식을 올린다.[5]

그런데 반년에 걸친 부녀간의 대화 단절은 결혼 후에도 그대로 지속되었다. 애제자에서 서랑(壻郎)으로 바뀐 안민수는 예정대로 결혼 직후 하와이대학으로 유학을 떠났고, 인형 역시 집을 떠나 모친의 4촌 여동생 집에 임시 거처를 정해야 했다. 이때가 부녀로서는 일생에서 가장 고통스러운 시기였다. 그런데 동랑은 교수 부족의 학교 사정도 있었지만 장녀를 저버릴 수는 없었던 만큼 신학기부터 강의만은 허락한 것이다. 그러다가 그녀가 여름 들어서 안민수를 따라 하와이대학으로 떠나게 된다. 이때가 부녀간의 눈물의 화해 계기가 되었음을 인형의 다음과 같은 회고가 잘 보여준다.

5 장녀의 결혼은 유씨 집안의 개혼으로서 큰 경사였지만 동랑 부부가 불참함으로써 외삼촌(심재홍 박사)이 신부 입장을 시켰다고 했다. 유인형의 증언, 2004.7.18.

내가 미국으로 떠나던 날 결혼 이후 처음으로 아버지와 밥상을 마주하고 아무런 대화 없이 점심을 끝냈었는데, 나는 마지막 인사를 드릴 때 급기야 눈물을 보이고 말았다. 그때 그토록 무정한 것만 같던 아버지는 가만히 나에게 여비를 내밀어주셨던 것이다. 어쩌면 평생 처음이며 또 제일 컸던 선물이었고 그렇게 아버지와 나는 말없는 화해의 순간을 가졌으며 아버지께서는 우리의 결혼을 받아들이게 되었다.[6]

이때 인형에게 건네준 여비는 동랑이 동국대학에서 받은 정년퇴직금 전체였음을 미루어볼 때 그가 장녀를 얼마나 사랑하고 있었나를 잘 보여주는 것이라 하겠다. 결국 그의 기대를 저버리고 자신의 인생을 살겠다고 고집부린 장녀에 대한 실망감도 오래가지는 않았다는 이야기다. 가령 그가 딸을 떠나보내고 단 두어 달도 되지 않은 그해 9월에 뉴욕에서 열린 국제연극학회 참석차 가는 도중에 일부러 하와이의 딸에게 들른 사실이야말로 그 점을 단적으로 보여주는 것이라고 말할 수 있다.

장녀도 그와 관련하여 "그 후 1969년 뉴욕에서 열린 국제연극협회 회의에 참석하시기 위해, 아니 어쩌면 우리의 신혼생활을 직접 보시고 싶으셨기에 노인께서 우리가 살고 있는 하와이에 들르셨고 나와 당신의 사위와 우리의 결혼으로 인해 생긴 불편함이 언제였던가 싶게 자연스럽고 또 친밀하게 이야기를 잇는 몇 날을 보낼 수 있었다. 참으로 눈물겹도록 고맙고 행복한 나날이었다."고 회상하기도 했다. 그의 회고는 맞는 말이다.

동랑의 하와이 방문은 장녀에게 품었던 포부를 곧바로 접고 현실을 흔쾌히 받아들인 것으로 볼 수가 있는 것이다. 그런데 동랑이 딸과 며칠 보내는 동안에도 그의 조국 사랑이 드러난다. 즉 그는 딸 부부에게 자식을 낳거든 손주들에게 반드시 한글을 가르치라고 신신당부한 것이다. 중국이나 일본 사람들은 외국에 살면서도 꼭 자기 나라말을 가르치는데, 한국인들은 그렇지 않다는 것이었다. 그 점을 명심하도록 한 것이다.[7]

한편 동랑이 전처럼 변함없이 장녀에 대하여 지극히 사랑하고 있었음이 귀국 즉

6 유인형, 앞의 글.

7 유인형 증언, 2014.12.12.

시 인형 부부에게 보낸 다음과 같은 서간에 그대로 드러나 있다.

> 내외 보아라
>
> 1969년 11월 1일
>
> 10월 28일 저녁 여섯 시에 김포 착, 가족들의 마중을 받고 궁금했던 미국에 있는 너희들의 얘기로 꽃을 피웠다. (……) 뉴욕에서부터 매우 피곤하더니 서울에 와서는 피로를 견딜 수 없다. 특히 걸음 걷기에 힘드는구나. 바로 걸을 수 없고 푹푹 쓰러진다. 식구들, 그중에서도 네 母가 걱정해서 31일 아침에 성모병원에 입원 중이다. 이틀 밤을 쉬었더니 오늘 아침엔 정신이 나서 이 편지를 쓴다. 그러나 글자가 어쩐지 어색하게 쓰이는구나. 읽기에 거북할 것이다. 이번 여행 전부터 내년 봄부터는 나는 전력을 드라마센터 공연에 쏟으며 나의 전집 출간 준비도 해볼 작정이었으나 나의 건강은 도무지 뜻대로 안 되는구나. 여생이 막막하고 쓸쓸하기만 하다.
>
> 그러나 나의 전력을 다해서 건립해놓은 드라마센터를 제대로 운영해보지 못하고 그냥 물러앉을 수 없다는 게 내 심정이다. 어떻게 해서라도 꽃을 피우게 할 내 결심엔 변함이 없다. 여기 식구, 드라마센터 직원들도 다 잘 있고, 11월은 한 달 내내 대관이 되어 있어 바쁘기도 하겠거니와 경제적으로 좀 나은 것도 같다. 인형이도 하와이대학에서 두 가지 강의를 듣는다니까 듬직하다. 후일을 위해 교재를 모으는 데 힘써라. 그리고 학교와 극장(케네디극장)의 운영의 합리성과 결함도 잘 고찰하고, 安(민수)은 뉴욕 등지에서 견문을 더 늘려야 할 것이다. 물론 하와이에서의 공부도 큰 기초적 도움이 될 것임에는 틀림없다만(문화적으로 하와이는 너무나 시골이다) 의상, 장치, 제작용 자재들도 거기 있는 동안 잘 참고해라. (……)

이상과 같은 서간에서 확인할 수 있는 것은 대체로 세 가지로 요약될 수 있는데, 첫째는 자신의 쇠약해진 건강이었다. 당시 그는 64세의 고령으로써 평소 고혈압과 당뇨라는 성인병을 앓고 있었던 데다가 여독마저 겹침으로써 성모병원에 입원까지 해야 했던 것이다. 따라서 그는 마음까지 약해져서 때때로 인생이 '쓸쓸하고 막막하게' 느낄 정도로 노년의 삶에 대하여 회의하고 있었다. 두 번째로는 역시 드라마센터 경영에 대한 걱정과 어떻게든 거기서 연극의 꽃을 피워내겠다는 강한 의지였고, 세 번째는 딸 부부의 면학에 대한 세세한 충고였다.

그의 장녀에 대한 편지는 귀국할 때까지 거의 한 달에 한 번 정도로 잦았다. 그런데 편지 내용은 항상 비슷할 수밖에 없었는데, 대체로 여느 어버이들처럼 자식들의 생활에 대한 이런저런 걱정과 아내의 병약함을 마음 아파하는 것이 주 골자였고, 두 번째는 장녀 부부의 면학에 대한 여러 가지 충고, 그리고 연극학교와 드라마센터의 상황 및 운영 걱정이었다. 특히 그는 자신의 건강은 말할 것도 없고 아내의 병약함을 한탄하고 있었음을 귀국 후 두 번째 편지에 생생하게 나타나 있다.

즉 그는 1969년 12월 10일에 보낸 편지에서 "너희들이 방세 150달러로 구할 수 있는 처소를 발견했다니 천행 중 다행"이라면서 "너의 어머니는 요즘 통 먹지 못해 얼굴은 파리하다 못해 쇠하여서 중병인 그대로다. 외출도 못 하고 살림은 갈수록 벅차고, 게다가 드라마센터의 땅값 5백만 원을 연말까지 갚아야 하게 되어서 고생에 걱정이 태산이다. 아침에 먹는 달걀 두 개로 왼종일을 지내니 영양실조로 죽게 되었다. 큰 일 났다. 죽을 것 같다."고 장탄식하는 것으로 끝맺고 있을 정도다. 그만큼 그는 아내에 대하여 지극 정성이었는데, 그 점은 매 편지마다 아내의 건강 걱정을 꼭 써넣은 데서도 잘 나타난다.

실제로 심재순은 귀골답게 연약하고 섬세하며 매우 예민한 여자였다. 이는 아마도 그녀가 부유한 가정에서 온실 속의 화초처럼 귀하고 곱게만 자랐기 때문에 신체를 단련할 기회를 갖지 못한 데서 비롯된 것이 아닌가 싶다. 더구나 고생이라고는 조금도 해보지 않은 그녀가 동랑의 연극활동을 뒷바라지하면서 적잖은 고통을 겪었고, 만년에는 드라마센터 짓느라고 모든 재산을 투여함으로써 극장 뒤의 판잣집에서 기거하는 처지가 되었으니 예민한 그녀의 건강이 나빠진 것은 자연스러운 현상이었다는 생각이다. 그렇기 때문에 그녀의 병이 모두 정신과 관련된 것으로서 신경성 심장병과 위병으로서 그러한 주변 환경과 무관치 않았다고 볼 수 있다. 예를 들어서 동랑이 1970년 6월 26일 자로 인형에게 보낸 서간에서 아내의 건강과 관련하여 "연전에 심장마비로 한 번 죽었다 깨어난 일도 있고, 요즘 너의 母의 건강이 차츰 악화되고 해서, 죽기 전에 여행이라도 한 번 시켰으면 하는 나의 심정"이라고 적었는데, 이는 기후가 온난한 하와이를 염두에 두고 한 말이었다.

그런데 당시에는 비자 받기가 매우 어려웠던 시절이어서 그러한 동랑의 희망은 이루어지지 않았다. 그는 다음 편지에서도 아내의 하와이 여행에 대하여 장녀에게 채근하는 내용을 적어 보낸 바도 있다. 동랑이 그 이듬해(1971년 12월 19일 자)에 보낸 편지에서도 그는 아내의 건강과 관련하여 "너의 母가 요즈음 식사를 통 못 한다. 밥을 전폐하고 아침과 저녁에 빵, 그것도 가를 도려낸 것 한 쪽씩과 달걀 반숙 한 개씩을 먹을 뿐이며 (……) 커피는 아침에 한 잔 외에는 못 먹고 그러니 아주 수척하여 피골이 상접하다. 볼 수가 없다."고 안타까운 심정을 토로하기도 했다.

그가 아내의 병약함에 유난히 마음 졸이고 안타까워한 데는 부부로서의 지극한 사랑이 바탕이 되어 있는 것이지만 그 저변에는 자신으로 해서 평생 고생만 한 것에 대한 죄책감도 작용한 것이 사실이었다. 왜냐하면 무일푼의 연극운동가인 자신과 결혼함으로써 평생 경제적으로 쪼들려 살아왔기 때문이다. 그러니까 아내가 선천적으로 약한 체질이기는 했지만 생활의 곤핍함이 그녀의 건강을 더욱 악화시킨 것으로서 스스로 자책한 것이라고 볼 수가 있지 않을까 싶다. 게다가 여러 면에서 아내를 많이 닮은 막내 세형(洗馨)이마저 심장병이 발병해서 그를 더욱 걱정케 했다.

그런 와중에서도 그는 어버이로서 장녀 부부의 졸업 논문에 대하여 방향을 제시하는 세심함도 보여줌과 함께 자식들의 연구가 곧 한국연극의 발전에 이바지 하도록 한 것 역시 연극밖에 모르는 그다웠다고 하겠다. 즉 그는 1970년 12월 9일 자로 장녀 부부에게 보낸 편지에서 논문 테마를 우리의 탈춤에 대하여 쓰도록 권장하고 목차까지 정해주었던 바, "(1) 한국 가면극의 기원(한국 원시종교 샤머니즘과 가면극), (2) 한국 가면극의 발달 과정, (3) 한국 가면극의 분포(어느 지방에 어떤 형태의 가면극이 있는가?), (4) 한국 가면극의 무대 및 공연 방식, (5) 한국 가면극의 특이성(한국 가면극과 세계 다른 민족의 그것과의 비교 연구), (6) 한국 가면극이 한국 신극에 끼친 영향 등을 서술하고 가면극 대본(〈양주 별산대〉 같은 것)을 영역하여 구별하면 될 것 같다."고 했으며 이듬해 봄에 보낸 편지에서는 "한국 가면극 연구를 인도 등 동남아 가면극과 몽고, 일본 등의 가면극을 비교 연구함이 좋을 듯하다."고도 썼다.

이러한 그의 편지 내용을 보면 그가 극작가라기보다는 민속학자 같다는 생각이 들 정도로 우리나라 가면극에 대하여 해박할뿐더러 매우 학구적이었음을 알 수가 있다. 특히 한국 가면극을 동남아에 널리 퍼져 있는 가면극과 연관시켜본 것은 대단히 탁월한 안목으로서 우리 학계에서 앞으로 풀어가야 할 과제를 그가 이미 40여 년 전에 제시했다는 점에서 놀라운 일이라 아니할 수 없다.

그리고 장녀 부부에게 가급적이면 빨리 귀국해서 학교 일을 도와달라는 편지도 했다. 그의 자상하고 세심한 성품은 유학하면서 고생하고 있는 딸의 건강 걱정과 낯선 나라에서 고생하고 있는 미국 출신의 자부(쟈니스)에 대한 배려, 그리고 손자(태균)에 대한 사랑 이야기에서 구체적으로 표현했다. 즉 1971년 5월 17일 자 편지에 보면 "인형이는 사철 감기만 앓고 있으니 그 온화한 낙천지인 하와이에서 웬일이냐? 그곳 기후가 인형이에게 맞지 않나 보다. 민수의 말대로 인형이는 귀국하여 한약이라도 먹게 하는 게 좋겠구나. 잘 생각해서 해라. 감기가 만병의 근원이라는데, 연중무휴로 감기에 붙들려 있으면 무슨 다른 병이 덮치지 않겠냐? 걱정이다." 라고도 썼다.

그리고 1970년 6월 26일 자 편지에 보면 "태균이는 제법 긴 말을 하는구나. 저희 모(쟈니스)에게는 영어로, 그리고 저희 조모에게는 한국어로 자기 의사 발표 하는 것을 보면 신통하다. 대단히 영리하다. 금년 9월부터 신촌 외인학교에 다닌다. 학교서 그렸다는 그림도 가져다 뵈고, 학교서 배운 창가도 곧잘 한다."고 대견해하면서 "쟈니스는 미국 아이(7세부터 11세까지인 아이)들을 매주 2일(월, 수) Children Theater를 드라마센터에서 가르친다."는 이야기를 알려주기도 했다.

그런데 그로서는 그처럼 큰 기대를 갖고 사랑하던 딸이 반대하는 결혼을 하고 미국으로 훌쩍 떠나감으로써 공허했던 마음을 달래주고 또 메워주기까지 한 것은 장남 덕형의 귀국이었다. 즉 그가 장녀와 결혼문제로 냉전(?)을 벌이고 있던 1968년 8월 4일에 장남이 귀국하여 이듬해 봄에 새로운 연출 작품으로 극계에 파문을 일으키면서 크게 고무된 바 있었다. 솔직히 그가 장남이 미국으로 유학을 떠나기 전까지는 그에게 그렇게 큰 기대를 갖고 있지 않았던 것 같다. 왜냐하면 끼가 넘치고 낭만적인 성향의 장남이 보수적인 자신과는 많이 달랐기 때문이다. 그러나 덕형이 미국 유학 중 곤궁한 가운데서도 공부를 열심히 하여 교수들로부터 높은 평가를 받았을 뿐만 아니라 사람 자체도 과거 연세대 학생시절 때와는 완전히 다른 성숙한 청년이 되어 돌아온 것이다.

특히 그가 동랑으로 하여금 장남 덕형에 대한 의구심을 단번에 불식하고 기대를 갖게 만든 계기는 귀국 이듬해 봄 첫 데뷔작인 '유덕형연출작품발표회'를 내놓음으로부터였다. 그 작품을 보고 그는 장남이 자신의 후계자로서 손색이 없다고 확신한 것이다. 그 점은 그가 1970년 6월 26일 자로 장녀에게 보낸 서간에서 "덕형이가 온 후로 우리 학교도 차츰 질서가 잡혀왔고, 학생 수도 늘어서 이번 2학기는 전교생이 70여 명이나 된다."고 한 데서도 어느 정도 드러난다.

물론 그가 덕형의 연출 작품에 대하여는 자신이 오랫동안 꿈꾸어왔던 동서 연극의 융합을 꾀했다는 점에서 높이 평가하는 한편 미래 연극의 가능성을 열어준 것에 대해서 경탄했던 것은 사실이다. 그렇다고 해서 그가 덕형의 작품에 만족해한 것은 아니었다. 그 점은 덕형이 두 번째로 만든 〈생일파티〉와 관련하여 1970년 1월 13일 자 장녀에게 보낸 편지에 "졸업 공연 〈생일파티〉는 덕형 연출로 매우 호평이다. 연극이 추상적이어서 내게는 공감이 안 가더라. 요즘은 공감이 안 가는 게 새로운 연극이라고들 하는데, 아무리 추상적이라도 공감은 가야지. 나는 그 추상을 공감이 가게 다루어야 한다고 비평했다. 추상적 그림은 그 내용은 몰라도 색채의 칵테일만으로도 우리에게 미감을 주지만 연극은 감각만으로 상연 시간(세 시간)을 지속시킬 수는 없는 게다."라고 쓴 데서 어느 정도 나타나고 있다.

이는 부자간의 연극관의 괴리라기보다는 감각상의 차이에서 온 것이라고 보아야 할 것 같다. 그러니까 동랑이 비록 동서 연극의 융화 등 한국 연극의 미래에 대하여 여러 가지 앞서가는 대안을 제시하긴 했지만 그 자신은 근본적으로 리얼리스트였다. 바로 그 점에서 덕형의 수십 년 앞서간 실험연극에 대하여 노작가로서는 감각적으로 따라가지 못한 것이라고 말할 수가 있는 것이다. 그러나 그의 우려와는 달리 덕형은 승승장구했다. 내놓는 작품마다 화제를 뿌렸고, 제3세계의 연극인들 중에서 덕형은 가장 주목받는 신예로 자리 잡음으로써 여러 나라로부터 연출 초청이 쇄도하기도 했다.

동랑은 즉각 덕형에게 학교를 맡김으로써 1970년에 서울연극학교 제3대 교장으로 취임케 된다. 그리고 곧바로 그는 미국의 라마마 극단으로부터 초청받아 미국을 오가게 된다. 그가 뉴욕에서 연출 작업을 해야 했기 때문에 그곳에 몇 달씩 머무는 때도 있었다. 다행히 장녀 인형과 서랑 안민수 부부가 유학을 마치고 1973년 봄에

유덕형 연출 〈생일파티〉(1970)

귀국함으로써 덕형이 맡았던 강의와 잡일도 메울 수가 있었다. 그러니까 장남의 미국 활동을 장녀 부부가 간접적으로 도와주는 형국이 되었다는 이야기다.

그로서도 이들의 귀국은 천군만마를 얻은 것이나 마찬가지였다. 여기서 반드시 짚고 넘어가야 할 것은 서랑 안민수에 관한 동랑의 생각 변화이다. 솔직히 그가 장녀에 대한 결혼 반대 이유 중에는 안민수의 연극인으로서의 가능성에 대한 회의도 없지 않았었다. 그런데 안민수가 귀국하여 첫 번째로 연출한 〈리어 왕〉이 의외로 호평받음으로써 그를 안심시킨 것이다. 그가 보아도 셰익스피어에 대한 안민수의 작품 해석이 참신했기 때문에 연출가로서 가능성이 있다고 확신케 되었다. 이처럼 드라마센터에 인적 자원이 늘어남으로써 그는 예술전문학교로의 구상도 착착 진행해갔다. 전문학교가 되면 학과도 늘려야 하고 늘어나는 학생들을 위해서 강의실도 여러 개 있어야 하므로 1973년 봄부터 극장 뒤 공터에 새로 건물을 짓기 시작했다. 그리하여 가을에는 강의실 열 개 이상 나올 수 있는 3백 평의 깔끔한 신축 건물도 완공되었으며 예술전문학교로의 승격 작업도 순조롭게 진행되어갔다. 그 점은 미국 뉴욕의 라마마 극단 초청으로 〈초분〉을 연출하기 위해 미국에 가 있던 덕형에게 보낸 다음과 같은 서간에 소상하게 나타나 있다.

덕형에게

1973년 9월 17일(제1신)

오늘 아침 아홉 시 반에 김정환(金貞桓) 씨가 별세했다. KBS 보도부원이라는 청년이 와서 이란에서의 네 소식을 전해주었다. 아쟁은 국악원에 제조 의뢰했다. 값은 6만 원이래야 만들겠다 해서 달라는 대로 주기로 하고 시켰다. 금월 말경이래야 완성하겠다고. 마침 금월 말에 박석인(朴石人) 군이 도미한대서 박 군 편으로 보낸다. 6만 원은 박 군이 내겠다고. 박 군이 엘렌에게 보내는 선물로 쓰겠다고 해서 그렇게 하라 했다. 그리 알고 박 군의 생색을 엘렌에게 내줘라. 『조선무속참고도록』은 심 선생의 소개로 1만 원에 샀다. 장의근 군에게 국악원에서 기증 받은 레코드판과 같이 보낸다. 장 군은 금월 19일 여기를 떠난다고. 지금 극장 뒤에 짓는 교사는 4층으로 12평쯤 되는 교실이 각 층에 넷씩 전부 열여섯 실이 되겠다. 지금 3층까지 골조가 되었다. 내부까지 다 되자면 10월 말까지 가야 하겠다.

학교는 연극과, TV영화과 외에 응용미술과, 무용과, 오페라과 등 다섯 과를 두는 게 어떠냐? 학생은 각과 40명씩 합계 2백 명쯤 확보했으면 한다. 우리가 얻고 있는 정원이 125명이니까 초과되는 75명은 따로 장관의 허가를 받아야겠다. 기획실장은 오케이 한다. 더욱 노력해보겠다. 무용과는 김문숙(金文淑), 오페라과는 김자경(金慈璟) 씨를 과장으로 뒀으면 한다. 응용미술과에 대해서는 송만조 군과 상의 중이다. 네가 이란에서 돌아오면 너와 협의하려 했는데 네가 오지 않으니 시간이 없어 결정 못 하고 갈팡질팡 낭패다. 모든 것에 대한 너의 의견을 알려라. 왜 너는 일체 통신을 안 하냐? 무슨 불만이 있니? 네 아파트는 도배와 구조 변경을 해놓고 비어 있다. 누구 다른 사람을 둬 지켜야겠다. 비워두어도 관리비는 내란다. 언제쯤 오니? 오면 아이들하고 같이 오니? 알려라. 아이들 잘 크는지? 언제쯤 오니? 답답하다.

이상의 편지 내용에서 확인할 수 있는 점은 대체로 세 가지라고 말할 수가 있다. 첫째는 역시 그의 어버이로서의 자상함이다. 타국에 나가 있는 장남에게 서울의

서울예술전문대학

소식을 소상하게 알고 있도록 알려주고 있는 점에서 그렇다. 그러니까 장남도 잘 알고 있는 무대미술가(金貞桓)의 타계를 가장 먼저 전해주는 것을 시작으로 하여 장남이 〈초분〉 연출에서 필요하여 요청한 서책과 국악기 제조 구입 과정을 소소하게 적은 것은 아무나 할 수 있는 것이 아니다. 두 번째로는 하와이의 장녀에게도 그랬듯이 장남에게도 드라마센터의 활동상황을 자세하게 알려줌으로써 밖에 있더라도 극장 운영과 연극학교에 깊은 관심을 갖도록 상기시켜주고 있었다. 그런데 서간 내용에서 더욱 눈길을 끄는 부분은 그가 대단히 민주화된, 그러니까 열린 사고의 어버이였다는 사실이다. 다 알다시피 드라마센터는 그가 간난을 무릅쓰고 독자적으로 세웠으며 연극학교도 마찬가지다.

따라서 그는 자기 마음대로 모든 일을 처리해도 누가 이의를 제기할 수가 없는 절대권자였다. 40여 년이 지난 지금도 일부 사학들에서는 2세를 총장으로 내세우고도 교주라는 사람들이 절대권을 휘두르고 있지 않은가. 그러나 그는 달랐다. 가령 그가 장남에게 보낸 편지를 보면 학교의 학과와 주임교수 초빙에 대해서까지 일일이 의견을 존중하고 기다렸음을 확인할 수가 있다. 이런 그에게 장남의 회답이 없자 그는 무슨 불만이라도 있는 것 같아 답답해하기도 했다. 그가 하루 뒤에 보낸 서간에서도 보면 "학교문제(과 설치, 정원, 방향) 등 네 의견을 자세히 알려라. 문교부의 인가. 신입생 모집 등 날짜가 앞으로 얼마 남지 않았다. 바쁘다. 빨리 네 의견을 알려라. 결정하겠다."고 쓸 정도였다.

바로 여기서 그가 평소 공사(公私)가 분명하고 대단히 민주적인 의사 결정을 중요시한 인물이었음을 확인케 해준다. 왜냐하면 그가 극장을 짓고 학교를 설립한 학원장이라고 하더라도 현재는 장남이 교장으로 있었던 만큼 그의 의견을 전적으로 존중해서 학교의 중요 사항을 처리하겠다는 것이었기 때문이다. 이처럼 그가 보수적인 경상도 출신 어버이임에도 불구하고 가부정적 일방통행식 일처리는 하지 않았던 것이다.

그만큼 그는 가장으로서 매우 열린 사고를 지닌 개방적 인물이었고 동시에 민주적이며 합리적이었다. 또 하나 간과할 수 없는 것은 그가 예술학교에 당시에는 어느 대학도 생각지 않았을 뿐만 아니라 현금(現今)에도 없는 오페라학과 설치를 계획했었다는 사실이다. 어찌된 일인지 실제로 성취되지는 않았지만 그의 선구적인 면을 보여주는 하나의 사례라 하겠다. 그리고 장남의 주거문제에 대한 이야기를 간과할 수가 없을 것 같다. 왜냐하면 자신은 드라마센터 뒤의 찬바람이 들어오는 누옥(陋屋)에 살면서도 장남에게는 어엿한 아파트를 마련해주었기 때문이다. 이는 그만큼 그가 장남을 특별히 대우했음을 보여주는 한 예이기도 하다. 솔직히 그는 장남의 당초 국제결혼을 탐탁지 않게 생각했었다. 그러나 장남이 이미 결혼하여 아이까지 가졌기 때문에 어쩔 수 없었고, 다행히 미국 며느리 쟈니스가 여타 미국의 활달한 여자들과는 달리 얌전하고 성실해서 좋아하고 특별배려까지 해주기도 했었다. 그러나 장남의 생활 방식 등에는 여전히 못마땅한 부분도 없지 않았다. 예를 들어서 덕형은 유학 중 미국 생활에 길들여져서 귀국하자마자 자가용차를 몰고 다녔다. 덕형으로서는 자연스러운 것이었다. 동랑의 젊은 시절과는 달리 덕형은 부유한 가정에서 자란 데다가 문명사회에서 지내다 보니 차는 필수적인 것이었다. 그럼에도 불구하고 가난한 나라에서만 살아온 동랑은 그런 장남을 이해 못 했다. 결국 동랑은 '석유가 한 방울도 나지 않는 이 땅에서 자가용이 웬 말이냐'면서 도끼로 차를 내리 친 일까지 있었다. 여기에는 동랑의 두 가지 면모가 나타난다. 한 가지가 장남의 검소하지 못한 생활자세에 대한 불만이었다고 한다면 다른 한 가지는 그의 철두철미한 애국심이었다고 하겠다.

그런데 또 한 가지 주목할 만한 점은 장남 덕형이 본격 등장하면서 그가 장녀 인형과의 관계에는 차별성을 두고 있었음이 서간에 나타나고 있다는 사실이다. 가령 그가 덕형에게 보낸 서간에 보면 이미 출가외인이 된 장녀에게는 사사로운 건강, 학업, 경제 사정 등 가정사에 한하여 주 관심을 두었던 데 반해서, 장남에게는 유씨 가문의 종손(宗孫)이라는 것을 염두에 두고 친인척들의 대소사와 학교 운영문제에 비중을 두고 상의했다는 점에서 그렇다. 이는 그만큼 그가 덕형을 여러 면에서 후계자로서 역할을 하도록 뒷받침해주려는 배려에 따른 것이었다고 말할 수가 있다. 그 한 예로 같은 해 9월 22일 덕형에게 보낸 편지에서는 생질(덕형의 4촌 동생)의 자살사건과 둘째 여동생(治洌)의 미국 이민[8]을 급히 알려주었는가 하면, 10월 13일 자에 보낸 서간에서는 아들의 자살 충격으로 급사한 셋째 계씨(治倓)의 장례 이야기와 학교 운영문제에 대하여 상의하는 내용을 담고 있다. 이처럼 그는 일찍부터 덕형이 종손으로서 유씨 가문의 대소사를 알고 있어야 한다고 생각한 것이다. 그 점은 다음과 같은 서간에 더욱 구체적으로 나타나 있다.

덕형에게

1973년 10월 13일

너의 삼촌인 교무의 장삿날이다. 광주(廣州) 대단지 옆에 있는 묘지에 묻었다. 10월 11일 아침에 죽었다. 사인은 그의 넷째 아들 대형(大馨)의 자살에서 받은 쇼크 때문인 것 같다. 20일 전에 대형이가 군 복무하는 영창 창고에서 목을 달아매고 죽었는데 그것을 비관하여 울고, 독한 술로 마음을 달래고 하더니 별안간 현기증(11일 아침에 기침하면서)을 일으켜 두세 시간 만에 고통 없이 혼곤히 숨을 거둔 모양이다. 의사 진단이 고혈압이라고, 평소에 혈압이 고르지 못해 두통기가 난다더니 아들의 자살로 인한 쇼크로 악화되었던 모양이다. 일평생 고생만 하다가, 불쌍하기 짝이 없다. 대형은 자식들

8 "너의 삼촌 교무의 4남(대형)이 군에서 목을 매고 자살했다. 열(洌)은 딸들이 있는 미국으로 1개월 전에 떠났다. 연락처는 최가희 집이다." 1973년 9월 22일 자 편지.

중에서 가장 영리한 놈이었는데, 그놈도 불행한 현실을 비관하여 목을 맨 모양이다. 수일 전에 뉴욕에서 건 네 전화를 받고 한국말 공부할 텍스트(시 낭독, 라디오 드라마, 唱, 연대부설의 외국인에게 가르치는 한국어학교의 교과서) 등을 백방으로 구해서 장의근 군에게 맡겼다. 장은 박과 같이 미 대사관에 가서 비자를 조르고 있으나 아직도 미국 노동국에서 기별이 없다 하면서 내주지 않는다.

만일 〈초분〉을 가지고 구주 공연을 떠난다면 너의 귀국이 늦어지겠구나. 너의 귀국 날을 짐작하면 비워두는 동안에 반포 아파트(32평)를 세놓아 문짝, 기타 물건의 도난을 면할 것 같은데, 네 의견은? 그리고 언제쯤 귀국하겠는지 대강 날짜를 기별해라. 새로 신설했으면 하는 (내년쯤) 음악극과, 무용과, 응미과에 대한 구상을 해보아라. 그리고 그 커리큘럼, 시설, 교육 방식 등을 뉴욕에서 시찰해서 내게 기별해다고, 만일 신설하게 되면 이상적으로 해야겠다. 우리 학교의 라디오, TV, 영화과는 아무 시설을 갖추지 못해서(엉터리 교육을 계속하고 있음에) 부끄럽고, 이 이상 이대로 더 나갈 수도 없지 않겠느냐? 그곳에서 미국 사람들의 라디오, TV, 영화 등, 교육하는 방식을 널리 살펴보고 우리 학교에서 참고할 수 있는 가능한 방법을 모색해보아라. 우리의 라디오, TV, 영화과는 액팅이나 가르치고 있으니 남이 알면 엉터리, 협잡이란 지적을 받기에 알맞다. 오늘이 제12차 중고교연극 콩쿨의 마지막 날이다. 오늘 밤에 시상식을 갖겠다. 출전 연극 수준도 예년보다 나은 것 같다. 서울은 싸늘하다. 남산은 만산 단풍이다. 겨울 걱정들 하고 있다. 아이들 잘 있냐? 닥터 박에게선 아직 페이스메이커가 도착하지 않았다.

이상과 같은 서간에는 동랑의 여러 가지 면모가 고스란히 나타나 있다. 그중에서도 눈길을 끄는 부분은 네 가지인데, 그 첫째는 그동안 학교의 없는 살림을 충실하게 꾸려왔던 계씨(치담)의 급서를 애통해하는 형의 절통한 마음을 진솔하게 전한 것이고, 두 번째로는 덕형의 부탁 건을 처리한 내용과 덕형 가족이 비워놓고 간 아파트의 관리문제였으며, 세 번째는 전문학교로의 승격에 따른 학과 설치에 대한 장남의 의견 듣기였다. 그런데 이 서간에서 가장 주목되는 부분은 네 번째의 연극학교의 교육문제에 대한 심각성 실토라고 하겠다. 즉 그는 연극학교의 현행 교육이 부실한 시설로 인하여 너무 엉터리라고 생각해온 자괴감을 토로한 것이다.

2) 못다 부른 노래

따라서 그는 더 이상 그런 식으로 교육을 하면 죄를 짓는 것이라고까지 자탄하기까지 했었다. 그가 장남에게 미국에서는 라디오, TV, 영화학과를 어떻게 운영하고 있으며 또 교육 방식 등은 어떤지도 샅샅이 살펴보고 귀국해서 우리 연극학교에서 실천하도록 당부한 것이다. 그리고 귀국 전에라도 알려주면 당신이 스스로 참고하겠다고도 했다. 그만큼 그가 평소 시설 미비로 인한 부실한 교육에 대하여 부끄럽게 생각하고 가능한 한 시급히 해결하고자 하다. 이는 사실 그가 교육자로서도 대단히 양심적이었음을 보여주는 단적인 예이기도 했다. 왜냐하면 우리나라의 초창기 교육은 대부분 부실했기 때문이다. 실제로 일제의 억압에서 벗어나자마자 전쟁으로 모든 것이 파괴되고 경제상황마저 최악이었던 때라서 정규 학교들조차 시설 미비로 부실한 교육을 하던 시절이다.

더구나 2년제의 신설 각종 학교인 서울연극학교에서 그동안 이 땅에서 시도해본 적이 없는 라디오, TV, 영화교육을 하자니 막연할 수밖에 없었던 것이다. 당시 그 분야에는 전문교수도 없었고, 실무교육을 할 수 있는 기자재가 전무해서 기껏 액팅이나 하고 있는 실정이라고 개탄한 동랑의 심정을 짐작하고도 남는다. 그런데 여기서 그를 더욱 높게 평가하고자 하는 것은 당시에는 어쩔 수 없는 상황이어서 대부분의 학교가 그렇게 하고 있었음도 그만이 유난히 자괴감을 지니고 있었다는 사실이다. 바로 그 점에서 많은 사학이 돈벌이에 골몰해서 마구잡이로 학생을 모집하는 등 부정한 교육행태가 유행할 때였음에도 불구하고 그는 학교를 돈벌이 수단으로 생각해본 적도 없으며 오직 곤궁 속에서도 다른 학교들에서는 꿈도 꾸지 않는 미디어 교육을 시도했던 선구자적인 면모가 드러나는 것이다.

그의 지극한 자식 사랑과 엄격한 교육은 제자들에게도 예외가 아니었다. 실제로 그가 연극운동 과정에서 인재의 소중함을 깨닫는 데는 그리 오랜 시간이 걸리지 않았었다. 가령 1931년 극예술연구회 창립을 하고 스스로 무대에 서보면서 배우의 소중함을 절실히 느꼈기 때문에 1941년에 극단 현대극장을 조직할 때는 아예 부설 연극아카데미를 두기도 했었다. 이는 순전히 전문인을 키워내기 위해서였음은 두말할 나위 없는 것이었다. 이러한 그의 인재육성 노력의 절정은 드라마센터 설립과 함께 시작된 연극아카데미로부터 시작된 서울예술대학교의 완성이라고 말할 수가 있다.

그런데 그의 인재육성의 전제 조건은 두 가지로부터 비롯된다고 말할 수가 있다. 그 하나가 연극교육을 제대로 받은 전문가가 있어야 우리 연극이 발전할 수 있다는 그의 확고한 신념과 다른 하나는 건전한 인성교육을 받은 연극인이 창조 작업을 해야 이 땅에서 연극이 대접을 받을 수 있다고 보았던 데 따른 것이다. 이 말을 좀 더 구체적으로 설명하면 그가 과거 전통사회에서 연극이 문화의 중심에 서지 못한 것은 연극인이 광대로서 천대를 받은 것에도 기인한다고 보았던 데 따른 것이었다. 물론 지난 전통적인 계급사회의 구조적인 데에도 원인이 있었지만 그에 앞서 그는 광대들의 무지하고 문란한 생활이 천대를 자초했다고 보았다는 점이다.

따라서 그는 항상 학생들의 인덕 함양을 전제로 연극교육을 시행한 것이 특징이다. 그 점은 그가 대학 강의를 시작할 때부터 초지일관한 교육방침이었다. 그 점은 그가 해방 직후 처음 대학 강의를 시작했던 연세대학교 제자인 극작가 차범석의 회고에도 잘 나타난다. 즉 차범석은 한 에세이에서 "1948년 가을 학기에 유 선생님께서 맡으신 희곡론 강의를 들은 게 나의 희곡 문학과 연극에 관한 개안이었다. 선생님은 물론 희곡의 기법에 관해서 강의하셨지만 연극 이전에 인간성을 존중해야 하며 예술 이전에 사람이 되어야 한다는 말씀을 누누이 주장하셨다. 그것은 단순한 작법이나 기교를 터득했다고 해서 작가가 되는 게 아니라는 뜻이기도 했다."[9] 고 쓴 바 있다. 이러한 그의 제자들에 대한 인성교육은 1962년에 개설된 연극아카데미로부터 시작하여 서울예술전문학교로 이어지는 교육 과정의 바탕이 되었음은 두말할 나위 없는 것이다.

그런데 제자들에 대한 인성교육의 바탕은 그의 자녀교육에서 비롯되는 것으로서 제자와 자식을 거의 동일시한 데 따른 것으로 볼 수가 있다. 그러니까 그가 평소 자식교육에 우선한 것이 인성교육이었고, 이것이 그대로 제자교육으로 연결된 것이라고 말할 수가 있는 것이다. 가령 그가 강의실에서는 매우 엄격했지만 평소 제자들을 대할 때는 한없이 자상하고 따뜻했다. 그러니까 그가 평소 제자들의 이야기

9 차범석, 『목포행 완행열차의 추억』(융성출판, 1994), 472~473면.

를 들어주고 편안하게 감싸주는 넓은 가슴을 지닌 아버지였다는 이야기다. 그러한 일화는 수없이 많다. 그가 제자들에게 교육에 있어서는 언제나 엄격했지만 평상시에는 자애로운 아버지로서 사랑을 베풀었음은 아카데미 2기생인 민지환(閔知煥)의 회고에도 드러난다.

즉 그는 동랑을 회고하는 글에서 "나는 젊어서부터 술을 좋아했는데 선생님은 그런 나를 보시면 '술 많이 먹으면 뼈 삭는다. 뼈 삭는다'라고 말씀하셨다. 나는 그런 선생을 보며 선생님이 아니라 아버지라고 부르고 싶었다. 선생님의 인자하심에 감동할 때면 나도 모르게 아버지라고 부를 뻔했던 적도 있다. 이처럼 선생님은 연극에 대해서는 엄격하셨지만 배우들을 사랑하고 등 두들겨주는 인자한 아버지이시기도 했다."[10]고 쓴 바 있다. 이러한 어버이상은 모든 제자들에게 그대로 표출되었다고 말할 수가 있다. 전후의 어려웠던 시절 동랑 역시 극장 뒤 누옥에 살면서도 고생하는 제자들을 연민의 정으로 끌어안았던 에피소드는 많다. 그 한 일화로서 전무송(全茂松)이 실제로 겪은 눈물겨운 한 토막 이야기는 동랑의 부성애(父性愛) 같은 성품을 짐작할 수 있게 한다.

동기인 민지환 형님과 드라마센터에서 먹고 자고 할 때의 일이다. (……) 밖에 비가 오던 어느 날 나는 형과 함께 굶고 있었다. 그날 형은 책상 위에 누워 있었고, 나는 의자에 누워 있었다. 그런데 내가 신음 소리를 냈던 모양인지, 형이 '야, 야' 하며 날 건드렸다. 내가 '나 건드리지 마, 에너지 소모돼'라고 했다. 그러자 형이 '흑' 하고 우는 느낌이 들었다. 그렇게 지나고 아침이 오자 형이 '야, 일어나 봐봐' 하며 깨웠다. 내가 이유를 물었더니 형은 돈을 보여주면서 '이거 누구 거야?'라고 했다. 내가 반가운 마음에 '웬 돈?' 하고 물으니 형은 책상 위에 돈이 떨어져 있었다고 했다. 형은 '이 돈 네 것 아니냐? 짜식 돈 있으면서 그런다'라고 했다. '나는 아니야, 형 돈 아니야?'라고 반문했다. 우리는 영문을 몰랐지만, 형은 어쨌든 돈이 생겼으니 뭘 좀 먹자고 했다. 우린 설렁탕을 먹었고, 남은 돈으로는 쌀을 한 봉지 사가지고 와서 전기난로에 밥을 해먹었

---

10 민지환, 「술 많이 먹으면 뼈 삭는다 뼈 삭는다」, 『동랑 유치진, 한국공연예술의 표상』(서울예술대학교출판부, 2014), 123면.

다. 그런데 우리가 밥을 해먹고 있을 때, 동랑 선생님이 지나가면서 '아침들 먹었냐?'라고 물으셨다. 그제야 '아, 선생님이 돈을 놓고 가셨구나'라고 생각했다. 하지만 선생님은 그때도 나중에도 그 일에 대해서 말씀하신 적이 없다.[11]

이상의 일화에서 느껴지는 것은 동랑의 제자들에 대한 사랑과 드러내지 않는 속정이 얼마나 깊었던가 하는 것이다. 더구나 그 역시 그 시절 극장을 짓느라고 빚에 쪼들린 데다가 부부가 병원도 자주 드나들고 있었으며, 장학금으로 미국 유학 중인 아들 형제에게도 생활비를 제대로 대주지 못해서 아르바이트거리가 없을 때에는 쓰레기통을 뒤져서 끼니를 때우는 시절이었다. 이처럼 그 자신도 가장 어려웠던 시절이었음에도 불구하고 가난한 제자들의 곤핍(困乏)을 아파하고 어떻게든 배곯지 않도록 신경을 썼던 것이다. 특히 연극 지망생들은 모두가 가난한 가정 출신이어서 드라마센터에서 기식을 하는 경우가 많았다. 그들의 말이 아닌 생활을 그는 항상 마음 아파하면서 어버이처럼 챙겼던 것이다. 이들이 연극을 공부하면서 이따금 드라마센터 극단에 단역이나 조역으로 무대에 서지만 제작비도 안 나오는 공연 수입으로 출연료는 생각할 수도 없었다.

따라서 오갈 데 없는 이들이 배를 곯는 것은 예사일 수밖에 없었던 것이다. 그런데 전무송의 회고에서 가슴에 와 닿는 부분은 동랑이 제자들에게 밥값을 쥐어주면서도 그들이 무안해하지 않도록 전혀 내색하지 않았다는 점이다. 예를 들어서 조운용의 글에서 보면 "새벽 6시 무렵쯤 됐을 때였어요, 분장실 창문이 삐익 조심스레 열리더니 메모지와 그 안에 끼워진 3천 원이 문틈 사이로 들어왔습니다. 메모지에는 '니네들 먹을 것 다 떨어졌지? 이걸로 밥 사먹어라'라고 적혀 있었어요."[12]라고 쓰여 있는 것으로 보아 동랑은 자신의 하찮은 시혜(施惠)에 대하여 제자들이 부끄럽게 느끼지 않도록 세심하게 배려까지 했음을 알 수 있다. 돈 없어서 남에게 밥을 얻어먹는 것처럼 수치스러운 일이 어디 있는가. 그는 그런 것까지 생각해서 제자들에게 배고픔을 해결해주곤 했는데, 이는 곧 그가 나이 어린 제자들이지만 인격적으

11 전무송, 「선생님이 내주신 두 가지 숙제」, 위의 책, 302~303면.
12 조운용, 「동랑 선생님 이 못난 제자를 용서하여주옵소서」, 위의 책, 334면.

로 대우해주었음을 극명하게 보여주는 사례라고도 볼 수가 있다. 그런데 그가 제자들에게 밥값만 준 것이 아니다. 수시로 제자들에게 격의 없이 밥을 사주거나 집에 불러서 손수 차려 먹이기도 했다.

그 한 예로 전무송은 회고에서 "점심 무렵이 되면 선생님은 사람을 시켜서 나를 부르셨다. 혼자 굶고 있던 내가 그곳에 가면, 선생님께서는 점심상을 차려주셨다. 내가 감격에 겨워 점심을 먹었다."는 이야기도 했다. 이러한 제자 사랑은 전무송에 한한 것이 아니다. 동랑이 평소에 배곯는 제자들을 챙긴 일은 다반사였다. 그의 애제자 중의 한 삶이었던 신구(申久)도 회고의 글에서 "동랑 선생님은 참으로 인자하신 분이셨다. 우리가 늦도록 연습하고 있으면 내려오셔서 '배고프지⋯ 가자⋯' 하시고는 명동 쪽으로 데리고 가셔서 자장면을 사주시곤 하셨다. 그때는 우리 주머니도 비어 있었지만 동랑 선생님도 넉넉한 형편이 아니셨다. 그런데도 우리를 그렇게 챙겨주셨다."[13]고 쓴 바 있다. 그런데 그는 거기에 그치지 않았다. 평소 술을 마시다가 통행금지에 걸려 극장 분장실에서 잠을 자고 가는 제자들의 건강까지 세심하게 신경을 쓰는 것이 바로 동랑이었다. 드라마센터에서 연출을 공부하고 있던 박원경의 다음과 같은 회고는 동랑의 제자 사랑이 얼마나 애틋하고 깊었었는가를 유추케 한다.

> 학교가 남산에 있고, 비포장 퇴계로로 내려가면 바로 해군본부 충무로 명동이니 술꾼들에게는 천국이 따로 없다. 하지만 12시 통행금지가 있던 시절이니 상상을 해보라. 통금에 걸리면 학교로 올라와 극장 분장실로 직행하니 그곳이 최고의 호텔방이다. 겨울만 피하면 덮을 것도 필요 없고 술도 취했겠다, 한잠 자고 나면 아침이라 잠 깨면 소장님에게 들킬까 봐 고양이 걸음으로 학교를 빠져나와도 소장님은 벌써 극장 문 앞에서 우리를 기다리신다. 당황한 나머지 인사를 꾸뻑 하고 줄행랑, 그 뒤에서 '춥지 않느냐? 해장국 먹을 돈은 있느냐?' 몇 마디가 귀를 스친다. 그러곤 문득 스치는 분장실 담요, 잠든 뒤에 누군가가 덮어준 담요, 그 누군가는 바로 소장님이셨던 것이다.[14]

13 신구, 「제 예명 하나 지어주십시오」, 위의 책, 156~157면.

14 박원경, 「이봐 원경이, 연기하지 말고 연출을 해」, 위의 책, 131~132면.

이상의 글에서 알 수 있는 바와 같이 동랑은 평소에 어떤 어버이 이상으로 제자들을 가르치는 것에 그치지 않고 안위(安危)까지 걱정하고 챙겼다. 그 한 가지 예로서 그는 제자들이 이따금 불편하기 이를 데 없는 극장분장실에서 기거하는 것을 눈치 채고 야밤에 나와서 일일이 이불까지 덮어주고 갈 정도였던 것이다. 그런데 그가 단순히 제자들의 배곯음이나 잠자리만을 챙긴 것이 아니라 마음까지 챙길 정도로 그들의 일거수일투족에 마음을 썼다. 그 하나의 슬픈 일화가 그의 문하에서 연출을 공부하다가 이룰 수 없는 사랑 때문에 자살했던 김문호의 애틋한 이야기다. 그 대상 역시 바로 그가 가장 아끼던 신예 작가 오혜령이었음에랴! 오혜령은 동랑을 기리는 회고의 글 「아, 그리워라, 동랑 유치진 선생님!」이라는 에세이에서 "선생님은 내게 급히 드라마센터로 오라고 하셨다. 선생님은 내 손을 잡으시고 눈물을 글썽이시며 말씀하셨다. '혜령이, 김문호가 목숨을 끊었어, 혜령에게 찾아갔었다며? 유서를 남겼는데, 혜령과의 사랑이 이뤄질 수 없을 것 같아 세상을 떠난다고 했단다.' 물에 젖어 거의 식별할 수 없는 유서를 받아들고 나는 사시나무 떨듯 떨었다.

팔당에서 한 목숨을 던졌고, 엿새 후에 퉁퉁 부은 사체로 발견된 것이었다. '혜령의 책임이 아냐, 문호가 의지가 약했던 거지. 혜령이를 좋아하는 눈치였는데 이렇게 짝사랑하다 갔으니 안됐다. 도의적 책임 때문에 괴로워하지 마라.' 사모님께서도 나를 위로하셨다."[15]고 쓴 바 있다. 이 사건에서 느껴지는 바는 동랑이 당사자의 어느 한편에 치우치지 않고 양쪽 두 청춘의 아픈 마음을 똑같이 쓰다듬고 아파하고 있었다는 점이다. 즉 그는 짝사랑을 이루지 못하고 자살한 김문호의 슬픈 마음도 이해하고, 또 다른 한편으로는 그 사랑을 받아주지 못해서 마음 아파하는 오혜령의 미안함도 따뜻하게 위무해주었다는 이야기다.

이처럼 그는 평소 제자들의 삶을 챙겨준 스승 이전에 크나큰 어버이였다. 그리고 그는 드라마센터에서 길러낸 가능성 있는 제자들 중에서 외국어가 조금이라도 되는 희망자들을 하와이대학으로 연수를 보내곤 했다. 미국과 같은 선진국에서 연극기술을 제대로 배워야 큰 인물이 될 수 있다는 신념에 따른 것이었다.

그리하여 무대미술 전공의 양정현을 비롯하여 배우 신구, 그리고 의상 전공의

---

15 오혜령, 「아, 그리워라, 동랑 선생님!」, 위의 책, 225~226면.

변창순 등이 바로 그런 혜택을 받은 제자들이다. 그가 가난한 제자들을 무료로 하와이대학에 보낼 수 있었던 것은 오래전에 미국에서 사귀어놓은 제임스 메이슨 교수가 그 대학의 동서문화센터 책임자로 있었기 때문에 가능했다. 이들이 훗날 우리나라 공연문화계에서 큰 역할을 하고 있음은 잘 알려져 있다

그의 제자 사랑에 대하여는 전술한 바 있는데, 그 점은 미국에 유학 가 있던 백의현(白義鉉)과 주고받은 서간에도 고스란히 나타나 있다. 백의현은 서울대학에서 작곡을 공부하고 연극이 하고 싶어서 아카데미 2기생으로 동랑의 애제자가 된 인물이다. 그가 아카데미를 수료하고 동랑이 처음 뮤지컬로 시도했던 〈포기와 베스〉에서 주연을 맡기도 했었다. 그가 마침 서울음대 출신이어서 노래도 잘 불렀기 때문에 주인공(포기)으로서는 누구보다도 적임자였다. 특히 그가 풍부한 감수성에다 집중력까지 뛰어났기 때문에 동랑의 기대를 한 몸에 받고 있었다. 그런 그가 갑자기 공부를 더 해야겠다면서 1968년 여름에 미국 남부 조지아대학으로 유학을 떠나버린 것이다. 그가 조지아대학에 수속을 마치자마자 고국의 스승(동랑)에게 자신의 동정을 알려오자 동랑은 다음과 같은 답신을 즉각 보냈다.

의현 군에게

1968년 9월 2일

군의 편지 받고도 회답을 이제야 쓰니 죄스럽고 미안하다. 나는 그동안 혈압이 좋지 못해 입원까지 했다가 완쾌되어 퇴원은 했지만 컨디션이 여의치 못해 조심스럽게 소일하고 있다. 군은 여러 방면으로 시간과 기회가 용서되는 대로 쉬지 않고 활약하고 있으니 내 마음 여간 든든하지 않다. 군이 보낸 프로그램은 게시판에 내붙여서 학생들에게 자랑함으로써 학생들에게 사기를 돋우고 있다. 부디 열심히 공부하되 건강에 해되지 않게 조심해라. 외국에서 병나면 큰일이다. 특히 미국은 병원비가 비싸니까. 덕형이가 구라파를 거쳐서 8월 4일에 서울에 닿았다. 예정보다 한 달이나 빨리. 가족들은 처소가 마련되는 대로 부르겠다고. 대개 있을 데를 마련하였으니 늦어도 금월 말까지 미국에서 덕형의 처와 아기가 올 모양이다. 가족 중에 미국인이 끼게 되니 원만히 지내게 될는지 걱정이다.

양정현(梁井鉉) 군이 8월 중순에 귀국했다. 신(申) 군은 이달(9월) 초에 귀국할 예정

이라고. 양 군도 1년 동안에 시골티를 싹 벗고 알뜰한 신사가 되어 왔다. 하와이에서 주로 장치공부를 했다고. 잦은 프로덕션에 꽤 바쁜 세월을 보낸 모양이다. 극단 드라마센터는 지금 〈김대건 신부〉 8장(이원경 작)을 연습 중이다. 9월 말에 상연할 예정이다. 〈이름 없는 꽃들〉 공연 이후에 기획했던 작품임을 군은 잘 알 것이다. 작품은 〈이름 없는 꽃들〉보다 낫지만 공연 성적이 작년만 할지 걱정이다.

그러나 최후까지 애써볼 작정이다. 군이 부탁한 한국 고전극으로 영역된 책(각본)이 있을 것 같지 않다. 좀 더 조사해서 통지하마. 〈What Makes A King Happy〉라는 어린이극을 작곡 중이라니 반가운 일이다. 노력해서 좋은 작품이 되기를 바란다. 뭐든 쉬지 말고 일해봐라. 영일 군(덕형의 친구)이 스칼라십이 될 가능성이 있다니 매우 다행한 일이다. 영일이도 이번 도미한 기회에 차분히 공부하게 되었으면 좋겠다. 영일 군에게서도 내가 수차 편지를 받았는데 회답 못 했다. 연락되거든 안부해다고.

뮤지컬이나 오페라 공연에 참가할 기회가 많아서 좋겠다. 이 기회에 조직적으로 공부해서 그 방면의 전문가가 되기를 바란다. 〈소〉는 영역된 게 있는데 만일 필요하다면 우송하겠다. 지금 막 김정철 군이 오혜령과 결혼하여 모래 도미(New York)하겠다고 인사차로 나를 찾아왔다. 두 내외는 뉴욕에 있으면서 공부하겠단다. 모두들 잘 날아가는 구나. 서울이 비고 드라마센터가 비겠다. 잘 있거라. 또 소식 다고.

이상의 서간을 읽다 보면 꼭 자식에게 보낸 편지같이 생각이 들 정도로 그 자신과 주변에서 일어나고 있는 일들에 대하여 소상하게 알려주는 내용으로 가득 차 있음을 확인할 수 있다. 우선 그 자신의 건강상황부터 시작하여 제자의 건강을 걱정하면서 미국의 병원비가 비싸다는 이야기까지 하고 있다. 이는 제자에게 절대로 유학 중에 아프지 말라는 당부인 것이다. 다음에는 드라마센터 시절 가까이 지낸 장남 덕형과 국제결혼을 한 그 가족의 동정, 제자의 부탁 건, 그리고 드라마센터에서 하고 있는 공연작에 대한 것 등을 자세하게 알려주고 있음을 확인할 수 있다. 그러나 무엇보다도 관심을 끌 만한 내용은 제자가 하고 있는 공부 내용과 장차 그 활용에 대한 이야기라고 말할 수 있지 않을까 싶다. 가령 그가 편지에서 제자가 음악극 공부를 하는 것이 장차 우리나라의 공연예술 발전을 위하여 대단히 중요하다는 점을 은근히 상기시킨 것이다.

그가 이듬해 5월에 보낸 편지에도 보면 "나는 서울연극학교에 음악극과와 무용과 두 과를 증설할 생각이다. 음악과 무용은 무대에 절대 필요하니까. 군의 생각은 어떤가? 특히 음악극과는 군이 귀국해야 큰 도움이 될 걸세. 음악극과의 교과목, 가르칠 교재 등 많이 연구하게. 그리고 교재가 뭣이 좋겠는지 구해오게. 음악과를 내가 구상하는 것은 군이 있기 때문이니까 절대로 군의 협력이 필요하네. 그리 알고 그 방면에 많이 연구하고 많이 배워오게."라고 하여 그가 서울연극학교를 한 단계 업그레이드시킬 예술전문학교에 음악극과와 무용과 신설을 미리 제자(백의현)에게 귀띔해주면서 제대로 공부하고 돌아와서 함께 일할 것을 요청하기도 했다.

실제로 음악극과 신설 계획이 순전히 제자 백의현을 염두에 두고 했음을 다음 편지에서 밝혔는데, 가령 1973년 11월 24일 자 서간에 보면 "1975년 신(新)학과를 신설할 때는 의현 군도 귀국하게 될 것으로 믿는다. 음악극과 등을 새로 구상함은 의현 군의 귀국을 계산해서다."라고 분명하게 밝힌 바 있다. 그런데 그가 구상한 음악극과는 뮤지컬이 아닌 오페라과였음을 또 다른 편지에서 구체적으로 밝힌 바 있다.

즉 1971년 8월에 그에게 보낸 서간에 보면 "군에게서 온 돈 받고 내가 쓴 두 번 편지에도 말했지만 김자경 선생(김자경 오페라단장)과 같이 의논해서 우리 학교에 오페라과를 신설하려는데 이에 대한 군의 의견이 어떤지? 오페라과를 2년제 연극학교에 두어서 그 성과가 어떨는지? 우리의 교수 실력으로서 오페라과를 운영할 수 있을는지? 내 생각으로는 군이나 귀국하면 몰라도 지금 형편으로는 우리나라 교수진이 오페라과를 운영할 만큼 되어 있지 않다고 본다. 김자경 선생의 오페라과 신설에 대한 제의를 내가 승낙한 것은 단지 군이 내년에는 귀국하여 그 과를 운영할 수 있으리라고 믿었기 때문이다.

이에 대한 군의 의견을 나는 고대하고 있다. 빨리 알려다오. 우선 오페라과에서 우리가 가르쳐야 할 과목이 뭔지? 필요한 과목을 한국 형편을 참작해서 대강 적어 보내다고. 그 과목에 대한 선생은 누가 좋겠는지? 군이 이곳 한국의 인적 자원을 짐작할 테니까 이에 대한 군의 의견도 적어다고. 군의 의견에 따라 오페라과 신설을 결정하겠다."고 씀으로써 음악극과가 순전히 백의현을 염두에 두고 강력히 추진했음을 알 수가 있다.

실제로 백의현도 처음에는 조지아대학에서 MA만 마치고 귀국하여 동랑의 뜻을 따르려 했었다. 그런데 그가 도중에 마음이 바뀌어서 기왕에 어렵게 유학을 온 이상 Ph. D까지 마치고 가야겠다는 결심을 하고 인디아나대학원으로 진학해버린 것이다. 그래서 동랑이 뜻한 대로 그는 귀국하지 않았고, 1974년 초 서울연극학교가 예술전문학교로 승격되었을 때 음악극과는 신설 학과에서 제외되었으며 동랑이 서거한 후 몇 년 뒤에 귀국한 그는 모교인 서울음대로 가게 되었다

필자가 여기서 이러한 이야기를 자세히 밝힌 것은 두 가지 이유 때문이다. 그 하나는 동랑이 일찍부터 우리나라의 무대예술이 번성하려면 구미처럼 오페라가 성해야 한다는 선구적인 안목에 따른 것이었고, 다른 하나는 그 분야 인재를 대학에서 키워야 백의현의 경우처럼 음악과 연극을 제대로 공부한 인재가 있어야 가능하다는 것이었다. 이러한 생각에 입각해서 그가 백의현에게 기대하고 있었기 때문에 그를 유난히 좋아했다고 말할 수가 있다. 그러니까 제자들의 성장을 서울예술학교의 발전과도 연결시키고 있었던 것이다.

그러나 제자들이 모두 그의 뜻대로만 된 것은 아니다. 가령 그가 크게 기대를 걸었던 백의현이 유학을 간 직후에 보낸 서간(1968년 9월 2일 자)에도 보면 유별나게 아끼고 있던 오혜령 부부가 미국으로 공부를 더 하려고 떠났음을 알리면서 "모두들 잘 날아가는구나. 서울이 비고 드라마센터가 비겠다."고 씀으로써 노년의 적적한 심중을 에둘러 전하기도 했다. 솔직히 그는 노년기에 접어들면서 누구보다도 쓸쓸해했다. 그럴 수밖에 없었던 것이 너무 많은 일을 하면서 건강도 잃은 데다가 애착을 가졌던 동료, 후배, 제자들의 상당수가 그의 곁을 떠난 데 따른 것이었다. 예를 들어 극연 때부터 함께 연극운동을 해왔던 절친들과는 〈왜 싸워〉 사건 이후 멀어졌고, 드라마센터 초창기에 극단활동을 함께했던 배우들도 각자 생활을 위해 극장을 떠났으며, 자신이 애지중지 키워낸 젊은 배우들마저 역시 생활전선을 향해 그의 곁을 떠남으로써 주변이 적막공산(寂寞空山)처럼 텅 비어 있었던 것이다.

드라마센터가 워낙 어려웠던 시절이어서 그들에게 제대로 대우를 못 해준 업보 때문에 그가 더욱 안타깝고 쓸쓸해했었다. 그 자신의 건강도 좋지 않았던 데다가 아내의 병약은 항상 그를 불안케 했고, 또 안쓰럽게 했다. 그는 자신 때문에 아내의 건강이 더욱 나빠진 것으로 자책도 했다. 왜냐하면 평생 고생 안 하고 살 수 있었

던 아내가 가난한 연극쟁이와 결혼함으로써 건강이 나빠졌다고 생각했기 때문이다. 그의 그런 아내에 대한 건강 걱정은 제자에게 보낸 서간에도 자주 쓸 정도였다. 즉 그가 조지아대학에 가 있는 백의현에게 보낸 편지(1968년 11월 20일 자)에서도 보면 "나는 잘 있다. 그러나 덕형 모(母)는 자꾸 건강이 나빠진다."고 썼으며, 한 달 뒤(1968년 12월 30일 자)의 편지에서도 "나의 건강은 차츰 좋아졌으나 덕형 모의 건강이 말이 아니다."라고 하여 그가 얼마나 아내의 병약을 마음 아파하고 있었는지를 잘 보여준다.

게다가 그가 평소 대단히 자랑스럽게 생각하고 있던 계씨 청마 치환이 1967년 2월에 자신이 살고 있던 부산의 동네에서 버스사고로 불의의 불귀의 객[16]이 된 것은 그에게는 청천벽력이었다. 왜냐하면 바로 손아래 동생이기도 했지만 한국 시단의 혁혁한 대시인으로서 유씨 가문의 자랑이기도 했기 때문이다. 그런데 불행은 겹쳐온다는 속설대로 드라마센터가 어려울 때, 고향에서 잘 있다가 자신을 도와주려 상경했던 둘째 아우 치담(致倓)마저 장남의 유고로 슬픔을 달래다가 타계함으로써 그의 슬픔을 더욱 배가시킨 것이다.

동랑이 치담이 타계했을 때 방문까지 걸어 잠그고 대성통곡까지 한 데는 두 가지 이유가 있었다. 그 하나가 고향에서 초등학교 교감으로 잘 있던 계씨를 드라마센터가 어려울 때 강제로 불러올리다시피 하여 고생시킨 것이 가장 가슴 아픈 일이었다고 한다면, 다른 한 가지는 계씨가 가장 아끼던 생질(大馨)이 군복무 중 자살한 데 충격을 받고 자결한 것이 그를 더욱 애통케도 했다. 그 후 그는 고향 생각을 많이 했고 시간 날 때마다 고향 앞바다를 그리워하는 상념에 잠기곤 했다.

마침 그런 때에 평소 술을 입에 대지 않던 그가 갑자기 술을 조금씩 마시는 경우가 생겼다. 더구나 놀라운 사실은 평생 노래하고는 담을 쌓다시피 살아온 그가 허허한 마음을 달랠 길 없었던지 이따금 혼자서 팔베개를 하고 허공을 바라보며 「허사가(虛事歌)」를 흥얼거리는 습관(?)이 생긴 것이 아닌가. "이 風塵 세상을 만났으니 / 너의 할 일이 무엇이냐 / 부귀와 영화를 누렸으니 / 희망이 족할까? / 푸른 하늘 밝은 달 아래 곰곰이 생각하니 / 세상만사가 春夢 중에 / 또다시 꿈 같도다." 이 「허

16 차영한, 『니힐리즘 너머 생명시의 미학』(시문학사, 2012), 13면, 각주 12에서 재인용.

사가」는 그가 덧없게 흘려보냈다고 생각하는 자신의 인생을 감상적으로 읊은 것인지도 모른다.

수구초심(首邱初心)이라고 했던가. 노년기에 접어든 그는 통영시의 일이라면 발 벗고 나서기도 했다. 그 하나의 좋은 예가 1969년부터 시행되었던 '통영의 밤' 행사를 드라마센터에서 무료로 개최토록 해준 것이다. 전술한 바 있듯이 그는 6·25전쟁 중에 윤이상이라든가 정윤주 등 장래가 촉망되는 젊은 음악가들을 챙겼던 것도 실은 고향 사랑에 다름 아니었다. 더욱이 그가 드라마센터가 세금문제로 어려움을 겪을 때 국세청 간부로 있던 이철성의 도움을 받은 일도 있어서 통영의 일이라면 즐겁게 발 벗고 나섰다. 왜냐하면 그가 가장 어려웠던 때 뜻밖에 고향의 후배 덕을 보았기 때문이었다.

그 당시 통영중·고등학교 주관의 '통영의 밤' 프로그램에 보면 1, 2부로 나뉘어 있었던바, 제1부 중에는 동랑의 이야기 순서가 들어 있었고, 제목은 '〈통영의 밤〉에 부쳐 망향의 감상'이었다. 그만큼 고향 사람들은 동랑을 자랑스러워하면서 그의 고향 이야기를 듣고 싶어 했던 것이다. 그리고 제2부는 역시 그의 희곡 〈조국〉(주평 연출) 공연으로 이어졌다. 솔직히 당대의 저명한 정치인, 고위 관료, 법조인, 기업인, 예술가 등 기라성 같은 고향 사람들이 대부분 모였던 '통영의 밤' 행사에서 그의 작품을 감상했다는 것은 동랑이야말로 통영이 배출한 최고의 인물에 대한 자랑과 경의를 표한다는 의미도 없지 않았다고 말할 수가 있다. 이처럼 드라마센터는 그가 작고할 때까지 여러 해 동안 통영 고향 사람들의 망향 모임 장소가 되었었다.

'통영의 밤' 프로그램

그의 고향에 대한 사랑은 남달랐고 또 지칠 때마다 낙향(落鄕)에 대한 생각도 이따금 했다. 그러나 그것은 전혀 불가능한 것이었다. 사실 공연예술계의 최고 지도자로서 드라마센터는 물론이고 학교 등의 일로 하루가

'통영의 밤' 행사 중 드라마센터 객석에서

부족한 그가 현장을 떠나 낙향한다는 것은 하나의 몽상에 불과한 것이었다. 따라서 그는 서울 근교인 광주군 마천면에 학교 운동장 부지로 사놓았던 시골의 너른 터에 자신 부부와 장녀 가족, 장남 가족, 그리고 막내(세형)의 집까지 네 채를 짓고 함께 오순도순 살아보려는 계획도 했었다.

그의 이러한 현실 벗어남에 대한 꿈은 두 번째이다. 그 첫 번째가 1938년도로서 일제로부터 핍박받아 달포 간 고문을 겪은 뒤 괴로움만 안겨주는 연극 현장을 떠나 살려고 청평의 처가 땅 3천 평에 과수원을 일군 일이 바로 그것이었다. 그는 과수원에 조그만 집을 짓고 유유히 흐르는 강물을 바라보면서 작품이나 쓰면서 살려고 과일나무 수천 그루를 심은 일이었다.

그러나 그러한 그의 샹그릴라 찾기는 물거품이 되고 말았다. 왜냐하면 국가에서 청평댐을 막아 수력발전소를 만듦으로써 과수원이 송두리째 수몰되고 말았기 때문

고향 후배 정윤주 작곡가와 함께(충무관광호텔, 1972)

이다. 애써서 2년간 가꾸어 꽤 자란 사과 배, 그리고 복숭아나무가 그의 꿈과 함께 몽땅 한강의 심연 속으로 사라져버린 일은 전술한 바도 있다. 따라서 그가 1970년대 초에 마천 시골에 집 짓고 살려던 것은 그로서는 두 번째의 샹그릴라 찾기 시도였다. 물론 두 번째의 샹그릴라 찾기도 결국은 남가일몽(南柯一夢)이 되었음은 두말할 나위 없는 것이었다. 모든 꿈을 포기한 그가 작고 4개 월 전인 1973년 11월에 반포의 23평 아파트를 얻는 것으로 그의 오랜 안식처가 해결되는 듯했다. 그가 십수 년 동안 기거했던 극장 뒤의 옹색한 누옥을 벗어난다는 기쁨을 유학 중인 애제자 백의현에게 보낸 편지(1973.11.24.)에서 "나는 국군묘지 옆에 새로 지은 반포 아파트를 얻었다. 곧 이사할 생각이다."라고 적어 보내기도 했다.

그는 사실 만년에 대단히 지쳐 있었다. 그래서 진정으로 쉬고 싶어 했다. 때때로 그는 장녀에게 가족 모두와 함께 8도 유람을 다니자고도 했다. 그러나 그가 그렇게 한가하게 여행하기에는 일이 너무 산적해 있었다. 그가 작고 9개월 전인 1973년

5월에 월간 『문학사상』과 가진 마지막 인터뷰에서 "내가 처해 있던 환경이 나에게 너무 많은 일을 하기를 요구했던 셈입니다. 우리의 고전도 살려야 한다, 극작을 해야 한다, 연출을 해야 한다, 연극을 국민에게 보급해야 한다, 올바른 연극을 가르쳐야 한다. …일은 너무나 많고 능력은 따르질 못했습니다. 내 자신이 연출을 하지 않을 수 없었던 이유는… 그 당시만 해도 극작계의 인적 자원이 적어서 작품을 공연하려고 해도 연출할 사람이 마땅치 못했기 때문"[17]이었다고 하여 연극계가 그에게 공연문화 전반에 대한 일들을 과부하(過負荷)했던 것에 대하여 아쉬움을 토로하기도 했다. 물론 누가 그에게 한국 공연 전반에 대하여 책임을 지라고 강권한 것은 아니지만, 그 스스로의 사명감에 따라 앞장선 것이긴 했지만 그가 아니고서는 그 잡다하고 많은 일을 해낼 수 있는 마땅한 인물도 없었기 때문이었다.

그런데 그가 지나칠 정도로 너무 많은 일을 함으로써 당초 그의 계획이 차질을 빚었다고 생각한 부분이 있었다고 했는데, 그것이 다름 아닌 희곡 창작이었다. 즉 그는 이어지는 글에서 "내가 과거에 몇 차례 작품집을 내었고, 또 재작년(1971)엔 『유치진희곡전집』(성문각)을 출간하면서 내 평생의 극작을 반성해보았습니다만 너무 초라하고 너무 적고 뜻에 따르지 못했다는 자괴감을 금할 수 없습니다(여기서 그의 목소리는 가늘게 떨리고 있었다). '못다 부른 노래에 대한 아쉬움' 같은 것이 아주 커요. 내가 극작을 하고 연극을 한 지 40년이 넘습니다만 그동안 나는 한 몫의 재능과 정력을 두 갈래로 나누어 썼던 것입니다. 나는 한 가지에만 매달렸으면 좋았을 것을 두 가지 큰일에 힘을 나누었습니다. 내가 젊었을 때 내가 써야 할 희곡으로 메모해두었던 것이 역사 · 고전 관계로만 60편이었는데, 실제 쓴 것은 숫자로 따져보니까 10%밖에 안 돼요. 내가 만일 연출을 안 하고 쓰는 일에만 공을 들였던들 30% 정도는 달성을 하지 않았을까 하는 거지요."라고도 했다. 그가 여기서 두 가지 큰일이라고 한 것은 희곡 창작과 연출을 말하는 것인데, 솔직히 그가 연출을 하지 않았으면 우리나라 무대예술 발전에 적잖은 차질이 빚어졌을지도 모른다. 왜냐하면 최초의 전문연출가라 할 홍해성이 1935년도에 상업극장인 동양극장으로 옮겨감으로써 정극 분야에는 그를 이을 연출가는 동랑밖에 없었기 때문이다. 그 점에

17 「못다 부른 노래의 아쉬움 - 유치진 씨와의 대화」, 『문학사상』 1973년 5월호.

서 동랑이 개인적으로 극작에는 손해(?)를 본 것이 사실이지만 연출 발달에 있어서는 창작 이상의 공헌도 한 것도 사실이다. 거듭 말하거니와 그의 30여 년의 연출 작업은 극작 못잖게 한국 공연예술 진전에 크게 기여한 것이다.

그리고 그가 당초의 창작 계획에서 10%밖에 달성 못 했다고 한 것은 다소 과장된 실토였다. 왜냐하면 실제로 그가 젊은 시절에 야심차게 구상했던 역사와 고전 관련 60편 창작의 목표 달성 희망 중 16편(시나리오 포함)은 써냈기 때문이다. 즉 그가 실토한 10%보다는 배가 넘는 16편을 썼으니까 30%는 달성한 셈이다. 물론 이 정도는 그의 원대한 꿈에 훨씬 못 미치는 것이 사실이다. 그는 일제강점기에 초·중등교육을 받았던 만큼 동시대 한국인들과 마찬가지로 단 한 번도 한국사 강의를 들을 기회를 가져본 적이 없었고, 또 국사 연구가 미흡했던 시절이어서 좋은 서책을 접해보지도 못했다.

그럼에도 불구하고 그는 『삼국사기』와 『삼국유사』, 그리고 신채호(申采浩, 1880~1936)나 박은식(朴殷植, 1959~1926) 등 지사형 학자들의 저술을 탐독함으로써 우리나라 역사에 대해서 해박한 지식을 갖추고 있었다. 그렇기 때문에 그의 야심은 한국사 전체를 작품화해보려는 것이었고, 실제로 그가 우리 역사의 상당 부분을 희곡과 시나리오로 그려내기도 했다. 즉 그는 신라시대(〈마의 태자〉, 1937)를 시발로 하여 고구려나 백제, 그리고 고려시대의 중요 문제를 건너뛰기는 했지만 그래도 1919년 3·1운동(〈유관순〉, 1959) 이야기까지의 여러 가지 사건만은 정통 역사극으로 작품화한 것이 사실이다. 그리고 1930년대 이후 한국인들의 수난의 삶을 생동하는 리얼리즘 기법으로 희곡으로 기록했던 만큼 스스로의 아쉬움에도 불구하고 그의 필생의 꿈을 어느 정도는 달성한 것이라고 말할 수가 있지 않을까 싶다.

그러나 그가 만년에 진정으로 성취해보고자 했던 소위 '동랑표' 새로운 극술 개발과 새로운 예술세계 개척의 미흡함에 대한 회한이 그를 허허하게 한 것도 사실이다. 즉 그는 이어지는 대담에서 "이젠 몸과 생각이 너무 늙었습니다. 그러나 극작가로서 극작에만 몸을 바치지 못해 아쉬운 것 외에 또 하나의 아쉬움이 있습니다. 나는 자연주의 또는 리얼리즘의 기법을 토대로 극작을 해왔습니다만, 거기서 한 걸음 더 나아가 새로운 기법을 구사해보고 새로운 예술의 세계를 두드려보지 못했던 것이 그것입니다."라고 한 말에 그의 회한이 깃들어 있다고 말할 수 있다.

알다시피 그가 극작가로 출발 당시 정통 리얼리스트로서 현실을 깊숙이 천착하는 것을 사명이라 생각하고 작품을 씀으로써 상황의 벽에 부닥치기도 했지만 다른 한편으로는 암울한 현실 드러냄이 과연 대중에게 진정한 예술적 영감을 줄 것인가에 대한 회의를 하게도 만들었었다. 그로부터 그는 방황과 번민의 과정을 거쳐서 작품에 시적(詩的) 낭만성이랄까 상징주의적인 작품을 추구했다든가 음악의 도입, 그리고 〈처용의 노래〉에서 보여주는 바와 같이 동서 융합의 토털 시어터까지도 시도했었으며, 〈한강은 흐른다〉에서처럼 아리스토텔레스의 고전적 기법을 벗어나 '시간과 장소의 구속을 받지 않는 현대적 극작술'을 실험하기도 했었다. 그러니까 그가 아쉽다고 한 것은 바로 이러한 새로운 극술을 더 이상 진척 못 시킨 것에 대한 아쉬움이었다고 하겠다.

그리고 또 한 가지는 그가 만년에 쓴 〈별승무〉와 〈청개구리는 왜 날이 궂으면 우는가〉에서 보여주는 바 있듯이 인간의 구원문제를 더 깊숙이 천착하고 더 나아가 생태학적 유토피아를 예술적으로 승화시켜보고 싶었음을 가리키는 것이기도 했다. 살벌했던 지난 시절 누구나 그랬듯 그도 어쩔 수 없이 현실과 대결하는 작품을 썼지만 그가 진정으로 쓰고 싶었던 것은 '인간의 구원문제'였다. 좀 더 구체적으로 말하면 그는 이 광대무변한 우주 속에서 인간 존재란 무엇인가 하는 근원적 문제에 다가서고자 했다는 이야기다. 그가 가톨릭에 입교했던 것도 바로 그러한 그의 갈망과 무관하지 않았을 성싶다. 그러나 그는 이미 노쇠했고 건강이 급속히 나빠짐으로써 자신의 꿈을 완벽하게 이루지는 못했다. 그가 만년에 '못다 부른 노래의 아쉬움'이라고 했던 것도 바로 그러한 회한(悔恨)을 의미한다고 볼 수 있다.

종장: 거인(巨人), 낙원으로 떠나다

파우스트 박사 (바닥에 엎드려 기도한다) 구원하시는 분의 눈빛을 보라. 후회하는 연약한 자들아, 감사하는 마음으로 복된 운명을 향해 돌아서라. 보다 착한 모든 이들이 당신을 받들어 모실 것이옵니다. 동정녀이시고, 어머니이시고, 여왕이신 여신이시여, 자비를 베푸소서.

신비의 합창 모든 무상한 것은 한낱 비유에 지나지 않느니라. 그 부족함이 여기에서 완전해지리라. 말로 형용할 수 없는 것이 여기에서 이루어졌도다. 영원(永遠)히 여성적(女性的)인 것이 우리를 이끌어 올리리라. _괴테, 『파우스트』 종장

동랑도 어린 시절에는 의료 시설이 열악했던 당시 우리나라의 시골 아이들처럼 학질이나 감기 등을 앓으면서 잔병치레를 비교적 많이 하면서 자란 것으로 되어 있다. 그렇기 때문에 유소년시절에는 키만 멀뚱히 크고 여려서 친구들로부터 기린(麒麟)이란 별명을 얻었을 정도였다. 그런 그가 강해진 것은 대학시절이었는데, 일본 학생들에게 체력적으로라도 밀리지 않으려고 축구부에 들어가 열심히 단련한 때문이었다. 이처럼 그가 체력을 단련함으로써 동경 유학시절의 곤궁함도 거뜬히 견뎌낼 수 있었으며 귀국 직후의 힘겨운 연극운동도 해낼 수가 있었던 것이다.

그렇던 그가 아파서 크게 고통받은 첫 질병은 신경통이었다. 해방 직후부터 조금씩 나타나기 시작한 신경통은 6·25전쟁을 겪으면서 더욱 심해짐으로써 드라마센터를 지은 이후에는 본격적으로 치료받지 않으면 못 견딜 정도로 고통 속에서 나날을 보냈음을 '나의 건강관리'라는 그의 에세이에 구체적으로 묘사되어 있다. 즉 그는 그 글에서 "거진 20년 전부터 나는 신경통으로 고생해왔다. 특히 밤에는 팔다리가 쑤셔서 견디지 못했었다. 안마 따위로는 성이 차지 않아 아이들로 하여금 내

전신을 뽑게까지 했다. 그래도 그 순간만이지, 아무 소용 없었다. 갖은 약을 써보았으나 별 효과도 없었다."[1]고 한 것으로 보아 그가 신경통으로 얼마나 고통스러워했었는가를 짐작할 수가 있다.

그런데 흥미로운 사실은 그가 신경통을 치료하기 위하여 침술을 이용했다는 점에서 한방을 운영했던 부친의 한의학을 신뢰한 것이 아니었나 싶다. 실제로 그가 침술로 신경통을 고친 이야기는 흥미롭기도 하다. 즉 그가 쓴 에세이 「나의 건강관리」라는 글에서 보면 "내 신경통은 인정사정도 없이 나를 괴롭혔다. 아내에게 알리지 않고 금침을 맞았다. 그것도 한자리에서 80대나. 그리고 열흘을 두고 한 번에 30, 40대씩 다섯 번을 계속 맞았다. 맞고 난 뒤엔 약간 열이 나긴 했지만 찌르는 동안은 조금도 아프지 않았다. (……) 금침을 맞으면서 차츰 피가 통하게 되고 신경도 살아난다는 것이었다.

그 이듬해 또 4, 5대의 금침을 맞았는데 그때는 과연 아팠다. 분명히 내 피와 신경이 살아난 것이다. 그 후로는 해마다 2, 3대씩 계속 맞았다. 벌써 금침을 맞기 시작한 지 5년이나 된다. 지금은 나는 신경통의 고생에서 완전히 해방되었다."고 쓴 바 있다. 이처럼 그가 신경통으로 수년 동안 남모르게 고통받으면서 일단 침술로 완치는 했지만 다음에는 고혈압이 그를 기다리고 있었던 것이다.

즉 그가 옛 동지들과의 〈왜 싸워〉 사건으로 충격을 받은 후 얼마 지나지 않아서 드라마센터를 짓는 대공사로 과로를 한 데다가 재정적으로 너무 고통을 받으면서부터 혈압이 크게 오르기 시작했고, 세월의 흐름에 따른 노년기와 겹치면서 고혈압은 하나의 성인병으로 고질화된 것이었다. 술도 잘 마시지 않고 수도자처럼 살아온 그가 고혈압으로 얻은 것은 그가 1960년을 전후해서 얼마나 노심초사하면서 살았던가를 짐작게 한다. 솔직히 오늘날에 와서 보면 고혈압이 성인병의 한 가지이긴 하지만 평소 관리만 잘하면 크게 문제될 만한 중환은 아니다.

그러나 가벼운 병도 소홀히 하면 중병이 될 수 있는 것이고, 고혈압 역시 평소 투약이라든가 음식 조절 및 운동 등으로 충분히 다스릴 수 있는 성인병의 하나이다. 그럼에도 불구하고 그가 고혈압을 대수롭지 않게 생각한 나머지 투약이나 운동

1 유치진, 「나의 건강관리 - 금침과 신경통」, 『동랑 유치진 전집』 6(서울예대출판부, 1993), 238면.

등을 소홀히 하고, 또 과중한 일에 파묻히다 보니 그 성인병이 그를 불행으로 몰고 가는 중환이 된 것이 아닌가 싶다. 더구나 당시만 하더라도 의약 수준이 높지 않아서 그의 치병에 도움이 안 된 것도 같다.

따라서 그는 1960년대 후반부터 병원에 드나드는 횟수가 늘어나고 입원 치료를 받는 지경에도 이르곤 했었다. 그 점은 그가 유학 중인 제자와 장녀에게 보낸 서신에도 구체적으로 나타나 있음을 확인할 수가 있다. 즉 그가 1968년 9월 2일 자에 미국 유학 중인 제자 백의현에게 보낸 서간에 보면 "나는 그동안 혈압이 좋지 못해 입원까지 했다가 완쾌되어 퇴원은 했지만 컨디션이 여의치 못해 조심스럽게 소일하고 있다."고 쓸 정도였다. 누구나 알고 있듯이 중증이 아닌 이상 고혈압으로 입원하는 경우는 별로 없다. 그럼에도 불구하고 그가 고혈압으로 입원했다는 것은 심상치 않은 증상이었음을 짐작게 한다. 물론 그가 평소에는 잔병치레를 않는 건강 체질이어서 가족들도 그의 건강에 대하여 특별히 신경을 쓰는 편은 아니었다. 오히려 가족 중에는 그의 아내가 병약해서 평소 걱정을 많이 하고 있었을 뿐 그에게는 그 문제로 걱정하는 일은 거의 없었던 것이다.

그런 중에 그의 건강이 점점 나빠지고 있었음을 이듬해 장녀 인형에게 보낸 서간에서도 보인다. 그가 1969년 11월 1일 자로 장녀에게 보낸 서간에 보면 "뉴욕에서부터 매우 피곤하더니 서울에 와서는 피로를 견딜 수 없다. 특히 걸음 걷기에 힘드는구나. 바로 걸을 수 없고 푹푹 쓰러진다. 식구들, 그중에서도 네 모(母)가 걱정해서 31일 아침에 성모병원에 입원 중이다. 이틀 밤을 쉬었더니 오늘 아침엔 약간 정신이 나서 편지를 쓴다. 그러나 글자가 어쩐지 어색하게 쓰이는구나. 읽기에 거북할 것"이라고 하여 병이 심상치 않았음을 확인케 한다.

이 서신은 그가 뉴욕에서 열렸던 국제연극연구협의회에 참석하고 귀국한 직후에 보낸 것인데, 이런 중환이면 상당 기간 휴식과 안정이 필요했지만 그는 드라마센터와 학교 일 등으로 조금도 시간을 낼 수가 없었던 것이다. 왜냐하면 다음에 이어지는 편지에서도 보면 "내년 봄부터는 나는 전력을 드라마센터 공연에 쏟으며 나의 전집 출간 준비도 해볼 작정"이라고 쓴 데서도 알 수 있듯이 그가 대단히 신경을 써야 하는 레퍼토리 시스템을 최초로 시도하는 모험까지 했기 때문이다.

비록 그동안 맡아왔던 동국대학 연극학과 주임교수 자리는 정년퇴직(1969.2.)으

동랑의 마지막 연출작 〈사랑을 내기에 걸고〉(1972)

로 벗어났지만 돈 없이 꾸려가야 하는 극장 일과 서울연극학교 일만은 그를 무척 피곤하게 했었다. 더구나 그의 후계자인 장남 덕형이 제3세계의 신예 연출가로 명성을 얻으면서 해외에서 초청을 자주 받아 미국 등지에서 작품활동을 하는 바람에 어쩔 수 없이 그가 학교 일을 도맡아 해야 하는 처지이기도 했다. 이처럼 장남의 국제적인 명성은 동랑을 한없이 기쁘게 했지만 다른 한편으로는 그의 어깨를 더욱 무겁게 한 것도 사실이다.

이러한 격무는 결국 그 이듬해 그가 쇼크로 쓰러지는 일까지 야기했다. 즉 그가 생애 마지막 연출작인 〈사랑을 내기에 걸고〉 공연을 마친 직후 장녀인 인형 부부에게 보낸 서간(1971년 12월 19일 자)에서도 보면 "나는 내 주변에 연출을 맡을 후배들이 속출했기 때문에 앞으로 내게 연출할 기회가 오지 않을 것이라고 대답했다. 그러나 내게는 연출을 다시 한 번 더 맡아볼 건강이 없는 게 진짜 이유이다. 공연

마지막 날 간단한 쇼크에 별안간 코에서 많은 출혈(出血)을 했다. 의사의 말이 밖으로 피를 쏟았기에 망정이지 만일 내출혈을 했더라면 뇌출혈이 되어 큰 변을 당할 뻔했다는 것이다."라고 씌어 있다. 이는 사실 그의 병이 점차 심각한 상태로 진행되고 있음을 보여주는 징표였던 것이다. 왜냐하면 의사의 지적대로 만약 그가 다량의 코피가 아닌 내출혈을 했으면 이미 1971년 말에 재기 불능의 중환으로 누워 있을 개연성이 충분했기 때문이다.

그럼에도 불구하고 일중독에 빠져 있던 그는 여전히 격무에 시달리고 있었다. 장녀 인형의 회고대로 그는 평생 가족 나들이 한 번 해본 적 없는 일중독자였다. 그러한 그의 삶은 결국 그의 생명을 서서히 갉아먹고 있었다. 그런데 1974년 정월 하순에 그는 가장 애지중지하는 장녀 인형으로 하여금 불길한 예감을 불러일으킬 수도 있는 이야기를 느닷없이 던진 일이 있었다. 장녀 인형은 그때의 사정을 다음과 같이 회상했다.

연도(煉道), 그러니까 아버지께서 돌아가시기 보름 전쯤이다. 저녁나절 드라마센터 무대 밑 아버지께서 노년에 거처하시던 작은 거실에 앉아 말없이 창밖을 내다보시다가 문득 나를 돌아보시며 말씀을 던지셨다. 그날 아버지께서는 "인형아, 연극이란 낙원의 행사야. 무대 위는 낙원이지, 그래서 난 무대에서 분장실로 내려오는 터널을 '연도'라고 고쳐서 표시판을 붙였단다. 연도란 낙원(곧 무대)과 무대 및 지옥을 연결하는 통로이지." 그때 순간 어감에서 스산하고 무언가 표현할 수 없는 언짢은 예감이 나를 스쳐갔다. 연도라는 것은 일본의 가부키 무대 뒤에 뚫어진 낭떠러지 계단으로 그 밑은 지옥이라 부르며 영어로는 트랩(trap)이란 말 대신 헬(hell)이라는 용어로 표시한다. 따라서 무대 위의 낙원이 되며 연극이란 낙원의 행사라는 말씀은 퍽 논리적이라 하겠으나 나로서는 무서운 예지라는 생각을 하게 했다.[2]

이상과 같은 장녀 인형의 회상에서 감지되는 것은 동랑의 무대관과 연극관, 그리

2 유인형, 「숙명의 연극인 나의 아버지」, 『동랑 유치진, 한국공연예술의 표상』(서울예술대학교출판부, 2014) 18면.

고 더 나아가 인생과 죽음에 대한 그의 명상을 무의식중에 드러낸 것으로 생각된다는 점이다. 우선 동랑의 무대 설명에는 드라마센터를 짓는 과정에서 절대적으로 참고했던 그리스 원형극장의 하늘을 향한 제단(thymele) 개념과 가톨릭 성당, 그리고 일본 고전극(가부키)의 무대 구조 등에서 힌트를 얻었음이 드러난다. 그러니까 그가 무대를 제단(祭壇)이라는 대전제하에 무대와 분장실 사이의 짧은 통로를 연도라고 이름 붙인 것은 가부키에서 무대 뒤 낭떠러지 계단을 지칭하는 지옥(trap) 개념에다가 가톨릭의 연옥 개념을 추가한 것이라 볼 수가 있다.

특히 그가 무대를 낙원으로 보았다는 것은 곧 연극공연이 단순히 놀이 과정이 아니라 연옥에서 대죄의 고통스러운 정화(淨化) 과정을 거쳐 천당으로 가는 '낙원의 행사'로 인식하고 있었다는 이야기여서 대단히 주목되는 부분이라 하겠다. 그러니까 그는 연극 행위를 원시적인 제천의식(굿의 형태)에서 제주(巫覡)가 절정의 경지에서 황홀경(ecstasy)에 빠지는 경우에 비유한 것으로 볼 수가 있다. 여기서 그가 연극의 본질을 얼마나 깊이 꿰뚫고 있는가는 아리스토텔레스의 카타르시스 이론을 제시하지 않아도 알 수가 있다.

그는 연극공연의 순간에는 속세의 모든 욕망, 분노, 좌절, 애증, 비애 등의 죄업도 하나의 용광로 속에서 정화, 연소되고 만다고 생각한 것 같다. 그는 이러한 승화의 과정을 거쳐야만 인간은 새로운 세계를 맞을 수가 있다고 본 것이다. 이는 곧 그가 평소에 연극을 '진선미의 요지경'이라고 규정지은 것과도 상통한다. 극장무대에서 '시기와 질투, 증오 등이 없는 오로지 참되고 선하며 아름다운 삶, 즉 지고지순(至高至純)의 삶을 창조해내는 것'이야말로 곧 '낙원의 일상' 창조가 아니겠는가. 이처럼 그는 연극 창조 행위를 궁극적으로 관객에게 잠시나마 영원한 유토피아를 체험케 하는 것이라 본 듯싶다. 그가 일찍이 '예술은 영원한 것이며, 시간과 공간을 초월하거나 시간과 공간에 따라 쉽게 변하지 않는 것'[3]이라고 한 말도 바로 이러한 주장과 맥락이 닿는다.

그런데 문제는 그가 왜 드라마센터를 짓고 10년이나 지나서 갑자기 장녀에게 드라마센터 무대구조가 지닌 깊은 의미를 설명하면서 특히 '연도'를 강조했을까 하

3 유치진, 『동랑자서전』(서문당, 1975), 219면.

는 의문이다. 이는 아마도 그가 무의식중에 죽음을 명상하면서 인생을 정리하는 마지막 단계에서 자신의 삶이 '연옥'[4] 같았었다는 인식과 함께 그런 것들을 훌훌 떨쳐버리고 유토피아로 가고 싶은 심정을 유언으로 남기려 했던 것이 아닌가 싶다. 좀 더 구체적으로 설명하자면 동랑은 마치 예수그리스도가 무거운 십자기를 지고 골고다의 언덕을 오르듯이 연극이라는 낙원을 찾아 끊임없는 고행의 길을 걸어온 것이 곧 자신의 삶이었다고 고백했던 것 같기도 하다.

그런 일이 있은 며칠 뒤인 1974년 2월 1일에 김창구(金昌九) 국립극장장 주선으로 연극계의 주요 인사들을 모셔놓고 새해 인사 겸 주요 사안도 논의해보려는 자리가 마련되었었다. 그 회의의 주 의제는 연극인회관 확보문제였다. 그 자리에서 동랑이 가장 열변을 토했는데, 핵심은 연극인들이 모일 수 있는 그럴듯한 집을 가져야 한다는 것이었다. 그가 그 자리에서 특별히 흥분(?)했던 것은 자신이 평생 변변한 연극회관 하나 없이 떠돌았던 과거를 떠올라서였을 것이다. 그런 와중에 그가 갑자기 그동안 연극인들이 구차스럽고 서럽게 남의 집 곁방살이만 해온 것에 대한 분노와 회한이 북받쳤던 듯싶다.

그는 1957년 세계일주 연극여행을 한 후에 우리 공연예술의 그랜드 비전(grand vision)으로서 「무제(無題)」라는 글을 쓴 바 있었다. 그는 그 글에서 정부가 시급히 해야 할 다섯 가지를 제시했는데, 그중 네 번째가 '무대예술의 문화재로서의 높은 이상을 발휘하고 무대예술인의 창조 행동을 촉진하기 위하여 무대예술인 회관을 건립할 것'[5]이었다. 그만큼 그가 매우 오랫동안 연극인들을 위한 회관의 필요성을 절감해온 터에 경제 발전에도 불구하고 여전히 정부 당국의 무관심에 절망하면서 동시에 화가 치밀었던 것 같다. 이렇게 그가 흥분 상태에 있을 때 옆자리에 배석해 있던 김의경(金義卿)이 경제적인 곤혹을 치르고 있던 드라마센터 이야기를 꺼내자

---

4 영어로 purgatory로 일컬어지는 연옥은 일반적으로 세상에서 죄를 풀지 못하고 죽은 사람이 천국으로 들어가기 전에 불에 의해서 죄를 정화(淨化)한다고 하는 천국과 지옥과의 사이에 있는 상태 또는 '장소'를 말한다. 대죄를 지은 사람은 지옥으로 가지만, 대죄를 모르고서 지은 의인(義人)의 영혼은 그 죄를 정화함으로써 천국에 도달하게 된다. 바로 이 '일시적인 정화(satispassio)'를 필요로 하는 상태 및 체류지가 '연옥'이다. 『한국가톨릭대사전』, 824면 참조.

5 유치진, 「무제(無題)」, 『동랑 유치진 전집』 6(서울예대출판부, 1993), 392면.

그의 지병이었던 고혈압이 사단을 낸 것이다. 그때의 전후 사정에 대하여 당사자인 김의경은 다음과 같이 회고했다.

> 김창구 당시 국립극장장이 새해를 맞아 주선한 모임으로, 퇴계로 구 일신초등학교 근처의 한 한식집으로 초대한 것이다. 유치진 선생을 비롯, 박진, 이해랑, 이진순, 그 밖에 한두 분 더 계셨던 것으로 기억된다(나는 국립극장 공연과장이었던 까닭에 이 자리에 배석하였었다). 여러 가지 현안들을 논의하다가 김창구 극장장이, 정부가 연극계를 위해 특별한 예산을 만들고자 한다. 어떻게 지원하면 되겠는가 하고 제안하였다. 돈 얘기가 나오자, 자리는 더욱 열기를 띠었다. 나도 끼어들었다(나는 평생 이를 후회한다).
>
> '정부에서 지원처를 멀리 구할 필요가 어디 있습니까? 우선 드라마센터부터 지원을 해야 합니다.' 그리고 수 분 후, 동랑 선생이 상 위에 머리를 떨어뜨렸다. 입가에는 밥풀이 묻어 있는 채 침을 흘리고 있는 상태였다. 모임은 즉각 파장이 되었고, 선생은 초동(수도극장 옆) 골목에 있는 조그만 병원으로 모셔졌다. 그리고 의식불명인 채로 며칠 계시다가 끝내 회복을 못 하시고 가셨다.[6]

이상의 글은 한 거인(巨人)이 왜, 또 어떻게 쓰러지게 되었는가를 현장 목격자의 입장에서 가감 없이 묘사한 것이어서 그대로 인용해보았다. 여기서 느껴지는 것은 동랑이라는 한 인물이 마지막까지 연극이라는 평생의 명제와 씨름하다가 격렬하게 이승과 작별하는 모습이어서 장엄하기까지 하다는 것이다. 그런데 여기서 의문이 드는 것은 젊은 후배 연극인인 김의경이 한 말이 드라마센터를 위한 것이었는데도 불구하고 동랑이 왜 갑자기 흥분하여 쓰러졌느냐는 것이다. 거기에는 그만이 남모르게 겪어온 기나긴 고통이 배경으로 깔려 있었던 것으로 보인다.

그가 평생 연극을 해오면서, 일제강점기에는 저들이 지은 영화관에서 어렵게 공연활동을 해왔고 극장 없는 서러움을 풀어보려고 임시로나마 저들이 지은 부민관을 국립극장으로 전환시켰으나, 반년도 안 돼 동족 전쟁으로 파장이 되지 않았던

6 김의경, 「동랑 선생을 생각한다」, 『동랑 유치진, 한국공연예술의 표상』(서울예술대학교출판부, 2014), 80면.

가. 그래서 평생의 여한이고 동시에 일생일대의 꿈이었던 드라마센터를 무리하게 지으면서 겪은 개인적 고통은 아무도 모르는 것이다. 정부나 기업이 할 수 있는 극장 짓기는 한 연극인이 감당하기에는 너무나 벅찬 일이었다.

따라서 그는 인생 후반기 십수 년을 빚쟁이에 시달리면서 세금을 제때에 내지 못해 1968년도에는 국세청으로부터 극장 철거라는 최후통첩까지 받는 처지인데 문화계 일각에서는 사유화(私有化) 운운하면서 괴롭히기까지 하지 않았던가. 이러한 그만의 고통이 '정부가 당장 드라마센터부터 지원해야 한다'는 후배 연극인의 말을 듣는 순간 한꺼번에 그동안에 쌓였던 것이 북받쳐 오른 것이 아니었던가 싶다.

그런데 더욱 우리를 놀라게 하는 것은 그가 쓰러지고 나서 노덕삼 내과병원으로 옮겨져 9일 동안 죽음과 사투를 벌이면서도 한국 연극의 장래만을 걱정했다는 사실이라 하겠다. 즉 그가 쓰러진 직후 배석자들 중에서 가장 먼저 찾은 사람은 애제자라 할 극작가 차범석이었다. 차범석은 그때의 상황을 회고하는 글에서 "1974년 2월 6일(1일의 착오 - 필자) 충무로의 한정식집에서 연극 간담회 도중 고혈압으로 쓰러지신 동랑 선생은 의식의 몽롱해진 상태에서도 나의 손을 꼭 쥐시고 이렇게 말씀하시는 것이었다. '범석 군! 연극회관만큼은 셋방살이는 안 된다. 작은 건물이라도 좋으니 꼭 내 집을 마련해야 해, 자기 극장이라야 해!' 평생을 연극을 위해 극작가로, 연출가로, 그리고 연극교육자로 혼신의 힘을 기울이시다가 가신 선생의 인생 역정은 영원한 나의 스승이요, 연극의 길잡이이심에 틀림이 없을 것이다."[7]라고 쓴 것이다. 여기서 놀라운 점은 그가 쓰러진 것도 극적이지만 쓰러지고 나서 운명할 때까지의 9일 동안의 과정도 극적이었다는 사실이라 하겠다. 왜냐하면 그가 거의 혼수상태에서 간간이 의식이 희미하게 돌아오는 순간에는 오로지 한국 연극 장래만을 걱정했기 때문이다.

그의 병상을 끝까지 지켰던 장녀 인형과 서랑 안민수의 증언[8]에 따르면 동랑이 이따금 눈을 뜨고서는 "인형아, 〈포기와 베스〉를 뮤지컬로 만들어봐라", "민수야, 네가 전번에 연출했던 〈리어 왕〉을 음악극으로 다시 한 번 만들어봐라" 했고, 한참

---

7 차범석, 『예술가의 삶』(혜화당, 1993), 150~151면.

8 유인형 · 안민수와의 대담, 2014년 9월 15일.

생애 마지막 시기의 모습(1974.1.)

후에는 "얘들아, 드라마센터를 자꾸 돌려야 한다", 그리고 "재밌는 연극을 해야 한다."고도 했다. 다음 날에도 의식이 조금 돌아온 상태에서 "얘들아, 우리 학교에 학생들이 얼마나 지원했냐? 입학시험에서는 반드시 실기만 보도록 해라."고 당부한 얼마 뒤 동랑은 한 줄기의 눈물을 흘리고 1974년 2월 10일 오전 8시 스산한 바람소리가 들려오는 겨울날 아침 그에게 영세를 주었던 세종로성당 박귀훈 신부의 종부성사(終傅聖事)를 마지막으로 사랑하는 가족이 지켜보는 가운데 만 69세로 파란만장했던 생애를 마감했다.

이처럼 통영 앞바다의 푸르른 파도 소리를 들으면서 자란 그가 고달프긴 했지만 비애와 함께 영광도 없지 않았던 기나긴 여정을 그 자신이 몸처럼 아끼던 영원한 샹그릴라라고 할 드라마센터의 어두컴컴한 골방에서 가장 극적으로 마감한 것이다. 그리하여 이승과 영별(永別)한 그의 영혼은 가장 사랑했던 딸 인형의 애끓는 통곡 소리를 타고 머나먼 낙원을 향하여 또다시 긴 여정에 올랐다.

그런데 사랑하는 가족에게 유언이 된 당부의 말은 대체로 세 가지로 요약될 수가 있을 것 같다. 그 첫째가 경제 여건 등으로 잘 굴러가지 못하고 있는 드라마센터 문을 계속 열어서 연극을 활성화시켜야 한다는 것이었고, 두 번째는 뮤지컬을 해야 하고 무엇보다도 재밌는 연극을 해야 한다는 것이었으며, 끝으로 인재양성을 위해서 서울예술전문학교를 정말로 잘 키워야 한다는 것이었다.

그처럼 어렵게 지어놓은 극장이 재정과 인재난 등으로 제대로 굴러가지 않고 있는 것은 그를 끝까지 눈 감지 못하게 한 듯싶고 사람을 키워보려고 만들어놓은 학교에도 학생이 많이 오지 않으니 그의 심사가 오죽했겠는가. 특히 한국 연극의 장래를 멀리 내다보고 잠깐 시도했던 뮤지컬도 안착을 못 시켰으니 장녀와 서랑에게 다시 해보라는 당부였다. 그가 항상 '재밌는 연극'을 하라고 한 것도 따지고 보면 단순히 세속적 의미의 대중성을 강조한 것이 아니고 진선미를 갖춘 작품을 하라는 것이었음을 그가 일찍이 쓴 「오락·예술·연극」이라는 에세이에 잘 나타나 있다. 즉 그는 이 글에서 "진선미가 없는 오락이란 타락한 오락이요, 모름지기 이 사회에 존재시켜서는 안 될 마물(魔物)이다. 예술품이란 미명 아래서 감히 이 사회에 그대로 두어서는 안 될 아주 타락한 오락물이 많다. 특히 연예물에 있어서 그런 것이 많음을 우리는 안다."[9]고 하여 '재밌는 연극'을 대중적인 오락물과 구분한 바 있다.

이처럼 운명(殞命)하는 순간까지 연극만을 걱정했던 그를 떠올리면서 필자는 그가 1949년에 쓴 에세이 「연극과 나」라는 글이 진정한 그의 내면고백이었음을 확인할 수가 있었다. 즉 그는 그 글에서 “나는 아편에 맛들인 환자와 같이 연극에 사로잡힌 죄수였다. 나는 연극에서 해방되려고 애써보기도 했다. 어떤 외국의 연극인은 연극은 나의 첩이라고 말했는데 사실 내게 연극은 나의 사랑스럽고 말썽스러운 첩임에 틀림없다. 때로는 연극의 말썽스러운 무대를 떠나서 만연(漫然)히 산길을 소요하고도 싶다. 진행되는 연극은 마치 작전 중에 있는 전투와 같다. 먼지와 싸움과 피투성이와 잡음! 이것이 연극의 일이다. 이 일이 순조롭게 진행될 수 있으면서도 진행 못 되는 것이 연극의 현실이다. 이 현실을 극복하자면 상당히 강한 신경의 소유자이어야 한다. 그러나 나는 그런 신경의 소유자는 아니다. 언제나 이 ‘연극’에서 나는 해방될는지? 무덤만이 그 유일한 해방자일 게다.”[10]라고 실토한 바 있는데, 그 말은 놀랄 만큼 적중했다.

왜냐하면 그는 운명 직전까지 고통에 찬 연극의 끈에 매달려 있었기 때문이다. 그를 가리켜 ‘숙명의 연극인’이라고 부를 수 있는 것도 바로 이러한 너무나도 드라마틱한 삶 때문이다. 그의 죽음으로 〈왜 싸워〉 사건 이후 한동안 서먹했던 옛 동지들과의 화해도 이루어졌다. 그 점은 그와 함께 신극운동을 시작했던 이헌구와 서항석의 절절한 애도사(哀悼辭)가 잘 나타내주고 있다.

즉 이헌구는 ‘마지막 흘린 눈물… 그 뜻을 우리는 알고 있습니다’라는 조사(弔辭)를 통해서 “동랑 유치진 형은 7순의 초입에서 우리를 버리고 갔습니다. 보잘것없는 남산 밑 외의 방에서 숨을 거두던 순간 말없이 흘리신 눈물의 뜻을 우리는 알고 있습니다. 칠십 평생을 고독과 간난 속에 연극만을 위해 살아온 형이고 보면 그 눈물 또한 연극에 대한 여한을 담고 있으리라 짐작되기 때문입니다. 1923년 9월 관동대지진 때 짐승처럼 학살당하던 동포들 틈에서 ‘조선인이 살 길은 연극뿐이다’고 뜻을 굳혔다던 형, 31년 극예술연구회를 세워 본격적으로 연극활동을 시작한 형은 첫 작품 〈토막〉으로 우리 희곡사상 빛나는 일획을 그었습니다. 형은 갖가지로

---

9 유치진, 『동랑 유치진 전집』 8(서울예대출판부, 1993), 107면.

10 유치진, 「연극과 나」, 『동랑 유치진 전집』 6(서울예대출판부, 1993), 194면.

전해 내려오던 〈춘향전〉을 희곡으로 승화, 일본에서 공연했고, 일제하의 서울 무대에서 민족적 감격을 불러일으켰습니다. 8·15해방을 맞아 연극계가 격랑처럼 소용돌이 칠 때, 형은 민족극을 옹호하고 나섰으며 근대극 중심의 신극운동을 밀고 나갔습니다. 나라가 서고서도 연극은 푸대접을 받는 사실을 가슴 아파한 형은 혼신(渾身)의 힘을 기울여 남산 기슭에 새로운 형태의 극장 드라마센터를 이룩했습니다. 운영상의 어려움과 고충은 아는 사람은 다 알고 있었습니다. 그러한 가운데서도 형은 맨주먹으로 연극전문학교까지 세웠습니다. 백발을 무릅쓰고 연극을 이 나라의 상징으로 밀고나온 어찌 보면 무모한 심혈의 경주가 형의 육신을 깎아온 것으로 생각되어 우리는 더 애통해하고 있습니다. 그 무수한 빌딩의 숲속에서도 민중예술인 연극을 위한 전당 하나 없음을 탄식하던 형, 그리고 연극예술의 앞날을 격론(激論)하던 중에 쓰러져 다시는 못 올 길로 떠나가신 형. 천 년 한(恨)을 품은 채 마지막 흘린 그 눈물은 언젠가는 찬란한 예술의 구슬로 빛날 것을 믿고 있습니다. 그리고 우리는 형이 그토록 열망했던 새로운 연극의 막이 힘차게 오를 날을 믿고 있습니다. 동랑! 나의 아끼는 친우야 생사의 갈림길에서 목이 막혀 울음도 나오지 않는구나. 부디 저 청정한 세계에서 명복을 누리라"[11]고 우정에 넘친 추도사를 읽기도 했었다. 이헌구가 그동안 몇 가지 문제로 동랑과 틈이 벌어졌었고, 그래서 10년 이상 왕래도 뜸한 처지였다. 그러나 막상 옛 동지가 세상을 떠나면서 그도 간난신고를 겪으면서 끝까지 연극운동을 해온 동랑의 헌신에 아낌없는 박수를 보냈던 것이다.

이헌구의 경우와 마찬가지 처지였던 또 다른 동지인 서항석도 추도사를 통해서 "지난 2월 10일은 더없이 불길한 날이었다. 연극계의 선봉이요, 희곡단의 거장인 동랑 유치진 형이 드디어 불귀의 길을 떠난 날이다. 비보가 거리에 전해지자 문화예술계는 짙은 애도의 염에 잠겨 있다. 그것은 당연한 일이다. 그만큼 동랑은 우리들에게 소중한 존재였던 것이다. 나 이제 40년 동주자(同走者)를 잃은 이 마당에서 더할 나위 없는 슬픔과 쓸쓸함에 짓눌려 말이 말을 이루지 못하고 통곡으로 변할 것만 같다. 울먹이면서 회상하는 우리들의 과거는 1930년대로 돌아간다. 1931년 7월 8일 신극 수립을 목표로 12인 동인이 결집한 '극예술연구회'의 창립은 동랑과

11 이헌구, 「유치진 형의 서거에 부쳐」, 『동아일보』 1974.2.12.

나를 이 길의 동주자로 얽어놓은 것이다. 12동인 중 더러는 이미 타계하고 더러는 이북으로 끌려가고 이곳 생존자 중에서 고집스럽게 연극을 지켜 그 형극의 길을 마다않고 오늘에 이른 것은 오직 동랑과 나다.

사람 사는 길이 평탄치 못하여 우리 사이에도 우여곡절은 있었지만 '전우(戰友)'로서의 연대감과 우정은 늙어갈수록 짙어졌던 우리가 아닌가? 이제 나의 이 쓸쓸하고 허전한 심정을 어떻게 달래야 할지 모르겠다. 동랑은 갔지만 동랑이 남긴 희곡들이 있고, 좋은 연출의 기록이 있고, 드라마센터와 연극학교가 있고 동랑의 뜻과 일을 이어갈 훌륭한 자녀가 있다. 이것으로 동랑은 칠십 평생을 헛되이 산 것이 아닐 뿐 아니라 내일을 위하여 넓은 터전을 마련하고 높은 탑을 쌓아올린 것이니 동랑으로서는 여한이 없을 수도 있지만 그렇다고 우리의 아끼는 마음이 덜할 수가 없다. 오호!

지난 2월 1일 우리들 연극인 몇몇 사람이 한자리에 모여 담소를 같이 하는 기회에 동랑은 요즘 정부에서 추진하고 있는 문화예술 진흥 정책을 논하면서 '집중적'으로 해야 한다는 말에 열을 올린 것이 지병인 고혈압의 충격으로 쓰러졌었는데 이내 일어나지 못하고 신급(迅急), 10일에 드디어 타계한 것이다. '집중적'이란 말의 뜻은 문화예술 진흥에 있어서 각 부문에 골고루 지원하여 전시효과를 노리기만 일삼지 말고 필요한 부문에 집중적으로 지원하는 것이 효율적이며 지금 연극 부문이야말로 집중적인 지원이 필요한 부문이란 뜻으로 풀이되는 것이다.

'집중적'이란 말을 생명을 돌보지 않고 부르짖다가 쓰러진 동랑이다. 살기도 연극으로 살고, 죽기도 연극으로 죽은 동랑이다. 그리고 '집중적'이란 말은 동랑의 유언이다. 이 유언에 귀를 기울여주는 것이 동랑의 영(靈)을 위로하는 길이 아니겠는가. 당국자의 배려를 바라는 마음 간절하다."[12]고 씀으로써 옛 동지로서의 애석한 마음과 함께 솔직한 감회를 피력한 바 있다. 서항석의 조사 가운데서도 특별히 눈에 띄는 대목은 동랑을 가리켜 '살기도 연극으로 살고 죽기도 연극으로 죽었다'고 한 구절이라고 하겠다. 평생의 연극 동지이면서 동시에 라이벌이기도 했던 서항석도 인생의 종착역에서는 동랑의 헌신적인 삶에 아낌없는 찬사를 보낸 것이다.

---

12 서항석, 「동랑 유치진 형을 곡함」, 『중앙일보』 1974.2.12.

연극인장으로 거행된 영결식(1974.2.)

상주인 장남 덕형이 뉴욕 라마마극장에서 〈초분〉을 연출하고 있었기 때문에 임종을 지키지 못했고, 그의 귀국이 늦어짐으로써 자연스럽게 5일장이 되었으며 1974년 2월 14일 연극인 장으로 성대하게 치러졌다. 장례식장에서는 동랑이 〈가야금의 노래〉 공연 때 깜짝 스타로 발탁했던 김소희 명창의 구성지면서도 애연한 판소리 조가(弔歌)는 조문객들을 울렸다. 주지하다시피 그는 평소 극장무대를 낙원이라 지칭하고 공연 행위를 '낙원의 행사'라 해왔는데, 참으로 우연찮게도 그가 경기도 파주의 낙원공원묘지에서 영원히 잠들게 된 것이다. 한편 대한민국예술원 회장과 부회장으로 함께 일했던 소설가 월탄 박종화(朴鍾和)도 그를 기리는 비문을 통해서 "하늘에 별이 있듯이 땅에도 큰 별이 황황하게 빛을 뿜고 있었다. 그리고 이제 큰 별은 지하에서 우리 겨레의 극예술의 승화(昇華)를 묵묵히 지켜보면서 미소를 머금어 영생하고 있다."고 쓰기도 했다.

동랑은 이따금 장녀에게 "이 짧은 인생을 영원히 사는 길은 주어진 시간을 최대로 활용하는 것이다. 사람이 이 세상을 떠나는 순간 단 일순이 아쉬워 발버둥 칠 때 무엇으로 그 시간을 연장하랴. 살아서 순간순간을 아껴서 일하는 것이 오로지 인생을 풍부히 그리고 영원히 사는 길이다."라고 했었다. 그는 그 말과 한 치도 다르지 않게 살았다. 그는 때때로 제자들에게 척박한 땅에서도 꿋꿋하게 자라서 멀리 자신의 씨앗을 퍼뜨리는 민들레가 되라고도 했었다. 이는 사실 그가 천대와 압제, 그리고 곤궁 속에서 좌절할 때마다 스스로를 채찍질하고 용기를 내왔던 하나의 좌우명 같은 것이었다. 그러니까 민들레는 곧 자신이었으며 제자들에게 자신을 그대로 투영해보려 했던 것 같기도 하다. 그런 그의 영혼은 자신이 좌우명처럼 삼아왔던 민들레처럼 어느 스산한 겨울날 파주의 낙원공원 묘지 위로 쓸쓸히 날아가 버린 것이다. 그날은 유난히 늦겨울날답지 않게 하늘이 깊고 푸르렀다.

동랑 유치진(柳致眞) 연보

1905 **11월 19일**(음력) 경남 통영에서 출생.

1910 동네 서당에서 한학공부 시작.

1914 통영보통학교(4년제) 입학.

1918 통영보통학교 졸업.

통영우편소 입사, 부산체신양성소 수련.

1919 3·1운동 발발.

1918~1920 통영우편소 근무.

1920 도일(渡日).

1921 아오야마(豊山)중학교 2학년 편입.

1923 광동대진재를 만나 구사일생, 함께 유학 중이던 계씨 치환과 치상은 귀국.

1926 아오야마중학교 졸업.

1926 기독교 계통의 릿쿄(立敎)대학 예과 입학.

1927 연극공부를 위하여 릿쿄대학 영문학과 입학.

1931 「숀 오케이시 연구」를 학사 논문으로 제출하고 귀국. 그 논문은 『일본영미문학』지에 게재됨.

1931 **6월** 해외문학파 동지들과 함께 극영동호회를 만들고 동아일보사 후원으로 '연극영화전람회를 개최. 칼럼 「연극영화전을 개최하면서」를 『동아일보』(1931.6. 19.~21.)에 게재. 이어서 본격 신극운동단체인 극예술연구회(약칭, 극연)를 해외문학파 동지들과 조직.

1931 칼럼 「세계 극단의 동태 - 최근 10년간의 일본 신극운동」을 『조선일보』(11.12.~12.2.)에 게재. 칼럼 「최근 10년간의 일본 신극운동」을 『조선일보』(11.27.)에 게재.

칼럼 「산 신문극」을 『동아일보』(12.17.~19.)에 게재. 첫 희곡 〈토막〉(『문예월간』 2, 3호) 발표.

1932 희곡 〈칼 품은 월중선〉(『제일선』 19호) 발표. 칼럼 「노동자구락부극에 대한 고찰」을 『동아일보』(3.2.~5.)에 게재. 에세이 「세계 여류극장인 순례」를 『조선일보』(3.13.~21.)에 게재. 칼럼 「연극의 대중성」을 월간 『신흥영화』(8월호)에 게재. 극연 직속 실험무대 제1회 시연작 고골리의 〈검찰관〉에 단역배우로 출연. 기초 연극론이라 할 「연극본능론」과 「노동자 출신의 숀 오케이시」를 각각 『조선일보』(11.23.~25.과 12.3.~27.)에 게재. 공연평론 「'명일극장 1회 공연」과 「문외극단 공연을 보고」를 각각 『동아일보』(12.6.과 12.18.)에 게재. 〈토막〉(2막)이 그의 첫 창작 희곡으로 공연되고, 카이제르 작 〈우정〉(원명, 유아나)과 피란델로의 〈바보〉를 처녀 연출하고 단역배우로도 출연.

1933 칼럼 「학생극 올림피아드」(『조선일보』 1.2.)를 비롯하여 「학교교육과 연극」(『조선일보』 1.11.~12.), 「내 심금의 현을 울리는 로만 로망의 민중예술론」(『조선일보』 1.24.), 「신춘희곡계와 그 수확」(『조선일보』 4.28.), 「무대촌상」(『삼천리』 4권 5호), 「금춘희곡계 전망」(『조선일보』 5.1.), 「가정과 학교를 위한 간단한 인형극 - 그 이론과 실제」(『매일신보』 6.13.~26.), 「신극운동에 나타난 여성의 족적」(『신가정』 33.8.), 「극작가로서의 투르게네프」(『동아일보』 8.23.), 「희곡계 전망 - 창작극과 번역극」(『동아일보』 9.27.~29.) 등을 게재. 희곡 〈버드나무 선 동리의 풍경〉(1막)과 〈바보치료〉(1막, 『조선일보』 3.15.~30.), 그리고 라디오 드라마 〈룸펜 인테리〉 발표.

1934 칼럼 「연극의 브나로드운동」(『조선중앙일보』 1.1.~8.), 「신극수립의 전망」(『동아일보』 6.~12.), 「세전극구락부 제1회 공연을 보고」(『조선일보』 1.17.~20.), 「철저한 현실 파악: 창작의 태도와 실제」(『조선일보』 1.21.), 「망상수기」(『문학』 2호), 「극단 수상 - 이원마보」(『별건곤』 34.2.), 신춘희곡 〈개평〉(『조선중앙일보』 2.23.~3.1.), 「재능 개척이 필요 - 극단에 보는 말」(9.20.), 「프로극의 몰락과 그 후보 - 일본 신극의 회견기」(『동아일보』 10.1.~5.), 〈희곡빈가〉(1막), 발표자작 〈버드나무 선 동리의 풍경〉과 셰익스피어의 〈베니스의 상인〉을 연출하고 버나드 쇼의 〈무기와 인간〉에 단역배우로 출연. 연극 실제 연구차 재도일. 동경학생예술좌 조직에서 멘토 역할을 함.

1935 희곡 〈소〉(3막)와 〈당나귀〉(1막) 등 발표. 이무영 작 〈한낮에 꿈꾸는 사람들〉과 쿠르틀린의 〈작가생활보〉, 그리고 자작희곡 〈제사〉(1막)를 연출함. 연극 칼럼

「극문학 계발의 두 가지 과제」(『동아일보』 1.8.)를 비롯하여 「농민극 제창의 본질적 의미」(『조선문단』 35.2.), 「미국의 신극운동」(『중앙』 35.4.), 「곤란한 조선예술계」(『조선중앙일보』 5.11.), 「동경 문단·극단 견문기」(『동아일보』 5.12.~23.), 「숀 오케에시와 나 - 내가 사숙하는 내외 작가」(『동아일보』 7.7.~10.), 「조선문화 발전과 그 수립의 근본 도정」(『조선일보』 7.7.~10.), 「창작 희곡 진흥을 위하여」(『조선문단』 35.8.), 「번역극 상연에 대한 사고」(『조선일보』 35.8.), 「조선 연극의 앞길」(『조광』 35.11.), 「극예술연구회 제8회 공연을 앞두고」(『동아일보』 11.17.~19.), 「올해 1년간의 조선 연극계」(『사해공론』 35.12.), 「금년 1년간의 연극계 회고」(『학등』 35.12.), 「지난 1년간의 조선 연극계 총결산 - 특히 희곡을 중심으로」(『조선일보』 12.14.~17.) 등을 게재.

희곡 〈줄행랑에 사는 사람들〉로 데뷔한 심재순(沈載淳)과 결혼.

1936 희곡 〈춘향전〉(4막), 〈자매 1〉(5막), 〈제사〉(1막)(『조광』 4호), 이무영 작 〈무료치병술〉을 비롯하여 골수어디 작 〈승자와 패자〉, 톨스토이 작 〈어둠의 힘〉, 이광래 작 〈촌선생〉, 이서향 작 〈어머니〉, 자작 〈자매1〉, 전한 작 〈호상의 비극〉, 자작 〈춘향전〉, 칼 센헤르 작 〈신앙과 고향〉, 그리고 빌드락 작 〈상선 테나시티〉 등을 연출함.

연극 칼럼 「조선 문학 건설안, 희곡계 - 조선어의 정리와 인간에 대한 연구」(『조선일보』 1.3.~5.)를 비롯하여 「극작가가 되려는 분에게」(『학등』 36.2.), 「극단 수상」(『중앙』 36.2.), 「연극운동의 길」(『동아일보』 2.26.), 「상연 각본의 해설」(『동아일보』 2.27.), 「〈자매〉에 대하야 - 작가로서의 말」(『극예술』 36.5.), 「〈춘향전〉 각색에 대하야」(『극예술』 36.9.) 등을 게재. 장녀 인형 출생(6월).

1937 사곡 〈개골산〉(일명 '마의 태자')을 『동아일보』(12.15.~1938.2.6.)에 발표. 헤이워드 부처 작 〈포기〉를 비롯하여 자작 〈풍년기〉(일명 '소'), 이무영 작 〈수전노〉, 톨스토이 작 〈부활〉, 그리고 자작 〈춘향전〉 등을 연출함.

연극 칼럼 「신극운동에 대한 나의 구도」(『삼천리』 37.1.) 등을 비롯하여 「극연 신춘 공연 〈포기〉를 앞두고」(『조선일보』 1.20.~21.), 「담 - 연극무제」(『조선일보』 3.18.~20.), 「낭만성 무시한 작품은 기름 없는 기계」(『동아일보』 6.10.), 「신극운동의 과제」(『조선일보』 6.11.), 「나의 수업시대 - 내 우울의 요람」(『동아일보』 7.22.~24.), 「천재는 조락한다. 출세를 삼가하고 연구가 선무」(『동아일보』 9.1.), 「금년 극계 개관」(『조광』 37.12.), 그리고 「중간극의 출현, 연구극의 동정」

(『동아일보』 12.24.~28.) 등 발표.

1938 첫 시나리오 〈도생록〉을 발표하고, 자작 〈토막〉을 비롯하여 맥스웰 앤더슨 작 〈목격자〉, 그리고 〈풍년기〉를 다시 연출함. 연극 칼럼 「극단 진흥책 - 신년에 재하여 한 개 제안」(『매일신보』 1.3.~5.), 「조선어와 조선 문학, 극문학이 요망하는 언어의 지위」(『동아일보』 1.4.), 「비생활자의 수첩」(『동아일보』 2.5.), 「〈춘향전〉 동경 상연과 그 번안 대본의 비평」(『조선일보』 2.24.~3.9.), 「조선 신극운동의 당면 과제」(『동아일보』 4.22.~24.), 그리고 「조선의 연극들은 어디로」(『사해공론』 38.9.) 등을 발표.

3월에 일제에 의해 극예술연구회가 강제로 극연좌로 개편되면서 대표간사가 됨. 극연 영화부가 촬영한 〈애련송〉(최금동 작, 김유영 감독)에 신부 역으로 출연. 장남 덕형 출생(1월). 청평에 과수원을 일굼.

1939 함세덕 작 〈도념〉을 비롯하여 맥스웰 앤더슨 작 〈목격자〉, 자작의 〈춘향전〉 등을 연출하고, 연극 칼럼 「연극독본」(『박문』 4~7), 「극계는 의연 다난 - 신춘문단의 전망」(『매일신보』 1.3.~4.), 「각국의 연극영화 정책」(『동아일보』 1.6.~13.), 「극작법, 처음 희곡을 쓰는 이에게 주는 편지」(『동아일보』 3.5.), 「시단은 왜 침묵하나, 평론과 작품의 제휴」(『동아일보』 6.21.), 「찾아진 연극고전 『조선연극사』를 읽고」(『동아일보』 6.30.), 「시나리오도 문학의 장르로 볼 수 있는가?」(『영화연극』 1) 그리고 「연극과 현대인」(『조광』 39.7.) 등을 발표. 극연좌 만 1년 만에 강제 해체됨. 차남 세형 출생(2월). 과수원 수몰됨.

1940 희곡 〈부부〉(1막) 발표. 현진건 작 〈무영탑〉 연출. 연극 칼럼 「국민예술의 길」(『매일신보』 1.2.)을 비롯하여 「무영탑에 대하여」(『매일신보』 9.12.), 「우리 극단 타개책」(『조광』 4.12.), 「대륙 인식」(『인문평론』 40.7.) 그리고 「금년의 연극」(『매일신보』 12.25.~30.) 등을 발표.

1941 극단 현대극장을 창립하여 대표를 맡으면서 희곡 〈흑룡강〉(4막)을 발표하고 마르셀 파뇰 작 〈흑경정〉을 연출함. 연극 칼럼 「국민극 수립에 대한 제안」(『매일신보』 1.3.), 「신체제하의 연극: 조선연극협회에 연관하여」(『춘추』 41.2.), 「신극과 국민극: 신극운동의 금후 진로」(『삼천리』 41.3.), 「우리 생활의 재현인 연극의 고상한 방향」(『매일신보』 3.24.), 「연극시평: 원칙적인 것과 구체적인 것」(『조광』 41.6.), 「국민연극의 구상화 문제 - 〈흑룡강〉 상연에 제하여」(『매일신보』 6.5.), 「국민연극 〈흑룡강〉 공연 보고」(『삼천리』 41.7.), 그리고 「연극계의 회고」(『춘추』

41.12.) 등을 발표.

1942 희곡 〈북진대〉(『대동아』 42.7.)와 〈대추나무〉(4막, 『신시대』 42.10.~43.1.) 등을 발표.

연극 칼럼 「〈북진대〉 여화」(『국민문학』 42.6.), 「북만으로 향하면서: 개척문화의 사절이 되어」(『대동아』 42.7.), 「개척과 희망: 만주 개척지를 보고서」(『매일신보』 7.30.~8.5.), 「극장은 연극을 결정한다」(『신시대』 42.7.), 「창성돈에서」(『국민문학』 42.10.), 「납빈선에서」(『동양지광』 42.10.) 등을 발표. 희곡 〈대추나무〉로 총독부 정보과장상 수상.

1943 자작 〈춘향전〉을 비롯하여 이서향 작 〈봄밤에 온 사나이〉, 〈백일홍〉(阿木翁助 작), 함세덕 작 〈남풍〉, 김승구 작 〈로나 부인 행장기〉, 함세덕 작 〈황해〉, 그리고 〈춘성부부〉(北條秀司 작) 등을 연출.

1944 조천석 작 〈무장선 셔멘호〉를 비롯하여 함세덕 작 〈청춘〉, 자작 〈춘향전〉, 함세덕 작 〈남풍〉, 〈결혼조건〉(菊田一夫 작), 진우촌 작 〈뢰명〉, 그리고 정비석 작 〈청춘의 윤리〉 등을 연출.

1945 박재성 작 〈산비들기〉와 〈애정무한〉 등을 연출하고 민족 해방을 맞음.

1946 희곡 〈조국〉(1막) 발표. 좌담 「민족극장문화는 어디로?」(『중앙신문』 7.20.)와 연극 칼럼 「무대의 발본적 기본 공사」(『민주일보』 49.8.)를 발표. 극예술연구회를 재건하고 그를 모체로 하여 연극브나로드운동 실천위원회를 조직하여 전국적으로 연극계몽운동을 전개함.

1947 희곡 〈자명고〉(5막), 〈흔들리는 지축〉(1막), 〈장벽〉(1막), 〈남사당〉(12경), 〈며느리〉(1막) 등을 발표. 극단 극예술협회 창립 고문. 자작 〈자명고〉를 비롯하여 〈은하수〉, 그리고 맥스웰 앤더슨 작 〈목격자〉 등을 연출함. 연극 칼럼 「극장사견: 연극 진흥책 제1호」(『조선일보』 4.8.)를 발표. 전국연극예술협회(10.26.)를 창립하고 초대 이사장으로 취임.

1948 희곡 〈별〉(5막)을 발표. 자작 〈조국〉을 비롯하여 〈마의 태자〉, 〈대춘향전〉 등을 연출하고 정비석의 〈청춘〉과 헤이워드 부처 작 〈포기〉 및 진우촌의 〈죄〉를 연출함. 연극 칼럼 「암흑 초래한 악법」(『경향신문』 8.8.)과 「활기 없는 후반기: 입장세율 높아 물의 분분」(『서울신문』 12.26.)을 발표.

전국연극예술협회를 한국무대예술원으로 개편(1월)하여 원장으로 취임.

1949 희곡 〈어디로〉(4막)(『민족문화』 49.10.) 발표. 킹즐리 작 〈애국자〉를 비롯하여

아더 로렌츠 작 〈용사의 집〉 등을 연출. 연극 칼럼 「작년도 연극계 개관」(『신원』 49.4.)을 비롯하여 「희곡론」(『희곡문학』 1), 「문화재를 지키자 – 신국회의장에게 올리는 글」(『경향신문』 7.29.~30.), 「새 기획의 잉태기」(『서울신문』 8.16.), 「집단과 이상」(『문예』 2), 「또 하나의 불행」(『민성』 49.10.), 「공연법의 즉시 상정」(『경향신문』 10.25.), 「연극과 나」(『태양신문』 11.25.), 「제작순례2」(『태양신문』 11.25.), 「깊은 뿌리」(『문예』 49.12.), 「몇 가지 주요한 과업」(『신경향』 1), 「국립극장의 실현」(『경향신문』 12.26.), 「관제흥행독무대」(『서울신문』 12.29.), 그리고 단행본 『희곡창작법』(석담사, 1949.12.) 등을 발표함.

서울시 문화위원에 임명되고 전국문화단체총연합회 부위원장에 피선됨. 서울대학에서 '연극개론' 강의 및 연희대학에서 '세계 연극사' 강의.

1950 희곡 〈어디로?〉(4막)를 비롯하여 〈장벽〉(4막), 〈원술랑〉(5막), 〈까치의 죽음〉 등을 발표. 조우 작 〈뇌우〉 연출. 연극 칼럼 「국립극장론」(『평화신문』 1.1.)을 비롯하여 「국립극장 설치와 연극 육성에 대한 방안」(『신천지』 50.3.), 「허위의 상습한」(『서울신문』 11.3.), 「90일간 수난기」, 「운명은 하늘에」, 「연극계의 전망」 등을 발표. 초대 국립극장장에 피임.

1951 희곡 〈통곡〉(4막)과 〈순동이〉(일명 '푸른 성인')를 발표하고 희곡집 『유치진 희곡집』 출간.

1952 희곡 〈불꽃〉을 비롯하여 〈가야금의 유래〉(3막 4장), 〈처용의 노래〉(4막) 등을 발표하고 희곡집 『원술랑』 출간.

1953 희곡 〈나도 인간이 되련다〉(4막)를 발표하고 연출도 함. 시나리오 〈철조망〉을 발표. 오상원 작 〈녹쓸은 파편〉 연출. 연극 칼럼 「소극장운동」(『서울신문』 3.8.), 「희곡천후기」(『문예』 53.5.), 「신인대망론(극작편): 불사조의 정열 희망」(『서울신문』 8.9.), 「극단 재건책」(『서울신문』 11.22.) 등을 발표.

1954 대한민국예술원 회원으로 피선되고 반공통일연맹 최고위원 및 한국문학가협회 부위원장에 피선. 연극 칼럼 「무거워진 책임감: 직품 써서 채무 갚겠다」(『서울신문』 4.22.)를 비롯하여 「신인대망」, 「김동원 – 새로운 연기 창조」, 「예술원 회원이 되어서」, 「〈가야금의 노래〉를 동기」, 「원형극장과 학생극」, 「극장은 희망과 연결」, 「나의 청춘기」, 「극단의 민주화」 등을 발표. 서울시 문화상 수상.

1955 희곡 〈자매 2〉(4막)와 〈청춘은 조국과 더불어〉(1막), 〈사육신〉(4장) 등을 발표. 연극 칼럼 「자체의 실력 보강」(『새벽』 55.1.)과 「극작가 30년」(『현대문학』 55.5.)

을 발표. 대한민국예술원상을 수상. 희곡집 『자매』 출간.

1956 시나리오 〈논개〉와 〈처녀별〉을 발표하고 자작 〈단종 애사〉와 〈마의 태자〉 각각 영화화됨. 세계 연극 시찰차 부인 심재순 여사와 구미 각국 및 동남아를 순방함. 연극 칼럼 「흔히 볼 수 없는 쾌작(희곡)」(『조선일보』 1.3.)과 「입장세법에 대하여: 국산 연예물의 경우」(『서울신문』 2.12.~13.), 「일보 함대훈 형: 취하면 보고창가를 불러」(『조선일보』 3.31.), 그리고 「연극인의 미국 여행」(『한국일보』 7.18.~20.) 등을 발표하고 미국 교육연극협회 명예회원으로 피선. T. 윌리엄스 작 〈욕망이라는 이름의 전차〉 연출.

1957 세계일주 연극여행으로부터 귀국. 희곡 〈왜 싸워〉를 발표하고 연극 칼럼 「연극행각 세계일주」(『문학예술』 57.10.~12.), 「대중과 더불어 호흡」(『서울신문』 7~10), 「구미의 연극영화계: 유치진 씨의 시찰 강연 요지」(『경향신문』 7.15.~18.), 「미국의 영화와 극장가」(『동아일보』 7.27.), 「문화 교류의 필요성: 데붕극단 공연을 보고」(『서울신문』 7.28.), 「민족극 수립을 위하여: 가면무극 〈산대놀이〉 공연을 앞두고」(『한국일보』 11.5.~6.), 「신극의 선구자: 홍해성 선생을 애도함」(『서울신문』 12.9.), 「짓밟힌 우정: 희곡 〈왜 싸워〉의 분규를 계기로」(『한국일보』 12.13.), 「민족을 파는 작품 아니다」(『한국일보』 12.14.), 「누구를 위한 십자가였던가: 희곡 〈왜 싸워〉의 분규를 계기로」(『한국일보』 12.15.) 등을 발표.

1958 희곡 〈한강은 흐른다〉(22경)를 발표하고, ITI를 창립하고 초대 위원장에 피임. 연극 칼럼 「가면무극을 구하라」(『경향신문』 1.6.), 「각국의 셰익스피어극 - 유치진 씨로부터 듣다」(『서울신문』 4.23.), 「극계 위기를 극복하는 길: 예술성의 자각, 실력의 재연마」(『서울신문』 5.25.), 「희곡천기」(『현대문학』 58.5.), 「연극 관객과 영화 관객: 외국과 우리나라를 비겨서」(『동아일보』 6.4.), 「신극운동의 과제: 극장과 기술자를 다시 찾자」(『서울신문』 9.19.), 「극계의 건실한 존재: 제작극회의 공연을 보고」(『조선일보』 12.16.) 등을 발표.

1959 희곡 〈발승무〉(5경)와 시나리오 〈개화전야〉, 〈유관순〉을 발표하고 『유치진희곡전집』을 출간함. 제8차 ITI(헬싱키)에 참가하여 부의장으로 당선함. 연극 칼럼 「희곡천후기」(『현대문학』 59.1.), 「말에 대한 인식과 화술교육: 의사 표시의 정확을 기르자」(『서울신문』 1.4.), 「작품을 쓰자」(『동아일보』 1.5.), 「핀랜드 연극 현황: 세계연극대회 참가기」(『동아일보』 7.7.), 「다큐멘터리 없어 섭섭」(『동아일보』 3.6.), 그리고 논문 「신극사 개관」(『예술원보』 3)을 발표.

1960 시나리오 〈재생〉 발표. 동국대학에 연극학과 설치하고 초대 과장으로 선임. 전국극장문화단체총연합회 회장으로 피선. 드라마센터 착공.

1961 제9차 ITI(빈)에 참가하고 제7회 아세아영화제(도쿄) 국제심사위원.

1962 한국연극연구소 드라마센터를 개관하고 초대 소장 취임. 개관 공연작 〈햄릿〉과 〈포기와 베스〉 등을 연출. 세계민속예술제(파리)에 한국 대표 단장으로 참가. 전국문화단체총연합회 회장에 피선. 대한민국예술원 부회장으로 피선. 문화훈장 대통령장 수득. 드라마센터 부설 연극아카데미 개설.

1963 제10회 아세아영화제(도쿄) 국제심사위원. 유네스코 한국위원회 위원. 문교부 5월문예상 수상.

1964 희곡 〈청개구리는 왜 날이 궂으면 우는가〉를 발표. 연극 칼럼 「연극의 발달이 선행되어야」(『현대문학』 11월호). 유네스코 일본위원회 주최 동서 연극 세미나에 한국 대표로 참석. 동아연극상과 3·1문화상 심사위원. 가톨릭 입교(본명, 돈 보스코). 시나리오 〈가야금〉 영화화됨. 서울연극학교 개설.

1965 극단 드라마센터 발족. 동랑 회갑 기념행사(수연, 공연, 출판), 오혜령 작 〈성야〉 연출.

1966 5·16민족상 이사 피임.

1967 문화공보부 3·1연극상 수상.

1968 시나리오 〈나도 인간이 되련다〉와 〈산하무정〉 등이 영화화됨.

1969 국제연극연구회의(뉴욕)에 한국 대표로 참가. 동국대 교수 정년퇴임.

1970 문교부장관으로부터 한국 연극에 대한 공로장 수득.

1971 한국극작가회의 초대 회장 피선. 드라마센터에 레퍼토리 시스템 가동.
논문 「나의 극예술연구회」(『연극평론』 가을호) 발표. 『유치진희곡전집』(상·하) 출간.

1972 논문 「희곡창작법(상·하)(『현대문학』 4~5월호). 마지막 작품 앤서니 섀퍼 작 〈사랑을 내기에 걸고〉(원명 '슬루스') 연출.

1973 서울연극학교를 서울예술전문학교로 승격시킴. 마지막 논문 「가정과 학교를 위한 간단한 인형극」과 「못다 부른 노래」(『문학사상』 5월호)를 발표.

1974 **2월 10일** 연극인 간담회 도중 지병으로 인해 향년 69세를 일기로 소천(召天). 파주 낙원공원묘지 안장.

참고문헌

▸ 기본 자료

『舊約聖書』.

『東朗 柳致眞・靑馬 柳致環의 出生地 調査硏究 - 巨濟出生에 關하여』, 거제시, 2000.

『三國史記』.

『三國遺事』.

『서울예술대학교 50년사』, 서울예대출판부, 2015.

『柳氏宗史寶鑑』(상・하), 柳氏宗史寶鑑編纂會, 2010.

『柳致眞全集』(1~9), 서울예대출판부, 1993.

『晉州柳氏大司公派譜』.

『統營市誌』(上・下), 統營市史編纂委員會, 1999.

『한국가톨릭대사전』, 한국교회사연구소, 1985.

▸ 단행본

강동진, 『일제하의 한국침략정책사』, 한길사, 1980.

강만길, 『한국현대사』, 창작과비평사, 1984.

고대한국사연구소 편, 『한국사』, 새문사, 2014.

고설봉, 『이야기 근대연극사』, 창작마을, 2000.

고승길, 『동양연극연구』, 중앙대학교 출판부, 1993.

국사편찬위원회 편, 『한국사』 51, 2001.

김국후, 『평양의 소련 군정 - 기록과 증언으로 본 북한 정권 탄생 비화』, 한울, 2008.

김동원, 『예에 살다』, 1991.

김용섭 외, 『한국근대민족운동사』, 돌베개, 1980.

김윤식, 『한국근대문예비평사 연구』, 일지사, 1976.

김윤식, 『한국근대문학사상사』, 한길사, 1984.
김재철, 『조선연극사』, 학예사, 1939.
김정숙, 『해외연출가론 1 - 로버트 윌슨(Robert Wilson)』, 도서출판 게릴라, 2003.
김종원 · 정중헌, 『우리 영화 100년』, 현암사, 2001.
김준보 외, 『한국근대사론』, 지식산업사, 1977.
김현숙, 『드라마센터의 연출가들』, 현대미학사, 2005.
김 화, 『이야기 한국영화사』, 하서출판사, 2001.
동랑추모문집발간위원회, 『동랑 유치진 - 한국공연예술의 표상』, 서울예술대학교 출판부, 2014.
동북아재단 편, 『만주 그 땅, 사람 그리고 역사』, 2008.
박지향, 『윤치호의 협력일기 - 어느 친일 지식인의 독백』, 이숲, 2010.
박 진, 『세세연년』, 경화출판사, 1966.
박영정, 『유치진 연극론의 사적 전개』, 태학사, 1997.
백현미, 『한국연극사와 전통담론』, 연극과인간, 2009.
『북한인명사전』, 중앙일보사, 1990.
서연호, 『식민지시대의 친일극 연구』, 태학사, 1997.
서항석, 『경안 서항석전집』(1~5), 하산출판사, 1987.
송건호, 『한국현대사론』, 한국신학연구소 출판부, 1979.
안민수, 『연극적 상상 창조적 상상』, 아르케라이팅아트, 1998.
안우식, 『김사량 평전』, 문학과지성사, 2006.
여석기, 『한국연극의 현실』, 동화출판공사, 1974.
______, 『나의 삶, 나의 학문, 나의 연극』, 연극과인간, 2012.
오사량, 『동랑 유치진 선생과 드라마센터 이야기』, 1999.
오혜령, 『인간적인 진실로 인간적인』, 덕문출판사, 1973.
유민영, 『한국현대희곡사』, 홍성사, 1982.
______, 『한국근대연극사』, 단국대출판부, 1996.
______, 『한국근대극장변천사』, 태학사, 1998.
______, 『한국인물연극사』 2, 태학사, 2006.
유치진, 『희곡창작법』, 석담사, 1949.
______, 『유치진희곡전집』(상, 하), 성문각, 1971.

유치진, 『동랑자서전』, 서문당, 1975.
유치환, 『울릉도』, 행문사, 1948.
______, 『구름에 그린다』, 1969.
유현목, 『한국영화발달사』, 한진출판사, 1981.
윤휘탁, 『만주국: 식민지적 상상이 잉태한 '복잡민족국가'』, 혜안, 2013.
이근삼, 『서양연극사』, 탐구당, 1980.
이기백, 『한국사신론』, 일조각, 1988.
이두현, 『한국신극사 연구』, 서울대학교 출판부, 1966.
이미원, 『국민연극 연구』, 연극과인간, 2003.
이상옥 외, 『열흘에 한 줄기 강물을』, 푸른사상, 2012.
이상우, 『유치진 연구』, 태학사, 1997.
이성렬, 『민촌 이기영 평전』, 심지, 2006.
이영일, 『한국영화전사』, 삼애사, 1969.
이용수 외, 『이야기 일본연극사』, 세종대학교 출판부, 2011.
이재명 외, 『해방 전(1940~1945) 공연희곡집』 별쇄본, 평민사, 2004.
이재명, 『일제 말 친일 목적극의 형성과 전개』, 소명출판사, 2011.
이진순, 『한국연극사 제3기(1945~1970년)』.
이해랑, 『허상의 진실』, 새문사, 1991.
이호룡, 『한국의 아나키즘 - 사상편』, 지식산업사, 2001.
전석담 외, 『일제하의 조선사회경제사』, 1947.
정진석, 『돈 보스코 성인』, 가톨릭출판사, 2000.
차범석, 『목포행 완행열차의 추억』, 음성출판, 1994.
______, 『예술가의 삶』, 혜화당, 1993.
차영한, 『니힐리즘 너머 생명시의 미학』, 시문학사, 2012.
『해방 20년』, 세광사, 1965.

▸ **외국 서적**

게오르그 루카치, 『역사소설론』, 이영욱 옮김, 거름, 1987.
고트프리트 켈러, 『마을의 로미오와 줄리엣』, 정서웅 옮김, 열림원, 2002.
레이몽크, 『비트겐슈타인 평전』, 남기창 옮김, 필로소픽, 2012.

마이클 블룸, 『연출가처럼 생각하기』, 김석만 옮김, 연극과인간, 2012.
아르네 네스, 『생태학의 담론』, 문순홍 편역, 솔, 1999.
양계초 · 충우란 외, 『음양오행설의 연구』, 김홍경 편역, 신시서원, 1993.
에릭 홉스봄 외, 『만들어진 전통』, 박지향 · 장문석 옮김, 휴머니스트, 2013.
에릭 벤틀리, 『사색하는 극작가』, 김진식 옮김, 현대미학사, 2002.
오사자 요시오, 『일본현대연극사』, 명진숙 · 이혜정 옮김, 연극과인간, 2013.
오스카 보로케트, 『연극개론』, 김윤철 옮김, 한신문화사, 1989.
요한 볼프강 괴테, 『괴테 자서전 - 시와 진실』, 정영애 · 최민숙 옮김, 민음사, 2009.
______, 『파우스트』, 김인순 옮김, 열린책들, 2009.
E. H. 곰브리치, 『서양미술사』, 백승길 · 이종승 옮김, 예경, 1997.
E. H. 카, 『역사란 무엇인가』, 길현모 옮김, 탐구당, 1966.
E. 체리아 엮음, 『돈 보스코의 회상』, 김을순 옮김, 돈보스코미디어, 2011.
조너던 해슬럼, 『E. H. 카 평전』, 박원용 옮김, 삼천리, 2012.
쿠르트 로트만, 『독일문학사』, 이동승 옮김, 탐구당, 1981.
테리 콜먼, 『로런스 올리비에 - 셰익스피어 연기의 대가』, 최일성 옮김, 을유문화사, 2008.
프세볼로트 메이예르홀트, 『연극에 대해』, 이진아 옮김, 지식을만드는지식, 2012.
호소 마사오 외, 『일본현대문학사』, 고재석 옮김, 문학과지성사, 1999.
Artaud. A, *The Theater and Double*, New York, 1958.
B. Croce, *History as the Story of Liberty*. Engl. trans1.

▸ **논문류**

가라시마 다케시, 「조선연극운동의 근본 문제」, 『문화조선』, 1943.
김 건, 「제1회 연극경연대회 인상기」, 『조광』, 1942.12.
______, 「신체제하의 연극」, 『조광』, 1941.11.
김광섭, 「1년간 극계 동향」, 『조광』, 1936.12.
______, 「버드나무 선 동리의 풍경, 『동아일보』, 1933.12.5.
김기훈, 「조선인은 왜 만주로 갔을까」, 『만주 그 땅, 사람, 그리고 역사』, 2008.
김남천, 「제1차 문화공작대 지방 파견의 의의」, 『노력인민』, 1947.7.2.
김사량, 「극연좌의 〈춘향전〉을 보고」, 『비판』, 1938.12.
______, 「〈흑룡강〉을 보고」, 『매일신문』, 1941.6.10.

김용섭, 「수탈을 위한 측량」, 『한국근대민족운동사』, 돌베개, 1980.
김　욱, 「연극시감」, 『예술운동』, 1945.12.
김의경, 「동랑 선생을 생각한다」, 『동랑 유치진, 한국공연예술의 표상』, 서울예술대학교 출판부, 2014.
김준보, 「한일합병 초기의 인플레이션과 농업공황」, 『한국근대사론』, 지식산업사, 1977.
나　웅, 「국민연극으로 출발 - 신극운동의 방향」, 『매일신보』, 1940.11.16.
노영택, 「민족교육운동의 전개」, 『한국사』 51, 국사편찬위원회편, 2001.
다나카 류이치, 「일본인에게 만주국은 무엇인가?」, 『만주 그 땅, 사람, 그리고 역사』, 2008.
민지환, 「술 많이 먹으면 뼈 삭는다 뼈 삭는다」, 『동랑 유치진, 한국공연예술의 표상』, 서울예술대학교 출판부, 2014.
박노춘, 「한국신연극 50년사략」, 『신흥대학교 창립 10주년 기념논문집』, 1959.
박　송, 「극예술연구회 제9회 공연을 보고」, 『동아일보』, 1936.3.4~13.
박승국, 「극연 분열에 대하여 - 국외자로서의 간단한 소망」, 『비판』, 1936.9.
박영호, 「〈흑룡강〉의 인상」, 『매일신문』, 1941.6.11.
박원경, 「이봐, 원경이 연기하지 말고 연출을 해」, 『동랑 유치진, 한국공연예술의 표상』, 서울예술대학교 출판부, 2014.
박향민, 「신극운동과 조선적 특수성」, 『비판』, 1938.8.
백형찬, 「동랑 유치진의 예술교육사상 고찰」, 드라마센터 공연팸플릿 모음집.
서항석, 「극연 경리의 이면사」, 『극예술』 제5집.
______, 「극계 1년의 회고」, 『신동아』, 1935.12.
______, 「원각사 이후의 신연극 - 개관편」, 『한국예술총람』, 1964.
______, 「동랑 유치진 형을 곡함」, 『중앙일보』, 1974.2.12.
세키구치 지로, 「조선 연극 시찰기」, 『신시대』, 1943.8.
신　구, 「제 예명을 하나 지어주십시오」, 『동랑 유치진, 한국공연예술의 표상』, 서울예술대학교 출판부, 2014.
신불출, 「극예술연구회에 보내는 공개장」, 『삼천리』, 1937.1.
안영숙, 「동란 후의 공연 소평」, 『문화세계』, 1953.8.
야마베 민타로, 「벽지에서 싸우는 연극 - 조선 이동연극 제1대를 살펴보다」, 『문화조선』, 1943.8.
오태석, 「곡간문 열쇠 쥐어주신 나의 큰 아버님」, 『동랑 유치진, 한국공연예술의 표상』,

서울예술대학교 출판부, 2014.
오화섭, 「3사 신춘문예 희곡 공연」, 『동아일보』, 1965.1.28.
오혜령, 「아, 그리워라, 동랑 선생님!」, 『동랑 유치진, 한국공연예술의 표상』, 서울예술대학교 출판부, 2014.
우가키 가즈시게, 「조선 통치에 취임하여」, 『조선』, 1932.2.
유덕형, 「나의 연출 방향 - 신전통극의 탐구」, 유덕형연출작품발표회 프로그램, 1969.
_____, 「나의 〈초분(草墳)〉 이야기 - 70년대의 초상, 상황적 고통의 확인」, 『한국연극』 통권 8호.
유민영, 「신극무대에 전통의 융합」, 『서울신문』, 1970.7.14.
유인형, 「숙명의 연극인 나의 아버지」, 『동랑 유치진, 한국공연예술의 표상』, 서울예술대학교 출판부, 2014.
유장안, 「이동극단의 현지소식」, 『신시대』, 1943.2.
윤대성, 「던져진 '나'의 발견」, 실험극장의 〈망나니〉 팸플릿, 1969.
윤 묵, 「〈풍년기〉 연출에 대하여」, 『극예술』 제6호.
이광래, 「유치진론」, 『풍림』, 1937.3.
_____, 「연극시평」, 『민족문화』 통권 2권1호.
이근삼, 「흐뭇한 분위기에 공감 - 드라마센터 2회 공연 〈밤으로의 긴 여로〉」, 『한국일보』, 1962.6.21.
이 민, 「신체제하의 연극」, 『인문평론』, 1940.11.
이서구, 「창립 5주년을 맞는 극예술연구회」, 『신동아』, 1936.1.
_____, 「신체제와 조선연극협회 결성」, 『삼천리』, 1941.3.
이서향, 「연극계의 1년 총결산」, 『조광』, 1938.12.
_____, 「극장문제의 귀추」, 『매일신문』, 1946.1.27.
이운곡, 「극연 제10회 공연을 보고(상, 중, 하)」, 『동아일보』, 1936.4.14.~16.
이은영, 「행동의 예술 - 극연 제8회 공연을 보고」, 『조선중앙일보』, 1936.11.23.~12.3.
이재현, 「수난의 민족연극 - 해방 후 연극계 동향」, 『민성』, 1948.7~8.
이철성, 「드라마센터 밝힌 '통영의 밤'」, 『한산신문』, 2008.2.23.
이해랑, 「해방 4년 문화사」, 『민족문화』, 1948.1.
이헌구, 「조선연극사상의 극연의 지위」, 『극예술』 창간호.
_____, 「유치진 형의 서거에 부쳐」, 『동아일보』, 1974.2.12.

임　화, 「극작가 유치진론 - 현실의 빈곤과 작가의 비극」, 『동아일보』, 1938.3.1.
______, 「연극경연대회의 인상」, 『신시대』, 1942.12.
전무송, 「선생님이 내주신 두 개의 숙제」, 『동랑 유치진, 한국공연예술의 표상』, 서울예술대학교 출판부, 2014.
전일검, 「극연 조직의 검토와 신극운동의 진로」, 『조선일보』, 1936.7.7.
조기준, 「일본농업이민과 동양척식주식회사」, 『한국근대사론』, 지식산업사, 1977.
주종연, 「만주 땅 길림(吉林)에서」, 『열흘에 한 줄기 강물을』, 푸른사상, 2002.
조운용, 「동랑선생님, 이 못난 제자를 용서하여 주십시오」, 『동랑 유치진, 한국공연예술의 표상』, 서울예술대학교 출판부, 2014.
차범석, 「또 하나의 가능성」, 『한국일보』, 1962.8.19.
채만식, 「연극발전책 - 극연좌에의 부탁」, 『조광』, 1939.1.
최재서, 「풍자문학론」, 『조선일보』, 1936.7.14.~21.
토머스 M. 패터슨, 「곡해된 작품의 본의」, 『한국일보』, 1962.9.13.
함대훈, 「국민연극의 첫 봉화 - 극단 현대극장 창립에 대하여」, 『매일신보』, 1941.3.30.
______, 「국민연극의 현 단계 - 현대극장 결성과 금후 진로」, 『조광』, 1941.5.
______, 「국민연극의 방향」, 『춘추』, 1941.6.
함세덕, 「신극과 국민연극」, 『매일신보』, 1941.2.8.

찾아보기

ㄱ

「가난하여」 46
〈가야금〉 537
〈가야금의 전(유)래〉 407, 414, 419, 617, 620
〈갈색 머리카락〉 636, 680, 686
강남 350
강정애 268
〈개골산〉 210
〈개화전야〉 143, 528
「거제도 둔덕 골」 42
〈검둥이는 서러워〉 347
〈검찰관〉 95, 127
〈결혼조건〉 313
고골리 95
고동율 662, 664
고든 크레이그 22, 140
〈고백〉 102
고설봉(高雪峰) 253
고운정 659
고트프리트 켈러 303
고협(高協) 212
〈공기만두〉 95
〈관대한 애인〉 127
광장 700
구경자 589
구상(具常) 666
구스타프 프라이타크 22
〈국경의 밤〉 94
국도극장 338, 401
국립극단 492
국립극장 22, 375, 377, 423, 492
국립예술원 22, 352
국민연극연구소 269
권영순 537
권영주 576
「귀고(歸故)」 53
극연좌 234
극영동호회 106
극예술연구회 20, 109, 110, 112, 113, 324
극예술원 329
극예술협회 338, 346, 347, 350
극우회 350
극작 워크숍 668
「극작가로서의 투르게네프」 98

〈기념제〉 127
김갑순 643
김건(金健) 257, 288
김경옥 361, 390
김관수(金寬洙) 265, 288
김광섭 173, 217, 324, 497, 596
김기수(金璂洙) 588, 639
김기영 361, 538
김남천 337
김다두 677
김단미 269
〈김대건 신부〉 678
김동원 269, 323, 328, 343, 383, 390, 501, 576
김동인 321
김동훈 576
김문호 738
김백봉 631
김보애 659
김사량 283
김삼화(金三和) 524
김생려(金生麗) 387, 670
김선영 383, 390
김성대(金成大) 589, 630
김성옥 576
김성원 576
김소희(金素姬) 589, 620
김수임 177
김승호 501
김신재 268
김양춘 268
김영무 664
김영수 253, 401
김영옥 173, 268
김욱(金旭) 322
김유영 550
김의경(金義卿) 757
김인규(金寅圭) 142
김인삼 141
김일영 268
김자경 741
김재철(金在喆) 363, 613
김정섭 390
김정옥 576
김정환 383, 643, 659
김중업(金重業) 568
김지미 537
김진규 536, 659, 660
김진섭 109
김진옥(金辰玉) 589, 630
김춘광 346
김학주 667
〈까치의 죽음〉 19, 395
〈꿈꾸는 처녀〉 347

◤ㄴ

〈나니의 밤 외출〉 102
〈나도 인간이 되련다〉 436, 537
나영세 576
나웅(羅雄) 255

「나의 수업시대」 42
「나의 자전초」 64
낙원 350
〈남부전선〉 323
〈남사당〉 332, 616
남사당패 630
남성우 576
남운용(南雲龍) 589, 630
〈낯선 사나이〉 636, 680, 686
〈내 거룩한 땅에〉 689
노경식 663, 664, 669
「노동자 출신의 극작가 손 오케이시」 101
노동자구락부극 120, 121
노천명 177
〈논개〉 520
〈뇌명(雷鳴)〉 313
〈뇌우〉 388
닐 사이몬 697

◤ㄷ

〈단종애사〉 520
〈담배내기〉 664
〈당나귀〉 162, 167
대도회 350
〈대추나무〉 275, 296
대학연극경연대회 360
대한문예협회 321
〈더러운 손〉 440
도금봉 533
〈도생록〉 507
도쿄대진재 76
〈독립군〉 323
동경학생예술좌(東京學生藝術座) 21, 158, 162, 195
〈동굴설화〉 664
동랑연극상 597
동방예술좌 347
동양극장 212, 558
〈동의서〉 664
동지 320
동해 350
드라마센터 23, 560, 655, 659
〈들개〉 664

◤ㄹ

라마마 극단 706, 726
라미라 350
〈라쇼몽(羅生門)〉 679
로맹 롤랑 90, 91, 92, 93, 105, 114, 326, 584
〈로미오와 줄리엣〉 592
로버트 윌슨(Robert Wilson) 680, 687
록펠러재단 23, 450, 451, 560
〈리어 왕〉 727
〈리투아니아〉 686

◤ㅁ

〈마리우스〉 284
마완영 269

〈마을의 로메오와 율리아(Romeo und Julia auf dem Dorfe)〉 303
〈마의 태자〉 210, 448, 520, 661
마태부 288
막스 라인하르트(Max Reinhardt) 226
〈만리장성〉 387
〈만주의 지붕 밑〉 142
〈망나니〉 637, 689
〈매국노〉 324
머레이 쉬스갈 696
메이예르홀트 20, 95, 122, 135, 165, 204, 205, 224, 227, 237, 395, 397, 447, 485, 574, 613, 626
〈며느리〉 331, 335
명일극장 141
명치좌 375
모윤숙 177, 497
〈목격자〉 237
몰리에르 638
무궁화 350
〈무료치병술〉 223
〈무장선 셔먼호〉 313
무정부주의 88
문예협회 113
문외극단 142
문희 537
민성 350
민예(民藝) 323, 329
민주주의 민족전선 338
『민중예술론』 90, 91, 92, 93, 326
민지환(閔知煥) 589, 735

ㅂ

〈바보〉 158
박경수 383
박규채 576
박노춘(朴魯春) 329
박동근 158
박민천 383
박상익 328, 383, 501
박성하(徐月影) 141
박승극(朴勝極) 218
박승희(朴勝喜) 136, 146, 599
박암 361, 501
박연진 576
박영호 21, 143
박원경 737
박정옥 139
박정자 659
박제행 383
박조열 588, 669
박종화(朴鐘和) 21, 321
박진(朴珍) 267, 322
박춘강(朴春岡) 145, 288
박향민 615
박현숙 361
반도 350
〈밤 주막〉 94
〈밤으로의 긴 여로〉 580
방태수 589

배용(裵勇) 710
백민 347, 350
백성희 383, 390, 501
백의현(白義鉉) 589, 739, 741
〈백일홍〉 311
〈백일홍 피는 집〉 347
〈백제성〉 347
백조 347, 350
백철 270
백화 321
〈버드나무 선 동리의 풍경〉 131
〈벚꽃 동산〉 94
변창순 739
〈별〉 343, 524, 668
〈별승무〉 20, 539, 546
〈봄밤에 온 사나이〉 311
〈봉산 탈춤〉 468, 547, 589, 604, 621, 628, 633, 636, 630
부민관 215, 375
〈부활〉 229
〈북진대〉 290
브나로드운동 21, 22, 93, 123, 124, 324
〈비행장 옆 자선병원〉 663
빈궁문학 136
〈빈민가〉 137
〈빨간 인디언〉 679

◤ㅅ

〈사랑과 위선의 흥정〉 700
〈사랑을 내기에 걸고〉 697, 754
사르트르 440
〈사생결단〉 143
〈사위 맞는 날〉 288
〈사육신〉 436, 442, 449
산 신문극 118, 119
산대가면극보존회 626
〈산대놀이〉 609, 610, 611, 621, 623, 635, 636, 701
산하(山河) 697
〈산하는 다시 푸르러 지리〉 675
〈산하무정〉 537
새별 347, 350
〈생일파티〉 637, 693, 697, 726
서도장 589
서울연극학교 24, 629, 641
서울예술극장 321, 322
서울예술대학교 24, 734
서춘(徐椿) 283
서항석 106, 177, 263, 268, 324, 492, 660, 762, 763
성광현 346
〈성난 얼굴로 돌아보라〉 679
〈성야〉 553, 661, 663, 675
〈세일즈맨의 죽음〉 592
〈소〉 90, 162, 195, 667
〈소제부〉 288
손진태 603
송건호(宋建浩) 21
송석하(宋錫夏) 603, 613
송영(宋影) 21, 288, 318, 321

송재로 383
송해천 139
〈쇠뚝이놀이〉 638, 700
숀 오케이시 99, 170
수전 글래스펠 454
〈수전노〉 700
〈수치〉 666
〈순동이〉 407
〈스카팽의 간계〉 638
스타니슬랍스키 20, 95, 98, 99, 135, 204, 224, 225, 574
〈승자와 패자〉 223
시공관 492
시어터 인 라운드 428, 429
신구(申久) 589, 659, 737, 738
신극협의회 381, 401, 423, 491, 492
신무대 139
신문극 118
신민극장 350
신불출(申不出) 142, 225
신상옥 537
신영균 361, 537
신지극사 346
신청년 346, 347, 350
신태민 390, 576
실험극장 599, 637
실험무대 127
심재순(沈載淳) 160, 177, 710
〈쌍 초상〉 139
쓰보찌 쇼오(坪內逍搖) 113
쓰키지(築地)소극장 93, 114
쓰키지소극장운동 113

ㅇ

〈아리랑 반대편〉 139, 140
아리스토텔레스 22
안민수(安民洙) 635, 637, 659, 679
안영일 318, 321
〈안중근의 최후〉 324
안톤 체호프 97, 98, 204
〈알라망〉 694
알렉산더 칼더(Alexander Calder) 680
앙토냉 아르토 122, 123, 485, 626, 684, 685
〈애국자〉 324, 350
〈애련송〉 550
애비(Abbey)극장 102, 150, 456, 476, 477
〈애정무한〉 313
앤서니 섀퍼 697
양광남 576
양동군 576
양소운(梁蘇云) 589
양정현 738
〈양주 별산대놀이〉 589, 590, 604, 623, 625, 628, 630, 638, 701
양주동 321
〈어둠에서〉 141
〈어둠의 힘〉 223
〈어디로〉 335

어린이극회 647
〈어머니〉 223
〈어부의 집〉 288
엄앵란 520
여석기(呂石基) 575, 576, 590, 643, 668, 684
여운계 576
〈여인상〉 662
연극건설본부 318, 321
연극사(硏劇舍) 143
연극시장 350
연극아카데미 24, 588
연극영화전람회 106
연극호 350
연예사 350
예그린악단 669
예문화가극부 347
예술원 441
〈옛집을 찾아서〉 139
〈오광대〉 606, 610
오사나이 가오루(小山內薰) 94, 113
오사랑 328, 376, 383, 413, 576, 589
오영진 360, 629
오재호 664, 669
오태석 635, 637, 664, 669, 696, 697, 700
오현경 576
오현주 576
오혜령 553, 661, 663, 664, 675, 738
오화섭 675
〈옥문〉 127
〈옥문이 열리는 날〉 323
「올챙이 때 이야기」 56
〈왕교수의 직업〉 697
〈왜 싸워〉 496
〈우정〉 158
〈원술랑〉 383, 401
원희갑 664
〈웨딩드레스〉 664, 676
〈위대한 사랑〉 337
유경성(柳敬成) 589
유계선 268, 383, 390, 520
〈유관순〉 528, 533
유덕형(柳德馨) 635, 659, 688, 693, 701
유민석 589
유용환 576
유인형(柳仁馨) 568, 659
유자후(柳子厚) 283
유종열 269
유진 오닐 454, 580
유필형 576
유해초 383
유현목 537, 643, 659
유형목 173
〈유훈〉 288
윤대성 588, 635, 637, 659, 664, 669, 675, 689
윤묵 166
윤방일 269, 383
윤백남(尹白南) 106

〈윤봉길 의사〉 324
윤봉춘 507, 524, 533, 537
윤성묘 268
윤이상(尹伊桑) 618
〈은배〉 102
〈은하수〉 342
이강백 664, 669
이광래(李光來) 175, 323, 347, 659
이광수 270
이근삼 576, 580
이기영(李箕永) 136
이기하 592
이능화(李能和) 603
이동극단운동 290
이두현 626, 629
〈이름 없는 꽃들〉 555, 677
이무영(李無影) 492
이민(李民) 257
이백수 268
이서구(李瑞求) 136, 254, 267, 288, 346
이서향(李曙鄕) 373, 398
이소연(李素然) 145
이용규 324
이운방 288
이웅 173, 268, 324
이원경 269, 643, 659, 664, 668, 677
이은상 321
이재현(李載玄) 373, 689
이진순 360, 398, 495, 620, 664
이춘사 659
이태준 270
이하윤 109, 177, 321
이항구 675
이해랑(李海浪) 20, 158, 269, 318, 328, 342, 383, 390, 392, 400, 492, 576, 580, 591, 592, 643, 664, 667
이향 520
이헌구 106, 109, 177, 268, 497, 596, 762
이현화 664
이호재 589, 659
이화삼 346, 383
이효석 550
〈익모초〉 288
〈인간적인 진실로 인간적인〉 554
인민극장 320, 322
〈인어공주〉 388
일오극장 320
임석재 626
임성남 643
임영웅(林英雄) 20
임화(林和) 172, 203, 304, 318, 437
〈잉여부부〉 697

ㅈ

〈자매〉 213, 225, 436, 442
〈자명고〉 338
〈자아비판〉 636, 681, 685
자유극장 113, 320, 697, 700
『자유문학』 496

자크 코포 122
〈작가 생활보〉 220
〈작은 앨리스〉 679
장기제 109
장로제(張盧提) 177
장민호 576, 580
장발(張渤) 551
〈장벽〉 331, 333
장의근 686
장일호 537
재단법인 한국연극연구소 564
『재생』 536
〈쟁기와 별〉 102
전경희(全景希) 139
전광용 361
전국 남녀중・고교 연극경연대회 597
전국 대학극경연대회 496
전국무대예술인대회 358
전국문화단체총연합회(文總) 321
전국민속예술경연대회 628
전국아동극경연대회 647
전국연극경연대회 346
전국연극예술협회 345, 346
전국연극인대회 320
전두영 383
전무송(全茂松) 589, 659, 735
전선(全線) 323, 329
전옥 268, 325, 659
〈전유화〉 597
전일검(全一劍) 218
전조선문필가협회 321
전진호 664
전창근 520
정비석 390
정수인 662
정윤주(鄭潤柱) 395
정인섭 109, 270
제7천국 350
〈제사〉 162, 168, 220
제작극회 599
〈조국〉 330, 744
〈조국은 부른다〉 408, 411
조선 350
조선극장 350, 558
조선문인협회 249
조선문학건설본부 318
조선민속학회 603
조선연극동맹 323
조선연극문화협회 289
『조선연극사』 613
조선연극협회 252
조선연예문화사 328
조선예술좌 321, 323
조선프롤레타리아 연극동맹 322
조영출 323, 337
조우(曺遇) 388
조운용 736
조지 베이커 22
조희순 109
주선태 383, 501

주영섭 158, 259, 269
주평 744
〈줄행랑에 사는 사람들〉 186
중앙문화협회 321
〈쥬노와 공작〉 102
〈지하의 악수〉 288
진훈 269

◤ㅊ
차범석 361, 390, 587, 667, 697, 734, 759
채만식 615
〈처용의 노래〉 407, 414, 415, 617
〈철새〉 663
〈철조망〉 515
〈청개구리는 왜 날이 궂으면 우는가〉 18, 539, 548
〈청년과학자〉 288
청복극(青服劇) 120
청춘극장 347, 350
〈청춘은 조국과 더불어〉 407, 410
〈청춘의 윤리〉 313, 390
청포도 320
〈초분〉 637, 701
〈촌선생〉 223
총선거 선전문화계몽대 346
「최근 10년간의 일본의 신극운동」 113
최금동 550
최남선 603
최남현 501
최동욱 589
최무룡 361
최병홍 346
최삼 383
최상덕 267
최상현 576, 580
최서해(崔曙海) 136
최영수 324
최은희 501
최일 325
최정우 109
최창봉 361, 390
최한기 177
춘향 350
〈춘향전〉 136, 206, 387, 597, 614, 667
〈출발〉 675
「출생기」 36, 42

◤ㅋ
〈카드린 방송을 들음〉 102
〈칼 품은 월중선〉 136

◤ㅌ
〈태〉 637
〈태극기 밑에서〉 347
〈태백산맥〉 337
태양극장 144
태평양 347, 350
〈토막〉 18, 127, 133
『토성』 74

토성회(土聲會) 74
토월회 136
〈통나무다리〉 662
투르게네프 97, 98, 99, 171
트렁크극장 116

◤ㅍ
파뇰 284
〈파는집〉 143
패터슨(Thoms M. Patterson) 587
〈편의대의 그림자〉 102
〈포기〉 226
〈포기와 베스〉 585
〈폭풍의 거리〉 323
〈푸른 성인〉 408
〈풍운아 나운규〉 667
〈프로방스는 어디에〉 697

◤ㅎ
하경자 663
〈하멸 태자〉 637
학생극 올림피아드 156
〈한강은 흐른다〉 539, 540, 591
〈한국가면극 산대놀이〉 628
한국가면극연구회 627
한국무대예술원 22, 346, 350, 430
한국연극상 597, 599
한국연극학회 359
〈한낮에 꿈꾸는 사람들〉 220
한노단(韓路檀) 401, 423, 597
한미숙 589
한은진 533
한홍규 323
함대훈 109, 177, 263, 268, 324, 328
함상훈(咸尙勳) 263
함세덕 257, 258, 269, 284, 337
해럴드 핀터 637, 693
『해외문학』 96
해외문학연구회 96
해외문학파 20
〈해전〉 127
〈햄릿〉 577
향토극 139
허석 383
혁명극장 320, 322
혁신 350
현대 350
현대극장 23, 269
현지섭 269
〈혈맥〉 401
협률사 558
협문극사 350
〈형제〉 141
호동 347
〈호상의 비극〉 225
홍개명 347
홍성기 536
홍해성(洪海星) 20, 93, 107, 173
〈화니〉 284
화랑 350

황금좌 350
황정순 383, 390, 501, 576, 580
황철 21
〈황포강〉 347
〈황해〉 311
황해남 520
〈흑경정〉 284
〈흑룡강〉 275
〈흔들리는 지축〉 331
〈흘러가는 인생선〉 347
〈흙에 사는 사람〉 288

기타

3·1기념연극대회 323
3·1운동 60
〈38교수선〉 324
ITI 23, 479, 482, 501, 502, 503
K.P.K. 350
〈LUV/사랑〉 696

저자

유민영 (柳敏榮)

1937년 경기 용인 출생
문학박사
서울대 및 동 대학원 국문학과 졸업
오스트리아 빈 대학 연극학과 수학
한양대 국문학과 및 연극학과 교수
단국대 예술대학장
방송위원회 위원
예술의전당 이사장
단국대 문화예술대학원장 및 석좌교수
현재 서울예대 석좌교수 및 단국대 명예교수

주요 저서

『한국연극산고』(1978)
『한국현대희곡사』(1982)
『한국극장사』(1982)
『한국연극의 미학』(1982)
『전통극과 현대극』(1984)
『개화기연극 사회사』(1987)
『한국연극의 위상』(1991)
『한국근대연극사』(1996)
『한국근대극장 변천사』(1998)
『이해랑 평전』(1999)
『20세기 후반의 연극문화』(2000)
『격동사회의 문화비평』(2000)
『한국연극운동사』(2001)
『문화공간개혁과 예술발전』(2004)
『한국인물연극사』 1, 2(2006)
『비운의 선구자 윤심덕과 김우진』(2009)
『한국연극의 사적 성찰과 지향』(2010)
『한국근대연극사 신론』 상, 하(2011)
『인생과 연극의 흔적』(2012) 외 다수